MODERN INFORMATION RETRIEVAL

*The Concepts and Technology behind Search*

*2nd edition*

# 최신 정보검색론

## 검색 이면의 개념과 기술

김명철, 김정기, 김학수, 박정아, 한영석 옮김

RICARDO BAEZA-YATES
BERTHIER RIBEIRO-NETO

홍릉과학출판사

「최신 정보검색론 2판」의 부록 CD는 유클라우드 오피스(http://office.ucloud.com)에서 더 많은 자료를 다운받을 수 있습니다.

제공자료 : 16장, 17장, 부록 A, 참고문헌 pdf 파일

❶ http://office.ucloud.com 접속
❷ ID: pptsm@ucloud.com / PW: hp2274 입력
❸ [My ucloud]-[게스트 폴더]-[최신 정보검색론 2판] 찾아가기
❹ 폴더 패스워드: 도서 ISBN 뒷 8자리 입력
→ 도서 ISBN 978-89-97570-88-1이므로 패스워드는 '97570881'입니다.
❺ 필요한 자료를 선택하여 내려받기

# 서문

이 책 1판이 출판된 이후, 특히 웹 환경에서의 정보검색(IR, Information Retrieval) 분야에 많은 변화가 있었다. 예를 들어, 웹상의 무한한 정보 중에서 관심 정보를 찾는데 있어서 검색 엔진이 필수 도구로 위치하였다. 더욱이 검색엔진이 근본적으로 IR 시스템의 핵심이기 때문에, 광대한 문헌 집합과 질의 트래픽 처리가 여러 IR 기술 응용의 주요 검증방법이 되었다.

우리는 1판 출판 몇 개월 후부터 브라질과 칠레의 검색엔진을 시작으로 이런 진화를 긴밀히 추적해왔으며 나중에는 두 개의 중요한 검색엔진 회사인 구글, 야후와 결합하여 모든 활동을 더 자세히 살펴볼 수 있었다. 그 결과 2판에서는 IR 분야의 일반적인 변화뿐만이 아니라 특히 웹에 적용된 IR 기술의 연구, 개발, 실무적인 부분에 이르기까지 우리 자신의 경험을 담을 수 있었다.

최신정보검색론 초판은 충분한 해당 분야 전문가 없이 각 저자들에게 분야별 내용들을 정리해달라고 부탁하는 등 출판의 일반적인 형식을 갖추지 못했다. 따라서 일정부분은 팀내 협업을 통한 웹2.0 방식을 따라 수행되었는데, 이는 모든 저작을 주의 깊게 조정하고 감독함으로써 잘 통합된 저작물을 목표로 하였다. 이런 노력의 결과로 초판은 판매가 잘 되어 IR 분야의 베스트셀러가 되었으며 여러 번 증쇄되기도 하였다. 이 책은 전세계 수백 개가 넘는 여러 대학에서 교재로 채택되기도 하였으며, 한국어를 필두로 중국어로도 번역되었으며 인도에서는 특별 저가판으로 출판되기도 하였다. 초판이 나온지 몇 년 되지 않아 2판에 대한 논의가 시작되었으나 2004년까지는 진척이 잘 이루어지지 않다가 우리의 제안을 출판사가 수용함으로써 약 4년 전인 2005년 11월에 2판 작업이 비로소 시작될 수 있었다. 그러고는 마침내 2판 작업을 오늘 끝낼 수 있었다!

이 2판 작업에서도 초판에서 명확히 작용되었던 동일한 방법을 적용하였다. 그럼에도 불구하고 이번에는 여러 장의 저자나 공동저자 외에 더 강력한 기고자를 추가하였다. 그 결과, 여러 장의 내용이 완전히 바뀌었으며 새로 추가된 내용도 많아져서 60~70% 내용이 다음 측면에서 새롭게 변경되기에 이르렀다:

1. 1장 내용을 완전히 재구성
2. 문헌 분류, 웹문헌 수집, 구조화된 문헌 검색, 기업형 검색과 오픈소스 검색에 대한 부록 등을 새롭게 추가
3. 사용자 인터페이스, 멀티미디어 검색과 디지털 도서관 관련 장은 재작성

4. 언어 모델, 새로운 평가 방법, 질의 특성, 클러스터 기반이나 분산 IR, 순위 결정, 검색 인터페이스, 개인화 등의 내용에 있어 새롭고 중요한 개발 내용을 추가
5. 향상된 교재 웹사이트(www.mir2ed.org)는 모든 장의 강의 자료와 추천 연습문제 목록 등을 포함해 IR 기술 자원의 참고 사이트가 되게 하였다.

그 결과, 2판은 1판에 비해 내용과 참고문헌 목록이 두 배 가까이 늘었다. 만약 독자가 1판에 만족했다면 2판에도 더욱 만족하리라 기대하며, 1판에 불만족했다면 이번에는 만족하기를 바란다.

Ricardo Baeza-Yates, Barcelona, Spain
Berthier Ribeiro-Neto, Belo Horizonte, Brazil
2010, 12

# 서문

정보검색(IR)은 월드와이드웹의 확장과 저비용의 그래픽 사용자 인터페이스 및 대규모 저장장치 출현에 따라 최근 상당히 변화되고 있다. 결과적으로, 전통적인 정보검색 교재는 시대에 뒤떨어지게 되어, 새로운 정보검색 교재가 필요하게 되었으며, 더욱이 컴퓨터-과학 관점(사용자-중심 관점의 반대편인)에서 정확하고 완벽한 방법으로 접근한 책에 대한 요구가 증대되었다. 본 교재는 이 격차를 부분적으로 채워주려는 노력의 일환이며, 정보검색에 대한 대학원 과정뿐만 아니라 학부의 기초 과정에도 유용할 것이다.

본 교재는 서로 보완적이고 균형 잡힌 두 부분으로 구성되어 있는데, 핵심 부분은 주 저자들에 의해 설계되고, 공동 저술한 아홉 개의 장을 포함한다. 첫 부분과 완전히 통합된 두번째 부분은 여섯 개의 장으로 구성된 현황에 대한 내용이며, 각 분야의 선도적인 연구자들에 의해 저술되었다. 모든 장에서 동일한 표기와 용어가 사용되었으므로, 여러 저자들에 의해 저술된 편집 교재보다는 교재로 사용하기에 더 적절할 것이다. 더욱이 단순한 저술 모음과는 달리, 최신 정보검색의 모든 중요한 면모들에 밀착된 관점을 제공하기 위해 교재의 내용과 구성을 주의 깊게 설계하였다.

정보검색 모델에서 텍스트 색인까지, IR 시각화 도구와 인터페이스에서 웹까지, 멀티미디어 정보검색에서 디지털 도서관까지 본 교재는 충분한 너비와 깊이를 동시에 제공한다. 최근 사회적으로 정보 검색의 중요성이 날로 커지고 있음과 함께, 본 교재가 정보과학, 컴퓨터 과학 및 문헌정보학(도서관학)의 정보검색 연구에 도움이 되었으면 하는 바람이다.

Ricardo Baeza-Yates, Santiago, Chile
Berthier Ribeiro-Neto, Belo Horizonte, Brazil
October, 1998

# 역자 서문

최신 정보검색론 2판이 2011년에 출판되었다는 소식을 듣고, 1판 한국어 번역을 했던 죄(?)로 바로 2판 번역에 들어가게 되었다. 2판 저자 서문에 언급된 대로 2판은 더 방대한 양에 70% 이상이 새로 작성되었기 때문에, 새로 구성한 번역 팀이 번역하는데 생각보다 오랜 시간이 걸렸다.

2판은 1판에 비해 웹 검색 경쟁이 가장 치열했던 21세기초 10년의 세월을 더 담아내었는데, 특히, 이미 상용화 최전선에 있는 웹검색 내용을 현업(구글과 야후) 관계자들이 저술함으로써 더 생생한 내용들이 실려 있다. 여기 언급된 내용 중에는 구글의 창업자 래리 페이지와 현 야후 최고 책임자인 마리사 메이어의 얘기도 들어 있으니, 이를 찾아보는 것도 또 다른 재미일 것이다. 따라서 이 책은 정보검색을 공부하거나 연구하는 학생들만이 아니라, 정보 검색 산업에 근무하는 실무자들에게도 많은 도움이 될 것으로 기대한다.

다만, 원서의 내용이 너무 많아 16장 도서관 시스템과 17장 디지털 도서관, 부록 A의 오픈소스 검색 엔진 내용은 번역하지 않고 영문 원서 그대로 부록 CD에 담았다. 또 방대한 분량의 참고문헌 역시 부록 CD에 담겨 있으니, 더 자세한 내용은 이 CD를 참조하기 바란다.

더욱이 1판에서는 제공되지 않았던 강의 자료나 정보가 이 책의 웹사이트인 www.mir2ed.org에서 제공하고 있으니, 이 역시 참조하기 바란다.

정보검색 분야의 특성상 책 내용이 벌써 구식이 된 것이 있을 수도 있지만, 이미 클래식 이론으로 정착된 것들도 많으니, 독자께서 잘 취사선택하길 바란다. 다음에는 외국 이야기가 아닌 한국판(네이버나 다음 검색 엔진을 다룬) 정보검색 교재를 기대하며…

2015년 8월

김명철, 김정기, 김학수(성공회대학교)

한영석(한국스마트주소원)

박정아(SK플래닛)

# 차례

## Chapter 1 소개



## Chapter 2 검색 사용자 인터페이스

## Chapter 3 모델링

## Chapter 4 검색평가

## Chapter 5 연관 피드백과 질의확장



## Chapter 6 문서: 언어 및 특성

## Chapter 7 질의: 언어 및 특성

## Chapter 8 텍스트 분류

## Chapter 9 색인과 검색(Indexing and Searching)

## Chapter 10 병렬 및 분산 정보검색(Parallel and Distributed IR)



## Chapter 11 웹 검색

## Chapter 12 웹 수집(Web Crawling)



## Chapter 13 구조적 텍스트 검색

## Chapter 14 멀티미디어 정보검색(Multimedia Information Retrieval)

## Chapter 15 기업내 검색(Enterprise Search)

# Chapter 1
# 소개

## 1.1 정보검색

정보검색(Information Retrieval, IR)은 사용자에게 다음과 같은 관심 정보에 쉽게 접근할 수 있도록 해주는 컴퓨터 과학의 다양한 영역을 일컫는다.

> 정보검색은 문서, 웹페이지, 온라인 카타로그, 구조화 또는 반구조화된 레코드나 멀티미디어 객체에 이르는 정보 항목의 표현, 저장, 조직, 접근을 다룬다. 이런 정보 항목들의 표현과 조직은 사용자가 관심 있는 정보에 대해 쉬운 접근을 제공해야 함은 물론이다.

IR 연구 범위도 점점 커져서, 초창기의 텍스트 색인과 유용한 문서 검색에서부터 오늘날에는 모델링, 웹 검색, 문서 분류, 시스템 구조, 사용자 인터페이스, 데이터 시각화, 필터링, 언어에까지 이르게 되었다.

IR 연구 분야도 컴퓨터 중심과 인간 중심의 매우 다른 영역으로 분화되었다. 컴퓨터 중심의 IR 연구는 효율적인 색인 구성, 고성능의 사용자 질의 처리, 검색결과의 질을 향상시키기 위한 순위결정 알고리즘 개발 등이 포함된다. 인간 중심의 IR 연구는 사용자 행태 연구, 주요 요구 이해, 이런 이해가 검색 시스템에 어떻게 영향을 미치는지 등의 연구가 포함된다. 본 교재는 학계와 시장에서 지배적인 컴퓨터 중심의 IR 연구에 초점을 맞춘다.

### 1.1.1 초기 개발

지난 5천년간 인류는 나중에 검색할 목적으로 점토판, 상형문자판, 파피루스 두루마리나 책을 대상으로 편집, 저장, 색인을 통해 정보를 조직화해왔다. 이런 다양한 항목들을 모아놓기 위해 도서관(libraries)이라는 특수 목적의 건물이 등장했는데, 이는 '책'의 라틴어인 liber나 파피루스 두루마리의 그리스어인 biblion에서 온 bibliothekes에 그 기원을 찾을 수 있다.

알려진 것 중에 가장 오래된 도서관은 현재의 북부 시리아 지역인 엘바의 "Fertile Crescent"이며, 기원전 3000년에서 2500년에 세워진 것으로 추정된다. 또 기원전 7세기경 아시리아의 왕인 Ashurbanipal은 오늘날의 북부 이라크 지방인 티그리스 강가에 Nineveh라는 도서관을 만들었는데, 기원전 612년 무너지기 전까지 3만개 이상의 점토판이 소장되어 있었다. 기원전 300년에는 마케도니아 장군인 Ptolemy Soter가 알렉산더 대왕(356~323 BC)의 이름을 딴 나일강 입구 이집트 도시 알렉산드리아에 Great Library를 세웠다. 이 도서관은 7세기에 걸쳐 이 도시의 다른 도서관과 함께 알렉산드리아를 서양 세계의 지적 수도로 만들었다[1164].

그 후로 도서관은 확장되고 번창하여 오늘날 세계 어디에서나 인류의 지식을 집적하고 있어서 인기도 나날이 높아지고 있다. 2008년 미국의 통계에 따르면, 미국내 도서관 방문자가 연간 13억명을 넘었고 도서 대출횟수도 20억 번에 이르고 있으며 매년 10% 이상씩 증가하고 있다고 한다[155].

도서관의 정보량은 항상 증가하므로 빠른 검색을 위해 색인이라는 특정 자료구조 생성이 필요하다. 색인은 다양한 형태로 가능하지만 현존하는 모든 정보검색 시스템의 핵심이며, 9장에서 다루게 될 데이터에 대한 빠른 접근과 고속 질의 처리를 가능하게 해준다.

수세기 동안 색인은 분류집합의 형태로 수동적으로 만들어져 왔는데, 각각의 색인 분류는 전형적으로 관련 주제를 특정하는 표지(label)와 이 주제를 다룬 문서의 위치정보로 구성된다. 또 이런 색인들은 과거 도서관 사서나 정보과학 연구자들에 의해 이루어진 반면, 현재는 컴퓨터의 출현으로 대량의 자동색인 구축이 가능해졌으며 이를 통해 정보검색 개발에 박차를 가하게 되었다.

초기 IR 개발은 1950년대로 거슬러 올라가 Hans Peter Luhn, Eugene Garfield, Philip Bagley, Calvin Moores 같은 개척자들의 연구가 있으며, 이 중 Calvin Moores가 '정보검색(information retrieval)'이라는 용어를 처음 만든 것으로

알려져 있다[1692]. 1955년에 Allen Kent와 그 동료들이 정확률(precision)과 재현률(recall)을 처음 고안했으며[903], 1962년에 Cyril Cleverdon[394, 395]의 Cranfield 연구 출판이 뒤를 이었다. 1963년에는 Joseph Becker와 Robert Hayes가 정보검색에 관한 첫 번째 책을 출판하였다[164]. 1960년대를 통해 여러 연구자 중에서도 Gerard Salton과 Karen Sparck Jones가 IR 순위결정의 최신 기술들을 선도하였으며, 1968년에 Salton의 첫 번째 IR 책이 출판되었다. 1971년에는 N. Jardine과 C.J. Van Rijsbergen이 '클러스터링 가설[827]'을 제시하였으며, 1978년에는 IR에 대한 첫 번째 ACM 컨퍼런스 (ACM SIGIR)가 뉴욕 Rochester에서 개최되었다. 1979년에는 Van Rijsbergen이 확률모델에 초점을 맞춘 'Information Retrieval'[1624]을 출판했고 1983년에는 Salton과 McGill이 벡터 모델에 기반한 명저 'Introduction to Modern Information Retrieval'[1414]을 출판하였다. 그 후로 IR 연구 그룹은 전세계적으로 수천명의 교수, 연구자, 학생, 공학자, 실무자들로 확대되었다. 이 분야의 중요 컨퍼런스인 ACM International Conference on Information Retrieval(ACM SIGIR)은 현재도 매년 수 백개의 논문발표와 수많은 참가자로 성황리에 개최되고 있다.

### 1.1.2 도서관/디지털 도서관에서의 정보검색

도서관은 정보를 검색하기 위해 IR 시스템을 도입한 최초의 기관이며, 일반적으로 도서관에서 사용되는 시스템은 초기에는 연구기관에서 개발되었으나, 후에 상업용으로 개발된 것이 많이 쓰이고 있다. 1세대 시스템은 카드 목록과 같은 이전의 기술들을 자동화하는 차원이었으며, 저자나 제목으로 찾을 수 있도록 하였다. 2세대 시스템에서는 주제어나 키워드, 좀 더 복잡한 질의 처리 등의 향상된 탐색 기능들이 추가되었다. 현재도 개발되고 있는 3세대에서는 향상된 그래픽 인터페이스, 전자 형태, 하이퍼텍스트 기능 및 개방형 시스템 구조 등에 초점이 맞추어지고 있다.

전형적인 상용 도서관 관리 시스템 제공자로는 Endeavor Information System Inc., Innovative Interface Inc., EOS International이 있으며, 대표적인 연구용이나 학술적 시스템으로는 Okapi(런던 City 대학), MELVYL(캘리포니아 대학의 캘리포니아 디지털 도서관), Cheshire II(UC 버클리 대학에서 개발되어 리버풀대학과 공동으로 진행) 등이 있다. 도서관 시스템에 대한 상세한 내용은 16장에서 다루어진다.

### 1.1.3 시대 중심의 정보검색

그 성숙함에도 불구하고, IR은 최근까지도 주로 도서관 사서나 정보 전문가들만의 협소한 관심영역으로 비추어지고 있으며, 멀티미디어나 하이퍼텍스트 정보검색 도구의 급속한 전파에도 불구하고, 현재의 개인용 컴퓨터 사용자 사이에서도 이런 경향이 수년에 걸쳐 지속되었다. 1990년대 초, 하나의 요인이 이런 인식을 불식하게 되었는데, 이것이 바로 월드 와이드 웹의 등장이다.

1989년 팀 버너스-리에 의해 발명된 웹은 인류 지식과 문화의 보편적인 저장소가 되었다. 이런 성공은 사용자의 컴퓨터 환경에 상관없이 항상 동일한 표준 사용자 인터페이스 제공에 기반하며, 이는 어떤 사용자라도 자신만의 문서를 작성할 수 있게 해주었다. 결과적으로 수백만의 사용자가 수십억 개의 문서를 인류 역사상 처음으로 이 지식 저장소에 저장할 수 있게 되었다. 그 결과, 웹상의 유용한 정보를 찾는 일은 그리 간단하지가 않아 일반적으로 검색엔진에 질의를 던져야 할 필요가 생겼고 이런 검색과정이 정보검색 기술의 주된 연구분야가 되었으며 자연스럽게 정보검색 기술이 시대중심에 서게 되었다.

## 1.2 정보검색의 과제들

오늘날 검색엔진과 같은 정보검색 시스템의 사용자는 다양한 깊이의 정보를 요구한다. 단순하게는 회사나 정부, 기관의 홈페이지 링크를 찾기도 하고, 더 복잡하게는 자신의 직무나 긴급한 요구에 따른 작업 수행에 필요한 정보를 요구하기도 한다. 이런 복잡한 요구의 예는 다음과 같다:

> 미국 국영 철도 회사(AMTRACK)[1] 운영의 자금 조달에 있어 연방 정부의 역할을 언급하는 모든 문서를 찾아 주세요.

이와 같은 사용자 요구의 전체 문장은 정보검색 시스템의 최적화된 질의로 변환할 필요 없이 단순한 질의어나 연속 질의어로 바꾸어 검색하게 되는데, 가장 일반적인 형태가 사용자 요구를 요약한 검색어나 색인어 집합의 형태가 된다. 이런 질의가 주어졌을 때, 정보검색 시스템의 가장 중요한 목표는 유용하거나 관련 있는 정보의 검색이 되며 강조점은 데이터 검색이 아니라 정보의 검색이라는 점이다.

사용자 정보 요구를 효과적으로 만족시키기 위해서는 정보검색 시스템이 어느 정도까지는 정보 항목(수집한 문서들)의 내용을 '해석'하고 있어야 하며, 질의 연관도에 따라 순위를 매겨야 한다. 이런 문서 내용의 '해석'이란 문서 텍스트로부터 구문과 의미 정보를 추출하고 이 정보를 사용하여 사용자 정보 요구와 잘 부합시키는 일 등이 포함된다.

> **정보검색 과제:** 정보검색 시스템의 주요 목표는 사용자 질의에 관련 없는 문서수를 적게 하면서 모든 관련 있는 문서를 검색하는 것이다.

이 과제의 어려움은 어떻게 문서에서 정보를 추출하는가 뿐만 아니라 이 정보를 연관성 평가에 어떻게 사용하는가에 있다. 즉, 연관성 개념이 정보검색 과제의 중심이 된다.

이런 문제의 주요 핵심중 하나가 연관성은 과제 해결과 그 맥락에 의존하는 개인 평가에 의존한다는 점이다. 예를 들어, 연관성은 시간(예: 새로운 정보의 등장), 장소(가장 관련있는 답은 가장 가까운 데에 있음), 심지어 장비(최고의 답은 다운로드나 시각화하기 좋은 짧은 문서)에 따라 변할 수 있다. 이런 의미에서 어떤 정보검색 시스템이라도 모든 사용자에게 항상 완벽한 결과를 제공하지는 못한다.

### 1.2.1 사용자 과제

검색 시스템 사용자는 자신의 정보 요구를 해당 시스템이 제공하는 질의어로 변환시켜야만 하며, 일반적으로 이는 검색엔진과 같은 정보검색 시스템에서 정보 요구의 의미를 담고 있는 단어 집합으로 구체화시키는 것을 의미한다. 이런 과정을 흔히 사용자가 자신의 관심 정보를 찾거나 검색한다고 말한다. 이런 검색이 웹상에서 중요 검색 과제가 되는 반면, 또 다른 사용자에게는 검색이 정보 접근과는 구별되어 1.4.3절에서 다룰 상품 구매나 예약 같은 또 다른 요구를 만족시켜주기도 한다.

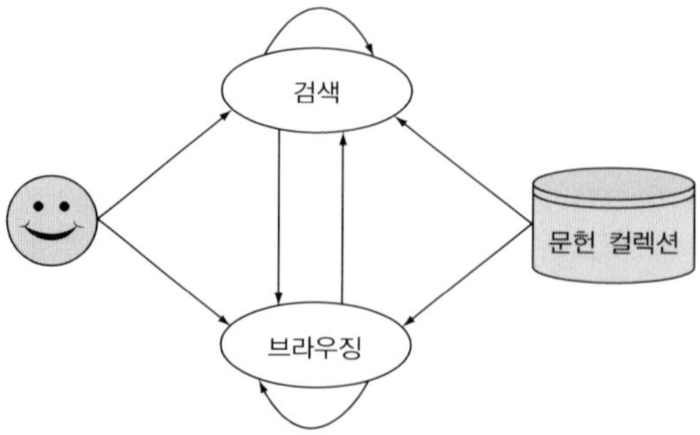


**그림 1.1:** 사용자 과제

1) TREC 참조 컬렉션의 168번 주제, 4장 참조

특히 정의가 빈약하거나 원래 광범위한 사용자의 관심은 질의어도 불명확해 질 수밖에 없다. 예를 들어, 자동차 경주에 관한 일반적인 문서에 관심 있는 사용자가 검색 중에 포뮬라 1, 포뮬라 인디, '24시간 르망'과 같은 자동차 경주에 대한 문서를 한번 둘러보기로 결정할 수도 있을 것이다. 이런 경우 사용자는 검색을 하는 것이 아니라 수집된 문서를 열람(브라우징)하거나 항해(내비게이션)하는 것이며 이런 행위가 여전히 초기 목적이 불명확한 정보검색 과정이 된다. 이런 과제를 준-순차(quasi-sequential) 검색 과정을 모방한 탐구(exploratory) 검색이라고 한다. 본 교재에서는 검색시스템이 관여하는 이 두 과제(검색과 브라우징)를 그림 1.1과 같이 명확히 구분하여 2장에서 자세히 다룬다.

### 1.2.2 정보와 데이터 검색

IR 시스템의 맥락에서 대부분의 데이터 검색은 사용자 정보 요구를 충분히 만족시키지 못하고, 사용자 질의 키워드를 포함하는 문헌 집합을 추출하는데 치우쳐 있다. 하지만, IR 시스템 사용자는 주어진 질의를 만족하는 데이터보다는 그 주제에 연관된 정보를 검색하기를 더 원한다. 예를 들어, IR 시스템 사용자는 결과 문서에 어떤 질의 용어가 포함되어 있지 않더라도 유의어가 들어 있다면 흔쾌히 그 문서를 받아들인다. 즉, 정보검색 시스템에서는 검색결과가 정확하지 않을 수도 있으며, 작은 에러는 무시되기도 한다.

반면, 데이터 검색 시스템에서는 수천 개의 검색 객체 중 하나라도 잘못된 것이 포함되어 있으면, 전체 결과가 실패한 것을 의미한다. 즉 데이터 검색 시스템은 관계형 데이터베이스와 같이 잘 정의된 구조와 의미를 가진 데이터를 다루는 반면, 정보검색 시스템은 잘 구조화되어 있지도 않은 자연언어 텍스트를 다룬다. 따라서 데이터베이스 시스템의 사용자에게 해결책을 제공하는 데이터 검색은 주제나 토픽에 관한 정보검색 문제에 대해서는 해결책이 되지 못한다.

## 1.3 정보검색 시스템

이 절에서는 정보검색 시스템의 소프트웨어 구조를 고수준의 관점으로 제시하며, 사용자 질의에 대응하는 문헌 검색과 순위결정 과정을 소개한다.

### 1.3.1 정보검색 시스템의 소프트웨어 구조

정보검색 시스템을 설명하기 위해 그림 1.2와 같이 단순하고 일반적인 소프트웨어 구조를 사용한다. IR 시스템 구축의 첫 단계는 개인 문서나 웹상의 문헌 집합을 모으는 일이며, 이는 12장에 자세히 기술되듯이 수집(crawler) 모듈이 담당한다. 이렇게 모은 문헌 집합은 중앙 저장소라고 불리는 디스크 저장소에 저장된다.

중앙 저장소의 문헌들은 빠른 검색과 순위 결정을 위해 색인된다. 가장 흔한 색인 구조는 문헌집합의 모든 용어들과 이 용어를 포함하고 있는 문서 리스트를 연결해주는 역색인 구조(9장)이다.

이렇게 문헌 집합이 색인되어 있으면 검색이 비로소 가능해진다. 문헌 검색은 사용자 질의어에 의한 검색과 하이퍼링크를 통한 검색으로 나눌 수 있는데, 전자는 사용자가 관심 정보를 검색한다고 하고 후자는 브라우징이라고 한다. 이 절의 나머지 부분에서는 탐색 과정에 적용된 검색에 대해서만 다루며, 브라우징이 검색과 어떻게 구분되는 지에 대한 더 자세한 내용은 2장에서 다룬다.

검색을 위한 첫 단계는 사용자의 정보 요구를 반영한 질의 작성이고 이 질의를 분석하여 질의 용어의 동의어 등으로 확장한다. 이 확장 질의가 시스템 질의가 되어 색인과 정합되고 관련 문서집합을 가져온 후 검색된 문헌들은 순위화되고 상위 문헌들부터 사용자에게 보여진다.

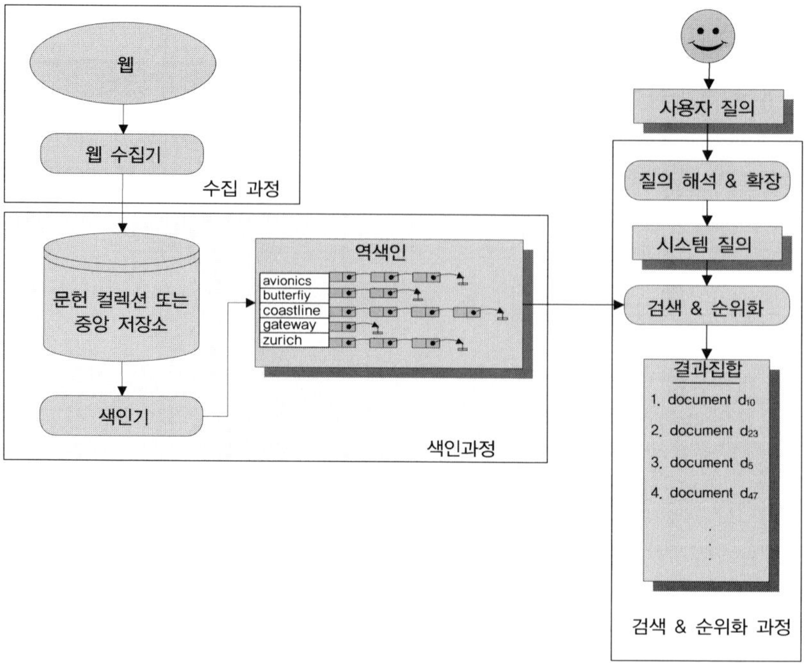


**그림 1.2**: IR시스템의 고수준 소프트웨어 구조. 문서 수집은 검색엔진과 같은 웹 IR 시스템에 필요한 추가 모듈이다.

순위화의 목적은 사용자 질의에 가장 연관이 있는 문헌을 고르기 위함이며, IR시스템의 가장 중요한 부분이고 이런 이유로 3장의 IR 모델이 다양해진다.

연관성을 결정하기 위한 사용자의 주관성과 결과 집합의 질을 평가하는 것이 IR시스템을 향상시키기 위해 중요하며, 이렇게 조직화된 평가 과정이 순위화 알고리즘을 조정하여 결과의 질을 향상시킨다(4장). 가장 일반적인 평가 과정은 IR시스템 결과와 전문가가 제시한 결과를 비교하는 것이다.

순위화를 향상시키기 위해 사용자 피드백을 결과 집합 변경에 사용하기도 하는데, 웹상의 가장 흔한 사용자 피드백은 결과 문헌 집합내의 클릭수이다(5장). 웹 문헌 순위화의 또 다른 중요한 요소는 웹페이지간 하이퍼링크이며, 해당 문서의 권위를 나타내기도 한다(11장).

현재의 웹 검색엔진과 같은 IR 시스템의 설계에는 또 다른 많은 개념과 기술들이 들어있는데, 이들 대부분이 본 교재에서 다루어진다.

### 1.3.2 검색과 순위화 과정

검색과 순위화 과정을 설명하기 위해 그림 1.2를 더 자세하게 표현한 그림 1.3에 나타내었다. 문헌 집합이 주어지면, 우선 불용어, 어미 제거 등의 텍스트 연산을 통해 색인어로 사용될 모든 용어들을 추출하는데, 이 색인어는 문헌 그 자체 보다 작은 크기로 문헌 표현을 구성한다.

문헌표현이 구성되면 색인을 작성하는데, 가장 일반적인 형태인 역색인(9장)이나 다른 방법들이 쓰이기도 한다. 이런 색인 작업은 질의가 들어오기 전 오프라인 상태에서 실행되는데, 색인 과정에 소요되는 자원(시간과 공간)은 검색 과정에 비해 더 많이 필요하다.

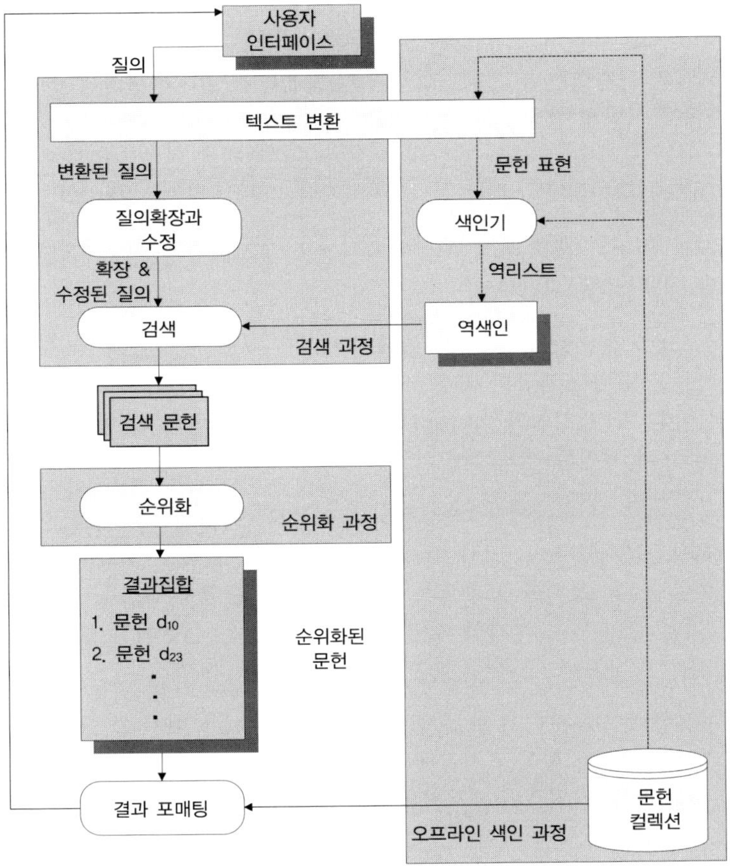


**그림** 1.3: 문헌의 색인, 검색, 순위화 과정

문헌 집합이 색인되어야 비로소 검색이 가능해진다. 사용자는 우선 자신의 정보 요구를 질의형태로 나타내는데, 이 질의는 파싱되어 문헌에 적용된 색인 방법과 동일한 연산을 통해 수정된다. 이런 전형적인 연산에는 철자 오류 수정, 불용어 제거 등이 포함된다. 다음으로 질의는 시스템이 제시하고 사용자 확인을 거쳐 확장되거나 수정된다. 이 확장, 수정된 질의가 포함된 문헌을 검색하여 결과 집합을 작성하며 신속한 질의 처리는 이미 구축된 색인 구조에 기인한다.

다음으로, 검색된 문헌들을 사용자 연관성에 따라 순위화하는데, 사용자가 느끼는 결과의 질이 근본적으로 순위화에 종속되기 때문에 무엇보다도 이 과정이 가장 중요하다(3장). 그 다음으로 상위 문헌들이 사용자에게 보여 지기 위하여 준비되는데, 문헌제목과 질의어가 포함되어 발췌된 토막내용을 생성하여 사용자에게 보여 준다.

## 1.4 웹

이 절에서는 웹의 탄생과 전자출판 시대가 출현한 의미를 살펴보고 또한 웹이 어떻게 검색과정에 영향을 미쳤는지를 살펴본다. 후반부에서는 웹상의 수백만 사용자 존재에 기인한 보안과 저작권 문제 같은 실용적인 문제에 대해 언급한다.

### 1.4.1 간략한 역사

2차세계대전 이후 미국의 프랭클린 루즈벨트 대통령은 바네바 부시를 정부의 주요 요직으로 임명하면서 전쟁에서 얻은 기술을 평화시대에 어떻게 적용할 수 있는지를 연구하게 하였다. 부시는 '과학, 끊임없는 개척자'라는 첫 보고서를 발간했는데, 이는 즉시 미국 과학 재단의 창설이라는 형태로 영향을 주었다. 그 후 그는 '우리가 생각하는 방식-As We May Think'[303]이라는 비범한 논문에서 앞으로 발명될 하드웨어와 소프트웨어 장치를 예견하였다.

> 이 글에서 부시는 완전히 새로운 형태의 백과사전을 등장시켰는데, 이는 연관된 항목들이 연결된 망형태로 미리 준비된 메멕스[2]를 고안하였다.

이 보고서는 더글라스 앵겔바트 같은 사람들에게 영향을 주었는데, 그는 1968년 겨울에 샌프란시스코에서 개최된 연합 컴퓨터 가을 학회에서 컴퓨터 마우스, 비디오 회의, 원격회의, 하이퍼텍스트를 최초로 소개했다. 이 발표는 너무 놀라워서 이후 '모든 시연의 어머니'[1690]로 불리게 되었다. 이 혁신 중에서 우리가 가장 관심을 갖는 것이 하이퍼텍스트이고 이 용어는 테드 넬슨의 과제 Xanadu[1691]에서 유래했다.

하이퍼텍스트는 독자가 한 문서에서 다른 문서로 이동할 수 있게 해주는데, 이 특성이 팀 버너스-리가 1989년에 직면한 가장 중요한 문제였다. 그 당시 버너스-리는 제네바에 있던 CERN(유럽 입자물리학 연구소)에 근무하고 있었는데, 다른 연구자들의 문서를 공유하기 위해서는 내부 출판 시스템을 호환 가능한 문서 형태로 변환해야만 했다[803]. 그는 이런 일이 매우 성가신 것이었으므로 더 나은 해결책이 필요하다고 생각했다.

CERN은 그 당시 유럽에서 가장 큰 인터넷 노드였으므로 버너스-리는 문서 공유를 분산시키면 각 연구자들이 그들의 생각을 자유롭게 공유하면서 연구에 기여할 수 있으리라 여겼다. 그는 인터넷상에 연결된 하이퍼텍스트를 보고 좋은 해결책으로 여겨 구현을 시작했는데, 1990년에 HTTP 프로토콜과 HTML 언어, 초기에 '월드 와이드 웹'이라고 불린 웹 브라우저, 최초의 웹서버를 구축하였다. 1991년에는 자신의 브라우저와 서버 소프트웨어를 인터넷에 공개함으로써 드디어 웹이 세상에 선보이게 되었다.

### 1.4.2 전자출판 시대

웹은 개시 이후 엄청난 성공을 거두었는데, 현재 웹 페이지 수는 200억[3]을 넘었으며[487] 웹 사용자는 17억명[815]에 달하고 있다. 심지어 웹상의 URL수는 정적인 HTML 페이지와 동적인 페이지까지 포함해 1조개 이상이라고 알려져 있다. 더욱이 웹을 활용한 온라인 광고에 기반한 지속적이고 성장 가능한 수익 모델도 등장하기에 이르렀다[801].

웹의 출현은 아무도 예상하지 못할 만큼 세상을 변화시켰으나, 그 성공이 단지 웹의 특성에만 기인한 것인지는 의문시 된다. 즉, 이 성공의 가장 중요한 요소가 웹 특성 한 가지만일까? 이 질문에 대한 대답으로 단순한 HTML 마크업언어, 저렴한 접근 비용, 인터넷의 광범위한 보급, 대화형 브라우저 인터페이스, 검색엔진 등을 들 수 있다. 그러나, 웹의 기본적인 인프라가 제공된다고 해도 이런 기술들이 대중화의 근본 원인은 아니다. 그렇다면 무엇일까?

이 점을 강조하기 위해 이백년 전 한 여류 작가의 예를 살펴보자.

> 그녀는 소설 초고를 1796년에서 1797년 사이에 완성하였으나 첫 출판 시도는 거절되었다. 그 이후 원본은 없어지고 1812년에 다시 작성하여 1813년에 드디어 출판되었다. 하지만 그녀의 저작권은 익명이 되어 '한

2) 역자 주: Memex; MEMory Extender, 인간의 기억 확장기로 현재의 웹과 비슷함.

3) 블로그 http://googleblog.blogspot.com/2008/07/we-knew-web-was-big.html에서 구글은 1조개 이상의 URL을 모았다고 발표하였다.

> 여류 작가'로 남아 있었다[400].
> '오만과 편견'은 영국에서 '반지의 제왕'과 '해리포터' 시리즈와 함께 가장 사랑받는 책중 하나다. 여섯 번이나 TV에서 제작되었으며 다섯 번이나 영화화되었다[1694]. Keira Knightley와 Matthew Macfadyen이 주연한 최신작은 전 세계적으로 1억 달러의 수입을 올렸으며 여주인공은 아카데미상 후보에 오르기도 하였다.
> 제인 오스틴은 그녀 평생 익명으로 책을 출판하였으므로 20세기를 통틀어 오스틴의 이름으로 출판된 소설은 없다. 단지 '오만과 편견'이라는 대중성에 기반을 두고 책들이 출판되었던 것이다.

웹에 의해 소개된 출판의 자유가 이런 인간 관계에 근본적인 변화를 가져왔다. 제인 오스틴은 이런 자유를 갖지 못해 자신의 작품 질에 대해 출판사를 설득하거나 자신의 이름으로 출판하기 위해서는 돈을 내야 했다. 그러나 그녀는 그런 돈을 낼 수 없었기 때문에 15년이라는 세월동안 출판사를 설득해야만 했다.

웹 세상에서는 더 이상 이런 일이 일어나지 않는다. 누구나 더 이상 대형 출판사를 설득하거나 돈을 지불하지 않아도 자신의 아이디어를 웹상에 출판할 수 있으며 하루 밤 사이에 수백만이 읽기도 한다. 즉, 웹의 발명은 대중매체 회사가 강요하는 제약이나 지리적인 장벽을 거의 제거하여 출판의 자유라는 새로운 시대를 열었다. 우리는 이를 전자출판 시대라고 부른다.

### 1.4.3 검색을 변화시킨 웹

오늘날 웹 검색은 정보검색 기술의 가장 중요한 분야가 되었다. 사실, 현 검색엔진의 색인과 순위화 구성 요소는 기본적으로 정보검색 기술의 한 부분이었으며 웹의 즉각적인 결과는 정보검색 개발에 지대한 영향을 주었다.

웹이 검색에 미친 첫 번째 영향은 문서집합의 성격 그 자체에 연관되어 있다. 웹 문서집합은 수백만 개의 사이트에 분산되어 있는 문서(또는 페이지)로 구성되어 있으며 각 문서들은 하이퍼링크를 통하여 서로 연결되어 있다. 이런 웹의 내재된 분산 특성 때문에, 색인하기 전에 문서들을 수집하여 중앙 저장소에 복사본을 저장할 필요가 생겼으며 이렇게 새로 생긴 과정을 웹 문서 수집(crawling)이라고 하고 12장에서 자세히 다룬다.

두 번째 영향은 방대한 문서집합의 크기, 하루에 쏟아지는 엄청난 사용자 질의와 관련되어 있다. 웹은 이전에 알려진 문서집합과는 비교가 안 될 정도로 빠르게 늘어났으며 현재의 검색엔진은 거의 200억 개 이상의 페이지를 처리해야만 한다[487]. 더욱이 사용자 질의의 양도 인류 역사상 유래가 없을 정도로 늘어났다. 이렇게 늘어난 텍스트와 질의 처리량은 기존 정보검색 시스템의 성능과 확장성 면에서 처리 용량을 훨씬 넘어서게 되었다[151]. 즉, 웹의 등장으로 정보검색 시스템의 성능과 확장성이 이전보다 더욱 중요한 특성이 되었다. 이 부분에 대해서는 본 교재에서 다루고 있지는 않지만 11장의 참고문헌을 참고하기 바란다.

세 번째 영향 역시 방대한 문서집합의 크기와 연관되는데, 이 방대한 크기 때문에 문서의 연관성을 예측하기가 전보다 훨씬 어려워졌다. 질의에 포함된 용어에 근거해서 검색된 결과 문서가 많다는 것은 기본적으로 비연관 문서를 많이 포함하고 있다는 것을 의미한다. 즉, 질의에 언뜻 관련 있어 보이는 문서도 실제로는 여러 부류의 사용자 평가 측면에서 연관이 없을 수도 있다. 이 문제는 초기 웹 검색엔진에서 제기되었으며 웹이 성장함에 따라 더 심각한 문제가 되었다. 다행히 웹은 이전 표준 문서집합에는 없는 새로운 특성인 하이퍼링크나 결과 집합에 대한 사용자 피드백 정보 등을 지니고 있어서 이 문제를 다소 완화시켰다. 11장에서 웹상의 연관성 예측에 대해 다룬다.

또 다른 두 가지의 영향은 웹이 단지 문서나 데이터의 저장소만이 아니라 사업 수단이라는 점에 기인한다. 검색 요구가 텍스트의 정보만을 찾는 것이 아니라 사용자의 다른 요구들-도서 가격, 호텔의 전화번호, 소프트웨어 다운로드를 위한 링크등을 찾는 문제로 확대되었다. 이런 요구에 대한 효과적인 해결책은 가격, 위치 등 중요한 특성의 구조적인 데이터를 구분해야 한다는 점이다. 이런 새로운 형태의 질의 처리는 7장에서 다룬다.

마지막 다섯 번째 영향은 웹 광고와 기타 경제적인 동기에 기인한다. 웹이 일반 대중들에게 대화적인 매체로서 성공적으로 자리잡음에 따라 광고나 전자상거래등의 새로운 경제적 가치를 창출하게 되었다. 그러나 이런 새로운 기회는 웹 스팸과 같이 순수한 정보로 가장한 상업 정보가 넘쳐나는 부작용을 가져왔다. 이렇게 늘어만 가는 웹스팸 정보는 실제 관련있는 정보와 혼동되어 진짜 연관성을 찾는데 더 어려움을 가져왔다. 스팸이 결과 집합의 연관성에 부정적인 영향을 끼쳐 현재의 순위화 알고리즘을 최악으로 몰아넣기도 했는데, 오늘날 이런 어려움은 더 커져 적대적(Adversarial) 웹 검색을 등장시켰으며, 이에 대해서는 11장에서 다룬다.

### 1.4.4 웹의 실용적인 쟁점들

오늘날 전자 상거래는 웹의 중요한 요소가 되었으며 수백만 사람들에게 이익을 가져다주고 있다. 전자 상거래에서 소비자는 생산자에게 일상적인 거래 방식으로 신용카드 번호와 같은 정보를 제공하며, 보안상 이 정보는 암호화되어 회사의 자동 인증과정에 활용된다.

보안 외에 또 다른 쟁점은 개인 사생활 보호 문제이다. 사람들은 정보교환에 있어 자주 비밀을 유지하려고 하는데, 이유는 많겠지만, 제일 중요한 이유가 제3자에 의한 개인 정보의 악용을 방지하기 위해서이다. 따라서 개인의 사적 정보 보호가 웹의 전개에 중요한 문제가 되어 있으며 아직도 해결되지 않고 있다.

또 다른 중요한 쟁점은 저작권과 특허권이다. 여러 다양한 나라에서 웹의 광범위한 데이터 보급이 얼마나 저작권과 특허를 침해하고 있는지는 확실치 않다. 특히 이는 거대한 디지털 도서관 구축 사업에 치명적이다. 예를 들어, 마치 자기가 저작권자인 양 정보를 올리는 사이트들에 대한 감독은 잘 이루어지고 있는가? 또 그렇다고 치더라도 그 정보에 대한 오용에 책임질 수 있는지는 의문이다.

이외에 스캔, 광학문자인식(OCR), 이중언어 검색(질의와 검색된 문서가 다른 언어를 사용) 등의 실용적인 문제들이 있다. 본 도서에서는 이런 실용적인 문제에 대해서는 다루지 않지만 관심있는 독자는 Lesk[1005]를 참조하라.

## 1.5 본 도서의 구성

### 1.5.1 본 도서의 초점

정보검색에 대한 관심이 증대하고 있음에도 불구하고 정보검색의 다양한 주제에 대해 광범위하고 심층 기술된 도서는 찾기 어렵다. 이런 요구를 채우기 위해 본 도서는 컴퓨터 과학 측면에서 정보검색의 연구들을 개괄적으로 소개하고 있다. 즉, 본 도서의 초점은 정보검색 시스템에 사용되는 컴퓨터 알고리즘과 기술들에 있다. 또 정보검색에 인간 중심의 해석을 하는 문헌정보학자나 정보과학 연구자들의 약간 다른 관점도 소개하는데, 이는 정보를 어떻게 자동적으로 구조화, 저장, 검색하는 지가 아니라 사람들이 정보를 어떻게 해석하고 이용하는지를 이해하려는 것이다. 본 도서의 대부분은 정보검색 과제에 대한 컴퓨터과학자들의 관점으로 구성되어 있지만, 사용자 인터페이스를 다룬 장과 마지막 두 장에서 인간 중심 관점을 다룬다.

또 본 도서는 정보검색과 깊이 관련된 여러 다양한 분야의 통합적 접근을 강조하는데, 이에는 텍스트 검색, 도서관 시스템, 사용자 인터페이스, 웹 이외에도 시각화, 멀티미디어 검색, 디지털 도서관 등이 포함된다.

본 도서의 내용과 구성은 비록 여러 명의 저자가 각 장을 기술하였으나 총 17장 중 12장의 주저자/공저자로 참여한 두 명의 주저자들이 설계하였다. 더욱이 모든 공저자들의 저작 내용은 사려 깊게 검토, 편집되어 그 구조나 스타일, 통일된 용어, 참고문헌, 적절한 상호-참조 등을 일관성있게 통합하였다. 각 장의 말미에는 연구 쟁점에 대한 토론, 최신 경향, 선별된 참고문헌이 포함되어 있는데, 이는 대학원생이나 연구자들에게 많은 도움을 줄 것이다.

### 1.5.2 도서의 내용

정보검색의 연구 역사는 50년이나 되어 책 하나로 이 분야의 모든 지식을 다루기에는 한계가 있다. 그럼에도 불구하고 정보검색을 넓고 깊게 이해하는 데 필요한 중심 개념과 방법론, 기술들이 있으며 우리는 본 도서에서 총 17장에 걸쳐 이런 내용을 충실히 다루려고 노력하였다. 본 도서의 모든 내용은 10년 전 출간된 1판과는 사뭇 다른데, 절반 이상의 내용이 1판에서 다루지 않은 신기술과 결과들을 다루기 위해 새롭게 작성되었다. 예를 들어, 텍스트 분류, 구조화된 텍스트 검색, 웹 문서 수집, 기업내 검색 등의 내용이 추가되었으며, 연관 피드백, 멀티미디어, 웹, 도서관 시스템, 디지털 도서관, 검색 평가, 모델링 등의 내용은 많이 수정되고 개정되었다.

그림 1.4는 본 도서의 구성을 보여 주는데, 1장에서는 정보검색 과제, 웹의 간략한 역사와 정보검색에 미친 영향 등을 소개한다. 2장에서는 정보검색 기술의 중요한 활용 영역이 된 검색용 사용자 인터페이스 설계를 다루는데, 1판 내용과는 확연히 달리 새롭게 작성되었으며 정보검색 과제의 하향식 관점을 독자에게 제공하는 것을 목표로 하고 있다.

3장에서 5장까지는 전통적인 정보검색 기술인 순위화 모델, 결과의 질 평가, 사용자 연관 피드백 등을 다루는데, 지난 10년간 개발된 새로운 기술을 다루기 위해 절반 이상이 새롭게 작성되었다. 3장에서는 결과 문헌 집합을 순위화하기 위한 14가지 정보검색 모델을 소개한다. 이에는 전통적인 불리안, 벡터, 확률 모델부터 집합-기반, 일반 벡터, BM25, 언어 모델등이 포함된 변형들까지 다룬다. 4장에서는 정보검색 시스템 결과의 질을 평가하는 기술들에 대해 자세히 다루는데, Cleverdon의 색인 시스템 평가와 이를 발전시킨 Cranfield 패러다임에 대한 약사가 포함된다. 다음으로 정확률-재현율 그래프로 연관성 점수를 평가하는 DCG 평가 모델, 불완전한 연관성 평가를 다

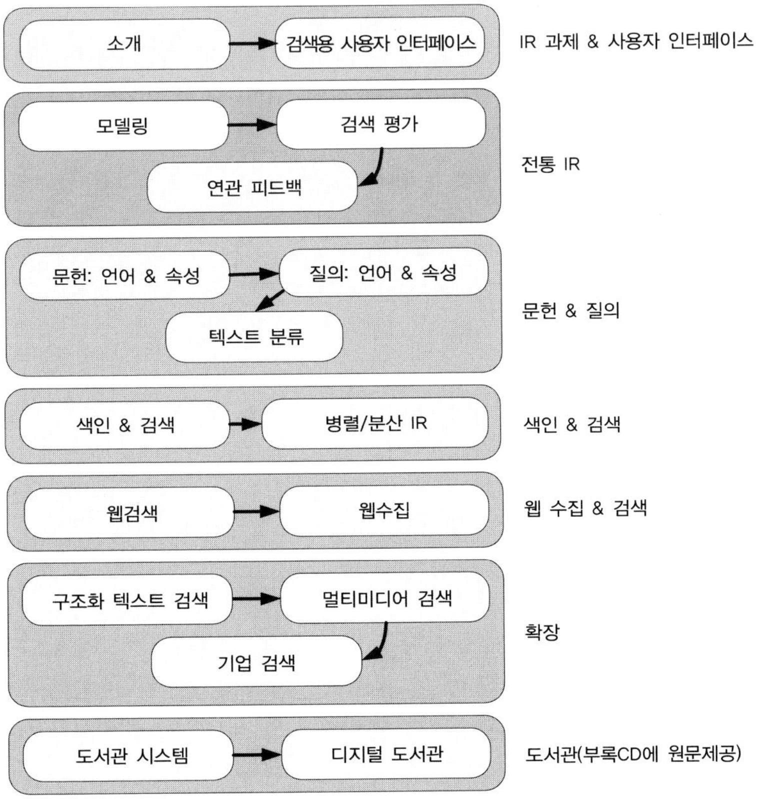


**그림 1.4**: 본 도서의 구성

루는 Bpref 평가 모델을 다룬다. 또 순위화 연관성 평가 모델인 Spearman과 Kendall Tau 계수를 소개한다. 다양한 소규모의 테스트 집합뿐만 아니라 TREC 참고 집합을 다루고 말미에는 웹에 특화된 평가 모델을 소개하는데, 이에는 협력 패널(side-by-side panels) 모델과 연관성을 암시하는 연관클릭(clickthrough) 데이터를 어떻게 해석할 것인지를 설명한다. 5장에서는 사용자 연관 피드백을 최종 순위화에 어떻게 사용하는지에 대해 숨겨지거나 들어난 방법론에 대해 살펴본다.

이 방법들은 질의확장 기술과 직접적으로 얽혀 있다. 즉, 3장에서 5장까지의 내용은 전통적인 정보검색에서 다루는 정보검색 문제 해결과 결과 평가 기술 같은 근본적인 개념을 포함하고 있다.

다음으로 이어지는 세 개의 장은 문헌, 질의와 텍스트 분류에 관련된 개념과 기술을 소개한다. 6장에서는 텍스트 속성을 다루는데 이에는 문헌내 용어들의 분포, 자연언어 모델, SGML, HTML, XML 같은 마크업 언어, 문서 처리와 파싱, 압축 등이 포함된다. 7장에서는 키워드, 구조, 질의 프로토콜에 기반한 질의어와 질의내 용어 분포, 웹 질의 특성 등의 질의 속성에 대해 다룬다. 8장에서는 문헌과 질의를 조직화하는 알고리즘과 방법론을 다루는데, 여기서는 가장 널리 사용되는 문헌 분류에 중점을 둔다. 문헌 분류에는 지도/비지도 방법이 있는데, 비지도 방법에는 K-평균값과 그 변형 알고리즘이 있다. 지도 방법에서는 여섯 가지 텍스트 분류 알고리즘을 소개하는데, 결정 트리, 최인접 이웃, Rocchio, 순수 Bayes, 지원 벡터 머신, 조화 분류기 등이 있다. 다음으로 이들의 결과를 어떻게 평가할지를 자세히 다루는데, 초판에는 없는 새로운 내용이며 텍스트 분류가 최근 정보검색의 중요한 기술이기 때문이다.

9~10장은 텍스트 집합을 색인하고 탐색하는 기술에 대해 기술한다. 9장에서는 순차 탐색부터 역색인, 접미사 배열 등의 다양한 색인과 탐색 기술을 살펴보고 압축색인 기술이 어떻게 검색 속도를 향상시키는지를 살펴본다. 10장에서는 색인과 검색(질의)의 병렬/분산 처리 알고리즘을 다룬다. 최근 웹 환경에서 대용량의 질의를 검색엔진이 처리하기 위해서는 분산된 컴퓨터 환경이 반드시 필요하기 때문에 이 기술이 가장 중요한 부분이 되었다.

11~12장은 웹문서에 대한 수집, 검색, 순위화를 다룬다. 11장에서는 웹의 특성을 다루는데, 검색엔진의 구조, HITS나 Page 순위화와 같은 링크 분석 알고리즘, 결과 순위화 등이 포함된다. 물론 11장에서 웹 검색의 모든 연구들을 다루지는 못하지만, 어떻게 검색엔진이 정보검색 알고리즘과 기술들을 활용하는지를 설명하고 있다. 12장에서는 어떻게 웹 문서 수집기가 개발되었는지를 역사적으로 살펴보고 일반적인 웹 문서 수집기 구조와 구현 과제 등을 다룬다. 또 문서 수집 과정의 중심 과제인 어떤 문서를 다음에 수집해야 하는지를 결정하는 예정 알고리즘을 다루고 마지막으로 수집기 평가 과정을 소개한다.

웹 검색의 확장으로 구조적 문서 검색과 멀티미디어 검색이 있다. 13장의 구조화 문서 검색은 초판 출간 후에 완전히 새롭게 등장하여 빠르게 혁신되어 온 분야이며 초기 텍스트 검색 모델, XML 문서 색인/검색 및 평가, XML 질의어 등이 포함된다. 멀티미디어 검색에 관한 14장 역시 완전히 새롭게 쓰여졌으며, 멀티미디어의 하향식 관점을 정보검색 측면에서 다루었다. 이에는 내용 기반 이미지 검색, 소리와 음악 검색, 동영상 검색이 포함되는데, 이들이 혼합된 내용은 각 기법을 혼합하여 사용된다. 마지막 부분에서는 MPEG 표준을 다룬다. 15장에서는 조직이나 기업내 정보를 검색하는 기업내 검색 시스템을 다루는데, 웹검색 시스템과는 어떻게 다른지와 그동안 설계 및 구현에 있어서 어떤 시도들이 있었는지가 포함된다.

본 도서의 마지막 두 장은 도서관 시스템과 디지털 도서관에 관한 내용이다.[4] 16장은 상업적인 문헌 데이터베이스, 통합 도서관 시스템(ILS), 온라인 공공 접근 카타로그 시스템 등을 다룬다. 상업적인 문헌 데이터베이스는 오늘날에도 여전히 가장 규모가 큰 정보검색 시스템 중 하나이다. 예를 들어, LEXIS-NEXIS는 10억권 이상 규모의 문헌을 가진 데이터베이스이며 년간 수억 개의 질의를 처리하고 있다. 17장은 디지털 도서관의 최신 기술과 경향을 소개하기 위해 완전히 새로 작성되었는데, 역사, 사회 경제적 논쟁들을 설명하고 일곱 개의 디지털 도서관을

4) 역자 주: 컴퓨터 과학과는 사뭇 다르기 때문에 번역에서 제외하고 부록 CD에서 영어 원문을 제공

소개한다. 후반부에서는 디지털 도서관의 중요한 사례 연구를 소개하는데, 이에는 저널이나 학위 논문의 디지털 도서관 망과 국립 과학 디지털 도서관, ETANA 고고학 디지털 도서관이 포함된다.

본 도서는 두개의 부록을 제공하는데, 첫 번째는 HtDig, Indri, Lucene, MG4J, Omega, Omnifind, SwishE, Swish++, Terrier, Zettair 같은 27개의 공개된 검색 시스템을 소개하며 색인 시간, 질의 처리 성능, 필요 공간 등의 항목으로 비교 분석한다. 두 번째 부록은 본 도서에 기고한 모든 저자들의 참고문헌을 제공하는데, 정확히 1,800개에 이르는 방대한 양이다(부록 CD에 원문 제공).

본 2판에서는 연구자들을 위해 교재 스타일의 참고문헌 외에 더 많은 인라인 참고문헌을 제공한다. 비록 우리가 내용의 폭과 깊이 면에서 균형을 유지하려 했지만, 저자들의 전문 분야에 따라 좀 더 깊이 있게 다룬 부분이 있을 것이다. 따라서 어떤 중요하고 상세한 부분을 누락했다면 미리 사과를 드린다.

즉, 본 2판에서는 전통적인 정보검색에서 웹검색까지, 정보를 조직화하는 알고리즘부터 최신 디지털 도서관까지, 검색엔진에 쓰이는 색인과 검색 기술부터 구조화 문서나 멀티미디어 검색 같은 확장된 검색까지 그 개념과 기술, 검색엔진에의 응용, 이런 기술들이 인근 학문인 정보과학, 멀티미디어, 데이터베이스, 디지털 도서관에 미친 영향 등 광범위하고 깊은 부분까지 다루려고 노력하였다.

## 1.6 본 도서의 웹 사이트: 교육 자료

교육용 강의 자료를 포함한 본 도서의 웹사이트는 다음과 같다.

http://www.mir2ed.org

여기에는 강의 자료 외에 용어집, 연습문제가 있으며 다음과 같이 여러 주제에 따른 강의 구성 제안이 들어 있다.

- 정보검색론, 컴퓨터과학, 학부 수준
- 정보검색 특론, 컴퓨터과학, 대학원 수준
- 멀티미디어 검색, 컴퓨터과학, 학부 수준
- 정보검색론, 정보과학, 학부 수준
- 정보검색론, 문헌정보학, 학부 수준
- 웹검색론, 일반, 학부 또는 대학원 수준
- 디지털 도서관, 일반, 학부 또는 대학원 수준

여기에 추가로 실험용 테스트 문헌 집합(낭포성 섬유증에 관한 1239개 문헌과 100개의 정보 요구에 대한 연관성 평가[1454] 정보를 포함)을 제공한다. 더욱이 이 사이트에는 여러 다른 대학의 정보검색 강의계획서, 정보검색 연구 그룹, 출판사 등과 같은 유용한 링크를 제공한다.

마지막으로 본 도서와 관련되어 새롭고 중요한 결과나 추가 내용, 오탈자 수정 내용 등이 여기를 통해 제공될 것이다.

## 1.7 참고문헌 고찰

정보검색에 관한 여러 책이 있지만, 이 주제에 대한 최근의 광범위한 관심 때문에 새 책들이 출간되고 있다. 아래에 이런 출판된 책들과 본 도서를 간략히 비교한다.

정보검색에 관한 전통적 교재는 van Rijsbergen[1624] (웹상에서 검색 가능)과 Salton, McGill[1414]의 책이다. 본 도서의 데이터와 정보검색 구분도 이 책들에서 유래되었는데, 특히 정보검색 과정에 대한 정의는 후자에서 영향을 받았다. 그러나, 이 책들은 출판된 지 거의 25년이 지나 과거의 내용이 많고 정보검색의 새 기술들은 들어있지 않다.

또 다른 잘 알려진 세 권의 책은 Frakes와 Baeza-Yates[582]의 편저, Witten, Moffat과 Bell[1709]의 저서, Lesk[1005]의 책인데, 본 도서와 보완관계에 있다. 첫 번째 책은 정보검색을 위한 자료구조와 알고리즘에 초점을 맞춰 알려진 알고리즘을 빠르게 구현하는데 유용하다. 두 번째 책은 색인과 압축에 초점이 있는데, 텍스트외에 이미지 자료도 다룬다. 예를 들어, 본 서의 텍스트 이미지 정의는 이 책에서 빌려왔다. 세 번째 책은 디지털 도서관과 역사, 배포, 유용성, 경제성이나 저작권등의 실용적인 주제들을 다룬다.

이후에 나온 Hersh[751] 저작 2판, Chowdhury[382] 저작 3판 같은 책들은 본 도서보다 협소한 관점으로 작은 내용을 다룬다. Meadow, Boyce, Kraft, Barry[1112]의 저작 3판은 정보와 그 표현에 중점을 둔다. 컴퓨터 중심인지 사용자 중심인지의 관점은 정보시스템에 대한 Allen[32]의 책에 기인한다. 정보 탐색 관점에 대해서는 Marchionini [1082]와 Tedd & Hartley[977]의 책이 있다.

이외에 각 장에 특화된 참고문헌들이 있는데, 예를 들어, [20]과 같이 정보검색과 하이퍼텍스트에 관한 책이 있다. 멀티미디어에 관한 책으로는 Steinmetz와 Nahrstedt[1534]의 책, Alessi와 Trollip[25]의 책이 있으며 특별히 건강과 생의학 관점의 흥미로운 정보검색 관련 책으로 Hersh[749]가 있다. 정보검색 제목은 아니지만, 웹상의 정보구조에 대한 Rosenfeld와 Morville[1157]의 책은 웹검색에 좋은 참고가 된다. Menasce와 Almeida[1118]의 책은 웹서버 성능 측정에 큐잉 이론을 어떻게 적용하는지를 보여 주며, Chakrabarti[349]는 웹상의 지식 마이닝(Knowledge Mining)에 관한 방법들을 소개하고 있다. 이외에도 많은 책들이 웹상의 정보를 어떻게 찾으며 검색엔진을 어떻게 활용할 수 있는지를 다루고 있다.

Sparck Jones와 Willet[1510]이 편집한 책은 책이라기 보다는 관련 논문들을 모아놓은 논문집에 가까운데, 본 도서의 일관성과 범위는 공식 원칙에 따른 교재에 더 적합하다. 그럼에도 불구하고, 이 논문집은 가치있는 연구도구이다. 교집합언어 정보검색에 관한 논문집인 Grefenstette[674]의 책은 이 주제에 관심있는 사람들에게는 좋은 정보를 많이 제공하고 있다. 또, 지능형 정보검색에 관한 논문집으로 Maybury[1101]이 있으며, 자연어 검색에 대해서는 Strzalkowski[1538]가 있다. 자연어 처리와 정보검색의 연관성에 관한 논문집에는 Karen Sparck Jones에게 경의를 표하며 Tait[1554]가 정리하였다. 이외에 정보검색과 연관되어 편집된 논문집으로는 불확실성과 논리를 다룬[444], 언어 모델링을 다룬[453], 인지 검색[1515], TREC 평가[1654]가 있다.

Korfhage[931]의 책은 본 도서에 비해 훨씬 작은 범위를 다루고 있는데, 예를 들어, 디지털 도서관, 웹, 멀티미디어, 병렬처리 등에 대해 자세히 다루고 있지 못하며 Kowalski와 Maybury[937] (2판)이나 Shapiro 등[1453]도 마찬가지다. Grossman과 Frieder[682]는 웹, 디지털 도서관, 시각 인터페이스가 빠져 있으며, 그나마 검색엔진 문맥에서 전통적인 정보검색을 다룬 것은 Berry와 Browne[194]의 책이다. 이외에 정보검색의 수학적 기초를 다룬 [505]와 검색의 체계를 다룬 [1625], 정보검색에 마크업 구조의 지능적 사용을 다룬 [942]가 있다.

정보 탐색에 관한 Ingwersen과 Jarvelin의 최근 책은 Cranfield 패러다임[810]에 기초한 실험 모델을 넘어서 정보검색의 확장된 인지과학적 관점을 제공하는데, 예를 들어, 시스템 평가를 어떻게 할 것인지에 대한 직접적인 암시를 포함한다. 이렇게 정보검색 과정에 대한 인지적 관점을 제공하는 책으로 Belew[170]가 있으며 탐구 검색(exploratory search)에 관한 최근의 책 White Roth[1686]가 있다.

최근의 Manning, Raghavan과 Schütze[1081]의 책은 전통적 정보검색과 웹 검색과의 관계를 정밀하게 분석하였는데, 기본 개념에 초점을 맞추어 검색 인터페이스나 정보검색 모델들에 대한 심층 분석이 결여되어 있고 검색의 질 평가, 웹 문서 수집은 최소화되어 있으며 구조적 텍스트 검색, 멀티미디어, 도서관 검색 시스템, 디지털 도서관에 관한 내용은 아예 다루지 않고 있다.

더 최신의 책 Croft, Metzler와 Strohman[449]은 학부생을 위한 검색엔진에 초점을 두고 있어서 검색엔진 구현에 필요한 기초적 정보검색 기술만을 다루며, 검색 인터페이스, 연관 피드백, 질의확장, 멀티미디어, 도서관 검색 등은 다루고 있지 않다. 더욱이 모델링, 검색 평가, 텍스트 분류, 구조적 문서 검색은 본 도서가 더 자세히 다루고 있다.

마지막으로 Büttcher, Clarke와 Cormack[304]이 출판한 책은 XML 검색, 병렬 검색엔진, 웹 검색을 포함하는 정보검색 시스템의 구현과 평가를 다루고 있다.

정보검색에 관한 연구 결과에 관심이 있는 독자들은 다음의 저널을 참고하기 바란다.

- *Journal of the American Society of Information Sciences and Technology*(*JASIST,* Wiley and Sons),
- ACM *Transactions on Information Systems*(TOIS),
- *Information Retrieva* (Kluwer),
- *Information Processing and Management*(IP&M, Elsevier),
- *ACM Transactions on the Web*,
- *IEEE Transactions on Knowledge and Data Engineering*(TKDE),
- *Information Systems*(Elsevier),
- *Knowledge and Information Systems*(KAIS, Springer),
- *Data and Knowledge Engineering*(DKE, Springer),
- *D-Lib Magazine*,
- *International Journal on Digital Libraries*(Springer).

정보검색에 관한 국제회의:

- ACM SIGIR International Conference on Information Retrieval,
- ACM International Conference on Web Search and Data Mining(WSDM),
- World Wide Web Conference(WWW), search track,
- ACM Conference on Information Knowledge and Management(CIKM),
- European Conference on IR(ECIR),
- String Processing and Information Retrieval Symposium(SPIRE),
- Text REtrieval Conference(TREC),
- INitiative for the Evaluation of XML retrieval(INEX),
- Cross Language Evaluation Forum(CLEF),
- International Conference on Multimedia Retrieval(ICMR), the fusion of ACM MIR and CIVR,
- Joint ACM-IEEE Conference on Digital Libraries(JCDL),
- European Conference on Digital Libraries(ECDL).

Chapter 2

# 검색 사용자 인터페이스

## 2.1 소개

이 책의 많은 부분은 검색엔진과 검색시스템의 알고리즘을 다루고 있다. 그러나 이 장에서는 검색시스템 사용자에게 검색시스템이 보여 주는 창인 검색 사용자 인터페이스를 집중적으로 다루고자 한다. 검색 사용자 인터페이스의 역할은 사람들의 정보요구를 이해하고, 잘 표현할 수 있도록 도와주며, 검색어를 만들어 내고, 정보를 선택하고, 검색결과를 이해하는 등의 전반적인 검색과정을 도와주는 것이다.

이 책의 첫 판에서는 효과적인 검색 인터페이스를 만드는 것에 대해 알려진 바가 거의 없었지만, 이후 사용성 관점에서 어떤 인터페이스가 효과적이고 그렇지 않은지에 대해 많은 연구가 이루어졌다.

이 장은 검색 인터페이스 디자인의 현황 및 동향을 상용시스템과 학술적 연구 양측 모두에 대해 정리한다. 또한 사람들이 검색을 하는 방법, 현재 검색 인터페이스, 검색 인터페이스 시각화, 그리고 검색 사용자 인터페이스의 디자인 및 평가 등을 논의한다.

## 2.2 사람들은 어떻게 검색하는가

검색 과제들은 간단한 것(예를 들어, 사실을 찾거나 날씨정보를 찾는 것)에서부터 복잡한 과제(일자리 찾기나 휴가계획 등)에 이르기까지 다양하다. 검색 인터페이스는 사람들이 정보를 검색하는 과정을 고려하면서 다양한 과제를 지원해야 한다. 이 절에서는 실시간 정보탐색과정에 대한 이론적 모델 및 경험적 관찰들을 정리한다.

### 2.2.1 정보조회와 정보탐색

사용자와 검색 인터페이스의 상호작용은 정보검색 과제유형, 검색과정에서의 시간과 노력의 양, 검색하는 사람의 전문지식에 따라 달라진다. 웹 검색엔진의 간단한 대화형 상호작용(simple interaction dialogue)은 질문에 대한 답을 찾거나 웹사이트를 찾는 일, 또는 검색의 시작점이 되는 다른 리소스를 찾는데 상당부분 적합하다. 그러나 Marchionini[1085]가 언급한 것처럼 웹 검색엔진의 '순차적(turn-taking)' 인터페이스는 내부적으로 한계가 있고, 여행이나 건강정보검색 등 풍부한 상호작용 모델이 요구되는 경우, 전문검색엔진이 대신한다.

Marchionini[1085]는 정보조회(information lookup)와 탐색적 정보검색(exploratory search)을 구분하였다. 정보조회는 실제 검색이나 질의응답(Q&A)과 유사하고, 짧고 명확한 정보들-숫자, 날짜, 이름, 파일이나 웹사이트이름 등-로 만족된다. 표준 웹검색 인터랙션은(표준 데이터베이스 관리시스템 질의들도 마찬가지) 이런 요구에 적합하다.

Marchionini는 탐색적 정보검색을 학습(learning)과 조사형 과제(investigating tasks)로 구분하였다. 학습검색은 여러 개의 검색어-답변이 필요하고, 검색하는 사람이 정보를 훑어보고 읽는 시간, 내용을 이해하고 분석하는 과정을 포함한다.

조사형 검색(Investigating Search)은 이 보다 긴 과정으로 '상당히 긴 시간동안 행해지거나, 개인이나 전문지식으로 통합될 수 있는 검색결과들을 (날카롭게) 평가하는 여러 번 반복하는 검색'[1085]을 일컫는다.

조사형 검색은 계획을 보완하거나, 지식 간의 차이 발견, 진행 중인 주제(on-going topic)를 모니터하는 일 등이 될 수 있다. 때때로 조사형 검색은 학술연구나 소송연구와 같이 가능한 모든 정보나 대다수의 적합한 정보를 찾는 일과 관련된다.

Day와 Jeffries[1219]는 깊이 있고 반복적이며 복잡한 정보요구에 관한 연구를 통해, 이런 관점을 지지하면서 정보탐색과정(information seeking)은 서로 연결되어 있지만 일련의 다양한 검색으로 이루어진다는 것을 발견했다. 또한 특정 목적을 가진 검색결과는 새로운 목적을 발생시키는 경향이 있고, 이런 이유로 새로운 방향으로 검색이 행해지지만, 문제와 이전 검색의 문맥은 검색의 한 단계에서 다음 단계로 수행된다는 것을 발견했다. 또한, 검색의 주요 가치는 최종 검색결과가 아니라 검색과정에서 차곡차곡 쌓인 학습과 정보획득에 있다고 하였다.

더 넓게 보면, 정보탐색은 문헌에서 맥락 파악(sensemaking)이라고 일컫는 더 확장된 과정으로 볼 수 있으며 맥락 파악은 큰 정보 집합으로부터 개념적 표현(conceptual representation)을 형성하는 반복적 과정이다. Russell 등[1401]은 맥락 파악에서 대부분의 노력은 훌륭한 표현을 종합(synthesis)하거나 당면한 문제를 해결하는 방식으로 향한다고 보았다. 이들은 해당과제에 대한 중요한 개념을 형성하고 정리하는 과정이며 검색은 이 과정 중 한부분이다. 맥락 파악 활동 중 일부는 분석 및 종합이 따르는 일련의 검색과정을 구성하는 반면, 일부는 전반적으로 검색과 관련되어 있다. 검색뿐만 아니라 맥락 파악이 요구되는 분석과제의 예로는, 판례발견 과정, 역학(질병추적), 서비스 개선을 위한 고객 불만 연구, 기업정보수집 활동 등이 있다.

### 2.2.2 정보탐색의 전통적 모델과 동적 모델

연구자들은 사람들이 검색을 어떻게 하는지에 대해 수많은 이론적 모델을 만들었다. Sutcliffe와 Ennis[1547]의 정보탐색 과정모델은 4개의 주요활동 주기로 구성된다.

- 문제 정의(problem identification)
- 정보요구의 형성(articulation of information need(s)
- 질의 구성(query formulation)
- 결과 평가(result evaluation)

전통적 정보탐색 과정은 사용자의 정보요구가 정적이라는 것, 그리고 정보탐색 과정이 원래 정보요구에 적합한 문서들을 찾을 때까지 검색어를 다듬는 것이라고 가정해왔다. 그러나 최근 정보탐색 모델은 검색하는 과정에서 학습해 간다는 것, 그리고 검색결과를 보면서 정보요구가 적응하고 있다는 것에 주목하면서 검색과정의 동적인 특성을 강조한다. 이런 동적인 과정은 검색의 *berry picking* 검색모델로 불리기도 한다[157].

오늘날 검색엔진의 빠른 응답시간으로 인해, 사람들은 '살펴보는(test the waters)' 일반적인 검색어에도 전략을 사용하는데, 검색결과를 보고, 그에 기반하여 검색어를 다시 입력하여 결국 원하는 목적에 다가간다[158, 755, 1082]. 일례로 사람들은 '3/8인치 가정용 콘센트에 맞는 1/2인치 가스그릴호스 연결커넥터'와 같이 실패하기 쉬운 복잡한 검색어 대신 '가스그릴호스 커넥터(gas grill hose connectors)'나 '가스그릴(gas grill)'과 같은 검색어로 검색한 후 검색결과를 보고 검색어를 다시 입력하거나 웹사이트를 방문하여 원하는 것을 찾아본다.

이런 종류의 행동은 berry-picking 접근에서 일반적으로 보여지는 전략으로서 '오리엔티어링(orienteering)'이라고 불린다[1219, 1569]. 오리엔티어링 정보 탐색은 원하는 정보를 찾기 위해서 광범위한 검색어를 우선 입력한 후, 일련의 로컬 내비게이션을 통해 관심정보에 다가간다. 사용성 연구와 웹 검색로그는 이런 접근이 일반적임을 보여 주는데, 사람들은 상당히 많은 검색어를 재입력하는 경향을 보이며, 웹 검색로그 분석에 의하면 검색어를 수정하는 비율이 52%에 이른다[820].

일부 정보탐색모델은 검색과정을 전략(strategies)이라는 용어로 표현하고, 다음 단계를 위한 선택이 어떻게 이루어지는지를 설명한다. 일부 이러한 모델들은 의식적으로 계획된 전문가의 검색 행동을 반영하거나, 덜 계획적이고 보다 반응적으로 행동하는 일반사람들의 검색행동을 의미한다. Bates[156]는 검색행위가 검색전술(search tactics)로 이루어진 검색전략의 특징을 가진다고 하였는데, 검색과정을 모니터링 하는 것, 그리고 비용(cost)과 이익(benefit)을 비교하여 검색전략을 이어갈지 아니면 다른 전략을 시도할지를 중요하게 다루었다.

Russell 등[1401]도 사람들이 목표나 하위목표에 관한 검색전략과정을 모니터링 하는 행위를 비용구조분석(cost structure analysis) 또는 수확체감분석(analysis of returns)으로 설명하였다. 비용구조분석 방법은 Pirolli와 Card에 의해 정보수집이론(information foraging theory), 즉 사람들이 정보구조내에서 내비게이션하는 전략을 예측 및 모델링 하는데 진화생물학 관점을 이용한 이론적 프레임워크로 확장되었다[1271, 1269].

### 2.2.3 내비게이션과 검색

모든 검색이 항상 검색창에 검색어를 입력하는 것으로 시작되는 것은 아니다. 많은 웹사이트와 일부 검색엔진은 사람들이 정보를 찾을 수 있도록 정보구조를 제공한다. 내비게이션(*navigation*)과 브라우징(*browsing*)은 사람들이 정보구조를 살펴보거나 정보들 사이로 이동해 다니고, 연속해서 정보를 훑어보고 선택하는 전략을 일컫는다. 정보구조(웹사이트의 하이퍼링크와 같은)가 정보를 찾는 요구와 잘 부합되면 사람들은 검색어 입력보다 브라우징을 선호할 수 있다. Hearst 등[737]의 연구에서 자칭 검색을 선호한다는 사람들이 디자인이 잘 된 카테고리 시스템을 몇 번 반복적으로 사용한 후에, 브라우징을 하는 경향으로 바뀌는 것을 볼 수 있었다.

브라우징에서 정보를 인지하는 것이 정보를 기억하는 것보다 좀 더 수월하기 때문에 선호한다. 하지만 관심 정보를 찾는데 너무 오래 걸리거나 원하는 정보가 보이지 않으면 링크를 살펴보는데 수확체감을 경험하게 된다. 즉, 브라우징은 적절한 링크가 제공되거나, 정보에 대한 의미 있는 단서(information scent)가 주어지는 경우에 한해 잘 작동한다.

적절한 내비게이션 구조를 제공하여 몇 번의 클릭으로 사람들이 찾는 목표에 이르게 하는 인터페이스가 반드시 나쁜 것만은 아니다. Spool[1523]은 원칙적으로 사람들이 원하는 정보에 다가가는데, 나타나지 않는 링크를 쫓는 것보다 많은 링크라도 따라가는 것이 더 좋으며 원하는 정보를 찾아가는 경로에서 '단서'를 잃지 않게 한다면, 인터페이스는 잘 동작한다고 볼 수 있다. Spool은 특정 레이저프린터에 대한 소프트웨어 드라이버를 찾는 사용자 예를 들었다.

사용자가 먼저 '프린터'를 클릭하고, 그 다음 '레이저 프린터'를, 그리고 나서 다음 순서대로 링크들을 클릭했다고 하자.

- HP 레이저프린터
- HP 레이저프린터 모델 9750
- HP 레이저프린터 모델 9750 소프트웨어
- HP 레이저프린터 모델 9750 소프트웨어 드라이버
- Win98 운영체제 HP 레이저프린터 모델 9750 소프트웨어 드라이버

이런 종류의 상호작용은 즉각적인 검색어 정제로서 의미 있고, 백업이나 다른 선택을 시도할 필요가 없기 때문에 가능하다. 그러나 검색하는 사람이 클릭하는 중에 목표에 근접하는 링크를 찾을 수 없다면, 그 경험은 좌절을 안겨주고 해당 인터페이스는 사용성의 관점에서 실패한 것이다.

### 2.2.4 검색 과정 관찰

많은 연구에서 사람들이 검색하는 과정을 관찰하였고, 이러한 연구 결과들은 검색 인터페이스 디자인에 도움을 준다. 관찰 결과 중 하나는, 앞에서도 언급한 것처럼 사용자는 검색어를 조금씩 바꾸어 가면서 재구성한다는 것이며 이는 처음부터 검색어를 구체적으로 입력하는 것보다 쉽기 때문이다. 또 하나는, 사람들이 종종 이전에 찾았던 정보를 다시 검색한다는 것이고[853, 1130], 이 때의 검색전략은 다소 다르다. 연구자들은 검색 인터페이스를 디자인하는데 이와 같이 정보에 재접근하는 경향을 고려하여, 검색 이력 및 이전에 찾은 정보를 재방문할 수 있게 도

와준다[466, 518].

연구 결과들은 사람들이 문서가 주제에 적합한지 여부를 판단하는 것이 어렵다는 것을 보여 주며[451, 1402, 1687], 주제에 대해 잘 모를수록, 검색결과가 해당 주제에 적합한지를 잘 판단하지 못한다[1516, 1620]. 웹 검색엔진의 경우, 사람들은 상위 검색결과만을 보는 경향이 있고, 검색결과 순위의 영향으로 상위 한 두 개의 검색결과가 그 밑의 검색결과보다 좋다고 생각한다.

또한 기존연구들은 사람들이 그들이 찾은 컬렉션에 적합한 정보가 얼마나 많은지 잘 예측하지 못하고, 주제에 대해 잘 알지 못할수록 찾은 정보들이 대부분 적합하다고 확신하는 경향을 보여 주었다[1551]. 그리고 컬렉션에 더 좋은 정보가 있을 수 있음에도, 보통 몇 개의 검색결과만을 보고 해당 검색을 끝냈다.

일부 검색 사용성 연구는 기준이 명확하진 않지만 검색과정에서 초보자와 전문가로 구분하여 지식효과를 연구했다[81]. 연구에 따르면, 전문가는 초보자와 다른 전략을 사용하였고[771, 990, 1687], 검색지식과 도메인 전문성 사이에 상호작용 효과가 발견되었다[771, 832]. 어떤 연구에서는 품질이 좋은 문서를 발견하는 사람과 그렇지 못한 사람의 차이는 집요함에 있다고 하였는데, 문서를 더 많이 읽고 시간을 더 많이 투자하는 사람들이 그렇지 않은 사람들보다 더 좋은 성과를 보였다[1247]. 또 다른 연구에서 검색 전문가는 초보자보다 더 끈기 있고 긍정적인 태도로 더 좋은 검색결과를 얻었다[1551].

## 2.3 검색 인터페이스의 현재

전형적인 검색세션은 질의 생성, 검색결과 탐색, 질의 수정의 주기로 이루어지는데, 검색하는 사람은 검색 과정을 진행하면서 가능한 정보소스와 검색주제에 대해 배우게 된다.

이 절에서는 검색 인터페이스의 표준이면서 사용성 높은 검색 인터페이스 구성요소들을 다룬다. 앞서 얘기한 것처럼 이 구성요소들의 디자인특성에 중점을 둘 것이며, 이 구성요소들이 통합되어 검색과정의 다른부분을 지원하는게 바람직하겠지만, 이는 별도로 논의하는게 유용하다.

### 2.3.1 시작하기

정보탐색(information seeking) 세션은 어떻게 시작되는가? 오늘날 웹은 많은 부분에서 전화번호부나 백과사전과 같은 전통적인 물리적 정보소스를 대체해왔다. 사용자가 검색세션을 시작하는 가장 일반적인 방법은 웹브라우저나 웹 검색엔진을 사용하는 것이다. 또 다른 방법으로, 브라우저의 북마크저장 기능을 사용해서 이전에 방문한 웹사이트들을 구성해놓고 거기에서 선택하는 방법이 있으나, 이는 검색엔진이 빨라지고 정확해짐에 따라 예전만큼 많이 사용되지 않는다[1569]. 또 다른 북마크 시스템으로, 웹사이트에 사용자가 선호하는 사이트링크들을 저장해두고(그래서 어느 컴퓨터에서나 접속가능하다) 다른 사람들이 저장한 북마크도 볼 수 있는 시스템이 있는데, 이는 작은 그룹단위 사용자들에게 인기를 얻었다. 이러한 사이트들(예: delicious.com과 furl.net, diigo.com)은 사용자가 레이블이나 태그를 붙일 수 있게 하여, 주제별 검색 또는 브라우징이 가능하고, 웹사이트 이름만이 아닌 텍스트 검색도 가능하다.

웹디렉토리 또한 정보탐색의 시작점으로 많이 사용되었는데, 야후닷컴의 디렉토리는 초기 웹내비게이션에 가장 많이 이용되었으나, 웹이 너무 커져서 일일이 카탈로그화 할 수 없고 검색엔진의 정확률도 향상되었기 때문에 검색엔진으로 많이 대체되었다. 그러나 여전히 학계 일부에서는 검색 사용자가 정보의 출처를 더 많이 알아야 하고, 정보출처가 검색결과 리스트에 더 확실하게 표시되어야 한다는 주장이 있다[1355]. 웹디렉토리에 대한 더 많은 정보는 11.8.2절을 참고하라.

### 2.3.2 질의어 생성

검색 시작점을 선택하면, 검색 사용자가 정보요구를 표현하는 기본적인 방법은, 검색입력 폼에 검색어를 입력하거나 디렉토리 또는 기타 정보출처에서 링크를 선택하는 것이다. 웹 검색엔진에서 검색어는 텍스트 형태로 키보드에서 입력하지만, 미래에는 모바일 디바이스를 입력기기로 사용한 음성검색이 점점 일반화될 것이다.

오늘날 웹검색어는 보통 아주 짧고, 평균 1~3개의 단어로 구성되는데, 복합 검색어는 구(phrase)로 구성될 수도 있고, 여러 주제로 이루어질 수도 있다. 짧은 검색어는 사용자가 검색결과를 알기 위해 일단 살펴보는, 일반적인 사용 시나리오를 반영한다. 검색결과가 적합하지 않아 보이면 사용자는 검색어를 재입력한다. 검색결과가 괜찮아 보이면, 더 적합해 보이는 웹사이트를 탐색하고 해당 웹사이트에서 더 정제된 검색어를 입력한다[158, 539, 755, 1082]. 이와 같이, 검색 영역의 의미 있는 부분을 찾아서 적합한 검색사이트내의 하이퍼링크를 따라가는 검색 행위는 웹검색에서의 오리엔티어링(orienteering) 전략을 잘 보여 준다.

많은 경우 검색 사용자들은 자신의 정보요구를 더 상세하게 표현하기를 원하지만, 경험상, 이 방법으로 검색엔진이 잘 작동하지 않았고, 검색어 키워드와 함께 오리엔티어링 방법이 더 잘 작동한다는 것을 보여 주었다.

웹 이전의 상업적인 텍스트 검색 시스템은 불리안 연산자(Boolean operators)와 명령어기반 문법(command-based syntax)을 지원했고, 검색어 키워드는 잘 지원하지 않았다. 그러나 불리안 연산자와 명령어기반 문법은 대부분의 사용자가 이해하기에 대체로 어려웠고, 사용하려는 사람들도 사용법을 자주 틀렸다[499, 672, 699, 755, 763].

대부분의 웹 검색엔진이 일부 불리안 형태 검색어를 지원하는데, 최근 웹검색로그 분석연구에 의하면, 백오십만개 이상의 질의를 분석한 결과, 그중 2.1%만이 불리안 연산자를 포함하였고, 7.6%는 기타 검색어 문법, 주로 쌍따옴표로 된 구(phrases)검색을 포함하였다[819]. 또 다른 연구로, 2006년도에 약 60만 사용자가 13주 동안 입력한 수백만 검색어로그를 조사한 결과, 1.1% 검색어만 주요 4가지 웹연산자 ("", +, −, site: )중 하나를 포함하였고, 8.7% 사용자만 연산자를 사용했다. 웹검색어에 대한 더 많은 정보는 7.2.1절을 참고하라.

웹랭킹은 크게 3개의 주요 시기를 거쳐 왔다. 1994년부터 2000년도에 해당하는 첫 번째 시기는, 대부분의 검색엔진이 통계적 랭킹을 사용했지만, 웹문서내 개별 검색어간 거리 정보나 웹문서의 상대적 중요도 정보는 고려하지 않았다. 웹의 크기는 상당히 작았고, 긴 검색어에 반응하는 적합한 문서도 많지 않았다. 검색하는 단어에서 핵심어가 빠진 문서가 검색되기도 해서, 사람들은 이에 혼란스러워 했다(알타비스타(AltaVista)는 필수 연산자로서 +기호를 이용하여 +기호 뒤에 나오는 단어는 반드시 포함한 문서를 검색하는 기능을 도입하였는데, 이러한 연산자를 사용하여 검색하는 사용자는 소수에 불과했다)

1997년경, 구글은 결합검색어(conjunctive queries), 즉 검색어 개별 단어를 각각 포함한 문서를 찾는 방식을 도입하였다. 또한 검색어 개별 단어간 거리정보와 문서 중요도 점수(11.5.2절의 페이지랭크 참고)를 추가로 사용하였는데, 이는 검색어의 적합성을 크게 향상시켰고, 대표적인 예로 내비게이션 검색어가 있다. 즉, '도요타(Toyota)'라는 검색어는 도요타를 가장 많이 포함한 문서가 아닌, 도요타 홈페이지를 찾는 것이며 다른 웹 검색엔진도 이 방식을 따르게 되어, 결합랭킹(conjunctive ranking)이 표준이 되었다.

웹에 정보량이 늘어나면서, 수준 높은 검색 사용자들은 구(phrases)와 같이 길이가 긴 검색어를 사용하면 만족도가 높은 검색결과를 가져온다는 것을 알게 되었다. 과거에는 복잡한 검색어를 웹 검색엔진에 그대로 검색하면, 검색결과가 없기 일쑤였다. 예를 들어, '1985년식 코롤라 자동차의 휠캡 대체품을 어디서 찾을 수 있을까요'와 같은 질의는 검색어 결합제한(conjunctive constraint)에 걸려 0건의 검색결과를 보여 주었다. 오늘날, 웹 검색엔진은 빈 검색결과를 발생시키는 단어는 검색어에서 빼고, 거리가 가까우면서 잘 매칭된 중요한 단어들, 그 외 랭킹요소들을 사용해서 점점 고도화되어 가고 있다. 질의 언어(query languages)에 대해 더 자세한 내용은 7.1절을 참고하라.

## 2.3.3 검색어 입력 인터페이스

텍스트 검색 인터페이스 표준은 검색창 입력 폼으로, 사용자가 검색어를 입력하고 나서 키보드의 리턴키를 누르거나 검색버튼을 선택하는 것이다. 기존 연구들은 검색어 길이와 입력폼의 크기에 상관관계가 있다고 밝혔는데, 입력 칸이 작으면 검색어를 길게 입력하지 않고, 입력 칸이 크면 더 길게 입력하게 된다[171, 585].

일부 입력폼은 여러 개의 컴포넌트로 나누어서, 텍스트 검색어를 여러 방식으로 필터링하는 폼을 제공한다. yelp.com의 예를 보면, 사용자는 첫 번째 입력폼에 일반적인 검색어를 입력하고, 두 번째 입력폼에 장소정보를 입력하여 더 상세한 검색을 할 수 있다(그림 2.1 참고). 입력폼에서 예전에 입력했던 정보를 선택할 수도 있는데, 이 정보는 나중에 사용할 수 있도록 구조화되어 파라미터로 설정될 수도 있다. 예를 들어 yelp.com은 사용자의 현재 장소 정보를 보여 주고(과거에 사용되었다면), 최근에 선택한 특정장소나 기타장소를 추가할 수 있는 옵션을 제공한다.

최근 많이 사용되는 검색어 입력폼 전략은, 각 폼에 입력할 정보에 대한 힌트를 회색글자로 보여 주는 형태이다. zvents.com 검색의 예를 보면(그림 2.2 참고), 첫 번째 입력상자에는 '어떤 정보를 찾으세요?(what are you looking for?)'가, 두 번째 입력상자에는 '언제(오늘밤, 이번주 말, …)'라고 쓰여져 있다. 사용자가 커서를 입력폼으로 이동하면, 회색 글자는 사라지고 사용자가 원하는 검색단어를 입력할 수 있다.

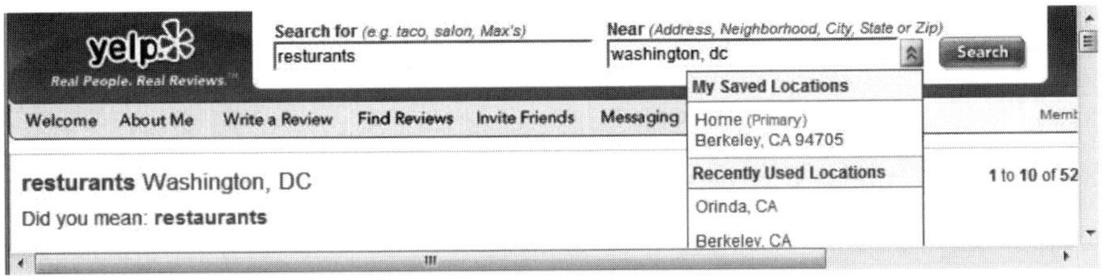


**그림 2.1**: 옐프닷컴(yelp.com)의 검색어 입력폼, 검색어를 구조화해서 보여 주고, 과거 검색어 정보를 저장하는 기능을 지원한다.

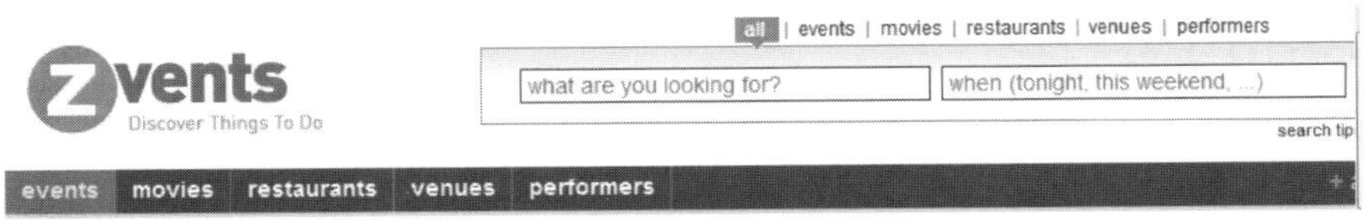


**그림 2.2**: zvents.com의 검색어 입력폼. 폼에 입력할 정보의 힌트를 회색글자로 입력폼에 바로 보여 준다.

이러한 예는 일부 검색엔진들이 최근에 지원하는 입력형태를 보여 주는데, 예를 들어 zvents.com사이트는 '내일'과 같이 시간을 나타내는 단어를 인식해서 사용자 기대에 부응하여 해석한다. 이는 또한 특정형식을 가진 날짜 문법에 유연성을 제공한다. 그래서 '수요일 코메디("comedy" on "wed")'를 검색하면 자동으로 가장 가까운 수요일 날짜를 계산한다. 이는 사람들의 사고방식을 반영한 인터페이스 디자인의 예로서, 사람들이 프로그램은 전통적으로 불확실하고 융통성 없다고 생각했던 방식과 다르다(이처럼 자유로운(loose) 검색어 입력은 날짜입력이 까다롭지 않은 '간편한(casual)' 인터페이스와 잘 어울리지만, 오류발생 비용이 높기 때문에 세금양식을 채우는 데는 적합하지 않다).

검색어 입력에서 크게 향상된 부분은 동적으로 만들어지는 검색 제시어 리스트로서, 사용자가 검색어를 입력할 때 실시간으로 보여 진다[1684]. 이는 자동 완성(auto-complete), 자동 제시어(auto-suggest), 동적 검색 제시어(dynamic query suggestions) 등과 같이 다양한 명칭으로 불린다. 대용량 로그 연구는 사용자가 야후 검색도구(Yahoo Search Assist tool)에 보여 진 동적 제시어의 약 1/3을 클릭했다는 것을 보여 준다[61]. 이와 관련한 내용은 11.7.2절 웹 검색엔진 부분에서 자세히 다룬다.

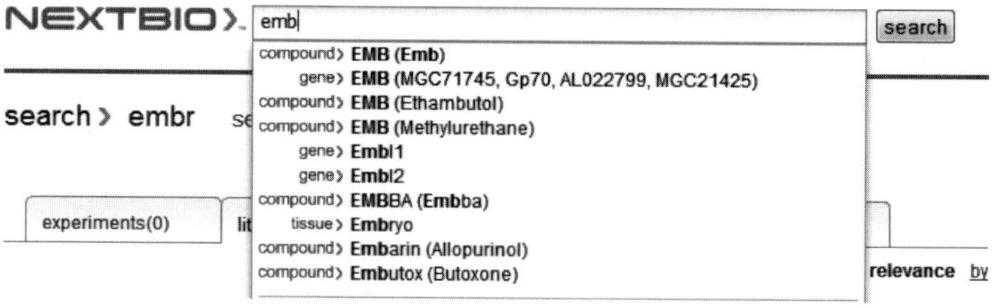


**그림 2.3:** 넥스트바이오닷컴(NextBio.com)의 유형별로 그룹화된 동적 검색 제시어

보통 제시어는 입력된 문자 앞부분과 정합된 리스트를 보여 주는데, 단어 중간이 정합된 제시어를 보여 주기도 한다. 검색어가 복합 단어인 경우, 문자열이 정합되지 않더라도 사용자가 그때까지 입력한 단어와 비슷한 유의어(synonyms)를 제시어로 보여 줄 수 있다. 예를 들어, 넷플릭스닷컴(Netflix.com)은 회색글씨로 된 설명과 함께 두 가지 모두를 드롭다운박스(dropdown box)로 보여 준다.

동적 검색 제시어 인터페이스에서 정합을 보여 주는 방법은 다양하다. 일부 인터페이스는 정보 분류에 따라 제시어 색깔을 달리한다. 대체로 사용자가 제시어에 마우스를 가져가면 검색어 입력박스에 해당 제시어가 채워진다. 이때, 바로 검색이 수행될 수도 있고, 아니면 사용자가 엔터키를 누르거나 검색버튼을 클릭해야 한다.

제시어는 여러 정보를 이용해 만들어질 수 있는데, 사용자가 직접 입력한 검색어 이력 또는 다른 사람들이 입력한 인기검색어 리스트일 수도 있다. 또한 웹사이트 기획자가 중요하다고 생각하는 메타데이터를 이용해서 만들 수도 있는데, 예를 들면, 약리학에서 알려진 질병이나 유전자 이름이나(그림 2.3 참고), 전자상거래 사이트에서 검색하는 상품명리스트, 영화사이트에서 검색하는 알려진 영화명 리스트 등이 될 수 있다.

검색어 입력의 또 다른 형태는 하이퍼링크나 북마크와 같이 보여지는 정보들 중에서 고르는 방법이다. 링크를 선택하면, 결과 리스팅뿐만 아니라 더 많은 내비게이션을 위한 링크들이 보여 지기도 한다. 이와같은 검색어 입력방식은 다음에 나오는 '검색결과 구성하기'절에서 더 자세하게 다룬다.

### 2.3.4 검색결과 표시

검색결과는 문서전체를 보여 주거나 문서의 내용을 특정 형태로 보여 준다. 문서 대용물(surrogate)은 문서를 요약한 정보를 일컫는데, 성공적인 검색 인터페이스의 핵심부분이므로 문서 대용물 디자인과 검색결과 표시는 활발하게 연구 및 실험되는 영역이기도 하다.

문서 대용물의 품질은 사용자가 검색결과 리스트의 적합성을 인지하는데 큰 영향을 미친다. 웹검색에서 문서 제목은 URL 및 다른 메타데이터와 함께 눈에 잘 띄게 보여 진다. 문서 생성 날짜, 작성자와 같은 메타데이터가 보여 지는 경우도 있다(그러나 이런 종류의 메타데이터는 웹페이지에는 덜 적합하다). 문서에서 추출된 텍스트를 포함하는 텍스트 요약(abstract(요약), extract(추출), excerpt, snippet이라고도 불리는) 또한 검색결과 평가에 핵심적인 역할을 한다.

검색결과 표시의 어떤 속성이 더 많은 클릭을 유도하는지를 평가한 연구에 의하면, 긴 텍스트 요약과 짧은 텍스트 요약, 검색어를 포함한 제목, 검색어가 정확하게 일치하는 제목/요약/URL조합, 짧은 URL, 도메인 이름에 검색어가 포함된 URL 등이 유의미하게 긍정적인 영향을 미쳤다.

현재 검색결과 표시 표준은 텍스트 형태의 요약이 세로로(일렬로) 나열된 리스트로(텍스트 요약이 세로로 나열된 리스트형태), 검색엔진 결과 페이지라고도 부른다. 검색결과 요약은 검색어를 포함한 전체 텍스트에서 발췌한다. 텍스트 결과에 추가적으로 특정 메타데이터를 보여 주는 경우도 있는데, 이는 혼합 검색결과라고 하고, 통합 검색(universal search)이라고도 부른다. 예를 들면, '무지개(rainbow)'라는 검색어의 경우, 검색결과 리스트의 첫줄에 샘플 이미지를 보여 주고(그림 2.4 참고), 또는 스포츠팀 이름을 검색하면, 최근 경기 점수와 티켓 구매링크나 곧 열릴 경기 중계방송 시간을 보여 줄 수도 있다(그림 2.5 참고). 닐슨(Nielsen[1206])은 정보요구가 검색결과 리스트에서 바로 만족할 수 있고, 이때 검색엔진은 '정답엔진(answer engine)'이 된다고 하였다.

**그림 2.4:** '무지개(rainbow)'에 관한 야후 검색 결과 페이지. 이 결과 페이지는 연관 검색어 제시(query refinement suggestions), 이미지링크, 백과사전 항목 링크를 이미지와 함께 보여 주고, Rainbow라는 또 다른 락밴드 백과사전 항목링크를 보여 준다.

**그림 2.5:** '로켓(rockets)'에 관한 구글 검색결과 페이지. 단어의 의미에 따라 다양한 정보가 보여 진다. 첫 번째 결과는 야구팀의 홈페이지 링크로서 해당 사이트내 인기 페이지들에 대한 '하위링크(deep links)'를 함께 보여 준다. 다음으로 스포츠팀에 대한 또 다른 링크와 발사체 의미에 관한 백과사전 항목링크, 스포츠팀 동영상 링크, 로켓제작 링크 등이 이어진다.

랭킹에 관한 연구에서 거리 정보가 검색 정확률을 향상시키는 데 매우 효과적임을 알아냈다[391, 733, 1563]. 사용성 연구들은 문서가 보여지는 문맥내에서 검색어를 보여 주는 것이 사용자가 검색결과 적합성을 판단하는 능력을 향상시킨다고 하였다([1593, 1682]). 이는 *KWIC*(컨텍스트내 검색어 keywords in context) 또는 검색어 기반 요약(*query-biased summaries*), 검색어 위주 요약(*query-oriented summaries*), 사용자 중심 요약(*user-directed summaries*)이라고도 부른다.

검색어 하이라이팅의 시각적 효과는 검색결과 목록의 사용성을 향상시킨다고 오랫동안 알려져 왔다. 하이라이팅은 텍스트의 특정 부분을 나머지 부분과 시각적으로 차이를 주는 것으로, 글자를 굵게하거나 글자와 배경색상을 다르게 하거나, 글자의 크기를 변화시키는 등 여러 가지 방법이 있다. 하이라이팅은 검색결과의 문서요약과 검색된 문서 자체에서 모두 유용하게 사용될 수 있다. 어떤 인터페이스는 문서내 하이라이팅된 부분의 개요를 보여 주는 시각화 기법을 사용하기도 한다[160, 305, 661, 766].

요약에 어떤 내용을 보여 줄지, 얼마나 많은 내용을 보여 줄지를 결정하는 일은 쉽지 않은 문제이다. 대부분 적합한 문서는 모든 검색어가 가깝게 정합되어 있지만, 일부 검색결과는 인접한 문장을 보여 주는 것과 검색어를 포함하고 있는 문장을 보여 주는 것 사이에 장단점이 있다. 일부 연구결과는 문장을 자르는 것보다 전체문장을 보여 주는 것이 더 낫다고 제안하지만[80, 1380, 1683], 일반적으로 매우 긴 문장은 검색결과 목록에 바람직하지 않다.

검색결과 요약에 보여 지는 정보는 검색어의 의도와 검색세션목적에 부합해야 한다는 연구결과들이 있다. 특정 정보요구의 경우, 긴 검색결과가 짧은 검색결과보다 좋다는 연구 결과들이 있으며[861, 1034, 1237] 웹사이트의 홈페이지로 바로가기 위해 검색하는 경우, 간략한 검색결과가 길고 상세한 정보보다 좋다. 일반적으로 알려진 정보를 검색하는 사용자는 원하는 정보를 명확하게 보여 주는 짧은 문서 요약을 선호하는 경향이 있다. 홈페이지 검색은 기본적으로 주소검색이므로 사용자는 사이트 이름을 알고 있고, 웹주소 즉 URL을 알고 싶어 한다. 이와 비

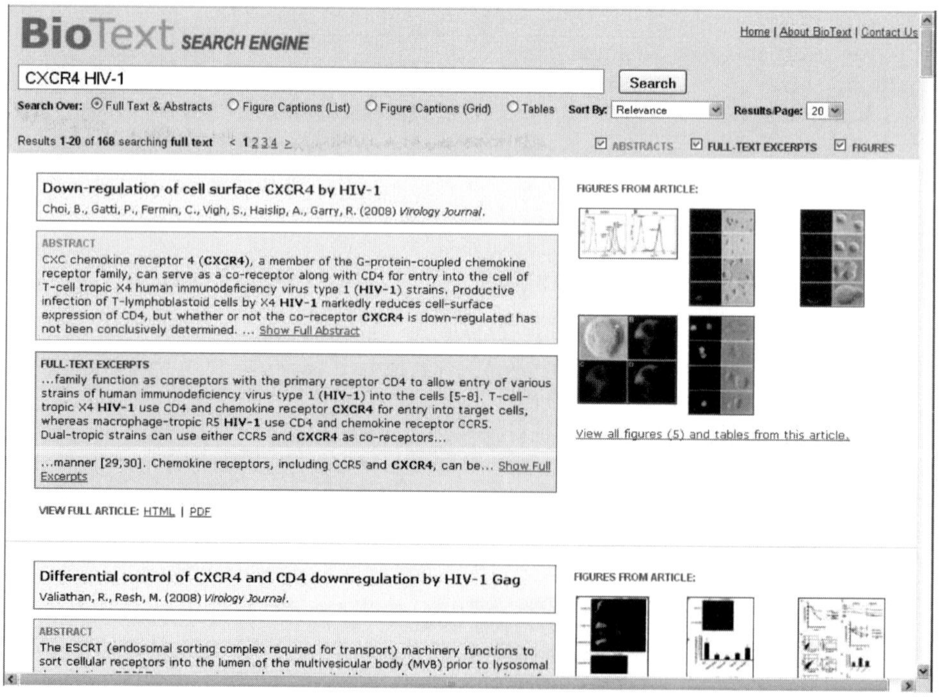


**그림 2.6:** 바이오텍스트(BioText) 시스템의 검색결과, 문서요약 정보가 충분히 보여 지고, 기사에서 추출된 그림, 하이라이팅 및 굵게 표시된 검색어, 그리고 문서에서 뽑은 요약을 확장하거나 줄여서 볼 수 있는 옵션

슷하게, 간략한 사실 정보를 찾는 경우 간결한 검색결과 표시에 더 만족할 수 있다. 반대로, 사용자가 복잡한 정보 요구를 가지고 있다면, 상세한 문서 요약이 더 나은 검색 경험을 제공할 것이다. 조언을 구하거나 특정 주제와 관련된 정보를 얻고자 하는 등의 복잡한 검색 과제가 이에 해당한다.

문서정보의 또 다른 유형은 검색결과 페이지에 유용하게 보여 질 수 있는데, 그림 2.5와 그림 2.7은 사이트링크 또는 사이트 홈페이지 하위에 사이트의 인기 페이지를 보여 주는 상세링크 정보를 보여 준다. 또 다른 예로 생명과학 문헌검색연구는 대부분의 참가자가 검색결과에 저널기사로부터 추출한 그림이 포함되는 것을 선호했다. 그림 2.6의 바이오텍스트(BioText) 시스템 화면은 하이라이팅 및 굵게 표시된 검색어 및 검색어가 매칭된 주변 컨텍스트를 적절히 보여 주는 메커니즘의 사용 예를 잘 보여 준다.

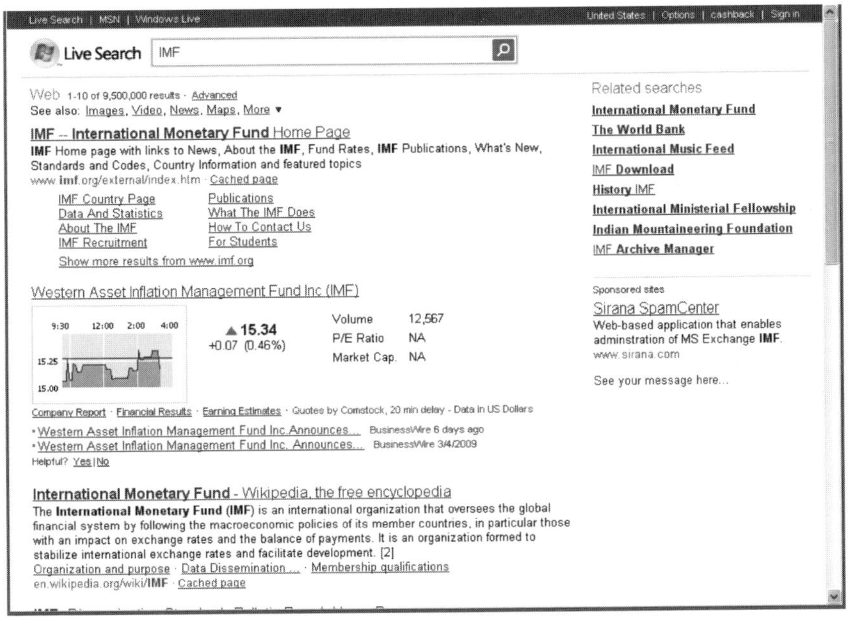


**그림 2.7**: "IMF' 검색어에 대한 마이크로소프트 라이브(Microsoft Live) 검색결과 페이지. 관련검색어 제시(오른쪽), 각종 검색결과 링크(이미지, 동영상, 뉴스 등), 첫 번째 검색결과 사이트링크, 재정통계, 백과사전항목 등을 포함하고 있다.

### 2.3.5 검색어 재구성(Query Reformulation)

검색어가 입력되고 검색결과가 만들어지면, 사용자가 검색어를 수정하여 다시 입력하거나 검색 과정을 다른 방향으로 진행하게 도와주는 많은 도구가 있다. 검색엔진 로그분석은 검색어 재구성이 일반적임을 보여 준다. 검색하는 사람들의 50% 이상이 검색세션 동안 최소한 1개의 검색어를 수정하고, 이중 약 1/3이 3개 이상의 검색어이다[820].

중요한 검색어 재구성 방법 중 하나는 검색어와 관련된 용어를 보여 주거나 검색어에 반응해서 검색되는 문서들을 보여 주는 것이다. 특수한 경우로 철자교정 또는 제시어가 있는데 철자 오류는 검색어의 약 10~15%에서 발생한다[461]. 웹검색 이전의 철자 교정 제시어는 기본적으로 사전 기반이지만[944], 웹검색에서는 오탈자나 철자 오류를 감지하고 수정하는 알고리즘 정확률을 높이기 위해 검색로그를 사용한다. 검색 인터페이스는 보통 오탈자나 철자 오류에 대해 하나의 제시어를 보여 준다. 제시어를 클릭하면 검색이 다시 수행된다. 몇 년 전에는 사용자가 잘못 입력한 철자 그대로 검색결과가 보여졌지만 오늘날에는 사용자가 입력한 검색어 그대로를 검색한 결과와 틀린 철자를 수정한 검색결과를 섞어서 보여 주는 검색엔진도 있고, 사용자 입력 검색결과와 철자를 수정한 검색

결과를 분리해서 보여 주는 검색엔진도 있다.

오탈자 수정 제시어 외에도, 검색어 확장(term expansion) 기법으로도 불리는 관련검색어 제시어를 보여 주는 검색 인터페이스도 늘어나고 있다. 검색어 로그 연구에 의하면, 검색 제시어가 잘 보여 지기만 하면 웹검색에서 많이 사용되는 기능이며 검색어의 약 8%가 검색어 확장으로 입력된 검색어이고[819] (그러나 검색어의 몇 %에 관련 검색어가 제시되는 지는 알 수 없다), 검색 사용자의 약 6%가 노출된 관련 검색어 확장을 클릭한다고 한다[61].

초기 검색어 확장 시도나 검색 인터페이스의 제시어는 12개가 넘는 유의어를 보여 주고, 사용자에게 검색결과를 보여 주기 전에 이 중에서 선택하게 했다[285, 492]. 최근 연구는 적은 개수의 제시어와 원클릭 선택, 관련 검색어 그룹화가 선호됨을 보여 주며[59, 501, 1681] 그림 2.4와 2.7은 원클릭 검색어 확장 제시어 사례를 보여 준다.

일부 검색 제시어는 특정 사용자의 검색세션에 기반하는 반면, 또 다른 검색 제시어는 과거에 같거나 비슷한 검색어를 검색한 다른 사용자의 검색 행동에 기반한다. 이 경우, 한 가지 전략은 다른 사용자가 입력한 비슷한 검색어를 보여 주는 것이고, 또 다른 전략은 과거에 같은 검색어를 입력한 사람들이 클릭한 문서들로부터 단어들을 추출하는 방법인데, 실시간 검색어 자동 제시에 이러한 알고리즘이 사용되기도 한다.

적합성 피드백은 검색어 재구성을 지원하는 방법 중 하나로 5장에서 자세하게 논의되는데, 주요 아이디어는 검색어에 대해 어떤 문서가 적합한지(또는 적합하지 않은지)를 사용자가 직접 표시하는 것이다. 문서에서 추출한 어떤 단어들이 적합한지를 표시하는 변형된 방법도 있고[918] 시스템은 이런 정보로부터 다양한 알고리즘을 사용해서 새로운 검색어를 만들어 내고, 이를 보여 준다[1402].

적합성 피드백은 검색어랭킹 향상에 기여할 수 있게 비대화형으로 별도로 보여 진다[31, 895]. 그럼에도 불구하고 적합성 피드백은 사용성 관점에서 성공적이지 않은 것으로 알려져 있고, 오늘날 표준 인터페이스에도 빠져 있다[451, 1402]. 이는 몇 가지 이유가 있는데, 사람들은 문서의 적합성을 잘 판단하지 못하고, 특히 잘 모르는 주제일수록 더하며[1620, 1687], 적합성 피드백은 검색행동의 흐름을 끊게 하므로[454, 1141], 이는 사용성 관점에서 문제가 된다. 또한 적합성 피드백은 많은 양의 적합한 문서를 바라는 검색 과제에서는 장점을 가지지만, 웹검색에서는 크게 의미가 없다. 실제로 웹 전체를 검색하는 경우, 적합성 피드백의 장점이 사라진다는 연구가 있다[1570] (적합성 피드백은 대부분 작은 컬렉션에서 장점을 보였다).

긍정적인 반응을 얻은 적합성 피드백의 한 예로는 자동으로 계산된 '관련 문서들' 기능이 있는데, 생의학 문헌 검색 시스템인 PubMed는 저널기사들 옆에 선별된 관련 기사들을 보여 주는데, 이 기능이 생명과학자들에게 좋은 반응을 얻고 있다. 연구에 의하면, 관련 검색어가 보여진 검색세션 중 18.5%가 제시 기사에서 클릭되었다 [1033].

### 2.3.6 검색결과 구성하기

검색 사용자는 검색결과가 의미있게 그룹화되어 검색결과를 잘 이해할 수 있고, 다음에 할 일을 잘 결정할 수 있게 도와주는 검색 인터페이스를 원한다. 그룹화된 검색결과를 제공받은 검색 사용자들을 오랫동안 관찰해 온 연구결과에 의하면, 그룹화 매커니즘에 따라 사용자의 검색 행동이 바뀌는 것을 알 수 있다[862]. 검색결과를 그룹화하는 방법으로는 두 가지가 주로 사용되는데, 카테고리 시스템(faceted categories로도 불림)과 클러스터링이다. 이 장에서는 둘 다 상세히 다루고, 각각의 사용성을 비교할 것이다.

카테고리 시스템은 도메인에 적합한 개념을 반영한 의미 있는 이름들로 구성되는데, 카테고리는 보통 수동으로 만들어지지만, 각 문서는 어느 정도 정확률을 가지고 자동으로 카테고리에 배정된다[1446] (8장 참고). 훌륭한 카테고리 시스템은 논리적이고 상대적으로 완성도도 있으며, 카테고리 구조가 해당 컬렉션 검색결과 전반에 걸쳐 예측 가능하고 일관성이 있다.

가장 일반적으로 사용되는 카테고리 구조는, 검색결과 구성과 일반적인 정보구조 표현 모두에 해당하는 것으로, 평면(*flat*) 카테고리와 계층(*hierarchical*) 카테고리, 다면(*faceted*) 카테고리가 있다. 평면 카테고리는 분야 또는 주제의 간단한 목록이며 검색 인터페이스에서 문서그룹화, 필터링(범위좁히기), 정렬 등에 사용된다. 대부분의 웹사이트는 정보를 일반적인 카테고리로 구성하고, 카테고리를 선택하면 그에 따라 보여 지는 정보를 좁혀 준다. 일부 실험적인 웹 검색엔진은 검색결과를 자동으로 카테고리로 구성해서 보여 주는데, 이런 유형의 디자인을 사용한 연구들은 긍정적인 사용자 반응을 얻었다[519, 945]. 광범위한 웹정보에서 원하는 하위 카테고리를 찾는 일은 어려운 작업일 수 있기 때문에, 카테고리 시스템은 주제에 관련된 정보들이 모여 있는 곳에 더 적합할 수 있다.

온라인상의 계층구조는 데스크탑 파일 탐색 시스템과 비슷하여, 웹 초기에, 야후와 같은 계층구조 디렉토리 시스템이 인기 있는 사이트들을 브라우징 하는데 사용되었다. 그러나 정보컬렉션이 커지면서 계층구조를 관리하기가 어려워지고, 결국 계층간 교집합링크가 허용되는 수준에 이르렀다. 더욱이 웹의 크기가 브라우징으로 관리될 수 있는 수준을 넘어섰고, 검색엔진이 디렉토리구조 브라우징을 대체하게 되었다. 효과적인 계층구조로는 책 또는 작은 컬렉션의 결과를 목차 스타일로 보여 주기도 하는데, 수퍼북(Superbook) 시스템[527, 528, 974]은 초기 검색 인터페이스로, 문서 구조를 사용해 검색어에 매칭된 부분을 보여 주는 방식을 사용했다. 사용자가 책에 검색어를 입력하면, 검색결과가 목차 스타일로 보여 지며(그림 2.8 참고) 사용자가 목차에서 특정 페이지를 선택하면, 해당 페이지가 오른편에 보여 지고, 페이지안의 검색어가 하이라이팅된다. 최근 한 연구프로젝트에서는 이 아이디어를 웹 인트라넷을 구성하는데 적용하기도 했다[363, 1173, 1711].

수퍼북 문서 브라우저 특징

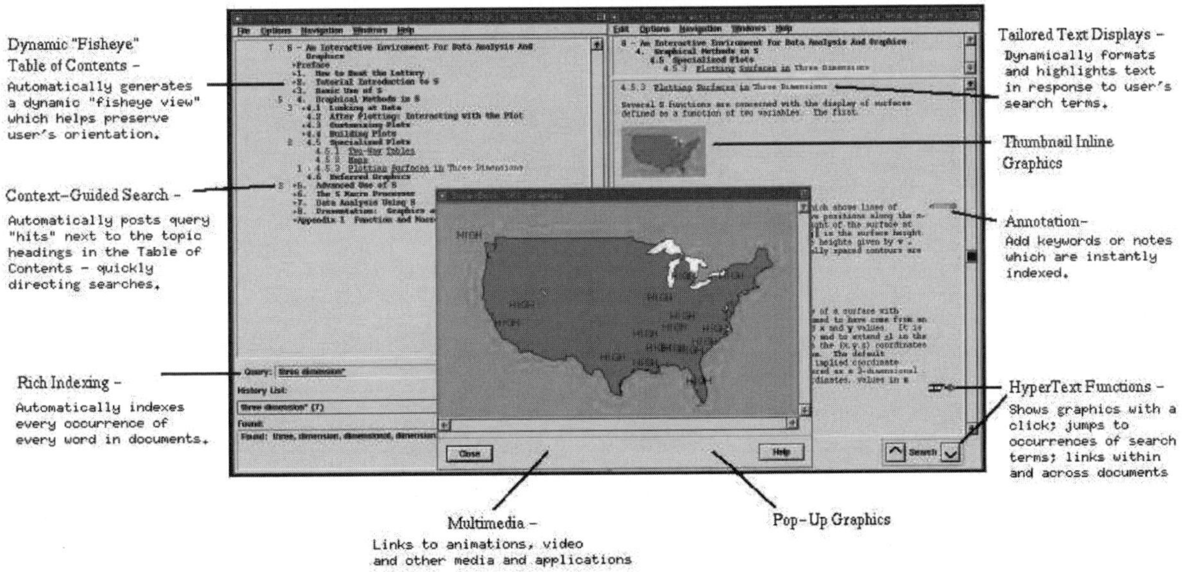


**그림 2.8:** 대용량 매뉴얼의 컨텐츠 목차를 이용하여 검색결과를 보여 주는 수퍼북(SuperBook) 인터페이스[974]

최근에는 계층 카테고리 구조가 정보구조 내비게이션에 바람직하지 않다는 인식이 커지고 있다. 계층구조는 대부분의 정보가 멀티속성으로 분류됨에도 불구하고, 사용자가 특정 카테고리에서 시작해야 하며, 컴퓨터 인터페이스가 도서관 책장에 비해 더 유연할 수 있음에도 불구하고, 계층구조는 정보가 카테고리 시스템내의 한 위치에 고정되어 있다고 가정한다.

계층 카테고리 구조의 대안으로, 다면 메타데이터(faceted metadata)를 이용하여 웹사이트 컨텐츠와 검색결과를 구성하는 방법이 있다. 다면 메타데이터는 일반 카테고리와 전체 지식표현 사이의 복잡성을 연결해 주고, 디자인이 잘 되면 사용자가 이해하기 쉽고 다른 구조보다 선호할 수 있다. 다면 메타데이터는 하나의 커다란 카테고리가 아닌 여러 카테고리(flat 또는 계층)로 구성되고, 각각의 다른 차원(facet차원 또는 특징형태)에서 컬렉션을 내비게이션하기에 적합하며 차원이 설계되고 나면, 컬렉션의 각 아이템에 여러 차원의 이름이 부여된다.

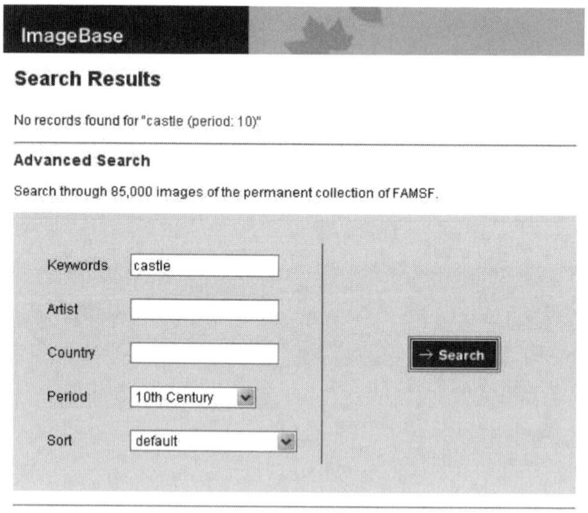


(a)

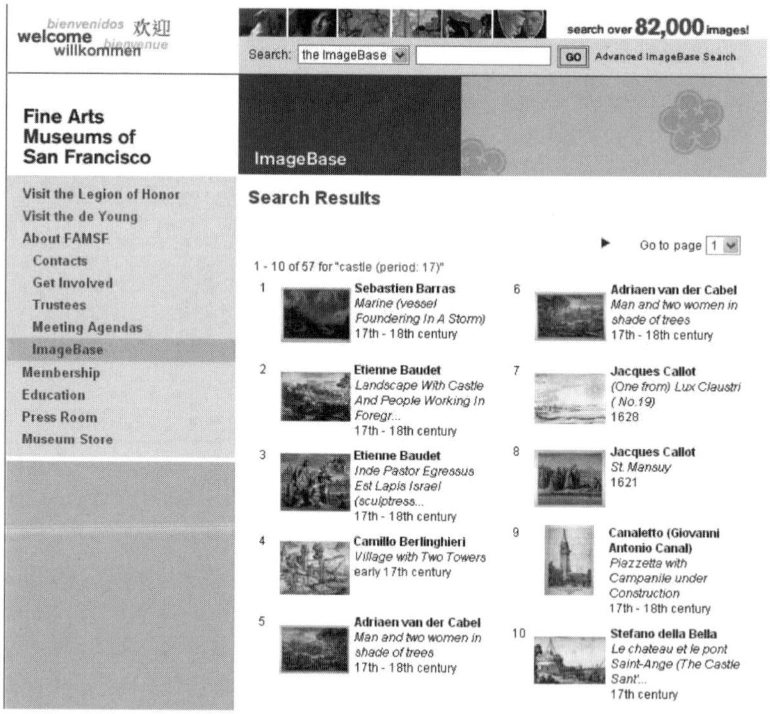


(b)

**그림 2.9:** 샌프란시스코 Fine Arts Museum의 이미지 컬렉션에 대한 전형적인 이미지검색 인터페이스 (a) 사용자가 '상세검색(advanced search)' 입력폼의 두 필드에 검색어 입력 후의 에러메시지. 이러한 입력폼의 일반적인 문제는 빈 검색결과 생성이다. (b) 상세검색 입력폼에 검색어로 '성(castle)'과 기간으로 '17세기(17th Centtury)'를 선택한 후 표준적인 검색결과 목록

계층적 다면 내비게이션을 사용한 인터페이스는 카테고리 구조안에 텍스트 검색을 통합해서 보여 주고, 다음으로 갈 곳과 이전 탐색상태로 돌아갈 수 있는 길을 동시에 보여 준다. 결과적으로 기억하기가 좋아 미리 생각하지 못한 대안 논리를 제시함으로써 작업을 감소시키고, 동시에 검색결과 없음을 피하게 해준다. 이러한 접근은 연속되는 검색어와 검색결과에 대한 컨텍스트를 제공하고, 새로운 탐색과 발견의 중요한 발판이 된다.

그림 2.9(a)와 (b)는 가상 검색세션의 전형적인 인터페이스의 이미지검색 결과를 보여 준다. 사용자가 검색입력창에 '성(castle)'이라는 검색어를 입력하고 '10세기'를 선택하려고 하였으나 검색결과가 없다는 메세지가 나왔다. 시행착오 후에 '17세기'를 찾았고 검색결과는 고정된 순서로 보여 지며 다른 구성이나 탐색은 허용되지 않는다.

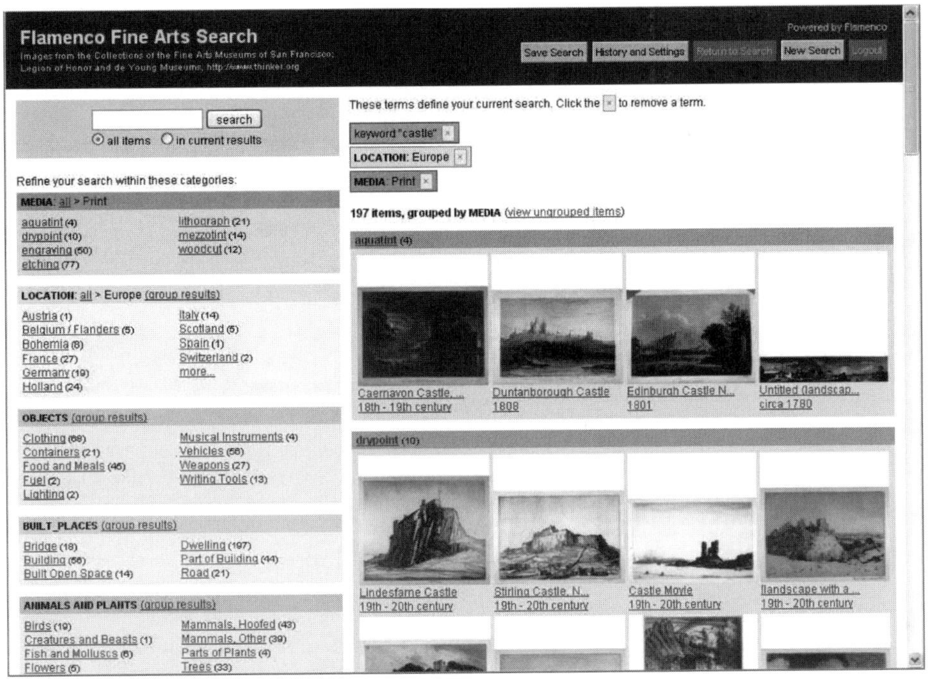


**그림 2.10:** Flamenco 인터페이스의 다면 내비게이션. 샌프란시스코 FineArts 뮤지엄 컬렉션에 일부 적용되었다.

그림 2.10은 Flamenco 시스템에서 다면 내비게이션(faceted navigation)을 통해 더 용이한 접근을 보여 준다[737, 1746]. 사용자가 맨 처음 검색어로 '성(castle)'을 입력하면 229개의 이미지 검색결과가 보여 지고 왼쪽편에 미디어 유형, 위치, 이미지 안에 보이는 물체, 건물유형(성은 그중 하나), 작가등 사용자가 선택할 수 있는 구조가 함께 나타난다. 검색결과가 없더라도 사용자가 하이퍼링크를 선택할 수 있다면 문제되지 않고, 검색어 미리보기[1281] 링크를 클릭하면 검색결과가 얼마나 되는지 보여 준다. 이때, 사용자는 먼저 '미디어>프린트'를 선택하고 나서, '위치>유럽'을 선택하고, '프린트' 밑의 하위계층으로 재구성 되도록 선택했다. 다면 메타데이터 계층구조는 왼쪽에 유럽 국가들과 197개의 이미지를 더 볼 수 있게 해준다. 이미지를 선택하면 이미지의 메타데이터를 보여 주고, '유적', '언덕'과 같이 관련 개념의 링크를 함께 보여 준다. 그림 2.12는 웹 주소록에 적용된 예와 웹사이트 리뷰를 보여 준다.

사용성 연구는 사용자들이 다면 내비게이션에 호의적이고, 인터페이스가 적절하게 설계되면 성공적이며, 컬렉션 검색과 브라우징에 있어 표준 키워드검색 및 검색결과 목록 인터페이스의 한 방법으로서 다면 내비게이션을 상당히 선호한다는 것을 보여 주었다[737, 1746].

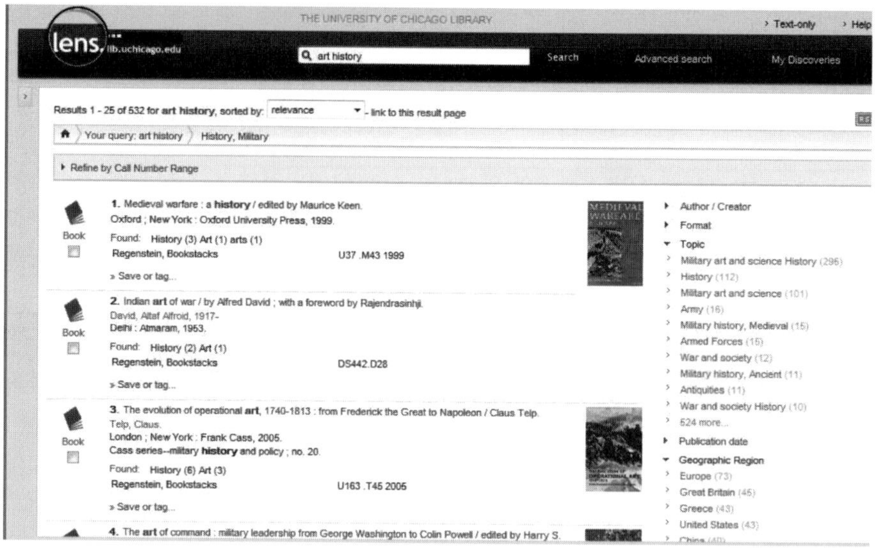


**그림 2.11**: 아쿠아브라우저(AquaBrowser)를 사용한 시카고대학 전자도서관의 다면 내비게이션

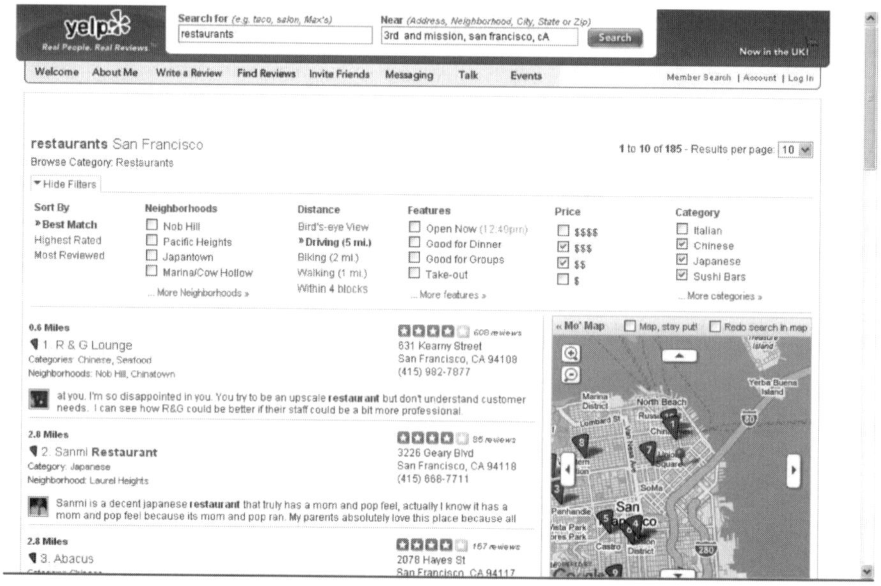


**그림 2.12**: 옐프닷컴(yelp.com)의 다면 내비게이션

클러스터링은 유사도 정도에 따라 항목들을 그룹화하는데(8장 참고), 문서 클러스터링에서 유사도는 문서 특징들 사이의 결합 또는 공통점을 기반으로 계산되고, 문서 특징으로는 보통 단어나 구가 사용된다[467]. 클러스터링의 가장 큰 장점은 자동화로 어느 텍스트 컬렉션에도 쉽게 적용할 수 있다는 것이다. 클러스터링은 또한 예상하지 못한 흥미로운 문서 그룹의 새로운 동향을 보여줄 수도 있고, 영어기사 컬렉션내에서 일본어 문서들과 같이 컬렉션 내의 다른 문서들과는 다르면서도 서로 유사한 문서그룹을 보여 줄 수 있다.

클러스터링의 단점으로는 결과의 형식이나 품질을 반드시 보장할 수 없다는 점, 그룹 이름을 붙이기가 까다롭고, 클러스터 하위계층의 비직관성 등을 들 수 있다. 일부 알고리즘[862, 1764]은 문서의 주요 문장 위주로 클러스터링하여 이름을 이해하기 쉽게 만들기도 하지만(그림 2.13 참고) 클러스터 그룹의 내용들이 반드시 일관적인 것은 아니다.

그림 2.14는 비비시모(Vivisimo)의 클러스티(Clusty)시스템에서 '상원(senate)'이라는 검색어를 이용한 웹 검색결과 클러스터링의 예를 보여 준다. 두 개 클러스터의 하위계층 구조가 펼쳐 보여지는데, 최상위 클러스터는 선거이고, 하위에 사진, 이슈/뉴스, 워싱턴 방문, 선거 기록, 버지니아, Maine 등의 클러스터가 존재한다. 이 클러스터가 어떤 내용을 나타내는지 정확하게 알기는 어려운데, 만약 미상원이라면, 다른 클러스터에도 미상원 페이지가 있고, 어떤 경우 최상위 클러스터의 이름이 특별한 정보를 의미하지도 않는다. 다음 상위레벨 클러스터는 상원위원회가 선택된 상태로 하위 문서들을 보여 주는데(그림 오른쪽), 상원 웹페이지에서부터 일부 미상원 위원회들, 캔자스와 캄보디아 상원 등이 포함되어 있다. 세 번째 상위 클러스터인 선거 또한 펼쳐진 상태로 선거권, 오바마 예산, 확대, 상원 일정 등의 하위 클러스터들을 보여 주고 있다.

이처럼 그룹들간에 겹치는 주제의 혼합은 문서클러스터링의 전형적인 특징이다. 사용성 연구결과에 의하면, 사용자는 클러스터링으로 만들어진 혼합 그룹보다, 카테고리가 등간격 수준으로 보여 지는 이해하기 쉬운 계층구조를 선호한다[1301, 1376].

클러스터 대비 다면 인터페이스의 단점은 관심 카테고리가 미리 정해지기 때문에, 중요한 데이터의 동향이 반영되지 않을 수도 있다는 점이다. 그러나 가장 큰 단점은 카테고리 계층구조는 대부분 수작업으로 만들어 진다는 것으로, 다면 계층 구조 생성방법이 발전해 항목들을 자동으로 카테고리에 배치하는 작업은 부분적으로 성공했을 뿐이다[1536].

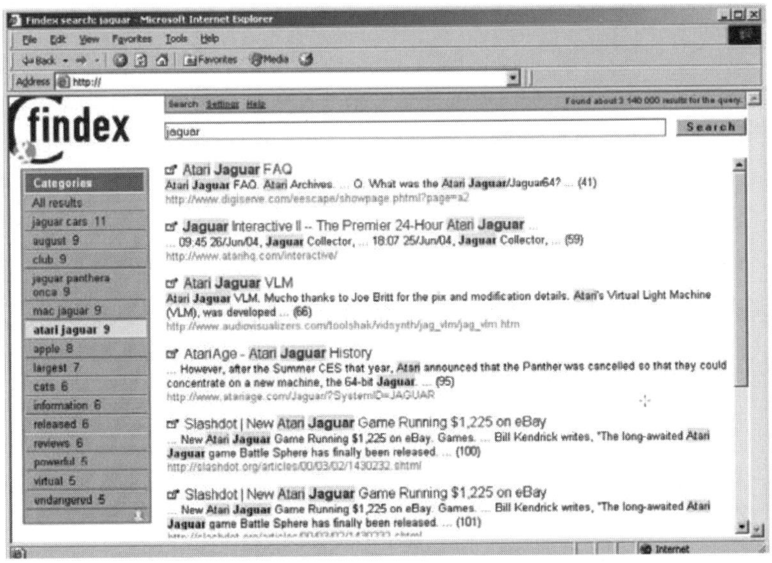


그림 2.13: FindEx.com의 Findex 클러스터링 결과

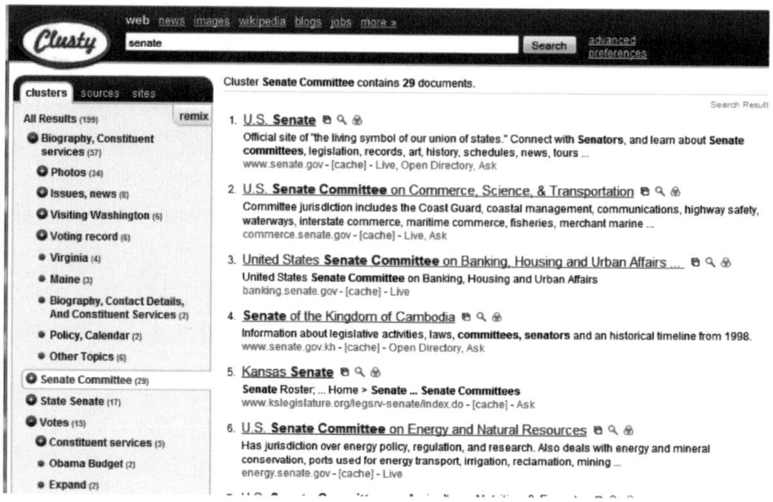


**그림 2.14:** Clusty.com의 '상원(senate)' 검색어에 대한 클러스터 결과

## 2.4 검색 인터페이스 시각화

이 책은 텍스트 정보검색을 주로 다루는데, 텍스트 표현은 추상적인 정보를 전달하는데 매우 효과적이지만, 텍스트를 읽거나 스캔하는 작업은 인지적으로 부하가 걸리고, 반드시 순서대로 행해진다는 것이다.

반대로 이미지는 빠르게 스캔할 수 있고, 비주얼시스템은 정보를 동시에 병행해서 인지할 수 있다. 사람들은 이미지 및 시각적 정보에 잘 적응하고, 그림이나 그래픽은 사람들의 눈을 잡아끄는 매력이 있다. 시각적 표현은 특정 정보에 있어, 다른 방법들보다 더 빠르고 효과적인 정보전달 수단이 될 수 있다. 예를 들어, 누군가의 얼굴에 대해 설명한 글과 사진, 상관관계를 표현한 숫자들로 이루어진 표와 분산도표를 생각해보라.

지난 몇 년 동안, 정보시각화는 뉴스리포팅 및 금융분석의 주요 표현수단이 되었고, 정보를 시각화하는 방법에 대한 창의적이고 혁신적인 아이디어는 웹을 통해 널리 퍼지게 되었다. ManyEyes[1637]와 같은 소셜(social)시각화 사이트는 사람들이 데이터를 업로드하고, 막대 그래프, 풍선 그래프, 선 그래프 등과 Tableau 같은 데이터 분석 툴을 이용해서 내용을 탐색하고, 데이터를 시각적으로 재정렬하게 해준다.

그러나, 추상적인 정보를 시각화하는 것은 어렵고, 텍스트로 표현된 정보를 시각화하는 것은 더 어렵다. 언어는 물리적 실체가 명확하지 않은 추상적인 생각을 전달하는 주요 수단으로 단어와 개념에는 내재된 순서가 없기 때문에 단어를 축에 따라 의미 있는 방법으로 그리는 것은 매우 어렵다.

이런 어려움에도 불구하고, 연구자들은 정보시각화 기법을 이용해서 정보 접근 과정의 관점에서 표현하는 것을 시도하고 있다. 아이콘, 색상 하이라이팅 외에도, 선, 막대, 원 등의 공간 배치와 캔버스뷰가 일반적으로 사용되는 방법이며 추세선(Sparklines) [1606]은 글자 및 표가 함께 보여 지는 소형그래프이다. 상호작용성은 추상적 정보를 시각화하는데 특히 중요한 특성인데, 주요 상호작용 정보시각화 기법으로는 패닝(panning) 및 줌(zooming), 뒤틀어 보기(distortion-based views, 초점과 맥락을 포함)가 있고 문맥과 도움말을 가진 애니메이션은 닫힌 정보를 볼 수 있게 해준다.

검색에서 시각화 실험은 다음과 같은 방법들이 적용되고 있다.

- 불리안 구문 시각화
- 검색결과에서 검색어 시각화
- 단어와 문서간의 관계 시각화
- 텍스트마이닝 시각화

각각의 내용이 이어서 논의된다.

### 2.4.1 불리안 구문 시각화

앞에서 언급한 것처럼, 불리안 질의 구문은 대부분의 사용자에게 어렵고 웹검색에서 드물게 사용된다. 몇 년 동안, 연구자들은 불리안 질의 생성을 좀 더 이해하기 쉽게 시각화하는 방법을 실험해 왔는데, 일반적인 접근은 벤다이어그램을 보여 주는 것이다. Hertzum와 Frokjaer[755]는 불리안 문법보다 더 정확한 결과를 주는 간단한 벤다이어그램을 고안하였고 응용버전을 VQuery시스템에서 볼 수 있다[851] (그림 2.15 참고). 질의의 각 단어가 원 또는 타원으로 표현되고, 원 사이의 교집합은 각 단어의 AND결합을 나타낸다. VQuery는 캔버스 영역의 원집합으로 OR결합을 표시하고, 활성화 영역안의 원 선택을 해제함으로써 부정(negation)을 표현한다.

불리안 질의의 한 가지 문제점은 검색결과가 없거나 또는 검색결과가 너무 많이 나오기 쉽다는 것이다. 필터흐름시각화(filter-flow visualization)는 이를 보완하기 위해, 검색어의 다른 구성요소를 배치해서 각각의 연산자가 적용된 후 검색결과가 얼마나 되는지 그래픽적인 흐름을 보여 준다[1755]. 불리안 검색어의 또 다른 시각화 방법으로는 블록을 수직 및 수평으로 줄 세우는 것[60]과 '마법' 렌즈로 겹치는 검색어 구성요소를 표현하는 것[566]이 있다.

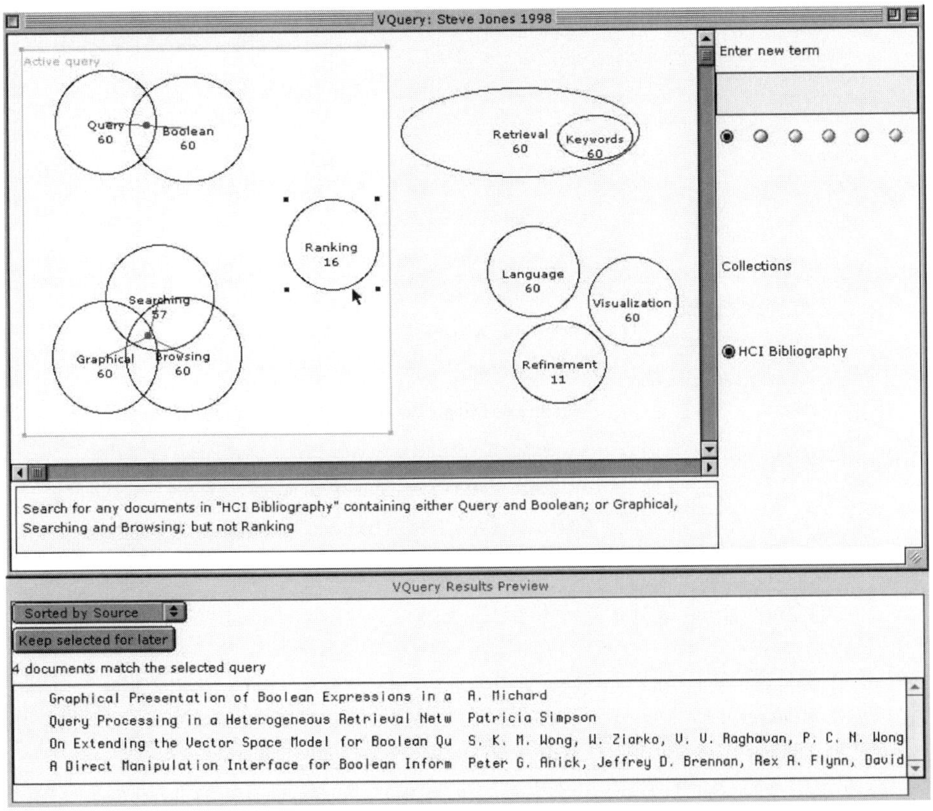


**그림 2.15:** 불리안 검색어 생성을 위한 VQuery[851] 벤다이어그램 인터페이스

### 2.4.2 검색결과의 질의어 시각화

앞에서 언급한 것처럼, 검색된 문서에서 질의어에 해당하는 영역을 이해하는 것은 적합성 평가를 도와준다. 일반적인 검색결과 목록에서, 검색어를 포함한 요약 문장이 선택되고, 제목, 요약, URL에 나타난 검색어가 하이라이팅되거나 굵은 글씨로 표시되는데, 이러한 종류의 하이라이팅은 사용성 측면에서 효과적인 것으로 알려져 있다.

이를 좀 더 명백하게 보이도록 디자인한 시각화 실험들이 진행되어 왔는데, 가장 많이 알려진 것으로는 타일바(TileBars) 인터페이스[732]로, 문서내 검색어 출현 위치를 수평기호(horizontal glyphs)로 보여 준다(그림 2.16 참고). 사용자가 검색어를 개념 단위로 나누어서 줄 단위로 입력하면, 문서를 표현한 수평줄이 주제별 검색어 출현빈도를 보여 준다. 더 긴 문서는 단락이나 절, 또는 텍스트 타일링(TextTiling) [731]이라고 불리는 자동 담론 분할(automated discourse segmentation) 방법을 이용하여 하위 주제 단위로 나뉜다. 회색 척도는 검색어 출현빈도를 나타내고 문서내에 다른 검색어 주제를 겹쳐서 보여 준다.

타일바의 다양한 변형 방법으로는, 개별 검색단어를 하나의 사각형으로 보여 주는 간단한 버전과 컬러 변화를 사용한 개별 검색 단어 출현 빈도를 보여 주는 방법 등이 있다[770]. 더 압축된 버전으로 문서모양 아이콘안에 회색 척도로 보여 주거나 원 그래프에 색상별로 검색어 출현을 보여 주는 방법이 있지만 개별검색 단어의 위치를 겹쳐서 보여 주지는 않는다.

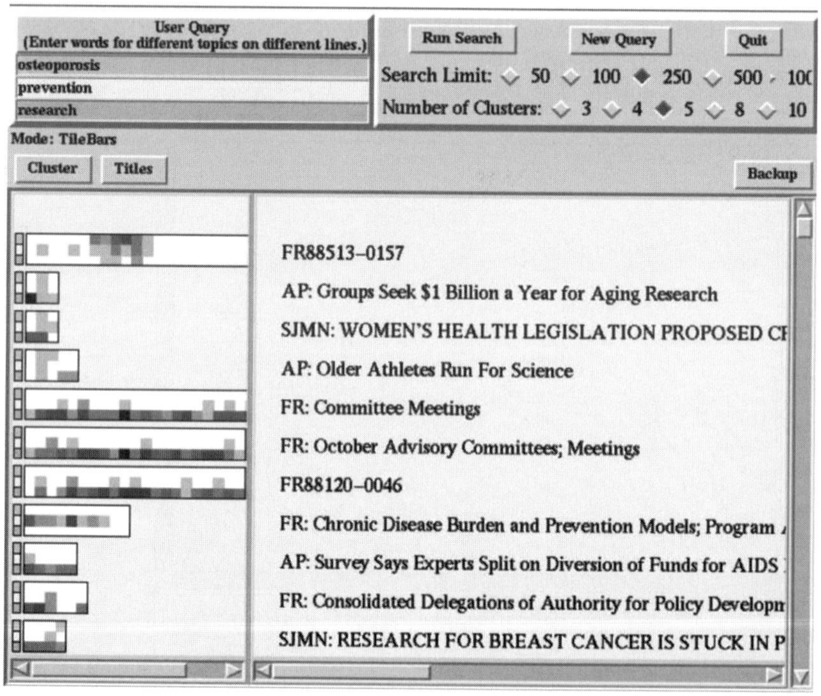


**그림 2.16:** 검색된 문서내 검색어 출현을 보여 주는 타일바(TileBars) 시각화[732]

문서내 검색단어 출현 정보를 보여 주는 또 다른 방법으로 막대 그래프, 산포도(scatter plots), 표에 검색단어를 위치시키는 방법이 있다. Reiterer등은 사용성 연구[1342]에서 다섯 가지 뷰를 비교했는데, 표준 웹 검색엔진 스타일의 결과리스트, 제목과 문서의 메타데이터, 문서에서 검색단어의 출현위치를 시각적으로 보여 주는 리스트뷰(그림 2.17), 그래픽과 함께 문서 제목을 보여 주는 컬러 타일바 형태뷰, Veerasamy와 Belkin[1630]과 비슷한 컬러 막대 그래프 뷰, 문서 생성 날짜의 역순으로 적합성 점수를 구성한 산포도 뷰(scatter plot view)가 해당된다.

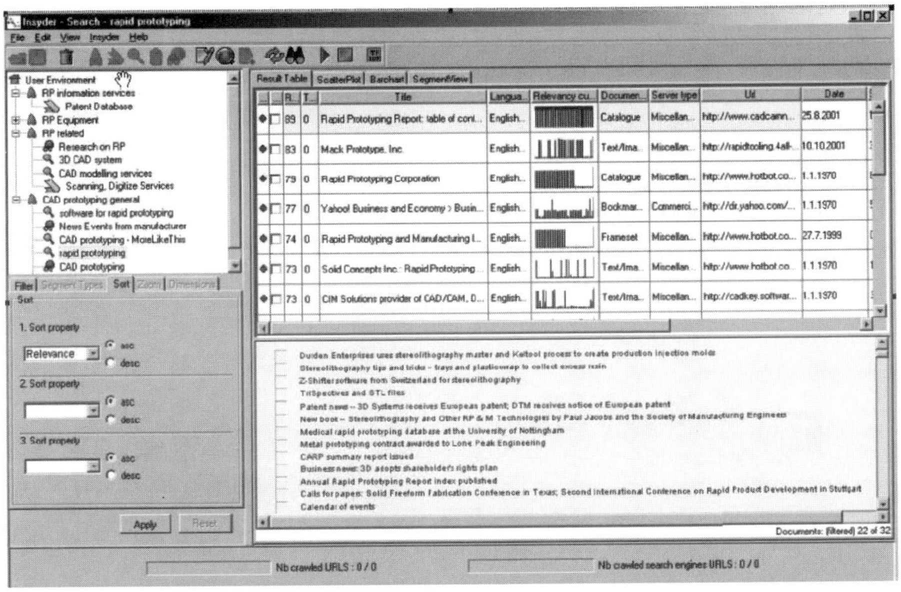

(a)

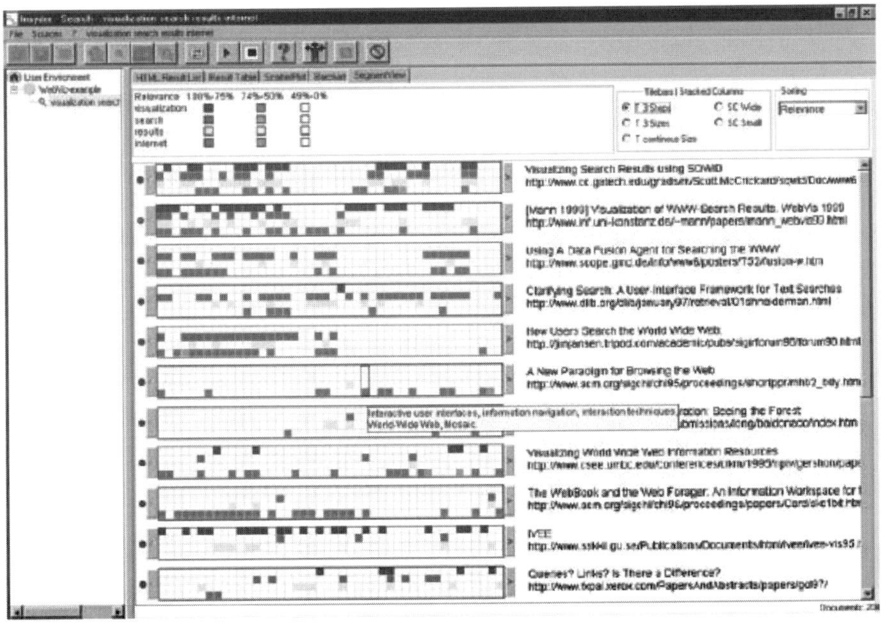

(b)

**그림 2.17:** (a) 필드별 정렬 가능한 검색결과 뷰로, TileBar를 단순화하여 검색어 출현 위치를 시각적으로 보여 주는 스파크라인(sparkline) 스타일[735] (b) 컬러 TileBar 뷰[1342]

**그림 2.18:** 발전된 텍스트 썸네일[1720]

40명의 참가자들은 주관식 답변에 대해, 평균적으로 필드정렬가능(field-sortable) 뷰를 먼저 선택했고, 다음으로 TileBars, 그 다음으로 웹스타일 목록을 선택했다. 막대 그래프와 산포도는 부정적인 답변을 받았는데, 웹스타일 목록과 비교했을 때, 다른 조건들은 과제 효율성 측면에서 별 차이가 없었고, 막대 그래프의 경우 약간 나빴다. 모든 조건들이 웹스타일 목록보다 평균과제 시간이 길었기 때문에 결국 검색시각화보다 일반적인 검색결과가 선호된다. 심지어 시각화가 도움이 될 걸로 예상되는 경우에도 텍스트만 제공되는 뷰보다 일반적으로 시각화 방법의 검색시간이 더 걸린다. 이는 인지적으로 기능이 다른 이미지 해석과 텍스트 독해 전환에 시간이 필요하기 때문이라고 추측할 수 있다.

문서에서 검색어 출현을 보여 주는 또 다른 방법은 썸네일(thumbnails)-문서의 시각적 축소모형(그림 2.18)을 보여 주는 것이다. 썸네일 실험은 썸네일이 검색결과 향상에 있어 빈 사각형보다 나을게 없음을 보여 주었고[468], 또 다른 실험은 제목과 함께 썸네일을 보여 줄 때, 썸네일만 보여 줄 때 보다 참가자가 문서가 더 적합하다고 잘못 판단하는 경향이 있음을 밝혔다[523]. 그러나, 두 연구 모두 사용자가 썸네일에 주관적으로 끌리는 것을 보여 주었다.

썸네일의 크기가 연구 결과에 부정적인 영향을 주기도 하는데, 썸네일 크기가 커지면 검색결과 디스플레이에서 썸네일 사용이 향상됨을 보여 준다[858]. 관련연구는 썸네일안에서 검색어를 더 키우거나 하이라이팅으로 더 보기 쉽게 만들어 주면 특정 유형의 검색과제에서 검색결과 사용성이 향상되는 것을 보여 준다[1720]. (그림 2.18). 검색결과에서 큰 글자와 큰 썸네일을 사용하는 것은 커버플로우 애니메이션(cover-flow animation)을 이용한 서치미(SearchMe) 웹 검색엔진에서 볼 수 있다.

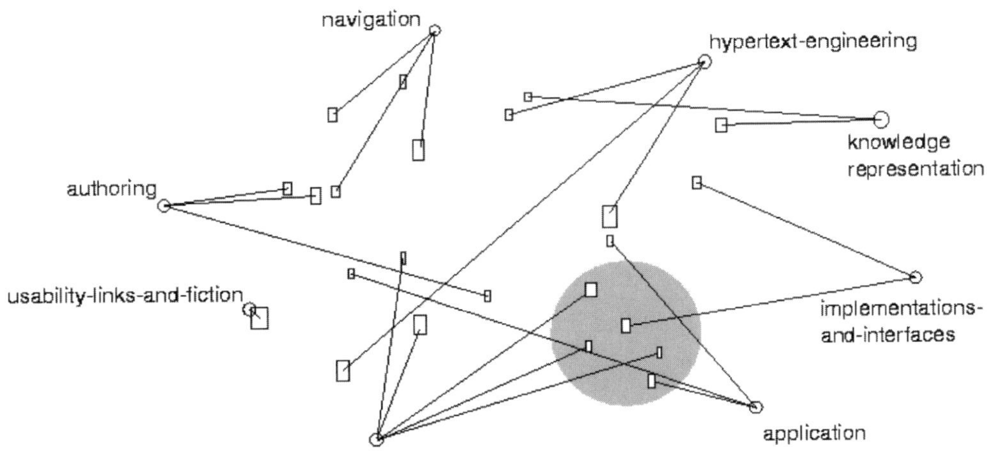


**그림 2.19:** VIBE 디스플레이. 검색어를 2차원 공간에 배치하고, 공유하는 텍스트 집합에 따라 문서를 위치시킴[1228]

### 2.4.3 단어와 문서 관계 시각화

2차원 캔버스에 단어 또는 문서간의 의미 관계를 그래픽으로 표현하는 다양한 시각화 아이디어가 제안되었다. 초기 아이디어는 VIBE 인터페이스에서 볼 수 있는데, 검색어는 평면 바깥에 위치하고, 검색어 조합으로 구성된 문서는 검색어를 표현한 아이콘 중간에 놓여 있다(그림 2.19) [1228]. 더 최근 버전은 Aduna Autofocus 제품과 Lyberworld 프로젝트[744]에서 볼 수 있는데 VIBE의 3D 버전이다.

또 다른 방법으로, 고차원 용어 공간의 문서 또는 단어를 2차원 평면으로 매핑하여, 문서 또는 단어들이 속한 영역을 2D 또는 3D를 이용해서 보여 주는 방법이 있다[53, 662, 758, 1688, 1700]. 이 방법은 검색결과 문서가 될 수가 있고, 또는 정합된 검색어가 강조된 전처리된 문서 집합이 될 수도 있다. 그림 2.20은 이러한 별자리모양(starfield) 디스플레이의 두 가지 버전을 보여 준다.

이 뷰들은 상대적으로 계산이 쉽고 시각적으로도 두드러지지만, 이제까지 수행된 평가는 유용성에 대해 부정적이다[662, 773, 910, 1400]. 가장 큰 문제는 이러한 뷰에서 문서의 텍스트를 볼 수 없고, 2D 표현으로는 상호작용 가능한 복합적인 방법을 제공하기가 어렵다.

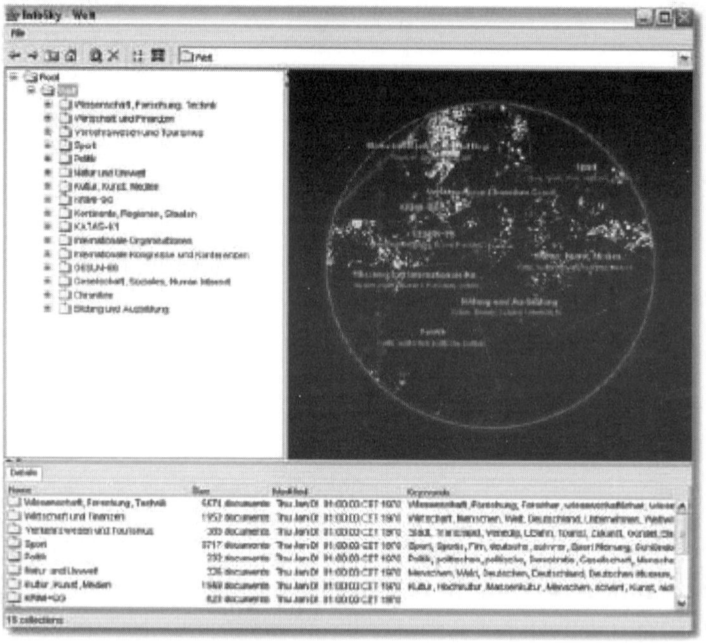

(a)

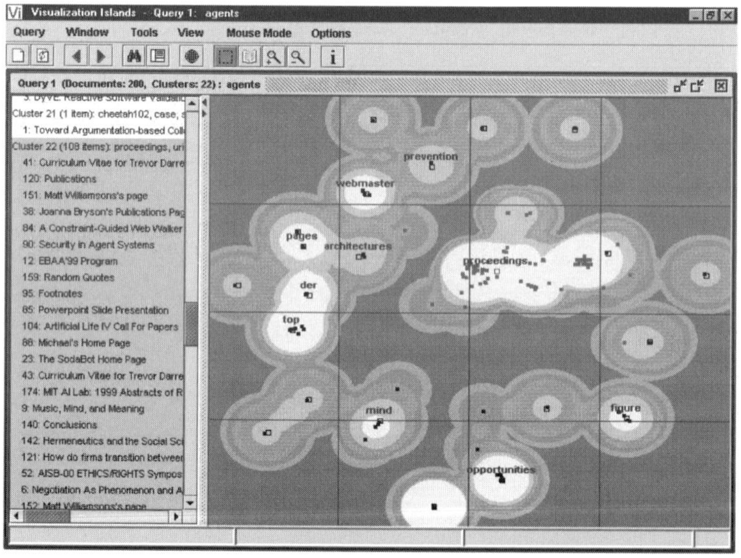


(b)

**그림 2.20:** 문서를 2D 또는 3D 그림으로 표현하는 아이디어는 여러 번 제안되었다. (a) InfoSky, 대용량, 계층 구조 문서 저장소를 대화형으로 탐색하는 시스템 평가. (b) xFIND의 VisIslands, xFIND를 이용한 검색결과 시각화

좀 더 발전 가능성이 있는 응용으로는 Wordnet(그림2.21)과 같이 작은 네트워크 그래프로 표현된 동의어 사전의 형태가 있다. 이러한 뷰는 대용량 WordNet 데이터베이스를 목표노드에 직접 연결된 노드만을 보여 주는 것으로 단순화한다. 이러한 노드와 링크로 구성된 뷰는 평가되지 않았지만, 검색결과 구성에 크게 효과가 없을 것이다 [1548].

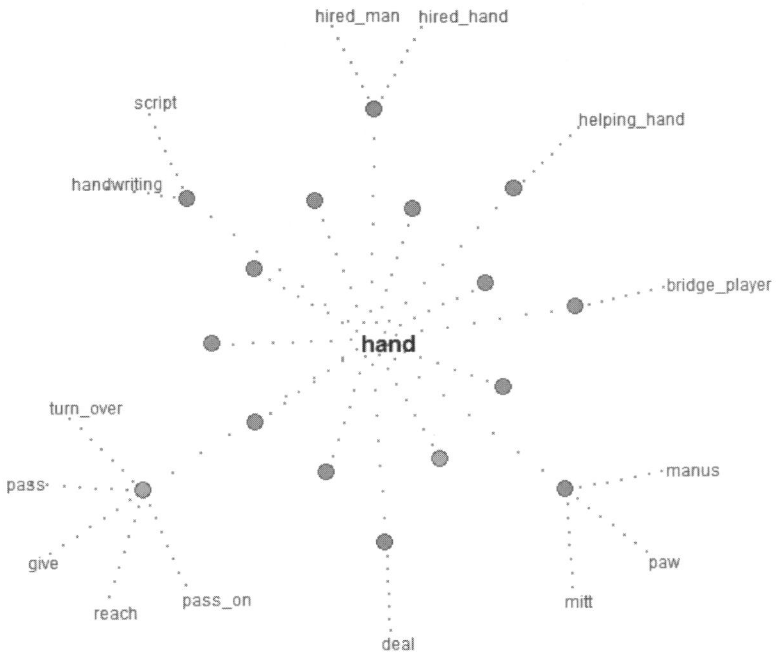


그림 2.21: Wordnet의 어휘 시소러스의 시각화 뷰(http://kylescholz.com/projects/wordnet/)

## 2.4.4 텍스트 마이닝 시각화

이전 절에서, 검색시각화에 대한 사용성 연구 결과, 특별히 좋아지지 않음을 확인하였다. 실제로 시각화는 분석을 목적으로 하거나 텍스트 데이터를 탐색하는 경우에 사용하기 좋다. 대부분의 검색시스템 사용자들은 단어가 문서에 어떻게 분포되어 있는지 또는 컬렉션내에 가장 많이 사용된 단어들이 무엇인지를 살펴보는데 큰 관심이 없지만, 계산언어학자, 분석학자, 단어 연구자들에게는 흥미로운 작업이다. Word Tree[1669]는 함께 나타나는 텍스트

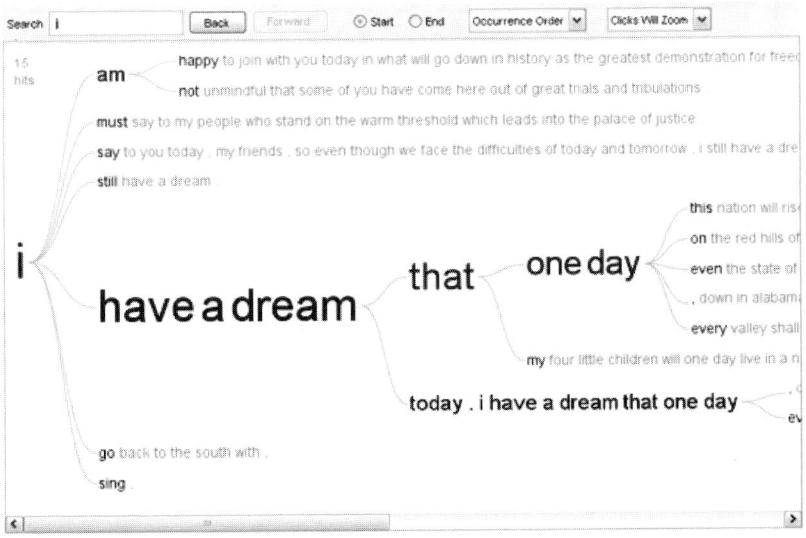


그림 2.22: 마틴 루터 킹의 '나에게는 꿈이 있습니다' 연설에 대한 워드트리(Word Tree) 시각화[1669]

(text concordance)를 보여 줌으로써 사용자가 일반적으로 특정단어와 구가 주어진 단어보다 먼저 나오는지, 또는 다음에 나오는 지를 볼 수 있게 해준다(그림 2.22). 또한 NameVoyager는 시간에 따른 미국 아기 이름들의 빈도를 보여 준다(그림 2.23).

시각화는 분석자용 검색 인터페이스에서도 사용되는데, 그림 2.24는 지능적인 분석 작업을 도와주는 TRIST정보 "triage" 시스템[854, 1303]을 보여 준다. 검색결과는 문서아이콘으로 표현되며 수 많은 문서가 한 번에 표시되고, 문서들간의 특성 및 상관관계를 찾아 볼 수 있는 다차원링크가 지원된다. 아이콘 색상은 사용자가 이미 본 문서인지를 알려 주고, 아이콘 크기와 모양은 문서의 길이와 유형을 보여 준다. 이 시스템은 2년동안 IEEE Visual Analytics Science and Technology(VAST) 대회[679]에서 우승하였다.

## 2.5 검색 인터페이스 디자인 및 평가

사용자 인터페이스 디자인은 인간-컴퓨터 상호작용(Human-Computer Interaction, HCI)의 한 분야이며, HCI는 사람들이 사고하고, 반응하고, 기술을 사용하는 방법, 그리고 사람들의 요구에 적합한 최상의 사용자 인터페이스 디자인방법을 연구한다. 수년간의 경험에 기반하여, 성공적으로 인터페이스를 디자인할 수 있는 일련의 사례와 가이드라인이 만들어졌으며 이를 사용자 중심 디자인(user-centered design)이라 부르고, 사람들의 행동과 사고 과정을 좀 더 고려한 디자인 생성을 강조하는 것이다.

디자인 과정은 먼저 사용자가 의도한 목적을 결정하고, 사용자가 일련의 과제를 완수하여 그들의 목적을 달성할 수 있도록 도와주는 인터페이스를 만드는 것으로 시작한다.

정보를 찾는 목적은, 배관공을 찾는 것에서 사업경쟁자에 대한 정보를 수집하는 것까지, 출간될 학술기사를 쓰는 것부터 사기꾼에 대한 진술을 조사하는 것까지, 상당히 광범위하다. 정보 접근 과제는 이러한 목적을 달성하는데 사용되는데, 이는 특정 질문에서부터 특정 주제를 철저히 연구하는 범위까지 다양하다.

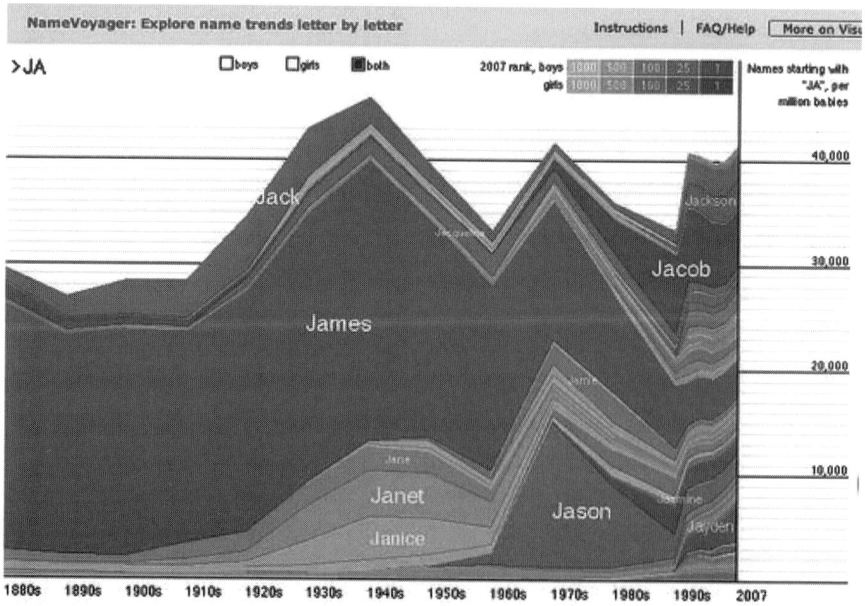


그림 2.23: babynameWizard.com에서 'JA'로 시작하는 아기 이름의 상대적 인기도 시각화

사용자 인터페이스는 반복적인 과정을 거쳐 디자인된다. 사용자 연구를 통해 정보를 찾는 목적과 과제를 규정한 후, 초기 디자인이 만들어지는데 기존 디자인에 기반을 두기도 하지만 새로운 아이디어를 포함하기도 한다. 초기 디자인은 미래 사용자의 테스트와 평가를 거쳐 재 디자인 되고, 다시 평가하는 주기가 수없이 반복된다.

사용자 인터페이스 평가는 랭킹 알고리즘이나 수집(crawling) 기술평가와는 다르다. 수집기는 커버리지(coverage)와 최신성(freshness)과 같은 명확하게 정의된 양적 측정치로 평가할 수 있다. 랭킹 알고리즘은 정확률(precision), 재현률(recall), 속도(speed)로 평가할 수 있다. 그러나 사용자 인터페이스의 품질은 사용자가 인터페이스에 어떻게 반응하는 지로 결정된다. 주관적 평가는 양적 수치만큼이나 중요한데, 사용자가 두 시스템 중 선호하는 하나의 시스템을 사용할 것이기 때문이다. 선호하는 이유는 속도, 친근감, 심미적 요인, 선호하는 특징, 사용자가 인지하는 랭킹 정확률 등 주요 요인들에 의해 결정될 수 있다. 사용자는 익숙한 시스템을 선호하는 편이며 특히 검색 인터페이스에서 새로운 인터페이스로 바꾸는 경우는 사용자가 예전 시스템보다 품질이 좋다고 인식하여야 한다. 이는 웹검색이 처음 나온 이후 검색 인터페이스가 크게 변하지 않은 이유를 설명하기도 한다.

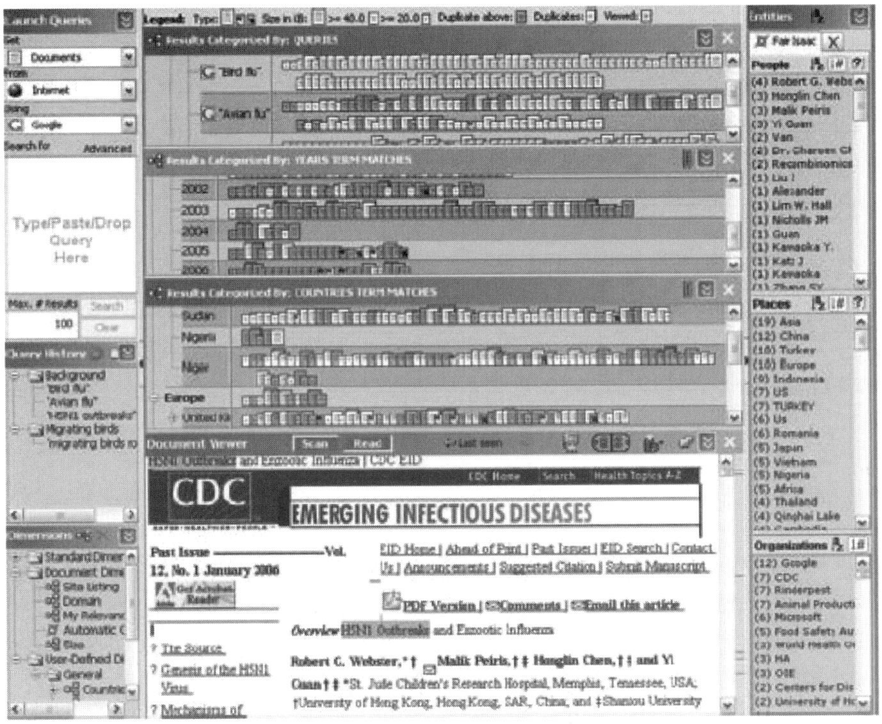


**그림 2.24:** nSPace와 GeoTime의 조류독감(Avian flu) 사례연구에서 '조류 독감'과 연관된 질의에 대한 TRIST 인터페이스[1303]

사용자 인터페이스를 가장 잘 평가하는 방법은 각 개발 단계에 따라 다르다. 새로운 디자인 또는 아이디어로 시작하는 경우, 일반적으로 discount 사용성 평가 방법이 사용된다. discount 방법 중 하나는 사용자에게 몇 가지 디자인을 보여 주고 좋고 나쁜점을 듣는 것이다. 이러한 작업에 종이 모형(paper mockup)을 사용할 수 있는데, 만들거나 버리기 쉬우며 참가자가 미완성작을 비판하는데 더 편하게 생각하기 때문이다[163, 1344]. 보통 디자인-테스트-재디자인 과정은 여러 번 반복되는 주기이다.

기능이 많지 않은 디자인의 경우, 소수의 참가자들이 개발 및 테스트 과정에 참여하여, 주관적 평가와 디자인의 잘된 점, 그렇지 못한 점, 혼동을 주는 부분을 결정한다. 만약 참가자가 화면을 보고 무엇인지 잘 모르겠다면 재 디자인이 필요하다.

자주 사용되는 또 다른 discount 평가 방법으로는 휴리스틱 평가(heuristic evaluation)가 있는데, 사용성 평가 전문가가 전체 디자인을 살펴보고 기능들이 디자인 가이드라인에 잘 들어맞는지 평가하는 것이다. 이런 유형의 평가는 숙련된 전문가가 문제를 정확하게 예측하기 때문에 사용성 문제점을 발견하는데 잘 작동하겠지만, 반드시 목표 사용자의 반응도 함께 살펴보는게 필요하다.

반복적인 상호작용 디자인 과정을 거쳐 시스템이 만들어지면, 참가자들이 좀 더 형식이 갖춰진 실험환경에서 테스트할 수 있다. 기본 디자인과 새로운 디자인 또는 두 개의 디자인 후보를 다양한 평가 척도에 따라 비교하는 것이다. 검색 인터페이스 평가에서는 참가자가 태스크를 잘 수행하도록 동기를 부여하는 것이 중요하다[288, 1524]. 예를 들어 카메라 렌즈에 관심이 없거나 잘 모르는 사람들에게 광범위한 카메라 렌즈 검색을 요청한다면, 현실적인 결과를 만들어 내기 어려울 것이다. 동기 부여를 위해, 연구 참가자들은 검색어 주제 또는 데이터 컬렉션에 포함되고 최종 시스템을 사용할 사람들로 고려되어야 하지만, 근접한 대리인(surrogates)이 참여할 수도 있다(예를 들어, 간호 실무자들보다 간호대 학생들이 인터페이스 디자인 테스트에 더 의지를 가질 수 있다).

공식 실험은 공개될 연구결과를 만들어내기 위해 행해지고, 내부적으로 실험이 수행되기도 하지만, 더 넓은 범위의 사용자를 대상으로 한다.

공식 연구는 과학분야의 관례에 따라 연구 참가자를 모집하고, 기본조건과 실험 조건을 비교한다. 실험은 비교할 디자인이 보여 지는 순서의 균형을 맞추는 것과 같은 복합적인 요인들을 고려하여 신중하게 디자인되어야 하고, 특정 디자인에 대한 선호가 표현되어서는 안 된다. 연구는 특정 디자인 요소가 잘 동작하는지 또는 새로운 특징이 현재 상태보다 나은지와 같은 특정 질문에 답하는 것에 사용될 수 있다[735].

이러한 유형의 연구는 새로운 디자인이 기존 디자인보다 강하게 선호되는지와 같은 중요한 주관적 결과를 보여 줄 수 있다. 그러나 검색 인터페이스의 특성상 적은 참가자 수로는 정확한 양적 차이를 발견하기 어렵다. 이러한 어려움에는 시스템 이용 행태에 강력하게 영향을 미치는 과제 또는 검색어를 포함한 많은 원인들이 있는데, 대화형이나 일괄처리의 여러 검색시스템 연구에서 과제 차이가 시스템이나 실험 참가자 차이를 압도하였다.

또 하나의 문제는 사람마다 검색하는 수많은 다른 방법이 있는데 이를 정확하게 양적인 결과물로 비교하기 어렵다는 것이다. 상호작용하는 검색세션을 평가하는데 시간 변수가 옳은 측정치는 아니다. 특정 검색 주제에 대해 학습도구가 경쟁 디자인보다 더 좋지만 시간이 더 걸릴 수 있기 때문이다.

이런 문제들을 보완하기 위하여, 검색 인터페이스를 평가하는데 최근 들어 인기를 얻고 있는 두 가지 접근방법이 있다. 하나는 장기간(longitudinal) 연구를 수행하는 것으로, 참가자가 새로운 인터페이스를 장기간에 걸쳐 사용하고, 이를 모니터링하고 로그로 기록하는 것이다[518, 1471]. 평가는 질문과 참가자 인터뷰뿐만 아니라 로그에 기록된 객관적인 측정치 모두에 기반한다. 어떤 경우, 새로운 접근방법의 장점은 시간이 지나 상호작용 과정을 거쳐야만 드러나게 되고, 따라서 장기간 연구는 그러한 장점을 밝혀줄 수 있다. 예를 들어 [862] 연구에서 참가자가 시간이 지남에 따라 인터페이스에 반응하는 검색 패턴을 바꾸는데, 그러한 상황에서 새로운 기능이 유용한지, 그 기능이 필요없는지를 알아냈다. 처음에 매력적이었던 인터페이스(말하자면, 인상적인 그래픽 때문에)가 시간이 가면서 사용하기 지루해지고, 기존에 친근한 인터페이스로 돌아가고 싶어 할 수도 있다.

최근 몇 년간 인기를 얻고 있는 또 하나의 주요 평가 기법은 많이 사용되는 웹사이트에서 대규모로 실험을 수행하는 것이며, 이 방법은 버킷 테스트(bucket testing), A/B 테스트(A/B testing), 평행비행(parallel flights)이라고도 불린다. 하루에 수십만 또는 심지어 수백만의 검색 질의를 받는 검색엔진을 사용하여, 무작위로 선택된 일부 사용자에게 새로운 디자인을 보여 주고, 이들의 행동을 기존 인터페이스를 사용하는 역시 무작위로 선택된 기준그룹과 비교하는 것이다[61, 922, 919]. 이는 참가자들이 의도적으로 연구에 '참여하지 않는' 사용성 연구와 달리, 사이트 방문자들에게 별도의 지식이나 동의없이 행해질 수 있다는 차이가 있다(이러한 종류의 서비스는 대부분 웹사이트 사용동의서에 포함되어 있음에 주의하라).

이런 연구들은, 보통 1~2주가 권장되긴 하지만, 4시간 안에 빨리 완료될 수도 있다. 이러한 테스트에서는 어떤 링크가 클릭되었는지와 같은 성능 척도가 특히 유용하다. 예를 들어, 검색어 제시를 보여 주는 인터페이스와 보여 주지 않는 디자인을 비교할 때, 제시가 얼마나 자주 클릭되는지를 기록할 수 있다. 또 다른 예로, 텍스트 형식의 검색결과 리스트에 멀티미디어 결과를 추가한 효과는 주변 링크의 클릭 변화와 새로운 정보가 얼마나 클릭되었는 지로 평가할 수 있다. 통제조건과 실험조건의 사용자 행동을 각각 비교하고, 때로는 검색하는 사람들의 규모가 크기 때문에 두 가지 조건에서 동일 검색 질의에 대해 비교해 볼 수도 있다. 이러한 연구의 단점은 통제된 사이트 버전에 친숙한 사용자가 친숙하지 않은 인터페이스에 대해 초기에 부정적으로 반응할 수 있다는 것이며, 그래서 일부 연구들은 평가요인에 초기반응을 포함시킨다. 또한, 이러한 방법으로는 주관적 평가 정보를 얻을 수 없기 때문에 많은 실험자들의 주관적 반응을 측정하기 위해 후속 설문조사를 이용한다.

## 2.6 연구 동향 및 쟁점

이 장에서는 정보 탐색자들의 인간-컴퓨터 상호작용 경험을 향상시키기 위한 많은 아이디어들을 논의했다. 이 분야는 여전히 빠르게 발전하는 분야이며 더 나은 검색결과를 제공하고 정보생산자 및 사용자가 더 잘 사용할 수 있는 방향으로 개선되어 가고 있다. 향후 중요한 발전 분야로는 소셜 검색, 모바일 검색 인터페이스, 멀티미디어 검색, 자연어기반 질의 등이 있고, Hearst[735]가 이에 대해 자세히 논의하였다.

## 2.7 참고문헌 고찰

Hearst의 '검색 사용자 인터페이스'[735]책은 이 장에서 다룬 주제들에 대해 좀 더 깊이 있는 내용을 제공한다. 정보검색 행태에 관한 책으로는 Marchionini의 *Information Seeking in Electronic Environments*[1082]를 참고하라. 검색 인터페이스에 대한 논의는 Lesk의 *Understanding Digital Libraries*[1005]에서도 찾아 볼 수 있다.

HCI와 인터페이스 디자인에 관한 훌륭한 책들이 많이 있는데, Shneiderman 등의 *Designing the User Interface* [1472], Kuniavsky의 *Observing the User Experience: A Practitioner's Guide to User Research*[948]가 있다. 사용자 인터페이스 평가와 관련해서는, 오래되었지만 여전히 훌륭한 책으로 Nielsen의 *Usability Engineering*[1204]이 있다.

웹사이트 디자인에 관한 많은 책들이 있지만, 이 장과 관련된 책으로는 검색 내용을 다루고 있는 Morvliie와 Rosenfeld의 *Information Architecture for the World Wide Web, 3rd edition*[1157]과 웹사이트 내비게이션 디자인을 논의한 Kalback의 *Designing Web Navigation, Optimizing the User Experience*가 있다. 이외에도 웹사이트 사용성과 사용자 인터페이스 디자인을 다룬 많은 책들이 있다.

정보시각화를 이용한 디자인 방법에 관한 훌륭한 책으로는, Now You See It: *Simple Visualization Techniques for Quantitative Analysis*와 Few의 *Information Dashboard Design: The Effective Visual Communication of Data*[562, 563]이 있다. 텍스트 또는 검색 시각화에 초점을 맞추지는 않았지만 Tufte의 *The Visual Display of Quantitative Information*[1605]도 있다.

웹 검색엔진의 사용자 인터페이스 및 웹의 맥락 시각화에 관한 더 많은 참고자료는 11.7절을 참고하라.

Chapter 3

# 모델링

## 3.1 정보검색 모델

정보검색 모델링은 주어진 문헌과 질의와의 연관성을 평가하는 함수를 생성하는 복잡한 과정이다. 이 과정은 두 개의 중요한 과제로 이루어지는데: (a) 문헌과 질의를 표현하는 논리적 틀의 개념화와 (b) 각 문헌과 질의의 연관성을 평가하는 순위화 함수의 정의이다. 여기서 논리적 틀이란 일반적으로 집합, 벡터, 확률 분포에 기반을 두고 있으며, 주어진 질의에 대한 결과 문헌 집합의 순위화에 직접적으로 영향을 미친다.

순위화가 정보검색 시스템의 가장 중요한 과정으로 여겨지므로 모델링에 대한 논의를 넓고 깊게 한다. 우선, 모델링과 순위화간의 관계를 살펴보고 그 다음으로 정보검색 모델의 특성에 따른 분류를 소개한다.

### 3.1.1 모델링과 순위화

2장에서 살펴본 대로 정보검색 시스템은 일반적으로 색인과 검색에 색인어를 적용한다. 협소한 의미에서 색인어는 자신만의 의미를 지닌 명사와 같은 중요 용어(또는 관련 용어의 그룹)가 된다. 좀 더 넓은 의미에서 색인어는 문헌 집합에 나타나는 어떤 단어도 될 수 있다.

색인어 기반 검색은 효율적으로 구현하거나 질의 표현이 단순해지는 장점이 있으며, 이런 단순성은 매우 중요한데, 사용자가 질의를 구성하는데 드는 노력이 줄어들기 때문이다. 반면에 단지 몇 개의 단어로 사용자의 질의 의도를 표현하기에는 제약이 되기도 해서 검색된 문헌에 질의와 관련없는 것들이 포함되는 것은 놀랄 일도 아니다. 더욱이 대부분의 사용자들이 질의 작성에 익숙치 않다는 점이 상황을 더 악화시키고 이런 불만족 때문에 질의의 다양성이 요구되기도 한다.

정보검색 시스템은 질의에 대한 응답 문헌을 검색하기 위해 어떤 문헌이 사용자에게 연관되어 있는지 아닌지를 예측해야 하는 주요 문제를 해결해야 한다. 이 문제는 근본적으로 불확실해서 어려운 문제인데, 사용자들 사이에서도 연관되어 있는지를 판단하는데 의견이 다를 수 있기 때문이다. 이런 면에서 시스템은 결과 집합에 대해 더 많은 사용자가 질의에 관련되어 있다고 판단할 수 있도록 예측하는 알고리즘을 구현해야 한다. 이런 예측 알고리즘이 검색 문헌의 순위화 함수가 되며, 당연히, 순위에서 상위에 있는 문헌들이 좀 더 관련있는 문헌이 되어야 한다. 따라서 순위화 알고리즘이 정보검색 시스템의 핵심 요소가 된다.

순위화 알고리즘은 문헌 연관성 표현 가정에 따라 동작하는데, 이 연관성 논리의 다양성에 따라 정보검색 모델도 구별되며 적용된 모델에 따라 연관성 예측이 달라진다. 여기서는 그동안의 중요한 정보검색 모델을 개념적으로 소개한다.

### 3.1.2 정보검색 모델의 특성

순위화 알고리즘의 기반인 기본 가정이 정보검색 모델을 결정짓는데, 그 특성은 다음과 같다.

**정의**

*정보검색 모델은* [D, Q, $F$, $R(q_i, d_j)$] *네 개의 요소로 구성된다. 여기서,*

1. D*는 문헌집합내 한 문헌을 표현하는 논리적 상에 대응하는 집합 (Documents)*
2. Q*는 사용자 정보 요구(질의)를 표현하는 논리적 상에 대응하는 집합 (Queries)*
3. $F$*는 문헌, 질의 표현과 이들의 관계(불리안, 벡터, 선형대수, 확률분포 등)를 모델링한 틀 (Framework)*
4. $R(q_i, d_j)$*는 질의 표현* $q_i \in Q$*와 문헌 표현* $d_j \in D$*의 연관성을 평가하는 순위화 함수이며 질의* $q_i$ *에 대한 연관 순위를 나타낸다 (Ranking Function).*

모델을 작성하기 위해서는 우선, 문헌 표현과 사용자 정보 요구 표현을 결정해야 한다. 예를 들어, 문헌 표현은 문헌에서 불용어(관사나 전치사 등)를 제거한 모든 용어의 부분 집합이 될 수 있으며, 질의 표현은 원 질의에 동의어를 추가한 확장 집합이 될 수 있다. 이렇게 표현이 정해지면, 순위화 함수 틀을 결정해야 한다. 예를 들어, 전통 불리안 모델에서는 문헌 컬렉션에 집합 연산자를 적용할 수 있다.

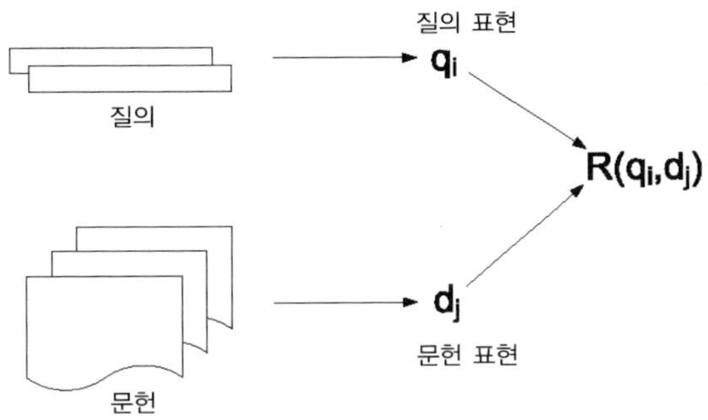


**그림 3.1**: 순위화 함수 $R(q_i, d_j)$는 질의와 문헌 표현을 입력으로 받아 질의 $q_i$에 대한 문헌 $d_j$의 순위를 할당한다.

또, 전통 벡터 모델에서는 질의와 문헌이 t 차원 벡터 공간에 한 벡터로 표시되고 이들간에 표준 선형 연산이 적용된다. 확률 모델에서는 문헌과 질의가 용어의 확률적 분포로 표현되고 베이지안 공식을 적용할 수 있다. 즉, 일단 정보검색 틀이 결정되면 이에 따른 순위화 함수가 정의된다.

질의와 문헌 표현이 $q_i$와 $d_j$로 결정되면, 순위화 함수 $R(q_i, d_j)$는 $q_i$와의 연관성으로 $d_j$의 순위정보(실제값)을 계산한다. 이런 과정이 그림 3.1에 나와 있는데, 여기서 질의 표현은 $q_i$로 문헌 표현은 $d_j$로 표시했다.

다음으로 다양한 정보검색 모델을 소개하는데, 각 요소인 **D**, **Q**, $F$, $R(q_i, d_j)$은 명확하기 때문에 일일이 언급하지는 않는다.

### 3.1.3 정보검색 모델의 분류

정보검색 모델은 기본적으로 텍스트에 기반을 두고 문헌 텍스트를 질의에 연관지어 순위화한다. 그러나, 웹상에서는 웹의 링크 정보를 사용하여 좀 더 나은 순위화를 할 필요가 있다. 반면에 멀티미디어 자료는 텍스트 문헌이 아닌 다른 형태를 사용하는 데, 이미지는 각 픽셀의 비트맵을 부호화하고 동영상은 이미지의 시간적 연속을 부호화하며 소리 자료는 연속된 소리의 디지털 자료를 사용한다. 이런 특수성 때문에 멀티미디어 자료는 좀 다른 방식으로 순위화 없이 검색된다. 이와 같이 정보검색 모델의 세 가지 중요 타입으로 텍스트 기반, 링크 기반, 멀티미디어 기반으로 구분한다.

그림 3.2는 정보검색 모델 분류와 멀티미디어 검색을 나타내고 있다. 텍스트 기반 모델은 다시 구조화 텍스트 검색과 비구조화 문헌 검색으로 나눌 수 있는데, 전자는 텍스트를 단순히 용어의 스트림으로 보는데 반해 후자는 문헌의 구조 요소로 제목, 섹션, 부섹션, 단락등의 정보를 사용하지만 역시 비구조화 텍스트를 다루기 때문에 준구조화라고 부른다. 세 가지 비구조화 문헌의 전통적인 정보검색 모델은 불리안, 벡터, 확률 모델이다. 불리안 모델에서는 문헌과 질의가 색인어 집합으로 표현되는데, [683]에서 제안된 것과 같이 집합론에 따른다. 벡터 모델의 경우, 문헌과 질의는 t차원 공간의 벡터로 표현되며 대수론에 따른다. 확률모델에서는 문헌과 질의 표현이 확률론에 따른다.

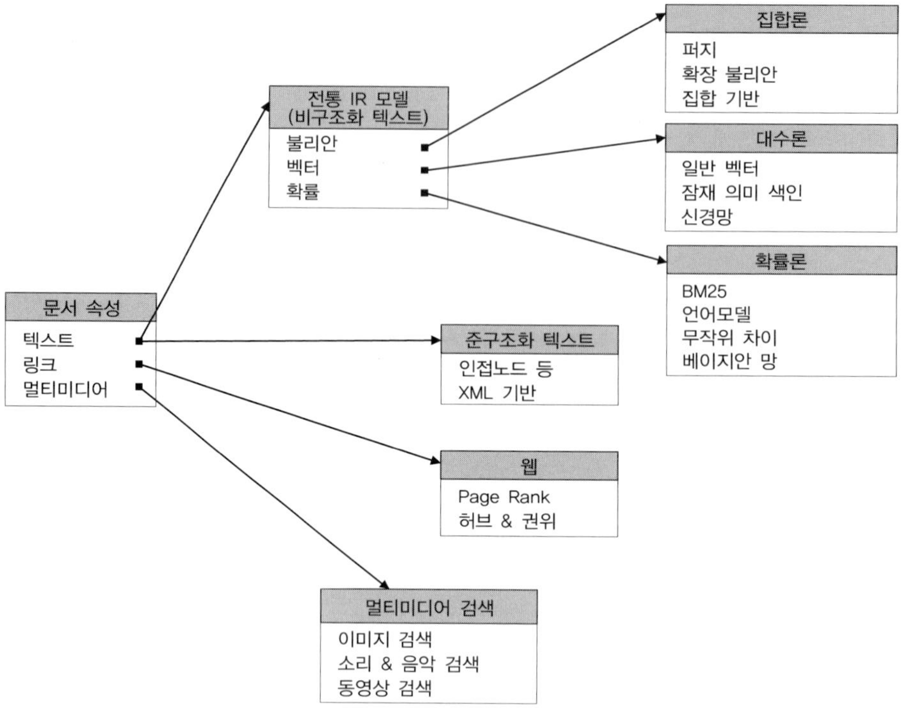


**그림 3.2:** 정보검색 모델 분류

수년간에 걸쳐 이와 같은 전통 모델이 아닌 모델들이 제안되었는데, 대안적인 집합론 모델인 퍼지, 확장 불리안 모델이 있으며 대안적인 대수 모델로는 일반 벡터, 잠재 의미 색인(latent semantic indexing), 신경망 모델이 있다. 또 대안적인 확률 모델로는 BM25, 베이지안 네트워크, 무작위 차이(Divergence from Randomness), 언어 모델이 있다. 이 모든 모델들에 대해 본 장에서 자세히 설명할 것이다.

문헌내 구조를 다루는 준구조화 문헌 검색 모델에서 색인 방법으로 인접 노드, XML 기반 색인이 있는데, 이는 13장에서 다룬다.

웹 검색에서는 문헌(웹 페이지)의 양이 너무 많기 때문에 문헌 기반 순위화로 충분하지 못하고 웹 페이지 사이의 링크 정보를 사용한다. 이를 링크 기반 검색 모델이라고 하고 PageRank[263]와 허브 & 권위(Hubs & Authorities) [911] 기법이 있는데, 11장에서 다룬다.

멀티미디어 검색은 문헌 검색과는 전혀 다른데, 예를 들어, 이미지의 경우, 각 픽셀(사용자의 이미지에 대한 해석과는 전혀 관련없는 정보)의 색과 밝기를 나타내는 비트들의 집합으로 표현된다. 따라서 사용자가 관심있는 이미지를 검색하기 위해서는 문헌 검색에는 없는 여러 과정이 필요하다. 예를 들어, 사용자는 질의 작성 대신 주어진 이미지 중에서 하나를 이미지 질의로 선택하고 이미지 집합과 비교되어 가장 공통점이 있는 이미지를 검색한다. 그러나 이런 픽셀 수준의 공통점 비교는 신뢰하기가 어려우며 14장에 또 다른 세련된 방법들을 소개한다. 멀티미디어 검색과 문헌 검색의 가장 큰 차이점은 멀티미디어 검색에는 결과의 순위화가 없다는 점이며, 이런 이유로 멀티미디어 검색은 그림 3.2와 같이 따로 표시했다.

멀티미디어 검색에서 가장 단순한 형태가 이미지 검색인데, 그 이유는 정적이기 때문이다. 소리나 동영상 검색은 멀티미디어 자료의 표현이 시간 차원을 포함하고 있기 때문에 크기도 매우 크고 문제가 훨씬 복잡하다. 14장에서 이런 멀티미디어 검색에 대해 자세히 다룬다.

정보검색 모델의 목적이 사용자 질의와 연관이 높은 결과 집합을 생성하는 것이기 때문에 최근의 정보검색 시스템은 여러 개의 다양한 모델을 혼합해 사용하는 추세이다. 예를 들어, 오늘날의 웹 순위화 함수는 전통적 정보검색 모델과 링크 기반 모델을 혼합하여 좀 더 향상된 결과를 만들어내고 있다.

## 3.2 전통적인 검색 모델

본 절에서는 불리안, 벡터, 확률모델인 정보검색의 세 가지 전통적 모델을 다룬다. 불리안 모델에서 색인어는 가중치 없이 단순한 집합론에 따르며 벡터 모델과 확률 모델에서의 색인어는 순위화를 향상시키기 위해 가중치를 가진다.

### 3.2.1 기본 개념

**색인어 또는 키워드**

전통 정보검색 모델에서 문헌은 다음과 같이 대표적인 키워드의 색인어 집합으로 표현된다.

> **정의**
> *색인어는 문헌내의 용어나 연속된 단어 그룹이 되는데, 일반적으로 문헌 컬렉션의 어떤 단어도 될 수 있다. 그러나 검색엔진 설계자의 선택에 따라 달라지기도 하는데, 좀 더 제한된 응용에서는 도서관 사서나 정보 과학자들에 의해 미리 선택된 중요 개념어나 주제어의 그룹이 되기도 한다.*

예를 들어, 미리 선택된 색인어 집합은 문헌 내용을 요약하는데 사용되기도 하며 이런 경우 자신만의 의미를 갖는 명사나 명사 그룹으로 구성된다. 반면 형용사, 부사, 접속사는 주로 보조적인 역할을 하므로 색인어로 잘 사용되지 않는다. 그러나 문헌내 어떤 단어나 단어 그룹을 검색할 필요가 있으면 모든 단어가 색인어로 가능하며 11장의 웹 검색엔진에서 채택되었다.

> **정의**
> *문헌 컬렉션 전체의 색인어 수가 $t$ 이고 $k_i$ 를 색인어라고 하면, $V=\{k_1, ..., k_t\}$는 문헌내 모든 색인어의 집합이 되고 어휘(Vocabulary)라고 하며, 그 크기는 $t$ 가 된다.*

어휘는 문헌 컬렉션의 중요한 요소인데, 모든 색인어를 구분해주기 때문이다. 문헌 컬렉션이 커질수록 어휘 크기도 같이 증가하는데, 철자 오류, 여러 형태의 숫자, 다양한 심볼과 약어 들이 증가하기 때문이다. 이런 현상은 11장의 웹 검색에서 특히 두드러진다.

**문헌과 질의 표현**

정보검색 시스템에서 문헌과 질의는 그림 3.1과 같은 표현으로 모델링되는데, 이 개념은 다음과 같다.

> **정의**
> *$V=\{k_1, k_2, ...., k_t\}$를 전체 문헌 컬렉션의 어휘라고 가정하고, 세 개의 색인어 $k_\ell$, $k_m$, $k_n$ 이 동일한 문헌 $d_j$ 에 나타난다면 용어 공기(co-occurrence) 패턴$[k_\ell, k_m, k_n]$이 나타났다고 한다. 크기가 $t$ 인 어휘 $V$에서 가능한 공기 패턴의 최댓값은 $2^t$ 이다. 예를 들어, 패턴(1, 0, ..., 0)은 용어 $k_\ell$ 만 존재하는 경우이고, 다른 패턴(1, 1, ...., 1)은 모든 용어가 존재할 때가 된다. 이런 용어 공기 패턴 각각을 용어 결합 요소라고 하며 문헌 $d_j$에 대해 유일한 용어 결합(term conjunctive component) 요소를 $c(d_j)$ 라고 표현하면 이는 어떤 용어가 이 문헌에 나타나고 안 나타나는지를 말한*

*다. 마찬가지로 질의 $q$에 대한 용어 결합 요소를 $c(q)$로 표현하며 질의내 용어의 존재를 나타낸다. 용어 결합 요소 $c(d_j)$는 문헌 $d_j$의 표현이 되며, $c(q)$는 시스템상의 질의 표현이 된다.*

이 경우, 질의와 문헌은 단순히 용어의 포함여부를 나타내는 용어 결합 요소로만 표현되는 가장 단순한 형태가 되며 실제로는 결과의 질을 향상시키기 위해 좀 더 복잡한 형태의 표현이 사용된다.

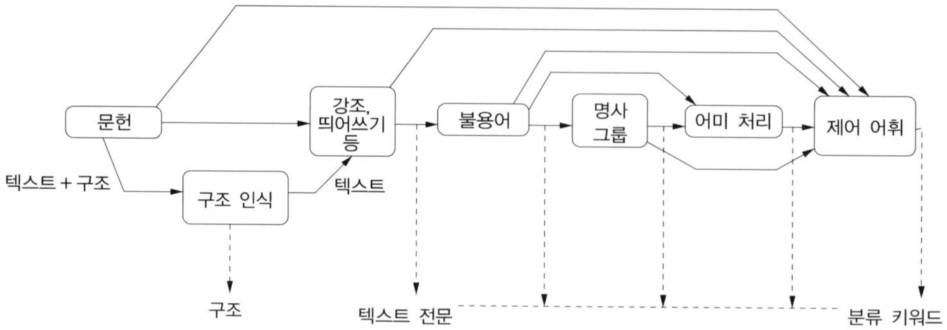


**그림 3.3:** 텍스트 전문부터 색인어 집합까지의 문헌의 논리적 상

### 용어-문헌 행렬

문헌내 용어의 출현은 문헌과 관계를 형성하게 되며, 이 용어-문헌 관계가 다음과 같이 문헌내 용어의 빈도수 행렬로 정량화될 수 있다.

$$\begin{array}{c} \\ k_1 \\ k_2 \\ k_3 \end{array} \begin{array}{c} \begin{array}{cc} d_1 & d_2 \end{array} \\ \left[ \begin{array}{cc} f_{1,1} & f_{1,2} \\ f_{2,1} & f_{2,2} \\ f_{3,1} & f_{3,2} \end{array} \right] \end{array}$$

여기서, $f_{i,j}$는 문헌 $d_j$내 용어 $k_i$의 빈도수(frequency)이다. 용어-문헌 관계를 정량화하기 위해 사용된 용어 빈도수는 포함 여부만 나타내는 것 보다는 더 많은 정보를 제공한다. 그러나 이 방법도 단순하므로 좀 더 복잡한 방법이 용어 가중치의 표현을 소개하는 부분에서 다루어진다.

### 문헌의 논리적 상

색인어는 문헌 텍스트에서 직접 추출하거나 사서, 정보과학자와 같은 주제 전문가에 의해 특화되기도 한다. 이런 대표적인 색인어가 자동 또는 전문가에 의해 문헌의 논리적 상을 제공한다.

현재의 컴퓨터 기술은 문헌을 모든 용어의 집합으로 표현할 수 있게 해주었으며 이를 검색 시스템이 텍스트 전문을 논리적 상(또는 표현)으로 적용했다. 그러나 문헌 컬렉션이 커질수록 대표 키워드의 집합을 줄여야 할 필요가 있다. 이는 불용어(관사나 접속사같은) 제거, 어미 처리(공통의 문법적 원형으로 통일), 명사 그룹 인식(형용사, 부사, 동사 제거)으로 가능하다. 이에 더하여 압축도 가능한데, 텍스트 압축은 6.6절에 자세히 다룬 텍스트 변형에서 설명한다. 이런 방법들이 문헌 표현의 복잡성을 줄이고 텍스트 전문으로부터 색인어 집합으로의 논리적 상을 이동시킬 수 있게 해준다.

텍스트 전문은 확실히 문헌의 가장 완전한 논리적 상이지만, 이의 채택은 높은 계산 비용이 든다. 반면, 전문가에 의해 할당된 작은 규모의 카테고리 집합은 가장 작은 논리적 상과 심지어 문헌 표현에 의미도 부여할 수 있다. 그러나, 전문가가 생성한 색인 카테고리는 재현율을 제한하며 특히 이 전문가가 해당 문헌 컬렉션에 전문적인 지식이 없을 때, 검색 성능이 현저히 떨어질 수 있다. 그림 3.3과 같이 정보검색 시스템이 적용할 수 있는 다양한 중간 수준의 논리적 문헌상들이 있으며, 이외에도 문헌내 구조(장, 절, 부절)를 사용할 수도 있다.

앞의 정의들이 다음에 논의할 세 가지 전통적인 정보검색 모델에 공히 사용될 것이다.

### 3.2.2 불리안 모델

불리안 모델은 집합론과 불리안 대수에 기반을 둔 단순 검색 모델로 매우 직관적이고 정확하다. 이런 내재된 단순성과 깔끔한 형식 때문에 과거에 상당한 주목을 받아 초기 상용 도서관 시스템에 많이 채택되었다.

불리안 모델에서 색인어는 문헌내 존재 여부로 표현되므로 용어-문헌 빈도수 행렬은 단순히 이진값만을 가진다. 질의 $q$는 색인어와 세 가지 불리안 연산자 not, and, or로 구성된다(어떤 시스템은 계산 효율성 때문에 not 연산자 대신에 minus 연산자를 대신 사용하기도 한다). 따라서 질의는 다음과 같이 전통적인 색인어의 불리안 수식이 된다.

> **정의**
> *불리안 모델에서 용어-문헌 행렬의 원소는 문헌내 존재할 경우 1, 아니면 0으로 표시된다. 질의 $q$는 색인어의 불리안 수식이 되며, 예를 들어, $[q = k_a \wedge (k_b \vee \neg k_c)]$와 같이 표현된다. 이런 질의에서 용어 조건을 만족시키는 요소를 용어 결합 요소 $c(q)$라고 부른다. 이런 결합요소를 묶어서 합집합 기호로만 연결된 형태를 만들 수 있는데, 이를 query disjunctive normal form이라고 하고 $q_{DNF}$로 표기한다.*

앞의 질의 예 $[q = k_a \wedge (k_b \vee \neg k_c)]$에서 문헌 컬렉션 어휘는 $V = \{k_a, k_b, k_c\}$라고 가정하자. 이 질의 $q$는 그림 3.4와 같이 $[q_{DNF} = (1,1,1) \vee (1,1,0) \vee (1,0,0)]$로 변형할 수 있다. 이제 한 문헌 $d_j$가 용어 $k_a$와 $k_c$는 포함하지만 $k_b$는 포함하지 않는다고 가정하자. 이에 해당하는 용어 결합 요소 $c(d_j)$는 $(1,0,1)$가 되며, $q_{DNF}$에 포함되지 않으므로 질의 조건을 만족시키지 못한다. 따라서 문헌 $d_j$는 질의 $q$를 만족시키지 못한다.

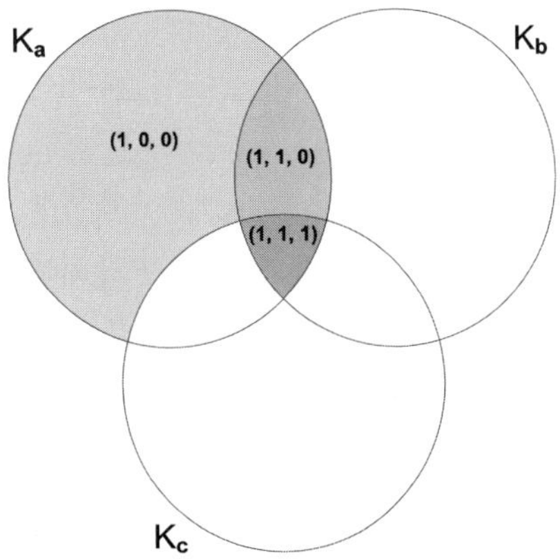


**그림 3.4:** 질의$[q = k_a \wedge (k_b \vee \neg k_c)]$에 대한 세개의 결합 요소

이런 방법은 심지어 질의에 없는 용어를 문헌 컬렉션 어휘가 포함하고 있어도 동작이 되는데, 예를 들어, 어휘가 $V = \{k_a, k_b, k_c, k_d\}$이고 문헌 $d_j$가 용어 $k_a$, $k_b$, $k_c$를 포함하고 있다면 해당 용어 결합 요소는 $(1,1,1,0)$이다. 여기에 질의가 $[q = k_a \wedge (k_b \vee \neg k_c)]$이면, 이의 disjunctive normal form은 다음과 같다.

$$q_{DNF} = (1,\ 1,\ 1, 0) \vee (1,\ 1,\ 1, 1) \vee (1,\ 1,\ 0, 0) \vee (1,\ 1,\ 0, 1) \vee (1,\ 0,\ 0, 0) \vee (1,\ 0,\ 0, 1)$$

즉, 용어 $k_d$는 질의에 나타나지 않더라도 각 결합 요소에는 존재 여부가 나타나며, 결과적으로, 질의 충족 조건은 변하지 않는다. 만약 문헌이 질의 용어 충족 조건을 만족하려면, 이 결합요소가 질의 결합요소와 문헌 결합요소에 같이 포함되어 있어야 한다. 이를 더 간결하게 하기 위하여 질의에 포함된 용어에 대해서만 결합요소를 표현한다.

**정의**

*불리안 모델에서 질의 $q$는 색인어로 구성된 전통적인 불리안 수식이다. 질의 결합요소를 $c(q)$로 문헌 $d_j$에 대한 문헌 결합요소를 $c(d_j)$로 표시하면, 문헌 $d_j$와 질의 $q$의 유사도(Similarity)는 다음과 같이 정의된다.*

$$sim(d_j, q) = \begin{cases} 1 \text{ if } \exists c(q) \mid c(q) = c(d_j) \\ 0 \text{ otherwise} \end{cases} \tag{3.1}$$

*만약 $sim(d_j, q)=1$ 이면 실제는 그렇지 않더라도 불리안 모델에서 문헌 $d_j$와 질의 $q$가 관련있는 것이고 아니면 관련없는 것으로 볼 수 있다.*

불리안 모델에서 각 문헌은 관련이 있거나 없는 것으로 결과가 나오며, 질의 조건에 따른 부분 관련성은 알 수가 없다. 예를 들어 $c(d_j) = (1,\ 0,\ 1)$인 문헌 $d_j$는 색인어 $k_a$를 포함하고 있으나 질의 $[q = k_a \wedge (k_b \vee \neg k_c)]$에 대해서는 관련이 없다는 결과가 나온다. 이런 이진값 결과는 검색의 질을 좀 더 향상시키기 위한 순위화 모델이 원천적으로 불가능하다. 더욱이 불리안 수식이 정확한 의미를 담을 수는 있지만, 정보 요구를 불리안 수식으로 변환하는 것이 그렇게 쉽지만은 않다. 사실, 대부분의 일반 사용자들에게 자신의 질의 요구를 불리안 수식으로 표현하는 것은 어려움이 따르기 때문에 매우 단순한 형태로만 표현한다.

불리안 모델의 주요 장점은 이진값의 색인어 가중치를 택함으로써 모델의 정확성과 그 단순성에 있다. 반면 단점은 순위화가 없어서 너무 적거나 너무 많은 문헌이 검색되며 대부분의 사용자에게 불리안 질의 생성이 어렵다는 점이다. 오늘날 검색에서 색인어 가중치가 검색의 질을 향상시키는데 상당히 기여할 수 있음은 잘 알려져 있다.

### 3.2.3 용어 가중치

한 문헌을 위한 색인어 집합이 주어졌을 때, 모든 색인어가 그 문헌의 내용을 잘 표현해주는 것은 아니며 어떤 색인어는 다른 것들보다 더 모호한 것도 있다. 하지만 문헌의 내용을 요약하기 위해 용어의 중요도를 결정하는 것은 그리 쉬운 일이 아니다. 그럼에도 불구하고 중요도 평가에 유용한 색인어의 특성을 쉽게 측정할 수 있는 방법도 있다. 예를 들어, 십만 개의 문서로 이루어진 문헌 컬렉션이 있다고 가정하자. 어떤 단어가 모든 문헌에 등장한다면 이 단어는 어떤 문헌과 관련이 있는지의 정보를 주지 못하기 때문에 색인어로는 부적절하다. 반면, 단지 다섯 개의 문헌에만 출현하는 용어가 있다면 사용자가 관심이 있을 만한 문헌의 수를 상당히 줄여주기 때문에 매우 유용하다. 따라서 각각의 색인어가 문헌 내용을 구분할 때 중요도가 다른 것은 명확하며 이를 숫자 가중치로 부여할 수 있다.

**정의**

*용어 중요도인 가중치(Weight) $w_{i,j} > 0$은 문헌 $d_j$에 대한 색인어 $k_i$의 중요도이다. 색인어 $k_i$가 문헌 $d_j$에 없으면 $w_{i,j} = 0$이다.*

가중치 $w_{i,j}$는 문헌 내용을 표현하기 위한 색인어의 중요도를 정량화한 값이며 이 가중치를 부여함으로써 해당 질의에 대한 관련 문헌의 순위화가 가능하고 결과적으로 검색 질을 향상시킨다.

색인어 가중치는 한 용어가 해당 문헌이나 부분 문헌 컬렉션에서 얼마나 중요한지를 나타낸다. 예를 들어, 존 레논에 대한 수천 개의 문헌 컬렉션이 있다고 가정하고 사용자가 '존 레논'이라고 질의를 했을 때, 어떤 문헌이 상위에 나올지를 어떻게 결정할 수 있을까? 더 추가적인 정보가 없다면 문헌 순위화는 불가능하다. 이런 질의는 해당 문헌 컬렉션에서 어떤 중요한 정보도 가지고 있지 않기 때문에 정보량이 0이라고 말할 수 있다.

이 특수한 예는 순위화 알고리즘을 어떻게 설계할 지에 대한 정보는 못 주지만, 용어 가중치(서로 다른 용어는 가중치 값도 다르다)에 대한 중요한 시사점을 제공한다. 더욱이 이 가중치는 문헌 컬렉션 전체의 영향을 받는데, 문헌 컬렉션내 용어 중요도를 측정하기 위해서는 특정 문헌내의 중요도만이 아니라 전체 문헌 컬렉션내 중요도도 고려해야 한다. 이런 가중치는 용어의 출현 빈도수에 의존하며 다음과 같이 정의할 수 있다.

**정의**

*$f_{i,j}$를 색인어 $k_i$가 문헌 $d_j$에 출현한 빈도수라고 하면 문헌 컬렉션 전체에 출현한 총 빈도수 $F_i$는 다음과 같다.*

$$F_i = \sum_{j=1}^{N} f_{i,j} \tag{3.2}$$

*여기서 $N$은 전체 문헌 컬렉션의 문헌수이며 용어 $k_i$의 문헌 빈도수는 그 용어가 출현한 문헌의 수를 나타내며 간단히 $n_i$로 표시하고 당연히 $n_i \leq F_i$이다.*

### 용어간 상호 관계

색인어 가중치는 서로 독립적이라고 가정하는데, 그 의미는 용어-문헌 쌍($k_i$, $d_j$)에 상응하는 가중치 $w_{i,j}$와 다른 쌍($k_{i+1}$, $d_j$)의 가중치 $w_{i+1,j}$와는 전혀 관련이 없다고 보는 것이다. 사실 한 문헌의 색인어 출현은 서로 관련이 있으므로 이런 가정은 확실히 단순화한 모델이다. 예를 들어, 컴퓨터 네트워크에 관한 문헌에서 용어 '컴퓨터'와 '네트워크'가 색인어로 사용되는데, 이 두 용어는 서로 연관되어 사용된다. 따라서 이 두 용어는 상호 관련이 있으며 가중치도 마찬가지다.

용어간 상호 관계는 그림 3.5와 같이 연관 행렬로 계산할 수 있으며 그 주요 개념은 다음과 같이 공식화할 수 있다.

**정의**

*$t$행 $N$열의 용어-문헌 행렬을 $\mathbf{M}=[m_{ij}]$로 표시하면 원소 $m_{ij}=w_{i,j}$이며, 이는 용어-문헌 쌍 ($k_i$, $d_j$)의 가중치이다. 여기서 $\mathbf{M}^T$를 행렬 $\mathbf{M}$의 전치행렬이라고 하면, 이 두 행렬의 곱에 의해 생긴 행렬 $\mathbf{C}=\mathbf{M}\cdot\mathbf{M}^T$가 용어간 연관 행렬이 되고 각 원소 $c_{u,v}\in\mathbf{C}$는 용어 $k_u$와 $k_v$ 사이의 연관값이며, 다음 수식으로 정의된다.*

$$c_{u,v} = \sum_{d_j} w_{u,j} \times w_{v,j}$$

용어간 연관 행렬 $\mathbf{C}$는 두 용어 $k_u$와 $k_v$간의 연관성을 나타내며 그림 3.5의 예처럼 문헌내 동시 출현과 관련이 깊다. 이 연관값은 연관 원소 $c_{u,v}$로 정량화되는데, 두 용어의 문헌내 동시 출현이 많을수록 값이 커진다. 여기에 더해서 문헌내 용어간 거리 정보를 활용하여 용어간 연관성을 더 향상시킬 수도 있다. 즉, 문헌내 근거리에 출현한 용어가 먼거리에 출현한 용어보다 더 연관성이 높다고 볼 수 있다. 이 용어간 연관성에 대한 세 가지 계산 모델은 5장에서 자세히 설명된다.

$$\begin{array}{c} \\ k_1 \\ k_2 \\ k_3 \end{array} \begin{array}{c} \begin{array}{cc} d_1 & d_2 \end{array} \\ \begin{bmatrix} w_{1,1} & w_{1,2} \\ w_{2,1} & w_{2,2} \\ w_{3,1} & w_{3,2} \end{bmatrix} \\ \mathbf{M} \end{array} \times \begin{array}{c} \\ d_1 \\ d_2 \end{array} \begin{array}{c} \begin{array}{ccc} k_1 & k_2 & k_3 \end{array} \\ \begin{bmatrix} w_{1,1} & w_{2,1} & w_{3,1} \\ w_{1,2} & w_{2,2} & w_{3,2} \end{bmatrix} \\ \mathbf{M}^T \end{array}$$

$$\Downarrow$$

$$\begin{array}{c} \\ k_1 \\ k_2 \\ k_3 \end{array} \begin{array}{c} \begin{array}{ccc} k_1 & k_2 & k_3 \end{array} \\ \begin{bmatrix} w_{1,1}w_{1,1} + w_{1,2}w_{1,2} & w_{1,1}w_{2,1} + w_{1,2}w_{2,2} & w_{1,1}w_{3,1} + w_{1,2}w_{3,2} \\ w_{2,1}w_{1,1} + w_{2,2}w_{1,2} & w_{2,1}w_{2,1} + w_{2,2}w_{2,2} & w_{2,1}w_{3,1} + w_{2,2}w_{3,2} \\ w_{3,1}w_{1,1} + w_{3,2}w_{1,2} & w_{3,1}w_{2,1} + w_{3,2}w_{2,2} & w_{3,1}w_{3,1} + w_{3,2}w_{3,2} \end{bmatrix} \end{array}$$

용어간 행렬(C)

**그림 3.5**: 두 개의 문헌과 세 개의 용어를 가진 소규모 예제 집합에서 용어-문헌 행렬 $M$, 전치 행렬 $M^T$, 용어간 연관 행렬 $C$

용어간 연관성을 계산하는 여러 방법론들이 있으므로 각 정보검색 모델은 이들을 유용하게 사용할 수 있다. 이런 모델로는 본장에서 앞으로 소개할 일반 벡터 공간 모델, 퍼지 정보검색 모델, 집합 기반 모델, 언어 모델이 있다. 이런 의미에서 용어 독립 가정은 너무 단순화했다고 볼 수 있지만, 용어 가중치 계산이 쉬어 신속한 순위화가 가능하다는 장점이 있다. 더욱이 색인어 연관성을 활용해 순위화를 향상시키는 작업은 그리 쉬운 일이 아니다. 예를 들어, 용어 연관성이 일반 문헌 컬렉션에서 얼마나 유용한 지에 대한 합의가 없기 때문에 명확한 상황이 아니라면 색인어간 상호 독립을 가정하는 편이 더 나을 수도 있다.

용어 가중치에 대한 초기 주요 계산 방법은 Sparck Jones[1504]와 Salton과 Yang[1418]의 실험에 의해 제안되었으며 효과적인 용어 가중치 틀인 TF-IDF로 발전되었다.

### 3.2.4 TF-IDF 가중치

용어 빈도수(Term Frequency; TF)와 역문헌 빈도수(Inverse Document Frequency; IDF)는 정보검색에서 가장 널리 사용되는 용어 가중치의 틀이며 TF-IDF 기법이라고 부른다.

#### 용어 빈도수 가중치

용어 가중치 수식은 Luhn[1062]에 의해 처음 제안되었으며, 다음 가정에 따른다.

> **정의**
>
> ***Luhn의 가정.*** *문헌 $d_j$에 출현하는 용어 $k_i$의 가중치는 단순히 용어 빈도수 $f_{i,j}$에 비례한다. 즉, 용어 $k_i$가 문헌 $d_j$에 더 많이 나올수록 용어 빈도수 가중치 $TF_{i,j}$ 가 높아진다.*

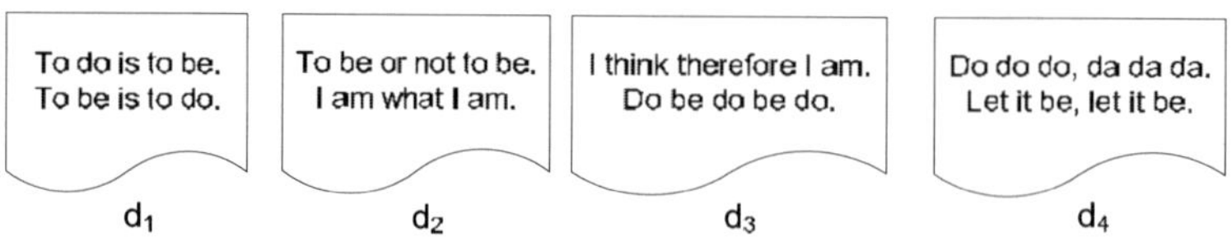


**그림 3.6**: 네 개의 문헌으로 구성된 작은 예제 집합(Baeza-Yates의 허락하에 구성)

문헌의 중요 주제를 서술하기 위해 고빈도 용어가 중요하다는 관찰에 기반한 이 가정은 다음 TF 가중치 수식을 가능하게 했다.

$$tf_{i,j} = f_{i,j} \tag{3.3}$$

이 TF 가중치의 변형으로는

$$tf_{i,j} = \begin{cases} 1 + \log f_{i,j} & \text{if} \quad f_{i,j} > 0 \\ 0 & \text{otherwise} \end{cases} \tag{3.4}$$

이 있고, 여기서 로그 밑수는 2이고, 로그함수는 TF 가중치에 선호되는 함수이며, 아래 설명할 IDF에도 사용된다. 그림 3.6의 소규모 예제 문헌 컬렉션의 경우, 용어 빈도수와 log TF 가중치는 표 3.1과 같다.

| # | 용어 | $f_{i,1}$ | $f_{i,2}$ | $f_{i,3}$ | $f_{i,4}$ | $TF_{i,1}$ | $TF_{i,2}$ | $TF_{i,3}$ | $TF_{i,4}$ |
|---|---|---|---|---|---|---|---|---|---|
| 1 | to | 4 | 2 | – | – | 3 | 2 | – | – |
| 2 | do | 2 | – | 3 | 3 | 2 | – | 2.585 | 2.585 |
| 3 | is | 2 | – | – | – | 2 | – | – | – |
| 4 | be | 2 | 2 | 2 | 2 | 2 | 2 | 2 | 2 |
| 5 | or | – | 1 | – | – | – | 1 | – | – |
| 6 | not | – | 1 | – | – | – | 1 | – | – |
| 7 | I | – | 2 | 2 | – | – | 2 | 2 | – |
| 8 | am | – | 2 | 1 | – | – | 2 | 1 | – |
| 9 | what | – | 1 | – | – | – | 1 | – | – |
| 10 | think | – | – | 1 | – | – | – | 1 | – |
| 11 | therefore | – | – | 1 | – | – | – | 1 | – |
| 12 | da | – | – | – | 3 | – | – | – | 2.585 |
| 13 | let | – | – | – | 2 | – | – | – | 2 |
| 14 | it | – | – | – | 2 | – | – | – | 2 |
| 문헌 크기(단어수) | | 10 | 11 | 10 | 12 | | | | |

**표 3.1**: 그림 3.6의 예제 집합에서의 용어 빈도수 $f_{i,j}$와 log TF 가중치 $TF_{i,j}$ 문헌내 용어수에 따른 문헌 크기도 있다.

Salton과 Yang[1418]은 이진 가중치에 기반한 검색 결과를 향상시키는데 용어 빈도수 가중치가 유용하다는 점을 실험적으로 보여 주었다. 그러나, 이 향상도가 테스트 집합이나 질의에 따라 일관성있게 나오지는 않았다. 이후 용어 가중치는 Sparck Jones가 제안한 역문헌 빈도수와 같이 고려될 때 더 큰 성능 향상을 보였다.

### 역문헌 빈도수 가중치

Sparck Jones가 문헌 컬렉션의 색인어 생성과정과 검색에 색인어를 사용할 때, IDF(Inverse Document Frequency)라는 용어의 통계적 특성[1504]을 고안해냈으며 이후 용어 가중치의 토대가 되었다. 그녀의 고안은 경험에 의한 것이었으며 이 IDF에 대한 이론적 토대를 제공하기 위한 심층 연구들이 뒤를 이었는데, 그 중 통찰력이 뛰어난 연구는 IDF 정의를 전통적 확률모델로 해석한 Robertson[1371]이다. 여기서는 Sparck Jones의 원조 모델을 따르며, 이는 용어의 망라성(exhaustivity)과 특정성(specificity)에 기반을 두고 있다.

**정의**

***망라성(exhaustivity)과 특정성(specificity)***. *망라성은 문헌 작성의 특성이며, 특정성은 색인어의 특성이다. 문헌 작성의 망라성이란 해당 문헌의 주요 주제를 제공하기 위한 범주로 해석할 수 있으며, 색인어의 특정성이란 한 용어가 문헌의 주제를 얼마나 잘 표현하는가를 말한다.*

만약 새로운 어휘가 문헌에 추가되면, 그 문헌의 망라성은 증가되는데, 이는 질의 용어도 증가시켜 결과적으로 검색 확률을 증가시킨다. 이는 자연스럽게 망라성의 최적 수준이라는 새로운 개념을 다음과 같이 이끌어냈다.

> 정의
>
> ***최적의 망라성(Optimal exhaustivity).*** *한 문헌의 색인어 수가 증가할수록 그 문헌의 망라성도 증가하며 무작위로 선정된 질의에 의한 검색 확률 또한 증가한다. 그러나, 너무 많은 색인어가 있으면 비연관 문헌의 검색도 많아진다. 따라서 한 문헌의 평균 색인어 수는 검색 문헌의 연관 확률을 최대화할 수 있는 적정 수준이어야 함을 알 수 있다. 이 최적의 색인어 수를 해당 문헌의 최적의 망라성이라고 한다.*

예를 들어, 검색엔진과 같이 한 문헌의 모든 색인어를 색인하는 것이 가장 좋은 방법은 아니다. 이 문제를 우회할 수 있는 방법으로 모든 색인어를 사용하되 그 용어의 특정성에 따라 가중치를 두어 그 중요성을 구별하는 방법이 있다.

여기서 특정성은 용어 의미의 속성인데, 각 용어는 그 의미에 따라 다소간 특화되어 있다는 것이다. 예를 들어, '음료'라는 용어는 '차'나 '맥주'에 비해 덜 특화되어 있다. 따라서, 수동 색인시 용어 '음료'는 '차'나 '맥주'에 의한 색인보다 더 많은 문헌을 포괄한다고 볼 수 있다. 정보과학 연구자들에게 널리 채택된 이 용어 특화의 해석은 한 용어가 문헌 주제로서 얼마나 정확한지에 기반한다. 또 다른 방법으로는 이 용어 특정성을 용어 사용 함수로 계산하는 방법인데, 다음과 같이 용어 의미보다는 통계적으로 해석한다.

> 정의
>
> ***통계적인 용어 특정성과 망라성.*** *통계적으로 한 문헌의 망라성은 해당 문헌의 색인어수로 정량화할 수 있다. 또 용어의 특정성은 해당 용어가 출현한 문헌수의 역함수로 정량화할 수 있다.*

이와 같이 망라성과 특정성의 관계가 명확해졌는데, 문헌이 길어지면 용어 특정성은 낮아지는 경향이 있다. 특히 한 용어가 모든 문헌에 출현하면 해당 용어의 특정성은 최하이며, 이는 이 용어가 검색에 유용하지 않다는 뜻이다. 이 추론이 특정성으로 용어 가중치를 할당할 수 있는 근거를 제공하며 용어 가중치는 다음과 같이 용어 빈도수의 함수로 나타낼 수 있게 해준다.

자연언어 문헌에서 한 용어의 연관 문헌 빈도수는 Zipf의 법칙[1793](자세한 내용은 6.5.2절 참조)이라 불리는 수학적 분포에 가깝다.

> 정의
>
> ***Zipf의 법칙.*** *$n_i$를 용어 $k_i$의 문헌 빈도수라고 하고 이를 내림차순으로 정렬했을 때, $n(r)$이 $r$번째 문헌 빈도수라고 하면, $r$은 빈도수 $n(r)$에 따른 용어의 순위라고 말할 수 있다. 그러면 Zipf의 법칙에 따라*
>
> $$n(r) \sim r^{-\alpha} \tag{3.5}$$
>
> *가 된다. 여기서, $\alpha$는 실험적으로 설정된 상수이다. 즉, 용어 문헌 빈도수는 순위 $r$의 지수 함수로 모델링될 수 있다.*

이 Zipf의 법칙 수식은

$$n(r) = Cr^{-\alpha}$$

로 변환할 수 있고, 여기서, $C$는 실험적으로 설정된 두 번째 상수가 된다. 영어의 경우, 간단히 $\alpha=1$로 설정하고 로그(다른 언급이 없으면 밑값은 2)를 취하면

$$\log n(r) = \log C - \log r$$

이 되며, 이것이 기본 승법 수식이 된다(즉, 로그-로그 비율에서 변수와 순위의 Zipf 연관성은 음의 선형 함수이다). $r=1$일 때, $C=n(1)$이 되고 이는 문헌 집합에서 가장 큰 문헌 빈도수가 되며, 정규화 상수로 작용한다. 단순히 $C$를 전체 집합의 문헌수인 $N$으로 설정하면

$$\log r \sim \log N - \log n(r)$$

이 된다. $r$번째 문헌 빈도수를 갖는 용어를 $k_i$라고 하면 $n(r)=n_i$가 된다. 용어 $k_i$에 대한 가중치 $IDF_i$는

$$IDF_i = \log\frac{N}{n_i} \tag{3.6}$$

가 되며, 여기서 $IDF_i$는 용어 $k_i$의 역문헌 빈도수라고 부른다($n_i/N$가 단순히 상대적인 문헌 빈도수이기 때문).

표 3.2는 그림 3.6의 예제 집합에 대한 IDF 가중치를 나타내는데, 가장 큰 IDF값은 오직 한 문헌에만 출현한 용어가 되며, 가장 작은 값은 모든 문헌에 출현한 용어가 된다. 실제 대규모의 문헌 컬렉션에서 가장 중요한(가중치가 높은) 용어는 명사나 명사 그룹(여러 단어로 이루어진 명사)이 됨을 예측할 수 있으며, 중요도가 낮은 용어는 통상적으로 불용어라고 불리는 관사, 접속사, 전치사 등이 된다.

| # | 용어 | $n_i$ | $IDF_i = \log(N/n_i)$ |
|---|---|---|---|
| 1 | to | 2 | 1 |
| 2 | do | 3 | 0.415 |
| 3 | is | 1 | 2 |
| 4 | be | 4 | 0 |
| 5 | or | 1 | 2 |
| 6 | not | 1 | 2 |
| 7 | I | 2 | 1 |
| 8 | am | 2 | 1 |
| 9 | what | 1 | 2 |
| 10 | think | 1 | 2 |
| 11 | therefore | 1 | 2 |
| 12 | da | 1 | 2 |
| 13 | let | 1 | 2 |
| 14 | it | 1 | 2 |

**표 3.2**: 그림 3.6($N=4$)의 예제 집합에서 IDF값

Sparck Jones에 의해 IDF 가중치가 제안되고 나서 Salton과 Yang은 순위화에 IDF 가중치의 중요성을 확인하는 실험을 수행하였다[1418]. 오늘날, IDF 가중치는 최근 가중치 틀의 근간이 되었으며 대부분의 정보검색 시스템이 사용하고 있다.

### TF-IDF 가중치

가장 대중적인 용어 가중치 기법은 Salton과 Yang[1418]이 제안한 용어 빈도수와 IDF를 혼합한 방법이다.

**정의**

*$w_{i,j}$를 용어-문헌 쌍 $(k_i, d_j)$의 용어 가중치라고 하면, TF-IDF 가중치 기법은 다음과 같이 정의된다.*

$$w_{i,j} = \begin{cases} (1+\log f_{i,j}) \times \log\dfrac{N}{n_i} & \text{if} \quad f_{i,j} > 0 \\ 0 & \text{otherwise} \end{cases} \tag{3.7}$$

표 3.3에 예제 집합에 대한 TF-IDF 가중치가 나와있는데, 매우 단순화시킨 예제이지만 TF-IDF 가중치 기법의 특징을 알 수 있다. 즉, 흔하지 않은 용어일수록 좀 더 선택력이 있으므로 가중치가 높다. 또 문헌내에 자주 등장하는 용어일수록 좀 더 높은 값을 가진다.

| # | 용어 | $d_1$ | $d_2$ | $d_3$ | $d_4$ |
|---|---|---|---|---|---|
| 1 | to | 3 | 2 | – | – |
| 2 | do | 0.830 | – | 1.073 | 1.073 |
| 3 | is | 4 | – | – | – |
| 4 | be | – | – | – | – |
| 5 | or | – | 2 | – | – |
| 6 | not | – | 2 | – | – |
| 7 | I | – | 2 | 2 | – |
| 8 | am | – | 2 | 1 | – |
| 9 | what | – | 2 | – | – |
| 10 | think | – | – | 2 | – |
| 11 | therefore | – | – | 2 | – |
| 12 | da | – | – | – | 5.170 |
| 13 | let | – | – | – | 4 |
| 14 | it | – | – | – | 4 |
| 문헌 크기(벡터 norm) | | 5.068 | 4.899 | 3.762 | 7.738 |

**표 3.3:** 그림 3.6의 예제 집합에 대해 수식 3.7을 적용한 TF-IDF 가중치. 문헌 크기는 가중치 벡터 *norm*으로 계산

단순하긴 하지만, TF-IDF 가중치는 미지의 새로운 문헌 컬렉션에서 용어에 가중치를 부여할 때 매우 효과적이다.

### TF-IDF 변형

TF-IDF 가중치의 몇 가지 변형이 있는데, Salton과 Buckley[1410]의 변형이 특별한 주목을 받고 있으며, 다음에서 Witten, Moffat과 Bell[1709]의 변형에 대해 설명한다.

TF 가중치의 경우, 표 3.4와 같이 다섯 가지 변형이 있다. 이진 변형에서는 문헌이나 질의에 용어가 존재하면 1, 아니면 0을 부여하며, 원 빈도수 변형에서는 빈도수를 직접 사용한다. 로그 정규화 변형에서는 IDF 가중치와 마찬가지로 빈도수 증가에 대해 로그 스케일로 줄여서 사용한다. 이중 정규화 0.5 변형은 두 가지 효과를 설정했는데, 첫 번째는 문헌(또는 질의)의 최대 빈도수를 가중치 정규화에 사용하고 두 번째는 가중치를 0.5에서 1사이의 값으로 정규화한다. 또 이중 정규화 K 변형은 앞의 변형을 단순히 일반화한 것인데, K값을 변화시킴으로써 TF가중치에서 빈도수 $f_{i,j}$의 영향을 줄이거나 늘릴 수 있다.

| 가중치 기법 | TF 가중치 |
|---|---|
| 이진 | {0, 1} |
| 원 빈도수 | $f_{i,j}$ |
| 로그 정규화 | $1+\log f_{i,j}$ |
| 이중 정규화 0.5 | $0.5+0.5\frac{f_{i,j}}{\max_i f_{i,j}}$ |
| 이중 정규화 K | $K+(1-K)\frac{f_{i,j}}{\max_i f_{i,j}}$ |

**표 3.4:** TF 가중치의 변형

IDF 가중치의 경우, 다섯 가지 변형이 표 3.5에 나타나 있다. 단일값 변형은 모든 용어의 IDF값을 1로 부여해 결과적으로 IDF는 의미가 없다. 역빈도수 변형은 앞에 설명한 표준 형식이고 역빈도수 평탄화(smooth) 변형은 $n_i$값이 극히 클 때 이상 현상을 방지하기 위해 1을 더한다. 역 빈도수 최대값 변형은 총 문헌수를 대신해 최대 문헌 빈도수를 사용하여 상대적인 빈도수를 사용한다. 확률적 역빈도수 변형은 3.2.7절에서 설명할 전형적인 확률 모델에 기반하고 있다.

| 가중치 기법 | IDF 가중치 |
|---|---|
| 단일값 | $1$ |
| 역빈도수 | $\log\frac{N}{n_i}$ |
| 역빈도수 평탄화 | $\log\left(1+\frac{N}{n_i}\right)$ |
| 역빈도수 최대 | $\log\left(1+\frac{\max_i n_i}{n_i}\right)$ |
| 확률적 역빈도수 | $\log\frac{N-n_i}{n_i}$ |

**표 3.5**: IDF 가중치의 변형

이 TF 변형과 IDF 변형의 조합에 따라 다양한 TF-IDF 가중치 변형이 나올 수 있다. 두 개의 문헌집합 $C_1$과 $C_2$가 주어졌을 때, 각 집합에 적절한 TF-IDF 가중치 기법이 있을 수 있다. 표 3.6에 Salton[1408]이 추천한 TF-IDF 기법이 있는데, 다른 언급이 없으면 본 도서에서는 세 번째 가중치 기법을 적용한다.

| 가중치 기법 | 문헌 용어 가중치 | 질의 용어 가중치 |
|---|---|---|
| 1 | $f_{i,j}\times\log\frac{N}{n_i}$ | $\left(0.5+0.5\frac{f_{i,q}}{\max_i f_{i,q}}\right)\times\log\frac{N}{n_i}$ |
| 2 | $1+\log f_{ij}$ | $\log\left(1+\frac{N}{n_i}\right)$ |
| 3 | $(1+\log f_{i,j})\times\log\frac{N}{n_i}$ | $(1+\log f_{i,q})\times\log\frac{N}{n_i}$ |

**표 3.6**: 추천된 TF-IDF 가중치 기법

### TF-IDF 특성

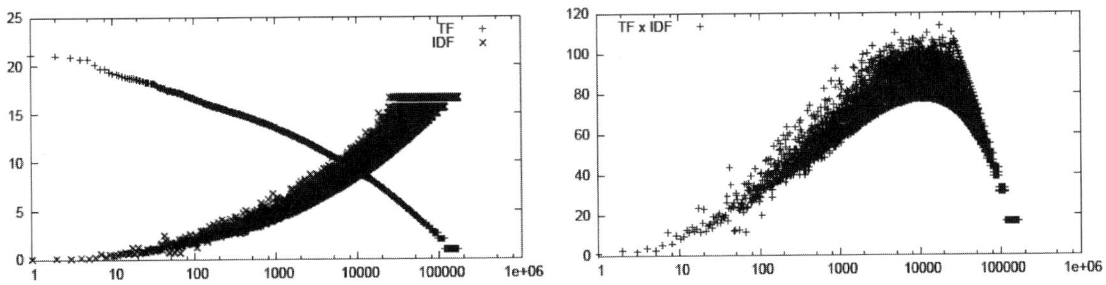


(a) (b)

**그림 3.7**: 월스트리트 저널 참고 집합에서 TF 가중치 내림차순(로그 스케일)으로 정렬한 TF, IDF, TF-IDF 가중치 분포

TF-IDF 가중치의 특성을 보다 잘 이해하기 위해 1987년부터 1989년까지 출판된 98,732개의 월스트리트 저널 기사로 구성된 참고 문헌 컬렉션[702]을 예로 들어 본다. 이 집합에 TF, IDF와 TF-IDF 가중치를 다음 수식으로 구한다.

$$TF_i = 1 + \log \sum_{j=1}^{N} f_{i,j}$$
$$IDF_i = \log\left(\frac{N}{n_i}\right) \tag{3.8}$$

전체 문헌집합에서 한 용어의 TF 가중치를 구하기 위해 모든 문헌에 출현한 빈도수를 모두 더한 값인 전체 용어-빈도수를 $F_i$라고 가정한다. 여기서 $r$을 TF 가중치 순위라고 하면 순위 1은 문헌 컬렉션내 최대 TF 가중치를 갖는 용어가 된다. 그림 3.7을 보면 월스트리트 저널 참고 문헌 컬렉션에서 용어 순위에 따라 수식 3.8로 구한 TF, IDF 값이 어떻게 변하는지 알 수 있다. 즉, TF와 IDF가중치는 서로 균형을 이루며 반비례하고 있는데, 높은 TF 가중치는 낮은 IDF 가중치와 연계되며 반대의 경우도 마찬가지다. 결과적으로 최대 TF-IDF 가중치는 중간 IDF값을 가진 용어에서 얻어진다. 즉, 대규모 문헌집합에서 가장 판별력이 높은 용어는 IDF 최고값을 갖는 용어가 아니며 중간 IDF값을 갖는 용어가 최대 TF-IDF 가중치를 갖는다(순위화를 위한 중요한 관찰이 Salton, Yang , Yu[1417]에 나온다). 다시 말해, 불용어와 같이 흔한 용어나 외래어, 철자 오류와 같은 희귀어는 순위화에서 중요하지 않다.

### 3.2.5 문헌 크기 정규화

대규모 문헌집합에서는 문헌 크기도 매우 다양하다. 이는 대형 문헌이 더 많은 용어를 포함하고 있으므로 검색될 확률이 더 높은 문제를 가져온다. 이런 부작용을 최소화하기 위해 각 문헌의 순위를 문헌 크기로 나누기도 하는데, 이를 통상 문헌 크기 정규화라고 부른다. 이를 통해 사용자의 연관성에 좀 더 나은 검색 순위화가 이루어지기 때문에 문헌 크기 정규화는 정보검색 모델에 널리 사용되고 있다.

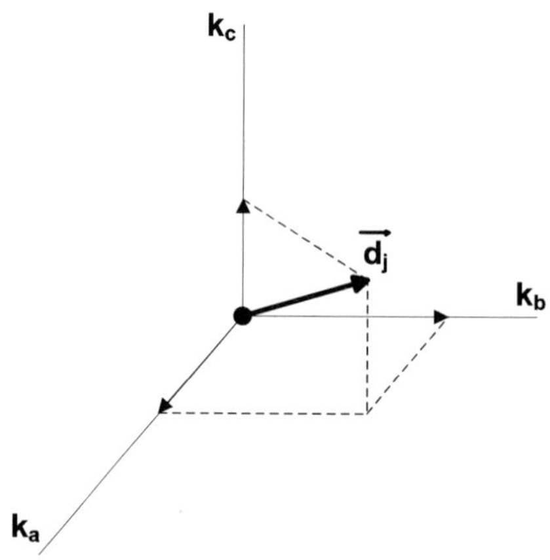


**그림 3.8:** 문헌 벡터 $\vec{d_j}$

그러나, 문헌 순위를 적절히 정규화하기 위해서는 문헌 크기를 어떻게 계산할 지를 결정해야 한다. 이는 문헌 표현 형태에 따라 다음과 같이 여러 방식이 있다.

> **정의**
> ***바이트 단위의 크기.*** *각 문헌이 단순히 바이트 스트림으로 표현된다면, 문헌 크기는 총 바이트 수가 된다. 이 표현의 장점은 단순성에 있다.*

> **정의**
> ***단어 수.*** *각 문헌이 하나의 문자열이라고 가정하면 이 문헌은 각 구성요소로 분리될 수 있으며, 문헌 크기는 단어의 총 수로 표현된다. 이 표현 역시 단순하기는 하지만 구문 수준이나 의미 수준의 분석이 필요하다.*

> **정의**
> ***벡터 norm.*** *각 용어가 총 용어수 t 개를 나타낸 t 차원 공간의 직교 단위 벡터 $\vec{k_i}$ 로 표현되면 문헌은 다음과 같이 가중치 벡터로 표현될 수 있다. 문헌 $d_j$는 용어 $k_i$와 가중치 $w_{i,j}$를 사용해 문헌내 용어의 중요도를 나타내는 $w_{i,j} \times \vec{k_i}$ 로 표현할 수 있다. 따라서 문헌 표현 $\vec{d_j}$는 그림 3.8과 같이 모든 용어 벡터 요소로 구성된다. 이 때 문헌 크기는 다음 수식과 같이 벡터 norm 이 된다.*
>
> $$|\vec{d_j}| = \sqrt{\sum_i^t w_{i,j}^2} \quad (3.9)$$

문헌을 바이트 스트림이나 문자열로 표현하면 문헌 크기는 바이트 수나 단어 수 등으로 간단히 계산할 수 있다. 그러나 문헌을 가중치 벡터로 표현하면 문헌 크기의 계산은 여러 용어의 가중치를 고려한 좀 더 복잡한 계산이 필요하다.

| 크기 | $d_1$ | $d_2$ | $d_3$ | $d_4$ |
|---|---|---|---|---|
| 바이트수 | 34 | 37 | 41 | 43 |
| 단어수 | 10 | 11 | 10 | 12 |
| 벡터 norm | 5.068 | 4.899 | 3.762 | 7.738 |

**표 3.7:** 그림 3.6 문헌 컬렉션에서 세 가지 유형의 문헌 크기

표 3.7은 그림 3.6의 예제 문헌 컬렉션의 문헌의 크기를 보여 준다. 바이트 단위의 문헌 크기 계산에서는 각 줄 끝에 있는 end-of-line 문자와 문헌 끝의 end-of-file 문자는 제외하며 연결된 단어 쌍은 공백 문자로 분리한다. 이 예제 문헌 집합에서 바이트 수나 단어 수의 문헌 크기는 제일 작은 문헌과 큰 문헌 크기의 차가 26% 이상 나지 않았다. 그러나, 벡터 *norm*으로 계산한 문헌 크기는 100% 이상 차이가 나는 경우도 있었다. 이는 용어 가중치를 고려했기 때문인데, 결과적으로 좀 더 특정성이 있는 용어가 많이 포함된 문헌 d4의 가중치가 가장 높았다.

문헌 크기의 정규화는 중요한 순위화 과정이며 검색의 질을 향상시키기 때문에 널리 적용되고 있다. 규모가 큰 문헌이 단지 크다는 이유로 검색될 확률이 높지만 반드시 질의와 연관이 많다고 볼 수는 없으며 반대로 검색결과의 질을 떨어트릴 가능성도 있다. 이와 같이 문헌 크기가 순위화에 미치는 영향을 줄이기 위해 최상의 정보검색 모델들은 순위화에 문헌 정규화를 적용하고 있으며 특히 다양한 크기의 문헌을 포함하는 문헌 컬렉션에서 더 유용하다.

### 3.2.6 벡터 모델

벡터 모델[1504, 1418, 1416]은 불리안 모델의 제약을 해결하고 부분 정합도 가능할 수 있도록 제안되었다. 이는 문헌과 질의 모두의 색인어에 이진수가 아닌 가중치를 할당해 문헌-질의 유사도를 계산함으로써 가능하다. 벡터

모델은 검색된 문헌의 유사도 값에 따라 내림차순으로 정렬함으로써 질의에 부분 정합된 문헌도 포함하며 결과적으로 순위화된 검색 문헌들은 불리안 모델보다 더 정확해진다.

> **정의**
>
> *벡터 모델에서 용어-문헌 쌍 $(k_i,\ d_j)$에 대응하는 가중치 $w_{i,j}$는 음이 아닌 비이진수이다. 여기서 모든 색인어는 상호 독립적이라고 가정하며 색인어 총수인 $t$차원 공간의 단위벡터로 표현된다. 즉, 문헌 $d_j$와 질의 $q$는 $t$차원 공간에서 다음과 같이 표현된다.*
>
> $$\vec{d_j} = (w_{1,j}, w_{2,j}, \ldots, w_{t,j})$$
>
> $$\vec{q} = (w_{1,q}, w_{2,q}, \ldots, w_{t,q})$$
>
> *여기서, $w_{i,q}$는 용어-질의 쌍 $(k_i,\ q)$에 대응하는 가중치이며 $w_{i,q} \geq 0$ 이다.*

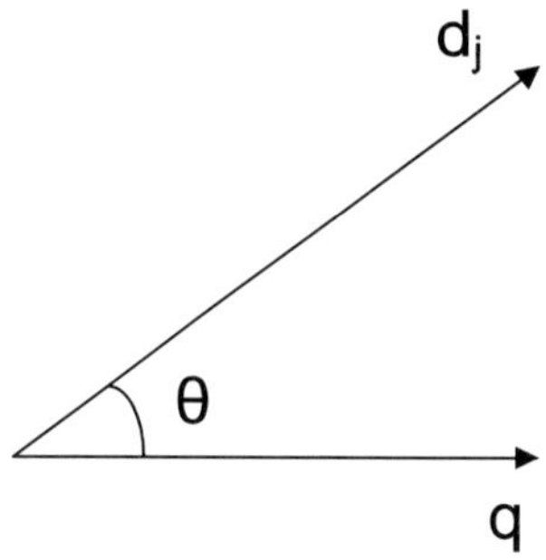

**그림 3.9:** 벡터 모델에서 코사인 θ값이 유사도 sim($d_j$, $q$)가 된다.

문헌 $d_j$와 질의 $q$는 그림 3.9와 같이 $t$차원 공간의 벡터로 표시되며 이 들의 유사도는 벡터 $\vec{d_j}$와 $\vec{q}$의 상호 관계가 되는데, 한 예로 이 두 벡터간의 각 $\theta$에 대한 코사인 값으로 정량화할 수 있다. 즉,

$$\begin{aligned} sim(d_j, q) &= \frac{\vec{d_j} \cdot \vec{q}}{|\vec{d_j}| \times |\vec{q}|} \\ &= \frac{\sum_{i=1}^{t} w_{i,j} \times w_{i,q}}{\sqrt{\sum_{i=1}^{t} w_{i,j}^2} \times \sqrt{\sum_{i=1}^{t} w_{i,q}^2}} \end{aligned} \tag{3.10}$$

여기서, $|\vec{d_j}|$와 $|\vec{q}|$는 문헌과 질의 벡터의 $norm$값이며, $\vec{d_j} \cdot \vec{q}$는 두 벡터의 내적이다. 요소 $|\vec{q}|$는 모든 문헌에 동일하기 때문에 순위화에는 영향을 미치지 않으며 요소 $|\vec{d_j}|$는 문헌 크기 정규화가 필요하다. 벡터 모델에서 더 자세한 정규화는 Singhal, Buckley, Mitra의 피봇 문헌 크기 정규화[1484]를 참조하라.

가중치 $w_{i,j}$와 $w_{i,q}$가 모두 0보다 크거나 같은 양수이므로 유사도 $sim(q,\ d_j)$는 0에서 1사이의 값을 가진다. 따라서, 이진 결정이 아니므로 벡터 모델은 질의와의 유사도 값에 따라 문헌을 순위화할 수 있으며 질의와 부분적으로 정합된 문헌도 검색된다. 또, 유사도 $sim(q,\ d_j)$값에 한계값을 설정하여 그 이상의 유사도 값을 갖는 문헌만 검색할 수도 있다.

벡터 모델에서의 가중치는 기본적으로 TF-IDF 가중치이며 여기서는 표 3.6의 세 번째 가중치 방법을 채택한다. 따라서,

$$w_{i,q} = (1+\log f_{i,q}) \times \log(\frac{N}{n_i}) \tag{3.11}$$

$$w_{i,j} = (1+\log f_{i,j}) \times \log(\frac{N}{n_i}) \tag{3.12}$$

여기서, $f_{i,q}$는 질의 $q$에서 용어 $k_i$의 빈도수이다. 이 수식은 용어 빈도수가 0 보다 클 때만 적용되며 용어 빈도수가 0이면 가중치 역시 0이다. 웹 검색에서 일반적인 질의 용어 빈도수가 1인 경우, $w_{i,q}$ 가중치는 $IDF_i$값이 되며, 이 경우, $w_{i,q}$를 $TF_{i,j}$로 재정의함으로써 수식 3.10의 분자가 $TF \times IDF^2$ 대신에 $TF \times IDF$가 되게 하는데, 이는 표 3.6의 가중치 기법 2와 같다.

표 3.8은 질의 "to do"에 대한 그림 3.6 예제 집합의 순위화 계산을 보여 준다. 문헌 $d_1$이 모든 질의 용어를 포함하고 있으므로 최고 순위의 문헌이 된다. 또, 문헌 $d_3$와 $d_4$는 질의 용어 "do"만 포함하고 있어서 낮은 순위가 되고, 문헌 $d_4$는 벡터 $norm$값이 커서 문헌 크기 정규화의 효과로 최하위에 위치한다. 이런 단순함에도 불구하고 벡터 모델은 용어 가중치 기법과 문헌 크기 정규화가 포함되어 있으므로 일반적인 문헌 컬렉션에서 좋은 결과를 보여 주고 있다.

| 문헌 | 순위 계산 | 순위값 |
|---|---|---|
| $d_1$ | $\frac{1\times3+0.415\times0.830}{5.068}$ | 0.660 |
| $d_2$ | $\frac{1\times2+0.415\times0}{4.899}$ | 0.408 |
| $d_3$ | $\frac{1\times0+0.415\times1.073}{3.762}$ | 0.118 |
| $d_4$ | $\frac{1\times0+0.415\times1.073}{7.738}$ | 0.058 |

**표 3.8**: 질의 "to do"에 대해 수식 3.11과 3.12의 TF-IDF 가중치를 적용한 벡터 모델에서의 문헌 순위(표 3.2와 3.3 참조)

벡터 모델의 주요 장점은 (1) 용어 가중치 기법이 검색의 질을 향상 (2) 부분 정합 전략이 질의 조건에 근접한 문헌도 검색 가능 (3) 코사인 순위화 수식이 질의와의 유사도에 따라 문헌을 정렬 (4) 문헌 크기 정규화가 순위화에 자연스럽게 포함되어 있다는 점이다. 이론적으로 벡터 모델의 단점은 색인어 상호간 독립을 가정하고 있다는 점이다. (수식 3.7은 색인어 독립성을 설명하지 않는다) 그러나, 실제로 용어 의존성의 적용은 적절하지 못 할 경우, 더 나쁜 결과를 초래하기도 한다.

이런 단순성에도 불구하고, 벡터 모델은 일반 문헌 컬렉션에서 강력한 순위화 전략이 되고 있다. 순위화된 결과 집합은 만족스러우며 그 질을 더 향상시키기 위해서는 질의확장이나 연관 피드백(5장 참조)같은 고급 기법을 사용해야 한다. 벡터 모델은 다른 순위화 방법들과 많이 비교되었지만, 일반 문헌 컬렉션에서는 벡터 모델이 최적의 안전한 순위화 방법으로 평가받고 있다. 더욱이 단순하고 빠르기 때문에, 벡터 모델은 대중적인 검색 모델이 되었으며, 다른 순위화 기법이나 새롭게 제안되는 정보검색 모델의 평가에 기준이 되고 있다.

### 3.2.7 확률 모델

1976년 Robertson과 Sparck Jones[1365]에 의해 제안된 확률 모델은 정보검색 문제에 대해 확률 기법의 해결책을 제시했다. 그 주요 아이디어는 사용자 질의가 주어졌을 때, 정답 문헌 컬렉션이 존재한다는 가정에서 이 정답 집합의 정의가 있으면 연관 문헌을 모두 검색할 수 있다는 것이다. 따라서 질의 처리 과정은 정답 집합의 특성을 규정하는 과정이 된다. 여기서 문제는 이 특성이 정확히 무엇인지 모른다는 점이며 단지 우리가 알고 있는 것은 색인어와 그 의미가 이 특성을 정의할 때 사용될 수 있다는 것이다. 이 특성은 질의시에는 알 수 없으므로 처음에는 무엇이 가능한지 추측이 이루어진다. 이 초기 추측은 정답 집합의 초기 확률적 정의가 되어 첫 번째 문헌 결과 집합 검색에 사용된다.

다음으로 이 정답 집합의 확률적 정의를 향상시키기 위해 사용자와의 대화가 시도된다. 예를 들어, 사용자는 검색된 문헌에서 어떤 것이 연관되고 아닌지를 판단한다(사실, 최상위 검색 문헌들만 평가할 필요가 있다). 시스템은 이 정보를 활용해 정답 집합의 정의를 조정하는데, 이런 과정을 반복함으로써 정답 집합의 정의가 점점 정확해진다. 따라서 확률 모델은 정답집합의 초기 정의 추측과 꾸준한 조정과정을 확률로 모델링하게 된다.

확률 모델에서 순위화는 Robertson[1364]이 언급한 다음 기본 가정에 근거하고 있다.

**정의**

***확률적 순위화 원칙.*** *사용자 질의 $q$와 문헌 $d_j$가 주어지면, 확률 모델은 사용자가 문헌 $d_j$에 관심 있는지(연관이 있는지)를 확률로 평가한다. 여기서 연관 확률은 시스템의 가용 정보인 질의와 문헌 표현만 사용한다고 가정한다. 또, 사용자가 선호하는 정답 집합이 있다고 가정하는데, 이를 $R$이라고 하고 사용자 연관성 확률을 최대화해야 한다. 즉, $R$ 집합에 포함된 문헌들만 질의에 연관되고 포함되지 않은 문헌은 연관성이 없어야 한다.*

이 가정은 문제가 좀 있는데, 그 이유는 사용자 연관성이 시스템 외부의 변수에 영향을 받기 때문이다. 따라서 시스템 내부 정보만 활용해 생성된 정답 집합은 사용자 관점에서 보면 그렇게 이상적이 아닐 수도 있다. 더욱이 이 원칙은 연관 확률을 어떻게 계산하는지에 대한 구체성도 없으며 그런 확률을 정의한 예제 공간도 제공하지 않았다.

질의 $q$가 주어졌을 때, 확률 모델은 각 문헌 $d_j$에 대해 질의 유사도인 $P$($q$에 연관된 $d_j$)/$P$($q$에 연관되지 않은 $d_j$)에 따라 그 차이를 계산한다. 이런 연관성 차이를 순위화에 적용함으로써 잘못된 판단 가능성을 최소화할 수 있다[599, 1624].

**정의**

*확률모델에서 질의 $q$는 색인어의 부분 집합이다. 문헌 $d_j$는 다음과 같이 색인어의 존재 여부에 따라 이진 가중치를 갖는 벡터로 표현된다.*

$$\vec{d}_j = (w_{1,j}, w_{2,j}, \ldots, w_{t,j})$$

*여기서 용어 $k_i$가 문헌 $d_j$에 출현하면 $w_{i,j}=1$이고 아니면 0이다. 또 주어진 질의 $q$에 대해 연관성이 있다고 알려진(또는 초기 예측된) 문헌 컬렉션을 $R$이라고 하면 $\overline{R}$는 비연관 문헌 컬렉션, 즉 $R$의 여집합이 된다. $P(R|\vec{d}_j, q)$는 $\vec{d}_j$로 표현된 문헌 $d_j$가 질의 $q$에 연관될 확률이 되고 $P(\overline{R}|\vec{d}_j, q)$는 연관이 없을 확률이 된다. 이 때 문헌 $d_j$와 질의 $q$의 유사도 $sim(d_j, q)$는 다음과 같이 정의된다.*

$$sim(d_j, q) = \frac{P(R|\vec{d}_j, q)}{P(\overline{R}|\vec{d}_j, q)} \tag{3.13}$$

베이지안 규칙을 적용하면, 다음과 같다.

$$sim(d_j, q) = \frac{P(\vec{d}_j|R,q) \times P(R,q)}{P(\vec{d}_j|\overline{R},q) \times P(\overline{R},q)} = \frac{P(\vec{d}_j|R,q) \times P(R|q)}{P(\vec{d}_j|\overline{R},q) \times P(\overline{R}|q)}$$

$P(\vec{d}_j|R,q)$는 집합 $R$에서 임의로 선정한 문헌 $\vec{d}_j$가 질의 $q$에 연관이 있을 확률이며, $P(R|q)$은 전체 문헌 컬렉션에서 임의로 선정한 문헌이 질의 $q$에 연관이 있을 확률을 나타낸다. $P(\vec{d}_j|\overline{R},q)$과 $P(\overline{R}|q)$는 그 반대의 경우가 된다.

$P(R|q)$와 $P(\overline{R}|q)$는 문헌 컬렉션의 모든 문헌에 대해 동일하기 때문에,

$$sim(d_j, q) \sim \frac{P(\vec{d}_j|R,q)}{P(\vec{d}_j|\overline{R},q)} \tag{3.14}$$

로 다시 쓸 수 있다.

문헌 표현 $\vec{d}_j$가 문헌 $d_j$에 용어 존재 유무에 따라 이진 가중치를 갖는 벡터임을 다시 상기하자. 만일 색인어가 상호 독립적이라고 가정하면 이를 소위 이진 독립 가정이라고 하며 다음과 같이 쓸 수 있다.

$$sim(d_j, q) \sim \frac{(\prod_{k_i|w_{i,j}=1} P(k_i|R,q)) \times (\prod_{k_i|w_{i,j}=0} P(\overline{k}_i|R,q))}{(\prod_{k_i|w_{i,j}=1} P(k_i|\overline{R},q)) \times (\prod_{k_i|w_{i,j}=0} P(\overline{k}_i|\overline{R},q))}$$

여기서, $P(k_i|R,q)$는 색인어 $k_i$가 연관 문헌 컬렉션 $R$에서 임의로 뽑은 문헌에 출현할 확률이며, $P(\overline{k}_i|R,q)$는 그 반대다. 또 비연관 문헌 컬렉션 $\overline{R}$에서도 마찬가지다. 이 표기를 단순화하기 위해 다음 약식 폼을 사용한다.

$$p_{iR} = P(k_i|R,q)$$
$$q_{iR} = P(k_i|\overline{R},q)$$

또 $P(k_i|R,q) + P(\overline{k}_i|R,q) = 1$이고, $P(k_i|\overline{R},q) + P(\overline{k}_i|\overline{R},q) = 1$ 이므로,

$$sim(d_j, q) \sim \frac{(\prod_{k_i|w_{i,j}=1} p_{iR}) \times (\prod_{k_i|w_{i,j}=0} (1-p_{iR}))}{(\prod_{k_i|w_{i,j}=1} q_{iR}) \times (\prod_{k_i|w_{i,j}=0} (1-q_{iR}))}$$

이 된다.

여기에 로그를 취하면, 전체 순위는 변하지 않고 다음과 같다.

$$\begin{aligned} sim(d_j, q) \sim & \log \prod_{k_i|w_{i,j}=1} p_{iR} + \log \prod_{k_i|w_{i,j}=0} (1-p_{iR}) \\ & - \log \prod_{k_i|w_{i,j}=1} q_{iR} - \log \prod_{k_i|w_{i,j}=0} (1-q_{iR}) \end{aligned}$$

서로 상쇄되는 항을 더하면,

$$sim(d_j, q) \sim \log \prod_{k_i|w_{i,j}=1} p_{iR} + \log \prod_{k_i|w_{i,j}=0} (1-p_{iR})$$
$$- \log \prod_{k_i|w_{i,j}=1} (1-p_{iR}) + \log \prod_{k_i|w_{i,j}=1} (1-p_{iR})$$
$$- \log \prod_{k_i|w_{i,j}=1} q_{iR} - \log \prod_{k_i|w_{i,j}=0} (1-q_{iR})$$
$$+ \log \prod_{k_i|w_{i,j}=1} (1-q_{iR}) - \log \prod_{k_i|w_{i,j}=1} (1-q_{iR})$$

이 된다. 이를 로그 연산하면

$$sim(d_j, q) \sim \log \prod_{k_i|w_{i,j}=1} \frac{p_{iR}}{(1-p_{iR})} + \log \prod_{k_i} (1-p_{iR})$$

$$+ \log \prod_{k_i|w_{i,j}=1} \frac{(1-q_{iR})}{q_{iR}} - \log \prod_{k_i} (1-q_{iR})$$

이 된다. 모든 색인어에 대한 곱 항이 뒤에 두 개 있는데, 이는 질의$q$와 문헌 $d_j$에 독립적이라는 것을 의미한다. 즉, 이들은 순위화에 영향을 미치지 않으므로 상수 항으로 대치할 수 있다. 또, 다음을 가정하고

$$\forall k_i \notin q, \ p_{iR} = q_{iR}$$

로그 곱을 로그 합으로 바꿔주면, 마침내

$$sim(d_j, q) \sim \sum_{k_i \in q \wedge k_i \in d_j} \log(\frac{p_{iR}}{1-p_{iR}}) + \log(\frac{1-q_{iR}}{q_{iR}}) \quad (3.15)$$

을 얻게 되며, 이것이 확률모델의 순위화 계산의 중요 수식이 된다.

검색 초기에는 연관 문헌 컬렉션 $R$을 알 수 없기 때문에 확률 $p_{iR}$과 $q_{iR}$을 초기화할 수 있는 방법이 필요한데 다음과 같이 여러 기법들이 있다.

### 용어 출현 부속 표(Term Incidence Contingency Table)

확률모델에서의 순위화 수식에 대한 좀 더 자세한 내용이 다음의 부속 표[1365]에 나와 있다.

**정의**

*전체 문헌 컬렉션의 총 문헌수가 $N$이고, 용어 $k_i$를 포함하는 문헌수가 $n_i$라고 하자. 또, 질의 $q$에 연관된 총 문헌집합이 $R$이고, 용어 $k_i$를 포함하는 연관문헌수를 $n_i$라고 할 때, 용어 출현 부속 표는 표 3.9와 같다.*

| 경우 | 연관 | 비연관 | 총계 |
|---|---|---|---|
| $k_i$를 포함하는 문헌 | $r_i$ | $n_i - r_i$ | $n_i$ |
| $k_i$를 포함하지 않는 문헌 | $R - r_i$ | $N - n_i - (R - r_i)$ | $N - n_i$ |
| 총문헌 | $R$ | $N - R$ | $N$ |

표 3.9: 부속 표

만일 주어진 질의에 대한 용어 출현 부속 표의 모든 정보를 알 수 있다면(새로운 질의에 대해서는 연관문헌을 알 수 없지만),

$$p_{iR} = \frac{r_i}{R}, \quad q_{iR} = \frac{n_i - r_i}{N-R}$$

이 되고, 수식 3.15는 다음과 같이 다시 쓸 수 있다.

$$sim(d_j, q) \sim \sum_{k_i[q,d_j]} \log\left(\frac{r_i(N-n_i-R+r_i)}{(R-r_i)(n_i-r_i)}\right) \tag{3.16}$$

여기서, $k_i[q,\ d_j]$는 $k_i \in q \wedge k_i \in d_j$를 약식으로 표기한 것이며, 이 수식에서도 여전히 어떤 문헌이 질의에 연관된 것인지를 평가할 필요가 있다. 또 $r_i$값이 너무 작으므로 편의상 상기 수식의 각 항에 0.5를 더한다.

$$sim(d_j, q) \sim \sum_{k_i[q,d_j]} \log\left(\frac{(r_i+0.5)(N-n_i-R+r_i+0.5)}{(R-r_i+0.5)(n_i-r_i+0.5)}\right)$$

이 수식은 극한의 조건에서도 잘 동작하며 특별히 $R=r_i$인 상황에서도 무한대 순위값이 나오지 않는다. 이를 확률모델의 전통적인 순위화 수식이라 여기며, Robertson-Sparck Jones 수식이라고 알려져 있다.

이 수식은 $r_i$와 $R$없이는 계산할 수 없는데, 초깃값으로 $R=r_i=0$으로 가정한다. 그러면,

$$sim(d_j, q) \sim \sum_{k_i \in q \wedge k_i \in d_j} \log\left(\frac{N-n_i+0.5}{n_i+0.5}\right) \tag{3.17}$$

이 된다. 연관 정보가 없을 때는 이 수식이 확률모델의 순위화 수식이 된다. 또, 이 수식에는 IDF 특성은 들어 있으나 TF 가중치나 문헌 크기 정규화 요소가 없는데, 이 문제는 후에 언급할 BM25모델에서 보완된다.

| 문헌 | 순위 계산 | 순위 |
|---|---|---|
| $d_1$ | $\log\frac{4-2+0.5}{2+0.5}+\log\frac{4-3+0.5}{3+0.5}$ | −1.222 |
| $d_2$ | $\log\frac{4-2+0.5}{2+0.5}$ | 0 |
| $d_3$ | $\log\frac{4-3+0.5}{3+0.5}$ | −1.222 |
| $d_4$ | $\log\frac{4-3+0.5}{3+0.5}$ | −1.222 |

**표 3.10**: 그림 3.6 예제 집합에서 질의 "to do"에 대한 수식 3.17을 적용한 문헌 순위

표 3.10은 그림 3.6의 예제 집합에서 질의 "to do"에 대한 순위화 계산을 보여 준다. 이 경우 확률 순위화 수식이 잘 동작하지 않는데, 그 이유는 용어 "do"가 음수가 되기 때문이다. 즉, $n_i > N/2$인 용어는 음수가 되어 수식 3.17이 적당하지 않다.

이런 예외적인 동작을 피하는 대안으로[1374, 1371]에서 제안된 것처럼 수식 3.17의 분자항에서 $n_i$를 제외시킬 수 있다. 그러면,

$$sim(d_j, q) \sim \sum_{k_i \in q \wedge k_i \in d_j} \log\left(\frac{N+0.5}{n_i+0.5}\right) \quad (3.18)$$

이 된다. 이렇게 하면 모든 문헌에 출현한 용어 ($n_i = N$)에 대해 결과값이 0이 되고 그 이외의 경우 음수의 용어 가중치는 나오지 않는다. 이렇게 수정된 수식에 따라 예제 집합에 적용한 순위화 계산이 표 3.11에 나온다. 표에서 알 수 있듯이 확률모델의 순위는 벡터 모델과 비슷하게 $d_1 > d_2 > d_3 = d_4$가 된다. 여기서 문헌 $d_3$와 $d_4$는 동일한 값이 되는데, 벡터 모델과는 달리 문헌 크기 정규화를 하지 않기 때문이다.

| 문헌 | 순위 계산 | 순위 |
|---|---|---|
| $d_1$ | $\log\frac{4+0.5}{2+0.5}+\log\frac{4+0.5}{3+0.5}$ | 1.210 |
| $d_2$ | $\log\frac{4+0.5}{2+0.5}$ | 0.847 |
| $d_3$ | $\log\frac{4+0.5}{3+0.5}$ | 0.362 |
| $d_4$ | $\log\frac{4+0.5}{3+0.5}$ | 0.362 |

**표 3.11**: 질의 "to do"에 대해 수정된 확률 수식 3.18을 적용한 문헌 순위

앞의 예에서는 $r_i = R = 0$이라고 가정했지만, $r_i$와 $R$값을 찾기 위한 대안이 있을 수 있다. 우선, 이 수식에 따라 초기 검색된 10~20개의 상위 문헌에 대해 $r_i$와 $R$에 대한 새로운 값을 평가하고 이 문헌들을 제외한 문헌 컬렉션에 대해 새로 찾은 $r_i$와 $R$을 적용할 수 있다. 이 방법을 나머지 순위화(residual ranking) [708]라고 한다. 그러나 불행히도 이런 종류의 방법은 연관 문헌을 선택할 때 사용자가 관여해야 하기 때문에 실용적이지는 못하다.

### 연관성 정보없는 순위화

수식 3.17이 연관성 정보가 없을 때 사용할 수 있는 확률모델의 순위화 계산 기본 수식이 된다. 연관성 정보를 고려하기 위해서는 사람의 관여가 필요한데, Croft와 Harper[452]는 수동 관여없이 $r_i$와 $R$을 자동으로 계산하는 방법을 다음과 같이 제안했다.

연관성 정보없이 수식 3.15를 사용하기 위해서는 (a) $p_{iR}$이 모든 색인어 $k_i$에 대해 상수(분포에 대한 선지식이 없을 때 보통 0.5)임을 가정, (b) 비연관 문헌에서의 색인어 분포가 전체 문헌 컬렉션과 같다고 가정한다. 이 가정에 의해

$$p_{iR} = 0.5; \quad q_{iR} = \frac{n_i}{N}$$

가 되고, 수식 3.15는

$$sim(d_j, q) \sim \sum_{k_i \in q \wedge k_i \in d_j} \log\left(\frac{N-n_i}{n_i}\right) \quad (3.19)$$

가 되어 0.5 보완 항을 제외한 수식 3.17과 같다. 이 초기 추정치에 따라 질의 용어가 포함된 문헌들을 검색하고 초기 확률을 순위화한 다음, 다음과 같이 초기 순위화를 향상시킬 수 있다.

$D$를 초기 검색되어 확률 모델에 따라 순위화된 문헌 컬렉션이라고 가정하고 미리 정의된 임계값 $M$에 따라 상위 $M$개의 문헌을 포함시킨다. 또 $D$ 문헌 컬렉션에서 색인어 $k_i$를 포함하는 문헌 컬렉션을 $D_i$라고 하고 편의상

$D$와 $D_i$를 이 집합의 원소수로도 사용한다. 순위화를 향상시키기 위해서는 $p_{iR}$과 $q_{iR}$의 초기 가정을 향상시켜야 한다. 즉, 새로운 가정에서 (a) $p_{iR}$은 지금까지 검색된 문헌집합에서 색인어 $k_i$의 분포로 대체하고 (b) $q_{iR}$은 검색되지 않은 모든 문헌은 연관이 없다고 가정한다. 이 가정에 따라,

$$p_{iR} = \frac{D_i}{D}; \quad q_{iR} = \frac{n_i - D_i}{N - D}$$

가 되며, 이 과정을 반복적으로 적용할 수 있다. 이렇게 함으로써 초기 정의와는 다르지만, 주제 전문가의 도움없이 $p_{iR}$과 $q_{iR}$ 확률을 향상시킬 수 있다. 물론, 이 방법은 전적으로 색인어 출현 패턴에 의존하고 있어서 의미가 부여되지 않은 색인어 때문에 잘못된 방향으로 유도할 가능성도 많다. 따라서 반복 횟수가 증가한다고 더 좋은 결과가 나온다는 보장은 없다. 하나의 대안은 문헌 컬렉션 $D$를 정의할 때 원래 의미대로 사용자의 도움을 받는 것이다.

$p_{iR}$과 $q_{iR}$의 마지막 수식은 아주 작은 수의 $D$와 $D_i$(한 예로 $D=1$, $D_i=0$)에 대해 문제를 야기할 수 있다. 이를 방지하기 위해 수정요소를 추가하면,

$$p_{iR} = \frac{D_i + 0.5}{D+1}; \quad q_{iR} = \frac{n_i - D_i + 0.5}{N - D + 1}$$

이 된다. 또 수정요소인 상수 0.5 대신에 또 다른 수정 요소인 $n_i/N$를 추가할 수도 있다.

$$p_{iR} = \frac{D_i + \frac{n_i}{N}}{D+1}; \quad q_{iR} = \frac{n_i - D_i + \frac{n_i}{N}}{N - D + 1}$$

이 경우, 순위화 계산은 연관성 정보없이 전자동으로 수행된다.

이 순위화 수식은 그림 3.6의 예제 집합에서는 잘 동작하지 않는데, 그 이유는 $N$과 $n_i/N$값이 거의 같기 때문이며 어떤 순위화 값은 음수로 나온다. 반면 현실의 더 큰 문헌 컬렉션에서는 이 수식이 잘 동작한다.

**확률 모델의 장단점**

확률 모델의 주요 장점은 이론적인 모델의 최적성인데, 이는 시스템에서 가능한 정보에 기반하여 연관이 있을 확률순으로 순위화한다는 점이다. 그러나 현실적으로는 목적한 대로 잘 동작되지 않는데, 그 이유는 문헌의 연관성이 시스템 외적인 정보에 영향을 받기 때문이다. 단점으로는 (1) 문헌 컬렉션을 연관과 비연관으로 초기에 분리할 필요 (2) 색인어의 문헌내 출현 빈도수를 비고려(즉, 모든 가중치가 이진수) (3) 문헌 크기의 정규화 부족 등이 있다. 그러나 확률 모델에 대한 좀 더 진보한 변형들(예로 BM-25 모델 같은)이 이런 단점을 보완하여 좀 더 나은 검색 성능을 보인다.

### 3.2.8 전형적인 모델에 대한 간략한 비교

불리안 모델은 전형적인 검색 모델중에 가장 약한 모델로 여겨지는데, 그 이유는 질의와 문헌의 부분 정합 부족으로 질 낮은 결과가 자주 나오기 때문이다. 확률모델이 벡터 모델보다 성능이 좋다는 점에 대해서는 약간의 반론이 있다. Croft는 몇몇 실험을 통해 확률모델이 더 좋은 검색 성능을 보인다고 했지만[452], Salton과 Buckley는 다른 실험을 통해 반론을 제기했다[1410]. 여기서 이들은 몇 가지 평가 항목을 통해 일반 문헌 컬렉션에서는 벡터 모델이 확률모델보다 우수하다고 주장했으며, 현재 많은 정보검색 연구자들에게 받아들여지고 있다.

일반 문헌 컬렉션에서 벡터 모델은 비교 가능한 합리적이고 강한 모델이다. 따라서 새로운 순위화 모델을 제

안하기 위해서는 수 만개 이상의 문헌으로 이루어진 문헌 컬렉션과 미리 선택된 질의 집합을 선택해 새로운 순위화 모델을 적용하고 표준 벡터 모델에서 얻은 결과와 비교하면 된다(어떻게 비교 평가를 하는지는 4장에서 다룬다). 그러나 벡터 모델보다 더 좋은 결과를 얻기는 매우 어려운데, 그 이유는 벡터 모델의 가중치 기법이 정보이론에 기반을 두고 있어서 일반 문헌 컬렉션에서는 단순하면서도 효과적인 순위화 방법을 제공하기 때문이다.

## 3.3 다른 집합 이론 모델

이 절에서는 세 개의 다른 집합 이론 모델인 집합 기반 모델, 확장 불리안 모델, 퍼지 집합 모델을 소개한다.

### 3.3.1 집합 기반 모델

집합 기반 모델은 집합론과 벡터 공간 순위화를 조합한 좀 더 최신의 기법이며 불리안 모델과 대수 모델 특성을 가지고 있으므로 불리안 모델로 분류하기도 한다. 집합 기반 모델의 주요 특징은 결과 향상을 위해 색인어간 상호 의존성을 사용한다는 점인데, 용어 의존성 정보는 상호 연관된 용어들의 집합인 termset에 의해 구할 수 있다. 이 기법은 여러 문헌 집합에서 향상된 결과를 보였는데, 계산 비용을 적게 들이면서 용어 의존성을 효과적으로 활용한 첫 번째 정보검색 모델이다. 여기서는 [1295]를 중심으로 소개한다.

#### Termset

집합 기반 모델의 주요 개념은 색인어를 대신해 사용되는 termset의 표기에 있다. 즉, 표준 색인어를 기본 요소로 사용하는 대신에 이 모델은 문헌과 질의를 색인하는데 termset을 사용한다. termset의 개념은 다음과 같다.

> **정의**
>
> *Termset $S_i = \{k_a, k_b, ...., k_n\}$는 전체 termset의 부분 집합이다. 만약 $S_i$의 모든 색인어가 문헌 $d_j$에 출현한다면 termset $S_i$가 문헌 $d_j$에 출현한다고 말하고 $S_i$가 출현한 문헌 수를 $N_i$라고 하자.*

전체 문헌 컬렉션에서 발생 가능한 총 termset의 수는 $2^t$개이지만, 실제로는 이 수보다 매우 작은데 그 이유는 대부분의 용어 조합이 무의미하기 때문이다.

> **정의**
>
> *전체 문헌 컬렉션의 용어 수가 t라고 하면 모든 termset으로 이루어진 $V_s = \{S_1, S_2, \ldots, S_{2^t}\}$를 전체 어휘 집합(vocabulary-set)이라고 한다.*

그림 3.6의 문헌 컬렉션에 대해서 표기를 단순화하기 위해 다음과 같이 정의한다.

| | | |
|---|---|---|
| $a = k_a = \text{to}$ | $f = k_f = \text{not}$ | $k = k_k = \text{therefore}$ |
| $b = k_b = \text{do}$ | $g = k_g = \text{I}$ | $l = k_l = \text{da}$ |
| $c = k_c = \text{is}$ | $h = k_h = am$ | $m = k_m = \text{let}$ |
| $d = k_d = \text{be}$ | $i = k_i = \text{what}$ | $n = k_n = \text{it}$ |
| $e = k_e = \text{or}$ | $j = k_j = \text{think}$ | |

그림 3.10은 이 표기법에 따라 단순화한 문헌 컬렉션 표현이다. 사용자 질의 $q$가 "to do be it"(또는 $q = \{a, b, d, n\}$)으로 주어졌을 때, 전체 어휘 집합은 표 3.12와 같다. 여기서 질의 $q$의 용어로 구성할 수 있는 최

대 15개의 termset 중 $S_a = \{a\}$와 $S_{abd} = \{a,\ b,\ d\}$같은 11개의 termset만이 실제 출현한 것을 알 수 있다.

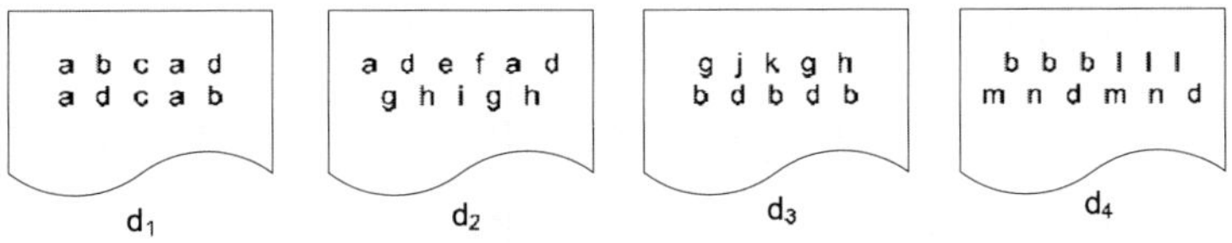


**그림 3.10:** 그림 3.6의 예제 집합을 단순 문자로 표기

| Termset | 용어의 집합 | 문헌 |
|---|---|---|
| $S_a$ | $\{a\}$ | $\{d_1,\ d_2\}$ |
| $S_b$ | $\{b\}$ | $\{d_1,\ d_3,\ d_4\}$ |
| $S_d$ | $\{d\}$ | $\{d_1,\ d_2,\ d_3,\ d_4\}$ |
| $S_n$ | $\{n\}$ | $\{d_4\}$ |
| $S_{ab}$ | $\{a,\ b\}$ | $\{d_1\}$ |
| $S_{ad}$ | $\{a,\ d\}$ | $\{d_1,\ d_2\}$ |
| $S_{bd}$ | $\{b,\ d\}$ | $\{d_1,\ d_3,\ d_4\}$ |
| $S_{bn}$ | $\{b,\ n\}$ | $\{d_4\}$ |
| $S_{dn}$ | $\{d,\ n\}$ | $\{d_4\}$ |
| $S_{abd}$ | $\{a,\ b,\ d\}$ | $\{d_1\}$ |
| $S_{bdn}$ | $\{a,\ d,\ n\}$ | $\{d_4\}$ |

**표 3.12:** 질의 $q = \{a, b, d, n\}$에 대한 전체 어휘 집합

이렇게 했을 때 집합 기반 모델에서 중요한 특징은 단지 질의 termset에 대해서만 계산이 필요하다는 점이다. 따라서 질의 처리시 질의에 의해 생성된 termset만 고려하면 되므로 짧은 질의의 경우, 매우 효율적이다.

반면 긴 질의의 경우, 고려해야 할 termset이 많아지는데, 일정 빈도수 이상의 용어만 고려하는 등의 방법으로 termset 수를 줄일 수 있다.

> **정의**
>
> *$n$개의 용어로 구성된 termset을 n-termset이라고 한다. 전체 문헌수 $N_i$에서 일정 기준값 이상의 문헌에 출현한 n-termset Si를 고빈도라고 하는데, n-termset이 고빈도이면 $(n-1)$termset도 역시 고빈도가 된다.*

[21]에 언급된 실험에서 각 termset과 연계된 문헌 리스트(즉, termset 역 리스트) 계산을 고속화한 방법이 소개된다. 예를 들어, 그림 3.10 문헌 컬렉션에서 termset의 기준 문헌 빈도수를 2로 한다. 질의 q={a, b, d, n}의 모든 고빈도 termset을 계산하기 위해서는 크기가 작은 termset부터 시작하여 더 이상 큰 termset이 없을 때까지 계산해 나간다.

1. 고빈도 1-termset과 이들의 문헌 역 리스트를 계산
   - $S_a \rightarrow \{d_1,\ d_2\}$
   - $S_b \rightarrow \{d_1,\ d_3,\ d_4\}$
   - $S_d \rightarrow \{d_1,\ d_2,\ d_3,\ d_4\}$

2. 고빈도 2-termset을 계산하기 위해 역 리스트를 조합

- $S_{ad} \rightarrow \{d_1,\ d_2\}$
- $S_{bd} \rightarrow \{d_1,\ d_3,\ d_4\}$

3. 고빈도 3-termset에 더 이상 없으므로 역 리스트를 조합하고 정지

이와 같이 전체 문헌 컬렉션에서 단지 5개의 고빈도 termset이 고려되며 크기가 3 이상인 고빈도 termset은 없는 것을 알 수 있다.

이 예에서 가장 중요한 것은 고빈도 1-termset의 역 리스트를 시작으로 고빈도 n-termset의 역 리스트만 효율적으로 계산할 수 있다는 점이다. 따라서 필요한 색인 구조는 표준 역 색인(9장 참조)이 되며 4~5개의 작은 질의어에 대해서는 신속하게 처리할 수 있다.

### 순위화 계산

순위화 계산은 벡터 모델에 기반하고 있으나 차이점은 벡터 공간을 색인어가 아닌 termset으로 구성한다는 점이며 termset의 가중치는 다음과 같다.

**정의**

*색인어 집합의 질의 q가 주어졌을 때, $\{S_1,\ S_2,\ \ldots\}$를 q에서 생성한 termset의 집합이라고 한다. $N_i$는 termset $S_i$가 출현하는 문헌수라고 하고 전체 문헌수는 $N$이다. 이 때 $F_{i,j}$를 문헌 $d_j$에 termset Si가 출현한 순수 빈도수라고 정의하면, $(S_i,\ d_j)$쌍의 termset 가중치 $W_{i,j}$는*

$$W_{i,j} = \begin{cases} (1+\log F_{i,j})\log(1+\frac{N}{N_i}) & \text{if } F_{i,j} > 0 \\ 0 & F_{i,j} = 0 \end{cases} \tag{3.20}$$

*이 되며, 이는 TF−IDF 가중치의 한 변형이다. 마찬가지로 $(S_i, q)$에 대한 termset 가중치 $W_{i,q}$도 유사하게 계산된다.*

예를 들어, 질의 $q=\{a,\ b,\ d,\ n\}$와 문헌 $d_1$에 대해 최소 기준 빈도를 1이라고 하면, 표 3.13의 가중치가 나온다.

**정의**

*집합 기반 모델에서 문헌 $d_j$와 질의 q는 $2^t$ 차원 termset 공간의 벡터로 다음과 같이 표현된다.*

$$\vec{d_j} = (W_{1,j},\ W_{2,j},\ \ldots,\ W_{2^t,j})$$

$$\vec{q} = (W_{1,q},\ W_{2,q},\ \ldots,\ W_{2^t,q})$$

*여기서, termset 가중치는 앞의 정의와 같은데, 문헌 $d_j$와 질의 q의 유사도 순위는 다음과 같이 문헌 벡터와 질의 벡터의 코사인 값으로 계산된다.*

$$sim(d_j, q) = \frac{\vec{d_j} \cdot \vec{q}}{|\vec{d_j}| \times |\vec{q}|} = \frac{\Sigma_{S_i} W_{i,j} \times W_{i,q}}{|\vec{d_j}| \times |\vec{q}|} \tag{3.21}$$

| termset | 가중치 | log TF | IDF | TF-IDF |
|---|---|---|---|---|
| $S_a$ | $W_{a,1}$ | 1+log 4 | log(1+4/2) | 4.75 |
| $S_b$ | $W_{b,1}$ | 1+log 2 | log(1+4/3) | 2.44 |
| $S_d$ | $W_{d,1}$ | 1+log 2 | log(1+4/4) | 2.00 |
| $S_n$ | $W_{n,1}$ | 0 | log(1+4/1) | 0.00 |
| $S_{ab}$ | $W_{ab,1}$ | 1+log 2 | log(1+4/1) | 4.64 |
| $S_{ad}$ | $W_{ad,1}$ | 1+log 2 | log(1+4/2) | 3.17 |
| $S_{bd}$ | $W_{bd,1}$ | 1+log 2 | log(1+4/3) | 2.44 |
| $S_{bn}$ | $W_{bn,1}$ | 0 | log(1+4/1) | 0.00 |
| $S_{dn}$ | $W_{dn,1}$ | 0 | log(1+4/1) | 0.00 |
| $S_{abd}$ | $W_{abd,1}$ | 1+log 2 | log(1+4/1) | 4.64 |
| $S_{bdn}$ | $W_{bdn,1}$ | 0 | log(1+4/1) | 0.00 |

**표 3.13:** 집합 기반 모델 예에서의 가중치

반면, 질의 $q$에 없는 termset의 가중치 $W_{i,q}=0$이 되어 집합기반 모델의 단점이 된다.

또 문헌 벡터 $norm$ $|\vec{d_j}|$는 termset 공간에서 계산하기 어려우므로 마치 벡터 공간 모델의 색인어 공간에서 문헌 $norm$을 구하듯이 편의상 1-termset으로 제한하여 계산한다. 이렇게 하면 빠른 계산만이 아니라 크기가 큰 문헌에 불리하여 문헌 정규화의 효과도 있다.

$q=\{a,b,d,n\}$과 문헌 $d_1$의 예를 다시 들면, $d_1$의 순위값을 계산하기 위해 0 이 아닌 일곱개의 termset: $S_a$, $S_b$, $S_d$, $S_{ab}$, $S_{ad}$, $S_{bd}$, $S_{abd}$을 고려해야 한다. 또 1-termset에 대한 문헌 $norm$은 다음과 같이 계산된다.

$$
\begin{aligned}
|\vec{d_1}| &= \sqrt{W_{a,1}^2 + W_{b,1}^2 + W_{c,1}^2 + W_{d,1}^2} \\
&= \sqrt{4.75^2 + 2.44^2 + 4.64^2 + 2.00^2} \\
&= 7.35
\end{aligned}
\tag{3.22}
$$

여기서 $W_{c,1}=(1+\log 2)\log(1+4/1)=4.64$ 이다. 질의는 모든 문헌에 대해 동일하므로 질의 벡터 $norm$은 벡터 공간 모델과 마찬가지로 순위화 계산에 영향을 미치지 않는다. 또 질의 용어 가중치는 질의어 빈도수가 모두 1 (웹상에서도 일반적인 경우임) 이므로 각각의 IDF 가중치 값이 된다. 따라서 문헌 $d_1$의 순위값은 다음과 같다.

$$
\begin{aligned}
sim(d_1, q) &= (W_{a,1}\times W_{a,q} + W_{b,1}\times W_{b,q} + W_{d,1}\times W_{d,q} + \\
&\quad W_{ab,1}\times W_{ab,q} + W_{ad,1}\times W_{ad,q} + W_{bd,1}\times W_{bd,q} + \\
&\quad W_{abd,1}\times W_{adb,q}) / |\vec{d_1}| \\
&= (4.75\times 1.58 + 2.44\times 1.22 + 2.00\times 1.00 + \\
&\quad 4.64\times 2.32 + 3.17\times 1.58 + 2.44\times 1.22 + \\
&\quad 4.64\times 2.32) / 7.35 \\
&= 5.71
\end{aligned}
$$

$d_1$의 순위화 계산에 0이 아닌 세 개의 1-termset 대신에 일곱 개의 termset이 사용됨을 알 수 있으며 이는 벡터 모델과 동일하다.

### 근사(Closed) Termset을 사용한 더 빠른 순위화

고빈도 termset 개념은 문헌 컬렉션내 최소 기준 빈도수 이하의 termset은 고려하지 않는다. 그럼에도 불구하고 대규모 문헌 컬렉션에서는 고빈도 termset의 수도 너무 많으며 규모가 큰 질의에 대해서는 문제가 될 수 있다.

하나의 대안은 순위화 계산에서 근사치인 termset 특성을 사용하여 좀 더 작은 수의 termset으로 제한하는 방법이 있다. 이를 위해 termset과 그들이 출현한 문헌 컬렉션 사이의 관계를 살펴본다. 예를 들어, 표 3.12에서 다음을 알 수 있다.

$$S_a \subset S_{ab}$$
$$S_n \subset S_{bn}$$

그러나, $S_n$과 $S_{bn}$은 동일한 문헌 컬렉션에 출현하지만, $S_a$와 $S_{ab}$는 다른 문헌 컬렉션에 나타난다. 이는 다음과 같이 termset의 근사치에 영향을 미친다.

**정의**

*문헌 컬렉션 $C$에서, termset $S_i$의 근사(closure)는 $S_i$와 동일한 문헌 컬렉션에 출현하는 모든 고빈도 termset의 집합이다. $S_i$의 근사가 주어지면, 그 중 가장 큰 termset을 근사 termset $S_{\Phi_i}$라고 하며, 다음과 같이 정의한다.*

- *$D_i \subseteq C$인 $D_i$는 termset $S_i$가 출현한 고빈도 문헌 컬렉션이다.*
- *$S(D_i)$는 $D_i$의 모든 문헌에 출현한 고빈도 termset으로 구성된 집합이고, 이것이 $S_i$의 근사가 된다.*

*그러면, 근사 termset $S_{\Phi_i}$는 다음 특성을 만족한다.*

$$\nexists S_j \in S(D_i) | S_{\Phi_i} \subset S_j$$

예를 들어, 표 3.14는 최소 기준 빈도 2인 예제 집합의 모든 고빈도 근사 termset을 표시하고 있다.

| 빈도수($S_i$) | 고빈도 termset | 근사 termset |
|---|---|---|
| 4 | d | d |
| 3 | b, bd | bd |
| 2 | a, ad | ad |
| 2 | g, h, gh, ghd | ghd |

**표 3.14:** 최소 기준 빈도 2인 예제 집합의 고빈도 근사 termset

근사 termset은 동일 문헌 컬렉션에서 더 작은 termset 수를 포괄하기 때문에 흥미롭다. 따라서 순위화 계산에 근사 termset을 사용하면, 이에 포함된 다른 고빈도 termset을 포함시킬 필요가 없다. 예를 들어, 질의 $q=\{a, b, d, n\}$과 문헌 $d_1$에 대해 최소 기준 빈도수 2를 적용한 고빈도 근사 termset을 이용하여 다시 계산하면,

$$\begin{aligned} sim(d_1, q) &= (W_{d,1} \times W_{d,q} + W_{ad,1} \times W_{ad,q} + W_{bd,1} \times W_{bd,q}) / |\vec{d_1}| \\ &= (2.00 \times 1.00 + 3.17 \times 1.58 + 2.44 \times 1.22) / 7.35 \\ &= 1.35 \end{aligned}$$

이 된다. 여기서 $d_1$ 순위화에 이전의 일곱 개 대신 다섯 개의 termset이 사용됨을 알 수 있다. 또 $d_1$의 순위화 값이

줄어들었지만 근사 termset은 정의와 같이 모든 동일한 문헌 컬렉션에 영향을 주기 때문에 전체적인 순위에 큰 변화는 없다. 따라서 순위화 계산을 근사 termset으로 제한하면 질의 처리 시간을 줄일 수 있으며 근사 termset의 수가 작을수록 처리 시간은 더 줄어든다.

근사 termset 이외에 최대 termset 개념도 있는데, 이는 질의 구조를 작은 부질의(subqueries) 들의 집합으로 자동 변환한다. 이 질의 재구성은 웹 검색에서 성능 향상을 가져왔다[1297].

### 3.3.2 확장 불리안 모델

불리안 검색은 단순하고 강력하지만, 용어 가중치를 제공하지 않기 때문에 결과 집합의 순위화가 불가능하고, 결과적으로 출력의 크기가 너무 크거나 작아진다(자세한 내용은 10장 참조). 이런 이유로 최근의 정보검색 시스템은 더 이상 불리안 모델에 기반하지 않고 벡터 모델을 적용하고 있는데 또 다른 이유는 벡터 공간 모델이 단순하고 빠르며 더 나은 검색 성능을 보이기 때문이다. 또 다른 기법으로 불리안 모델을 확장하여 부분 정합이나 용어 가중치를 줄 수 있는 방법이 있는데, 이 기법은 불리안 질의에 벡터 모델의 특성을 가미한 것이다. 다음에서 불리안 모델에 벡터 모델의 특성을 확장한 여러 모델 중 하나를 소개한다.

1983년에 Salton, Fox, Wu[1412]가 제안한 확장 불리안 모델은 다음과 같은 불 논리의 기본 가정에 대한 비판에 기반하고 있다. 불리안 논리곱 질의 $q = k_x \wedge k_y$가 주어졌을 때, 용어 $k_x$나 $k_y$ 중 하나만 출현한 문헌은 둘 다 출현하지 않은 문헌과 마찬가지로 비연관이 된다. 그러나 이 이진 결정은 현실적이지 못하며, 논리합 질의도 유사하다.

두 개의 용어만 고려한다면, 질의와 문헌을 그림 3.11과 같이 2차원 공간에 나타낼 수 있다. 문헌 $d_j$는 이 공간에서 용어-문헌 쌍($k_x$, $d_j$), ($k_y$, $d_j$) 에 연관된 가중치 $w_{x,j}$와 $w_{y,j}$를 적용한 좌표로 나타낼 수 있으며, 이 가중치는 정규화되어 0과 1 사이의 값을 가진다. 예를 들어, 이 가중치는 다음과 같은 정규 TF-IDF 요소로 계산될 수 있다.

$$w_{x,j} = \frac{f_{x,j}}{\max_x f_{x,j}} \times \frac{IDF_x}{\max_i IDF_i} \tag{3.23}$$

여기서, $f_{x,j}$는 문헌 $d_j$에서 용어 $k_x$의 빈도수이며, $IDF_i$는 용어 $k_i$의 역문헌 빈도수이다.

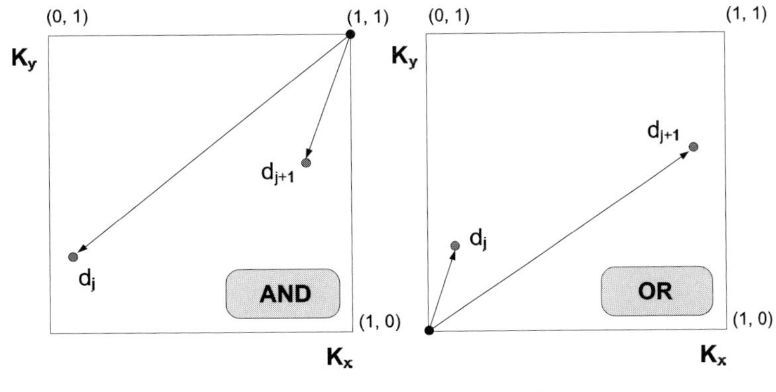


**그림 3.11:** 두 용어 $k_x$와 $k_y$로 구성된 공간에서의 확장 불리안 논리

편의상, 가중치 $w_{x,j}$를 간단히 $x$로, $w_{y,j}$를 $y$로, 문헌 벡터 $\vec{d_j} = (w_{x,j}, w_{y,j})$를 점 $d_j = (x, y)$로 표기한다. 그림 3.11을 보면, 두 가지 특성을 알 수 있는데, 첫째로, 논리합 질의 $q_{or} = k_x \vee k_y$의 경우, 점 (0, 0)은 제외되며, 이는 (0, 0)

에서부터의 거리를 질의 $q_{or}$의 유사도로 간주할 수 있다. 둘째로, 논리곱 질의 $q_{and} = k_x \wedge k_y$의 경우, 점 (1, 1)이 가장 바람직한 좌표가 되며, 이는 점 (1, 1)에서부터의 거리의 역이 질의 $q_{and}$의 유사도를 나타낸다. 이 거리는 다음과 같이 정규화할 수 있다.

$$sim(q_{or}, d) = \sqrt{\frac{x^2 + y^2}{2}}$$
$$sim(q_{and}, d) = 1 - \sqrt{\frac{(1-x)^2 + (1-y)^2}{2}} \qquad (3.24)$$

가중치가 모두 이진값이라면(즉, $w_{x,j} \in \{0,\ 1\}$), 문헌은 네 꼭지점에 위치하며(즉, (0,0), (0,1), (1,0), (1,1)), $sim(q_{or,} d)$의 값은 0, $\frac{1}{\sqrt{2}}$, 1로 제한되고, 마찬가지로, $sim(q_{and}, d)$의 값은 0, $1 - \frac{1}{\sqrt{2}}$, 1로 제한된다. 하지만, 일반적으로 가중치는 비이진값을 적용한다.

문헌 컬렉션내의 색인어 수를 $t$라고 하면, 앞의 불리안 모델은 $t$차원 공간의 유클리디안 거리로 자연스럽게 확장할 수 있다. 그러나, 좀 더 포괄적인 일반화는 다음과 같은 벡터 $norm$을 적용한다.

$p-norm$ 모델은 유클리디안 거리뿐만 아니라 질의시 규정되어야만 하는 새 파라미터인 $1 \leq p \leq \infty$인 $p-$거리에 대해서도 일반화한다. 일반화된 논리합 질의는

$$q_{or} = k_1 \quad \vee^p \quad k_2 \quad \vee^p \ \cdots \ \vee^p \quad k_m$$

로 표현할 수 있으며, 마찬가지로, 일반화된 논리곱 질의는

$$q_{and} = k_1 \quad \wedge^p \quad k_2 \quad \wedge^p \ \cdots \ \wedge^p \quad k_m$$

로 쓸 수 있다. 각각의 질의-문헌 유사도는 다음과 같이 주어진다.

$$sim(q_{or}, d_j) = \left( \frac{x_1^p + x_2^p + \ldots + x_m^p}{m} \right)^{\frac{1}{p}}$$
$$sim(q_{and}, d_j) = 1 - \left( \frac{(1-x_1)^p + (1-x_2)^p + \ldots + (1-x_m)^p}{m} \right)^{\frac{1}{p}} \qquad (3.25)$$

여기서, $x_i$는 $(k_i,\ d_j)$쌍의 가중치 $w_{i,j}$를 나타내며, 앞에서 정의된 $p-norm$은 다음과 같은 몇 가지 흥미로운 특성을 지닌다.

첫째로, $p=1$인 경우,

$$sim(q_{or,} d_j) = sim(q_{and}, d_j) = \frac{x_1 + \ldots + x_m}{m}$$

가 되며, 둘째로 $p = \infty$인 경우,

$$sim(q_{\text{or}}\ , d_j) = \max(x_i)$$
$$sim(q_{\text{and}}, d_j) = \min(x_i)$$

가 된다. 따라서, $p=1$이면, 논리합과 논리곱 질의 모두 벡터 기반의 유사도 공식인 벡터 내적과 같이 용어-문헌 가중치의 합이 된다. 또, $p=\infty$인 경우, 질의는 불 논리의 일반화 관점에서 퍼지 논리 형식으로 계산된다. 파라미터 $p$를 1에서 무한대까지 변화시키면, $p-norm$ 순위화를 벡터 순위화에서 불리안 순위화까지 변화시켜 볼 수 있으며, 이는 확장 불리안 모델의 강력한 장점이 된다.

좀 더 일반적인 질의 처리는 미리 정의된 순서로 연산자를 묶음으로써 행해지는데, 예를 들어, 질의 $q=(k_1 \wedge^p k_2) \vee^p k_3$를 살펴보자. 문헌 $d_j$와 이 질의간 유사도 $sim(q, d_j)$는

$$sim(q,d) = \left( \frac{\left(1 - \left(\frac{(1-x_1)^p + (1-x_2)^p}{2}\right)^{\frac{1}{p}}\right)^p + x_3^p}{2} \right)^{\frac{1}{p}} \tag{3.26}$$

로 계산된다. 이 과정은 and/or 연산자 수와 상관없이 재귀적으로 적용할 수 있다. 그러나 논리합을 논리곱에 대해 배분하고 순위계산을 하면 앞의 결과와 다른 순위값을 얻는다. 즉, 불 논리 연산은 순위값을 보장하지 않으므로 확장 불리안 모델의 단점이 된다.

이 확장 불리안 모델의 또 다른 흥미로운 특징은 동일 질의에 대해 파라미터 $p$를 다르게 적용한 조합을 사용할 수 있다는 점이다. 예로, 질의

$$(k_1 \vee^2 k_2) \wedge^\infty k_3$$

의 경우, $k_1$과 $k_2$는 벡터 시스템처럼 사용되는 반면, $k_3$의 논리곱은 불리안 연산자로 해석된다. 이 부가적인 기능이 실용적으로 어떤 영향을 미치는 지는 확실하지 않지만, 특별한 경우를 따로 처리해야 하는 어색한 확장이 필요없게 된다.

확장 불리안 모델은 불리안 연산자를 대수거리로 해석함으로써 유연해졌으며, 이런 점에서 집합 이론과 대수 모델 모두의 특성을 갖는 혼합 모델이지만, 여기서는, 단순히 집합 이론 모델로 분류하였다.

### 3.3.3 퍼지 집합 모델

문헌과 질의를 키워드 집합으로 표현하는 것은 해당 문헌과 질의가 실제 의미하는 내용의 부분적인 표현이 되며 결과적으로, 문헌과 질의 용어의 정합은 근접, 또는 모호한 정합이 된다. 이는 질의 용어를 퍼지 집합으로 정의하고 각 문헌을 이 집합의 소속 정도(degree of membership; 보통 1보다 작음)로 모델링할 수 있다. 이렇게 검색 과정을 퍼지 이론의 개념으로 해석한 다양한 퍼지 집합 모델이 제안되어 왔다. 이런 모델을 모두 살펴보는 대신, 이 장에 잘 맞는 표현을 가진 특정 모델에 중점을 두어 설명하는데, 이는 Ogawa, Morita, Kobayashi[1224]가 제안한 정보검색을 위한 퍼지 집합 모델이다. 설명에 앞서, 약간의 기본 개념을 소개한다.

#### 퍼지 집합 이론

퍼지 집합 이론[1763]은 경계가 불분명한 클래스 표현을 다루며, 주요 개념은 클래스 원소와 연관된 소속 함수가 된다. 이 함수는 [0, 1] 구간의 값을 가지는데, 0은 클래스에 소속되지 않은 것을 말하며, 1은 완전 소속을 나타내고, 0과 1 사이의 값은 클래스의 주변 원소를 의미한다. 따라서, 퍼지 집합의 소속 함수는 전형적인 불 논리의 이진값 대신에 점증적인 값을 가진다.

> **정의**
> *전체 집합 $U$의 퍼지 부분 집합 $A$는 소속 함수 $\mu_A$: $U \rightarrow [0,1]$로 특징지어지며, 이는 $U$의 원소 $u$에 대해 $\mu_A(u)$가 $[0,1]$값을 가지게 된다.*

퍼지 집합에서 가장 흔히 사용되는 세 개의 연산자는 퍼지 집합의 여집합, 합집합, 교집합이며, 다음과 같이 정의된다.

> **정의**
> *전체 집합 $U$에서, $A$와 $B$를 두 개의 퍼지 부분 집합이라 하고 $\overline{A}$를 전체 집합 $U$에서 $A$의 여집합이라 하자. 또, $u$를 $U$의 원소라 하면,*
>
> $$\mu_{\overline{A}}(u) = 1 - \mu_A(u) \tag{3.27}$$
>
> $$\mu_{A \cup B}(u) = \max(\mu_A(u), \mu_B(u)) \tag{3.28}$$
>
> $$\mu_{A \cap B}(u) = \min(\mu_A(u), \mu_B(u)) \tag{3.29}$$

퍼지 집합은 모호하거나 부정확한 것을 표현하는데 유용하여, 다양한 영역에 적용되어 왔으며, 정보검색에의 응용은 다음과 같다.

**퍼지 정보검색**

정보검색 과정의 또 다른 모델이 시소러스(Thesaurus, 용어간 관계를 정의) 적용 모델이다. 이 모델의 기본 개념은 질의 안의 색인어 집합을 시소러스에서 얻은 연관 용어로 확장하는 것이며, 결과적으로 사용자 질의만 사용한 것보다 더 많은 연관 문헌을 검색하게 된다. 시소러스는 정보검색 문제를 다음과 같이 퍼지 집합 관점에서 모델링하는데 사용될 수 있다.

시소러스는 용어간 연관 행렬 $C$(키워드 연결 행렬(keyword connection matrix)이라 불림, [1224])를 정의함으로써 구성할 수 있는데, 이의 행과 열은 문헌 컬렉션의 색인어로 구성된다. 이 행렬 $C$에서, 두 용어 $k_i$와 $k_\ell$간의 정규 연관 요소 $c_{i,\ell}$은 다음과 같이 정의할 수 있다.

$$c_{i,\ell} = \frac{n_{i,\ell}}{n_i + n_\ell - n_{i,\ell}} \tag{3.30}$$

여기서, $n_i$는 용어 $k_i$가 출현한 문헌 수이며, $n_l$은 용어 $k_\ell$이 출현한 문헌 수, $n_{i,\ell}$은 두 용어가 같이 출현한 문헌 수가 된다. 이런 연관 행렬은 매우 일반적인 것으로, 8장에 상술될 클러스터링 알고리즘에도 널리 사용된다.

용어 연관 행렬 $\mathbf{C}$를 각 색인 용어 $k_i$에 관한 퍼지 집합을 정의하는데 사용할 수 있는데, 이 퍼지 집합에서 문헌 $d_j$는 다음과 같은 소속 함수값 $\mu_{i,j}$을 가진다.

$$\mu_{i,j} = 1 - \prod_{k_l \in d_j} (1 - c_{i,\ell}) \tag{3.31}$$

이는 문헌 $d_j$의 모든 용어에 대한 역 대수 곱의 역수로서 대수합을 의미하며, 문헌 $d_j$는 구성 용어가 $k_i$와 연관된다면, 용어 $k_i$에 관련된 퍼지 집합에 속한다. 색인어 $k_i$에 강하게 연결된 문헌 $d_j$의 색인어 $k_\ell$이 하나라도 존재한다면(즉, $c_{i,\ell} \sim 1$), $\mu_{i,j} \sim 1$ 이고 색인어 $k_i$는 문헌 $d_j$의 좋은 퍼지 색인이 된다. 반면, 문헌 $d_j$의 모든 색인어가 $k_i$에 약하게 연관되어 있으면, 색인어 $k_i$는 문헌 $d_j$의 나쁜 퍼지 색인이 된다(즉, $\mu_{i,j} \sim 0$). 문헌 $d_j$의 모든 용어에 대해 전통적인 max 함수 대신에 대수합을 적용한 것은 $\mu_{i,j}$ 요소값의 부드러운 전이를 가능하게 해 준다.

사용자는 자신의 정보 요구를 불리안과 비슷한 질의로 표현하는데, 전통적인 불리안 모델과 같이 이 질의는 논리합 정규형(DNF; Disjunctive Normal Form)으로 변형할 수 있다. 예로, 질의[$q = k_a \wedge (k_b \vee \neg k_c)$]는 DNF 형식으로 [$\vec{q}_{dnf} = (1,1,1) \vee (1,1,0) \vee (1,0,0)$]로 변형되며, 각 요소는 튜플($k_a$, $k_b$, $k_c$)와 연관된 이진 가중치 벡터가 되고 $\vec{q}_{dnf}$의 논리곱 요소가 된다. $cc_i$를 $i$번째 논리곱 요소라고 하면,

$$\vec{q}_{dnf} = cc_1 \vee cc_2 \cdots \vee cc_p$$

가 되고, $p$는 $\vec{q}_{dnf}$의 논리곱 요소 수가 된다. 질의와 연관된 문헌을 계산하는 과정은 전통적인 불리안 모델과 비슷한데, 차이는 이진값만이 아닌 퍼지값으로 다룬다는 점이다.

질의[$q = k_a \wedge (k_b \vee \neg k_c)$]의 예를 다시 들어보면, $D_a$는 색인어 $k_a$에 관련된 문헌의 퍼지 집합이다. 예로, 이 집합은 미리 정의된 임계치 $K$보다 큰 소속함수값 $\mu_{a,j}$를 갖는 문헌 $d_j$로 구성되어 있다고 하자. $\overline{D}_a$는 집합 $D_a$의 여집합이며, 퍼지 집합 $\overline{D}_a$는 색인어 $k_a$의 부정인 $\bar{k}_a$에 연관되어 있다. 마찬가지로, 색인어 $k_b$와$k_c$ 각각에 연관된 퍼지 집합 $D_b$, $D_c$를 정의할 수 있다. 그림 3.12는 이 예를 설명하고 있는데, 모든 집합이 퍼지 집합이므로 문헌 $d_j$의 텍스트에 색인어 $k_a$가 언급되어 있지 않더라도 문헌 $d_j$는 집합 $D_a$에 속할 수도 있다.

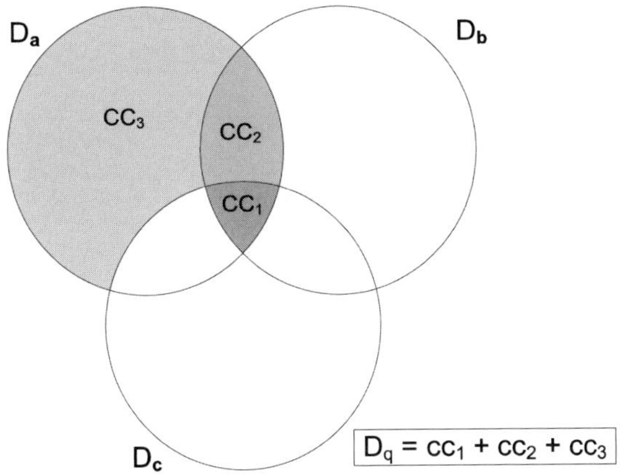


**그림 3.12**: 질의[$q=k_a \wedge (k_b \vee \neg k_c)$]의 퍼지 문헌 집합. 각 $cc_i$, $i \in \{1, 2, 3\}$는 논리곱 요소, $D_q$는 질의 퍼지 집합

그림 3.12의 질의 퍼지 집합 $D_q$는 $\vec{q}_{dnf}$의 세 논리곱 요소와 연관된 퍼지 집합 $cc_1$, $cc_2$, $cc_3$의 합이 된다. 이 경우 $\mu_{a,j}$, $\mu_{b,j}$, $\mu_{c,j}$가 퍼지 집합 $D_a$, $D_b$, $D_c$에서 문헌 $d_j$의 소속함수값이라고 하면, $cc_1 = \mu_{a,j}\mu_{b,j}\mu_{c,j}$, $cc_2 = \mu_{a,j}\mu_{b,j}(1-\mu_{c,j})$, $cc_3 = \mu_{a,j}(1-\mu_{b,j})(1-\mu_{c,j})$ 가 된다.

퍼지 집합 $D_q$의 문헌 $d_j$의 소속 함수값 $\mu_{q,j}$는 다음과 같이 계산된다.

$$\begin{aligned}\mu_{q,j} &= \mu_{cc_1+cc_2+cc_3,j} \\ &= 1-\prod_{i=1}^{3}(1-\mu_{cc_i,j}) \\ &= 1-(1-\mu_{a,j}\mu_{b,j}\mu_{c,j}) \times (1-\mu_{a,j}\mu_{b,j}(1-\mu_{c,j})) \times (1-\mu_{a,j}(1-\mu_{b,j})(1-\mu_{c,j}))\end{aligned}$$

이미 언급한 바와 같이, 퍼지 논리합의 소속함수값을 일반적인 *max* 함수 대신에 대수합을 사용하며, 퍼지 논리곱은 *min* 함수 대신 대수곱을 사용한다. 이런 대수합과 대수곱의 적용은 소속함수 값을 *min*이나 *max* 함수를 사용한 것보다 부드럽게 변화시키므로 정보검색 시스템에 더 적합하다.

이 예는 퍼지 모델이 어떻게 사용자 질의와 연관 있는 문헌을 순위화하는지를 설명해 주는데, 문헌 $d_i$와 퍼지 색인어간의 상관성을 계산하기 위해 용어간 연관 행렬을 사용한다. 더욱이, 사용자 질의에 의해 정의된 퍼지 집합에서 문헌 $d_j$의 전반적인 소속 정도를 계산하기 위해 *max*나 *min* 함수 대신 대수합과 대수곱을 적용한다. Ogawa, Morita, Kobayashi[1224]는 이 모델에 사용자 연관 피드백을 어떻게 적용할 수 있는지를 논의하였으나, 이 장의 범위를 벗어나므로 다루지 않는다.

정보검색을 위한 퍼지 집합 모델은 주로 퍼지 이론에 관련된 문헌에 논의되어서, 정보검색 분야에는 대중적이지 못하며, 더욱이, 대부분의 퍼지 집합 모델이 단지 작은 컬렉션에서만 실험되어 다른 모델과 비교하기가 어렵다. 그럼에도 불구하고 퍼지 집합 모델은 정보검색 문제인 용어 의존성 표현이 자연스럽게 내재된 흥미로운 틀을 제공하고 있다.

## 3.4 다른 대수 모델(Alternative Algebraic Models)

이 절에서는 세 개의 다른 대수 모델을 설명하는데, 이들은 일반 벡터 공간 모델(generalized vetor space model), 잠재 의미 색인 모델(latent semantic indexing model)과 신경망 모델(neural network model)이다.

### 3.4.1 일반 벡터 공간 모델

이미 언급한 바와 같이, 세 가지 전형적인 정보검색 모델은 색인어의 독립성을 가정하는데, 벡터 모델의 경우, 집합 $\{\vec{k}_1, \vec{k}_2, \ldots, \vec{k}_t\}$의 단위 벡터가 선형 독립적이고, 부공간의 축을 형성하며, 이 공간의 차원은 컬렉션내의 색인어 수인 $t$가 된다.

색인어 사이의 독립성이란 색인어 벡터 쌍이 직교(orthogonal) 관계에 있는 좀 더 제한적인 의미로 해석되기도 하는데, 이는 색인어 벡터 $\vec{k}_i$와 $\vec{k}_j$가 주어졌을 때 $\vec{k}_i \cdot \vec{k}_j = 0$이 됨을 의미한다. 그러나 1985년에 Wong, Ziarko, Wong[1718]은 색인어가 서로 직교되지 않는 해석을 제안하였는데, 그 대신 색인어는 특정 문헌 컬렉션으로부터 얻어진 작은 구성요소로 구성되어 있으며, 이것이 다음과 같은 일반 벡터 공간 모델이다.

**정의**

*한 컬렉션내 색인어 집합의 어휘가 $V = \{k_1, k_2, \ldots, k_t\}$으로 주어졌을 때, 전통적인 불리안 모델과 마찬가지로 이 어휘집합에서 생성할 수 있는 $2^t$ 개의 용어 논리곱 요소가 있다. 각 논리곱 요소를 항을 $m_r$이라고 하면, 모든 항의 목록은 다음과 같다.*

$$
\begin{aligned}
& (k_1, k_2, k_3, \ldots, k_t) \\
m_1 &= (0,\ 0,\ 0, \ldots, 0) \\
m_2 &= (1,\ 0,\ 0, \ldots, 0) \\
m_3 &= (0,\ 1,\ 0, \ldots, 0) \\
m_4 &= (1,\ 1,\ 0, \ldots, 0) \\
& \ldots \\
m_{2^t} &= (1,\ 1,\ 1, \ldots, 1)
\end{aligned}
$$

*여기서,*

$$on(i, m_r) = \begin{cases} 1 & \text{만약 } k_i \text{ 가 } m_r \text{ 에 포함되면} \\ 0 & \text{아니면} \end{cases}$$

이라고 정의한다. 즉, 2보다 큰 $i$에 대해 $on(1,\ m_4) = 1$, $on(2,\ m_4) = 1$, $on(i,\ m_4) = 0$이다. 항 $m_1$은 색인어를 포함하지 않는 문헌의 경우인데, 수동 색인시 가능하다. 항 $m_2$는 용어 $k_1$만 포함한 문헌 패턴이며, $m_{2^t}$는 모든 색인어를 포함하는 문헌이다.

**정의**

*어떤 문헌 $d_j$에 대해 이 문헌에만 출현하는 용어만 포함하는 항을 $c(d_j)$라고 한다.*

일반 벡터 공간 모델의 주요 개념은 각 단위 벡터 $\overrightarrow{m_r}$과 이 항을 연관시키는 것이며, 각 단위벡터는 다음과 같이 직교한다고 가정한다.

**정의**

*다음과 같이 벡터 항 $\overrightarrow{m_r}$을 정의하고,*

$$(1,\ 2,\ \ldots, 2^t)$$

$$\overrightarrow{m_1} = (1,\ 0,\ \ldots, 0)$$

$$\overrightarrow{m_2} = (0,\ 1,\ \ldots, 0)$$

$$\ldots$$

$$\overrightarrow{m_{2^t}} = (0,\ 0,\ \ldots, 1)$$

*각 단위 벡터 $\overrightarrow{m_r}$과 항 $m_r$을 연계시킨다. 여기서 서로 다른 $i,\ j$에 대해 $\overrightarrow{m_i} \cdot \overrightarrow{m_j} = 0$ 이다.*

따라서 $\overrightarrow{m_r}$ 벡터 집합은 서로 직교하며 일반 벡터 공간 모델의 직교 축이 된다.

$\overrightarrow{m_r}$ 벡터 사이의 상호 직교성은 색인어간 독립성을 함축하지 않는 반면, 색인어는 이제 $\overrightarrow{m_r}$ 벡터와 연관된다. 예를 들어, 벡터 $\overrightarrow{m_4}$는 항 $m_4 = (1,1,\cdots 0)$과 연관되며, 색인어 $k_1$, $k_2$만을 포함하는 문헌이 되어 $m_4$는 색인어 $k_1$, $k_2$ 사이의 의존도를 유발한다고 말할 수 있다. 이런 점에서, 일반 벡터 공간 모델은 문헌내 색인어 공기가 색인어간 의존도를 유도한다는 기본 생각을 적용하고 있음을 알 수 있다. 이런 구상은 일반 벡터 공간 모델 이전에 이미 제안되었기 때문에, 새롭다고 할 수는 없지만, 이 모델의 중요 기여도는 색인어간 의존도(문헌내 공기 패턴에서 유도된)를 훌륭히 표현한 틀을 제공했다는 점이다.

색인어 $k_i$와 연관된 색인어 벡터 $\vec{k_i}$를 구하기 위해서는 다음과 같이 용어 $k_i$를 포함하는 모든 $m_r$ 항의 벡터를 합산하여 정규화한다.

$$\vec{k_i} = \frac{\sum_{\forall r} on(i, m_r)\ c_{i,r} \overrightarrow{m_r}}{\sqrt{\sum_{\forall r} on(i, m_r)\ c_{i,r}^2}} \tag{3.32}$$

$$c_{i,r} = \sum_{d_j \mid c(d_j) = m_r} w_{i,j}$$

여기서, $w_{i,j}$는 예를 들어 수식 3.7을 사용하여 얻은 TF-IDF값이 될 수 있다.

이 식의 색인어 벡터 $\vec{k_i}$는 $\vec{m_r}$ 벡터를 이용하여 정의하고 있는데, 용어 벡터 $\vec{k_i}$는 색인어 $k_i$가 포함된 모든 $\vec{m_r}$ 벡터로 구성된다. 또 $\vec{m_r}$ 벡터에서 연관 요소 $c_{i,r}$은 가중치 $w_{i,j}$의 합으로 정의된다. 각 가중치 $w_{i,j}$는 용어 출현 패턴이 $m_r$ 즉, $m_r = c(d_j)$인 문헌과 연계된다.

따라서 용어 출현 패턴이 일치하는 문헌이 적어도 하나라도 있어야만 항이 활성화되는데, 이는 컬렉션의 총 문헌 수가 $N$이라 하면, $N$ 이상의 항이 활성화될 수 없음을 암시하며, 순위 부여 계산은 식 3.32의 항 지수에 무관함을 의미한다.

색인어 $k_i$와 $k_j$ 사이의 상관도를 정량화하기 위해 내적 $\vec{k_i} \cdot \vec{k_j}$가 사용될 수 있는데, 예를 들어

$$\vec{k_i} \cdot \vec{k_j} = \sum_{\forall r} on(i, m_r) \times c_{i,r} \times on(j, m_r) \times c_{j,r} \tag{3.33}$$

이 되며, 이는 색인어간 상관도를 구하는 좋은 방법이다.

전통 벡터 모델에서, 문헌 $d_j$와 사용자 질의 $q$는 $\vec{d_j} = \sum_{\forall i} w_{i,j} \vec{k_i}$와 $\vec{q} = \sum_{\forall i} w_{i,q} \vec{k_i}$로 표현되는데, 일반 벡터 공간 모델에서 이 수식은 식 3.32를 적용하여 항 벡터 $\vec{m_r}$의 식으로 치환될 수 있다. 결과적으로 얻어진 $\vec{d_j}$와 $\vec{q}$ 벡터는 표준 코사인 유사도 함수를 통해 순위 계산에 사용할 수 있다.

일반 벡터 공간 모델에서 얻어진 순위 부여는 표준 $w_{i,j}$ 용어-문헌 가중치와 연관 요소 $c_{i,r}$을 연계시킨다. 그러나 용어간 상관성이 검색 성능을 반드시 향상시키지는 않으므로, 어떤 상황에서 일반 벡터 공간 모델이 전통 벡터 모델보다 우수한지는 확실치 않다. 더욱이, $\vec{k_i}$ 벡터 계산을 위해 고려되는 활성 항의 수가 컬렉션 문헌 수에 비례해서 늘어나기 때문에, 이 모델에서 순위 부여를 위한 계산 비용은 대규모 컬렉션에서는 상당히 늘어난다. 이런 단점에도 불구하고, 일반 벡터 공간 모델은 이론적인 관점에서 중요하고 새로운 생각을 소개하였다.

### 3.4.2 잠재 의미 색인 모델

이미 언급한 바와 같이, 문헌과 질의 내용을 색인어 집합으로 요약해서 표현하는 것은 두 가지 요인 때문에 검색 성능을 떨어뜨릴 수 있는데, 첫째는 많은 비연관 문헌이 검색결과 집합에 포함되는 것이며, 둘째는 질의 키워드로 색인되지 않은 연관 문헌을 검색하지 못한다는 점이다. 이들의 주요 원인은 키워드 집합에 기반한 검색 과정에 내재하고 있는 모호성이다.

텍스트 내용은 서술된 색인어보다는 그 안에 표현된 개념에 더 관련되어 있으므로, 문헌과 주어진 질의의 정합과정은 색인어 대신에 개념에 기반하여야 한다. 이렇게 하면, 문헌이 질의 색인어로 색인되어 있지 않더라도 검색이 가능한데 예를 들어, 어떤 문헌이 주어진 질의와 연관된 다른 문헌과 개념을 공유하고 있다면 검색이 가능하다. 잠재 의미 색인(latent semantic indexing)은 이 주제와 관련되어 제안되었다.

잠재 의미 색인 모델[614]의 요점은 각 문헌과 질의 벡터를 더 저차원 공간인 개념으로 사상시키는 데 있다. 이는 색인어를 이 개념 공간에 사상시키고 문헌과 질의를 여기서 모델링함으로써 가능하며 축소된 개념 공간에서의 검색이 색인어 공간 검색보다 우월하다고 주장한다. 기본 용어 정의는 다음과 같다.

> **정의**
> *전체 컬렉션에서 총 색인어수를 t, 총 문헌 수를 N이라 하고,* $\mathbf{M}=[m_{ij}]$*를 t행 N열의 용어-문헌 행렬이라 하자. 이 행렬의 원소* $m_{ij}$*는 용어-문헌 쌍* $(k_i,\ d_j)$*와 관련된 가중치* $w_{i,j}$*값이 되며, 이는 전통 벡터 공간 모델의 TF-IDF 가중치 기법으로 구할 수 있다.*

잠재 의미 색인은 $\boldsymbol{M}$ 행렬을 다음과 같이 세 개의 단일값 요소로 분해한다.

$$\mathrm{M}=\mathrm{K}\cdot\mathrm{S}\cdot\mathrm{D}^{T}$$

K행렬은 용어간 상관 행렬 $\mathrm{C}=\mathrm{M}\cdot\mathrm{M}^{T}$(3.2.3 참조)으로부터 얻은 고유벡터(eigen vector) 행렬이며, $\mathrm{D}^{T}$ 행렬은 문헌간 행렬인 $\mathrm{M}^{T}\cdot\mathrm{M}$에서 얻은 고유벡터 행렬의 전치행렬이다. S 행렬은 단일값을 갖는 $r\times r$ 대각 행렬인데, 여기서 $r=\min(t, N)$로서, M 행렬의 차수이다.

$\boldsymbol{S}$에서 $s$개의 최대 단일값들만이 K와 $\mathrm{D}^{T}$의 관련 열에 따라 이용되므로(즉, S의 나머지 단일값들은 제거됨) 결과적으로 구해진 $\mathrm{M}_s$ 행렬이 최소 제곱 의미에서 본래의 M 행렬에 가장 근접한 $s$차 행렬이 된다. 이 행렬은 다음과 같으며, $s\,(s<r)$ 는 축소 개념 공간의 차원이 된다.

$$\mathrm{M}_s=\mathrm{K}_s\cdot\mathrm{S}_s\cdot\mathrm{D}_s^{T}$$

$s$값 선택은 두 가지 반대 효과의 균형을 잡아주도록 설정되는데, 하나는 $s$가 실제 데이터의 모든 구조에 맞게 충분히 커야 하며, 또 다른 하나는 비연관 정보(전형적인 색인-용어 기반 표현에 존재하는)를 여과시킬 수 있도록 작아야 한다는 것이다.

$s$차원의 축소 공간에서 두 문헌 사이의 상관도는 $\mathrm{M}_s^{T}\cdot\mathrm{M}_s$ 행렬로 구할 수 있으며, 이는 다음과 같이 계산된다.

$$\begin{aligned}
\mathrm{M}_S^{T}\cdot\mathrm{M}_S &= (\mathrm{K}_S\cdot\mathrm{S}_S\cdot\mathrm{D}_S^{T})^{T}\cdot\mathrm{K}_S\cdot\mathrm{S}_S\cdot\mathrm{D}_S^{\mathrm{T}}\\
&= \boldsymbol{D}_S\cdot\mathrm{S}_S\cdot\mathrm{K}_S^{\mathrm{T}}\cdot\mathrm{K}_S\cdot\mathrm{S}_S\cdot\mathrm{D}_S^{T}\\
&= \boldsymbol{D}_S\cdot\mathrm{S}_S\cdot\mathrm{S}_S\cdot\mathrm{D}_S^{T}\\
&= (\boldsymbol{D}_S\cdot\boldsymbol{S}_S)\cdot(\mathrm{D}_S\cdot\mathrm{S}_S)^{T}
\end{aligned}$$

앞의 행렬에서 $(i,\ j)$ 원소는 문헌 $d_i$와 $d_j$의 상관도를 나타내고 있다. 주어진 사용자 질의에 따라 문헌을 순위화하기 위해서, 질의를 원래의 용어-문헌 행렬 M 에서의 가상 문헌이라고 간주한다. 질의를 문헌 번호 0이라고 가정하면, $\mathrm{M}_S^{T}\cdot\mathrm{M}_S$ 행렬의 첫 행이 이 질의에 대한 모든 문헌의 순위를 제공한다.

잠재 의미 색인 모델에서 사용된 행렬의 차수는 s이므로 $(s\ll t, s\ll N)$, 컬렉션내 문헌을 효율적으로 색인할 수 있으며, 색인어 기반 표현에 존재하는 잡음과 중복을 제거할 수 있다.

잠재 의미 색인 모델은 정보검색 문제에 단일값 분해 이론에 근거한 흥미로운 개념을 소개하였으며, 새로운 이론적 틀로서 가치가 있지만, 일반 컬렉션의 실용적 상황에서 유용할지는 과제로 남아 있다.

### 3.4.3 신경망 모델

정보검색 시스템에서는 순위 부여 계산을 위해 문헌 벡터와 질의 벡터가 비교되는데, 문헌과 질의내의 색인어가 정합되고 가중치 계산이 된다. 특히, 신경망 모델은 패턴 정합에 좋다고 알려져 있으므로, 정보검색의 또 다른 모

Chapter 1 소개
Chapter 2 검색 사용자 인터페이스
Chapter 3 모델링
Chapter 4 검색평가
Chapter 5 연관 피드백과 질의확장
Chapter 6 문서: 언어 및 특성
Chapter 7 질의: 언어 및 특성
Chapter 8 텍스트 분류

델로 사용되는 것은 자연스러운 일이다.

우리의 뇌는 수 십억 개의 뉴론(neuron)으로 구성되어 있으며, 각 뉴론은 입력 신호에 의해 자극받으면 반응 작용으로 출력 신호를 내보내는 기본 처리 장치로 볼 수 있다. 뉴론에서 출력된 신호는 시냅스(synapse) 연결을 통해 다른 뉴론에 입력되고, 이 뉴론은 또 다시 새로운 출력 신호를 내보낸다. 이런 과정이 몇 층의 뉴론에 걸쳐 반복되는데, 이를 활성화 확산(spread activation) 과정이라고 하며, 결과적으로, 입력 정보가 해석되고 처리되어, 뇌가 운동 행위 같은 물리적인 반응을 명령하도록 한다.

신경망은 상호 연결된 뉴론의 그물망 구조인 인간의 뇌를 단순화시킨 그래프 표현인데, 그래프의 노드는 처리 장치(뉴론)가 되며, 에지는 시냅스 연결 역할을 한다. 뇌의 시냅스 연결 강도가 시간에 따라 변화하는 것을 구현하기 위해, 신경망의 각 에지에는 가중치가 부여되며, 매 순간의 노드 상태는 초기 상태와 입력 신호의 함수인 활성 수준(activation level)에 의해 정의된다. 이 활성 수준에 따라 $A$ 노드는 이웃 $B$ 노드로 신호를 보낼 수 있는데, $B$ 노드의 신호 강도는 $A$ 노드와 $B$ 노드 사이의 에지 가중치에 의존한다.

정보검색을 위한 신경망 모델은 그림 3.13과 같이 정의되는데, 여기에 서술된 모델은 [1697]에 기반하고 있다.

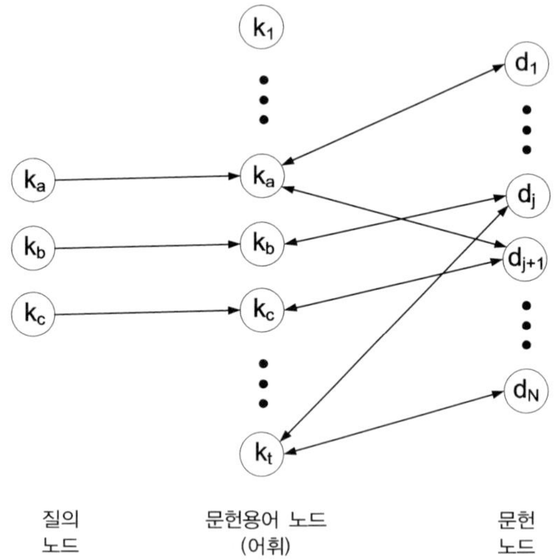


**그림** 3.13: 정보검색을 위한 신경망 모델

그림 3.13의 신경망은 세 계층으로 구성되어 있는데, 이는 질의 용어, 문헌 용어와 문헌 자체이다. 이 신경망 구조와 그림 3.15에 설명될 추론망(inference network)의 유사성을 관찰해 보자. 여기서의 질의 용어 노드는 문헌 용어 노드에 신호를 보냄으로써 추론과정을 시작하며, 문헌 용어 노드는 문헌 노드에 신호를 발생시킬 수 있다. 이와 같이 첫 단계는 신호가 질의 용어 노드에서부터 문헌 노드까지 전달됨으로써 완성된다(즉, 그림 3.13의 좌측에서 우측으로).

그러나 신경망에서 신호 전파(signal propagation)는 첫 단계로 끝나지 않고, 문헌 노드가 새로운 신호를 문헌 용어 노드로 되돌려 보내기도 한다(이것이 문헌 용어 노드와 문헌 노드 사이의 에지가 양방향인 이유이다). 이 자극을 받아, 문헌 용어 노드는 다시 새로운 신호를 문헌 노드로 보내는 등 반복 작업이 계속되는데, 반복에 따라 신호가 미약해지고 마침내 활성화 확산이 종료되게 된다. 이 과정에서 질의 용어를 포함하지 않는 문헌이라도 활성화시킬 수 있으며, 따라서 내장된 시소러스 활성화로 해석될 수 있다.

질의 용어 노드는 초기 고정 활성 수준에 최대값인 1이 부여되며, 정규화된 질의 용어 가중치 $\overline{w}_{i,q}$로 약화시킨 신호를 문헌 용어 노드로 보내게 된다. 벡터기반 순위화를 위해서 이 정규 가중치는 벡터 모델에 정의된 가중치 $w_{i,q}$로부터 다음과 같이 유도될 수 있다.

$$\overline{w}_{i,q} = \frac{w_{i,q}}{\sqrt{\sum_{i=1}^{t} w_{i,q}^2}}$$

여기서, 정규화는 질의 벡터의 $norm$을 사용하여 수행된다.

일단, 신호가 문헌 용어 노드에 도착하면, 새로운 신호가 문헌 노드로 전달되는데, 이 신호는 벡터 모델의 식 3.7에서 정의된 가중치 $w_{i,j}$ 로부터 유도된 정규 문헌 용어 가중치 $\overline{w}_{i,j}$에 의해 약화된다. 예를 들어, 문헌 벡터의 $norm$을 사용한 정규화는 다음과 같다.

$$\overline{w}_{i,j} = \frac{w_{i,j}}{\sqrt{\sum_{i=1}^{t} w_{i,j}^2}}$$

문헌 노드에 도착한 신호들은 합산되는데, 첫 신호 전파 단계가 끝난 후의 문헌 $d_j$에 관련된 활성 수준은 다음과 같이 주어지며, 이는 전통 벡터 모델의 순위 부여와 정확히 일치한다.

$$\sum_{i=1}^{t} \overline{w}_{i,q}\ \overline{w}_{i,j} = \frac{\sum_{i=1}^{t} w_{i,q} w_{i,j}}{\sqrt{\sum_{i=1}^{t} w_{i,q}^2} \times \sqrt{\sum_{i=1}^{t} w_{i,j}^2}} \tag{3.34}$$

검색 성능을 향상시키기 위해, 신경망에서는 첫 전파 단계 후에도 활성화 확산 과정을 계속할 수 있으며, 이렇게 하여 초기 벡터 순위화를 사용자 연관 피드백 주기(5장 참조)와 비슷한 과정으로 수정할 수 있다. 좀 더 효율적인 처리를 위해, 최소 활성화 임계치를 정의하여 이 값보다 작은 문헌 노드에서는 신호를 출력하지 않게 하는 방법도 있는데 자세한 사항은 [1697]에 나와 있다.

신경망 모델이 일반 컬렉션에서 우월한 검색 성능을 보였다는 결정적인 증거는 없으며 사실, 이 모델이 대규모 문헌 컬렉션을 대상으로 광범위하게 실험된 적도 없다. 그러나 신경망 모델은 대안적인 모델링 패러다임을 제공하고 있으며, 더욱이 질의 용어와 초기 관련이 없는 문헌 검색도 가능하다는 장점이 있다.

## 3.5 다른 확률 모델(Alternative Probabilistic Models)

이 절에서는 네 개의 다른 확률모델: (a) 전통적인 확률모델의 직접 확장판인 BM25, (b) 문헌 컬렉션내 색인어의 분포를 순위화에 사용하는 최신 기법인 언어 모델, (c) 무작위 차이(divergence from randomness), (d) 베이지안 망을 정보검색에 적용한 신념망(belief network) 모델을 소개한다.

### 3.5.1 BM25

BM25모델은 전통 확률모델 수식인 3.17의 변형 실험 결과로 탄생하였다. 이 실험은 전통적인 벡터 모델에서 우수한 용어 가중치는 세 개의 요소: (1) 역문헌 빈도수 (2) 용어 빈도수 (3) 문헌 크기 정규화에 기반하고 있다는 관찰에서 시작되었다. 즉, 전통 확률모델 수식 3.17은 이 세 요소중 첫 번째만 포함하고 있으므로, 나머지 두 요소를 포함하면 더 좋은 결과를 보일 것이라는 가정에 기반한다. 이 가정은 Okapi 시스템 [1366, 1367, 1368]에 대한 일련의 실험을 통해 다음과 같은 BM25 순위화 수식을 이끌어냈다.

### BM1, BM11, BM15 순위화 수식

초기 Okapi 시스템은 순위화 수식으로 3.17을 사용하였으므로[1366], 이를 최적 정합(Best Match)의 첫자를 따서 BM1이라고 한다.

순위화를 향상시킬 첫 시도는 수식 3.17에 용어 빈도수 요소 항을 곱함으로써 이루어졌다. 이 추가 항은 몇 번의 수정 끝에

$$F_{i,j} = S_1 \times \frac{f_{i,j}}{K_1 + f_{i,j}} \tag{3.35}$$

가 되었는데, 여기서 $f_{i,j}$는 문헌 $d_j$내에 출현한 용어 $k_i$의 빈도수이며, $K_1$은 특정 컬렉션에 실험을 통해 확정되는 상수이고 $S_1$은 보통 $S_1 = (K_1 + 1)$으로 부여되는 균형 상수이다. 만약 $K_1 = 0$이면, 이 전체 추가 항값이 1이 되어 순위화에 영향을 미치지 않는다.

다음 단계로 문헌 크기 정규화 요소를 추가하여 다음과 같은 수식을 얻었다.

$$F'_{i,j} = S_1 \times \frac{f_{i,j}}{\frac{K_1 \times len(d_j)}{avg\_doclen} + f_{i,j}} \tag{3.36}$$

여기서, $len(d_j)$는 문헌의 총 용어수 같은 문헌 $d_j$의 크기이며, $avg_doclen$은 전체 컬렉션의 평균 문헌 크기이다.

TF 요소에 문헌 크기 정규화를 추가한 것 외에 다음과 같이 문헌과 질의 크기에 종속적인 수정 요소 $G_{j,q}$가 추가되었다.

$$G_{j,q} = K_2 \times len(q) \times \frac{avg\_doclen - len(d_j)}{avg\_doclen + len(d_j)} \tag{3.37}$$

여기서, $len(q)$는 질의 크기이며 $K_2$는 상수인데, 이 요소는 특정 문헌 $d_j$에 정합된 질의어에만 종속되지 않는 전역 요소가 된다.

이와 유사한 방식으로 질의내 용어 빈도수에도 적용하면,

$$F_{i,q} = S_3 \times \frac{f_{i,q}}{K_3 + f_{i,q}} \tag{3.38}$$

가 되며, 여기서 $f_{i,q}$는 질의 $q$내 용어 $k_i$의 빈도수이고 $K_3$는 상수, $S_3$(통상적으로 $K_3 + 1$)는 균형 상수이다.

여기서 소개한 세 가지 요소를 수식 3.17에 적용하면, 다음과 같이 다양한 BM 수식이 가능하다.

$$sim_{BM1}(d_j, q) \sim \sum_{k_i[q, d_j]} \log\left(\frac{N - n_i + 0.5}{n_i + 0.5}\right)$$

$$sim_{BM15}(d_j, q) \sim G_{i,q} + \sum_{k_i[q, d_j]} F_{i,j} \times F_{i,q} \times \log\left(\frac{N - n_i + 0.5}{n_i + 0.5}\right)$$

$$sim_{BM11}(d_j, q) \sim G_{i,q} + \sum_{k_i[q,d_j]} F'_{i,j} \times F_{i,q} \times \log\left(\frac{N - n_i + 0.5}{n_i + 0.5}\right)$$

여기서, $k_i[q, d_j]$는 $k_i \in q \wedge k_i \in d_j$에 대한 약식 표기이다. [1373] 실험에서 $K_2$의 최적값은 0으로 나왔는데, 이는 전체 수식에서 수정 요소 $G_{j,q}$가 필요없음을 의미한다. 또, 균형 상수 $S_1 = (K_1 + 1)$, $S_3 = (K_3 + 1)$가 우수한 결과를 보였으며 $K_3$는 비교적 큰값이 좋았다. 이 경우, $F_{i,q}$는 단순히 $f_{i,q}$가 되며, 짧은 질의의 경우, $f_{i,q}$는 모든 용어에 대해 1로 가정하면 전체 수식은 다음과 같이 단순해진다.

$$\begin{aligned}
sim_{BM1}(d_j, q) &\sim \sum_{k_i[q,d_j]} \log\left(\frac{N - n_i + 0.5}{n_i + 0.5}\right) \\
sim_{BM15}(d_j, q) &\sim \sum_{k_i[q,d_j]} \frac{(K_i + 1) f_{i,j}}{(K_1 + f_{i,j})} \times \log\left(\frac{N - n_i + 0.5}{n_i + 0.5}\right) \\
sim_{BM11}(d_j, q) &\sim \sum_{k_i[q,d_j]} \frac{(K_i + 1) f_{i,j}}{\frac{K_1\, len(d_j)}{avg_doclen} + f_{i,j}} \times \log\left(\frac{N - n_i + 0.5}{n_i + 0.5}\right)
\end{aligned} \quad (3.39)$$

이 수식들이 BM1, BM15, BM11에 실제 사용된 순위화 수식이다. TREC 데이타에 대한 실험 결과, BM11 이 BM15보다 성능이 우수했는데, 이는 문헌 크기 정규화가 순위화에 중요하다는 점을 보여 준다.

### BM25 순위화 수식

BM25는 BM11과 BM15 순위화 수식을 혼합하여 나왔는데, 용어 빈도수 요소를 다음과 같이 조정하였다.

$$B_{i,j} = \frac{(K_1 + 1) f_{i,j}}{K_1\left[(1 - b) + b\frac{len(d_j)}{avg\_doclen}\right] + f_{i,j}} \quad (3.40)$$

여기서, 상수 $b$가 새롭게 제안되었는데, 0과 1사이 값을 가진다. $b = 0$일 경우, BM15가 되며, $b = 1$일 경우, BM11이 되어, 그 중간값의 경우, BM11과 BM15를 혼합한 형태가 된다.

따라서 BM25 모델의 순위화 수식은

$$sim_{BM25}(d_j, q) \sim \sum_{k_i[q,d_j]} B_{i,j} \times \log\left(\frac{N - n_i + 0.5}{n_i + 0.5}\right) \quad (3.41)$$

가 되며, 여기서 $K_1$과 $b$는 $B_{i,j}$를 위한 수식의 실험 상수가 된다. 이 예에서 $K_1 = 1$이 실제 컬렉션에 잘 동작되는 합리적인 가정이었으며[1373], BM11과 같이 $b$는 1에 가깝게 하여 문헌 크기 정규화를 강화하는 것이 좋은데, $b = 0.75$가 적정했다[1368]. 그러나 여기서 가장 중요한 점은 각각의 컬렉션에 따라 이 상수들은 최적값으로 조정되어야 한다는 점이다.

결과적으로 수식 3.41이 BM25 모델의 순위화 수식이며[1370], 이는 전통 확률 모델과는 다르게 사용자가 제공하는 연관성 정보없이 전자동으로 계산될 수 있다. 더욱이 일반 컬렉션에서 상수값들이 잘만 조정되면 전통 벡터 모델보다 더 좋은 성능을 보여 주기 때문에 벡터 모델을 대신해 순위화 기법의 새로운 비교 기준이 되었다.

### 3.5.2 언어 모델

언어 모델은 품사 태깅, 음성 인식, 기계 번역, 정보검색과 같은 자연어 처리 응용에 널리 사용되고 있다. 예를 들어, 음성 인식 연구자들은 음성 언어의 규칙을 모델링한 확률 분포를 정의하여 주어진 단어의 다음에 오는 단어의 가능성을 예측하는데, 이런 확률 분포가 언어 모델이 된다[1384].

이와 비슷하게 정보검색에 사용된 언어 모델은 문헌 분포 확률을 정의하여 질의 용어가 나올 가능성을 예측한다. 즉, 질의를 사용해 문헌의 유사성을 예측하는 대신, 컬렉션내 각 문헌의 언어 모델을 정의하고 주어진 질의의 생성 가능성을 예측하며, 이를 확률순으로 정렬하면 문헌의 순위화가 가능하다.

정보검색에 적용한 언어모델의 첫 번째 제안은 Kalt[864]에 의해 이루어졌으며, 이후 Ponte and Croft[1290]에 의해 확장된 실험에서 언어모델이 전통 벡터 모델같은 비교 기준보다 더 성능이 우수함을 보여 주었다. 이런 이유로 Ponte와 Croft 모델이 정보검색에 언어모델 사용의 기준이 되었으나 이후 여러 연구자들이 원래의 Kalt 모델이 더 우수함을 보여 주었으므로 이 모델의 통계 기반부터 설명한다.

#### 통계 기반

정보검색의 언어모델을 살펴보기 전에 이 기법의 통계 기반에 대해 간략히 살펴보는데, 여기서는 Liu와 Croft[1042]의 훌륭한 조사를 활용한다.

컬렉션 문헌에 출현하는 연속된 $r$ 용어들로 구성된 단어의 연속을 $S$라고 하자. 즉,

$$S = k_1, k_2, \cdots, k_r$$

가 되며, $n$-gram 언어 모델은 $S$의 출현 확률을 구하기 위해 마르코프(Markov) 모델을 적용한다.

$$P_n(S) = \prod_{i=1}^{r} P(k_i | k_{i-1}, k_{i-2}, \cdots, k_{i-(n-1)})$$

여기서 $n$은 마르코프 연쇄의 순서이며, 이 분포는 기본적으로 다항 분포이므로 한 용어의 출현 확률은 그 단어 앞에 나타나는 $n-1$ 개 용어에 의존한다. 만약 $n=2$이면 예측이 단어 쌍의 공기(co-occurrence)에 기반하기 때문에 바이그램(bigram) 언어 모델이 된다. 또 $n=1$이면 평가가 각 단어별 출현 확률에 기초하기 때문에 유니그램(unigram) 언어 모델이 된다.

음성 인식이나 기계번역 같은 응용에서는 단어의 순서가 매우 중요하므로 이보다 더 높은 트라이그램(trigram, $n=3$) 언어 모델이 주로 채택되는데, 계산 비용이 더 많이 소요된다. 예를 들어, 유니그램 모델에서 용어 $k_i$의 확률 계산에는 단지 $P(k_i)$ 계산만 필요하지만, 트라이그램 모델에서는 컬렉션내 $k_i$로 끝나는 모든 트라이그램에 대해 $P(k_i | k_{i-1}, k_{i-2})$형태의 확률 계산이 필요하다. 정보검색의 경우, 다행스럽게도 단어 순서의 영향이 명확하지 않아서 유니그램 모델(용어 독립성 가정)이 널리 사용된다.

#### 다항 과정(Multinomial Process)에 기초한 언어 모델

언어모델의 순위화는 $P(q|M_j)$ 계산에 의해 이루어지는데, Ponte와 Croft[1290]는 베르누이 과정을 적용한 반면, Hiemstra[760], Miller, Leek, Schwartz[1132], Song과 Croft[1502]는 Kalt[864]가 초기 제안한 다항과정을 적용했다. 이 과정은 현재 정보검색의 언어모델에서 (표준) 질의 생성 과정으로 적용되고 있다. 이 과정에 따르면 용어들은 서로 독립(유니그램 모델)이라고 가정하여 다음과 같이 정의된다[1772].

$$P(q|M_j) = \prod_{k_i \in q} P(k_i | M_j) \tag{3.42}$$

이 수식의 양 쪽에 로그를 취하면,

$$\begin{aligned} \log P(q|M_j) &= \sum_{k_i \in q} \log P(k_i|M_j) \\ &= \sum_{k_i \in q \wedge d_j} \log P_{\in}(k_i|M_j) + \sum_{k_i \in q \wedge \neg d_j} \log P_{\notin}(k_i|M_j) \\ &= \sum_{k_i \in q \wedge d_j} \log \left( \frac{P_{\in}(k_i|M_j)}{P_{\notin}(k_i|M_j)} \right) + \sum_{k_i \in q} \log P_{\notin}(k_i|M_j) \end{aligned} \tag{3.43}$$

여기서 $P_{\in}$와 $P_{\notin}$는 서로 반대의 확률 분포인데, 전자는 문헌에 질의어가 포함된 분포이며 후자는 문헌에 질의어가 포함되지 않은 분포이다. 이 후자 분포 때문에 질의어가 포함되지 않는 전체 문헌 컬렉션 통계가 필요하다. 즉,

$$P_{\notin}(k_i|M_j) = \alpha_j P(k_i|C) \tag{3.44}$$

라고 할 수 있으며 $\alpha_j$는 문헌 $d_j$와 연관된 파라미터이고, $P(k_i|C)$는 컬렉션 $C$에 대해 수식 3.49와 같이 주어진 언어모델이 될 수 있다.

수식 3.44를 3.43에 적용하면,

$$\begin{aligned} \log P(q|M_j) &= \sum_{k_i \in q \wedge d_j} \log \left( \frac{P_{\in}(k_i|M_j)}{\alpha_j P(k_i|C)} \right) + n_q \log \alpha_j + \sum_{k_i \in q} \log P(k_i|C) \\ &\sim \sum_{k_i \in q \wedge d_j} \log \left( \frac{P_{\in}(k_i|M_j)}{\alpha_j P(k_i|C)} \right) + n_q \log \alpha_j \end{aligned} \tag{3.45}$$

를 얻을 수 있는데, 여기서 $n_q$는 질의 크기를 나타내며 마지막 항은 모든 문헌 $d_j$에 대해 상수이므로 제거해도 무방하다. 이제 순위화 수식은 두 부분으로 나누어지는데, 첫 부분은 다음 수식과 같이 문헌에 출현하는 질의 용어에 가중치를 할당한다.

$$\log \left( \frac{P_{\in}(k_i|M_j)}{\alpha_j P(k_i|C)} \right)$$

이 용어 가중치는 문헌내 용어 빈도수에 비례하며 마치 벡터 모델의 IDF 역할과 같이 전체 컬렉션 용어 빈도수에 역비례한다. 또 파라미터 $\alpha_j$는 문헌 크기 정규화로 사용될 수 있다. 수식의 두 번째 부분인 $n_q \log \alpha_j$는 문헌에 포함되지 않은 질의어 전체 확률 부분이 된다.

여기서 중요한 관찰은 질의를 생성하기 위해 다항 과정의 조합을 평탄화한 것이 앞의 확률 모델과는 반대로 순위화 수식에 자연스럽게 용어 빈도수, IDF, 문헌 크기 정규화를 포함시키게 되었다는 점이다. 즉, 평탄화가 다음과 같이 최신 언어 모델에 중요한 역할을 하고 있는 것이다.

### 평탄화(Smoothing)

앞의 내용에서 $P_{\notin}(k_i|M_j)$ 대신에 $P(k_i|C)$를 사용했는데, 그 이유는 문헌내 없는 용어의 확률값 0을 피하기 위해 전체 컬렉션 통계를 사용했기 때문이다. 이렇게 $P_{\notin}(k_i|M_j)$를 평가하는 과정은 언어모델의 순위화를 조정하는데 중요하며 이를 평탄화라고 한다.

평탄화의 대중적인 한 방법은 문헌내 질의어 대신 문헌에 없는 용어의 전체 확률로 대치하는 것이며[366] 이는 수식 3.42의 $P(k_i|M_j)$ 대신에 다음을 적용하여 얻을 수 있다.

$$P(k_i|M_j) = \begin{cases} P^s_{\in}(k_i|M_j) & \text{if } k_i \in d_j \\ \alpha_j P(k_i|C) & otherwise \end{cases}$$

여기서 $P^S_{\in}(k_i|M_j)$는 문헌 $d_j$내 용어의 평탄화된 분포이며, $\sum_i P(k_i|M_j) = 1$ 이기 때문에

$$\sum_{k_i \in d_j} P^s_{\in}(k_i|M_j) + \sum_{k_i \not\in d_j} \alpha_j P(k_i|C) = 1$$

이 된다. 즉,

$$\alpha_j = \frac{1 - \sum_{k_j \in d_j} P^s_{\in}(k_i|M_j)}{1 - \sum_{k_j \in d_j} P(k_i|C)} \tag{3.46}$$

이며, 앞의 가정[1])에 따라, 평탄화 파라미터 $\alpha_j$는 $P^S_{\in}(k_i|M_j)$의 함수가 된다. 결과적으로 각각의 평탄화 방법들은 $P^S_{\in}(k_i|M_j)$의 정의에 따라 다음과 같이 달라진다[1772].

**Jelinek-Mercer 기법에 따른 평탄화**

이 기법은 문헌 빈도수와 컬렉션 빈도 분포사이에 다음과 같이 선형보간법(linear interpolation)을 사용한다.

$$P^s_{\in}(k_i|M_j) = (1-\lambda)\frac{f_{i,j}}{\sum_i f_{i,j}} + \lambda \frac{F_i}{\sum_i F_i}$$

여기서 $0 \le \lambda \le 1$인 파라미터는 경험적으로 설정된다. $\lambda$가 0에 가까울수록 용어 문헌 빈도수의 영향이 커지며, 1에 가까울수록 용어 컬렉션 빈도수의 영향이 커져서 평탄화 효과도 커진다. 수식 3.46에 $P^S_{\in}(k_i|M_j)$를 대치하면 $\alpha_j = \lambda$가 됨을 알 수 있다.

**Dirichlet 사전 확률을 사용한 베이지안 평탄화**

Dirichlet 평탄화라고도 불리는 이 기법에서 언어 모델은 결합 사전 확률이 Dirichlet 분포로 주어진 다항 분포로서 다음과 같다.

$$P^s_{\in}(k_i|M_j) = \frac{f_{i,j} + \lambda \frac{F_i}{\sum_i F_i}}{\sum_i f_{i,j} + \lambda}$$

앞의 기법과 같이 $\lambda$가 0에 가까우면 용어 문헌 빈도수의 영향이 커지며 1에 가까울수록 용어 컬렉션 빈도수의 영향이 커지는데, 앞의 경우와는 다르게 문헌 빈도수가 항상 부분적으로 혼합되어 있으며, $\lambda$값이 커질수록 평탄화 효과가 커지는 것은 마찬가지다. 수식 3.46의 $P^S_{\in}(k_i|M_j)$를 대치하면 $\alpha_j = \lambda / (\sum_i f_{i,j} + \lambda)$가 된다.

**평탄화 계산의 효율성**

앞의 두 가지 평탄화 기법 모두에서 효율적인 계산이 수행될 수 있는데, 모든 빈도수를 색인에서 직접 얻을 수 있으며 $\alpha_j$도 각 문헌에 대해 미리 계산해 놓을 수 있다. 이렇게 하면 시간 복잡도가 TF-IDF 가중치를 사용한 벡터 공간 순위화와 비슷해진다.

---

1) $P_{\in}(k_i|M_j)$ 전체 확률중 일부는 문헌 $d_j$에 포함되지 않은 용어로 변환되기 때문에 $\sum_{k_i \in d_j} P^S_{\in}(k_i|M_j) < 1$이 된다.

### 정보검색 순위화에 평탄화 적용

다항 언어 모델에서 정보검색 순위화는 다음과 같이 수식 3.45를 이용해 수행된다.

- 평탄화 기법(앞에 소개한 두 기법중 하나 또는 참고문헌의 다른 기법)을 사용해 $P^S_{\in}(k_i|M_j)$ 계산;
- 수식 3.49를 사용해 $P(k_i|C)$ 계산;
- 이미 계산된 $P^S_{\in}(k_i|M_j)$과 $P(k_i|C)$를 사용해 수식 3.46으로부터 $\alpha_j$계산;
- $P_{\in}(k_i|M_j)$ 대신에 $P^S_{\in}(k_i|M_j)$를 사용해 수식 3.45의 순위화 계산;

이와 같이 평탄화는 순위화에 중요한 역할을 하며 결과의 질에 직접적인 영향을 미친다[1772].

### 베르누이(Bernoulli) 과정에 기초한 언어 모델

Ponte와 Croft[1290]의 연구에 따르면 베르누이 과정은 다음과 같다.

> **정의**
> *문헌 $d_j$가 주어지고 $M_j$를 이 문헌에 대한 언어모델이라고 하면 이 모델로부터 사용자 질의 q를 생성하는 확률, 즉 조건 확률 $P(q|M_j)$를 계산할 수 있어야 한다.*

색인어간 독립을 가정하면 다음과 같이 다변(multi-variate) 베르누이 과정에 의해 $P(q|M_j)$를 구할 수 있다.

$$P(q|M_j) = \prod_{k_i \in q} P(k_i|M_j) \times \prod_{k_i \not\in q} P(\bar{k}_i|M_j) \tag{3.47}$$

여기서 $P(k_i|M_j)$는 용어 확률이며, 이 수식은 전통 확률 모델의 순위화 계산식과 유사하다.

용어 확률의 단순 계산은

$$P(k_i|M_j) = \frac{f_{i,j}}{\sum_i f_{i,j}}$$

인데, 이는 문헌 $d_j$의 용어 집합에서 무작위로 선택한 용어가 $k_i$일 확률이다. 그러나 이 단순 계산은 문제를 내포하고 있는데, 질의 용어가 문헌에 출현하지 않으면 확률값이 0이 되어 부분 정합을 허용하지 않는다. 이런 제한을 극복하기 위해 한 용어가 문헌에 포함되지 않는다고 해서 그 용어와 문헌이 전혀 관련이 없다고 볼 수는 없으며, 대신에 비포함 용어는 전체 컬렉션 $C$에서의 확률 $P(k_i|C)$로 해당 문헌과 연관된다고 가정한다.

확률 $P(k_i|C)$는 다른 방법으로 구할 수도 있는데, 예를 들어 Hiemstra[760]의 제안은

$$P(k_i|C) = \frac{n_i}{\sum_i n_i} \tag{3.48}$$

이며, 여기서 $n_i$는 용어 $k_i$를 포함하는 총 문헌수이고 $P(k_i|C)$가 마치 IDF처럼 역할을 한다. 또 Miller, Leek, Schwartz[1132]의 제안은

$$P(k_i|C) = \frac{F_i}{\sum_i F_i} \tag{3.49}$$

이고, 여기서

$$F_i = \sum_j f_{i,j}$$

이다. $P(k_i|C)$ 평가에 대한 이 마지막 수식은 컬렉션내 용어 $k_i$의 최대 가능성을 나타내며, 결과적으로, $P(k_i|M_j)$는 다음과 같이 재정의된다.

$$P(k_i|M_j) = \begin{cases} \dfrac{f_{i,j}}{\sum_i f_{i,j}} & \text{if } f_{i,j} > 0 \\ \dfrac{F_i}{\sum_i F_i} & \text{if } f_{i,j} = 0 \end{cases}$$

이 수식은 여전히 결함을 가지고 있는데, 용어 확률값이 단일 문헌 $d_j$로 구성된 작은 예제에 기초하고 있어서 모델의 불안정을 가져오기 때문에 바람직하지 않다. 모델을 좀 더 탄력적으로 하기 위해서는 좀 더 큰 예제문헌 집합이 필요하며,[2] 이는 다음과 같이 평균값을 계산함으로써 가능하다.

$$P(k_i) = \frac{\sum_{j|k_i \in d_j} P(k_i|M_j)}{n_i}$$

즉, $P(k_i)$는 용어 $k_i$를 포함하는 모든 문헌의 언어모델에 기반해 계산되며, 이는 더 큰 문헌 집합에 적용되기 때문에 좀 더 강건한 통계가 된다. 하지만 용어 $k_i$를 포함한 모든 문헌에 동일한 값을 가지기 때문에 특정 문헌 $d_j$의 언어모델로부터 용어 $k_i$를 예측하는 데 평균확률 $P(k_i)$를 사용하는 것은 잘못된 결과를 초래할 위험이 있다. 이를 수정하기 위해 문헌 $d_j$의 용어 $k_i$평균 빈도수 $\overline{f}_{i,j}$를 다음과 같이 정의한다.

$$\overline{f_{i,j}} = P(k_i) \times \sum_i f_{i,j}$$

즉, 용어의 문헌내 출현이 평균 확률 $P(k_i)$에 종속된다는 가정하에 $\overline{f}_{i,j}$를 문헌 $d_j$의 용어 $k_i$ 출현빈도수로 계산한다. $f_{i,j}$를 직접 사용하는 대신 $\overline{f}_{i,j}$를 빈도수 계산에 사용함에 따른 위험도 $R_{i,j}$는 다음과 같은 기하학적 분포로 정량화할 수 있다.

$$R_{i,j} = \left(\frac{1}{1+\overline{f}_{i,j}}\right) \times \left(\frac{\overline{f}_{i,j}}{1+\overline{f}_{i,j}}\right)^{f_{i,j}}$$

컬렉션에 자주 출현하는 용어는 $\overline{f}_{i,j} \gg 0$이고 $R_{i,j} \sim 0$이 되며, 문헌이나 컬렉션에 드물게 출현하는 용어는 $f_{i,j} \sim 1$, $\overline{f}_{i,j} \sim 1$, $R_{i,j} \sim 0.25$가 된다.

평균 확률 $P(k_i)$와 연관된 위험도 표기법은 좀 더 큰 예제문헌 기반의 언어모델 $M_j$에 따라 용어 $k_i$ 확률을 구하기 위해 혼합 파라미터로 사용된다. 이 확률을 $P_R(k_i|M_j)$ 라고 하고, 이를 구하기 위해 다음과 같이 위험 요소 $R_{i,j}$를 사용할 수 있다.

$$P_R(k_i|M_j) = \begin{cases} P(k_i|M_j)^{(1-R_{i,j})} \times P(k_i)^{R_{i,j}} & \text{if } f_{i,j} > 0 \\ \dfrac{F_i}{\sum_i F_i} & otherwise \end{cases}$$

이 수식에서 $R_{i,j} \sim 0$이면 $P_R(k_i|M_j)$는 기본적으로 $P(k_i|M_j)$가 되며, 그 밖의 경우, $P(k_i)$와 $P(k_i|M_j)$의 혼합 식

---

2) 구(phrases)가 길어지면 예제에 출현하지 않을 수도 있으므로 확률값 계산이 어려워질 수도 있다.

이 된다. 수식 3.47에 이를 대치하면

$$P(q|M_j) = \prod_{k_i \in q} P_R(k_i|M_j) \times \prod_{k_i \notin q} [1 - P_R(k_i|M_j)] \tag{3.50}$$

이 되며, 이 수식으로 언어모델에서 질의 생성 확률을 계산할 수 있다.

### 3.5.3 무작위 발산(Divergence from Randomness)

언어모델 특성을 가진 독특한 확률모델이 Amati와 Rijsbergen[39]에 의해 제안되었는데, 그 특징은 무작위 과정에 의한 용어 분포와 실제 용어 분포 사이의 발산을 측정함으로써 용어 가중치를 계산한다는 점이며 이런 이유로 무작위 발산이라고 명명되었다. 이 모델은 다음과 같은 두 가지 기본 가정[7]에 기초하고 있다.

1. 문헌 내용을 표현하는데 모든 단어가 똑같이 중요하지는 않다. 즉, 정보가 적은 단어는 전체 문헌 컬렉션 C에 무작위로 분포되어 있다고 가정한다. 용어 $k_i$의 전체 컬렉션에 대한 확률분포는 $P(k_i|C)$이고 정보량은 $-\log P(k_i|C)$가 된다. 이 분포를 어떻게 구하느냐에 따라 컬렉션내 용어의 무작위 개념을 구현할 수 있다.
2. 또 다른 용어 분포는 용어 $k_i$를 포함하는 문헌 부분집합에서만 구할 수 있는데, 이 부분집합을 엘리트 집합(elite set)이라고 한다. 문헌 $d_j$에서 계산된 확률분포는 $P(k_i|d_j)$인데 이 값이 작을수록 드물게 나타나서 그 문헌 내용을 표현하는데 더 중요하다고 볼 수 있다. 따라서 엘리트 집합에서 이 용어의 정보량은 $1 - P(k_i|d_j)$로 정의된다.

이 두 가정에 따라 문헌 $d_j$에서 용어 $k_i$의 가중치 $w_{i,j}$는 다음과 같이 정의된다.

$$w_{i,j} = (-\log P(k_i|C)) \times (1 - P(k_i|d_j)) \tag{3.51}$$

평탄화로서 무작위 발산은 컬렉션내 용어분포와 해당 용어가 출현한 문헌 부분 집합에서의 분포를 같이 고려한다. 질의 $q$에 대한 문헌 $d_j$의 순위값 $R(d_j, q)$는

$$R(d_j, q) = \sum_{k_i \in q} f_{i,q} \times w_{i,j} \tag{3.52}$$

가 되며, 여기서 $f_{i,q}$는 질의내 용어 $k_i$의 빈도수이다.

**전체 컬렉션에서의 무작위 분포**

컬렉션내 용어의 분포를 계산하기 위해서 확실한 확률모델이 고려될 수 있는데, 예를 들어, 베르누이 모델을 적용해 컬렉션내 용어의 출현을 모델링할 수 있다. 1,000개의 문헌 컬렉션에서 10번 출현한 용어 $k_i$가 있다고 가정해 보자. 그러면, 한 문헌에 용어 $k_i$가 4번 출현할 확률은

$$P(k_i|C) = \binom{10}{4} \left(\frac{1}{1000}\right)^4 \left(1 - \frac{1}{1000}\right)^6$$

이며, 이는 표준 이항 분포를 따른다.

일반적으로, $p = 1/N$이 한 문헌에 용어가 출현할 확률이며, 여기서 $N$은 컬렉션의 전체 문헌수이다. 이 때, 문헌 $d_j$에서 용어 $k_i$의 빈도수 $f_{i,j}$ 확률은 다음과 같은 이항분포로 표시할 수 있다.

$$P(k_i|C) = \binom{F_i}{f_{i,j}} p^{f_{i,j}} \times (1-p)^{F_i - f_{i,j}} \tag{3.53}$$

또

$$\lambda_i = p \times F_i$$

라고 정의하고 $N \rightarrow \infty$일 때 $p \rightarrow 0$이라고 가정하면 $\lambda_i = p \times F_i$값은 상수가 된다. 이 가정에 따라 이항 분포를 포아송(Poisson) 과정에 따라 다음과 같이 계산할 수 있다.

$$P(k_i|C) = \frac{e^{-\lambda_i} \lambda_i^{f_{i,j}}}{f_{i,j}!}$$

이 때, 컬렉션내 용어 $k_i$의 정보량은 다음과 같다.

$$\begin{aligned} -\log P(k_i|C) &= -\log\left(\frac{e^{-\lambda_i} \lambda_i^{f_{i,j}}}{f_{i,j}!}\right) \\ &\approx -f_{i,j} \log \lambda_i + \lambda_i \log e + \log(f_{i,j}!) \\ &\approx f_{i,j} \log\left(\frac{f_{i,j}}{\lambda_i}\right) + \left(\lambda_i + \frac{1}{12 f_{i,j} + 1} - f_{i,j}\right) \log e \\ &\quad + \frac{1}{2} \log(2\pi f_{i,j}) \end{aligned} \tag{3.54}$$

여기서, 로그 밑수는 2이며 팩토리얼 항 $f_{i,j}!$는 Stirling 공식에 따라 다음과 같이 근사값을 구할 수 있다.

$$f_{i,j}! \approx \sqrt{2\pi}\, f_{i,j}^{(f_{i,j}+0.5)}\, e^{-f_{i,j}}\, e^{(12 f_{i,j}+1)^{-1}}$$

또 다른 방법은 Bose-Einstein의 기하학 분포를 적용하여 다음과 같이 구할 수도 있다.

$$P(k_i|C) \approx p \times p^{f_{i,j}}$$

여기서, $p = 1/(1+\lambda_i)$이며, 이 때의 정보량은

$$-\log P(k_i|C) \approx -\log\left(\frac{1}{1+\lambda_i}\right) - f_{i,j} \times \log\left(\frac{\lambda_i}{1+\lambda_i}\right) \tag{3.55}$$

이 되고, 이는 전체 컬렉션에 대한 용어 분포를 계산하는 두 번째 수식이 된다.

**엘리트 집합에서의 분포**

엘리트 집합의 용어 분포와 연관된 정보량을 구하기 위해 라플라스 연쇄 법칙(Laplace's law of succession)을 적용하면,

$$1 - P(k_i|d_j) = \frac{1}{f_{i,j} + 1} \tag{3.56}$$

을 얻을 수 있다. 또 다른 방법으로 두 개의 베르누이 과정 비율을 적용하면

$$1 - P(k_i|d_j) = \frac{F_i + 1}{n_i \times (f_{i,j} + 1)} \tag{3.57}$$

이 나오고, 여기서 $n_i$는 용어가 출현한 문헌수이다.

**정규화(Normalization)**

앞의 수식들은 문헌 $d_j$의 크기를 고려하지 않았는데, 이는 용어 빈도수 $f_{i,j}$를 정규화함으로써 가능하다. 정규화로는

$$f'_{i,j} = f_{i,j} \times \frac{avg\_doclen}{len(d_j)}$$

또는

$$f'_{i,j} = f_{i,j} \times \log\left(1 + \frac{avg\_doclen}{len(d_j)}\right)$$

가 가능한데, 여기서 *avg_doclen*은 컬렉션의 평균 문헌 크기이며, $len(d_j)$는 문헌 $d_j$의 크기이다. 정규화 용어 빈도수를 사용하여 용어 가중치 $w_{i,j}$를 계산하기 위해서는 단지 빈도수 항 $f_{i,j}$를 정규화 변형 항 $f'_{i,j}$로 대치하면 된다. $P(k_i|C)$와 $P(k_i|d_j)$ 정규화에 다른 수식을 사용할 수도 있으나 여기서는 동일한 수식을 적용했다.

$P(k_i|C)$와 $P(k_i|d_j)$ 계산에 다양한 수식이 있고 정규화에도 여러 방법이 있으므로 조합에 따라 다양한 형태의 무작위 순위화 수식이 가능하다. 더 많은 분포를 고려한 순위화 수식에 대해 더 자세한 내용은 [39]를 참조하라.

### 3.5.4 베이지안 망 모델

정보검색의 확률모델을 확장한 한 모델이 베이지안 신념망(Bayesian belief networks)을 사용한 것이다. 신념 망은 주어진 문헌에서 확실한 증거(과거 질의, 피드백 주기, 질의 형성 등)를 조합하는데 명확한 틀을 제공하기 때문에 관심을 받고 있다. 더 중요한 점은 이 증거의 조합이 Turtle과 Croft[1610]가 보여준 것과 같이 성능향상에 사용된다는 점이다.

여기서는 Turtle과 Croft[1610]가 제안한 소위 추론망(inference network)을 소개하는데, Inquery 시스템[280] 검색엔진의 이론적 기초를 제공하였다. 또 이 모델의 변형이면서 Ribeiro-Neto와 Muntz[1352]가 제안한 신념망(belief network)도 소개한다.

다음 내용은 Turtle과 Croft의 원전과는 다른 형식을 사용하였는데 특히, 모델 개발시 확률 논쟁에 중점을 두어, 주요 설계의 동기가 된 베이지안 형식론에 일관성이 있도록 하였으며, 이런 설명 방법이 미묘한 차이를 구분하는 데 더 도움이 될 것이다. 이에 앞서, 베이지안 망을 간략히 소개한다.

**베이지안 망**

베이지안 망[1251]은 방향성 비순환 그래프(Directed Acyclic Graphs; DAGs)로서, 노드는 랜덤 변수(random variables)를 나타내며, 아크는 이 변수들 사이의 인과 관계를 나타내고, 이 인과 관계 영향의 강도는 조건 확률로 표시된다. 부모 노드는 자식 노드에게 직접적인 원인이 되는데, 이 인과 관계는 DAG 표현에서 부모 노드로부터 자식 노드에 직접 연결된 링크로 표현된다. 망의 루트 노드는 부모 노드가 없는 노드가 된다.

$x_i$를 노드로 하는 베이지안 망 $G$에서, $\Gamma_{x_i}$를 $x_i$의 부모 노드라 하자. $x_i$에 대한 $\Gamma_{x_i}$의 영향은 다음을 만족하는 함수 $F_i(x_i, \Gamma_{x_i})$로 설정할 수 있다.

$$\sum_{\forall x_i} F_i(x_i, \Gamma_{x_i}) = 1 \quad \text{and} \quad 0 \leq F_i(x_i, \Gamma_{x_i}) \leq 1$$

여기서, $x_i$는 노드 $x_i$에 관련된 랜덤 변수 상태도 되며, 이 설정은 $\prod_{\forall i} F_i(x_i, \Gamma_{x_i})$ 곱이 $G$노드들의 연결 확률 분포를 구성하기 때문에 일관성이 있다.

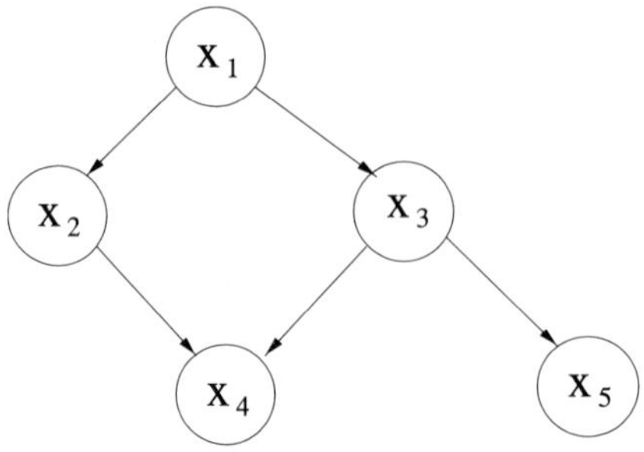

**그림 3.14:** 베이지안 망의 예

그림 3.14는 결합 확률 분포가 $P(x_1,x_2,x_3,x_4,x_5)$인 베이지안 망을 나타내고 있는데, 이 경우, 망에 선언된 의존성인 연결 확률 분포를 다음과 같은 지역 조건 확률(베이지안 망의 주요 장점)로 고쳐 쓸 수 있다.

$$P(x_1,x_2,x_3,x_4,x_5) = P(x_1)P(x_2|x_1)P(x_3|x_1)P(x_4|x_2,x_3)P(x_5|x_3)$$

확률 $P(x_1)$은 망의 사전확률(prior probability)이라 하며, 응용 분야의 의미에 관한 사전지식을 모델링하기 위해 사용된다.

### 추론망 모델

가장 전통적인 두 확률학파는 경험론(frequentist) 관점과 인식론(epistemological) 관점에 기반하고 있다. 경험론 관점은 확률을 우연의 법칙에 관련된 통계 개념으로 보는데 반해, 인식론 관점은 확률을 통계 실험이 필요 없는 신념도로 해석하며, 실제 생활에서 통계 실험의 명확한 정의 없이 자주 확률을 언급하기 때문에 실용적이다.

추론망 모델[1610, 1609]은 정보검색 문제를 인식론 관점에서 접근하는데, 색인어, 문헌, 사용자 질의에 대해 랜덤 변수와 연계시킨다. 문헌 $d_j$에 연계된 랜덤 변수는 그 문헌을 관측 사건으로 간주하며(즉, 이 모델은 문헌이 연관 문헌 탐색 과정에서 관측되는 것으로 가정), 이 문헌 관측은 색인어와 연계된 랜덤 변수에 대한 신념을 나타내고 신념 증가의 원인이 된다.

색인어와 문헌 변수는 망에서 노드로 표현되며, 에지는 문헌 노드에서 용어노드로 연결되어 문헌 관측이 자신의 용어 노드에 대한 신념을 향상시킴을 나타내고 있다.

사용자 질의에 연계된 랜덤 변수는 질의에 의한 정보 요구가 들어온 사건을 나타내며, 이 변수 역시 망의 노드로 표현된다. 이 질의 노드의 신념은 질의 용어와 연계된 노드들의 신념 함수가 되고, 따라서 에지는 색인어 노드에서 질의 노드로 연결된다. 그림 3.15는 정보검색을 위한 추론망을 보여 주고 있다.

문헌 $d_j$는 색인어로 $k_2,k_i,k_t$를 가지는데, 이는 노드 $d_j$에서 노드 $k_2,k_i,k_t$로 에지가 연결됨으로써 표현된다. 또, 질의 $q$는 색인어 $k_1,k_2,k_i$로 구성되며, 노드 $k_1,k_2,k_i$에서 노드 $q$로 에지가 연결되어 표현된다. 그림 3.15에는 $q_2, q_1$, $I$의 또 다른 3개의 노드가 포함되어 있는데, 노드 $q_2,q_1$은 불리안 질의 $q_1 = (k_1 \wedge k_2) \vee k_i$를 표현하고 있으며, 사용자 정보 요구 $I$는 질의 $q$와 $q_1$으로 구성된다.

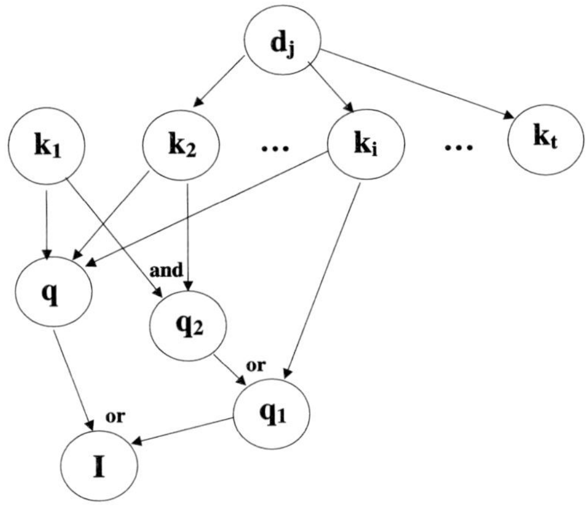


**그림 3.15:** 기본 추론망 모델

우선, 문헌 $d_j$를 관측함으로써 질의 노드 $q$를 처리한 후에, 정보 요구 $I$를 위한 다중 질의 표현의 영향을 설명한다. 이는 동일 정보 요구를 위한 검색 성능 향상을 위해 키워드-기반 질의 형성($q$와 같은)이 불리안 질의 형성($q_1$과 같은)에 결합될 수 있다는 점에서 중요하다.

완전 추론망 모델에서는 텍스트 노드와 질의 개념 노드가 추가되지만, 앞의 모델은 이를 단순화시킨 것이며, 망의 모든 랜덤 변수는 이진값을 취하는 것으로 단순화한다. 이 단순화가 임의적인 것처럼 보이지만 모델링 작업을 단순화하고 정보검색 문제의 중요 관계를 충분히 포함하고 있다.

**정의**

*이진 랜덤 변수 $k_i \in \{0,1\}$에 대해, $\vec{k}$를 $t$ 차원 벡터인 $\vec{k}=(k_1,k_2, \ldots,k_t)$라 하면, $\vec{k}$는 $2^t$개의 상태가 가능하다. 여기서 다음 함수를 정의한다.*

$$on(i,\vec{k}) = \begin{cases} 1\text{, 만약 } \vec{k}\text{에서 } k_i = 1\text{이면} \\ 0\text{, 아니면} \end{cases}$$

*또 문헌 $d_j$에 대한 이진 랜덤 변수를 $d_j$, 사용자 질의에 대한 이진 랜덤 변수를 $q$라 하자.*

$q$는 질의와 연계된 랜덤 변수와 망에서의 노드로 같이 표기하지만, 문맥에 따라 명확히 구분되며, 이는 $d_j$, $k_i$도 마찬가지다. 질의 $q$에 대한 문헌 $d_j$의 순위 부여는 $d_j$ 관측이 질의 $q$에 얼마나 증거가 되었는지의 측정값으로, 추론망에서 $q=1$이고 $d_j=1$일 때, $P(q \wedge d_j)$를 계산함으로써 수행되며, 일반적으로 다음과 같이 구한다.

$$\begin{aligned} P(q \wedge d_j) &= \sum_{\forall \vec{k}} P(q \wedge d_j | \vec{k}) \times P(\vec{k}) \\ &= \sum_{\forall \vec{k}} P(q \wedge d_j \wedge \vec{k}) \\ &= \sum_{\forall \vec{k}} P(q | d_j \wedge \vec{k}) \times P(d_j \wedge \vec{k}) \\ &= \sum_{\forall \vec{k}} P(q | \vec{k}) \times P(\vec{k} | d_j) \times P(d_j) \\ P(\overline{q \wedge d_j}) &= 1 - P(q \wedge d_j) \end{aligned} \quad (3.58)$$

이는 기본 조건과 베이즈 규칙에 의해 얻어지는데, $k_i$ 노드가 문헌 노드 $d_j$로부터 질의 노드 $q$를 분리시키기 때문에 $P(q \mid d_j \wedge \vec{k}) = P(q \mid \vec{k})$가 되며, $\overline{q \wedge d_j}$는 $\neg(q \wedge d_j)$의 다른 표현이다.

문헌 $d_j$의 실례(instantiation 즉, 문헌 관측)는 자식 노드인 색인어 노드를 상호 독립적으로 분리시켜서(자세한 사항은 베이지안 이론 참조), 각 색인어 노드 $k_i$의 신념도는 분리되어 계산된다. 따라서, $P(\vec{k} \mid d_j)$는 식 3.58에 의해 다음과 같이 구할 수 있으며, 이 때, $P(\overline{k_i} \mid d_j) = 1 - P(k_i \mid d_j)$이다.

$$\begin{aligned} P(q \wedge d_j) &= \sum_{\forall \vec{k}} P(q \mid \vec{k}) \times P(d_j) \times \left( \prod_{\forall i \mid on(i,\vec{k})=1} P(k_i \mid d_j) \times \prod_{\forall i \mid on(i,\vec{k})=0} P(\overline{k_i} \mid d_j) \right) \\ P(\overline{q \wedge d_j}) &= 1 - P(q \wedge d_j) \end{aligned} \tag{3.59}$$

확률 $P(q \mid \vec{k})$, $P(k_i \mid d_j)$, $P(d_j)$를 적절히 설정함으로써 추론망은 다양한 정보검색 순위 부여 전략을 광범위하게 실현할 수 있는데, 나중에 어떻게 추론망을 불리안 모델이나 TF-IDF 순위 부여 틀에 적용할 수 있는지를 설명한다. 우선, 사전 확률 $P(d_j)$를 설정해 본다.

**추론망을 위한 사전 확률**

추론망에서 문헌 노드는 루트 노드이므로, 사전 확률 분포를 따르며, 이 사전 확률은 주어진 문헌 $d_j$의 관측 사건에 연관된 확률을 반영한다(간단히, 한번에 한 문헌만 관측). 특정 문헌에 대한 사전 확률값이 없으므로, 균일 사전 확률 분포를 적용하는데 예를 들어, 추론망의 원전[1610, 1609]에서는 문헌 $d_j$의 관측 확률로 $1/N$을 부여했으며, 여기서 $N$은 시스템내 총 문헌 수이다. 따라서,

$$P(d_j) = \frac{1}{N}, \quad P(\overline{d_j}) = 1 - \frac{1}{N} \tag{3.60}$$

가 된다.

사전 확률 $P(d_j)$로 $1/N$을 선택한 것은 총 문헌 수가 $N$인 컬렉션에서는 간단하면서 자연스러운 선택이다. 하지만, $P(d_j)$의 다른 선택도 가능한데 예로, 문헌 크기 정규화를 포함시키면 $P(d_j)$는 다음과 같다.

$$P(d_j) = \frac{1}{|\vec{d_j}|}, \quad P(\overline{d_j}) = 1 - P(d_j)$$

여기서, $|\vec{d_j}|$는 $\vec{d_j}$ 벡터의 $norm$값이며, 이 경우, 문헌 벡터의 $norm$값이 커질수록 연관된 사전 확률값은 작아진다. 이런 설정은 문헌 공간내에서 순위화를 정규화하는 벡터기반 순위 부여 전략의 행태에 관한 사전 지식을 반영한 것이며, 응용 분야에 대한 사전 지식이 망의 사전 확률 설정에 반드시 반영되어야만 한다.

**불리안 모델을 위한 추론망**

여기서는 어떻게 추론망이 불리안 모델에 포함될 수 있는지를 보이는데 우선, 불리안 모델은 사전 확률을 식 (3.60)으로 설정한다. 또 조건 확률 $P(k_i \mid d_j)$와 $P(q \mid \vec{k})$에 대해서는 다음과 같이 설정한다.

$$P(k_i \mid d_j) = \begin{cases} 1 & \text{만약 } k_i \in d_j \text{이라면} \\ 0 & \text{그렇지 않다면} \end{cases}$$

$$P(\overline{k_i} \mid d_j) = 1 - P(k_i \mid d_j)$$

이는 문헌 $d_j$ 관측시, 문헌 $d_j$의 색인어와 연관된 노드만이 활성화된다는 것을 나타내고 있다(즉, 0보다 큰 추론

확률값을 가진다). 예를 들어, 용어 벡터가 정확히 색인어 $k_2, k_i, k_t$로만 구성된 문헌 노드$d_j$(그림 3.15 참조)의 관측은 색인어 노드 $\{k_2, k_i, k_t\}$만을 활성화시킨다.

일단 색인어 노드의 신념도가 계산되면, 이 값을 사용자 질의 $q$에 제공되는 증거를 계산하는데 다음과 같이 사용할 수 있다.

$$P(q|\vec{k}) = \begin{cases} 1 & \text{만약 } c(q) = c(\vec{k}) \text{ 이라면} \\ 0 & \text{그렇지 않다면} \end{cases}$$
$$P(\overline{q}|\vec{k}) = 1 - P(q|\vec{k})$$

여기서 $c(q)$와 $c(\vec{k})$는 전통 불리안 모델에서의 정의와 같이 $q$와 $\vec{k}$의 논리곱이다.

$P(q|\vec{k})$, $P(k_i|d_j)$, $P(d_j)$에 대한 위 정의를 식 3.59에 대입하면, 검색된 문헌 집합이 3.2.2절에 정의된 불리안 모델에 의해 반환된 문헌 집합과 정확히 일치함을 쉽게 알 수 있으며 따라서, 추론망은 쉽게 불리안 모델에 포함된다.

**TF-IDF 순위 부여 전략을 위한 추론망**

문헌 노드를 위한 사전 확률 $P(d_j)$는 식 3.60으로 주어졌을 때, 문헌-용어 신뢰도는

$$P(k_i|d_j) = \alpha + (1-\alpha) \times \overline{f}_{i,j} \times \overline{IDF_i}$$
$$P(\overline{k_i}|d_j) = 1 - P(k_i|d_j) \tag{3.61}$$

가 되고, 여기서 $\overline{f}_{i,j}$, $\overline{IDF_i}$는 정규화된 용어 빈도수와 역문헌 빈도수이며 8장의 [1611]과 같이

$$\overline{f}_{i,j} = \frac{f_{i,j}}{\max_i f_{i,j}}, \quad \overline{IDF_i} = \frac{\log \frac{N}{n_i}}{\log N}$$

가 된다. 이 때, 파라미터 $\alpha$는 0에서 1사이의 값을 가지며, 실험적인 증거에서 0.4값이 좋은 결과를 보였다.

용어-질의 신념도는

$$P(q|\vec{k}) = \sum_{k_i \in q} \overline{f}_{i,j} \times w_q \tag{3.62}$$
$$P(\overline{q}|\vec{k}) = 1 - P(q|\vec{k})$$

가 되고, 여기서 $w_q$는 질의 노드의 최대 신뢰값을 얻기 위한 파라미터이며, 디폴트 값은 1이다.

식 3.60, 3.61, 3.62를 식 3.59에 적용하면, TF-IDF와 비슷한 순위 부여를 제공할 수 있는데, [1611]에 다양한 형태의 조건 확률 형식이 나와 있다.

그러나, 추론 망에 의해 계산된 순위 부여는 벡터 모델과 구분되며, TF-IDF 순위 부여의 이런 특성에도 불구하고, 추론망은 일반 컬렉션에 대해 좋은 검색 성능을 보여 왔는데, 그 이유는 망이 최종 순위 부여 향상을 위해 여러 다른 증거원(아래 참조)으로부터 증거들을 일관성있게 결합할 수 있기 때문이다.

**증거원(Evidential Sources) 결합**

그림 3.15의 첫 번째 질의 노드 $q$는 사용자 정보 요구 $I$의 표준 키워드기반 질의 형태이며, 두 번째 질의 노드

$q_1$은 동일한 정보 요구의 불리안 형태이다(추가적인 증거원은 전문가에 의해 수집된다). 정보 요구 $I$에 대한 두 형태의 질의 결합은, 예를 들어 OR 연산자로 연결될 수 있는데(즉, $I=q\vee q_1$), 이 경우 추론망에 의한 순위 부여는 다음과 같이 계산될 수 있다.

$$\begin{aligned} P(I\wedge d_j) &= \sum_{\vec{k}} P(I|\vec{k}) \times P(\vec{k}|d_j) \times P(d_j) \\ &= \sum_{\vec{k}} (1-P(\overline{q}|\vec{k})P(\overline{q_1}|\vec{k})) \times P(\vec{k}|d_j) \times P(d_j) \end{aligned} \tag{3.63}$$

이는 [1610]에서 제시된 바와 같이, 각각의 질의 노드에 따른 검색 성능보다 우월한 결과를 가져올 수도 있다.

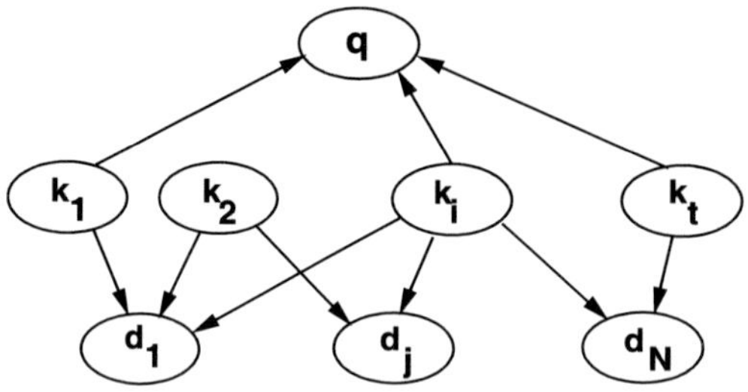


**그림 3.16:** 기본 신념망 모델

### 신념망 모델

[1352]에 제안된 신념망 모델은 추론망 모델의 변형으로 망의 문헌 부분과 질의 부분이 분리된 형태가 되었으며, 이것이 두 모델의 작은 차이점이다.

신념망에서 모든 변수는 추론 망 모델과 같이 이진값이고, 더욱이 각 색인어는 기본 개념이 되며 모든 색인어 집합은 개념공간이 된다. 한 색인어 부분집합은 개념을 나타내며 문헌이나 질의로 사용될 수 있고, 이 대칭이 그림 3.16과 같이 약간 다른 망의 위상으로 나타난다. 추론 망 모델과 같이 질의 $q$는 질의 개념을 구성하는 색인어 노드로부터 연결된 이진 랜덤 변수가 된다.

문헌도 사용자 질의와 동일하게 개념 공간내의 개념으로서 다루어지지만, 추론망 모델과는 반대로 문헌 노드는 그 문헌을 구성하는 색인어 노드로부터 연결된다.

주어진 질의 $q$에 대한 문헌 $d_j$의 순위 부여는 개념 정합 관계로 해석되고 개념 $q$에 의한 개념 $d_j$의 포함도를 반영한다.

### 가정

신념망 모델에서 $P(d_j|\ q)$는 질의 $q$에 대한 문헌 $d_j$의 순위로 적용된다.

베이즈 이론을 적용하면, $P(d_j|\ q)=P(d_j\wedge q)/P(q)$가 되며, $P(q)$는 컬렉션내 모든 문헌에 대해 상수이므로 $P(d_j|\ q)\sim P(d_j\wedge q)$로 쓸 수 있다. 즉, 문헌 $d_j$의 순위는 $P(d_j\wedge q)$에 비례하며, 다음과 같이 계산된다.

$$P(d_j|\ q)\ \sim \sum_{\forall \vec{k}} P(d_j\wedge q\,|\,\vec{k})\times P(\vec{k})$$

그림 3.16의 신념망에서 색인어 변수의 실례는 노드 $q$와 $d$를 논리적으로 분리하여 상호 독립적이 되게 한다(즉, 망의 문헌과 질의 부분은 색인어 노드에 의해 논리적으로 분리된다). 따라서,

$$P(d_j|\ q)\ \sim \sum_{\forall \vec{k}} P(d_j|\ \vec{k}) \times P(q\,|\,\vec{k}) \times P(\vec{k}) \tag{3.64}$$

가 된다. 신념망을 완성하기 위해서는 조건 확률 $P(q|\ \vec{k})$와$P(d_j|\ \vec{k})$를 설정할 필요가 있으며, 이 확률을 다양하게 설정함으로써 여러 정보검색 모델에 따른 순위 부여 전략을 구현할 수 있다.

벡터 모델을 구현하기 위한 이 확률 설정은 다음과 같다.

$$\vec{k_i} = \vec{k}\,|\,on(i,\vec{k}) = 1\ \wedge\ \forall_{j \neq i}\, on(j,\vec{k}) = 0$$

여기서, 벡터 $\vec{k_i}$는 $k_i$만 활성화된 $\vec{k}$ 상태의 참조다. TF-IDF 순위화 전략은 각 색인어의 공헌을 합산하고 $\vec{k_i}$는 용어 $k_i$의 공헌을 따로 고려할 수 있으므로,

$$P(q|\vec{k}) = \begin{cases} \dfrac{w_{i,q}}{\sqrt{\sum_{i=1}^{t} w_{i,q}^2}} & \text{만약 } \vec{k} = \vec{k_i} \wedge on(i,\vec{q}) = 1\text{이라면} \\ 0 & \text{그렇지 않으면} \end{cases}$$

$$P(\bar{q}|\vec{k}) = 1 - P(q|\vec{k})$$

가 되고,

$$P(d_j|\vec{k}) = \begin{cases} \dfrac{w_{i,j}}{\sqrt{\sum_{i=1}^{t} w_{i,j}^2}} & \text{만약 } \vec{k} = \vec{k_i} \wedge on(i,\vec{d_j}) = 1\text{이라면} \\ 0 & \text{그렇지 않으면} \end{cases}$$

$$P(\overline{d_j}|\vec{k}) = 1 - P(d_j|\vec{k})$$

로 정의된다. 이와 같이, $P(d_j|\ q)$로 정의된 검색 문헌의 순위는 식 3.10에 규정된 벡터 모델 순위와 일치한다.

**베이지안 망의 계산 비용**

추론망 모델의 식 3.58에서는, 단지 한 개의 문헌노드만 활성화된 상태를 고려했지만, 순위 부여를 위한 계산 비용은 컬렉션의 총 문헌수에 비례한다. 전통적인 컬렉션의 경우, 질의 용어가 포함된 문헌들로 제한하여 순위를 계산하기 위해, 역파일(9장 참조)과 같은 색인 구조가 사용된다. 따라서, 추론망 순위 계산 비용은 벡터 순위 계산 비용과 동일한 복잡도를 가지며 신념망 모델도 마찬가지다.

그러므로 여기 소개된 베이지안 망 모델들은 추가적인 순위 부여 계산 비용이 들지 않는데, 이는 망이 순환구조를 포함하지 않고 신념 전파가 망의 노드 수에 비례하기 때문이다.

## 3.6 기타 모델

이 절에서는 전통적인 정보검색 모델에서 직접적으로 유래되지 않은 기타 문헌 검색과 순위화 모델을 다루는데, 이에는 하이퍼텍스트, 웹 검색, 구조화 문서, 멀티미디어 등이 있다. 여기서는 간단히 소개만 하고 자세한 내용은 해당 장에서 다룬다.

### 3.6.1 하이퍼텍스트 모델

하이퍼텍스트는 월드와이드웹의 기원인 hypertext markup language(HTML)과 hypertext transfer protocol(HTTP)의 기초를 제공했다. 결과적으로 하이퍼텍스트 모델의 주요 개념을 검토하고 이것이 오늘날의 웹과 어떻게 관련되는지를 살펴본다.

저작과 관련된 기본 개념은 순서 개념인데, 문서는 보통 순서대로 읽는다고 가정하고 작성된다. 즉, 독자가 문서 여기 저기를 임의로 읽어서는 저자의 의도를 파악할 수 없으며 문서 구조에 따라 일부분을 건너 뛸 수는 있으나 이럴 경우, 독자와 저자간에 오해를 가져올 수도 있다. 따라서 대부분의 문서는 순서대로 기술된 구조를 가지고 있으며 독자가 이를 따르지 않으면 저자의 중요 메시지를 놓칠 수 있다.

그러나 때때로 순서대로 읽어서는 알 수 없고 전체 문서에 연관된 정보를 찾기도 한다. 예를 들어, 인류의 전쟁 역사에 대한 책을 읽을 때, 유럽 지역 전쟁에 대한 관심이 순간적으로 들 때가 있다. 이 정보가 책에 포함되어 있긴 하지만, 이 정보를 찾는데 많은 노력이 필요한데, 그 이유는 이런 목적으로 저작한 것이 아니고 연대기적으로 전쟁을 기술했기 때문이다. 이런 경우, 좀 다른 문서 구조가 필요한데, 책 전체를 다시 쓸 필요 없이 기존 구조 외에 새로운 구조를 정의하면 된다. 이런 방법 중 하나가 하이퍼텍스트 설계이다.

하이퍼텍스트는 컴퓨터 화면상에서 문서를 순서대로 읽지 않고 브라우징할 수 있는 고수준의 대화형 내비게이션 구조이다. 이는 기본적으로 그래프 구조의 방향성 링크로 연결된 노드들로 구성되어 있다. 각 노드는 책의 장이나 논문의 절, 웹 페이지와 같은 문서 구역이 된다. 두 노드 $A$와 $B$가 방향성 링크 $l_{AB}$로 연결되어 있다면, 독자는 $A$노드를 읽고 있을 때 $B$노드로 옮겨갈 수 있다.

하이퍼텍스트 링크 $l_{AB}$는 $A$노드상의 특정 문자열에 부여되는 것이 가장 일반적인 형태이며 이 문자열은 링크가 존재한다는 의미로 다른 색이나 밑줄로 표시된다. 사용자가 텍스트를 읽는 중에 링크된 문자열을 만나서 이를 클릭하면 방향성 링크를 따라 새로운 텍스트 영역(목표 노드)이 화면상에 표시된다.

하이퍼텍스트 내비게이션이란 각 노드가 텍스트 노드인 방향성 그래프 순회로 이해될 수 있으며 순회하는 동안 독자는 하이퍼텍스트 설계자가 구상한 정보의 흐름을 따라갈 수 있다. 앞의 인류 전쟁사 책의 예를 다시 보면, 하이퍼텍스트를 두 개의 서로 다른 웹(여기서, 하이퍼텍스트내 모든 링크의 부분으로 이루어진 요소로 연결된 것을 단순히 웹이라고 칭함)으로 설계할 수 있다. 첫 번째 웹은 유럽내 내전을 연대기로 접근할 수 있도록 하고 두 번째 웹은 유럽 국가간 전쟁을 위주로 제공하도록 설계한다. 이렇게 하면 사용자는 전혀 다른 구조에 따라 하이퍼텍스트 정보에 접근할 수 있다.

하이퍼텍스트 크기가 커지면 사용자가 구조를 따라가는데 실패할 수도 있다. 즉, 잘못된 내비게이션 결정에 따라 원래 목적에서 벗어나기도 하는데, 이런 상황을 하이퍼 공간에서 길을 잃었다고 말한다[836]. 이런 문제를 피하기 위해서 하이퍼텍스트는 사용자가 현재 어디에 있는지를 표시하는 하이퍼텍스트 지도를 포함하는 것이 바람직하며 이는 단순히 전체 방향성 그래프에서 현재 방문한 노드를 표시함으로 가능하다. 더 나아가 지도상에 사용자가 지나온 길에 대한 정보를 포함시킬 수도 있는데, 이렇게 하면 이미 방문한 노드를 다시 방문하지 않도록 사용자에게 상기시킬 수도 있다.

하이퍼텍스트 내비게이션 중에 사용자는 설계자가 의도한 정보 흐름으로 제약을 받기 때문에 하이퍼텍스트 설계 작업은 가능한 모든 사용자의 요구를 고려해야 한다. 이는 실제 하이퍼텍스트 구현 전에 요구분석을 함으로써 가능한데, 이 과정이 매우 중요함에도 불구하고 흔히 간과되곤 한다.

더욱이 사용자가 하이퍼텍스트 내비게이션 중에 자기 위치를 파악하는 것은 어려움이 따르기도 하는데, 앞에서 언급한 하이퍼텍스트 지도와 같은 안내도구가 있어도 마찬가지다. 그 한 가지 원인은 너무 많은 링크로 이루어진 복잡한 하이퍼텍스트 구조 때문인데, 이를 피하기 위해서는 사용자가 늘 쉽게 기억하도록 하이퍼텍스트 구조를 단순화할 필요가 있다. 한 예로 내비게이션이 쉽도록 하이퍼텍스트 구조를 계층적으로 할 수도 있다.

하이퍼텍스트 구조의 정의는 요구 분석과정 후에 영역 모델링 과정을 통해 수행되는데, 사용자 인터페이스 설계가 구현에 앞서 결정되며, 이 과정들을 통해 응용 예에 적절한 하이퍼텍스트 구조가 준비된다. 그러나 실제 웹상에서의 페이지는 요구 분석, 영역 모델링, 사용자 인터페이스 설계에 대한 고려없이 구현되고 있다. 결과적으로, 웹 페이지들은 열악하게 표현되어 사용자의 정보 탐색 작업에 적절한 하이퍼텍스트 구조를 제공하지 못하고 있다.

대규모 하이퍼텍스트에서, 전체 그래프의 어떤 부분이 사용자가 가장 관심있는 부분인지 알아내기란 매우 어렵다. 시작 위치를 쉽게 찾기 위해, 색인어 기반 탐색 방법이 사용되기도 하는데, [1078]에서 Manber가 이 방법의 장점에 대해 서술했다.

### 3.6.2 웹 기반 모델

첫 번째 웹 검색엔진은 기본적으로 앞에서 설명한 정보검색 모델에 기초한 순위화를 가진 정보검색엔진이었다. 주요 차이점은: (a) 컬렉션이 문헌이 아닌 웹페이지로 구성 (b) 각 페이지들은 수집되고 (c) 컬렉션이 더 대규모라는 점이다. 특히 세 번째 차이점인 대규모 페이지는 초창기 소규모 컬렉션에 적용한 순위화 방식이 잘 맞지 않는다는 점을 의미한다. 각 질의 용어가 너무 많은 문헌을 검색하므로 하나의 질의에 대부분 연관이 없는 수천 개의 문서를 결과로 가져와 결과적으로 자주 불만족스러웠다.

그래서 웹페이지에 존재하는 링크 정보를 순위화에 사용하는 혁신이 일어났는데, 이에는 두 가지 기본 방식으로 PageRank[263]와 Hubs & Authorities[911]가 있다. 이들은 웹에 특화된 순위화 방식을 제공했으며 11장에서 자세히 다룬다. 또 텍스트 (벡터 기반 순위화) 증거와 링크 증거를 조합한 예는 [1478]을 참조하라.

### 3.6.3 구조화 텍스트 검색

이 장에서 살펴본 정보검색 모델들은 텍스트를 특정 구조가 없는 문자열로만 취급하였다. 즉, 절, 부절, 단락, 그림과 같은 정보는 검색이나 순위화에 사용되지 않았다. 그러나 구조 정보는 사용자의 특정 검색에 중요한데, 예를 들어 도서 제목이나 저자가 생각나지 않는 사용자가 도서에 대한 검색을 한다고 가정하자. 다만, '프랑스'라는 용어가 포함된 절 제목에 에펠탑에 대한 그림이 있다는 것만 기억하고 있다면, 이 경우 질의에 '프랑스'를 포함하는 것은 너무 많은 문헌을 검색하므로 별로 유용하지 못하다. 즉, 이 사용자는 충분한 정보를 가지고 있음에도 여기서 검토된 정보검색 모델 중에는 질의에 사용할 적당한 모델이 없다.

이 문제의 적절한 해결책은 검색 성능 향상을 위해 문헌 구조를 사용하는 것인데, 효율적인 측면에서 구조 정보에 적합한 특정 색인 구조를 구축해야 하며, 더 자세한 내용은 13장에서 다룬다.

### 3.6.4 멀티미디어 검색

이미지, 오디오, 비디오와 같은 멀티미디어 데이터는 연관된 텍스트가 작으므로 검색이 더욱 어렵다. 특히 여기서 다룬 정보검색 모델은 멀티미디어 데이터에 잘 적용되지 않으며 검색 전략이나 순위화 함수가 텍스트 검색과는 확연히 차이난다.

이런 특이성에도 불구하고 멀티미디어 데이터는 웹의 한 구성 요소이며 더 나아가 웹은 본질적으로 멀티미디어 매체이다. 따라서 멀티미디어 검색 방법과 기술들이 각광을 받고 있으며 자세한 내용은 14장에서 다룬다.

### 3.6.5 기업과 수직 검색(Vertical Search)

기업 검색은 기업내 문헌 컬렉션에서 관심있는 정보를 검색하는 작업이다. 대부분의 정보는 기업 컬렉션에서 제공되지만 웹 정보로 보완되기도 하는데, 웹에서는 없는 사생활보호, 소유권, 허가등의 여러 문제가 기업 검색에서 중요하다. 15장에서 기업 검색 해결책에 대한 현황을 포함한 여러 도전들을 자세히 소개한다.

수직 컬렉션(vertical collection)은 주어진 지식 영역에 특화된 문헌 저장소이다. 예를 들어, Lexis-Nexis는 비지니스와 법률 두 영역의 수직 컬렉션에 대해 전문 검색을 제공하며 Medline은 생의학 중심의 생명과학 분야의 수직 컬렉션 검색을 제공한다. 이 시스템에 대한 자세한 내용은 16장을 참조하라.

수직 컬렉션은 탐색과 검색에 특별한 도전을 제공하기 때문에 검색 성능 향상을 위해 특정 영역 지식을 활용할 필요가 있다. 건강에 대한 수직 컬렉션에서의 정보검색 응용에 관심있는 독자는 [539, 588, 480]와 W. Hersh[750, 753, 751, 752, 749]를 참조하고 법률에 대한 수직 컬렉션 검색에 대해서는 [204, 481, 482, 638, 692, 1381]을 참조하라.

## 3.7 연구 동향 및 쟁점

정보검색 모델 연구로부터 직접 도움을 받을 수 있는 제품이나 시스템의 중요 형태는 도서관 시스템, 특정 정보검색 시스템 및 웹의 세 가지이다.

도서관 시스템의 경우, 어떤 기준으로 사용자가 연관성을 판단하는지에 대한 이해 향상에 바탕을 두고, 인지(cognitive)와 행위(behavioral) 쟁점에 많은 관심이 부여되고 있다. 반면, 컴퓨터 과학 관점에서 중요한 문제는 이 사용자에 대한 지식이 어떻게 시스템에 구현된 순위 부여 전략이나 사용자 인터페이스에 영향을 줄 것인가가 된다. 관련 문제로, 대부분의 상용 도서관 시스템에서 채택한 불리안 모델과 웹상의 멀티미디어 컬렉션을 어떻게 통합하는지에 대한 연구가 있다. 오늘날 웹 검색에 익숙한 학생들에게 도서관 검색에서 더 특화된 검색 능력이 요구되는 것은 명확하며 결과적으로 조상의 유물인 도서관 시스템은 기대에 미치지 못하고 있다.

특정 검색 시스템은 특별한 응용 분야를 염두에 두고 개발된 것들인데, 대표적인 예로, 법률과 비즈니스 문헌들의 대규모 컬렉션을 대상으로 제공되는 LEXIS-NEXIS 검색 시스템(16장 참조)이 있는데, 이는 수직 검색의 좋은 예이다. 이런 시스템에서 가장 중요한 문제는 어떻게 사용자 정보 요구와 연관없는 문헌을 제거하고 거의 모든 연관 문헌을 검색하는가이며 이런 점에서, 정교한 순위 부여 알고리즘이 요구된다. 단일 증거원에 기반한 순위 부여는 적절한 답을 제공하지 못하기 때문에, 특정 영역 지식 기반의 여러 증거원을 혼합한 방법에 대한 연구가 한창 진행 중이다. 이런 방향에서 분류 기반 검색 전략이 필요함에도 불구하고 기업 분류체계 개발이 일반적이다. 기업 검색 시스템에 대해 자세한 정보와 연구 동향은 15장을 참조하라.

웹의 시나리오는 11장과 같이 매우 특이하고 유일한데, 웹 사용자는 자주 자신이 무엇을 원하는 지도 모르거나 자신의 요구를 적절히 형식화하는 데 어려움을 느끼고 있으므로, 향상된 사용자 인터페이스에 대한 연구가 절실히 요구되고 있다. 순위 부여 관점에서 흥미로운 문제는 사용자 인터페이스에서 채택된 패러다임이 순위 부여에 미치는 영향을 연구하는 것이다. 또, 개인화(personalization)라 불리는 사용자 선호도 정보의 이용도 큰 관심을 받고 있는데, 한 예로 사용자 선호도 조사를 결과 페이지내의 클릭 패턴 검사로 하는 방법[17, 841, 844]이 있으며 그 외 방법은 좀 더 연구가 필요하다.

## 3.8 참고문헌 고찰

색인어 가중치에 대한 초기 연구중 하나인 1957년 Luhn[1062]은 문서내 용어 빈도수가 가중치에 비례한다는 가정에서 시작되었다. 1960년대 초반, Maron과 Kuhns[1093]이 정보검색의 연관성과 확률 색인에 대해 이미 논의하였다. 역문헌 빈도수는 Sparck Jones[1504]에 의해 시도되었으며 바로 이어서 Salton과 Yang이 Wong과 공동으로 용어빈도수와 역문헌 빈도수를 조합한 모델을 제안했는데, 이것이 오늘날 전통 벡터공간 모델[1418, 1416]로 알려진 모델이 되었다. 이후 1976년에 Robertson과 Sparck Jones가 오늘날 전통 확률 모델로 알려진 모델을 제안하였다.

7년후인 1983년에 Salton과 McGill이 이 분야의 고전[1414]이 된 책을 썼는데, 이 책은 정보검색의 세 가지 전통 모델인 불리안, 벡터, 확률 모델에 대해 충분히 다루었다. 또 다른 획기적인 참고 문헌은 van Rijsbergen[1624]의 저서인데, 세 가지 전통 모델 외에 확률 모델에 대한 흥미로운 논의를 제공하였다. Frake와 Baeza-Yates[582]가 비교적 최근에 편집한 책은 정보검색을 위한 여러 자료 구조와 알고리즘을 제공하였으며, 더욱이 이 책에서는 1960년대부터 1990년대에 이르는 정보검색 역사를 흥미롭게 간파한 Harman[701]의 순위 부여 알고리즘에 대한 논의가 포함되어 있다.

불리안 연산과 구현은 [1667]에 나와 있으며, 정보검색에 불리안 질의가 부적당함은 일찍이 Verhoeff, Goffman과 Belzer[1636]에 의해 언급되어서 이후에는 불리안 형식에 다른 틀을 적용한 연구가 주의를 끌었다. Bookstein은 불리안과 가중치 검색을 융합한 시스템[227]과 확률 모델을 위한 불리안 구조의 포함[229]을 논의하였다. Losee와 Bookstein[1050]은 확률 검색에 불리안 질의의 사용을, Anick[60] 등은 불리안 검색을 위한 자연언어 인터페이스를 제안하였고, 시소러스 기반 불리안 검색 시스템은 [994]에 제안되어 있다.

벡터 모델은 아마도 정보검색 연구 집단에서 가장 대중적인 모델일 것이다. 이 중 큰 비중을 차지하는 집단은 Salton과 그의 동료들[1413, 1418]인데, 이는 그들의 오랜 연구 덕택이며, 대부분의 연구가 Cornell 대학에서 개발된 SMART 검색 시스템[1408, 1410, 1756]과 연계되어 있다. 벡터 모델을 위한 용어 가중치 부여가 충분히 실험되었는데, 단순한 용어 가중치 부여가 일찍이 Salton과 Lesk[1413]에 의해 사용되었으며, Sparck Jones는 IDF 요소[1504, 1505]를 소개하였고, Salton과 Yang이 검색 성능 향상에 효과가 있음을 입증하였다[1418]. Yu와 Salton[1756]은 최종 순위 부여에서 용어 가중치의 효과를 심층 연구하였으며, Salton과 Buckley[1410]는 SMART 시스템에서의 용어 가중치에 대한 20년간의 실험을 요약하였고. Raghavan과 Wong[1327]은 벡터 모델에 대한 중요한 분석을 제공하였다. Singhal, Buckley, Mitra[1484]는 서로 다른 컬렉션에서 성능향상을 위해 정규화 요소를 수정한 피봇 문헌 크기 정규화를 제안하였다.

확률 모델은 Robertson과 Sparck Jones[1365]에 의해 소개되었으며, [1624]에 충분히 논의되어 있다. 이 모델의 실험적 연구가 Sparck Jones[1506, 1507]에 의해 수행되었는데, 이에는 초기 확률을 추정하기 위해 사용자 피드백을 사용하였으며, Croft와 Harper[452]는 사용자 피드백 정보없이 이 확률을 추정하는 방법을 제안하였고, 후에 Croft[450]는 문헌내 빈도수를 이 모델에 추가하였다. Fuhr는 다항식 형태의 검색 함수[597, 598]를 통한 확률 색인을 논의하였으며, Cooper, Gey와 Dabney[423]와 Gey[622]는 확률 검색에 로지스틱 회귀(logistic regression) 사용을 제안하였다. Lee와 Kantor[993]는 확률 검색에서 일관성 없는 전문가 판단의 효과에 대해 연구하였으며, Fuhr[599]는 전통 확률 모델의 다양한 변형을 조사하였다. Cooper[422]는 미숙한 논문의 형태로, 정보검색에 확률 순위 부여 원칙을 사용할 때, 괴롭히는 문제들을 제기했다. 최근의 확률모델 조사는 Robertson과 Zaragoza[1369]이 있다.

본 교재의 정보검색을 위한 퍼지 집합 모델은 Ogawa, Morita와 Kobayashi[1224]에 기반을 두고 있으나, 정보검색에 퍼지 이론을 사용한 것은 1970년대에, Radecki[1314, 1315, 1316, 1317], Sachs[1403]나 Tahani[1553]의 작업으로 거슬러 올라간다. Bookstein[228]은 가중치를 갖는 불리안 검색에 퍼지 연산자의 사용을 제안하였으며, Kraft와 Buel[938]은 불리안 시스템을 일반화하기 위해 퍼지 집합을 사용하였다. Miyamoto, Miyake와 Nakayama[1143]는 공기(co-occurrences)와 퍼지 연산자를 이용한 의사(pseudo) 시소러스 생성을 논의하였으며, 후속작업으로 Miyamoto와 Nakayama[1144]는 이 시소러스를 정보검색 시스템에 사용한 예에 대해 논의하였다. 이와 연관된 것으로 퍼지 이론을 데이터베이스 시스템의 근사 답의 순위화에 사용한 응용도 있다[1353].

확장 불리안 모델은 Salton, Fox, Wu[1412]에 의해 소개되었는데, Lee, Kim, Kim과 Lee[996]는 확장 불리안 모델에서의 불리안 연산자를 평가한 반면, 모델 특성은 [995]에서 논의되었다. 집합기반 모델은 Possas, Ziviani, Meira, Ribeiro-Neto[1294]에 의해 소개되었는데, 색인어간 연관성을 이용하여 성능향상을 보였으며 질의 처리에 확장한 모델은 [1293, 1296]에 있다. 본 교재에서 사용한 이 모델과 확장에 대한 평가는 [1295]에 있다.

일반 벡터 공간 모델은 1985년에 Wong, Ziarko와 Wong[1718, 1717]에 의해 소개되었고, 잠재 의미 색인은 1988년에 Furnas 등[614]에 의해 소개되었는데, 후속 논문인 Bartell, Cottrell과 Belew[153]에서는 잠재 의미 색인이 다차원 스케일링의 특수한 경우로 해석될 수 있음을 보였다.

본 교재의 정보검색을 위한 신경망 모델은 주로 Wilkinson과 Hingston[1697]의 작업에 근거하고 있으며, Kwok의 저술과 관련 문헌[949, 950, 951, 952]에서도 도움을 받았다.

BM25모델은 TREC 회의(4장 참조)에 참여한 Okapi 시스템[1366, 1367, 1368]을 향상시키기 위한 여러 실험의 결과이며, 더 자세한 사항은 [1369]를 참조하라.

추론망 모델은 Turtle과 Croft[1609, 1610]에 의해 1990년에 소개되었는데, Haines와 Croft[693]는 사용자 연관 피드백을 위한 추론망의 사용을 제안하였다. Callan, Lu와 Croft[323]는 분산 문헌 컬렉션을 탐색하기 위해 추론망을 사용하였으며, Callan[319]은 추론망을 정보 여과에 적용하였다. 신념망 모델은 Ribeiro-Neto와 Muntz[1352]에 의해 추론망 모델을 일반화한 것이다. 정보검색을 위한 베이지안 망은 [445]를 참조하라.

언어모델은 Kalt[864]의 초기 제안 이후에 정보검색에 언어모델 응용의 초석이 된 Ponte와 Croft[1270]의 연구가 있다. 후속 연구로 Berger, Lafferty[187]와 Miller, Leek, Schwartz[1132], Hiemstra, Kraaij[762]가 있다. 여러 평탄화 기법이 제안되었는데, 대부분 음성 인식 분야에서 이루어졌으며 본 교재가 주로 참조한 일반적인 평탄화 형식은 Chen, Goodman[366]과 Zhai, Lafferty[1772]이다. 정보검색을 위한 언어모델 정리는 최근 출판된 Zhai[1770, 1771]에 있다.

언어모델과 연관된 모델로 Amati, van Rijsbergen[39]의 무작위 분산(*Divergence from Randomness*, DFR) 틀이 있는데, DFR은 문서내 용어빈도수의 다양성이 전체 컬렉션내 빈도수보다 크면, 용어 자체의 정보가 더 중요하다는 점에 착상을 두었다. 즉, 용어 가중치는 전체 컬렉션의 용어 빈도 확률에 반비례하며 이 확률은 무작위 모델에서 얻을 수 있다. 무작위 모델로 사용할 수 있는 분포 예로는 이항, Boise-Einstein, 이의 기하학적 근사가 포함된다. DFR에 대해 더 자세한 내용은 Amati의 박사논문[38]을 참조하라.

정보검색 모델은 텍스트 컬렉션만이 아니라 멀티미디어, 광고 타게팅, 데이터베이스에도 적용되었다. 정보검색의 멀티미디어 응용은 14장에 있고, 광고 타게팅 응용은 [270, 275, 277, 954, 1319, 1350]을 참조하라. 또 데이터베이스나 웹 데이터베이스에의 응용은 [314, 315, 317, 471, 641, 1639]를 참조하라.

웹은 느슨한 하이퍼텍스트로서 한 주제에 대한 목록을 읽을 때 유용하다. 하이퍼텍스트의 고전적인 참고 문헌은 Nielsen[836]의 책이며, 또 다른 대중적인 참고 문헌은 Shneiderman과 Kearsley[1470]의 책이고, Conklin[412]은 이 분야의 개론적인 조사를 제공하였다. *Communications of the ACM* 특집 호[410]의 주제가 하이퍼미디어였는데, Dexter 모델(하이퍼미디어 개념의 용어와 의미에 대한 참조 표준)에 대해 자세히 서술되어 있으며, 다음 호[411]는 하이퍼미디어 응용의 설계를 돕기 위한 다양한 모델 소개가 특집 주제였다. 웹과 그 기술에 대한 구체적인 참고문헌은 11장을 참조하라.

Chapter 4

# 검색평가

## 4.1 소개

정보검색 시스템(IR system)을 평가한다는 것은 시스템이 사용자의 정보요구와 얼마나 잘 들어맞는지를 측정하는 것이다. 이는 동일한 검색결과가 사용자에 따라 다르게 해석될 수 있기 때문에 골치 아픈 문제이다. 그럼에도 불구하고 적절한 척도 정의가 가능하고, 이는 사용자 집단의 선호도와 상관관계를 가진다. 4장에서는 이러한 정보검색평가 척도와 이의 응용을 논의한다.

적절한 평가없이, 정보검색 시스템이 얼마나 잘 수행되고 있는지 알 수 없고, 다른 시스템과 검색 품질을 객관적으로 비교할 수도 없다. 따라서 정보검색 시스템을 체계적으로 평가하기 위해서는 다음질문에 대한 답이 필요하다.

1. 랭킹함수에 대한 변경이 제안되면, 이를 적용해야 하는가?
2. 새로 만들어진 확률 랭킹 함수가 벡터 모델과 BM25 랭킹보다 뛰어날까?
3. 특정유형의 웹검색 질의, 예를 들어, 비지니스, 상품, 지리적 위치 검색어에 대해 변경된 랭킹이 잘 작동하는가?

적절한 평가가 없다면 이러한 질문에 객관적으로 답하기 어렵고, 랭킹함수를 정교하게 조율할 수도 없다.

검색평가는 정보검색 시스템이 만드는 검색결과의 양적인 척도와 결합된 체계적인 프로세스이며, 검색 평가 척도는 사용자에게 검색결과의 적합성과 직접적으로 연관된다. 이러한 척도를 계산하는 일반적인 방법은 동일한 검색어에 대해 시스템이 만들어낸 검색결과와 사람이 제안한 검색결과를 비교하는 것이다.

> 여기서 검색평가(retrieval evaluation)가 의미하는 것이 시스템의 성능(얼마나 빠르게 검색어를 처리하는지)이 아닌 검색결과의 품질을 평가하는 것임에 주의하여야 한다. 그런 이유로, 검색평가에 대해 이전 문헌에서 자주 사용되어온 검색성능평가(retrieval performance evaluation)라는 용어를 사용하지 않는다. 이러한 정의가 검색결과 품질평가의 한 측면을 고려한 것이기는 하지만, 사용자 판단에 영향을 미치는 관점들까지 고려된 것은 아니다. 예를 들면, 사용자에 주로 영향을 미치는 요인은 사용자 인터페이스(UI)이다. 따라서 위의 정의는 레이아웃, 색상, 아이콘, 대기 시간(latency)과 같은 인터페이스 특성을 고려하지 않으며, 또한 검색어가 입력된 상황, 사용자가 검색하는 경향, 검색어가 만들어진 시간이 검색결과 적합성에 미치는 영향도 고려하지 않는다. 더불어, 검색어는 중요한 정보요구를 만족시켜야 하는 복잡한 검색과제의 한 부분일 수 있다. 이러한 요인들이 검색결과를 측정하고 평가하는 것을 더 어렵게 만들고, 적절한 평가 시나리오를 준비하는데 많은 시간과 준비를 필요로 한다.

이러한 단점에도 불구하고, 검색결과를 수치척도와 결합하는 과정이 광범위하게 적용되고 있는데, 이는 간단하고 상대적으로 적은 비용으로 여러 번 반복할 수 있기 때문이다. 반복성은 대규모의 검색어 연구가 가능하고 상대적으로 짧은 시간이 걸리기 때문에 중요한 장점이다. 어떤 척도가 랭킹함수 변경으로 영향을 받는지 주의깊게 조사함으로써 랭킹함수에서 무엇이 잘 동작하지 않는지 이해할 수 있기 때문에 이는 매우 중요하다.

이 장에서는 정보검색 시스템의 검색평가를 논의하는데, 평가는 보통 테스트 컬렉션에 기반하기 때문에 이 장을 통해 다양한 테스트 컬렉션을 다룰 것이다. Cyril Cleverdon[395, 399, 398]의 초기작업으로서, 정보검색(IR) 평가척도 발달의 바탕이 된 Cranfield 패러다임으로 논의를 시작하며, Cranfield 프레임워크 이외의 평가방법은 4.5.5절에서 다루도록 한다.

## 4.2 크랜필드 패러다임(Cranfield Paradigm)

정보검색 시스템의 시스템적인 평가방법은 1950년대 Cyril Cleverdon의 초기실험의 결과로서, Cranfield 실험이라 불리며 정보검색 시스템의 평가기반을 제공한다.

### 4.2.1 약사

1952년 영국 Cranfield의 Aeronautics 대학의 사서인 Cyril Cleverdon은 "Uniterm System"이라 불리는 새로운 색인 시스템을 알게 되었는데, 이는 미국정부의 사서인 Mortimer Taube가 제안한 것이었다. Taube는 40,000개 주제의 제목을 주의깊게 분석해 본 결과, 서로 다른 7,000개의 단어로 구성되었음을 발견하고 서로 다른 단어들에 기반한 Uniterm이라는 이름의 문서색인을 제안했다. Cleverdon은 이에 관심을 가지고, 동료인 Bob Thorne과 함께 작은 테스트를 진행했는데, Uniterm방식을 이용해 수작업으로 200개 문서를 색인했고, Thorne에게 검색어를 요청하도록 했다. 이 간단한 실험을 시작으로 Clerverdon은 평생에 걸친 색인 시스템 평가실험을 하게 되고, 결국 이는 오늘날 잘 알려진 정확률(precision)과 재현율(recall)의 척도로 정리되었다.

새로운 Uniterm 시스템은 더 복잡한 색인시스템, 대형 카드 목록 시스템을 이용하는 주제색인(subject headings)과 같은 시스템을 옹호하는 사람들에게는 골칫거리였다. 지나치게 단순화되었고, 제목의 의미(subject headings)가 부족했다. 논란이 뜨거워졌지만, 두 색인시스템을 직접 비교할 수 있는 데이터가 없었기 때문에 Cleverdon은 두 색인 시스템의 독립적인 평가작업을 혼자서 시작했다.

Cleverdon는 미국 과학재단(National Science Foundation; NSF)으로부터 Uniterm 시스템을 포함한 4개의 색인시스템을 비교할 수 있도록 승인받았다. Cranfield-1으로 알려진 이 프로젝트에는 각 색인시스템 별로 항공공학에 관한 18,000개 논문의 수동 색인 작업과 1,200개 질의에 대한 검색결과 평가가 필요했다. 각 질의는 하나의 문서를 기반으로, 문서가 테스트 색인시스템에 존재하면 검색이 성공하였다고 간주하였다. 이 실험 결과는 4개의 색인시스템이 검색결과의 정확률 측면에서 기본적으로 동일하다는 것을 보여 주었다.

많은 시간과 노력이 들어간 이 실험은 결과 이외에도 흥미로운 사실들을 알려준다. 예를 들어 정확률(검색된 문서 중 적합한 문서의 비율)이 동반되지 않는 재현율(적합한 문서 중 검색된 문서의 비율)의 가치는 한계가 있다는 것이 밝혀졌다. 실험은 재현율과 정확률이 반비례 관계에 있음을 보여 주었는데, 즉 이는 어떤 색인시스템에서도 정확률과 재현율을 동시에 향상시킬 수 없음을 의미한다.

다음 단계는 각 색인시스템을 개별적으로 더 자세하게 평가할 수 있는 실험데이터를 마련하는 것이었다. 각 검색 질문에 대해, 테스트 컬렉션의 모든 문서를 검토하여 검색질문에 대한 적합성을 평가하였다. 평가과정에 드는 비용이 매우 크기 때문에, 평가에 사용되는 컬렉션의 크기는 작을 수밖에 없어서 1,400개 문서와 279개의 질의문으로 구성되었다. 6명의 학생이 각 질문에 대한 문서를 검토하고 적합한 문서를 결정하는데 세 달의 시간이 소요되었으며, 그 결과 문서, 검색어, 각 문서-검색어 쌍에 대한 적합성 평가로 구성된 테스트 컬렉션이 만들어졌고, 이것이 Cranfield-2 컬렉션이다. 중요한 실험결과로는 잘 알려져 있는 쌍곡선 모양의 정확률-재현율 곡선이다.

Cranfield-2 실험에서는 실제상황에서 대부분의 검색이 높은 정확률을 요구하지 않는다는 것을 알 수 있었으며, 대신 많은 사용자가 소수의 적합한 답을 요구하였다(웹 상황에서도 유용한 결론).

Cranfield-2 실험은 현재 정보검색의 실험 기반을 확립했는데, 동일한 문서 및 검색어 집합을 사용하여 전문가의 적합성 판단을 비교함으로써 서로 다른 랭킹시스템을 평가할 수 있게 되었다. 또한, 정확률과 재현율은 오늘날 랭킹품질을 평가하는 표준 척도가 되었으며, 단일화된 환경구성으로 적합성 평가가 일단 만들어지면, 빠르게 평가할 수 있고, 실용적으로도 큰 가치를 가진다.

Cranfield-2 패러다임의 주요 단점은 사용자 정보요구가 고정되어 있고, 문서의 적합성이 다른 문서의 적합성과 독립적일 것이라는 단순한 가정이다. 또, 하나의 적합성 평가 집합에 사용자 전체의 의견이 반영되어 있고, 검색어에 대해 적합한 문서를 모두 알고 있다고 가정한다. 오늘날 웹 사용자들을 보면, 이 가정이 모두 틀렸음을 알 수 있는데, 이런 한계에도 불구하고, Cranfield-2 실험이 확립한 평가 프로세스는 오늘날 폭넓게 적용되고 있는데 그 이유는 기본적으로 정보검색 시스템의 검색결과에 대해 객관적이고 해석 가능한 비교척도를 제공하기 때문이다.

### 4.2.2 테스트 컬렉션(Reference Collections)

테스트 컬렉션은 랭킹함수의 검색결과를 직접 비교하는데 사용되며, 이는 Cranfield 실험에서 정의한 다음의 근거에 기반하고 있다.

> **테스트 컬렉션**: 미리 선택한 문서집합 $D$, 테스트를 위한 정보요구집합 $I$, 각쌍$[i_m,\ d_j]$에 대한 이진(binary) 적합성 평가집합으로 구성된다($i_m \in I$이고 $d_j \in D$). 즉, 적합성 평가는 문서 $d_j$가 정보요구 $i_m$에 적합하지 않으면 0, 적합하면 1의 값을 가진다.

적합성 판단은 전문가가 수행하고, 모든 정보요구와 문서쌍에 대해 적합성 판단이 이루어지는 것이 바람직한데, 이는 Cranfield 실험과 같이 작은 문서 컬렉션에서만 수행 가능하다. 또한 적합성 판단은 검색어가 아닌 정보요구에 대한 것임을 주의하여야 한다. 이는 정보요구가 검색어로 변환되는 것을 평가과정의 한 부분으로 볼 수 있고, 따라서 평가 과정상의 검색 알고리즘에 의해 수행되어야 한다. 이는 사용자가 검색어를 직접 입력하는 웹의 경우에는 해당되지 않는다. 테스트 컬렉션은 다음과 같은 중요한 장점을 가진다.

1. 테스트 컬렉션이 있으면, 다른 시스템간의 비교 또는 랭킹함수의 다양한 조건 비교와 같은 검색시스템 평가를 빠르게 진행할 수 있다.
2. 검증 목적으로 시스템 평가를 재진행할 수도 있는데, 테스트 컬렉션을 이용하여 실험을 반복할 수 있다.
3. 특정 정보요구 유형에 맞는 테스트 컬렉션을 만들면 랭킹함수를 더 자세히 이해할 수 있다.

이러한 장점들로 인해 테스트 컬렉션은 정보검색 시스템 평가에 폭넓게 사용되고 있고, 이에 대한 자세한 내용은 4.4절에서 다룬다.

## 4.3 검색평가 척도

이 절에서는 정보검색 시스템의 검색품질, 즉 검색결과의 품질을 평가하는 다양한 척도들을 살펴보는데, 이들 중에 가장 널리 사용되는 것이 정확률과 재현율이다.

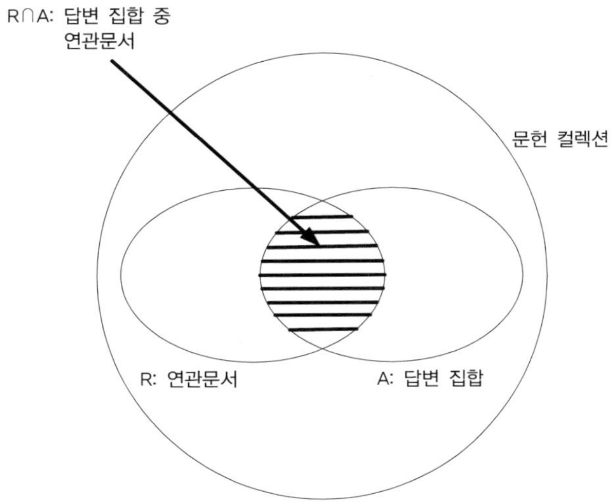


**그림 4.1**: 정보 요청 $I$에 대한 정확률과 재현율

### 4.3.1 정확률과 재현율

정보요구 $I$와 검색된 문서집합 $R$이 있다고 가정하자. $|R|$은 연관된 문서의 수이고 검색 알고리즘이 정보요구 $I$를 처리하고 답변 집합 $A$를 만들어 내며, $|A|$는 답변집합의 문서수이다. 또한 $|R \cap A|$는 그림 4.1과 같이 집합 $R$과 $A$의 교집합 문서의 수이다. 이제, 정확률과 재현율 척도를 정의하면 다음과 같다.

- **정확률**(Precision)은 검색된 문서 (집합 $A$) 중 연관된 문서의 비율 즉,

$$\text{정확률(Precision)} = p = \frac{|R \cap A|}{|A|} \tag{4.1}$$

- **재현율**(Recall)은 연관된 문서 (집합 $R$) 중 검색된 문서의 비율

$$\text{재현율(Recall)} = r = \frac{|R \cap A|}{|R|} \tag{4.2}$$

앞의 정의와 같이, 정확률과 재현율은 답변집합 $A$의 모든 문서를 검토한 것으로 가정한다. 그러나 사용자는 보통 답변집합 $A$에 있는 모든 문서를 보지 않는다. 대신, $A$의 문서들은 일단 랭킹에 따라 정렬되고, 사용자는 가장 상위문서부터 검토한다. 이 경우, 정확률과 재현율 척도는 사용자가 답변집합 $A$를 검토하는 과정에 따라 달라진다. 따라서, 적절한 평가를 위해서는 정확률과 재현율 그래프가 필요하며, 다음과 같다.

테스트 컬렉션과 테스트 검색어 집합에서 검색어 $q_1$에 대해 전문가 집단이 결정한 적합 문서집합 $R_1$이 있고, $R_1$은 다음 문서들로 구성되어 있다고 가정하자.

$$R_1 = \{d_3, d_5, d_9, d_{25}, d_{39}, d_{44}, d_{56}, d_{71}, d_{89}, d_{123}\}$$

즉, 검색어 $q_1$에 대해 전문가들이 결정한 적합한 10개의 문서들이 있다.

이제 막 설계가 끝난 새로운 검색 알고리즘이 검색어 $q_1$에 대해 다음과 같이 랭킹된 답변집합 문서들을 반환한다고 가정한다.

검색어 $q_1$에 대한 랭킹:

| | | |
|---|---|---|
| 1. $d_{123}$ • | 6. $d_9$ • | 11. $d_{38}$ |
| 2. $d_{84}$ | 7. $d_{511}$ | 12. $d_{48}$ |
| 3. $d_{56}$ • | 8. $d_{129}$ | 13. $d_{250}$ |
| 4. $d_6$ | 9. $d_{187}$ | 14. $d_{113}$ |
| 5. $d_8$ | 10. $d_{25}$ • | 15. $d_3$ • |

검색어 $q_1$에 대해 적합한 문서들, 즉 집합 $R_1$에 속한 문서들은 문서번호 다음에 점(•)으로 표시되었다. 만약 상위 문서부터 이 랭킹을 검토하기 시작하면, 다음과 같은 점을 알 수 있다. 첫째, 1순위로 랭크된 문서$d_{123}$은 적합하다. 또한 이 문서는 집합$R_1$의 모든 적합한 문서들의 10%에 해당한다. 따라서, 100% 정확률과 10%의 재현율이라고 말할 수 있다. 둘째, 3순위로 랭크된 문서 $d_{56}$이 다음으로 적합한 문서이다. 이 시점에서, 66.6%의 정확률(3개중 2개의 문서가 적합하다)과 20% 재현율(10개의 적합한 문서 중 2개의 문서가 검색)을 가진다. 셋째, 랭킹을 더 검토하면 그림 4.2와 같은 정확률 대 재현율 곡선을 그릴 수 있다. 50% 이상의 재현율 수준에서, 더 이상의 적합한 문서가 검색되지 않기 때문에 정확률은 0으로 떨어진다. 이 정확률 대 재현율의 곡선은 보통 11(10 대신) 표준 재현율 수준, 0%, 10%, 20%, ..., 100%에 기반한다. 재현율 0% 수준에서의 정확률은 다음에 논의될 보간(interpolation) 과정을 통해 얻을 수 있다.

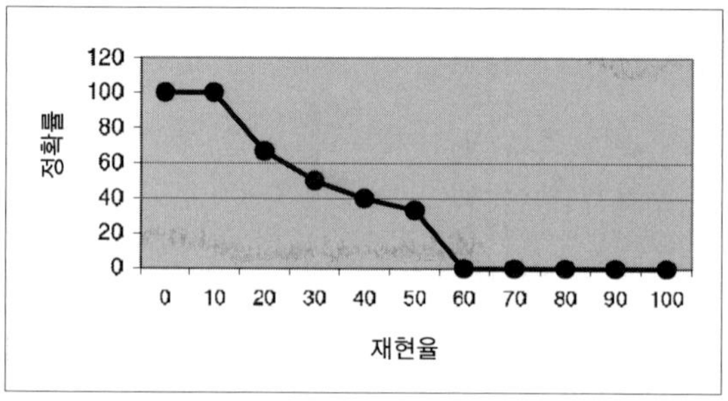


| 재현율 | 정확률 |
|---|---|
| 0 | 100 |
| 10 | 100 |
| 20 | 66.6 |
| 30 | 50 |
| 40 | 40 |
| 50 | 33.3 |
| 60 | 0 |
| 70 | 0 |
| 80 | 0 |
| 90 | 0 |
| 100 | 0 |

**그림 4.2:** 검색어 $q_1$에 대해 11 표준 재현율 수준에서의 정확률

이제 다른 검색어 $q_2$에 대해 전문가가 선정한 적합한 답변집합이 다음과 같이 주어졌다고 가정해 보자.

$$R_2 = \{d_3,\ d_{56},\ d_{129}\}$$

그리고, 검색어 $q_1$과 동일한 검색 알고리즘이 검색어 $q_2$를 처리하고 다음과 같은 랭킹을 생성했다고 가정한다.

검색어 $q_2$에 대한 랭킹:

| | | |
|---|---|---|
| 1. $d_{425}$ | 6. $d_{615}$ | 11. $d_{193}$ |
| 2. $d_{87}$ | 7. $d_{512}$ | 12. $d_{715}$ |

3. $d_{56}$ •  
4. $d_{32}$  
5. $d_{124}$  
8. $d_{129}$ •  
9. $d_4$  
10. $d_{130}$  
13. $d_{810}$  
14. $d_5$  
15. $d_3$ •

점(•)은 이전과 마찬가지로 적합한 문서를 표시한다. 이 경우, 랭킹에서 첫 번째로 적합한 문서는 $d_{56}$이고, 이 지점에서, 모든 적합한 문서 중 1/3이 검색되었기 때문에 재현율 33.3%(정확률 또한 33.3%)이다. 두 번째로 적합한 문서는 $d_{129}$이고, 재현율 66.6%(정확률은 25%)이다. 세 번째로 적합한 문서는 $d_3$이고 재현율 100%(정확률은 20%)이다. 11 표준재현율 수준에서 정확률 숫자는 다음처럼 보간된다.

$r_j$, $j \in \{0, 1, 2, ..., 10\}$를 $j$번째 표준재현율 수준에 대한 표시(즉, $r_5$는 50% 재현율에 대한 표시)라고 하면,

$$P(r_j) = \max_{\forall r | r_j \leq r} P(r) \tag{4.3}$$

가 되고, 여기서 $j$번째 표준재현율 수준에서 보간된 정확률은 $r_j$ 이상의 모든 재현율 수준에서 최대 정확률이다. 마지막 예제에서, 이 보간 규칙은 그림 4.3과 같은 정확률과 재현율 숫자를 만들어낸다. 재현율 0%, 10%, 20%, 30% 수준에서 보간된 정확률은 33.3%이고, 이들 상위의 모든 재현율 수준에서 최대 정확률인 보간된 정확률 $r$ = 33.33%과 일치한다.

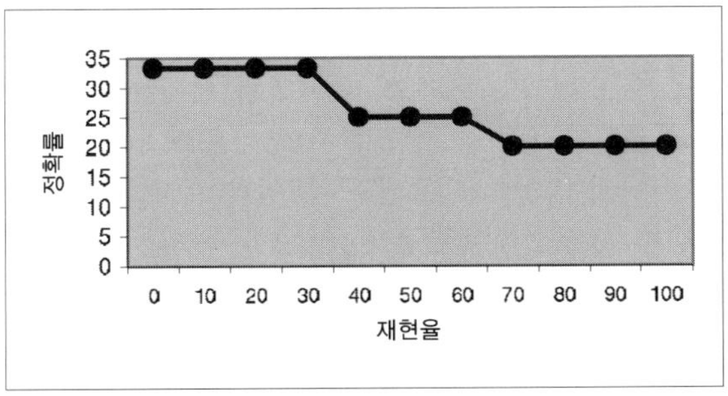


| 재현율 | 정확률 |
|---|---|
| 0 | 33.3 |
| 10 | 33.3 |
| 20 | 33.3 |
| 30 | 33.3 |
| 40 | 25 |
| 50 | 25 |
| 60 | 25 |
| 70 | 20 |
| 80 | 20 |
| 90 | 20 |
| 100 | 20 |

**그림 4.3:** 검색어 $q_2$에 대한 11 표준 재현율 수준에서의 정확률

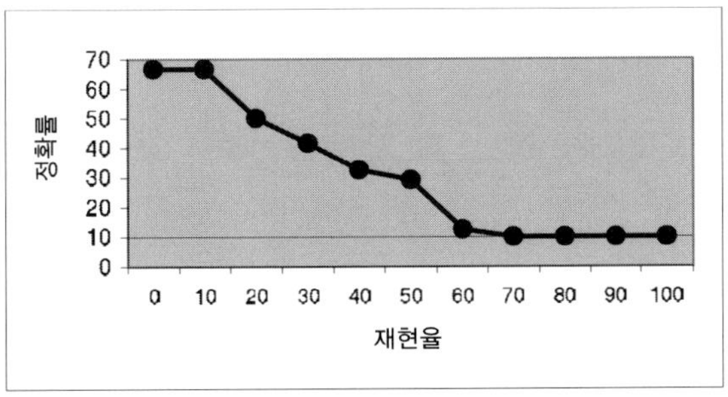


| 재현율 | 정확률 |
|---|---|
| 0 | 66.6 |
| 10 | 66.6 |
| 20 | 49.9 |
| 30 | 41.6 |
| 40 | 32.5 |
| 50 | 29.1 |
| 60 | 12.5 |
| 70 | 10 |
| 80 | 10 |
| 90 | 10 |
| 100 | 10 |

**그림 4.4:** 검색어 $q_1$과 $q_2$를 평균한 11 표준 재현율 수준에서의 정확률

재현율 40%, 50%, 60% 수준에서, 보간 정확률은 25%이고, 이들은 재현율 수준 $r$=66.66%과 일치한다. 재현율 70%, 80%, 90%, 100% 수준에서, 보간 정확률은 20%이고, 이들은 정확률이 유일하게 알려진 재현율 수준 $r$= 100%와 일치한다.

위의 예에서, 정확률과 재현율 그래프는 하나의 질의에 대해 계산되었으나, 보통 검색 알고리즘은 여러 개의 테스트 질의에 대해 평가가 수행된다. 이 경우, 각 테스트 질의에 대해 별개의 정확률 대 재현율 곡선이 만들어진다. 테스트 질의 집합 $N_q$ 전체에 대한 알고리즘의 검색 품질을 평가하기 위해, 다음과 같이 각 재현율 수준에서 정확률 숫자를 평균낸다.

$$\overline{P}(r_j) = \sum_{i=1}^{N_q} \frac{P_i(r_j)}{N_q} \tag{4.4}$$

여기서, $\overline{P}(r_j)$는 재현율 수준 $r_j$에서의 평균 정확률이고, $P_i(r_j)$는 $i$번째 질의에 대한 재현율 수준 $r_j$에서의 정확률이다. 그림 4.4.는 질의 $q_1$와 $q_2$를 평균낸 정확률-재현율 그래프를 보여 준다.

테스트 질의 집합 전체에 대해 계산한 평균 정확률-재현율 그래프는 보통 개별 검색 알고리즘의 검색 품질을 비교하는데 사용된다. 예를 들어, 새로 제안된 검색 알고리즘의 검색 품질과 고전 벡터 공간 모델의 검색 품질을 비교할 수 있다. 그림 4.5는 두 가지 검색 알고리즘에 대한 평균 정확률 대 재현율 그래프들을 나타낸다. 이 경우, 랭킹 1 알고리즘은 낮은 재현율 수준에서 높은 정확률을 가지는 반면, 랭킹 2 알고리즘은 높은 재현율 수준에서 더 뛰어나다. 따라서 랭킹 1 알고리즘은 웹에 더 적합한 반면, 랭킹 2 알고리즘은 문제를 해결하는데 높은 재현율이 필요한 법 또는 건강 분야에 더 적합하다. 실제 랭킹 함수를 비교하는데 평균 정확률-재현율 곡선을 사용하는 예는 부록 A에 첨부되어 있다. 더불어, 랭킹을 비교하는 일반적인 접근 방법은 곡선 하단 면적(Area Under Curve; AUC)을 사용하기도 하는데, AUC 값이 클수록 더 나은 품질을 나타낸다.

평균 정확률 대 재현율 그래프는 오늘날 정보 검색 시스템의 표준 평가 척도를 구성하며 정보 검색 문헌에서 광범위하게 사용되고 있다. 이는 검색 결과의 품질과 검색된 적합 문서의 비율 모두에 양적인 평가가 가능하기 때문에 유용하며, 또한 간단하고, 직관적이고, 하나의 곡선으로 표현될 수 있다. 그러나 정확률 대 재현율 그래프 또한 단점이 있으므로, 어떤 문헌에서는 광범위한 사용을 비판했는데, 이에 대해서는 나중에 다루도록 한다. 그전에 정확률과 재현율 그래프를 하나의 숫자값으로 요약하는 기법을 다루도록 한다.

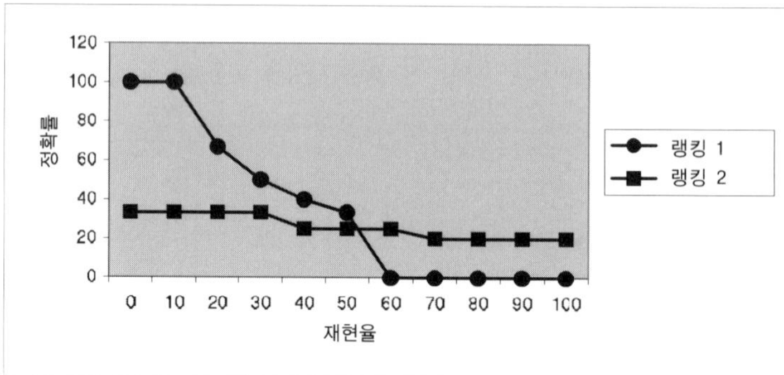


**그림 4.5**: 두 검색 알고리즘에 대한 평균 재현율과 정확률

### 정확률과 재현율 적절성

정확률과 재현율은 검색 알고리즘의 품질을 평가하는 데 폭넓게 사용되어 왔으나, 보다 주의깊게 살펴 보면 이 두 척도의 문제점을 알 수 있다[931, 1326, 1552]. 첫째, 질의에 대한 최고 재현율의 적절한 예측은 컬렉션내 모든 문서에 대해 상세한 지식이 필요하다. 규모가 큰 컬렉션에서 이러한 지식은 불가능하고, 이는 재현율을 구체적으로 예측할 수 없다는 것을 의미한다. 둘째, 정확률과 재현율은 검색된 문서 집합의 다른 측면을 표현하는 척도이기 때문에, 여러 상황에서, 재현율과 정확률을 결합한 단일 척도가 더 적절할 수 있다. 셋째, 정확률과 재현율은 일괄

처리 모드에서 처리한 질의 집합의 효과를 측정한다. 그러나 최근 시스템에서, 상호작용성(일괄처리가 아닌)이 검색 과정의 핵심 측면이 됨에 따라, 검색 과정의 정보성(informativeness)을 정량화한 척도가 더 적당할 수 있다. 넷째, 정확률과 재현율은 검색된 문서의 선형 순서가 강제되었을 때 정의하기 쉬우므로, 순서 정렬이 크게 요구되지 않는 시스템에서 정확률과 재현율은 적절하지 않다.

이러한 단점에도 불구하고, 정확률과 재현율은 광범위하게 사용되고 있는데, 그 이유는, 참조 컬렉션만 주어지면 생성하기 간단하고 랭킹 전략을 직접적으로 비교할 수 있기 때문이다.

## 4.3.2 단일 대표값: P@n, MAP, MRR, F

평균 정확률 대 재현율 그래프는 테스트 질의 집합에 대한 각 검색 알고리즘의 품질을 비교하는 데 유용하다. 그러나 단일 질의에 대한 검색 알고리즘의 품질 평가도 필요한데, 그 이유는 첫째, 모든 질의에 대한 평균 정확률은 검색 알고리즘에서 중요한 수치를 왜곡할 수 있다. 둘째, 두 알고리즘을 비교할 때, 예제 질의 집합의 각 질의에 대해 다른 것보다 성능이 좋은 알고리즘을 찾아내는 데 관심이 있을 수 있다(이 사실은 평균 정확률 계산에 의해 쉽게 감춰질 수 있음에 주의하라). 이러한 상황에서 각 질의에 대한 단일 정확률 값이 사용될 수 있는데, 예를 들어, 첫 번째 연관 문서를 보고 정확률을 평가하고 이 정확률을 단일 대표 값으로 취할 수 있다. 물론 이는 좋은 접근은 아니므로, 더 흥미로운 전략이 적용될 수 있고, 다음에 설명한다.

### $n$에서의 평균 정확률: P@n

웹 검색 엔진의 경우, 5개 또는 10개의 문서를 보고 (연관인지 아닌지 여부와 상관없이) 평균 정확률을 측정하는 것이 일반적이다. $n$의 전형적인 값은 보통 5번째 위치에서의 정확률 (P@5), 10번째의 정확률 (P@10), 20번째의 정확률(P@20)이다. 이는 사용자에게 인상적인 검색결과에 대한 평가이고 사람들이 웹에서 좀처럼 두 번째 페이지로 가지 않는다는 사실에 기반한다(7.2.1절 참조). 랭킹의 상위에 연관 문서들이 많이 집중될 수록, 사람들은 긍정적인 인상을 받는다.

Cranfield-2 실험(4.2절 참조)에서 Cleverdon이 지적한 것처럼, 대부분의 검색은 높은 재현율을 요구하지 않으며, 대신 다수의 사용자가 상위 몇 개의 연관 문서만을 요구한다. P@5와 P@10은 웹 검색 엔진 사용자가 랭킹의 상위에서 연관 문서를 얻을 수 있는지 아닌지를 평가하는데, 신뢰할만한 척도를 제공한다. 예를 들어, 질의 $q_1$의 경우, P@5 = 40%이고 P@10 = 40%이다. 또한 두 개의 웹 검색 랭킹 알고리즘 $R_1$과 $R_2$가 주어졌을 때, 사용자가 더 선호하는 알고리즘을 평가하기 위하여, 각각에 대한 샘플 질의 100개를 평균한 값 P@5와 P@10 값을 계산할 수 있다.

### 평균 정확률 MAP(Mean Average Precision)

이 값은 각각의 새로운 연관 문서가 나온 후 얻어진 정확률 수치를 평균해서 랭킹의 단일 대표 값을 얻는 것으로, 다음과 같다.

> **정의**
>
> *$R_i$를 질의 $q_i$에 대해 연관 문서 집합, 그리고 $|R_i|$는 그 크기 즉, 질의 qi에 대한 연관 문서의 총 개수라고 하자. $R_i[k]$는 $R_i$에서 k번째 문서를 나타내고, $P(R_i[k])$은 $R_i[k]$ 문서가 qi의 랭킹에 나왔을 때의 정확률이다. 만약 이 문서가 절대 검색되지 않는다면, 실제 검색에서 $P(R_i[k])$는 0이 된다. (실제로는 0이 될 수는 없지만, 값이 너무 작아 0으로 가정할 수 있다)*

질의 $q_i$에 대한 평균 정확률 $MAP_i$값은 다음과 같이 정의된다.

$$MAP_i = \frac{1}{|R_i|}\sum_{k=1}^{|R_i|} P(R_i[k]) \tag{4.5}$$

질의 전체 집합에 대한 평균 정확률 MAP은 다음과 같이 정의된다.

$$MAP = \frac{1}{N_q}\sum_{i=1}^{N_p} MAP_i \tag{4.6}$$

여기서, $N_q$는 질의의 전체 개수이다. 그림 4.2에서 질의 $q_i$의 경우, 새로운 연관 문서가 나온 후, 정확률 수치는 각각 1, 0.66, 0.5, 0.4, 0.33 이다. 따라서 질의 $q_i$에 대한 평균 정확률 $MAP_1$값은 다음과 같다.

$$MAP_1 = \frac{1+0.66+0.5+0.4+0.33+0+0+0+0+0}{10} = 0.28$$

랭킹에 모든 연관 문서가 나타나지 않으므로, 찾지 못한 문서의 정확률 값은 0이 됨에 주의하라. 또, 그림 4.3의 질의 $q_2$에 대해, 새로운 연관 문서가 나타난 후 정확률 수치는 각각 0.33, 0.25, 0.20이다. 따라서 질의 $q_2$에 대한 평균 정확률 $MAP_2$는 다음과 같다.

$$MAP_2 = \frac{0.33+0.25+0.20}{3} = 0.26$$

이 두 질의를 조합한 $MAP$값은

$$MAP = \frac{MAP_1 + MAP_2}{2} = 0.27$$

이 된다.

### R-정확률

이 아이디어는 랭킹에서 $R$번째 위치의 정확률을 계산함으로써 랭킹의 대표 단일 값을 만들어내는 것인데, $R$은 현재 질의에 대한 연관 문서들의 총 개수(즉, 집합 $R_q$의 문서 개수)이다. 예를 들어, 그림 4.2와 4.3의 질의 q1 경우, 연관 문서의 총 개수는 10($R_1$의 크기)이고 랭킹 상위 10개의 문서 중에서 연관 문서는 4개이다. 따라서 $q_1$에 대한 R-정확률 값은 0.4 이다. 질의 $q_2$의 경우, 연관 문서의 총 개수는 3($R_2$의 크기)이고 상위 3개의 문서 중에서 연관 문서는 1개이므로 $q_2$에 대한 R-정확률 값은 0.33이다.

R-정확률 척도는 실험에서 개별 질의에 대한 알고리즘 동작을 알아보기에 유용하며, 모든 질의에 대한 평균 R-정확률 수치를 계산할 수도 있다. 그러나 여러 질의에 대한 검색 알고리즘의 성능을 요약하는데 단일 수치를 사용하는 것은 상당히 부정확할 수 있다.

### 정확률 히스토그램(Histogram)

여러 질의에 대해 계산된 R-정확률 수치는 다음과 같이 두 알고리즘의 검색 품질을 비교하는데 사용할 수 있다. $RP_A(i)$와 $RP_B(i)$를 $i$번째 질의에 대한 검색 알고리즘 $R_A$와 $R_B$의 R-정확률이라고 하자. 그러면, 그 차이는 다음과 같다.

$$RP_{A/B}(i) = RP_A(i) - RP_B(i) \tag{4.7}$$

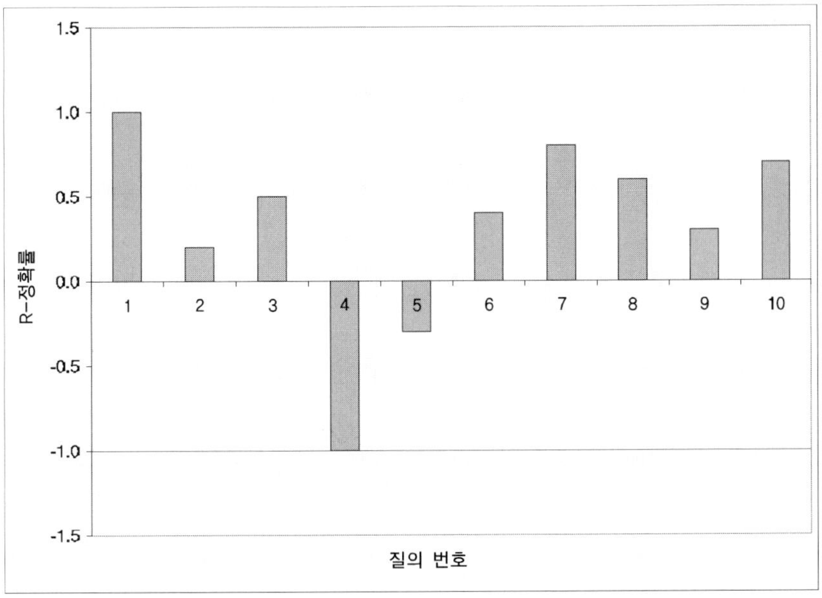


**그림 4.6:** 10개 샘플 질의에 대한 정확률 히스토그램

$RP_{A/B}(i)$값이 0인 것은 $i$번째 질의에 대한 두 알고리즘의 검색 품질(R-정확률)이 같다는 것을 의미하며, $RP_{A/B}(i)$값이 양인 것은 RA 알고리즘의 검색 품질이 더 좋다는 의미이고, 반면 $RP_{A/B}(i)$값이 음인 것은 RB의 알고리즘이 더 좋다는 의미이다. 그림 4.6은 10개의 샘플 질의에 대한 두 검색 알고리즘의 $RP_{A/B}(i)$값을 나타낸다. 알고리즘 A는 8개의 질의에 대해 더 좋고 알고리즘 B는 2개의 질의(4번과 5번)에 대해 더 좋다. 이 막대그래프 유형을 정확률 히스토그램이라고 하는데, 두 알고리즘의 검색 품질을 시각적으로 빠르게 비교할 수 있게 해준다.

### 평균 역랭킹 MRR(Mean Reciprocal Rank)

질의나 검색과제의 첫 번째 정답에 관심 있는 경우가 있는데, 질의응답(QA) 시스템이 이에 해당되며, QA시스템의 목적은 정렬된 결과 집합을 찾는 대신, 질문에 맞는 답이 포함된 작은 조각을 검색하는 것이다. URL과 홈페이지 웹 질의의 경우도 사용자가 URL 또는 홈페이지에 대한 참조어를 입력하고, 첫 번째 정답에 관심을 기울인다. 이러한 경우, 랭킹에서 첫 번째 정답을 중시하는 척도가 선호되며, 평균 역랭킹(MRR; Mean reciprocal rank) [1646]이 이러한 척도 중 하나로, 다음과 같다.

**정의**

*$R_i$가 질의 $q_i$에 대한 랭킹이고, Scorrect($R_i$)를 $R_i$에서 첫 번째 정답의 위치를 리턴하는 함수라고 하자. $S_h$가 랭킹 위치 한계값이라면, 역랭킹(reciprocal ranks) $R_i$는 다음과 같이 정의된다.*

$$\begin{cases} \dfrac{1}{S_{correct}(R_i)} & \text{if } S_{correct}(R_i) \le S_h \\ 0 & \text{otherwise} \end{cases}$$

즉, 첫 번째 정답 결과가 $S_h$보다 큰 랭킹 위치에 있다면, 역랭킹 값은 0이며, $N_q$ 질의들로 구성된 집합 $Q$에 대해, MRR은 모든 역랭킹 값의 평균이다. 즉,

$$MRR(Q) = \frac{1}{Ng}\sum_{i=1}^{N_q}\frac{1}{S_{correct}(R_i)} \tag{4.8}$$

MRR은 첫 번째 정답이 검색 결과 상위에 위치하는 것을 중시하는 척도이며, 0과 1사이의 값으로 제한되고 평균 정확률에 밀접하게 연관되어 있다. MRR의 단점은, 첫 번째 정답만을 고려하고, 랭킹 위치 1, 2, 3에 대해 단지 1, 1/2, 1/3 값만을 사용한다. 그럼에도 불구하고, MRR은 QA세션, URL, 홈페이지 질의와 같이 첫 번째 정답이 가장 중요한 경우 유용한 평가 척도이다.

### E-척도(E-measure)

E-척도는 van Rijsbergen [1624]이 처음 제안하였는데, 정확률과 재현율 숫자를 결합하는 것으로써, 사용자가 재현율에 더 관심이 있는지 아니면 정확률에 더 관심이 있는지를 명시할 수 있으며, 다음과 같이 정의된다.

$$E(j) = 1 - \frac{1+b^2}{\frac{b^2}{r(j)} + \frac{1}{P(j)}} \tag{4.9}$$

여기서, $r(j)$는 랭킹에서 $j$번째 위치의 재현율이고, $P(j)$는 $j$번째 위치의 정확률, $0 \le E(j) \le 1$는 랭킹에서 $j$번째 위치의 E척도, $b \ge 0$는 정확률과 재현율의 상대적 중요도를 반영하여 사용자가 정의한 파라미터이다.

만약 $b = 0$이면,

$$E(j) = 1 - P(j)$$

가 되며, 낮은 $b$ 값은 기본적으로 E-척도를 정확률 함수로 만든다.

만약 $b \to \infty$이면

$$\lim_{b\to\infty} E(j) = 1 - r(j)$$

가 되는데, 높은 $b$값은 기본적으로 E-척도를 재현율 함수로 만든다. 즉 $b$값이 1보다 작으면 사용자가 정확률에 더 관심이 있다는 것이고, $b$값이 1보다 크면 재현율에 더 관심이 있음을 나타내며, $b = 1$이면, E-척도는 다음과 같이 F-척도 또는 조화 평균(harmonic mean)이 된다.

### F-척도: 조화 평균(Harmonic Mean)

정보검색(IR)에서 F-척도로 더 잘 알려진 조화 평균은 정확률과 재현율을 하나의 숫자로 결합하는 또 다른 방법을 제공하는데[1455], 다음과 같이 계산될 수 있다.

$$F(j) = \frac{2}{\frac{1}{r(j)} + \frac{1}{P(j)}} \tag{4.10}$$

여기서, $r(j)$는 랭킹에서 $j$번째 위치의 재현율이고 $P(j)$는 $j$번째 위치의 정확률이며 $F(j)$는 $j$번째 위치의 조화 평균이다. $F(j)$ 계산에서 $b = 1$이면,

$$F(j) = 1 - E(j)$$

가 되어, 함수 $F$는 E-척도의 보수(complement)가 된다. 또, 검색된 연관 문서가 없으면 0, 모든 문서가 적합하면 1이 된다. 더욱이 재현율과 정확률이 모두 높은 경우에만 F척도가 높은 값을 가지는 것을 가정하므로, $F$의 최대값을 결정짓는 것은 정확률과 재현율 사이의 가장 적절한 타협점을 찾는 시도로 해석할 수 있다.

조화 평균은 텍스트 분류 알고리즘을 평가하는 데 많이 사용되는 척도이며, 이러한 목적으로 사용될 때 $F_1$이라고 부르고, 이는 8장에서 다룬다.

**요약 표 통계(Summary Table Statistics)**

단일값 척도는 통계 요약을 제공하는 표에 나타낼 수 있는데, 예를 들어 요약 표 통계는 다음을 포함할 수 있다: 검색 과제에 사용된 질의의 수, 모든 질의에 검색된 총 문서 수, 모든 질의에 대해 검색된 연관 총 문서 수, 전문가가 판단한 모든 질의에 대해 검색된 연관 총 문서 수.

### 4.3.3 사용자 중심척도

정확률과 재현율은 한 질의에 대해 연관 문서 집합이 사용자에 상관없이 동일하다는 가정에 기반하고 있다. 그러나 사용자에 따라 문서가 연관인지 아닌지에 대해 다르게 해석할 수 있으므로, 사용자 중심(user-oriented) 척도가 제안되었고, 커버율(coverage ratio), 신문헌율(novelty ratio), 상대 재현율(relative recall), 재현율 노력도(recall effort) [931]등이 있다.

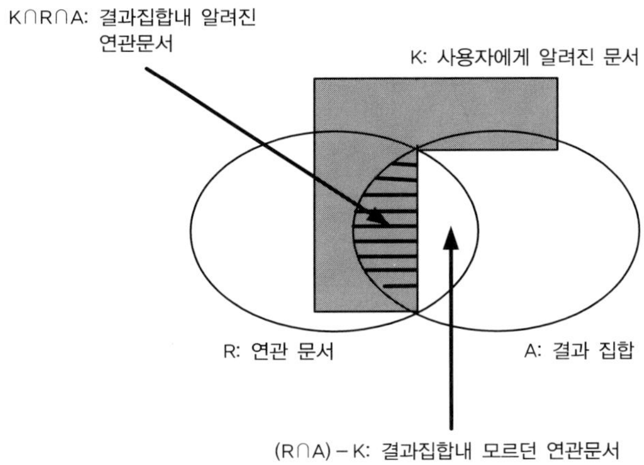


**그림 4.7:** 정보 요청의 예에 대한 coverage와 novelty

이전과 같이, 참조 컬렉션, 정보 요구 $I$, 평가될 검색 알고리즘이 있다고 가정하고, 정보 요구 $I$에 대해 $R$은 연관 문서 집합, $A$는 검색된 결과 집합, $K$는 사용자에게 알려진 컬렉션의 문서 집합이고, $|K|$는 그 크기이다. 이 경우, K, R, A의 교집합인 $K \cap R \cap A$는 사용자가 알고 있는 검색된 연관 문서들이며, $(R \cap A) - K$는 사용자가 알지 못했던 검색된 연관 문서들이 된다. 그림 4.7이 이러한 상황을 보여주는데, 커버율(coverage)은 결과 집합에서 알려진 연관 문서 비율로 다음과 같이 정의된다.

$$coverage = \frac{|K \cap R \cap A|}{|K \cap R|} \tag{4.11}$$

신문헌율(novelty ratio)은 결과 집합에서 사용자에게 알려지지 않은 연관 문서들의 비율로 다음과 같이 정의된다.

$$novelty = \frac{|(R \cap A) - K|}{|K \cap A|} \tag{4.12}$$

높은 커버율은 사용자가 기대한 연관 문서들을 시스템이 대부분 찾아 준다는 것을 나타내며, 높은 신문헌율은 시스템이 사용자가 이전에 알지 못했던 새로운 연관 문서들을 많이 찾아준다는 것을 나타낸다.

또, 두 개의 다른 척도가 있는데, 상대 재현율(relative recall)과 재현율 노력도(recall effort)이다. 상대 재현율은 시스템이 찾아준 연관 문서 수에 대해 사용자가 찾기를 기대한 연관 문서 수의 비율이다. 사용자가 기대한 만큼 충분히 많은 연관 문서를 찾은 경우, 사용자는 검색을 멈추고 상대 재현율은 1이 된다. 재현율 노력도는 사용자가 찾기를 기대한 연관 문서 수에 대해 연관 문서를 찾는 과정에서 검토된 문서 수의 비율이다.

### 4.3.4 할인 누적 증가 DCG(Discounted Cumulated Gain)

널리 사용되고 있는 정확률과 재현율은 이진 적합도 평가만이 가능하기 때문에 랭킹에서 뒤에 발견된 연관 문서들의 영향을 크게 받을 수 있다. 그 결과, 랭킹 상위에 적합도가 높은 문서들을 찾아주는 IR모델과 랭킹 상위에 적합도가 중간수준인 문서들만을 찾아주는 IR모델과의 구별이 어려울 수 있다. 이러한 제약은 적합도 평가 등급과 이를 효과적으로 조합하는 할인 누적 증가 (DCG) 척도를 도입함으로써 해결될 수 있다. Järvelin과 Kekäläinen [828, 829]의 논문에 기반하여 DCG를 논의하도록 한다. Cumulated 대신 Cumulative를 사용하는 사람들도 있지만, 여기서는 원래 이름을 사용하도록 한다.

#### 기본 DCG

질의에 대한 검색 결과를 검토할 때, 두 가지 주요 사항을 관찰할 수 있다.

1. 랭킹 상위에 적합도가 중간인 문서보다는 높은 문서가 선호된다.
2. 랭킹 하위에 연관 문서가 나타나면 좋지 않다.

첫 번째 관찰과 관련하여, 적합도 평가 등급을 도입하고, 랭킹에 나타난 연관 문서들의 누적 증가를 평가함으로써 평가를 개선할 수 있다.

예를 들면, 테스트 질의 집합의 검색결과를 전문가가 0~3점 사이의 등급으로 평가한다고 하고, 3점은 가장 높은 적합도를, 0은 적합하지 않음을 나타낸다. 4.3.1에서 예로 사용한 질의 $q_1$과 $q_2$에 대해 적합성 점수 등급이 다음과 같다고 하자.

$$R1 = \left\{ \begin{array}{l} [d_3, 3], [d_5, 3], [d_9, 3], [d_{25}, 2], [d_{39}, 2], \\ [d_{44}, 2], [d_{56}, 1], [d_{71}, 1], [d_{89}, 1], [d_{123}, 1] \end{array} \right\}$$

$$R2 = \{[d_3, 3],\ [d_{56}, 2],\ [d_{129}, 1]\}$$

즉, 질의 $q_1$에 대해 문서 $d_3$이 가장 적합하고, $d_{56}$은 약간 적합하며, 질의 $q_2$에 대해, 문서 $d_3$이 가장 적합하고, $d_{129}$는 약간 적합하다. 이 평가에서 새 랭킹 알고리즘의 검색 결과는 다음과 같이 평가될 수 있다. 질의 $q$에 대해 검색 알고리즘이 찾은 상위 10~20개의 각 검색결과에 전문가가 평가한 적합성 점수 등급을 결합한다. 적합성 점수로 정렬된 리스트는 증가(gain) 벡터 $G$라고 한다. 예를 들어, 4.3.1절에서 설명한 질의 $q_1$과 $q_2$에 대한 랭킹 상위 15개 문서를 생각해 보자. 위와 같은 적합성 평가 등급이 주어졌을 때 이 질의들에 대한 증가 벡터 $G_1$과 $G_2$는

$$G1 = (1,\ 0,\ 1,\ 0,\ 0,\ 3,\ 0,\ 0,\ 0,\ 2,\ 0,\ 0,\ 0,\ 0,\ 3)$$

$$G2 = (0,\ 0,\ 2,\ 0,\ 0,\ 0,\ 0,\ 1,\ 0,\ 0,\ 0,\ 0,\ 0,\ 0,\ 3)$$

랭킹의 각 위치까지의 적합성 점수 등급(증가) 을 더하면 알고리즘에 대한 누적 증가(CG; Cumulated Gain) 척도를 얻을 수 있다. 예를 들어 질의 $q_1$에 대해, 첫 번째 위치에서의 누적 증가는 1이고, 두 번째 위치는 1+0, 세 번째 위치에서는 1+0+1 등이다. 따라서 질의 $q_1$과 $q_2$에 대한 누적 증가 벡터들은

$$CG_1 = (1,1,2,2,2,5,5,5,5,7,7,7,7,7,10)$$

$$CG_2 = (0,0,2,2,2,2,2,3,3,3,3,3,3,3,6)$$

이 되어, 8번째 위치에서 누적 증가 $CG_1$은 5이다. 이를 공식적으로 정의하면 다음과 같다.

> **정의**
>
> *테스트검색어 $q_j$에 대해 증가 벡터 Gj가 있으면 누적 증가 함수 CGj 는 다음과 같이 정의된다.*
>
> $$CG_j[j] = \begin{cases} G_j[1] & \text{if } i = 1; \\ G_{j[i]} + CG_j[i-1] & i > 1 \end{cases} \qquad (4.13)$$
>
> *여기서, $CG_j[i]$는 질의 $q_j$에 대한 $i$ 번째 위치에서의 누적 증가를 나타낸다.*

이 절 앞부분에 나온 두 번째 사항, 랭킹의 뒷부분에 있는 문서는 낮은 적합도 값을 가진다는 것과 관련해서, 할인(discount) 요소를 소개하는데, 단순한 할인 요소는 랭킹 위치에 대한 로그값이다. 밑수가 2인 로그 함수를 적용하면, 두 번째 위치에서의 할인 요소는 log2 2, 세 번째 위치에서는 log2 3, 네 번째 위치에서는 log2 4 등이 될 것이다. $i$번째 위치의 증가 $G_j[i]$를 해당 할인 요소로 나눔으로써 할인 누적 증가 (DCG) 효과를 얻을 수 있다. 좀 더 형식화해 보면,

> **정의**
>
> *테스트 질의 $q_j$에 대해 증가 벡터 $G_j$가 있다면, 할인 누적 증가 함수 $DCG_j$는 다음과 같이 정의할 수 있다.*
>
> $$DCG_j[j] = \begin{cases} G_j[1] & \text{if } i = 1; \\ \dfrac{G_{j[i]}}{\log_2 i} + DCG_j[i-1] & i > 1 \end{cases} \qquad (4.14)$$
>
> *여기서, $DCG_j[i]$는 질의 $q_j$에 대한 랭킹 $i$ 번째 위치에서의 할인 누적 증가를 나타낸다.*

따라서, 예제 질의 $q_1$과 $q_2$에 대해, DCG 벡터는 다음과 같이 구할 수 있다.

$$DCG_1 = (1.0,\ 1.0,\ 1.6,\ 1.6,\ 1.6,\ 2.8,\ 2.8,\ 2.8,\ 2.8,\ 3.4,\ 3.4,\ 3.4,\ 3.4,\ 3.4,\ 4.2)$$

$$DCG_2 = (0.0,\ 0.0,\ 1.3,\ 1.3,\ 1.3,\ 1.3,\ 1.3,\ 1.6,\ 1.6,\ 1.6,\ 1.6,\ 1.6,\ 1.6,\ 1.6,\ 2.4)$$

즉, 할인 누적 증가는 랭킹의 끝에 있는 연관 문서에 의한 영향을 훨씬 덜 받으며, 이것이 할인 요소의 효과이다. 앞의 경우, 15번째 위치에 있는 높은 연관 문서는 $CG_1$ 보다 $DCG_1$에서 아주 작은 증가로 영향을 미쳤다. 할인 요소로 더 높은 밑수의 로그를 취하면 이 영향이 더 가속화되겠지만, 간단하게 밑수 2인 로그로 논의를 제한하였다.

### DCG 그래프

테스트 질의 집합에 대한 CG와 DCG 그래프를 만들기 위해서는 모든 질의에 대한 평균이 필요한데, 다음과 같다.

> **정의**
>
> *테스트 질의 집합 $N_q$, 테스트 질의 집합에 대한 평균 $\overline{CG}[i]$와 $\overline{DCG}[i]$는 다음과 같이 계산된다.*
>
> $$\overline{CG}[i] = \frac{1}{N_q}\sum_{j=1}^{N_q} CG_J[i]; \quad \overline{DCG}[i] = \frac{1}{N_q}\sum_{j=1}^{N_q} DCG_j[i] \qquad (4.15)$$

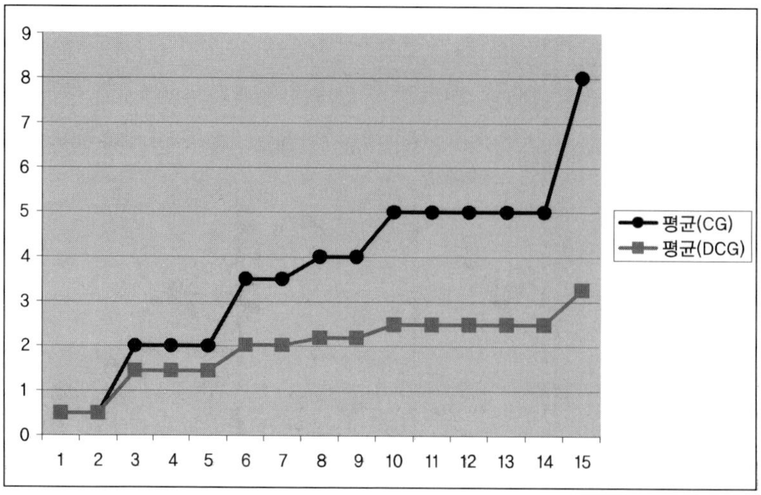


**그림 4.8:** 식 4.16과 식 4.17에서 계산된 CG 및 DCG 벡터의 $\overline{CG}$ 및 $\overline{DCG}$ 그래프

예를 들어, 예제 질의 $q_1$과 $q_2$에 대해, 평균값(반올림한 값)은 다음과 같다.

$$\overline{CG}=(0.5,\ 0.5,\ 2.0,\ 2.0,\ 2.0,\ 3.5,\ 3.5,\ 4.0,\ 4.0,\ 5.0,\ 5.0,\ 5.0,\ 5.0,\ 5.0,\ 8.0) \quad (4.16)$$

$$\overline{DCG}=(0.5,\ 0.5,\ 1.5,\ 1.5,\ 1.5,\ 2.1,\ 2.1,\ 2.2,\ 2.2,\ 2.5,\ 2.5,\ 2.5,\ 2.5,\ 2.5,\ 3.3) \quad (4.17)$$

일단 평균 CG와 DCG 값들이 계산되면, 평균 곡선은 1부터 미리 책정된 임계치까지 랭킹 위치를 변화시키면서 그릴 수 있는데, 앞의 예에서, 임계치는 15이고, 보통 웹에서는 10으로 책정된다.

그림 4.8은 식 4.16과 4.17에서 계산된 $\overline{CG}$와 $\overline{DCG}$ 벡터의 CG 및 DCG곡선을 보여준다. CG와 DCG 값은 곡선 시작부분에서 가파르게 상승하고 나서 평평해지며, 또한 DCG는 할인 요소 효과 때문에 CG보다 천천히 증가한다. 15번째 위치의 양쪽 값이 갑작스럽게 증가되는 것은 질의 $q_1$과 $q_2$에 대해 랭킹이 매우 낮은 위치에서 매우 연관된 문서가 나타났기 때문이다. 일단 수십 개의 질의에 대해 CG와 DCG를 평균내면 이 효과는 사라지며, 곡선은 더 포물선 모양이 되고(수평축 기준), 초반에 더 빠르게 증가하고서 평평해 진다.

### 이상적인 CG와 DCG 척도

정확률과 재현율은 연관 문서 집합에 대해 상대적으로 계산되고, 이는 알고리즘을 비교하는데 직접적으로 사용될 수 있음을 의미한다. CG와 DCG점수는 상대적으로 계산되는 게 아니므로 두 개의 정보 검색 알고리즘을 직접 비교하는데 사용하기에는 혼란스러울 수 있다. 이 문제에 대한 한 가지 해결책은 정규화한 CG 와 DCG 척도를 계산하는 것이며, 이 정규화를 위한 기준 정의가 필요한데, 이 기준이 이상적인 CG와 DCG 척도이다.

**정의**

*테스트 질의 q에 대해, 전문가가 적합성을 정의한 문서 집합 안에 적합성 점수 3점인 문서 $n_3$, 2점의 문서 $n_2$, 1점의 문서 $n_1$, 0점(적합하지 않다고 판단된)인 $n_0$가 있다고 가정하자. 이상적인 증가 벡터 IG (Ideal Gain)는 모든 적합성 점수가 다음과 같이 내림차순으로 정렬되는 것이다.*

$$IG=(3,\ \ldots,3,2,\ \ldots,2,1,\ \ldots,1,0,\ \ldots,0)$$

*즉, IG 벡터는 3점인 $n_3$ 다음에, 2점인 $n_2$, 다음으로 1점인 $n_1$, 그리고 0점인 $n_0$가 된다.*

예를 들어, 예제 질의 $q_1$과 $q_2$에 대해,

$$IG_1 = (3,3,3,2,2,2,1,1,1,1,0,0,0,0,0)$$

$$IG_2 = (3,2,1,0,0,0,0,0,0,0,0,0,0,0,0)$$

가 되며, 이 IG벡터에 대해 이상적인 CG(ICG)와 이상적인 DCG(IDCG) 벡터는 CG, DCG 와 유사하게 계산될 수 있다. 예를 들어, 질의 $q_1$과 $q_2$에 대해 이상적인 CG 벡터는,

$$ICG_1 = (3,6,9,11,13,15,16,17,18,19,19,19,19,19,19)$$

$$ICG_2 = (3,5,6,6,6,6,6,6,6,6,6,6,6,6,6)$$

가 되고, 이상적인 DCG 벡터는 다음과 같다.

$$IDCG_1 = (3.0,\ 6.0,\ 7.9,\ 8.9,\ 9.8,\ 10.5,\ 10.9,\ 11.2,\ 11.5,\ 11.8,\ 11.8,\ 11.8,\ 11.8,\ 11.8,\ 11.8)$$

$$IDCG_2 = (3.0,\ 5.0,\ 5.6,\ 5.6,\ 5.6,\ 5.6,\ 5.6,\ 5.6,\ 5.6,\ 5.6,\ 5.6,\ 5.6,\ 5.6,\ 5.6,\ 5.6)$$

또한 평균 ICG와 평균 IDCG 점수는 다음과 같이 계산될 수 있다.

$$\overline{ICG}[i] = \frac{1}{N_q}\sum_{j=1}^{N_q} ICG_j[i]; \quad \overline{IDCG}[i] = \frac{1}{N_q}\sum_{j=1}^{N_q} IDCG_j[i] \tag{4.18}$$

따라서, 예제 질의 $q_1$과 $q_2$에 대해 ICG와 IDCG 벡터는 다음과 같다.

$$\overline{ICG} = (3.0,\ 5.5,\ 7.5,\ 8.5,\ 9.5,\ 10.5,\ 11.0,\ 11.5,\ 12.0,\ 12.5,\ 12.5,\ 12.5,\ 12.5,\ 12.5,\ 12.5)$$

$$\overline{IDCG} = (3.0,\ 5.5,\ 6.8,\ 7.3,\ 7.7,\ 8.1,\ 8.3,\ 8.4,\ 8.6,\ 8.7,\ 8.7,\ 8.7,\ 8.7,\ 8.7,\ 8.7)$$

현실적으로 가능한 최대 검색 품질을 나타내는 이상적인 곡선을 알 수 있다면, 평균 CG와 DCG곡선을 비교함으로써 검색 품질 개선의 여지가 얼마나 있는지 예측할 수 있을 것이다.

### 정규화된 DCG

정확률과 재현율은 모든 수준의 재현율 수준에서 이상적인 100% 정확률 곡선과 직접 비교할 수 있다. 그러나 DCG는 어떤 이상적인 곡선 (심지어 도달 가능한 최대 검색 품질을 이해하기 위해, 이상적인 DCG곡선을 그릴 수 있다고 하더라도)과도 비교할 수 없다. 결과적으로, 랭킹 알고리즘을 비교하는데 DCG 그래프를 직접 비교하기 어렵기 때문에, 다음과 같이 DCG척도를 정규화함으로써 개선할 수 있다.

**정의**

*테스트 질의 $N_q$ 집합에 대해 평균 CG, ICG, DCG, IDCG 곡선이 주어지면, 정규화된(Normaized) CG와 DCG 척도는 다음과 같다.*

$$NCG[i] = \frac{\overline{CG}[i]}{\overline{ICG}[i]}; \quad NDCG[i] = \frac{\overline{DCG}[i]}{\overline{IDCG}[i]} \tag{4.19}$$

앞의 예제 질의 $q_1$과 $q_2$에 대해 NCG와 NDCG 벡터는 다음과 같다.

$NCG$= (0.17, 0.09, 0.27, 0.24, 0.21, 0.33, 0.32, 0.35, 0.33, 0.40, 0.40, 0.40, 0.40, 0.40, 0.64)

$NDCG$= (0.17, 0.09, 0.21, 0.20, 0.19, 0.25, 0.25, 0.26, 0.26, 0.29, 0.29, 0.29, 0.29, 0.29, 0.38)

정규화 수치는 단일 질의에 대해서도 계산될 수 있지만, 여기서는 전체 테스트 집합에 대한 정규화 수치에 집중하기로 한다. NCG와 NDCG 곡선 아래 영역이 랭킹 알고리즘의 품질을 나타내며, 영역이 클수록 결과가 더 좋다고 할 수 있다. 이와 같이 정규화된 숫자는 두 랭킹 알고리즘을 비교하는데 사용할 수 있으며, 더욱이 랭킹의 해당 위치에서 검색 품질을 비교하는데도 사용할 수 있다. 예를 들어, 두 랭킹 알고리즘 RA 와 RB가 있다면, 10번째 위치에서 정규화된 척도 NDCGA[10] 와 NDCGB[10]을 직접 비교할 수 있으며, 이는 랭킹의 10번째 위치에서 두 알고리즘의 정확률 P@10을 비교하는 것과 유사하다.

#### DCG 척도에 대한 토의

정확률과 재현율 척도가 적합도 여부만을 평가하는 대신, CG와 DCG 척도는 수준에 따른 적합성 평가를 목적으로 한다. 이는 적합성이 아주 높은 문서가 더 높은 적합성 점수를 받을 수 있기 때문에 매우 연관된 문서와 약간 연관된 문서를 구분할 수 있다는 장점을 가진다. 단점은 수준에 따른 적합성 평가가 더 어렵고 시간이 더 걸리며 적합성 수준 점수 해석이 주관적이기 때문에 실수할 수 있다는 것이다.

이러한 어려움에도 불구하고, CG와 DCG 척도는 많은 이점을 가지고 있다: (1) 문서의 랭킹과 적합성 점수를 체계적으로 결합할 수 있다. (2) CG는 재현율과 상관없이 랭킹의 어느 위치에서든 단일 검색 품질 척도를 제공한다. (3) CG는 하위 문서에 덜 영향을 받는 랭킹으로 랭킹에 따른 연관 문서들의 증가를 강조한다. (4) DCG는 랭킹에서 나중에 발견된 연관 문서의 영향력을 줄인다. 비슷한 검색 품질을 가진 복잡한 알고리즘을 비교하는데 필요한 매우 정확한 평가가 요구되는 상황에서, CG와 DCG척도는 정확률과 재현율 척도의 흥미로운 대안을 제공한다.

### 4.3.5 BPREF: 이진 선호도(Binary Preferences)

크랜필드 평가 패러다임은 연관 문서들에 대한 완전한 지식에 기반하는데, 즉 각 테스트 질의에 대해 컬렉션에 있는 모든 문서들의 상대적인 평가, 각 문서-질의 쌍에 대한 이진 적합성 평가가 이루어져야 한다. 이는 작은 컬렉션에는 잘 작동할 수 있지만 4.4.1장에서 볼 TREC과 같은 큰 컬렉션에는 현실적이지 않다.

대신, TREC과 같은 큰 컬렉션에 대해서는 풀링(pooling) 기법이 사용된다. 주어진 질의에 대해 다양한 검색 알고리즘으로 생성된 상위 검색 결과들을 모아서 풀(pool)로 저장하고, 이들에 대한 적합성 평가를 실시한다. 일반적으로 풀의 크기는 1000~2000개부터 2백만 문서까지 다양하며, 이러한 조건에서, 결과 풀에 한정된 적합성 평가가 검증되고, 다른 시스템의 검색 품질을 비교하는데 효과적으로 사용될 수 있다. 즉, 크랜필드 패러다임에서 적합성 평가가 이루어진 pool 크기보다 천배 가량 큰 TREC 컬렉션 상황에서도 유효하다.

또 다른 상황은 웹에서 관찰되는데, 웹 컬렉션은 수십억 개의 문서로 구성되므로 이러한 규모의 컬렉션을 대해 풀링 기법으로 서로 다른 웹 검색 시스템을 신뢰있게 비교할 수는 없다. 이 문제의 핵심은 웹 컬렉션에 풀링 기법을 적용하면, 검토되지 않은 수많은 문서들이 적합하지 않은 것으로 간주된다는 것이다. 적합성 판단 가능성이 제한되어 있다면, 유사한 상황이 작은 컬렉션에서도 얼마든지 발생할 수 있으며, 이러한 경우, 정확률과 재현율과는 달리, 불완전한 정보를 가진 검색 결과 평가를 위해 특별히 고안된 새로운 척도가 필요하다. 이것이 BPREF 척도의 제안 동기이고, Buckley와 Voorhees [292]의 작업에 기반하여 논의한다.

#### BPREF

정확률-재현율 그리고 정확률@10 과 같은 척도들에서는 적합하지 않다고 판단된 문서들과 검색되지 않은 문서들이 구분 없이 모두 적합하지 않은 것으로 간주된다. 매우 큰 컬렉션의 경우, 질의에 의해 검색되지 못한 문서들이 아주 많기 때문에 문제가 된다. 이를 피하기 위한 한 방법은 검색된 두 문서의 랭킹 위치를 직접 사용하는 대신, 둘 사이의 선호도 관계를 이용하는 것으로, 이것이 BPREF 척도의 기본 아이디어이다.

Bpref는 전문가에 의해 정보 요구에 적합하지 않다고 판단된 문서가 적합 문서의 상위 랭킹으로 검색된 횟수를 측정한다. 문서 $d_j$가 상대적으로 문서 $d_k$에 비해 선호되는지를 단순하게 이진값으로 평가하기 때문에, 이 척도는 Bpref로 불리우며, 어떤 연관 문서라도 비연관 문서에 비해 선호된다. 그림 4.9는 Bpref 계산에 고려된 문서 집합을 나타내는데, 집합 $J$는 전문가가 판단한 모든 문서들로 구성되는데, 연관 문서들로 이루어진 크기 $|R|$의 집합 $R$과 적합하지 않은 문서들인 크기 $|J-R|$인 집합 $J-R$로 나누어진다. 또 집합 $R \cap A$는 결과 집합에서 적합하다고 판단된 문서들로 구성되고, $(J-R) \cap A$는 결과 집합 중 적합하지 않다고 판단된 문서들로 구성된다.

Bpref 척도를 정의할 수 있는 방법 중 하나는 랭킹에서 연관 문서들 앞에 나타난 비연관 평가 문서 집합 $J-R$의 문서 수를 세는 것이다.

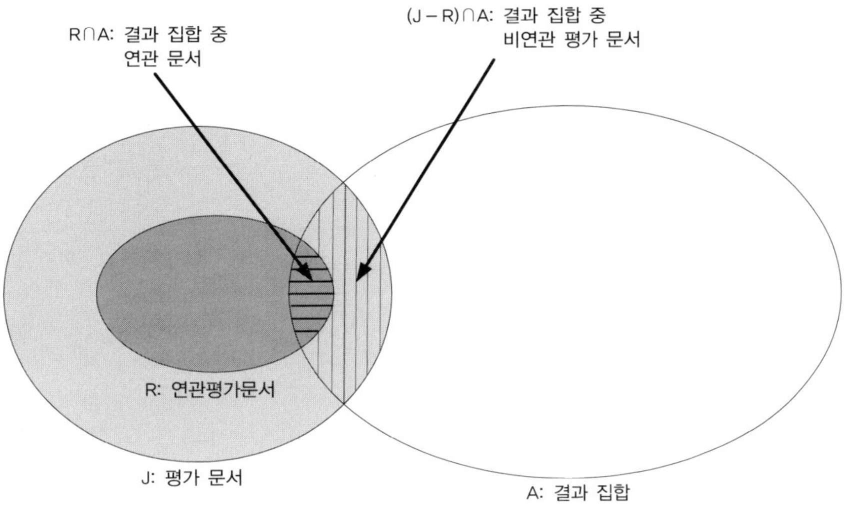


**그림 4.9:** Bpref 계산에 사용된 집합

그러나 이 방법은 한 질의에 대한 특정 집합 크기에 의존적인 척도가 되어, 여러 질의들에 대한 평균값을 효율적으로 계산하기 어려운데, 다음과 같이 극복할 수 있다.

**정의**

*정보 요구 $I$에 대해, 그림 4.9와 같이 집합 $J$, $R$, $A$가 있다고 가정하자. $R_A$가 결과 $A$의 순위라고 하면, $S_{A,j}$는 $R_A$에서 문서 $d_j$의 위치를 나타내고, $[(J-R) \cap A]_{|R|}$는 적합하지 않다고 판단된 $R_A$에서 첫 $|R|$ 크기만큼의 문서 집합이 된다. $C(R_A,\ d_j)$를 $R_A$에서 $d_j$보다 앞서 나온 적합하지 않은 문서들의 수로 정의한다. 즉,*

$$C(R_A,\ d_j) = \| \{d_k \mid d_k \in [(J-R) \cap A]_{|R|} \wedge s_{A,k} < s_{A,j}\} \|$$

*이고, 랭킹 $R_A$의 Bpref는 다음과 같이 정의된다.*

$$Bpref(R_A) = \frac{1}{|R|} \sum_{d_j \in (R \cap A)} \left(1 - \frac{C(R_A, d_j)}{\min(|R|,\ |(J-R) \cap A|)}\right) \tag{4.20}$$

집합 $(J-R) \cap A$가 $|R|$ 문서들보다 적다는 점에 주의하고, 이 경우, 집합 $[(J-R) \cap A]_{|R|}$는 $(J-R) \cap A$와 같고 $|R|$

문서들보다는 적다. 위의 Bpref 공식은 [292]에 제시된 원본 공식의 변형으로 [1500]에서 제안되었는데, 원본 공식의 버그가 수정되었고, 현재 TREC 실험에 사용되고 있다[1500].

랭킹의 각 연관 문서 $d_j$에 대해, Bpref는 랭킹에서 앞서 나온 적합하지 않다고 판단된 문서의 수를 1에서 뺀 가중치를 합산한다. 예를 들어, 만약 $(J-R)\cap A$의 모든 문서가 랭킹에서 $d_j$ 앞에 있다면, 합산된 가중치는 0이 되고 이는 $(J-R)\cap A$에 있는 모든 문서가 이미 나왔다면, 나중에 나오는 연관 문서들은 문제가 되지 않는다는 것을 의미한다. 만약 랭킹에서 $d_j$ 앞에 $(J-R)\cap A$의 어떤 문서도 나오지 않았다면, 합산된 가중치는 1이 되고, 모든 가중치가 합산된 후, 이 총합이 정규화된다.

연관 문서들과 결합된 가중치가 정규화되며, 적합하지 않다고 판단된 문서수가 연관 문서의 최대값과 같기 때문에, Bpref는 불완전한 정보내에서 안정된 척도이고, 매우 큰 문서 컬렉션에서 서로 다른 검색 알고리즘을 비교하는데 사용될 수 있다.

### BPREF-10

Bpref는 불완전한 정보 환경에서 사용할 목적으로 만들어졌기 때문에, 연관 문서의 수가 적은데, 심지어 1또는 2가 될 수도 있다. 이 경우, Bpref 척도는 불안정해지는데, $C(R_A,\ d_j)$ 정의에 사용되는 선호도 관계의 수가 매우 작은 경우 특히 더 그렇다. Bpref-10은 선호도 관계 최소값을 10으로 설정함으로써 이 문제를 해결한 Bpref의 변형으로 다음과 같다.

**정의**

*Bpref 정의에 사용한 동일한 집합에서,* $[(J-R)\cap A)]_{|R|+10}$*은* $(J-R)\cap A$*의 처음* $|R|+10$ *문서 집합이다.* $C_{10}(R_A,\ d_j)$*가*

$$C_{10}(R_A,\ d_j) = \| \{d_k \mid d_k \in [(J-R)\cap A)]_{|R|+10} \wedge s_{A,k} < s_{A,j}\} \|$$

*이라면,* $Bpref_{10}$*은 다음과 같다.* .

$$Bpref_{10}(R_A) = \frac{1}{|R|}\sum_{d_j\in(R\cap A)}\left(1-\frac{C_{10}(R_A,\ d_j)}{\min(|R|+10,\ |(J-R)\cap A|)}\right) \quad (4.21)$$

## 4.3.6 순위 상관 척도(Rank Correlation Metrics)

정확률과 재현율은 두 검색 랭킹 함수 결과의 적합도를 비교할 수 있게 해준다. 그러나 (a) 직접 적합도를 비교할 수 없거나 (예를 들어, 테스트 컬렉션이 없거나 평가할 사람이 없거나) (b) 랭킹함수를 벡터 모델과 같이 잘 알려진 랭킹 함수와 얼마나 다르게 변화시킬지에 더 관심이 있는 상황들이 있다.

이러한 경우, 결과에 대한 적합도 정보 없이, 두 개의 랭킹 결과만을 상대적으로 비교할 수 있다. 이는 각 랭킹의 순서를 비교하는 순위 상관 척도라는 통계 함수를 이용할 수 있는데, 두 랭킹 함수 $R_1$과 $R_2$를 비교하는 순위 상관 척도는 다음 특징을 가진 상관 계수 $C(R_1, R_2)$를 만들어 낸다.

- $-1 \le C(R_1,\ R_2) \le 1$
- $C(R_1, R_2)=1$이면, 두 랭킹 함수는 완전히 일치한다. 즉, 둘은 동일하다.
- $C(R_1, R_2)=-1$이면, 두 랭킹 함수는 완전히 불일치한다. 즉, 둘은 서로 역관계이다.
- $C(R_1,\ R_2)=0$이면, 두 랭킹 함수는 완전히 독립적이다.
- $C(R_1,\ R_2)$값이 증가하면, 두 랭킹함수의 일치 정도가 커진다는 의미이다.

| 문서 | $s_{1,j}$ | $s_{2,j}$ | $s_{i,j}-s_{2,j}$ | $(s_{1,j}-s_{2,j})^2$ |
|---|---|---|---|---|
| $d_{123}$ | 1 | 2 | −1 | 1 |
| $d_{84}$ | 2 | 3 | −1 | 1 |
| $d_{56}$ | 3 | 1 | +2 | 4 |
| $d_{6}$ | 4 | 5 | −1 | 1 |
| $d_{8}$ | 5 | 4 | +1 | 1 |
| $d_{9}$ | 6 | 7 | −1 | 1 |
| $d_{511}$ | 7 | 8 | −1 | 1 |
| $d_{129}$ | 8 | 10 | −2 | 4 |
| $d_{187}$ | 9 | 6 | +3 | 9 |
| $d_{25}$ | 10 | 9 | +1 | 1 |
| 거리 제곱의 합 | | | | 24 |

**표 4.1**: 두랭킹 $R_1$과 $R_2$에서 $s_{1,j}$와 $s_{2,j}$ 문서위치, 그리고 둘의 상대적인 거리

여기서는, 두 가지 순위 상관 척도인 Spearman 계수 [1511]와 Kendall Tau 계수 [898]를 다루는데, 관련 논의는 [3, 2, 1052, 1208]에 기반한다.

### Spearman 계수

Spearman 계수는 가장 많이 사용되는 순위 상관 척도이며, 두 랭킹 함수 $R_1$과 $R_2$에서 동일한 문서의 위치 차이에 기초한다. $R_1$ 랭킹에서 $d_j$ 문서의 위치를 $s_{1,j}$라고 하고, $R_2$ 랭킹에서 $d_j$ 문서의 위치를 $s_{2,j}$라고 하자. 표 4.1은 10개 예제에 대해, $R_1$과 $R_2$에서의 각 문서의 위치, 두 랭킹에서 동일 문서의 위치 차이와 이의 제곱수를 보여준다.

표 4.1에서 $R_1$과 $R_2$의 순위 차이를 살펴보면, 그 값이 작은 것이 두 랭킹의 연관성이 높다는 것을 알 수 있다. 실제로 그림 4.10은 2차원 그래프에서 두 랭킹의 순위를 나타내었는데, 서로 연관성이 높다는 것을 다시 확인할 수 있다. 상관관계의 양적 평가를 위해, 각 순위 차의 제곱을 합하면, 그림 4.1의 예에서 24가 된다. 일반적으로 순위가 매겨진 $K$개의 문서가 있다면, 순위 차이 제곱 합의 최대값은 다음과 같다.

$$\frac{K\times(K^2-1)}{3}$$

따라서, $K=10$에 대해, 두 랭킹이 완전히 불일치한다면, 순위 차이 제곱 합의 최대 값은 $(10\times(10^2-1))/3$ 즉, 330이 되며, 완전히 일치한다면 합은 0이 된다.

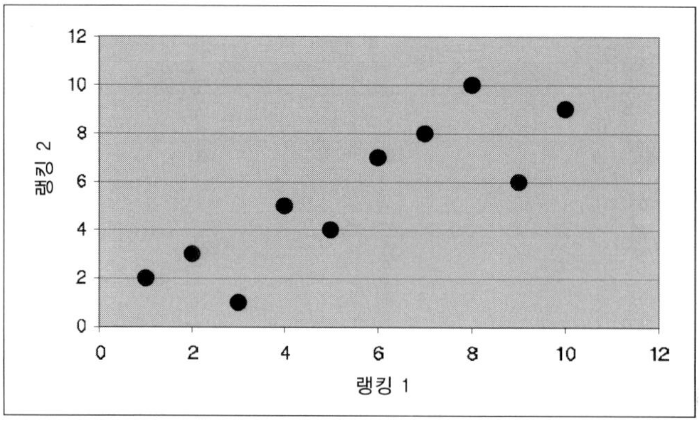


**그림 4.10:** 2차원 그래프에 그려진 표 4.1의 랭킹 $R_1$과 $R_2$의 문서들의 순위

다음 비율을 고려해 보자.

$$\frac{\sum_{j=1}^{K}(s_{1,j}-s_{2,j})^2}{\frac{K\times(K^2-1)}{3}}$$

여기서, 두 순위가 완전히 일치하면 값은 0이 되고, 완전히 불일치하면 +1이 된다.

만약 이 비율을 두 배하면, 값의 범위는 [0, +2]로 이동하고, 1에서 결과를 빼면, 최종 값의 범위는 [−1, +1]사이가 된다. 이에 따라 두 랭킹 사이의 상관관계 정의를 다음과 같이 제안한다.

**정의**

*$s_{1,j}$와 $s_{2,j}$를 두 랭킹 함수 $R_1$과 $R_2$에서 문서 $d_j$의 위치라고 하고*

$$S(R_1,\ R_2)=1-\frac{6\times\sum_{j=1}^{K}(s_{1,j}-s_{2,j})^2}{K\times(K^2-1)} \tag{4.22}$$

*로 정의하면, $S(R_1,\ R_2)$는 Spearman 순위 상관 계수이고, $K$는 순위 집합의 크기를 나타낸다.*

표 4.1의 순위에 대해,

$$S(R_1,\ R_2)=1-\frac{6\times 24}{10\times 10^2-1}=1-\frac{144}{990}=0.854$$

가 되고, 이는 강한 상관관계를 나타낸다.

일반적으로 랭킹 $R_1$과 $R_2$의 문서수가 같지 않기 때문에, 동일한 크기가 되도록 각 순위를 확장시킬 필요가 있는데, 이는 다음과 같이 수행된다.

1. 순위에 포함된 각기 다른 모든 문서의 집합 $S_{1+2}$를 구하며, 그 크기는 확장된 순위의 크기 $K=|S_{1+2}|$이 된다.
2. $R_1$에 포함되지 않은 $S_{1+2}$의 문서 확장 순위 $R_1$에서 이 문서들은 $R_1$의 뒷부분에 더해지지만 $R_2$의 순서를 따른다.
3. $R_2$에 포함되지 않은 $S_{1+2}$의 문서 확장 순위 $R_2$에서 이 문서들은 $R_2$의 뒷부분에 더해지지만 $R_1$의 순서를 따른다.

다음 예는 그 과정을 나타낸다.

$$R_1 = (d_{123},\ d_{84},\ d_{56},\ d_6,\ d_8,\ d_9,\ d_{511},\ d_{129},\ d_{187},\ d_{25})$$
$$R_2 = (d_{56},\ d_{123},\ d_{84},\ d_8,\ d_6,\ d_{38},\ d_{48},\ d_{250},\ d_{113},\ d_3)$$
$$R_{+1} = (d_{123},\ d_{84},\ d_{56},\ d_6,\ d_8,\ d_9,\ d_{511},\ d_{129},\ d_{187},\ d_{25},\ d_{38},\ d_{48},\ d_{250},\ d_{113},\ d_3)$$
$$R_{+2} = (d_{56},\ d_{123},\ d_{84},\ d_8,\ d_6,\ d_{38},\ d_{48},\ d_{250},\ d_{113},\ d_3,\ d_9,\ d_{511},\ d_{129},\ d_{187},\ d_{25})$$

$R_{+1}$과 $R_{+2}$는 $R_1$과 $R_2$의 확장된 순위를 나타내며, $|S_{1+2}| = 15$이다. 따라서,

$$K = 15$$
$$\sum_{j=1}^{15}(s_{1,j} - s_{2,j})^2 = 258$$
$$S(R_1,\ R_2) = 1 - \frac{6 \times 258}{15(15^2 - 1)} = 0.539$$

가 되어, 확장된 순위의 Spearman 계수는 0.539가 되며, 이는 중간 정도의 상관관계를 가진다.

여기서 예를 든 Spearman 계수의 모든 계산은 랭킹에서 어느 쌍이든지 순위가 항상 구별된다는 것을 전제로 한다. 즉,

$$\forall_{i,j} | i \neq j,\ s_{1,j} \neq s_{1,j}$$

가 된다. 이 조건의 반대 예를 들면 $s_{1,123} = 1$과 $s_{1,84} = 1$이 되어, 랭킹 $R_1$에서 문서 $d_{123}$과 $d_{84}$가 모두 최상위에 있는 경우가 된다. 이런 특수한 경우, 표준 Pearson 상관 계수가 대신 사용되는데, 자세한 건 [1167]을 참고하라.

### Kendall Tau 계수

Spearman 계수가 널리 사용된 상관 척도이지만, 운영 설명이 어렵기 때문에, 다른 대안으로 이와 결합된 자연스럽고 직관적인 해석이 가능하고 더 간단한 대수 구조를 가진 계수–Kendall Tau 순위 상관 계수–를 사용한다.

순위 상관 고려시, 두 순위가 어떻게 비슷한 방식으로 변화하는 경향이 있는지, 즉 어떻게 그들이 같은 방향으로 움직이는 지를 고려한다. 좀 더 설명하면, 두 문서 $d_j$와 $d_k$의 랭킹 $R_1$과 $R_2$에서의 각각의 위치와 그 차를 고려해 보자. 즉,

$$s_{1,k} - s_{1,j}$$
$$s_{2,k} - s_{2,j}$$

만약 이 차이가 같은 부호를 갖는다면, 문서쌍$[d_k,\ d_j]$는 양쪽 랭킹에서 일치한다(concordant)고 할 수 있고, 만약 다른 부호라면, 문서 쌍이 두 랭킹에서 일치하지 않는다(discordant)고 한다. 두 랭킹 사이의 상관 강도를 측정하는 간단한 방법은 일치한 문서쌍과 일치하지 않는 문서쌍의 수를 세고, 이 두 수 사이의 차이를 보는 것이다.

예를 들면, 표 4.1의 랭킹 $R_1$에서 상위 5개의 문서(즉 $K=5$)에 대해, 정렬된 문서 쌍은

$$[d_{123},\ d_{84}],\ [d_{123},\ d_{56}],\ [d_{123},\ d_6],\ [d_{123},\ d_8],$$
$$[d_{84},\ d_{56}],\ [d_{84},\ d_6],\ [d_{84},\ d_8]$$
$$[d_{56},\ d_6],\ [d_{56},\ d_8],$$
$$[d_6,\ d_8]$$

총 $\frac{1}{2} \times 5 \times 4$로 10개의 정렬된 쌍이 나온다. 즉, $K$개 문서의 순위에 대해, 이 순위와 결합된 $\frac{1}{2}K(K-1)$ 정렬된 쌍이 생성된다. 표 4.1의 랭킹 $R_2$에서 상위 5개 문서에 대해 동일한 과정을 반복하면,

$$[d_{56,\ d_{123}}],\ [d_{56},\ d_{84}],\ [d_{56}, d_8],\ [d_{56},\ d_6],$$
$$[d_{123},\ d_{84}],\ [d_{123},\ d_8],\ [d_{123},\ d_6],$$
$$[d_{84},\ d_8],\ [d_{84},\ d_6],$$
$$[d_8,\ d_6]$$

이 두 정렬된 쌍을 비교하면서 일치하는 쌍과 일치하지 않는 쌍을 찾는데, 일치하는 쌍을 C로 표시하고, 일치하지 않는 쌍은 $D$로 표시하면, 랭킹 $R_1$에 대해, 다음과 같다.

$$C,\ D,\ C,\ C,$$
$$D,\ C,\ C,$$
$$C,\ C,$$
$$D$$

랭킹 $R_2$에 대해서는 다음과 같다.

$$D,\ D,\ C,\ C,$$
$$C,\ C,\ C,$$
$$C,\ C,$$
$$D$$

이와 같이 $K(K-1)$인 총 20개의 정렬된 쌍이 두 랭킹 조합에서 만들어지고, 이들 중, 14 쌍이 일치하고, 6쌍이 불일치한다. 따라서, 순위가 일치할 확률 $P(R_1 = R_2)$은 14/20이고, 불일치할 확률 $P(R_1 \neq R_2)$은 6/20이다. 이 때, Kendall Tau 계수는 다음과 같이 정의된다.

$$\tau(R_1,\ R_2) = P(R_1 = R_2) - P(R_1 \neq R_2) \tag{4.23}$$

이 예에서,

$$\tau(R_1,\ R_2) = \frac{14}{20} - \frac{6}{20}$$
$$= 0.4$$

가 되어, 두 랭킹 사이에 중간 정도의 긍정적인 상관관계가 있음을 나타낸다.

**정의**

*$\Delta(R_1,\ R_2)$를 두 랭킹 R1과 R2에서 불일치하는 문서 쌍의 수를 반환하는 함수라고 하면, 두 랭킹에서 일치하는 쌍의 수는 $K(K-1) - \Delta(R_1,\ R_2)$이 된다. 그러면,*

$$P(R_1 = R_2) = \frac{K(K-1) - \Delta(R_1,\ R_2)}{K(K-1)}$$

$$P(R_1 \neq R_2) = \frac{\Delta(R_1,\ R_2)}{K(K-1)}$$

*가 되고, Kendall Tau 계수* $\tau(R_1, R_2)$*는* $\tau(R_1 = R_2) - P(R_1 \neq R_2)$*로 정의된다. 즉,*

$$\tau(R_1, R_2) = 1 - \frac{2 \times \Delta(R_1, R_2)}{K(K-1)}$$

*이 되고, 이 값의 가능한 범위는* $[-1, 1]$*이 된다.*

이전 예의 경우, $\Delta(R_1, R_2) = 6$이고 $K = 5$이므로,

$$\tau(R_1, R_2) = 1 - \frac{2 \times 6}{5(5-1)} = 0.4$$

가 되어, 앞의 결과와 같다.

Kendall Tau 계수는 동일한 원소 집합의 랭킹에 대해서만 구할 수 있는데, 만약 서로 다른 집합의 랭킹을 비교해야 한다면, Spearman 계수의 경우처럼, 다른 랭킹 결과에 없는 문서들까지 각 랭킹을 확장할 수 있다.

Kendall Tau 척도는 대중적인 Spearman 계수보다 더 간단한 계산 구조를 가지고 있으며 더 명쾌하고 직관적인 해석이 가능하므로, 순위 상관관계를 계산하는 데 더 선호된다. 이 두 척도의 활용에 대한 논의는 [678, 1208]를 참고하라.

## 4.4 참조 컬렉션

작은 컬렉션에서는 정보 요구에 대해 결과 집합의 각 문서에 대한 적합성 평가를 위해 크랜필드 평가 패러다임을 적용할 수 있다. 그러나 큰 컬렉션의 경우, 모든 문서를 평가할 수 없으므로, 대신, 정보 요구에 대한 다양한 랭킹 알고리즘으로 만들어진 상위 k개의 문서들을 하나의 풀(pool)로 결합하고, 이 풀에 있는 문서들만 평가한다. 이를 풀링(pooling) 기법이라고 부르고, 연관 문서들이 랭킹 상위에 나타난다는 전제에 기반한다. 이 방법은 널리 알려진 TREC 컬렉션과 같이 수백만 개 문서의 참조 컬렉션에 효과가 있는데, 이에 대해 논의하도록 한다.

### 4.4.1 TREC 컬렉션

정보 검색 연구들은 두 가지 측면에서 자주 비판 받아왔다. 첫째는 기반으로서의 확고한 형식적 프레임워크가 없다는 것이며, 둘째는 강력하고 일관성 있는 테스트베드와 벤치마크가 없다는 것이다. 첫 번째 비판은 정보 요구에 대한 문서의 적합성을 판단하는 데 있어서 어느 정도의 심리학적인 주관성이 개입되는 것이 불가피하기 때문에 (이 점이 정보검색을 데이터 검색과 다르게 만드는 점이다) 완전히 극복하기는 어렵다. 따라서 적어도 현재까지는 확고한 형식적인 기반 없이 정보 검색에 대한 연구가 진행될 수밖에 없다. 그러나 두 번째 비판에 대해서는 다음과 같이 해결책을 취하는 것이 가능하다.

#### TREC 컨퍼런스

지난 30여 년 동안 정보 검색 실험은 대규모 서지(bibliographical) 검색 환경에서 나타날 수 있는 주요 이슈들을 제대로 반영할 수 없는 작은 컬렉션을 사용해 수행되었다. 더욱이 각 연구 그룹이 검색의 다른 측면을 강조하고, 또한 널리 사용되는 벤치마크가 없었기 때문에 여러 검색 시스템들 간의 비교가 매우 어려웠다. 1990년대 초반, 이러한 혼란 상태에 대한 대처로, TIPSTER 텍스트 프로그램을 착수하게 되는데, 이는 미국 DARPA(Defense Advanced Research Projects Agency)와 CIA(Central Intelligence Agency)의 재정 지원을 받았다. TIPSTER 프로그램은 SPAWAR(Space and Naval Warfare Systems Center)와 NIST(National Institute of Standards and Technology)의 긴

밀한 협업으로 관리되었고, 1998년에 종료되었다. 1991~1994년에 걸친 TIPSTER 프로그램 1단계 핵심 결과물 중의 하나가 Text REtrieval Conference(TREC)의 설립이다. 1998년 TIPSTER 프로그램이 종료된 후에도, Maryland NIST에 근무하던 Donna Harman과 Ellen Voorhees의 주도 하에, TREC 컨퍼런스는 계속 확대되었다.

TREC은 매년 진행되는 컨퍼런스로, 수백만 개의 문서들로 구성된 대형 테스트 컬렉션 실험 환경을 제공하고, 매년 새로운 실험 집합이 설계되며, 컨퍼런스에 참여하는 연구 그룹은 이러한 실험환경을 사용하여 자신들의 정보 검색 시스템을 비교한다. TREC 학술회의 목적에 대한 명확한 설명은 NIST TREC 웹 사이트[1594]에서 찾아볼 수 있으며 다음과 같이 기술되어 있다.

> TREC 연차 학술회의는 TIPSRER Text Program의 일부로 NIST(National Institute of Standards and Technology)와 DARPA(Information Technology Office of Defense Advanced Research Project Agency)에 의해 공동 지원된다. 이 연차 학술회의의 목적은 대형 실험 컬렉션 및 표준 채점 방법을 제공하고, 실험 결과의 비교를 원하는 기관들을 위한 토론의 장을 제공함으로써 대규모 텍스트로부터 정보를 검색하기 위한 연구를 장려하는 것이다. TREC 학술회의 참가자는 TREC 검색 작업을 수행한 연구자와 개발자 그리고 후원 기관의 정부 관계자로 한정한다.
>
> TREC 학술회의 참가자는 자동으로 구축된 시소러스, 다양한 색인어 가중치 기법, 자연언어 처리 기술, 연관 피드백, 고도화된 패턴 매칭 기술 등 여러 검색 기술을 사용한다. 각 시스템은 약 2기가바이트의 텍스트와 토픽(topic)이라고 불리는 정보 요구 집합으로 구성된 동일 실험 컬렉션을 이용하여야 한다. 각 그룹이 서로 다른 검색 방법의 성능을 비교하거나 시스템의 다른 점이 어떻게 성능에 영향을 주는지 결정할 수 있도록 하기 위해 검색 결과는 공동 평가 패키지를 이용하여 평가된다.

이 컬렉션은 TIPSTER 프로그램의 일부로 제작되었기 때문에 TIPSTER 혹은 TIPSTER/TREC 실험 컬렉션이라고 불리기도 하는데, 여기서는 간단히 TREC 컬렉션이라고 부르도록 한다.

첫 번째 TREC 학술회의는 1992년 11월 NIST에서 개최되었으며, 두 번째 대회는 1993년 8월에 개최되었다. 2006년 11월에 15번째 TREC이 역시 NIST에서 개최되었는데, 107개의 참가 기관이 있었으며[1649], 18번째 TREC이 2009년 11월에 다시 NIST 에서 개최되었다. TREC 컨퍼런스에 대한 자세한 내용은 [1594]를 보라.

다음에서 TREC 문헌 컬렉션과 TREC에서의 벤치마크 작업에 대해 살펴본다. 다른 테스트 컬렉션과 마찬가지로 TREC 컬렉션은 문서 집합, 정보 요구 예제(TREC에서는 토픽이라고 부름), 각 정보 요구 예제에 대한 연관 문서 집합의 3개 부분으로 구성되며, 또한 벤치마크로 사용할 작업 집합도 포함하고 있다.

### 문서 컬렉션

TREC 컬렉션은 해가 지남에 따라서 꾸준히 커지고 있는데, TREC-3에서는 컬렉션 크기가 약 2기가바이트였으나 TREC-6에서는 약 5.8기가바이트로 커졌다. TREC-15의 GOV2라고 불리는 테라바이트 테스트 컬렉션은 .gov 도메인의 사이트들로부터 2천5백만 웹 문서를 수집했다. 컬렉션과 연관 문서 집합을 가진 토픽들을 얻는데 필요한 정보는 NIST TREC 웹 사이트 [1594]에서 받을 수 있다.

TREC-6 참조 컬렉션은 압축된 텍스트 형태로, 약 1기가바이트 CD-ROM 디스크 5장으로 배포된다. 추가 디스크 한 장은 라우팅 트랙 데이터를 포함한 것으로, 여기서는 논의하지 않는다. 디스크 1-5는 TREC-7과 TREC-8 컨퍼런스에서도 역시 사용되었으며, 문서들은 다음 출처들에서 수집되었다.

WSJ → *Wall Street Journal*
AP → Associated Press (news wire)
ZIFF → Computer Selects (articles), Ziff-Davis

| | | |
|---|---|---|
| FR | → | Federal Register |
| DOE | → | US DOE Publications (abstracts) |
| SJMN | → | San Jose Mercury News |
| PAT | → | US Patents |
| FT | → | *Financial Times* |
| CR | → | Congressional Record |
| FBIS | → | Foreign Broadcast Information Service |
| LAT | → | *LA Times* |

표 4.2는 각 디스크의 내용과 간단한 통계를 보여주고 있다([1651]로부터 인용). 각 하위 컬렉션의 문헌들은 파싱을 쉽게 하기 위하여(이는 TREC 학술회의에 참여하는 그룹들에게 프로그램 코딩을 쉽게 할 수 있도록 하는 것을 의미한다) SGML로 태깅되어 있다. 문헌 번호(<DOCNO>로 표시된)와 문헌 텍스트를 위한 필드(<TEXT>로 표시된)와 같은 기본 필드들은 모든 하위 컬렉션에 공통적으로 나타난다. 그 외 중요하지 않은 필드들은 원문의 구조를 유지하기 위하여 하위 컬렉션마다 다를 수 있다. 가능하면 문헌의 구조를 유지하면서 자료 처리를 간단하게 하기 위한 공통의 프레임워크를 제공하자는 것이 NIST의 문헌 포맷팅 철학이었다.

| 디스크 | 내용 | 크기 *Mb* | 문서수 *Docs* | 문서당 단어수 (*median*) | 문서당 단어수 (*mean*) |
|---|---|---|---|---|---|
| 1 | WSJ, 1987-1989 | 267 | 98,732 | 245 | 434.0 |
| | AP, 1989 | 254 | 84,678 | 446 | 473.9 |
| | ZIFF | 242 | 75,180 | 200 | 473.0 |
| | FR, 1989 | 260 | 25,960 | 391 | 1315.9 |
| | DOE | 184 | 226,087 | 111 | 120.4 |
| 2 | WSJ, 1990-1992 | 242 | 74,520 | 301 | 508.4 |
| | AP, 1988 | 237 | 79,919 | 438 | 468.7 |
| | ZIFF | 175 | 56,920 | 182 | 451.9 |
| | FR, 1988 | 209 | 19,860 | 396 | 1378.1 |
| 3 | SJMN, 1991 | 287 | 90,257 | 379 | 453.0 |
| | AP, 1990 | 237 | 78,321 | 451 | 478.4 |
| | ZIFF | 345 | 161,021 | 122 | 295.4 |
| | PAT, 1993 | 243 | 6,711 | 4,445 | 5391.0 |
| 4 | FT, 1991-1994 | 564 | 210,158 | 316 | 412.7 |
| | FR, 1994 | 395 | 55,630 | 588 | 644.7 |
| | CR, 1993 | 235 | 27,922 | 288 | 1373.5 |
| 5 | FBIS | 470 | 130,471 | 322 | 543.6 |
| | LAT | 475 | 131,896 | 351 | 526.5 |
| 6 | FBIS | 490 | 120,653 | 348 | 581.3 |

**표 4.2**: TREC-6에 사용된 문서 컬렉션. 불용어가 제거되지 않았으며, 스테밍도 하지 않았음[1640].

TREC 문헌의 한 예로 Wall Street Journal 하위 컬렉션 중 문헌 번호 880406-0090인 문헌이 그림 4.11에 나와 있다([704]에서 인용). TREC 문헌 컬렉션에 대한 더 자세한 사항은 [1594, 1651]에 나와 있다.

### TREC 웹 컬렉션

웹 검색 트랙은 웹 환경을 더 실감나게 반영하기 위한 테스트 컬렉션을 구축하려는 목적으로, TREC-9에서 소개되었다. 이는 이전 TREC 컨퍼런스에 지배적이던 폐쇄형 ad hoc 트랙 환경으로부터 ad hoc 트랙에 사용되는 평가 유형을 배제한 수십억 개의 질의와 문서들로 구성된 웹 환경으로 변환하기 위한 목적이었다.

TREC 웹 컬렉션은 표 4.3에 나와 있는데, 이 컬렉션과 트랙은 이전에 소개된 초기 초대형 컬렉션 (VLCs) 과 결합된 것으로, IR 연구에 긍정적인 영향을 가져왔다. TREC 외의 주요 학회와 저널에 실린 여러 논문들은 TREC에서 개발한 VLC/Web 컬렉션상의 실험에 기반해 왔다.

```
<doc>
<docno> WSJ880406-0090 </docno>
<hl> AT&T Unveils Services to Upgrade Phone Networks Under Global Plan </hl>
<author> Janet Guyon (WSJ Staff) </author>
<dateline> New York </dateline>
<text>
American Telephone & Telegraph Co. introduced the first of a new generation of phone
services with broad ...
</text>
</doc>
```

**그림 4.11:** 트랙 문서 번호 WSJ880406-0090

| 컬렉션 | 문서수 | 평균 문서크기 | 컬렉션 크기 |
|---|---|---|---|
| VLC2(WT 100g) | 18,571,671 | 5.7 KBytes | 100 GBytes |
| WT2g | 247,491 | 8.9 KBytes | 2.1 GBytes |
| WT10g | 1,692,096 | 6.2 KBytes | 10 GBytes |
| .GOV | 1,247,753 | 15.2 KBytes | 18 GBytes |
| .GOV2 | 27 million | 15 KBytes | 400 GBytes |

**표 4.3:** TREC 웹 컬렉션. VLC2 컬렉션은 1997년에 인터넷 아카이브에서 수집하였으며, WT2g와 WT10g 컬렉션은 VLC2의 부분집합이다. ".GOV" 컬렉션은 2002년에 워터루대학이 ".gov" 사이트들에서 수집하였으며, ".GOV2" 컬렉션은 2004년 워터루 대학과 NIST가 공동으로 수집한 결과이다.

### 정보 요구(토픽) 예제

TREC 컬렉션은 새로운 랭킹 알고리즘을 테스트하기 위한 정보 요구 예제 집합을 포함하고 있는데, 정보 요구는 자연언어로 기술되어 있으며, 각 테스트 정보 요구를 '토픽'이라고 부른다. 정보 요구의 예로 TREC 3 컨퍼런스에 사용된 토픽 번호 168이 그림 4.12에 나와 있다.

정보 요구(토픽)를 시스템의 질의(즉, 색인어 리스트, 불리안 수식, 퍼지 수식 등)로 변환하는 작업은 각 시스템에 의해 수행되어야 하며, 평가 과정의 한 부분으로 간주된다.

TREC 컨퍼런스 8회까지 준비된 토픽수는 450개에 이른다. 1부터 150번 토픽은 TREC-1과 TREC-2 컨퍼런스를 위해 만들어졌는데, 이 토픽들은 실제 시스템의 숙련된 사용자들에 의해 작성되었으며 오랫동안 지속되어 온 정보 요구를 나타내고 있다. 151번부터 200번까지 토픽들은 TREC3을 위해 작성되었으며, 그림 4.12와 같이 제목, 기술, 설명의 비교적 짧은 세 개 필드의 간단한 구조로 되어 있다. 201번부터 250번 토픽들은 TREC4를 위해 작성된 것으로 길이가 더욱 짧아졌으나, TREC5(토픽 251-300 포함)와 TREC6(토픽 301-350 포함)에서는 TREC3의 토픽과 비슷한 구성(즉, 너무 짧다고 생각되었던 TREC4의 토픽들에 대한 확장)을 가졌다. TREC-7과 TREC-8에서 각각 50개의 토픽을 추가하여 총 450개의 토픽이 되었다.

<top>

<num> Number: 168
<title> Topic: Financing AMTRAK

<desc> Description:
A document will address the role of the Federal Government in financing the operation of the National Railroad Transportation Corporation (AMTRAK).

<narr> Narrative: A relevant document must provide information on the government's responsibility to make AMTRAK an economically viable entity. It could also discuss the privatization of AMTRAK as an alternative to continuing government subsidies. Documents comparing government subsidies given to air and bus transportation with those provided to AMTRAK would also be relevant.

</top>

**그림 4.12:** 트렉 컬렉션의 168번 토픽

### 정보 요구에 대한 연관 문서들

TREC 학술회의에서는 각 정보 요구 예제(토픽)에 대해 연관 가능성이 있는 문헌 집합 풀(pool)로부터 연관 문헌 집합을 선택하였다. 풀은 참여 시스템들이 생성한 순위에서 (보통 100개의) 상위 문헌을 선택하여 작성되는데, 풀의 문헌은 전문가에게 제시되고 그 전문가가 문헌의 연관성을 최종 결정한다.

이러한 연관성 평가 방법을 풀링(pooling) 기법이라고 하며[1651], 다음과 같은 두 가지 가정에 기초하고 있다. 첫째, 연관 문헌 대부분이 수집된 풀에 포함된다. 둘째, 풀에 없는 문헌은 비연관 문헌이라고 간주할 수 있다. 이 두 가지 전제 모두가 타당하다는 것이 TREC 학술회의에서 입증되었으며, 연관성 평가에 대한 더 자세한 내용은 [704, 1651]에서 찾을 수 있다.

### TREC 학술회의의 벤치마크 작업

TREC 학술회의는 두 개의 중요한 정보 검색 작업을 포함하고 있다[342]. 첫 번째 작업(ad hoc)에서는 여러 개의 새로운 질의가 정적인 문헌 데이터베이스를 대상으로 수행되는데, 이는 도서관에서 사용자가 정적인 문헌들을 대상으로 새로운 질의를 할 때의 상황이 된다. 라우팅(routing)이라고 불리는 두 번째 작업에서는 고정된 요구들이 계속적으로 변하는 문헌 데이터베이스를 대상으로 수행되는데, 이는 동일 질의가 동적인 문헌 집합을 대상으로 항상 실행되는 여과(filtering) 작업(예를 들면 뉴스 클립핑 서비스)과 같으며, 순수 여과 작업과는 달리 검색된 문헌은 순위화되어야 한다.

Ad hoc 검색 작업에서 참가 시스템은 미리 정의된 문헌 컬렉션을 대상으로 이 질의들을 수행한다. 라우팅 작업에서 참가 시스템은 테스트 정보 요구와 두 개의 서로 다른 문헌 컬렉션을 받는데, 첫 번째 문헌 컬렉션은 검색 알고리즘의 학습과 튜닝에 사용되며 두 번째 컬렉션은 튜닝된 알고리즘의 테스트를 위해 사용된다.

TREC4에서부터 여러 시스템들 간에 보다 정밀한 비교를 위해 ad hoc 검색과 라우팅 작업 외에도 새로운 보조 작업이 도입되었다. TREC6에서는 다음과 같은 8가지 보조 작업이 추가되었다.

- **중국어**. 문헌과 토픽 모두가 중국어로 된 ad hoc 검색 작업
- **여과**. 검색 알고리즘이 새로 도착한 문헌을 연관 문헌인지(이 경우 문헌이 선택됨) 아닌지(이 경우 문헌이 버려짐) 결정하는 라우팅 작업이며, 문헌 순위화는 필요 없고, 테스트 자료(새로 도착하는 문헌)는 도착 순서(time-stamp)대로 처리됨.

- **대화형.** 검색자가 문헌의 연관성을 평가하기 위하여 정보 검색 시스템과 대화형으로 작업하며, 문헌은 연관 혹은 비연관 문헌으로 구분된다(즉, 순위가 제공되지 않는다).

- **자연언어 처리.** 자연언어 처리에 기반을 둔 검색 알고리즘이 기존의 색인어를 이용한 검색 알고리즘에 비해 장점이 있는지 여부를 검증하기 위한 작업

- **다언어 검색.** ad hoc 검색 작업으로 문헌은 하나의 언어를 사용하나 질의는 여러 다른 언어를 사용하는 작업

- **높은 정확률.** 정보 검색 시스템 사용자가 주어진 (이전에 알려지지 않은) 정보 요구에 대한 응답으로 5분 이내에 10개의 연관 문헌을 검색하도록 하는 작업

- **구어체 문헌 검색.** 라디오 방송의 뉴스 쇼를 기록한 문헌을 검색하는 작업이며, 구어체 문헌 검색 기술에 대한 연구를 촉진하기 위한 것임.

- **대용량 코퍼스.** ad hoc 검색 작업으로 검색 시스템은 20기가바이트(750만 문헌) 크기의 컬렉션을 처리해야함.

TREC7에서는 자연언어 처리와 중국어 보조 작업이 중단되었으며, 라우팅 작업은 여과 작업이 보다 더 실제적인 라우팅 작업이라는 이유로 주요 작업에서 제외되었다. TREC7은 또한 '질의 작업'이라고 불리는 새로운 작업을 포함시켰는데, 이는 각 정보 요구 예제에 대해 서로 다른 여러 개의 질의가 작성되는 작업이다[1651]. 이 작업의 가장 중요한 목표는 질의 의존적 검색 전략에 대한 연구를 허용하기 위한 것인데, 이는 과거 TREC 학술회의에서 사용된 정보 요구들이 겹치는 부분이 거의 없는 희소성 때문에 잘 알려진 문제 중의 하나였다.

TREC-8에서, IR 커뮤니티는 ad hoc 작업으로 생성된 추가 학습이 많지 않음을 이해하게 됐다. 8년 동안의 광범위한 실험 후에, 모든 작업에 참여한 다양한 시스템에서 만들어진 결과의 품질이 정체기에 도달했음이 명백해졌다. 수년 동안 랭킹 알고리즘이 개선되어 오면서 과거에 비해 수준 향상이 더뎌졌고, 이는 ad hoc작업에 사용된 광범위한 리소스들이 더 이상 유효하지 않게 되었기 때문이다. 나아가, 잘 만들어진 TREC 참조 컬렉션을 사용하여 개별 연구들이 더 잘 수행될 수 있게 되어, ad hoc 작업은 TREC-9에서 중단되었다.

더 최근의 TREC 컨퍼런스는 아직 잘 정리되지 않은 새로운 트랙에 힘을 쏟아 왔는데, 그 이유는 더 나은 연구와 실험에 사용될 수 있는 새로운 참조 컬렉션을 만들기 위한 경험을 축적하기 위해서였다. 예를 들어, 2006년에 열린 TREC-15의 주요 트랙은 질의응답, 유전학, 테라바이트, 기업, 스팸, 법, 블로그였다. 최신 TREC 컨퍼런스, 트랙, 컬렉션에 대한 상세 내용은 [1649, 1650]을 참고하라.

수행 작업에 대해 상세한 설명을 제공하는 것 외에 TREC 학술회의에서는 정보 요구(자연언어로 기술됨)를 질의 문장(벡터 혹은 불리안 형태 등)으로 변환하는 두 가지 기본 기술을 명확하게 구분하였다. 즉, TREC6에서는 질의 변환 방법을 자동 방법과 수동 방법으로 구분하였는데, 자동 방법에서는 정보 요구가 완전히 자동으로 질의로 변환되는 반면, 완전 자동 변환 이외의 모든 방법을 수동 방법으로 구분하였다[1651].

### TREC 학술회의에서의 평가 척도

TREC 학술회의에서는 요약 테이블 통계, 평균 재현율-정확률, 문헌 수준 평균, 평균 정확률 히스토그램 등 평가 척도의 4가지 기본 형태가 사용되었다. 이들 척도들을 간단히 설명하면 다음과 같다.

- **요약 테이블 통계.** 주어진 작업에 대한 통계값들을 요약한 테이블로 구성된다. 포함되는 통계값으로는 작업에 사용된 토픽(정보 요구) 수, 전체 토픽에 대해 검색된 문헌의 수, 전체 토픽에 대해 효과적으로 검색된 연관 문헌의 수, 전체 토픽에 대해 검색했어야 할 문헌의 수가 있다.

- **재현율-정확률 평균.** 11 표준 재현율 수준에서(전체 토픽에 대한) 평균 정확률을 표시한 그래프나 표로 구성된다. 대부분의 경우 각 질의에 대한 재현율 수준이 표준 재현율과 일치하지 않기 때문에 표준 재현율

수준에서의 정확률을 계산하기 위해 보간법이 사용된다. 또한 각 연관 문헌(또 전체 질의)에 대한 보간되지 않은 평균 정확률이 포함되기도 한다.

- **문헌 수준 평균**. 전체 토픽에 대한 평균 정확률이 표준 재현율 수준이 아니라 미리 정의된 문헌 컷오프에서 계산된다. 예를 들면 평균 정확률을 5, 10, 20, 100번째 문헌에서 계산하는 것이며, 또한 (전체 질의에 대한) 평균 R-정확률이 포함될 수도 있다.
- **평균 정확률 히스토그램**. 각 토픽에 대한 단일 수치 척도를 포함하는 그래프이며, 예를 들면, 특정 토픽에 대한 모든 참가 시스템과 해당 시스템의 평균 정확률을 비교해서 보여준다. 이는 해당 시스템이 어떤 토픽에 좋은 결과를 내는지를 잘 보여준다.

## 4.4.2 기타 참조 컬렉션

앞에서 논의한 컬렉션 외에도 INEX, Reuters, OHSUMED, NewsGroups, NTCIR, CLEF와 같은 컬렉션들이 있는데, 다음과 같다,

### INEX 컬렉션

INEX(INitiative for the Evaluation of XML Retrieval)는 XML 검색 효용성을 평가하기 위해 특별히 설계된 테스트 컬렉션이다. 이는 IR 커뮤니티에서 TREC 컬렉션의 역할과 비슷하게, XML 커뮤니티에게 중요한 의미를 가지며, 더 자세한 내용은 13장에서 다룬다.

### Reuters, OHSUMED, NewsGroups 컬렉션

로이터는 로이터(Reuter)의 뉴스 기사들로 구성된 참조 컬렉션이며, 103개 주제 카테고리에 대해 팔십만개 이상의 문서들로 구성되어 있다. OHSUMED는 Medline 데이터베이스로부터 약 348,000개의 의학 참고문헌들로 구성된 참조 컬렉션으로, 1987~1991년 동안 출판된 270개의 저널에서 선택된 것이며, 전문가가 지정한 Medical Subject Headings (MeSH) 또는 의학 카테고리를 포함한다. NewsGroups은 수천 개의 뉴스그룹 메시지로 이루어져 있으며, 카테고리라고 볼 수 있는 20개 그룹으로 구성되었다. 이 세 개의 컬렉션은 각 문서들과 결합된 카테고리(클래스) 정보를 포함하고 있어서 텍스트 분류 알고리즘 평가에 적합하기 때문에, 8장의 "표준 컬렉션" 절에서 다루도록 한다.

### NTCIR 컬렉션

NTCIR(NII Test Collection for IR Systems) 프로젝트[1212]에서는 해마다 NTCIR 워크샵을 개최하는데, IR, 질의응답, 텍스트 요약, 추출 분야에서의 연구 개선을 목표로 한다. 이 워크샵에서, 일본어와 영어 특허로 구성된 다양한 참조 컬렉션이 구축되어 왔는데, 이를 NTCIR 컬렉션이라 부르고, 특허 정보 검색, 특허 번역, 다국어 정보 검색에 대한 상세한 실험이 가능하다. NTCIR-7 PATMT(Patent Translation Test; 특허 번역 테스트) 컬렉션[1213]은 백팔십만개의 번역된 문장 쌍(일본어-영어), 5200개 테스트 문장 쌍, 124개 질의, 번역 결과에 대한 전문가 평가를 포함한다.

### CLEF 컬렉션

CLEF(다국어 정보 검색과 평가에 관한 워크샵)은 다국어/교차 언어(Cross-Language IR; CLIR) 정보 검색 연구와 관련된 이슈들에 초점을 맞추어 매년 열리는 컨퍼런스다. 실험을 지원하기 위한 CLEF 참조 컬렉션이 수년 동안 만들어져 왔으며, 다양한 유형의 CLIR 실험들을 지원하는데, 이에는 다국어 문서 정보 검색, 대화형 교차언어 정보 검색, 다국어 질의응답, 교차언어 이미지 검색, 다국어 정보 여과, 교차언어 비디오 검색, 지적 재산권, 로그 파일 분석 등이 있다. 관심 있는 독자는 [393]을 참고하라.

### 4.4.3 기타 소규모 테스트 컬렉션

여러 소규모 테스트 컬렉션들이 오랜 기간 IR 커뮤니티에서 사용되어 왔는데, 그 규모가 작기 때문에 현재는 테스트 컬렉션으로 더 이상 고려되지 않는다. 그럼에도 불구하고, 웹이나 TREC 컬렉션과 같이 대형 컬렉션 실험 이전에, 새로운 랭킹 알고리즘을 초기 테스트하는데 유용하다.

9개의 대표적인 소규모 테스트 컬렉션이 버지니아 공대의 Ed Fox에 의해 만들어졌으며, 이 컬렉션의 기본 특징이 표 4.4에 제공된다.

또 하나의 흥미로운 소규모 테스트 컬렉션은 Cystic Fibrosis (CF) 컬렉션 [1454]인데, 미국 국립 의학 도서관의 MEDLINE 데이터베이스에서 'cystic fibrosis(섬유종)' 용어로 색인된 1239개의 문헌과 20년간 섬유종 치료 및 연구 경험을 가진 전문가에 의해 만들어진 100개의 정보 요구로 구성되어 있다. 특히, 각 문서에 대해 4개의 적합도 점수가 제공되는데, 3개는 주제 전문가에 의해 제공되었고, 4번째 적합도 점수는 의학 문헌 서지학자가 제공했다. 점수는 0부터 2의 범위를 가지는데, 2가 적합성이 높음을 나타낸다.

CF 컬렉션은 비록 작은 컬렉션이지만 다음과 같은 두 가지 특징이 있다. 첫째, 연관 점수가 분야 전문가에 의해 신중한 평가 과정을 거쳐 작성되었다는 점이고 둘째, 컬렉션 크기에 비해 비교적 많은 수의 정보 요구를 포함하고 있어서 질의 벡터들간에 겹치는 부분이 존재한다는 점이다. 이 점은 검색 성능을 개선하기 위하여 이전 질의 세션을 이용하는 검색 전략에 대한 연구에 유용하다.

| 컬렉션 | 주제 | 문서 수 | 질의 수 |
|---|---|---|---|
| ADI | Information Science | 82 | 35 |
| CACM | Computer Science | 3200 | 64 |
| ISI | Library Science | 1460 | 76 |
| CRAN | Aeronautics | 1400 | 225 |
| LISA | Library Science | 6004 | 35 |
| MED | Medicine | 1033 | 30 |
| NLM | Medicine | 3078 | 155 |
| NPL | Elec. Engineering | 11429 | 100 |
| TIME | General Artcles | 423 | 83 |

**표 4.4:** 초기 실험에 사용된 소규모 테스트 컬렉션

## 4.5 사용자 기반 평가

사용자 선호도는 사용자 인터페이스의 특징과 인터페이스가 얼마나 쉽게 상호작용할 수 있는지에 영향을 받는다. 예를 들어, 검색 엔진 사용자들이 검색 결과 페이지의 상단 왼쪽 구석을 먼저 본다는 것은 이제 잘 알려져 있다(5장 참고). 그래서 검색결과 페이지의 화면 배치 변화는 사용자의 평가와 그 행동에 영향을 줄 수 있다. 사용자 인터페이스와 상호작용의 적절한 평가는 인터렉티브 시스템 평가의 특별한 방법, 크랜필드 실험 프레임워크 이상의 방법을 필요로 하고, 이에 대해 논의하도록 한다.

### 4.5.1 연구실에서의 사용자 실험

사용자 선호도에서 사용자 인터페이스(UI)의 영향력을 평가하기 위해서, 몇 가지 평가 세션 구동이 필요한데, 이는 측정 목적에 따라 달라지는 UI의 몇몇 특성을 제외하고는 대부분 동일하다. 이러한 평가 유형은 연구실 환경에서 주의 깊게 선택된 피험자들로 실행될 때 더 잘 수행된다.

연구실내 사용자 대상의 실험은 고정된 테스트 컬렉션으로는 평가할 수 없는 사용자-시스템 상호작용의 동적인 특징을 이해할 수 있게 해준다. 단점으로는 설치와 반복 비용이 들며, 상대적으로 피험자 수가 적기 때문에 정보 요구 집합도 적은 수로 제한된다는 점이다. 이러한 단점에도 불구하고, 연구실내 사용자 대상 실험은 컬렉션에 기반한 평가 정보를 보완해 주기 때문에 충분히 의미가 있다.

여기서 연구실내 사용자 대상의 실험을 광범위하게 다루지는 못하지만, 이런 실험 예를 만드는 병렬 패널(side-by-side panels)에 대해 다음에서 다루도록 한다. 더 자세한 참고 문헌은 4.8절을 참고하라.

### 4.5.2 병렬 패널(side-by-side panels)

두 개의 시스템 또는 동일 랭킹 함수의 다른 두 버전의 검색 결과를 평가하는 방법 중 하나는, 상위 K 개의 검색결과를 나란히 놓고(side by side) 평가하는 것이다. 일반적으로, 동일 질의에 대해 두 시스템의 상위 10개 검색결과를 화면 왼쪽과 오른쪽으로 나누어 나란히 펼쳐 놓는다. 검색결과를 나란히 놓고 봄으로써 (a) 참가자들 간의 의견 차이 (b) 상위 검색결과 순위에 의한 사용자의 의견 영향을 조절할 수 있다. 여기서의 논의는 [1581]에 기반한다.

병렬 패널 방법은, 동일 질의에 대한 두 검색 엔진의 상위 검색결과를 수집하여 공통 배경화면에 나란히 보여준다. 그림 4.13은 '정보 검색 평가(information retrieval evaluation)'란 질의에 대한 야후 와 구글 검색엔진의 상위 5개 검색결과 예를 보여준다.

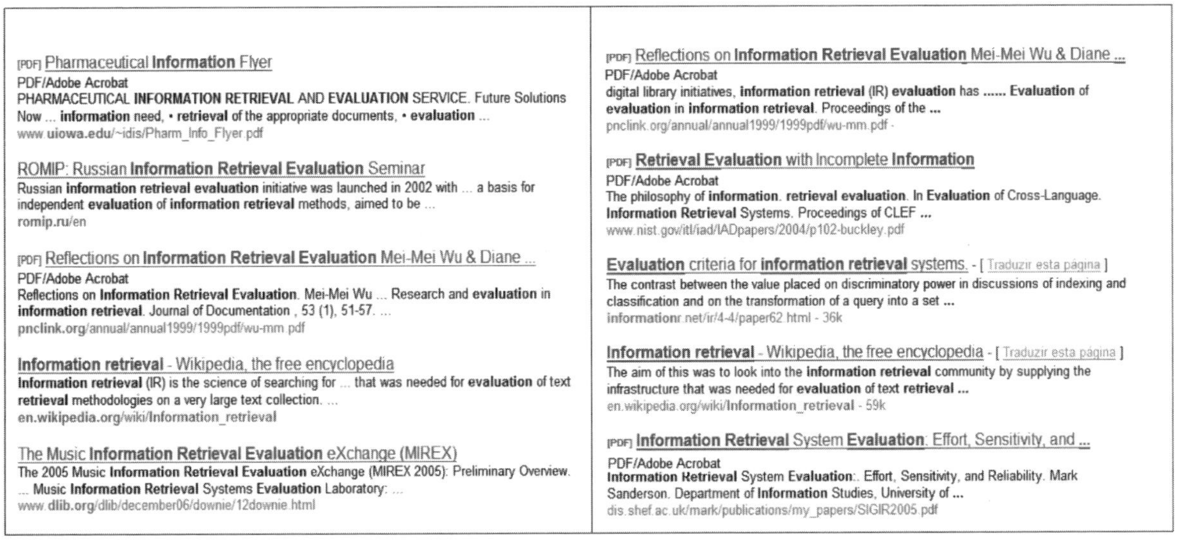


**그림 4.13**: 질의 '정보 검색 평가(information retrieval evaluation)'에 대한 야후와 구글의 상위 5개 검색결과 비교. 출처를 알기 어렵게 하기 위해 아이콘과 마크를 제거하였다.

병렬 실험 평가는 주어진 질의에 대해 평가자의 눈으로 어느 쪽의 검색 결과가 더 나은지 간단하게 판단하는 것이다. 그림 4.13의 질의 예로 설명하면, 평가자 4명은 왼쪽 검색결과가 더 좋다고 하고, 평가자 1명은 오른쪽 검색결과를 선호했다면, 이 질의에 대해 왼쪽의 검색 결과가 오른쪽보다 더 적합하다고 볼 수 있다. 특정 결과가 얼마나 더 좋은지에 대한 판단은 없음에 주의하라.

양쪽에 대한 평가자의 상호작용을 기록함으로써, 어느 검색 결과가 질의에 대한 결과로 선호되는지 추론할 수 있으며, 실제 질의 결과를 즉시 병렬 패널에 띄울 수 있기 때문에, 검색 엔진을 빠르게 비교할 수도 있다. 또한,

실제 검색을 바로 실행하여 측정하는 동적 특성은 특정 기간의 실시간 트렌드를 평가할 수 있게 해 준다.

병렬 실험에서, 사용자는 실험에 참가하고 있음을 인지하며, 실시간으로 질의 흐름이 변하기 때문에 이전 실행과 동일한 조건에서 반복할 수 없다. 또, 병렬 패널은 두 개가 넘는 시스템을 직접 비교하지 못할 뿐만 아니라, 시스템 A가 시스템 B와 비교해서 얼마나 더 좋은지도 알 수 없다. 이런 단점에도 불구하고, 병렬 패널은 다른 평가 방법들을 보완할 통찰력을 제공하는 동적 평가 방법이다.

### 4.5.3 A/B 테스팅

A/B 테스팅 또는 버킷 테스팅(bucket testing)으로도 불리는 평가 방법은, 웹 사이트의 미리 선정된 수천 명의 사용자들이 평가를 수행하는 요즘 인기 있는 방법이다. 예를 들어 일부 사용자들에게 페이지 배치(layout) 변경 사항을 적용하여 보여주고, 사용자들이 변화에 어떻게 반응하는지를 분석하면, 변화가 긍정적인지 여부를 알 수 있다. 즉 연구실 환경은 아니지만, 사용자 대상의 실험 형태가 된다.

보통 선정된 사용자가 전체 사용자에 비해 작은 부분이지만 대표 사용자가 된다. 이 기술은 특히 대중적인 사이트에서 중요한데, 그 이유는 좋지 않은 변경 적용이 수백만 사용자에게 불편을 줄 수 있기 때문이다. A/B 테스팅에 대한 추가 논의는 [920, 921, 456]과 검색 인터페이스 설계 및 평가에 관한 2.5 절을 참고하라.

### 4.5.4 크라우드 소싱(Crowdsourcing)

적합성 평가에 관한 현재 접근은 수많은 제한이 있다. 예를 들면, 크랜필드 패러다임을 이용하여 검색 결과 적합성을 판단할 다수의 평가단을 조직하는 것은 비용이 많이 들고 확장성 이슈가 제기된다. 대학 연구자들은 이러한 평가자들을 대신해서 작은 규모의 학생 지원자들에게 종종 의존하는데, 제한된 시간과 학생들 가용성 때문에 테스트 집합은 예상보다 작게 되고, 실험적 시스템과 통계적으로 유의미한 차이를 발견하기 어렵다.

행위 데이터(Behavioral data)는 평가단 방법보다 비용은 저렴하지만, 역시 제한을 가지는데, 대용량 데이터가 필요하고, 연구자가 실험 시스템을 항상 테스트할 수 없으며, 이해하기 어려운 과제들도 있다

최근, 크라우드 소싱이 적합성 평가의 현실적인 대안으로 떠오르고 있는데, 그 이유는 대규모 평가 집단과 결합할 수 있는 유연성 때문이다[37]. 크라우드 소싱은 고용인이나 계약자 대신, '작업자(workers)'라고 불리는 대규모 사람들을 아웃소싱하는 방식을 말하는데, 문제 해결과 과제 수행을 개방적으로 요청(open call)하고, 이를 수행한 작업자에게 금전적 보상을 지불한다.

크라우드 소싱은 실험에 드는 비용이 적어, 새로운 아이디어를 빠르게 테스트하기에 좋은데, 전세계의 대규모 온라인 사용자의 참여가 증가하고 있음이 좋은 예이다. 예를 들어, 크라우드 소싱이 검색 결과의 품질을 검증하는 연구에서 사용되었는데, 이에 대한 자세한 내용은 11장을 참고하도록 하라.

크라우드 소싱을 이용한 평가 수행에서 가장 중요한 부분 중 하나가 실험을 주의 깊게 설계하는 것이다. 간단하고 효과적으로 질문하기 위해 설문지와 질문지 설계 가이드라인을 활용하면 좋으며, 작업자들은 웹 브라우저로 작업하기 때문에, 정보 표시에 잘 알려진 사용성(usability) 기술을 이용하는 것도 중요하다. 작업자들은 정보 검색 전문가가 아니기 때문에 문서의 적합성을 평가하는 방법을 명확하게 알려주어야 하고, 가능하다면 예제를 제공하도록 한다.

작업자들에게 피드백을 요청하는 것은 특정 결과에 대한 정당성 확보에 훌륭한 방법이므로, 반드시 모든 실험에 포함되어야 하며, 피드백을 반영하면 시스템과 프로그램 개선에 도움이 된다.

이전 연구들에 의하면, 크라우드 소싱은 TREC 데이터[36]와 자연어 텍스트[1499]에 대해 동일한 품질의 평가

를 만들어 낼 수 있다. 이를 응용하여 기계 학습과 랭킹 알고리즘의 특징값 선택을 위한 데이터를 만들어 낼 수도 있다. 또, 평가자간 동의(agreement) 척도를 사용하여 평가가 양호하고 일관성이 있는지 명확히 하여야 하고[888], 이는 플랫폼이 내부 시스템이든, 외부 시스템이든 관계없이 적용된다. 외부 크라우드 소싱 플랫폼으로는 잘 알려진 AMT가 있는데, 다음과 같다.

### Amazon Mechanical Turk

Amazon Mechanical Turk(AMT)는 크라우드 소싱 플랫폼의 한 예이다[40]. '터커(turkers)'라고 불리는 이 서비스 참여자들은 HIT(human intelligence task)라는 지능작업을 수행하고 약간의 돈을 받으며, 이 과제들은 평가를 필요로 하는 작업 요청자들이 만들어 놓는데, 참여자의 신분은 작업 요청자가 알지 못하는 대신, 고품질의 평가 결과를 만들어낸다[861, 1540].

AMT에서, 작업 요청자는 개인 또는 조직이 되고, 터커, 즉 작업을 수행하고자 하는 사람은, 시스템에서 작업자로 기술된다. 각 HIT 또는 수행될 단위 작업은 비용과 완수 시간이 정해져 있어서, 작업자들이 작업을 선택하기 전에 비용과 시간 정보를 미리 볼 수 있다. 품질 테스트를 통해 작업의 품질을 조정할 수 있는데, 품질 테스트는 품질을 위해 작업자가 반드시 답해야 하는 질문지 세트(HIT와 같이)로서 부여된 작업이다.

AMT는 개발자들에게 응용프로그램의 핵심 요소로 인간 지능을 포함할 수 있게 해 준다. 개발자들은 웹서비스 API를 이용하여 소프트웨어 프로그램에 과제를 제출하고, 완료된 과제를 승인하며 결과들을 조합한다. 응용 프로그램에서 볼 때, 이러한 트랜잭션은 원격 프로시저 요청과 같은데, 응용 프로그램은 요청을 보내고, 서비스는 결과를 돌려준다. 사람들은 웹 사이트를 방문하여 과제를 찾아보고, 완수한 작업에 대한 보상을 받는다. API 외에도, 실험 프로토타입을 위한 유용한 특징들을 포함한 계기판을 이용하여 상호작용하는 옵션도 있다.

## 4.5.5 클릭 데이터를 이용한 평가

참조 컬렉션은 검색 결과 집합의 적합성 평가에 효과적인 방법을 제공하는 반면, 상대적으로 작은 수의 질의에 적용될 수 있다. 반면, 웹 검색 엔진의 질의 이력은 수 억 개의 질의로 구성되는데, 사람이 평가할 수 있는 검색 결과는 몇 백 개의 질의로 제한된다. 이 제한을 넘어서기 위해서는 많은 비용이 필요하므로, 참조 컬렉션을 이용한 웹 검색 엔진 평가는 한계가 있다. 또 사용자 선호도나 자주 변하는 문서 컬렉션과 같은 검색 엔진의 동적인 특성이 이 제한을 더 어렵게 만든다. 즉, 크랜필드 패러다임을 웹에 직접적으로 이용하기에는 잘 맞지 않기 때문에, 다른 평가 방법으로 보완될 필요가 있다.

가능한 대안은 클릭 데이터 분석에 기반한 평가로, 질의 결과가 보여졌을 때 사용자가 얼마나 많이 클릭했는지를 확인하는 것이다. 클릭 데이터는 사용자에게 별다른 부담을 주지 않고, 크게 비용을 들이지 않고서도 수집될 수 있기 때문에 매우 매력적이다. 클릭 데이터 분석은 눈에 드러나지 않는 사용자 피드백 유형으로, 사람이 직접 적합성을 평가하는 방식에 비해 더 주의 깊은 설정이 필요하다. 여기서의 논의는 Joachims [842]에 기반한다.

### 편향된 클릭 데이터

클릭데이터를 이용하여 두 검색 엔진 A와 B를 비교하는 방법으로는 랭킹 $R_A$와 $R_B$의 클릭 비율을 측정하는 방법이 있다. 예를 들어, 특정한 시간에 여러 사용자가 동일한 질의를 입력한다고 하면, 각 질의에 대해 두 검색 엔진 중 하나의 검색 결과를 사용자에게 보여주고, 어떤 검색 엔진의 결과인지 알려주지 않고 사용자의 클릭 여부를 기록한다. 이 과정을 여러 질의에 대해 반복하고, 질의에 대한 클릭 데이터를 기록하면 각 질의에 대한 평균 클릭 값을 알 수 있다.

수백만 질의의 클릭 데이터를 비교해 보면, 어떤 검색 엔진이 사용자들에게 선호되는지 알 수 있게 된다. 그러나 클릭 데이터는 해석이 쉽지 않은데, 예를 들어, 질의 $q$가 있고, 사용자가 랭킹 $R_A$에서 2, 3, 4번째 결과를,

랭킹 $R_B$에서 1, 5번째 결과를 클릭했다고 가정해 보자. 첫 번째 경우, 평균 클릭 순위 위치는 (2+3+4)/3이고 이 값은 3이다. 두 번째 경우의 평균 클릭 순위 위치는 (1+5)/2이고, 이 값 역시 3이 된다. 이것이 이 질의에 대해 두 엔진이 동일한 결과를 제공한다는 의미일까? 또는 검색엔진 A의 사용자가 최상단 밑의 클릭한 문서가 더 중요하다는 것일까? 이 예는 클릭 데이터 분석이 어려움을 보여준다.

위 예의 핵심 문제는 클릭데이터가 적합성의 절대적인 지표가 아니라는 것이다. 즉, 많이 클릭된 문서가 반드시 연관된 것은 아니며, 대신 다른 문서보다 선호된다는 것이다. 즉, 클릭 데이터는 상대적인 척도로서, 두 개의 랭킹 알고리즘을 직접적으로 비교하는 것은 어려운데, 그 이유는 둘 중 하나의 검색 결과가 다른 것에 상대적이지 않기 때문이다.

즉, 클릭 데이터는 편향될 수 있어서 검색 엔진을 직접 비교할 수 없으므로, 대안은 편향되지 않은 클릭데이터를 모으기 위해 두 랭킹을 섞는 것인데, 다음과 같다.

### 편향되지 않은 클릭 데이터

편향되지 않은 클릭데이터를 모으기 위해, 두 검색 알고리즘의 결과를 섞게 되면, 한 랭킹 알고리즘에 의한 문서의 클릭은 다른 알고리즘에 대해 항상 상대적이다. 이런 방식으로 두 랭킹의 클릭 데이터를 비교할 수 있다.

두 랭킹 검색 결과를 섞기 위해서, 각 랭킹의 상위 검색 결과를 보고 나서, 최종 혼합 결과 집합에 반복되는 문서가 없는지 확인한다. 그림 4.14의 알고리즘([842]에 제안된)은 이 효과를 보이는데, combine_ranking($R_A$,$R_B$, 0, 0, $\phi$) 함수 호출은 $R_A$의 상위 문서를 혼합 랭킹 $R$에 집어넣는다. 다음 호출, combine_ranking($R_A$, $R_B$, 1, 0, $R$)은 RB의 문서를 혼합 랭킹 $R$에 집어넣는데, 제한이 있다면 $R_B$의 문서가 이미 혼합 랭킹 R에 포함되어 있지 않아야 한다. 이를 위해, $R$에 없는 문서를 찾을 때까지 $R_B$를 차례차례 검사하기 위해 combine_ranking을 재귀 호출한다.

이 혼합 랭킹의 특성은 상위 $r$에 랭크된 문서 집합 중 각 랭킹의 원문서 수의 차이가 1을 넘지 않는다는 점이다. 혼합 랭킹의 클릭 데이터를 수집하면, 데이터가 편향되지 않고, 예측 가능한 사용자 선호도를 반영할 수 있다.

Input: $\mathcal{R}_A = (a_1, a_2, \dots)$, $\mathcal{R}_B = (b_1, b_2, \dots)$.
Output: a combined ranking $\mathcal{R}$.
$combine\_ranking(\mathcal{R}_A, \mathcal{R}_B, k_a, k_b, \mathcal{R})$ {
  if $(k_a = k_b)$ {
    if $(\mathcal{R}_A[k_a+1] \notin \mathcal{R})$ { $\mathcal{R} := \mathcal{R} + \mathcal{R}_A[k_a+1]$ }
    $combine\_ranking(\mathcal{R}_A, \mathcal{R}_B, k_a+1, k_b, \mathcal{R})$
  } else {
    if $(\mathcal{R}_B[k_b+1] \notin \mathcal{R})$ { $\mathcal{R} := \mathcal{R} + \mathcal{R}_B[k_b+1]$ }
    $combine\_ranking(\mathcal{R}_A, \mathcal{R}_B, k_a, k_b+1, \mathcal{R})$
} }

**그림 4.14:** 두 검색 랭킹 혼합 알고리즘

**편향되지 않은 클릭 데이터:** $R_A$와 $R_B$를 두 검색 알고리즘의 검색 결과라고 하자. 결과 집합은 combine_ranking($R_A$,$R_B$, 0, 0, $\phi$) 호출로 혼합되는데, 랭킹 어느 위치에서든 상위 $r$ 검색결과 집합은 $R_A$의 상위 $r_a$ 검색 결과와 $R_B$의 상위 $r_b$ 검색결과를 포함하고 $|r_a - r_b| \leq 1$이 되도록 한다. 이렇게 만들어진 혼합 랭킹이 사용자에게 보여 지고, 클릭 데이터가 기록된다.

이러한 상황에서

$R_A$의 클릭율이 $R_B$의 클릭율보다 높으면, 랭킹 $R_A$가 $R_B$보다 연관 문서들을 더 많이 포함하고 있다고 판단할 수 있다. 이와 같이, 클릭 데이터에 기반한 두 랭킹 알고리즘의 비교는 전문가들의 적합성 평가에 기반한 비교와 일치한다.

이것이 사용자 클릭 데이터와 검색결과 적합성과의 연관관계를 보여주는 놀라운 결과이다.

## 4.6 실제 주의할 점

이 장의 대부분은 특정 문서 컬렉션에서 주어진 질의 집합에 대한 정보 검색 시스템의 평균 품질 측정을 다룬다. 실제로 표준 평가 방법은 두 가지 주의할 점이 있는데, 단순한 실험 설계와 단순한 비교 측정이다.

단순한 실험이 좋은 이유는 다른 사람들이 반복할 수 있기 때문이며, 알려진 참조 컬렉션을 이용하는 것이 추천된다. 반면, 이 결과는 실제로 해당 컬렉션에서만 의미 있고, 다른 컬렉션으로 확장할 수 없으므로, 여러 개의 컬렉션을 이용하면 더 강력해 진다. 질의도 같은 원리가 적용되는데, 정보 검색 시스템 A가 특정 질의 집합에 대해 정보 검색 시스템 B보다 좋은 품질을 보여줄 수 있지만, 다른 질의 집합에 대해서는 B가 더 좋을 수 있다. 또 하나의 이슈는 얼마나 많은 질의를 활용해야 통계적으로 의미 있는 개선이 될 것인가 하는 것이다. 통계적 유의미성에 관해서는, 실험이 달성해야 할 유의미 수준을 알려주는 통계표가 있다. 그러나 많은 연구 결과들이 타당성 분석 없이 임의로 적은 수의 질의를 사용하는데, 이 문제는 4.5.3절에 언급된 A/B테스팅 기법에서도 언급되었다. 한편, 어떤 연구자들은 유의미성 테스트가 유용하지 않다고 주장하기도 한다[179]. 마지막으로. 시간도 문제가 될 수 있는데, 웹과 같은 경우 컬렉션과 질의가 끊임없이 변하기 때문이다. 따라서 현재 훌륭한 시스템이 미래에도 훌륭한 시스템이 될지는 장담할 수 없다.

두 번째 주의할 점은 비교 방법이다. 먼저, 단순하게 기준선을 비교하는 것은 정보 검색 시스템의 실제 상태를 의미하는 것은 아니므로, 강력한 기준선이 장려되어야 한다. 반면, 실제 상태가 개선되지 않을지라도 새로운 기법이 장점을 가질 수도 있는데, 예를 들어, 새롭고 단순한 기법이 최상의 복잡한 기법만큼 좋아지고 발전해 가면, 확실히 흥미롭다. 둘째, 평균만 측정하는 것은 잘못일 수 있다. 예를 들어 시스템 A의 평균이 시스템 B보다 좋다고 나온 경우, 시스템B가 하나의 질의에 대한 검색결과가 아주 안 좋고, 그 외는 모두 좋을 수 있다. 검색 품질의 다양성 또한 중요하다(volatility-불안정이라는 용어가 사용된 [777] 참조). 예를 들어, 정보 검색 품질에 최소 기준선이 있다면, 평균값은 좋지만 절반 정도가 기준선 밑에 있는 B대신에, 결과 모두가 기준선 위에 있는 A가 더 좋을 것이다. 반대로, 평균 정보 검색 품질이 기준선 이상인 시스템이 하나도 없다면, 평균값이 더 좋은 시스템 B보다 절반이 기준선 위에 있는 시스템 A를 선호할 것이다.

## 4.7 연구 동향 및 쟁점

최근의 주요 연구 동향은 대화형 사용자 인터페이스와 그 평가이다. 그 주된 동기는 효과적인 정보 검색에서 적절한 사용자 피드백을 얻는 것이 매우 중요하다는 믿음이며, 주요 쟁점은 이러한 시나리오에서 어떤 평가 척도가 가장 적절한지 결정하는 것이다. 최근의 좋은 예로, 병렬(side-by-side) 평가와 4.5절에서 본 클릭데이터를 이용한 검색 이력 분석이 있다.

또 다른 주요 연구 동향은 크라우드 소싱(crowdsourcing)으로, 웹 사용자들에게 약간의 돈을 주고 평가 과제를 수행하게 하는 것이다. 이는 적은 비용으로 확장성 있으면서도 좋은 결과를 만들어 낼 수 있으므로, 확장성 있는 평가 방법이 필요한 대규모 웹 응용프로그램에서의 시뮬레이션과 평가에 관한 연구가 보다 활발해져야 한다.

또한 재현율과 정확률 외에 다른 척도들도 계속 연구되어야 하는데, 4.3.4절에서 다룬 DCG척도나 4.3.5절에서 다룬 Bpref척도가 좋은 예이다.

## 4.8 참고문헌 고찰

Cleverdon의 여러 저작들[395, 397, 396, 399]은 크랜필드 평가 패러다임의 시작부터 최근 발전까지를 높이 평가하고 있다. Harter와 Hert[709]의 작업은 크랜필드 모델과 확장, 대안 그리고 396개의 참고 문헌에 이르는 연구 의제를 다루고 있다. Saracevic은 [424]에서 IR시스템 평가 방법 및 과정의 핵심사항과 역사를 다룬다. 다양한 IR 평가 척도의 정확성 분석과 IR 평가에 널리 적용된 경험 법칙, 예를 들어 실험에 사용하는 질의의 수 등은 Buckley와 Voorheess의 [291]에 있다.

Salton과 McGill의 책[1414]은 검색 평가에 대해 훌륭한 내용을 포함하고 있으며, 비록 오래되었지만 여전히 흥미롭게 읽을 수 있으며, IR 평가에 대한 일반적인 논의는 [1372]에 제공된다. Khorfage의 책[931] 또한 검색 평가에 한 장 전체를 할애하고 있으며 Mizzaro[1145]는 160개의 논문을 언급하면서 수년간의 적합성 연구에 대한 폭넓은 개요를 제공한다.

Shaw와 Burgin, Howel [1455, 1456]은 클러스터 기반과 벡터 기반 검색 모델을 위한 실험 컬렉션에 대한 표준과 평가를 다루었다. 이 논문에서는 재현율과 정확률을 따로 사용하는 대신에 하나의 값으로 재현율과 정확률의 조화 평균을 사용하는 것의 장점을 논하고 있다. 약한 문서 순서화를 제공하는 시스템에 대한 평가에 있어서 재현율과 정확률을 사용하는 것에 대한 문제점에 대해 Raghavan, Bollmann, Jung의 논문[664, 663]이 다루고 있다. Tague-Sutcliffe[754]는 대화형 사용자 세션을 평가하기 위한 '정보성(informativeness)' 척도를 제안하고 있다. van der Weide, Huibers, van Bommel는 [1662]에서 "berry picking" 모델 연장선상에서 새로운 모델을 제안하고 있다.

여기서 TREC 컬렉션에 대한 논의는 Harman의 논문[704]과 Vorhees와 Harman의 논문[1651]에 기초하고 있으며, TREC 컬렉션은 대규모 자료를 대상으로 복잡한 질의 처리를 평가하기 위해 가장 중요한 컬렉션이다. Vorhees는 또한 [1648]에서 TREC컬렉션에 대한 크랜필드 패러다임의 응용에 대한 상세 논의를 제공하며, [1647]에서 TREC 결과 평가에서의 적합성 측정 변화 영향을 논의한다.

이 책에서 기타 참조 컬렉션으로는 NEX, Reuters, OHSUMED, NTCIR, CLEF를 포함하는데, 이들은 구조화된 텍스트 정보 검색, 텍스트 분류, 교차 언어 검색, 버티컬(vertical) 컬렉션 평가에서의 최신 동향을 다룬다. 더 상세한 내용은 8장과 13장의 관련 참고 문헌을 참조하라.

정보 검색 평가에 관한 최근 조사는 Sanderson [1422]의 참조 컬렉션을 사용한 것과 Kelly [894]의 대화형 IR이 있다.

순위 상관(correlation) 척도에 관해서는 가장 인기 있는 두 가지 Spearman [1052, 1511] 과 Kendall Tau [3, 898, 1208] 계수를 다루었으며, DCG(discounted cumulated gain)-할인 누적 증가는 [828, 829]에 기반한다. TREC 컬렉션을 대상으로 이진 적합성 시스템과 등급 적합성 시스템(DCG 와 같은)이 [24]에 제안되었는데, 결론은 사용자 만족도가 정확률 숫자와 CG점수와는 관련이 많았지만, NDCG 점수와는 크게 관련되지 않았다. BPref척도에 관한 논의는 [292]에 기반한다.

웹 정보 검색 평가에 관한 논의로는 병렬 패널[1581], 클릭 기반 평가 [842], 크라우드소싱 [37, 36, 1499, 888]을 다루었다. 이러한 연구들의 상당수는 매우 최신이고, 활발한 연구와 관심 증가는 이들이 웹에서 중요한 이슈임을 나타낸다.

내용 기반 이미지 검색 (CBIR; Content-Based IR)을 평가하기 위해 IR 척도를 사용하는 아이디어는 [1163]에 논의되었고, 대화형 세션 평가에 대한 사례 연구와 논의는 [918]에서 Koenemann과 Belkin이 제공하며 더 최근으로는 Borlund가 대화형 시스템을 제안한 바 있다[237].

논의한 척도들 외에 흥미로운 다른 척도들도 있는데, 약한 순위화 문서 집합을 다루기 좋은 예상 검색 길이(expected search length), 연관 문서들만을 고려하는 만족도(satisfaction), 적합하지 않은 문서들만을 다루는 불만족도(frustration) 등이 있다[931]. 다양한 IR 평가의 적합도를 평가하기 위해 통계적인 테스트를 사용하는 것은 [796]에서 논의하고 있다.

Chapter 5

# 연관 피드백과 질의확장

## 5.1 소개

대부분의 사용자는 문헌 컬렉션 구성이나 검색 환경에 대해 자세한 지식이 없기 때문에 자신의 검색 목적에 맞는 질의를 작성하는 것이 매우 어렵다. 검색 엔진 사용자들은 원하는 검색 결과를 얻기 위해 질의를 재구성할 경우가 있는데, 질의 작성이 어렵기 때문에 첫 질의는 연관된 문서를 검색하기 위한 초기 시도 정도로 취급하여야 하고, 더 많은 유용한 문서를 검색하기 위해서는 질의를 개선하여 재입력해야 한다.

이 장에서는 질의 의도와 관련된 정보를 이용하여 초기 질의 입력을 개선하는 다양한 접근 방법들을 살펴볼 것이다. 이 정보는 초기 질의에 연관된 문서를 검색하는 데 사용할 수 있는 정보를 의미한다. 질의 수정 과정은 사용자가 명시적으로 질의에 연관된 문서 정보를 제공하는 연관 피드백(relevance feedback)과 질의와 관련된 정보를 이용하는 질의 확장(query expansion)이 있다. 여기서는 둘 다를 피드백 방법으로 본다.

이 장의 논의는 피드백 방법 전체를 소개하는 대신에, 필요하다고 판단되는 몇 개의 참고 문헌을 선택하여 소개함으로써 피드백에 대한 주요 쟁점들과 장단점을 소개한다. 두 가지 접근 방법으로 구분하면, (a) 사용자가 직접 제공한 질의 재입력 정보인 명시적인(explicit) 피드백과 (b) 시스템이 제공한 질의 재입력 정보인 암묵적인(implicit) 피드백이 있다.

## 5.2 피드백 방법의 구조

[1375]에서 처음 명명된 연관 피드백은 질의 $q$에 연관된다고 알려진 문서들을 사용하여 질의 $q_m$으로 변형하는 피드백 사이클을 말하며, 이는 질의 $q_m$이 $q$보다 더 많은 연관 문서들을 검색한다는 기대에 기반한다. 여러 문헌에서의 경험적 증거에 의하면 연관 피드백이 텍스트뿐만 아니라 이미지에서도 개선된 검색 결과를 가져왔다. [290, 701, 1396, 1411, 1784].

그러나, 현재 질의에 연관된 문서 정보를 얻는 것은 비용도 많이 들고 사용자에게는 귀찮은 일이다. 예를 들어, IR 시스템이 사용자에게 상위 10개 검색결과가 실제로 연관된 것인지 아닌지 정보를 요구한다면, 특히 웹 환경에서 대부분의 사용자들은 이 정보를 제공하려고 하지 않을 것이다. 이런 고비용 때문에, 연관 피드백은 질의와 관련된 정보들을 대신 사용할 수 있도록 완화되어 왔다. 예를 들어, 사용자에게 연관된 문서인지를 묻는 대신, 사용자가 클릭한 문서나 상위 검색 결과 문서에 포함된 용어들을 사용할 수 있다. 두 경우 모두, 수집된 정보가 원 질의와 관련된 정보라고 가정하면, 피드백 사이클은 더 높은 품질의 검색 결과를 제공할 것이라고 기대할 수 있다.

피드백 사이클은 두 개의 기본 단계로 구성되는데, (a) 원 질의 $q$와 관련되었거나 관련되었다고 기대되는 피드백 정보를 결정하는 것과 (b) 질의 $q$ 변환에 이 정보를 어떻게 효과적으로 사용할지를 결정하는 것이다.

또, 단계 (a)는 두 방법으로 수행될 수 있는데, 사용자로부터 명시적으로 피드백 정보를 획득하거나 검색결과 또는 시소러스와 같은 외부 소스로부터 암묵적으로 피드백 정보를 획득하는 방법이다. 일단 피드백 정보가 만들어지면, 단계 (b)는 다양한 방법으로 수행될 수 있다.

### 명시적 피드백 정보

명시적 연관 피드백 사이클에서, 피드백 정보는 사용자 또는 평가자 집단에 의해 직접 제공된다. 원래는 사용자가 검색 결과의 상위 문서들을 검토하고 실제로 질의에 연관되는지를 표시하는데, 오류를 최소화하기 위해, 피드백 정보는 다양한 사용자들로부터 수집되고, 다수의 사용자들이 지지한 정보만이 고려된다. 사용자들이 협조하지 않거나 연관 판단을 신뢰할 수 없을 경우, 대안으로는 연관 평가를 할 수 있는 전문가 집단을 활용한다. 그렇지 않은 경우, 피드백 정보를 수집하는 것은 비용과 시간이 많이 드는 작업이다.

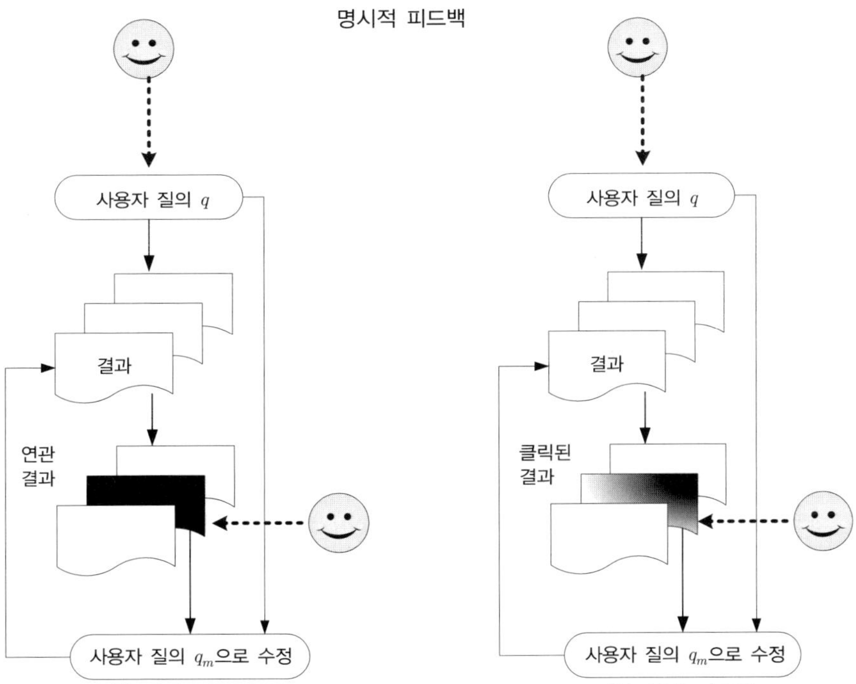


(a) 연관 피드백 (b) 클릭 피드백

**그림** 5.1: 명시적 피드백 정보 (a) 사용자가 선택한 연관 결과들 (b) 사용자가 클릭한 검색결과들

웹 검색 결과의 사용자 클릭은 피드백 정보의 새로운 소스이다. 클릭이 반드시 문서가 연관된다는 것을 나타낸다고 할 수는 없지만, 사용자의 관심을 보여준다. 그림 5.1은 상이한 두 가지 유형의 명시적인 피드백 사이클을 보여주는데, 사용자가 선택한 연관 결과들과 사용자가 클릭한 검색결과들이다.

두 경우 모두 사용자가 직접적으로 참여한다는 점이 중요하다. 이 중 두 번째 경우가 현재 작업을 방해하지 않기 때문에 사용자 참여가 더 자연스럽고, 클릭 정보도 대용량으로 수집될 수 있지만, 연관된 결과가 아닌 경우도 있다. 5.3절에서 Rocchio 연관 피드백 방법을 논의하는데, 이는 사용자 질의 개선에 있어 연관된 결과들을 사용하는 전통적인 접근 방법이다. 5.4절에서는 검색결과의 클릭정보 해석에 제안된 최근 방법을 다루도록 한다.

### 암묵적 피드백 정보

암묵적 피드백 사이클에서는 피드백 과정에 사용자 참여가 없는 대신, 피드백 정보가 시스템에 의해 암묵적으로 도출된다. 암묵적 피드백 정보를 분석하는 두 가지 기본적인 접근 방법은 다음과 같다: (a) 검색결과 집합의 상위 문서들로부터 피드백 정보를 도출하는 것으로 이를 지역 분석(local analysis) 방법이라고 한다. (b) 문서 컬렉션에서 추출한 용어 관계나 시소러스와 같은 외부 소스로부터 피드백 정보를 도출하는 것으로 보통 전역 분석(global analysis) 방법이라고 한다.

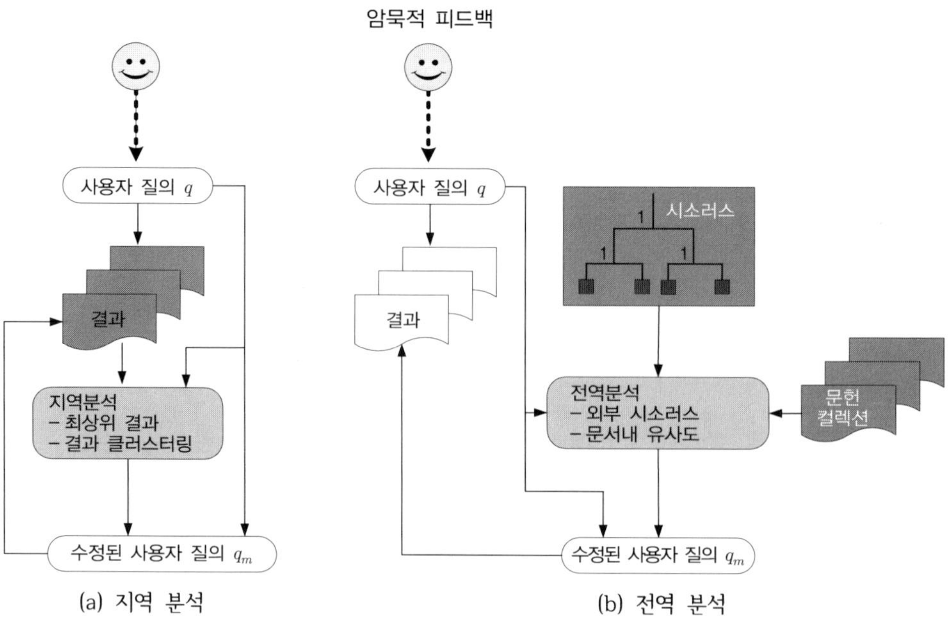


**그림 5.2:** 암묵적 피드백 정보 (a) 검색결과 상위랭크된 문서들로부터 피드백정보를 도출하는 지역분석(local analysis) (b) 외부 소스로부터 피드백정보를 추출하는 전역분석(global analysis)

그림 5.2는 지역 분석과 전역 분석 두 유형의 암묵적 피드백 주기를 보여주는데, 두 경우 모두 피드백 주기에 있어, 사용자의 직접적인 참여는 없다. 분명한 것은, 피드백 정보가 현재 질의에 반드시 관련된 것은 아니라는 점이고 이것이 사용자가 명시적으로 정보를 제공하는 것보다 암묵적 피드백 활용을 더 어렵게 한다. 그럼에도 불구하고, 암묵적 정보는 풍부하고 매우 낮은 비용으로 수집할 수 있기 때문에 검색결과 개선에서 꾸준한 관심을 받아오고 있다. 5.5절에서 지역 분석에 기반한 연관 피드백 방법을 다루고, 5.6절에서는 전역 분석에 기반한 연관 피드백 방법을 다루도록 한다.

## 5.3 명시적 연관 피드백

연관 피드백 과정에서, 사용자는 검색된 문서들을 검토하여 연관인지 여부를 표시하며, 실제로, 상위 10개 (또는 20개) 문서들만 검토하면 된다. 연관 피드백의 중요 착안은 사용자가 연관된다고 표시한 문서로부터 중요한 용어들을 선택하고, 새로 질의를 만들 때 이러한 용어들의 중요성을 개선하는 것이다. 기대 효과는 새로운 질의가 연관된 문서들과는 가깝게, 연관되지 않은 문서들과는 멀게 만드는 것이다.

초기 SMART 시스템을 이용한 실험[695]과 확률 가중치 모델[677]을 이용한 실험과 같이 소규모 실험 컬렉션을 대상으로 연관 피드백을 사용하면 정확률이 많이 개선되는 것으로 나타났다. 이러한 개선은 두 가지 기본 기술에 기인하는데, 질의 확장(연관 문헌에서 나타난 새로운 색인어를 질의에 추가하는 것)과 가중치 재계산(사용자의 연관성 정보를 이용하여 색인어 가중치를 변경하는 것)이 그것이다.

연관 피드백은 다른 질의 재작성 방법에 비해 다음과 같은 장점을 갖는다. (a) 사용자는 문서의 연관 정보만 제공하면 되기 때문에 연관 피드백 과정의 자세한 사항은 알 필요가 없다. (b) 연관 피드백은 전체 검색 프로세스를 이해하기 쉬운 작은 단계로 분할한다.

다음에서 (a) 벡터 모델의 질의 확장과 (b) 확률 모델에서 질의 용어 가중치를 재부여하는 사용자 연관 피드백 주기를 살펴본다.

### 5.3.1 벡터 모델을 위한 연관 피드백: Rocchio 기법

벡터 모델에 사용자 연관 피드백을 적용하는 것은 주어진 질의에 대해 연관된다고 판단된 문서들이 서로 유사하다는 사실을 이용하며, 비연관 문서들은 연관 문서들이 갖는 용어-가중치 벡터와는 다르다고 가정한다. 이 방법의 기본적인 착안은 질의를 수정하여 연관된 문서들의 용어-가중치 벡터 공간에 더 가깝게 만드는 것이다.

주어진 질의 $q$ 처리에 있어서 몇 가지 추가적인 용어를 정의하자.

$D_r$: 검색된 문서 중 사용자가 연관된다고 판단한 문서 집합
$N_r$: 집합 $D_r$의 문서 수
$D_n$: 검색된 문서 중 비연관 문서 집합
$N_n$: 집합 $D_n$의 문서 수
$C_r$: 컬렉션내 모든 문서 중 연관된 문서 집합
$N$: 컬렉션의 문서 수
$\alpha,\ \beta,\ \gamma$: 조절 상수

비현실적인 상황이기는 하지만, 주어진 질의 $q$에 대한 전체 연관된 문서 집합인 $C_r$을 이미 알고 있다고 가정해 보자. 이러한 상황에서 연관된 문서들을 비연관 문서들로부터 구분하는 최적 질의 벡터는 다음과 같다는 것이 입증된다.

$$\vec{q}_{opt} = \frac{1}{|C_r|}\sum_{\forall \vec{d}_j \in C_r}\vec{d}_j - \frac{1}{N-|C_r|}\sum_{\forall \vec{d}_j \notin C_r}\vec{d}_j \qquad (5.1)$$

여기서, $|C_r|$은 집합 $C_r$의 문서수, $\vec{d}_j$는 문서 $d_j$와 관련된 가중치 용어 벡터(3장 참고), $\vec{q}_{opt}$는 질의 $q$에 대한 최적화된 가중치 용어 벡터이고 그림 5.3(a)와 같다.

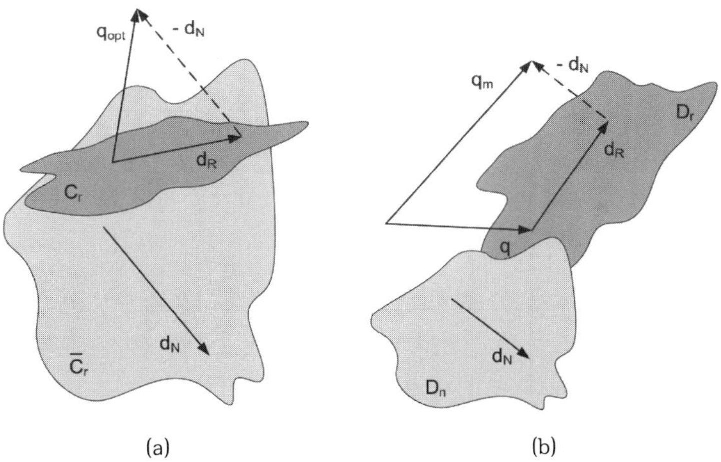


**그림 5.3**: Rocchio 피드백 과정: (a) 연관($\vec{d}_R=\sum_{\vec{d}_j\in C_r}\vec{d}_j$)과 비연관($\vec{d}_N=\sum_{\vec{d}_j\notin C_n}\vec{d}_j$) 피드백 정보가 완전할 때 최적의 질의 공식 (b) 검색 결과의 연관($\vec{d}_R=\sum_{\vec{d}_j\in D_r}\vec{d}_j$) 문서와 비연관($\vec{d}_N=\sum_{\vec{d}_j\notin D_n}\vec{d}_j$) 문서에 의해 원래 검색어 $\vec{q}$가 $\vec{q}_m$로 변형된 Rocchio 질의 재형성 과정

이 식의 문제점은 $C_r$ 집합을 구성하는 연관 문서들을 미리 알 수 없다는 것이며, 이 문제를 해결하는 자연스러운 방법은 초기 질의를 작성한 다음 점차 초기 질의 벡터를 변화시키는 것이다. 이러한 점진적 변화는 사용자에 의해 연관 문헌으로 판정된 문헌 방향으로 계산을 제한함으로써 가능한데, 수정된 질의 $q_m$을 계산하는 세 가지 고전적인 방법은 다음과 같다.

$$\text{Standard\_Rocchio: } \vec{q}_m = \alpha\vec{q} + \frac{\beta}{N_r}\sum_{\forall \vec{d}_j \in D_r} \vec{d}_j - \frac{\gamma}{N_n}\sum_{\forall \vec{d}_j \in D_n} \vec{d}_j \quad (5.2)$$

$$\text{Ide\_Regular: } \vec{q}_m = \alpha\vec{q} + \beta\sum_{\forall \vec{d}_j \in D_r} \vec{d}_j - \gamma\sum_{\forall \vec{d}_j \in D_n} \vec{d}_j \quad (5.3)$$

$$\text{Ide\_Dec\_Hi: } \vec{q}_m = \alpha\vec{q} + \beta\sum_{\forall \vec{d}_j \in D_r} \vec{d}_j - \gamma \max\_rank(D_n) \quad (5.4)$$

여기서, max_rank$(D_n)$은 비연관 문서 중 가장 상위 문서를 나타낸다. 첫 번째 식에서 Rocchio는 $\alpha=1$[1375]로, Ide는 $\alpha=\beta=\gamma=1$[806]로 고정하였으며, 다른 두 식은 이들의 최신 변형이다. 현재까지의 실험 결과는 세 기법 모두 비슷한 결과를 보이고 있다(예전에는 Ide Dec-Hi 방법이 약간 좋은 것으로 알려졌었다).

Rocchio 식은 그림 5.3(b)와 같이 원 질의 용어들에 식 5.1을 바로 적용했는데, 그 이유는 원 질의가 연관 문서를 결정하는데 중요한 정보를 가지고 있기 때문이다. 일반적으로 연관 문서에 포함된 정보는 비연관 문서에 포함된 정보보다 중요하므로[1414], 상수 $\gamma$는 상수 $\beta$보다 작아야 하며, 심지어 $\gamma$를 0 으로 하는 긍정적(positive) 피드백 전략도 있다.

이 연관 피드백 방법의 주요 장점은 단순하면서도 좋은 결과를 낸다는 점이다. 여기서, 단순하다는 것은 수정된 용어 가중치가 검색된 문헌 집합을 통하여 바로 계산이 가능하다는 의미이며, 결과가 좋다는 것은 실험적으로 관찰되는데, 이는 수정된 질의 벡터가 사용자의 질의 의도 중 일부를 잘 반영한다는 것을 의미한다.

### 5.3.2 확률 모델을 위한 연관 피드백

확률 모델은 질의 $q$와 유사한 문서들을 확률 랭킹 원칙에 의해 동적으로 순위화하며, 3.2.7절의 문서와 질의의 확률모델 유사도는 다음과 같다.

$$sim(d_j, q) = \sum_{k_i \in q \wedge k_i \in d_j} \log\left(\frac{P(k_i|R)}{1-P(k_i|R)}\right) + \log\left(\frac{1-P(k_i|\overline{R})}{P(k_i|\overline{R})}\right) \quad (5.5)$$

위의 식에서 $P(k_i|R)$는 연관 문서 집합 $R$에서 용어 $k_i$가 발생할 확률을 나타내며, $P(k_i|\overline{R})$는 비연관 문서 집합 $\overline{R}$에서 용어가 발생할 확률을 나타낸다.

처음에는 $P(k_i|R)$와 $P(k_i|\overline{R})$의 값을 알 수 없기 때문에 식 5.5를 사용할 수 없다. 이 확률 값을 자동으로(즉, 사용자 피드백 없이) 계산하기 위한 여러 다른 방법들은 3장에서 논의하였는데, 사용자 피드백이 있다면 이 확률들은 다음과 같이 약간 다른 방법으로 추정할 수 있다.

초기 검색(즉, 아직 검색된 문헌이 없을 때)을 위해, 다음과 같은 가정들이 자주 도입된다. (a) $P(k_i|R)$는 모든 용어 $k_i$에 대해 상수 값이며(보통 0.5), (b) 용어 분포 확률 $P(k_i|\overline{R})$는 전체 컬렉션 분포로 대치된다. 따라서,

$$P(k_i|R) = 0.5$$

$$P(ki|\overline{R}) = \frac{n_i}{N}$$

이 되며, 이 식에서 $n_i$는 컬렉션내 용어 $k_i$를 가진 문서 수를 의미한다. 이 식을 식 5.5에 대입하면 다음과 같다.

$$sim_{initial}(d_j, q) = \sum_{k_i \in q \wedge k_i \in d_j} \log\left(\frac{N-n_i}{n_i}\right)$$

피드백 검색에서는 검색된 문헌들의 연관, 비연관에 대한 통계를 이용하여 $P(k_i|R)$과 $P(k_i|\overline{R})$를 계산한다. $n_{r,i}$를 집합 $D_r$에서 용어 $k_i$를 가지는 문서 수라고 하면, 확률 $P(k_i|R)$와 $P(k_i|\overline{R})$는 다음과 같이 근사된다.

$$P(k_i|R) = \frac{n_{r,i}}{N_r}; \quad P(k_i|\overline{R}) = \frac{n_i - n_{r,i}}{N - N_r} \tag{5.6}$$

이러한 근사값을 이용하면 식 5.5는 다음과 같이 된다.

$$sim(d_j,\ q) = \sum_{k_i \in q \wedge k_i \in d_j} \log\left(\frac{n_{r,i}}{N_r - n_{r,i}}\right) + \log\left(\frac{N - N_r - (n_i - n_{r,i})}{n_i - n_{r,i}}\right)$$

벡터 공간 모델과는 달리 여기서는 질의 확장이 일어나지 않으며, 사용자가 제공한 피드백 정보를 이용하여 질의 용어들의 가중치가 재부여된다.

식 5.6은 종종 $N_r$과 $n_{r,i}$가 매우 작아지는 ($N_r = 1,\ n_{r,i} = 0$) 문제가 발생하는데, 이러한 이유로 $P(k_i|R)$와 $P(k_i|\overline{R})$의 계산에 있어서 조정 계수인 0.5를 더하여 다음과 같이 조절한다.

$$P(k_i|R) = \frac{n_{r,i} + 0.5}{N_r + 1}; \quad P(k_i|\overline{R}) = \frac{n_i - n_{r,i} + 0.5}{N - N_r + 1} \tag{5.7}$$

이 연관 피드백 과정의 주요 장점은 피드백 과정이 질의 용어의 새로운 가중치 계산과 직접적으로 연관되어 있다는 점이다. 단점으로는 (1) 피드백 과정에서 문헌내 용어 가중치가 고려되지 않고, (2) 이전 질의에서의 용어 가중치가 무시되며, (3) 질의 확장이 없다(원래 질의에 포함되어 있는 용어들만 계속 가중치를 재부여 받는다)는 점이다. 이러한 단점들로 인해 확률적 연관 피드백 방법은 일반적으로 벡터 수정 방법에 비해 성능이 떨어진다.

질의 확장이 가능하도록 확률 모델을 변경하기 위하여 질의 확장을 위한 용어 가중치 계산으로부터 스패닝 트리를 이용한 용어 클러스터링 방법까지 다양한 방법들이 제안되었다. 이 모든 방법들은 확률적 가중치 재부여와 확률적 질의 확장을 별개의 문제로 취급하며, 비록 여기서는 다루지 않겠지만, 이 쟁점에 대한 간단한 역사와 참고 문헌은 5.8절에 나와 있다.

### 5.3.3 연관 피드백 평가

Rocchio 식을 사용해 수정된 질의 벡터 $\vec{q}_m$이 있을 때, 이 질의의 검색 성능 향상을 평가해 보자. 간단한 방법으로는 $\vec{q}_m$을 이용하여 문헌을 검색하고 이 문헌들을 벡터 수식을 이용하여 순위화한 다음, 원래 질의 벡터 $\vec{q}$에 대한 연관 문헌 집합(전문가에 의해 제공된)보다 향상된 재현율-정확률 성능을 측정해볼 수 있다. 일반적으로 이 결과는 대단한 성능 개선을 보이지만, 이 성능 개선의 대부분은 피드백 과정에서 이미 연관된다고 판단된 문서들에게 높은 순위를 부여함으로써 발생한 것이다[582]. 사용자가 이미 이 문서들을 검사(연관된 문서로 지적)하였기 때문에 이러한 평가는 비현실적이다. 더욱이 사용자에게 아직 보여지지 않은 문서들 때문에 실질적인 검색 성능의 개선은 감추어진다.

보다 현실적인 방법은 수정된 질의 벡터의 검색 성능을 평가할 때 오직 잔여 컬렉션(residual collection)만을 고려하는 것인데, 잔여 컬렉션은 전체 컬렉션 중 사용자의 피드백을 받은 문헌을 제외한 컬렉션을 말한다. 상위 순위화된 문헌들은 컬렉션에서 제거되었기 때문에 $\vec{q}_m$의 재현율-정확률 성능은 원래 질의 $\vec{q}$의 재현율-정확률 성능보다 낮아지는 경향이 있지만, 연관 피드백 방법들을 서로 비교하기 위해(연관 피드백 전후 성능을 비교하기 위해 사용하는 것이 아니고) 이 방법을 사용하기 때문에 이것은 단점이 아니다. 따라서 연관 피드백을 포함한 실험에서는 경험적으로 잔여 컬렉션을 대상으로 재현율-검색률을 측정하는 것이 일반적이다.

## 5.4 클릭(Click) 기반 명시적 피드백

웹 검색 엔진 사용자들은 질의에 대한 검색결과를 단지 살펴볼 뿐만 아니라, 클릭하기도 한다. 클릭은 질의의 특정 결과에 대한 선호도를 반영하는데, 사용자를 특별히 방해하지 않고도 대규모 수집이 가능하다. 하지만, 이 클릭 정보가 해당 결과에 대한 연관성 판단을 즉각적으로 반영하는지, 즉 클릭 데이터가 향후 질의에 대한 결과의 연관성을 결정하는데 사용될 수 있는지에 대해서는 의문이다. 특정 상황에서 이는 긍정적인 답변이 될 수도 있는데, 이 장에서 논의할 예정이며, 여기서의 논의는 [845, 1320]에 기반한다.

### 5.4.1 시선 추적(Eye Tracking)과 연관성 평가

클릭 데이터는 사용자 행위에 있어 제한된 정보를 제공하므로, 이를 보완하는 한 가지 방법은 시선 추적을 활용하는 것으로, 다음과 같다.

#### 시선 추적

사용자의 시선 위치는 상업적으로 가능한 도구를 이용해서 추적할 수 있는데, 예를 들어 동공 중심과 각막 반응에 기반한 방법들을 이용해서 사용자가 집중하고 있는 화면 영역을 결정할 수 있다. 어떤 경우, 단점이 있기는 하지만, 이 접근 방법은 60~90%의 경우에 사용자가 관심을 가지는 화면 영역을 정확하게 맞춘다. 더욱이, 이 방법을 적용할 수 없는 경우도 결정할 수 있다.

Rayner [1339]에 따르면, 눈 움직임은 4가지 시각 행위 유형으로 분류할 수 있는데, 고정(fixations), 눈의 빠른 움직임(saccades), 동공 팽창(pupil dilation), 스캔 경로(scan paths) 이다. 고정은 화면의 특정 영역을 약 200-300 밀리초 동안 지속적으로 바라보는 것으로, 이는 표시된 이미지의 효과적인 인식과 해석에 충분한 시간이다. 즉, 고정은 시각 정보 획득 및 처리와 관련된 일반적인 시각 활동을 표현하고, 사용자 행위 해석의 핵심이 된다. 눈의 빠른 움직임은 눈이 고정되기 전 40~50 밀리초 동안 지속되는 빠른 눈 움직임으로 효과적인 정보를 얻기에는 너무 짧다. 동공 팽창은 사용자 행위 해석과 연관된 관심도 증가의 표지인데, 여기서는 다루지 않으며, 스캔 경로도 마찬가지이다.

이 장에서 소개될 실험 결과는 [845, 1320]으로부터 재생산된 것이고, 전반적으로 고정에 기반한다. 제한적이기는 하지만, 이 방법은 질의 결과 집합에 대한 사용자 반응 해석에서 사용자 질의에 비해 상대적으로 충분한 정보를 제공한다.

#### 연관성 판단

검색결과의 품질을 평가하는 데 있어, 시선 추적은 적절하지 않은데, 4장에서 논의한 것처럼, 검색결과 품질 평가는 테스트에 필요한 질의 집합과 이에 대한 연관성 판단을 필요로 한다. 이는 클릭으로 품질을 평가하는 경우에도 해당된다.

예를 들어, [845] 연구는 5개의 웹 페이지를 찾는 내비게이션 질의와 5개의 특정 주제에 관한 정보를 찾는 10개의 정보성 질의로 구성된 테스트 집합을 사용한다. 내비게이션 검색 과제의 예로는, '통계학자 마이클 조던의 홈페이지를 찾아라'가 있으며, 정보성 검색 과제의 예로는 '뉴욕에서 가장 높은 산의 위치를 찾아라'가 있다. 클릭 데이터를 분석하려면 실제 사용자들이 고용되어야 한다. 프록시(proxy)는 사용자와 검색 엔진 사이의 상호작용을 가로채고 관리하는데 사용할 수 있고 이는 사용자 경험에 영향을 주지 않는다.

사용자가 살펴본 각 페이지와 검색 결과 집합은 평가자에 의해 연관성 평가를 받는다. 평가자는 제시된 질의에 대한 상위 10개 검색 결과 모두에 대해 선호도 순서를 결정해야 한다. $r_i$가 상위 $i$번째 검색 결과라고 하고, 만약 검색 결과 $r_4$가 선호도 순서에서 $r_2$ 보다 먼저 나타나면, 평가자는 $r_4$가 $r_2$보다 연관된 정보를 제공한다고 판단한 것이다. 오류를 줄이기 위해, 각 질의는 최소한 두 명의 평가자에 의해 평가되어야 하고, 두 평가자가 모두 상대적 선호도에 동의해야만 연관성 판단이 완료된다.

평가자에 의해 만들어진 연관성 판단 집합은 테스트 집합 각 질의의 연관 문헌으로서 사용자가 클릭한 문서의 품질을 평가하는데 사용될 수 있다.

### 5.4.2 사용자 행위

[845]에 보고된 29명 참가자 그룹의 시선 추적 실험은 사용자가 상위에서부터 밑으로 검색 결과를 훑어보고, 2, 3번째 시선 고정으로 첫 번째와 두 번째 검색결과를 찾는다는 것을 알려준다. 또한 상위 10개 검색결과의 나머지 결과를 보기 위해 스크롤을 내리기 전에 화면에 보이는 상위 5개 또는 상위 6개 검색 결과를 모두 확인하는 경향을 보였다.

그림 5.4는 [845]의 29명 참가자들과 10개의 테스트 과제들에 대한 시선 고정 비율과 클릭을 보여준다. 과제의 60~70 %의 사용자들은 첫 번째 또는 두 번째 결과에서 시선 고정을 보임을 알 수 있다. 상대적으로 4번째 검색결과의 시선 고정 빈도는 반으로 떨어진다. 페이지 하단 부분의 검색결과들은 스크롤을 하단으로 내린 후에만 확인될 수 있고 10% 이하의 상대적 시선 고정 빈도를 보인다. 이 결과는 또한 사용자가 상위 두개의 검색결과를 거의 동등하게 바라보지만, 첫 번째 검색결과에 대해 거의 3배가량 높게 클릭한다는 것을 나타낸다. 이는 검색 엔진

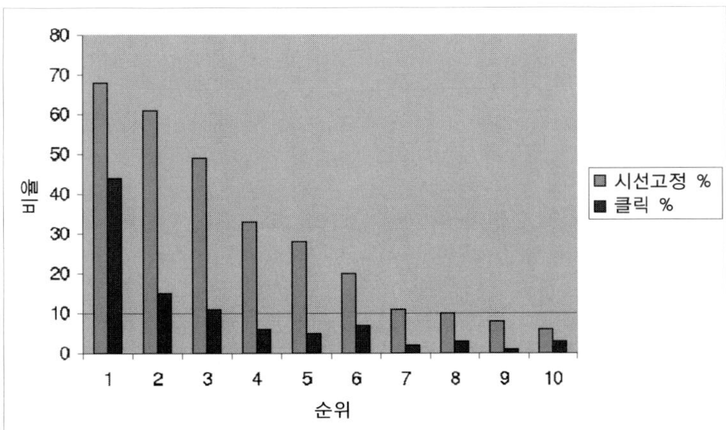


**그림 5.4:** 사용자가 상위 검색 결과들을 보고 클릭한 비율. [845] 결과 이용

에 대한 사용자 성향으로 볼 수 있는데, 즉 사용자는 검색 엔진이 연관된다고 추천한 상위 검색 결과를 신뢰하는 경향이 있다.

이는 추가 실험을 통해 더 잘 이해할 수 있는데, 참가자들에게 다음 두개의 검색 결과 집합이 제시되었다: (a) 검색 엔진의 일반 순위 (b) 상위 두개 검색결과를 바꾸어 수정한 순위. 프록시를 사용하면, 실험 참가자들이 보고 있는 결과가 일반 순위인지 수정된 순위인지 의식하지 못하게 제공할 수 있다. [845]의 검색 결과 분석은 사용자가 검색엔진의 상위 검색 결과를 선호한다는 신뢰 성향을 보여준다. 즉 상위 두 개의 결과가 바뀌어 있어도 사용자는 여전히 두 번째 보다 첫 번째 검색결과를 세배쯤 더 많이 클릭한다. 결과적으로, 검색 결과의 위치는 사용자 클릭 결정에 큰 영향을 미친다.

### 5.4.3 사용자 선호 척도로서의 클릭

앞의 논의를 통해, 클릭을 해석하는 것이 직접적인 연관 지표로서 최선의 접근은 아님이 명백해졌으며 클릭 해석은 사용자 선호도 척도로 보는 것이 더 의미 있다. 예를 들어, 사용자가 검색 결과의 일부분인 작은 텍스트들을 보기만 하고, 건너뛰어 랭킹 하위에 보이는 결과를 클릭한다면, 이는 사용자가 랭킹 상위에 보여진 결과에 대해서도 클릭한 결과만큼 선호한다고 말하는 것이 적절하다. 이러한 선호도 관계 유형은 사용자가 클릭한 결과만이 아니라 클릭하지 않은 결과 또한 고려해야 한다.

#### 동일 질의내 클릭

클릭을 사용자 선호도로 해석하기 위하여, 다음과 같이 정의한다.

**정의**

*랭킹 함수 $R(q_i, d_j)$이 주어졌을 때, $r_k$가 k번째 랭크된 결과라고 하자. 즉 $r_1$, $r_2$, $r_3$은 각각 첫 번째, 두 번째, 세 번째 검색 결과를 말한다. 또, "$\surd rk$"는 사용자가 k번째 결과를 클릭한 것을 나타낸다고 하자. 선호도 함수 "$r_k > r_{k-n}$", $0 < k-n < k$는 사용자 클릭 행위에 따라 k번째 결과가 $(k-n)$번째 결과에 비해 선호된다고 정의한다.*

예를 들어, 질의 결과 집합의 사용자 클릭 행위가 다음과 같다고 하자.

$$r_1 \quad r_2 \quad \surd r_3 \quad r_4 \quad \surd r_5 \quad r_6 \quad r_7 \quad r_8 \quad r_9 \quad \surd r_{10}$$

사용자가 검색결과에서 $r_3$, $r_5$, $r_{10}$을 클릭했다는 것이 질의 연관을 결정한다고 볼 수는 없지만, 사용자의 상대적 선호도에 대해서는 얘기할 수 있다. [845]에서 제안한 선호도 관계 확인의 두 가지 전략은 다음과 같다.

- **상위 건너뛰기**. 만약 "$\surd r_k$"이면 클릭되지 않은 모든 $r_{k-n}$에 대해 $r_k > r_{k-n}$이다.
- **이전 건너뛰기**. 만약 "$\surd r_k$"이고$r_{k-1}$이 클릭되지 않았으면 $r_k > r_{k-1}$이다.

첫 번째 전략은 사용자가 클릭하지 않은 모든 상위 검색 결과들에 대해 클릭한 결과를 선호한다는 것을 가정한다. 이 전략에 의하면, 위의 예에서 검색결과 $r_3$에 대한 사용자 클릭에 의해 다음 선호도가 만들어 진다.

$$r_3 > r_2; \qquad r_3 > r_1$$

두 번째 전략은 사용자가 클릭하지 않은 바로 이전 결과에 대해 클릭한 결과를 선호한다는 것을 전제한다. 이 전략에 의하면, 위의 예에서 검색결과 $r_3$에 대한 사용자 클릭에 의해 다음 선호도가 만들어 진다.

$$r_3 > r_2$$

상위 건너뛰기 전략이 이전 건너뛰기 전략보다 더 많은 선호도 관계를 만들어 낼 수 있다.

[845] 실험에서는, 10개의 테스트 질의에 대해 다음 결론이 도출되었다.

- 상위 건너뛰기와 이전 건너뛰기 전략 모두 평가자의 연관 판단과 일치하는 선호도 관계가 80%이었다.
- 만약 사용자에게 보여지는 첫 번째와 두 번째 검색결과를 바꾸어도, 이 클릭은 여전히 약 80% 경우에서 평가자의 연관 판단과 일치하는 선호도 관계를 만들어 낸다.
- 만약 상위 10개의 검색결과를 역순으로 보여주어도, 이 클릭은 여전히 약 80% 경우에서 평가자의 연관 판단과 일치하는 선호도 관계를 만들어 낸다.

이와 같이 사용자 클릭은 개인적인 선호도만이 아니라, 검색 결과의 상대적인 연관 표시로 사용될 수 있는 강력한 결과를 제공한다.

### 질의 체인(Query Chain)의 클릭

앞의 논의는 단일 질의 문맥으로 제한되지만, 실제로 사용자는 동일 과제를 위한 답을 찾는 과정에서 하나 이상의 질의를 수행한다. 동일 과제와 관련된 질의 집합은 실시간 질의 스트림으로 정의될 수 있고, 질의 체인(query chain)을 구성한다. 질의 체인에서 클릭을 분석하는 목적은 단일 질의에서 추론할 수 있는 선호도를 보완할 수 있는 새로운 선호도를 만들기 위해서이다.

예를 들어, 동일 질의 체인에서 두 개의 검색결과 집합과 클릭 행위가 다음과 같다고 하자.

$$r_1 \quad r_2 \quad r_3 \quad r_4 \quad r_5 \quad r_6 \quad r_7 \quad r_8 \quad r_9 \quad r_{10}$$
$$s_1 \quad \surd s_2 \quad s_3 \quad s_4 \quad \surd s_5 \quad s_6 \quad s_7 \quad s_8 \quad s_9 \quad s_{10}$$

$r_j$는 첫 번째 검색 결과의 답, sj는 두 번째 검색 결과의 답, $\surd s_k$는 두 번째 검색 결과 집합에서 클릭된 $k$번째 결과를 나타낸다. 이 경우, 사용자는 첫 번째 검색 결과 집합에서는 아무것도 클릭하지 않았고, 두 번째 검색 결과 집합에서는 두 번째와 다섯 번째 답을 클릭하였다.

선호도를 파악하기 위해 [845]에 제안된 두 가지 전략을 적용하면 다음과 같다.

- Top-One-No-Click-Earlier: if $\exists s_k | \surd s_k$ then $s_{j>}r_1$, for $j \leq 10$
- Top-Two-No-Click-Earlier: if $\exists s_k | \surd s_k$ then $s_j > r_1$ and $s_j > r_{2,}$ for$j \leq 10$

첫 번째 전략은 사용자가 두 번째 검색결과를 클릭하기 위해 첫 번째 검색결과 집합의 10개 결과 모두를 건너뛴 것으로 두 번째 결과 집합 모두가 첫 번째 결과의 최상위 결과에 비해 선호됨을 가정한다. 이 전략에 따르면, 위의 예에서 검색결과 $s_2$ 클릭에 의해 다음 선호도가 만들어진다.

$$s_1 > r_{1;} \quad s_2 > r_1; \quad s_3 > r_1; \quad s_4 > r_1; \quad s_5 > r_1; \cdots$$

두 번째 전략은 앞과 마찬가지이지만, 두 번째 결과 집합의 모든 결과가 첫 번째 결과의 상위 2개에 비해 선호됨을 가정한다. 이 전략에 따르면, 검색결과 $s_2$ 클릭에 의해 다음 선호도가 만들어진다.

$$s_1 > r_1; \quad s_2 > r_1; \quad s_3 > r_1; \quad s_4 > r_1; \quad s_5 > r_1; \cdots$$

$$s_1 > r_2; \quad s_2 > r_2; \quad s_3 > r_2; \quad s_4 > r_2; \quad s_5 > r_2; \cdots$$

이와 같이 Top-Two-No-Click-Earlier 전략이 Top-One-No-Click-Earlier 전략보다 두 배 많은 선호도 관계를 생산함을 알 수 있다.

이러한 선호도 관계의 타당성을 검증하기 위하여, 평가자의 연관 판단과 비교해 볼 수 있는데, [845]에서 10개의 테스트 질의 집합에 대해, 다음과 같은 결론이 도출되었다.

- Top-One-No-Click-Earlier와 Top-Two-No-Click-Earlier 전략은 약 80% 경우에서 평가자의 연관 판단과 일치하는 선호도 관계를 만들어 내었다.
- 사용자에게 보여지는 첫 번째, 두 번째 검색결과를 바꾼다고 할지라도, 비슷한 결과를 관찰할 수 있다.
- 사용자에게 보여지는 검색결과를 역순으로 할지라도, 비슷한 결과를 관찰할 수 있다.

이러한 결과들은 사용자가 전체 검색 결과 집합에서 부정적인 피드백을 만들어 내는 것(클릭하지 않음으로써)만이 아니라, 일련의 반복 과정을 통해 학습하고 더 나은 질의를 만들어낸다는 것을 알려준다.

사용자 클릭은 평가자 연관성 판단과 일치하는 선호도를 매우 자주 반영하는데, 랭킹 개선을 위해 클릭 연속(clickthrough) 정보 사용을 고려할 수 있고 이는 11.5.4절의 랭킹 학습 장에서 다룬다.

## 5.5 지역 분석을 이용한 암묵적 피드백

지역 피드백 방법에서는 그림 5.2(a)와 같이 질의에 의해 검색된 문서들을 이용하여 검색되는 순간에 질의 확장을 위한 용어들을 선택한다. 이 방법은 연관 피드백 과정과 유사하지만, 사용자의 도움이 필요 없다는 점에서 다르다. 여기서는 두 가지 지역적 방법인 지역 클러스터링과 지역 문맥 분석 방법을 소개한다. 첫 번째 방법은 Attar와 Fraenkel[78]의 초기연구에 기반하고 있으며, 질의 확장을 위해 클러스터링을 사용하는 것에 대한 여러 기본적인 착안과 개념을 소개하고 있다. 두 번째 방법은 Xu와 Croft[1732]의 연구로, 지역 분석 및 전역 분석 기술을 통합하는 것에 대한 장점을 보여주고 있다.

### 5.5.1 지역 클러스터링을 이용한 암묵적 피드백

질의 확장을 위해 클러스터링 기술을 사용하는 것은 정보 검색 초기부터 시도된 기본적인 방법이다. 표준적인 방법에서는 용어간 연관도를 수량화한 연관 행렬과 같은 전역 구조를 만든 다음, 관련된 용어로 질의를 확장한다. 이 방법의 가장 큰 문제점은 이 전역 구조가 일반 컬렉션에서 효과적으로 검색 성능을 개선한다는 일관성 있는 증거가 없다는 점인데, 중요한 원인 중 하나는 전역 구조가 현재 질의에 의해 정의된 지역 문맥에 잘 맞지 않을 수도 있다는 점이다. 이 문제를 해결하기 위한 방법은 현재 질의에 대해 최적화하는 전략을 개발하는 것이며, 이는 지역 클러스터링에 기반하고 있다. 여기서의 논의는 [78]에 기반한다.

**정의**

*질의 $q$에 대해, 검색된 문서 집합 $D_\ell$는 지역 문서 집합이고 $N_\ell$은 $D_\ell$의 문서 수이다. $V_\ell$은 지역 문서 집합의 서로 다른 모든 용어들로 지역 용어 집합(local vocabulary)이라고 하고 문서 $d_j$의 용어 $k_i$의 빈도를 $f_{i,j}$라고 하면, $\mathbf{M}_\ell = [m_{ij}]$는 용어-문서 행렬로, $m_{ij} = f_{i,j}$이고 $V_\ell$는 행, $N_\ell$은 열이다.*

*$\mathbf{M}_\ell^T$는 $\mathbf{M}_\ell$의 전치행렬로, 행렬 $\mathbf{C}_\ell = \mathbf{M}_\ell \mathbf{M}_\ell^T$는 지역 용어간 연관 행렬이 되며, 개별 요소 $c_{u,v} \in \mathbf{C}_\ell$는 용어 $k_u$와 $k_v$ 사이의 연관성을 나타낸다.*

3장에서 전체 컬렉션으로 정의된 용어간 연관 행렬과 비슷한 지역 용어간 연관 행렬 $\mathbf{C}_\ell$은 질의 $q$에 대한 검색 결과 문서들 내에 공기(co-occurrence)한 두 용어 $k_u$와 $k_v$ 사이의 관계를 만드는데, 두 용어의 공기 횟수가 많을수록 연관관계가 강하다.

용어간 거리와 같은 요소의 장점을 취하기 위해 연관도는 다른 방식으로 정의될 수도 있으며, 일단 모든 연관도가 계산되면 이웃 용어의 지역 클러스터를 계산하는데 사용할 수 있고 동일 클러스터내의 용어는 질의 확장에 사용될 수도 있다. 여기에서는 세 가지 유형의 클러스터 방법인 연관 클러스터, 측정 클러스터, 스칼라 클러스터를 소개한다.

### 연관 클러스터(Association Clusters)

> **정의**
> *연관 클러스터는 용어 $k_u$와 $k_v$ 간의 연관 요소 $c_{u,v}$를 재정의함으로써 지역 연관 행렬 $\mathbf{C}_\ell$로부터 계산될 수 있는데 다음과 같다.*
>
> $$c_{u,v} = \sum_{d_j \in D_l} f_{u,j} \times f_{v,j} \qquad (5.8)$$
>
> *이 경우 연관 행렬은 지역 연관 행렬이라고 부른다.*

기본적인 착안은 문서내에 자주 공기하는 용어들은 동의어 관계를 갖는다는 점이다. 식 5.8은 단순하고 매우 직관적이며 연관 요소 $c_{u,v}$는 공기 절대 빈도를 수량화한 것으로 정규화 되지는 않았다. 따라서 연관 행렬 역시 정규화 되지 않았으므로, 연관 계수를 정규화할 수도 있는데, 예를 들어

$$c'_{u,v} = \frac{c_{u,v}}{c_{u,u} + c_{v,v} - c_{u,v}} \qquad (5.9)$$

로 하면 연관 행렬 $\mathbf{C}_\ell$을 정규화할 수 있다.

지역 연관 행렬 $\mathbf{C}_\ell$이 주어지면 다음과 같이 지역 연관 클러스터를 작성할 수 있다.

> **정의**
> *지역 연관 행렬 $\mathbf{C}_\ell$에서 값이 가장 큰 $n$ 개의 연관 요소 cu,v값을 반환하는 함수를 $C_u(n)$이라고 하자. $v$가 지역 용어 집합의 원소이고 $v \neq u$이면, $C_u(n)$은 지역 연관 클러스터, 즉 ku의 인접 용어로 정의된다. 만약 $c_{u,v}$가 식 5.8과 같이 주어지면, 연관 클러스터는 정규화되지 않았다고 하고, 식 5.9와 같이 주어지면 연관 클러스터는 정규화되었다고 한다.*

질의 $q$가 주어졌을 때, 보통 $|q|$개의 질의 용어를 위한 클러스터를 찾게 되는데, 클러스터 크기는 작을수록 좋다. 이러한 사실은 적절한 색인 구조가 운영된다면, 클러스터가 검색 시간에 효과적으로 계산될 수 있다는 것을 의미한다.

### 측정 클러스터(Metric Clusters)

연관 클러스터는 문헌 안에서 공기하는 용어쌍의 빈도에 기반하고 있기 때문에 그 용어들의 문헌내 출현 위치는 고려하지 않는다. 같은 문장에서 나타나는 용어 쌍은 문헌 안에서 멀리 떨어져 나타나는 용어 쌍보다 더 관련성이 크다고 볼 수 있기 때문에 연관 계수를 계산할 때 두 용어 사이의 거리를 고려하는 것도 의미가 있다. 측정 클러스터는 이러한 착안에 기반하고 있다.

> **정의**
> *측정 클러스터는 지역 연관 행렬 $\mathbf{C}_\ell$로부터 계산되는데, 컬렉션의 문서내 거리 함수로서 두 용어 쌍 $k_u$와 $k_v$ 사이의 연관 요소 cu,v를 정의한다. $k_u(n,j)$가 문서 $d_j$내의 $n$번째 발생하는 용어 $k_u$를 반환하는 함수라고 하자. 또한*

*$r(k_u(n, j), k_v(m, j))$를 문서 $d_j$에서 n 번째 나타나는 용어 $k_u$와 m 번째 나타나는 용어 $k_v$ 사이의 거리를 계산하는 함수라고 하자. 예를 들어, 이 거리는 두 용어 사이에 출현하는 용어의 수로 다음과 같이 정의한다.*

$$c_{u,v} = \sum_{d_j \in D_l} \sum_n \sum_m \frac{1}{r(k_u(n, j), k_v(m, j))} \tag{5.10}$$

*이 연관 행렬을 지역 측정 행렬(local metric matrix)이라고 부른다.*

만일 $k_u$와 $k_v$가 서로 다른 문서에 있다면, 두 용어 사이의 거리는 무한 값이 되고, $c_{u,v}$에 대한 또 다른 변형으로 $1/r^2(k_u(n,j), k_v(m,j))$가 있다.

측정 연관 계수 $c_{u,v}$는 절대 거리의 역수를 수량화한 것으로, 정규화되지 않았으므로, 지역 측정 행렬 $\mathbf{C}_\ell$도 정규화되지 않았다. 대안은 연관계수를 다음과 같이 정규화하는 것이다.

$$c'_{u,v} = \frac{c_{u,v}}{[k_u, k_v] \text{ 쌍의 총 빈도수}} \tag{5.11}$$

지역 측정 행렬 $\mathbf{C}_\ell$이 주어지면, 이를 이용하여 지역 측정 클러스터는 다음과 같이 구할 수 있다.

**정의**

*지역 연관 행렬 $\mathbf{C}_\ell$에서 값이 가장 큰 **n** 개의 연관 요소 $c_{u,v}$값을 반환하는 함수를 $C_u(n)$이라고 하고 $v \neq u$이다. 그러면 $C_u(n)$이 용어 $k_u$ 주위의 지역 연관 클러스터로 정의된다. 만약 $c_{u,v}$가 식 5.10이면, 측정 클러스터는 정규화되지 않았다고 하고, 식 5.11이면 측정 클러스터는 정규화되었다고 한다.*

### 스칼라 클러스터(Scalar Clusters)

두 지역 용어간의 동의어 관계를 검출하는 또 다른 방법으로 $C_u(n)$과 $C_v(n)$, 즉 두 용어의 이웃용어를 비교하는 방법이 있다. 이 방법의 착안은 두 용어가 비슷한 이웃을 가지면, 이 두 용어가 동의 관계에 있다는 것이며, 이 경우 '동의어 관계가 간접적, 혹은 이웃 관계에 의해 유도되었다'라고 말한다. 이웃 관계를 계량화하는 한 방법은 용어 $k_u$에 대한 벡터 $\vec{s}_u$의 모든 연관 계수 $c_{u,x}$를 나열하고 다른 용어 $k_v$에 대한 벡터 $\vec{s}_v$의 모든 연관 계수 $c_{v,y}$를 나열한 두 벡터의 스칼라 척도를 이용하여 비교하는 것이다. 예를 들어 두 벡터 사이각의 코사인 값은 널리 사용되는 스칼라 유사 척도이다.

**정의**

*$\vec{s}_u = (c_{u,x_1}, c_{u,x_2}, \ldots, c_{u,x_n})$와 $\vec{s}_v = (c_{v,y_1}, c_{v,y_2}, \ldots, c_{v,y_m})$는 각 용어 $k_u$와 $k_v$에 대한 이웃 연관 계수 벡터가 된다. 이 때, 연관 행렬 $\mathbf{C}_\ell$은 다음과 같이 정의되고 지역 스칼라 행렬이라고 부른다.*

$$c_{u,v} = \frac{\vec{s}_u \cdot \vec{s}_v}{|\vec{s}_u| \times |\vec{s}_v|} \tag{5.12}$$

지역 스칼라 행렬 $\mathbf{C}_\ell$은 이웃 관계에 의해 유도되었으며, 이 행렬을 사용하면 스칼라 클러스터는 다음과 같이 정의된다.

> **정의**
> 식 5.12에 따라 정의된 지역 스칼라 행렬 $\mathbf{C}_\ell$에서 $n$개의 가장 큰 $c_{u,v}$값을 반환하는 함수를 $C_u(n)$이라고 하면 $(v \neq u)$, $C_u(n)$이 용어 $k_u$ 주위의 스칼라 클러스터라고 정의된다.

### 이웃 용어들을 이용한 질의 확장

질의 용어와 연관된 클러스터에 속하는 용어들은 원래의 질의를 확장하기 위해 사용될 수 있는데, 이러한 용어들을 질의 용어의 이웃이라고 하며 다음과 같은 특징이 있다.

어떤 용어 $k_u$와 연관된 클러스터 $C_u(n)$에 속하는 용어 $k_v$를 $k_u$의 이웃이라고 하며, $k_v$를 $k_u$의 검색 동의어(searchonym)라고 부르기도 하나 여기서는 이웃이라는 용어를 사용한다. 이웃 용어는 동의 관계를 가질 뿐, 문법적 의미에서 동의어일 필요는 없다. 종종 이웃 용어들은 현재 질의 문맥에서 연관관계를 가진 구별된 키워드를 대표한다. 이러한 연관관계의 지역적 측면은 연관 행렬에 고려된 문서와 용어들이 모두 지역적이라는 사실을 반영한다. 넓은 의미에서, 이웃 용어들은 지역 클러스터링 과정의 중요한 산출물로서, 사용자가 질의 입력에 직접 사용한 것은 아니지만 사용자가 의도하는 방향으로 검색 식을 확장하는 데 사용될 수 있기 때문이다.

사용자 입력 질의 $q$를 이웃 용어들로 확장하는 문제에서, 한 가지 가능성은 다음과 같이 질의를 확장하는 것이다. 각 용어 $k_u \in q$에 대해, 클러스터 $C_u(n)$에서 $m$개의 이웃 용어들을 선택하고(클러스터 유형은 연관, 측정, 스칼라중 하나), 질의에 이웃용어를 추가한다. 이는 다음과 같이 표현될 수 있다:

$$q_m = q \cup \{k_v | k_v \in C_u(n),\ k_u \in q\}$$

이렇게 추가된 이웃 용어들 $k_v$가 새로운 연관 문서들을 더 검색할 것으로 기대할 수 있다. 이웃 범위를 넓히기 위하여, 집합 $C_u(n)$을 정규화되거나 정규화 되지 않은 연관 요소들을 사용해서 얻은 용어들로 구성할 수 있다. 정성적으로 해석해 보면, 정규화 되지 않은 클러스터는 높은 빈도 때문에 용어들을 그룹화하는 경향이 있는 반면, 정규화된 클러스터는 용어들을 더 드물게 그룹화하는 편이다. 따라서 두 클러스터의 합집합은 가능한 연관관계의 보다 나은 표현을 제공할 수 있다.

질의 확장은 중요한데, 그 이유는 검색된 문서의 수를 증가시켜 재현율을 향상시키기 때문이다. 그러나 새로 검색된 비연관 문서들이 높은 순위가 되어, 정확률이 낮아질 수도 있다. 따라서 질의 확장은 주의 깊게 사용되어야 하고 컬렉션에 대해 잘 조율될 필요가 있다.

## 5.5.2 지역 문맥 분석을 통한 암묵적 피드백

앞에서 논의한 지역 클러스터링 방법은 원 질의에 의해 검색된 문헌 집합에 기초하고 있으며, 상위 검색된 문헌을 사용하여 이웃 용어를 클러스터링한다. 이와는 다르게, 전체 컬렉션을 이용하여 용어 연관 관계를 탐색하는 것이 있는데, 이를 전역 분석 방법이라고 부른다. 보통 전역 분석 방법은 전체 컬렉션에서의 용어 관계를 나타내는 시소러스 작성 과정을 포함하고 있는데, 용어는 개념으로 취급되고 시소러스는 개념간 관계를 표시하는 구조이다.

시소러스는 비록 구축 비용이 많이 들지만, 질의 확장을 지원하는 것 외에 브라우징 도구로서도 유용하다. 시소러스 구축 과정에서는 일반적으로 문헌 전체 문맥을 이용하기보다는 작은 문맥과 구 구조를 이용한다. 또한 최신의 전역 분석 방법에서는 질의 전체(각각의 질의 용어가 아니라)와 가장 가까운 용어들이 질의 확장을 위해 선택된다. 이러한 전역 분석의 착안(작은 문맥과 구 구조 같은)을 검색된 지역 문서 집합에 응용하는 것이 이 절의 주제이다.

지역 문맥 분석(local context analysis) [1732]은, 전역 분석과 지역 분석을 결합한 것으로 다음과 같이 동작한다. 먼저 이 방법은 문헌 개념으로 키워드 대신에 명사 그룹(즉, 문헌내의 단일 명사, 두 개 혹은 세 개의 연속된 명사)을 이용한다. 상위 결과 문서에서 선택된 명사 그룹이 문헌 개념으로 질의 확장을 위해 사용되지만, 문헌 전체가 아니라 단락(passages; 고정크기의 텍스트 윈도우)을 사용하여 공기 관계를 결정한다.

좀 더 자세히 설명하면, 지역 문맥 분석 과정은 다음 3단계를 거쳐 수행된다.

1. 원 질의를 사용하여 상위 $n$개의 단락을 검색한다. 이 과정은 현재 질의에 의해 초기 검색된 문헌을 일정 길이(예를 들면 300단어)의 단락으로 분할한 후 단락을 마치 문헌처럼 순위화 함으로써 수행된다.
2. 상위 단락에 나타나는 각 개념(예를 들어 명사 그룹)에 대해 TF-IDF 방법의 한 변형을 이용하여 해당 개념 $c$와 전체 질의 $q$(각 질의 용어가 아니라)와의 유사도 $sim(q,\ c)$를 계산한다.
3. $m$개의 상위 개념들이 $sim(q,\ c)$에 따라, 원래 질의에 추가된다. 추가된 각 개념에 대해 $1-0.9\times i/m$의 가중치가 부여되는데, 여기서 $i$는 최종 개념 순위에서 해당 개념의 위치이다. 원질의 $q$에 있던 용어들은 가중치를 2로 부여함으로써 강조될 수도 있다.

이 3단계 중 두 번째 단계가 가장 복잡한데, 각 연관 개념 $c$와 원래 질의 $q$사이의 유사도 $sim(q,\ c)$는 다음과 같이 계산된다.

$$\sim(q,\ c)=\prod_{k_i\in q}\left(\delta+\frac{\log(f(c,\ k_i)\times IDF_c)}{\log n}\right)^{IDF_i} \tag{5.13}$$

여기서, $n$은 상위 단락의 수이고 함수 $f(c,\ k_i)$는 개념 $c$와 질의 용어 $k_i$사이의 연관도를 나타내며 다음 식으로 계산된다.

$$f(c,k_i)=\sum_{j=1}^{n} pf_{i,j}\times pf_{c,j}$$

이 식에서 $pf_{i,j}$는 $j$번째 단락내에서의 용어 $k_i$의 출현 빈도를 나타내며, $pf_{c,j}$는 $j$번째 단락내에서의 개념 $c$의 출현 빈도를 나타낸다. 이 식은 연관 클러스터를 위해 정의된 표준 연관 척도(식 5.8)이지만 여기서는 단락에 적용되었다. 역문헌 빈도수는 다음과 같이 계산된다.

$$IDF_i=\max\left(1,\ \frac{\log_{10}(N/np_i)}{5}\right)$$
$$IDF_c=\max\left(1,\ \frac{\log_{10}(N/np_c)}{5}\right)$$

이 식에서 $N$은 컬렉션의 단락 수를 나타내며, $np_i$는 용어 $k_i$를 가진 단락의 수, $np_c$는 개념 $c$를 포함하는 단락 수를 나타낸다. 식 5.13의 인수 $\delta$는 인수가 0이 되는 것을 피하기 위한 상수인데, 보통 0.1(최대 1의 10%)에 가까운 상수이다. 마지막으로 지수 부분의 $IDF_i$인수는 저빈도 질의 용어들을 강조하기 위하여 도입되었다.

앞의 $sim(q,\ c)$를 계산하는 과정은 tf-idf 순위화를 상당히 수정한 것이며, TREC 자료에서 잘 동작하도록 조정되었기 때문에 다른 컬렉션에 적용한다면 잘 맞지 않을 수도 있다. 따라서 다른 컬렉션에 적용하려면 조정이 필요하다.

또한 지역 문맥 분석에서 채택한 상관(correlation) 척도는 유형 연관(type association) 척도지만, 이미 알고 있듯이 측정(metric) 상관 척도가 더 효율적이다. 따라서 측정 상관 요소를 도입하면(함수 $f(c,\ k_i)$ 계산에서) 지역 문맥 분석의 성능이 어떻게 달라지는지를 살펴볼 필요도 있다.

## 5.6 전역 분석을 통한 암묵적 피드백

앞에서 설명한 지역 분석 방법은 검색된 지역 문헌을 분석하여 질의를 확장하기 위한 정보를 추출하는데, 여러 컬렉션을 이용한 실험 결과 이 방법이 검색 성능을 개선시킨다는 것은 널리 알려졌다. 또 다른 방법은 컬렉션 전체 문헌으로부터 추출된 정보를 이용하여 질의를 확장하는 것인데, 이 착안을 기반으로 한 방법을 전역 분석 방법이라고 부른다. 1990년대 초반까지도 전역 분석 방법은 일반적인 실험 컬렉션에 대해 검색 성능을 일관성 있게 향상시키는 데 실패한 방법이라고 취급되었다. 그러나 최근 전역 분석을 위한 새로운 방법들이 나타남에 따라서 이러한 인식은 바뀌게 되었다.

이 절에서는 두 가지 새로운 전역 분석 방법을 소개하는데, 이 두 방법 모두 컬렉션 전체 문헌을 이용하여 작성된 유사 시소러스(thesaurus-like) 구조를 사용한다. 그러나 이 두 방법은 시소러스를 작성하는 방법과 질의 확장을 위한 용어 선택 방법에 있어서 매우 상이하다.

### 5.6.1 유사도 시소러스(Similarity Thesaurus)를 이용한 질의 확장

이 절에서는 자동으로 구축된 전역 유사도 시소러스를 이용한 질의 확장 방법을 소개한다[1309]. 유사도 시소러스는 공기 행렬(matrix of cooccurrence)이 아니라 용어간 관계에 기초하고 있으며, 그 차이는 아래의 논의에서 점차 명확해질 것이다. 또한 질의 확장을 위한 용어 선택과 이들 용어의 가중치 재계산에 특별한 관심이 집중되었으며, 이전의 전역 분석 방법과는 달리, 질의 확장을 위한 용어는 질의내 개별 용어와의 유사도가 아니라 질의 전체와의 유사도를 이용하여 선택된다.

유사도 시소러스는 용어간 관계를 이용하여 구축되지만, 이러한 용어 관계는 문헌내 용어 공기 정보로부터 직접 유도되지는 않는다. 이 관계는 용어를 개념 공간상의 한 개념으로 취급함으로써 얻어지는데, 이 개념 공간에서는 각 용어가 출현한 문헌에 의해 색인된다. 따라서 용어가 문헌의 원래 역할을 하며, 문헌은 용어를 색인하기 위한 색인 요소로 취급된다.

**정의**

*앞에서와 같이(3장 참조), $t$는 전체 컬렉션의 용어 수, $N$은 컬렉션의 총 문서 수, $f_{i,j}$를 문서 $d_j$에서의 용어 $k_i$의 빈도라고 하자. 또한 $t_j$는 문서 $d_j$의 색인어 수, 그리고 $ITF_j$는 문서 $d_j$의 역 용어 빈도수(inverse term frequency)로, 역문헌 빈도수와 비슷하게 다음과 같이 정의된다.*

$$ITF_j = \log\left(\frac{t}{t_j}\right)$$

이 틀에서, 각 용어 $k_i$는 다음과 같은 벡터 $\vec{k}_i$와 연계되며, $w_{i,j}$는 3장에서와 같이 색인어-문서 쌍에 부여된 가중치를 의미한다.

$$\vec{k}_i = (w_{i,1}, w_{i,2}, \cdots, w_{i,N})$$

그러나 여기서는 3.2.6장의 전통 벡터 모델처럼 용어 가중치를 문서 벡터 색인에 사용하는 대신, 문서 가중치를 용어 벡터 색인에 사용한다. 또한 이 가중치는 다음과 같은 별도의 식으로 계산된다.

$$w_{i,j} = \frac{\left(0.5+0.5\frac{f_{i,j}}{max_j(f_{i,j})}\right) ITF_j}{\sqrt{\sum_{l=1}^{N}\left(0.5+0.5\frac{f_{i,\ell}}{max_k(f_{i,k})}\right)^2 ITF_l^2}} \tag{5.14}$$

여기서, $\max j(f_{i,j})$값은$i$번째 색인어의 컬렉션내 모든 문서들에 대한 $f_{i,j}$값들 중 최대값을 의미한다. 이 식은 tf-idf 가중치의 변형으로, 역 용어 빈도수를 대신 사용한 것이다.

두 용어 $k_u$와 $k_v$사이의 연관성은 다음과 같이 연관 계수 $c_{u,v}$로 계산된다.

$$c_{u,v} = \vec{k}_u \cdot \vec{k}_v = \sum_{\forall d_j} w_{u,j} \times w_{v,j} \tag{5.15}$$

이 식은 스칼라 연관 행렬(식 5.12)을 계산하기 위해 사용된 연관 계수의 변형이며, 가장 중요한 차이점은 가중치를 용어 공기 관계 추출을 위해 사용하는 것이 아니라 문헌을 색인 요소로 사용한다는 점이다. 따라서 전역 시소러스 유사도는 식 5.15에 정의된 연관 계수$c_{u,v}$로 구성된 스칼라 용어쌍 행렬이 된다. 물론 이 작업은 계산 비용이 많이 들지만, 전역 유사 시소러스가 일단 작성되면, 변경은 점진적으로 수행될 수 있다.

전역 유사 시소러스가 주어지면 질의 확장은 다음과 같이 3단계를 통해 수행된다.

1. 색인어를 표현하기 위해 사용된 동일 벡터 공간에 질의를 표시한다.
2. 전역 유사도 시소러스를 이용하여 각각의 질의 용어와 관련된 용어 $k_v$와 전체 질의 $q$에 대한 유사도 $\sim(q,\ k_v)$를 계산한다.
3. $sim(q,\ k_v)$에 따라 정렬한 상위 $r$개의 용어를 사용하여 질의를 확장한다.

첫 번째 단계에서 질의는 다음과 같이 색인 용어 벡터의 개념 공간상에 표시된다.

> **정의**
>
> *질의 q에 대해 다음과 같은 용어-개념 공간상의 벡터 $\vec{q}$가 부여된다.*
>
> $$\vec{q} = \sum_{k_i \in q} w_{i,q} \vec{k}_i$$
>
> *여기서 $w_{i,q}$는 색인어-질의 쌍 $[k_i,\ q]$에 부여된 가중치이며, 식 5.14에 의해 질의 q대신 문서 $d_j$를 이용하여 주어진다.*

두 번째 단계에서 질의 용어에 연관된 각 용어 $k_v$와 사용자 질의 $q$와의 유사도 $\sim(q,\ k_v)$가 다음과 같이 계산된다.

$$sim(q,\ k_v) = \vec{q} \cdot \vec{k} v = \sum_{k_i \in q} w_{i,q} \times c_{i,v} \tag{5.16}$$

여기서 $c_{i,v}$는 식 5.15의 연관 계수이며, 그림 5.5에서 보는 것처럼 어떤 용어 $k_v$는 각 질의 용어보다 전체 질의 중심 $q_c$에 가까울 수 있다. 이러한 사실은 질의 확장을 위해 선택된 용어들이 이전의 전역 분석 방법(질의 확장을 위해 용어를 선택할 때 각 질의 용어에 상대적인 유사도 함수를 적용하므로 그림 5.5에 보여진 질의 확장을 위해 $k_v$ 대신 $k_i$를 선택한다)에 의해 선택된 용어들과 매우 다를 수 있다는 것을 의미한다.

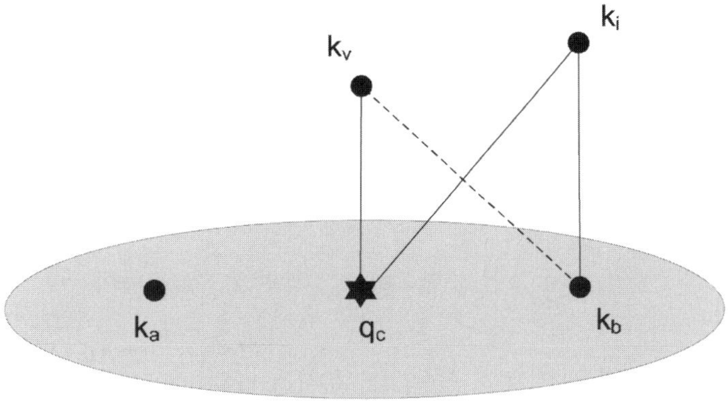


**그림 5.5**: 질의중심 $q_c$로부터 주어진 용어 $k_v$까지의 거리는 각각의 질의 용어로부터 $k_v$까지의 거리와 매우 다를 수 있다.

세 번째 단계에서 $sim(q,\ k_v)$에 따라서 상위 $r$개의 용어가 원래 질의 $q$에 추가되어 확장 질의 $q_m$을 구성한다. 질의 $q_m$에 추가된 각 확장 용어 $k_v$의 가중치 $w_{v,q_m}$은 다음과 같이 계산된다.

$$w_{v,q_m} = \frac{sim(q,\ k_v)}{\sum_{k_i \in q} w_{i,q}}$$

확장된 질의 $q_m$은 사용자에게 새로운 문서를 검색해 주기 위해 사용되는데, 기존의 전역 분석 방법과는 달리 이 기술은 세 개의 다른 컬렉션 모두에 대해 검색 성능의 개선(20% 내외)을 가져왔다.

마지막으로, 문서 $d_j$가 용어-개념 공간에서 $\vec{d}_j = \sum_{k_i \in d_j} w_{i,j} \vec{k}_i$로 표시되었고, 원래 질의 $q$가 컬렉션의 모든 색인 용어 $t$를 포함하도록(적당한 가중치를 부여하여) 확장되었다고 하자. 이 경우 문서 $d_j$와 질의 $q$ 사이의 유사도 $sim(q, d_j)$는 용어 벡터 공간에서 다음과 같이 계산된다.

$$sim(q,\ d_j) = \sum_{k_v \in d_j} \sum_{k_u \in q} w_{v,j} \times w_{u,q} \times c_{u,v} \tag{5.17}$$

이 식은 일반 벡터공간 모델에서의 질의-문헌 유사도 식과 유사하므로(3.4.1절 참조) 일반 벡터공간 모델을 질의 확장 기술로 해석할 수도 있다. 주요 차이점은 가중치 계산 방법이며 용어-개념 모델에서는 단지 상위 $r$개의 용어가 질의 확장을 위해 사용된다는 점이다.

### 5.6.2 통계 시소러스 기반의 질의 확장

이 절에서는 전역 통계 시소러스(statistical thesaurus)를 이용한 질의 확장을 소개하는데[457], 이 방법은 전역 분석 기술의 하나임에도 불구하고, 앞에서 소개한 유사도 시소러스를 이용한 방법과 매우 다르다.

전역 시소러스는 전체 컬렉션 문맥에서 서로 연관된 용어를 모은 용어 클래스로 구성된다. 이러한 연관 용어는 질의를 확장하는 데 사용될 수 있는데, 효과적인 질의 확장을 위해서는 선택된 용어들이 높은 변별력[1417]을 가져야 하며, 이는 용어들이 저빈도 용어임을 의미한다. 저빈도 용어를 효과적으로 클러스터링하는 것은 이들 용어에 대한 정보가 부족하기 때문에(저빈도 용어는 적은 문서에만 나타난다) 매우 어렵다. 이러한 문제를 피하기 위해, 용어 대신 문서를 클래스로 클러스터링한 후, 동일 문서 클래스에 출현하는 저빈도 용어들을 한 시소러스 클래스로 묶는다. 이 경우 문서 클러스터링 알고리즘은 작고 밀접한 클래스를 만들어야 한다.

이런 문서 클래스를 만드는 클러스터링 알고리즘의 하나로 완전 링크(complete link) 알고리즘이 있는데, 다음과 같이 동작한다.

1. 먼저, 각 문서를 다른 클러스터에 둔다.
2. 모든 클러스터 쌍 사이의 유사도를 계산한다.
3. 클러스터간 유사도가 가장 큰 클러스터 쌍 $[C_u,\ C_v]$를 결정한다.
4. 두 클러스터 $C_u$와 $C_v$를 통합한다.
5. 정지 조건을 검증한다. 만약 정지 조건을 만족하지 않으면 2단계로 돌아간다.
6. 클러스터 계층을 반환한다.

두 클러스터간 유사도는 클러스터간 모든 문서 쌍(즉, 두 문서는 다른 클러스터에 속해야 함) 사이의 유사도 중 최소값으로 정의되고, 두 문서간의 유사도를 계산하기 위해서는 벡터 모델의 코사인 유사도 식이 사용된다. 클러스터간 유사도 값으로 문서 유사도의 최소값을 사용하기 때문에 결과적으로 얻어지는 클러스터는 작고 밀접하게 되는 경향이 있다.

전체 문서 컬렉션이 완전 링크 알고리즘을 이용하여 클러스터링 되었다고 가정해 보자. 그림 5.6은 $C_u$, $C_v$, $C_z$로 구성된 전체 클러스터 계층 중 일부를 표현하고 있는데, $sim(C_u,\ C_v) = 0.15$이며 $sim(C_{u+v},\ C_z) = 0.11$이다. $C_{u+v}$는 클러스터 $C_u$와 $C_v$를 통합한 클러스터를 표시한다. 클러스터 계층 위로 올라갈수록 유사도가 감소하게 되는데, 그 이유는 상위 계층 클러스터가 보다 많은 문서를 포함하고 있으므로 밀접도가 떨어지기 때문이다. 따라서 밀접한 클러스터들은 클러스터 계층의 밑부분에 위치한다.

전체 컬렉션에 대한 클러스터 계층이 주어지면, 전역 시소러스의 클래스를 구성하는 용어들은 다음과 같이 선택된다.

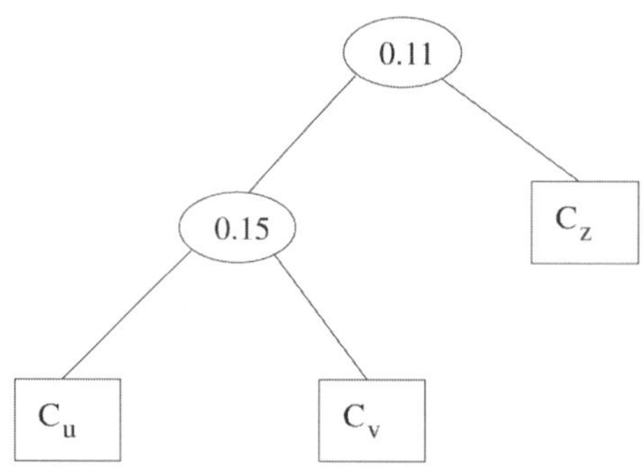


**그림 5.6:** 완전링크 알고리즘을 이용해 작성된 세 클러스터계층(클러스터간 유사도는 타원내 숫자로 표시)

- 사용자로부터 클래스 임계값(TC; threshold class), 클래스 문서 수(NDC; number of documents in a class), 역문헌 빈도 최소값(MIDF; minimum imverse document frequency) 등 세 가지 인수를 얻는다.
- 시소러스 클래스 생성에 사용될 문서 클러스터를 결정하기 위한 임계값으로 TC를 이용한다. 만약 클러스터 $C_u$와 $C_v$에 있는 문서들이 시스러스 클래스에 대한 소스로 선택된다면, 이 임계값은 $sim(C_u,\ C_v)$ 보다 커야 한다. 예를 들어 그림 5.6에서 TC 값이 0.14라면 시소러스 클래스 $C_{u+v}$를, TC 값이 0.10이라면 시소러스 클래스 $C_{u+v}$ 와 $C_{u+v+z}$를 반환한다.
- NDC 인수를 사용하여 대상 클러스터의 크기(클러스터내의 문서 수)를 제한한다. 예를 들어 $C_{u+v}$와 $C_{u+v+z}$가 선택되었다면(TC 인수에 의해), NDC를 이용하여 둘 중 하나를 선택할 수 있다. NDC 값이 작다

면 작은 클러스터인 $C_{u+v}$로 선택이 제한될 수 있다.

- 앞에서 미리 선택된(인수 TC와 NDC를 통해) 각 문서 클러스터의 문서 집합에 대해, 저빈도 용어들만이 시소러스 클래스에 대한 용어의 소스로 사용된다. 변수 MIDF는 시소러스 클래스에 참여하도록 선택된 용어들에 대한 역문서 빈도의 최소값을 정의한다. 이렇게 함으로써 오직 저빈도 용어만이 시소러스 클래스에 참여하는 것을 보장할 수 있다(너무 일반적인 용어는 좋은 동의어가 아니다).

시소러스 클래스가 주어지면, 이를 질의 확장에 사용할 수 있는데, 이를 위해 각 시소러스 클래스 $C$에 대한 평균 용어 가중치 $wt_C$는 다음과 같이 계산한다.

$$wt_C = \frac{\sum_{i=1}^{|C|} w_{i,C}}{|C|}$$

여기서, $|C|$는 시소러스 클래스 $C$의 용어 수, $w_{i,C}$는 용어-클래스 쌍 $[k_i,\ C]$에 대해 미리 계산된 가중치이다. 이 평균 용어 가중치는 다음과 같이 시소러스 클래스 가중치 $w_C$를 계산하는 데 사용된다.

$$w_C = \frac{wt_C}{|C|} \times 0.5$$

이 가중치 식은 실험을 통해 좋은 결과를 만들어내는 것으로 검증되었다.

4개의 테스트 컬렉션(ADI, Medlars, CACM, ISI; 이 컬렉션에 대한 자세한 설명은 4.4장 참고)을 이용한 실험에서 완전 링크 알고리즘을 통해 구축된 시소러스를 이용한 전역 분석은 검색 성능을 일관되게 향상시키는 것으로 나타났다.

이 방법의 가장 큰 어려움은 TC, NDF, MIDF 변수의 초기값을 설정하는 것이다. 임계값 TC는 컬렉션에 의존적이며, 적당한 값을 선택하기가 어려우므로 TC 값을 정하기 위해서는 클러스터 계층을 조사하는 것이 필수적이다. TC 값을 높게 정하면 용어 수가 너무 작은 클래스가 생성되고, TC 값을 낮게 정하면 클래스 수가 작아지기 때문에 TC 값을 정하는 데는 많은 주의가 필요하다. 일단 TC 값이 정해지면 NDC 값은 훨씬 쉽게 결정되지만, MIDF 값을 결정하는 것 또한 어렵고 많은 주의를 필요로 한다.

## 5.7 연구 동향 및 쟁점

연관 피드백의 주요 문제점 중 하나는 대규모의 피드백 정보를 얻는 것으로, 이 정보는 다양한 질의에 대한 검색 결과를 향상시키는 데 사용될 수 있다. 이는 다양한 주제를 다루는 질의가 존재하는 웹에서 특히 중요한데, 피드백 정보는 사용자를 힘들게 하지 않고 수집되어야 하므로, 검색 엔진 결과의 사용자 클릭이 웹에서의 자연스러운 사용자 피드백이 된다. 따라서 주요 연구 동향은 사용자 클릭에 기반한 질의 수정 기법 연구가 된다.

지역 분석 기술은 질의에 의해 제공된 지역 문맥을 활용한다는 점에서 흥미롭다. 이러한 점에서 지역 분석 기술은 전역 분석 기술보다 더 바람직하며 매우 긍정적인 결과들이 여러 문헌에서 제시되었다. 그러나 지역 분석 기술을 웹에 활용하는 문제는 아직 깊이 연구되지 않았기 때문에 더 많은 시도들이 필요하다. 이러한 연구의 가장 큰 어려움은 질의 시간에 문헌을 분석해야 하기 때문에 검색 엔진측에 큰 계산 부하가 걸린다는 것이다. 따라서 관련된 중요 연구 주제 중 하나로 검색 엔진측의 질의 처리 속도를 빠르게 하는 기술에 대한 연구를 들 수 있는데, 사실 이 문제는 일반적인 질의 처리만을 고려할 때도 흥미 있는 주제이며, 그 이유는 검색 엔진들이 경제적 생존을 위해서도 가능한 한 많은 질의를 처리해야 하기 때문이다.

지역 분석, 전역 분석, 사용자 클릭의 조합이 현재 중요한 연구 주제이며, 시각 표시 장치와 대화 인터페이스를 조합하는 문제 역시 새롭고 중요한 연구 과제이다. 또한 사용자로 하여금 문헌 공간을 시각적으로 항해하고, 질의 작성을 돕는 단서를 제공하는 문제도 매우 중요한 쟁점이다. 이런 분야의 긍정적 결과는 사용자 인터페이스 설계에 있어서 전환점이 될 것이며, 많은 관심을 불러 일으킬 것이다.

## 5.8 참고문헌 고찰

질의 확장 방법은 오랫동안 연구되어 왔으며, 이것이 성공적이었는가에 대해 논란이 있어 왔지만 (주로 재현율은 향상시키지만 정확률은 떨어지는 편이었다) 질의 확장이 유용하다는 점에서는 합의를 이루고 있다. 사실, 최근 검색 엔진에 빈번하게 제시되는 질의 재생성(reformulation)은 질의 확장 기법을 질의 스트림에 응용한 것이다.

밀접하게 연관된 용어로 사용자 질의를 확장하는 것에 대한 초기 연구는 1960년에 Maron과 Kuhns[1093]에 의해 수행되었다. 벡터 모델에서 질의 확장과 가중치 재계산을 통합하는 고전적 기술에 대한 연구가 1965년 Rocchio(SMART 시스템[1408]을 테스트베드로 사용함)에 의해 수행되었으며[1375], Ide는 Rocchio의 연구를 계승하여 가중치 재계산식의 변형을 제안하였다[806].

초기 확률 모델은 1976년 Robertson과 Sparck Jones[1365]에 의해 소개되었으며, 이 모델에 대한 상세하고도 흥미로운 논의는 van Rijsbergen의 책[1624]에 나와 있다. Croft와 Harper[452]는 초기 탐색의 경우 별도의 계산식을 사용해야 한다고 제안하였으며, 1983년 Croft[450]는 문헌내 용어 빈도를 사용하기 위해 확장된 확률식에 C와 K 인수 도입을 제안하였다.

확률 모델은 질의 확장 방법을 제공하지 않기 때문에, 질의 확장은 독립적으로 연구되었다. 1978년 Harper와 van Rijsbergen은 확률적 질의 확장을 위한 용어 선택을 위해 최대 스패닝 트리를 이용한 용어간 클러스터링 기술을 이용하였다. 2년 후, 그들은 EMIM[707]이라고 하는 새로운 가중치 재계산 방법을 도입하여 그들의 질의 확장 기법과 함께 사용하였다. 1981년 Wu와 Salton[1722]이 연관 피드백을 이용하여 연관 문헌에서 추출된 용어들의 가중치를 재계산하였으며(확률식을 사용함), 이 용어들을 질의 확장에 사용했는데, 실험 결과 이 방법은 검색 성능면에서 개선을 보였다.

벡터 모델과 확률 모델의 사용자 피드백에 대한 5.3절의 논의는 Salton과 Buckley의 뛰어난 논문[1410], Rijsbergen의 책[1624], Salton과 McGill의 책[1414], 그리고 Harman이 쓴 책의 일부인 2개의 장[700,701]에 기초하고 있다. 잘 알려진 연관 피드백 비교 연구 방법은 [1411]에서 Buckley와 Salton에 의해 제공되며, 연관 피드백 방법에 관한 추가 참고문헌은 [1, 29, 289, 290, 1758]에서 찾아볼 수 있다.

클릭을 통한 명시적 피드백은 최근 관심받는 연구 분야로, Joachims과 관련 연구들 [245, 841, 842, 844, 845, 846, 1320, 1321, 1322, 1323]에서 통찰력있게 꾸준히 주도되어 왔다. 이 작업들은 객체 순서화(objects ordering) [407, 591]를 목표로 한 학습에 관한 이전 작업들을 이용하였는데, 웹 랭킹 향상을 위한 클릭 사용에 관한 최근 연구들, Agichtein 등[17, 18] 및 기타 연구들 [580, 1462, 1687]에 동기를 부여했다.

자동 질의 확장과 관련하여, Lesk[1004]는 SMART 시스템에서 여러 용어간 클러스터링 방법을 실험하였으나 긍정적인 결과를 얻지는 못하였다. 그 이후 Sparck Jones와 Barber[1509], Minker, Wilson, Zimmerman[1137] 등도 용어간 전역 클러스터링을 이용한 질의 확장을 연구하였으나 역시 검색 성능을 개선하지 못했다. 이러한 초기 연구들의 부진은 전역 분석을 통한 질의 확장이 유용한 기술이 아니라는 인상을 남겼다. 그러나 보다 최근인 Voorhees[1645], Crouch와 Yang[457], Qui, Frei[1309]의 실험 결과는 전역 분석을 이용한 질의 확장이 일관되게 검색 성능을 개선할 수 있음을 보여주었다.

지역 분석을 통한 질의 확장에 대한 이 책의 논의는 1977년부터 시작된 Attar와 Fraenkel[78]의 초기 연구에 기반하고 있다. 지역 문맥 분석에 대한 착안은 훨씬 최근의 것으로 1996년에 Xu와 Croft[1732]에 의해 도입되었으며, 전역 유사 시소러스를 통한 질의 확장에 대한 논의는 Qui와 Frei[1309]의 연구를 기초로 하고 있다. 마지막으로 전역 통계 시소러스를 이용한 질의 확장에 대한 논의는 Crouch와 Yang[457]의 연구를 기초로 하고 있는데, 이 연구는 1975년에 도입된 Salton, Yang, Yu[1417]의 용어 변별력 이론에 영향을 받았다. 웹 질의의 개념 기반 질의 확장에 관한 논의는 [572]를 참고하라.

질의 확장은 상당부분 클러스터링에 기반하고 있기 때문에 이 장에서는 클러스터링 알고리즘 중 몇 개를 소개했는데, 텍스트를 위한 클러스터링 알고리즘에 관한 더 많은 논의는 8장에서 볼 수 있다. 그러나 우리의 목적은 정보 검색용 클러스터링 알고리즘에 대한 전반적인 검토를 제공하려는 것이 아니며, 이러한 전체적인 검토는 Rasmussen [1334]의 연구에 나와 있다.

연관 피드백의 다양한 변형은 내용 기반 이미지 검색과 같은 다른 분야에 성공적으로 적용되어 왔다. 이 경우, 사용자 피드백 정보는 이미지의 긍정 및 부정 예제 형태로 제공되며, 연관 피드백 기법을 내용 기반 이미지 검색 영역에 적용하여 확장 질의를 평가하는데 사용되었다[435, 1058, 1116, 1393, 1394, 1395, 1396, 1784].

Chapter 6

# 문서: 언어 및 특성

## 6.1 소개

텍스트는 인간이 지식 전달을 위해 사용하는 주요 규약(protocol)으로, 역사적으로 석판, 나무, 동물 가죽, 파피루스, 쌀 종이 같은 다양한 표면에 쓰였다. 오늘날 텍스트는 지구 곳곳에서 많은 형태와 언어로 종이 위에 쓰인다. 인쇄되거나 디지털 형태 모두 다양한 미디어로 기록된 것을 고려하면 텍스트의 단위가 무엇인지 구별하는 것은 그리 간단하진 않다. 이 쟁점에 관해 일반적으로 단일 단위의 텍스트 정보를 문서(document)라 칭하기로 한다. 이는 광의의 의미로, 가령 문서는 연구 논문, 책, 설명서, 사전 항목, 판례에서의 판사 의견, 자동차 부품의 설명, 심지어 (IR에서 보통 텍스트 구절로 불리는) 한 단락이나 일련의 단락들과 같은 것을 지칭하는 데 사용될지도 모른다. 물리적인 표현 측면에서 문서는 인쇄되거나 디지털 미디어로 저장된 파일, 전자 우편, 웹 페이지 등과 같은 어떤 물리적 단위가 될 수 있다.

문서는 보통 응용 프로그램이나 작성자로부터 받아쓴 주어진 구문과 구조를 지닌다. 문서의 저자에 의해 특화된 의미 또한 갖게 되는데 작성자와 반드시 동일인일 필요는 없다. 추가적으로 문서는 스타일을 가질 수도 있는데, 이는 문서가 어떻게 화면에 보이거나 출력되어야 하는가를 명시한다.

이러한 스타일은 보통 문서의 구문과 구조에 의해 주어지는데, 예를 들어, 웹 브라우저와 같은 특정 응용과 관련하여 지정된다. 그림 6.1은 이러한 관계를 보여 준다.

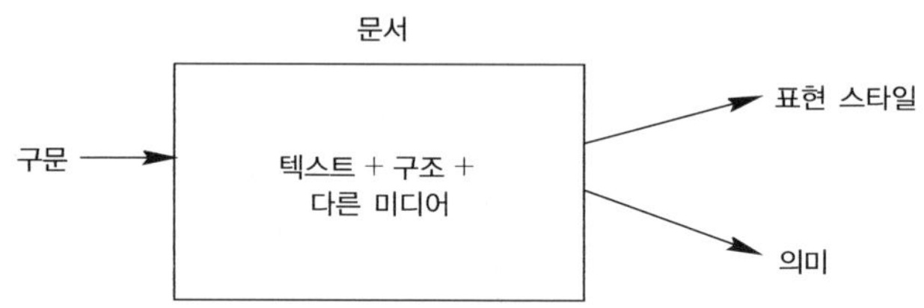


**그림 6.1:** 문서의 특성

문서의 구문(syntax)은 문서의 구조, 표현 스타일, 의미뿐 아니라 심지어는 외부 기능까지도 표현할 수 있다. 많은 경우 하나 이상의 이들 요소가 텍스트 중 암시적으로 주어지거나 같이 주어지기도 한다. 예를 들어, 절(section)과 같은 구조적 요소는 고정된 포맷 스타일을 지닐 수 있다. 더군다나, 문서의 의미는 그 용도와도 관련이 있다. 예를 들어, 포스트스크립트(Postscript) 지시자는 출력을 목적으로 설계되었다.

문서의 구문은 그 내용에 암시적으로 포함되어 있거나, 단순한 형태의 선언적 언어로 표현되거나, 심지어 프로그래밍 언어로 표현되기도 한다. 예를 들어, 많은 문서 편집기의 포맷은 서술적인 형태를 취하는 반면, TeX 문서는 강력한 식자용 언어를 사용한다. 비록 강력한 언어가 데이터 자체보다는 구문 분석이 용이할지 모르지만, 이러한 언어를 사용한 문서는 다른 포맷으로 변환하기가 어려울 수도 있다. 구문 언어는 상당수가 자신만의 독특한 성질을 지니고 있는 것이 사실이지만, 개방적이고 일반적인 언어가 문서들이 응용 프로그램 사이에 호환성과 융통성이 있기 때문에 보다 바람직하다. 텍스트는 자연어로 작성될 수도 있지만, 통상 그랬듯 컴퓨터를 사용해 자연어의 의미를 자동으로 해석하긴 꽤 어렵다. 따라서 컴퓨터뿐만 아니라 사람이 판독하는 경우에도 문서의 구조, 포맷, 의미에 관한 정보를 제공할 수 있는 언어를 사용하는 것이 현재의 추세이다. 이 장에서 나중에 다루게 될 SGML(Standard Generalized Markup Language)은 이상의 모든 논점에 대해 균형을 유지하려고 노력하였다.

대부분의 문서는 특정 포맷 스타일을 지니지만, 새로운 응용에서는 정보가 스타일에 독립적으로 표현되고 스타일 역시 정보에 독립적으로 표현 가능하도록 외부 포맷을 추구한다. TeX나 RTF(Rich Text Format)에서처럼 표현 스타일이 문서에 내재되어 있을 수도 있고, 스타일은 매크로에 의해 보완할 수도 있다(예를 들어, TeX에서

LaTeX의 경우). 대부분의 경우, 스타일은 문서 저자에 의해 정의되지만, 독자가 스타일의 일부를 결정할 수도 있다(예를 들면, 웹 브라우저에서 옵션을 설정하여). 일반적으로 문서의 스타일은 컴퓨터 윈도우나 인쇄지에서 문서가 어떻게 가시화될 것인지를 정의하는데, 오디오나 비디오같이 다른 미디어의 처리를 포함할 수도 있다.

검색엔진 질의문은 문서와 같지 않더라도 텍스트의 짧은 조각으로 해석될 수 있고 일련의 단어나 문장으로 주어질 수 있다. 하지만 질의의 특성은 보통의 텍스트와는 달라서 그들을 해석하는 것은 매우 중요하다. 추가적으로 질의의 의미는 다의어에 기인하여 자주 모호해서 질의로 사용자의 의도를 추론하는게 단순하지 않다.

이 장에서는 메타데이터, 포맷이나 자연어 통계와 같은 텍스트의 특성, 텍스트 구조와 표현 스타일과 의미를 기술하는 언어에 대해 논한다. 이어 문서를 어떻게 전처리하고 구성하는지, 텍스트 압축을 어떻게 하는지의 텍스트 특성에 대해 논의한다.

## 6.2 메타데이터

대부분의 문서와 텍스트 모음은 이른바 메타데이터(metadata)라는 것과 관련이 있다. 이 메타데이터는 데이터의 구성, 다양한 데이터 도메인, 이들 사이의 관계에 대한 정보 등이다. 간단히 말해, 메타데이터는 '데이터에 대한 데이터'가 되며, 일례로, 데이터베이스 관리 시스템에서 스키마(schema)는 관계(relation)의 명칭, 각 관계의 필드나 속성(attribute), 각 속성의 도메인과 같은 메타데이터의 일부를 명시한다.

텍스트와 관련된 메타데이터의 일반적인 형식은 저자, 출판일, 출처, 문서 길이(페이지, 단어, 바이트 등의 단위로 표현), 문서 장르(책, 논문, 메모 등)를 포함한다. 예를 들어, 더블린 코어 메타데이터 엘리먼트 집합(Dublin Core Metadata Element Set)[1675]은 한 문서를 기술하기 위해 15개의 필드를 제안하고 있다. Marchionini[1082]에 따르면, 이러한 유형의 정보를 서술적 메타데이터(Descriptive Metadata)라고 지칭하는데, 이는 문서의 의미 외적인 메타데이터이며, 문서가 작성된 방법과 더욱 관련 있다. 다른 유형의 메타데이터로 문서의 내용에서 발견될 수 있는 주제 문제를 특징짓는 것이 있는데 이를 의미적 메타데이터(Semantic Metadata)라고 한다. 의미적 메타데이터는 많은 수의 문서에 부여되었고 그 활용성이 계속 증가하고 있다. 부연하면, 미국에서 발간되는 모든 책은 미국 국회 도서관 주제 코드가 부여되며, 많은 잡지가 저자로 하여금 관련된 용어를 모아 놓은 제한된 어휘 집합에서 핵심 용어를 선택하여 부여할 것을 요구한다. 예를 들어, MEDLINE(4장 참고) 시스템의 생체임상의학 논문에는 질병, 해부학, 약품 등에 관련된 주제 항목 메타데이터가 부여되어 있다. 많은 분야에서 의미적 용어를 표준화하기 위해 지정된 계층 분류(taxonomy)를 사용하는 데, 이는 특정 지식 주제를 설명하는 용어들로 이루어져 있고 8장에서 살펴보도록 한다.

중요한 메타데이터 포맷으로 도서관 레코드를 위해 가장 널리 사용되는 포맷인 MARC(Machine Readable Cataloging Record)가 있다. MARC는 제목, 저자 등과 같이 서지 항목의 서로 다른 속성에 대해 몇 가지 필드를 지니고 있는데, MARC의 구체적인 사용에 대해서는 16장에서 살펴본다. 미국에서는 USMARC라고 하는 특별한 버전의 MARC가 사용되는데, 이는 서지 정보 교환을 위한 미국 국가 표준으로 ANSI/NISO Z39.2를 구현한 것이다. USMARC 포맷 문서는 Z39.2에 따라 구성된 레코드에서 사용해야 하는 필드들에 대한 정의와 내용을 포함하며, 이 표준은 미국 국회도서관에 의해 관리된다. 요즘은 MARC의 XML 버전이 있다(6.4.3절 참조)

웹 데이터의 양이 증가함에 따라 웹 문서에 메타데이터 정보를 부가하기 위한 많은 조치가 추가되었다. 웹에서의 메타데이터는 여러 목적에 사용될 수 있으며, 이에는 목록 작성(BibTeX는 이 경우에 널리 사용되는 포맷이다), 내용 등급 부여(예를 들어, 부적절한 유형의 문서가 어린이에게 읽히는 것을 방지하기 위해), 지적 재산권 강제, 디지털서명 인증, 프라이버시 수준(문서접근가능 여부)의 식별, 전자상거래 응용의 구현 등이 있다. 이와 관련하여 PICS(Platform for Internet Content Selection)가 메타데이터를 인터넷 콘텐츠와 연관시키고 내용 등급 부여, 코드 서명, 프라이버시 용도 등으로 사용할 수 있게 되었다. 사실상 PICS 플랫폼이 여러 등급 부여 서비스와 필터링 소프트웨어 구현에 사용되어 왔다.

웹 메타데이터에 대한 가장 중요한 표준은 RDF(Resource Description Framework) [1660, 983]인데, 이는 응용 사이에 상호 운용성을 제공한다. RDF는 정보의 자동화된 처리를 도와주는 웹 자원을 기술할 수 있도록 하며 자세한 것은 6.4.4에서 논의하도록 한다. RDF는 어떠한 특정 응용이나 의미 도메인도 가정하지 않으며, 노드와 부가적인 속성/값(attribute/value) 쌍의 기술로 구성된다. 노드는 웹 페이지를 지정하는데 사용되는 URL(Uniform Resource Locator)을 포함하여 어떤 웹 자원 즉, URI(Uniform Resource Identifier)도 될 수 있다. 속성은 노드의 특성으로, 그 값은 텍스트 문자열이나 다른 노드(웹 자원이나 메타데이터 개체)가 되는데 예를 들어, 의미를 기술하기 위해 더블린 코어(Dublin Core) 도서 메타데이터 URL의 값을 사용할 수 있다. 메타데이터 구축용의 미리 정의된 어휘가 특히 내용 등급 부여와 디지털 서명과 같은 경우 출현할 듯하다.

## 6.3 문서 형식

### 6.3.1 텍스트

컴퓨터의 출현에 따라 텍스트를 이진수로 코딩할 필요가 생겼는데, 처음의 코딩 체계는 EBCDIC과 ASCII 였으며, 알파벳의 각 가능한 심볼에 대해 7비트를 사용하였고 후에 ASCII는 액센트와 발음 구분 기호를 포함하여 몇몇 언어를 수용하기 위해 8비트(ISO-Latin)로 표준화되었다. 그럼에도 불구하고 ASCII는 중국이나 일본의 한자와 같은 동양 언어에는 적합하지 않은데 그 이유는, 한자 각 심볼이 개념을 나타낼 수 있어서 수천 개 이상의 심볼이 존재하기 때문이다. 이러한 경우를 고려하여 Unicode(ISO 10616)[1617]라고 하는 16비트 코드가 만들어졌다. 문자 외에 텍스트 형식을 위한 단일 표준이 존재하지 않는다.

과거의 IR 시스템은 문서를 내부 형식으로 변환하려 했다. 하지만 그럴 경우 여러 단점이 있는데, 그 문서의 텍스트를 직접 접근하는 것을 방지하고 문서 내용의 수월한 변경이 어렵다는 것 등이다. 내부 형식을 사용한 수많은 텍스트 코드를 잘 처리하기 위해 IR 시스템은 대중적인 대부분의 문서, 특히 Word와 FrameMaker와 같이 일부 이진 포맷을 취하는 워드프로세서 작성 문서를 처리하게 하는 필터를 가지고 있다. 이 경우에도 형식이 독점적이거나 상세한 부분이 공개되어 있지 않다면 좋은 필터를 이용하기 어려운데, TeX 문서와 같이 전체가 ASCII 구문인 경우에는 여기에 해당되지 않는다. 다시 말해 인간이 판독할 수 있는 ASCII 형태로 표현된 문서가 호환성이 더 좋고 보다 수정이 용이한데, 왜냐하면 이들 문서는 다른 응용 프로그램으로 편집할 수 있기 때문이다.

다른 텍스트 형식으로 주로 문서 교환 목적으로 개발된 RTF(Rich Text Format)가 있는데, 이는 ASCII 구문을 지니고 워드(Word) 계열의 텍스트 프로세서에 의해 사용된다. 또 다른 중요한 형식으로 문서를 보여 주고 인쇄하기 위해 개발된 것들이 있는데, PDF(Portable Document Format)와 포스트스크립트(Postscript; 도면이나 그림 출력을 위한 강력한 프로그래밍 언어)가 대표적이다. 나머지 교환용 형식 중에는 MIME(Multipurpose Internet Mail Exchange)과 같이 전자 메일을 인코딩하기 위해 사용되는 것이 있으며, MIME은 다중 문자 집합, 다중 언어, 다중 미디어를 지원한다.

저장 용량을 줄이기 위해 많은 파일들이 압축된다. 텍스트 압축에 대해서는 6.8절에서 구체적으로 다루고, 여기서는 대표적인 압축 소프트웨어와 관련된 형식만 간단히 언급하기로 한다. 이에는 유닉스 용 Compress, PC용 ARJ, ZIP(예를 들어, 유닉스의 gzip과 윈도우즈의 Winzip) 등이 있으며, 이와 관련된 도구 중에 이진 파일, 특히 텍스트를 압축한 이진 파일을 7비트만 사용하여 전송할 수 있도록 ASCII 텍스트로 변환하는 uuencode/uudecode와 binhex가 있다.

## 6.3.2 멀티미디어

멀티미디어는 보통 여러 유형의 매체에서 기원한 다양한 디지털 데이터를 다루는 응용을 말한다. 멀티미디어 응용에서 가장 일반적인 매체 유형은 텍스트, 오디오, 이미지, 비디오(움직이는 일련의 이미지)이다. 이들 네 가지 매체 유형의 각각에서 기원한 디지털 데이터는 용량, 포맷, 처리 제약 조건에서 많은 차이가 있다(예를 들면, 비디오와 오디오는 그 처리에서 실시간 제약 조건을 요구한다). 그 결과 각 매체 유형을 저장하기 위해서는 서로 다른 포맷이 필요하다.

텍스트 포맷과는 달리 대부분의 멀티미디어는 부분적으로 이진 포맷을 취하므로 컴퓨터를 사용해야만 처리할 수 있다. 또한, 약간의 공간적 혹은 시간적 속성에 대한 예외를 제외하고는 표현 스타일이 거의 완전하게 정의되어 있다. 여기서 멀티미디어에 사용되는 주요 형식과 데이터 형에 대해 대략적으로 조사하고 웹에서의 사용에 대한 검토는 11장과 17장으로 미루기로 한다.

**영상 형식(Image Formats): GIF, JPEG, TIFF, PNG**

영상 형식에는 여러 가지가 있는데, 가장 단순한 형식으로는 XBM, BMP, PCX와 같은 비트맵(혹은 픽셀 기반) 표시 방법을 사용하는 직접적인 표현이 있지만 이들 포맷은 너무 많은 기억 공간을 차지한다. 예를 들어, 각 픽셀에 대해 256색상을 사용하는 전형적인 컴퓨터 화면의 경우, 단지 한 화면의 프레임 내용을 기술하는 데 1MB 이상의 기억 공간을 요구한다. 실제로 영상은 많은 중복 정보를 지니고 있기 때문에 효율적으로 압축할 수 있으며, Compuserve의 GIF(Graphic Interchange Format)와 같이 많이 사용되는 대부분의 영상 형식은 압축 저장 형태를 취한다. GIF는 작은 수(256 수준)의 색상이나 회색 해상도 그림뿐만 아니라 흑백 그림에도 적합하다. 더 높은 해상도에 대해 압축률을 향상시키기 위해 손실 압축 기법이 개발되었는데 이 경우, 영상을 압축 해제하면 원래의 영상으로 복구할 수 없다. 이러한 방법은 JPEG(Joint Photographic Experts Group) 형식에도 적용되어, 사람의 시각에 별 영향을 주지 못하는 영상의 일부를 제거하며, 압축 손실 정도를 조절할 수 있다는 점에서 매개 변수적이다.

다른 일반적인 영상 형식으로는 TIFF(Tagged Image File Format)가 있으며, 이 형식은 서로 다른 응용이나 컴퓨터 시스템 사이에 문서를 교환하기 위해 사용된다. TIFF는 메타데이터 필드를 지니고 있으며, 다양한 색상 수뿐만 아니라 다양한 압축 방법도 지원한다. 또 다른 포맷으로 TGA(Truevision Targa image file)가 있는데, 이는 비디오 게임 보드와 관련이 있다. 이외에도 더 많은 영상 형식이 있는데, 이들은 팩스(JBIG와 같은 2단계 영상 형식)에서부터 지문(WSQ와 같이 정확률이 높은 압축 형식), 위성 이미지(고해상도의 총천연색 영상)에 이르기까지 특정 응용과 관련이 있다. 1996년에 PNG(Portable Network Graphics)라는 인터넷용의 새로운 비트맵 영상 형식이 제안되었는데, 이 형식은 웹 영상의 사실상 표준이 되었다.

오디오를 적절히 저장하기 위해서는 먼저 디지털 형식으로 변환하여야 한다. 작은 크기의 디지털 오디오용의 가장 흔한 형식은 AU, MIDI, WAVE다. MIDI는 전자 악기와 컴퓨터 사이에 음악을 교환하는 표준 형식이다. 오디오 도서관용으로는 Real Audio나 CD 형식과 같은 다른 형식이 사용된다.

애니메이션이나 동영상(비디오나 TV 같은) 형식은 여러 가지가 있지만, 여기서는 가장 널리 사용되는 것만 언급하기로 한다. 그 중 대표적인 것은 JPEG과 관련이 있는 MPEG(Moving Pictures Expert Group)이다. MPEG에서는 일정 간격으로 주어지는 기본 영상을 기준으로 그 변화를 코딩하는데, 이런 방법으로 MPEG은 모든 비디오가 갖고 있는 일시적인 영상 중복을 활용하며, 더 많은 프레임과 더 높은 해상도를 사용하여 보다 양질의 화면을 제공받을 수 있다. MPEG은 다른 압축 수준을 명시하지만, 일반적으로 모든 응용 프로그램이 모든 수준을 지원하지는 않으며 14장에 더 자세히 설명되어 있다. 다른 비디오 형식으로는 AVI, FLI, QuickTime 등이 있는데, Apple에 의해 개발된 QuickTime은 AVI와 마찬가지로 압축(CinePac)을 지원할 수 있으며, MPEG의 경우 오디오도 포함하고 있다.

### 6.3.3 그래픽과 가상 현실

3차원 그래픽을 위해 여러 형식이 제안되었는데, 이 주제가 정보검색과 크게 관련은 없지만, 가급적 모든 분야를 다루려는 의도에서 여러 제안이 있긴 했지만 여기서는 웹을 강조해 다루고자 한다.

컴퓨터 그래픽 메타파일(CGM; Computer Graphic Metafile) 표준(ISO 8632)은 구조적 그래픽 객체와 관련 속성을 개방적으로 교환하기 위해 제정되었다. CGM은 장치 독립적인 방법으로 그래픽 데이터를 저장하며, 그래픽 장치와 응용 프로그램 및 컴퓨터 시스템 사이에 교환 가능한 2차원 데이터 교환 형식을 명시하고 있다. CGM은 벡터 그래픽(예를 들어, 다각형이나 타원)과 래스터(raster) 그래픽 및 텍스트를 표현할 수 있는 구조적 형식이다. 처음에 CGM은 벡터 그래픽 형식이었지만 래스터 기능을 포함하도록 확장되어, 래스터 이미지와 벡터 영상의 결합에 매우 유용한 형식을 제공한다. 메타파일인 CGM은 엘리먼트의 집합체다. 이들 엘리먼트는 다각형이나 타원 같은 그림의 기하학적 요소나 이들 요소의 외양일 수 있으며, 또는 특정 메타파일이나 특정 그림을 어떻게 해석하느냐 일수도 있다. CGM 표준에서는 메타파일의 어떤 위치에 어떤 요소가 나타날 수 있는지 명시하고 있다.

가상 현실 모델 언어(VRML; Virtual Reality Modeling Language, ISO/IEC 14772-1)는 대화식 3D 객체 세계를 기술하기 위한 파일 형식으로, Silicon Graphics OpenInventor 파일 형식의 한 부분이다. VRML은 또한 3D 그래픽과 멀티미디어가 통합된 경우까지도 고려하여 범용 교환 형식을 지향하고 있다. VRML은 공학, 과학의 시각화, 멀티미디어 프레젠테이션, 오락과 교육용 타이틀, 웹 페이지, 공유 가상 세계 등 다양한 응용 영역에 사용할 수 있어서, 사실상 웹의 표준 모델링 언어가 되었다.

6.4.3절과 6.4.5절에서 그래픽과 멀티미디어에 관련된 마크업 언어를 다룬다.

## 6.4 마크업 언어

마크업(markup)은 포맷 방식, 구조 정보, 의미, 속성 등을 기술하는 데 사용될 수 있는 부가적인 텍스트 구문으로 정의한다. 예를 들면, TeX(널리 사용되는 텍스트 형식 소프트웨어)의 포맷 명령어는 마크업으로 간주할 수 있으며, 형식화된 마크업 언어는 훨씬 더 구조적이다. 마크(mark)를 태그(tag)라고도 하며, 보통 모호성을 피하기 위해 마크된 부분을 둘러싸는 시작 태그와 종료 태그가 있다. 이미 언급하였듯이 마크업을 위한 표준 메타언어는 SGML이다. SGML의 중요한 부분 집합으로 XML (eXtensible Markup Language)이 있으며 웹용의 새로운 메타언어다. 웹에서 사용되는 표준 마크업 언어인 HTML(HyperText Markup Language)은 SGML의 한 실례(instance)이지만 현재는 새로운 버전으로 XML 호환이 되었다. 다음에서 이들 모든 언어와 그 예에 대해 살펴본다.

### 6.4.1 SGML

SGML은 표준 일반 마크업 언어(Standard Generalized Markup Language)를 나타내며(ISO 8879), IBM의 초기 작업에 기초하여 Goldfarb가 주도한 그룹[633]에서 개발한 텍스트 마크업용 메타언어이다. 즉, SGML은 태그에 기초하여 마크업 언어를 정의하는 규칙을 제공하는데, SGML에 해당하는 언어는 모두 문서형 정의(document type definition)라고 하는 문서 구조의 묘사를 포함한다. 따라서 SGML 문서는 (1) 문서 구조의 서술 (2) 구조를 서술하는 태그로 표시된 텍스트 자체로 정의된다. 태그와 관련된 구문은 나중에 설명하기로 한다.

문서형 정의는 문서를 구성하는 조각을 서술하고 명명하며, 이들 문서 각 조각들 사이의 관련성을 정의하기 위해 사용하는데, 이 정의의 일부는 SGML 문서 형식 선언(DTD; Document Type Declaration)에 의해 명시될 수 있다. 엘리먼트와 속성의 의미, 응용 관례 같은 다른 부분은 SGML에서 공식적으로 표현할 수 없다. 하지만 주석

(comment)을 이용하여 비공식적으로 표현할 수 있다. 이는 문서에 SGML 마크업을 적용하는 모든 규칙이 정의의 일부가 되고, SGML 구문에서 표현되는 것은 DTD로 묘사됨을 의미한다. DTD가 태그의 의미(즉, 뜻이나 표현 방법 혹은 처리 방식)나 의도된 사용을 정의하지는 않지만, 일부 의미적 정보는 DTD에 내포된 주석에 포함될 수 있는데, 보다 완전한 정보는 보통 별도의 문서로 서술된다. 이러한 부가적인 문서는 전형적으로 엘리먼트, 데이터의 논리적 조각, 속성, 데이터 조각에 관한 정보를 기술하게 된다. 예를 들어, 태그의 이름이 동일하더라도 서로 다른 응용에서는 다른 의미를 지닐 수 있다.

```
<!--SGML DTD for electronic messages -->

<!ELEMENT e-mail              - - (prolog, contents) >
<!ELEMENT prolog              - - (sender, address+, subject?, Cc*) >
<!ELEMENT (sender | address |
           subject | Cc)      - O (#PCDATA) >
<!ELEMENT contents            - - (par | image | audio)+ >
<!ELEMENT par                 - O (ref | #PCDATA)+ >
<!ELEMENT ref                 - O EMPTY >
<!ELEMENT (image | audio)     - -  (#NDATA) >

<!ATTLIST e-mail
          id           ID                   #REQUIRED
          date_sent    DATE                 #REQUIRED
          status       (secret | public )   public >
<!ATTLIST ref
          id           IDREF                #REQUIRED >
<!ATTLIST (image | audio )
          id           ID                   #REQUIRED >

<!--Example of use of previous DTD-->
<!DOCTYPE e-mail SYSTEM "e-mail.dtd">
<e-mail id=94108rby date_sent=02101998>
 <prolog>
 <sender> Pablo Neruda </sender>
 <address> Federico Garcia Lorca </address>
 <address> Gabriel Garcia Marquez </address>
 <subject> Pictures of my house in Isla Negra
 <Cc> Ernest Hemingway </Cc>
 </prolog>
 <contents>
   <par>
   As promised in my previous letter, I am sending two digital
   pictures to show you my home and the view full of light of
   the Pacific Ocean from my bedroom (photo <ref idref=F2>).
   </par>
   <image id=F1> "photo1.gif" </image>
   <image id=F2> "photo2.jpg" </image>
   <par>
   Regards from the South, Pablo.
 </contents>
</e-mail>
```

**그림 6.2:** 전자우편 구조화를 위한 DTD와 그 사용 예

태그는 꺾쇠괄호(<tagname>)를 사용하여 표시하며, 텍스트의 인용 부분과 같이 문서의 조각에 대한 시작과 끝을 식별하는 데 사용된다. 속성은 엘리먼트의 시작에 명기하며, 종결 태그는 태그 이름 앞에 사선(/)을 사용하여 명시

한다(예: </tagname>). 예를 들어, 태그 </author>는 구성 요소가 '저자 이름'임을 식별하는 데 사용하여, 이탤릭체로 나타내고 저자 약력에 대한 링크를 생성할 수 있다. 태그의 속성(attribute)은 구성 요소의 시작 태그 부분에 주어지며, 태그 괄호 안에서 태그 명칭 다음에 'attname=value' 형식을 사용하여 명시한다.

그림 6.2는 간단한 DTD와 이를 사용한 문서의 예를 보여 준다. 비록 여기서 SGML 구문에 대해 논할 의도는 없지만, 독자들이 주된 개념을 이해할 수 있도록 이 예에 대해 간단히 설명하기로 한다. 여기서 각 ELEMENT는 해당 이름을 지닌 태그를 표현하며, 태그 이름 다음에 오는 두 문자는 시작 태그와 종결 태그가 필수적인지(–) 아니면 선택적인지(0)를 나타낸다. 예를 들어, prolog에 대한 종결 태그는 필수적인 반면, sender는 그렇지 않다. 다음으로 내용 태그(content tag)의 내부 사항이 명시되는데, 이 때 정규 표현 형식의 구문이 사용된다. 즉 ','는 접속(concatenation), '|'는 논리합(logical or), '?'는 앞의 구성 요소가 없거나 한 번 출현, '*'는 0번 이상의 반복 출현, '+'는 1번 이상의 반복 출현을 각각 의미한다. 내용 태그는 다른 태그의 내용, ASCII 문자(PCDATA), 이진 데이터(NDATA)의 조합이나 EMPTY로 구성될 수 있다. 태그가 취할 수 있는 속성은 태그 이름에 의해 식별되는 속성 리스트(ATTLIST)에 주어지며, 태그 이름 다음에는 속성의 이름, 유형, 필수 성분 여부(그렇지 않으면 내정값이 주어짐)가 온다. SGML 문서 인스턴스는 해당 DTD와 연관되는데, 이 데이터로 작업하는 다양한 도구들에게 어떤 태그가 바른 것인지와 태그가 어떻게 조직되어 있는지를 알 수 있도록 한다.

일반적으로 문서서술 부분에서는 문서를 종이에 출력하거나 화면에 표시하는 경우에 어떻게 나타낼지를 명시하지 않는다. SGML은 포맷과 내용을 분리하고 있기 때문에 포맷을 기술할 장치가 없으며, 따라서 포맷된 형태로 출력하는 표준적인 방법이 없는 데이터에 대해 아주 좋은 모델을 만들 수 있다. 그러므로 SGML 문서에는 문서 포맷 방법에 대한 지침인 출력 명세가 종종 추가된다. 이러한 목적을 위해 DSSSL(Document Style Semantic Specification Language)과 FOSI(Formatted Output Specification Instance) 같은 출력 명세 표준이 고안되었으며, 이 두 표준은 모두 SGML 문서 인스턴스와 스타일 정보를 연관짓는 방식을 정의한다. 이는 어떤 태그에 의해 식별된 데이터는 이탤릭체로 조판되어야 한다는 것과 같은 사항을 정의하는 데 사용되는 SGML 시스템의 한 구성 요소이다.

SGML을 이용한 중요 예로 TEI(Text Encoding Initiative)의 경우를 들 수 있는데, TEI는 1987년에 시작된 협동 과제로서 인문학과 언어학에 관련된 여러 미국 협회가 포함되어 있다. 그 주된 목표는 산업체와 마찬가지로 학술적 연구를 위해 전자 텍스트의 작성 및 교환을 위한 지침을 만드는 것이며, 지침에 덧붙여, TEI는 SGML DTD를 통해 여러 문서형식도 제공한다. 이 중에 가장 많이 사용되는 형식이 TEI Lite인데, TEI Lite DTD는 단독으로 혹은 TEI DTD 파일 전체 집합과 함께 사용될 수 있다.

### 6.4.2 HTML

HTML은 Hyper Text Markup Language를 나타내며, SGML의 한 인스턴스이다. HTML은 1992년에 만들어졌고 계속 개선되어 1999년 말에 권고안으로 공표된 4.01이 최신판이며, 현재도 많은 제한을 해소하기 위해(예를 들어, 수식 작성이 가능하도록), 다각도로 계속 확장 중이다.[3] 대부분의 웹 문서는 HTML로 저장되고 전송되는데, 비록 역사적 이유가 있긴 하지만 HTML이 하이퍼텍스트, 멀티미디어, 작고 단순한 문서의 표시에 아주 적합한 간단한 언어라는 것을 마음에 새겨야 할 것이다.

HTML은 SGML에 기초하고 있으며, 비록 HTML DTD(Document Type Definition)가 있지만 대부분의 HTML에서 이 DTD를 명시적으로 참조하지는 않는다. HTML 태그는 SGML의 모든 관례를 그대로 준수하고 있으며, 포맷 지시자도 포함하고 있다.

HTML 문서는 그 안에 영상(image)이나 오디오처럼 형식이 다른 미디어를 포함할 수 있으며, 메타데이터를

3) 역자주: 그 결과로 2014년 10월에 HTML5 표준안이 확정되었다.

위한 필드도 제공하여 다른 응용이나 목적에 사용할 수 있다. 페이지 안에 프로그램이 포함되어 있는 경우(예를 들어, 자바스크립트를 사용), 동적(dynamic) HTML(혹은 DHTML)이라고도 한다. 이 용어를 HTML 문서에 접근하고 다루기 위한 응용 프로그램 인터페이스(API; Application Programming Interface)인 마이크로소프트사 제안(이 역시 동적 HTML이라고 함)와 혼동해서는 안 된다. 그림 6.3은 HTML 문서의 예와 웹 브라우저에서의 출력 모습을 함께 보여 준다.

```
<html>
<head>
<title>HTML Example</title>
<meta name=rby content="Just an example">
</head>
<body>
<h1>HTML Example</h1>
<p>
<hr>
<p>
HTML has many <i>tags</i>, among them:
<ul>
<li>links to other <a href=http://www.w3c.org/>pages</a> (a=anchor),
<li>paragraphs (p), headings (h1, h2, etc), font types (b, i),
<li> horizontal rules (hr), indented lists and items (ul, li),
<li> images (img), tables, forms, etc.
</ul>
<p>
<hr>
<p>
<img align=left src="at_work.gif">
This page is <b>always</b> under construction.
</body>
</html>
```

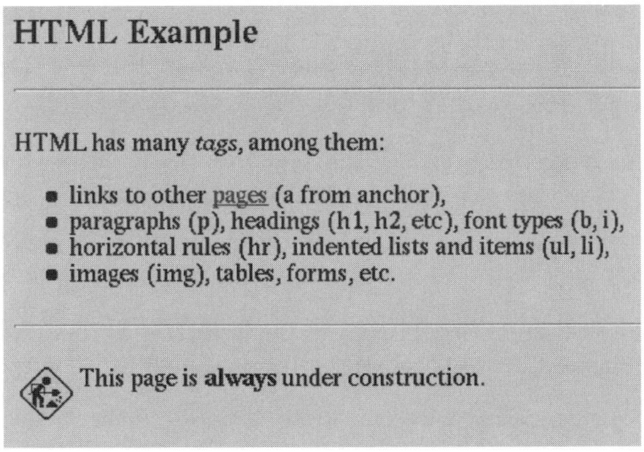


**그림 6.3**: HTML 문서 예와 브라우저에서 보여지는 모습

HTML은 문서의 표현 스타일을 고정시키지 않기 때문에 1997년에 캐스케이딩 스타일 시트(CSS; Cascade Style Sheets)가 도입되었다. CSS는 저자, 예술가 및 조판공이 웹의 HTML 페이지에 대해 미적 감각을 향상시키는 시각적 효과를 생성할 수 있는 강력하고도 조작하기 쉬운 방법을 제공한다. 스타일 시트는 HTML 페이지의 서로 다른 구성 요소에 대한 표현 스타일을 정의하기 위해 차례로(즉, 단계적으로) 사용될 수 있으며, 문서의 표현에 대한 정

보와 그 내용을 분리시킨다. 그 결과 웹 사이트 유지를 단순화시키고, 웹 페이지의 접근성을 증가시키며, 웹을 보다 빠르게 해 준다. 반면에 현재 웹 브라우저의 CSS 지원은 아직 신통치 않다. 또 다른 단점은 두 스타일 시트가 일관성이 있거나 완전할 필요가 없다는 것이다. 따라서 스타일의 적용 결과가 특히 색상에서 만족스럽지 않을 수 있다. CSS는 표현 쟁점에 관해 저자와 독자 사이의 균형으로 간주되지만, 그럼에도 불구하고 누가 표현 방법을 결정해야 할지 혹은 어떤 경우에 저자나 독자가 표시 방법을 결정해야 할지가 분명하지 않다.

HTML의 진화는 이전 버전과 함께 이후 버전에 대한 호환성에 대한 지원을 내재하는데, 그 이유는 예전 브라우저를 통해서도 새로운 문서를 볼 수 있어야 하기 때문이다. HTML 4.0은 순수(strict) HTML, 과도기적(transitional) HTML, 프레임셋(frameset) HTML 등 세 가지 용도를 염두에 두고 명시되었다. 순수 HTML은 모든 표시 정보를 CSS에 맡기고 단지 표시 방법과는 무관한 마크업에만 관심을 두며, 과도기적 HTML은 CSS를 이해하지 못하는 과거의 브라우저가 페이지를 판독할 경우를 위해 모든 표시 자질을 사용한다. 프레임셋 HTML은 브라우저의 윈도우를 둘이나 그 이상의 프레임으로 분할하고자 할 때 사용되고, HTML 4.0은 스타일 시트, 국제화, 프레임, 보다 풍부한 테이블과 폼(form), 그리고 장애인을 위한 접근성 선택 등에 대한 지원을 포함한다.

전형적인 HTML 응용에서는 단일 SGML 명세를 따르는 작고 고정된 수의 태그 집합이 사용된다. 태그의 집합을 작게 고정시키면 문서로부터 언어 명세를 분리하기 쉽고, 응용 프로그램을 만들기가 훨씬 용이하지만, 몇몇 중요한 면에서 HTML은 심각한 제약에 따른 단점이 있는데, 특히 다음과 같은 기능을 제공하지 못한다.

- 데이터를 매개변수화하거나(parameterize) 의미적 특성을 부여하기 위해 사용자가 자신의 태그나 속성을 명시하는 것을 허용하는 것
- 데이터베이스 스키마나 객체지향계층 구조를 표현하기 위한 중첩구조의 명시를 지원하는 것
- 소비 응용프로그램이 다른 프로그램에서 데이터를 불러올 때 구조적인 유효성 점검을 허용하는 언어 명세 유형을 지원하는 것

HTML과 대조적으로 일반 SGML 응용은 임의의 복잡성을 지닌 SGML 언어 명세를 지원하고, HTML에서는 결여되어 있는 확장성, 구조화, 유효성에 대한 처리가 가능하다. SGML은 크고 복잡한 문서 처리를 위한 목적으로 자신들의 문서에 대한 특별한 형식을 정의하고, 대량의 정보저장소를 관리하는 것을 가능하게 해준다. 하지만, SGML의 기능을 모두 지원할 경우, 웹 응용에서는 불필요한 많은 선택적인 특성을 포함하게 되어, 현재 웹 브라우저 판매자의 입장에서 볼 때 비용/이득 비율이 매력적이지 못하다는 것이 판명되었다. 이러한 이유로 인해 보다 단순한 메타언어인 XML이 개발되었는데 이에 대해서는 다음 절에서 설명한다.

HTML의 진화는 두 가지 경로로 진행되었다. 첫 번째는 XHTML 1이었는데 XML(다음 절 참조)과 호환되는 HTML 버전으로 2002년에 마지막 권고안이 배포되었다. 나중에 XHTML 2가 제안되었는데 (마지막 초안은 2006년에 나옴), XML을 완전히 준수하는 많은 웹 기술을 위한 주요 언어가 되기 위한 목표를 가진 구조를 생성하는 방향으로 한 단계 나아갔다. 두 번째 경로는 더욱 최근인데 HTML 4와 XHTML 1의 확장인 X/HTML 5로 제안되었다. 이는 HTML 4와 XHTML 1의 실패 일부를 해결하는데 몇 걸음 더 나아간 것으로 특히 X/HTML 5는 HTML이나 XML로 제공될 수 있으며, 따라서 마크업이 현재 어떻게 사용되는지에 영향을 받았다.

### 6.4.3 XML

XML은 eXtensible Markup Language를 나타내며, SGML을 단순화시킨 부분 집합이다. 즉, XML은 SGML과 같은 방식으로 마크업 언어를 수용할 수 있는 메타언어이다. XML은 사람이 판독할 수 있는 의미적 마크업을 허용하며 이는 또한 기계 가독적이기도 하다. 결과적으로 새로운 특정 마크업의 개발과 사용이 용이하고, 네트워크를 통해 전달되는 데이터에 대해 자동화된 저작, 구문 분석 및 처리가 가능하다. 어떤 의미에선 XML을 사용하면 현재 자바 스크립트나 다른 프로그램 인터페이스를 이용하여 수행하는 많은 작업을 대신할 수도 있다.

XML은 HTML이 지니고 있는 제약 중 많은 부분을 제거한 반면, 보다 엄격한 마크업 구문을 요구하는 데, 이는 처리할 때 중요한 역할을 담당하게 된다. XML에서는 종결 태그를 생략할 수 없으며 또한 BR이나 IMG와 같이 내용 부분이 없는 구성 요소에 대한 태그는 닫는 꺾쇠 괄호 앞에 사선을 사용하여 특별히 표기한다. XML은 대소문자를 구분하기 때문에 img와 IMG는 서로 다른 태그이다(HTML의 경우에는 대소문자를 구분하지 않음). 추가적으로, 모든 속성 값은 인용 부호로 둘러싸야 하는데, 이는 태그에 대한 지식 없이도 XML의 구문 분석이 용이함을 의미한다. 특히, DTD의 사용이 선택적인데, DTD가 없는 경우 태그는 구문 분석이 진행되는 동안 수집된다. SGML과 비교해 볼 때 약간의 구문적 차이가 있고 더 많은 제약을 지니고 있으며, 이 모든 차이를 열거하는 것은 이 책의 범위를 벗어나므로 생략한다. 그림 6.4는 SGML로 주어진 그림 6.2의 전자 메일 DTD에 근거하여 DTD가 없는 XML 문서의 예를 보여 준다.

RMD 속성은 요구 마크업 선언(Required Markup Declaration)을 나타내며, 이는 DTD가 사용되어야 하는지 여부를 지시한다(이 예의 경우에는 DTD가 사용되지 않음). RMD 속성 값으로는 NONE 외에도 DTD가 해당 문서 안에 존재함을 의미하는 INTERNAL과, SGML에서와 같이 DTD의 일부나 전체에 대해 외부 소스의 사용을 허용하는 ALL(내정값)이 있다.

XML은 어떤 사용자라도 새로운 태그를 정의하고 더 복잡한 구조(예를 들어, SGML과 동일한 규칙을 사용하여 제한이 없는 내포 구조)를 정의하는 것을 허용하며, 데이터의 유효성 검사 기능을 지니고 있다. XML은 매우 새로운 것이므로, 이것이 인터넷 응용에 어떤 변화와 영향을 초래할지는 아직 논의 중이다. XML은 SGML의 한 단면으로 구현상 어려운 부분을 많이 제거한 것이기 때문에, 앞에서 살펴본 바와 같이 대부분의 경우 거의 SGML 처럼 보인다.

또한, 전술한 바와 같이 XML은 DTD가 반드시 존재해야 한다는 조건을 없앴기 때문에 데이터로부터 직접 구문 분석이 가능하며, DTD의 제거가 응용 문서에 더 많은 중요성을 부여하고, 또한 소프트웨어가 제공하는 기능에 큰 영향을 줄 수도 있다. 예를 들어, XML 편집기가 DTD를 사용하지 않으면 어떻게 사용자가 일관성 있게 문서에 태그를 부여할 수 있을까와 같은 문제는 가까운 장래에 반드시 해결되어야 한다. 태그 이름들 사이에 의미적 중의성이 있을 경우, 해결책 중의 하나는 어떤 특정 관례를 따르는 네임스페이스(namespace)를 사용하는 것이다.

확장 스타일 시트 언어(XSL; Extensible Style sheet Language)는 XML에서 스타일 시트(Cascading Style Sheets)에 대응관계에 있는 것이다. XSL은 고도로 구조적이며 데이터가 풍부한 XML 문서를 변환하고, 스타일을 부여하기 위해 설계되었다. 예를 들어, XSL을 사용하면, 문서의 내용으로부터 표를 자동으로 추출하는 것이 가능하다. XSL의 구문은 XML을 사용해 정의된다. 문서에 스타일을 부여하는 것에 더해, XSL은 XML 문서를 HTML이나 CSS로 변환하는 데 사용할 수도 있는데, 이는 워드프로세서의 매크로와 유사하다.

XML의 또 다른 확장으로 XML을 사용하여 정의하는 XLink(Extensible Linking Language)가 있다. XLink는 외부 및 내부 링크를 포함하여 다른 유형의 링크를 정의한다. 특히 어떤 형식의 엘리먼트도 링크의 대상이 될 수 있고, 수정할 수 없는 문서에서 외부로 나가는 링크를 정의할 수도 있다. 링크의 용도는 또한 더욱 일반적이다. 링크된 객체는 문서에 내재되거나 문서를 대치할 수 있으며, 현재 응용 프로그램을 변경하지 않고 새로운 문맥을 생성할 수도 있다(예를 들어, 새로운 창에 객체를 표시할 수 있다).

또 다른 확장으로는 XPointer(XML Pointer Language)가 있으며 인터넷 미디어 형이 XML 기반인 자원의 위치를 참고하는 어떤 URI를 위한 단편 식별자로 사용된다. XPointer는 XPath (XML Path Language) (13.6.3절 참조) 기반인데, XML 문서의 내부 구조에 주소를 부여하는 것을 지원한다. 계층적 문서 구조의 조사와 엘리먼트 형, 속성 값, 문자 내용 및 관련 위치같은 여러 특성에 기반하여 내부의 부분을 선택하는 것을 허용한다.

```
<?XML VERSION="1.0" RMD="NONE" ?>
<e-mail id="94108rby" date_sent="02101998">
 <prolog>
 <sender> Pablo Neruda </sender>
 <address> Federico Garcia Lorca </address>
 <address> Gabriel Garcia Marquez </address>
 <subject> Pictures of my house in Isla Negra</subject>
 <Cc> Ernest Hemingway </Cc>
 </prolog>
 <contents>
   <par>
   As promised in my previous letter, I am sending two digital
   pictures to show you my home and the view full of light of
   the Pacific Ocean from my bedroom (photo <ref idref="F2"/>).
   </par>
   <image id="F1" ref="photo1.gif" />
   <image id="F2" ref="photo2.jpg" />
   <par>
   Regards from the South, Pablo.
   </par>
 </contents>
</e-mail>
```

**그림 6.4:** 그림 6.2의 SGML 예와 유사한 DTD가 없는 XML 문서

XML의 또 다른 중요 요소는 DOM(Document Object Model)이다. DOM은 플랫폼과 언어에 중립적인 인터페이스로 소프트웨어가 문서의 내용, 구조 및 스타일에 동적으로 접근하거나 수정하는 것을 허용한다. 문서는 더 처리될수도 있고 처리의 결과를 표현된 페이지로 되돌려 포함시킬 수도 있다. 즉, DOM은 예를 들어 Java같은 프로그램언어로부터 온 HTML과 XML 객체를 다루는 상호 동작이 가능한 클래스와 메소드를 제공한다.

중요한 XML 활용 분야는 다음과 같다.

- 수학 마크업 언어(MathML; Mathematical Markup Language). 수식표현과 수학적 표현의 의미를 나타내기 위한 두 가지 태그집합

- MARCXML. 도서목록 MARC 표준 종류인 MARC21에 기초한 XML 스키마. 미국 의회도서관에서 개발되고 다른 도서관에서 채택되었으며 도서 목록 정보를 쉽게 공유하는, 네트워크를 통해 접근하는 수단이다. 여러 시스템이 쉽게 구문 분석을 함으로써 집단화 형식(aggregation format)으로 쓰인다. 이 스키마는 사용자에게 스키마나 스타일 시트, 소프트웨어 도구 같은 많은 요소를 포함한 사용자의 요구를 특정하는 방법으로 MARC 데이터를 사용함으로써 유연하고 확장가능하다.

- 웹서비스 기술언어(WSDL; Web Services Description Language). 문서 중심 혹은 과정 중심 정보를 가진 메시지를 운영하는 에이전트집합으로서의 네트워크 서비스를 기술하는 XML기반 형식. 작동과 메시지는 추상적으로 기술되며 그 다음에 에이전트를 정의하는 구체적인 네트워크 프로토콜과 메시지 형식에 결부시킨다. WSDL은 SOAP, HTTP, MIME 등과 같이 통신에 사용되는 네트워크 프로토콜에 상관없이 에이전트와 그의 메시지를 기술하는 것에 의해 확장될 수 있다.

- SVG(Scalable Vector Graphics). 이차원 그래픽과 그래픽 응용을 XML로 표현해준다. SVG는 웹을 통해 보여지는 교환 형식과 상호작용의 멀티미디어 플랫폼 양쪽 모두에서 사용되며 지속 가능한 웹(sustainable Web)의 핵심 부분이다. 하나의 재미있는 특징은 SVG의 텍스트는 그저 이미지가 아니라 검색되고 선택 가능하다는 점이다. 최근에 W3C는 SVG Tiny라는 SVG의 부분집합을 배포했는데 모바일응용과 다른 내포된

멀티미디어 시스템을 목표로 했다. 이 버전은 휴대 전화에서 이미 널리 쓰이고 있다.

- InkML(Ink Markup Language). 복합기 시스템의 전자 펜이나 스타일러스를 사용한 입력인 디지털 잉크 데이터를 기술하는 XML 데이터 형식. 필기체 인식이나 서명 검증, 동작 해석 등을 위해 손을 사용한 입력 흔적을 저장하는 것 뿐아니라 장치(device)와 소프트웨어 요소 같은 디지털 잉크 데이터를 전송하게 해 준다.

XML의 진전은 구문분석이 가능하고 계층적인 객체 모델이 HTML의 진화에서 점차 주된 역할을 담당하게 될 것이라는 하나의 징후다. 차세대 HTML이 수학, 동기화 멀티미디어, 벡터 그래픽과 함께 사용되기 위해서는(아마도 이미 언급된 XML 기반 언어를 사용하여) XML 태그 류에 기반을 두어야 한다. 즉, 데이터의 표현과 배치에 대한 쟁점보다는 데이터의 구조화와 모델링에 중점을 두게 될 것이다. 13장에서 XML 검색에 대해 자세히 다루도록 한다.

### 6.4.4 RDF(Resource Description Framework)

RDF(Resource Description Framework)는 (6.2절에서 이미 언급했듯이) 원래 메타데이터 데이터 모델로 설계된 사양의 일종이다. 그렇지만 요즘은 다양한 구문 형식을 사용하여 웹 자원에 구축된 정보의 개념적 기술이나 모델화를 위한 일반적 방법이 되었다. 특히나 시맨틱 웹의 사실상 표준 언어다.

RDF 데이터 모델은 엔티티-관계나 클래스 다이어그램 같은 전통적인 개념 모델화 접근법과 유사하다. 이 모델은 특히 웹 자원 같은 자원에 대한 문장을 만드는 발상에 기반을 두는데 주어-서술어-목적어(트리플) 형태를 가진다. 주어는 자원을 가리키고 서술어는 자원의 양상과 주어와 목적어의 관계를 표현한다. 예를 들어, '칠레 국기는 붉은 색을 가진다'라는 관념(notion)을 표현하는 한 방법으로 RDF 트리플을 쓰면 주어는 '칠레 국기', 서술어는 '가진다', 목적어는 '붉은 색'으로 쓸 수 있다.

RDF 문장의 모음은 꼬리표(label)가 붙은 방향성 다중 그래프로 표현된다. 따라서 RDF는 다른 전통적인 모델(예: 관계형이나 온톨로지 모델) 보다 지식의 특정 종류를 표현하는데 더 자연스럽다. 그렇지만 RDF 데이터는 종종 관계형 데이터베이스나 트리플스토어(Triplestore)라 불리는 토종 표현, 또는 각 RDF트리플에 문맥(즉, 기명 그래프)을 추가 저장하는 쿼드스토어(Quad-store)로도 종종 저장된다.

자원을 표현하는 이런 메커니즘은 시멘틱 웹 기능-웹을 통해 분산된 기계 가독 정보를 웹상에서 소프트웨어가 저장하고 교환하고 사용할 수 있는 웹의 혁신적인 단계-에서의 주요 요소로 사용자가 정보를 보다 큰 효율성과 확실성을 가지고 다룰 수 있게 한다. RDF의 단순한 데이터 모델과 추상적 개념을 모델화시키는 기능은 다른 지식 관리 응용에서의 사용 또한 이끌어내고 있다.

RDF 스키마(RDFS)는 확장가능한 지식 표현 언어로, 온톨로지의 기술을 위한 기초 엘리먼트를 제공하며 다르게는 RDF 어휘로 불리며 RDF 자원을 구조화시키는 의도로 만들어졌다. 많은 RDFS 요소는 더욱 표현적인 OWL (Web Ontology Language)을 포함한다. OWL은 온톨로지 저작용 지식 표현 언어의 일종으로 W3C의 지지도 받고 있다. OWL은 거의 완전하게 호환되는 두 의미론에 기반을 두는데, (1) OWL DL과 OWL Lite 그리고 (2) OWL Full이다. 첫 번째 것들은 기술 논리(Description Logic)에 기초하는데 매력적이고 잘 이해된 계산 특성을 가진다. 한편, OWL Full은 RDF 스키마와 호환성을 주는 의도를 가진 의미적 모델을 사용한다. OWL에 정의된 온톨로지는 RDF/XML 구문을 사용하여 대부분 공통적으로 직렬화된다. RDF와 OWL가 보여주었듯이, 추가적인 온톨로지 언어는 RDF 위에 구축될 수 있고(17장 참고), 그런 이유로 OWL은 시멘틱 웹 뒤에 있는 근원적 기술 중 하나로 여겨진다.

### 6.4.5 HyTime

HyTime(Hypermedia/Time-based Structuring Language)은 멀티미디어 문서의 마크업을 위해 정의된 표준으로(ISO/IEC 10744), 문서의 일반적인 하이퍼미디어 구조를 명시하는 SGML 구조이다. SGML의 권고 원칙에 따라 HyTime에서 정의한 구조는 코딩된 문서의 어떤 표현 양식에 대해서도 독립적이다. HyTime 구조는 HyTime의 구성체를 사용하는 개별 문서 모델에 대해 DTD 작성을 통해 특정 표현 요구에 따라 이들 문서집합이 그 구성체를 적절히 조합하도록 명시하는 것을 허용한다. 이 표준은 또한 몇몇 메타 DTD를 제공하여 새로운 멀티미디어 마크업 언어의 설계를 용이하게 하고 있다.

HyTime으로 직접 표현되는 하이퍼미디어 개념은 다음과 같은 것들을 포함한다.

- 문서객체의 복잡한 위치표현
- 문서객체 사이의 관계(하이퍼링크)
- 문서객체 사이의 수치적 측정관계

HyTime 구조는 링크 및 주소 설정 기본 구조, 스케줄 구조(기본 구조에서 유도됨), 표현 변환(rendition) 구조(스케줄 구조의 응용임) 세 부분으로 나누어진다. 기본 구조는 하이퍼링크의 구문과 의미를 담당하며, 대부분의 간단한 하이퍼미디어 프레젠테이션에서는 이 정도로도 충분하다. HyTime의 스케줄 모듈은 음악과 대화식 프레젠테이션을 포함하여 임의의 복잡한 하이퍼미디어 구조에 대한 추상적 프레젠테이션을 정의하는데, 이의 기본적인 기법은 간단하여, 시간 혹은 공간의 기본 단위를 척도로 하는 좌표축에 따라 객체 컨테이너를 순서대로 배치한다. 표현 변환 모듈은 근본적으로 스케줄 구조의 한 응용으로 여러 유형의 특별한 '표현 변환 규칙'을 적용하여 기존 스케줄로부터 새로운 스케줄의 생성을 정의하는 일반적인 기법을 규정한다.

HyTime은 그래픽 인터페이스나 사용자 항해(navigation), 사용자 상호작용 혹은 시간대와 화면상의 미디어 배치를 직접 명시하지는 않는다. 문서 처리에서 이와 같은 부분은 SGML 문서에서와 마찬가지로 스타일 시트와 같은 기법에 의해 명시된 HyTime 구조로 어느 정도 가능하다.

HyTime의 응용 가운데 표준 음악 기술 언어(SMDL; Standard Music Description Language)가 있는데, SMDL은 음악 정보를 단독으로 혹은 다른 매체와 함께 표현하는 구조로서, 멀티미디어의 시간적 순차화 정보도 지원한다. 또 다른 응용으로는 대화 문서용 메타파일(MID; Metafile for Interactive Documents)이 있는데, MID는 SGML과 HyTime에 기반을 둔 공통 교환 구조로서, 다양한 저작 시스템으로부터 데이터를 취하며, 사람의 개입이 최소인 형태로 상이한 프레젠테이션 시스템에서 보여 주기 위해 구조화한다.

HyTime에 대한 XML의 화답은 SMIL(Synchronized Multimedia Integration Language)이다. SMIL은 웹에서 멀티미디어 표현 스케줄링을 위한 선언적인 언어로, 상이한 객체의 위치와 활동 시간을 지정할 수 있다.

## 6.5 텍스트 특성

이 절에서는 텍스트의 여러 특성을 다룬다. 첫째, 텍스트의 정보 내용 측정 방법과 이를 위한 몇 가지 모델을 살펴본다. 그리고, 문자열이나 텍스트 조각 사이의 유사도 측정 방법에 대해서도 또한 대략적으로 언급한다.

### 6.5.1 정보 이론

쓰여진 텍스트는 정보를 교환하는 한 방법으로 항상 어느 정도의 의미적인 내용을 내포한다. 비록 주어진 텍스트에 존재하는 정보의 양을 명확하게 포착하기는 어렵지만, 정보의 양은 심볼들의 분포와 관련이 있다. 예를 들어 거의 언제나 하나의 심볼만 나타나는 텍스트는 많은 정보를 전달하지 않는다. 이런 개념을 이용하여 다른 심볼에 일련의 비트나 코드(code)를 할당할 수 있다.

이 이론은 Claude Shannon의 유명한 소스 코드 이론 [1452]에서 정립되었는데, 그는 최적의 인코딩 체계에서는 발생 기대 확률이 $p$인 심볼의 코드 길이를 $\log_2 \frac{1}{p}$ 비트로 할당해야 한다는 것을 보였다. 어떤 심볼을 최적으로 코딩할 때의 비트 수가 그 심볼의 정보 내용(information content)을 나타낸다. 따라서 각 심볼의 출현 확률로 통계적 텍스트 모델 (statistical text model)을 정의할 수 있으며 코드의 집합이 각 심볼에 할당된다.

전체 텍스트 $T = t_1 t_2 \cdots t_n$에 대한 평균 정보 양을 텍스트 모델에서 사용된 텍스트의 엔트로피(entropy)라 불리며, 다음과 같이 구한다.

$$E = \frac{1}{n} \sum_{i=1}^{n} \log_2 \frac{1}{p_i}, \quad (6.1)$$

이 식에서 $p_i$는 $t_i$ 심볼에 대한 모델에 의해 할당된 확률이다. 이 확률로부터 $E$가 계산되었다는 것은 텍스트만이 아닌 모델의 특성이기도 하다는 점이 중요하다.

알파벳 $s_i$ 심볼에 대해 항상 확률 $p_i$가 할당되는 간단한 경우에 엔트로피는 다음과 같이 다시 쓸 수 있다.

$$E = \sum_{s_i \in \Sigma} p_i \log_2 \frac{1}{p_i} = -\sum_{i=1}^{\sigma} p_i \log_2 p_i \quad (6.2)$$

여기서 $\Sigma$는 그 텍스트의 알파벳이고 $\sigma = |\Sigma|$이다. 이 식에서 알파벳에 속한 $\sigma$ 심볼은 이진수로 인코딩되고, 따라서 엔트로피는 비트 단위로 측정된다. 예를 들어, $\sigma = 2$일 때, 두 심볼이 같은 수만큼 나타나면 엔트로피는 1이 되고, 한 심볼만 나타나면 0이 된다. 이와 같이 텍스트의 정보량은 그 엔트로피로 정량화할 수 있으며, 엔트로피는 정보 내용(또는 정보 불확실성)의 측정으로 사용될 수 있고 따라서 텍스트내 정보의 양은 그 엔트로피양으로 나타낼 수 있다.

따라서 텍스트의 정보량은 텍스트 모델에 따라 측정되며, 이러한 개념은 텍스트 압축과 같은 경우에도 중요한데, 이 경우 엔트로피는 해당 텍스트 모델을 적용하였을 때 텍스트를 압축할 수 있는 한계가 된다. 6.8절에서 텍스트 압축에 대해 자세히 다룬다. 정보검색에서는 이제부터 논의하게 될 자연언어 모델링이 주된 관심사이다.

### 6.5.2 자연언어 모델링

텍스트는 유한한 알파벳에서 주어진 심볼들로 구성되며, 전체 심볼의 집합은 단어를 구분하는 심볼과 단어를 형성하는 심볼 두 가지의 배타적인 부분 집합으로 나눌 수 있다. 그리고 심볼들이 균일하게 분포되어 있지 않다는 것은 잘 알려져 있는데, 문자(a에서 z까지)만 고려하면, 보통 모음은 대부분의 자음보다 출현 빈도가 높은 것으로 나타나고, 영어에서는 문자 'e'가 가장 빈도가 높다.

텍스트를 생성하는 간단한 모델로 이항 모델(binomial model)이 있는데 이 모델에서는 각 심볼이 특정 확률을 지니고 독립적으로 생성된다. 하지만 자연언어에서 현재 심볼의 생성은 이전에 나타난 심볼에 종속적이다. 예를 들면, 영어에서 문자 'c' 다음에 'f'는 나타날 수 없고, 모음이나 다른 자음들의 출현 확률이 더 높다. 그러므로 어떤 심볼의 확률은 이전 심볼에 따라 다르게 되며, 이러한 종속성을 반영한 유한 문맥(finite-context) 모델이나 마코프(Markov) 모델을 사용할 수 있다. 이러한 모델에서 다음 심볼의 생성을 위해 하나 이상의 문자를 고려할 수 있는데, $k$개의 문자를 사용할 경우, $k$차 모델이라고 한다(따라서 이항 모델은 0차 모델로 간주된다). 3장에서 검토한

대로 단어를 심볼로 생각하여 이 모델을 적용할 수 있다. 단어를 하나의 심볼로 취급하여 모델을 적용할 수도 있는데, 예를 들어, 성경의 단어 분포를 사용하여 5차 모델로 생성한 텍스트는 의미가 있을 수 있지만(즉, 문법적으로 옳을 수 있다), 원문과는 다를 것이다. 보다 복잡한 모델로는 유한 상태(finite-state) 모델(정규 언어를 정의하는)과 문법 모델(문맥 자유(context free) 언어나 다른 언어를 정의하는)이 있지만, 자연언어의 바른 문법을 발견하는 것은 아직 해결하지 못한 어려운 문제로 남아 있다.

다른 중요 쟁점은 각 문서내의 서로 다른 단어들의 분포이다. 근사적 모델로 Zipf의 법칙[1794, 649]이 있는데, 여기서는 텍스트에서 단어들의 출현 빈도(즉, 출현 횟수) 분포를 포착하고자 시도한다. 이 규칙에 따르면 출현 빈도순으로 $i$번째인 단어의 빈도수 $f_i$는 가장 빈도가 높은 단어 $f_1$의 $1/i^\alpha$배이고, 여기서 $\alpha$값은 텍스트 종속 매개변수이다. 즉, 다음 식과 같다.

$$f_i = \frac{f_1}{i^\alpha} \tag{6.3}$$

원래 Zipf의 법칙에서는 $\alpha = 1$이고, $\alpha > 1$일 때 일반 Zipf의 법칙이라 한다. 어휘수 $V$단어를 가진 $n$단어의 텍스트에 대해 다음 식이 성립된다.

$$n = \sum_{i=1}^{V} \frac{1}{i^\alpha} f_1 = f_1 \times \sum_{i=1}^{V} \frac{1}{i^\alpha}$$

괄호 안의 인자는 오직 텍스트 매개변수 $\alpha$와 $V$에만 종속되고 $V$의 $\alpha$차인 조화 수(harmonic number) $H_V(\alpha)$라 불리며, 다음과 같다.

$$H_V(\alpha) = \sum_{i=1}^{V} \frac{1}{i^\alpha} \text{ 이고 } f_1 = \frac{n}{H_V(\alpha)} \tag{6.4}$$

Zipfian 모델에 따른 이런 결과를 즉시 적용하게 되면 $i$번째 빈도 수 단어는 $n/(i^\alpha H_V(\alpha))$번 나타난다.

그림 6.5의 좌측은 단어들이 출현빈도에 따라 내림차순으로 정렬되었을 때 출현빈도 $F$의 분포를 보여 준다. $\alpha$값은 텍스트에 따라 다른데 대부분의 간단한 공식에서는 $\alpha = 1$로 부여하여 $H_V(\alpha) = O(\log V)$이다. 하지만 이렇게 단순화된 형태는 매우 부정확하여 $\alpha > 1$인 경우 좀 더 정확하게는 1.5에서 2.0 사이가 실제데이터에 잘 들어맞는다[65]. 이 경우는 power 법칙(11.3.3 참고)의 예로 분포가 훨씬 더 경사지게 되므로 $H_V(\alpha) = O(1)$이다 데이터실험 결과로는 $k/(c+i)^\alpha$가 더 좋은 모델로 제안되고 있는데 여기서 $c$는 추가된 매개변수이고, $k$는 모든 빈도의 합이 $n$이 되도록 만든 값이며, 이를 Mandelbrot 분포라 한다[1133].

단어의 분포는 심하게 경사진 형태이기 때문에 즉 50%의 텍스트를 차지하는 것은 수백단어에 불과하다. 불용어(stopword)와 같이 너무 빈도가 높은 것은 고려대상에서 제외할 수 있다. 불용어는 'a', 'the', 'by'와 같이 자연언어에서 의미를 전달하지 않는 단어이므로 무시할 수 있으며 탐색되지 않도록 할 수 있다. 다행히 대부분의 빈도가 높은 단어들은 불용어이므로 텍스트에 나타난 단어중에서 반정도는 고려할 필요가 없으며 이렇게 하면 자연언어 텍스트를 위한 색인 공간의 부담이 크게 줄어든다. 예를 들어 TREC-2 컬렉션(참조컬렉션과 다른 것들에 대한 자세한 사항은 4.4.1 참고)에서 가장 빈도가 높은 단어는 'the', 'of', 'and', 'a', 'to', 'in' 등이다. 하지만 주의할 점은 불용어를 색인에서 제거하는 것은 단순화의 대가를 치루게 되는데, 구(phrases)로 주어진 것은 더 이상 찾을 수 없게 된다. 예를 들어 "The Who"라는 음악 그룹을 찾을 때 불용어가 색인에서 제거되었다면 찾는 게 불가능하거나 오류가 나게 된다. 이것이 웹에서 중요한 질의형이란 것을 고려하면 검색엔진은 모든 용어가 색인에 포함되게 하는 전문(full text) 색인을 채택하여 그런 문제를 피하게 된다.

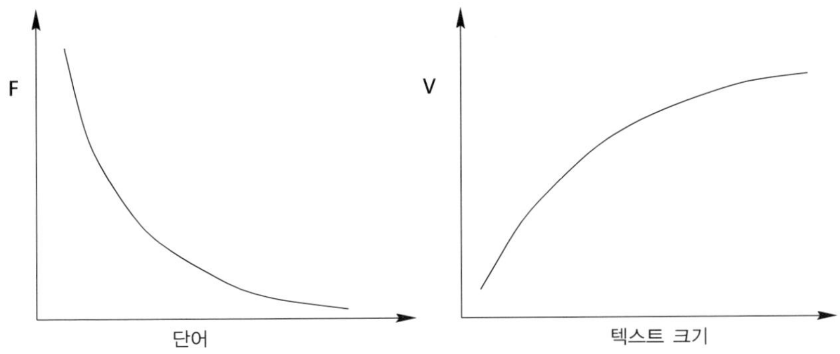


**그림 6.5**: 정렬된 단어의 출현빈도(좌측)과 어휘크기(우측)에 대한 분포

세 번째 쟁점은 문서모음에서 단어들의 분포이며 단순한 모델로 각 단어는 모든 문서에서 같은 수만큼 출현한다고 간주할 수도 있지만 실제로 이는 사실이 아니다. 더 나은 모델로는 음의 이항분포(negative binomial distribution)를 고려한 것이 있는데, 이 경우 어떤 단어를 $k$번 포함하는 문서의 단편(fraction) $F(k)$는 다음과 같이 주어진다.

$$F(k) = \binom{\alpha + k - 1}{k} p^k (1-p)^{-\alpha-k} \tag{6.5}$$

여기서 $p$와 $\alpha$는 단어와 문서모음에 종속적인 매개변수인데 예를 들어 Brown Corpus[583]에서 단어 "said"의 경우 $p = 9.24$이고, $\alpha = 0.42$[384]이다. 후자의 참고문헌에는 포아송(Poisson) 분포에서 유도된 다른 모델들도 주어져 있다.

네 번째 쟁점은 문서에서 서로 구분되는 단어의 수인데 이러한 단어의 집합을 문서 어휘(vocabulary) $V$라고 한다. 자연언어 텍스트에서 어휘 크기의 증가를 예측하기 위한 것으로 이른바 Heaps의 법칙[730]이 있는데, 이는 매우 정확한 법칙으로, 단어의 수가 $n$인 텍스트의 어휘 수는 $V = Kn^\beta = O(n^\beta)$로 주어지며, $K$와 $\beta$는 특정 텍스트에 종속적인 값이다. 그림 6.5의 우측은 텍스트 크기에 따른 어휘 수의 변화를 보여 주며, $K$는 보통 10에서 100 사이이고, $\beta$는 1보다 작은 양의 값이다. TREC-2 모음에 대한 몇몇 실험[65, 116] 결과, $\beta$의 가장 일반적인 값은 0.4에서 0.6 사이로 나타났다. 따라서 텍스트 어휘 수는 텍스트 크기에 대해 제곱근에 가까운 비율로 선형 이하적인(sub-linearly) 증가를 보인다.

한 언어에서 서로 구분되는 단어인 어휘의 집합은 상수로 고정되어 있다는 것에 주목할 필요가 있다(예를 들어, 영어에서 서로 구분되는 단어의 수는 유한하다). 하지만 그 한계가 너무 크기 때문에, 비록 충분히 큰 텍스트에 대해서는 어휘 수가 안정화될지라도, $O(1)$대신 $O(n^\beta)$를 어휘 수로 가정하는 것이 훨씬 더 정확하다. 또 한편으로는, 타자나 철자 오류 때문에 어휘 수는 어쨌든 계속 증가한다고 주장하는 저자도 많다.

Heaps의 법칙은 문서 컬렉션에도 적용되는데, 그 이유는 전체 텍스트의 크기가 증가하면 그 예측도 더욱 정확해지기 때문이며, 따라서 이 모델은 월드 와이드 웹에서도 유효하다(11장 참고).

마지막 쟁점은 단어의 평균 길이인데, 이는 단어 수로 본 텍스트 크기와 바이트 단위로 본 텍스트 크기 사이에 관계를 맺어준다(문장 부호나 특별한 심볼은 고려하지 않음). 예를 들어, TREC-2 모음에서 서로 다른 부분 컬렉션의 평균 단어 길이는 5 문자에 매우 가깝고, 각 부분 컬렉션에서 이 평균의 변동 범위는 작으며(4.8 문자에서 5.3 문자 사이), 불용어를 제외하면 단어의 평균 길이는 6 문자에서 7 문자 정도로 증가한다. 어휘의 단어만 고려하면 평균 길이는 더 증가하는데(약 8에서 9), 이는 어휘 저장에 필요한 전체 공간을 결정한다.

하지만 불변 평균 단어 길이는 Heaps의 법칙과 일치하지 않는데 그건 다음 이유 때문이다. Heaps의 법칙은 텍스트 크기 $n$이 커지면, 어휘 또한 증가하는데, 이는 모든 단어를 표현하는 문자수도 증가한다는 것을 의미한다. 따라서 텍스트가 증가하면 더욱 긴 단어가 출현한다는 것을 암시한다. 하지만 실제로는 짧은 단어가 충분히 반복되어 출현하기 때문에(예: 불용어), 전체 텍스트에서 평균적인 단어의 길이는 일정하다. 이렇게 평균적인 단어의 길이를 일정하게 유지하는 짧은 단어와 긴 단어의 균형 현상은 서로 다른 상황에서 여러 번 관측되었고, 다음과 같이 유한 상태 모델로 설명할 수 있다[1133]: (a) 공백 문자의 확률은 거의 0.2이다 (b) 공백 문자는 연달아 두 번 나타날 수 없다 (c) 고정 확률분포의 총 26 문자가 있다.

이 절에서 제시된 모델들 특히, Zipf와 Heaps의 법칙은 9장과 11장에서 사용된다.

### 6.5.3 텍스트 유사도

이 절에서는 문자열이나 문서 사이의 구문적 유사도(similarity) 개념을 정의한다. 유사도는 거리함수(distance function)를 사용하여 측정하는데 예를 들어, 문자열의 길이가 같은 경우, 문자가 서로 다른 위치의 수로 이들 사이의 거리를 정의할 수 있다. 그러면 동일한 경우에 거리는 0이 되고, 이를 해밍거리(Hamming distance)라고 한다. 거리함수는 또한 대칭적이어야 하고(즉, 인자의 순서에 무관함), 삼각 부등식 관계(triangle inequality)를 만족해야 한다. 즉 다음 식과 같다.

$$\text{distance}(a,\ c) \leq \text{distance}(a,\ b) + \text{distance}(b,\ c) \tag{6.6}$$

문자열에 대한 중요한 거리 개념 중의 하나로 편집(Edit) 또는 Levenshtein 거리가 있다. 편집 거리는 문자열이 동일하게 되도록 임의의 한 문자열에 대해 수행해야 하는 삽입(insertion), 삭제(deletion), 치환(substitution) 연산이 필요한 문자의 최소 수로 정의된다. 예를 들어, 'color'와 'colour' 사이의 편집 거리는 1인 반면, 'survey'와 'surgery' 사이의 편집 거리는 2이다. 구문적 오류를 모델링하는 데는 음성학에 기초한 Soundex 시스템과 같은 여타의 복잡한 방법보다 편집 거리가 더 우수한 것으로 알려져 있다[1195]. 편집 거리 개념을 확장한 것 중에는 각 연산에 대해 다른 가중치를 부여하는 것과 전치(transposition) 연산을 추가한 것 등이 있다.

유사도에 대한 다른 평가 척도도 있는데, 예를 들어, 두 문자열을 비교하는 데 단지 문자의 삭제 연산만 허용된다고 가정해 보자. 그러면 결국 공통이 아닌 문자를 모두 삭제하고 나면, 남는 문자열(원래 문자열에서 반드시 연속할 필요는 없지만 순서는 유지되어야 함)은 두 문자열의 최장 공통 부분열(LCS; Longest Common Subsequence)이 된다. 예를 들어, 'survey'와 'surgery'의 LCS는 'surey'이다.

유사도는 문서에도 확장하여 적용할 수 있는데, 예를 들어, 행을 하나의 심볼로 간주하고 두 파일 사이에 최장의 공통 행들을 구할 수 있다. 이러한 평가 척도는 유닉스 계열 운영 체제에 있는 `diff` 명령에서 사용된다. 이러한 접근 방법의 주된 문제점은 많은 시간이 걸리고 유사한 행들이 고려되지 않는다는 것이다. 후자의 결점은 행들 사이에 가중치를 부여한 편집거리를 취하거나 모든 문자에 대해 LCS를 계산함으로써 해결할 수 있다. 다른 해결 방안으로는 문서의 특징(어떤 식으로든 텍스트의 특성을 나타내는 일부분)을 추출하여 비교하거나 자주 반복되는 부분을 찾아내는 것이 있다. 문서의 유사도를 보여 주는 가시적인 도구도 있는데 예를 들어, `Dotplot`은 사각형의 지도를 그리며, 이 지도에서 두 좌표계는 모두 파일의 행이 되고 각 좌표는 해당 행들 사이의 편집거리에 따라 명암의 픽셀로 채워진다.

보다 효율적인 문서 유사도 측정법에는 코사인 거리와 유사성(resemblance) 측정법이 있다. 첫 번째 측정법은 각 문서를 위해 벡터 모델 표현을 쓰고 다중 가중치 함수가 있다면 3.2.6절에 정의된 코사인 거리를 쓴다. 매우 유사한 문서는 유사도가 1에 가깝고 매우 다른 문서는 유사도가 0에 가깝다.

또 다른 유사도 측정법 제안은 유사성(resemblance)[267]인데, 만일 $W(d_j)$가 문서 $d_j$내에 모든 구별되는 단어의 집합이라면 문서 $d_i$와 $d_j$사이의 유사성 함수 $R(d_i,\ d_j)$는 다음과 같이 정의된다.

$$R(d_i,\ d_j) = \frac{|W(d_i) \cap W(d_j)|}{|W(d_i) \cup W(d_j)|} \tag{6.7}$$

$0 \le R(d_i,\ d_j) \le 1$이고, 이 측정법은 Jaccard 유사도[816]의 특정 경우이다. 더군다나 함수 W의 어떤 타당한 정의를 사용해 유사성을 계산할 수 있다. 가장 효율적인 기술 중 하나가 싱글링(shingling)인데 싱글(shingle)은 문서내 연속적인 용어의 집합으로 문서 내용의 부분집합을 나타낸다. 함수 $W$를 계산하는데 싱글을 사용하면 단일 단어들 대신 용어 그룹을 사용하는 것만큼 빨리 유사성을 계산할 수 있다.

[0, 1]의 범위에 있는 어떤 유사도 측정도 다음 거리 함수 $D(d_i,\ d_j)$로 쉽게 변환될 수 있다.

$$D(d_i,\ d_j) = 1 - Sim(d_i,\ d_j) \tag{6.8}$$

## 6.6 문서 전처리

문서 전처리 과정은 주로 다음 5가지 텍스트 연산(즉, 변환)으로 구분할 수 있다:

1. 숫자, 하이픈, 문장 부호, 대소문자 처리를 다루는 것이 목적인 텍스트 어휘 분석(lexical analysis)
2. 검색에서 변별력이 매우 낮은 단어들을 걸러내는 것이 목적인 불용어 제거
3. 불용어를 제외한 나머지 단어에 대해 접사(즉, 접두사와 접미사)를 제거하고, 질의어의 구문적 변형(예를 들어, 'connect', 'connecting', 'connected')을 포함하는 문헌의 검색을 허용하는 것이 목적인 스테밍(stemming)
4. 색인어나 키워드로 사용할 단어/스템(stem)(혹은, 단어 집단)의 선정. 특정 단어를 색인 엘리먼트로 사용할지의 여부는 보통 그 단어의 구문적 성질과 관련이 있으며, 실제로 명사는 형용사, 부사, 동사보다 종종 더 의미를 나타낸다.
5. 본래의 질의문을 관련 용어로 확장할 수 있도록(이는 일반적으로 유용한 과정임), 시소러스(동의어; thesaurus)와 같은 용어 분류 구조를 구축하거나 텍스트에 표현된 구조를 직접 추출하는 작업

다음에서 이들 단계 각각에 대해 자세히 논하고 있는데, 이에 앞서 위의 각 단계가 완료되었을 때 주어지는 문서의 논리적 뷰(view)를 살펴보기로 하자. 편의를 위해 그림 3.3을 반복해서 그림 6.6으로 나타냈다. 이미 논하였듯이 전처리의 각 단계를 전부 적용함으로써 문서의 논리적 뷰(시스템에 채택된)를 텍스트 전문에서 고수준의 색인어 집합으로 변형할 수 있다.

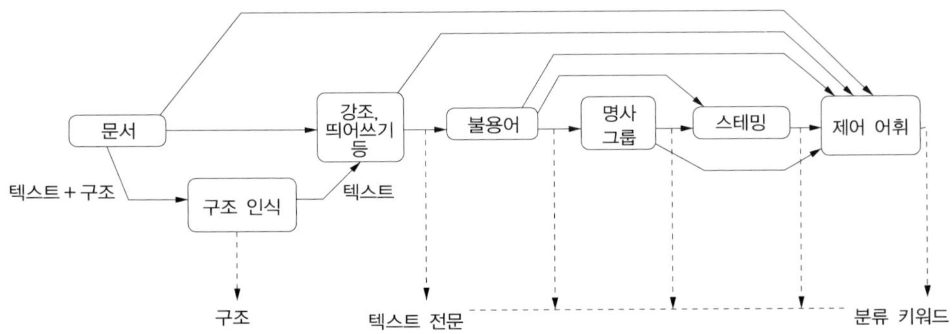


**그림 6.6**: 텍스트 처리의 여러 단계를 통해 나타난 문서의 논리적 뷰

### 6.6.1 텍스트 어휘 분석

어휘 분석은 문자열(문서의 텍스트)을 단어열(색인어로 채택할 후보 단어들)로 변환하는 과정이며, 어휘 분석 단계의 주요 목적 가운데 하나는 텍스트에 나타난 단어를 식별하는 것이다. 얼핏 보면, 이와 관련된 일은 단어를 구분하는 공백을 인식하는 것이 전부인 것처럼 보이지만(이 경우 여러 개의 공백은 하나로 합쳐짐) 이 보다는 처리해야 할 일이 더 많다. 예를 들어, 숫자, 하이픈, 문장 부호, 대소문자 여부 등 네 가지 특별한 경우는 주의깊게 고려해야 한다[577].

숫자는 인접 문맥을 모르면 본질적으로 모호하기 때문에 일반적으로 좋은 색인어가 아니다. 예를 들어, 사용자가 1910년에서 1989년 사이의 교통사고 사망자 수에 대한 문서에 관심이 있는 경우를 생각해 보자. 이러한 요구는 {사망자, 교통, 사고, 연도, 1910, 1989}와 같은 색인어 집합으로 명시할 수 있지만, 질의어에 1910과 1989라는 수가 포함되어 있기 때문에 이 둘 중에 하나라도 포함된 여러 가지 다양한 문서로 검색될 수 있다. 문제는 숫자의 경우 그 자체로는 너무 모호하기 때문에 일반적으로 숫자는 색인어로 간주하지 않는 것이 현명하지만, 숫자가 단어에 섞여 있는 경우도 고려해야 한다. 예를 들어, '510B.C.'는 분명히 중요한 색인어이지만, 이러한 경우 어떤 규칙을 적용해야 할지 불분명하다. 뿐만 아니라 은행 카드 번호를 나타내는 16자리 숫자는 주어진 문맥과 관련이 매우 깊을 수 있고, 이런 경우에는 색인어로 간주해야만 한다. 텍스트의 숫자를 다룰 때, 특별히 명시되지(정규 수식에 의해) 않은 경우라면 숫자열을 포함하는 단어는 모두 제거하는 것이 기본적인 접근 방법이지만, 진일보한 어휘 분석 과정에서는 일부 날짜와 숫자에 대해 통일된 형식을 제공하기 위해 정규화를 수행하기도 한다.

하이픈의 경우 어휘 분석기는 또 다른 어려운 결정을 해야 한다. 하이픈으로 연결된 단어를 분리하면 일관성 없이 용어가 사용된 경우에 유용한데, 예를 들어, 'state-of-the-art'와 'state of the art'를 동일하게 취급할 수 있다. 하지만 하이픈이 반드시 사용되어야 하는 단어도 있는데, 예를 들면, 'gilt-edge', 'B-49' 같은 것이다. 하이픈의 경우에도 일반적인 규칙을 먼저 채택하고, 각 경우별로 예외를 명시하는 것이 가장 적합한 처리 방법으로 보인다.

어휘 분석 과정에서 문장 부호는 보통 제거되는데, 어떤 문장 부호는 단어에 필수적이지만(예를 들어, '510B.C.'), 이러한 문장 부호를 제거해도 잘못 해석될 위험이 아주 적기 때문에, 검색 성능에는 별 영향이 없는 것으로 보인다. 실제로 사용자가 질의어로 '510B.C'라고 명시할 경우, 질의어와 문헌 모두에서 마침표를 제거해도 검색에는 영향이 없지만 문장 부호 역시 특별한 경우가 있으므로, 예외 사항에 대한 리스트를 준비해야 할지 모른다. 예를 들어, 텍스트에 프로그램 코드가 있는 경우에는, 변수 'x.id'와 'xid'를 구분하는 것이 현명하므로, 점을 제거하지 않는 것이 바람직하다.

대소문자 구분은 일반적으로 색인어 식별에 중요하지 않아서 어휘 분석기는 보통 모든 텍스트를 대문자나 소문자로 변환하지만, 특별한 경우가 있으므로 대소문자를 구분해야 할지 모른다. 예를 들어, 유닉스 계열의 운영 체제 명령어에 대해 자세히 기술한 문서를 검색할 때, 사용자는 이 운영 체제가 대소문자를 구분하는 관례를 따르므로, 대문자를 소문자로 변환하지 말 것을 분명히 원할지 모른다. 뿐만 아니라 대소문자 변환으로 인해 일부 의미적 차이가 사라져 버릴 수도 있다. 예를 들어, 'Bank(은행)'와 'bank(둑)'는 의미가 전혀 다른 단어이다(이는 다른 단어 쌍에서도 공통적인 사실임).

Fox[577]가 지적하였듯이 이러한 텍스트 연산은 쉽게 구현 가능하다. 하지만 문서 검색 시간에 큰 영향을 줄 수 있으므로, 이들 연산 각각에 주의를 기울일 필요가 있으며, 특히 사용자가 어떤 색인 전략이 사용되었는지 파악하기 어렵다면 곤란하다. 불행히도 이 문제에 대한 명쾌한 답은 없으며, 이미 언급하였듯이 사용자의 검색 작업 이해를 단순화시키기 위해 일부 웹 검색엔진에서는 텍스트 연산을 전혀 수행하지 않는 경우도 있다. 이러한 전략이 앞으로도 하나의 선택 방안으로 계속 남을 수 있을지는 두고 볼 일이다.

### 6.6.2 불용어 제거

3장에서 논하였듯이 문서 모음에서 너무 빈도가 높은 단어는 좋은 식별자가 아니다. 실제로 어떤 문서모음에서 80% 이상의 문서에 공통으로 출현한 단어는 검색에 쓸모가 없는데 이러한 단어를 종종 불용어(stopword)라 하며, 보통 미리 걸러내어 잠정적인 색인어에서 배제시킨다. 따라서 관사, 전치사, 접속사는 불용어 리스트의 자연스러운 후보가 된다.

불용어 제거는 다른 중요한 이점도 있는데, 이는 색인 구조의 크기를 상당히 줄여준다는 것이며, 실제로 불용어만 제거해도 색인 구조의 크기(예를 들어, 역리스트의 크기, 9장 참고)가 40% 이상 작아지는 것이 일반적이다.

불용어 제거가 색인 구조의 압축도 제공하므로, 불용어 리스트에 관사, 전치사, 접속사 외에 다른 단어를 포함하도록 확장하기도 한다. 예를 들어, 일부 동사와 부사 및 형용사는 불용어로 취급할 수 있다. [582]에서는 425개의 불용어 리스트가 예시되어 있으며, 어휘 분석기는 C 프로그램으로도 제공되고 있다.

이러한 이점에도 불구하고 불용어 제거는 재현율을 낮추기도 하는데, 예를 들어, 사용자가 '*to be or not to be*'라는 구절이 포함된 문서를 찾는 경우를 생각해 보자. 불용어 제거로 인해 '*be*'라는 용어만 남으므로 결과적으로 주어진 구절을 포함한 문서롤 제대로 인식할 수 없을지도 모른다. 이것이 일부 웹 검색엔진(컬렉션에 나타난 모든 단어를 역파일에 추가하는)이 전문 검색 방법을 취하는 또 다른 이유다. 특히 웹상에 많은 언어가 있으므로 불용어는 어느 출현 빈도를 넘어서면(예: "`html`"이나 "www" 단어를 고려) 통계적으로 정의될 수 있다.

### 6.6.3 스테밍(Stemming)

사용자가 질의에 어떤 단어를 명시했지만, 단지 그 변형만 관련 문서에 존재하는 경우가 종종 있다. 질의어와 문서의 해당 단어 사이에 완전 정합을 저해하는 구문적 변형의 예로는 복수형, 동명사형, 과거형 등이 있다. 이 문제점은 단어를 해당 스템(stem)으로 대치하면 부분적으로 극복할 수 있다.

스템이란 단어에서 접사(즉, 접두사와 접미사)를 제거하고 남은 부분이며, 예로 'connect'는 변형이 'connected, connecting, connection, connections'인 단어의 스템이다. 스테밍은 스템이 동일한 변형을 공통의 개념으로 변환하므로, 검색 성능을 개선하는 데 유용한 것으로 간주될 뿐만 아니라, 스테밍은 구분되는 색인어의 수를 줄여주므로 색인 구조의 크기를 감소시키는 부수적인 효과도 지니고 있다.

스테밍을 지지하는 논의도 상당한 반면, 검색 성능에서 스테밍의 이점에 대해 반론을 제기하는 문헌도 있는데, 실제로 연구 결과에 따라 결론이 상충되기도 한다. Frakes[582]는 스테밍의 잠정적 이득에 대해 8가지 다른 연구를 비교하였다. 그는 스테밍 사용에 우호적이지만, 그가 조사한 8가지 실험 연구들의 결과로부터 만족할 만한 결론을 도출하기는 어려웠다. 이러한 의문들 때문에 많은 웹 검색엔진들이 전혀 스테밍 알고리즘을 적용하지 않고 있다.

Frakes는 스테밍 전략을 다음 4가지 유형으로 구분하였다: 접사 제거(affix removal), 테이블 참조(table lookup), 후속자 변형(successor variety), $n$-그램($n$-gram). 테이블 참조는 테이블에서 해당 단어의 스템을 찾는 방법인데 이 과정은 단순하지만 해당 언어 전체의 스템 데이터에 의존적이다. 이러한 데이터는 쉽게 이용 가능한 것이 아니고 상당한 저장 공간을 요구할 수도 있기 때문에, 이러한 유형의 스테밍 알고리즘은 비현실적일 수 있다. 후속자 변형 스테밍은 형태소 경계 결정에 기반을 두고 있으며, 구조 언어학적 지식을 이용하는데, 접사 제거 스테밍 알고리즘보다 더 복잡하다. N-그램 스테밍은 다이그램(digram)과 트라이그램(trigram) 식별에 기반을 두고 있으며, 스테밍 과정이라기보다는 용어 클러스터링 과정에 더 가깝다. 접사 제거 스테밍은 직관적이고 간단하며 효율적으로 구현할 수 있으므로, 이 절의 나머지 부분에서는 접사 제거 스테밍 알고리즘에 대해서만 집중적으로 논의하기로 한다.

접사 제거에서는 대부분의 변형이 접미사(접두사가 아니라)에 의해 생성되므로 접미사 제거가 가장 중요한 부분이다. 서너 가지 잘 알려진 접미사 제거 알고리즘이 있지만, Porter 알고리즘이 가장 널리 사용되고 있는데, 그 이유는 단순하고 명확하기 때문이며, 그 단순함에도 불구하고 훨씬 복잡한 알고리즘에 필적할 만한 결과를 생성한다.

Porter 알고리즘에서는 접미사를 제거하기 위해 접미사 목록을 사용하며, 텍스트에 나타난 단어의 접미사에 대해 일련의 규칙을 적용한다. 예를 들어, 다음과 같은 규칙은 문자 s를 공백(nil)으로 치환함으로써 복수형을 단수형으로 변환하는 데 사용된다.

$$s \rightarrow \phi$$

접미사를 식별하기 위해서는 단어의 마지막 문자들을 조사해야 하는 것에 주목할 필요가 있으며, 또한 규칙 집합에서 규칙의 좌측부와 주어진 단어의 문자열이 가장 길게 정합하는 규칙부터 찾아서 적용한다. 따라서 다음 두 규칙이 있을 경우, ‘stresses’란 단어의 스템으로는 ‘stresse’가 아니라 ‘stress’가 생성된다.

$$\begin{aligned} sses &\rightarrow ss \\ s &\rightarrow \phi \end{aligned} \tag{6.9}$$

Porter 알고리즘에서는 이러한 규칙을 5단계로 분리하여 실행 속도가 빠르면서도 효과적인 스테밍이 가능하다(자세한 사항은 http://snowball.sourceforge.org 참고).

다른 언어의 스테밍 알고리즘은 매우 다를 수 있다. 예를 들어 스페인어에는 많은 예외가 있으며 좋은 스테밍에는 사전이 또한 필요하다. 독일어나 프랑스어같은 집적(agglomerative) 언어에서는 스테밍이 더 어렵다. 아랍어도 마찬가지인데, 일본어 한자인 간지 같은 경우엔 스테밍이 별 의미가 없다.

### 6.6.4 키워드 선정

텍스트 전문 표현 방법을 취하는 경우 텍스트에 나타난 모든 단어가 색인어로 사용된다. 다른 방법으로는 모든 단어를 색인어로 사용하지 않고 좀 더 추상적인 관점을 취하는 방법이 있는데, 이는 색인에 사용할 용어 집합을 선정해야 함을 의미한다. 서지학 분야에서는 이러한 색인어 선정이 계층 분류와 통제된 어휘(그림 6.6 참고)를 사용하여 전문가에 의해 보통 이루어지는데, 이 경우 색인어 집합은 크기가 작고 각 용어는 키워드(keyword)라 불린다.

다른 대안은 색인어 후보를 자동으로 선정하는 것이다. 하나의 가능한 방법은 이제부터 논의할 명사 집단 식별 방법(Inquery 시스템[280]에서 사용된 것)이다.

자연언어 텍스트 문장은 일반적으로 명사, 대명사, 관사, 동사, 형용사, 부사, 접속사 등으로 구성되어 있다. 각 문법 범주에 속한 단어들이 나름대로 특정 목적에 사용되는 반면, 대부분의 의미는 명사에 의해 전달된다고 볼 수 있다. 따라서 색인어 선정에서는 텍스트에 나타난 명사를 사용하는 것이 직관적으로 보아 타당한 전략이며, 이 방법에서는 명사를 제외한 나머지 단어를 체계적으로 제거하면 된다.

두세 개의 명사가 결합하여 단일 개념을 나타내는 경우가 흔하기 때문에(예: ‘computer science’), 텍스트에서 인접한 명사들을 모아 하나의 색인 요소(혹은 개념)로 처리하는 것은 타당성이 있다. 그래서 색인어로 단순히 명사만 사용하는 대신 명사 집단(noun group)을 사용하는 방법을 취한다. 명사 집단이란 텍스트에서 구문적 거리(두 명사 사이의 단어 수로 측정함)가 미리 정해놓은 임계치(예를 들어, 3)를 초과하지 않는 명사들의 집합을 말한다.

명사 집단을 색인어로 취할 경우, 단일 용어가 아니라 용어의 집단 집합으로 문서의 개념적 논리 뷰를 얻게 된다.

### 6.6.5 시소러스(Thesauri)

시소러스(thesaurus)라는 말은 그리스어와 라틴어에 기원을 두고 있으며, 단어의 보고(寶庫)를 지칭하는 데 사용된다[574]. 단순한 형태의 시소러스는 (1) 주어진 지식 영역에서 미리 수집하여 구성한 중요한 단어들의 목록과 (2) 이 목록의 각 단어에 대해 관련성이 있는 단어의 집합으로 구성된다. 관련 단어는 여러 가지가 있지만 대부분은 주로 동의어 관계에서 도출된다.

일반적으로 시소러스는 어휘의 정규화와도 관계가 있으며, 단순히 단어 목록과 동의어를 포함하는 것 말고도 더 복잡한 구조를 포함하고 있다. 예를 들어, Peter Roget[1377]가 편찬한 유명한 시소러스는 단일 단어보다는 복잡한 개념을 고려하였음을 의미하는 구(phrase)도 포함하고 있다. Roget 시소러스는 범용성(즉, 특정 지식 영역에 한정된 것이 아님)을 지니고 있으며, 단어와 구를 범주와 하위 범주로 구조화하고 있다.

다음은 Roget 시소러스 한 항목의 예이다.

cowardly *adjective*
Ignobly lacking in courage: *cowardly turncoats.*
Syns: chicken(slang), chicken-hearted, craven, dastardly, faint-hearted, gutless, lily-livered, pusillanimous, unmanly, yellow(slang), yellow-bellied(slang).

Roget 시소러스는 형용사 '*cowardly*'에 대해 시소러스 부류를 형성하는 여러 동의어를 관련짓고 있으며 범용적이다. 반면 시소러스를 특정 지식 영역에만 한정시킬 수도 있는데, 예를 들어, 'Thesaurus of Engineering and Scientific Terms'는 공학과 과학 용어에 관련된 개념을 다루고 있다.

Foskett[574]에 따르면 시소러스의 주된 목적은 기본적으로 다음과 같다: (a) 색인과 검색에서 표준 어휘(혹은 참조 시스템)를 제공한다. (b) 사용자가 적합한 질의문을 구성할 수 있도록 용어를 파악하는 데 도움을 준다. (c) 사용자의 요구에 따라 현재 질의문을 확장하거나 축소할 수 있도록 계층 분류를 제공한다. 하지만 이 절에서는 사용자 질의문을 수정하기 위해 시소러스를 사용하는 방법에 대해서는 논하지 않는데, 이 쟁점은 시소러스의 자동 구성 알고리즘에 대해서도 논하고 있는 5장에서 다루고 있다.

시소러스 구축 동기는 색인과 검색에서 통제된 어휘(controlled vocabulary)를 사용하려는 생각에 기반을 두고 있다. 통제된 어휘는 색인 개념의 정규화, 잡음 감소, 의미적으로 명확한 색인어 식별, 단어보다는 개념에 기초한 검색과 같은 장점을 제공하며, 이러한 장점은 의학 분야와 같이 이미 대량의 지식이 축적되어 있는 특정 분야에서 특히 중요하다. 하지만 일반적인 분야의 경우에는 문서 모음과 연관 지을 수 있는 잘 알려진 지식 체계가 존재하지 않을지도 모른다. 그 이유는 문서 기반이 새로운 것이거나 너무 넓거나 아니면 매우 동적으로 변화하기 때문이며, 웹이 바로 이러한 경우에 해당되고, 웹 환경에서 시소러스가 얼마나 유용할지는 불확실하다. 그럼에도 불구하고, 탐색 공간 축소에 사용할 수 있는 용어의 계층적 분류를 사용자에게 제공하는 'Yahoo!'(11장 참고) 검색엔진의 성공은 시소러스 기반 기법이 동적인 웹 세계에서조차도 아주 유용하다는 점을 시사한다.

웹에서 시소러스가 지니고 있는 장점에 대해서 의견의 일치를 보기에는 아직 너무 이르며, 결과적으로 많은 검색엔진이 단순히 모든 문서에 나타난 모든 단어를 색인어로 사용한다(즉, 색인이나 검색 목적에서 통제된 어휘 개념을 사용하지 않음). 시소러스 기반 기법이 웹 환경에서 성공할지는 두고 볼 일이다.

시소러스의 주된 구성 요소는 색인어, 용어간의 관계, 용어 관계에 대한 배치 설계이며, 다음에서는 색인어와 용어 관계를 주로 다룬다. 용어 관계에 대한 배치 설계는 리스트나 2차원적 표현 형태일 수 있는데, 여기서는 목록에 기반한 보다 전통적인 배치 구조만 고려하며, 따라서 시소러스에서 용어의 배치에 대한 쟁점은 더 이상 논하지 않기로 한다. 이 문제와 관련된 주제는 10장에서 간단히 다루고 있으며, 더 자세한 논의는 [574]에서 찾아볼 수 있다.

### 시소러스 키워드(Thesaurus Keywords)

용어는 시소러스의 색인(indexing)요소이며, 일반적으로 시소러스의 용어는 사고를 전달하는 기본 의미 단위인 개념(concept)을 나타내는 데 사용된다. 용어는 개별 단어나 단어 집단 혹은 구일 수 있지만, 대부분은 단일 단어이고, 명사가 가장 구체적으로 개념을 표현하는 품사이므로 용어는 기본적으로 명사이다. 또한 동명사형(예를 들어, 'acting', 'teaching' 등)으로 사용되어 명사 구실을 하는 동사도 용어가 될 수 있다.

단일 단어로 개념을 표현할 수 없을 경우에는 단어의 집단이 대신 사용된다. 예를 들어, 개념들 중에는 명사에 형용사를 결합하여 표현하면 더 나은 것이 많은데 'polar bear(북극 곰)'이 한 예이다. 이 때 복합 용어를 그대로 색인하면, 해당 항목이 'polar' 아래에만 위치하게 되고 'bear' 아래에는 그 항목이 없게 되는데, 이는 부적절하다. 이러한 문제를 피하기 위해 복합 용어는 보통 명사가 앞에 오도록 변경되는데, 예를 들어, 위의 복합 용어는 'bears, polar'로 변경할 수 있다.

단수형 'bear' 대신 복수형 'bears'를 사용하였음에 주목할 필요가 있는데, 그 이유는 시소러스가 대상체의 클래스를 표현하므로, 이 경우 복수형이 더 자연스럽기 때문이다. 하지만 'body temperature(체온)'과 같이 보통 단수형으로 나타나는 복합 용어에 대해서는 단수형을 사용하며, 단수형과 복수형 결정 문제가 항상 간단한 일은 아니다.

용어 자신에 정의(definition)와 설명(explanation)을 사용하여 시소러스 항목을 보충할 필요가 종종 있는데, 그 이유는 특정 시소러스의 문맥에서 용어의 정확한 의미를 명시할 필요가 있기 때문이다. 예를 들어, 'seal'이라는 용어는 'marine animals(해양 동물)' 문맥에서의 의미가 하나 있고, 'documents(문서)' 문맥에서는 상당히 다른 의미가 있다. 이러한 경우 'seal(*marine animals*)'와 'seal(*documents*)'처럼 정의가 문맥 설명에 앞서 나올 수 있다[1501].

### 시소러스 용어 관계

주어진 시소러스 용어와 관련이 있는 용어의 집합은 대부분 동의어나 유의어로 구성되지만, 이들 말고도 문서에서 동시에 나타나는 패턴에 따라 관계를 도입할 수 있다. 이러한 관계는 보통 계층적 성질을 지니고 있으며, 상위어(broader term, BT)나 하위어(narrower term, NT) 관계를 나타내는 경우가 많다. 또, 방계나 비계층적 성질을 지닌 관계도 가능한데, 이러한 경우에 단순히 관련 용어(related term, RT)라고 한다.

5장에서 논의했듯이, BT와 NT의 관계는 상위어가 어떤 클래스에 해당하고 하위어는 그 클래스의 실례에 해당하는 계층적 분류를 정의하는데, 하나의 하위어가 두 개 이상의 상위어와 연관을 맺을 수도 있다(비록 일반적인 경우는 아니지만). BT와 NT 관계는 완전 자동으로(즉, 인간의 도움 없이) 식별 가능한 반면, RT 관계를 다루는 것은 훨씬 더 어려운 일이다. 그 이유 중의 하나는 RT 관계가 특정 문맥과 사용자 집단의 특별한 요구에 의존적이므로 전문가가 제공하는 지식이 없으면 식별하기 어렵기 때문이다.

### IR에서 시소러스의 활용

Peter Roget[1377, 574]가 기술하였듯이, 시소러스는 문어체 텍스트에서 사고의 표현에 도움을 주기 위한 목적으로 조직된 단어와 구로 구성된 분류 체계이다. 따라서 작가의 생각을 표현할 때 적합한 용어를 찾기 어려운 경우(심도 있는 저술에서는 일반적인 현상임), 자신의 생각과 관련이 있는 용어에 대해 그 본질적 의미를 더 잘 파악하기 위해 시소러스를 사용한다.

정보검색 분야에서는 질의 구성 과정을 보조하는 데 시소러스가 유용하다는 가정하에 오랜 기간 동안 연구되어 왔다. 사용자가 문서집합을 검색할 때, 먼저 찾고자 하는 것에 대한 개념을 세우는데, 이러한 개념화를 정보 요구(information need)라 한다. 그런 다음 사용자는 IR 시스템의 언어를 사용하여 자신의 정보 요구를 질의문으로 변환해야 한다. 이는 보통 색인어를 선택해야 함을 의미하지만, 문서 모음이 방대하고 사용자가 경험이 없을 수도 있으므로, 초기 용어의 선택은 오류가 있고 부적절할 수 있다(웹을 구성하는 페이지와 문서모음은 대부분 사용자에게 잘 알려져 있지 않고 매우 동적인데, 이와 같은 상황에서는 초기 용어 선택이 부적절한 경우가 아주 일반적임). 이러한 경우 원래의 질의문을 재구성할 가능성이 많은데, 보통은 원래의 질의문에 관련이 있는 용어를 사용하여 확장하게 된다. 따라서 사용자가 관련 용어를 찾는 데 도움을 주기 위해 시소러스를 제공하는 것은 당연하게 보인다.

그런데 시소러스에서 포착한 관계가 주어진 사용자 질의문의 지역적 문맥에서는 종종 유효하지 않기 때문에, 불행히도 이러한 접근법이 일반적으로는 잘 동작하지 않는다. 대안으로 질의 시간에 시소러스와 같은 관계를 결정하는 방법이 있지만 불행히도 이 방법 역시 개별 질의문을 처리하는 데 많은 시간을 소모할 여유가 없는 웹 검색엔진의 경우 매력적이지 못하다. 이러한 내용 및 IR에서 시소러스 기반 기법의 사용과 관련된 흥미로운 많은 쟁점은 5장에서 다루고 있다.

## 6.7 문서 조직화(Organizing Documents)

세상의 사물이나 개체(entity), 객체 등을 정리하는 것은 인간의 특성이므로 문서 모음을 조직화하는 것은 자연스러운 일로 문서의 특정 계층이나 특정 형태를 찾는게 쉬워진다. 사실 이것은 도서관의 기원으로 그렇게 하지 않았다면 주어진 문서를 찾는게 훨씬 어려울 것이다. 사실 문서 모음이 덜 조직화 되면 특히 많은 수의 문서에 대해 어렵게 이해하고 추론하게 된다. 오늘날 문서를 조직하는데 두 주요 기술이 있는데 가장 오래되고 가장 많이 쓰이는 것은 계층 분류(taxonomy)로 바로 다음에 다루고, 두 번째 대안으로 매우 새로운 폭소노미(folksonomy)가 있다.

### 6.7.1 계층 분류(Taxonomies)

모든 종류의 조직 중에 가장 마음이 이끌리는게 계층적(hierarchical) 조직이다. 한 가지 근본적인 이유는 계층이 인간에게 직관적이기 때문이다. 예시를 하자면 우리는 종이와 청구서, 개인적인 문서를 파일로 담아 캐비넷에 보관하여 정돈하는게 흔하다. 우리는 문서와 종이를 분류하여 더미로 쌓아놓고 좀 더 중요하다 싶은 것은 바로 옆에 놓곤 한다. 회사와 연구소는 계층적으로 조직되며 정부와 국가도 마찬가지다. 계층은 더 일반적 개념 면에서 추론 속도를 높이고 세상을 이해하는 데 용이하게 하는 추론(reason)을 가능하게 한다. 계층은 또한 특수화를 제공하여 더 큰 (그리고 더욱 복잡한) 객체의 집합을 부분 집합으로 쪼개어 검색을 용이하게 해준다.

문서의 경우에 클래스로 나눌 수 있고 특수화, 일반화, 동기(sibling) 관계 등을 사용하여 클래스를 계층으로 조직화 할 수 있다. 클래스가 이런 식의 계층적으로 조직되어 계층 분류(taxonomy)를 구성한다. 예를 들어 그림 8.21은 8장에 사용된 예로 계층의 분류를 나타낸다. 이 책의 다른 예는 그림 3.2에 모든 IR 모델 계층 분류를 정리하였다.

계층 분류는 지식의 특정 영역을 구축할 때 더욱 의미가 있으며, 예를 들어 의학 영역에서 UMLS(Unified Medical Language System)는 널리 표준 참조로 인식되는 의학 개념의 계층 분류적인 조직[1174]을 제공한다. 계층 분류는 예술과 인문학, 제품과 서비스, 과학과 기술, 또는 사회학 같은 독자적 지식 분야에 대해 구축될 수 있다. 계층 분류를 자동으로 어떻게 구축할지는 8.7절에서 다루고 이 책의 여러 곳에서 계층 분류를 다루며, 특히 11장에서는 웹 검색관련을 다룬다.

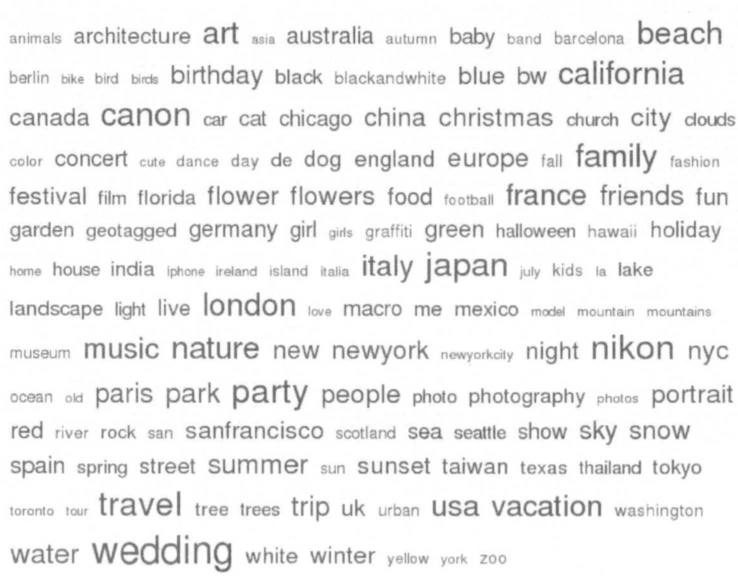


**그림 6.7:** 태그 클라우드로 Flickr 폭소노미를 표현(2010년 1월)

### 6.7.2 폭소노미(Folksonomies)

계층 분류가 매우 유용하긴 하지만 가능하지 않을 때가 때때로 있다. 또 계층 분류는 사용자가 문서나 객체를 정리할 때, 기술하는 통제된 어휘를 알아야 한다는 것을 암시하며, 예를 들면 6.6.5절에서 본 서지 체계의 키워드를 알아야 한다는 것이다. 사용자가 통제된 어휘를 안다 하더라도 어휘의 키워드가 문서를 기술하는데 자연스러운 방법이 아니어서 사용자가 자신만의 '단어들'을 키워드로 선택할 때 (6.6.4절과 그림 6.6 참고) 사용할 수도 있다. 이런 경우의 대안으로 요즘 소위 말하는 폭소노미(folksonomy)가 있다. 폭소노미에선 각 사용자가 태그(tag)라고 불리는 키워드를 자유롭게 사용할 수 있고, 모든 태그의 집합은 태그 검색을 사용해 발견된 문서나 객체가 속한 공동의 '평면(flat)' 조직을 생성하게 된다. 최상, 최신 폭소노미 예의 URL은 Del.icio.us(http://delicious.com)에서, 영상은 Flickr(http://flickr.com)에서, 동영상은 YouTube(http://www.youtube.com)에서 찾을 수 있다.

폭소노미는 계층 분류와 결합될 수 있고 또한 몇몇 연구자는 폭소노미 위에 계층적 구조를 자동으로 구축하는 것을 시도하고 있다. 하지만 폭소노미의 가장 흔한 표현은 태그 클라우드(tag cloud)이다. 태그 클라우드에선 가장 유명한 태그가 어휘론적 순서로 나타내는데 유명세의 정도에 따라 폰트 크기가 달라진다. 그림 6.7에 예를 들었고 Flickr에서 역대로 가장 유명한 태그를 보여 준다.

## 6.8 텍스트 압축

텍스트 압축은 더 작은 공간을 사용하여 텍스트를 표현하는 방법을 찾는 것에 관련한 것으로 압축 방법은 그 규칙성의 장점을 인지하고 취하여 텍스트를 축소된 표현으로 생성하는 것이다. 원래의 텍스트는 압축된 형태로부터 정확하게 재구성할 수 있다.

텍스트 압축은 정보검색 분야에서 중요한 쟁점이 되어 가고 있는데, 디지털 도서관, 사무 자동화 시스템, 문서 데이터베이스 및 웹의 광범위한 활용이 온라인상에서 이용 가능한 텍스트 정보를 폭발적으로 늘어나게 하였기 때문이다. 이러한 상황에서 텍스트 압축은 저장 공간, 입출력 부담, 전송 지연을 줄이는 데 매력적인 방안으로 보인다. 텍스트 압축을 통해 얻어지는 이점은 저장 공간이 작아지고, 통신 선로를 통해 전송할 때 시간이 적게 걸리며, 압축된 텍스트를 직접 탐색하는 것이 보다 빠르다는 것이다. 대신 텍스트를 코딩하고 디코딩하는 데 소모되는 시간을 대가로 지불해야 하는데 오늘날 그 이점에 비하면 무시할 만하다.

여기서는 IR 환경에서 사용하는 데 적당한 텍스트 압축 방법에 초점을 맞춰 검토하기로 한다. IR 시스템에서는 텍스트에 대해 임의 접근을 요구한다는 점이 텍스트를 압축하여 저장할 경우 극복해야 할 주된 장애 요인이다. 일반적으로 압축된 텍스트에서 주어진 단어를 찾으려면 그 단어가 나타날 때까지 전체 텍스트를 처음부터 디코딩해야만 한다. 큰 텍스트를 블록으로 나누고 각 블록을 별도로 압축하여, 각 블록에 대해 빠른 임의 접근이 가능케 하는 방법을 생각해 볼 수 있다. 하지만 압축이 일정 수준 이상의 효과를 발휘하기 위해서는 어느 정도 큰 텍스트를 처리해야 하므로, 블록의 크기가 작을수록 압축 효과가 줄어들게 된다. 최상의 경우 수용할만한 압축률로 변환하기 전에 20에서 50킬로바이트의 텍스트 처리가 필요하다.

IR 환경에서 압축의 채택은 약간의 제한을 가져오게 되지만, 또한 어느 정도 기회가 오기도 한다. 예를 들어, 텍스트를 잘 알려진 통계적 규칙에 따른 단어로 압축시키면 가장 유명한 일반 목적 압축기보다 더 좋은 압축률을 얻을 수 있고 추가로 텍스트에 임의 접근이 가능해진다.

압축 방법을 도입함으로써 얻어지는 공간적 경제성 말고도 압축이나 해제 속도와 같이 다른 중요한 특성들도 고려되어야 한다. 어떤 상황에서는 압축 속도보다 해제 속도가 더 중요한데, 예를 들어, 보통 텍스트 압축은 한번만 일어나고 디스크 판독이 자주 필요한 텍스트 데이터베이스의 경우가 이에 해당한다.

압축 방법의 또 다른 중요 특성은 압축된 텍스트를 해제하지 않고 탐색의 수행 가능성이다. 이 경우 탐색할 압축 텍스트를 디코딩하는 것보다 탐색키를 압축하여 순차 탐색의 속도를 높일 수 있다. 9장에서 압축 텍스트의 직접 탐색을 다루는 효율적인 방법을 제시하고 있다.

여기서는 우선 텍스트 압축에 관련된 기본 개념을 소개한다. 다음으로 여러 관련된 압축 기술의 대략적인 검토와 함께 IR을 위해 가장 중요한 압축 방법 몇몇을 기술하기로 한다. 주요 방법들의 상대적 장점에 대해 검토한 후, 마지막으로 구조적 텍스트 압축의 최근 진전에 대해 다룬다.

### 6.8.1 기본 개념

텍스트 압축은 통계와 사전에 기반을 둔 두 가지 일반적인 접근법이 있다. 통계적 방법에서는 각 심볼에 대해 좋은 확률 평가(텍스트에서 출현한)를 생성하는 것이 토대가 되는데, 이러한 평가가 정확할수록 좋은 압축 결과를 얻을 수 있다. 여기서 심볼(symbol)은 보통 하나의 문자이거나 텍스트에 나타난 한 단어 혹은 고정된 수의 문자열 등을 말하며, 텍스트의 가능한 모든 심볼 집합을 알파벳(alphabet)이라 하고, 각 심볼의 확률을 평가하는 작업을 모델링(modeling)이라 한다. 모델(model)은 따라서 다음 심볼에 대한 확률 분포로 다음 심볼은 전역 텍스트 통계 또는 다음 것에 앞서는 심볼에 대해 종속될 수도 있다. 이런 확률을 사용하여 심볼은 이진 숫자로 변환되게 되는데, 이 과정을 코딩(coding) 또는 인코딩(encoding)이라 한다. 디코더는 원래의 심볼을 찾아내기 위해 (같은 모델을 참고하는) 인코더의 출력을 해석한다. 잘 알려진 두 개의 통계적 인코딩 방법으로 Huffman과 산술 코딩이 있다.

사전적(dictionary) 방법은 참고할 수 있는 일련의 집합을 (일련의 것들은 종종 구(phrase)라 불리고 구의 집합은 사전으로 불린다) 인지하게 된다. 그리고 텍스트에 나타난 구의 출현은 사전 엔트리에 대응되는 포인터로 대치하며, 따라서 압축이 된다. 사전 방법에서는 모델링과 코딩 사이의 구분이 없으며, 구와 관련된 명시적인 확률이 존재하지 않는다. 가장 유명한 사전 압축 방법은 Ziv-Lempel 계열이다.

압축에 대한 전처리는 더욱 최근의 경향으로 텍스트를 변환하여 향상된 압축을 달성하는 것을 목표로 한다. 이 계통의 가장 유명한 방법은 Burrows-Wheeler 변환으로, 간단한 지역 최적화 방법으로 텍스트를 변경하여 좋은 압축률을 달성한다.

## 6.8.2 통계적 방법

통계적 방법은 두 작업의 조합으로 정의되는데, 모델링 작업에서는 각 심볼에 대해 확률을 평가하는데 반하여 코딩 작업에선 앞선 모델에서 할당된 확률의 함수로 다음 심볼을 인코딩한다. 이 모델링은 전역 텍스트 통계에 근거하거나 하나의 관심 있는 앞선 몇몇 심볼의 문맥에 의존하거나, 또는 현재까지 처리된 전체 텍스트에 의존하여 같은 심볼에 대해 같은 확률을 항상 할당할 수 있게 된다. 어떤 코드(code)가 각 소스 심볼에 대해 표현하게 되는데(codeword), 이는 확률에 따라 구축된다. 확률과 코드 사이의 관계는 Claude Shannon의 소스 코드 이론[1452]에서 정립되었는데, 6.5.1절에서 보았듯이 엔트로피 $E$는 압축 하한으로 심볼 당 비트수로 측정되는데 심볼 출현의 확률 분포 {pi}에 기반을 두는 어떤 인코딩 방법에도 적용된다. 할당되는 코드는 압축에 있어서 황금률을 보여 주는데, 그건 가장 출현할 가능성이 높은 심볼에 더 짧은 코드를 할당한다는 것이다.

사실 모델이 왜곡된 확률 분포를 주는 경우, 즉 한 심볼 $p_c$의 몇몇 확률이 다른 것보다 훨씬 크면, $\log_2 \frac{1}{p_c}$은 작아진다. 만일 인코더가 심볼 $c$에 대해 짧은 코드단어를 할당하여 처리를 진행하면 짧은 코드단어를 ($p_c$의 비율만큼) 여러번 사용하며 이는 편파적 압축이 될 것이다. 따라서 모델에서 확률 $p_c$는 심볼 $c$의 실제 출현 확률에 가깝게 주어지는 게 중요하며 그렇지 않다면 인코더가 실제 자주 나타나지 않는 심볼에 짧은 코드를 할당하게 된다. 좋은 압축을 달성시키려면 (i) 모델 작성자가 출현 확률을 정확하게 측정해야 하고 (ii) 인코더가 확률 $\log_2 \frac{1}{p}$에 가능한 가깝게 코드단어 길이를 할당해야 한다.

## 6.8.3 통계적 방법: 모델링

압축 모델에는 적응 모델(adaptive models)과 정적 모델(static models), 준정적 모델(semi-static models)이 있고, 문자 기반이거나 단어 기반이다. 이 절에서는 이들 모델 각각에 대해 간략히 설명한다.

### 적응, 정적, 준정적 모델

적응 모델은 처음에 텍스트에 대한 정보가 전혀 없는 상태에서 시작하며, 압축이 진행되면서 텍스트의 통계 분포에 대해 점진적으로 학습한다. 따라서 적응 모델의 경우에는 텍스트를 한 번만 처리하면 되고, 압축 텍스트 말고는 부가의 정보를 저장할 필요가 없다. 충분히 긴 텍스트라면 이 모델은 텍스트의 실제 통계 분포로 수렴한다. 하지만 이 방법의 주된 단점은 데이터의 분포 정보가 파일에 점진적으로 저장되기 때문에, 파일의 처음부터 압축을 해제해야 한다는 것이다. 일반적인 압축 프로그램에서는 적응 모델이 좋지만, 압축 문서에 대해 임의 접근이 필수적인 텍스트의 전문 검색에는 부적합하다.

정적 모델은 모든 입력 텍스트에 대해 평균적인 분포를 가정하며, 모델링 과정은 인코딩할 모든 텍스트에 대해 단 한 번만 수행된다(즉, 일단 확률 분포가 어떤 방식으로든 평가되었으면, 미래에 압축할 모든 텍스트에 대해 이를 사용함). 이러한 모델은 압축할 데이터가 초기의 통계적 가정에서 벗어나는 경우 압축률이 나빠지는 경향을 보인다. 예를 들어, 문학 분야의 텍스트에 적합한 모델의 경우 많은 다양한 숫자를 포함하고 있는 재정 분야의 텍스트에 대해서는 아마도 성능이 좋지 않을 것이다. 왜냐하면, 문학 분야에서는 숫자가 상대적으로 드물게 나타나고 따라서 긴 코드를 할당받을 것이기 때문이다.

준정적 모델은 데이터 분포에 대해 어떠한 가정도 하지 않고 첫 번째 단계에서 이를 학습한다. 두 번째 단계에서는 첫 단계에서 학습한 분포로부터 도출된 고정 코드를 사용하여 데이터를 압축한다. 압축을 해제할 때는 디코더에게 코딩된 심볼을 전송하기 전에 데이터 분포에 대한 정보를 먼저 보내 준다. 준정적 모델의 단점은 텍스트에 대해 두 단계의 처리를 거쳐야 하고, 디코더가 압축 해제에 사용할 수 있도록 데이터 분포에 대한 정보를 저장해야 한다는 것이다. 대화식 데이터 통신이 개입된 상황(예: 채팅 서비스)에서 텍스트를 두 단계로 처리하는 것은 실용적이지 않지만, IR 상황에서는 준정적 모델이 매우 큰 장점이 있다. 왜냐하면, 압축 파일의 모든 지점에서 동일한 코드를 사용하므로 직접 접근이 가능하기 때문이다.

간단한 준정적 모델링은 전역 빈도 정보에 기반한다. $f_c$를 텍스트 $T=t_1t_2...t_n$내에 있는 심볼 $c$의 빈도(총 출현 횟수)라 하자. 그러면 준정적 모델에 의해 $c$에 할당된 확률은 $p_c=f_c/n$이 된다. 대응되는 엔트로피는 식 (6.2)에 따르면 $E=\sum_{c\in\Sigma}\frac{f_c}{n}\log_2\left(\frac{n}{f_c}\right)$이다. 이 간단한 모델링은 압축을 원하는 텍스트의 중복을 잡아 낼 수도 있고 그렇지 않을 수도 있다. 예를 들어 2 기가바이트의 TREC-3 모음[704]을 취해 보자. 이 간단한 모델에 따르면 엔트로피는 문자 당 4.5비트로 압축률은 55% 미만이 될 수 없다는 뜻이다. 이 압축률은 첨단 압축기가 달성한 20%에서 40% 사이의 압축률에 비하면 상당히 형편없다. 문제는 $p_c$가 정확하게 평가되지 않았다는 점이 아니고 광역 빈도 정보의 모델이 영어 텍스트의 압축 가능성 특징을 충분히 잡아내지 못했다는 점이다.

설명한대로 더 좋은 압축을 얻는 방식은 모델 작성자의 확률 측정을 높이는 것이다. 위의 예제에선 그 확률을 평가하기 위해서 c를 둘러싼 심볼들을 고려하지 않았다. 예를 들어 영어에서는 선행되는 문자들을 아는 경우 다음 문자에 대해 상당히 좋은 추측을 할 수 있는데, 가령 'United sta'같은 경우다.

### 모델의 차수(The Order of a Model)

모델의 차수는 다음 심볼의 확률을 추정하는데 사용된 선행 심볼의 갯수와 관련이 있다. $k$차 모델에서는 각 심볼의 확률이 선행되는 $k$개의 심볼에 의해 주어진 문맥의 함수로 계산된다. 가장 간단한 경우는 0차 모델로 심볼 확률이 (위 예에 나온대로) 문맥에 독립적으로 계산되었다는 것이다. 고차 모델을 사용함으로써 압축이 향상되는데 이는 다음 가능한 심볼을 추정하는데 낫기 때문인데 공짜로 나오는 건 아니다. 적응 압축에서 고차 모델 작성자는 실행하는데 더 많은 메모리를 요구한다. 좋은 예로 PPM(Prediction by Partial Matching) 모델링이 있는데 빼어난 압축을 이룬다. 준정적 압축에서 이 큰 모델은 압축된 파일과 함께 저장되어야 하고 따라서 $k$가 증가하는데 관련하여 장단점이 있다. 추가적으로 고차 모델로 압축된 텍스트는 처음부터 압축을 풀어야 하는데 어떤 직접 접근도 압축 해제를 시작하기 위해 $k$개의 선행 심볼을 알 필요가 있기 때문이다. 이는 때때로 문맥을 명시적으로 저장함으로써 완화될 수 있다. 어느 정도 관련된 기술로 $k$개의 연속된 텍스트 심볼을 큰 알파벳의 단일 심볼로 묶고 새로운 일련의 심볼에 0차 모델링을 사용하는 것이다.

TREC-3 모음 예제를 계속 사용하여 3차 모델을 이용해 엔트로피를 30%의 압축률로 줄일 수 있지만 이 모델은 130만 빈도수를 저장해야 한다. 압축률 25%에 다다르려면 4차로 가야 하며 6백만 개의 빈도수를 다뤄야 한다. 따라서 고차 엔트로피를 얻으려면 큰 모델이 필요하다는 장단점이 있게 된다.

### 단어 기반 모델(Word-based Modeling)

IR의 특정 경우에 상대적으로 작은 모델로 좋은 압축을 달성하기 위해 텍스트 문자를 묶는 훌륭한 해결책이 있다. 단어 기반 모델은 문자 대신 단어를 심볼로 취한 다음 일련의 단어에 대해 0차 모델링을 사용하는 것이다. 일반적으로 단어는 {A..Z, a..z} 집합에 속한 문자가 연속하여 나타나고, 이 집합에 속하지 않는 다른 문자에 의해 구분된다. IR에서 단어 기반 모델을 사용하는 데는 여러 타당한 이유가 있다. 첫째, 개별 문자보다는 단어의 분포가 훨씬 경사지기 때문으로 단어를 심볼로 취하면 훨씬 좋은 압축률을 달성할 수 있다. 단어 기반 모델의 0차 엔트로피는 압축률이 25% 근방으로 가능하게 된다. 둘째, 다른 단어 수는 텍스트 크기에 비교해 그리 크지 않고 (예: 2기가바이트 TREC-3에 50만개의 단어만 있음) 따라서 광대한 모델에 대한 댓가를 치루지 않고 큰 $k$를 사용해 같은 효과를 달성할 수 있다. 셋째, 단어는 대부분의 정보검색 시스템에서 설정하고 있는 기본 단위이고, 색인을 위해 이미 단어들을 저장해 놓은 상태이므로 이를 압축 모델의 한 부분으로 사용할 수 있다. 넷째, 질의문이 단어의 조합으로 구성된 경우 응답에서는 단어의 빈도도 유용한데, 그 이유는 빈도가 가장 낮은 단어부터 시작하는 것이 가장 좋은 전략이기 때문(11.5절 참조)이다.

텍스트는 단어뿐 아니라 구분자(separator)도 포함하고 있으므로 이에 대한 모델도 고려해야 한다. 구분자를 다루는 데는 여러 방법이 있는데, 단어와 구분자는 항상 번갈아 나타나므로, 보통 단어와 구분자를 위해 두 가지의 서로 다른 알파벳이 사용된다. 다음 예를 고려해 보자: ‘`for my rose, a rose is a rose`’. 단어 기반 모델의 경우, 알파벳 심볼 집합은 {`a`, `for`, `is`, `my`, `rose`}이고 이들의 빈도는 각각 2, 1, 1, 1, 3이며, 구분자의 집합은 {‘,⊔’, ⊔}이고 이들의 빈도는 각각 1과 6이다(여기서, ⊔는 공백을 나타냄). 일단 텍스트가 단어로 시작하는지 구분자로 시작하는지 알면, 이후부터는 사용해야 할 알파벳이 어느 것인지 혼동할 일이 없다.

자연어 텍스트에서 대부분의 경우 단어 다음에는 하나의 공백이 오는데, TREC-3 모음의 텍스트에서 70~80%의 구분자는 단일 공백이다. 단어 다음에 오는 단일 공백을 그 단어의 일부로 포함하는 것은 좋은 대안으로서, 단어 다음에 공백이 오면 그 단어를 그대로 인코딩할 수 있다. 그렇지 않으면 단어와 다음에 오는 구분자를 별도로 인코딩해야만 한다. 압축을 해제할 때는, 단어의 다음 심볼이 구분자가 아니라면, 그 단어를 디코딩하고, 공백이 다음에 오는 것으로 간주한다. 그러면 이제 단어와 구분자(단일 공백은 제외됨)에 대해 하나의 알파벳만 사용해도 된다. 예를 들어, 위의 예에서(유일한) 알파벳 {‘, ⊔’, `a`, `for`, `is`, `my`, `rose`}다. 알파벳에서 단일 공백을 제외하였기 때문에, 이러한 경우의 단어를 공백부재단어(spaceless word)라고 한다.

단어 기반 모델의 좋은 특징은 대부분의 서양 언어에 적용되는 유명한 통계적 법칙으로부터 기인한다. 이는 6.5.2절에서 자세히 설명되었지만 여기서 다시 간략히 살펴보도록 한다. 첫째, Heaps 법칙[730]으로 $n$개의 단어로 된 자연어 텍스트의 어휘 크기 $V$는 $V = O(n^\beta)$로 증가하는데, 여기서 $\beta$는 특정 텍스트에 의존적인 상수이다. TREC-3 모음의 경우 $\beta$는 0.4에서 0.6 사이인데, 이는 알파벳의 크기가 대략 $n$의 제곱근에 비례하여 증가함을 의미한다. 둘째, 일반화된 Zipf의 법칙[1794]으로 $i$번째 가장 빈도수 높은 단어는 $O(n/i^\alpha)$번 발생하며, $\alpha(>1)$는 상수로 텍스트에 의존한다. TREC-3 모음에서 $\alpha$는 1.4와 2.0사이로 어휘 빈도가 덜 왜곡되었음을 나타내며 왜 단어 기반 모델이 낮은 0차 엔트로피를 가지는지 설명해 준다.

어떤 상황에서는 텍스트 전문 데이터베이스에 대한 단어 기반 모델이 매우 큰 분량의 다른 코드를 생성할 가능성이 있으므로, 이러한 사실을 잘 고려하여 처리해야 한다. 예를 들어, (이 장의 맨 앞 절인) 어휘 분석에서 논하였듯이 일련의 숫자를 단어로 취급해야 할지 고려해야만 한다. 숫자를 단어로 취급하였을 때, 백만 개의 문서로 구성된 모음이 있고 문서 번호를 식별자로 포함하고 있는 경우, 순전히 숫자로 구성된 단어만 해도 백만 개를 생성하며, 이들 단어는 이 문서에서 거의 한 번만 나타난다. 이러한 경우 현재 이용 가능한 어떤 종류의 압축 방법을 사용하더라도 매우 비효율적이다. 좋은 대안 중의 하나는 긴 숫자를 공(null, 혹은 암시적) 문장 부호를 사용하여 짧게 분리하는 것이다. 이렇게 하면 압축률과 디코딩 시간이 상당히 개선될 정도로 알파벳의 크기를 줄일 수 있다.

마지막으로 언급할 중요한 사항은 단어 기반 모델이 효과를 발휘하기 위해서는 텍스트가 커야 한다는 것이다(즉, 이 방법은 하나의 웹 페이지를 압축하여 네트워크를 통해 전송할 경우에는 부적합함). 텍스트가 작을 때는 (가령, 1메가바이트보다 작을 때) 어휘 저장 공간이 중요한 부담으로 작용한다. 하지만 일반적인 IR에서는 텍스트가 크고, 색인이나 질의 같은 다른 목적을 위해서도 어휘가 어쨌든 필요하기 때문에, 이러한 문제는 중요한 관심사가 아니다. 전역 준정적 모델을 모르는 클라이언트에 네트워크를 통해 소량의 문서를 IR 시스템이 전송해야 할 때 다른 상황이 일어날 수 있다. 이 경우 최상의 대안은 문서를 압축 해제하고 고전적 적응 기술을 사용해 재압축 시킨다.

### 6.8.4 통계적 방법: 코딩

코딩은 주어진 모델의 확률 분포에 근거하여 심볼의 표현(코드)을 만드는 작업에 해당한다. 코더의 주된 목표는 출현할 가능성이 높은 심볼에는 짧은 코드를 할당하고, 가능성이 낮은 심볼에는 긴 코드를 할당하는 것이다. 앞에서 살펴본 바와 같이 확률 분포의 엔트로피는 평균적인 코드 길이의 하한이며, 인코더의 질은 엔트로피에 얼마나 접근하는가에 따라 평가된다. 또 다른 중요 고려 사항으로는 인코더와 디코더 속도가 있는데, 텍스트의 압축과 해제 시간을 줄이기 위해 압축률을 희생할 필요도 가끔 있다.

위 단락에서 단순함을 위해 코드가 심볼 코드(symbol code)라 가정하였다. 심볼 코드는 코드 단어(정수개 비트로 형성)를 각 심볼에 할당하고 연속된 심볼의 코드단어로 접합된 인코드된 파일을 구성한다. 이렇게 하면 한 코드에서 유일하게 디코드(uniquely decodable)될 수 있다고 생각된다. 예를 들어, 세 가지 소스 심볼로 $A$, $B$, $C$가 있을 때 코드는 $A\rightarrow 0$, $B\rightarrow 1$, $C\rightarrow 01$로 각각 할당되며, 압축된 텍스트 '011'이 $ABB$인지 $CB$인지 알 방법이 없다. 따라서 대신 $A\rightarrow 00$, $B\rightarrow 11$, $C\rightarrow 110$코드 등으로 유일하게 디코드될 수 있다. 하지만 코드된 '110000000'은 반드시 0의 숫자를 세어 첫 번째 심볼이 $B$인지 $C$인지를 결정해야 한다. 마지막 비트를 읽은 직후 코드단어가 디코드된다면 그 코드는 즉각적(instantaneous)이라 불린다. 동등한 특성으로 어떤 코드단어도 다른 것의 접두어가 될 수 없게 하면 즉각적 코드는 무접두어(prefix-free) 코드 또는 그냥 접두어 코드라 불린다.

무접두어 코드를 시각적으로 나타내는 좋은 방법으로 이진 트리(코딩 트리로 불림)가 있는데 예는 그림 6.8을 참조하기 바란다. 인코드될 심볼은 단말에 위치하며 모든 내부 노드는 0과 1로 라벨이 붙는 두 자식노드가 있다. 각 심볼의 루트부터 단말까지 경로는 그 코드단어의 철자를 나타내게 된다.

허프만 코딩은 확률 분포에 따라 $\{p_c\}$대한 최선의 접두어 코드를 찾는 방법인데, $\{p_c\}$를 소스 심볼 $c\in\Sigma$에 대한 확률 집합이라하면 허프만 방법은 각 $c$에 길이 $\ell_c$의 코드단어를 할당하며 평균 코드단어 길이는 $\Sigma_{c\in\Sigma} p_c \cdot \ell_c$로 주어지는데 모든 가능한 접두어 코드 중에서 최단거리를 말한다. 또한 이는 허프만에 의해 얻어진 평균 코드단어 길이가 엔트로피로 예측되는 것보다 1비트 정도 크다. 이 간접비용은 각 심볼에 정수개 비트를 할당한 결과라 할 수 있다.

준정적 허프만 압축 방법은 텍스트를 두 단계로 처리한다. 첫 단계에서는 심볼의 확률 분포를 결정하고 이 분포에 따라 코딩 트리를 구성하며, 두 번째 단계에서는 코딩 트리에 따라 각 심볼을 인코딩한다. 반면, 적응 허프만 압축 방법에서는 코딩 트리를 점진적으로 수정하면서 한 단계만에 텍스트를 처리하며, 이 때 입력 텍스트의 심볼을 인코딩하는 작업도 함께 이루어진다. 검색 시스템에 부적절한 것과는 별개로 적응 허프만 방법은 다소 느린데 그건 새로운 심볼을 읽을 때 발생하는 코딩 트리 수정 비용 때문이다.

산술 코딩은 무심볼 코드의 예로 전체 코드단어를 심볼에 할당하여 코드단어를 접합하는 방식이 아니다. 여기서 전체 입력 텍스트는 입력 텍스트를 0과 1 사이의 실수 구간으로 표현하며, 입력이 커지면 구간의 크기가 작아지고 이들 구간을 명시하는 데 필요한 비트의 수가 증가한다. 입력 심볼 중에 확률이 높은 것은 확률이 낮은 것보다 구간의 크기를 줄이므로, 출력 코드에 추가되는 비트의 수가 작아지기 때문에 압축을 달성할 수 있다.

보다 정확하게 말하면, 모델에 의해 주어진 연속적인 확률이 $p_1$, $p_2$, ..., $p_n$이라면, 산술 코딩은 [0, 1)의 구간에서 크기 $P=p_1\times p_2\times\ldots\times p_n$로 나타나며, 인코딩된 것은 그 구간에 속하는 어떤 이진수가 된다. 이런 필요성이 거의 정확하게 $\log_2\frac{1}{P}=\log_2\left(\frac{1}{p_1}\times\ldots\times\frac{1}{p_n}\right)=\log_2\frac{1}{p_1}+\ldots\log_2\frac{1}{p_n}$로 나타나고, 각 심볼에 대한 인코딩 목표가 확률 $p_i$로 주어지고, $\log_2\frac{1}{P_i}$ 비트를 사용하면 거의 완벽하게 달성될 수 있다. 따라서 산술 코더는 텍스트 엔트로피에 거의 근접할 수 있게 된다. 산술 코딩의 더 구체적인 부분은 이 장 끝의 참고문헌에서 찾을 수 있다.

IR 환경에서는 산술 코딩이 허프만 코딩에 비해 많은 단점이 있다. 첫째, 산술 코딩은 허프만 코딩에 비해 많이 느린데, 정적 및 준정적 알고리즘의 경우 특히 심하다. 둘째, 산술 코딩으로는 압축 해제를 파일의 중간에서부터 시작할 수 없다. 이는 정적 혹은 준정적 알고리즘을 사용하면, 임의의 위치에서부터 압축 해제를 시작할 수 있는 허프만 코딩과 대조적이다. 특히, 이 둘째 이유 때문에 IR 환경에서 산술코딩이 사용되지 않는다.

결론은 준정적 단어기반 허프만 코딩은 IR 시스템에 좋은 선택인데 이는 매우 좋은 압축률과 압축된 텍스트에 임의 접근, 훌륭한 압축/해제 성능 때문이다. 압축된 텍스트를 직접 탐색할 때도 허프만 코딩이 좋은 효율을 제공한다. 하지만 최근의 밀집 코딩(dense coding) 방법은 허프만 인코딩의 대안적인 방법을 제시하는데 약간의 압축률 손실로 훨씬 빠른 탐색과 아울러 간단한 조작과 향상된 임의 접근이 가능하다. 이 절의 나머지 부분은 단어기반 준정적 허프만 코딩과 밀집 코딩 설명에 중점을 두도록 한다.

### 허프만 코드

그림 6.8(좌측)은 허프만 코딩을 이용하여 단어를 압축한 예를 보여 준다. 이 예에서 알파벳의 심볼집합은 {', ⊔', a, for, is, my, rose}이고, 이들의 빈도는 각각 1, 2, 1, 1, 1, 3이다. 이 경우 단어와 구분자에 대해 같은 알파벳을 사용하고, 단어 다음에 오는 단일공백은 단어의 일부로 간주되므로 알파벳에 '⊔'이 포함되지 않는데, 이러한 단어를 공백부재단어라 한다.

압축 해제는 다음과 같이 이루어진다. 압축 파일의 비트열을 좌측에서 우측으로 판독하고, 판독한 비트열을 사용하여 허프만 압축 트리를 루트부터 탐색한다. 단말 노드에 도달할 때마다 해당 단어나 구분자(압축해제 심볼을 구성)를 출력하고 트리 탐색을 다시 시작한다. 따라서 트리가 그림 6.8(왼쪽)에 따르면, 압축 파일에서 '110'라는 코드가 나타나면 'for'라는 압축 해제된 심볼에 도달할 수 있다.

허프만 트리를 구성할 때는, 먼저 압축할 텍스트에서 알파벳을 구성할 심볼을 수집하고, 이의 확률 분포를 구해야 한다. 트리 구성 알고리즘은 상향식으로 동작하여, 알파벳의 각 심볼에 대해 해당 심볼과 그 확률(혹은 빈도)을 포함한 노드부터 만들기 시작하는데, 각 트리의 노드가 한 개로 구성되며, 전체 트리의 확률을 합하면 1이 된다. 다음으로, 확률이 가장 낮은 두 노드가 자녀 노드가 되도록 새로운 부모 노드를 구성하는데, 부모 노드의 확률은 두 자녀 노드 확률의 합과 같도록 설정한다. 이 과정을 이미 자녀 노드가 된 것을 제외한 나머지 노드에 대해 계속 적용하여, 디코딩 트리의 루트가 되는 하나의 노드만 남을 때까지 반복한다. 이 알고리즘에서는 확률이 높은 노드의 결합을 나중으로 미루기 때문에, 이들 노드는 필연적으로 루트에 가까운 곳에 위치하게 되고 코드의 길이도 짧게 된다. 모든 각각의 내부 노드에서 뻗어 나온 두 가지(branch)의 레이블은 0과 1이 된다. 텍스트에서 $V$ 개의 심볼과 확률이 주어진 경우 이 알고리즘은 $O(V \log V)$ 시간에 허프만 트리를 구성한다.

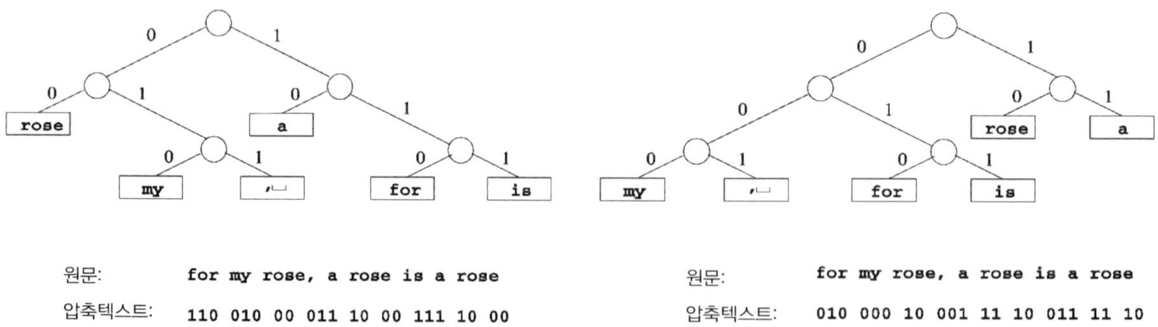


**그림 6.8**: 공백 부재 단어를 사용한 두 개의 가능한 호프만 트리. 오른쪽은 정규 호프만 트리

주어진 확률 분포에 대해 구성할 수 있는 허프만 트리는 유일하지 않다. 이는 어떤 내부 노드의 좌측과 우측 하위 트리를 바꾸면 같은 평균 코드 길이의 다른 트리로 되는데, 아무 트리나 사용하기 보다는 대부분의 응용에서 선호되는 선택은 좌측 하위 트리의 깊이가 우측보다 크거나 같은 정규 트리(canonical tree)를 채택한다. 그림 6.8(오른쪽)은 한 예를 보여 준다. 정규 호프만 트리는 소스 심볼에 추가하여 트리 단계 당 한 번호를 사용하여 매우 효율

적으로 저장된다. 호프만 코드를 재구성하기 위해선 왼쪽부터 오른쪽 노드 순서와 각 깊이의 노드 수(즉, 최대부터 최소 깊이, 4, 2, 0, 0)만 주어지면 충분하다. 정규 호프만 트리는 또한 빠른 디코딩이 가능하며 이런 특징이 IR에서는 바람직하다. 정규 호프만 코드에 대한 자세한 내용은 이 장 끝 참고문헌을 참고하기로 한다.

### 바이트-허프만 코드

본래 허프만이 제안한 방법에 따르면 고차 코딩 트리와 비교해 최상의 압축을 제공하여 자연스럽게 이진 코딩 트리가 생성되지만, 각 심볼에 전체 바이트열로 할당하여 코드를 만드는 것도 가능하다. 결과적으로 허프만 트리의 분기 계수가 2 대신 256이 된다.

인코드할 때 비트 대신 바이트를 사용하여 단어기반 모델로 고려되는데 30% 가량 압축률이 저하되지만 나중에 보여 주듯이 이 또한 역시 경쟁력이 있다. 그 대신 비트 시프트 및 마스킹 연산이 필요하지 않기 때문에 이진 허프만 코드보다 바이트-허프만 코드의 압축 해제가 훨씬 빠르다.

바이트-허프만 코딩의 또 다른 장점은 표준 문자열 정합처럼 바이트단위(byte-wise)로 처리할 수 있으므로 압축된 텍스트에 대한 직접 탐색이 간단하다. 압축된 텍스트의 한 단어를 찾기 위해 어휘를 먼저 찾아야 하는데, 이는 (9장에 나온 기술을 사용하여) 순차적 스캐닝이나 탐색 속도를 높이는 자료 구조를 구축하여 이루어질 수 있다. 6.8.3절에 설명한대로 어휘 크기가 매우 느리게 증가하므로 순차적 스캐닝이 수용할만 하다. 2기가 바이트의 TREC-3 모음을 위해 5메가 바이트의 어휘가 요구되는데 (어휘는 주로 주 메모리에 저장되며) 십분의 일초에 스캔될 수 있다. 일단 어휘의 단어를 찾게되면 허프만 트리의 해당 노드를 표시(mark)한다. 노드에 도착할 때 아무 심볼의 출력이 없을 때를 제외하곤 이제 압축해제시처럼 텍스트를 처리하면 된다. 이 과정은 단순하며 압축된 텍스트의 모든 바이트를 한번 스캔하고 스캔된 바이트 당 매우 적은 작업을 수행하게 되므로, 매우 빠르다. 특히 원문을 순서대로 스캔하는 것에 비해 매우 빠른데 이는 입출력의 30%만 필요하기 때문이다. 같은 방법으로 비트-허프만 방법이 적용될 수 있지만 비트를 다루는 것은 방법을 느리게(혹은 한 번에 여러 비트를 처리하게 된다면 복잡하게) 할 수 있다.

이 방법은 단어 집합을 찾는 데도 훌륭하게 확장할 수 있다. 예를 들자면 한 단어의 모든 파생어를 찾는다던가 확장형 질의문으로 찾는 다던가 하는 경우이다. 이 경우 다중패턴(multi-pattern) 탐색 알고리즘(9장 참고)을 이용하여 어휘를 스캔하고 보고를 원하는 모든 단어를 표시한다. 이런 것들이 수행되면 압축된 텍스트의 스캐닝은 동일하다.

마지막으로 와일드카드 탐색, 문자의 범위, 심지어 정규 표현을 포함한 복잡한 패턴을 검색하길 원한다고 가정하자. 더군다나 발생하는 오류가 제한된 수만 허용되길 원한다고 가정하자. 이런 모든 패턴이 9장에서 다룰 효율적인 순차 검색 알고리즘을 가지고 있다. 그저 순차 알고리즘은 어휘에 적용하고 전체 어휘 단어에 대한 정합을 찾을 때마다 단어를 표시한다. 이는 전체 텍스트에 비하면 매우 작은 크기의 어휘에만 적용된다.

탐색의 모든 복잡성은 어휘 스캐닝에 캡슐화 됨에 주목하라. 더욱 복잡한 패턴은 더 느린 순차 탐색 알고리즘을 요구하지만 이 경우, 전체 텍스트의 매우 작은 부분(어휘)에만 적용된다. 탐색의 주요 부분은 탐색의 복잡성에 전혀 영향을 미치지 않는다. 이런 이유로 복잡한 패턴이 결부되는 경우, 원래 텍스트를 탐색하는 것 보다 압축된 텍스트를 탐색하는 게 8배까지 빠르고 간단한 패턴의 경우엔 (입출력의 감소로 인해) 3배정도 빠르다.

단지 한 단어의 질의문(또는 단일 단어에 정합해야 하는 복잡한 패턴)만 고려했다. 위 기법은 구와 패턴의 일반 순차와 정합하는데 자신을 훌륭히 확장하지만 9장에서 검토할 더욱 복잡한 정합 개념의 기술이 요구된다. 이 장에서는 이런 간단한 설정만 고려한다.

비록 탐색 기술이 극단적으로 간단하고 균일하다고 해도 단일 단어 질의문에 대해 (간단한 질의문이 더 복잡한 것들에 비해 일반적으로 더 자주 나옴) 더 잘 맞는다. 어휘의 단어를 찾고, 그 코드단어를 얻고, 9.5절의 어떤 문자열 정합 알고리즘을 사용하여 압축된 텍스트의 코드단어에 대해 탐색할 수 있다. 이는 조사 없이도 바이트들을 건너뛰게 하는 매우 더 빠른 탐색 기술 사용을 가능하게 해 준다. 예를 들어, Horspool 문자열 정합 알고리즘(9.5.1절 참조)은 이 경우에선 세 배 더 빠르다.

불행하게도 이는 허프먼 코딩에서는 실행되지 않는다. 두 코드단어의 결합(concatenation)에는 제3의 코드단어가 포함될 수 있다. 이진 코드에서의 예를 들자면 코드 $A \to 0$, $B \to 10, C \to 110$ 이고 $D \to 111$이다. 그러면 $DB$는 '11110'으로 코딩될 것이다. 만일 $C$를 탐색하려 '110'으로 탐색된다고 해석하면, $D$와 $B$의 코드단어 근접에서 허위 출현의 부정확한 보고를 할 수도 있다. 더군다나 처음부터 전체 텍스트를 스캔하지 않는 한, 허위 출현인지 아닌지 확인하는게 일반적으로 가능하지 않다.

밀집 코딩은 다음에 다루는데 이런 문제를 제거하여 바이트-허프먼 코딩의 대안이며 다른 모든 복잡한 탐색을 여전히 수행할 수 있다. 실제로 다음에 보여지듯이 밀집 코드는 바이트-허프만 코드에 비해 모든 면에서 유리하다.

### 밀집 코드(Dense code)

바이트-허프먼 코딩보다 간단하고 단어기반 모델이 결합될 때 거의 같은 압축 성능을 보이는 대안 코딩으로 밀집 코드가 있다. 이 방안은 역시 더 많은 빈도수의 심볼에 더 짧은 코드단어를 할당하는 것인데, 인코딩이 오직 심볼 순위(즉, 줄어드는 빈도수 순으로 정렬된 위치)에만 의존하고 실제 빈도수엔 의존하지 않는다. 밀집 코딩은 정수의 가변길이 인코딩과 비슷한 부류로 보이는데 이는 압축을 위한 관습적인 해결책이다. 하지만 밀집 코딩은 자연어 텍스트 압축을 위한 도구로 자세히 연구되어 왔고 압축된 텍스트를 빠르게 직접 탐색하는 능력에 특히 주목을 받게 되었다.

단순한 밀집 코드는 다음과 같다. 감소하는 빈도수 순으로 심볼을 차례대로 놓고 그 위치에 따른 그 다음 수를 할당한다. $i$번째 빈도수 심볼에 할당하는 코드단어는 기본적으로 숫자 $i$-1이 할당된다. 이 수는 바이트의 가변길이 순서로 쓰여지며 각 바이트의 7비트는 수를 인코딩하는데 사용되고 최상위 비트는 코드단어의 최후 바이트의 부호로 지정한다.

좀 더 정확하게는 심볼의 코드단어 순위가 1부터 128까지는 0부터 127이고 1바이트의 코드단어를 받게 된다. 코드단어의 마지막 바이트에서 최상위 비트는 1로 설정된다(즉 128을 더함). 최상위 비트 설정을 스토퍼(stopper)라 부르며, 이는 코드단어의 끝으로 인식되기 때문이다. 다른 바이트들은 계속자(continuer)로 부르기로 한다. 따라서 1 순위의 심볼은 코드워드 <128> = <0 + 128>을 받고, 2순위의 심볼은 코드단어 <129> = <1 + 128>을 받으며, 이런 식으로 계속하여 128순위 심볼까지 계속되는데 이때 코드 단어는 <255>이다. 128+1로 평가되는 심볼부터 $128+128^2=16512$까지는 2바이트 코드단어로 <0, 128>부터 <127, 255>까지 할당된다. 이 스키마가 순수 128기반 수에 비해 좀 이상한데 이는 0 자리수가 숫자의 앞에 허용되기 때문이다. 첫 번째 3바이트 코드단어는 <0, 0, 128>로 심볼 16513에 할당되며 이런 식으로 심볼 $128+128^2+128^3=2{,}113{,}664$까지 계속되며 여기에는 코드단어 <127, 127, 255>가 할당된다. 텍스트 어휘는 4바이트 코드단어까지 요구할 만큼 큰 경우가 거의 없다. 표 6.1은 밀집코드의 인코딩을 보여 준다.

최상위 비트는 코드단어의 끝 부호이므로 이 코드는 자동적으로 접두어 코드가 된다. 코드단어는 다른 것의 접두어가 될 수 없는데 더 짧은 코드의 스토퍼 바이트가 더 긴 코드의 연속자 바이트와 같아야 하고 또한 최상위 비트 때문에 그럴 수도 없기 때문이다. 따라서 밀집 코드는 두 가지 중요한 허프만 코드의 특징을 성취하는데 (접두어 코드가 되고 빈도수가 더 큰 심볼에 유리) 더욱 간단한 방법이 되는데, 얻게되는 코드는 물론 필수적으로 최적화되진 않는다.

| 단어 순위 | 코드단어 | 바이트 | 단어수 |
|---|---|---|---|
| 1 | ⟨128⟩ | 1 | 128 |
| 2 | ⟨129⟩ | 1 | |
| … | … | | |
| 127 | ⟨254⟩ | 1 | |
| 128 | ⟨255⟩ | 1 | |
| 129 | ⟨0, 128⟩ | 2 | $128^2$ |
| 130 | ⟨0, 129⟩ | 2 | |
| … | … | | |
| 256 | ⟨0, 255⟩ | 2 | |
| 257 | ⟨1, 128⟩ | 2 | |
| 258 | ⟨1, 129⟩ | 2 | |
| … | … | | |
| 16,511 | ⟨127, 254⟩ | 2 | |
| 16,512 | ⟨127, 255⟩ | 2 | |
| 16,523 | ⟨0, 0, 128⟩ | 3 | $128^3$ |
| … | … | | |
| 2,113,664 | ⟨127, 127, 255⟩ | 3 | |

**표 6.1**: 밀집 코드

밀집코드는 IR 환경에서 가장 흥미롭고 더 강력한 특징을 갖는데, 그건 자체-동기화(self-synchronizing)다. 이는 압축된 텍스트내 주어진 어떤 위치에서도 바이트의 최상위 비트 덕분에 다음이나 전 코드단어를 결정하기 매우 쉽다는 것을 의미한다. 허프만 코딩에서는 일반적으로 불가능한 일이다. 예를 들어 (이진) 허프만 코드단어 '10', '01', '11', '000', '001'을 고려해 보면 '11010101010101'의 중간부터 텍스트를 디코드하는 것은 불가능한데 텍스트의 출발점으로 가서 어떻게 시작했는지를 봐야 알 수 있다.

허프만 코드의 기능으로 임의 위치 접근을 주장했었는데 사실, 임의 코드단어 출발점(arbitrary codeword beginning)에서 허프만-인코드 텍스트 디코드를 시작해야 가능하고 임의 지점(arbitrary position)에서 시작하는 것은 불가능하다. 이런 면에서 밀집 코드가 더 강력한데, 코드단어의 출발점이거나 아니거나 어떤 위치에서 압축 해제를 시작해도 되기 때문이다. 그것은 직전 혹은 직후 스토퍼을 찾는 일이고 거기서 디코딩을 시작해야 한다는 것인데, 특히 주어진 임의 위치에서 위치의 앞쪽으로 텍스트를 거꾸로 디코드 하는 것이 가능한데 반복적으로 직전 스토퍼에 위치하고 한번에 한 코드단어씩 디코딩하면 된다. 이런 방법은 코드단어 출발점이 주어져도 허프만 코딩에선 가능하지 않다. 이런 특징은 매우 흥미로운데, 예를 들어 관심 위치 부근에서 압축된 문서의 부분을 보여줄 때 그렇다.

이 동기화 특성은 또한 바이트-허프만 코딩을 통해서는 작동하지 않는 더 빠른 탐색을 가능하게 한다. 단일 단어를 찾을 때 그 코드단어를 얻고 어떤 문자열 정합 알고리즘을 사용해 압축 텍스트내 코드 단어를 탐색하게 된다. 최상위 비트 때문에 허위 발생과 실제 발생 사이를 매우 쉽게 구별할 수 있는데 찾는 코드단어의 최종 스토퍼만 텍스트내 (코드 단어의 마지막) 스토퍼에 정합할 수 있다. 허위 발생이 일어나는 유일한 경우는 코드단어가 다른 코드단어의 접미어일 때 뿐이다. 스토퍼 바이트에 강조점을 찍은 코드단어 'a b $\bar{c}$'를 찾는다고 하자. 코드내에 다른 코드단어 'd a b $\bar{c}$'가 올 수 있고 텍스트 '…e f $\bar{g}$ d a b $\bar{c}$…'내에서 우리의 코드단어를 찾을 수 있다. 후보 출현에 앞서 텍스트 위치 접근이 아직 충분하고 스토퍼가 아닌 'd'를 보면 다른 코드단어로 정합될 수 있다. 이런 빠르고 간단한 확인은 허프만 코드에서는 가능하지 않다.

구를 탐색하는 것도 가능하다는 것을 주목할 필요가 있는데 그저 코드단어를 접합하고 그 접합을 탐색함으로써 가능하다(단일 문자 정합 알고리즘은 문자열이 더 긴 문자열을 찾을 때 더 빠름, 9장 참조). 복잡한 패턴 탐색도 같은 방법을 적용하여 어휘 단어에 표시하고 바이트 단위 비교(byte-wise)로 텍스트를 스캔하거나 관심 단어의 모든 코드단어를 모아서 그들 모두에 다중패턴 정합을 동시에 수행하는 방법으로 가능하다. 이런 종류의 탐색은 패턴의 수를 증가시켜 악화시키는데(9장 참고), 찾는 단어가 중간 길이일 때 단순한 바이트단위 스캐닝보다 좋을 수도 나쁠 수도 있다.

**$(s,c)$-밀집 코드**

어떤 특성도 희생하지 않고 밀집 코드의 압축 성능을 향상하는게 가능하다. 이 코드는 연속자의 값으로 0부터 127을 부여하고 스토퍼 바이트에는 128부터 255를 준다. 이 분할은 사실상 임의적인 것이며 연속자 $c$와 스토퍼 $s$가 $s+c=256$인 범주내에서 바꿀 수 있다. 스토퍼와 연속자는 여전히 바이트의 수치를 고려하여 구별될 수도 있는데, 이제 $s$라는 최고 빈도 심볼들을 1바이트로 코딩하고 다음 $sc$에는 2바이트, 그 다음 $sc^2$에는 3바이트 식으로 코드를 만들 수 있다. TREC 모음대상 실험에서 $s$의 최적값은 185와 200사이였다. 이들 최적값을 사용한 밀집코드의 압축률을 측정해 보면 바이트-허프만 코드(단지 0.5%~1%정도 나쁜)에 거의 접근하였다.

최적의 $s$와 $c$값을 찾는 것은 그리 힘들지 않은데, $V$심볼들이 이미 감소하는 빈도 $f_i$로 정렬되었다고 하자. 단일 경로(pass) 누적 빈도를 먼저 계산하면 $F_0=0$이고, $F_i=F_{i-1}+f_i$이다. 이제 주어진 $(s,\ c)$ 조합을 사용하면 총 압축 파일 길이는 다음과 같다.

$$1\times F_s+2\times(F_{s+sc}-F_s)+3\times(F_{s+sc+sc^2}-F_{s+sc})+\ldots$$

전체 합은 $O(\log_c V)$ 용어를 가지고 가장 짧은 압축 파일을 구하기 위해 모든 256가지 $(s,\ c)$ 조합 값으로 다시 쉽게 계산할 수 있다.

이 장 첫 부분에서 어떤 IR 시스템에 압축을 포함시키는 것의 유일한 단점은 수행이 복잡해진다는 것뿐이라 언급하였다. 이런 면에서 밀집 코드는 허프만 코드를 다루는 것보다 훨씬 간단하므로 또 한 가지 장점을 가진다. 예를 들어 코드 트리를 구축하거나 저장할 필요가 없고 그저 정렬된 어휘 접미어가 필요할 뿐이며, 간단한 대수학 계산으로 단어 순위를 코드로 전환시킬 수 있다.

요약하면, 밀집 코딩은 바이트-허프만 코딩과 거의 같은 압축률을 생성하며 허프만 코딩의 모든 긍정적 특징을 공유한다. 반면, 밀집 코드는 프로그램과 조작이 간단하고 빠르며, 강력한 동기화를 가지고 더욱 빠른 탐색을 허용한다. 비트-허프만 코드는 여전히 흥미로운 대안인데, 더 나은 압축률을 이루기 때문이다.

### 6.8.5 사전 방법

사전(dictionary) 방법은 일련의 심볼 집단(혹은 구)을 사전 항목의 포인터로 대치함으로써 압축을 구현한다. 따라서 사전 방법 설계의 중심이 되는 결정 사항은 사전 항목의 선정이 되며, 구의 선택은 정적이나 준정적 혹은 적응 알고리즘으로 가능하다. 가장 간단한 사전 체계의 경우에는 짧은 구를 포함하는 정적 사전을 사용하는 데, 정적 사전 인코더는 작은 양을 압축할 경우 처리해야 할 작업이 별로 없기 때문에 빠르다. 정적 사전 기법 중에서 서로 다른 형태로 여러 번 제안된 예로 다이그램(digram) 코딩이 있는데, 이 경우 선택된 문자의 쌍을 특수문자로 대치한다. 정적 사전은 드물게 매우 효율적인데 그건 사전이 한 텍스트에는 적당하지만 다른 것에는 적당하지 않을 수 있기 때문이다.

적응 사전 방법은 더더욱 성공적이다. 이런 종류에서 가장 유명한 기술은 소위 Ziv-Lempel계열 압축기다. Ziv-Lempel 형태의 적응 사전 체계는 현재의 문자열을 이전에 출현한 문자열에 대한 참조 정보로 대치하는 방법을 사용한다. Ziv-Lempel 압축기에 의존하여 다른 부문자열이 참조될 수 있다. (`zip`, `pkzip`, `gzip`, `winzip`, `arj` 등과 같은 광범위하게 많은 압축 소프트웨어에서 구현된) LZ77압축은 이미 처리된 텍스트 어떤 부문자열도 잠재적 구이고 따라서 참조될 수 있다. 다른 변형들은 적은 구를 형성하게 하고 압축을 빠르게 하거나 사전의 포인터 크기를 줄인다.

Ziv-Lempel 방법은 매우 유명한데 일반적인 목적의 압축기로서의 속도, 경제적인 메모리 사용, 괜찮은 압축률 등 때문이다. 하지만 그들은 적응 통계 방법과 같은 IR 환경에서의 단점을 보이는데, 이는 임의 위치의 압축 텍스트를 접근하기 어렵다는 것이다. IR 환경에서 준정적 단어기반 통계적 방법은 실제로 모든 면에서 Ziv-Lempel 방법보다 우수하다.

IR에서 더욱 흥미로운 것은 리페어(Re-Pair)인데, 준정적 사전 기술로 빈번한 심볼의 짝을 찾아 그들을 새로운 심볼로 대체하는 것에 기반한다. 리페어의 첫 번째 단계는 알파벳의 각 심볼에 정수를 할당하고 텍스트를 대응하는 일련의 정수로 다시 쓰는 것이다. 그리고 반복적으로 가장 빈번한 연속 정수의 짝인 $A \cdot B$를 인지하는 것이다. $C \rightarrow A \cdot B$법칙으로 새로운 $C$를 사전에 삽입하고 $A \cdot B$가 나타나는 모든 곳을 $C$로 대체한다(여기서 $C$는 구로 불린다). 이 과정을 텍스트내에 연속적 짝의 반복이 나타나지 않을 때까지 반복한다. $C$같은 구가 $E \rightarrow D \cdot C$같은 새로운 구로 차례차례 참여할 수 있다는 점을 주목하라. 따라서 사전은 구의 이진 계층으로 보여 지며 단말은 알파벳 심볼이고 다른 구나 심볼로 구축된 내부 노드가 된다. 한번 최종 단계에 가면 그대로 남겨지거나 0차 압축으로 더 처리가 진행하게 된다.

리페어는 매우 좋은 압축률을 얻고 어느 위치든 쉽게 압축 해제가 가능한데, 이는 시퀀스로부터 구 구별자를 찾는 문제이고 사전을 사용해 대응하는 심볼의 시퀀스를 출력하는 것이다. 주 결점은 압축이 매우 느리고 대용량 메모리가 필요하다는 것이다. 텍스트 모음이 반드시 주 기억장치에서 다룰 수 있는 블록단위로 압축되야 한다.

하지만 리페어 버전에는 IR 응용에 최대 관심을 끌 수 있는 게 있다. 만일 단어 시퀀스로 텍스트를 취하고, 정수 결과 시퀀스에 같은 알고리즘을 적용하고, 압축률이 좀 악화되도 사전내 모든 구가 실제 단어의 시퀀스가 된다. 좀 더 정확하게 말하면, 그들은 텍스트내의 빈번한 구이고, 이는 구 브라우징에 사용될 수 있는데 사용자가 관련된 구를 찾는데 모음내의 사전을 항해하게 해 준다. 예를 들자면, 사용자는 'United' 같은 단어를 쓸 수 있고 텍스트내 한 번 이상 나타나는 모든 단어를 볼 수 있다. 이런 방법으로 텍스트내 관심 단어가 'United Nations' 인지, 'United States', 'Manchester United' 인지를 결정하는게 가능하게 된다. 만일 사용자가 첫 번째 것을 선택하면 관련 구로 예를 들면 'United Nations Development Program'과 'United Nations Environment Program' 같은 관련 구가 있음을 학습할 수 있게 된다. 텍스트를 보지 않고도 이런 모든 것이 사전으로만 이루어진다(5장의 질의 확장 기술 참조).

마지막으로 압축 텍스트에서 단어 탐색이 가능한데. 단어가 포함된 것이라기 보다는 모든 사전 구를 발견하는 문제이고 그들의 모든 구를 동시에 찾게 된다(9장 참조). 구 탐색외에 더 복잡한 패턴 검색도 좀 더 복잡하긴 하지만 가능하다.

### 6.8.6 압축을 위한 전처리(Preprocessing for Compression)

텍스트 압축에서 비교적 최근 경향은 압축을 위한 전처리를 하는 것이다. 이 방안은 텍스트를 압축하기 쉬운 형식으로 변환시켜준다. 이런 개념에서 아마도 가장 성공적인 것은 BWT(*Burrows-Wheeler Transform*)이다.

BWT는 텍스트의 위치 순열로 자신이 압축하진 않지만, 그런데도 변환된 텍스트에 대한 간단한 지역 최적화 방법으로 원래 텍스트에 대해 높은 차원의 압축이 달성된다.

$T = t_1 t_2 \cdots t_n$ 텍스트에 대한 BWT는 다음과 같이 정의된다. 특수 종결 문자 $t_n = \$$는 다른 문자보다 작다고 가정한다. 모든 $i$에 대해 $t_i t_{i+1} \cdots t_i t_i + 1 \cdots t_n t_1 t_2 \cdots t_{i-1}$의 모든 순환적 시프트를 갖는 행을 가진 행렬$M$을 형

| | | | | | | | | | | | |
|---|---|---|---|---|---|---|---|---|---|---|---|
| m | i | s | s | i | s | s | i | p | p | i | $ |
| i | s | s | i | s | s | i | p | p | i | $ | m |
| s | s | i | s | s | i | p | p | i | $ | m | i |
| s | i | s | s | i | p | p | i | $ | m | i | s |
| i | s | s | i | p | p | i | $ | m | i | s | s |
| s | s | i | p | p | i | $ | m | i | s | s | i |
| s | i | p | p | i | $ | m | i | s | s | i | s |
| i | p | p | i | $ | m | i | s | s | i | s | s |
| p | p | i | $ | m | i | s | s | i | s | s | i |
| p | i | $ | m | i | s | s | i | s | s | i | p |
| i | $ | m | i | s | s | i | s | s | i | p | p |
| $ | m | i | s | s | i | s | s | i | p | p | i |

↓

| F | | | | | | | | | | | L |
|---|---|---|---|---|---|---|---|---|---|---|---|
| $ | m | i | s | s | i | s | s | i | p | p | i |
| i | $ | m | i | s | s | i | s | s | i | p | p |
| i | p | p | i | $ | m | i | s | s | i | s | s |
| i | s | s | i | p | p | i | $ | m | i | s | s |
| i | s | s | i | s | s | i | p | p | i | $ | m |
| m | i | s | s | i | s | s | i | p | p | i | $ |
| p | i | $ | m | i | s | s | i | s | s | i | p |
| p | p | i | $ | m | i | s | s | i | s | s | i |
| s | i | p | p | i | $ | m | i | s | s | i | s |
| s | i | s | s | i | p | p | i | $ | m | i | s |
| s | s | i | p | p | i | $ | m | i | s | s | i |
| s | s | i | s | s | i | p | p | i | $ | m | i |

**그림 6.9:** 'mississippi$'의 BWT(Burrows-Wheeler Transform) 구축

성한다. $M$의 행을 사전 편집순으로 정렬한다. $M$의 첫 번째 열을 $F$라 부르고 $L$은 마지막 열로 한다. $T$의 BWT는 $L$이다. 그림 6.9는 $T=$ '`mississippi$`'의 BWT가$L=$ '`ipssm$pissii`'임을 보여 주는 예이다.

좀 놀랍게.4도 $L$로부터$T$를 복구하는 게 가능하다. 이를 달성하는 핵심 태스크는 소위 $LF$ 매핑인데 $L$의 주어진 위치 $i$에 대해 $LF$ 매핑은 $F$내 $L[i]$의 위치를 찾는다. 예를 들어$L[5]=$ 'm'을 취하면 F[6]에 있어야 함을 쉽게 알 수 있다(따라서 $LF(5)=6$), 왜냐하면 F는 사전 편집 순서 $T$의 모든 문자를 포함하기 때문이고, $T$에는 '`m`'보다 작은 문자가 5개 나오기 때문이다. 이는 배열 $C$를 저장하는데 충분한데 거기서 각 문자 $c$에 대해 $T$에 $c$보다 작은 문자가 몇 번 발생하는지를 말해준다. $LF(4)$의 경우는 더 어려운데 $L[4]=$'`s`'이기 때문이고 $F$에는 '`s`'가 4개가 있다. 어떤 것이 $L[4]$에 대응될까? BWT의 훌륭한 특징은 $L$내 $c$의 $i$번째 발생은 $F$내 $c$발생의 $i$번째 있는데 이는 양쪽 모두$T$내 $c$를 따르는 텍스트에 의해 정렬되었기 때문이다. 그러므로 $L[4]$는 $L$내 두 번째 '`s`'고 $F$내 두 번째 '`s`'에 대응되는데 다시 말하면 $F[10]=F[C['s']+2]$이고, 따라서 $LF(4)=10$이다. 그래서 배열 $Occ[i]$가 필요하고 $L[1,i]$내 $L[i]$의 발생 수를 말해주는데 $LF$ 매핑을 효율적으로 계산해준다. 좀 더 정확히 말하면$LF(i)=C[L[i]]+Occ[i]$이다.

$LF$ 매핑을 가지고는 $L$로부터$T$를 복구할 수 있다. 핵심 특성은 $L[i]$가 항상 $T$내 $F[i]$를 선행한다는 것이다. 알다시피 $F[1]$은 $가 되야 하고(왜냐하면$T$에서 가장 작은 문자이므로), 이는 $t_n$이고 $t_{n-1}=L[1]$이 따라온다. 계속 진행하려면 $F$내 $L[1]$이 어디있는지 알아야 한다. 정확한 위치는 $i=LF(1)$이다. $F[i]=t_{n-1}$이므로 $t_{n-2}=L[i]$를 따른다. 이제 $i'=LF(i)$로 옮겨가서 $t_{n-3}=L[i']$을 찾도록 하자. 그리고 역순으로 전체 $T$를 복구할 때까지 계속 진행한다.

그러면 이제 BWT가 압축에 왜 도움을 주는지 직관적으로 살펴보도록 하자. 몇몇 흔한 구로 'United States' 같은 것을 취하도록 한다. 'ed States'가 나오는 $T$내 모든 것이$M$내에 인접하여 나타난다. 대부분 경우, 'ed States'에 't'가 선행하며 $L$은 거의 모든 't'들이 인접 구역에 있게 된다. 마찬가지로 'ted States', 'ited States', 'nited States' 등이 문자 'i', 'n', 'U' 등의 긴 연속(runs)으로 $L$내에 생성하게 된다. 이는 BWT의 요점을 보여 주는데 $T$내 $k$번째 순서 중복이 $L$내 거의 다른 문자의 연속으로 옮겨진다. 사실상 같은 문자의 그들 연속을 코딩하고 $L$을 나타내는데 몇몇 간단한 추가 최적화를 적용함으로써 압축이 모든 중간정도의 $k$값에 대해 $T$의 $k$차 엔트로피에 이른다는 점을 보여 준다.

BWT를 사용하는 널리 퍼진 압축기는 bzip2로 이제 대부분 유닉스/리눅스 배포에선 흔하게 되었다. 실제로 BWT 압축기는 $M$행렬을 명확히 구축하지 않지만 접미사 배열을 사용하여 직접 $L$을 구축한다(9.4절 참조). $L$의 문자는 사전 편집 순서상 각 접미사에 선행하게 된다.

### 6.8.7 텍스트 압축 기법의 비교

이 절에선 IR을 위해 가장 관련된 것을 고려하고 또한 시장에서 가장 널리 쓰이는 가장 유망한 압축 방법들의 개념적 비교를 수행하고자 한다. 통계적 방법 중 두 준정적 방법과 하나의 적응형 방법을 선택하였다. 준정적 방법은 0차 단어기반 모델에 두 가지 다른 인코더인 비트-허프만과 바이트-밀집을 결합하였다. 적응형 방법은 PPM 모델을 산술코딩(비교를 위해 대표로 ppmdi 프로그램을 취함)과 함께 사용하였다. 사전적 방법으로 준정적 예로 리페어, 동적 지수형(예: zip 또는 gzip 프로그램)으로 Ziv-Lempel 계열의 *LZ77* 변형을 들었다. 마지막으로 텍스트 전처리에 기반한 대표 방법으로 BWT 변환(더 정확하게는 bzip2 프로그램 참조)을 들었다.

표 6.2는 압축률, 압축 속도, 해제 속도, 기억 공간 부담, (단어에 대한) 직접 탐색, 임의 접근 허용 여부 측면을 고려하면서 위에 든 방법에 대한 비교를 제시하고 있다.

모든 압축 기법의 중요한 목적 중 하나는 좋은 압축률을 달성하는 것이다. 표 6.2는 영어 텍스트 상 이루어진 전형적인 압축률을 보여 준다. 압축 방법의 다른 두 가지 중요한 특성은 압축과 해제 속도이다. 다양한 압축 방법의 속도는 구체적인 구현 방법, 사용된 컴파일러, 실행하는 데 사용한 컴퓨터의 구조 등에 의존적이므로 측정하기 어렵다. 느림, 빠름 등과 같은 대략의 범주를 고려했다. 마찬가지로 메모리 사용에 대해선 높음과 낮음 같은 범주를 고려하였다(1 메가바이트 정도는 높음으로 고려). 직접 탐색 또한 대략적 속도 부류로 구별짓는데, 몇몇 방법은 전혀 이를 허용하지 않는다. 임의 접근은 파일의 상당한 추가 부분을 해제하지 않고 주어진 시작 위치의 텍스트에서 해제할 수 있는 지의 여부만 알 수 있다.

통계적(단어기반) 방법은 바이트지향이라 하더라도 Ziv-Lempel 계열 방법보다 나은 압축률을 얻을 수 있다. 특히나 단어기반 밀집 코딩의 경우 충분히 큰 텍스트 모음(몇 메가바이트 이상)에 대해 모든 면에서 Ziv-Lempel 방법을 넘어선다. PPM과 BWT기반 방법은 밀집 코딩보다 더 좋은 압축률을 이루었다. 그 이유는 두 방법이 다른 방법으로 고차 모델링을 이루고 산술 코딩과 결합했기 때문이다. 반대 급부로 그들은 압축과 해제가 매우 느리다.

| 평가항목 | Huffman | Dense | PPM | Re-pair | LZ77 | BWT |
|---|---|---|---|---|---|---|
| 압축률(%) | 25-30 | 30-35 | 20-25 | 20-30 | 30-40 | 25-30 |
| 압축속도 | fast | fast | slow | very slow | fast | slow |
| 해제속도 | fast | very fast | slow | fast | very fast | slow |
| 기억공간 | high | high | high | high | low | high |
| 직접탐색 | fast | very fast | no | fast | slow | no |
| 임의 접근 | yes | yes | no | yes | no | no |

**표 6.2**: 주요 텍스트 압축 기법의 비교

하지만 단어기반 비트-허프만은 같은 압축률로 훨씬 좋은 시간적 성능을 이루었음을 주목할 필요가 있다. 또 다른 느린 압축기는 리페어로 문자기반 변형으로 매우 좋은 압축률을 또한 달성하였다. 단어 기반 변형은 압축률이 30%에 가깝지만 단어에 대한 직접 탐색이 가능하다. 모든 다른 방법은 시간 성능 상 꽤 좋으며, 밀집 코딩과 Ziv-Lempel은 간단하기 때문에 해제 시간을 빠르게 할 수 있었다. 모든 방법은 적정한 압축률을 달성하기위해 비교적 많은 메모리 공간을 필요로 하는데 Ziv-Lempel은 예외적으로 64 킬로바이트 메모리로도 잘 작동한다. 전형적인 메모리 요구는 현대 컴퓨터엔 별로 논란의 여지가 없는데 리페어와 몇몇 PPM 변형은 예외적이다. 직접 탐색면에서 위해 밀집 코딩이 가장 유망한 대안으로 보여진다. 마지막으로 오직 준정적 방법이 압축 텍스트에 대한 임의 접근을 허용하며 IR 시스템에겐 결정적이다. 리페어는 추가적으로 구 브라우징을 허용하는 유일한 특징을 가진다.

### 6.8.8 구조적 텍스트 압축

구조적 텍스트는 정보를 표현하는 흔한 형식이다. XML이 준구조적 데이터를 저장, 교환 및 조작하는 형식으로 광범위하게 채택되어, 많은 IR시스템의 문서를 표현하는 용도로 흔히 쓰이는 형식이 되었다. 이 구조는 여러 용도로 쓰일 수 있는데 특히 검색을 향상시키는 데(13장 참조) 사용되며, 추가로 압축 향상 달성에도 이 구조가 사용될 수 있다.

고전적 텍스트 압축기는 구조를 별로 고려하지 않았는데 이런 방법으론 잠재적 압축 기회를 잃게된다. 아주 최근에 와서야 구조를 압축 성능 향상에 고려하기 시작했다. 구조적 텍스트 압축 이론이 아직은 성립되기 전이라 가장 유명한 제품과 프로토타입(IR 각본에 가장 관련성을 두고)을 언급하기로 하고 이면에 있는 주요 아이디어를 살펴보기로 한다.

#### XMLPPM

이 방법은 아마도 압축률에 관한한 구조적 텍스트 압축 방법 중 가장 최상이 아닐까 한다. 그렇지만 XMLPPM은 적응적이고 따라서 압축 파일에 대한 직접 접근을 허용하지 않으며 PPM같은 모델링과 산술 코딩에 의존한다. 여러 모델이 동시에 작동하며 XMLPPM이 그들 사이에 전환을 하여 압축이 진행된다. 그에 반하여 단일 산술 코더는 모든 시간을 통틀어 사용된다. 네 가지 모델이 사용되는데, 하나는 엘리먼트와 속성 이름을 위해, 하나는 엘리먼트 구조를 위해, 하나는 속성을 위해, 또 하나는 문자열을 위해 사용된다. 이 모델 중 몇몇에는 트리 계층이 PPM 모델에 정보 전달을 위해 사용되는데, 새로운 구조적 엘리먼트가 시작될 때, 다음 심볼을 위한 문맥으로서(또 다른 트리 단말로 부터) 이전 문자를 사용하기 보다는 단말에 도착하는 트리 경로의 일련의 태그를 문맥으로 사용한다. 예를 들어 소스 텍스트가 '<author><title>Prof.</title>ClaudeShannon</author>'라면, 'Prof' 모델에 대한 2차 PPM 문맥은(마치 그들이 소스 심볼인 듯이) '<author><title>'이 되고, 'Claude' 모델에 대한 문맥은 '<author>', 'Shannon' 모델에 대한 문맥은 '<author>Claude'가 된다.

#### SCM: 구조적 문맥 모델링(Structured Context Modeling)

SCM은 직접 접근이 가능한 XMLPPM의 단순화된 것으로 생각할 수 있으며, 다른 태그 아래 텍스트와는 다르지만 주어진 태그 아래의 텍스트가 통계적인 구조가 비슷하다는 직관에 기반을 두고 있다. 그 방안은 나머지 태그와는 별도로 각 태그 아래 텍스트를 모델화하고 코드로 만드는 것이다. 예를 들어 이메일 아카이브에서 이메일 주소에서는 <from>과 <to> 같은 필드를 기대할 수 있고 날짜에서는 <date>, 자유 텍스트에서는 <subject>와 <body>같은 태그를 기대할 수 있다. 그들은 각 태그에 대해 단어기반 비트-허프만 인코더를 사용하여 방안을 설명할 수 있다. 그들은 분포가 비슷할 때 태그를 병합하는 방법을 제안하였는데, 어휘 복제를 저장하는 것을 피할 수 있게 되었다. TREC-3에서 SCM은 순수 단어기반 비트-허프만과 비교하여 2~4%의 압축률 향상을 가져왔고 직접 접근 및 탐색 능력도 달성하였다.

**LZCS: Lempel-Ziv로 구조 압축(Lempel-Ziv to Compress Structure)**

LZCS는 웹 형식의 아카이브같이 매우 반복적인 구조 모음을 목표로 하는데, 주문과 송장(invoice)같은 전자 상거래 문서, 웹 서비스에서의 문서 교환 등이 대상이 된다. 이 방법은 그 구조의 어떤 부트리도 포인터를 사용해 전에 본 동일한 부트리로 교체하는 것을 허용한다. 전체 부트리에 제약되는 것에 추가적으로 순수 LZ77 압축과 차별되는 또 다른 핵심은 압축되지 않은 파일이 아닌 압축 파일의 위치에 참조를 지정할 수 있다는 점이다. 결과적으로 압축 해제 없이 문서를 압축된 상태로 항해하는데 편리하며, 더군다나 결과 문서가 여전히 유효한 XML 문서로 전송되고, 보여 지며, 다루는데 아무런 제약이 없다. 고전적 압축기를 사용한 추가 단계는 원래 파일에 고전적 압축기를 적용하여 더 좋은 압축을 얻게 된다.

## 6.9 연구 동향 및 쟁점

많은 변화와 제안이 발생하였고 특히 웹 때문에 매우 빠르게 진행되었다. 단지 가장 중요한 언어와 형식만 언급했음에도 불구하고 이 시점에서 독자들은 많은 약어로 혼란을 겪을 것으로 보인다(이는 저자들도 마찬가지다!). 가장 중요한 것들은 이 책의 용어 해설에 포함되었다. 어떤 사람들은 CSS나 XML 같은 새로운 형식의 명세들이 그 성공의 기반이 된 HTML의 단순성을 더 이상 유지할 수 없을 것이라고 믿고 있으며, 그 결과에 대해서는 오직 미래만이 답할 수 있다고 한다. 그림 6.10은 이제까지 살펴본 주요 언어의 분류를 보여 준다. 실선은 메타언어의 실례(instance) 관계를 나타내며(예를 들어, HTML은 SGML의 실례임), 점선은 파생 관계를 나타낸다. 현재는 주로 웹을 중심으로 적용되며, 서로 다르게 이루어진 작업 결과들을 통합하고 집중시키는 경향을 보이고 있다.

SGML의 유럽 대안으로 개방 문서 구조(ODA; Open Document Architecture)가 있는데, 이 역시 표준이다(ISO 8613). ODA는 문서의 내용과 구조 및 배치에 대한 제어를 유지하면서 전자적으로 문서를 공유하기 위해 설계되었는데,논리적 구조(SGML처럼)와 배치 및 내용(벡터와 래스터 그래픽을 포함)을 정의한다. 또한 ODA 파일은 포맷된(formatted) 형태이거나 처리 가능(processable) 형태 혹은 포맷된 처리 가능(formatted processable) 형태일 수도 있다. 포맷된 형태의 파일은 편집할 수 없고 내용이나 배치에 관한 정보를 가지고 있다. 나머지 두 형태는 편집 가능하며, 처리 가능 형태는 내용에 덧붙여 논리적 정보도 지닐 수 있고, 포맷된 처리 가능 형태는 모든 정보를 다 지닐 수 있다. 그러나, 요즘은 ODA를 많이 사용하지 않는다(14장 참고).

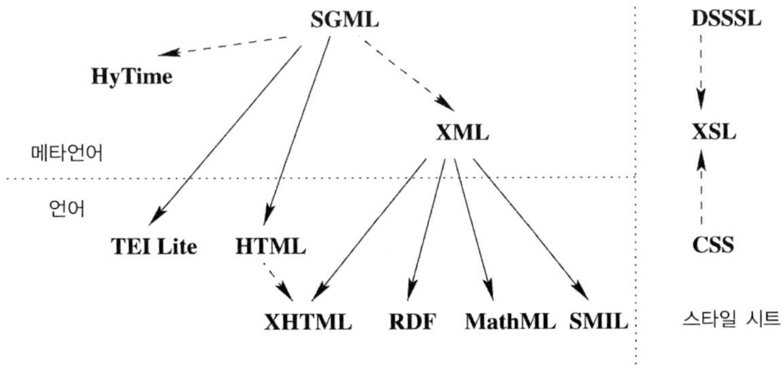


**그림 6.10:** 문서 언어의 분류

최근에 개발된 것으로는 다음과 같은 것들이 있다.

- XForms의 개발은 웹 형식의 다음 세대를 표현하는 XML 응용이다. 주요 발상은 전통적인 XHTML 폼을 세 부분으로 나누는데, XForms 모델, 인스턴스 데이터와 사용자 인터페이스이다. 이는 내용으로부터 표현을

분리하여 재사용성을 가능케하고 강력한 타이핑(typing)에 따라 디바이스 독립성과 스크립팅의 필요를 줄여줄 뿐 아니라 서버를 부르는 횟수도 줄여준다. XForms는 홀로 사용되지는 않고 XHTML이나 SVG같은 마크업언어로 통합된다.

• VRML과 동적 HTML(Dynamic HTML)의 통합을 통하여, HTML과 웹브라우저에 대해 스타일시트와 문서객체모델을 포함하는 개선된 자질과 구조확장을 제공한다.

• STEP(Standard Exchange for Product model Data, ISO 10303)과 SGML의 통합. STEP은 산업 전반의 광범위한 상품데이터 형식을 다루며, 모델링, 자동화된 저장 스키마 생성, 생명주기관리 및 다른 관리 기능에 대해 폭넓은 지원을 제공한다.

이 장에서는 또한 텍스트 연산이라고 부르는 여러 텍스트 변환 기법을 다루었는데, 먼저 문서의 텍스트를 전처리하고, 탐색과 질의를 위해 색인어 집합을 생성하는 5가지 텍스트 연산에 대하여 설명하였다. 이들 5가지 텍스트 연산은 어휘 분석, 불용어 제거, 스테밍, 색인어 선정, 시소러스 구축이며, 앞의 4가지 연산은 좋은 색인어 집합을 생성하는데 직접적인 관련이 있다. 다섯 번째의 시소러스 구축은 용어 관계를 포착하는 데 사용되는 계층 분류 구성에 더 관련이 깊은 연산이다. 이러한 용어 관계는 사용자의 정보 요구에 좀 더 적합한 질의 구성이 가능하도록 사용자 질의를 확장하는 데(수동이나 자동으로) 사용할 수 있다.

최근에 불용어 제거, 스테밍, 색인어 선정에 의해 이루어진 검색 성능의 잠재적 향상 가능성에 대해 논란이 일고 있다. 사실 이러한 텍스트 연산이 검색 성능을 지속적으로 향상시킬 수 있다는 결정적인 증거는 없다. 따라서 최근 검색 시스템에서는 이러한 텍스트 연산을 전혀 사용하지 않기도 한다. 이러한 경향의 좋은 예로 일부 웹 검색엔진이 단어의 구문적 특성이나 텍스트에서의 역할에 상관 없이 모든 단어를 색인어로 사용하는 경우를 들 수 있다.

뿐만 아니라, 시소러스 기반 기법을 사용한 자동 질의확장이 검색 성능을 향상시킬 수 있는지도 분명하지 않지만, 질의 구성 과정에서 사용자를 도와주기 위해 시소러스를 사용하는 것에 대해서는 사정이 다르다. 사실 사용자에게 용어 관계를 보여 주기 위해 용어 계층 분류를 사용하는 'Yahoo!' 웹 검색엔진의 성공은, 시소러스 기반 기법이 최신 디지털 도서관 시스템에서 개발 중인 고수준의 대화식 인터페이스에 매우 유용할 수 있다는 것을 시사한다.

압축은 앞의 텍스트 연산과는 좀 구분이 된다. 텍스트 연산이 어떤 형태로든 검색결과의 질을 향상시키는 것이 목적인 반면, 텍스트 압축 연산은 저장 공간과 입출력 및 전송 비용을 줄이고, 압축된 텍스트에서 탐색(완전 정합 탐색이나 근사 정합 탐색)을 더 빠르게 하는 것이 목적이다. 실제로 텍스트를 압축함으로써 얻는 이득은 더 작은 저장 공간을 요구하고, 전송 시간이 줄어들며, 압축 텍스트에 대해 효율적인 직접 및 순차 탐색이 가능하다는 것이다.

압축 연산이 IR 환경에서 효과적이기 위해서는 좋은 압축률, 빠른 압축 및 해제, 처음부터 압축 해제할 필요가 없는 빠른 임의 접근, 압축된 텍스트를 해제할 필요가 없는 직접 탐색 등의 요구조건을 만족해야 한다. 압축률이 좋으면 보조 기억 장치의 공간이 절약되고 통신 비용이 줄어들며, 인코딩이 빠르면 시스템에 압축 기법을 도입함으로써 발생되는 처리 부담이 줄어든다. 압축은 한 번만 수행되고 디스크로부터의 압축 해제는 자주 수행되는 문서 시스템의 경우, 빠른 인코딩보다는 빠른 디코딩이 더 중요하다. 임의 접근이 빠르면 정보 시스템의 사용자가 요청하는 다중 질의를 효율적으로 처리할 수 있다. 이 장에서는 이러한 요구 조건을 변수로 고려하여 여러 압축 체계에 대한 비교 결과도 살펴보았다. 검토에서 보았듯이 단어기반 준정적 방법이 현대 정보검색 시스템에 압축을 도입하는 경우 최선의 선택이다. 특히 비트 허프만, 밀집 코딩, 재복구 등은 가장 유망한 변형이다. 이들 방법은 텍스트에 대한 임의 접근, 압축해제 없는 효율적인 직접 탐색, Re-Pair의 경우 모음(collection)을 브라우징하기 위한 부가 가치 방법 등을 가능하게 한다. 모든 방법이 매력적인 압축률과 압축해제 시간을 달성했다. Re-Pair를 제외하고는 그들은 또한 좋은 압축 시간을 제공한다. 더군다나 그들은 단어기반이고 이는 IR 시스템의 통합을 단순화시킨다.

또한 텍스트 구조의 장점을 이용하는 최근의 몇몇 접근법에 대해서도 검토했는데 이는 정보검색 시스템의 텍스트를 다루는 표준 서식이 되어가고 있다.

텍스트 압축에서 최근의 도전은 압축된 색인 기술을 IR 시스템으로 통합하는 것인데 (9장 참조), 그렇게 함으로써 텍스트뿐만 아니라 색인도 압축될 수 있다. 일단 압축과 색인의 목표가 텍스트 모음의 정보 내용을 요약하는 것이라는 사실을 인지하게 되면 가능성에 대한 강한 흥미를 느낄 수 있을 것이다. 이 장에선 Re-Pair 같은 방법이 가장 중요한 구를 찾아보기 위하여 텍스트 모음에 대해 구축된 같은 사전을 도구로써 어떻게 사용하는지 살펴보았다. 또한 색인과 단어기반 압축 모두에 텍스트 모음의 어휘가 어떻게 사용되는지 보았다. 또, 텍스트의 0차 모델의 부분인 이 어휘가 다른 텍스트 단어에만 복잡한 탐색 일부를 뽑아내는데 사용되는지, 그래서 원래의 검색보다 몇 배나 빨리 압축된 텍스트가 검색되는지 보여 주었다. 압축과 색인 간의 다른 관계 중 특히 BWT와 관련해서는 9장에서 설명한다.

IR 시스템의 압축을 포함한 어려운 문제는 발전에 따라 압축된 모음을 어떻게 관리하는가에 있다. 준정적 모델을 구축하는데 사용한 원래의 통계가 모음이 심각하게 바뀐 후(예로서 신문 모음을 생각하면) 부적절하다고 밝혀질 수도 있는 것이다. 정기적 재압축이 물론 하나의 선택이 되겠지만 IR시스템의 운용을 복잡하게 만드는 그런 정기적인 재압축을 피할 수 있으면 좋을 것이다. 반면에 몇몇 모음은 비교적 시간에 대해 균질하고 모음의 첫 번째 표본(즉, 10메가바이트)에 대해 계산한 통계가 어떤 미래 버전을 압축하는 데에도 좋다는 것을 주목해야 한다.

## 6.10 참고문헌 고찰

도입부에서 사용된 문헌 모델은 [905]에 기초하고 있고, 웹 메타데이터에 관한 구체적인 정보는 [982, 983]에 나와 있다. 마크업 언어와 관련된 쟁점들에 대한 대부분의 정보, 특히 DOM이나 SMIL 같이 새로운 개발에 관한 정보는 월드 와이드 웹 협회(www.w3.org 참고)에서 나온 것이다. SGML과 XML에 대한 많은 정보는 Goldfarb[633, 634]에 나와 있으며, SGML에 대한 추가적인 참고 문헌은 [757, 1572]이다(특히, SGML 예는 [474]에서 발췌하였음). HTML에 대해서는 수백 권의 책이 있는데 HTML 4.0에 대한 두 가지 출처는 [474, 1656]이고, CSS에 대한 책은 [1027]이다. XML, XSL 및 XLink에 대한 정보는 [1655, 1657, 1658]을 참고하고, XML 및 이와 관련된 언어의 장단점에 대한 논의는 [241, 413, 904, 930]을 참고하기 바란다. 멀티미디어 포맷에 대한 더 많은 정보는 [1005]에서 찾아볼 수 있고, 이미지와 관련해선 [1703]도 참고하길 바란다.

이 책의 어휘 분석과 불용어 제거에 대한 논의는 Fox[577]의 연구 결과에 기초하고 있다. 스테밍에 대한 논의는 Frakes[581]의 연구 결과에 기초하고 있으며, 부록에서 자세히 설명하고 있는 Porter의 스테밍 알고리즘은 [1292]에서 발췌한 것이다. 시소러스에 대한 설명은 Foskett[574]의 연구 결과에 기초하고 있지만, 시소러스의 자동 생성은 여기서 다루지 않았다. 이와 관련된 논의는 5장과 [1501, 1526]에서 찾아볼 수 있으며, 시소러스의 유용성에 대한 추가적인 논의는 [856, 1501]에 제시되어 있다.

텍스트 압축에 대한 사항은 여러 책을 참고할 수 있는데, IR 시스템내 압축에 대한 훌륭한 참고문헌으로 Witten, Moffat, Bell이 저자인 [1709]가 있다. 이들은 이미지의 압축과 텍스트 모음을 위한 색인뿐아니라 여기서 기술한 많은 텍스트 압축을 다루고 있다. 그들은 또한 허프만 코딩과 산술 코딩 같은 텍스트 압축 방법의 구현도 제시하고 있는데, 여기 제시된 구현은 ANSI C로 구축된 완전 가동되는 검색 시스템의 일부로 *MG*(`http:// www.cs.mu.oz.au/mg`)로 불린다. Bell, Cleary, Witten[174]은 주로 통계적 방법을 다루는데 모델링과 코딩 작업에 중점을 두고 준정적과 적응 모델, 자연언어 모델링의 절을 포함하며 또한 사전 방법에도 주의를 기울였다. Moffat[1148]은 주로 다른 코딩 기술과 그들의 효율적인 구현에 주의를 기울이고 있다.

Shannon[1452]에 의한 근원적인 논문은 정보 이론의 기원으로 여겨진다. 허프만 코딩은 원래[795]에 기술되었으며, 단어기반 압축은 [175, 184, 775, 1147]에서 고려되었고, 단어기반 허프만 코더는 더 큰 MG 시스템내에서 찾을 수 있다.정규 코드는 [769, 1445]에서 검토하였고, 바이트 허프만 코딩과 그의 직접 탐색 능력은 공백부재 단어 모델과 함께 [1158]에 기술되어 있다.

PPM 모델링은 [173]에 기술되어 있다. PPM 모델러에 첨부된 산술 인코더에 기반한 여러 압축 소프트웨어가 있다. 빼어난 효율의 Shkarin의 *ppmdi*[1469]가 있는데, *PizzaChili* 사이트(나중에 나옴)에서 뿐 아니라 XMLPPM의 구축 사이트로부터 다운로드 받을 수 있다.

최초 산술적 코딩에 대한 논문 중 하나는 [1357]이고 다른 참고 문헌은 [174, 1710]이 있다. 산술적 코더의 무료 구축은 http://www.cs.mu.oz.au/~alistair/arith_coder에 있다.

밀집 코드와 그들의 빠른 탐색 능력은 [265, 550]에 자세히 연구되어 있다. 그들의 이름은 태그된 허프만 코드 [1158]와 관련성에서 오는데 요즘은 쓸모없다. 밀집 코드의 적응 버전 또한 탐색 가능한데 [266]에 기술되어 있다.

Ziv-Lempel 압축 데이터는 [1795, 1796]에 기술되어 있는데, 그에 기반한 많은 압축 프로그램, 예를 들면 무료 *gzip*(http://www.gzip.org)과 *zip*(http://www/info-zip.org) 소프트웨어 등이 있다. Ziv-Lempel 텍스트를 직접 탐색하는 실질적 작업은 [1189]에 있고 관련된 소프트웨어 *LZgrep*은 http://www.dcc. uchile.cl/~gnavarro/software에서 구할 수 있다. Re-Pair는 [981]에서 최초로 기술되었는데 그의 단어기반 버전과 구 탐색에의 사용은 [1150, 1663]에서 탐구되었다.

Burrows-Wheeler 변환은 [302]에서 기술되었고 그 후로 많은 주목을 받았다. 예는 [1192]를 참조하고 압축된 색인에 대한 용법은 9장을 참고하라. 압축 소프트웨어인 *bzip2*(http://www.bzip.org)는 이 변환에 기초한다.

구조적 텍스트 압축 방법이 여러가지 있다. *XMLPPM*[367] (http://xmlppm.sourceforge.net로부터의 무료 소프트웨어), *SCM*[12]과 *LZCS*[13] (http://www.infor.uva.es/~jadiego/download로부터의 둘 모두 무료 다운로드 가능) 등을 설명했다. 더 많은 참고 문헌은 그들 논문에서 찾을 수 있다.

마지막으로 압축에 관련된 몇몇 온라인 자원은 http://www.data-compression.com, http://www.data-compression.info, http://datacompresssion.info에 있다. 압축 알고리즘에 대한 몇몇 표준 텍스트 집성 자료는 *Canterbury Corpus* (http://corpus.canterbury.ac.nz)와 *PizzaChili* 사이트(미러 사이트로 http://pizzachili.dcc.uchile.cl과 http://pizzachili.di.unipi.it)가 있다. TREC 모음은 또한 압축에 대한 벤치마크 텍스트로도 널리 쓰인다(http://trec.nist.gov).

Chapter 7

# 질의: 언어 및 특성

이 장에서는 질의를 표현하는데 사용되는 여러 언어들로부터 웹을 중심으로 분석하기 위해 그들의 분포와 접근법까지 질의의 주요 특성을 다룬다.

## 7.1 질의어(Query Languages)

일반적으로 텍스트 검색시스템에 질의의 여러 형태가 제출되는데, 사용자가 작성할 수 있는 질의의 형태는 3장에서 논의했듯이 해당 정보검색 모델에 크게 의존한다. 그 결과, 키워드 순위화를 기반으로 한 시스템(웹검색엔진과 같은)이나 하이퍼텍스트 모델에서 사용되는 질의로는 전문검색시스템에서와 같은 결과를 얻을 수는 없다. 질의가 처리되는 과정은 9장에서 설명하며, 이 장에서는 어떠한 형태의 질의가 작성되는지 설명한다.

앞장에서와 마찬가지로, 이 장에서도 정보검색과 데이터 검색을 명확히 구분하며, 이 구분을 이용하여 질의어를 분류한다. 언어를 구별하는 기준은 대답이 순위화가 가능하다면 정보검색을 위한 언어라 하고 순위화를 고려하지 않는 설계의 언어는 데이터 검색을 위한 언어라 한다. 3장에서 검토한 바와 같이 질의 작업의 기본 형태는 기본 정보검색모델인 키워드기반 검색이다. 정보검색을 위한 질의어가 아닌 언어에서는 순위화의 의미를 정의하기가 어려우므로 그러한 언어들은 데이터 검색을 위한 언어로 간주한다. 또한 일부 질의 언어는 최종 사용자들을 위한 언어가 아니며, 고수준소프트웨어 패키지인 온라인 데이터베이스나 CD-ROM 저장소(archive)를 검색하기 위해 사용하는 언어로 볼 수 있다. 이러한 경우 언어 자체보다는 프로토콜을 중심으로 설명한다. 사용자의 경험유무에 따라서 다른 형태의 언어가 사용되는데, 예를 들면, 사용자가 원하는 검색정보를 정확하게 알고 있다면, 검색작업은 매우 쉽게 되고 따라서 순위화는 필요가 없을 수도 있다.

중요한 쟁점 중 하나는 대부분의 질의 언어가 연관 문서를 찾기 위해 문서의 내용(즉, 의미)과 문서의 구조(즉, 텍스트의 구문)를 이용한다는 것이며, 이 작업이 어려워서 시스템은 연관문서를 찾는 데 실패할 수도 있다(4장 참조). 따라서 주어진 질의의 활용도를 높이려는 여러 기술들이 개발되었는데, 예들 들면, 질의용어들을 시소러스를 이용하여 동의어로 확장한다든가 스테밍을 이용하여 한 단어의 여러 파생어들을 스템(stem)으로 통합하는 것 등이다. 이외에도, 매우 빈번하게 나타나지만 의미를 지니지 않는 단어(the와 같은)는 불용어라고 하는데 제거할 수도 있으며, 이러한 주제들은 6장에서 다루었다. 여기서는 모든 질의의 전처리가 이미 수행 되었다고 가정한다. 이러한 전처리는 보통 정보검색에서 사용되지만 또한 데이터 검색환경에서도 사용될 수 있다. 요구 될 때마다 정합되는 질의 용어로 사용될 수 있는 단어를 '키워드'라고 하며 질의 정합 용어로 사용할 수 없는 다른 단어와 구분한다(왜냐하면 그들은 색인에 포함되지 않았기 때문이다).

질의유형과는 조금 다르지만 흥미있는 주제 중 하나는 정보검색 시스템이 채택하는 검색단위(retrieval unit)에 대한 것인데, 이는 질의에 대한 응답으로 검색되는 기본 단위이다(보통 이러한 기본단위의 집합이 검색되며, 연관성 혹은 다른 기준에 의해 순위화되기도 한다). 검색단위는 파일, 문서, 웹페이지, 문단 또는 질의에 대한 답을 가진 어떤 다른 구조적 단위일 수 있는데, 앞으로 이러한 검색단위를 비록 다른 의미를 가질 수도 있지만, 단순히 '문서'라고 부른다(3장 참조).

이 장은 다음과 같이 구성된다. 먼저 키워드 기반 질의어에서 작성할 수 있는 질의에 대해 설명하는데, 이러한 질의는 정보검색을 위해 사용되며 단순한 단어와 구, 그리고 문서집합을 다루는 불리안 연산자를 포함할 수 있다. 두 번째는 패턴 정합을 다루는데, 이는 보다 복잡한 질의를 포함하고 있으며, 보통 강력한 데이터 검색기능을 이용하여 키워드 검색을 보완하기 위하여 사용된다. 세 번째는 텍스트 구조에 대한 질의를 다루는데, 이는 특정 텍스트 모델에 더욱 의존적이다. 마지막으로 인터넷과 CD-ROM 출판사에서 사용되는 표준 프로토콜을 다룬다.

### 7.1.1 키워드기반 질의

질의는 사용자의 정보요구를 수식화한 것이다. 가장 간단한 형태의 질의는 키워드로 구성되며, 이들 키워드를 포함하고 있는 문서가 검색된다. 키워드 기반질의는 직관적이며, 작성하기 쉽고, 빠른 순위화를 할 수 있기 때문에 널리 사용된다. 질의는 한 단어일 수도 있으며(실제 많은 경우 한 단어이다), 일반적으로는 여러 개의 단어와 연산을 복잡하게 결합한 형태일 수도 있다.

앞으로 단일 단어 혹은 다중 단어 질의를 기본질의(basic queries)라고 부르며, 7.1.2절에서 논의될 패턴들도 역시 기본질의로 간주한다.

#### 단어(Word) 질의

텍스트 검색시스템에서 작성할 수 있는 가장 기초적인 질의는 한 단어이다. 텍스트 문서는 기본적으로 긴 단어열로 간주 되는데, 어떤 모델에서는 보다 일반적인 관점도 제공하지만, 거의 모든 모델은 텍스트를 이렇게 간주하고 단어를 검색한다. 어떤 모델에서는 단어 자체를 문자단위로 분할하여 취급하기도 하는데, 이러한 모델은 7.1.2절에서 다룰 여러 형태의 패턴 검색을 허용한다. 이렇게 확장 질의에 의해 검색된 단어집합은 시소러스 확장이나 순위화를 위해 단어처리기계(word-treating machinery)의 입력으로 이용되기도 한다.

단어는 다음과 같이 간단하게 정의된다. 알파벳은 문자(letter)와 분리자(separator)로 나누어지며, 단어는 분리자로 둘러싸인 문자열이다. 좀 더 복잡한 모델에서는 on-line에서의 하이픈(-)과 같이 문자는 아니지만 단어를 분리하지 않는 글자들을 지정하는 것을 허용한다. 문자와 분리자의 정의는 텍스트 데이터베이스 관리자에게 맡기는 것이 현명한 방법이다.

단어는 자연언어의 많은 의미를 지니고 있기 때문에 텍스트를 단어로 분할하는 것은 임의적인 것이 아니다. 따라서 많은 모델(벡터 모델과 같은)들이 단어라는 개념에 기초하고 있으며, 단어만이 사용될 수 있는 질의형태이다(어떤 시스템에서는 문서에서 일부 소수 단어 집합만을 추출하기도 한다). 단어 질의의 결과로 질의 단어들 중 어느 하나라도 포함하고 있는 문서들이 검색되며, 검색된 문서는 질의와의 연관도에 따라서 정렬된다. 순위화를 위해 문서에서의 단어 출현빈도에 대한 두 가지 통계값이 널리 사용된다. 용어빈도(term frequency)는 어떤 용어가 한 문서내에서 몇 번 나타났는가를 나타내며, 역문헌 빈도(inverse document frequency)는 해당 용어가 출현한 문서 수의 역수이다. 더 자세한 사항은 3장을 참조하라.

질의를 해석하는 다른 가능성은 웹 검색엔진에 의해 대중화되었는데 논리곱형태(conjunctive form)가 있다. 이 경우 문서가 질의문에 정합하는 것은 질의문 내의 모든 단어를 담고 있을 때 뿐이며, 이는 한 단일 단어에 대한 결과의 수가 매우 클 때 유용하다. 가끔은 논리곱형태가 너무 제한적이라 답의 거의 없는 경우도 있는데, 그런 경우엔 몇몇 단어를 생략함으로써 제한을 완화할 수 있다. 여전히 같이 나타나는 (아래 근접도 참조) 단어의 부분집합이나 답이 큰 집합이 검색될 수 있는 단어의 부분집합을 유지하는데 관심을 둘 수 있다.

추가적으로, 제공되는 텍스트내에 단어가 정확히 어디에 위치하는지를 요구할 수 있다. 이는 결과를 화면에 표시할 때, 해당 단어를 강조(highlighting)할 수 있다.

#### 문맥(Context) 질의

많은 시스템들은 단일 단어 질의를 보완하기 위하여 어떤 주어진 문맥, 즉 근접 단어를 검색하는 기능을 제공한다. 다시 말하면 텍스트내 물리적 근접을 문맥으로 사용하는 데, 근접하여 나타나는 단어들은 서로 멀리 떨어져 나타나는 경우보다 연관 가능성이 훨씬 높을 수 있다. 예를 들면 단어를 이용하여 구를 작성하거나, 문서내에 근접한 단어들을 검색할 수 있다.

- **구**(Phrase). 구는 단일 단어 질의의 연속물(sequence)이다. 예를 들면 'enhance' 다음에 'retrieval'이 나타나는 것을 검색할 수 있다. 구 질의에서는 텍스트내 분리자와 질의의 분리자가 반드시 일치할 필요는 없으며(예를 들면, 공백 2개와 공백 1개), 관심 없는 단어들은 전혀 고려되지 않는다. 앞의 질의는 '...enhance the retrieval...'이라는 문자열을 가진 텍스트와 정합될 수 있다. 대부분의 경우, 구의 개념은 매우 유용한 기능이지만, 이러한 기능이 없는 시스템들도 있다.

- **근접도**(Proximity). 근접 질의는 구 질의를 좀 더 완화시킨 형태이다. 이 경우, 단어 혹은 구의 열이 그들 사이에 허용되는 최대 거리값과 함께 주어진다. 예를 들면, 앞의 두 단어가 네 단어내에 같이 나타나야 한다고 하면 '...enhance the power of retrieval...'과 같은 문서가 정합된다. 이 거리는 시스템에 따라 문자 단위나 단어 단위일 수도 있다. 단어와 구는 질의내에 같은 순서로 나타나는 것을 요구하거나 그렇지 않을 수도 있다.

구에 대해서는 단일 단어의 경우와 매우 비슷한 형태로 순위화 한다(자세한 설명은 3장을 참조). 근접 질의에 대해서는 만약 순위화 방법이 물리적인 근접도에 의존하지 않는다면 같은 방법으로 순위화 할 수 있다. 근접도를 이용하여 어떻게 순위화를 개선할 수 있는가는 아직 명확하지 않지만, 물리적 근접도는 의미적으로 가치가 있는것이 분명하다. 이는 대부분의 경우 근접도는 단어들이 같은 단락에서 출현하는 것을 의미하며, 따라서 이 단어들이 어떤 형태로든 서로 연관이 있다는 것을 의미하기 때문이다.

### 불리안 질의(Boolean Queries)

키워드 질의를 결합하는 가장 오래된(여전히 널리 사용되고 있는) 방법은 불리안 연산자를 사용하는 것이다. 불리안 질의는 문서를 검색하는 원소(atoms; 즉 기본 질의문)와 검색된 문서집합에 작용하여 새로운 문서집합을 생성하는 불리안 연산자로 구성되는 구문형태를 가진다. 이 구조는 일반적으로 조합적(compositiona;l 즉 어떤 연산자의 결과에 다른 연산자를 적용시킴)이므로, 자연스럽게 질의 구문트리를 형성한다. 이 질의 구문트리에서 단말노드는 기본질의를 나타내며, 내부노드는 연산자에 해당한다. 이 구문트리는 문서집합을 대상으로 적용된다(또한 질의의 최종 응답도 문서집합이다). 이것은 단말노드가 숫자나 변수에 해당되고, 내부노드는 연산자를 나타내는 산술식 구문트리와 매우 흡사하다. 그림 7.1은 그 예를 보여 주고 있다.

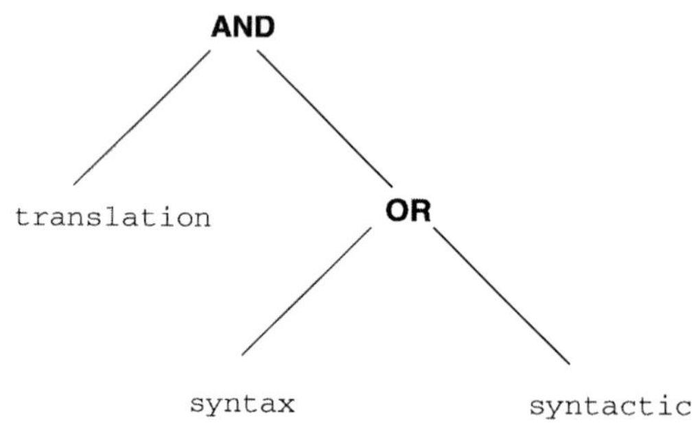


**그림 7.1**: 질의구문 트리의 예. 이 트리는 'translation'을 포함하며, 'syntax'나 'syntactic' 중 어느 하나라도 포함하는 모든 문서를 검색한다.

두 개의 불리안식 $e_1$과 $e_2$가 있을 때 가장 널리 사용되는 연산자들은 다음과 같다.

- OR. 질의$(e_1\ OR\ e_2)$는 $e_1$ 혹은 $e_2$를 만족시키는 모든 문서가 선택되지만, 중복은 제거된다.
- AND. 질의$(e_1 AND\ e_2)$는 $e_1$과 $e_2$둘 다 만족시키는 모든 문서가 선택된다.
- BUT. 질의$(e_1 BUT\ e_2)$는 $e_1$을 만족시키지만 $e_2$를 만족시키지 않는 모든 문서가 선택된다. 고전적 불리안

논리에서는 NOT 연산자를 사용하며, $(NOT\, e_2)$는 $e_2$가 참이 아닐때 참이되어, $e_2$를 만족시키지 않는 모든 문서가 검색되어야 하는데, 이는 너무 많은 문서를 검색하기 때문에 사용자가 원하는 바가 아니다. 이와는 달리 $BUT$ 연산자는 전체집합을 $e_1$의 검색결과로 한정한다.

IR 시스템은 적절한 문서를 검색하는 것 외에도, 어떤 기준에 따라 문서를 정렬하며, 질의에 나타난 단어들을 강조하고, 사용자 피드백을 이용하여 질의를 재작성하기도 한다. 이를 달성하기 위해 필요한 정보 또한 결과 집합의 일부로 제공되어야 한다.

고전적인 불리안 시스템에서는 검색된 문서에 대한 순위화가 제공되지 않고, 문서는 불리안 질의를 만족시키거나(이 경우 문서는 검색된다) 만족시키지 않는(이 경우 문서는 검색되지 않는다) 두 경우 밖에 없다. 이것은 문서와 사용자 질의사이에 부분 정합을 허용하지 않기 때문에 매우 큰 제약이 되며, 이를 극복하기 위해서는 검색조건을 완화시켜야 한다. 예를 들면, AND 조건을 부분적으로 만족시키는 문서도 검색할 수 있어야 한다.

수학적 훈련이 안된 사용자가 불리안 연산자의 의미를 명확하게 파악하는 것은 매우 어렵다고 생각한다. 이러한 문제 때문에 '퍼지(fuzzy) 불리안' 연산자들이 제안되었는데, 이것의 기본방안은 *AND* 연산자에 대해서 모든 피연산자들이 나타나야 하며, *OR* 연산자에 대해서는 적어도 하나의 피연산자가 나타나야 한다는 원래의 의미를 완화하여 피연산자들의 일부만 나타나도 요소를 검색하는 것이다(*AND* 연산자의 경우 *OR* 연산자보다 더 많은 피연산자가 나타나는 것을 요구할 수도 있다). 또한 요소(문서)들은 질의와 공유하는 피연산자가 많을수록 상위 순위로 검색된다(3장 참조).

### 7.1.2 패턴정합과 자연언어

이 절에서는 더욱 강력한 질의어로 소위 패턴정합과 자연언어에 대해 다루고자 한다.

#### 패턴정합(Pattern Matching)

이 절에서는, 어떤 특성을 갖는 텍스트 조각을 검색하기 위한 보다 특수한 질의 작성(패턴이라는 개념에 기반)에 대해 논의한다. 이 데이터 검색 질의는 언어학, 텍스트 통계학, 데이터 추출 등의 분야에서 유용하다. 질의결과는 근접질의를 구성하기 위한 합성기의 입력으로 사용되어 소위 기본질의라고 불리는 것의 일부가 되며, 기본 질의는 불리안 연산자를 통해 결합될 수도 있다. 이러한 관점에서 본다면 이 데이터 검색능력은 정보검색을 위해 개선된 도구로 볼 수도 있지만, 패턴정합 수식의 결과를 순위화하는 것은 더욱 어렵다.

패턴은 어떤 텍스트 조각에서 출현해야 하는 구문적 특성의 집합이다. 지정된 패턴을 만족하는 텍스트 조각들은 패턴에 '정합'된다고 말하며, 패턴에 정합된 조각을 가진 문서에 관심이 있다. 각각의 시스템들은 매우 간단한 패턴(예를 들면, 단어)부터 매우 복잡한 패턴(예를 들면, 정규표현)에 이르기까지 어떤 특정한 형태의 패턴을 사용하는 것을 허용한다. 일반적으로 허용된 패턴이 더 강력할수록 사용자가 작성할 수 있는 질의는 다양해지는 반면, 탐색구현은 더 복잡해진다. 가장 널리 사용되는 패턴은 다음과 같다.

- **단어**. 텍스트에 단어로 나타나는 문자열이며(7.1.1 참조), 가장 기본적인 패턴이다.
- **접두사**. 텍스트에 나타나는 (하나 이상의) 단어 앞에 나타나는 문자열. 예를 들어, '`comput`'라는 접두사가 주어졌다면 '`computer`', '`computation`', '`computing`'과 같은 단어를 가진 모든 문서가 검색된다.
- **접미사**. 텍스트에 나타나는 (하나 이상의) 단어의 마지막 문자열. 예를 들어, '`ters`'라는 접미사가 주어졌다면 '`computers`', '`testers`', '`painters`'등의 단어를 가진 모든 문서가 검색된다.
- **부분 문자열**. 텍스트에 나타나는 단어의 내부에 나타나는 문자열. 예를 들어, '`tal`'이라는 부분 문자열이 주어졌다면 '`coastal`', '`talk`', '`metallic`' 등과 같은 단어를 가진 모든 문서가 검색된다. 이 질의는 부분 문자

열이 단어 내부에 나타나는 경우로 한정할 수도 있고 또한 문서내에 어느 위치든지 부분 문자열이 나타나는 것(이 경우 부분 문자열이 문자뿐만 아니라 분리자를 포함할 수도 있다)을 검색하게 할 수도 있다. 예를 들어, 'any flow'를 찾으면'...many flowers...'라는 구가 정합될 것이다.

- **범위**. 2개의 문자열로 사전순서상에서 두 문자열 사이에 있는 어떤 문자열과도 정합된다. 보통 알파벳은 정렬이 되고, 이는 문자열에 사전적순서(실제 사전의 단어가 이 순서에 따라 나타난다)를 부여한다. 예를 들어, 'held'와 'hold' 사이 범위는 'hoax', 'hissing'과 같은 문자열을 검색한다.

- **오류 허용**. 단어와 함께 오는 오류임계값. 이 탐색패턴은 주어진 단어와 '유사한' 모든 텍스트 단어를 검색하며, '유사도'는 여러 방법으로 정의될 수 있다. 기본 개념은 텍스트나 패턴이 오류(다른 무엇보다도 타이핑이나 철자법 혹은 광학문자인식 소프트웨어에서 발생한)를 가질 수 있으며, 질의는 주어진 단어뿐만 아니라 철자오류라고 생각되는 단어들도 검색하여야 한다. 단어 간의 유사도 모델은 여러 가지가 있지만, 텍스트 검색에서 가장 널리 사용되는 것은 Levenshtein 거리, 간단하게 편집거리(6.5.3 참조)이다. 이 거리는 Soundex 시스템 같은 더 복잡한 방법보다 모델 오류에 대해 우수하다고 밝혀졌다. 따라서 질의에서는 어떤 패턴에 정합하기 위하여 단어에 허용되는 최대 오류수(즉, 허용하는 최대 편집 거리)를 지정한다. 이 모델은 부분 문자열(단어뿐만 아니라)을 탐색하도록 확장되어, 탐색패턴과 거리가 허용된 값 이하인 어떠한 텍스트 조각도 찾도록 할 수 있다. 이 확장 모델에서는 'flower'라는 단어가 'flo wer'와 같이 분리되어 있어도 오류거리 하나로 검색할 수 있으며, 오직 단어만 고려되는 더 제한된 경우에는 검색할 수 없다(왜냐하면 'flo'와 'wer' 어떤 단어도' flower'와의 편집거리가 1 이상이기 때문이다)는 것을 주목하라. 거리 모델의 여러 변형이 단백질 서열 혹은 DNA를 탐색하기 위한 전산생물학에서도 사용되고 있다.

- **정규 표현식**. 어떤 텍스트 검색시스템은 정규 표현식을 이용한 탐색을 허용한다. 정규 표현식은 단순 문자열(이 경우 부분문자열로 정합됨을 의미)과 다음 연산자들을 이용하여 만든 보다 일반적인 패턴이다.
  - 합집합: 만약 $e_1$과 $e_2$가 정규 표현식이라면 $(e_1|e_2)$는 ($e_1$or $e_2$)와 같은 원소가 정합된다.
  - 접합: 만약 $e_1$과 $e_2$가 정규 표현식이라면 $(e_1 e_2)$는 $e_1$ 바로 다음에 $e_2$가 인접하여 나오면 정합된다(따라서 단순 문자열은 개개문자들의 접합으로 생각할 수 있다).
  - 반복: 만약 $e$가 정규 표현식이라면 $(e^*)$는 $e$가 0번 혹은 그 이상 연속하여 나오는 것과 정합된다.

예를 들어 'pro (blem | tein) ($s$ | $\epsilon$) (0 | 1 | 2)*' ($\epsilon$는 빈 문자열)과 같은 질의를 생각해 보자. 이 정규 표현식은 'problem02', 'proteins'와 같은 단어와 정합된다. 앞에서와 마찬가지로 정합은 단어 전체 또는 단어내부로 한정할 수도 있고, 임의의 텍스트 조각과 정합할 수도 있다. 또한 정규 표현식은 앞에서 논의한 패턴과 결합되어 오류를 허용하는 정규 표현식 탐색도 가능하다.

- **확장 패턴**. 널리 사용되는 정규 표현식에 대해서는 사용자가 보다 친숙한 언어를 사용하는 것이 일반적이다. 확장 패턴은 정규 표현식의 부분집합으로 보다 간단한 문법에 의해 표시되며, 검색시스템이 내부적으로 확장 패턴을 정규 표현식으로 변환하거나 특정한 알고리즘을 이용하여 검색하게 된다. 각 시스템이 각기 다른 확장 패턴들을 지원하기 때문에 확장 패턴에 대한 형식적 정의는 존재하지 않는다. 최근의 많은 시스템들이 지원하는 확장 패턴의 예는 다음과 같다.
  - 문자 클래스: 패턴 내부의 하나 또는 그 이상의 위치가 미리 정의된 문자집합내의 임의 문자와 정합된다. 이것은 대소 문자간의 정합, 글자 범위의 사용(어떤 글자가 한자리 숫자여야 함을 명시), 여집합(어떤 글자가 문자가 아님을 명시), 열거(어떤 문자가 모음이어야 함을 명시), 대표 문자(패턴내의 어떤 위치가 임의 문자와 정합됨) 등의 기능을 포함하고 있다.
  - 조건표현: 패턴의 일부로 나타나거나 나타나지 않아도 좋은 부분
  - 텍스트내 임의 문자열과 정합되는 대표 문자: 예를 들어, 'flo'로 시작하여 'ers'로 끝나는 패턴은 'flowers',

'flounders' 등의 단어와 정합된다.

-패턴의 일부는 정확하게 정합되어야 하고, 다른 부분은 오류를 포함해도 정합되게 하는 조합.

**자연언어(Natural Language)**

퍼지 불리안 모델을 더욱 강화하면 *AND*와 *OR*의 구분이 완전히 사라져, 질의는 단순히 단어와 문맥 질의의 나열이 된다. 사용자 질의와 일부라도 정합되는 문서는 모두 검색되며, 질의와 많은 부분이 정합될 경우 상위 문서로 검색된다. 부정(negation)은 사용자가 원치 않는 단어를 명시하면 해당 단어를 갖는 문서는 순위화 계산에서 감점을 받는 형태로 처리된다. 임계값을 이용하여 낮은 가중치를 갖는 문서는 검색하지 않게 할 수도 있다. 이러한 체제에서는 불리안 연산자가 완전히 사라져 자연언어 질의 분야로 들어선 것이며, 사실 불리안 질의는 자연언어 질의의 단순한 추상적 개념으로 생각할 수도 있다.

이 모델이 사용될 경우 특히 질의에 대하여 한 요소의 순위를 정하는 적절한 방법과 관련된 다수의 새로운 쟁점들이 나타난다. 탐색 조건은 다른 모델을 사용하여 재표현되는데, 이 모델에서는 문서와 질의 모두 '용어-가중치' 벡터(각 중요 키워드 혹은 텍스트 단어가 차원에 해당된다)로 간주되며 질의도 똑같은 방식으로 처리된다(이 경우 문맥 질의는 고려하지 않는다). 따라서 질의는 내부적으로 용어-가중치벡터로 변환되는데, 그 목적은 질의 벡터와 가까운 벡터(문서)를 검색하는 것이다(가까운 정도는 모델에서 정의한다). 이것에 관한 완전한 검토를 보려면 3장의 용어-가중치와 벡터 모델의 절을 참조하라. 이 방법은 새로운 가능성을 제공하는데, 예를 들면 문서 전체를 질의로 사용할 수도 있어서 자연스럽게 연관 피드백 방법으로 연결된다(즉, 사용자는 검색 결과로부터 한 문서를 선택하여 이 문서와 비슷한 문서를 검색하기 위해 이 문서를 새로운 질의로 사용할 수 있다). 이 모델을 위한 알고리즘은 탐색 패턴에 기반한 알고리즘과 완전히 다르다(텍스트 단어 전체를 탐색에 사용하지 않고, 각 문서에서 추출된 중요한 키워드 몇 개만을 탐색에 사용할 수도 있다).

### 7.1.3 구조적 질의

지금까지 텍스트 내용을 통해 텍스트 모음을 검색하는 것에 대하여 살펴보았는데, 이러한 모델에서는 텍스트 구조와 같이 점점 일반화되고 있는 새로운 특성들을 이용할 수 없다. 텍스트 모음에 내부구조를 가지는 경향이 증가하고 있으며, 사용자에게 (텍스트 내용만 아니라) 텍스트 구조에 의한 질의를 허용하는 것이 점점 매력적으로 되고 있다. 구조화된 텍스트를 표현하기 위한 HTML과 같은 언어의 표준화는 이러한 방향에 대한 연구를 촉진하였다.

내용과 구조를 혼합하여 질의를 할 경우 매우 강력하며, 내용 혹은 구조를 단독으로 사용하는 질의보다 표현력이 훨씬 뛰어난 질의를 작성할 수 있다. 두 형태를 결합한 질의를 사용함으로써 텍스트 데이터베이스 검색의 질을 향상시킬 수 있다.

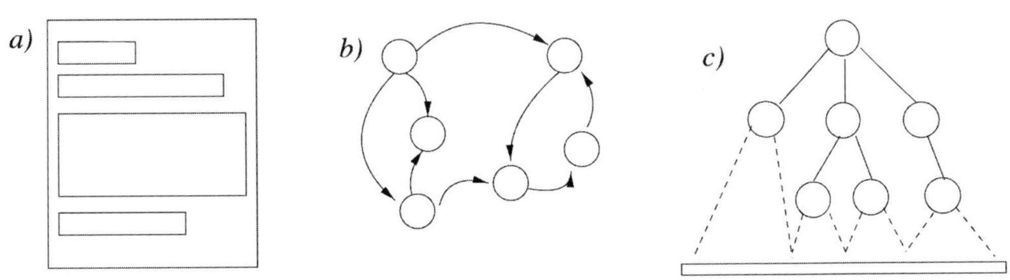


**그림 7.2**: 세 가지 주요구조: a) 양식 형태의 고정 구조, b) 하이퍼텍스트 구조, c) 계층적 구조

이 기법은 내용에 대한 조건(단어, 구, 혹은 패턴을 사용하여 문서가 만족해야 하는 조건을 표현함)을 만족하는 문서들 중 일부 문서를 검색하기 위하여 기본 질의 위에 사용되는데, 포함(containment), 인접도 혹은 문서내에 나타나는 구조(예를 들면, 장, 절 등)에 대한 다른 제약을 이용하여 구조적 조건이 표현되기도 하며, 구조적 질의 위에 불리안 질의가 사용되어 구조적 질의에 의해 검색된 문서 집합을 처리하기도 한다. 불리안 구문 트리에서(그림 7.1의 예제 참고) 구조적 질의는 트리의 단말 노드를 형성한다. 한편으로는 구조적 질의 자체가 복잡한 구문 구조를 가질 수도 있다.

이 절에서는 텍스트 데이터베이스에서 발견되는 구조의 형태에 따라 분류하는데, 그림 7.2는 이들 구조 형태를 나타낸다. 순위화를 위해 구조적 질의를 수정 가능하게 해야 하지만, 이것은 아직까지 미해결 문제(open problem) 중의 하나이다.

이후부터는 텍스트가 어떤 구조를 가지는가와 텍스트 구조에 대해 어떤 질의를 할 수 있는가를 구분하는 것이 중요하다. 일반적으로 자연언어 텍스트는 어떠한 구조도 가질 수 있지만, 각각의 모델은 실제 구조의 일부 측면에 대한 질의만 허용한다. 허용된 구조가 제한되어 있다고 말할 때, 그 의미는 비록 텍스트가 더 많은 구조 정보를 가지고 있다고 하더라도 이 제한을 따르는 질의만 할 수 있다는 것을 의미한다. 예를 들어 어떤 논문이 절과 부속절의 내포된(nested) 구조를 가지고 있으나, 질의 모델이 재귀적(recursive) 구조를 다룰 수 없다면, 텍스트내에 존재한다고 하더라도 한 절이 다른 절을 포함하는 질의를 할 수 없다.

### 고정 구조

전통적으로 텍스트에 허용된 구조는 매우 제한적이어서, 각 문서는 마치 기입 양식과 같이 고정된 필드 집합을 가진다. 각 필드는 내부에 약간의 텍스트를 가지거나, 어떤 필드는 일부 문서에만 나타나기도 한다. 한 문서에서 필드가 뒤죽박죽 나타나거나 중복되어 나타나는 경우는 거의 없으며, 필드로 정의되지 않은 텍스트를 문서가 가질 수 없다. 필드는 중첩되거나 겹칠 수도 없으며, 어떤 필드가 만족하는 기본 패턴으로 명시된 검색 행위만 허용된다. 현재 거의 모든 상용 시스템들이 이와 같은 모델을 사용하고 있다.

이러한 모델은 텍스트모음이 고정된 구조를 가진 경우에만 의미가 있다. 예를 들면 전자우편 저장소는 전자우편의 집합이며, 각 전자우편은 발신자, 날짜, 제목, 내용 필드를 가진다. 따라서 사용자는 어떤 사용자에게 보내진, 'football'이라는 제목을 가진 전자우편을 검색할 수 있게 된다. 그러나 이 모델은 예를 들어 HTML 문서에서 나타나는 계층적 구조를 표현하는데는 부적합하다.

만약 문서를 필드로 분할하는 것이 충분히 엄밀하다면, 어떤 필드의 내용은 텍스트가 아니라 숫자, 날짜 등 다른 자료형으로 해석될 수 있으며, 따라서 다른 형태의 질의(달의 일부를 날짜 범위로 표현)도 사용할 수 있다. 각 필드는 데이터베이스 테이블의 열에 대응되기 때문에 관계형 모델(relational model)과 연결되는 것은 자연스럽다. 데이터베이스를 텍스트로 보는 것은 텍스트필드에 대해서 일반 관계형 데이터베이스시스템이 제공하는 것보다 훨씬 강력한 질의를 사용할 수 있도록 한다. 반면에 관계형 데이터베이스는 자료형에 대한 지식을 사용함으로써 보다 효율적인 색인을 구성할 수 있다. 최근 몇 년간 이 두 경향을 통합하려는 다수의 방법들이 제안되었으나, 이들의 가장 큰 문제점은 텍스트가 다른 자료형과 함께 저장되기 때문에 최적의 성능을 달성할 수 없다는 것이었다. 그럼에도 불구하고 전문 검색을 허용하기 위하여 SQL(Structured Query Language)을 확장한 여러 제안들이 있었다. 그들 중 13.6.2절에서 다룬 XML Full Text와 함께 7.1.4절에서 다룬 SFQL 등이 있다.

### 하이퍼텍스트(Hypertext)

구조화 능력에서 본다면 아마도 하이퍼텍스트가 반대되는 추세를 대표한다. 하이퍼텍스트는 방향성 그래프이며, 노드는 텍스트를 나타내고, 링크는 노드 사이 혹은 노드내 어떤 위치 사이에 존재하는 연결을 표시한다. 하이퍼텍스트는 전 세계적으로 펼쳐져 있는 거대한 유사-하이퍼텍스트 데이터베이스인 웹의 폭발적 발전에 따라 많은 주목을 받게 되었다.

초기 하이퍼텍스트에 대한 검색은 단순히 항해(navigation)로 시작되었는데, 이 방법에서는 사용자가 원하는 정보를 찾기 위해 링크를 따라서 하이퍼텍스트 노드를 수동으로 항해해야만 했으며, 구조에 근거하여 하이퍼텍스트를 검색하는 것은 불가능하였다. 웹 환경에서도 사용자는 노드의 텍스트 내용을 사용하여 탐색할 수 있지만, 구조적 연결에 근거하여 탐색할 수는 없다.

브라우징과 웹 탐색을 결합한 하나의 흥미로운 제안으로 WebGlimpse[1078]를 들 수 있는데, 이 시스템에서는 전통적인 항해뿐만 아니라 현재 노드의 인접 노드 내용에 의한 검색 기능을 제공한다. 최근, 내용뿐만 아니라 구조를 함께 사용하여 하이퍼텍스트를 검색하기 위한 질의 도구들이 일부 나타나기 시작하였다.

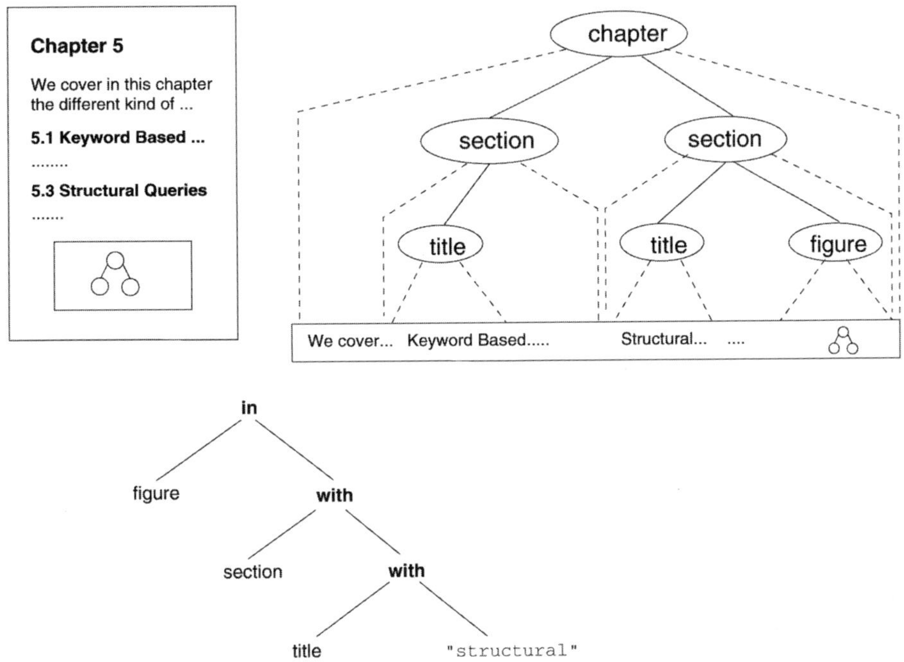


**그림 7.3:** 계층적 구조의 예: 책의 한 페이지, 도식적인 모형, 그림 검색을 하기위해 구문분석된 질의문

### 계층적 구조

고정 텍스트 구조와 하이퍼텍스트 구조 사이의 중간 정도에 위치한 것이 계층적 구조화 모델이다. 이 모델은 텍스트를 재귀적으로 분할하여 표현하기 때문에, 많은 텍스트 모음(예를 들면, 서적, 논문, 법률 문서, 구조적 프로그램 등)을 자연스럽게 모델링할 수 있다. 그림 7.3은 이러한 계층적 구조의 예를 보여 주고 있다.

계층적 구조는 하이퍼텍스트보다 간단하기 때문에 빠른 질의 처리 알고리즘을 적용할 수 있으며, 일반적으로 모델이 강력해질수록 덜 효율적으로 수행될 수 있다.

13장에서 계층적 구조, 특히 XML 기반과 함께 XML을 위해 제안된 모든 질의어 정보 검색의 문제점을 더 자세히 다루도록 한다(13.6.2절 참조).

## 7.1.4 질의 프로토콜(Query Protocols)

이 절에서는 텍스트 데이터베이스를 검색하기 위한 응용소프트웨어에 자동으로 사용되는 몇 가지 질의어를 간단히 소개한다. 이들 중 일부는 CD-ROM 검색을 위한 언어 혹은 도서관 시스템을 검색하기 위한 중간 언어의 표준으로 제안되었다. 이 언어는 사람이 사용하기 위한 것이 아니기 때문에 언어라고 부르기 보다는 프로토콜이라고 부른다. 프로토콜에 대한 보다 자세한 정보는 16장과 17장에 나와 있으며, 가장 중요한 프로토콜들은 다음과 같다.

- Z39.50. 1995년 ANSI와 NISO에서 표준으로 정한 프로토콜이다. 이 프로토콜은 클라이언트와 호스트 데이터베이스 관리시스템 사이에 표준 인터페이스를 이용하여 서지정보를 검색하기 위한 것으로, 클라이언트 사용자 인터페이스와 호스트의 데이터베이스 질의어에 독립적이다. 데이터베이스는 몇 개의 고정된 필드(비록 보통의 경우보다 유연하기는 하지만)를 갖는 텍스트 모음으로 가정한다. Z39.50은 널리 사용되고 있으며, WAIS(아래참조)의 일부로서, 이 프로토콜은 질의언어와 그 의미를 정의할 뿐만 아니라 서버와 클라이언트가 세션을 연결하는 방법, 정보를 통신하고 교환하는 방법 등도 정의하고 있다. 초기에는 서지정보(기계가독형 목록레코드(Machine Readable Cataloging Record; MARC) 형식을 사용한)만 다루는 것으로 인식되었으나 점차 다른 형태의 정보도 검색할 수 있도록 확장되었다.

- WAIS. Wide Area Information Service(광역 정보 서비스)의 약자이며, 1990년대 초반 웹이 유행하기 전에 많이 사용되던 프로토콜이다. WAIS의 목표는 네트워크 출판 프로토콜과 인터넷을 통하여 데이터베이스를 검색하는 것이었다. CD-ROM 출판 분야에서는 질의 프로토콜을 위한 몇 가지 제안이 있다. 이 프로토콜들의 주요 목적은 '디스크 교환성'을 제공하는 것이다. 이는 주요 정보 제공자와 단말 사용자간의 자료 통신에 있어서 보다 큰 융통성을 제공한다. 이는 다양한 정보에 접근하기 위해서 서로 다른 여러 자료 검색 응용(프로그램)을 구입해서, 설치하고, 사용법을 교육해야 하는 문제를 해결하기 때문에 비용적인 측면에서도 매우 큰 절약을 가능하게 한다. 이들 제안 중 세 가지를 간단히 살펴보겠다.

- CCL. Common Command Language(공통 명령 언어)의 약자로, Z39.50에 기반한 NISO의 제안(Z39.58 혹은 ISO 8777)이다. 여기에서는 19개의 대화 명령어를 정의했는데, 비록 이것을 사용하는 제품은 거의 없지만 유럽에서 보다 많이 사용되며, 고전적 불리안 모델에 기반하고 있다.

- CD-RDx(Compact Disk Read only Data exchange). 클라이언트-서버 구조를 사용하며 대부분의 플랫폼에 구현되어 있다. 클라이언트는 일반적이나, 서버는 CD-ROM 출판사에 의해 데이터베이스와 함께 설계되어 제공된다. 고정 길이 필드 영상 및 음성을 허용하며 CIA, NASA, GSA와 같은 미국 국가 기관의 지원을 받고 있다.

- SFQL. Structured Full-text Query Language(구조화 전문 질의 언어)의 약자로, SQL에 기반하고 있으며 역시 클라이언트-서버 구조를 사용한다. SFQL은 항공우주 분야에서 표준으로 채택되었는데(Air Transport Association/Aircraft Industry Association), 문서는 관계형 테이블에서 하나의 행으로 표시되며, SGML을 이용해 태깅될 수도 있다. 이 언어에서는 응답의 형식을 헤더와 가변길이의 메시지영역으로 구성하며, 특정한 포맷팅이나 마크업을 정의하지는 않는다. SFQL의 한 질의를 예로 들면 다음과 같다.

```
Select abstract from journal.papers where title
contains "text search"
```

이 언어에서는 불리안 및 논리연산, 시소러스, 근접 연산, 대표문자 혹은 반복 등을 표시하기 위한 몇 가지 특수문자 등을 지원한다. 예를 들면 다음과 같다.

```
... where paper contains "retrieval" or like "info%" and
date > 1/1/98
```

SFQL은 비록 문서 데이터베이스에 가장 적합하다고는 볼 수 없는 관계형 모델에 기반하고 있지만, CCL 혹은 CD-RDx와 비교해볼 때, 보다 일반적이며 융통성이 있다.

이런 언어의 몇몇 사용은 16장과 17장에서 언급하고 있다.

## 7.2 질의 특성

정보를 찾는 대중은 탐사 브라우징(exploratory browsing)[1082, 1547]을 통해 매우 특정한 사실을 찾는 질의들로 검색작업을 수행한다. 왜냐하면 그들 질의는 다른 시간과 문맥으로 다른 탐색 요구를 하기 때문이다. 여기서 사용자의 문맥을 참조하기 위해 문맥을 사용한다. 따라서 탐색질의는 '브라질의 수도는 어디인가?' 같은 사실을 찾는 범위부터 '바르셀로나에서 휴가동안 무얼 구경해야 하나?' 같은 주제에 대한 정보를 모으는 것까지, Flickr 이미지 과학논문의 저장소 같은 모음을 내비게이션하게 된다.

하지만 가끔은 다른 태스크를 수행할 필요가 있는데, 항상 정보 요구에 관련된 것은 아니다. 사실, 최근 몇 년 동안 여러 연구자가 웹상에서 탐색자의 다른 요구에 대한 특정한 계층분류에 대해 제안을 하였다. 이런 계층분류가 이상적일 필요는 없지만 자주 쓰이고 참조되므로 알아두는게 중요하다. 비-웹(non-Web) 질의에 대한 정보는 포함하지 않는데 이에 대한 정보는 응용에 의존적이고 관련 참고 문헌이 거의 없기 때문이다.

### 7.2.1 웹 질의의 특성

웹 검색엔진은 대중이 쓰는 질의에 대한 정보를 기록한다. 이 정보는 질의 자체와 관련된 속성을 포함하는데 질의 로그(query log)라 불리는 것을 형성한다. 전형적으로 질의 로그는 질의가 시스템에 제출된 시간, 질의가 온 IP 주소, 사용자의 브라우저에 보관된 쿠키, 브라우저나 운영체제에 대한 정보 등을 포함한다. 몇몇 시스템은 주어진 질의에 대해 검색 결과와 광고가 클릭되었는지도 기록한다. 하루동안 수천 만명 사용자로부터의 수억개의 질의를 검색엔진이 받으므로 대중이 가진 (정보) 요구의 종류를 이해하는 데 별로 가치없는 자원으로 검색 로그가 형성된다.

첫 번째 연구들은 질의발생, 용어발생, 질의 당 단어수 (질의 길이) 등과 같은 기본 통계에 집중하였다. 1990년대부터 오늘날까지 이들 통계는 많은 변화를 보이진 않았다. 평균 질의 길이는 대략 1997년과 1998년에 2.4였다[1479, 826]. 1997년 데이터를 사용한 연구에서 단일 단어 질의가 질의의 31%를 차지하였고[826], 1998년의 데이터를 사용한 또 다른 연구에선 26%였다[1479]. Jansen과 Spink[824]는 단일 단어 질의 비율이 줄어드는 경향을 주장했고 마찬가지로 Jansen 등[823]의 또 다른 연구는 세 단어 질의 비율이 1998년의 28%에서 2002년에 49%까지 증가했음을 찾아내었다. 더욱 최근엔 Jansen 등[819]의 dogfile.com 검색엔진으로부터 2005년 5월에 모은 1.5M 크기의 질의를 사용한 연구를 주도하고 있고 최대 25개 용어로 된 질의와 함께 평균 2.8개의 용어가 평균 질의의 길이라는 것을 발견하였다. 하지만 이런 결과의 대부분은 주의를 기울여 해석되어야 하는데, 대부분의 경우 질의 로그가 작고 검색엔진에서 표본추출하는 과정이 정확히 알려지지 않았기 때문이다. 2007년 Yahoo! UK의 185M 크기 질의의 더 큰 데이터 집합에 대한 결과로 Skobeltsyn 등[1487]이 질의 캐싱(caching)의 문맥에 대해 기술하였다. 표 7.1은 이 두 경우의 질의 길이의 분포를 보여 준다.

질의는 텍스트의 단어들처럼 왜곡된 분포를 따르며, 사실상 질의의 빈도수는 Zipf의 법칙에서 $\alpha$의 매개변수(6.5.2절 참조)를 따르는데, $i$번째 최고빈도수 질의는 $O(i^{-\alpha})$의 발생빈도(그림 7.4의 예제 그래프 참조)를 보인다. $\alpha$범위의 값은 0.6에서 1.8인데[428, 123, 104], 아마도 언어와 문화적 차이 때문에 그렇게 나왔을 것이다. 그렇지만 이는 웹 텍스트보다는 덜 왜곡되었는데 웹에선 $\alpha$가 2에 가깝다. 동일 그래프에 질의 용어의 분포도 보이는데 완전한 질의보다는 많은 왜곡을 보이고(즉, 더 큰 $\alpha$값), 웹상의 용어 분포와 더욱 비슷하다.

Chapter 1 소개
Chapter 2 검색 사용자 인터페이스
Chapter 3 모델링
Chapter 4 검색평가
Chapter 5 연관 피드백과 질의확장
Chapter 6 문서: 언어 및 특성
Chapter 7 질의: 언어 및 특성
Chapter 8 텍스트 분류

| Length | Dogpile(2005) | Yahoo(2007) |
|---|---|---|
| 1 | 18 | 25 |
| 2 | 32 | 35 |
| 3 | 25 | 23 |
| 4 | 13 | 11 |
| 5 | 6 | 4 |
| 6 | 3 | 1 |
| >7 | 3 | 1 |

**표 7.1**: 질의 길이의 올림 백분율. [819]로 부터의 데이터는 Dogpile.com의 질의 로그에 기반을 두고 [1487]로 부터는 Yahoo! UK의 질의 로그에 기초했다.

웹페이지상 어떤 단어의 빈도수와 질의상 빈도수의 표준상관(correlation)은 서로 다르지만 높진 않고 0.15[123]에서 0.42[104]의 범위값을 갖는다. 즉, 웹페이지 내용의 단어는 Zipf의 분포를 따르는데, 그들 분포가 매우 유사한 분포를 가짐(그림 7.4 참조)에도 불구하고 그 분포의 순서는 질의 단어의 분포(그림 7.5가 이 사실을 표현)와 매우 다르다. 이는 웹에 출판하는 대중과 검색하는 대중이 다르다는 것을 암시한다.

하나의 중요한 의문점은 Zipf의 법칙이 (a) 두 집단의 대중이 하나는 흔한 질의를 묻고 다른 하나는 유일한 질의를 하는 것인지 (b) 모든 대중이 두 형태의 질의를 조합해 묻는 것인지? 이다. 최근 논문에서 Goel 등[630]은 승(power)의 법칙과 특히 긴 꼬리는 후자의 경우 때문이라고 밝혔다.

검색엔진 로그는 또한 답 페이지의 숫자와 검색 후 선택된 페이지를 등록한다. 많은 대중이 단어를 추가하고 빼면서 질의문을 조정하는 반면, 실제 대부분의 대중은 결과 페이지 중 두 페이지도 보지 않는다(즉, 사람들은 결과 목록의 20위 아래 있는 것들은 보지 않는다). 표 7.2는 네 가지 다른 검색엔진의 비교데이터를 보여 주는데 다른 범주와 언어를 보여 준다[823, 1479, 1519, 1587, 1713].

| 측정 | Alta Vista (1998) | Excite (2001) | AlltheWeb (2001) | TodoCL (2002) |
|---|---|---|---|---|
| 질의당 단어 | 2.4 | 2.6 | 2.3 | 1.1 |
| 사용자당 질의 | 2.0 | 2.3 | 2.9 | – |
| 질의당 답페이지 | 1.3 | 1.7 | 2.2 | 1.2 |
| 불리안 질의 | <40% | 10% | – | 16% |

**표 7.2**: 네 가지 다른 검색엔진의 질의 통계

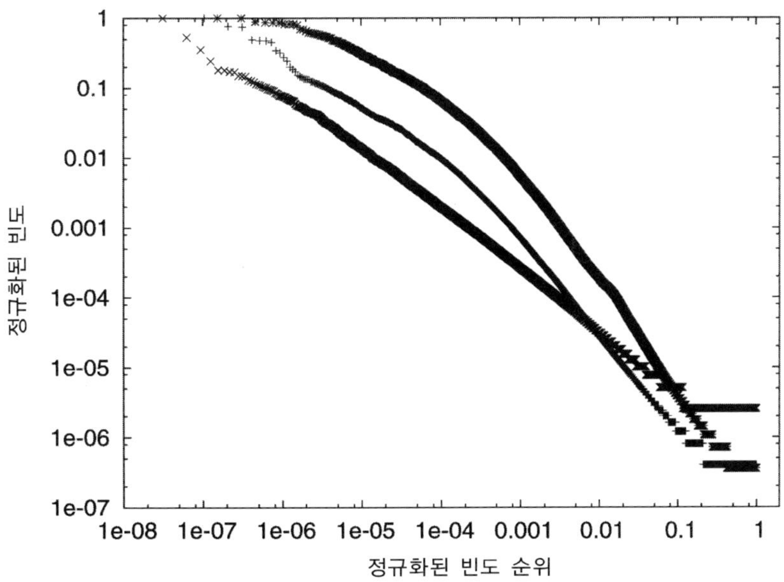


**그림 7.4:** 정규화된 질의의 빈도(바닥곡선), 질의 용어(중간곡선), 영국에서의 2006년 웹 표본내 용어들(윗곡선)[104]

추가로 [1479]의 실증적 연구가 보여주듯, 클릭된 답의 평균수는 매우 적어 질의 당 2번 정도다. 진전된 질의연구가 Excite[1521, 1519]와 AlltheWeb[823]에 대해 진행되었는데[1520], 최근 몇 년동안 사용자 질의의 중심이 여가에서 전자상거래로 이동하였음을 보여 주었으며, 7.2.4절에서 자세히 살펴보도록 한다. [168]에서 저자는 AOL을 통해 웹을 검색한 수 천만 사용자가 실행한 질의로 구성된 매우 큰 웹 질의 이력을 분석했는데, 질의 이력은 동일 날짜의 다른 시간에 실행된 질의 집단으로 나누었다. 분석은 다른 집단 사이의 관심 변화와 주제별로 분류된 질의의 유일성을 부각시켰다.

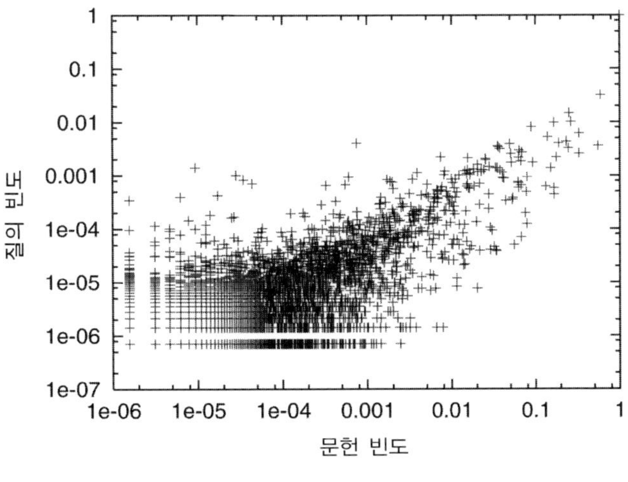


**그림 7.5:** 어휘의 각 단어에 대해 상대적 질의 빈도와 상대적 문헌 빈도를 보여 주는 그래프[104]

## 7.2.2 사용자검색 행동양식

검색 중 사용자 행동양식은 내비게이션 그래프를 통해 시각화될 수 있으며 그 중 하나를 그림 7.6에 보여 주었다. 이 그래프에서 다른 상태로의 전이는 경로에 따른 사용자의 비율을 나타내며, 이는 한 상태에서 다른 상태로 가는 확률과 동일하다. 그래프에는 1% 정도 이상의 경우만 표시하였으며 각 상태의 숫자는 사용자가 그 상태에 있을 확률이다. 이 다이어그램에서 다음을 추론할 수 있다.

- 고급 탐색은 사용되지 않는다. (하지만 보유해야 한다!)
- 질의를 재조정하는 대중은 거의 없다.
- 목록을 훑어보는 대중은 거의 없다.

이는 더 나은 질의를 구성하려는 시도보다는 사용자가 시행착오적인 정보찾기 전략을 채택하고 있다는 것이다.

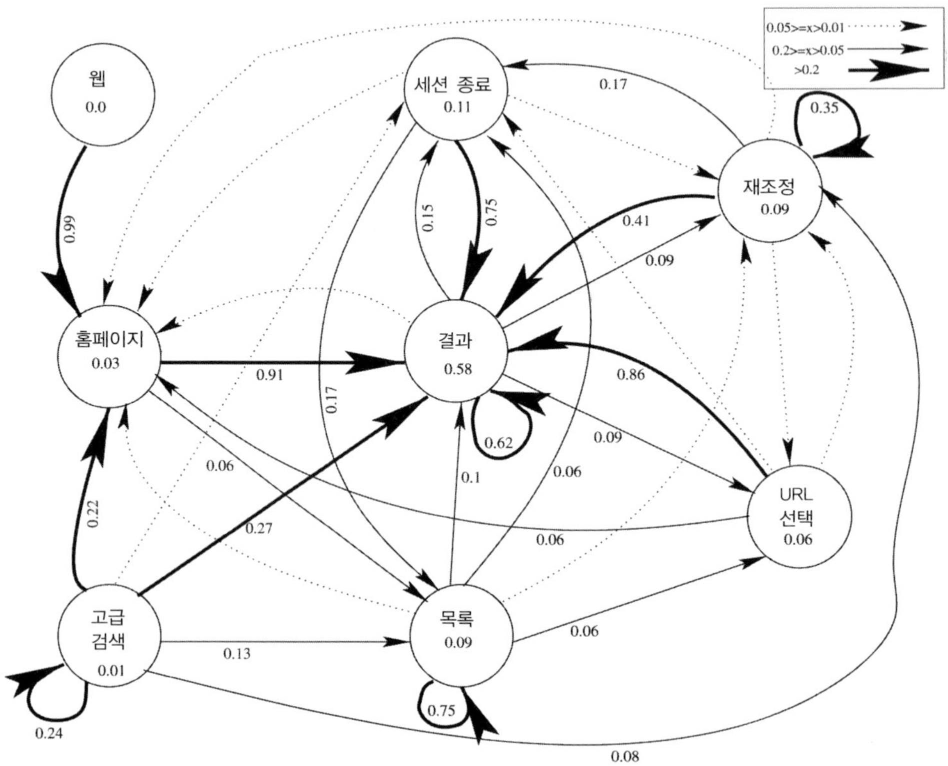


**그림 7.6:** 검색엔진에서 사용자 행동양식의 상태 다이어그램 예제[88]

## 7.2.3 질의 의도

웹 이전에는 사용자 질의 개념이 흥미로운 정보를 찾는데 연관되어 있었다. 검색은 전형적으로 전문적인 설정의 문맥으로 수행되었고 거기서 접근과 검색 시스템의 사용은 자유로울 필요가 없었다. 그러므로 검색도구의 설계는 사용자가 좋은 질의를 쓰는 것을 도와주는 데 항상 목표를 두었는데, 좋은 질의란 채택된 질의어가 대체로 복잡하다는 것을 암시한다. 웹은 이를 획기적으로 변화시켰는데, 이는 사용자가 정보를 찾는 것뿐 아니라 그들의 목표를 달성하는 데 검색엔진을 쓰기 시작했기 때문이다.

최초이자 가장 유명한 웹 질의 분류는 Broder[268]에 의해 이루어졌는데, 정보적(informational), 내비게이션적(naviagational), 업무적(transactional)인 것 세 가지로 분류하였다. 내비게이션적 질의의 목표는 브라우징을 위해 웹을 찾는 것이다. 전형적인 예는 관심에 부응하는 특정 사이트로 직접 유도하는 질의를 그대로 불러내고 싶은 사용자에 의해 행해지며, 이런 습관이 북마크(책갈피)로 대체된다. 업무적인 질의 목표는 소프트웨어를 내려받는다던가, 예약을 잡는다던가, 상품을 사는 것 같은 상호작용적인 일을 수행하는 데 있는데, 질의 의도가 모호해질 수 있다는 점에 주의하라. 예를 들어, 선호하는 가수의 정보를 찾는 사람을 생각하자. 그들이 약력을 찾는지, 공식 웹사이트를 찾는지, 노래를 찾는지 어떻게 알 수 있나? Broder는 온라인 설문(몇 천 대상, 10% 응답률, 설문에 답하는 대중에 왜곡될 수 있음)을 사용하여 세 가지 질의 분류에 대한 대략적인 백분율을 추정하고 성적(sexually) 지향 질의가 제외된 수백 개의 영어 질의를 수동 분석하였는데, 결과적으로 39~48%가 정보질의고, 20~25%는 내비게이션적 질의, 30~36%는 업무질의였다.

Broder의 분류는 나중에 Rose와 Levinson[1382]에 의해 세분화되어, 비록 업무적인 부류(class)가 '온라인 자원'으로 불렸지만 정보와 업무적 질의에 대해 하위구분을 하였다. 그들은 또한 몇몇 질의가 같은 부류에 있어도 하나의 하위 부류 이상으로 분류될 수 있다는 것에 주목하였다. 오늘날 내비게이션적 질의의 비율은 전보다 커졌고 40%정도 된다고 추정한다. 정보 질의에 대해서 그들은 비율이 60%가 넘는다고 했지만 요즘은 훨씬 낮을 것이라 생각된다.

최근 연구는 질의 의도에 대한 자동예측[93, 822, 872, 997]에 중점을 두고 있는데, 대부분의 연구가 질의내 앵커텍스트(anchor-text) 단어와, 클릭 행동양식, 질의 길이 같은 질의 속성에 대한 기계학습(machine learning) 기술의 응용에 기초하여 진행된다. 클릭된 텍스트나 결과와 연관된 정보 토막의 텍스트와 같은 관련된 속성 또한 사용된다. Baeza-Yates 등[93]은 비정보질의보다 정보질의에 대한 예측이 훨씬 정확하다는 것을 발견하였으며, 예상했듯이 모호한 질의에 연관된 사용자 의도는 예측하기 매우 어렵다는 결론을 내렸다. 주된 문제는 많은 질의의 검색 문맥이 자주 불명확하여 본질적으로 모호하다는 것이다.

또 다른 문제는 재탐색질의(refinding queries)[852, 853, 1569]로 불리는 내비게이션적 질의에 관련되는데, 이는 사용자가 같은 질의를 반복적으로 지정하며 같은 결과를 클릭한다는 것이며, 이미 기록된 질의(학술회의 약어 같은 것)는 북마크로 대체하는 메커니즘을 구성하여 해결할 수 있다. 기계학습을 사용하여 Piwowarski와 Zaragoza

| 순위 | 주제 | 1997 | 2001 |
|---|---|---|---|
| 1 | 상업, 여행, 고용, 경제 | 13.3 | 24.7 |
| 2 | 대중, 장소, 사물 | 6.7 | 19.7 |
| 3 | 비영어 혹은 불명 | 4.1 | 11.3 |
| 4 | 컴퓨터, 인터넷 | 12.5 | 9.6 |
| 5 | 성, 포르노 | 16.8 | 8.5 |
| 6 | 건강, 과학 | 9.5 | 7.5 |
| 7 | 연예, 오락 | 19.9 | 6.6 |
| 8 | 교육, 인문 | 5.6 | 4.5 |
| 9 | 사회, 문화, 윤리, 종교 | 5.4 | 3.9 |
| 10 | 정부 | 3.4 | 2.0 |
| 11 | 공연, 미술 | 5.4 | 1.1 |

**표 7.3**: 1997년부터 2001년까지 Excite 주제의 변화(%), 'from E-sex to e-commerce: Web search changes', *Computer* 35(3), pp.107-9(Spink, A., Jansen, B.J., Wolfram, D. andSaracevic, T. 2002). © 2002 *IEEE*

[1280]가 세션의 큰 비율(24%)에 대해 다음 클릭이 높은 정확률(90% 이상)로 예측된다는 것을 보여주었고, 비슷한 결과(40%)가 Teevan 등[1568]에 의해 보여주었다.

5장에서 검토했듯이 연구자는 질의 로그 행동양식을 사용하여 순위화 알고리즘을 향상시키려 하였고 아울러 개별 사용자의 행동양식과 과거 행위에 기초한 선호를 예측하려는 시도를 하였다. 다음 절은 후자의 경우에 해당된다.

### 7.2.4 질의 주제

질의는 질의 의도와는 독립적으로 질의 주제에 따라 또한 분류될 수 있다. 예를 들어, 앞선 예제의 모호한 질의(가수 찾기)에서 이 경우 주제는 음악이다.

과거엔 많은 연구가 질의 주제에 따른 분류에 목적을 두고 수행되었는데, 특히 Spink와 Jansen의 일련의 연구가 질의 스트림의 여러 특징, 예로 시간과 지리적으로 어떻게 주제가 변화했는지에 연구 중점을 두었다[819, 820, 823, 824, 826, 1519, 1520, 1521]. 이들 연구는 질의 로그에 대한 수동분석으로 이루어졌는데, 주제의 변화와 관련하여 연예나 성에 관련된 질의가 1997년 36%에서 2001년 15%로 줄어들었으며, 반면 상업 관련 질의는 13%에서 거의 25%로 증가했다. 이후 연구[819]에선 이런 변화가 더욱 극적으로 이루어진 것을 보였는데 표 7.3과 같다. 사용된 질의 로그의 표본 추출이 다르므로 결과는 그저 (아마도 잘) 추정되었다는 것에 주의하라.

질의 주제를 수동으로 분류하는 것의 대안으로 자동기술 사용이 있다. Shen 등[1457]은 검색엔진에서 생성된 상위 결과를 가져와 ODP(Open Directory Project)에 대응되는 구분에 그들을 연관지었는데, 결과는 매우 좋아서 63가지 분류에 약 0.45개의 F 점수만 있었다. 나중에 Baeza-Yates 등[93]은 다양한 질의 속성을 사용하여 ODP 구분에 따른 질의 주제를 분류하였는데, 분류의 정확도는 주제에 종속적이었다. 이 연구의 흥미로운 부산물로는 클러스터링 기술에 기반한 준수동 분류과정이 있는데, 큰 규모의 훈련 및 평가 데이터 집합을 구축하는데 유효하다. 비지도(unsupervised)와 지도(supervised) 기술의 조합은 [169]에 있다.

최근에 Broder 등[276]은 짧은 희소 질의를 6000가지 상업적 분류로 구분하는 매우 정확한 방법을 기술하였다. 이는 유용한데, 예를 들어 희소 질의에 연관된 광고의 질적 향상이 매우 중요한 문제로 (11.10.1 참조, 분포의 '무거운 꼬리' 특징 때문에) 검색엔진의 질의 총량의 절반 이상이 희소 질의 집합으로부터 주어진다. 저자는 각 범주를 위한 문서에 기초하여 다른 텍스트 분류자(classifier)를 사용하였다. 각 질의에 대해 대상 웹 검색엔진에서 상위 k개 문서를 검색했고, 투표 알고리즘을 사용하여 그 질의에 관련되어 어떤 클래스(들)이 최선의 것(들)인지를 결정하였다. 꼬리 질의가 대체로 처리하기 가장 어려운 것을 고려한다면 결과는 매우 좋다.

질의 의도의 예측과 마찬가지로 질의는 뜻뿐만 아니라 여러 장르(예: 어떤 질의가 정치와 함께 뉴스에도 관련될 수 있음)의 주제로 분류될 수 있을 때 모호해질 수 있다. 모호함을 탐지하는 논문은 별로 없지만, Song 등[1503]은 큰 표본을 사용하여 모든 질의의 약 16%가 모호하다고 추정하였다.

### 7.2.5 질의 세션과 임무

질의를 분석할 때 중요한 문제점은 사용자 질의 세션을 결정하는 것이다. 초기 작업에선 세션을 정의하기 위해 고정된 시간제한을 사용했다. 예를 들어, 하나의 질의 세션은 한 명의 사용자로부터 발생한 모든 질의가 30분 간격 내에서 구성된다는 것이다. 하지만 이 정의는 두 가지 문제점을 표출했는데, (a) 세션은 더 길 수도 있고 (b) 그 세션내 사용자의 목표가 한 가지 이상일 수 있다는 것이다. 그래서 시간기반 세션(즉, 사용자가 제기한 모든 질의가 같은 세션에 있음)과 임무(같은 목표를 가진 일련의 질의)에 대한 구별을 하는 게 적합하다. 추가적인 문제는 임무가 한 세션 이상이 될 수 있는데, 그런 경우 연구임무라 불리며 이 개념은 야후의 검색패드(Search Pad)를 촉발하는데 사용되었다.

세션들을 더욱 정확하게 결정짓는 하나의 대안은 최대 비활동시간을 설정하는 것이다. 다른 저자는 웹내비게이션로그에 대해 임계점 범주가 5분에서 6분 사이란 것을 알아내었다[59, 344, 1479]. He와 Goker[632, 728]는 자신들의 로그에서 10분에서 15분 범위가 최적의 비활동 임계시간이란 것을 알아냈다. Huang 등[789]은 정보-이론적 단일 질의에서 또 다른 질의로 변화를 고려함으로써 정확성을 향상시켰는데, 그들 결과는 질의 로그에 대해 20분이 괜찮은 임계점이란 것을 보여 주었지만 한 경우에는 임계시간을 40분까지 늘려도 비슷한 결과가 얻어졌다. 그렇지만 Chen 등[364]은 임계점이 사용자와 태스크에 의존적이란 것을 지적하고 적응 타임아웃(adaptive timeout) 방법을 제안했다. 최근엔 Jansen 등[825]은 거의 250만 질의를 시험하여, 세션을 정의하는 최선의 방법은 IP 주소와 브라우저 쿠키, 질의 형성패턴(즉, 정보변화)에 기초한다는 것을 발견하였다. 그들 결과는 세션의 93%가 세개 이하의 질의로 이루어지고 세션 당 평균 2.3 질의로 표 7.2에 기술한 검색엔진의 통계와 일치한다.

질의 임무는 일련의 재설정된 질의로 동일한 정보요구를 표현한다[847]. 이들에 대해 Radlinski와 Joachims[1320]는 질의 연쇄(chain)라고 부르며, Baeza-Yates[90]는 논리적 세션이라 부른다. 임무 탐지는 어려운 문제이고 여러 연구자에 의해 기계학습 기술로 접근되었다[847, 218]. 이 목적을 위해 여러 형태의 재설정 질의가 정의될 수 있는데, 특수화, 일반화, 철자 교정 등이다. 임무가 바뀔 때, 재설정은 주제의 변화나 평형 이동으로 여겨진다. 이들 질의 형태는 처음 [1356]에서 정의되었으며 [218]에서 확장되었고, 질의 재설정을 예측하는데 질의-흐름(flow) 모델을 사용하였다[217].

### 7.2.6 질의 난이도

질의의 또 다른 주요 특징은 고유의 난이도[336]인데, 예를 들어 단일 단어 질의는 구 질의보다 단순하다. 따라서 문서 모음의 문맥에서 질의 난이도를 측정하는 제안들이 있었다. 예로서 하나 이상의 문서모음을 선택할 수 있는 경우에 매우 중요하다(10.3.2절 참조).

난이도를 측정하는 두 가지 방법이 있는데 가장 간단한 것은 질의를 수행하여 그 결과 집합을 분석하는 것이며, 이를 사후-검색(post-retrieval) 예측 메커니즘이라 한다. 두 번째는 더 어려운데 질의 수행없이 난이도를 평가하는 것으로 사전-검색(pre-retrieval) 메커니즘이라 한다.

#### 사후(Post)-검색 알고리즘

사후-검색 알고리즘은 더 많은 정보가 있어 더욱 다양한데, 예를 들어 선명도평가(Clarity Score)[455]는 문서모음의 언어 모델과 상위(top) 검색문서의 언어모델 사이의 차이에 의존하여 질의 난이도를 예측한다. 질의 피드백(Query Feedback)[1785]은 상위의 문서가 새로운 질의를 생성하는 데 사용될 때의 질의 추이를 고려한다. 더욱 공세적인 접근법은 질의 용어나 상위 검색문서를 약간 변형하여 생산된 변화의 양을 고려하는 문서와 질의 섭동(perturbation) 알고리즘에 의해 채택되었다[1641]. Aslam 등[77]이 제안한 방법은 상위 문서 사이의 중첩이 다른 검색 알고리즘의 범주와 비슷한지를 측정하는 것이다[77]. 이어서 가장 중요한 기술에 대해 자세히 설명하도록 한다.

Cronen-Townsend 등[455]은 선명도 평가를 도입했는데 문서모음에 대한 질의의 모호함을 측정하는 것이다. 이 접근법은 직관에 기반하는데, 모호하지 않은 질의에 대한 상위의 결과물이 주제별로 응집되어 있고 주제에 특정되는 용어가 이들 문서에 많은 빈도로 나타난다는 것이다. 반면, 모호한 질의에 대한 용어 분포는 문서모음 분포와 비슷하다는 가정인데 상위의 문서들이 다양한 주제를 다루고 있기 때문이다. 예를 들어, 질의 '1700년대 사망한 예술가'는 어려운 질의이고 따라서 형편없이 수행될 것이다. 사실 키워드기반 접근법은 '예술가', '사망', 또는 '1700' 등의 용어가 들어있는 문서를 검색하고 거기엔 폭 넓은 주제집합을 포함한다. 선명도 평가의 확장으로 질의의 임시 프로파일을 고려하는 방법은 Diaz 등[496]이 제안하였다.

선명도 평가 알고리즘의 성능은 다른 예측 알고리즘과 마찬가지로 문서모음과 검색 설정, 질의 집합 등에 의존적이다. 선명도 평가를 계산하기 위해 주어진 질의에 대해 검색된 문서의 순위화된 목록이 질의어 모델[985]을 생성하기 위해 사용되며, 그 모델 용어들은 문서 안에 동시에 자주 나타나며 질의는 높은 확률을 얻게 된다. 따라서, 그 확률은 다음 식과 같다.

$$P_{qm}(k_i) = \sum_{d_j \in A} P(k_i|d_j)P(d_j|q)$$

여기서 $A$는 검색된 문서집합이고, $k_i$는 어휘내 단어, $d_j$는 문서, $q$는 질의다. 질의 모델에서는 확률이 베이지안(Bayesian) 역수로 다음과 같다.

$$P(d_j|q) = P(q|d_j)P(d_j)$$

여기서 문서의 사전(prior) 확률 $P(d_j)$가 0이란 것은 문서에 질의 용어가 포함되지 않았다는 것이고, $P(q)$는 모든 문서에 대해 같으므로 빠진다.

전형적으로 확률 추정치는 질의에 나타나지 않는 용어에 대해 0이 아닌 확률을 주어 평탄화하고, 문서모음 확률의 몇몇은 다음과 같이 재분산된다.

$$\begin{aligned} P(d_j|q) &= P(q|d_j)P(d_j) \\ &= P(d_j)\prod_{k_i \in q} P(k_i|d_j) \\ &\approx P(d_j)\prod_{K_i \in q \wedge d_j} (1-\lambda)P(k_i|d_j) \prod_{k_i \in q \wedge \neg d_j} \lambda P(k_i|C) \end{aligned}$$

여기서 $P(k_i|C)$는 질의 용어 $k_i$의 확률인데, 문서모음 언어모델 $C$에 대응되며, $\lambda$는 평활화(smoothing) 요소(언어모델의 3.5.2절 참조)이다. 요소 $\lambda$는 모든 질의 용어에 대해 상수이고 별도의 테스트 모음에서 경험적으로 결정한다.

따라서 선명도 평가는 질의어 모델 $P_{qm}$과 문서모음 언어 모델 $P_{coll}$간의 Kullback-Leibler(KL) 발산으로 다음과 같이 정의된다.

$$D_{KL}(P_{qm} \parallel P_{coll}) = \sum_{k_i \in V} P_{qm}(k_i)\log\left(\frac{P_{qm}(k_i)}{P_{coll}(k_i)}\right) \tag{7.1}$$

여기서 $V$는 문서모음의 어휘이고,

$$P_{coll}(k_i) = \frac{F_i}{\Sigma_i F_i}$$

인데, 전과 같이(3장 참고) $F_i = \Sigma_j f_{i,j}$이다. KL 평가가 클수록, 문서모음 언어 모델로부터 질의 언어 모델이 더 많이 구별된다. 선명도 평가의 유일한 요소는 상위 문서의 수(피드백 문서의 수)로 질의어 모델로부터의 표본화된다.

Yom-Tov 등[1753]은 원래 질의의 순위화된 목록과 질의 용어들의 순위화된 목록을 비교하였다. 훌륭하게 수행되는 질의에 대한 이 접근법의 발상은 질의 용어의 부분집합이 사용되는 한, 결과목록은 많이 바뀌지 않는다는 것이다. 그들은 기계학습 접근법을 적용하였는데, 여러 특징을 활용했고 그 중 원래 질의와 부분질의간 상위 문서에 중첩되는 것, 상위 문서의 점수, 질의 용어의 수 등을 들 수 있다. 같은 발상에 기초한 다른 대안은 Aslam 등[77]이 제안했는데, 여러 순위함수가 다양한 순위목록을 검색하면 질의가 어렵다는 것이다. 만일 상위의 문서 중 중첩이 모든 순위목록을 통틀어 많으면, 질의는 쉽다고 여겨진다. 평가목적을 위해 제출된 모든 TREC 수행으로부터 생성된 평균과 중간값 정확률에 대해 예측평가가 밀접히 연관되어 있다.

Zhou와 Croft[1785]는 웹 검색환경 질의 난이도 평가의 두 접근법에 대해 조사하였다. 가중치 정보 취득(Weighted Information Gain)은 '평균 문서만 검색하는[문서모음 모델로 평가된] 가상의 상태로부터 실제 탐색결과가 관찰된 후차적 상태까지 검색 질의에 대한 정보의 변화'(정보 취득에 대한 자세한 사항은 8장의 특징 선택 절 참조)를 측정한다. 질의 피드백은 질의 예측을 소통(communication) 채널 문제의 틀로 다루는데, 입력은 질의 $Q$, 채널은 검색 시스템이고 순위화된 목록 $L$은 채널의 소음(noisy) 출력이라 하자. 순위화된 목록 $L$로부터 새로운 질의 $Q'$이 생성되고 두 번째 순위 $L'$가 $Q'$의 입력으로 검색되고 $L$과 $L'$사이의 중첩은 예측평가로 사용된다. 두 순위 사이의 중첩이 적을수록 질의 추이가 커지며 질의가 더욱 어려워진다고 여겨진다. GOV2에 대한 실험은 선명도평가에 대해 상당한 향상을 보여 준다. 질의 피드백의 매개변수는 $Q'$을 형성하는 용어들의 수 $t$는 $|Q'|$이고 상위 문서의 수는 $L$과 $L'$사이의 중첩에 고려된다.

Hauff 등[717]은 이들 기술에 대한 개요와 평가를 제공하였고 또한 향상된 선명도(Improved Clarity)를 소개하였는데 앞의 선명도평가와 두 핵심 방법이 다르다. 첫째로, 피드백 문서의 수가 자동으로 설정되며, 둘째, 용어 선정이 문서모음의 용어빈도수에 의존한다. 그들은 이 향상된 선명도가 웹의 경우에 이전 방법보다 더 좋다고 하였으며, 이후 Hauff 등은 [715]에서 이들 기술의 개요와 평가를 하였고 [714]에서 이들 예측이 효과적이라고 분석하였다.

### 사전(Pre)-검색 알고리즘

사전-검색 알고리즘은 질의 난이도를 예측하기 위해 질의 용어의 모음(collection) 통계에 의존하였으며, 예를 들어, 평균 IDF나 단순화된 선명도 평가 같은 문서모음내 질의 용어의 빈도수를 고려하거나 평균 PMI(Pointwise Mutual Information)같은 문서모음내 질의 용어의 동시출현(co-occurrence)을 고려한다. 다음에 주요기술을 자세히 살펴보도록 하자.

Kwok 등[953]은 역문헌 빈도수와 기계학습 접근법을 사용하여 약하고 강한 질의를 특징짓는 문서모음 빈도수에 기반한 방법을 제안했다. 평균 IDF는 모든 질의 용어의 역문헌 빈도수 평균을 다음과 같이 취한다.

$$AvIDF(q) = \frac{1}{n_q}\sum_{k_i \in q}\log\left(\frac{N}{n_i}\right) \tag{7.2}$$

여기서, $q$는 $n_q$개의 용어로 구성된 질의, $N$은 문서모음내 문서의 수, $n_i$는 $k_i$ 용어를 포함하는 문서의 수(3장 참고)이다. 낮은 빈도수 용어의 질의는 높은 빈도수 용어의 질의에 비해 나은 성능을 얻는 것으로 예측된다.

He 등[727]은 질의 범주(Query Scope)와 단순화 선명도 평가를 포함해 다수의 알고리즘을 평가하였다. 질의 범주는 질의 난이도 예측을 적어도 하나의 질의 용어를 포함하는 모음내 문서의 수에 기초한다. 단순화 선명도 평가(SCS; Simplified Clarity Score)는 평균 IDF의 개념과 비슷하지만, 문서의 빈도수 대신 다음과 같이 용어 빈도수에 의존한다.

$$SCS(q) = \sum_{k_i \in q} P_{ml}(k_i|q) \times \log_2\left(\frac{P_{ml}(k_i|q)}{P_{coll}(k_i)}\right) \tag{7.3}$$

여기서 $P_{ml}(k_i|q)$는 주어진 질의 $q$에 대한 용어 $k_i$의 최대 가능(maximum likelihood) 추정치이며, $P_{coll}(k_i)$는 $k_i$의 용어 총계를 문서모음내 용어의 총 개수로 나눈 것이다.

최종 사전검색 예측변수는 평균 PMI인데 모음내 두 질의 용어의 평균공동정보를 측정하며 모든 질의 용어 쌍에 대해 다음과 같이 평균을 취한다.

$$AvPMI(q) = \frac{1}{|(k_i, k_l)|} \sum_{(k_i,\ k_l) \in q} \log_2 \left( \frac{P_{coll}(k_i,\ k_l)}{P_{coll}(k_i) P_{coll}(k_l)} \right) \qquad (7.4)$$

여기서 $P_{coll}(k_i,\ k_l)$은 용어 $k_i$와 $k_l$이 같은 문서내에 발생할 확률인데 $AvPMI$는 단일 용어 질의에 대해 0임을 주의하라.

질의 난이도의 사전검색 예측변수에 대한 작업은 혼재된 결과를 가지는데, 이는 사후검색 예측변수와 비교해 보통 낮은 정확성을 가지기 때문이다. 이는 가능한 정보가 훨씬 더 일반적이고 다양하기 때문인데, 그럼에도 불구하고 최근 사후검색 예측변수와 동등한 성능을 갖는 두 가지 사전검색 예측변수가 제안되었다. 양 접근법은 계산이 강조되고, He 등[1780]의 경우 클러스터링이 요구되거나 Zhao 등[1780]의 경우는 모든 문서의 TF-IDF 분포를 결정하게 된다. 이들이 비록 효율적이긴 하지만 웹 같은 큰 모음에는 그리 충분히 효율적이진 않다.

관련된 문제점은 결과의 질적 평가에 대한 것이다. Vinay 등[1641]은 검색결과의 질에 대해 여러 예측변수를 고려했는데, '무작위성(randomness)'의 수준을 고려하여 검색된 문서의 클러스터링 성향에 기초했다. 더 최근엔 Leskovec 등[1007]은 지도(supervised) 학습방법을 제안했는데 웹 그래프에 투사된 결과의 부그래프로부터 특징을 추출해내고 결과의 질에 대한 높은 정확성과 함께 사용자가 질의를 재구성하는 경우 어떻게 하는지 추론하는 분류기(classifier)를 구축하였다. 최근에 Barbosa 등[144]은 질의 난이도 보다 결과의 질적평가 응집력(cohesion)에 기반한 기술로, 무관련 결과보다 관련 결과가 높은 응집력을 가지며, 또한 형편없는 결과에 비해 좋은 결과가 더 동질적이란 것을 보여 주었다. 그들은 정합된 문서의 내용을 사용하여 검색질의를 추론하였고 비지도학습 기술로 이전 연구를 단순화하고 향상시켰다.

| 모델 | 질의 허용 |
|---|---|
| 불리안 | 단어, 집합연산 |
| 벡터 | 단어 |
| 확률 | 단어 |
| 베이지안 신념망(BBN) | 단어 |

**표 7.4:** 모델과 질의 형식 간의 관계

## 7.3 연구동향 및 쟁점

이 장에서는 웹 질의의 주요 특징과 사용자 검색 행태를 살펴보았다. 이 주제는 아직도 많은 부분이 해결되지 않았는데, 더 나은 질의 의도 예측부터 시작하여 더 나은 사용자 모델링까지 있다. 질의 마이닝(mining)은 현재의 중요한 연구분야로 11.10.2절에서 대략적으로 검토한다.

또한 텍스트 데이터베이스에서 정보를 검색하기 위한 질의어의 주요 측면들을 가장 고전적인 도구로부터 최근 개발된 가장 새로운 기능까지, 단어 탐색으로부터 확장 패턴 탐색까지, 불리안 모델로부터 구조에 대한 질의까지 다양하게 살펴보았다. 표 7.4는 서로 다른 모델에서 지원하는 다양한 기본 질의를 보여 주고 있다. 확률모델과 베이지안 신념망(BBN; Bayesian Belief Network) 모델은 단어질의에 기반하고 있지만, 집합 연산을 포함할 수도 있다.

그림 7.7은 지금까지 살펴본 연산들의 유형과 이들 연산들이 어떻게 구조화되는가를 보여 주고 있다(모든 모

델들이 모든 연산을 지원하는 것은 아니며, 또한 질의를 작성하기 위해 이들을 모두 사용해야 하는 것도 아니다). 예를 들면, 단어나 정규표현(오류허용 능력을 생략하고)을 이용하여 작성된 구를 대상으로(구조 질의를 생략하여) 불리안 연산자를 사용할 수 있음을 보여 주고 있다.

텍스트 데이터베이스를 위한 질의어 분야는 분명히 보다 큰 융통성을 향해가고 있다. 텍스트 모델은 사용자 요구를 보다 잘 이해하는 것(예를 들면, 연관 피드백을 제공함으로써)을 목표로 진행하고 있고, 질의 언어들은 질의 명세에 있어서 점점 더 큰 권한을 허용하고 있다. 확장 패턴이나 오류허용 검색은 사용자가 정확하게 무엇을 원하는지 모를 경우에도 어떤 패턴들을 찾는 것을 허용하며, 구조에 대한 질의는 보다 큰 표현력과 향상된 기능을 제공한다.

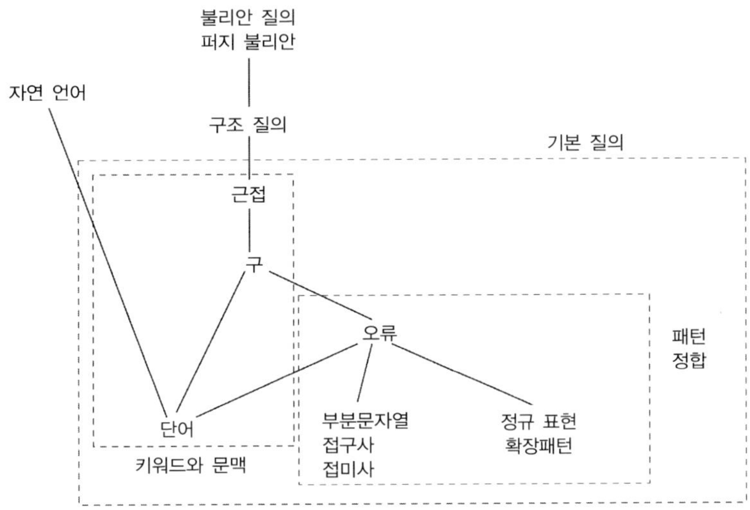


**그림 7.7**: 본 장에서 살펴본 질의의 종류와 구조

또 하나의 중요한 연구 주제는 시각적인 질의 언어이다. 시각 은유(metaphore)는 경험이 없는 사용자라고 하더라도 복잡한 불리안 질의를 작성할 수 있도록 도와줄 수 있으며, 문서구조를 포함할 수도 있다[118]. 이 주제는 사용자 인터페이스의 시각화와 관련이 있으며 2장을 참고하라.

중요한 연구 동향은 시맨틱 웹을 위한 질의어이다. 현재 질의 RDF 데이터에 대한 표준은 SPARQL[1661]이다. RDF는 라벨(label) 붙은 방향성 그래프 데이터형식으로 웹의 정보를 표현한다(6.4.4절 참조)는 점을 상기하라. 이 언어는 SQL의 능력과 관계형 데이터베이스를 위한 표준 질의어를 결합하는데, 추가적으로 RDF 데이터에 교집합 혹은 합집합하는 그래프 패턴을 찾는 연산자를 가진다.

## 7.4 참고문헌 고찰

고전적 질의어(단순 패턴, 불리안 모델, 고정 구조)의 운용은 Autonomy, Verity, Endeca, Fast 등 현재 상용 시스템 및 Glimpse[1674], Igrep[65]과 같은 초기 비 상용 시스템부터 Indri[809], Lucene[1061], Terrier[1574], Zettair[1769] 같은 새로운 시스템까지 찾을 수 있다.

퍼지불리안 모델은 [1412]에, Levenshtein 거리는 [1012]와 [63]에 기술되어 있다. Soundex는 [913]에 설명되어 있으며, 서로 다른 유사도 모델의 성능비교는 [1195]에 있다. 정규식에 대한 설명은 [772]에 잘 나와 있고, 확장 패턴의 여러 언어는 [1724]에 설명되어 있다.

*Z39.50*에 대한 보다 자세한 정보는 [62], WAIS는 [860], *SFQL*은 [807]를 참조하라.

웹에 관련된 질의어는 월드와이드웹 컨소시엄(W3C) 사이트[190]를 참조하라.

웹 질의에 관련하여 더 많은 정보와 모든 특징은 [821, 1517] 책을 살펴보기 바란다. 안타깝게도 다른 IR 시스템의 질의 분석은 거의 보고서가 없다. 웹의 세션분석에 관련된 최근 논문은 [1714]이다.

일반적인 승(power)의 법칙에 대한 정보는 Newman[1199]이 작성한 훌륭한 조사를 참고하기 바란다.

질의 난이도의 사전(pre)검색 예측변수에 대한 유용한 조사로 [716]이 있고, 더 완전한 최근 조사는 Carmel과 Yom-Tov[335]의 공헌으로 이루어졌다.

Chapter 8

# 텍스트 분류

## 8.1 서론

사서들은 기원전 300년 즈음 알렉산드리아 도서관 초기에 즉, 고대시대부터 차후의 사용을 위해서 자료를 저장하는 문제를 다루어왔다. 시간이 흐르면서 자료의 양이 방대해짐에 따라 정보를 저장하고 찾는 문제가 어려워졌다. 수많은 책을 일일이 보면서 특정한 책을 찾는 일은 지루하고 시간이 많이 걸리고 비현실적인 일이 되었다. 이런 문제를 해결하기 위해서 사서들은 자료에 라벨링을 하기 시작했는데, 이 방식은 자료 내용의 메타정보를 제공해 주었고, 그럼으로써 자료의 검색과 정리가 용이하게 되었다.

제일 처음의 라벨링 접근법은 식별자(identifier)를 각각의 자료에 배분하는 것이었다. 이 방식은 사용자가 자신이 원하는 책의 식별자를 알고 있을 경우 자료를 쉽게 찾을 수 있지만, 특정 주제나 토픽(topic)을 가진 자료를 찾을 경우에는 문제가 해결되지 않는다. 이 경우 자연스런 해결방법은 자료를 일반적인 주제의 그룹으로 나누어서 각 그룹에 유의미한 라벨을 더 붙이는 것이다.

분류된 그룹을 소위 클래스(class)라 부르는데, 이는 라벨에 의해 표현될 수 있는 내용을 가진 문헌을 넣을 집합을 뜻한다. 예를 들어 우리는 심장 수술이라는 클래스를 만들 수 있고, 이 클래스 안에 심장 질환을 다루는 수술 절차에 관한 모든 문헌을 넣을 수 있다. 이 경우 클래스 라벨은 문헌의 주제를 나타내고 있으므로, 이 분류 방식은 일반적으로 주제분류(topic classification)라고 일컫는다. 주제분류는 분류 문제의 가장 중요한 경우이므로 우리의 토론과 예시는 이에 기초할 것이다.

클래스는 문헌의 주제뿐만 아니라 문헌의 특징 즉, 언어, 장르, 질, 권한, 인기, 스팸 성격을 묘사하기 위해서 사용될 수 있다. 예를 들어 레스토랑의 리뷰들이 있고, 우리는 좋은 리뷰와 나쁜 리뷰를 구별해야 한다고 가정하자. 이 문제는 좋은 리뷰와 나쁜 리뷰라는 두 개의 클래스를 이용한 이진분류 문제 모형을 만들 수 있다. 이 경우, 클래스는 주제가 아닌 리뷰로써 문헌의 질을 나타내거나 리뷰가 긍정적인지 부정적인지를 나타낸다.

하나 혹은 그 이상의 클래스 라벨을 각 문헌에 연결짓는 행위 즉, 문헌을 클래스에 넣는 과정을 일반적으로 텍스트 분류(text classification)라고 일컫는다. 때때로 클래스는 범주(categories)라고 불리는데, 이 과정은 텍스트 범주화(text categorization)라고 불린다. 우리는 텍스트 분류와 범주화가 같은 과정이라고 가정하고 두 용어의 차이점을 언급하지 않을 것이다.

클래스와 관련된 문제 중 하나는 문헌 집단을 라벨링 없이 부분집합으로 나누는 것이다. 각각의 부분집합은 라벨이 붙어 있지 않기 때문에 이 부분집합을 클래스라고 부르지 않고, 클러스터(cluster)라고 일컫는다. 그리고 이 분류작업은 텍스트 클러스터링(text clustering)이라고 하며, 여기에서 분류 문제의 단순한 버전으로서의 클러스터링을 다룰 것이다.

텍스트 분류는 정보를 정리해서 데이터의 이해와 해석을 돕는다. 한 예로, 개발회사가 수많은 큰 프로젝트를 시행한다고 가정하자. 각 프로젝트에서는 수없이 많은 디자인 시안, 설계, 재고정보, 재무 데이터, 다리, 터널, 도로의 준공서가 생성된 결과, 개발회사는 엄청난 양의 사업관련 서류를 가지게 된다. 이런 문헌들을 클래스로 분류하는 것은 사업의 모든 정보를 구조적인 시각으로 보게 해주며, 더 나아가 의사결정 과정을 보완해준다. 즉, 텍스트 분류는 현대적인 기업의 지식구조화 작업을 위한 주요 기술인 것이다.

이 장에서는 텍스트 분류의 대표적인 알고리즘과 그에 대한 평가를 토론해 보고자 한다. 우선 자율 알고리즘(unsupervised algorithm)과 지도알고리즘(supervised algorithm)에 대해 알아보자.

## 8.2 텍스트 분류의 특징

텍스트 분류의 많은 알고리즘은 기계학습 연구자들이 개발하였으므로 여기서 간단하게 먼저 기계학습과 텍스트 분류의 연관점에 대하여 살펴보겠다.

### 8.2.1 기계학습

기계학습은 입력 데이터로부터 패턴을 학습하는 알고리즘의 개발과 설계에 관한 인공지능[916, 1106, 1107, 1122, 1123, 1399]의 넓은 분야 중 하나이다[214, 712, 923, 975, 1140, 1313, 1446, 1707]. 학습된 패턴은 상당히 복잡할 수도 있는데, 이 패턴은 이전에 보지 못한 새로운 데이터에 관한 예측에 사용된다. 기계학습 알고리즘은 자연언어 처리, 의료진단, 신용카드 사기 감지, 주식시장 분석, 컴퓨터 비전, 정보검색 등에 적용된다. 그 중 정보검색에서, 텍스트 분류는 기계학습에 영향을 받은 핵심 분야이며, 이번 장을 통해 그 점을 이해하게 될 것이다.

기계학습 알고리즘은 기본적으로 학습 단계에 의존하는데, 학습단계는 입력 데이터에 있는 패턴정보를 표현하는 모델이나 함수를 만들기 위해 사용된다. 학습 메커니즘에 준하여, 기계학습 알고리즘은 기본적으로 다음 세 가지 타입으로 나눌 수 있다: 지도학습(supervised learning), 자율학습(unsupervised learning), 준 지도학습(semi-supervised learning). 또 다른 학습 알고리즘의 종류에는 강화학습(reinforcement learning)과 변형추론(transduction)이 있지만 여기에서는 다루지 않겠다.

지도학습(Supervised learning)[214, 712, 923, 975]은 훈련데이터(training data)를 입력받아 함수를 추출하는 것이다. 텍스트 분류의 경우에, 훈련데이터는 문헌과 클래스의 쌍으로 구성되어 있다. 문헌-클래스의 쌍은 전문가가 분류한 것으로, 제공된 문헌의 적절한 클래스를 나타낸다. 이 훈련데이터는 분류 함수를 추출하기 위해 사용되고, 함수는 새로운 데이터에 맞는 클래스의 예측에 쓰일 수 있다. 학습된 함수는 높은 정확성을 이용해서 이전에 보지 못한 데이터의 클래스를 예측하는 조건하에 작동된다. 지도학습은 가장 잘 알려진 텍스트 분류의 기반을 제공하는데, 이는 8.4절에서 언급하기로 한다.

자율학습(Unsupervised learning)[147, 916, 1122, 1123, 1399]은 주어진 훈련데이터가 없다는 점에서 지도학습과 뚜렷하게 구분지을 수 있다. 자율학습 알고리즘은 신경망 모델, 독립 성분 분석, 클러스터링을 포함하며, 텍스트 분류에서 클러스터링은 자율학습 알고리즘의 최대 관심사이다. 이 부분은 8.3절에서 다시 살펴보기로 한다.

준 지도학습(Semi-supervised learning)[358]은 예측을 향상시키기 위해서 적은 양의 라벨링된 데이터와 좀 더 많은 양의 라벨링되지 않은 데이터를 이용한다. 이 향상된 예측치는 많은 양의 데이터를 라벨링하는데 소요되는 시간을 줄일 수 있다. 그러나 우리는 이 장에서 준 지도학습에 관한 부분을 논하지 않을 예정이므로, 관심있는 독자는 [1787]을 참고하기 바란다.

텍스트 분류 알고리즘의 설계는 지도학습과 자율학습에 직접적으로 영향을 받으므로, 이를 간단하게 짚어보고 가겠다.

### 8.2.2 텍스트 분류 문제

텍스트 분류 문제는 아래와 같이 정의된다(이 논의는 [1446]에 크게 영향을 받은 부분이다).

**텍스트 분류**: 문헌 컬렉션 $D$와 각각의 라벨 $L$을 가진 클래스를 나타낸 집합 $C=\{c_1, c_2, \cdots, c_L\}$가 주어지며 텍스트 분류 함수는 이진함수이다. $F: D\times C \rightarrow \{0, 1\}$ 즉, 함수는 $d_j \in D$, $c_p \in C$인 상황에서 $[d_j, c_p]$ 각각의 쌍에 0 또는 1의 값을 부여한다. 만약 1의 값이 부여된다면, '문헌 $d_j$가 클래스 $c_p$에 속한다'라고 한다. 반면 0의 값이 부여된다면, '문헌 $d_j$가 클래스 $c_p$에 속하지 않는다'라고 한다.

텍스트 분류의 이러한 정의는 넓은 의미로 지도 및 자율 텍스트 분류 알고리즘에도 적용된다. 자율 알고리즘의 전형적인 예를 살펴보자면, 클러스터링의 경우 비어있는 집합 $C$가 있다. 즉, 어떤 클래스도 주어지지 않은 상태이며, 알고리즘은 비어있는 클러스터에 관련된 라벨없이 번호를 붙이는데, (보통 이 번호는 입력으로 주어진다.) 오직 문헌의 특성과 문헌 안의 분할을 이용한다. 그러나 일반적으로, 높은 정확률의 텍스트 분류결과를 얻기 위해서는 지도알고리즘을 채택해야 한다.

만약 분류함수에 대한 아무런 제약이 없다면, 두개 이상의 클래스가 하나의 문헌에 배정되기도 하는데, 이런 경우의 분류함수를 다중-라벨(multi-label) 타입이라고 한다. 반면 분류함수가 각각의 문헌에 하나의 클래스를 지정하도록 제한하는 경우, 이 때의 분류함수는 단일-라벨(single-label) 타입이라고 부른다. 단일-라벨 타입일 때, 문제가 더 어려워지는데, 문헌-클래스 쌍을 결정하는 문제를 넘어선다. 왜냐하면 문헌-클래스를 결정함은 물론 어떤 클래스가 주어진 문헌 $d_j$에 가장 적합한 것인지 판단해야 하기 때문이다. 여기에서는 하나의 문헌에 하나의 클래스가 정해지는 추가적인 단계를 설명하지 않는 대신에, 다중-라벨 분류함수에 포커스를 맞추도록 한다.

위의 정의에서 분류 함수 $F$는 이진함수이며, 이진결정은 특정 문헌 $d_j$가 특정 클래스 $c_p$에 속하는지의 여부를 결정함을 의미한다. 그러나 함수 $F$는 문헌 $d_j$의 클래스 $c_p$ 소속도(degree of membership)를 계산하도록 만들어질 수도 있다. 이런 경우, 많은 문헌들이 클래스 $c_p$의 후보가 된다. 랭킹 함수는 문헌 $d_j$의 텍스트와 클래스 $c_p$의 라벨을 입력받았을 때, 각 쌍의 랭킹값을 부여하는데, 이는 정보검색(IR)에서 자연스런 현상이다. 나아가 문헌이 클래스에 속하는지 아닌지에 관한 결정을 하기 위해서 랭킹값을 사용할 수도 있는데, 예를 들어 $F(d_j, c_p)$의 랭킹이 제시된 클래스의 임계값(threshold value)과 같거나 크다면, 문헌 $d_j$가 클래스 $c_p$에 속한다라고 말할 수 있으며, 반대 상황이라면 문헌 $d_j$가 클래스 $c_p$의 속하지 않는다는 말이 된다.

## 8.2.3 텍스트 분류 알고리즘

텍스트 분류 알고리즘은 자율 알고리즘과 지도알고리즘 둘 중 하나이다. 첫 번째 자율 알고리즘은 이용 가능한 훈련데이터가 없는 큰 컬렉션에 적합하며, 두 번째 지도알고리즘은 좀 더 정교하고 나은 결과를 이끌어내기 위해 사용되며, 훈련데이터가 필요하다.

자율 알고리즘에서는 이전에 분류된 문헌 예제와 같은 정보가 주어지지 않으며, 그림 8.1은 이 장에서 논의하는 자율 알고리즘을 나타내고 있다. 두 개의 기본 타입으로 클러스터링과 단순분류(naive classification)가 있는데, 클러스터링은 분할(partitioning)과 응집알고리즘(agglomerative algorithm)으로 나뉘며, 단순분류는 문헌 용어(term)를 클래스 라벨에 직접적으로 매치해주는 벡터 기반 알고리즘을 포함한다.

지도(supervised) 알고리즘은 사람에 의한 도구에 의해 얻어지거나 사람이 생산한 정보를 이용하는 경우이다. 일반적인 경우, 클래스 집합과 각 클래스를 위한 문헌의 예가 제공되는데, 이 예는 전문가에 의해 결정되고, 훈련집합을 구성한다. 이 훈련 데이터는 분류 함수가 학습하는데 사용되며 일단 함수가 학습되고 나면, 새로운 문헌을 분류하는데 이용된다.

예를 들어, 평균 100개의 문헌을 가지고 있는 4개의 클래스를 가정하자. 이 문헌들은 클래스에 속해 있고, 전문가 집단에 의해 결정된 것이다. 분류함수는 문헌들을 분석해서, 각 클래스에서 가장 빈번하게 쓰이는 용어 등을 발견할 수 있다. 그 용어는 그 클래스의 초기 설명(description)을 만들 수 있게 도울 수 있고, 이는 새 문헌을 분류하기 위해 사용된다.

대체로, 훈련 예시가 많으면 많을수록, 분류함수를 미세하게 조정할 수 있다. 그러나 분류함수를 너무 구체적으로 지정하여 훈련 예시의 특성만을 반영하도록 하면, 새로운 객체의 클래스를 예측하는 데는 사용하지 못할 수도 있으므로 주의가 필요하다. 이런 경우를 일반적으로 과적합(overfitting)이라고 지칭한다.

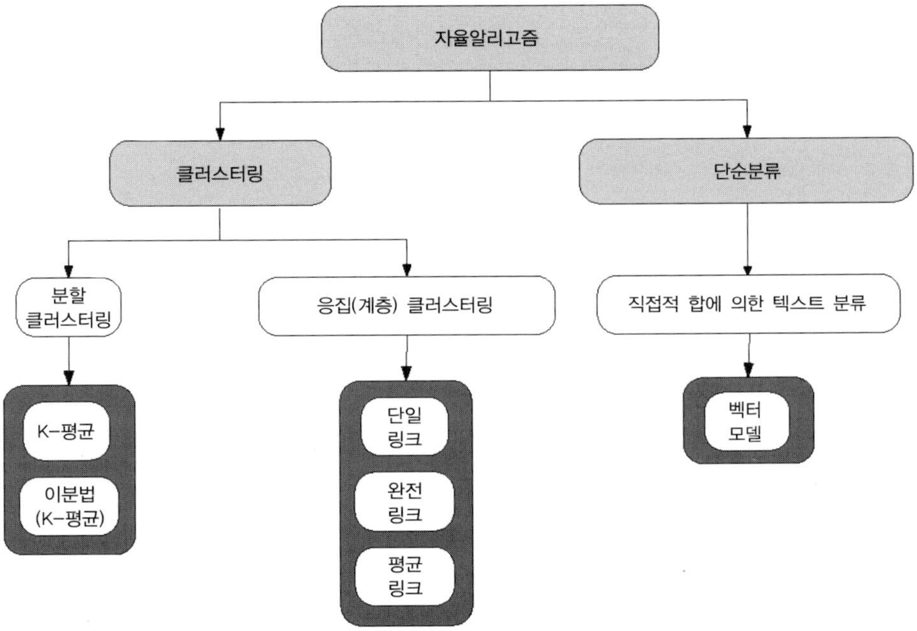


**그림 8.1**: 이 장에서 논의될 자율 알고리즘

분류함수를 평가하기 위해서 사전적(a priori)-실험 집합(test set) 즉, 이미 클래스가 결정된 새로운 객체 집합을 적용해본다. 만약 실험집합 객체의 많은 부분이 분류함수에 의해 클래스가 맞게 결정된다면, 훈련 과정과 분류함수가 적절히 작동했다고 평가한다.

그림 8.2는 이 장에서 논의할 6개의 대표적인 지도 텍스트 분류 알고리즘을 나타내고 있다: 의사결정트리(decision tree), 최근접 이웃(nearest neighbors), Rocchio 연관 피드백(Rocchio relevance feedback), 단순 베이즈(naive Bayes),

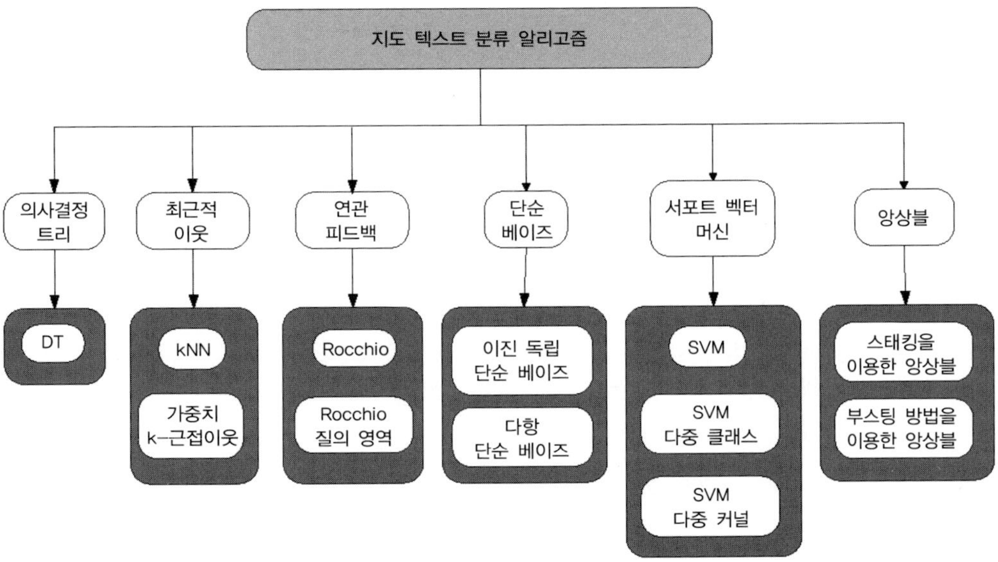


**그림 8.2**: 이 장에서 논의될 지도 알고리즘

서포트 벡터 머신(support vector machine), 앙상블(ensembles). 각 경우에서 가장 중요한 알고리즘과 그의 주요 변형에 관해 논의할 예정이다.

## 8.3 자율 알고리즘

이 절에서는 그림 8.1에 있는 텍스트 분류를 위한 자율 알고리즘에 대하여 논의하는데, 여기에서 철저하게 이 영역을 파헤치기 보다는, 대표적인 알고리즘의 설명을 목적으로 한다.

### 8.3.1 클러스터링(Clustering)

제공된 입력 데이터는 오직 컬렉션의 문헌이고 어떤 클래스 라벨도 주어지지 않은 상황을 가정하자. 이 상황에서, 분류함수의 작업은 문헌을 그룹이나 클러스터로 나누는 것이며, 이를 흔히 클러스터링이라고 지칭한다.

> **텍스트 클러스터링**: 문헌 컬렉션 *D*가 주어졌을 때, 텍스트 분류 방법은 미리 정의된 기준(criteria)에 의하여 *K*개의 클러스터로 문헌들을 자동으로 분류한다.

그림 8.3(a)는 하와이에 있는 호텔 웹 페이지를 5개의 클러스터로 그룹화하는 것을 나타내고 있다. 각 클러스터는 같은 섬에 있는 호텔로 구성된다(즉, 이 경우 호텔 클러스터링의 기준은 지리적 근접도가 되며, 클러스터링되어 있는 호텔들은 지리적으로 서로 가깝다). 이러한 클러스터링은 사람에게는 자연스럽게 이해되는 부분이지만, 완전 자동 절차에 의해 생성되기에는 어려움이 있다. 그 이유는 웹 페이지는 일반적으로 많은 용어들이 나와있고, 인간의 이해력 없이는 문맥의 가장 중요한 용어가 호텔 위치를 묘사하고 있는지 알 수 없기 때문이다. 즉, 자동으로 생성된 클러스터는 인간의 직관과 맞지 않는 본질적인 문제를 가지고 있다.

클러스터링 문제가 생성된 클러스터에 라벨을 붙여야 한다면 좀 더 어려워진다. 그림 8.3(a)의 경우, 라벨을 붙이는 작업은 호텔이 있는 섬의 이름을 각 클러스터에 붙이면 된다. 만약 적절하게 작업이 마무리 된다면, 결과는 그림 8.3(b)와 같을 것이다. 그러나 불행하게도, 자동적으로 생성된 라벨은 그림에 나타난 것과는 다르게 나타나는 경향이 있으며, 그것은 우리에게 어떤 특별한 의미도 전해주지 못한다. 근본적으로 클러스터의 자동 라벨링은 어려운 문제를 내포하고 있다.

그러나 이해하는 데 간혹 문제가 있는 결과물이라 하더라도, 클러스터링은 데이터간 본연의 특성을 간파하는 통찰력을 가져다 준다. 하루 동안 찍은 수 천장의 우주사진의 조사를 한 예로 들 수 있다. 이 사진들을 정리하는 명확한 방법이 이전(a priori)에 없었으므로 한 가지 절차로써 클러스터링을 사용할 수 있다. 공통된 특징을 기반으로 사진을 클러스터로 나누고, 데이터에서 찾고자 하는 패턴과 가장 잘 맞는 클러스터를 구하는 것이다. 이와 같은 접근법은 자연 언어, 주식, 유전자 염기서열 분석에 적용된다.

일반적인 문헌 클러스터링에 대해 설명하기 위하여 널리 알려진 분할 알고리즘인 *K*-평균(K-means)과 *K*-평균의 변형인 이분법 *K*-평균(Bisecting K-means)에 대해 논의한다. 또한 응집 클러스터링(Agglomerative Clustering)의 세 가지 변형인 단일-링크(single-link)와 완전-링크(complete-link), 평균-링크(average-link) 알고리즘도 함께 살펴보도록 하자.

#### K-평균 클러스터링(K-means Clustering)

K-평균 클러스터링[1069]에서, 생성될 클러스터 갯수 *K*가 입력되면, 각 클러스터는 중심값(centroid)으로 표현되고 각 문헌은 가장 중심에 가까운 값을 가진 클러스터로 할당되면서 *K*개의 클러스터들로 나뉘어진다. 이 작업이 일단 끝나면, 각 클러스터의 중심값은 다시 계산되고, 모든 처리는 중심값이 바뀌지 않을 때가지 계속 반복된다.

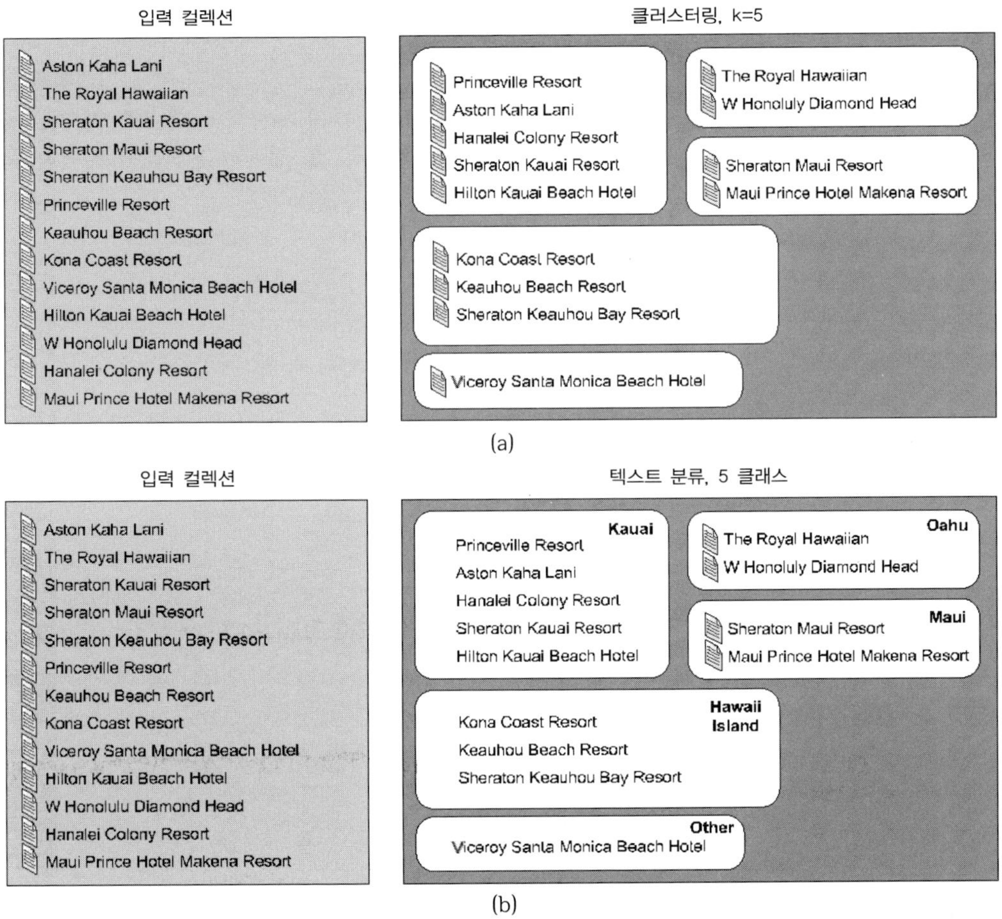


**그림 8.3**: 하와이에 있는 호텔 웹 페이지에 적용한 자율 텍스트 분류 알고리즘: (a) 클러스터링, (b) 호텔에 클래스 배정하기

기본 K-평균 방법은 일괄처리 모드(batch mode)[573]로 작동되는데, 일괄처리 모드는 모든 문헌들이 분류된 후에 중심값이 재계산된다. 두 가지 주요 단계는 할당 단계(assignment step)와 갱신 단계(update step)이다. 할당 단계에서, 각 문헌은 중심값과 가장 가까운 클러스터에 할당되고, 갱신 단계에서, 새롭게 할당된 문헌들을 고려하여 중심값이 조정된다.

아래와 같이 문헌 $d_j$를 가중치 용어 벡터(weighted term vector) $\vec{d}_j$로 표현하자.

$$\vec{d}_j = (w_{1,j},\ w_{2,j},\ \ldots,\ w_{t,j})$$

$w_{i,j}$는 문헌 $d_j$의 용어 $k_i$ 가중치이고, $t$는 어휘 크기이다(자세한 내용은 벡터 모델의 3.2.6절 참조). K-평균 클러스터링은 다음과 같다.

**K-평균 클러스터링-일괄처리 모드**

1. 초기 단계. 무작위로 K개의 문헌들을 컬렉션에서 선택한 다음에 각 문헌을 별개의 클러스터에 배정한다. 이 문헌들은 초기 클러스터의 중심값이 된다. 예를 들어, $d_j$를 초기에 선택된 문헌 중 하나라고 하고, $c_p$는 배정된 클러스터라고 하자. 그러면 $\vec{\Delta}_p$는 그에 상응하는 중심값이 된다.

$$\overrightarrow{\Delta}_p = \overrightarrow{d}_j$$

2. **할당 단계**. 컬렉션에 있는 $N$개의 각 문헌을 가장 가까운 중심값을 가진 클러스터에 할당한다. 즉, 문헌에서 최소거리에 있는 클러스터를 뜻하며, 문헌과 클러스터 중심값의 유사성은 반대로 해석된다. 그러므로, 최소 거리는 최대 유사성을 뜻하게 된다. 유사성 계산을 위해서, 3.2.6절에서 논의되었던 벡터 모델의 코사인 공식을 이용한다. 즉,

$$sim(d_j,\ c_p) = \frac{\overrightarrow{\Delta}_p \cdot \overrightarrow{d}_j}{|\overrightarrow{\Delta}_p| \times |\overrightarrow{d}_j|}$$

   만약 $c_m$이 $d_j$와 최대 유사성을 가진 클러스터라면, $d_j$를 클러스터 $c_m$에 배정한다.

3. **갱신 단계**. 벡터가 배정한 문헌을 기반으로 각각의 클러스터의 중심값을 다시 계산하거나 조정한다. $size(c_p)$를 클러스터 $c_p$의 문헌 숫자라고 하면, 상응하는 클러스터 중심값 $\overrightarrow{\Delta}_p$는 다음과 같이 재계산한다.

$$\overrightarrow{\Delta}_p = \frac{1}{size(c_p)} \sum_{\overrightarrow{d}_j \in c_p} \overrightarrow{d}_j$$

4. **최종 단계(Final Step)**. 중심값이 변하지 않을 때까지 2번과 3번 단계를 반복한다.

K-평균의 두 번째 버전은 온라인[1532]에서 작동되는데, 온라인 모드는 각 문헌이 분류된 후에 중심값이 재계산되며 아래와 같이 작동된다.

**K-평균 클러스터링-온라인 모드**

1. **초기 단계**. 무작위로 문헌 K개를 선택하고 초기 중심값으로 이용한다.
2. **할당 단계**. 각각의 문헌 $d_j$는 아래의 순서를 반복 시행한다.{
   -문헌 $d_j$를 중심값에 가장 가까운 클러스터에 할당한다.
   -클러스터의 중심값을 재계산한다.
   }
3. **최종 단계**. 2번 단계를 중심값이 변하지 않을 때까지 반복한다.

[1532]에서 저자는 포괄적인 텍스트 분류에서 온라인 K-평균이 일괄처리 K-평균보다 더 나은 결과를 낸다고 주장한다.

K-평균 클러스터링은 어떤 상황에서는 잘 작동되지만, 다른 상황에서는 잘 작동되지 않을 수도 있다. 예를 들어, 클러스터의 갯수 $K$의 선택이 이 알고리즘에서 중요한 단계가 되고, 또한 초기 중심값의 선택에 영향을 받음에 따라 실행 횟수가 결과에 영향을 미친다.

**이분법 K-평균(Bisecting K-means)**

이 알고리즘은 클러스터 계층을 만드는데, 클러스터는 각각의 단계에서 두 개의 클러스터로 나뉘어진다. 아래와 같이 K=2로 시작하여 K-평균을 반복해서 적용한다.

**이분법 K-평균**

1. **초기 단계(Initial Step)**. 모든 문헌들을 단일 클러스터에 할당한다.
2. **분할 단계(Split Step)**. $K=2$를 가지고 가장 큰 분류에 K-평균을 적용한다.

3. 선택 단계(Selection Step). 만약 '어떤 클러스터도 주어진 임계값보다 더 작지 않다.'와 같은 중지 기준이 만족한다면, 실행이 중지된다. 중지 기준에 만족하지 않는다면, 가장 많은 문헌들을 가진 클러스터를 선택하고, 다시 2단계로 돌아간다.

K-평균 알고리즘의 다른 변형으로는 EM(Expectation Maximization)알고리즘이 있는데, 이 알고리즘은 확정값이 아닌 확률값(probabilistic assignment)을 클러스터에 쓴다. EM알고리즘과 다른 변형 알고리즘은 이 장에서 다루지 않으므로, 관심있는 독자는 [817]을 참고하기 바란다.

### 계층적 응집 클러스터링(Hierarchical Agglomerative Clustering)

K-평균 클러스터링은 K개의 클러스터 중에서 컬렉션을 분할하며 작동되는 반면, 계층 클러스터링 방법은 클러스터의 계층을 새로이 만든다. 이 방법은 큰 클러스터를 더 작은 클러스터로 분할하거나 이미 정의된 클러스터를 더 큰 것으로 응집시킨다[817]. 계층적 (응집) 문헌 클러스터링 알고리즘은 아래와 같다.

### 계층 클러스터링

1단계. $N$개의 문헌 집합과 $N \cdot N$ 유사성(거리) 행렬을 입력으로 받는다. 행렬의 값들은 예를 들면, 벡터 모델의 코사인 공식으로 계산되어 주어질 수도 있다.

2단계. 각 문헌을 각각의 클러스터에 할당하여 그 결과 클러스터 당 문헌 하나를 가진 $N$개의 클러스터들이 만들어진다. 이 클러스터들은 트리의 단말노드로 표현된다. 두 클러스터 사이의 유사성(거리)은 각각의 문헌들 사이의 유사성(거리)이다.

3단계. 가장 유사한(가장 가까운) 클러스터 쌍을 찾아서 하나의 클러스터로 합치면, 클러스터의 수는 1씩 줄어든다. 새로운 클러스터는 하부 클러스터를 포함하는 한 단계 위의 노드로 표현된다.

4단계. 새로운 클러스터와 기존의 클러스터 사이의 유사성(거리)을 클러스터가 포함하는 문헌들의 함수를 이용해서 재계산한다.

5단계. 모든 문헌들이 클러스터링되어서 단일 클러스터의 크기가 $N$이 될 때까지 3단계와 4단계를 반복한다. 여러 중간 클러스터들과 초기 단일 문헌 클러스터들은 결국 하나의 트리를 이룬다.

4단계에서 두 개의 클러스터 사이의 유사성(거리)를 계산하는데, 클러스터 유사성(cluster similarities)(클러스터 거리)이 계산되는 방식에 따라 단일-링크(single-link), 완전-링크(complete-link), 평균-링크(average-link) 세 개의 알고리즘으로 나눌 수 있다.

- **단일-링크 알고리즘**. 클러스터 거리는 한 클러스터의 문헌 하나와 다른 클러스터의 문헌 하나 사이의 거리 중에서 가장 짧은(shortest) 거리(가장 큰 유사성)로 한다.
- **완전-링크 알고리즘**. 클러스터 거리는 한 클러스터의 문헌 하나와 다른 클러스터의 문헌 하나 사이의 거리 중에서 가장 긴(largest) 거리(가장 작은 유사성)로 한다.
- **평균-링크 알고리즘**. 클러스터 거리는 한 클러스터의 모든 문헌과 다른 클러스터의 모든 문헌 사이의 거리의 평균거리로 한다.

DBSCAN[537] 같은 밀도 기반 클러스터 방법(density-based cluster method)이라고 불리어지는 다른 접근법도 있는데, 이 방법은 거리외에 (문헌) 공간의 어떤 지점에 주어지는 주변 점의 수를 고려한다. 이 방법의 심도있는 논의는 이 장에서 다루지 않는다.

### 8.3.2 단순 텍스트 분류(Naive Text Classification)

자율 분류의 두 번째 방식은 훈련 예시의 어떤 정보도 없이 클래스를 아래와 같이 분류하는 것이다.

> 단순 분류(Naive Classification): 문헌 컬렉션 $D$와 각각의 라벨 $L$개의 클래스를 가진 집합 $C=\{c_1, c_2, \cdots, c_L\}$가 주어지며 어떠한 훈련 데이터도 주어지지 않는다. 이 상태에서, 각 문헌과 하나 이상의 클래스를 자동으로 부여하는 방법을 결정하는데, 이 방법 자체가 종종 분류함수(classifier)라고 일컬어진다.

클래스 라벨을 이용할 수 있기 때문에, 단순 분류 알고리즘은 문헌 용어와 클래스 라벨을 직접 비교함으로써 구현될 수 있다. 분류 작업의 범위는 각 클래스의 추가적 라벨을 정의함으로써 향상될 수 있다. 문법적 의미의 동의어는 아니더라도, 이 라벨들은 종종 동의어(synonym)라고 지칭된다. 부분 매치(partial match)는 TF-IDF 가중치와 벡터 모델 코사인 공식의 적용으로 수량화할 수 있다.

**직접 정합(Direct Match)에 의한 텍스트 분류**

1단계. 문헌 컬렉션 $D$와 각각의 라벨 $L$을 가진 클래스 집합 $C=\{c_1, c_2, \cdots, c_L\}$를 입력으로 받는다.

2단계. 벡터 모델에서처럼 문헌과 클래스를 가중치 용어 벡터(weighted term vector)로 표현하는데, 문헌 $d_j$는 벡터 $\vec{d}_j$로 표현되고, 클래스 $c_p$는 벡터 $\vec{c}_p$로 표현한다. 클래스 벡터는 클래스 라벨을 구성하는 용어를 이용해서 구한다.

3단계. 각 문헌 $d_j \in D$에 대해,

- 클래스 $c_p \in C$를 찾아낸다. 이 때 $c_p$는 문헌 $d_j$안에 있는 용어와 정합되는 라벨을 가진다.
- 각 쌍[$d_j$, $c_p$]의 벡터 기반 랭킹(vector-based ranking)을 다음과 같이 계산한다.

$$sim(d_j, c_p) = \frac{\vec{d}_j \cdot \vec{c}_p}{|\vec{d}_j| \times |\vec{c}_p|}$$

- $sim(d_j, c_p)$의 가장 높은 값을 가진 $d_j - c_p$(문헌-클래스) 쌍을 연관시킨다.

결과를 향상시키기 위해서, 문헌과 클래스 벡터는 8.5절의 특징 벡터(feature vector) 형태를 이용하여 용어의 부분집합으로 표현할 수도 있다.

단순 텍스트 분류는 비록 단순하지만 구체적인 지식 분야의 특화된 문서들에 대해 좋은 결과를 보이기도 한다[1032, 1351]. 특화/일반화 연산에 의하여 만들어진 클래스 계층과 같은 분류된 지식이 있을 때 특히 그러하다. 그러나 일반적인 컬렉션에서, 자율 텍스트 분류의 결과물은 잘 나오지 않는데, 그 이유는 클래스 라벨에 문헌 용어를 맞추는 것은 매우 제한적이기 때문이다. 그러므로 전반적으로 분류를 향상시키기 위해서는 이제부터 논의할 지도 알고리즘의 선택이 필수적이다.

## 8.4 지도 알고리즘

텍스트 분류 문제는 사람에 의해 미리 분류된 문헌의 예시가 입력으로 추가되었을 때, 더욱 정교하게 처리된다. 예시는 분류함수를 훈련(미세 조정)시키기 위해 이용될 수 있다.

**분류함수 훈련**

분류함수는 보통 큰 문헌 컬렉션들에 적용하기 전에 미세하게 조정되며 아래와 같이 정의된 훈련집합(training set)을 기반으로 한다.

**훈련집합**: 문헌들의 부분-컬렉션(sub-collection) $D_t \subset D$가 주어졌을 때, 훈련집합 함수 $T$: $D_t \times C \rightarrow \{0,1\}$는 전문가의 판단에 따라 문헌/클래스 쌍$[d_j, c_p]$, $d_j \in D_t$, $c_p \in C$에 0 또는 1값을 부여한다.

훈련집합 함수 $T$는 그림 8.4에 나타난 바와 같이 분류 함수 $F: D \times C \rightarrow \{0, 1\}$의 정확성을 향상시키기 위해서 분류함수를 미세 조정한다. 그 결과로 생긴 분류 함수 $F$는 새로운 문헌들에 적용할 수 있는 확장성을 가져야 한다.

### 분류함수 평가

분류함수를 평가하기 위해서, 실험 집합(test set)을 이용하는데, 실험 집합은 클래스가 알려진 문헌 집합이다. 훈련집합과 마찬가지로, 실험 집합에서 문헌을 클래스에 할당하는 것은 전문가에 의해 결정된 것이다. 더 나아가 새로운 문헌에 입각해야 한다는 것을 보장하기 위해서, 실험 집합과 훈련집합은 평가가 분리(disjoint) 집합이 되어야 한다.

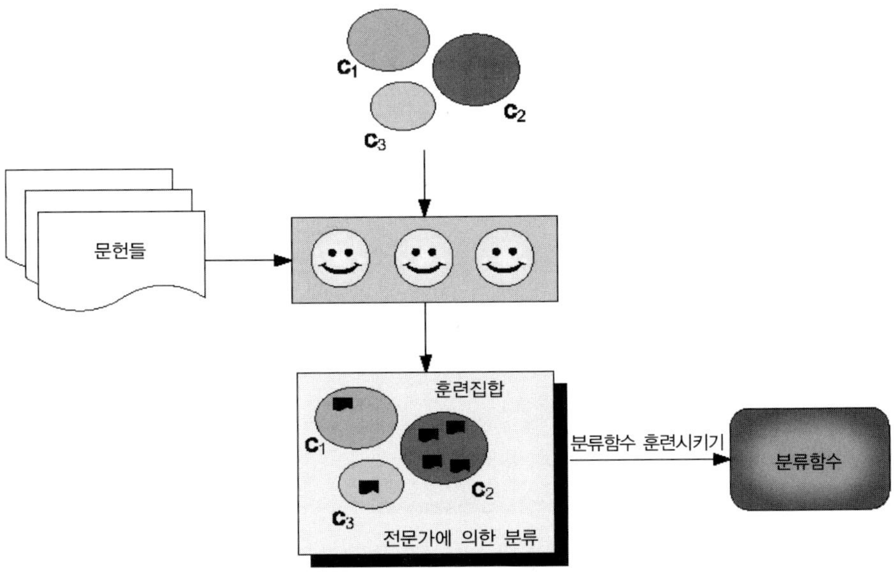


**그림 8.4**: 분류함수 훈련 단계

실험 집합은 분류함수를 평가하기 위해 사용되는데, 여기에는 2 단계 처리과정이 있다. (a) 실험 집단 문헌들에 클래스를 배정하기 위해서 분류함수를 사용한다. (b) 전문가에 의해 명시된 클래스와 분류함수에 의해 배정된 클래스를 비교한다. 전체 처리과정은 그림 8.5에 보여진 바와 같다. 실험 집합 문헌이 주어졌을 때, 처음 적절한 문헌 표현방법을 만들기 위해서 우선 색인(index)한다. 한 가지 가능한 방법은 (문헌들의) 전문(full text)을 이용한 것이며, 문헌 $d_j$는 문헌 안에 있는 모든 용어(단어)들로 표현된다. 또 다른 표현방법은 문헌의 일부를 이용하는데, 이 방법에서는 스테밍(stemming)알고리즘을 적용하고, 불용어(stopwords)를 제거함으로써 만들어진다. 즉, 문헌 $d_j$는 문헌의 모든 용어들의 부분 단어로 표현된다. 문헌 표현은 전문이 됐든 부분이 됐든 각 용어에 대하여 가중치를 포함해야 하며, 그 가중치는 3.2.4절에서 논의된 TF-IDF 가중치와 같은 것이다.

분류를 위해서, 문헌 표현의 각 용어는 독립적인 변수(variable) 혹은 특징(feature)으로 간주되며, 이는 문헌 표현의 크기가 문헌의 크기와 비슷할 수도 있다는 뜻이다. 즉, 특징 공간은 크게 형성될 수도 있다. 그러나 큰 특징 공간에서, 더 정교한 분류 알고리즘은 사용될 수 없다. 왜냐하면 계산 복잡도가 과도하게 높아지기 때문이다. 이런 문제를 완화시키기 위해서, 문헌을 표현하는 용어들의 일부만 사용할 수 있다. 이는 특징 선택(feature selection)과정을 통해서 가능하며 8.5절에서 더 자세하게 논의할 것이다. 이 과정은 문헌 표현을 특징 벡터(feature vector)로 변화시키고, 특징 벡터는 분류함수의 입력이 된다.

평가 과정의 마지막 단계는 전문가에 의해 생성된 결과와 분류함수에 의해 만들어진 결과를 비교하는 것이다. 대부분 사람에 의해 생성된 분류는 자동으로 생성된 분류와 다르다. 그러나 자동 생성된 결과와 사람에 의해 생성된 결과가 일치하면 일치할수록, 분류함수의 유효성(effectiveness)은 높아진다. 유효성을 수량화하는 방법은 8.6절에서 논의할 것이다.

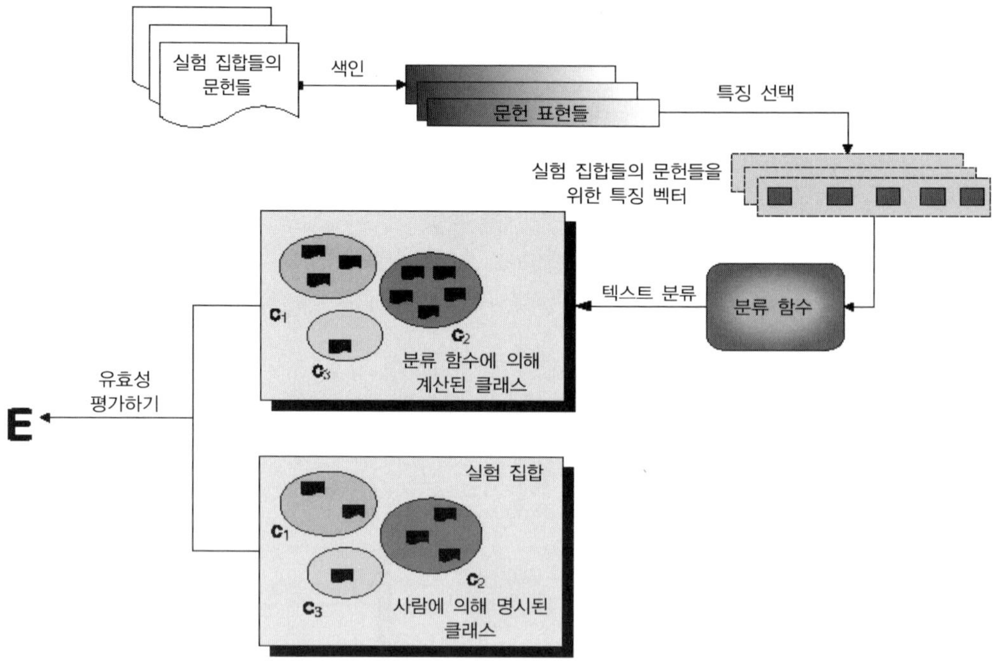


**그림 8.5:** 분류 처리 과정과 지도 분류 알고리즘의 평가

주목할 점은 텍스트 분류의 평가가 분류함수에 의한 결과와 사람에 의해 만들어진 결과값의 비교를 요구한다는 점이다. 그러나 사람들은 종종 주어진 문헌에 대한 최적의 분류에 동의하지 않는데, 그 이유는 사람의 분류는 주관적(subjective)이기 때문이다. 예를 들어, 18세기 후반에 James Watt에 의해 발명된 증기 엔진의 경제적인 영향에 대한 문헌이 있다고 가정하자. 어떤 사람들은 이 문헌을 '기계 공학(mechanical engineering)' 혹은 '증기 동력(steam power)' 클래스로 분류할 것이고, 어떤 사람들은 '18세기 경제학(18th century economics)' 혹은 '산업 혁명(industrial revolution)' 클래스에 분류할 것이다. 물론 이 문헌이 모두 위와 같은 클래스에 분류되는 것도 가능하다. 즉, 텍스트 분류는 주관적으로 해석되는 문제를 가지고 있기 때문에 텍스트 분류 함수의 목적은 인간이 만든 것과 제일 근사하게 하는 것이다.

### 텍스트 분류

일단 분류함수가 훈련되고 검증된다면, 분류함수는 새로운 문헌을 분류하는데 사용될 수 있다. 분류 과정은 그림 8.5에서 사람이 생성한 결과물과 비교하는 마지막 단계를 뺀 것이다. 물론 이 경우 입력으로 주어진 문헌은 실험 집합 외의 것으로 한다. 만약 분류함수가 적절하게 작동된다면, 새로운 문헌들이 높은 유효성을 지니며 적당한 클래스로 분류되는 것을 기대할 수 있다. 높은 유효성을 지녔다는 뜻은 문헌의 클래스 예상이 많은 부분 맞아 떨어진다는 것이다.

이제부터, 그림 8.2에 나타난 텍스트 분류에 쓰이는 지도 알고리즘에 대하여 논의할 것이다. 여기에서 모든 분류 알고리즘을 세세하게 모두 살펴볼 수는 없겠지만, 최상의 성과를 이끌어내는 대표적인 접근법에 대하여 알아볼 것이다. 각 알고리즘에서 초석이 되는 기본 기술을 제시할 것이며, 또한 그 기술을 문헌분류의 문제에 적용하는 것을 설명하고 예시를 제공할 것이다.

### 8.4.1 의사결정 트리(Decision trees)

의사결정 트리(DT)는 분류규칙을 트리 구조의 경로(path)로 만들기 위해서 훈련집합을 사용하는 지도 분류 방법이다. 이 트리 경로들은 훈련집합 외의 문헌들을 분류하기 위해 사용된다. 이 접근법에서 하나의 이점은 트리의 규칙들이 단순 베이즈(Naive Bayes)나 서포트 벡터 머신(support vector machine; SVMs)과는 달리 인간이 이해하기가 쉽다는 것이다. 즉, 의사결정 트리는 분류 과정의 결과에 대한 이해를 가능하게 하는 명시적인 자료 구조(자료 경로 트리)를 제공한다.

#### 기본 기술

표 8.1의 작은 관계형 데이터베이스를 가정하자. 이것의 스키마는 Id, Play, Outlook, Temperature, Humidity의 속성(attribute)으로 구성되어 있다. 각 튜플(tuple)은 "Id=5", "Outlook=rainy"와 같은 속성값(attribute value)으로 이루어진다.

이 데이터베이스의 의사결정 트리는 주어진 속성값을 예측할 수 있게 해주는 자료 구조이다. Outlook, Humidity, Windy와 같은 속성값을 알고 있는 상황에서, 그림 8.6([1312] 참고)의 의사결정 트리는 속성 Play의 값을 예측할 수 있게 해준다. 의사결정 트리에서 (단말노드가 아닌) 내부노드(internal node)들은 속성의 이름과 연관되어 있고, 링크들은 속성값과 연관되어 있다.

| | Id | Play | Outlook | Temperature | Humidity | Windy |
|---|---|---|---|---|---|---|
| 훈련 집합 | 1 | yes | rainy | cool | normal | false |
| | 2 | no | rainy | cool | normal | ture |
| | 3 | yes | overcast | hot | high | false |
| | 4 | no | sunny | mild | high | false |
| | 5 | yes | rainy | cool | normal | false |
| | 6 | yes | sunny | cool | normal | false |
| | 7 | yes | rainy | cool | normal | false |
| | 8 | yes | sunny | hot | normal | false |
| | 9 | yes | overcast | mild | high | ture |
| | 10 | no | sunny | mild | high | ture |
| 실험 예제 | 11 | ? | sunny | cool | high | false |

표 8.1: 훈련과 실험 예제

분류를 위해 DT에 새로운 예가 표 8.1의 튜플 11과 같이 제시되었다면, 새로운 자료의 속성값에 기초한 트리의 순환순회(recursive traversal)는 속성 "Play"의 가장 적합한 값을 결정하게 해준다. 튜플 11의 경우, 결정값은 (Outlook = sunny) ∧(Humidity = high)경로에 의해서 도출된 규칙에 의하여 "not to play"가 될 것이다.

주목할 점은 예측이 예제 데이터베이스에 있는 자료에 기초한다는 것이다. 그러므로 그 데이터베이스에 내재된 형성 규칙에 반하는 새로운 사례의 경우 잘못된 예측이 나올 수 있다. 예제 데이터베이스가 의사결정 트리를 만드는 훈련집합으로 작용하며, 이 과정은 아래 분할(splitting) 처리에 의해 만들어진다.

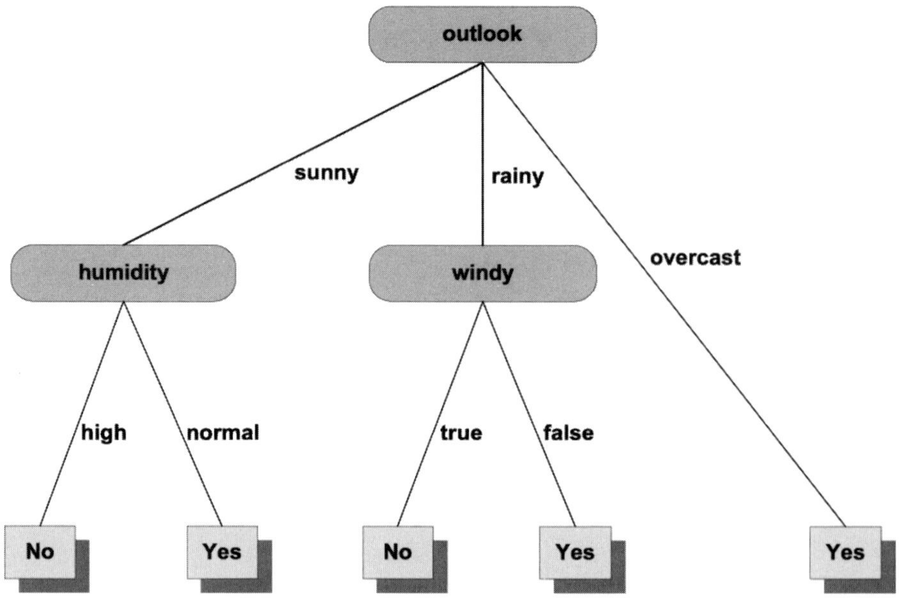


**그림 8.6:** 표 8.1의 훈련 집합에서 유도된 의사결정 트리(Decision tree)

### 분할 처리(Splitting Process)

(데이트 베이스가) 훈련집합으로 주어진 경우, 데이터 트리의 의사결정트리 모델은 아래와 같이 순환 분할 기법(recursive splitting strategy)[1140, 1446]을 이용해서 만들 수 있다. 예를 들어 Play의 속성값을 예측하는 의사결정 트리를 만드는 것이 목적이라고 하자. 첫 번째 단계는 Play 이외의 속성들 중에서 의사결정 트리의 루트 노드가 되는 하나를 선택하는 것이다. 대응되는 속성값은 데이터베이스의 튜플들을 부분집합으로 분할하기 위해 사용되며, 튜플들의 각 부분집합에 대하여 두 번째 속성이 선택된다. 이 과정은 속성 play에 대한 튜플 부분집합이 하나의 값을 가질 때까지 반복된다.

그림 8.7은 분할 과정을 단계별로 나타내고 있다. 첫 번째 선택된 분할 속성은 Outlook이고 Outlook의 속성값은 튜플들을 3개의 그룹 {4, 6, 8, 10}, {1, 2, 5, 7}, {3,9}로 나눈다. 세 번째 그룹 {3,9}는 모든 튜플이 "yes" 값을 Play의 속성값으로 가지므로 더 이상의 분할이 불필요하다. 훈련데이터에 따라서 "Outlook=overcast"이면 "Play=yes"가 되는 것이다. 다른 두개의 튜플그룹의 부분집합은 분할을 더 필요로 한다. 첫 번째 튜플 부분집합에서 분할을 위해 선택된 속성은 "Humidity"이고 두 번째 튜플 부분집합에서는 "Windy"가 선택된 속성이 된다. 세 번의 분할 끝에, 예시 데이터베이스의 의사결정 트리가 완성된다.

주목할 점은 분할 처리가 분할 속성으로 선택된 순서에 영향을 크게 받는다는 것이다. 순서에 따라서, 트리는 불균형적인 모습이 될 수도 있다. 즉, 루트에서 단말까지 경로 길이(path length)가 매우 다를 수 있으며, 이 점이 분할 기법의 주요한 과제로 남아있다. 보통 균형 잡히거나 거의 균형잡힌 트리가 속성값을 예측하는데 더 잘 작동되고, 다양한 연산에 효율적이다. 그러므로, 최선의 방법은 루트에서 각 단말까지의 평균 경로 길이를 최소화하는 속성을 고르는 것이다. 그림 8.6 의사결정 트리에서 가장 큰 경로길이는 2이고, 가장 작은 것은 1이다.

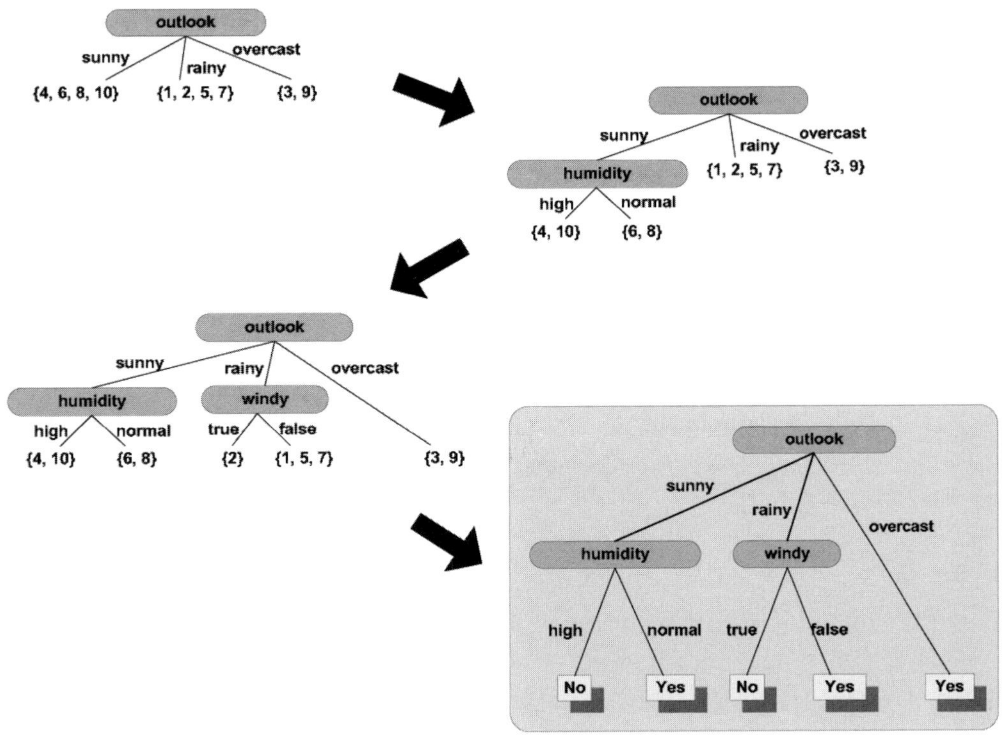


**그림 8.7:** 표 8.1의 예제로부터 만든 의사결정트리의 도출 과정을 위한 분할 처리

### 문헌 분류

문헌 분류를 위해서, 트리의 각 내부노드는 색인용어(index term)와 연계한다. 즉, 각 색인용어는 그 문헌과 관련된 독립적인 속성(separate attribute)으로 간주된다. 문헌 클래스는 트리의 단말과 연계하고, 색인용어의 유무를 나타내는 이진 술어(binary predicate)와 링크를 연계한다.

### 분할 처리(Splitting Process)

문헌 분류를 위한 의사결정 트리(DT)는 튜플생성을 위해 설명한 알고리즘과 유사한 분할 처리를 이용해서 만들어진다. 진행하기 전에 기본 개념은 다음과 같다.

> **정의**
> *$V$는 노드들의 집합이고, 트리 $T=(V,E,r)$는 $V$, $E$, $r$에 대한 비순환그래프(acyclic graph)이다. 여기에서 $E\subseteq V\times V$는 에지(edge)들의 집합이고, $r\in V$는 $T$의 루트이다. $(v_i,v_j)$ 에지가 주어졌을 때, $v_i$는 부모노드이고, $v_j$는 자식노드이다. 루트는 부모가 없는 유일한 노드이며, 자식노드가 없다면 $v_k$는 단말(leaf)이다. $I$는 (단말이 아닌) 모든 내부노드들의 집합이고, $\overline{I}$는 비-내부노드(non-internal nodes)이며 여기에 단말들이 속한다.*

트리 $T$가 주어졌을 때, 훈련집합의 문헌들과 클래스에 대한 정보를 트리에 연계하는데, 문헌 분류를 위한 의사결정 트리를 아래와 같이 만든다.

> **정의**
> *$K=\{k_1,\ k_2,\ \cdots\}$는 훈련집합 $D_t$에 속하는 모든 문헌들의 모든 색인용어(index term)들의 집합이다. $C$는 전과 같이 모든 클래스의 집합이다. $P$는 색인용어에 대한 논리적 술어(logical predicate)들의 집합이다. 의사결정 트리*

*$DT = (V, E, r, l_I, l_L, l_E)$는 6-튜플이다. $(V, E, r)$에서 $r$은 루트이고, $l_I$: $I \rightarrow K$는 각 내부노드와 하나 이상의 색인용어를 연관시키는 함수이다. $l_L : \overline{I} \rightarrow C$는 단말과 같은 비-내부노드와 $c_p \in C$인 클래스를 연관시키는 함수이다. 그리고 $l_E$: $E \rightarrow P$는 트리의 각 에지와 P의 논리적 술어(logical predicate)를 연관시키는 함수이다.*

문헌들과 그들의 클래스로 구성된 훈련집합이 주어졌을 때, 의사결정트리 모델은 그림 8.7에서 나타난 것과 유사한 순환 분할 기법[1140, 1446]을 이용해서 만들 수 있다. 첫 번째 단계는 모든 문헌들을 루트 노드에 연관짓는 것이다. 두 번째 단계는 루트에 연관된 문헌들을 잘 분리할 수 있는 몇 개의 색인 용어를 고르는 것이다. 예를 들어서, 용어 $k_a$, $k_b$, $k_c$, $k_h$가 첫 번째 분할을 위해 선택된다. 그리고 루트에 있는 모든 문헌들은 4개의 부분집합으로 분할한다. 각 부분집합은 트리의 새로운 자식노드가 되며 자식노드와 루트를 연결하는 에지는 각각의 색인용어의 술어(predicate)가 붙여지는데, $P(k_a)$와 같은 술어로 표현된다. 술어를 만족시키기 위해서, 문헌 $d_j$는 다음 조건에 맞아야 한다. 술어는 충족가능성(satisfiablility)을 위해 다음과 같은 두 가지 조건을 내세운다. (a) 문헌 $d_j$는 반드시 용어 $k_a$를 포함해야 한다. (b) 용어-문헌(term-document) 쌍인[$k_a$, $d_j$]와 연관된 가중치 $w_{a,j}$는 주어진 임계값을 초과해야 한다. 이는 다음과 같이 표현될 수 있다.

$$P(k_a) = contains(k_a, d_j) \wedge w_{a,j} \geq \tau$$

여기서 $\tau$는 술어를 만족시키는 최저 임계점(minimum threshold)이다. 이 가중치는 3.2.6절에서 논의한 바와 같이 전통 벡터 모델의 TF-IDF 공식을 이용해서 계산될 수 있다. 만약 용어 $k_a$를 포함하면서 [$k_a$, $d_j$]와 연관된 가중치가 $\tau$를 초과한다면, 문헌 $d_j$는 술어 $P(k_a)$를 만족시키는 것이다. 주목할 것은 임계점 $\tau$는 색인용어에 따라 변한다는 것인데, 즉, 모든 색인용어의 임계가 동일할 필요는 없다. 그 후에는 각 문헌 부분집합에서 새로운 분리용어들

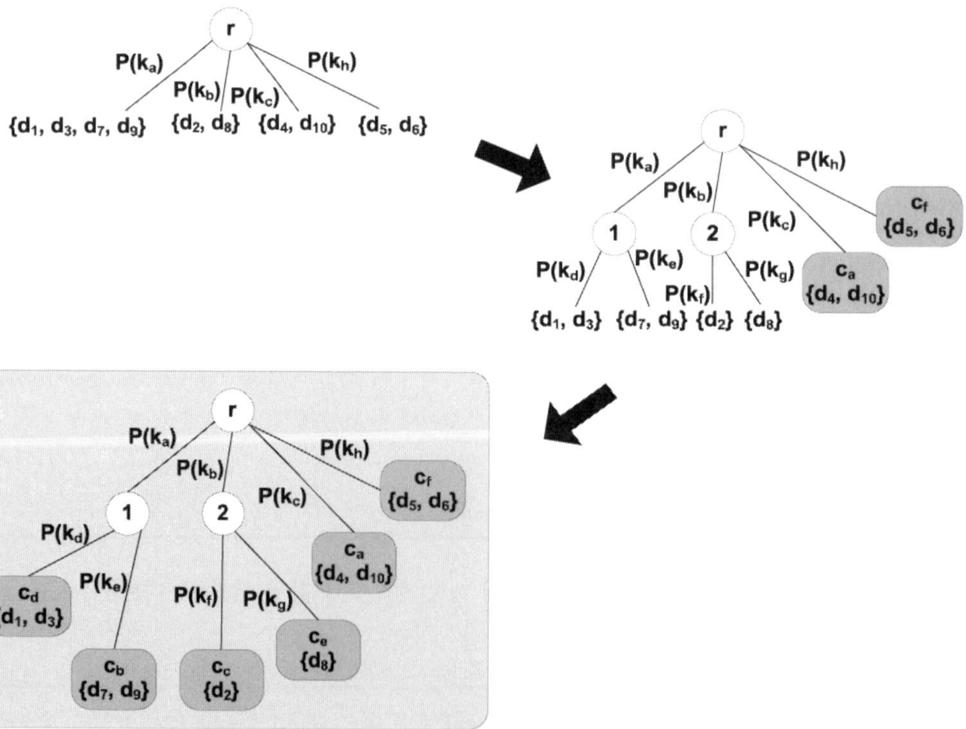

**그림 8.8**: 문헌 컬렉션의 의사결정트리를 만들기 위한 분할 처리

이 선택되고, 과정이 재귀적으로 반복된다. 각 가지(branch)에서의 반복은 부분집합에 속한 모든 문헌들이 하나의 클래스에 속하게 될 때 중지된다.

그림 8.8에서 한 예를 살펴보자. 첫 번째 단계에서 용어 $k_a$, $k_b$, $k_c$, $k_h$가 선택된다. 용어들은 컬렉션을 4개의 문헌 부분집합으로 분리한다. 부분집합 $\{d_4, d_{10}\}$과 $\{d_5, d_6\}$는 각각 클래스 $C_a$, $C_f$에 속하는 문헌들만을 포함하므로 이 두개의 가지에서는 더 이상의 분리가 필요하지 않다. 다음 단계로, 용어 $k_d$, $k_e$, $k_f$, $k_g$가 선택되고, 분리처리가 반복된다. 주목할 것은 내부노드는 분리처리가 진행됨에 따라 삽입되는데, 내부노드에 대한 의미있는 라벨을 모르는 상태에서, 그냥 번호를 매긴다. 큰 문헌 컬렉션에서는 의사결정 트리가 커지고 분리과정이 오래 걸린다.

이 분할 처리에서 분리용어를 선택하는 절차가 가장 중요한데, 다른 절차를 이용할 수도 있지만, 상호 정보량(mutual information: 엔트로피(entropy))와 정보게인(information gain)이 가장 일반적으로 사용된다. 높은 정보게인을 가진 용어의 선택은 주어진 수준(level)에서 가지의 개수를 증가시키고, 각각의 생성되는 부분집합에 속하는 문헌의 수를 줄이는 경향이 있다.

### 새 문헌 분류

새로운 문헌을 분류하기 위해서는 문헌용어와 트리구조의 에지-관련 용어를 비교하며 순회한다. 만일 문헌이 에지 술어를 만족시킨다면, 문헌을 그 에지와 연관된 부분집합에 포함시킨다. 주목할 것은 하나의 문헌이 두개 이상의 문헌 부분집합과 연관될 수 있다는 것이다. 이 순환순회는 하나의 단말노드에 도달될 때까지 반복되며, 이 단말과 연관된 클래스가 그 문헌의 클래스가 된다.

의사결정 트리는 빠지거나 알려지지 않은 값(missing or unknown values)[595]과 같은 본질적 문제를 가지고 있다. 이 현상은 분류될 문헌이 의사결정 트리를 만들기 위해 사용된 분리용어를 포함하지 않을 때 나타난다. 이런 경우, 그 문헌을 분류하는 동안 트리의 어떤 가지가 다음에 순회되어야 하는지 분명하지 않게 된다. 이 문제를 다루는 하나의 접근법은 새로운 문헌이 분류를 위해 제시될 때까지 의사결정 트리의 구성을 지연하는 것이다. 그러면 트리는 그 문헌이 제시한 특징만을 기반으로 만들어져서 문제를 예방하게 된다. 이 '소극적(lazy)' 접근법은 다음에 논의할 분류알고리즘 k-최근접이웃(k-nearest neighbor; kNN)) 분류함수에서도 살펴볼 수 있다.

## 8.4.2 k-근접이웃(k-NN) 분류함수

$k$-NN(k-근접이웃) 분류함수는 주문형(on-demand) (또는 '소극적(lazy)') 분류함수이다. 소극적 분류함수는 미리(a priori) 분류 모델을 만들지 않는 대신에 분류는 오직 새로운 문헌 $d_j$가 분류함수에 주어졌을 때만 실행된다. 분류결정은 미리 정의된 계량공간(metric space)의 거리 함수를 이용해 계산된 $d_j$에 '가장 근접한(nearest)' k개 이웃 클래스들에 기초하여, 다음과 같이 수행된다. (a) 주어진 문헌 훈련집합에서 문헌 $d_j$의 가장 근접한 k개의 이웃을 결정한다. (b) 문헌 $d_j$의 클래스를 정하기 위해서 가장 근접한 이웃 클래스를 이용한다.

소극적 알고리즘(lazy algorithm)의 이점은 많은 전형적인 분류 모델과는 다르게 분류할 문헌 $d_j$의 특정 특징에 집중한다는 것이다. 전형적인 분류 모델의 예로 의사결정트리(decision tree)를 들 수 있는데 이 모델은 $d_j$를 분류하는데 중요하지 않은 많은 특징을 포함할 수도 있다.

### 기본 기술

그림 8.9는 4-NN 분류함수 (k = 4)의 예시를 보여 준다. 클래스 $c_a$에 속하는 4개의 훈련 문헌들이 있고, 클래스 $c_b$에 속하는 6개의 훈련 문헌들이 있다. 분류할 문헌 $d_j$는 검은색으로 칠해져있다. $d_j$에 가장 근접한 4개의 이웃을 점선 동그라미에 넣는다(거리는 적절한 계량함수(metric function)를 이용해서 계산되며 그 예로 비-정규화 벡터 공

간 랭킹(non-normalized vector space ranking)을 들 수 있다(3.2.6절 참조). 4개의 근접한 문헌 중에서, 3개는 클래스 $c_b$에 속하며, 1개는 클래스 $c_a$에 속하므로 이 예시는 문헌 $d_j$가 클래스 $c_b$에 할당됨을 보여 준다.

### 문헌 분류

$k$-NN 알고리즘에서 각 문헌-클래스 쌍$[d_j, c_p]$에 가중치(Score) $S_{dj}, c_p$를 부여한다.

$$S_{dj,cp} = \sum_{d_t \in N_k(d_j)} similarity(d_j, d_t) \times T(d_t, c_p) \tag{8.1}$$

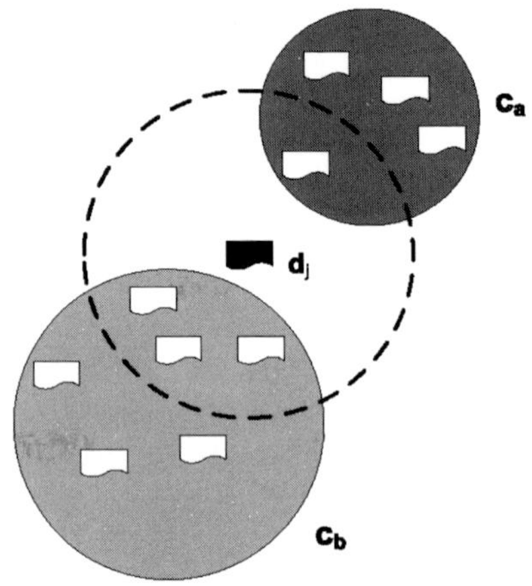


**그림 8.9:** 4-NN 분류 처리의 예

여기에서 $N_k(d_j)$는 훈련 집합에서 $d_j$에 가장 근접한 $k$개 이웃들의 집합이다. 그리고 $T(d_t, c_p)$는 훈련 집합 함수로서, 훈련 문헌 $d_t$가 클래스 $c_p$에 속하면 1을 리턴하고 그렇지 않으면 0을 리턴한다. 유사도 함수(similarity function)는 벡터 모델의 코사인 공식이나 비-정규 버전(non-normalized version)을 이용해서 계산될 수 있다(3.2.6절 참조).

### 새 문헌 분류

문헌 $d_j$는 분류 함수 $F(d_j, c_p)$에 의해 가장 높은 $S_{dj,cp}$점수를 가진 클래스 $c_p$에 할당된다.

$k$-NN의 문제점은 성능인데, 가장 근접한 문헌들을 결정하기 위해서, 분류함수는 분류할 문헌과 모든 훈련 문헌들 사이의 거리 계산이 필요할 수 있다. 훈련집합내 모든 문헌들과의 비교는 특수 목적 색인(special purpose indexes)[1707]을 이용하여 피할 수 있으나, $k$-NN 분류의 성능 문제는 여전히 남아 있다. 또 다른 쟁점은 어떻게 $k$의 '최상(best)' 값을 고르냐는 것인데, 예를 들면 분류 처리의 출력을 최적화하는 $k$값을 의미하기도 한다.

## 8.4.3 Rocchio 분류함수

5.3절에서 논의했던 Rocchio 적합성 피드백 처리(relevance feedback process)는 사용자 피드백 기반으로 사용자 원 질의의 수정을 가능하게 해주는데, 사용자의 관심과 더 가까운 새로운 질의를 생산하기 위해서이다. Hull[797]은 텍스트를 분류하는 데에 Rocchio 공식을 조정해서 사용했다.

### 기본 기술

Rocchio 적합성 피드백 처리는 전통적인 벡터 모델을 기반으로 하므로 각 문헌 $d_j$는 아래와 같이 가중치 용어 벡터(weighted term vector) $\vec{d}_j$로 표현된다.

$$\vec{d}_j = (w_{1,j},\ w_{2,j},\ \dots,\ w_{t,j})$$

여기에서 $w_{i,j}$는 문헌 $d_j$에 속한 용어 $k_i$의 가중치이고 $t$는 어휘의 크기이다(자세한 내용은 3.2.4절을 참고하라).

Rocchio 알고리즘은 훈련집합을 피드백 정보로 간주하는데, 주어진 클래스 $c_p$의 훈련 문헌들에 속하는 용어들은 양의 피드백(positive feedback)을 준다고 말하고, 클래스 $c_p$ 외의 훈련 문헌들에 속하는 용어들은 음의 피드백(negative feedback)을 준다고 말한다(그림 8.10 참고). 모든 피드백 정보(즉, 훈련집합 안에 제공된 클래스 멤버십에 관한 모든 정보)는 용어 공간의 중심 벡터로 요약될 수 있으며, 일단 중심이 계산되면, 새로운 실험 문헌이 중심과의 거리를 측정함으로써 분류될 수 있다.

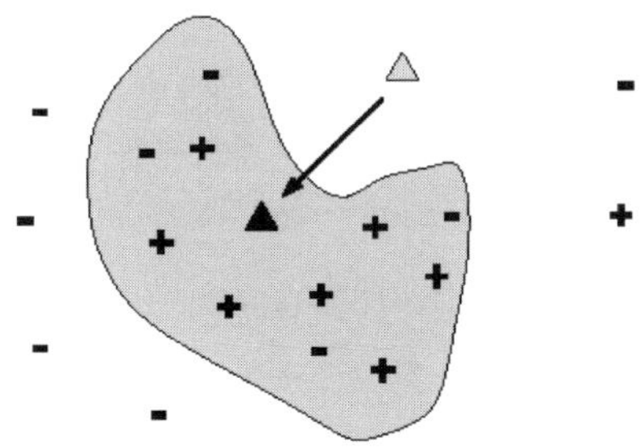

**그림 8.10:** 문헌 용어 공간에 나타낸 Rocchio 텍스트 분류. 플러스 표시는 주어진 클래스 $c_p$안에 있는, 훈련 문헌들에 속하는 용어들을 나타낸다. 평균 가중 총량(average weighted sum)을 이용해서 계산된 중심은 밝은 회색 삼각형으로 표시되어 있다. 그림에 나타난 바와 같이, 중심은 양의 용어에서 목표보다 더 멀리에 위치해 있다. 이것은 중심을 양의 용어들에 가깝게 이동시킴으로써 정정될 수 있는데, 이는 양의 용어와 음의 용어의 가중치를 수정함으로써 달성되며, 새로운 중심의 위치는 검은색 삼각형으로 나타난다.

### 문헌 분류

클래스 $c_p$를 위한 Rocchio 분류함수는 가중치 벡터 $\vec{c_p} = \{w_{1,p}, w_{2,p}, \cdots, w_{t,p}\}$로 표현되는데, 여기서 $t$는 컬렉션 색인 용어들의 전체 수를 나타낸다. $n_p$는 훈련집합에 따라 클래스 $c_p$안에 있는 문헌들의 숫자이며, $N_t$는 훈련집합 안에 있는 전체 문헌 수이다. 각 클래스 $c_p$의 벡터는 아래와 같이 Rocchio 공식(5.3절 참조)의 조정된 버전을 이용하고 클래스의 중심을 계산하여 획득된다.

$$\vec{c}_p = \frac{\beta}{n_p} \sum_{d_j \in c_p} \vec{d}_j - \frac{\gamma}{N_t - n_p} \sum_{d_l \notin c_p} \vec{d}_l \tag{8.2}$$

주목할 것은 클래스 $c_p$에 속하는 훈련 문헌의 용어들이 양의 가중치를 받는 반면, 클래스 $c_p$에 속하지 않는 훈련 문헌의 용어들은 음의 가중치를 받는다는 것이다.

수식 8.2 모델의 매개변수 $\beta$와 $\gamma$는 그림 8.10에서 클래스 $c_p$와 연관된 문헌의 용어들과 그렇지 않은 용어들의 상대적인 중요성이다. 중심을 양의 용어들에 가깝게 하고 음의 용어들에 멀리 떨어뜨리기 위해서, $\beta$는 보통 $\gamma$보다 더 높은 값으로 설정된다. 예를 들어 $\beta=16$과 $\gamma=4$는 [290]에서 수립된 기준값으로 간주되어, 다른 저자들 [406, 837]에 의해 채택되었다. 또 다른 대안은 $\beta=1$, $\gamma=0$으로 놓는 것인데, [520, 838, 1444]에서 행해진 바와 같이 피드백은 훈련 집합의 긍정적인 예시들에 의해서만 제공된다고 간주한다.

### 새 문헌 분류

새로운 문헌 $d_j$를 분류하기 위해서, Rocchio 분류함수는 문헌과 클래스 중심간의 거리로 정의되는 점수를 각 문헌

-클래스 쌍[$d_j$, $c_p$]에 부여한다.

$$S(d_j,\ c_p) = |\vec{c}_p - \vec{d}_j|$$

문헌 $d_j$가 벡터 공간의 중심 $\vec{c}_p$와 가까울수록, 문헌 $d_j$가 클래스 $c_p$에 할당될 가능성이 높아진다. 즉, 가장 높은 점수 $S(d_j,\ c_p)$를 가진 클래스들이 문헌 $d_j$에 부여된다.

#### 질의 영역(Query Zone) 안의 Rocchio

[1485]에서, Singhal 등은 Rocchio 공식의 음의 피드백 영향을 조사했다. 그들은 특정 도메인에서 음의 피드백이 그림 8.11에 나타난 바와 같이 관심 토픽에서 중심을 멀리 움직일 수도 있다고 주장했다. 이런 바람직하지 못한 효과를 줄이고자 그들은 음의 피드백에 이용되는 문헌들의 수를 감소시킬 것을 제안했다. 즉, 그들은 음의 피드백을 제공하는 모든 문헌들 중에서 '가장 양적인(most positive)' 문헌들만을 이용하는 것을 제안했으며 그 문헌들은 근접-양의 문헌(near-positive document)이라고 지칭된다. 음의 피드백을 근접-양의 용어로 제한하는 것은 사용자 관심에 가장 맞는 질의 영역(query zone)을 만든다.

'질의 영역' 아이디어를 텍스트 분류에 적용한 예는 [1433]에서 처음으로 제안되었다. 저자는 근접-양의 문헌 선택을 아래와 같이 제안한다. $\vec{c}_{p+}$는 클래스 $c_p$에 속하는 훈련 문헌들의 중심으로 하는데, 양의 문헌들이다. 클래스 $c_p$에 속하지 않은 모든 훈련 문헌들 즉, 음의 문헌들을 가지고 $\vec{c}_{p+}$으로부터 거리를 측정하는데, 중심에서 더 가까운 것들을 근접-양의 문헌들로 채택한다. 이 아이디어의 변형들은 [1201, 1397, 1676]에 제안되어 있다.

통계적 구(phrases)와 다른 최적화 방법을 사용한 질의 영역 조합은 Rocchio 분류함수가 더욱 빠르게 훈련되는 이점을 가진 '부스팅(boosting)' (8.4.6절 참조) 같은 최신의 방법처럼 작동되게 만들 수 있다[1433]. 즉, "Rocchio 질의 영역'은 텍스트 분류의 경쟁력있는 대안책이다.

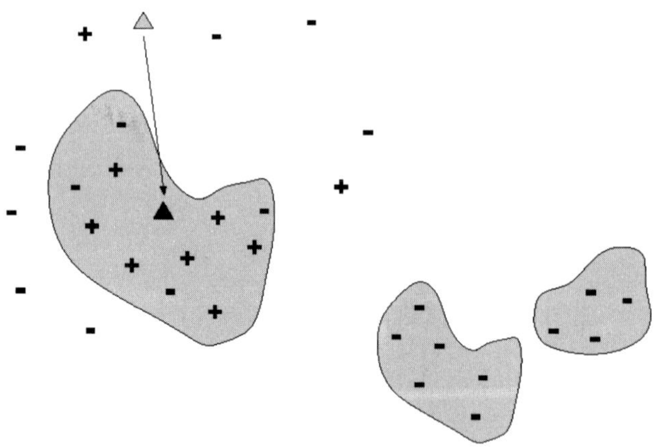


**그림 8.11:** 모든 문헌들이 주어진 클래스 $c_p$의 토픽 특성화에 유용하지는 않다. 즉, 클래스 $c_p$에 속하지 않는 훈련 문헌들은 공간을 왜곡시키기 때문에 고려되지 말아야 한다. 하나의 해결책은 클래스 $c_p$에 속하지 않는 훈련 문헌 중에서 '가장 양적인(most pesitive)' 문헌만을 사용하는 것이다.

### 8.4.4 확률적 단순 베이즈 문헌 분류(Probabilistic Naive Bayes Document Classification)

확률적 분류함수는 각 문헌-클래스 쌍[$d_j$, $c_p$]에 문헌이 클래스에 속하는 확률을 부여한다. 문헌 $d_j$를 포함한 모든 문헌-클래스 쌍에 대해서 확률이 계산되면, 분류함수는 $d_j$에 최대 확률 근사치(highest probability estimate)를 가진 클래스를 할당한다.

### 기본 기술

확률적 분류함수는 3.2.7에서 논의한 클래식 확률 모델과 유사하게 작동된다. 이진값 $w_{i,j}$의 가중화된 문헌 벡터 $\vec{d}_j$로 표현된 문헌 $d_j$가 주어졌을 때, 각 문헌-클래스 쌍$[d_j, c_p]$는 문헌 $d_j$가 클래스 $c_p$에 속하는 확률 $P(c_p|\vec{d}_j)$를 부여한다. 일단 이 확률들이 모든 클래스에 대해서 계산되면, 문헌에 최대 확률 근사치를 가진 클래스를 할당한다.

확률 $P(c_p|\vec{d}_j)$를 계산하기 위해서, 확률적 분류함수는 베이즈 정리를 아래와 같이 적용한다.

$$P(c_p|\vec{d}_j) = \frac{P(c_p) \times P(\vec{d}_j | c_p)}{P(\vec{d}_j)} \tag{8.3}$$

여기서 $P(\vec{d}_j)$는 문헌의 무작위 선택이 $\vec{d}_j$ 문헌이 될 확률이고, $P(c_p)$는 문헌의 무작위 선택이 클래스 $c_p$에 속하는 문헌이 될 확률이며, 이 확률들은 정규화 요소로 작용한다. 더 중요한 요소는 확률 $P(\vec{d}_j|c_p)$인데, 이 확률을 효율적으로 계산하기 위하여 단순화가 필요하다. 가장 일반적인 단순화는 모든 전형적인 정보검색(IR) 모델에서 하는 것처럼 문헌을 구성하는 색인 용어들간의 독립성을 가정하는 것이다 (3장 참고). 이 가정은 실제 문헌에 성립되지 않기 때문에, 이것에 기반을 둔 분류함수를 단순 베이즈(Naive Bayes) 분류함수라고 지칭한다.

### 이진 독립 단순 베이즈 분류함수(Binary Independence Naive Bayes Classifier)

단순 베이즈 분류함수는 8.9절에서 논의한 바와 같이 많은 변형이 있지만, 그중에서도 전형적인 확률 모델(3.2.7절 참조)에 기반을 둔 가장 잘 알려진 것을 지금부터 논의하고자 한다. 이 논의는 [1446]에 기반을 두었다.

**정의**

*전통 확률 모델(classic probabilistic model)에 기반을 둔 단순 베이즈 분류함수(Naive Bayes classifier)에서, 문헌 $d_j$는 아래와 같이 색인 용어들의 유무를 나타내는 이진 가중치 벡터로 표현된다.*

$$\vec{d}_j = (w_{1,j},\ w_{2,j},\ \ldots,\ w_{t,j})$$

*여기서 용어 $k_i$가 문헌 $d_j$에 존재한다면 $w_{i,j}=1$ 이고, 그렇지 않으면 $w_{i,j}=0$ 이다. 각 문헌-클래스 쌍$[d_j, c_p]$에 대하여, 분류함수는 다음 비율에 의해 주어진 점수 $S(d_j, c_p)$를 부여한다.*

$$S(d_j,\ c_p) = \frac{P(c_p | \vec{d}_j)}{P(\bar{c}_p | \vec{d}_j)}$$

*여기서 $P(c_p|\vec{d}_j)$는 문헌 $d_j$가 클래스 $c_p$에 속할 확률이고, $p(\bar{c}_p|\vec{d}_j)$는 문헌 $d_j$가 클래스 $c_p$에 속하지 않을 확률이다. 그러므로 당연히 $P(c_p|\vec{d}_j)+P(\bar{c}_p|\vec{d}_j)=1$ 이 된다. 가장 높은 점수 $S(d_j, c_p)$를 가진 클래스가 문헌 $d_j$에 할당된다.*

베이즈를 적용하면, 아래와 같다.

$$S(d_j,\ c_p) \sim \frac{P(\vec{d}_j | c_p)}{P(\vec{d}_j | \bar{c}_p)}$$

이 확률들을 추정하기 위해서, 독립가정을 아래와 같이 채택한다.

독립 가정. 용어 $k_i$(단어)는 문헌의 다른 용어들과는 독립적으로 문헌 $d_j$에 나타난다고 가정하자. 이 가정이 주어졌을 때, 아래와 같이 쓸 수 있다.

$$P(\vec{d}_j | c_p) = \prod_{k_i \in \vec{d}_j} P(k_i | c_p) \times \prod_{k_i \notin \vec{d}_j} P(\bar{k}_i | c_p)$$

또,

$$P(\vec{d}_j | \bar{c}_p) = \prod_{k_i \in \vec{d}_j} P(k_i | \bar{c}_p) \times \prod_{k_i \notin \vec{d}_j} P(\bar{k}_i | \bar{c}_p)$$

여기서 $P(k_i | c_p)$, $P(\bar{k}_i | c_p)$, $P(k_i | \bar{c}_p)$, $P(\bar{k}_i | \bar{c}_p)$는 클래스 $c_p$에 속하는 (혹은 속하지 않는) 문헌들에 용어 $k_i$가 발생(혹은 발생하지 않음)할 확률이다.

전형적인 확률 모델(3.2.7절)에서 랭킹 수식(ranking equation)을 추정하기 위하여 이용했던 추론을 적용함으로써, 아래와 같이 점수 $S(d_j, c_p)$에 관한 수식을 도출할 수 있다.

$$S(d_j, c_p) \sim \sum_{k_i} w_{i,j} \left( \log\left(\frac{p_{iP}}{1-p_{iP}}\right) + \log\left(\frac{1-q_{iP}}{q_{iP}}\right) \right)$$

$$p_{iP} = P(k_i | c_p)$$

$$q_{iP} = P(k_i | \bar{c}_p)$$

여기서 $p_{iP}$는 $i$번째 색인용어가 클래스 $c_p$에서 무작위적으로 선택된 문헌에 있을 확률이고 $q_{iP}$는 $i$번째 색인용어가 클래스 $c_p$ 밖에서 무작위적으로 선택된 문헌에 있을 확률이다.

$p_{iP}$와 $q_{iP}$는 훈련 문헌 집합 $D_t$로부터 근사치를 다음과 같이 구할 수 있다.

$$p_{iP} = \frac{1 + \Sigma_{d_j | d_j \in D_t \wedge k_i \in d_j} P(c_p | d_j)}{2 + \Sigma_{d_j \in D_t} P(c_p | d_j)} = \frac{1 + n_{i,p}}{2 + n_p}$$

$$q_{iP} = \frac{1 + \Sigma_{d_j | d_j \in D_t \wedge k_i \in d_j} P(\overline{c_p} | d_j)}{2 + \Sigma_{d_j \in D_t} P(\overline{c_p} | d_j)} = \frac{1 + (n_i - n_{i,p})}{2 + (N_t - n_p)}$$

여기서 확률 $P(c_p | d_j) \in \{0,1\}$과 확률 $P(\bar{c}_p | d_j) \in \{0,1\}$이 훈련 집합으로 주어졌을 때, 변수 $n_{i,p}$, $n_i$, $n_p$, $N_t$는 8.5.1절에서 정의한 바와 같다. [1105]에 제안된 것처럼, 용어가 클래스상에 발생하지 않는 경우의 비정상적인 반응을 방지하기 위해서 상수 1과 2를 더한다.

$S(d_j, c_p)$의 계산에서, 오직 문헌 $d_j$에 존재하는(즉, $w_{ij} > 0$) 용어만이 사용된다. 왜냐하면 가중치들은 이진수이고, 용어들은 각각 독립적으로 발생한다고 가정하기 때문에, 분류함수는 보통 이진 독립 단순 베이즈(binary independence Naive Bayes) 분류함수라고 한다.

**새 문헌 분류**

일단 점수 $S(d_j, c_p)$가 모든 문헌-클래스 쌍에 대해서 계산되면, 분류함수는 각 문헌에 높은 점수를 가진 클래스들을 할당한다.

### 다항 단순 베이즈 분류함수(Multinomial Naive Bayes Classifier)

단순 베이즈 분류함수는 용어 가중치가 이진수라고 가정하기 때문에, 분류함수는 용어 빈도를 고려하지 않는다. 용어 빈도가 결과의 품질을 향상시킬 수 있다고 가정했을 때, 분류함수가 빈도를 고려하도록 바꿀 수 있다. 여기서 이루어질 논의는 [1105]에 기초한다.

클래스 $c_p$의 문헌 $d_j$를 분류하기 위해서, 수식 8.3을 활용하여 사전 클래스 확률(prior class probability)을 구할 수 있다.

$$P(c_p) = \frac{\Sigma_{d_j \in D_t} P(c_p|d_j)}{N_t} = \frac{n_p}{N_t} \tag{8.4}$$

여기서 $P(c_p|d_j) \in \{0,1\}$은 크기가 $N_t$인 훈련집합으로부터 직접 구해지며, 사전 문헌 확률은 아래 식과 같다.

$$P(\vec{d}_j) = \sum_{p=1}^{L} P_{prior}(\vec{d}_j \mid c_p) \times P(c_p) \tag{8.5}$$

여기서 $L$은 전과 마찬가지로 전체 클래스들의 수이다. 그리고

$$P_{prior}(\vec{d}_j|c_p) = \prod_{k_i \in \vec{d}_j} P(k_i|c_p) \times \prod_{k_i \notin \vec{d}_j} (1 - P(k_i|c_p))$$

$$P(k_i|c_p) = \frac{1 + \Sigma_{d_j|d_j \in D_t \wedge k_i \in d_j} P(c_p|d_j)}{2 + \Sigma_{d_j \in D_t} P(c_p|d_j)} = \frac{1 + n_{i,p}}{2 + n_p}$$

는 확률 $p_{iP}$와 유사하게 계산된다. 주목할 것은 이 수식들이 용어 빈도를 고려하지 않고, 사전 확률의 근사치만을 위해서 사용된다는 것이다.

핵심 확률(key probabilities) $P(\vec{d}_j \mid c_p)$를 계산하기 위해서, 아래와 같이 공식을 수정하여 용어 빈도를 포함하도록 한다.

**정의**

*클래스 $c_p$의 문헌 $d_j$는 확률 과정에 의해 생성된다고 가정하는데, 이 과정에서 용어들은 알려진 확률 분포로부터 도출된다. 각 용어 추출은 베르누이 확률 실험(Bernoulli trial)으로 해석되는데, 여기서 성공 확률은 $P(k_i \mid c_p)$에 의해 주어진다. 나아가 각 용어 $k_i$는 자신의 문헌 빈도 $f_{i,j}$만큼 추출된다. 다시 말하면, 베르누이 확률 실험은 문헌에 있는 모든 용어가 출현할 때까지 반복되어야 한다. 그러므로, 문헌의 용어들은 다항분포를 따른다. 즉,*

$$P(\vec{d}_j|c_p) = F_j! \times \prod_{k_i \in d_j} \frac{[P(k_i|c_p)]^{f_{i,j}}}{f_{i,j}!} \tag{8.6}$$

*여기서 $t$는 어휘의 크기이고*

$$F_j = \sum_{k_i \in d_j} f_{i,j}$$

*이다. 주목할 점은 $F_j$가 문헌 $d_j$에 있는 모든 용어들의 갯수로 문헌 길이를 나타낸다. 용어 확률은 훈련집합으로부터 아래와 같이 추정될 수 있다.*

$$\frac{P(k_i|c_p) = \Sigma_{d_j \in D_t} f_{i,j} P(c_p|d_j)}{\Sigma_{\forall k_i} \Sigma_{d_j} \in D_t f_{i,j} P(c_p|d_j)} \quad (8.7)$$

*여기서 $D_t$는 훈련 문헌들의 집합이고 $P(c_p|d_j) \in \{0,1\}$은 훈련집합에서 직접 구해진다.*

수식 8.4, 8.5, 8.6, 8.7을 수식 8.3에 치환함으로써, 분류함수 $P(c_p|\vec{d}_j)$를 계산한다.

**새 문헌 분류**

다항 단순 베이즈 분류함수는 각 문헌 $d_j$를 수식 8.3으로 구해진 $P(c_p|\vec{d}_j)$값이 가장 높은 클래스에 할당한다.

이렇게 함으로써 분류함수는 용어 빈도를 고려하게 되는데, 이는 [1105]에 제안된 것처럼 일반적인 컬렉션에서 정확성을 더 높여준다.

## 8.4.5 SVM 분류함수

서포트 벡터 머신(support vector machine; SVM) 분류함수는 Vapnik [429]에 의해 소개된 상대적으로 새로운 분류 방법으로 Joachims [838]의 텍스트 분류에서 처음으로 사용되었다. SVM의 복잡성 때문에, 개념을 소개하기에 앞서 기술에 대한 직관적 설명을 먼저 한다.

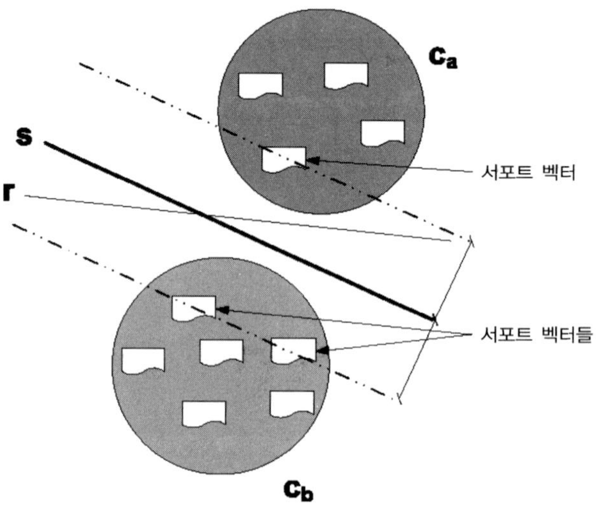


**그림 8.12:** 이와 같은 2차원 예시에서, 선 $s$는 클래스 $c_a$와 $c_b$에 있는 최근접 문헌들까지의 거리를 극대화 시킨다(선 $r$과 비교). 그리고 새로운 문헌들을 분류하기 위해 사용되는 결정 초평면(decision hyperplane)을 구성한다.

**SVM 기본 기술–직관적 설명**

서포트 벡터 머신(SVMs)은 이진 분류 문제를 위해서 벡터 공간 모델을 사용한다. 색인용어는 $t$–차원 공간을 구성하는데, 그 공간에서 문헌들은 점으로 (혹은 벡터로) 표현된다. 문헌을 표현한 벡터가 주어졌을 때, SVM은 두개의 클래스 $c_a$와 $c_b$의 요소들을 가장 잘 분리하도록 사용되는 결정면(decision surface 즉, 초평면 hyperplane)을 찾는 것이다. 훈련 데이터로부터 학습된 초평면은 공간을 두개의 영역으로 분리한다. 즉, 클래스 $c_a$에 있는 모든 문헌들은 하나의 영역으로, 클래스 $c_b$에 있는 모든 문헌은 또 따른 영역으로 분리한다. 2차원 공간에서, 초평면은 하나의 선이고 3차원 공간에서 초평면은 하나의 면이다. 일단 초평면이 학습되면, 새로운 문헌 $d_j$는 초평면을 기준으로 그 문헌의 위치를 계산함으로써 분류된다.

예를 들면, 단순 2차원 예시를 가정하자. 예시의 훈련 데이터 점들은 그림 8.12에 표현된 바와 같이 선형적으로 분리가능하다(그 점들은 하나의 선에 의하여 분리가 가능하다). 두개의 클래스에 있는 문헌들을 분리하는 모든 선들 중에서 선 s가 각 클래스의 가장 가까운 문헌들까지의 거리를 극대화시키고, 최상의 분리 초평면을 구성한다. 편의상 이를 결정 초평면(decision hyperplane)이라고 지칭한다. 주목할 점은 선 $r$은 이 경우에 더 나쁜 대안을 제안한다는 것이다. 왜냐하면 클래스 $c_a$와 $c_b$의 가장 가까운 문헌들까지의 거리가 더 짧기 때문이다.

그림 8.12에서, 평행한 점선들은 답을 구할 수 있는 범위를 지정하고 있는데, 편의상, 그것들을 경계 초평면(delimiting hyperplanes)이라 한다. 경계 초평면에 속하는 문헌은 서포트 벡터(support vector)라고 부른다. 이 공간을 가로지르는 선들이 결정 초평면으로 선택될 후보들이며 경계 초평면과 평행한 선들이 가장 적합한 후보들이다. 이 예시에서는, 동일한 비율로 공간을 나누고 있는 선 $s$가 가장 적합한 초평면이기 때문에 선 $s$가 결정 초평면이 된다.

그림 8.13은 그림 8.12의 이차원 시스템을 좌표로 표현하고 있다. 클래스 $c_a$의 문헌들은 사각점으로 표현되어 있고, 클래스 $c_b$의 문헌들은 원형점으로 표시되어 있다. SVM 최적화 문제는 아래와 같다.

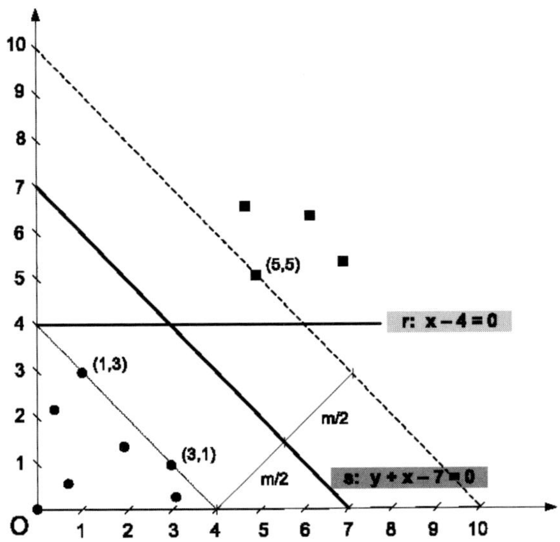


**그림 8.13**: 그림 8.12를 그래프로 표현. 사각형은 클래스 $c_a$의 문헌들을 나타내고, 원형은 클래스 $c_b$의 문헌을 나타낸다. 서포트 벡터는 (1,3), (3,1)과 (5,5)이다. 라인 $r$도 유효한 분리 초평면을 이루지만, 라인 $s$가 가장 적합한 초평면을 만드므로 이를 결정 초평면이라고 한다.

SVM 최적화 문제:
$H_w$를 클래스 $c_b$의 모든 문헌들과 클래스 $c_a$의 모든 문헌들을 분리시키는 초평면이라고 하자. $m_a$는 $H_w$와 클래스 $c_a$의 최근접 문헌과의 거리이고, $m_b$는 $H_w$와 클래스 $c_b$의 최근접 문헌과의 거리이다. 그리고 $m_a + m_b = m$이 된다. 거리 $m$은 SVM의 범위(margin)이다. 결정 초평면 $H_w$는 범위 $m$을 극대화시킨다.

그림 8.13에서, 초평면 $r : x-4=0$은 두 집합으로 나누고, 각 클래스의 최근접 문헌들 좌표(1,3)과 (5,5)의 거리가 1이 되므로 범위는 2이다. 한편, 초평면 $s : y+x-7=0$은 범위를 $3\sqrt{2}$가 되도록 한다. 즉, 이 상황에서 최대값이 되

므로 $s$가 결정 초평면이 된다. 일단 결정 초평면이 결정되면, 새로운 문헌 $d_j$는 초평면을 기준으로 위치값을 계산함으로써 클래스 $c_a$ 또는 $c_b$로 분류된다.

SVM은 수학적으로 표현될 수 있는 최적화의 문제이다. 이를 위해서 n-차원 공간의 초평면과 선들의 벡터표시를 먼저 살펴본다.

### $R^n$에서의 선과 초평면

**정의**

*$R^n$을 원점(origin) $O$를 가진 $n$-차원 공간이라고 하자. $R^n$에서 점 $Z$는 다음과 같이 주어진 벡터 $\vec{z}$로 표현된다.*

$$\vec{z} = (z_1, z_2, \cdots, z_n)$$

*$z_i$는 $1 \le i \le n$인 실수변수(real variable)이다. 예를 들어서 $A$, $B$, $H$, $P$, $Q$와 같은 특정 고정점을 가리키기 위해서 각각 벡터 $\vec{a}$, $\vec{b}$, $\vec{h}$, $\vec{p}$, $\vec{q}$로 표현된다. 그러나 이 벡터들 각각의 $n$ 차원은 실수변수가 아닌 실수상수이다.*

그림 8.14는 $R^n$의 일반점 $Z$와 상수점 $A$와 $B$를 나타낸다.

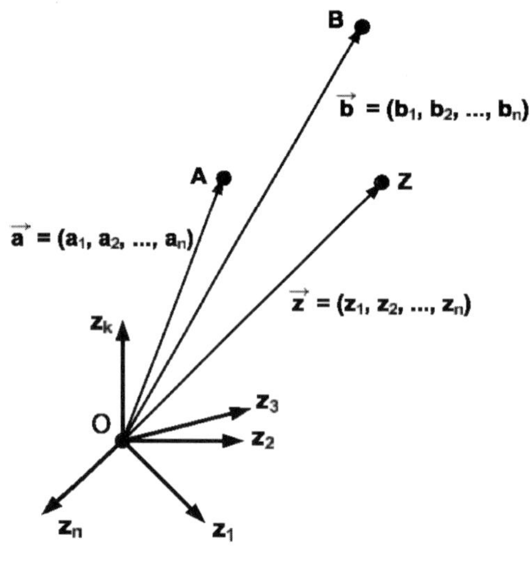


**그림 8.14**: $R^n$의 일반점 $Z$의 표현은 백터 $\vec{z}$이고 $\vec{z}$의 성분은 $z_i$실수 변수이다. $A$, $B$와 같은 고정 점은 각각 벡터 $\vec{a}$와 $\vec{b}$로 표현되고, 성분들은 실수 상수값이다.

그림 8.15(a)는 $\vec{p}$로 표현되는 점 $P$를 포함한 벡터 $\vec{w}$ 방향의 선 $s$를 나타내고 있으며 이 선의 수식은 다음과 같다.

$$s : \vec{z} = t\vec{w} + \vec{p}$$

여기에서 매개변수 $t$는 $-\infty$에서 $+\infty$까지 달라지며, 점 $\vec{z}$는 이 선을 순회한다.

그림 8.15(b)는 점 $H$를 포함하고 주어진 벡터 $\vec{w}$와 수직인 초평면 $H_w$를 나타낸다. 이 초평면을 위한 정규수식은 다음과 같다.

$$H_{w}:(\vec{z}-\vec{h})\vec{w}=0$$

왜냐하면 벡터 $\vec{z}-\vec{h}$와 $\vec{w}$가 직각이기 때문이며, 이 수식은 다음과 같이 다시 쓸 수 있다.

$$H_{w}:\vec{z}\,\vec{w}+k=0 \tag{8.8}$$

여기서 $\vec{w}$와 $k=-\vec{h}\,\vec{w}$는 미리 정해져 있어야 한다. 수식의 두 번째 형태는 $k$가 일차원 변수임을 나타내고, 초평면을 나타내는 정규 수식을 대신하여 사용할 수 있다. 초평면 수식에 만족하는 점 $\vec{z}$는 $H_{w}$에 속한다.

그림 8.16(a)는 점 $A$와 초평면간의 거리가 선분 $\overline{AP}$에 의해 주어짐을 보여 준다. 여기에서 $P$는 초평면에서 $A$의 투영(projection)이다. 이 거리는 아래와 같이 계산된다. 점 $A$와 $P$에 의하여 결정된 선은 반드시 벡터 $\vec{w}$의 방향에 있어야 하기 때문에, 그들의 매개 수식은 아래와 같다.

$$line(\overline{AP}):\vec{z}=t\vec{w}+\vec{a}$$

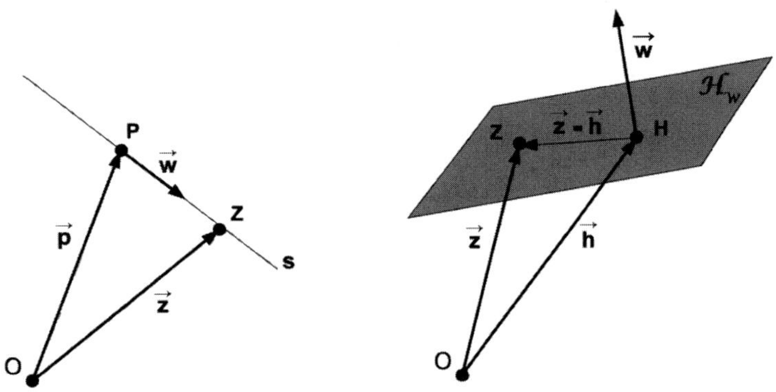


(a) (b)

**그림 8.15:** (a) 점 $\vec{p}=(p_1,\ p_2,\ \ldots,\ p_n)$을 포함하는 백터 $\vec{w}$의 방향에 있는 선 $s$ (b) 초평면 $H_{w}$는 벡터 $\vec{w}$에 직각이고, 점 $\vec{h}=(h_1,\ h_2,\ \ldots,\ h_n)$을 포함하고 있다. 포인트 $\vec{z}=(z_1,\ z_2,\ \ldots,\ z_n)$은 $R^n$(간단히 원점 $O$로 표현된다)의 일반점을 나타낸다.

여기서 $t$는 $-\infty<t<+\infty$이다. 점 $P$는 구체적으로,

$$\vec{p}=t_{p}\vec{w}+\vec{a} \tag{8.9}$$

이고, $t_p$는 점 $P$의 $t$값이다. $P\in H_{w}$이므로 수식 8.9를 수식 8.8에 대체하여 다음 식을 구한다.

$$(t_{p}\vec{w}+\vec{a})\vec{w}+k=0$$

$t_p$에 대하여 풀면

$$t_{p}=\frac{\vec{a}\,\vec{w}+k}{|\vec{w}|^{2}}$$

이 되고, 여기서 $|\vec{w}|$는 벡터 정규값(norm)이다. 수식 8.9에 $t_p$를 대체하면,

$$\vec{a}-\vec{p}=\frac{\vec{a}\,\vec{w}+k}{|\vec{w}|}\times\frac{\vec{w}}{|\vec{w}|}$$

이 되고, $\vec{w}/|\vec{w}|$는 $\vec{w}$ 방향의 단위 벡터이므로

$$\overline{AP} = |\vec{a} - \vec{p}| = \frac{\vec{a}\vec{w} + k}{|\vec{w}|}$$

이 되고, 이것이 점 $A$에서 초평면 $H_w$까지의 거리이다.

그림 8.16(b)는 초평면 $H_w$에 대하여 부호가 어떻게 변하는지 나타낸다. 초평면 $H_w$ 위의 영역은 점들 $\vec{z}$로 구성되고, $\vec{z}$는 초평면 수식 $\vec{z}\vec{w}+k$를 양의 값으로 만든다. 반면 초평면 아래의 영역은 $\vec{z}\vec{w}+k$를 음의 값으로 만든다.

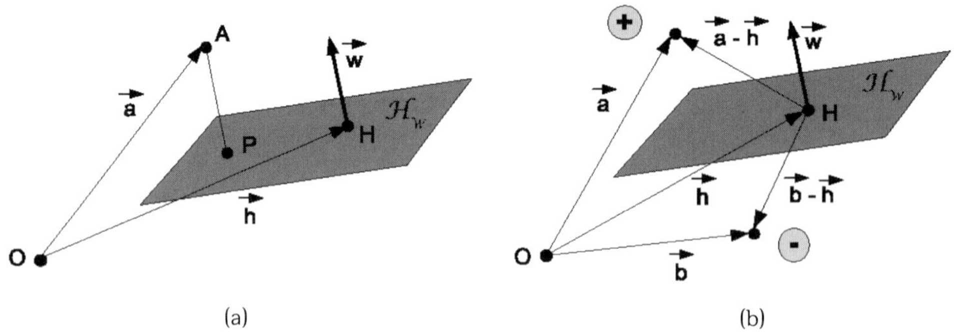


**그림 8.16**: 초평면 $H_w$의 특성: (a) 포인트 $P$는 $H_w$에서 포인트 $A$의 투영이고 선분 $\overline{AP}$는 포인트 $A$에서 $H_w$까지의 거리로 정의된다. (b) 초평면 위의 포인트들은 수식을 양의 부호로 만들고, 초평면 아래의 포인트들은 초평면 수식을 음의 부호로 만든다.

### SVM 기본 기술–공식적 설명

최적화 문제를 정의하는 수식들을 만들기 위하여 그림 8.17을 살펴보자. 좌표계의 시작은 점 $O$이다. 점 $A$와 $B$는 경계 초평면 $H_a$와 $H_b$에 속하는 훈련집합에 있는 두개의 문헌을 나타내며, 이는 서포트 벡터이다. 이들은 훈련집합의 부분이기 때문에 클래스가 알려진 상태이며, 점 $A$가 클래스 $c_a$에 연관되어 있고, 점 $B$가 클래스 $c_b$에 연관되어 있다.

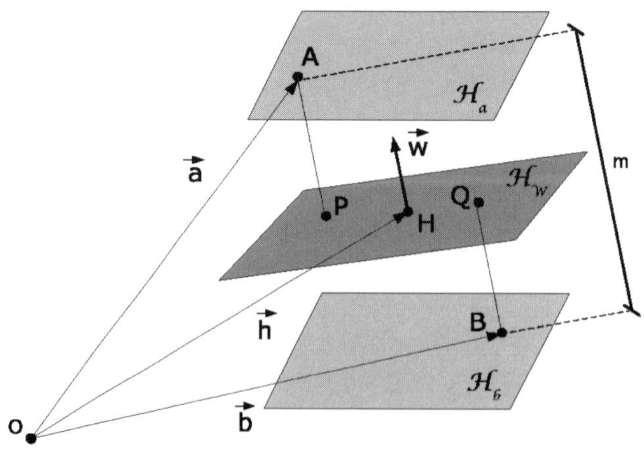


**그림 8.17**: SVM 최적화 문제: $\vec{a}$와 $\vec{b}$ 같이 주어진 서포트 벡터들을 범위 $m$이 최대화되는 초평면 $H_w$를 구한다.

경계 초평면으로 정해진 영역에 위치한 분리 초평면 $H_w$는 점 $\vec{h}$와 직각인 벡터 $\vec{w}$에 의하여 결정된다. 두 개중 어느 것도 미리 알려지지 않으며, 이 수식은 다음과 같이 주어진다.

$$H_w: \ \vec{z}\vec{w}+k=0$$

$P$는 초평면 $H_w$위에 나타나는 점 $A$의 투영이며, 점 $A$와 초평면간의 거리는 선분 $\overline{AP}$에 의해 구해진다. 즉

$$\overline{AP}=\frac{\vec{a}\vec{w}+k}{|\vec{w}|} \text{ 가 된다.}$$

$H_w$를 기준으로 $H_a$의 반대편인 초평면 $H_b$를 살펴보도록 하자. $Q$는 초평면 $H_w$에서 점 $B$의 투영이고 점 $B$와 초평면간의 거리는 선분 $\overline{BQ}$에 의해 구해진다. 즉,

$$\overline{BQ}=-\frac{\vec{b}\vec{w}+k}{|\vec{w}|} \text{이다.}$$

이는 선분 $\overline{AP}$ 표현과 동일하며 이 수식은 거리의 측정이므로 언제나 양의 수가 된다. 그러나 그림 8.16(b)와 같이 $\vec{b}\vec{w}+k$는 음의 부호를 가지므로 식에 마이너스 기호가 추가된다.

그림 8.17에서 SVM의 범위 $m$은 다음 식으로 주어진다.

$$m=\overline{AP}+\overline{BQ}$$

이는 $\vec{w}$의 크기에 독립적으로 $m$을 최대로하는 다양한 크기의 벡터 $\vec{w}$가 존재한다. 그러므로 $|\vec{w}|$에 제약을 부과할 수 있으며 SVM 최적화에 일반적으로 부과하는 하나의 제약은 아래와 같다.

$$\vec{a}\vec{w}+k=1$$
$$\vec{b}\vec{w}+k=-1$$

다시 말하면, 해결공간을 벡터 $\vec{w}$로 한정하는데, 벡터 $\vec{w}$는 모든 서포트 벡터에 대하여 초평면 수식 $\vec{z}\vec{w}+k$가 +1이나 $-1$이 되도록 만든다. 주목할 점은 범위 $m$을 중간에서 분할하는 초평면의 해법 또한 제한한다는 것이다. 이런 조건하에서 범위 $m$의 표현은 다음과 같아진다.

$$m=\frac{1}{|\vec{w}|}+\frac{1}{|\vec{w}|}=\frac{2}{|\vec{w}|}$$

서포트 벡터보다 $H_w$에서 멀리 위치한 점 $C$는 반드시 양의 부호나 음의 부호 영역 중 어디에 존재하는지에 따라서 $\vec{z}_c\vec{w}+k>1$이거나 $\vec{z}_c\vec{w}+k<-1$이어야 한다. $T=\{..., [c_j, \vec{z}_j], [c_{j+1}, \vec{z}_{j+1}], ...\}$를 훈련집합이라 하면, $c_j$는 점 $\vec{z}_j$ 즉, 문헌 $d_j$와 연관된 클래스($c_a$ 혹은 $c_b$)이다. 클래스는 두개의 값만을 가질 수 있다. 왜냐하면 SVM은 이진 결정의 문제이기 때문이다.

SVM 최적화 문제:

$m$을 최대화 $m=2/|\vec{w}|$

조건:
$$\vec{w}\vec{z}_j+k\geq+1, \qquad \text{if } c_j=c_a$$
$$\vec{w}\vec{z}_j+k\leq-1, \qquad \text{if } c_j=c_b$$

수식을 1 또는 -1과 같게 만드는 벡터는 서포트 벡터이다.

$|\vec{w}|$의 계산은 제곱근(벡터의 정규값)을 포함하므로, $|\vec{w}|^2$을 대신 채택할 경우 최적화 문제는 더 단순하게 풀린다. 나아가 문제는 다음과 같이 최소화 문제로서 언급될 수도 있다.

SVM 최적화 문제:

$m$을 최소화 $m = \frac{1}{2}|\vec{w}|^2$

조건:

$$\vec{w}\vec{z}_j + k \geq +1, \qquad \text{if } c_j = c_a$$
$$\vec{w}\vec{z}_j + k \leq -1, \qquad \text{if } c_j = c_b$$

이 식은 앞의 수식과 같은 답을 도출해낸다. 그러나 2차 선형 최적화 문제로 볼 수 있는 이점을 가지며, 이는 선형계획법(linear programming)의 문제로 잘 알려져 있다. 그리고 2차 계획법(quadratic programming)으로 불리는 기술을 통해 효과적으로 해결할 수 있다. 이 기술에 대한 논의는 이 책의 범위를 벗어나므로 독자는 전문 서적을 참고하기 바란다.

**예제.** 다시 그림 8.13의 단순한 예를 고려해 보자. 이 경우, 최적화 문제는 다음과 같이 명시될 수 있다(편의상 최대화 식을 사용한다).

$m$을 최대화. $m = 2/|\vec{w}|$

조건:

$$\vec{w} \cdot (5,5) + k = +1$$
$$\vec{w} \cdot (1,3) + k = -1$$

그림 8.13의 단순한 예에서, $m$의 최대값을 그 문제의 기하학적 접근법으로부터 계산할 수 있으며, 그 값은 $m = 3\sqrt{2}$이다(실제 경우에 $m$의 값은 위에 있는 최대화 문제를 계산함으로써 획득된다). 나아가 벡터 $\vec{w}$를 $(x,\ y)$로 나타내므로, $|\vec{w}| = \sqrt{x^2+y^2}$이다. 그러므로

$$3\sqrt{2} = 2/\sqrt{x^2+y^2}$$
$$5x+5y+k = +1 \quad \text{이 되어,}$$
$$x+3y+k = -1$$

$k$=$-5/3$ 또는 $-7/3$이 된다. 우리가 관심을 가지는 값은 $k$=$-7/3$이고, 이때 $x = 1/3$, $y = 1/3$이 된다. 그러므로 결정 초평면의 수식은 아래와 같다.

$$(1/3,\ 1/3) \cdot (x,y) + (-7/3) = 0$$

이 되어

$$y + x - 7 = 0 \text{이 된다.}$$

이 식이 그림 8.13에 있는 선 $s$의 식이다.

### 문헌 분류

다음과 같은 결정 함수를 이용하여 벡터 $\vec{z}_j$로 표현되는 새로운 문헌 $d_j$를 분류할 수 있다.

$$f(\vec{z}_j) = sign(\vec{w}\vec{j}_j + k)$$

만약 $f(\vec{z}_j)$의 부호가 양이라면 문헌 $d_j$는 클래스 $c_a$에 할당되고, 그렇지 않은 경우 클래스 $c_b$에 할당된다. SVM 분류함수는 또한 범위의 영역을 준수함으로써 분류 오류를 줄일 수 있다. 이 경우에 새로운 문헌 $d_j$는 $\vec{w}\vec{z}_j + k > 1$일 때에만 클래스 $c_a$에 할당되고, $\vec{w}\vec{z}_j + k < -1$일 때에만 클래스 $c_b$에 할당된다.

문헌들이 다차원의 가중치 벡터로 표현되었을 때 SVM은 텍스트 분류에 적당하다. 특히 Joachims[838]은 SVM이 고차원 즉, 희소(sparse)한 개념 공간에서 낮은 과적합(overfitting)으로 잘 작동하기 때문에 SVM은 텍스트 분류에 적합하다고 주장한다. 더욱이 그는 용어의 갯수를 줄이기 위하여 특징 선택(feature selection)을 적용하는 것은 SVM 분류함수에 악영향을 미친다고 주장한다. 왜냐하면 사실, 대부분의 특징들이 분류 작업과 관련이 있기 때문이다.

### 다중 클래스(Multiple Classes) SVM

SVM은 문헌이 특정 클래스에 속하는지 아닌지와 같은 이진 결정만을 취할 수 있다. 텍스트 분류의 전형적인 환경에서 다중 클래스에 대하여 다른 분류함수는 각 클래스에 대하여 학습되어질 필요가 있다.

다중-클래스 SVM 분류를 처리하기 위해서, 다중-클래스 문제를 더 큰 이진 분류 문제로 치환하는 전략들이 사용된다. 자연스런 방법은 클래스당 하나의 이진 분류 문제를 고려하는 것이다. 주어진 클래스 $c_p$에서, 해당 이진 분류함수는 다음 질문에 대한 답을 찾는 것이다. '실험 문헌 $d_j$가 주어졌을 때, 클래스 $c_p$가 옳은 클래스 라벨인가? 혹은 다른 $(k-1)$ 클래스들에 속하는가?' 클래스 $c_p$에 대한 분류함수는 $c_p$의 모든 훈련 문헌들을 양의 값으로 보고, 그 나머지 문헌들을 음의 값으로 취급함으로써 구해질 수 있다. 이 전략은 보통 '1대 전부(one against all)'라고 알려져 있다.

새로운 문헌 $d_j$를 분류하기 위해, 각 클래스마다 분류 절차를 진행시킨다. 만약 $L$개의 클래스가 있다면 분류 처리는 $L$번 반복된다. 각각의 경우, 특정한 클래스 $c_p$는 다른 모든 클래스에 대하여 쌍을 이루고, 문헌 $d_j$를 위한 분류결정이 이루어진다. 이 처리과정이 이루어지고 나면, 문헌 $d_j$는 어떤 클래스에도 분류되지 않거나, 몇 개의 클래스로 분류되거나, 또는 모든 클래스로 분류될 수 있다. 어떤 클래스들을 문헌 $d_j$에 할당하기 위하여, 우리는 $\vec{d}_j$의 분류를 위한 가장 큰 범위를 가진 클래스들을 고려한다.

또 다른 가능성은 클래스 $c_p$와 $c_q$의 각 쌍에 대한 이진 분류함수를 고려하는 것이다. 여기에서 각 클래스에 속하는 모든 훈련 문헌들은 양의 예로 취급되고, 다른 클래스들로부터의 모든 문헌들은 음의 예로 취급된다. 이 특정 분류함수는 나머지 모든 클래스의 문헌들을 훈련에서 배제한다. 이 경우, 답해야 할 질문은: '주어진 실험 문헌 $d_j$에 맞는 클래스는 $c_p$인가? $c_q$인가?' 특정 분류함수가 클래스들의 각 쌍별로 만들어지기 때문에, $\frac{L(L-1)}{2}$개 분류함수들이 만들어진다. 여기서 $L$은 전과 마찬가지로 클래스들의 갯수이다. 실험 예를 분류하기 위해서 모든 분류함수들의 결정이 합쳐져야 한다. 단순한 다수결 투표나 더 복잡한 전략이 사용될 수 있다. 이 전략은 '1대 1(one-against-one)'이나 '모든 쌍(all-pairs)'이라고 알려져 있다. 분류함수들의 갯수가 클래스의 수에 따라서 2차함수적으로 증가하기 때문에, 이 대안은 클래스의 수가 많은 경우 실용적이지 않다.

다른 가능성도 존재한다. 예를 들면 각 문헌에 맞는 클래스를 선택하는 투표 기법(voting scheme)을 사용할 수 있다. 자세한 사항은 [781]을 참고하라.

### 비-선형 분리 가능(Non-Linearly Separable) 경우의 SVM 접근법

앞에서 논의한 바와 같이, $\vec{w}$ 정규($norm$)값의 계산은 SVM이 선형 제약 조건하에서의 2차 최적화 문제라는 것을 의미한다. 그러나 이 문제는 비-선형 분리 가능 경우라고 알려진 조건 즉, 두개의 집합으로 나눌 수 있는 데이터 포인트를 가지는 초평면이 존재하지 않을 경우 답이 없다고 알려져있다. 비-선형 분리 가능 경우에서는 몇 개의 실수를 용납하는 분류함수를 허용하는 방법(소프트 범위 접근법; soft margin approach) 또는 고차원 공간에서 원래 데이터를 매핑하는 방법(커널 접근법; kernel approach)으로 문제를 해결할 수 있다. 커널 접근법의 고차원 공간에서는 매핑된 데이터를 선형으로 분리할 수 있다. 이제부터 이 방법에 대하여 논의한다.

#### 소프트 범위 접근법(Soft margin Approach)

소프트 범위 접근법은 여유 변수(slack variable)를 도입하는 것으로 구성된다. 잘못 분류되어진 각 점(즉, 외부(outlier) 혹은 내부 잡음(noisy example inside) 혹은 범위의 잘못된 면에 있는 점)에 대하여 결정 표면으로부터 얼마나 멀리 떨어져있는 지 측정하기 위해서 여유변수를 도입한다. 이 방식으로 오류와 비례하여 잘못 분류된 점들의 비용값을 정의하는 것이 가능하다. 이 방식은 비-선형 분리 가능 경우를 처리하는데 유용할 뿐만 아니라 외부/ 잡음 포인트를 피하면서 대부분의 데이터를 분류할 수 있는 표면을 찾도록 한다. 여유 변수를 도입하면 SVM 최적화 문제를 아래와 같이 수정할 수 있다.

$m$을 최대화하면 $m = \frac{2}{|\vec{w}|} + \gamma \sum_j e_j$

조건:

$$\begin{aligned} \vec{w}\vec{z}_j + k &\geq +1 - e_j, && \text{if } c_j = c_a \\ \vec{w}\vec{z}_j + k &\geq -1 + e_j, && \text{if } c_j = c_b \\ \forall j, \quad e_j &\geq 0 \end{aligned}$$

여기서 편의상 최대화 공식을 다시 이용한다. 최적화 문제는 다음 두 요소를 상충할 필요가 있다: 범위 넓이와 잘못 분류된 점에 의하여 산출된 오류의 양. 매개변수 $\gamma$는 두 요소의 상대적 중요성을 조절하기 위해 사용된다. $\gamma$의 값이 클수록, 잘못된 분류의 허용 한계는 줄어든다.

#### 커널 접근법(Kernel Approach)

비-선형 분리 가능 경우를 처리하는 커널 접근법은 변형된 특징 공간의 최대 범위 초평면을 찾는 것으로 구성된다. 그 공간에서 매핑된 데이터는 선형으로 분리가 가능하다. 변형된 공간에서 효과적으로 점들을 분리하는데 사용될 수 있는 선형 연산이 원래 공간의 비-선형 연산과 동등하다는 아이디어에서 나온 것이다.

더 공식적으로 SVM 최적화 문제는 아래와 같이 일반화시킬 수 있다.

SVM 최적화 문제:

$m$을 최소화 $m = \frac{1}{2} \times |\vec{w}|^2$

조건:

$$\begin{aligned} f(\vec{w}, \vec{z}_j) + k &\geq +1, && \text{if } c_j = c_a \\ f(\vec{w}, \vec{z}_j) + k &\leq -1, && \text{if } c_j = c_b \end{aligned}$$

실제로 공간 변형은 원래 공간에서 변형된 공간으로 점을 직접 매핑하는 대신 다른 $f$(커널) 함수를 정의함으로써 공간 변형을 하게된다. 이런 의미에서 커널 함수는 입력 벡터 $\vec{w}$와 $\vec{z}$ 사이에서 또 하나의 유사성 척도로 볼 수 있다. 평범한 선형 SVM 경우에 (커널) 함수 $f$는 입력과 벡터 사이의 내적(dot product)이 된다. 즉,

$$f(\vec{w}, \vec{z}_j) = \vec{w}\vec{z}_j$$

그러나 일반적으로 여러 함수들이 사용되는데, 흔히 사용되는 비-선형 커널 함수들의 예는 다음과 같다.

- 다항 커널(polynomial kernel): $f(\vec{w}, \vec{x}_j) = (\vec{w}\vec{x}_j + 1)^d$, 여기에서 $d$는 다항식의 차수이다.
- 방사 기반 함수(radial basis function): $f(\vec{w}, \vec{x}_j) = \exp(\lambda \times |\vec{w}\vec{x}_j|^2)$, $\lambda > 0$;
- 시그모이드(sigmoid): $f(\vec{w}, \vec{x}_j) = \tanh(\rho(\vec{w}\vec{x}_j) + c)$, 여기서 $\rho >$이고 $c < 0$.

유사성 척도의 특정 형태를 커널 함수로 사용함에 있어서 제약 조건들이 존재하는데, 그에 대한 설명은 이 장의 범위에서 벗어난다.

### 8.4.6 앙상블 분류함수(Ensemble Classifiers)

앙상블 분류자는 더 양질의 결과를 생성하기 위한 시도로 독립된 분류함수의 출력을 결합한다. 이 처리는 독립된 분류함수들이 충분히 정확하고 다양하면 앙상블 분류함수가 잘 작동된다고 가정하는데, 여기서 정확성(accuracy)은 분류함수가 무작위 추측보다 더 나은 결과를 생산한다는 것을 의미하고, 다양성(diversity)은 다양한 예에 관한 별개의 결과를 생성한다는 것을 뜻한다.

#### 기본 기술

앙상블 분류함수는 새로운 예측 점수를 발생시키기 위해서 별개의 다른 분류함수의 예측을 결합한다. 이상적으로 앙상블 점수는 구성된 각 분류함수의 결과보다 더 높은 정확성을 가진 결과를 생산할 것이다. 다른 분류함수는 질적으로 다르게 반응하고, 만약 분류함수들이 충분히 정확하고 다양하다면 결정의 적절한 조합은 더 나은 유효성을 가진 분류함수를 생성한다는 전제하에 이루어진다. 앙상블 분류함수는 기계 학습[1429, 1585]에서 상당한 진보로 여겨지는 상황에서 결정적인 이점을 제공한다.

앙상블 분류 방법의 다양성은 수년간 제시되어왔는데, 그들은 기본적으로 분류함수의 선택에서 다르고, 예측을 결합하는 방식도 다르다. 예측을 결합하는 전략은 단순한 과반수 투표제에서 독립된 분류함수의 신뢰도에 기반을 둔 가중합 방법까지 다양하다. 여기서는 그들 중에서 스태킹(stacking)과 부스팅(boosting) 두 가지를 살펴보도록 한다.

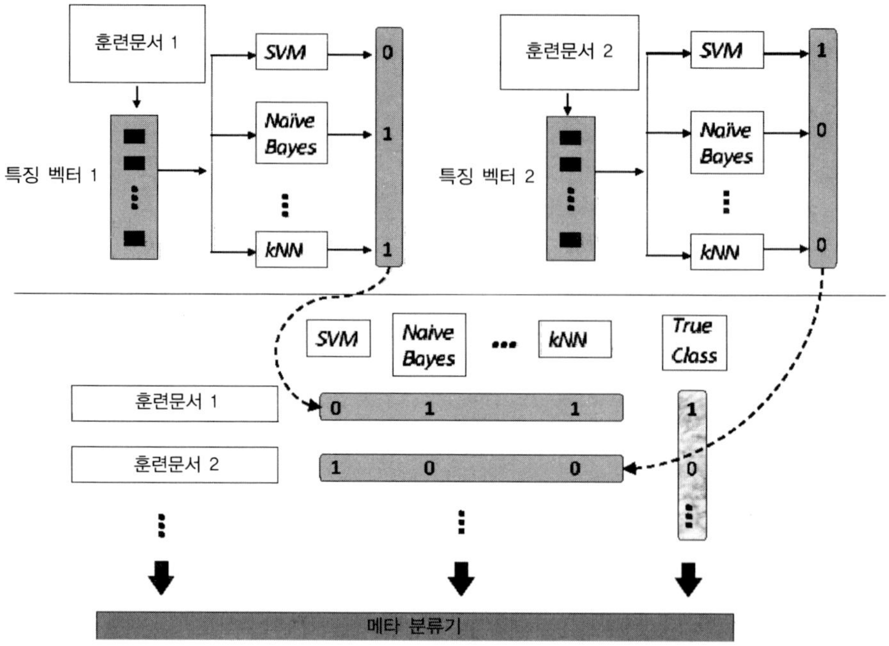


**그림 8.18:** 스태킹(stacking)을 이용한 앙상블 분류자와 훈련 절차. 메타 분류자는 훈련 집합에 명시된 참인 클래스(true class)를 더욱 잘 맞추기 위한 시도로 모든 분류자의 예측을 결합하는 모델이다.

### 스태킹을 이용한 앙상블 분류함수(Stacking-based Ensemble Classifiers)

여러 분류함수에 의해 만들어진 결과를 향상시키기 위한 접근법은 앙상블의 개별 분류함수의 예측을 조합하는 함수를 학습하는 것으로 [1716]에서 제안되었고, 그림 8.18에 표현된 바와 같다. 이 경우, 훈련 집합 안의 각 문헌-클래스 쌍$[d_j, c_p]$를 그 문헌-클래스 쌍에 대한 다양한 별개의 분류함수에 의해 만들어진 예측으로 구성된 벡터와 연관시킨다. 즉, 이진 결정을 이용하는 대신에, 훈련 집합은 이진 결정 벡터를 이용한 하나의 분류함수에 의해 만들어진 잘못된 예측이 다른 분류함수의 예측으로 정정될 수 있다. 이 메타-분류함수 방법을 스태킹(stacking)이라고 부른다. 보통 기초 분류함수(base classifier)라고 지칭되는 여러 분류함수들의 예측은 메타-분류함수를 위한 훈련 집합을 형성하는 메타-특징으로서 사용될 수 있다. 주어진 문헌 $d_j$에 맞는 클래스를 예측하는 대신에, 메타-분류함수는 다음을 시도한다. (a) $d_j$에 맞는 클래스를 가장 잘 예측하는 기초 분류함수를 예상한다. 또는 (b) 더 나은

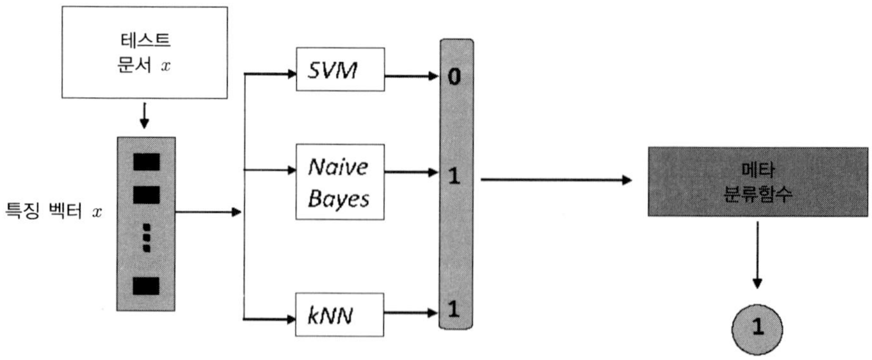


**그림 8.19:** 스태킹을 이용한 앙상블 분류함수의 실험 절차. 메타-분류함수는 별개의 분류함수에 의한 예측을 입력으로 받고 문헌 $d_x$가 타켓 클래스 $c_p$에 속하는지에 관한 메타-예측을 만들기 위해 예측을 조합한다. 이 경우에 최종 예측은 1 즉, $d_x \in c_p$이다,

결과를 생성하기 위해서 기초 분류함수의 예측을 결합한다. 다양한 분류함수의 예측을 결합하는 것은 분명한 이점을 가지고 있는데, 이는 기초 분류함수의 오류를 다른 것들의 올바른 예측에 의해 상쇄시킬 수 있다는 점이다.

### 새 문헌 분류

텍스트 분류에 적용된 스태킹의 예는 그림 8.19에서 볼 수 있다. 메타-분류함수는 다양한 분류함수들이 문헌 $d_x$와 클래스 $c_p$에 관하여 만든 예측을 입력으로 받는다. 그리고 나서 이 예측들을 결합해서 자신만의 예측을 만든다. 이 경우에 $d_x \in c_p$이다. 메타-분류함수는 그 자신이 기초 분류함수 중 하나가 될 수 있는데, 예를 들면, SVM은 일반적으로 메타-분류함수로서 잘 선택된다.

새로운 문헌 $d_j$가 주어졌을 때, 각 기초 분류함수는 문헌에 대한 출력을 생성한다. 그리고 나서 최종의 예측을 만들기 위해서 모든 예측으로 구성된 벡터는 메타-분류함수에 의하여 사용된다. 더 자세한 세부사항은 [256, 1585, 1716]을 참고하기 바란다.

### 부스팅 방법을 이용한 앙상블 분류함수(Boosting-based Ensemble Classifiers)

부스팅(Boosting)은 특별한 앙상블 분류함수 방법이다. 여기서 결합된 분류함수들은 동일 학습 기술의 반복에 의해서 생성되었다. 각 반복에서, 소위 약한(weak) 혹은 기초(base) 학습 알고리즘이 훈련된 분류함수를 생산하기위하여 호출되는데, 이 알고리즘은 적당히 정확하기만 하면 된다(즉, 단일 결정 규칙 또는 트리).

이는 기초 분류함수의 이전 버전이 실수로 분류한 훈련 문헌들에 초점을 맞춰서 더 나은 분류함수들을 성공적으로 생산한다는 아이디어에서 나왔다. 각 반복에서, 훈련 집합의 각 문헌은 가중치를 받는데, 이 가중치들은 다음 반복에서 주목해야 할 문헌들을 선택하기 위해 사용된다. 훈련집합의 어려운 예제들이 결국에 초점이 되는 문헌들이 되게 하기 위하여, 잘못 분류된 문헌들의 가중치들은 각 반복 단계에서 증가된다. n번의 반복 후에, 다양하게 훈련된 분류함수의 출력은 가중합으로 통합되며, 합계의 가중치는 각 분류함수의 오류 추정치에 종속된다.

**AdaBoost**

let $\mathcal{T} : \mathcal{D}_t \times \mathcal{C}$ be the training set function
let $N_t$ be the training set size
let $M$ be the number of iterations
initialize the weight $w_j$ of each document $d_j$ as $w_j = \frac{1}{N_t}$
**for** $k \leftarrow 1 \ldots M$ **do**
  learn the classifier function $\mathcal{F}_k$ from the training set
  estimate weighted error:
  $err_k = \sum_{d_j | d_j misclassified} w_j \;/\; \sum_{i=1}^{N_t} w_j$
  compute a classifier weight: $\alpha_k = \frac{1}{2} \times \log\left(\frac{1-err_k}{err_k}\right)$
  **for** all correctly classified examples $e_j$ **do** $w_j \leftarrow w_j \times e^{-\alpha_k}$
  **for** all incorrectly classified examples $e_j$ **do** $w_j \leftarrow w_j \times e^{\alpha_k}$
  normalize the weights $w_j$ so that they sum up to 1

**그림 8.20:** AdaBoost 변형

[592]에서 원래 제안된 AdaBoost 학습 알고리즘은 텍스트 분류에 부스팅을 적용한 예이다. 이 알고리즘의 변형은 [1433]에서 논의되었으며, 그림 8.20과 같다.

### 새 문헌 분류

새로운 문헌 $d_j$를 분류하기 위해서, 모든 분류 함수 $F_k$를 적용한다. 가장 높은 가중치 $\alpha_k$를 받은 클래스가 $d_j$에 할당된다.

신중한 독자라면 위의 공식이 이진 분류 문제에서만 작동된다는 사실을 알아차렸을 것이다. 다중-클래스 분류의 문제를 처리하기 위해서는 알고리즘의 일반화가 필요하다[1430]. 예를 들어, 이런 일반화 중 하나인 AdaBoost.MH[1431]의 8.4.5절에서 논의한 '1대 전부(one-against-all)' 전략이 적용되는데, *K*개의 클래스들이 있다면 *K*개 앙상블(ensembles)이 있다는 것을 암시한다. 반면 AdaBoost.M2[593]은 '1대 1(one-against-one)' 쌍별 접근법을 이용한다. 다른 대안들은 [33, 786]을 참고하기 바란다.

### 8.4.7 지도 알고리즘에 대한 최종 견해

이 절을 통하여, 우리는 다양한 종류의 일반적인 지도 텍스트 분류 알고리즘을 논의하였다. 그림 8.2에 표현된 6개의 지도 알고리즘에 초점을 맞추었는데, 의사결정 트리(decision tree), 최근접 이웃(nearest neighbors), Rocchio 연관 피드백(Rocchio relevance feedback), 단순 베이즈(Naive Bayes), SVM, 앙상블(ensemble)이 그것이다.

의사결정 트리(decision tree)는 입력에서 발견된 패턴의 모델을 구축함으로써 작동되는데, 직관적이고 단순하다. 그러나 이 모델의 접근법은 덜 융통적이고, 분류할 새로운 문헌이 이전에 보지 못한 새로운 패턴을 포함하고 있을 때는 유용하지 않다. 다른 한편 최근접 이웃(nearest neighbor) 분류함수는 분류할 새로운 문헌의 최근접 이웃을 알아내는 거리 함수에 의존하며 분류는 최근접 이웃의 클래스에 기초하여 결정된다. 이 접근법의 한 가지 이점은 입력 데이터의 모든 패턴에 주목하는 대신에 분류할 문헌의 특색에 집중한다는 것이다. 하나의 단점은 계산비용인데, 모든 산재해 있는 다른 문헌들에 대한 거리 함수를 계산할 필요성이 있기 때문이다.

Rocchio 분류함수는 클래스 중심을 계산하는 연관 피드백 이론을 이용한다. 용어 가중치를 수정함으로써, 이 방법은 "Rocchio 질의 영역(Rocchio in a query zone)"에서 시행된 것처럼 양의 영향력을 반영하기 위하여 문헌 용어의 공간에서 중심을 재위치 시킨다. 양의 용어는 검사하고 있는 클래스의 문헌들과 관련되어 있는 용어이다. 이 방법은 마치 최적화 방법으로서 작동하며 Rocchio 분류함수들을 미세조정하고 높은 질의 결과를 획득한다. 다시 말하면 진보된 Rocchio 분류함수는 최고의 속도와 높은 경쟁력을 보유하고 있다.

단순 베이즈(Naive Bayes) 분류함수는 옳은 분류의 가능성을 추정하는 확률 이론을 이용한다. 이 방법은 일반적으로 잘 작동하며 텍스트 분류의 상당한 경쟁력을 가지고 있다. SVM 분류함수는 자연스럽게 최적화 문제의 방면에서, 공식은 분류 오류 범위를 계산에 넣는데, 이는 큰 장점으로 잘못된 분류를 예방한다. 이 방법은 보통 양질의 분류함수를 구성하고 전반적으로 잘 통제되는 개별 방법으로 간주된다.

앙상블(ensemble) 분류함수는 가장 질 높은 결과를 제공하기 위해서 여러 분류함수 형식을 결합한다. 이 방법은 수행과 개발 두 가지 측면에서 모두 비용이 많이 들지만 보통 가장 최상의 결과를 이끌어낸다. 그러므로 투자할 의사가 있다면 충분히 최고의 결과를 낼 수 있다.

## 8.5 특징 선택 또는 차원 감소(Feature Selection or Dimensionality Reduction)

8.4절에서 논의한 바와 같이, 큰 특징 공간은 분류함수를 비실용적으로 만들 수 있다. 왜냐하면 새로운 문헌들의 분류가 오래 걸리기 때문이다. 이런 문제의 전형적인 해결 방안은 문헌들을 대표하는 모든 특징중에서 부분 집합을 선택해서 특징 공간의 크기를 감소시키는 것이다. 이 단계를 특징 선택(feature selection)이라고 부르며, 이 절에서 논의될 것이다.

특징 벡터를 만들기 위해서, 문헌들을 대표하는 특징(용어)의 부분집합을 선택할 필요가 있다. 특징 선택은 문헌 대표의 차원을 감소시키는 것뿐만 아니라 또한 과적합(overfitting)의 감소에 기여한다. 즉, 모델이 너무 특수화되어서 결과적으로 새로운 문헌에 일반화시킬 수 없는 위험을 줄일 수 있다. 이 논의는 [1744]에 기초하였다.

색인 처리가 가중치 $w_{i,j}$와 각 용어 문헌 쌍[$k_i$, $d_j$]를 연관시킨다는 점을 고려한다. 이 가중치는 용어 문헌 빈도처럼 단순할 수 있는데, 즉, 용어 $k_i$를 포함하는 문헌의 숫자이다. 이는 또한 TF-IDF 가중치일 수도 있는데, 세부사항은 3.2.4절을 참고하라. 가중치 $w_{i,j}$가 주어졌을 때, 특징 벡터를 구성하려는 용어를 선택하기 위해 위의 방법들을 이용한다. 용어 선택에 의한 차원 감소(dimensionality reduction by term selection)라고 지칭되는 이 과정은 다른 측정체계(metric)를 통해 수행될 수 있다. 여러가지 측정체계 중에서 여기서는 다음 5가지를 논의하도록 한다: 용어 문헌 빈도(term document frequency), TF-IDF 가중치, 상호 정보량(mutual information), 정보 게인(information gain), 카이 제곱(chi square)

본론으로 들어가기 전에, 용어-클래스 발생 표를 정의하는 것이 유용한데, 이 표는 전형적인 확률 모델을 위해 3.2.7절에서 정의된 분할표와 비슷하다.

### 8.5.1 용어-클래스 발생 표

그림 8.5에 표현된 것처럼 모든 용어의 집합은 문헌 대표를 구성하기 위해 사용된다. 문헌 대표들의 크기를 감소시키기 위해서 특징 선택의 처리가 시행되며, 이 처리과정은 아래와 같이 문헌과 클래스 안에서 발생된 용어의 통계와 밀접한 관계가 있다.

**정의**

*$D_t$를 모든 훈련 문헌들로 구성된 부분집합이라 하자. 그리고 $N_t$는 $D_t$의 문헌 수이고, $n_i$는 용어 $k_i$를 포함하고 있는 $D_t$의 문헌 수이다(주목할 점은 $n_i$가 3장에서는 전체 컬렉션에서 용어 $k_i$를 포함하는 문헌을 지칭하기위해 사용되었지만, 여기에서는 훈련 집합의 문헌들을 지칭하는데 사용되었다는 것이다). 나아가 $C=\{c_1, c_2, \cdots, c_L\}$은 전체 $L$ 클래스의 집합이 훈련 집합 함수 $T: D_t \times C \to [0,1]$이 명시되었다고 가정하자. $n_p$는 클래스 $c_p \in C$에 할당되는 문헌 수이다. 용어-클래스 발생 표는 아래와 같이 주어진다.*

| 경우 | $c_p$의 문헌 | $c_p$가 아닌 문헌 | 총 |
|---|---|---|---|
| $k_i$를 포함한 문헌 | $n_{i,p}$ | $n_i - n_{i,p}$ | $n_i$ |
| $k_i$를 포함하지 않는 문헌 | $n_p - n_{i,p}$ | $N_t - n_i - (n_p - n_{i,p})$ | $N_t - n_i$ |
| 모든 문헌 | $n_p$ | $N_t - n_p$ | $N_t$ |

용어 $k_i$를 포함하고 클래스 $c_p$로 분류되어 있는 문헌들의 수는 $n_{i,p}$이다. 용어 $k_i$를 포함하고 있지만 클래스 $c_p$에 속하지 않은 문헌들의 수는 $n_i$-$n_{i,p}$이다. $n_p$가 클래스 $c_p$에 속하는 훈련 문헌들의 전체 수라고 주어졌을 때, $n_p$-$n_{i,p}$는 $c_p$에서 용어 $k_i$를 포함하지 않는 문헌들의 수이다. 나머지는 동일하게 계산된다. 용어-클래스 발생 표는 문헌 훈련 집합을 구성하는 다양한 부분집합의 크기를 명확하게 구분지을 수 있다.

위의 용어-클래스 발생 표가 주어졌을 때, 아래와 같이 다양한 확률을 정의할 수 있다.

$d_j$를 훈련 집합에서 임의로 선택된 문헌이라고 하면 다음과 같이 정의할 수 있다.

$P(k_i)$: $k_i \in d_j$인 확률
$P(\bar{k}_i)$: $k_i \not\in d_j$인 확률
$P(c_p)$: $d_j \in c_p$인 확률
$P(\bar{c}_p)$: $d_j \not\in c_p$인 확률

$P(k_i,\ c_p)$: $k_i \in d_j$이고 $d_j \in c_p$인 확률
$P(\bar{k}_i,\ c_p)$: $k_i \not\in d_j$이고 $d_j \in c_p$인 확률
$P(k_i,\ \bar{c}_p)$: $k_i \not\in d_j$이고 $d_j \not\in c_p$인 확률
$P(\bar{k}_i,\ \bar{c}_p)$: $d_j \not\in c_p$이고 $d_j \not\in c_p$인 확률

이 확률들은 아래와 같이 계산될 수 있다.

$$
\begin{aligned}
P(k_i) &= \frac{n_i}{N_t} & P(\bar{k}_i) &= \frac{N_t - n_i}{N_t} \\
P(c_p) &= \frac{n_p}{N_t} & P(\bar{c}_p) &= \frac{N_t - n_p}{N_t} \\
P(k_i, c_p) &= \frac{n_{i,p}}{N_t} & P(\bar{k}_i,\ c_p) &= \frac{n_p - n_{i,p}}{N_t} \\
P(k_i,\ \bar{c}_p) &= \frac{n_i - n_{i,p}}{N_t} & P(\bar{k}_i,\ \bar{c}_p) &= \frac{N_t - n_i - (n_p - n_{i,p})}{N_t}
\end{aligned}
$$

이 중요한 확률들은 이 절의 다양한 용어 선택 방법들에 이용될 것이다.

### 8.5.2 용어 문헌 빈도(Term Document Frequency)

단순하고 효과적인 용어 선택 처리과정으로 문헌을 대표하기 위해서 미리 정해진 빈도 임계치를 초과하는 용어의 문헌 빈도 만을 이용한다.

**용어 문헌 빈도에 의한 특징 선택.** $K_{th}$를 용어 문헌 빈도의 임계치로 하고, $n_i \geq K_{th}$되는 모든 용어 $k_i$를 남기고, 다른 모든 용어는 폐기한다. 문헌 대표들은 오직 남아 있는 용어만을 고려하여 재계산된다.

이 선택 처리는 불용어(stop words)를 제거한 후에만 적용되어야 한다. 비록 방법이 단순하지만 문헌 빈도가 많은 용어의 선택은 효율성 면에서 한정된 손실을 가지고 공간의 차원수를 상당히 감소시킬 수 있다.

### 8.5.3 TF-IDF 가중치(TF-IDF Weights)

유사하지만 약간 더 정교한 방법은 각 문헌 $d_j$에서 더 높은 TF-IDF 가중치의 용어를 선택하는 것이다(TF-IDF 가중치에 대한 자세한 논의는 3장을 참고하라).

**TF-IDF 가중치에 의한 특징 선택.** $w_{i,j}$는 3.2.4절에서와 같이 용어-문헌 쌍$[k_i,\ d_j]$와 연관된 TF-IDF 가중치를 지칭한다. 더 나아가 $K_{th}$를 TF-IDF 가중치의 임계치라고 하자. 그리고 나서 $w_{i,j} \geq K_{th}$인 모든 용어 $k_i$를 유지시키고, 다른 모든 용어는 폐기한다. 문헌 대표는 오직 남아 있는 용어만을 고려하여 재계산된다.

이 절차는 앞 절에 논의된 방법을 보완한다. 아주 낮은 빈도를 가진 용어들은 낮은 TF-IDF 가중치를 가지는 경향이 있고, 두 방법 모두 이를 제거한다. 반면 아주 높은 빈도를 가진 용어의 경우, 문헌 빈도에 의한 용어 선택은 이 용어를 유지시키는 반면 TF-IDF에 의한 용어 선택은 이를 제거할 수도 있다. 왜냐하면 높은 빈도가 낮은 TF-IDF 가중치로 이어질 수도 있기 때문이다. [1744]의 실험은 특징 선택을 위한 TF-IDF 가중치의 사용이 효율성 측면에서 손실이 없이 1/10로 공간의 차원수를 감소시킨다고 말한다. 더 나아가 1/100 만큼의 차원수 감소에서도 효율성 측면에서 아주 작은 손실만을 일으킨다.

### 8.5.4 상호 정보량(Mutual Information)

상호 정보량은 두 개의 임의적인 변수들의 분포 사이의 상대적인 엔트로피를 측정하는 것이다. 만약 이 변수들이 독립적이라면, 그들의 상호 정보량이 0이라고 말한다. 즉, 변수 중 하나의 지식이 다른 하나의 변수에 대하여 어떤 것도 추론할 수 없다. 용어 $k_i$와 클래스 집합 $C$ 사이의 상호정보량 $MI(k_i,\ C)$는 기대값으로 표현된다.

$$I(k_i,\ c_p) = \log\left(\frac{P(k_i,\ c_p)}{P(k_i)P(c_p)}\right) = \log\left(\frac{\frac{n_{i,p}}{N_t}}{\frac{n_i}{N_t}\times\frac{n_p}{N_t}}\right)$$

즉, 모든 클래스에 대해,

$$\begin{aligned} MI(k_i,\ C) &= \sum_{p=1}^{L} P(c_p)\ I(k_i,\ c_p) \\ &= \sum_{p=1}^{L} \frac{n_p}{N_t} \log\left(\frac{\frac{n_{i,p}}{N_t}}{\frac{n_i}{N_t}\times\frac{n_p}{N_t}}\right) \end{aligned} \tag{8.10}$$

대안은 모든 클래스에 걸쳐 아래와 같이 최대 용어 상호정보를 사용하는 것이다.

$$\begin{aligned} I_{\max}(k_i,\ C) &= \max_{p=1}^{L} I(k_i,\ c_p) \\ &= \max_{p=1}^{L} \log\left(\frac{\frac{n_{i,p}}{N_t}}{\frac{n_i}{N_t}\times\frac{n_p}{N_t}}\right) \end{aligned}$$

이 경우에 특징 선택 처리는 다음과 같이 작동된다.

**엔트로피에 의한 특징 선택.** $K_{th}$를 엔트로피의 임계치로 하고, $MI(k_i,\ C) \geq K_{th}$(혹은 $I_{\max}(k_i,\ C) \geq K_{th}$)인 모든 용어 $k_i$를 유지시키고, 다른 모든 용어는 폐기한다. 문헌 대표는 오직 남아있는 용어만을 고려하여 재계산된다.

### 8.5.5 정보 게인(Information Gain)

정보 게인은 상호 정보량에 상호보완적인 측정체계이다. 이 방법은 문헌의 용어 출현과 연관된 확률은 물론 문헌의 용어 유무와 관련된 확률도 고려한다. 즉, 이 방법은 용어/문헌 출현의 효과와 용어/문헌 유무의 효과 사이에서 균형을 이룬다.

모든 클래스의 집합 $C$에 대해 용어 $k_i$의 정보 게인 $IG(k_i,\ C)$는 다음과 같이 정의된다.

$$IG(k_i,\ C) = H(C) - H(C|k_i) - H(C|\neg k_i)$$

여기서 $H(C)$는 클래스 $C$ 집합의 엔트로피이다. $H(C|k_i)$와 $H(C|\neg k_i)$는 용어 $k_i$가 존재할 때와 부재시 $C$

의 조건적 엔트로피이다. 정보 이론 관점에서, $IG(k_i, C)$는 $k_i$가 알려진 사실이기 때문에 $C$에 대하여 얻은 지식 양을 측정한 것이다.

8.5.1절에 정의된 확률을 이용하고, 엔트로피의 공식 (6.5.1절 참조)을 이용하여, 다음과 같이 표기할 수 있다.

$$\begin{aligned} IG(k_i, C) &= -\sum_{p=1}^{L} P(c_p)\log P(c_p) \\ &\quad -\left(-\sum_{p=1}^{L} P(k_i, c_p)\log P(c_p \mid k_i)\right) \\ &\quad -\left(-\sum_{p=1}^{L} P(\overline{k}_i, c_p)\log P(c_p \mid \overline{k}_i)\right) \end{aligned}$$

베이즈 규칙을 적용하면, 다음과 같이 다시 쓸 수 있다.

$$IG(k_i, C) = -\sum_{p=1}^{L}\left(P(c_p)\log P(c_p) - P(k_i, c_p)\log\left(\frac{P(k_i, c_p)}{P(k_i)}\right) - P(\overline{k}_i, c_p)\log\left(\frac{P(\overline{k}_i, c_p)}{P(\overline{k}_i)}\right)\right)$$

8.5.4절의 확률 정의를 적용함으로써 다음과 같이 쓸 수 있다.

$$IG(k_i, C) = -\sum_{p=1}^{L}\left(\frac{n_p}{N_t}\log\left(\frac{n_p}{N_t}\right) - \frac{n_{i,p}}{N_t}\log\left(\frac{n_{i,p}}{n_i}\right) - \frac{n_p - n_{i,p}}{N_t}log\left(\frac{n_p - n_{i,p}}{N_t - n_i}\right)\right) \tag{8.11}$$

특징 선택 처리과정은 다음과 같이 작동된다.

**정보 게인에 의한 특징 선택.** $K_{th}$를 정보 게인의 임계치로 놓는다. 그리고 나서 $IG(k_i, C) \geq K_{th}$인 모든 용어 $k_i$를 유지하고, 다른 모든 용어들은 폐기한다. 문헌 대표는 오직 남아 있는 용어만을 고려하여 재계산된다.

### 8.5.6 카이 제곱(Chi Square)

카이 제곱 측정체계는 용어 $k_i$와 클래스 $c_p$사이의 독립성 부족을 수량화한다. 이는 통계적 계량으로 다음과 같이 정의된다.

$$\chi^2(k_i, c_p) = \frac{N_t(P(k_i, c_p)P(\neg k_i, \neg c_p) - P(k_i, \neg c_p)P(\neg k_i, c_p))^2}{P(k_i)\,P(\neg k_i)\,P(c_p)\,P(\neg c_p)}$$

8.5.1절에 정의된 확률을 이용해서, 다음과 같이 표현할 수 있다.

$$\begin{aligned} \chi^2(k_i, c_p) &= \frac{N_t(n_{i,p}(N_t - n_i - n_p + n_{i,p}) - (n_i - n_{i,p})(n_p - n_{i,p}))^2}{n_p(N_t - n_p)\,n_i(N_t - n_i)} \\ &= \frac{N_t(N_t n_{i,p} - n_p n_i)^2}{n_p n_i(N_t - n_p)(N_t - n_i)} \end{aligned}$$

특징 선택을 용어 $k_i$에 적용하기 위해서, 다음과 같이 카이 제곱의 평균 혹은 최대 용어 값을 계산한다.

$$\chi^2_{avg}(k_i) = \sum_{p=1}^{L} P(c_p)\chi^2(k_i,\ c_p) \tag{8.12}$$

$$\chi^2_{\max}(k_i) = \max_{p=1}^{L} \chi^2(k_i,\ c_p)$$

특징 선택 처리과정은 다음과 같이 작동된다.

**카이 제곱에 의한 특징 선택.** $K_{th}$를 카이 제곱의 임계치로 설정한다. 그리고 나서 $\chi^2_{avg}(k_i) \geq K_{th}$ (혹은 $\chi^2_{max}(k_i) \geq K_{th}$)인 모든 용어 $k_i$를 유지하고, 다른 모든 용어는 폐기한다. 문헌 대표는 오직 남아 있는 용어만을 고려하여 재계산된다.

### 8.5.7 특징 선택의 영향

특징 선택은 텍스트 분류 처리과정의 결과에 큰 영향을 미치지 않고 수십에서 수백배 수준으로 복잡성을 감소시킴으로써 용어 공간(즉, 특징들의 수)의 크기를 감소시킨다. 어떤 특징 선택 방법들은 평균적으로 다른 것들에 비해 더 잘 작동하는데, 예를 들어 기존 연구의 실험들은 여기서 논의되었던 카이 제곱과 정보 게인 측정체계가 다른 세 가지 방법보다 우위에 있다는 것을 나타냈다[1446].

특징 선택에 의해 제공되어진 용어 공간의 감소는 매우 중요한데, 이는 향상된 결과로 이끌어내는 더욱더 정교한 텍스트 분류 알고리즘의 실행을 가능하게 한다. 이 알고리즘은 원래의 용어 공간에서는 시행될 수 없는데, 그 이유는 원래 공간에서의 시행은 작동시간이 과도하게 높아서 비현실적이기 때문이다.

## 8.6 평가수식

IR(정보검색)에서 평가는 모든 텍스트 분류 방법의 개발에 매우 중요한 단계이다. 적절한 평가와 벤치마킹이 없이는 새로 제안된 텍스트 분류함수가 얼마나 좋은지를 결정할 수 없다. 즉, 평가는 새로 제안된 분류 방법을 인증하는 중요한 단계이다. 이 절에서는 단일 라벨 텍스트 분류함수의 질 평가에 가장 많이 사용되는 측정체계들을 살펴본다. 이 논의는 [1446, 1743]에 크게 영향을 받았다.

### 8.6.1 상황표(Contingency Table)

가장 많이 사용되는 텍스트 분류 평가 측정체계를 살펴보기 위해서, 클래스 $c_p$의 상황표를 정의해 보자. 이는 8.5.1절의 용어-클래스 발생표와 유사하고, 다음과 같이 정의된다.

**정의**

*$D$를 문헌들의 컬렉션이라고 하고, $D_t$는 모든 훈련 문헌들로 (혹은 클래스가 알려져 있는 모든 실험 문헌들로) 구성된 부분집합이라고 하자. 그리고 $N_t$는 $D_t$의 문헌 수이고 $C=\{c_1,\ c_2,\ \cdots, c_L\}$는 모든 $L$ 클래스의 집합이다. 훈련 함수 $T: D_t \times C \rightarrow \{0,1\}$와, 텍스트 분류함수 $F: D \times C \rightarrow \{0,1\}$는 명시되어 있다. $n_t$는 함수 $T$에 의하여 클래스 $c_p$에 할당된 문헌들의 수이다(이전에 $n_p$라고 지칭했다). 그리고 $n_f$는 함수 $F$에 의하여 클래스 $c_p$에 할당된 문헌들의 수이다. 훈련 집합의 모든 문헌들에게 분류함수의 적용을 고려한다. 그리고 나면 다음과 같은 상황표가 만들어질 것이다.*

| 경우 | $T(d_j,\ c_p)=1$ | $T(d_j,\ c_p)=0$ | 총 |
|---|---|---|---|
| $F(d_j,\ c_p)=1$ | $n_{f,t}$ | $n_f-n_{f,t}$ | $n_f$ |
| $F(d_j,\ c_p)=0$ | $n_t-n_{f,t}$ | $N_t-n_f-n_t+n_{f,t}$ | $N_t-n_f$ |
| 모든 문헌 | $n_t$ | $N_t-n_t$ | $N_t$ |

여기서 $n_{f,t}$는 훈련 함수와 분류함수 모두 클래스 $c_p$에 할당한 문헌들의 수이다. 주목할 것은 분류함수와 훈련 함수에 의해서 생성된 집합들을 구분하기 위하여 표기법을 바꿨다는 것이다. 또한 표기법을 단순화시키기 위해서 클래스 $c_p$의 참조를 생략했다. 위의 상황표가 주어졌을 때, 분류함수에 의해 클래스 $c_p$로 잘못 분류된 훈련 문헌들의 수는 $n_t$-$n_{f,t}$이다. 나머지는 동일하게 계산된다.

### 8.6.2 정확도(accuracy)과 오류(error)

텍스트 분류함수에 대한 정확도와 오류 측정체계는 다음과 같이 주어진 클래스 $c_p$에 관하여 정의된다. 정확도는 분류함수에 의해 옳은 클래스로 할당된 훈련 문헌들의 비율이다. 오류는 분류함수에 의하여 잘못된 클래스로 할당된 훈련 문헌들의 비율이다. 즉,

$$Acc(c_p) \ = \ \frac{n_{f,t}+(N_t-n_f-n_t+n_{f,t})}{N_t} \tag{8.13}$$

$$Err(c_p) \ = \ \frac{(n_f-n_{f,t})+(n_t-n_{f,t})}{N_t} \tag{8.14}$$

주의할 점은

$$Acc(c_p)+Err(c_p)=1 \text{이어야 한다.}$$

정확도와 오류는 흔한 사용에도 불구하고 단점들을 가지고 있다. 예를 들면, 단지 두 개의 카테고리 $c_p$와 $c_r$만을 가진 이진 분류 문제를 생각해 보자. 만약 하나의 카테고리 안의 문헌 수가 컬렉션 문헌 수와 비교해서 아주 작다면, 이 측정체계는 신뢰가 떨어진다. 1000개의 문헌 중에서 클래스 $c_p$에 속하는 것이 단지 20개라고 가정하자. 그러면, 매우 단순한 분류함수는 간단히 모든 문헌들이 클래스 $c_p$에 속하지 않는다고 가정하므로, 이것의 정확도는 98%(즉, 980/1,000)이고 오류는 단지 2%이다. 이 값은 우리가 아주 좋은 분류함수를 가졌다는 것을 뜻하지만 실상은 그렇지 않다.

이제 두 번째 분류함수를 가정해 보자. 이 분류함수는 $c_p$에 속하는 문헌들의 50%를 올바르게 예측한다. 이는 표 8.2에 표현한 바와 같다. 이 경우, 정확도와 오류는 다음과 같다.

$$Acc(c_p) \ = \ \frac{10+980}{1,000} = \ 99\%$$

$$Err(c_p) \ = \ \frac{10+0}{1,000} = \ 1\%$$

이 분류함수는 모든 문헌들이 클래스 $c_p$에 속하지 않는다고 예상했던 앞의 분류함수보다 훨씬 뛰어나다. 그러나 정확도는 단지 1% 밖에 차이나지 않는다(98%에서 99%로 증가하였다). 이는 두 분류함수가 거의 동등하다는 결론에 도달하지만 사실은 그렇지 않다.

| 경우 | $T(d_j,\ c_p)=1$ | $T(d_j,\ c_p)=0$ | 총 |
|---|---|---|---|
| $F(d_j,\ c_p)=1$ | 10 | 0 | 10 |
| $F(d_j,\ c_p)=0$ | 10 | 980 | 990 |
| 모든 문헌 | 20 | 980 | 1,000 |

**표 8.2:** 클래스 $c_p$에 속한 20개의 훈련 문헌 중에서 50%를 올바르게 분류한 텍스트 분류 함수의 상황표

### 8.6.3 정확률(precision)와 재현율(recall)

텍스트 분류에서 정확률와 재현율은 정보검색(IR)의 정확률과 재현율 측정체계의 변형이다. 이들은 텍스트 분류함수의 질을 측정하기 위해 사용되어 왔고, 위의 정확도에서 언급한 문제를 최소화할 가능성도 가지고 있다.

정확률과 재현율 수치는 다음과 같이 주어진 클래스 $c_p$에 관련하여 계산된다.

$$P(c_p) = \frac{n_{f,t}}{n_f} \qquad (8.15)$$

$$R(c_p) = \frac{n_{f,t}}{n_t} \qquad (8.16)$$

정확률은 분류함수에 의해서 클래스 $c_p$로 할당된 모든 문헌에 대하여 그 중에서 실제로 (실험 집합에 의하여) 클래스 $c_p$에 속하는 문헌들의 비율이다. 재현율은 (실험 집합에 의하여) 클래스 $c_p$에 속하는 모든 문헌에 대한 분류함수가 올바르게 클래스 $c_p$로 할당한 비율이다.

작은 집합에 관한 정확률을 계산하기 위해서 앞의 예를 다시 생각해 보자. 클래스 $c_p$에 속하는 문헌들이 단지 20개뿐이라는 훈련 집합을 가정하자. 매우 단순한 분류함수는 모든 문헌들이 클래스 $c_p$에 속하지 않는다고 생각하고, 그러므로 정확률은 0이 된다. 더 나아가, 표 8.2에서 표현한 분류함수의 예를 살펴보면, 정확률와 재현율은 다음과 같다.

$$P(c_p) = \frac{10}{10} = 100\%$$

$$R(c_p) = \frac{10}{20} = 50\%$$

즉, 이 분류함수는 클래스 $c_p$에 대하여 100%의 정확률과 50%의 재현율을 갖는다.

하나의 질적인 측정으로 정확률와 재현율을 결합하는 것은 편리한 데, 가장 일반적으로 사용되는 측정 방법 중 하나는 다음에 논의할 $F$-척도(F-measure)이다.

### 8.6.4 $F$-척도와 $F_1$

$F$-척도[1743]는 정확률과 재현율을 결합하고 각 척도에 다른 가중치를 부여하는데, (4.3.2절 참조). 아래와 같이 정의된다.

$$F_\alpha(c_p) = \frac{(\alpha^2+1)\,P(c_p)R(c_p)}{\alpha^2 P(c_p)+R(c_p)} \qquad (8.17)$$

여기에서 $\alpha$는 정확률과 재현율의 상대적인 중요성을 의미한다. $\alpha=0$ 일 때에는 오직 정확률만 고려되며, $\alpha=\infty$ 이면 재현율만 고려하게 된다. $\alpha=0.5$일 때는 재현율과 정확률은 동등하게 반만큼 중요하다.

가장 많이 쓰이는 $F$-척도의 형식은 정확률과 재현율에 똑같은 가중치를 부여함으로써 획득된다. $\alpha=1$일 때, 이를 $F_1$-척도라고 말하며, 아래와 같이 계산된다.

$$F_1(c_p)=\frac{2P(c_p)R(c_p)}{P(c_p)+R(c_p)} \tag{8.18}$$

$F_1$은 정확률과 재현율의 상대적인 중요성에 균형을 준다. 표 8.2에 표현된 예는, 아래와 같이 나타낼 수 있다.

$$F_1(c_p)=\frac{2\times 1\times 0.5}{1+0.5}\sim 67\%$$

### $F_1$ 매크로(Macro)와 마이크로(Micro) 평균

모든 클래스에 대하여 $F_1$값의 평균을 계산함으로써 분류함수의 고유한 $F_1$값을 이끌어내는 것이 일반적이다. [1743]에서 고려한 두 가지 평균 함수는: 마이크로-평균 $F_1$(micro-average $F_1$, mic$F_1$)과 매크로-평균 $F_1$(macro-average $F_1$, mac$F_1$)이다.

매크로-평균 $F_1$은 다음과 같이 계산된다.

$$macF_1=\frac{\sum_{p=1}^{|C|}F_1(c_p)}{|C|} \tag{8.19}$$

결과적으로 매크로-평균 $F_1$은 단순하게 모든 클래스에 걸쳐서 $F_1$의 평균을 내는 것이다.

마이크로-평균 $F_1$을 계산하기 위해서 재현율과 정확률 수치를 모든 카테고리에 대하여 다음과 같이 고려한다.

$$P=\frac{\Sigma_{c_p\in C}n_{f,t}}{\Sigma_{c_p\in C}n_f}$$

$$R=\frac{\Sigma_{c_p\in C}n_{f,t}}{\Sigma_{c_p\in C}n_t}$$

일단 전반적인 정확률과 재현율 수치가 계산되면, 마이크로-평균 $F_1$은 다음과 같이 계산될 수 있다.

$$mic\,F_1=\frac{2PR}{P+R} \tag{8.20}$$

마이크로-평균 $F_1$에서는 모든 단일 문헌이 같은 중요도를 가지며, 매크로-평균 $F_1$에서는 모든 단일 카테고리가 같은 중요도를 갖는다. 결론적으로 매크로-평균 $F_1$이 많은 클래스에서 잘 수행되는 분류함수의 능력을 더 잘 포착한다. 이는 클래스의 분포가 아주 왜곡되어질 때 중요해진다. 이 경우, 두 평균 측정체계 모두가 고려되어야 한다.

## 8.6.5 교집합-검증법(Cross-Validation)

교집합-검증법은 분류 결과의 통계적인 검증을 보장하는 표준 방법이 되었다[1140, 1446]. 이는 $k$개의 다른 분류함수를 만들어 구성된다: $\Psi_1$, $\Psi_2$, $\cdots$, $\Psi_k$. 분류함수를 입증하기 위해서, 문헌 훈련 집합 $D_t$를 $k$개의 $N_{t1}$, $N_{t2}$,

…, $N_{tk}$크기의 독립적인 부분집합으로 나눈다. 분류함수 $\Psi_i$는 $N_{ti}$인 $i$번째 부분을 실험집합으로 사용한다. 그리고 크기 $N_t$-$N_{ti}$인 $D_t$의 남은 문헌들을 훈련 집합으로 사용한다.

각 분류함수는 정확률-재현율 혹은 $F_1$-척도와 같은 평가 측정체계를 이용해서 독립적으로 평가된다. 교집합-검증법은 $k$ 척도의 평균을 계산함으로써 완료된다. 가장 흔하게 채택되는 $k$값은 10으로, 이 방법은 10-폴드 교집합 검증법(ten-fold cross-validation)이라고 불린다.

### 8.6.6 표준 컬렉션

검색 평가에서 일어나는 상황은 비슷하기 때문에, 몇몇 표준 벤치마크 컬렉션이 분류 기술의 실험과 비교에 이용 가능하게 만들어졌다. 이 컬렉션들은 텍스트 분류에서 이루어진 최근 진보의 토대가 되었으며 가장 많이 사용되는 벤치마크 컬렉션을 살펴본다.

#### 로이터(Reuters)-21578

로이터 21578 말뭉치(Reuters 21578 corpus) [337]는 분류 실험에 가장 널리 사용되는 컬렉션으로, 1987년도 로이터사의 뉴스 기사로 구성되었다. 이 컬렉션은 경제학과 관련된 몇 개의 카테고리(즉, 취득, 소득 등)로 분류되어 있다. 여기에는 (ModApte 라고 불리는) 표준 분할이 있는데, 이는 훈련을 위한 9,603 문헌들과 실험을 위한 3,299 문헌들을 보유하고 있으며, 훈련과 실험에 함께 나타나는 90개의 카테고리로 구성되어 있다. 많은 연구자들은 그들의 실험에서 이 컬렉션중에서 10개의 가장 큰 클래스만을 사용한다[183, 520, 838]. 클래스 비율은 훈련 집합에서 1.88%부터 29.96%까지 사이이고, 실험 집합에서 1.7%부터 32.95% 사이이다.

#### RCV: 로이터 말뭉치 볼륨(Reuters Corpus Volumes)

로이터 말뭉치 볼륨 1(RCV1)은 참고 컬렉션으로, 800,000개 이상을 수동으로 분류하여 카테고리화한 뉴스 서비스에 의한 스토리들을 포함하고 있으며, 로이터 주식회사에서 최근 발표한 것이다[1345]. 이 스토리들은 103개의 주제별 카테고리로 정리되어 있으며, 이 컬렉션이 텍스트 분류 실험에서 이전의 로이터-21578 컬렉션을 대체할 것으로 예상된다. 왜냐하면 훨씬 크기가 커졌으며 (대략 35배정도), 더 믿을만 하고 깔끔해졌기 때문이다. RCV2[1346]은 처음 발표된 컬렉션을 수정한 것으로, 몇 컬렉션의 잘못된 데이터가 제거되었다[1016].

#### OHSUMED 참고 컬렉션

OHSUMED 컬렉션[750]은 MEDLINE 데이터베이스의 부분 집합이다. 이는 국립 의학 도서관(National Library of Medicine)(NLM)이 보유한 권위있는 의학 문헌들로 구성되어있다. MEDLINE 데이터베이스는 2009년에 1700만 이상의 참고자료를 보유하고 있었다[1115]. 각각은 17,000개 MeSH 어휘에서 선택된 의학주제명 표목(Medical Subject Headings)(MeSH)을 포함하고 있으며 이는 사람이 직접 분류한 것이다.

OHSUMED 컬렉션은 1987~1991년 동안의 MEDLINE 데이터베이스를 포함한 270개의 저널로부터 채택된 348,566개의 의학 참고자료로 구성되어 있다. 이 컬렉션은 또한 환자 진료중 의사가 작성한 101개의 질문도 포함하고 있다. 더 나아가 타당성 판단을 위해서 각 질문의 답으로 명백히 관련됨(definitely relevant), 관련이 가능함(possibly relevant), 관련 없음(non-relevant) 세 가지 타입을 제공하고 있다.

의학 카테고리로 해석될 수 있는 MeSH 표목과 관련된 정보를 MEDLINE이 포함하고 있으므로, OHSUMED 컬렉션은 분명히 텍스트 분류 알고리즘의 평가에 매우 적합할 것이다. 이 컬렉션의 다운로드는 ftp://medir.ohsu.edu/pub/ohsumed를 참고하기 바란다.

#### 20 뉴스그룹(NewsGroups)

가장 많이 쓰이는 세 번째 컬렉션은 20 뉴스그룹이다[402]. 이것은 Usenet 뉴스그룹에 게재된 약 20,000개 메시지의 컬렉션으로, 20개의 다른 뉴스그룹에 걸쳐서 (거의) 균등하게 나누어져 있다. 이 카테고리는 뉴스그룹 그 자체이다.

### 다른 컬렉션

기타 텍스트 분류 문헌에 등장한 컬렉션으로 WebKB 하이퍼텍스트 컬렉션(WebKB hypertext collection)[401], ACM-DL, ACM 디지털 도서관(ACM Digital Library)의 부분집합, 위키피디아(Wikipedia), 야후(Yahoo!)와 ODP와 같은 웹 디렉토리(Web Directories)의 샘플 등이 있다.

## 8.7 클래스 구성-계층 구축

라벨링은 각 클래스의 의미에 대한 정보를 제공하는데, 이는 분류 처리과정을 지도하는데 꽤 유용하다. 그러나 모든 클래스가 라벨링되어 있더라도, 클래스가 정리되어 있지 않으면 여전히 클래스는 평면 공간을 가지고 있다. 즉, 클래스 간의 관계정보가 주어지지 않았기 때문이며 이에 대한 해결방법은 계층구조를 만드는 것이다(6.7.1절 참조). 예를 들어, 그림 8.21은 이 장의 앞 부분 예로서 제시한 호텔에 대한 계층구조를 표현하고 있다. 이 경우에 일반화는 호텔의 위치에 기초하므로 계층구조가 위치정보기반이라고 말한다.

일반적으로 분류체계는 그림 8.22에서 표현한 것처럼 복잡한 절차를 거쳐 수동으로 혹은 반-자동으로 만든다[1001]. 그림의 다섯 단계는 세부적으로 더 분해될 수 있는데, 예를 들면 다음과 같다.

1. 관련 지식 분야에 있는 문헌 대표의 작은 부분-컬렉션을 구성하는데, 이는 보통 1000개의 문헌이다.
2. 이 문헌들을 분석하여 내용을 특징짓고 그룹화 한다.
3. 분류체계를 만들기 위해 사용자의 정보 요구를 명시한다. 이는 관련 지식 분야의 전문가를 인터뷰함으로써 완료될 수 있다.
4. 관련 지식 분야에 사용된 (클래스를 대표하는) 개념의 표현을 확인하고 정리한다.

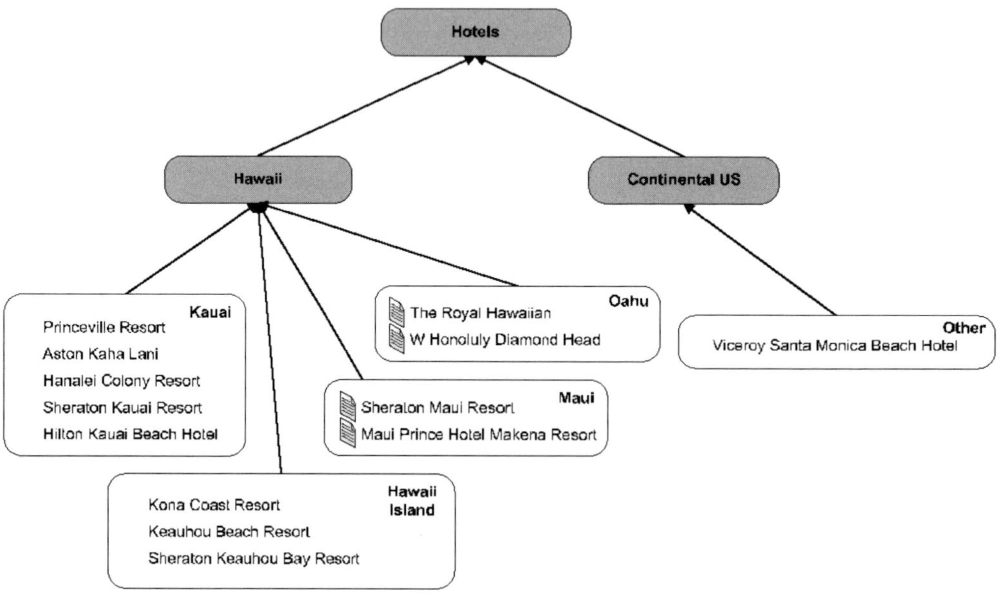


**그림 8.21**: 위치정보기반 분류체계를 이용한 하와이에 있는 호텔 웹 페이지 정리

5. 관련 지식 분야에서 가장 흔하게 사용되는 명사나 명사그룹과 같은 용어를 확인한다.
6. 관련 지식 분야의 개념을 라벨링하기 (즉, 클래스를 라벨링하기) 위해서 확인된 용어를 사용한다.
7. 특수화와 일반화 작업을 통하여 라벨링된 개념을 계층적으로 정리한다.
8. 예를 들면, 유의어와 같은 유사한 관계의 언어를 설정한다.
9. 사용자와 계층구조를 실험하고 검증한다.
10. 계층구조를 개선하고 종료한다.

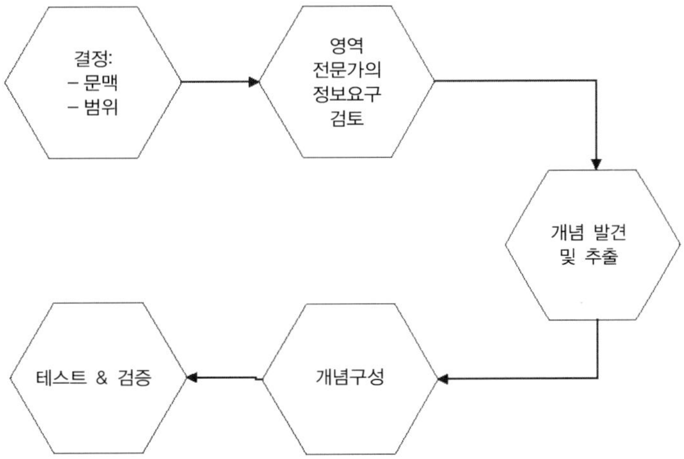


**그림 8.22:** 분류체계를 구성하는 과정

각각의 단계는 집중을 요하는 작업이므로, 1,000~2,000개 개념의 크기를 가진 분류체계를 구성하려면 완성하는데 전체 처리과정은 몇 주가 걸릴 수도 있다. 나아가 클래스들이 이전에 알려져 있지 않을 때(분류체계의 조합이 의도되지 않았을 때)조차, 위의 과정은 특정 지식 분야에 대하여 클래스 집합을 도출할 필요가 있다. 클래스 집합은 처리되지 않은 새 지식 분야에 텍스트 분류 알고리즘을 적용하는데 반드시 필요하기 때문에 유용하다.

어떤 이는 계층구조를 자동으로 만들고 싶어할 수 있으나, 수동으로 만든 계층구조가 더 나은 품질을 가지는 경향이 있고, 더 중요한 것은 사용자의 정보 요구를 더 잘 반영하는 경향이 있다(그들의 선호도에 따라 입력이 제공되기 때문이다). 계층구조 자동 구축은 더 많은 연구와 개발을 요하는 기술의 한 범위이다.

일단 관련 지식 분야의 계층구조가 완성되면, 컬렉션의 문헌은 그 개념(혹은 클래스)에 따라 분류될 수 있다. 의학분야의 경우, UMLS와 같은 의학 계층구조와 그 계층구조로 분류된 의학 문헌 집합이 주어졌을 때, 많은 특정 정보 요구에 즉시 답해질 수 있다.

- 심장 수술과 관련된 기술에 대해서 지난 달 이후로 새로 나온 문헌은 무엇인가?
- 어떤 개념(클래스)에 대해서 발생한 희귀한 사례가 있는가(예를 들어서 새로운 문헌이 나타나는 비율 같은)?
- 사용자에 의해 가장 많이 질의된 개념은 무엇인가?
- 가장 인기있는 질문에 묘사된 개념의 패턴과 최근에 발행된 문헌이 묘사한 개념의 패턴이 일치하는가?

즉, 분류체계에 따른 클래스에 문헌이 분류되면, 문헌 컬렉션과 질의집합의 여러 특징이 정량적으로 신속하게 분석될 수 있다. 분류체계는 특정 분야의 지식 베이스를 만드는데 사용될 수 있으며 이는 더 많은 기능을 제공하고 해당 분야의 의미적 접근을 가능하게 한다.

여기에서 논의한 텍스트 분류 알고리즘은 [1032, 1351]에서 시행한 것처럼 분류체계 계층구조의 장점에 맞추어 조정되지 않았기 때문에, 텍스트 분류 알고리즘들은 클래스의 분류체계로 문헌을 분류하는데 직접 활용될 수 있다.

## 8.8 연구 동향 및 쟁점

웹과 디지털 저장소에 포함된 정보의 폭발적인 증가와 함께, 현재 분류 기술에 있어서 반드시 맞닥뜨려야 할 도전은 분류체계 크기의 증가와 자연스런 분류체계의 불균형 및 문헌 수의 증가와 같은 다양한 환경에 대처할 수 있는 확장성 및 연장성이다. 예를 들어, 2004년도 야후!의 분류체계는 16레벨의 층으로 이루어진 300,000개의 클래스를 가지고 있었다[1040]. 더욱이 클래스 분포는 극도로 편향되어 있어서 클래스의 1%도 안되는 부분이 100개 이상의 문헌을 보유하고, 문헌은 대략 800,000페이지에 달한다. 이런 상황의 처리는 분명히 분류 기술이 뛰어넘어야 할 도전이며 웹 문헌 분류에 대한 링크 정보를 사용한 예비 작업은 [312, 446]에서 찾아볼 수 있다.

더욱 연구가 요구되는 다른 주제는 계층적 분류와 다중-라벨 분류의 문제이다. 앞에서 분류함수는 계층적 구조를 무시하고 각 클래스를 분리적으로 취급하는 기본평면 접근법(basic flattening approach)보다 더 좋은 성능을 위해서 클래스 간에 존재하는 관계를 고려해야 한다. 유사하게 다중-라벨 분류를 위한 일반적인 접근법은 단순히 라벨간의 의존관계를 이용하지 않고 각 클래스를 위한 독립적 이진 분류함수를 만드는 것이다. 이런 기본적인 전략보다 뛰어난 연구가 실제로 존재하지만[521, 1040, 1634], 향상의 여지는 아직도 더 남아 있다.

또 다른 쟁점은 새롭고 흥미로운 방면에 현재의 몇몇 분류 기술을 응용하거나 적용하는 것이다. 예를 들면 (i) 심리 분류(sentiment classification) 즉, 어떤 기사에 대한 구체적인 의견이 긍정적인지 또는 부정적인지[1241] (ii) 장르 분류(genre classification), 특정 문헌들의 종류 또는 스타일을 추론하는 것[998]; (iii) 개체 결정(entity resolution) [695, 1254, 1255], 두개의 개체 표현(references)이 똑같은 현실 개체와 관련이 있는지 결정하는 문제이다. 이 문제들을 본질적인 측면에서 분류 전략과 결합하는 것은 기술의 단순한 응용보다 뛰어난 결과를 생산해야 한다. 다른 어려운 과제는 멀티미디어 내용의 분류와 관련이 있다. 왜냐하면 보다 풍부해지는 미디어의 의미를 자동 색인 방법에 의해서 찾아내기 어렵기 때문이다.

또 다른 연구는 준-지도 분류 기술(semi-superviesd classification technique)이다. 이는 학습 처리의 데이터 집합을 이용해서 몇 개의 라벨이 있는 문헌과 함께 라벨이 없는 문헌, 모두를 이용하는 것이다. 예를 들면, 분류에 대한 정확성이 높은 분류함수의 훈련 집합으로 라벨링 되지 않은 문헌들을 결합시키는 것이다. 이 방법은 충분한 훈련 데이터의 획득이 매우 비싸거나 심지어 불가능한 상황에서 유의미하다.

또 다른 연구는 지식분야의 자연스런 진화때문에 문헌들과 클래스의 시간적 진화(temporal evolution)를 처리하는 것이다. 이는 분류 모델을 만들기 위해서 이용되는 훈련 문헌들의 적절한 균형을 찾는 전략을 생산한다는 아이디어에서 출발하며, 동시에 분류 모델은 시간적인 진화에 관해서 일관성이 있어야 한다[470, 1160].

결과적으로, 현재 분류 기술의 성공과 함께 최근 연구 추세는 문헌 검색의 과제를 위한 랭킹 함수를 학습하는데 몇몇의 기술을 적용시키는 것이다(소위 랭킹 문제의 학습이라 부른다). 이 추세는 클릭 스트림 데이터의 성향을 학습하는 데 SVM을 활용하게 됨으로써 더욱 가속화되고 있다[843]. 그리고 이 문제를 해결하기 위해서 매우 많은 제안이 존재하는 데, 그 예로 최근 SIGIR 회의 자료를 들 수 있다[1308, 1759, 479, 1632].

## 8.9 참고문헌 고찰

텍스트 분류에 의사결정트리(decision tree; DT)를 처음으로 적용한 두 예는 [1015, 605]에 기록되어 있으며 DT에 없는 또는 모르는 값에 대한 문제는 [595]에서 논의되었다. 의사결정트리는 또한 주로 부스팅과 같은 앙상블방법에서 주로 선호된다[1433, 1432].

텍스트 분류에 적용된 k-NN의 대표적 참고문헌은 [1095, 1741]이고 k-NN의 더 깊은 논의와 그에 관련된 쟁점들은 [712]에서 찾을 수 있다. 텍스트 분류의 다른 소극적(lazy) 접근법(k-NN을 배경으로한 기본 방법)은 최근 매우 좋은 결과와 함께 주목받고 있다[1633].

Rocchio 기본 함수를 텍스트 분류에서의 활용은 [797]에 저술되어 있다. Singhal의 이전 작업[1485]에 영감을 받아 Schapire, Singer 및 Singhal은 텍스트 분류에 Rocchio와 함께 질의 영역의 사용을 제안했다[1433].

단순 베이즈를 텍스트 분류에 활용하는 것에 관한 좋은 설명이 [1014] ([1446]에 요약되어 있다)에 나와 있다. 여기에는 또한 앞으로 이 기술에서 연구해야 할 방향에 대하여 토론하고 있는데, 예를 들면 독립 가정의 완화와 같은 것이다. 단순 베이즈 텍스트 분류에서 가장 자주 사용되는 두 가지 이벤트 모델의 비교는 [1105]에 제시되어 있다. 여기에서 (소위 다항(multinomial) 이벤트 모델이라고 불리는) 용어 빈도를 포착한 모델이 이 정보를 고려하지 않는 (소위 베르누이(Bernoulli) 모델로 불리는) 모델보다 거의 대부분 더 나은 대안을 제공한다.

SVM의 토대를 제공하는 책은 [1628]이다. Joachims[838]와 Dumais 등[520]은 텍스트 분류에 SVM을 처음으로 적용했고, 두 책에서 SVM이 다른 성능 기준치를 능가한다는 것을 밝혀냈다. Yang과 Liu의 결과[1743]와 많은 다른 것들 또한 SVM이 최신의 성과를 생산한다는 사실을 분명히 입증했다. (원문 컬렉션과 같은) 큰 데이터 집합에서 SVM의 실용적인 이용은 [839]에서 논의되었다. 최근의 중요한 한 성과는 [843]에 서술되어 있는데, 여기서는 선형 시간에서 선형 SVM을 훈련하는 즉, 극도로 효용성과 확장성을 증가시키는 방법을 묘사하고 있다. 직접 다중-클래스 SVM(direct multi-class SVM) 공식은 [1680, 436]에 제시되어 있으며, 이 방법들의 비교는 [781]에 제공되어있다.

문헌 분류를 위한 앙상블 분류함수는 많은 작업에 사용되고 제안되어 왔다. 세 개의 다른 분류함수 타입(k-NN, Rocchio, 분류함수에 기반을 둔 언어 모델(Language Model))으로 앙상블의 정규화된 출력의 단순 선형 조합은 Yang외 연구자들에 의해서 사용되었다[1742]. 분류함수의 매개변수는 검증 집합에 맞추어져 여러 실험 집합에 적용되었고 이들은 좋은 성과를 이끌었다. [979]에서 저자는 세 가지 다른 분류함수를 가중화된 선형 조합으로 결합하는데, 여기에서 가중치는 검증 집합 개개 분류함수의 성과에 기초하여 조정하였다. 그들은 (소위 2-way라고 불리는) 두 가지 분류함수의 여러가지 조합과 한 가지 3-way 조합을 실험했다. 모든 2-way 조합은 개개의 분류함수를 능가했고, 3-way 조합은 모든 2-way 조합을 능가했다. 그러나 여기서 사용된 실험 집합은 매우 작았다.

Li와 Jain[1022]은 k-NN, 단순 베이즈, 의사결정트리(를 포함한) 네 가지 분류함수 앙상블을 세 가지 다른 조합 방법으로 사용했다: ( i ) 단순 과반수 투표제(simple majority voting) (ii) 동적 분류함수 선택(dynamic classifier selection) (DCS) [1721, 624]; (iii) 적응 분류함수 조합(adaptive classifer combination) (ACC). 동적 분류함수 선택(DCS) 방법에서, 앙상블의 분류함수 중 하나(주어진 훈련 $d_j$와 가장 유사한 문헌들을 분류하는 상대적으로 가장 뛰어난 수행력을 가진 하나)를 $d_j$ 분류를 위해서 선택한다. ACC 방법에서는, 앙상블의 각 분류함수의 예상을 조합해서 가중화된 합계를 도출하는데, 여기서 가중치는 각 분류함수의 ($d_j$와 유사한 문헌들을 분류하는) 상대적인 성과를 나타내는 함수이다. 후자는 최고의 실험 조합이었다. Lam과 Lai는 약간 다른 접근법을 제안했는데, [969] 여기에서 그들은 훈련 집합으로부터 카테고리의 구체적인 특징(즉, 훈련 예의 수, 평균 문헌 길이, 평균 용어 가중치)을 사용하는 데, 이 특징들과 분류 오류 사이의 관계를 파악하기 위해서이다. 이는 각각 주어진 카테고리를 위한 다른 알고리즘 선택을 가능하도록 한다. 유명한 로이터(Reuters)-21578 컬렉션 실험(8.6절 참조)은 그 앙상블 방법의 여러 요소에 향상을 가져왔다.

부스팅(boosting)의 첫 번째 텍스트 분류 적용 중 하나는 [1433, 1432]에 기록되어 있는데, 앙상블은 1-레벨 의사결정 트리로 구성된다. 트리의 루트에서 실험은 주어진 문헌 안에 있는 용어의 유무를 단순하게 확인하는 것이다. 이 부스팅 방법의 네 가지 변형은 [1432]에 제안되어 있으며 그 중 3개는 AdaBoost.MH라고 지칭되는데, 저자는 분류 오류(즉, 해밍 손실(Hamming loss) [1432])를 최소화하기 위해서 노력했다. 네 번째 것은 AdaBoost.MR이라고 지칭되며, 저자들은 랭킹 손실(ranking loss)을 최소화하기 위해서 노력했는데, 즉, 많은 라벨들의 랭킹을 가장 정확하게 결정하는 것이다. Sebastiani 등[1447]에서 AdaBoost.MH 아이디어를 확장하고 향상시켰는데, 여기서 약한 가설들이 하나의 학습자가 아닌 약한 학습자의 앙상블 혹은 집합에 의해서 작성함으로써 알고리즘의 효율성을 향상시켰다. 원래 버젼과 Sebastiani의 AdaBoost 버전 모두 분리된 연속적인 속성을 고려하도록 확장되었고, 이는 알고리즘을 더 향상시켰다.

스태킹(stacking)이 적용된 텍스트 분류의 두 가지 예는 [249]와 [183]에 제시되어 있다. 첫 번째 작업에서, 저자는 평면 전문(flat full text)과 함께 문헌들의 다른 구조적 부분에 관하여 훈련된 (단순 베이즈와 SVM을 포함한) 몇 개의 분류함수의 예상을 결합함으로써 준-지도화된 문헌을 분류하기 위해서 스태킹을 이용하며 선형 SVM은 메타-분류를 위해 사용된다. Benntt 등[183]은 분류함수의 예측에 더하여 신뢰도 지표(reliability indicator)를 사용했는데, 신뢰도 지표는 문헌에 제시된 정보의 양, 분류함수에 제공된 증거의 변화에 따른 예측의 민감도, 예측에 관한 몇몇 단순한 통계(즉, 동의 퍼센트)와 관련된 측면을 포함한 각기 다른 상황 속에서 분류함수의 성과에 대한 신호를 제공하는 요소이다. 그들은 의사결정 트리와 메타-분류함수로써 SVM을 사용했으며 이 연구에서, 앙상블은 일관되게 거의 모든 상황에서 경쟁력을 가지고 있었다(많은 경우에서 개별 요소를 능가했다).

소프트웨어 패키지 중 몇몇은 ID3[1311], C4.5[1313], C5[1398]과 같은 의사결정 트리를 만들기 위해서 존재한다. SVMLight[839]와 LibSVM[335]은 가장 많이 이용되는 SVM패키지이며 SVMPerf 패키지[840]은 [843]에 묘사된 선형방법의 구현을 포함하고 있다. 마지막으로, Bow[1104]와 Weka[1707]은 이 장에서 서술된 많은 방법을 포함한 유명한 패키지이다.

기존 기술의 대부분 진보와 새로운 기술은 텍스트 분류에 필수적이지는 않을지라도 국제 기계 학습 학술대회(Internation Conference on Machine Learing)(ICML)와 ACM SIGKDD 국제 지식발견과 데이터 마이닝 국제학회(International Conference on Knowledge Discovery and Data Mining)(SIGKDD)와 같은 기계학습과 데이터 마이닝 학회에서 보고된다. 특히 텍스트 분류와 관련된 실험적인 적용 방법과 진보는 주로 SIGIR과 CIKM 학회에서 보고된다.

Chapter 9

# 색인과 검색 (Indexing and Searching)

## 9.1 서론

검색 시스템의 주요 목적은 사용자가 관심있는 정보를 찾도록 도와주는 것에 있다. 유효성(effectiveness)을 높이는 것이 목표이며 즉, 사용자의 노력 대비 만족도를 극대화시키는 것이다. 이 장에서, 동전의 다른 면인 효율(efficiency)을 짚어보고, 정보검색(IR) 시스템을 구현하는 방법을 살펴볼 것이다. 이 검색 시스템은 (CPU 혹은 처리시간과 같은) 계산자원, 입출력시간, 네트워크 대역폭, 메모리 공간, 디스크 공간 등의 최소 요구조건으로 사용자 질의를 처리한다.

비록 효율이 유효성과 비교해서 이차적인 쟁점으로 보일지 모르지만, 효율은 정보검색 시스템의 설계에서 무시될 수 없다. 예를 들어, 딱 1,000권의 책을 다루고, 한 번에 한 사용자를 대하는 작은 도서관 시스템이 있다고 하자. 1,000권의 책은 아마도 사무실의 벽을 책꽂이로 둘러 사용한다면 충분히 수납할 수 있는 양일 것이다. 이제 각각의 책은 전자양식으로 700 킬로바이트라고 가정하면 전체 텍스트 컬렉션은 700 메가바이트를 차지한다. 이 컬렉션이 메인 메모리에 다 들어간다고 가정하고, 컬렉션에서 하나의 단어를 찾는 단순한 검색은 오늘날 PC의 grep 같은 공개된 순차적 탐색 도구를 이용했을 때, 기계에 따라서 1초에서 10초가 걸린다. 이제 도서관이 커져서 (아직까지는 적정상태인) 10,000권의 책을 보유하고 있다고 가정하자. 그리고 이는 전자양식으로 7기가바이트가 필요하다. 이 컬렉션은 더 이상 메인 메모리에 들어가지 않으므로, 결과적으로 검색은 2~3분이 소요될 것이다. 아무리 정보검색 모델이 효율적이고, 인터페이스가 멋있을지라도, 사용자들은 하나의 질의처리에 2분이 걸린다면 불만스러워할 것이다.

이 예는 모든 정보검색 시스템이 효율 측면에 신경을 쓰고 설계되어야 한다는 것을 의미한다. 더욱이, 더 큰 스케일의 적용으로 이동하는 추세이므로 효율이 유효성에 비교해서 더 많이 중요해졌다. 예를 들어, 테라바이트급의 데이터를 색인하고 1초에 수백 수천의 질의를 제공하는 웹 검색엔진에서, 효율은 생존에 아주 중요해서 유효성을 향상시키는 기술은 아주 단순한 것만 사용할 정도이다. 다시 말하자면, 더 나은 검색 알고리즘을 실행하게 하려면, 유효성을 향상시키는 더 정교한 기술이 필요하다.

앞선 예에 표현된 바와 같이 순차 탐색(sequential search)은 검색의 가장 기본적인 형태이다. 이는 텍스트의 형성된 구조나 유지되는 구조를 필요로 하지 않는다. 그러나 서술한 바와 같이, 아주 제한적인 환경 안에서만 사용될 수 있다. 그럼에도 불구하고 나중에 이것의 상대적인 중요성에 대하여 살펴볼 것이다.

대부분 현실 응용에서, 색인(index)은 반드시 사용되어야 한다. 색인은 검색의 속도를 향상시키기 위해서 텍스트로부터 만들어진 하나의 자료 구조이다. 색인을 유지하고 처리하는 것은 순차 탐색을 실행하는 것보다 상당히 복잡하다. 그러나 대부분의 경우에서 허용될 수 있는 반응 시간을 획득하기 위한 유일한 해결책이다. 색인을 사용하는 정보검색 시스템의 맥락에서, 시스템의 효율은 다음과 같이 측정될 수 있다:

- **색인 시간**(Indexing time). 색인을 구성하는 데 필요한 시간. 여기서 전반적인 경과 시간(elapsed time)을 측정하거나 각각의 CPU 시간, 입출력 시간(I/O time) 등을 따로 고려할 수 있다. 일반적으로 색인 시간은 텍스트 크기에 비례한다.

- **색인에 필요한 공간**(Indexing space). 색인을 생성하는 동안에 사용된 공간. 이는 색인을 생성하는 어떤 순간이라도 그 때 필요한 최대 공간으로 측정될 수 있다. 일반적으로 이는 색인된 텍스트 크기에 비례한다.

- **색인 저장공간**(Index storage). 일단 색인을 생성한 후에, 색인을 저장하는데 필요한 공간. 목표는 최종 색인 공간이 전체 텍스트 크기에 비하여 아주 작아야 하며, 색인 처리과정 동안에 필요한 공간보다도 훨씬 작아야 한다는 것이다.

- **질의 대기시간**(Query latency). 정보검색 시스템에 질의가 들어온 시점과 답변 생성시점의 간격 시간. 평균 시간은 보편화된 측정체계이지만, 모든 질의의 특정한 백분율(예를 들어, 90%)을 위한 최대 시간을 고려하는 것도 물론 중요할 수 있다. 여기서는 사용자가 경험할 수 있는 (웹-기반 시스템에서 질의를 한 후 답변이 보이기 전의 네트워크 지연과 같은) 다른 종류의 지연은 포함하지 않는다.

- **질의 처리량**(Query throughput). 1초에 처리된 질의의 평균량. 이는 질의 대기시간으로부터 바로 계산된다.

부록 A에 여러 효율 측정을 포함하고 있는 몇몇 오픈 소스 검색 소프트웨어 패키지(검색엔진)의 비교를 보여 주고 있다.

비록 이런 것들이 주요 성능 측정이기는 하지만, 다른 중요한 고려사항들도 있다. 텍스트가 갱신되면, 그 텍스트로부터 만들어진 어떤 색인이든 반드시 갱신되어야 한다. 만약 텍스트 컬렉션이 아주 변동이 많다면, 이것은 비현실적일 수 있다(즉, 아주 빈번히 수정을 해야하기 때문이다). 현재의 색인 기술은 텍스트 컬렉션의 빈번한 변화를 대처하기에는 준비가 부족하다. 대신에, 현재의 기술은 소위 준-정적 컬렉션(semi-static collection)을 처리할 수 있다. 준-정적 컬렉션이란 적정한 정기 간격(예를 들면, 하루)마다 갱신되는 것이다. 웹을 포함하여 대부분의 실제 텍스트 컬렉션은 사실 준-정적이다. 웹이 아주 빨리 변화할지라도 검색엔진의 정보수집은 상대적으로 느리다. 정보의 최신성을 유지하기 위해서 점진적(incremental) 색인이 사용된다.

자주 변화하는 텍스트 컬렉션의 높은 신선도를 유지시키는 것은 현재 색인의 탐색과 최신 색인의 생성 후에 도착한 텍스트의 순차 탐색을 결합함으로써 가능하다. 연속된 색인 갱신 사이의 컬렉션에 추가된 새로운 텍스트의 양이 아주 크지 않다면 실행가능하다. 다른 해결책은 질의 시간에 새로운 텍스트에 대하여 더 작은 색인을 만들고, 두 개의 색인 모두를 검색하는 것이다.

또한 색인 방법을 고려할 때, 색인에 필요한 여분의 공간도 고려되어야 한다. 공간 사용을 감소시키기 위해서, 많은 수의 색인 방법(scheme)들은 내부 계산에서 순차 탐색에 의존한다.

여기서는 질의 과정을 빠르게 처리하기 위해서 가장 자주 사용되는 기본 역색인 기술에 대하여 먼저 논의할 것이다. 이 색인은 단순 불리안 모델(Boolean model), 전통적인 정보검색 시스템에서 가장 빈번하게 사용된 랭킹 모델인 벡터 모델, 클래식 확률 모델, 단어 빈도에 따른 랭킹 문헌에 기반을 둔 대부분의 다른 모델들에서 검색을 시행하는데 사용된다(3장 참고).

또한 전문(full-text) 검색을 위한 역색인을 알아볼 것이다. 이 경우, 목적은 텍스트 컬렉션에서 단어의 모든 출현을 찾는 것이다. 여기에서 '출현(occurrence)'이란 그 단어가 나타나는 문헌들로 정의될 수 있다. 이는 문헌 안에서 단어들이 출현한 위치를 결정하는 데 필요할 수 있다. 그 이후 역색인을 가지고 복잡한 패턴, 구, 불리안 질의(Boolean query), 구조적 질의와 같은 더욱 복잡한 검색을 처리하는 방법을 설명할 것이다. 복잡한 패턴에 대하여 7.1.2절에서 설명한 언어를 사용할 것이고, 여기서는 와일드카드, 문자의 클래스, 정확한 에러이거나 허용되는 에러와 같은 정규 표현 조차도 허용된다.

또 랭킹을 지원하기 위해 색인을 하는데, 이는 관련성의 유사도에 따라서 검색의 결과를 순서화하는 것과 같다. 모든 결과에 적용하기에는 어려우므로, 적절하고 작은 최상의 $k$개 결과를 획득하는 방법에 초점을 맞출 것이다. 또한 색인 압축에 대하여 논하는데, 압축 역색인이 압축하지 않았을 때보다 더 작은 공간을 차지하면서, 어떻게 작동되는지 알아볼 것이다.

역색인에서 복잡한 패턴을 해결하는 것은 텍스트 컬렉션의 사전을 순차적으로 스캔하는 것을 포함한다. 게다가 순차 탐색 알고리즘은 구로 이루어진 질의를 처리하는데 필요하고, 어떤 인터페이스에서는 출현빈도를 강조하는데 필요할 수도 있다. 이는 순차 탐색 알고리즘이 중요하다는 것을 나타내며, 심지어 색인된 탐색에서도 그러하다. 순차 탐색 알고리즘은 이 장의 뒷부분에서 다룰 것이다.

다음으로, 접미사 트리(suffix tree)와 접미사 배열(suffix array)을 설명할 것이다. 이것들은 전문 검색에 대한 또 다른 색인이며, 역색인 보다 더 강력하다(그리고 유지하기 더 어렵다). 예를 들어, 접미사 배열은 역색인보다 더욱 신속하게 긴 구절을 찾을 수 있다. 게다가 접미사 배열은 단어로 형성된 텍스트뿐만 아니라 여러 종류의 텍스트로부터 만들어질 수 있다. 이 점은 접미사 배열이 의미 단위를 나누기 어려운 중국어, 일본어, 한국어와 같은 언어를 다루기에 적합하게 해준다. 핀란드어와 독일어와 같은 교착어에서 조차 단어 모델을 사용해서 언어가 다루워질 때 문제가 발생된다. 나아가, 접미사 배열은 생명공학과 음악 검색처럼 단어가 전혀 존재하지 않는 텍스트의 적용에도 사용가능하다. 압축하지 않았을 때보다 훨씬 더 작은 공간을 이용하는 압축된 접미어 배열 또한 논할 것이다.

그 다음, 요약 파일(signature file)에 대하여 간략하게 논의할 것이다. 비록 오늘날 요약파일이 큰 규모의 시스템에서 역색인에 견줄 수는 없더라도, 분산 응용(distributed application)에 유용하게 작동될 수 있다. 분산 응용에서는 원격 색인(remote index)에서 잠재적 일치가 있는지 알아보기 위해서, 신속하고 작은 필터가 필요하다.

다음으로, 단순 문자열 탐색에서부터 정규 표현(regular expression)과 근사 패턴 정합(approximate pattern matching)에 기초한 더 복잡한 탐색 범위에 이르는 순차 탐색 알고리즘을 살펴볼 것이다. 또한 탐색과 압축 사이의 관계를 알아볼 것이다. 이는 6.8절과 관련이 있으며, 거기에는 압축 기술과 단일어 패턴 탐색에 압축 기술의 사용이 설명되어 있다.

또 다차원 색인(multi-dimentional indexing)을 작은 절로 다루는데, 다차원 색인이란 텍스트 경우처럼 일차원만이 아닌 몇 개의 차원을 이용해서 색인하는 것이다. 다차원의 탐색 확장성은 아직까지는 논란이 있지만, 이 기술은 멀티미디어 탐색에 사용되는 주요기술로 이어질 것이다. 텍스트 컬렉션의 색인과 탐색의 현재 동향과 연구 쟁점을 끝으로 이 장을 마무리 한다.

이 장에서는 독자가 정렬된 배열(sorted arrays), 이진 탐색 트리, B-트리, 해시 테이블(hash tables), 트라이(tries)와 같은 기본 자료 구조를 숙지하고 있다는 것을 가정한다. 트라이(tries)는 이 장에서 빈번하게 사용되므로, 9.4절에서 간략하게 설명한다.

## 9.2 역색인(inverted indexes)

### 9.2.1 기본 개념

역색인(또는 역파일)은 탐색 작업의 속도를 증진시키기 위하여 텍스트 컬렉션을 색인하기 위한 단어 기반 메커니즘이다. 역색인 구조는 다음 두 가지 요소로 구성된다: 사전(vocabulary, lexicon or dictionary)과 출현빈도(occurrences). 사전은 텍스트의 모든 단어 집합이며 각 단어에 대하여, 색인은 해당 단어를 포함하는 문헌을 저장한다. 색인을 이용해서 텍스트를 다시 구성할 수 있기 때문에, 역색인이라고 불린다. 역색인은 오늘날 사용되는 주요 색인이고, 동시에 가장 오래된 것이기도 하다.

사전의 각 단어를 포함하는 문헌을 나타내는 가장 단순한 방법은 행렬인데, 3장에 소개된 바와 같이 행렬의 각 원소에 문헌에서 단어가 출현하는 빈도를 저장한다. 그림 9.1은 그림 3.5의 문헌 컬렉션을 표현한 것이다. 문헌이 주어진 단어를 포함하는지 결정하는데 행렬 접근만이 필요하다는 가정하에 이 단순한 표현방법은 매우 빠르다. 만약 불리안 모델(Boolean model)을 사용하기를 원한다면, 각 문헌에서 단어의 출현 빈도는 필요하지 않고 문헌에서 용어의 존재여부를 나타내는 불리안(Boolean) 행렬로 충분하다.

단순 역색인의 중요 문제점은 아주 많은 공간을 필요로 한다는 점이다(문헌 수와 사전크기의 곱에 비례한다).

이는 희소 행렬(sparse matrix)이기 때문에 (대부분의 문헌들은 사전의 아주 작은 부분만 포함한다), 해결책은 각 단어에 문헌들의 리스트를 결부짓는 것이다. 이 모든 리스트 집합을 '출현빈도(occurrences) (오래된 논문에서 posting lists와 posting file을 찾을 수 있는데, 이는 모두 이 집합을 지칭한다)'라고 부른다. 그림 9.1의 오른쪽 부분은 같은 예를 가지고, 연관지은 역리스트(inverted list)이며, 사용된 공간은 문헌들 안에 있는 단어의 출현 빈도에 비례하며, 텍스트의 크기보다 상당히 작다.

지금까지, 역색인은 일부의 랭킹 모델에 따라서 가장 관련있는 문헌을 찾기보다는 모든 문헌들을 처리하는데 사용되었다. 문헌들을 처리하기 위해서, 역리스트가 문헌 순서대로 보여진다는 사실이 그 순서가 비록 임의적일지라도 유용하다. 예를 들면, 전역 랭킹 방법을 이용하여 결과에 따라 그 문헌들을 열거할 수 있는데(랭킹이 변할 때마다 동적으로 열거 순서를 관리한다), 한 문헌의 모든 고유 단어들에 대하여 그 결과를 합산함으로써 TF-IDF 기반 순서화를 사용하거나, 웹에서 PageRank기반 순서화를 사용할 수 있다(11.5.2절 참조).

3장에서 설명한 벡터 모델 및 다른 모델을 실행하기 위해서, 역리스트의 순서(order)를 빈도가 감소하는 순서로 변화시킬 필요가 있다. 일반적으로, 문헌마다 출현의 수를 저장하는 대신에, 감소하는 순서로 각 용어-문헌 쌍과 연관된 가중치를 저장할 수 있다. 이 변형 알고리즘은 랭크-기반 역색인(rank-oriented inverted index)이라고 불리며, 9.2.4절에서 다룬다.

| 사전 | $n_i$ | $d_1$ | $d_2$ | $d_3$ | $d_4$ | 역리스트에서의 출현 |
|---|---|---|---|---|---|---|
| to | 2 | 4 | 2 | - | - | [1,4],[2,2] |
| do | 3 | 2 | - | 3 | 3 | [1,2],[3,3],[4,3] |
| is | 1 | 2 | - | - | - | [1,2] |
| be | 4 | 2 | 2 | 2 | 2 | [1,2],[2,2],[3,2],[4,2] |
| or | 1 | - | 1 | - | - | [2,1] |
| not | 1 | - | 1 | - | - | [2,1] |
| I | 2 | - | 2 | 2 | - | [2,2],[3,2] |
| am | 2 | - | 2 | 1 | - | [2,2],[3,1] |
| what | 1 | - | 1 | - | - | [2,1] |
| think | 1 | - | - | 1 | - | [3,1] |
| therefore | 1 | - | - | 1 | - | [3,1] |
| da | 1 | - | - | - | 3 | [4,3] |
| let | 1 | - | - | - | 2 | [4,2] |
| it | 1 | - | - | - | 2 | [4,2] |

**그림 9.1**: 그림 3.6의 컬렉션을 이용한 기본 역색인과 용어-문헌 행렬. 행렬의 각 구성요소는 문헌에 있는 용어의 빈도수를 나타내는데, 주목할 점은 어휘는 용어 $k_i$가 나타나는 문헌수 $n_i$를 저장하고, 숫자 0은 읽기 쉽게 "-"로 대체했다. 오른쪽은 용어-문헌 행렬이 역리스트로 대체된 상태이다. 역리스트의 구성요소는 용어를 포함한 문헌번호와 그 문헌에 나타난 용어의 빈도이다.

## 9.2.2 완전 역색인(Full Inverted Indexes)

앞서 살펴본 기본 색인은 구절(phrase)이나 근접 질의(proximity query)를 처리하는데 적합하지 않다. 왜냐하면 기본 색인은 각 단어가 정확한 문헌 속에서 어디에 위치하는 지에 대한 정보를 포함하지 않기 때문이다. 그러므로 색인에 각 문헌에 따른 단어별 위치정보를 추가해야 하며 이 위치들은 단어(word) 혹은 문자(character)단위일 수 있다. 예를 들어, 작은 텍스트 토막(snippet)(snippet이란 질의 혹은 질의 일부를 포함한 문헌으로부터 나온 텍스트의 일부)을 찾기 위해서, 문자 위치(position)(즉, 위치 $i$는 $i$번째 문자)에 정합하는 텍스트 위치로의 직접 접근을 용이하게 하고, 단어 위치는 (즉, 위치 $i$는 $i$번째 단어) 구절과 근접 질의를 가능하게 한다. 이 역색인은 보통 완전 역색인(full inverted index)이라고 불리며 그림 9.2에 단일 텍스트(문헌)의 경우를 보여 준다. 각 용어의 출현은 텍스트 내의 문자 위치로 표시되어 있다.

많은 문헌들의 경우에, 용어-문헌 쌍마다 출현을 저장해야 한다. 그림 9.3은 그림 9.1의 예를 가지고 텍스트에 나타나는 단어 위치를 함께 표현한 것이다. 각 리스트의 첫 번째 숫자는 문헌 번호이고, 두 번째 숫자는 문헌 안에 나타난 용어의 출현빈도이다. 완전 역색인을 저장하기에 필요한 공간은 전체 출현에 비례하므로, 공간은 결국 텍스트의 크기에 비례한다. 문자 위치 대신에 단어 위치를 사용하면 공간을 적어도 3배 정도 줄여 주기 때문에 더 선호되는 방법이다. 불용어(stopword) 제거는 랭킹을 변화시키지는 않지만 검색을 향상시키며, 또한 불용어의 출현이 거의 50%이기 때문에, 공간 크기를 반으로 감소시킬 수 있다.

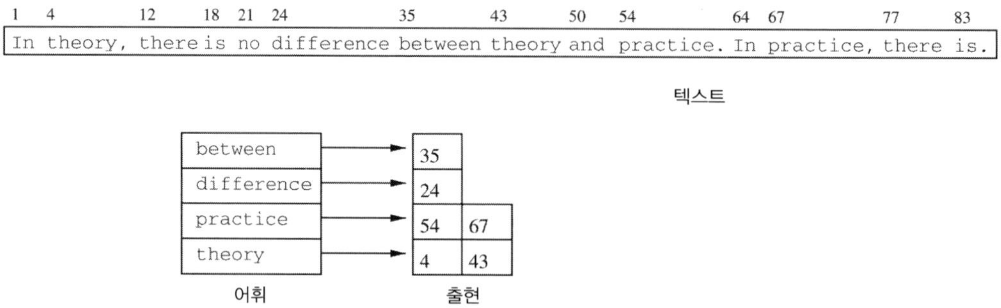


**그림 9.2:** 샘플 텍스트와 그에 해당하는 완전 역색인. 불용어는 색인하지 않고 문헌 포인트는 텍스트의 문자 위치로 표현되었다.

| 사전 | $n_i$ | 역색인에 의한 출현 |
|---|---|---|
| to | 2 | [1,4,[1,4,6,9]],[2,2,[1,5]] |
| do | 3 | [1,2,[2,10]],[3,3,[6,8,10]],[4,3,[1,2,3]] |
| is | 1 | [1,2,[3,8]] |
| be | 4 | [1,2,[5,7]],[2,2,[2,6]],[3,2,[7,9]],[4,2,[9,12]] |
| or | 1 | [2,1,[3]] |
| not | 1 | [2,1,[4]] |
| I | 2 | [2,2,[7,10]],[3,2,[1,4]] |
| am | 2 | [2,2,[8,11]],[3,1,[5]] |
| what | 1 | [2,1,[9]] |
| think | 1 | [3,1,[2]] |
| therefore | 1 | [3,1,[3]] |
| da | 1 | [4,3,[4,5,6]] |
| let | 1 | [4,2,[7,10]] |
| it | 1 | [4,2,[8,11]] |

**그림 9.3:** 완전 역색인-용어 출현은 리스트 안의 내부 리스트에 표현되어 있으며 위치값은 단어 위치로 표현되어 있다.

일부 저자들은 역색인(파일)과 역리스트를 구분짓는다. 역색인에서 리스트의 각 요소는 문헌이나 파일 이름(초기 단순 경우)을 나타내지만, 역 리스트는 앞의 정의와 일치한다. 여기서는 이런 구분을 짓지 않는데, 그 이유는 다음에 살펴볼 것이 주소 단위(addressing granularity)이기 때문이다. 주소단위는 텍스트 위치(position)부터 논리블록(logical block)까지의 범위에 이른다. 우리는 또한 역파일 보다는 역색인이라고 언급하는데, 그 이유는 텍스트가 딱 하나의 파일이여야 할 필요가 없기 때문이다. 단위(granularity)를 구분하기 위해서 단어주소법(word-addressing)이나 문헌주소법(document-addressing)을 이용할 것이다. 단일 파일에 모든 문헌이 저장되어 있다면, 파일주소법(file-addressing)은 문헌주소법과 동등하며, 일반적으로, 물리적 구조(예: 파일)보다는 텍스트의 논리 구조 사용을 더 선호한다.

사전을 위해 필요한 공간은 상당히 작다. 힙스(Heaps)의 법칙(6.5.2절 참조)에 따르면, 사전은 $O(n^\beta)$로 커지는데, 여기서 $n$은 컬렉션 크기이고, $\beta$는 컬렉션-종속 상수이며, 실제로 0.4와 0.6 사이이다. 예를 들어, TFEC-3 컬렉션에서, 1 기가바이트 텍스트의 사전은 단지 5 메가바이트(즉, $V \approx 158\sqrt{1Gb}$)만을 차지한다. 이는 6.6절에 설명된 스테밍(stemming)과 여러 정규화 기술로 더 감소시킬 수 있다.

반면, 출현은 더 큰 공간을 요구한다. 텍스트에 나타난 각 단어가 단어주소법 색인에 참조되어야 하기 때문에, 여유 공간은 $O(n)$이 되고, 불용어를 생략했다면 텍스트 크기의 약 40%이고, 불용어가 색인되었다면 텍스트 크기의 80%에 이른다. 파일주소법 색인은 더 작은데, 그 이유는 주어진 단어에 대하여 파일마다 딱 한 번의 출현만이 기록되기 때문이다. 파일 크기에 따라, 파일주소법 색인은 전형적으로 텍스트 크기의 20%에서 40%를 필요로 한다. 파일주소법 역색인은 단어가 나타난 파일을 찾는데 편리하지만, 구절이나 근접 질의를 해결하지 못하며, 순차적 스캔을 하지않으면 출현 주변의 텍스트 문맥(context)을 파악하지 못한다.

필요한 공간을 감소시키기 위하여, 블록주소법(block addressing)이라고 불리는 기술이 사용되기도 한다. 모든 문헌들의 텍스트를 블록으로 분리시키고, 출현은 (정확한 위치 대신에) 단어가 나타난 블록을 가리킨다. 단순 역색인은 블록으로 문헌을 이용한다는 점에서 동일하다. 일반적으로 블록의 관리를 단순화시키기 위해서, 블록의 경계는 논리적인 경계 또는 물리적 경계(즉, 문헌이나 파일)와 일치해야 한다.

블록주소법은 포인터를 더 작게 할 수 있는데, 위치들보다 블록의 수가 더 적기 때문이다. 또한 단일 블록안에 있는 모든 단어의 출현을 하나의 참조로 합칠 수 있다(그림 9.4 참고). 이 기술을 이용해서, 전체 텍스트 크기 대비 5%만으로 색인을 구성할 수 있지만, 단점은 만약 정확한 출현 위치를 요구한다면(예를 들어, 근접 질의(proximity query)를 위해서), 관련 블록에서 온라인 탐색이 수행되어야 한다는 것이다. 예를 들어, 256 블록으로 된 블록주소법 색인은 수백 메가바이트의 텍스트에서는 잘 작동하지 않는다.

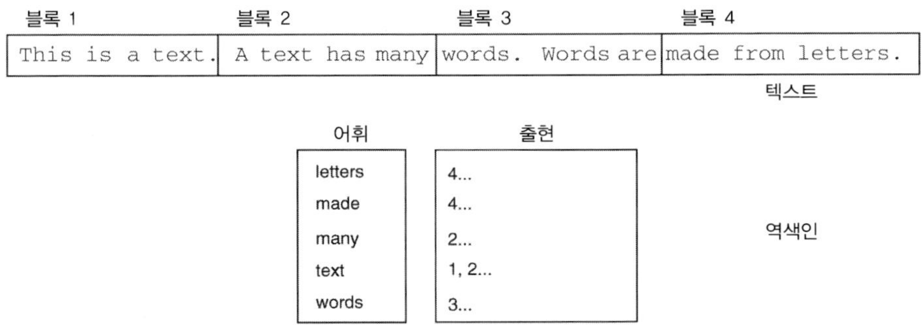


**그림 9.4:** 예시는 4개 블록으로 나누어지고, 블록주소법을 이용해서 역색인이 만들어진다. 출현은 블록번호로 나타내는데, 주목할 점은 'words'의 경우 두 번의 출현이 하나로 합쳐졌다는 것이다.

표 9.1은 불용어 사용의 여부에 따른 다양한 크기의 텍스트를 역색인하여 요구되는 예상 공간을 나타낸다. 단어주소법은 한 포인터당 4 바이트를 이용해서, 모든 단어를 역색인하고 단어들의 정확한 위치를 저장하는 것을 의미한다. 문헌주소법 색인은 10 Kb의 문헌들을 가리킨다고 가정한다(그리고 포인터마다 필요한 바이트 수는 텍스트의 크기에 따라서 1, 2, 3바이트가 된다). 블록주소법 색인은 텍스트의 크기와 관계없이 256 또는 64K 블록을 사용한다고 가정한다(포인트당 크기는 1 또는 2 바이트이다). 포인터가 차지하는 공간은 압축을 이용해서 상당히 감소시킬 수 있다. 모든 단어의 45%가 불용어이며, 불용어가 아닌 단어는 11.5 문자의 길이라고 가정한다. 사전의 추정치는 매개변수 $V = 30n^{0.5}$인 Heaps의 법칙을 기반으로 한다. 이 모든 결정은 경험에 의해서 결정된 것이고, 실험적으로 입증되었다.

블록은 (텍스트 데이터베이스에 논리 블록 구조를 부여하여) 고정된 크기이거나, 자연적 분할을 이용해서 정의될 수 있다. 자연적 분할은 텍스트 컬렉션을 파일, 문헌, 웹 페이지 외의 것들로 나누는 것이다. 크기가 고정된 블록으로 분할하는 것은 검색시간에서 효율을 증가시킨다. 즉, 블록 크기가 다양할수록, 평균적으로 순차 탐색해

| 색인 단위 | 단일파일 (1 MB) | | 소형 컬렉션 (200 MB) | | 중형 컬렉션 (2 GB) | |
|---|---|---|---|---|---|---|
| 단어 주소법 | 45% | 73% | 36% | 64% | 35% | 63% |
| 문헌 주소법 | 19% | 26% | 18% | 32% | 26% | 47% |
| 64K 블록 주소법 | 27% | 41% | 18% | 32% | 5% | 9% |
| 256 블록 주소법 | 18% | 2% | 1.7% | 2.4% | 0.5% | 0.7% |

**표 9.1**: 전체 텍스트 컬렉션 크기에 대한 대략적인 백분율로 표시된 역파일의 크기. 네 개의 단위 주소법과 세 가지 컬렉션이 고려되었으며, 각 컬렉션에서 왼쪽은 불용어를 색인하지 않은 경우이고, 오른쪽은 모든 단어를 색인한 것이다.

야 하는 텍스트의 양도 많아진다. 왜냐하면 큰 블록은 더 많은 질의를 받게되고, 탐색하는데 많은 비용이 들기 때문이다.

한편, 자연적 분할을 이용하면 온라인 탐색의 필요성을 제거할 수 있다. 예를 들면, 검색 단위당 하나의 블록이 사용되고, 정확히 정합되는 위치가 필요하지 않다면, 어떤 검색 단위가 제공되는지 아는 것만으로 충분하므로 단일 단어 질의에 대한 텍스트 탐색이 필요하지 않다. 그러나 반대로 많은 검색 단위가 단일 블록에 모여있다면, 어떤 단위를 검색해야 하는지 결정하기 위해서 그 블록은 탐색되어야 한다.

블록주소법을 사용하기 위해서는 탐색 시간에 텍스트가 손쉽게 이용가능해야 한다. 예를 들면 (웹 검색엔진에서처럼) 원격 텍스트의 경우나 장착되어야 할 CD-ROM 안에 텍스트가 있는 경우에는 탐색시간에 이용가능하지 않다. 만약에 그 블록들이 검색 단위라면, 정확한 위치를 필요로 하지 않는 제한적 질의일 경우 해결가능하다.

### 9.2.3 탐색

다음에서는 문헌 식별자(identifier)에 의하여 정렬된 역리스트와 완전 역색인을 가정한다. 전역 랭킹에 기초한 식별자가 있을 때, 다음 알고리즘은 불리안 모델(Boolean model)뿐만 아니라 상위-$k$ 랭크된 문헌을 리턴하는 데에도 사용된다. 그 이후 다른 랭킹 알고리즘을 위한 역색인에 대하여 알아볼 것이다.

#### 단일어 질의(Single Word Queries)

탐색에서 가장 단순하고 흔한 종류인 단일어의 출현에 관한 것이다. 이는 간단한 역색인의 단어 사전을 탐색하는 일과 출현에 정합한 리스트를 가져오는 일이며, 텍스트 위치 순서를 증가시킴으로써 가능하다.

사전 탐색은 해싱(hashing), 트라이(tries), B-트리와 같은 적절한 자료구조를 이용해서 수행될 수 있다. 해싱과 트라이는 (텍스트 크기와 무관하게) $O(m)$의 탐색 비용이 필요한데, $m$은 질의의 길이이다. 사전적 순서로 정렬하는 것과 같은 단순한 해결책이 공간적으로 매우 저렴하고 이진탐색을 이용하면 $O(\log n)$ 문자열 비교($n$은 어휘 크기) 성능을 나타낸다. 어휘 사전은 대부분의 경우, 메인 메모리에 충분히 적재될 정도로 작다. 반면, 출현 리스트는 주로 하드 디스크로부터 읽혀지지만 메모리에 부분적으로 저장될 수도 있다(예를 들면, 11.4.3절에 설명된 것처럼 역리스트를 캐싱(caching)할 수 있다).

만약 색인이 요구되는 정확도 수준에 필요한 출현 정보를 충분히 저장하지 않았다면(즉, 색인이 블록을 가리키거나, 파일을 가리키지만 정확한 단어 위치를 원한 경우), 처리과정은 출현 리스트로부터 얻어진 결과에 대하여 순차 탐색을 통해서 보완되어야 한다. 순차 탐색 알고리즘은 9.5절에서 다루도록 한다.

#### 다중어 질의(Multiple Word Queries)

만약 질의가 한 단어 이상이라면: 논리곱(AND 연산자)과 논리합(OR 연산자) 같은 불리안 질의의 두 가지 특별한 경우를 고려해야 한다. 첫 번째 경우는 문헌 컬렉션의 크기 때문에 웹상에서 인기가 있다.

논리곱 질의는 각 단어에 대한 역리스트를 찾아냄으로써, 질의의 각 단어를 탐색하고 이 모든 단어들을 포함하는 문헌을 구하기 위해서 모든 역리스트의 교집합을 구한다. 이를 달성하기 위해서, 몇 개의 교집합 알고리즘이 존재하며, 어떻게 리스트가 저장되어 있는 지에 따라 달라지는데, 모두 인접할 수도 있고 조각들의 리스트일 수도 있다. 리스트는 근접하여 있고, 문헌 순서대로 정렬되어 있다고 가정하자. 가장 단순하고 많이 쓰이는 휴리스틱(heuristic)[491]은 크기대로 리스트를 정리하고, 가장 짧은 리스트 두 개의 교집합을 구하면서 시작한다. 그리고 나서 그 결과와 다음으로 짧은 리스트를 비교한다. 더 이상의 작업이 필요하지 않은 시점에서 교집합은 빈 상태가 된다는 생각에서 출발했다. 비어 있는 교집합이 일어날 확률은 짧은 리스트에서 높다. 두 개 이상의 단어에서, 이 알고리즘은 최악의 경우 초 선형(super linear)이 되지만, 평균적으로 준선형(sublinear)이다.

합집합 질의는 질의의 모든 단어들을 탐색하고, 단어마다 역리스트를 모으는 것을 의미하는데, 증가하는 문헌과 텍스트 위치 순서에 따라 출력하기 위하여 리스트들은 반드시 병합(merge)되어야 한다. 다시 한번, 정확한 위치를 얻기 위해서는 일부 순차 탐색이 실행되어야 한다. 출현을 먼저 병합하고, 그 다음 순차적으로 순회한다. 이는 단일 문헌이 여러 개의 리스트에서 나타나는 경우, 텍스트 영역을 재-순회하는 것을 막아주기 때문이다. 다음에서 단순 병합 알고리즘의 변형에 대하여 논의할 것이다.

### 리스트 교집합(List Intersection)

역색인에서 가장 시간을 요하는 작업은 출현 리스트의 병합(merging)이나 교집합(intersection)이기 때문에, 이 작업을 최적화하는 것이 중요하다. 각각 크기가 $m$과 $n$인 한 쌍의 리스트가 있는데, 이들이 교집합되어야 한다고 가정하자. 만약 $m$이 $n$보다 훨씬 작다면, $O(m \lg n)$ 교집합 알고리즘으로서 더 큰 리스트에서 $m$번의 이진 탐색을 하는 것이 낫다. 만약 $m$이 $o(n/\lg n)$이라면, 이 알고리즘은 복잡도 $O(n+m)$을 가진 선형 병합 알고리즘(linear merging algorithm)보다 더 좋다. 이전의 이진 탐색 후에 큰 리스트의 오른쪽에 남아 있는 것에 대하여 이진 탐색이 수행될 수도 있다.

또 다른 가능성은 이중 탐색(doubling search) [490]을 이용하는 것이다. 이중 탐색은 이진탐색과 같은 복잡도를 가졌지만, 전체리스트를 메모리에 항상 저장할 필요는 없다. 이 방법은 찾고자 하는 문헌이 마지막 두 개의 검사된 위치 사이에 있다는 것을 발견할 때까지, 큰 리스트의 위치값 $2^i (i \geq 0)$과 작은 리스트의 요소를 비교함으로써 큰 리스트를 처리한다는 것에서 출발했다. 작은 리스트의 다음 문헌에 대해 큰 리스트에서 더블링 탐색을 계속해서 반복한다. 만약 $m$과 $n$이 비슷하다면, Baeza-Yates [87]는 이중 이진 탐색 알고리즘(double binary search algorithm)을 제안했다. 이 알고리즘은 만일 교집합결과가 거의 없고($O(\log n)$), 평균적으로 $m+n$보다 적은 비교 연산을 요구한다면 매우 빠르다[124]. 사실, 이전 두 가지 알고리즘들은 평균적으로 $O(m \log(n/m))$의 복잡도를 가진다. 최근 연구는 이 알고리즘들과 다른 알고리즘들의 철저한 수행을 비교한 결과, 최상의 알고리즘은 데이터 분포(distribution)에 의존한다는 것을 밝혔다[143]. 사실, 각 문제의 난점은 다양할 수 있고, 교집합의 복잡도는 그것에 따른다[142]. 그러나 다른 두 연구에서는 압축된 리스트에서 최상의 알고리즘이 상당히 다르게 나타났다 [1420, 463].

다양한 크기의 리스트 경우, 이 알고리즘들은 차례대로 수행될 수 있다. 두 개 이상의 리스트가 있을 때, 리스트의 크기에 따라 가능한 몇 가지 휴리스틱이 존재한다. 리스트가 3개일 때 최상의 해결방법은 가장 짧은 두 개의 리스트를 교집합하고, 이 결과와 긴 리스트를 교집합하는 것이다. 리스트가 네 개 이상일 때, 휴리스틱은 부분적 결과에 의존하므로 유연해야 한다. 일반적으로 끝까지 긴 리스트를 피하는 균형잡힌 병합 트리를 사용하는 것이 효율적이지만, 실제로는 6~8개 이상의 리스트는 발생하지 않는다. 그러므로 두 개의 가장 작은 리스트를 교집합한 것이 작은 크기의 결과라면 계속해서 다음 가장 작은 리스트와 교집합하는 것이 좋을 수 있다.

### 더 복잡한 질의

접두사(prefix)와 범위 질의(range query)는 기본적으로 (더 큰) 논리합 질의이다. 접두사와 범위 질의 모두 사전에서 사전적 구간을 찾고, 그 구간내에서는 해싱을 제외하고 효율적으로 이진 탐색, 트라이, B-트리를 통해서 해결한다. 이와 같은 질의에서는 주로 패턴에 정합하는 몇 단어들이 존재하므로, 다시 한번 몇 개의 역 리스트를 갖게 되고, 이전 절의 알고리즘을 이용할 수 있다.

정규 표현(regular expression), 근사 탐색(approximate search)과 같은 더 복잡한 패턴 탐색에서 사전을 이용한 자료구조는 유용하지 못하다(비록 트라이로 역추적(backtrack)은 가능하지만, 9.4.3절 참조). 해결책은 패턴에 정합하는 모든 단어를 발견하기 위해서 9.5절의 알고리즘을 이용하여 사전을 순차적으로 순회하는 것이며, 출현과 일치된 리스트가 반드시 합병되어야 한다.

이러한 순차 순회(sequential traversal)는 그렇게 고비용은 아닌데, 대략 텍스트 크기의 제곱근에 비례하는 크기의 사전에서만 실행되기 때문이며, 실제로 순차적 사전 순회는 수십분의 1초가 걸린다. 부분문자열(substring)이 아닌 전체 사전 단어에 정합해야 하기 때문에 순차 순회는 약간 특별하며, 이는 압축된 패턴 정합에 사용된 사전 스캔과 동일하다.

또 반드시 주목해야 할 것은 이 접근법은 패턴이 단일어와 정합하는 경우에만 가능하다는 점이다. 예를 들어, 'shallow'에서 하나의 에러를 허용하면, 'shalow'와 같은 출현을 발견할 수 있는데, 이는 질의에 정합하는 전체 단어이기 때문이다. 그러나 만약 텍스트의 에러가 'shall ow'와 같이 분리되거나 'shallowwater'처럼 앞 단어와 붙어 있다면, 위의 방법은 하나의 에러를 허용할 경우에도 찾아내지 못할 것이다. 오직 순차 탐색(9.5절 참조)이나 접미사(suffix) 트리와 배열(9.4절 참조)만이 이러한 출현을 발견할 수 있다.

#### 구와 근접 질의(Phrase and Proximity Queries)

여기서는 구와 근접 질의(혹은 문맥 질의(context queries))가 역색인에서 어떻게 수행되는지 알아본다. 이는 더 복잡한데, 개별 단어가 탐색되어야 하고, 다음 답을 얻기 위해서 그들의 출현 리스트를 처리해야 하기 때문이다.

문맥 질의는 역색인으로 해결하기 더 어려운데, 각 요소가 개별적으로 탐색되어야 하고 각 요소에 따라 하나의 리스트가 (증가하는 위치 순서로) 생성되어야 한다. 그런 다음, 구 질의와 같이 차례대로 모든 단어가 나타나거나 근접 질의와 같이 충분히 인접해서 나타난 곳을 찾기 위해서 모든 요소의 리스트들이 동기화되어 순회된다. 여기서 교집합의 정의만을 바꿈으로써 이 절의 끝쪽에 설명된 동일한 교집합 알고리즘을 적용할 수 있다. 예를 들어, 구 질의와 단어 위치의 경우 구 'a b c'를 찾는다면, a, b, c의 출현 리스트에서 위치 $i$, $i+1$, $i+2$의 연속을 각각 찾아야 한다. 만약 최대 $k$개 단어안에 두 단어 a b를 찾았다면, a와 b의 출현 리스트에서 두 개의 위치 $i$와 $j$를 조건 $|i-j| \le k+1$을 만족하도록 찾을 필요가 있다.

만약 색인이 문자 위치를 저장했다면, 구 질의는 분리자를 무시할 수 없으며, 근접도는 문자 거리로 정의되어야 한다.

또 다른 구 질의에 대한 해결책은 2-단어 구의 색인과 이 단어들의 쌍에 대한 유사 알고리즘의 이용에 기초한다. 이의 중요 단점은 사전이 비-선형으로 늘어나는 것과, 비록 역리스트가 더 짧지만 색인의 전반적인 크기는 50% 이상 증가할 수 있다는 것이다. 하나의 해결책은 구 탐색의 색인 공간과 효율 사이에 균형을 취하면서 질의에 인기 있는 단어 쌍을 함께 색인하는 것이다.

#### 불리안 질의(Boolean Queries)

여기서는 일반적인 집합 처리 알고리즘을 다루는데, 결과 집합에 대한 연산을 할 때 사용되며, 일반적으로 불리안 질의라 한다. 불리안 질의는 7.1.1절에 설명되어 있는데, 질의 구문 트리(query syntax tree)의 개념이 정의되어 있다.

일단 질의 구문 트리의 단말(leaf) 노드들이 해결되면, (주어진 기본 질의를 포함한 문헌을 찾는 알고리즘을 이용하여) 사용자가 만족할만한 문헌들은 (제시된 질의에 의하면) 합성(composition) 연산자에 의하여 결정된다. 보통 탐색 처리과정은 3단계이다. 1단계는 어떤 문헌을 정합할지 결정하는 것이고, 2단계는 사용자에게 적절히 문헌들을 제시하기 위해서 정합되는 문헌들의 연관 가능성을 결정하는 것이다. 마지막 3단계는 만일 요구되는 경우 브라우징하는 동안 그 위치를 강조하기 위해서 정합하는 정확한 위치값을 찾아내는 것이다.

이 방법은 (특정 질의의) (1단계)에서 정합이 되지 않을 문헌들 혹은 (2단계)에서 결국 브라우즈 되지 않을 문헌들에 대한 불필요한 작업을 피하게 한다. 그러나 만약 추가 연산에 많은 비용이 들지 않는다면 몇 개의 단계들은 합병될 수 있으며, 어떤 단계들은 시나리오에 전혀 나오지 않을 수도 있다.

일단 질의 구문 트리의 단말 노드들이 문헌들의 결과 집합을 찾았다면, 이 집합들은 트리의 내부 노드에 의하여 추가적으로 연산된다. $a\ OR(a\ AND\ b)=a$와 같은 항등식 또는 공통 부분-표현의 공유를 이용해서 대수적으로 트리를 최적화하는 것이 가능하다. 그러나 이러한 쟁점을 여기에서 다루지는 않을 것이다.

모든 연산들은 피연산자로 문헌들의 쌍을 필요로 하기 때문에 그 집합을 정렬된 상태로 유지하는 것이 바람직하다. 그래서 교집합과 합집합과 같은 연산들은 양쪽 리스트에 순차적으로 적용될 수 있고, 하나의 정렬된 리스트를 생성할 것이다. 정합되는 문헌이 리스트가 아닌 집합(비트 벡터와 같은)에 대한 다른 표현방법들 또한 가능하다.

이 방법에서, 구문 트리를 전체(full) 또는 소극적(lazy) 형태로 평가하는 것이 가능하다. 전체 평가 형태에서는 먼저 두 개의 피연산자 모두가 완전히 구해지고, 그 다음 완전한 결과가 발생된다. 소극적 평가에서 결과는 단지 요구되어질 때 도출되는데, 결과를 얻기 위해서 몇몇 데이터는 두 개의 피연산자에 대하여 재귀적으로 요구된다.

전체 평가는 몇 가지 최적화를 허용하는데, 결과의 크기가 미리 알려져 있기 때문이다(예를 들어, 아주 짧은 리스트를 긴 리스트에 대하여 병합하기 위하여 짧은 리스트의 요소를 긴 리스트에서 이진 탐색함으로써 가능하다). 반면 소극적 평가는 새로운 결과를 얻기 위한 작업의 시점을 오랜 시간동안 처리하는 대신에 응용프로그램이 조절할 수 있게끔 허용한다. 혼합기법도 가능한데, 예를 들어 모든 단말 노드들을 한 번에 구하고, 그 이후에 소극적 형태로 처리하는 식이다. 이는 최적화를 구현하거나 색인에 대한 모든 접근이 순차적임(그 결과 디스크 탐색 시간이 감소한다)을 보장하며, 그림 9.5는 이를 보여 준다.

이런 종류의 질의 해결 복잡도는 단말 노드들에서 결과를 획득하는 비용과 별도로 모든 중간 결과의 전체 크기에 선형적이다. 이는 아주 큰 중간 결과가 존재할 때, 이 시간이 나머지를 지배하기 때문이며, 마지막 결과가 작을 때, 사용자에게 더 중요하다.

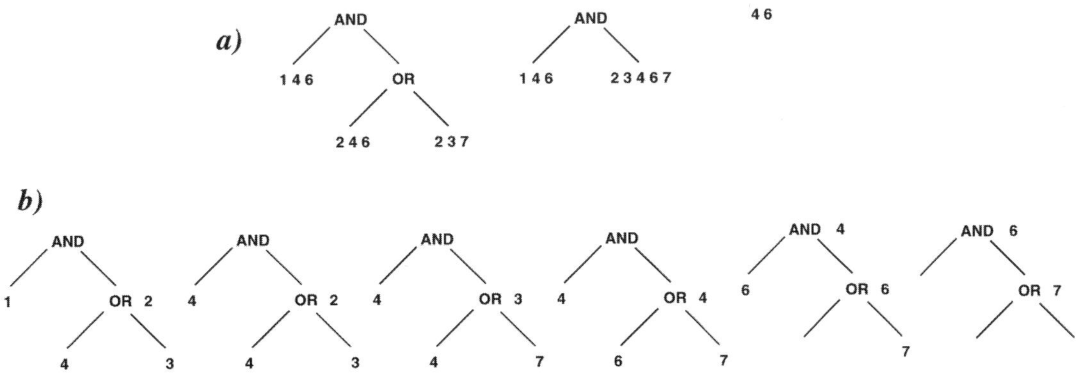


**그림 9.5**: 질의 구문 트리의 내부 노드 처리과정. (a)에서는 전체 평가가 사용되었다. (b)에서는 소극적 평가를 자세하게 살펴볼 수 있다.

### 9.2.4 랭킹

이 절에서는 가중치-정렬 역리스트에서 최상의 문헌들을 찾는 방법을 설명한다. 중요한 하나의 목표는 전체 답을 찾는 것이 시간 소모가 크므로 전체 답을 찾는 대신, 상위-$k$개 문헌들을 찾아서 사용자에게 리턴하는 것이다. 만약 단일어 질의를 가졌다면, 리스트는 목표된 랭킹에 의하여 이미 정렬되어 있기 때문에 답을 구하는 것은 매우 단순하며, 리스트의 맨 처음 $k$개 문헌들을 리턴하기만 하면 된다.

단일어가 아닌 질의에서는 리스트를 병합해야 한다. 리스트들이 문헌 순서로 되어 있지 않기 때문에, 효율적으로 교집합(intersection)하기 위해서 순차적 병합을 이용할 수 없으므로 다른 알고리즘이 필요하다. 최종 랭킹 순서와 근접한 순서로 각 문헌의 랭킹값을 계산한다는 아이디어인데, 예를 들어, 그림 3.6의 컬렉션과 표 3.3의 TF-IDF 가중치로 정렬된 역리스트에 대하여 탐색해야 할 논리합 질의 "to do"가 있다고 가정하자. 간단한 해결책은 그림 3.8에 있는 모든 문헌들에 대하여 질의의 유사성을 계산하는 것이지만, 이미 언급한 바와 같이, 문헌들의 수가 아주 많다면 엄두도 못낼 일이다. 그러므로 우리가 할 일은 제일 높게 랭크될 것 같은 문헌들을 먼저 부분적으로 계산하는 것이다. 컬렉션은 매우 작기 때문에, 상위 랭크된 문헌에 관심이 있다고 가정하며, 이를 위하여 결국 최상위가 될 두개의 후보를 관리한다. TF-IDF의 곱을 극대화하기 위하여 다음 휴리스틱(heuristic)을 이용한다. (1) IDF 순서로 용어를 처리한다. (2) 각 용어는 TF 순서로 처리된다.

이 예에서, IDF 1을 가진 to로 시작해 보자. 역리스트 상위-2 문헌인 $d_1$, $d_2$를 선택하는데, 이는 문헌들과 질의 to간의 부분 유사도를 계산함으로 가능하다. 초기 후보 집합이 되고 용어 to의 역리스트를 계속 조사한다. 이제 다음 용어 do에 대하여 가중화된 순서로 역리스트를 순회한다. $d_3$로 시작해서, 이 문헌과 질의 do 사이의 부분 유사도를 계산한다. 이 값은 상위-2 후보자들보다 작으므로, 리스트 조사를 중단할 수 있다. 그러면 최상위 랭크된 문헌은 상위-2 후보자 중 최고인 $d_1$이 된다. 비록 전체 유사도를 계산하지는 않더라도, 이 결과는 표 3.3과 같다.

이제 Persin 알고리즘[1257, 1258]의 변형인 일반 알고리즘에 대하여 알아보자. $C$개의 문헌 후보자들에 대한 상위 큐(queue) $P$를 사용하고, 부분 유사도를 계산한다. 그런 다음, 가중치의 내림차 순으로 질의 용어를 처리하고, 각 용어에 대한 임계값 $t_{add}$를 계산한다. 이 임계값은 최소값이며, 부분적으로 계산된 유사도에 더해질 수도 있

```
Ranking-in-the-vector-model( query terms t )

Create P as C-candidate similarities initialized to (P_d, P_w) = (0,0)
Sort the query terms t by decreasing weight
c ← 1.
for each sorted term t in the query do {
  Compute the value of the threshold t_add.
  Retrieve the inverted list for t, L_t.
  for each document d in L_t do {
    if w_{d,t} < t_add then break
    psim ← w_{d,t} × w_{q,t}/W_d.
    if d ∈ P_d(i) then P_w(i) ← P_w(i) + psim
    elif psim > min_j(P_w(j)) then n ← min_j(P_w(j))
    elif c ≤ C then {
      n ← c
      c ← c + 1
    }
    if n ≤ C then P(n) ← (d, psim)
} }
return the top-k documents according to P_w
```

**그림 9.6:** Persin 알고리즘 변형에 대한 의사코드(Pseudocde)는 부분 평가를 이용하여 벡터 모델에서 랭크된 결과를 계산한다.

다. 그렇지 않다면 역리스트의 나머지를 건너뛸 수 있다. 알고리즘의 의사코드(pseudocode)가 그림 9.6에 나타나 있는데, 기본적으로 두 가지 경우가 있다. 만약 문헌이 이미 후보자들의 리스트 안에 있다면, 유사도에 새로운 용어를 추가한다. 반대의 경우, 만약 $C$개보다 적은 후보자가 있거나 후보자 집합안의 가장 작은 유사도보다 그 유사도가 더 크다면, 새로운 문헌의 유사도를 초기화한다. 원래 알고리즘은 임계값 $t_{add}$를 어떻게 설정하는지 논의하지만, 단순 값은 현재 후보 유사도들 사이의 최소 거리를 이용한다. 이는 각 용어마다 시간 $O(C)$로 계산될 수 있다. 본래 알고리즘은 후보자를 추가하기 위해 또 다른 임계값을 이용하고(즉, 고정 최대값이 없다), 이는 마지막에 문헌 길이 $W_d$에 의해서 정규화하도록 한다. $k$의 함수인(예: $C=10k$) 후보자 갯수 $C$의 최대값 선택은 알고리즘을 단순화하지만 그 반복부분에 나누기 연산을 추가한다.

알고리즘의 계산은 색인에 실수(real numbers) 대신 정수(integers)를 저장함으로써 최적화할 수 있다. 이 정수들은 감소된 정밀도(precision)로 (예: 최대 비트 수), 비록 계산이 근사치일지라도 마지막 랭킹에 근접하게 한다. 가중치에 문헌 길이를 포함하는 것은 또한 Ahn외 연구자들이 충격-정렬 색인(impact-sorted index)에서 보여준대로 [54, 55] 유사도 계산 속도를 증진시킬 수 있다.

### 9.2.5 구현

#### 내부 알고리즘(Internal Algorithms)

전문(full-text) 역색인을 구축하고 관리하는 것은 내부 메모리에 텍스트와 색인을 저장할 수 있을 때, 상대적으로 단순하고 비용이 적게든다. 어휘사전을 유지하기 위한 동적 자료구조(B-트리, 해시 테이블 등)는 공백 상태로 만들어진 후, 텍스트가 스캔되고, 각 단어가 차례대로 검색된다. 만약 새로운 단어가 나오면 진행하기에 앞서 사전에 삽입한다. 일단 단어가 사전에 있다면, 탐색은 사전 엔트리(entry)의 포인터를 단어의 식별자로 리턴한다.

사전과는 별도로, 연속적인 텍스트 단어의 식별자가 텍스트 위치값과 함께 저장하기 위해 큰 배열이 할당된다. 일단 텍스트 단어들의 열이 큰 배열에 식별자: 위치(identifier: position) 쌍의 열로 변화되고 나면, 그 배열은 식별자에 의하여 안정적으로 정렬된다(정렬은 동일 키값이 원래 위치에 따라 정렬될 때, 안정적이다). 이 정렬 후에, 동일 식별자들은 큰 배열에서 연속 간격으로 위치 필드를 증가시키며 함께 분류된다. 각 간격의 식별자를 이용함으로써, 사전으로 이동할 수 있고, 사전 포인트의 단어를 그 간격의 첫 번째 위치에 놓으면, 그림 9.7과 같이 구축이 완성된다.

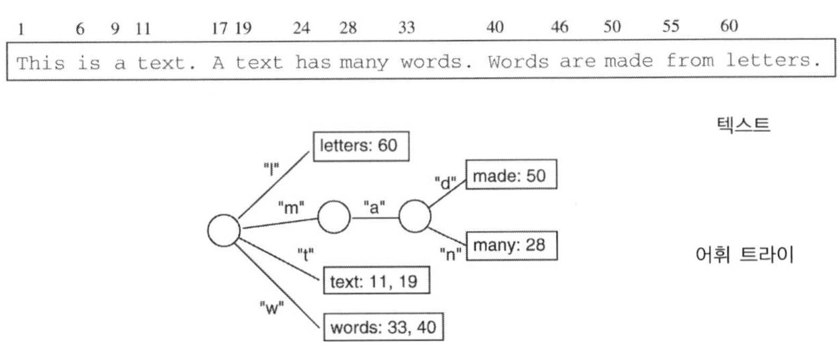


**그림 9.7**: 샘플 텍스트에 대한 점진 알고리즘(incremental algorithm)을 이용한 전문(full-text)역색인의 구축

식별자의 특성에 따라서, 선형-시간 버킷 정렬(linear-time bucket sorting)이 가능하거나 그렇지 않을 수 있다. 만약 버킷 정렬이 가능하다면, 처리과정은 $O(n)$ 시간이 걸리며, 그렇지 않을 경우 시간은 $O(n \log n)$이 되는데 이는 앞의 알고리즘 보다 더 늦다. 이 알고리즘은 그림 9.8에 표현되어 있다.

이 정렬을 피하는 대안은 처음부터 리스트들을 분리하는 것이다. 이 경우, 각 사전 단어는 출현 배열(리스트)을 가리키는 포인터를 가진다. 초기에는 이 배열이 비어있고, 각 텍스트 단어가 사전에서 발견되면, 그 위치는 리스트의 마지막에 삽입된다. 텍스트 스캔이 완성될 때, 출현 리스트는 미리 계산된다. 랭크-정렬 역리스트(rank-sorted inverted lists)의 경우, 리스트의 끝에 단순히 추가한다. 리스트의 오른쪽 위치에 새로운 아이템을 삽입하고, 해당 문헌의 가중치를 갱신해야 한다. 이것은 어떤 위치에서든지 갱신이 가능하기 때문에 가중치 정렬된 리스트를 위하여 사용된 자료구조 중에서 의미가 있다.

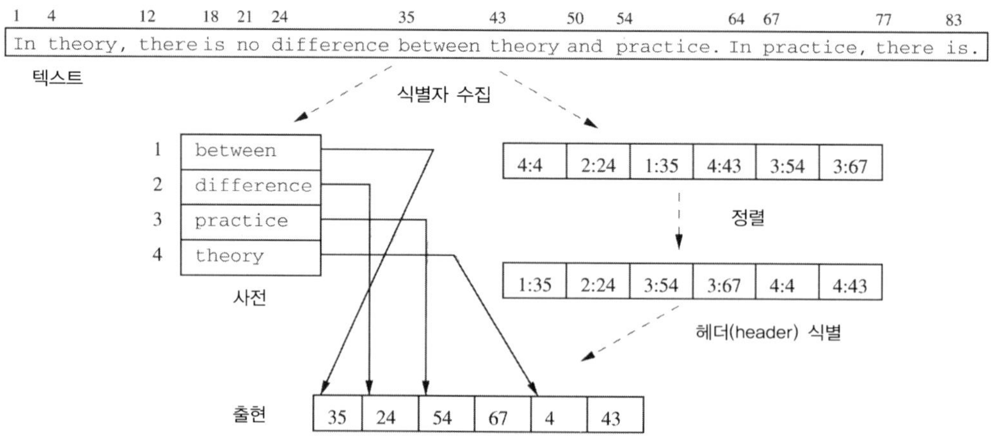


**그림 9.8:** 정렬 알고리즘을 이용한 샘플 텍스트의 전문(full-text) 역색인 구축

중요한 쟁점은 많은 출현 리스트에 대해 메모리를 어떻게 할당해야 하는가 이다. 각 요소가 개별적으로 할당되는 전형적인 리스트는 너무 많은 공간을 낭비한다. 대신에, 블록 리스트가 할당되는 방법이 선호되는데 각 블록이 몇 개의 엔트리를 가진다. 그러나 Zipf의 법칙에 따르면(6.5.2절 참조), 대부분의 단어들은 아주 짧은 리스트를 가질 것이고, 일부 단어들만 아주 긴 리스트를 가진다. 그러므로 블록 크기를 고르는 일은 어렵다. 왜냐하면 아주 작은 블록 크기는 긴 리스트에서 많은 공간의 낭비를 가져올 것이고, 큰 블록 사이즈는 흔하지 않은 단어들에 대해 거의 비어있는 블록들을 생산할 것이기 때문이다. 좋은 방법은 다양한 블록 크기를 사용하는 것인데, 하나의 출현 리스트에 할당된 첫 번째 블록은 짧고, 더 많은 출현이 일어남에 따라 더 큰 블록이 사용된다(이는 단어의 빈도를 나타낸다). 공간을 할당하는 하나의 방법은 매 할당시 리스트의 크기를 두 배로 하는 것이다. 이 방법은 메모리 할당 작업의 부하가 $O(n)$ 대신에 $O(\log n)$이 되게 하지만, 더 많은 공간을 낭비할 수 있다.

이 할당 문제를 피하는 방법은 단어들의 빈도를 세기 위해서 텍스트를 먼저 조사해 보는 것이다. 그 결과 배열은 적절한 크기로 할당될 수 있고, 두 번째 패스에 채워진다. 그러나 두 번 읽는 것은 이미 설명한 두 가지 기술보다 훨씬 비용이 더 든다. 그러나 준-정적(semi-static) 텍스트 압축을 적용할 때에는 두 번 읽을 수 밖에 없다(6.8절 참조).

일단 처리가 (어느 방식이든) 완료되면, 사전은 디스크 파일에 쓰여지고, 출현 리스트는 다른 파일에 쓰여진다. 전에 언급한 바와 같이, 두 번째 파일은 종종 포스팅 파일(posting file)이라고 일컬어진다. 사전은 각 단어마다 그 단어의 출현이 시작되는 역색인의 위치 포인터를 포함한다. 이는 탐색 시점에 사전이 주로 메인 메모리에 위치하게 해주며, 나아가 아주 작은 공간 비용으로 단어 출현 수를 사전으로부터 즉시 알 수 있다.

요약하면, 점진 알고리즘(incremental algorithm)이 텍스트를 한번만 읽기 때문에 메모리가 충분하다면 일반적으로 더 낫다. 그렇지 않다면 두 번 읽는 알고리즘이 순차 읽기를 사용하기 때문에 합리적이다.

### 외부 알고리즘(External Algorithms)

이전의 구축 방법은 출현 리스트가 메인 메모리 안에 올라갈 수 있을 때에만 효과적이다. 실제로 그런 경우는 거의 없으므로, 더 큰 텍스트 컬렉션을 관리하기 위해서 기술을 확장시켜야 하다. 모든 알고리즘은 메인 메모리가 소진될 때까지 사용함으로써 확장될 수 있다. 이 시점에서, 이제까지 획득된 부분 색인(partial index) $I_i$는 디스크에 쓰여지고, 텍스트의 나머지 부분이 진행되기 전에 메인 메모리에서 지워진다.

모든 텍스트가 처리된 후에 많은 부분 색인 $I_i$가 디스크에 존재하므로, 이 색인들은 계층적으로 병합된다. 색인 $I_1$과 $I_2$가 병합되어 색인 $I_{1..2}$가 되고 $I_3$와 $I_4$는 $I_{3..4}$를 이런식으로 만든다. 결과로 나온 부분 색인들은 처음 색인들 크기의 대략 두배가 된다. 다음 단계의 병합은 색인 $I_{1..2}$와 색인 $I_{3..4}$를 합해서 $I_{1..4}$ 형태를 만들고 병합은 전체 텍스트를 구성하는 하나의 색인이 될 때까지 계속된다. 병합 순서는 그림 9.9에 나타난 것처럼 가능하다.

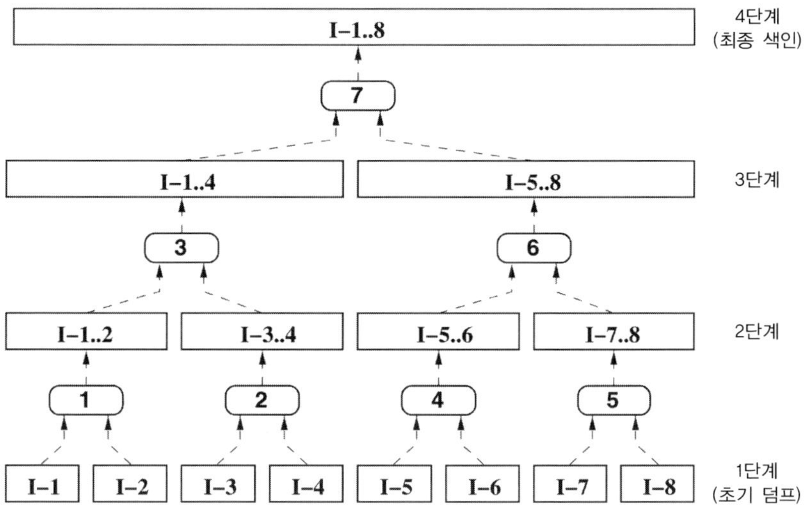


**그림 9.9**: 이진 부분 색인 병합. 사각형은 부분 색인을 의미하고, 둥근 사각형은 병합 작업을 나타낸다. 병합 작업안의 숫자는 가능한 병합 순서이다.

두 개의 색인 병합은 사전들의 병합을 포함하며 같은 단어가 색인 양쪽에 나타날 때마다 양쪽의 출현 리스트를 병합한다. 구축되는 과정에서 낮은 수의 색인 출현은 높은 수의 색인보다 선행되고, 그 결과 리스트들은 합쳐진다. 가중치 리스트의 경우도 병합할 필요가 있지만, 두 경우 모두 선형-시간을 요구하는 아주 빠른 계산이다. 만약 $M$이 사용가능한 메인 메모리의 양이라면 $O(n/M)$ 부분 색인들을 생성하고, 색인들 모두를 병합하는데 $O(n \log(n/M))$ 입출력(I/O) 비용이 든다. 왜냐하면 $\log_2(n/M)$ 병합 단계가 있고, 한 단계에서 다음 단계로 이동하는데 $O(n)$ 입출력 시간이 걸리기 때문이다. 만약 작은 색인의 구축에 정렬-기반 접근법(sorting-based approach)을 사용한다면, CPU 비용은 색인마다 $O(M \log M)$이 되고, 총합해서 $O(n \log n)$ CPU 시간이 된다. 만약 작은 색인에 트라이(tries)나 해싱(hashing)을 사용한다면, 시간은 작은 색인마다 $O(M)$이 걸리고, 총 $O(n \log(n/M))$이 걸린다.

두 개 이상의 색인들이 동시에 병합될 수도 있는데, 이는 비록 CPU 복잡도를 변화시키지는 않지만 병합 단계가 줄어들기 때문에 입출력(I/O) 효율을 향상시킨다. 다른 한편, 병합되는 각 부분 색인의 메모리 버퍼들은 더 작아질 것이고, 그 결과 더 많은 디스크 탐색이 시행될 것이다. 실제로 20개 부분 색인을 동시에 병합할 경우, 복잡도는 $O(\log R)$ 요소에 의해 향상된다. (여기서 $R$은 병합의 수이다.) 만약 더 많은 디스크가 사용된다면 여러 탐색이 동시에 실행되므로 성능이 매우 향상될 것이다.

일반적으로 파일이 만들어지자마자 병합하는 것이 바람직하다(그림 9.9에서 제안한 바와 같다). 왜냐하면 여러 사전에서 반복된 단어들은 하나로 통합되고, 병합된 파일의 사전은 원래 사전들의 합계보다 더 작기 때문이다. 다른 한편, 출현 리스트에 불필요한 중복이 없고, 주목할 것은 사전은 더 작은 부분 색인의 중요한 부분이 될 수 있다는 점이다.

이 알고리즘은 만약 파일이나 블록 주소법이 사용되어도 거의 변화하지 않으며, 색인을 유지하는 것 역시 저렴하다. 크기 $n'$인 새로운 텍스트가 데이터베이스에 추가되었다고 가정하자. 새로운 텍스트의 역색인이 만들어지고나서, 부분 색인에서 그랬던 것처럼 이 두 개의 색인도 병합된다. 이 작업은 $O(n+n'\log(n'/M))$ 입출력(I/O) 시간이 걸린다. 삭제된 텍스트 영역을 가리키는 출현들을 삭제함으로써 텍스트를 삭제하는 것은 $O(n)$ 패스(pass)의 비용이 수반된다(그리고 그 과정에서 그들의 출현 리스트가 사라진다면 단어도 지워진다). 갱신된 문헌들은 오래된 문헌을 지우고 새 것을 더하면 쉽게 관리할 수 있다.

일반적으로 역색인의 유지는 다음 세 가지 방식으로 이루어진다.

1. **재구축**(rebuild). 만약 텍스트가 많이 크지 않다면, 색인의 재구축이 가장 단순한 방법이다.
2. **점진 갱신**(incremental updates). 탐색하는 동안 갱신 비용을 분할할 수 있다. 즉, 필요시 역색인을 수정하기만 한다.
3. **간헐적 병합**(intermittent merge). 새로운 문헌들은 색인되고, 그 결과물인 부분 색인이 앞의 알고리즘에서 설명한 바와 같이 큰 색인에 병합된다. 이 방식이 일반적으로 최상의 해결법이다.

모든 경우에 색인이 갱신되는 동안 어떤 일이 발생했는지 관리할 필요가 있다. 만약 색인의 복사본을 갖고 있다면, 문제없이 탐색을 수행할 수 있으며, 만약 새로운 갱신 연산을 해야 하는 경우, 색인의 일관성을 유지하기 위해서 색인에 대한 접근을 막아야 한다. 갱신 단계에, 두 개의 역색인을 가진다: 메인 역색인과 갱신 중인 작은 역색인. 이 경우 탐색은 반드시 두 개 모두에서 수행되어야 하고 그 결과들은 합쳐져야 한다.

### 9.2.6 압축 역색인(Compressed Inverted Indexes)

6.8절에서 공간의 감소에만 초점을 맞춰서, 텍스트 데이터베이스에 적합한 압축 메커니즘을 기술한 바 있다. 역색인의 경우, 복잡한 문제없이 색인 압축과 텍스트 압축을 결합하는 것이 가능하다. 사실, 언급한 모든 구축 알고리즘에서, 압축은 마지막 단계로 추가될 수 있다.

전문 역색인(full-text inverted index)을 압축하는 방법에 대하여 논하고 (9.2.2절 참조), 순위 탐색을 위한 색인에 대하여 알아본다(9.2.4절 참조). 일반적으로, 역색인의 크기는 하나의 출현 리스트인 포스팅 파일을 압축함으로써 상당히 감소시킬 수 있다. 이는 메인 메모리에 저장될 수 있는 색인의 부분을 극대화하기를 원한다면 매우 중요하다.

전문 역색인에서, 각 출현 리스트안의 텍스트 위치나 파일의 식별자 리스트는 오름차순이다. 그러므로 인접한 숫자들 사이에 격차(gap) 열로 표현이 가능하다. 보통 출현 리스트는 시작부터 순차적으로 처리되므로 격차의 합을 통해서 원래의 문헌 번호를 쉽게 재계산할 수 있다.

이 격차들은 고빈도 단에들에 대하여는 작고, 저빈도 단어에 크다는 점에 입각하여 압축은 작은 값들을 짧은 코드로 인코딩함으로써 달성가능하다. 이 경우의 한 가지 가능한 코딩 방법은 일진 코드(unary code)이며, 여기서 정수 $x(>0)$는 $(x-1)$개의 1 비트와 하나의 0 비트로 코드화된다. 따라서 정수 3의 코드는 110이 된다. 표 9.2의 두 번째 열은 정수 1에서 10까지의 일진코드를 보여 준다.

| 격차 $x$ | 일진코드 | Elias-$\gamma$ | Elias-$\delta$ | Golomb ($b=3$) |
|---|---|---|---|---|
| 1 | 0 | 0 | 0 | 00 |
| 2 | 10 | 100 | 1000 | 010 |
| 3 | 110 | 101 | 1001 | 011 |
| 4 | 1110 | 11000 | 10100 | 100 |
| 5 | 11110 | 11001 | 10101 | 1010 |
| 6 | 111110 | 11010 | 10110 | 1011 |
| 7 | 1111110 | 11011 | 10111 | 1100 |
| 8 | 11111110 | 1110000 | 11000000 | 11010 |
| 9 | 111111110 | 1110001 | 11000001 | 11011 |
| 10 | 1111111110 | 1110010 | 11000010 | 11100 |

**표 9.2**: 정수에 관한 예제 코드

Elias는 정수에 대하여 두 개의 다른 가변길이(variable-length) 코딩 방법을 제안했다. 이 중 하나는 Elias-$\gamma$ 코드이며, 이는 숫자 $x(>0)$를 두 요소의 연결로 나타낸다. (1) $1+\lfloor \log_2 x \rfloor$ 에 대한 일진 코드 (이는 $x$를 나타내기 위해서 얼마나 많은 비트가 필요한지 알려줌) 그리고 (2) $\lfloor \log_2^x \rfloor$ 비트 코드는 이진수로 $x-2^{\lfloor \log_2 x \rfloor}$ 값을 나타낸다(이는 x를 가장 중요한 비트(MSB)가 없이 이진수로 표현한 것이며, 알고 있는 바와 같이 반드시 1이 되어야 한다). $x=5$인 경우 (이진수로 101), 길이는 $1+\lfloor \log_2 x \rfloor=3$이고, $x-2^{\lfloor \log_2 x \rfloor}=1$이다(2 비트가 사용된다면 01). 그러므로, $x=5$에 대한 Elias-$\gamma$ 코드는 3의 일진코드 110과 1의 2-비트 이진수 01을 결합하여 구성한 11001이 된다. Elias-$\gamma$ 코드의 예는 표 9.2에 나타나 있으며, Elias-$\gamma$ 코드 워드는 왼쪽에서 오른쪽으로 읽으면 어렵지 않게 해독 가능하다.

Elias가 도입한 다른 코딩 방법은 Elias-$\delta$ 코드이다. Elias-$\delta$는 위와 같이 (1)과 (2)부분을 연결하지만, (1)이 일진코드가 아니고 대신에 Elias-$\gamma$를 사용한다. $x=5$의 경우, 첫 번째 부분이 110 대신에 101이다. 그러므로 $x=5$에 대한 Elias-$\delta$ 코드워드는 10101이다. 표 9.2는 Elias-$\delta$ 코드의 다른 예를 보여 준다.

일반적으로, 임의의 정수 $x(>0)$에 대한 Elias-$\gamma$ 코드는 $1+2\lfloor \log_2 x \rfloor$ 비트를 필요로 하는 반면, Elias-$\delta$는 $1+2\lfloor \log_2 \log_2 2x \rfloor+\lfloor \log_2 x \rfloor$ 비트가 필요하다. $x$가 작은 값일 경우, Elias-$\gamma$ 코드가 Elias-$\delta$ 코드보다 더 짧지만, $x$가 커지면 상황은 역전된다. 그러므로 선택은 인코드할 값에 따라 좌우된다.

Golomb는 양의 정수 $x(>0)$에 대한 다른 코딩 방법을 제시하였다. 이 알고리즘은 작거나 큰 격차값들에 맞도록 조율될 수 있기 때문에 흥미롭다. 매개변수 $b$의 경우, $x$-1을 $b$로 나누었을 때 $q$와 $r$을 몫과 나머지로 각각 설정한다(즉, $q=\lfloor (x-1)\text{b}/ \rfloor$ 와 $r=(x-1)-q\cdot b$). 그리고 나서 $x$는 $q+1$의 일진 코드와 $r$의 이진 코드를 결합하는데, 이진코드는 $\lfloor \log_2 b \rfloor$ 이거나 $\lceil \log_2 b \rceil$ 비트이다: 만약 $r<2^{\lfloor \log_2 b \rfloor -1}$이면 $r$은 $\lfloor \log_2 b \rfloor$ 비트를 사용하고 (표현은 항상 0-비트에서 시작), 그렇지 않으면 $r$은 $\lceil \log_2 b \rceil$ 비트를 사용하는 데, 여기서 첫 번째 비트는 1이고 나머지 비트는 $r-2^{\lfloor \log_2 b \rfloor -1}$값을 $\lfloor \log_2 b \rfloor$ 개의 이진 숫자로 코딩한다. 예를 들어, $b=3$인 경우 나머지는 세 가지가 가능하며, $r=0$, $r=1$, $r=2$는 각각 0, 10, 11로 코딩된다. 마찬가지로 $b=5$인 경우, 나머지는 0에서 4까지 다섯 가지가 가능하며, 00, 01, 100, 101, 110으로 코딩된다. $x=9$인 경우, $b=3$이면 $q=2$이고 $r=2$가 산출된다. 그러므로, 인코딩은 110과 11을 결합한 것이다. $b=5$인 경우, 계산값은 $q=1$이고 $r=3$이며, 결과적으로 코드는 10과 101이 결합한 형태이다. 표 9.2의 마지막 열은 $b=3$인 Golomb 코드의 예를 보여 준다.

Golomb 코드를 사용해 출현 리스트를 코딩하기 위해서는, 반드시 각 리스트에 대하여 매개변수 b를 정의해야 한다. 적절한 값은 $b \approx (N/\ell)$ ln 2인데, $N$은 모든 격차의 합(혹은, 리스트의 최대 숫자)이고, $\ell$은 리스트 요소들의 숫자이다. Golomb 코드는 보통 Elias-$\gamma$나 Elias-$\delta$보다 더 나은 압축 결과를 내놓는다. 예를 들어, TREC-3 컬렉션에서 리스트 엔트리당 비트의 평균수는 파일-주소법(file-addressing)을 사용해서 Golomb, Elias-$\gamma$, Elias-$\delta$는 각각 5.73, 6.19, 6.43이다[1149]. 이는 단순한 역색인 방법보다 공간이 1/5로 감소하였다는 것을 의미한다(즉, 압축비율은 약 20%이다). 격차-인코딩(gap-encoding) 기술을 이용한 파일-주소법 색인 압축은 텍스트를 저장하는데 필요한 공간의 4%에서 8%를 차지한다. 만약 바이트-허프만(Byte-Huffman)이나 Dense코드(6.8절 참조)를 이용해서 텍스트를 압축했다면, 압축된 텍스트와 역색인은 원래 텍스트 저장에 필요한 공간의 30%에서 40%를 차지한다.

Elias 코드와 비교해서, Golomb 코드는 리스트의 압축에 앞서 $N$과 $\ell$을 알아야 하기 때문에, 두 번의 패스를 생성해야 하는 단점을 갖고 있다. 그러므로 색인 구축시(9.2.5절 참조), 마지막 압축 형태의 출현 리스트를 바로 저장할 수없고 Elias-$\gamma$나 Elias-$\delta$ 같은 중간 표현을 사용해야 한다.

격차 인코딩의 다른 문제는 9.2.3절과 같이 역리스트가 항상 순차적으로 처리되지 않고 특히 단계 질의를 해결하기 위해서는 일부 작업에서 임의 접근이 필요하다는 점이다. 해결책은 선행 샘플에서만 압축을 풀어서 리스트 위치에 대한 임의 접근 속도를 높이도록 리스트의 정규 간격에 따라 절대값을 저장하는 것이다.

이제 순위 탐색에 대한 역색인을 고려해 보자. 이 경우 각 출현 리스트안의 문헌들은 오름차순 파일 식별자에 의하여 정렬되지 않고, 가중치의 유사한 타입이나 파일내 용어 빈도의 내림차순에 의하여 정렬된다. 이는 색인의 압축을 더 어렵게한다. 그러나 지프(Zipf)의 법칙에 따르면 (6.5.2절 참조), 많은 용어가 파일에서 딱 한번 나타나는 것을 예상할 수 있고, 더 일반적으로 출현의 각 목록내 빈도와 많은 연관이 있다. 이 경우, 리스트내 동일 빈도를 공유하는 파일들은 여전히 식별자가 증가하는 순서로 정렬될 수 있으며, 이는 각 리스트의 대부분을 압축하는 격차 인코딩을 허용할 것이다. 검색 품질을 심각하게 훼손하지 않고 더 많은 압축을 허용하기 때문에 리스트 용어 출현 빈도수에 덜 민감한 것이 유익하다고 최근 연구결과는 밝혔다[56].

### 9.2.7 구조적 질의

구축된 텍스트를 탐색하는 알고리즘과 구조적 정보를 저장하는 방법은 각 검색 모델에 따라 크게 달라진다(7장 참고). 일부 구현은 구조를 저장하는 자의적(ad hoc) 색인을 구축하는데, 이는 잠재적으로 최대의 융통성과 효율성을 제공하지만, 추가적인 개발과 유지 노력이 필요하다.

이 절의 목적은 특정 접근법을 설명하는 것이 아니고 (예를 들어, XPath와 XQuery에 대한 많은 구현사례가 존재한다), 단어주소법 전문 역색인이 몇몇의 유용한 구조적 질의에 답해주도록 어떻게 수정될 수 있는지 알아본다. 구축된 텍스트에 대한 탐색 알고리즘과 질의 언어는 13장에서 자세하게 다룬다.

먼저 구조는 '태그(tag)'(즉, 구조적 요소들을 식별하는 문자열)를 사용하여 텍스트에 표시된다고 가정한다. 이런 경우가 HTML이나 XML 경우이지만 프로그램 코드는 아니며 마크(mark)는 암시적이고 내재적인 프로그램 언어의 구문(syntax)이 된다. 마치 태그가 단어인 것처럼 색인을 만드는 데, 태그가 암시적인 경우, 역색인은 텍스트에 실제로 나타나지 않은 가상(spurious) 태그를 포함할 수 있다. 이 과정 후에 역색인은 구조적 질의에 대한 모든 정보를 포함한다.

예를 들어, '타입 B를 포함하는 타입 A의 구조적 요소를 선택하라.'는 질의를 생각해보자. 타입 A(또는 B)의 구조가 태그 <A>와 </A>(또는 <B>와 </B>)로 둘러싸여 있다고 가정하면, 질의는 <A>와 </A> 사이에 </A>가 아닌 <B>가 따라오는 <A>를 찾는 것으로 해석될 수 있다. 이 태그의 위치는 전문 색인(full-text index)으로 구해지고, 그런 다음 마지막 답은 9.2.3절에 설명된 구(phrase)를 푸는 것과 유사한 알고리즘으로 구한다. 선조(ancestor), 후손(descendant), 선조나 후손의 수, 텍스트의 순서 등에 관한 많은 질의가 출현순서를 확인하는 태그를 탐색하는 것으로 해석될 수 있다.

많은 경우 이 기술은 자의적(ad hoc) 색인만큼 효율적이고, 기존의 텍스트 데이터베이스로의 통합도 단순하다.

## 9.3 요약 파일(Signature Files)

요약 파일은 해싱(hashing)에 기반을 둔 단어 기반(word-oriented) 색인 구조이다. 요약 파일은 색인의 순차 탐색 비용으로 낮은 부하(overhead)(텍스트 크기의 10%~20%)를 갖는다. 그러나 비록 요약 파일 탐색 복잡도가 선형적(이전의 접근법에서는 부분 선형적이지만) 이라도, 그 상수가 다소 낮아 크지 않은 텍스트에 적합하다. 역색인이 대부분의 응용에서 요약파일을 능가하는 반면, 요약파일은 원격 색인이 주어진 질의에 대한 답변을 가지고 있는지 효율적으로 판단하는 것과 같은 분산 환경에서 유용하다.

### 구조

요약 파일은 단어 블록을 $B$ 비트 크기인 비트 마스크로 매핑하는 해시 함수(또는 요약)를 이용한다. 요약 파일은 텍스트를 각각 $b$개 단어들의 블록으로 나누고 크기 $b$인 텍스트 블록에 $B$ 크기의 비트 마스크가 할당된다. 이 마스크는 텍스트 블록내 모든 단어의 요약을 비트단위(bit-wise) OR 연산하여 구해진다. 그러므로 요약 파일은 단지 (각 블록 포인터를 더한) 모든 블록의 비트 마스크의 연속일 뿐이다. 만약 단어가 텍스트 블록에 존재한다면, 해당 단어의 요약에 있는 모든 비트들이 텍스트 블록의 비트 마스크에서도 존재한다는 것이다. 따라서 질의어의 마스크에 설정된 비트가 텍스트 블록의 마스크에 없으면, 단어는 텍스트 블록에 존재하지 않는다. 그림 9.10은 불용어(stopword)를 요약파일에 고려하지 않는 텍스트의 예이다.

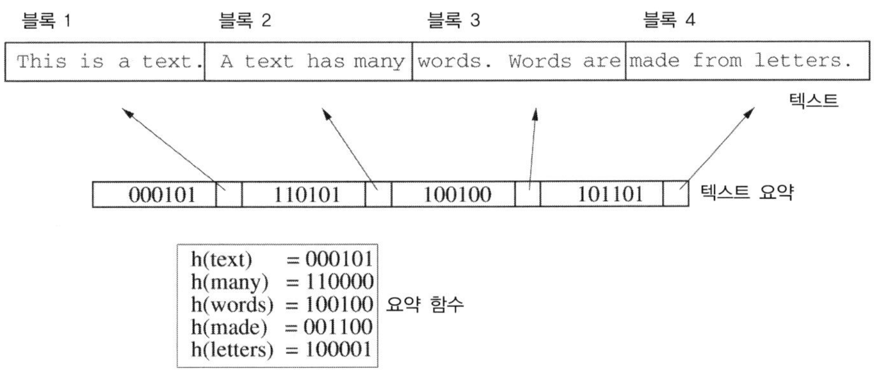


**그림 9.10:** 블록으로 나누어진 샘플의 요약 파일

그러나 단어가 텍스트에 존재하지 않을지라도, 그 단어에 해당하는 비트가 존재할 가능성이 있는데, 이런 경우를 착오 드롭(false drop)이라고 한다. 요약 파일 설계의 가장 중요한 부분이 가능한한 짧게 요약 파일을 유지하면서 착오드롭의 가능성을 낮추는 일이다.

해시 함수는 최소 $\ell$ 비트가 설정되도록 하는 비트 마스크를 사용하는데, 좋은 모델에서는 마스크에 $\ell$ 비트(중복 가능)가 임의로 설정된다고 가정한다. $\alpha = l/B$라고 하고 $b$개의 각 단어가 임의로 $\ell$ 비트를 설정하기 때문에, 단어 요약에서 마스크의 주어진 비트가 설정될 확률은 $1-(1-1/B)^{b\ell} \approx 1-e^{-b\alpha}$이다. 그러므로 질의에 설정된 $\ell$개의 임의 비트가 텍스트 블록의 마스크에 설정될 확률은

$$(1-e^{-b\alpha})^{\alpha B}$$

이고, 이는 $\alpha = \ln(2)/b$일 때 최소화된다. 최적 선택 $l = B\ln(2)/b$ 하에서 착오 드롭의 확률은 $(1/2^{\ln(2)})^{B/b} = 1/2^{\ell}$이 된다.

그러므로 적당한 비율 $B/b$가 결정되어야 한다. 색인의 공간 오버헤드는 대략 $(1/80)\times(B/b)$이 되는데, $B$는

비트로 측정되고, $b$는 단어로 측정되기 때문이다. 그러면 착오 드롭 확률은 지불해야 할 오버헤드의 함수가 되는데, 예를 들어, 10% 오버헤드는 2%에 가까운 착오 드롭 확률을 내포하는 반면, 20% 오버헤드는 0.046% 착오 드롭 확률을 갖는다. 이 착오 확률은 정합(match)이 착오 드롭인지 아닌지 확인하는 동안 수행할 순차 탐색의 예상 양에 해당한다.

### 탐색

단일어(single word) 탐색은 단어를 해싱해서 비트 마스크 $W$로 만들고 모든 텍스트 블록의 비트 마스크 $B_i$를 비교함으로써 수행된다. ($W \& B_i = W$)일 때마다(여기서 &는 비트단위 AND), W에 설정된 모든 비트는 또한 B에 설정되고, 그 결과 텍스트 블록은 단어를 포함할 수 있다. 그러므로 모든 후보 텍스트 블록에 대하여, 단어가 실제로 블록에 있는지 검증하기 위해서 온라인 순회(traversal)가 진행되어야 한다. 이 순회는 (착오 드롭의 위험을 감수하지 않는 한) 역색인에서와 같이 반드시 수행되어야 한다.

다른 형태의 패턴은 이 기법에서 탐색될 수 없다. 그러나 이 기법은 구와 인접 질의 탐색에 더 효율적인데, 블록이 구나 인접 질의를 수용하기 위해서는 모든 단어가 블록에 존재해야 하기 때문이다. 그러므로 모든 질의 마스크를 비트 단위 OR 연산한 결과를 조사하여 그들의 모든 비트들이 있는지를 확인한다. 이는 착오 드롭의 확률을 감소시키며 구 탐색을 개선한 유일한 색인 기법이다.

그러나 블록의 경계에 걸쳐 있는 구를 놓치지 않기 위해서 블록 경계에서는 약간의 주의가 필요하다. $j$개 단어의 구나 $j$개 단어까지의 인접 탐색을 허용하기 위해서 연속적인 블록들은 $j$-1개 단어 안에서 중첩되어야 한다.

만일 블록이 검색 단위와 일치한다면, 단어나 구를 포함한 단순 불리안 교집합은 모든 연관 단어가 블록내에 존재하도록 함으로써 향상될 수 있다.

1992년에 지역 디스크를 가지는 Sun 3/50에서 수행된 실제 성능 평가에서, 2.8 MB의 작은 데이터베이스에서 질의는 0.42초가 걸렸다. 최근의 기술로 추정하면, 성능은 약 20 MB/sec(선형 시간)이고, 250 MB 텍스트는 12초가 걸릴 것이므로 느린 편이다.

### 구축

요약 파일의 구축은 다소 용이하다. 텍스트는 블록으로 단순하게 분리되고, 각 블록에 대하여 요약 파일의 엔트리가 생성된다. 이 엔트리는 블록내의 모든 단어의 요약을 비트단위로 OR 연산한 것이다.

텍스트 추가 또한 용이한데, 요약 파일에 레코드를 계속 추가하면 되기 때문이다. 텍스트 삭제는 적절한 비트 마스크를 삭제함으로써 수행된다.

모든 비트 마스크를 일렬로 저장하는 방식과는 다른 저장 방식이 제안되었다. 예를 들어, 마스크의 각 비트에 대한 파일을 만드는 것이다. 즉, 모든 첫 번째 비트를 가지는 파일, 모든 두 번째 비트를 가진 파일, 이런 식이다. 이는 질의 탐색을 위한 디스크 시간을 감소시키는데, 질의내에 설정된 $\ell$ 비트에 대응하는 파일만이 순회되기 때문이다.

### 압축

요약 파일을 압축하는 방법에는 여러 대안이 있는데, 모든 방법은 전체 파일에서 적은 수의 비트만이 설정된다는 사실에 기반을 두고 있다. 설정되지 않은 비트를 코딩하는 효율적인 방법(예를 들면 run-length 인코딩과 같은)이 가능하다. 만일 파일이 비트 마스크의 연속으로 저장되었거나 마스크 비트당 하나의 파일로 저장된다면 다른 고려사항이 발생한다. 이들은 공간과 디스크 시간을 감소시키거나 동일 공간 오버헤드를 유지하며 대안적으로 B를 (착오 드롭 확률을 줄이기 위해) 증가시키는데, 70%에 가까운 압축률이 보고되었다.

## 9.4 접미사 트리와 접미사 배열

역색인은 IR(정보검색) 시스템에 있어서 가장 선호되는 방법이지만, 약간의 제약을 가지고 있다. 텍스트는 쉽게 단어의 열로 파싱(parse)되므로 질의는 완전한 단어들이나 단어들의 짧은 연속만을 검색한다. 더욱이 단어들의 양이 많지 않아야 하는데, 그렇지 않으면 사전과 같은 구조는 관리가 불가능하게 되고 효율성은 급격히 떨어진다.

이런 모든 조건은 많은 언어(특히 서양 언어)에 해당되지만, 모든 언어에 대하여 그렇지는 않다. 예를 들면 핀란드어나 독일어는 접합하여 복합어를 만드는데, 이는 짧은 부분이 연결되어 긴 단어를 형성한다는 뜻이다. 이런 긴 단어들은 영어의 구와 다소 일치한다. 보통 이런 긴 단어에 관한 질의를 하기보다는 긴 단어의 부분에 의하여 질의한다. 자연언어 분석 도구는 이런 부분을 분해하는데 유용하지만, 단순하고 범위가 넓은 선택은 단어를 이용하지 않고 텍스트의 어떤 부분문자열(substring)이든 탐색을 허용하는 것이다.

비슷한 문제점은 중국어, 일본어, 한국어와 같은 동양 언어에서도 발생한다. 이들 언어의 텍스트는 매우 많은 알파벳의 열로 구성되어 있다(각 문자는 대부분 표의문자이다). 사람들은 기호의 연속으로부터 단어를 구별하는데, 그 이유는 텍스트를 이해해야 하기 때문이다. 그러나 자동 단어 분할(automatic word segmentation)은 미해결 연구 문제이고 이런 언어에 관한 일반적인 해결방안은 사용자가 연속 기호에서 어떤 부분문자열을 탐색하도록 허용하는가이다.

마지막으로, 정보검색(IR)과 관련없는 응용들이 있는데, 계산 생물학(DNA 혹은 단백질 배열)과 음악 데이터베이스(MIDI 시퀀스)들 분야에서, 부분문자열 탐색의 문제가 발생한다.

9.5절에서 텍스트내 부분문자열이나 복잡합 패턴을 발견하는 알고리즘을 살펴볼 것이다. 그러나 탐색 시간은 데이터베이스 크기에 비례하여 증가하므로 이 해결방안은 아주 큰 텍스트에는 적합하지 않다. 접미사 트리와 접미사 배열은 질의 문자열이나 복잡한 패턴에 일치하는 텍스트 부분문자열의 색인 탐색을 가능하게 하여, 탐색 시간은 텍스트 크기보다 작은 비율로 증가한다.

이 색인은 텍스트를 하나의 긴 문자열로 간주하고 텍스트내 각 위치는 텍스트 접미사(suffix)로 간주된다(즉, 문자열은 그 텍스트 위치부터 텍스트 끝까지이다). 예를 들어 'missing mississippi'라는 텍스트가 있다면, 다른 위치에서 시작하는 두 개의 접미사가 다르며 이 접미사들은 사전 편집 순으로 비교될 수 있다(이를 위하여 모든 문자보다 작은 문자 '$'를 텍스트의 마지막에 놓는다). 그러므로 각 접미사는 그 시작점의 위치값에 따라 고유하게 인식된다.

모든 텍스트 위치가 색인될 필요는 없고 특히 영어 텍스트에서 단어의 시작만을 색인한다면, 색인과 그 기능은 9.2.2절에서 설명한 전문 역색인(full-text inverted index)과 다소 유사하다. 역색인은 다양한 측면에서 편리하므로 역색인이 적용될 수 없는 경우의 접미사 트리와 배열의 사용에 관하여 살펴본다. 그러나 접미사 트리와 배열이 긴 구의 탐색에서 역색인보다 우월하다는 것을 언급할 필요는 있는데, 이는 단어의 탐색과 비교해서 특별한 처리가 필요없기 때문이다.

이제부터 모든 텍스트 위치가 색인되어 있다고 가정한다.

```
missing mississippi
issing mississippi
ssing mississippi
sing mississippi
ing mississippi
```

```
...
ppi
pi
i
```

### 9.4.1 구조: 트라이(Trie)와 접미사 트리(Suffix Tree)

**트라이(Trie)**

우선 트라이 자료 구조가 무엇인지 상기하면서 시작하자. 트라이 혹은 디지털 탐색 트리는 다중 트리(multi-way tree)로 문자열의 집합을 저장하고 길이(저장된 문자열 수에 독립적으로)에 비례한 시간 비용으로 어떤 문자열이든지 검색한다. 특별 문자 '$'는 어떤 문자열도 다른 스트링의 접두사(prefix)가 아니라는 것을 확실히 하기 위해서 각 문자열의 뒤에 추가된다. 문자열의 집합 $P=\{P_1, \cdots, P_r\}$의 트라이는 트리구조 DFA(결정 유한 오토마타; Deterministic Finite Automata)로 $P_1|\cdots|P_r$을 인식한다(9.5.4절 참조). 그러므로 $P$에서 문자열을 찾는 것은 DFA가 문자열을 인식하는지 아닌지를 결정하는 것과 같다.

접미사 트라이(suffix trie)는 본질적으로 텍스트 $T=t_1t_2\cdots t_n, t_n=$ '$'의 모든 접미사로 구축된 트라이 자료구조이다. 접미사 $t_i\cdots t_n$의 포인터는 마지막 단계(즉, 트리 단말)에 저장된다. 이런 트라이에서 노드의 수를 감소시키기 위하여 접미사 트라이는 단말에서 끝나는 모든 단일 패스(unary path)를 제거하며 그림 9.11(위)에 나타나 있다. 예를 들어, '`sing`'으로 라벨링된 루트에서 단말까지 패스(path)를 보면, 'sin' 다음에 패스의 길이가 줄어든 것을 알 수 있다. 그 이유는 텍스트내에 '`sin`'이 한 번 벌써 출현했기 때문에, 접미사 'sing mississippi'에 일치하는 단일 패스가 그 지점에서 줄어든 것이다. 텍스트 위치 4(해당 단말에 표시된 바와 같이)로 가서 접미사를 읽음으로써 접미사를 회복할 수 있다.

**접미사 트리(Suffix Tree)**

필요 공간을 줄이기 위하여, 남아 있는 모든 단일 패스는 압축될 수 있는데, 그 결과가 접미사 트리이다. $n$개의 단말과 모든 내부 노드는 적어도 자식을 둘 가지고 있으므로, 접미사 트리의 전체 크기는 $O(n)$이 된다. 접미사 트리의 간선은 일반적으로 문자열로 라벨링된다. 상수 공간(constant space)에서 텍스트내 문자열의 출현 포인터와 길이로 표현되며, 이는 그림 9.11의 아랫부분에 나타나 있다.

접미사 트리의 문제점은 공간이다. 구현에 따라 접미사 트리는 텍스트 자체의 10에서 20배 공간을 차지한다. 예를 들어, 1 기가바이트 텍스트의 접미사 트리는 적어도 10 기가 바이트 공간이 필요하다. 게다가 접미사 트리는 하드디스크에서 잘 동작되지 않으므로 상대적으로 작은 텍스트에서만 매력적이다.

접미사 배열(suffix array)은 기본적으로 접미사 트리와 같은 기능을 제공하지만 훨씬 작은 공간을 필요로 한다. 만약 접미사 트리 노드의 자식들이 간선 라벨을 사전 편집 순서로 왼쪽에서 오른쪽으로 정렬된다면, 접미사 배열은 왼쪽에서 오른쪽으로 모든 트리 단말을 모음으로써 만들어진다. 더 직접적으로 T의 접미사 배열은 T의 모든 접미사를 가리키는 배열이라고 정의된다. 여기서 접미사는 그림 9.12와 같이 사전 편집 순서로 정렬된다.

접미사 배열은 전형적으로 텍스트 크기의 4배 정도이므로 긴 텍스트에 매력적으로 작용한다(9.4.5절에서 접미사 배열이 훨씬 더 압축될 수 있음을 보여 준다). 반대로 접미사 배열은 접미사 트리보다 다소 느리다. 몇몇 논문들은 접미사 트리와 배열을 PAT 트리와 배열이라고 부른다.

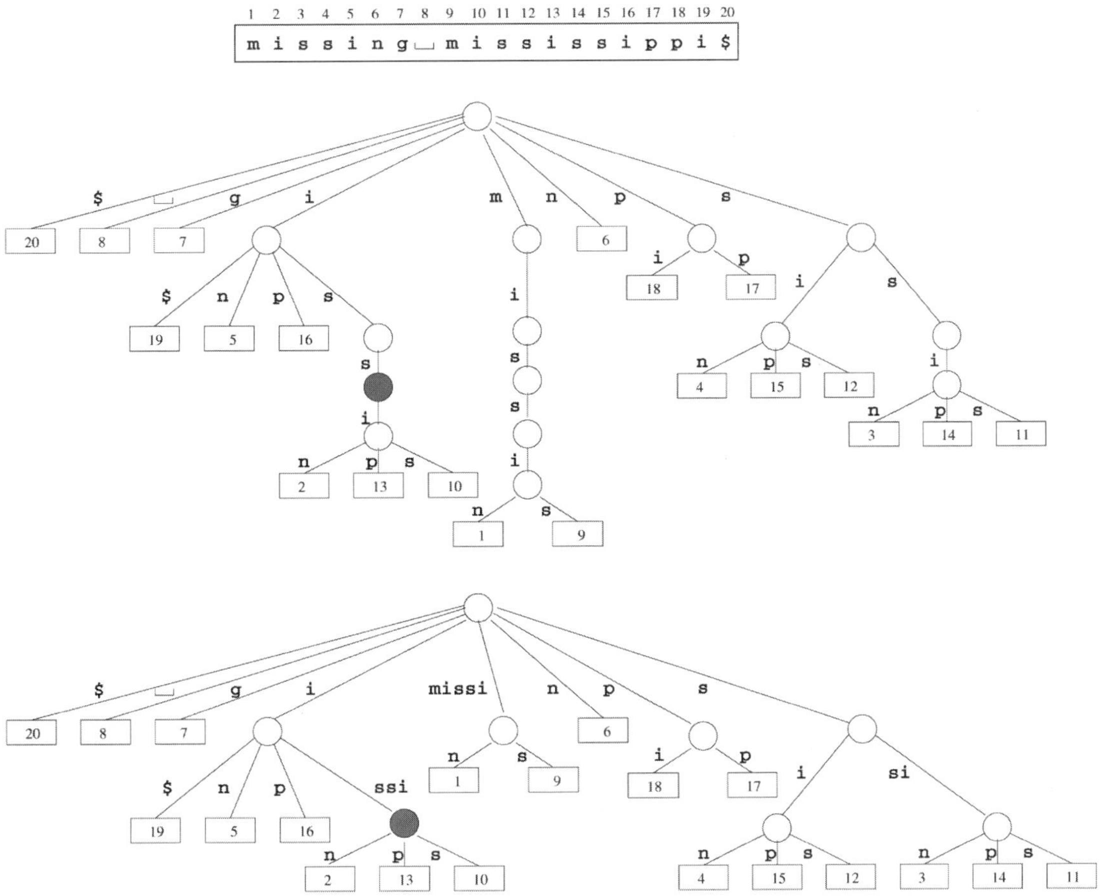


**그림 9.11:** 텍스트 'missimg mississppi'에 대한 접미사 트라이(위 트리)와 접미사 트리(아래 트리). 두 경우 모두에서 'iss'를 탐색할 때 도달되는 노드가 강조되어 있다.

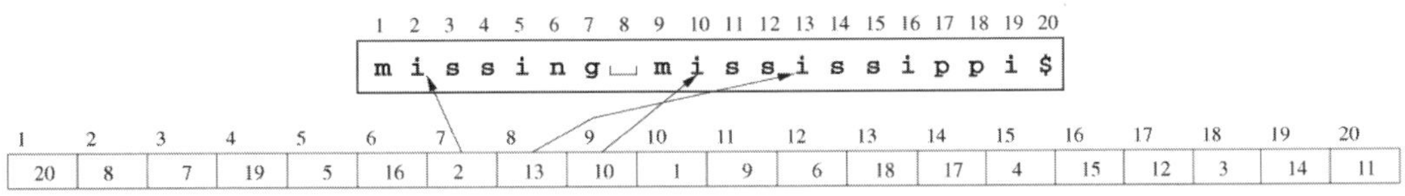


**그림 9.12:** 텍스트 'missimg mississppi'에 대한 접미사 배열. 화살표는 패턴 'iss'의 출현을 표시한다.

### 9.4.2 단순 문자열 탐색

비록 구현에서 접미사 트리가 접미사 트라이보다 선호되지만, 접미사 트라이 알고리즘을 먼저 설명하는 것이 더 용이하다. 주어진 패턴 문자열 $P=p_1 p_2 \cdots p_m$에서 모든 텍스트 부분문자열을 찾는 것을 허용하는 주요 특징은 다음과 같다: 모든 텍스트 부분문자열은 텍스트 접미사의 접두사이고 $P$로 시작하는 접미사 트라이내 모든 접미사를 탐색한다.

이는 $P$ 문자들을 따라 트라이를 내려간다는 아이디어에서 나왔는데, $P$로 시작하는 모든 트라이 접미사에 의하여 공유되는 마지막 노드로 이끈다. 노드로부터 내려온 단말은 $P$로 시작하는 접미사의 시작 위치이고 이들은

$T$내 $P$의 출현을 정확히 가리킨다.

예를 들면, $P$= 'iss'이고 텍스트는 그림 9.11과 같다. 탐색을 위해 $P$의 연속된 문자를 사용하여 트라이 루트부터 회색 노드에 도착할 때까지 내려온다. 그리고 나서 회색 노드에서 나온 서브트리의 단말을 탐색하고, $T$내 $P$의 모든 출현을 발견한다: 위치 2, 13, 10.

탐색 처리의 다른 결과도 가능하다: $P$에서 나온 트라이 철자내에 패스(path)가 없거나 $P$를 완전히 읽기 전에 단말에 도착할 수 있다. 첫 번째 경우, $T$내 $P$가 나타나지 않는다는 것을 알 수 있다($P$로 시작하는 $T$의 접미사가 없는 것처럼). 두 번째 경우, $P'$는 트라이 단말에 도달했을 때, 읽은 $P$의 접미사라고 말할 수 있다. 이는 $P'$가 $T$에서 딱 한번 나타났다는 것을 의미한다. $P'$의 출현은 P처럼 계속되거나 아닐 수 있다. 단말이 가리키는 텍스트 위치로 바로 가서, $T$내 $P$의 출현이 한번인지 아닌지를 텍스트내에서 검증한다.

만약 접미사 트리에서 탐색이 수행된다면, 간선 단일 문자가 아닌 문자열로 라벨링되는 추가적인 문제에 직면한다. 그러나 주어진 노드에서 벗어난 간선을 라벨링한 모든 문자열은 문자열의 첫 번째 문자와는 다르다. 그러므로 각 노드에서, 따라갈 간선은 많아야 하나 있다. 간선을 따라가기 위해서, 모든 간선의 문자는 반드시 $P$와 일치해야 한다. $P$는 간선을 완전히 순회하기 전에 모두 사용되는 것 또한 가능하다. 이런 경우 답은 목표 노드로부터 시작하는 전체 서브트리이다.

예를 들어, 그림 9.11(아래)에서 만약 'iss'를 탐색하는데 먼저 첫 번째 문자 'i'를 이용하여 내려간다. 그리고 나서 'ssi'로 라벨링된 간선에 의하여 내려가도록 시도한다. 문자는 패턴과 정합하지만 전체 간선 라벨을 읽기 전에 끝난다. 어쨌든 회색 노드로 내려오게 되고, 옳은 답을 발견한다.

그림 9.13은 접미사 트리 탐색에 관한 의사코드(pseudo code)를 제공한다. 만약(예를 들면, 첫 번째 문자로 색인된 배열을 가지고) 상수 시간내에 첫 번째 문자를 탐색할 수 있도록 각 노드에서 나온 간선이 구성되었다면, 접미사 트리는 $O(m)$ 시간내에 답을 가진 서브트리를 리턴한다. 그러면 $occ$개의 출현은 $O(occ)$ 시간내에 발견될 수 있다.

```
Suffix-Tree-Search (S, P = p_1 p_2 ... p_m)

i ← 1
while true do {
  if S is a leaf pointing to j then {
    if p_i ... p_m = t_{j+i-1} ... t_{j+m-1}
      then return S
      else return null
  }
  if there is an edge S --p'_1...p'_s--> S' ∧ p'_1 = p_i then {
    j ← 0
    while j < s ∧ i + j ≤ m ∧ p'_{j+1} = p_{i+j} do j ← j + 1
    i ← i + j
    if i > m then return S'
    if j < s then return null
    S ← S'
  }
  else return null
```

**그림 9.13:** 문자열 $P$에 대한 접미사 트리 탐색 의사코드(Pseudocode). 답을 포함하는 서브트리를 리턴하거나 아무것도 없을 경우 null을 리턴한다.

접미사 배열 탐색은 약간 다르다. 접미사 $P$를 공유하는 모든 접미사가 사전 편집순으로 인접해 있기 때문에, $P$로 시작하는 첫 번째와 마지막 접미사를 찾는 두 번의 이진 탐색을 통해서 모든 답을 포함하는 접미사 배열 간격을 찾을 수 있다. 그림 9.12는 간격 결과를 나타낸다. 이진 탐색의 각 단계가 텍스트 접미사에 대하여 $P$의 비교를 요구하므로 탐색비용은 $O(m \ \log n)$이 된다.

### 9.4.3 복잡한 패턴 탐색

일반적으로, 접미사 트라이를 이용한 복잡한 패턴의 탐색은 관련 순차 알고리즘을 시뮬레이트하고, 트라이를 역추적(backtrack)함으로써 달성된다. 예를 들어 특정 정규 표현을 탐색하기를 원한다고 가정하자. 셀프-루프를 추가하지 않고 9.5.4절에서처럼 오토마타(automaton)를 구축하면 정규 표현과 정합하는 문자열로 시작하는 모든 텍스트 접미사를 찾을 수 있다.

이를 위하여, 알고리즘은 트라이 루트에서 시작된다. 문자 $c$로 표시된 현재 노드의 각 자식에 대하여 오토마타에 c를 대입하고, 그 알고리즘은 재귀적으로 서브트리를 방문한다. 서브트리로부터 재귀과정이 끝날 때, c가 입력되기 전의 원래 오토마타 상태는 회복되며 이 처리는 현재 노드의 각 자식에 대하여 반복된다. 탐색은 다음 세 가지 가능한 형태로 멈춘다.

1. 오토마타가 더 이상 활성화 상태(active state)를 가지고 있지 않다. 이는 현재 노드로부터 내려온 어떤 단말도 정규 표현과 정합하지 않는다는 뜻이며 현재 가지(branch)를 포기하고 부모(parent) 노드로 되돌아간다.
2. 오토마타가 마지막 단계에 도착한다. 이는 현재 노드에서 내려온 모든 단말이 정규 표현과 정합하는 문자열로 시작하는 접미사를 표현한다는 뜻이다. 그러므로 단말에 저장된 모든 텍스트 위치를 기록하고 부모 노드로 되돌아간다.
3. 트라이 단말에 도달한다. 이는 오토마타가 마지막 단계에 도달하거나 활성화 상태를 실행할 때까지 텍스트에서 확인을 계속해야 한다는 것을 뜻한다.

임의 텍스트에 대하여 단지 $O(n^{\alpha}\text{polylog}(n))$ $(0 \le \alpha \le 1)$ 노드만이 정규 표현에 따라 순회한다. 이 탐색 시간은 대부분의 정규 표현에서 부분선형(sublinear)($\alpha < 1$)이다. 확장 패턴은 같은 방식으로 패턴을 정규 표현으로 간주함으로써 탐색될 수 있다.

색인 근사 문자열 정합도 허용한계값(tolerance) $k$(9.5.6절 참조)를 가지고 가능하다. 트라이 접두사(prefix)와 $P$가 정합하기 위해서 필요한 오류의 수를 계산하는 알고리즘을 시행하는 동안 동일한 역추적을 실행한다. 이를 위하여 9.2식에서 $C$의 회귀값을 첫 번째 행의 초기화값이 $C_{0,j=j}$가 되도록 변경시켜야 한다. 문자 $c$에 의하여 내려올 때, 새로운 행렬 $C$의 열은 $c$에 의하여 계산된다. 모든 열값이 $k$를 초과할 때 가지(branch)를 버리고, 마지막 열의 마지막 값이 $k$를 초과하지 않을 때 모든 단말을 출력한다. 오토마타-기반 근사 탐색에서 처리과정은 오토마타-기반 정규 표현 탐색과 동일하다.

트라이의 근사 탐색은 깊이 $m+k$를 초과하지 못하므로 시간은 충분히 작은 패턴들에 대하여 텍스트 크기에 독립적이다 ($O(\sigma^{m+k})$ 노드보다 많이 방문할 수 없기 때문에). 더 긴 패턴에서 $m$에 대한 지수적인(exponential) 의존성은 탐색 시간에서 분명해지고, 다른 방법이 사용되어야 한다. 효율적인 기술은 $P$를 $j$개 부분으로 분할하고, $\lfloor k/j \rfloor$ 에러를 허용하는 부분들을 찾아내고, $P$의 완전한 출현을 위하여 텍스트내 부분들의 이웃을 검증한다. 이는 9.5.6절에서 볼 순차 기술의 확장이다. 만약 $j$가 적절히 선택된다면 $O(n^{\alpha}$ poly$(m))$ 형태의 평균 탐색 시간을 획득한다. 여기서 충분히 낮은 $k/m$에 관하여 $\alpha < 1$이다.

접미사 트리는 여기서 고려하지 않은 다른 복잡한 탐색을 수행할 수 있다. 이는 특정 응용에서 유용한 특화된 연산이다. 몇 가지 예를 들면: 한 번 이상 나타난 텍스트내 가장 긴 부분문자열 탐색 (이는 가장 깊은 접미사 트라이 노드임), 고정된 길이의 가장 흔한 부분문자열 탐색 등.

접미사 트라이에 대하여 설명한 알고리즘은 명확하게 접미사 트리에도 적용되며, 또한 접미사 배열에도 $O(\log n)$ 시간비용으로 적용된다. 각 접미사 트라이 노드는 그 노드의 서브트리의 단말을 포함하는 접미사 배열 간격에 해당한다. 만약 트라이 루트에서 노드까지의 패스가 문자열 $S$를 표현한다면, 해당하는 접미사 배열 간격이 $S$로 시작되는 접미사의 간격이다. 그 루트는 모든 접미사 배열에 해당하고 단말은 각 배열의 원소에 해당한다. 현재 접미사 트라이 노드에 해당하는 배열 간격을 유지함으로써 접미사 배열 순회를 흉내낼 수 있다. 문자 $c$를 가지고 접미사 트라이에서 내려올 때, 현재 접미사 배열 간격에 대하여 일치하는 하부-간격(sub-interval)을 이진 탐색(binary search)한다.

### 9.4.4 구축(Construction)

$n$개의 문자로 이루어진 텍스트에 대한 접미사 트리는 $O(n)$ 시간에 구축될 수 있다. 그러나 접미사 트리가 메인 메모리에 들어가지 않는다면 알고리즘은 잘 작동하지 않는데, 이는 접미사 트리가 많은 공간을 요구하기 때문이다. 이 알고리즘에 대한 참고문헌은 이 장의 끝에 나와 있다.

여기서는 직접 접미사 배열(direct suffix array) 구축에 집중하고자 한다. 접미사 배열은 사전 편집 순서인 텍스트 포인터의 집합과 같으므로 접미사 배열을 간단히 생성하는 방법은 사전 편집순으로 모든 포인트된 접미사를 고전적인 정렬 알고리즘을 이용하여 정렬하는 것이다. 이 정렬에서 두 개의 접미사 배열 엔트리(entry)를 비교하기 위하여 연관된 텍스트 위치가 접근되어야 하며 이 위치는 기본적으로 랜덤(ramdom)이다. 그러므로 하드디스크 기반 정렬 알고리즘을 사용하더라도 텍스트는 합리적인 성능을 획득하기 위해서 메인 메모리에 존재하여야 한다. 좋은 정렬 알고리즘은 $O(n \log n)$문자열 비교와 평균 $O(n \log^2 n)$ 시간을 필요로 한다.

불행하게도 이 간단한 구축은 텍스트가 긴 반복 부분문자열을 포함한다면 실패할 수도 있는데, 그 이유는 두 반복 사이에서 시작하는 접미사가 비교될 것이고 이 비교는 사전적 순서가 결정될 때까지 많은 문자를 검사하기 때문이다. 접미사 배열을 위해 특별히 설계된 더 강력한 정렬 알고리즘이 있는데, 이에 대한 참고는 이 장의 끝 부분에 있다. 이 알고리즘 대부분의 주요 아이디어는 $t_{i+1} \cdots t_n < t_{j+1} \cdots t_n$과 $t_i = t_j$라는 것을 알고 있다면, 접미사를 비교하지 않고 $t_i \cdots t_n < t_j \cdots t_n$을 추론할 수 있다는 것이다. 예를 들어, 모든 접미사는 접미사의 첫 $2^{l-1}$ 문자로 이미 정렬되어 있다고 가정한다. 그러면 문자열 비교 없이 접미사의 첫 $2^l$ 문자로 정렬하는 것이 가능하다. 또 접미사 배열 영역내에 있고 접미사들이 첫 $2^{l-1}$ 문자를 공유하는 버킷(bucket)를 형성하기 위하여 수정할 필요가 있다고 가정한다. $t_i \cdots t_{i+2^{l-1}}$가 $t_j \cdots t_{j+2^{l-1}}$보다 작은지 같은지 큰지를 결정하기 위하여, $t_{i+2^{l-1}} \cdots t_{i+2^{\ell-1}}$의 버킷(bucket)이 $t_{j+2^{l-1}} \cdots t_{j+2^{\ell-1}}$의 버킷에 선행하는지, 같은지, 따라오는지(예를 들어, 역순열(reverse permutation)을 이용하여) 알아보면 된다. 이 아이디어에 기반을 둔 알고리즘은 다양한 방식이 있으며, 현재 아주 빠른 알고리즘이 존재하는데 이는 긴 반복 부분문자열에 강하고, 구축을 위해 여분의 작은 공간을 사용한다.

#### 큰 텍스트에 대한 접미사 배열 구축

앞의 알고리즘은 데이터가 메인 메모리에 들어간다는 가정하에 설명된다. 상황이 그렇지 않을 경우 하드디스크 메모리 구축에 대한 구체적인 알고리즘이 요구되며, 실제 가장 잘 동작되는 알고리즘을 제시하고자 한다.

이 알고리즘은 텍스트를 메인 메모리에서 정렬할 수 있는 블록으로 분할한다. 그리고 나서 각 블록에 대하여 메인 메모리내 블록의 접미사 배열을 구축하고, 선행 텍스트에 대하여 이미 구축된 접미사 배열의 나머지와 접미사 배열을 병합한다. 즉,

(1) 블록1에 대한 접미사 배열 구축
(2) 블록2에 대한 접미사 배열 구축
(3) 블록1과 블록2의 접미사 배열 병합

(4) 블록3에 대한 접미사 배열 구축
(5) 블록1+2와 블록3의 접미사 배열 병합
(6) 블록4에 대한 접미사 배열 구축
(7) 블록1+2+3과 블록4의 접미사 배열 병합
(8) … 등.

어려운 부분은 블록 1, 2, …, $i-1$을 위한 (이미 구축된) 큰 접미사 배열 $LA$를 블록 $i$를 위한 (방금 구축된) 작은 접미사 배열 $SA$와 어떻게 병합하느냐이다. 단순병합(naive merging)은 큰 텍스트에 걸쳐 산재되어 있는 텍스트 위치를 비교하므로 문제가 해결되지 않는다. 해결책은 얼마나 많은 $LA$의 요소가 $SA$내 각 연이은 요소 쌍 사이에 위치되어 있는지 먼저 결정하고, 나중에 텍스트 접근 없이 배열을 병합 정보로 사용하는 것이다. 정보는 빈도 배열(counter array) $C$에 저장되어서 $C[j]$는 $SA[j]$와 $SA[j+1]$ 사이에 편집순으로 얼마나 많은 $LA$의 접미사가 있는지 알려준다. 일단 $C$가 계산되면, $LA$와 $SA$는 단일 순차 패스내에서 배열 내용을 초기 공백 출력에 추가함으로써 쉽게 병합된다.

(1) LA의 첫 번째 C[0] 요소 추가
(2) SA[1] 추가
(3) LA의 다음 C[1] 요소 추가
(4) SA[2] 추가
(5) LA의 다음 C[2] 요소 추가
(6) SA[3] 추가
(7) … 등.

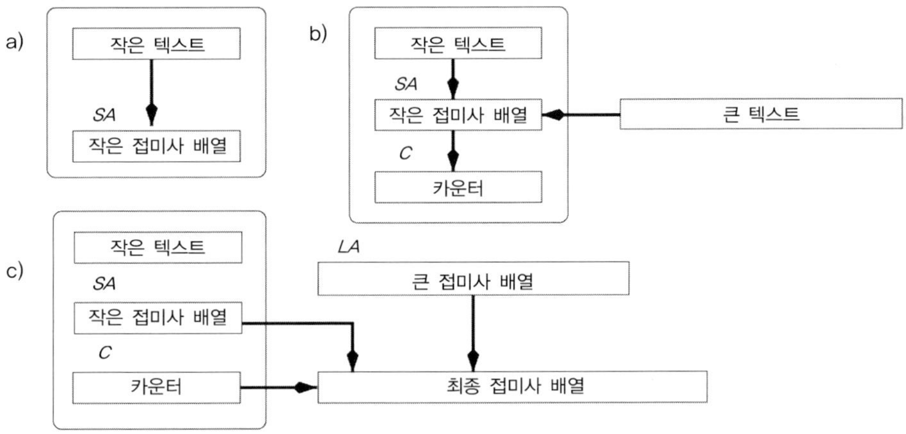


**그림 9.14:** 큰 텍스트를 위한 접미사 배열 구축단계: (a) 지역 접미사 배열 $SA$-구축, (b) 카운터 배열 $C$계산, (c) 접미사 배열 $SA$와 $LA$ 병합

남아 있는 문제는 카운터 배열 $C$를 어떻게 계산하느냐인데, 이는 $LA$에 접근하지 않고 이루어진다. $LA$에 연관된 텍스트(즉, T의 첫 $i-1$개의 블록)는 순차적으로 메인 메모리에 적재되고 그 텍스트의 각 접미사는 (메인 메모리 내의) $SA$에서 탐색된다. 일단 $SA[j]$와 $SA[j+1]$ 사이에 사전 편집순으로 텍스트 접미사가 놓여있다는 것이 판단되면, $C[j]$를 증가시킨다. 그림 9.14는 하나의 블록에 대한 전체 처리과정을 보여 준다.

이 알고리즘의 입출력(I/O) 비용은 $O(n^2/M)$이며, $M$은 처리과정에 이용가능한 메인 메모리의 양이다. CPU 비용은 $O(n^2\log(M)/M)$이다. 두 비용은 최적과는 거리가 있지만, 이 알고리즘은 대부분의 실제 응용에서 아주 잘 작동된다.

이와 같은 알고리즘은 색인 관리에도 사용될 수 있다. 크기 $n'$의 새로운 텍스트가 데이터베이스에 추가된다면, 이 텍스트는 이전과 같이 블록으로 분할되고, 현재 접미사 배열내에 블록 단위로 병합된다. 이는 $O(nn'\log(M)/M)$ CPU 시간이 걸린다. 일부 텍스트 삭제는 지워진 영역에 있는 모든 텍스트 위치를 제거한 배열에 대하여 $O(n)$시간에 수행하고 나서 인접 배열로 남아 있는 위치를 압축한다.

### 9.4.5 압축 접미사 배열

접미사 배열의 압축은 다소 특이하다. 왜냐하면 압축된 접미사 배열은 원본 텍스트 저장없이 어떠한 텍스트 부분 문자열로 재생산할 수 있다는 점에서 텍스트를 대체한다고 볼 수 있다. 따라서 이들은 셀프-인덱스(self-index)라고 불린다.

9.4절에서 언급했듯이, 접미사 배열의 중대한 문제점은 공간을 많이 요구한다는 점이다. 몇 년 전까지 접미사 배열은 기본적으로 임의 순열이고 압축이 불가능하다고 여겨졌다. 2000년 이후로 상황은 급격히 변화하여 몇 개의 연구들에서 접미사 배열이 고압축될 수 있다는 결과를 내놓았다.

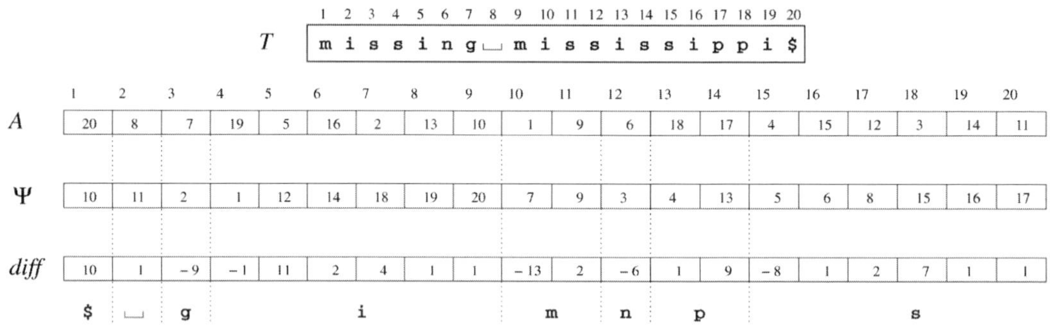


**그림 9.15**: 예제 접미사 배열에 대하여 계산된 함수 $\Psi$와 $diff(i) = \Psi(i) - \Psi(i-1)(diff(1) = \Psi(1))$. 배열의 영역이 표시되어 있으며 접미사들은 같은 문자로 시작된다.

그림 9.12의 접미사 배열에 대해 $A[1, n]$이라고 칭하면, $A[15..17]$ 배열값은 4, 15, 12이다. A[18..20]에서 똑같은 수열이 발견되고, 하나의 값으로 교체되며 $A[7..9]$도 추가적으로 교체된다. 이 규칙의 원인을 그림 9.11을 관찰함으로써 찾을 수 있다: 간격(interval) $A[15..17]$은 문자열 '`si`'로 도달한 접미사 서브트리에 해당한다. 텍스트에서 '`si`'의 유일한 출현은 '`s`'로 시작되기 때문에, '`ssi`'의 서브트리는 하나의 위치값으로 교체되는 '`si`'와 같은 위치값을 가지며, '`issi`'에서도 같은 현상이 발생한다.

만약 압축기(compressor)가 텍스트를 역방향으로(backwards) 읽는다면, (역) '`si`'가 관찰될 때마다 다음 문자는 '`s`'이고 그 다음이 '`i`'이다. 이는 $k$단위 압축과 관련이 있고 6.8.3절에서 설명한다. 고차(high-order) 압축기로 더 압축될 수 있는 텍스트는 앞에 설명된 종류와 같은 정규성(regularity)의 접미사 배열을 가진다는 것이 입증되었다. 정규성을 활용하여 압축가능한 텍스트의 접미사 배열도 압축될 수 있다.

다음에서 접미사 배열 압축의 두 가지 주요 접근법을 제시한다. 이 기술을 이용한 압축 형태의 접미사 배열을 다루는 것은 압축되지 않은 접미사 배열을 이용한 것보다 더 느리다. 그러나, 텍스트가 아주 커서 텍스트의 접미사 배열이 메인 메모리에 맞지 않다면, 압축된 표현은 의미가 있다. 왜냐하면 압축된 표현은 텍스트 컬렉션을 질의하기 위해서 디스크에 의존하는 것을 피하기 때문이다. 압축된 역 색인의 경우와는 반대로 디스크에서 (압축되거나 압축되지 않은) 접미사 배열 색인을 이용하는 것은 큰 진척이 없다.

### 함수(function) $\Psi$ 이용

앞에서 지적된 접미사 배열 정규성(regularity)을 보여 주는 하나의 방법은 $\Psi$라고 불리는 함수를 이용하는 것이고 다음과 같이 정의된다.

$$A[\Psi(i)] = A[i] + 1,$$

$A[i]=n$이면 $A[\Psi(i)]=1$이고, $\Psi(i)$는 $A$의 어떤 지점이 현재값을 따르는 값인지를 말해준다. 그림 9.15는 $\Psi(i)$와 $\Psi(i)-\Psi(i-1)$을 보여 준다.

몇 가지 $\Psi$의 특성은 그림에 분명히 나타나 있으며 입증하기 어렵지 않다. 첫 번째, $\Psi$는 접미사가 같은 문자로 시작하는 영역내에서 증가하므로 $\sigma$개의 증가 간격(interval)들로 분할될 수 있다. 각 간격의 첫 번째 절대값과 연속적인 숫자들 사이에 (양의) 차이(gap)값들의 열로써 이 간격을 표현할 수 있다. 만약 Elias-$\delta$ 코딩을 차이값에 적용한다면(9.2.6절 참조), $\Psi$는 (문자의 연속처럼, 6.8.3절 참조) 텍스트의 영차(zero-order) 엔트로피로 압축된다. 두 번째, 이전에 지적한 정규성이 (A[15..17]과 관련된 A[18..20], A[18..20]과 관련된 A[7..9]) 발생하는 영역에서, $\Psi(i)-\Psi(i-1)=1$이 성립한다. 이는 $\Psi$의 미분인코딩(differential encoding)에서 1값의 긴 영역에 대하여 run-length 압축을 허용한다. 두 기술의 조합은 $\Psi$를 충분히 압축할 수 있으며 $\Psi$의 임의 위치에 대한 빠른 접근도 규칙적인 샘플링 간격으로 $\Psi$의 절대값을 저장함으로써 가능하다.

가장 흥미로운 점은 $T$의 문자가 $T$에 대한 접근 없이 구해질 수 있다는 점이다. 그러므로 $T$는 실제로 제거될 수 있고, $T$의 어떤 부분문자열이든지 바로 $\Psi$와 일부 작은 부가구조로부터 얻을 수 있다. $A$와 $T$를 둘 다 사용하지 않고 $A[i]$에서 시작하는 접미사의 첫 번째 문자 $t_{A[i]}$를 알고자 한다고 가정하자. 이는 T의 각 문자에 해당하는 영역의 간격을 알고(그림 9.15 아래쪽 참고. 이는 실제로 6.8.6절의 표 $C$에 해당한다), 이들 중에 어떤 것이 $i$를 포함하는지 결정하는 것으로 충분하다. 예를 들어, $t_{A[7]}$의 첫 번째 문자가 반드시 'i'여야 한다. 왜냐하면 $7\in[4,9]$, 'i'로 시작하는 접미사의 영역이기 때문이다. $A[i]$가 가리키는 접미사의 두 번째 문자 즉, $t_{A[i]+1}$을 알기 위해서, $i'=\Psi(i)$를 계산하고 $t_{A[i']}=t_{A[i]+1}$을 알아내기 위해서 위의 메커니즘을 사용한다. 연속된 문자들은 반복적으로 $\Psi$를 계산함으로써 하나씩 구할 수 있다. 예를 들어, 문자 $t_{A[7]...}$ 를 발견하기 위하여 우선 $t_{A[7]}=$ 'i'를 얻는다. 이제 $i'=\Psi(7)=18$이고 18은 문자 's'의 영역안에 있기때문에, $t_{A[7]+1}=t_{A[18]}=$'s'임을 알 수 있다. 세 번째 문자를 알기 위해서, $i''=\Psi(18)=15$를 구하는데 이 또한 's'의 영역에 있다. 그러므로 접미사 $t_{A[7]...}$는 'iss'로 시작한다. 즉, $A[7]$을 모르고, $T$, $A$ 접근 없이 이것을 발견할 수 있다.

이 메커니즘은 $A$와 $T$ 없이 $A$를 이진 탐색하도록 한다. 접미사가 질의와 비교되어야 할 때, 접미사의 연속된 문자를 획득하기 위해서 위에 서술된 메커니즘을 사용한다. 그러므로 상수 시간내 $\Psi$로 접근할 수 있다면, 탐색 복잡도는 압축되지 않은 버전에서처럼 $O(m\log n)$을 유지한다. 결국 결과가 간격 $A[sp,ep]$내에 있으며, 출현 수는 $ep-sp+1$이 된다.

그러나 이는 충분하지가 않은데, 보통 $A$내의 간격이 아닌 패턴 $P$가 나타나는 텍스트 위치를 원하며 출현 위치값 $A[i](sp\le i\le ep)$를 표시하기 위한 $A$를 갖고 있지 않기 때문이다.

$T$내에 이들의 출현을 찾아내기 위하여 $T$의 정규 간격(regular interval)으로 $A$를 샘플링한다: $T$ 안에 있는 각 s번째 문자에 대하여 그 텍스트 위치를 가리키는 접미사 배열 위치를 기록한다. 즉, 형식 $1+j\cdot s$의 각 텍스트 위치에 대하여 $A[i]=1+j\cdot s$로 하고, 첫 번째 구성요소로 탐색가능한 사전 안에 쌍($i$, $A[i]$)를 저장한다. 만약 탐색 시간에 접미사 배열 셀$A[i]$의 내용을 표현하는 것이 요구되고, ($i$, *)이 샘플링된 부분집합내에 있지 않다면, $i'=\Psi(i)$로 하고, $i''=\Psi(\Psi(i))$로 해서, $A$의 샘플링된 엔트리를 찾을 때까지 계속 시도한다. 다시 말하면, $\Psi$의 $k$번 적용 후에 샘플링된 셀(cell)이 $(\Psi^k(i),\ A[\Psi^k(i)])$이라는 것을 발견한다. 그러면 $A[\Psi^k(i)]=A[i]+k$이므로 원래

질의에 대한 답은 $A[i]=A[\Psi^k(i)]-k$이다. 또한 정규 간격에서 $T$를 샘플링 했기 때문에, 일부 $k \le s$에 대하여 샘플링된 엔트리를 반드시 발견할 수 있다.

마지막으로, 어떤 텍스트 부분문자열이든 표현이 가능해야 하는데, 그 이유는 $T$를 버릴 예정이기 때문이다. $i$가 주어졌을 때, 이미 텍스트 위치 $A[i]$에서 시작하는 $T$의 문자를 얻는 방법을 안다. $T[l,r]$을 표시하기 위해서, 샘플링 메커니즘에 다시 의존한다: $\ell$에 선행하는 $T$의 마지막 샘플링된 위치를 찾고, 거기에 텍스트를 표시한다. 이러한 목적으로 배열내 텍스트 위치로 정렬된 샘플 $(i, A[i])$를 가질 수 있으며, 그 결과 가장 최근에 선행한 샘플의 $i$ 구성요소가 그 배열의 위치 $[l/s]$에 있다.

그러므로 마지막 압축된 접미사 배열은 샘플 접근 구조와 함께 샘플들 $(i, A[i])$와 표 C(빠른 직접 접근을 위한 절대 샘플을 가진), 압축 배열 $\Psi$에 의하여 구성된다. 전체 구조에 필요한 공간의 양은 텍스트 타입과 샘플링의 밀도에 따라 다르다. 전형적인 성능은 $T$가 필요한 공간의 30%에서 70%를 사용함으로써 얻어진다. 이 색인이 접미사 배열 색인 $A$ 뿐만 아니라 텍스트 자체인 $T$도 대체하므로, 원래의 텍스트보다 적게 공간을 차지하고 동시에 $T$로 색인된 접근을 가능하게 한다.

### 버로우즈-휠러 변환(Burrows-Wheeler Transform) 이용

접미사 배열의 압축과 탐색에 대한 근본적으로 다른 방법은 6.8.6절에 설명된 버로우즈-휠러 변환(Burrows-Wheeler Transform; BWT)을 이용한 것이다. $T$의 BWT는 A의 각 접미사에 선행하는(precede) 문자 즉, $t_{A[i]-1}$(만약 $A[i]=1$이면 $t_n$)을 단순히 연결함(concatenating)으로써 획득될 수 있다. 예를 들어, $T$ = 'missing mississippi$' 의 BWT는 $T^{bwt}$ = 'ignpssmsm& ipisssiii'이다. BWT는 런(runs)으로 같은 문자를 그룹짓는 경향이 있으며, 또한 일부 다른 문자가 나타나는 커다란 영역이 있다. 실제로 함수 $\Psi$에서 일어나는 현상과 BWT 런을 연관시키는 것은 어렵지 않다. 6.8.6절에서 BWT의 압축 특성에 대하여 설명하였는데, 여기서는 $T$의 BWT만을 이용하여(즉, $A$나 $T$ 를 사용하지 않고) $A$를 탐색하는 방법에 대하여 알아본다.

이 메커니즘은 6.8.6절의 $LF$-매핑(LF-mapping)의 일반화이며, 같은 배열 $C$와 $T^{bwt}[1, i]$에서 문자 $c$의 출현 수를 구하는 확장 함수 $Occ(c, i)$를 사용한다. 역방향으로 $P=p_1p_2\cdots p_m$을 탐색한다: 먼저 $p_m$으로 시작하는 모든 접미사가 있는 $A$ 안의 간격을 찾은 다음, 접미사가 $p_{m-1}p_m$으로 시작하는 간격을 찾고, 다음에는 $p_{m-2}\, p_{m-1}p_m$으로 시작하는 등, $P$에 대한 답을 찾을 때까지 계속한다.

첫 번째 단계는 쉽다: $p_m$의 출현은 $A[C[p_m]+1..C[p_m+1]]$ 안에 있다. 또 이미 $A$ 안의 $p_i\cdots p_m$의 출현 간격 $A[sp_i..\,ep_i]$를 알고 있다고 가정하자. $p_{i-1}p_i\cdots p_m$의 출현은 간격 $A[sp_i..\,ep_i]$ 안에 있으며 여기서 $sp_{i-1}= C[p_{i-1}]+Occ(p_{i-1}, sp_i-1)+1$이고, $ep_{i-1}=C[p_{i-1}]+Occ(p_{i-1}, ep_i)$이다.

예를 들어, 'iss'를 탐색하기 위해서, $(sp_3,\ ep_3)$ = (15, 20)으로 시작하는데 이유는 $C$['s'] = 14이고 $C$['t'] = 20이기 때문이다. 다음에 'ss'의 간격은 $(sp_2,\ ep_2)$ = (14 + $Occ$('s', 14) + 1, 14 + $Occ$('s', 20)) = (14+3+1, 14+6) = (18, 20)이다(그림 9.15에서 $A$[18..20]은 T 안에서 'ss'의 출현을 가리키는 영역임). 탐색을 끝마치기 위해서, $(sp_1,\ ep_1)$ = (7, 9)를 계산하고, 최종결과 $A$[7..9]를 얻는다.

출현을 찾기 위해서 함수 $\Psi$와 유사한 샘플링 메커니즘을 사용한다. 차이점은 텍스트를 정방향으로 순회하는 $\Psi$를 사용하는 대신에, 역방향으로 순회하는 $LF$를 사용한다는 점이다. $LF$를 계산하기 위해서 $T^{bwt}$의 임의 위치에 접근할 필요가 있다.

이 접근법의 남아 있는 문제는 많은 공간을 사용하지 않고 $T^{bwt}$로 $Occ(c, i)$를 계산하는 것이다. 만약 $T^{bwt}$가 저장되어 있지 않다면, 어떤 $i$에 대해서도 $T^{bwt}[i]$에 대한 접근이 가능해야 한다. 웨이블릿 트리(wavelet tree)라고 불리는 자료구조를 사용해서 $O(\log\sigma)$ 시간 안에 $T^{bwt}$에서 두 작업 모두 계산하는 방법을 설명한다.

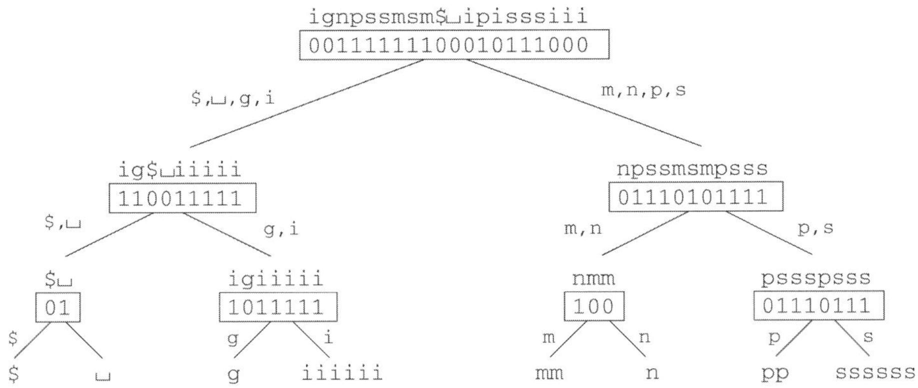


**그림** 9.16: 'ignpssmsm$ ipisssiii' 문자열을 위한 웨이블릿 트리. 단지 비트맵만 실제로 저장된다.

문자열 $S$의 웨이블릿 트리(wavelet tree)는 균형 이진트리이다. 여기서 각 노드는 알파벳 기호의 부분집합을 다룬다. 루트 노드는 전체 알파벳을 다루고, 단말들은 단일 기호를 다룬다. 각 노드에 의하여 기호들의 집합은 두 개로 나눠지고, 그 결과 각 자식은 1/2을 다룬다. 부분집합이 속하는 기호들로 이루어진 $S$의 부분 문자열을 각 노드에 할당한다. 이 부분 문자열은 실제로 저장되지 않고, 각 노드에 저장되는 것은 비트맵(bitmap)이다. 여기서 이 부분 문자열의 각 기호에 대하여 그 기호가 왼쪽 혹은 오른쪽 자식으로 갈지 표시되어 있다. 웨이블릿 트리의 높이가 $\lceil \log\sigma \rceil$ 임을 아는 것은 쉽다.

그림 9.16은 $S = T^{bwt}$= 'ignpssmsm$ ipisssiii'의 웨이블릿 트리를 보여 준다. 어떤 것이 위치 13에 있는지 알기를 원한다고 가정하자. 루트의 비트맵이 위치 13에서 1이기 때문에, 문자가 오른쪽 가지(branch)에 있다는 것을 알고 있으므로 루트의 왼쪽 자식으로 이동한다. 더욱이, 위치 13이 8번째 1-비트를 포함하고 있기 때문에, 이제 고려해야 할 위치는 루트내의 13이 아니라 8이다. 루트의 오른쪽 자식의 8번째 비트는 다시 1이고, 5번째 1-비트이다. 그러므로 다시 오른쪽으로 가서 위치 5를 본다. 이 위치에서는 0-비트이고 2번째 0-비트이다. 그 결과 왼쪽으로 가서 위치 2를 고려한다. 이렇게 'p' 단말에 도달하므로 $S[13]$ = 'p'가 된다.

이제 웨이블릿 트리를 이용해서 $T^{bwt}$에서 $Occ(c, i)$를 계산하는 방법을 알아보자. $Occ$('i', 13)을 계산한다고 가정하자. 'i'가 루트의 왼쪽 자식에 속한다는 것을 알고 있으므로 'i'의 출현은 루트 비트맵 내에 0-비트로 표시되어 있다. 위치 13까지 5개의 0-비트가 있으므로 오른쪽 자식으로 이동해서 위치 5까지 고려한다. 이제 'i'가 오른쪽 자식에 속한다는 것을 알고 그러므로 비트맵에서 1-비트로 표시되어 있다. 위치 5까지 3개의 1-비트가 있으므로 오른쪽 자식으로 이동해서 위치 3까지 고려한다. 다시 'i'는 오른쪽에 있음을 알고 있으므로 위치 3까지 1-비트를 세면, 결과적으로 2개의 1-비트가 있으므로 위치 2를 갖고 'i' 단말에 도달한다. 분명히 'iiiii'에서 위치 2까지 2개의 'i'가 있다. 그러므로 최종 답은 $Occ$('i', 13) = 2이다.

비트맵에 대하여 단 한 가지 연산만이 필요하다: 주어진 위치 $i$까지 1-비트(혹은 0-비트)의 수를 계산한다. 이 작업은 $rank(i)$라고 불리며, 아주 작은 공간을 사용하여 효율적으로 실행된다: 모든 $s$ 위치의 rank($i$)의 값을 저장하고, 다음에 i에 선행하는 마지막 샘플링된 위치로부터 rank($i$) 질의를 계산한다.

어떤 압축도 없이, 웨이블릿 트리는 근본적으로 $n\log\sigma$ 비트의 공간이 필요하며, 이는 문자열 $S$(혹은 $T$)와 같다. $T$에 대해 허프만 트리(Huffman tree)를 적용하면(균형트리 대신 6.8.4절 참조), 공간은 $T$의 영차(zero-order) (문자단위로) 엔트로피에 비례한다. (출현을 카운트하는 것이 아닌) 탐색 복잡도는 $O(m\log\sigma)$가 될 수 있다.

그러므로, BWT 기반 색인의 단순 실현은 근복적으로 $\Psi$를 사용할 때처럼 몇 개의 ($i$, $A[i]$) 쌍의 샘플링, 배열 $C$, 그리고 $T^{bwt}$의 웨이블릿 트리로 구성된다. 더 복잡한 구현은 이 장의 마지막에 참고문헌으로 나와 있다. 완성된 압축은 $\Psi$-기반 방법의 압축과 유사하다. 그러나 BWT-기반 방법은 대체로 DNA와 같은 작은 알파벳에서 잘 작동하고, $\Psi$-기반 접근법은 영어 텍스트와 같은 큰 알파벳에 더 적합하다.

## 9.5 순차 탐색(Sequential Searching)

9.2.2절에서 본 것과 같이, 전문 검색(full-text retrieval)에 대한 역색인은 다음 몇 몇 상황에서 순차 탐색에 의존한다: 사전스캔, 파일이나 블록 주소법의 경우 구(phrase) 풀기, 블록 주소법에서 탐색 완성, 파일 주소법에서 출현을 강조한 인터페이스(interface) 등. 이 절에서는 다양한 패턴의 종류에 대한 순차 탐색 알고리즘을 다룬다.

일반적으로 순차 탐색 문제는: 주어진 텍스트 $T = t_1 t_2 \cdots t_n$과 문자열의 집합을 의미하는 패턴 $P$가 있고, $T$내에 $P$ 문자열의 모든 출현을 찾는 것이다. $T$에 구축된 구조는 없으며, 패턴 정합의 영역은 매우 광범위하다. 그러므로 이 절에서는 IR(정보검색) 시나리오에 나올 수 있는 가장 일반적인 문제에 대한 실용적인 알고리즘만을 제시하는 것을 목표로 한다. 이 장의 마지막에 추가적으로 참고할 문헌을 제시한다.

가장 단순한 경우부터 시작하자. 여기서 패턴은 단지 하나의 문자열 $P = p_1 p_2 \cdots p_m$을 나타내며 이를 정확한 문자열 정합(exact string matching)이라고 한다. 약간의 변화를 주면 이 문제는 단어, 접두사, 접미사, 문자열 탐색과 같이 7.2.1절에 소개된 기본 질의의 많은 부분을 수용한다. brute-force기법을 기본으로 호스풀 알고리즘(Horspool's algorithm)을 제시하고자 한다. 이 알고리즘은 구현하기에 아주 단순하며, 대부분의 실질적인 상황에서 가장 빠르다. 더 긴 패턴이나 작은 알파벳이 포함되어 있을 때, 잘 작동되는 변형을 또한 소개할 것이다(6장 참고).

다음에 조금 더 복잡한 패턴으로 여전히 하나의 골격(skeleton) $p_1 p_2 \cdots p_m$이 존재하지만, 각 위치가 문자의 집합을 의미한다. 예를 들면 와일드카드(wildcard)나 대소문자 무관 검색(case-insensitive)의 일부를 의미한다. 또한 일부 위치의 $p_i$가 선택적이거나 반복적일 수 있도록 한다. 이러한 모든 문제는 단순하고 일반적인 체계인 비 결정(non deterministic) 오토마타(automata)와 비트-병렬성(bit-parallelism)을 기반으로 한다.

유한(finite) 오토마타로 찾을 수 있는 가장 복잡한 패턴은 정규 표현(regular expression)이며 이 정규 표현을 탐색하는 오토마타-기반 방법에 대하여 간단하게 다룰 것이다.

다음으로, 다중(multiple) 패턴을 설명할 것이다. 다중-패턴 탐색은 여러 질의를 함께 처리하는 경우뿐만 아니라 질의확장 혹은 스테밍(stemming) 처리의 결과로 나타난다. 게다가, 다중-패턴 정합은 단어-기반 모델을 사용하여 압축한 텍스트 (6.8절 참조) 혹은 블록-주소법 색인 (9.2.2절 참조)을 통하여 복잡한 패턴을 탐색할 때 자연스럽게 나타난다. 작은 문자열을 탐색하는 것이 흔하지만 많은 문자열을 동시에 구하는 상황도 존재한다. 이런 다중-패턴 탐색을 처리하는 오토마타-기반 알고리즘은 물론 호스풀(Horspool)의 확장을 제시할 것이다.

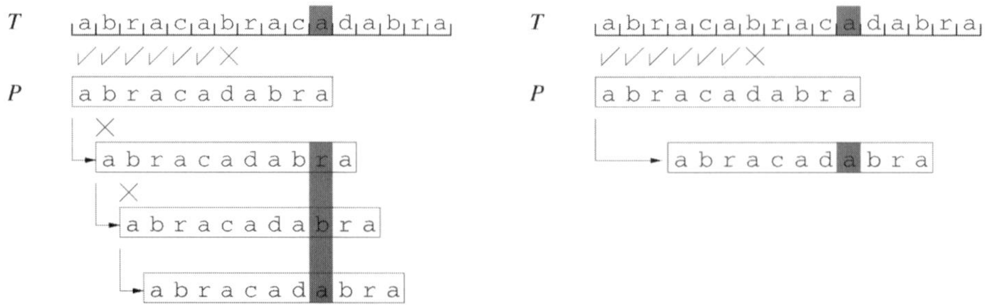


**그림 9.17**: brute force 기법(좌)과 호스풀(Horspool) 알고리즘(우)을 사용한 텍스트와 패턴검색 예

마지막으로, 근사 탐색(approximate search)을 살펴보는데, 이는 탐색 패턴에 충분히 유사한 문자열이 텍스트내에 발견되었을 때 출현을 선언하도록 한다. 근사 탐색은 텍스트나 패턴에서 일어날 수 있는 타이핑, 스펠링, 광학 문자 인식(optical character recognition) 오류로부터 복구되도록 한다.

문자열이 크기 $\sigma$인 알파벳 $\Sigma$(예를 들어, $\Sigma$가 아스키 인코딩(ASCII encoding)을 사용한다면 [0, 255]이다)에 나온 문자의 연속이고 위치 1에서 시작하고 평균 분석은 텍스트의 각 문자가 $\Sigma$에 대하여 독립적으로 균등하게 채택되었다고 가정한다. 9.5.7절에서 더 발전된 기술의 적용을 알아볼 것이다.

### 9.5.1 단순 문자열: 호스풀(Horspool)

호스풀 알고리즘(Horspool's algorithm)은 이해하고 프로그램하기 아주 단순하며 많은 상황 특히, 자연어 텍스트의 탐색에서 동일 시간내 가장 빠르다.

소위 Brute-force 알고리즘을 고려한 후, 호스풀 알고리즘을 파악하는 것이 이해하기 용이하다. Brute force는 간단히 텍스트내의 모든 가능한 패턴 위치를 시험하고, 하나씩 확인한다. 더 정확히 말하면, 알고리즘은 $0 \leq i \leq n-m$에 대하여 텍스트 $t_{i+1}t_{i+2}\cdots\ t_{i+m}$의 길이 $m$인 윈도우(window)를 처리하는 것이다. 각 윈도우는 만약 패턴이 $P=p_1p_2\cdots p_m$과 같다면 기록되고 확인해야 하는 잠재적 패턴 출현을 나타낸다. 일단 확인되면, 알고리즘은 윈도우를 다음 위치로 넘긴다.

그림 9.17 (왼쪽)은 텍스트 $T$ = 'abracabracadabra'에서 $P$ = 'abracadabra'를 사용하여 표현한 것이다. 처음 텍스트 윈도우는 'abracabraca'이다. $P$와 정합하지 않는 것을 확인한 후에(확인은 패턴 문자 'd'에서 실패한다), 윈도우는 다음 위치로 이동한다. 이제 텍스트 윈도우가 'bracabracad'이고, 여기에서 확인은 처음 시도에서 실패하고, 다시 한 번 다음 위치로 이동하고 이 작업이 계속 반복된다. Brute force는 가장 나쁜 경우에 $O(mn)$ 시간이 걸리고, 가장 최상의 경우 $O(n)$ 시간이 걸린다.

그림은 또한 원래 윈도우의 마지막 문자와 나란히 있는 패턴 문자를 음영으로 표시한다. 처음 두 번의 이동에서 패턴과 텍스트가 정합하지 않기 때문에, 확인은 실패하게 된다(그러나 Brute force는 다른 패턴 위치에서 불일치를 발견한다). 적절하게 패턴을 미리 조사함으로써 처음 두 번의 이동이 쓸모없다는 것을 미리 예측할 수 있었다.

호스풀 알고리즘은 어떤 패턴 출현도 놓치지 않고 일부 잠재적 위치를 건너뛰기 위해서 더 영리한 방법으로 윈도우를 이동하는 아이디어를 사용한다. 알파벳 문자로 색인된 표 $d$가 먼저 계산되는데, $d[c]$는 만약 윈도우의 마지막 문자가 $c$라면 얼마나 많은 위치를 윈도우가 이동할 수 있는지를 알려준다. 다시 말하면, $d[c]$는 $p_m$의 출현을 제외한, 패턴의 끝부터 $P$내 $c$의 마지막 출현까지의 거리이다.

그림 9.17(오른쪽)은 같은 예제에 호스풀 이동을 적용한다. 윈도우가 $P$와 일치하지 않는 것을 확인한 후, 마지막 윈도우 문자 'a'를 조사한다. $d$['a'] = 3이므로 윈도우는 안전하게 3 위치까지 이동할 수 있으며, 그 결과 $P$의 네 번째 'a'는 윈도우의 마지막에서 'a'와 일직선이 된다.

호스풀 알고리즘은 그림 9.18의 의사코드(pseudocode)가 보여 주듯이 프로그램하기 아주 단순하다. 호스풀 알고리즘에서 최악의 경우는 Brute force 만큼 나쁘지만, 최상의 경우에서는 $O(n/m)$ 시간이 소요된다. 평균의 경우에서도 만약 알파벳이 $m$과 비교해서 충분히 크다면 마찬가지이며, 대부분의 자연어 탐색은 이 경우이므로 호스풀 알고리즘은 대체로 최상의 선택이 된다.

**Horspool** $(T = t_1 t_2 \ldots t_n,\ P = p_1 p_2 \ldots p_m)$

**for** $c \in \Sigma$ **do** $d[c] \leftarrow m$
**for** $j \leftarrow 1 \ldots m-1$ **do** $d[p_j] \leftarrow m-j$
$i \leftarrow 0$
**while** $i \leq n-m$ **do** {
  $j \leftarrow 1$
  **while** $j \leq m \land t_{i+j} = p_j$ **do** $j \leftarrow j+1$
  **if** $j > m$ **then** report an occurrence at text position $i+1$
  $i \leftarrow i + d[t_{i+m}]$
}

**그림 9.18:** 호스풀 문자열 정합 알고리즘의 의사코드

Sunday는 현재 위치내의 출현을 찾거나 버리므로, 다음 이동(즉, $p_{j+1}$)을 하기 위해서 텍스트내의 다음 문자를 이용함으로써 호스풀 알고리즘을 조금 향상시켰다. 이는 작은 패턴에 대하여 점프의 길이는 향상시켰지만 탐색 시간은 향상시키지 못하는데, 그 이유는 최상의 경우에 대하여 하나 대신에 두 개의 문자를 조사해야 하기 때문이다.

여러 다른 문자열 정합 알고리즘이 있지만 실제로 훨씬 느리기 때문에 여기서는 다루지 않겠다. 이런 알고리즘에는 첫 번째 선형 시간 알고리즘인 Knuth, Morris, Pratt [912]과 Boyer–Moore의 알고리즘 [246]이 있고, Boyer–Moore 알고리즘은 호스풀 알고리즘에 사용된 휴리스틱(heuristic)을 제안한 첫 번째 알고리즘이다. 실제 텍스트에서의 알고리즘 비교는 그림 9.38에 있다.

### 작은 알파벳과 긴 패턴

작은 알파벳에서 긴 패턴을 탐색할 때, 알고리즘의 평균 탐색 시간이 $O(n/m)$ 보다 $O(n/\sigma)$에 가까워지기 때문에 호스풀 알고리즘은 잘 작동하지 않는다. 예를 들어, 전산 생물학 적용에서 4-문자 알파벳 {A, C, G, T}의 300개 뉴클레오티드(nucleotides) 문자열이 탐색될 때, 이동(shift)은 평균 길이 4이다.

작은 알파벳 문제는 윈도우를 이동시키기 위하여 문자의 연속적인 쌍을 고려함으로써 완화될 수 있다. 단지 마지막 윈도우 문자 $t_{i+m}$과 패턴을 나란히 하기 때문에, 윈도우 문자의 마지막 쌍, $t_{i+m-1}t_{i+m}$과 패턴을 나란히 할 수 있다. 이전의 예에서, 윈도우당 두 개의 문자를 조사하고, 평균 $4^2 = 16$ 위치를 이동하였다. 3개 문자를 고려하면, 윈도우당 3개의 문자를 조사하고 평균 $4^3 = 64$로 이동할 수 있다.

일반적으로 윈도우의 마지막에서 $q$개의 문자를 이용하여 이동시키기 위하여 $P$를 전처리한다. 각 윈도우로부터 적어도 $q$개 문자의 접근을 필요로 하며, 그런 다음 평균 $\sigma^q$ 위치만큼 이동한다. $q$의 최상값은 무엇일까? 이전의 숫자들을 보건대, $q$가 큰 값이면 좋지만, $m$보다 크게 이동할 수 없으므로 $\sigma^q \leq m$이 현실적인 한계이다. 만약 $q = \log_\sigma m$으로 하고, $q$개의 문자를 읽은 후 윈도우를 버리면, 평균 탐색 시간은 $O(n \log_\sigma(m)/m)$이 될 것이다.

실제로, 이 평균 복잡도는 최적이며, 여기서 얻은 $q$의 선택은 해답에 가깝다. 분석해보면 $q = 2\ \log_\sigma m$을 선택하므로 평균 탐색 시간은 최적 $O(n \log_\sigma(m)/m)$이 된다.

이 기술은 agrep 소프트웨어에서 사용되었는데, 해시 함수는 정수 범위로 $q$-그램(gram)(길이 $q$의 문자열)을 정합하기 위하여 선택된다. 그런 다음 각 $P$의 $q$-그램에서 $P$의 마지막까지의 거리가 해시 테이블에 기록된다(충돌은 단지 작은 거리가 더 큰 거리로 대체하게 함으로써 해결된다). $P$내에 존재하지 않는 $q$-그램에 대하여, 거리 $m - q + 1$이 사용된다. 이제 호스풀 알고리즘은 거의 완전히 작동된다.

```
Agrep (T = t1 t2 ... tn, P = p1 p2 ... pm, q, h( ), N)

for i ∈ [1, N] do d[i] ← m − q + 1
for j ← 0 ... m − q do d[h(p_{j+1} p_{j+2} ... p_{j+q})] ← m − q − j
i ← 0
while i ≤ n − m do {
  s ← d[h(t_{i+m−q+1} t_{i+m−q+2} ... t_{i+m})]
  if s > 0 then i ← i + s
  else {
    j ← 1
    while j ≤ m ∧ t_{i+j} = p_j do j ← j + 1
    if j > m then report an occurrence at text position i + 1
    i ← i + 1
} }
```

**그림 9.19:** 작은 알파벳의 긴 패턴 정합을 위한 agrep 알고리즘 의사코드(단순화 했음) $q$그램 해싱 함수 $h: \Sigma^q \rightarrow [1, N]$, $m \geq q$ 가정

이제 마지막 $q$-그램은 패턴과 불일치할 것 같으므로 윈도우를 조사하기 전에 이동을 시도할 필요가 있다. 이를 위해 $P$의 마지막 $q$-그램이 $d$의 정의에 관여하며, 그 결과 윈도우의 마지막 $q$-그램과 패턴이 정합할 때 이동이 멈춘다. 그림 9.19에 이 의사코드가 있다.

## 9.5.2 복잡한 패턴: 오토마타(Automata)와 비트-병렬성(Bit-Parallelism)

호스풀 알고리즘은 간단한 패턴 탐색에 매우 잘 작동된다. 그러나 일부 경우, 패턴 정의가 문자의 클래스(class of character), 선택적 문자(optional character), 와일드 카드(wild card) 등을 포함하는 등 더 복잡하다. 대부분의 전형적인 알고리즘과 마찬가지로 호스풀 알고리즘은 복잡한 패턴에 잘 적응하지 못한다. 이 절에서는 오토마타와 비트-병렬성이 간단 명료한 효율적인 방식으로 복잡한 패턴을 어떻게 처리하는지 알아볼 것이다.

### 오토마타(Automata)

그림 9.20의 맨위는 패턴 $P=$ 'abracadabra'를 탐색하는 비 결정 유한 오토마타(non deterministic finite automaton)(NFA)이다. 비 결정적 유한 오토마타(NFA)는 방향성 그래프(directed graph)이고 여기에서 노드는 상태(state)라고 불리고, 화살표는 전이(transition)라고 불리며, 이들은 단일 문자($s \xrightarrow{c} s'$) 혹은 공문자열($s \xrightarrow{\varepsilon} s'$, $\varepsilon$-전이라고 불린다)로 라벨링된다. 가끔 편의상 다중 라벨을 가진 단일 화살표내에 상태 $s$에서 $s'$까지 몇 개의 화살표를 통합한다.

그림내에 시작 화살표를 받은 상태를 초기(initial) 상태라 부르고, 이중원으로 된 하나 이상의 단계는 최종(final)상태라 부른다. 비 결정 유한 오토마타(NFA)는 다음의 처리과정에 따라 입력된 문자열을 받아들이거나(accept) 거절(reject)한다.

1. NFA는 활성화(active)된 초기 상태에서만 시작한다.
2. 만약 상태 $s$가 활성화되고 전이 $s \xrightarrow{\varepsilon} s'$가 있다면, 상태 $s'$는 곧바로 활성화된다. 다음 상태는 $\varepsilon$-전이에 의하여 $s'$로 부터 활성화될 수 있고, 더 이상의 활성화가 가능하지 않을 때까지 계속된다.
3. 만약 입력 문자열을 다쓰면, 처리과정은 중단된다. NFA는 필요충분하게 최종(final) 상태가 활성화되면 문자열을 받아들인다.
4. 다음 입력 문자 $c$가 읽힌다.

5. 현재 활성화된 몇 개의 s가 있고 전이 $s \xrightarrow{c} s'$가 NFA내에 존재하면, $s'$는 새롭게 활성화 상태가 된다.
6. 2단계로 돌아간다.

NFA에 의하여 받아들여진 문자열의 더 단순한 설명은 다음과 같다: 만약 초기부터 최종 단계까지 패스(path)가 존재한다면 문자열 S는 NFA에 의하여 받아들여질 것이며, 그 결과 전이를 라벨링한 모든 문자열의 연속은 S이다.

그림 9.20내 NFA는 $P$= 'abracadabra'로 끝나는 문자열 모두를 받아들인다. 초기 상태는 셀프-루프(self-loop) 때문에 항상 활성화되는데, 셀프-루프는 어느 문자든지 순회할 수 있다. 만약 이 NFA에 텍스트 $T$를 주면, NFA는 $T$내 $P$의 모든 출현의 끝에서 최종 상태에 이를 것이다. 몇 개의 상태가 동시에 활성화될 수 있는데, 예를 들어, 'abra'를 읽은 후, NFA 상태 0, 1, 4가 활성화될 것이다.

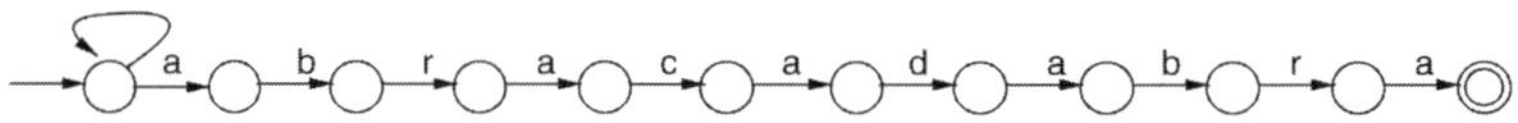


| | | | | | | | | | | | |
|---|---|---|---|---|---|---|---|---|---|---|---|
| B[a] = | 0 | 1 | 1 | 0 | 1 | 0 | 1 | 0 | 1 | 1 | 0 |
| B[b] = | 1 | 0 | 1 | 1 | 1 | 1 | 1 | 1 | 0 | 1 | 1 |
| B[r] = | 1 | 1 | 0 | 1 | 1 | 1 | 1 | 1 | 1 | 0 | 1 |
| B[c] = | 1 | 1 | 1 | 1 | 0 | 1 | 1 | 1 | 1 | 1 | 1 |
| B[d] = | 1 | 1 | 1 | 1 | 1 | 1 | 0 | 1 | 1 | 1 | 1 |
| B[*] = | 1 | 1 | 1 | 1 | 1 | 1 | 1 | 1 | 1 | 1 | 1 |

**그림 9.20:** 'abracadabra'를 찾는 비결정 오토마타와 연관 B테이블. 초기 셀프루프는 어떤 문자와도 정합된다. 각 테이블의 열은 오토마타 에지(간선)에 해당

$m$개의 상태 NFA는 입력 문자당 $O(m)$ 시간내에 시뮬레이트될 수 있고, 결과적으로 $T$내 $P$의 출현을 발견하는데 $O(mn)$ 시간이 소요된다. 대안적으로, 결정 유한 오토마타(deterministic finite automaton; DFA)로 전환할 수 있다. 결정 유한 오토마타(DFA)의 전이는 단일 문자에 의하여 라벨링되며 DFA는 항상 한 번에 하나의 활성화 상태만 갖는다. NFA를 DFA로 전환하는 것은 표준 기술로 $O(n)$ 시간내에 복잡한 패턴 일치를 가능하게한다(그냥 단일 활성화 상태를 따라가기만 하면 되기 때문이다). 더욱이 많은 복잡한 패턴에서, 이 구축은 필요이상 더 강력하다. 이 절에서 얼마나 많은 NFA가 비트-병렬성(bit-parallelism)을 이용하여 효율적으로 시뮬레이트될 수 있는지 알아본다. DFA의 사용이 필요한 더 복잡한 패턴은 9.5.4절에서 다룬다.

### 비트-병렬성(Bit-parallelism)과 Shift-And

비트-병렬성은 컴퓨터 단어(오늘날 $w$ = 32, 64, 128비트임)내에서 비트 연산의 고유한 병렬성을 이점으로 가진다. 이를 영리하게 이용함으로써 알고리즘에 의하여 실행된 연산의 수를 최대 $w$의 함수만큼 줄일 수 있으며, 이는 실제 사용에서 중요하다. 이어서 컴퓨터 레지스터에 저장된 비트의 연속인 비트 마스크(bit mask)를 설명한다. 비트 마스크는 오른쪽에서 왼쪽으로 읽히므로 $b_m \cdots b_1$의 첫 번째 비트는 $b_1$이다. 비트 마스크는 비트단위 or를 의미하는 '|', 비트단위 and를 의미하는 '&', 비트단위 xor을 의미하는 '^'와 같은 연산으로 처리된다. 단항 연산(unary operation) '~'은 모든 비트의 보수(not)이다. 게다가 '$mask << i$'는 오른쪽에 제로 비트를 넣으면서 마스크의 모든 비트를 $i$ 위치만큼 왼쪽으로 이동하는 것을 의미하며, '$mask >> i$'도 이와 비슷하다. 결국 더하거나 빼서 비트 마스크를 숫자처럼 연산하는 것이 가능하다.

가장 단순한 비트-병렬 알고리즘은 단일 문자열의 정합을 가능하게 하고, 이를 Shift-And라고 부른다. 이 알고리즘은 테이블 $B$를 만들고, 각 문자에 대하여 비트 마스크 $b_m \cdots b_1$을 저장한다. $B[c]$의 마스크는 $p_i = c$일 경우에만 0이 된다(그림 9.20 참고). 탐색의 상태는 기계 단어 $D = d_m \cdots d_1$ 내에 저장되는데, 그림 9.20에서 $i$로 번호 매겨진 상태가 활성화될 때마다 $d_i$가 설정된다. 그러므로 $d_m = 1$이 될 때마다 정합이 발생한다. 상태 번호 0은 $D$에 나타나지 않는데 그 이유는 항상 활성화되기 때문이다.

$D$는 처음에 모두 0으로 설정되고 각 새로운 텍스트 문자 $t_i$에 대하여 알고리즘은 $t_i$를 읽은 후에 활성화 상태의 새로운 설정을 나타내기 위하여 $D$를 갱신한다. 그림 9.21은 이의 의사코드(pseudocode)를 나타내는데, 흥미로운 줄은 (5)이며, 거기에서 비 결정 유한 오토마타 NFA가는 시뮬레이트된다. 우선, 각 활성화 상태는 다음 것('$D << 1$')을 활성화시키려 하고, 비-표현된(non-represented) 초기 상태는 상태 번호 1 ('| 1')을 활성화시키려 한다. 그러나 문자 $t_i$로 라벨링된 전이만이 실제로 목표 상태(target state)를 활성화시킨다. 그러므로 이전 연산의 결과는 $B[t_i]$와 and 된다.

```
Shift-And (T = t1 t2 ... tn, P = p1 p2 ... pm)

(1)  for c ∈ Σ do B[c] ← 0
(2)  for j ← 1...m do B[pj] ← B[pj] | (1 << (j − 1))
(3)  D ← 0
(4)  for i ← 1...n do {
(5)     D ← ((D << 1) | 1) & B[ti]
(6)     if D & (1 << (m − 1)) ≠ 0
(7)     then report an occurrence at text position i − m + 1
     }
```

**그림 9.21**: Shift-And 알고리즘의 의사코드

Shift-And는 $O(n)$ 시간을 필요로 하며, 실제로 모든 텍스트 문자가 조사되는 것을 고려하면 매우 빠르다. 그러나 의사코드는 $m \leq w$를 요구한다. 즉, 패턴 위치마다 하나의 비트를 저장하기 위해서 컴퓨터 단어내의 충분한 비트가 반드시 있어야 한다. 긴 패턴에 대하여, 가장 실용적인 선택은 $p_1p_2\cdots\ p_w$를 탐색하는 것이고, 완전한 $P$를 위한 접두사(prefix)의 출현을 바로 확인하는 것이다. 이는 여전히 평균적으로 $O(n)$ 시간이 소요된다. 또한 시뮬레이션을 위하여 몇 개의 컴퓨터 단어를 이용함으로써 최악의 경우 $O(mn/w)$ 시간을 보장하는 것이 가능하다.

### Shift-And 확장

Shift-And는 간단한 문자열(호스풀이 긴 이동을 못하는 아주 짧은 문자열을 제외하고)에 대하여 호스풀(Horspool)과 비교대상이 아니다. Shift-And의 장점은 훨씬 더 복잡한 패턴을 처리(혹은 처리할 수 있도록 확장) 할 수 있다는 점이다. 가장 단순한 경우는 문자의 클래스(classes of charaters) 경우이다: $P$의 일부 위치는 단일 문자보다는 문자의 집합을 의미한다. 예를 들면, 어떤 사람은 대소문자와 무관한 탐색을 원하거나 전체 단어(즉, '`oil`'을 찾을 때 '`spoil`'을 찾는 것을 예방하기 위하여)를 찾는 것을 희망한다. 후자의 경우, 그 문자들을 제외한 나머지 문자들로 구성된 두 개의 문자 집합에 의해서 찾고자 하는 단어를 에워쌀 수 있다. 최종 위치 근처에서 큰 클래스를 가진 패턴을 탐색할 때 호스풀 알고리즘 수행력은 급격히 떨어진다. 대신에 Shift-And의 수행력은 이 문제와는 완전히 무관하다. 이는 클래스 $p_i$에 속하는 모든 $c$에 대하여 $B[c]$의 $i$번째 비트를 설정하는 문제이며, 탐색 알고리즘과 수행력은 변하지 않는다.

이제 좀 더 복잡한 패턴을 생각해 보자. '`neighbour`'를 탐색한다고 가정하고, 미국과 영국 스타일 두 개로 쓰인 단어를 찾기 위해서 '`u`'는 선택적으로 하고 싶다. 그림 9.22는 NFA가 $\varepsilon$-전이를 이용해서 작업을 행하는 것을 보여 준다: 상태 7이 활성화되자마자, 상태 8이 '`u`'를 읽지 않고 our에 닿게 될 수 있다.

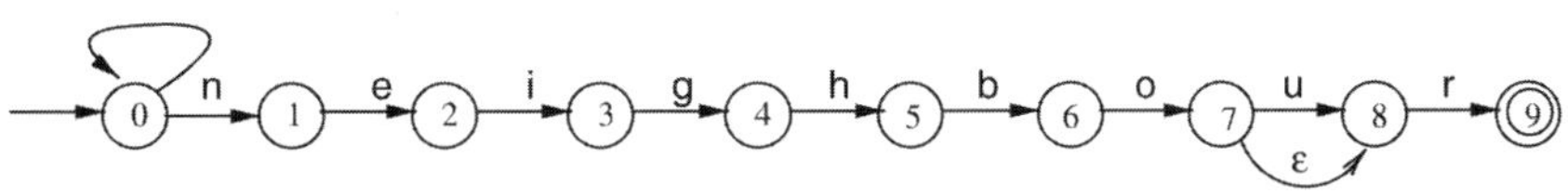


**그림 9.22**: 'neighbour' 탐색에서 'u'가 선택적인 NFA

자연어 탐색에서 유용한 복잡한 패턴의 또 다른 특징은 와일드카드(wild card) 혹은 더 일반적으로 반복가능한 문자들(혹은 클래스)의 사용이다. 이들은 텍스트에 연속하여 한 번 이상 나타날 수 있는 패턴이다. 예를 들어, 'transferred $ .... to account #123456'을 찾음으로써 은행 로그의 모든 송금 기록을 찾을 수 있다. 여기서 '....'는 숫자의 연속이다. 다른 예로, 'well known'을 찾을 때, 'well known', 'well known', 'well - known', 'well--known', 'well - known', 'well \ $n$ known' 등과 같이 하이픈이나 하나 이상의 공백 혹은 두 단어 사이의 줄바꿈이 있을 수 있다. 그림 9.23은 이 예를 처리하는 NFA를 보여 준다.

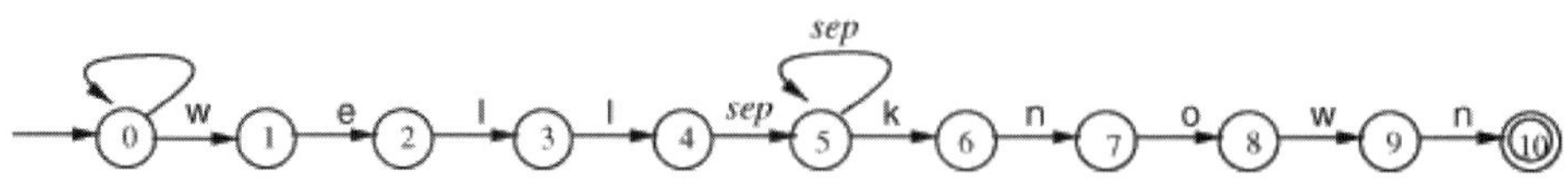


**그림 9.23:** 분리자 $sep$ {-,' ', \\$n$}을 포함하는 $NDA$ 'well known' 탐색

예를 들어, 선택적이든 반복적이든 모든 문자의 클래스가 결합될 수 있으며, 이렇게 선택적이고 반복적인 클래스를 가질 수 있다. 그림 9.24는 이 모든 경우를 처리하는 Shift-And 확장에 대한 의사코드를 보여 준다. 이는 단지 처리할 수 있는 패턴의 타입에 대한 예일 뿐이며, 자세한 모든 사항을 설명하는 것은 이 장의 범위를 벗어난다. 그러나 이 흥미로운 연습은 독자들로 하여금 다른 상황에 응용하기 위하여 어떻게 이 의사코드가 작동하는지를 발견하게 한다. 더 깊은 연구는 이 장의 끝에 있는 참고문헌에 언급되어 있다.

## 9.5.3 더 빠른 비트-병렬 알고리즘

문자열 정합은 호스풀과 같은 빠르고 단순한 알고리즘과 복잡한 패턴 정합을 위한 Shif-And와 같은 더 느린 알고리즘 중에서 선택해야 한다. 그러나 복잡한 패턴을 처리할 수 있고 텍스트 문자를 여전히 건너뛸 수 있는 일부 비트-병렬 알고리즘이 존재한다. 이 알고리즘은 패턴이 복잡해질수록 점차 느려진다.

```
Shift-And-Extended (T = t1t2...tn, m, B[ ], A, S)

I ← (A >> 1) & (A ^ (A >> 1))
F ← A & (A ^ (A >> 1))
D ← 0
for i ← 1...n do {
   D ← (((D << 1) | 1) | (D & S)) & B[ti]
   Df ← D | F
   D ← D | (A & ((~ (Df − I)) ^ Df))
   if D & (1 << (m − 1)) ≠ 0
   then report an occurrence at text position i − m + 1
}
```

**그림 9.24:** 선택적이고 반복적인 문자의 클래스를 처리하는 Shift-And 확장을 위한 의사코드(pseudocode). 단순성을 위하여 표 B는 문자와 클래스에 대하여 미리 계산되었다(선택적 혹은 반복적인 것은 무시한다). 비트 마스크 $A$와 $S$는 각각 선택적이고 반복적인 위치를 나타낸다. 단순성을 위해 패턴의 처음과 마지막 위치는 선택적이지 않다(혹은 단순히 제거될 수 있다)고 가정한다.

### 접미사 오토마타(Suffix Automata)

패턴 $P$의 접미사 오토마타는 $P$의 모든 접미사를 인식하는 오토마타이며, 비-결정 버전은 그림 9.25와 같이 매우 정규적인 구조를 가진다.

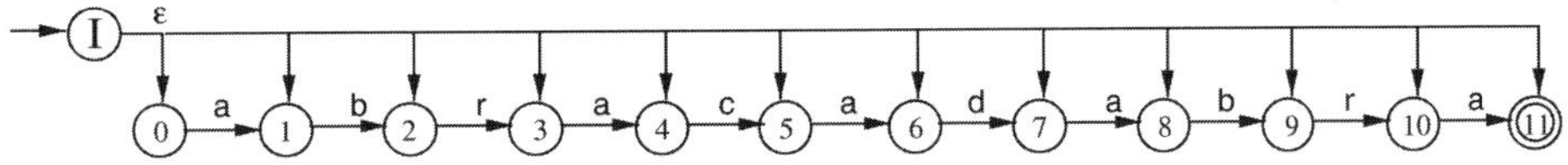


**그림 9.25:** $P$='abracadabra'에 대한 비-결정 접미사 오토마타

BDM 알고리즘은 접미사 오토마타를 기반으로 하는데, 여기서는 단순화된 변형을 제시한다(이는 자연어 텍스트에서 더 빠르다). 패턴 $P$를 탐색하기 위해서, $P^{rev}$(역 패턴)의 접미사 오토마타가 구축된다. 알고리즘은 텍스트 윈도우를 역방향으로(오른쪽에서 왼쪽) 스캔하고, $P^{rev}$의 접미사 오토마타 안으로 문자를 준다. 만약 오토마타가 $t_{i+m}t_{i+m-1}\cdots t_{i+j}$를 스캔한 후에 활성화 상태가 다 없어지면, 이는 $t_{i+j}t_{i+j+1}\cdots\ t_{i+m}$이 P의 부분문자열이 아님을 의미한다. 그러므로 $P$의 어떤 출현도 이 텍스트 부분문자열을 포함하지 않으므로 윈도우는 안전하게 이전의 $t_{i+j}$로 이동할 수 있다. 대신 윈도우의 처음에 도달하고 오토마타가 여전히 활성화 상태들을 가지고 있다면, 이는 윈도우가 패턴과 동일함을 의미하고 (그림 9.25 참고), 그 결과 출현을 기록하고 윈도우를 1만큼 이동시킨다.

이 알고리즘은 최악의 경우 $O(mn)$시간이 소요되며, 평균적으로 $O(n\log_\sigma(m)/m)$이 소요되며 최적이다. 접미사 오토마타를 구현하고 이를 결정 모델로 만들 필요는 BDM을 이전의 알고리즘보다 더 복잡하게 한다. BNDM이라고 불리는 매력적인 변형은 접미사 오토마타를 비트-병렬성을 이용해서 구현하고, 패턴이 그다지 길지 (즉, 컴퓨터 단어의 비트 수가 많아봐야 두배) 않을 때, 향상된 수행력을 발휘한다.

그림 9.26에 BNDM의 의사코드가 있다. (8)에서 모든 $\varepsilon$-전이를 상태 $I$에서부터 모든 다른 상태까지 전파하고 또한 마지막 윈도우 문자를 NFA에 입력하는 연산을 한다. 그리고 나서 완전히 순회하거나 오토마타가 활성화 상태가 없을 때까지 윈도우가 스캔된다. 첫 번째 경우 출현이 (10)에서 기록된다. 어느 경우에나 (11)에서 윈도우는 스캔이 중지된 위치로 이동된다.

```
BNDM (T = t1 t2 ... tn, P = p1 p2 ... pm)

(1)  for c ∈ Σ do B[c] ← 0
(2)  for j ← 1...m do B[pj] ← B[pj] | (1 << (m − j))
(3)  i ← 0
(4)  while i ≤ n − m do {
(5)     j ← m − 1
(6)     D ← B[t_{i+m}]
(7)     while j > 0 ∧ D ≠ 0 do
(8)        D ← (D << 1) & B[t_{i+j}]
(9)        j ← j − 1
        }
(10)    if D ≠ 0 then report an occurrence at text position i + 1
(11)    i ← i + j + 1
     }
```

**그림 9.26:** BNDM 알고리즘 의사코드

BNDM은 복잡한 패턴을 용이하게 처리하는데 적용될 수 있다. 그림 9.22와 9.23과 같이 어떤 NFA가 주어진다면, 거의 자동적으로 BNDM같은 탐색 알고리즘을 획득할 수 있다. 이 장의 끝에 있는 참고문헌에 더 자세한 내용이 있다.

### 교차 Shift-And(Interlaced Shift-And)

최적 평균 탐색 시간을 획득하는 또 다른 아이디어는 $q$개 중에 하나의 텍스트 문자를 읽는 것이다. 아이디어를 수정하기 위해서 $P$='neighborhood'와 $q=3$임을 가정하자. 만약 세 개 중에 하나의 텍스트 위치를 읽고 $P$가 어떤 텍스트 윈도우 $t_{i+1}t_{i+2}\cdots\ t_{i+m}$에서 출현하고 나면 $i$ mod 3에 따라서 'ngoo', 'ehro', 혹은 'ibhd'를 윈도우에서 읽을 것이다. 그러므로 $P$의 모든 출현을 확실히 찾기 위해서 $P$의 세 문자 연속을 동시에 탐색하는 것은 바람직하다.

이 동시 탐색은 Shift-And의 동일한 비트-병렬 메커니즘을 이용해서 $\lfloor m/q \rfloor$ 교차 탐색(interlaced search)을 작동시킴으로 실행될 수 있다. 이제 초기 상태는 $P$의 첫 번째 $q$개의 위치를 활성화시키고 비트-병렬 이동은 $q$ 위치만큼 이루어진다. 그림 9.27은 이 오토마타를, 그림 9.28은 의사코드를 보여 준다. 세 문자의 연속 중 하나를 찾는 것은 $P$를 찾는 것을 보장하지 않으므로 Shift-And 검증은 (8)에서 시행된다.

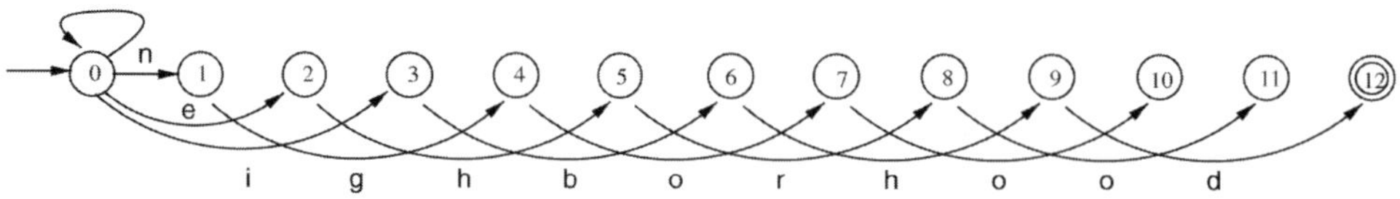


**그림 9.27:** $P$='neighborhood'에 대한 $q$=3인 교차 탐색을 위한 비-결정 접미사 오토마타

```
Interlaced-Shift-And (T = t1t2...tn, P = p1p2...pm, q)

(1) for c ∈ Σ do B[c] ← 0
(2) for j ← 1...m do B[pj] ← B[pj] | (1 << (j − 1))
(3) S ← (1 << q) − 1
(4) D ← 0
(5) for i ← 1...⌊n/q⌋ do {
(6)    D ← ((D << q) | S) & B[t_{q·i}]
(7)    if D & (S << (⌊m/q⌋ · q − q)) ≠ 0
(8)    then run Shift-And over t_{q·i−m+1} ... t_{q·i+q−1}
    }
```

**그림 9.28:** (단순화된) 단계 $q$를 가진 교차 Shift-And 알고리즘의 의사코드(pseudocode) $m \geq q$ 라고 가정한다.

만약 $q$가 $m/(2\log_\sigma m)$으로 선택된다면, 알고리즘의 평균 탐색 시간이 최적인 $O(n\log_\sigma(m)/m)$임을 증명하는 것은 어렵지 않다($m \leq w$를 가정). 그러나 그림 9.22와 9.23의 더 복잡한 패턴이 이 기술로 처리될 수 있을지는 분명하지 않다.

### 9.5.4 정규 표현(Regular Expression)

앞에서 본 복잡한 패턴은 정규 표현의 특정한 경우이다. 일반적 정규 표현(7.1.2절 참조)은 그림 9.22와 9.23과 같은 순차 배열로 쉽게 처리할 수 없고 좀 더 복잡한 처리가 필요하다.

정규 표현을 처리하는 첫 단계는 NFA를 구축하는 것이다. 다양한 NFA 구축 방법이 있는데, 여기서는 더 전통적인 Thompson의 기술을 제시한다. 이 기술은 설명하기 간단하며, 그림 9.29는 재귀적 구축방법을 설명한다.

일단 NFA가 구축되면 (어느 문자로든 순회가 되는) 재귀-루프(self-loop)를 초기 상태에 추가하고, 오토마타는 탐색할 준비가 된다. Thompson의 구축은 만약 정규 표현이 $m$ 기호를 가지고 있다면 크기가 $O(m)$인 오토마타를 생산하고 이 탐색은 $O(mn)$ 시간에 시뮬레이트될 수 있다.

또 다른 대안은 NFA를 DFA로 전환하여, NFA를 결정적으로 만드는 것인데, 이는 NFA 상태들의 모든 부분집합이 하나의 DFA 상태로 연결짓는 것이다. 단, 다음과 같은 조건을 만족하여야 한다: 하나의 문자열을 처리한 후에, DFA는 NFA 상태 $\{s_1, \ldots, s_r\}$를 표현하는 상태에 놓이게 된다. 이는 NFA가 상태값 $s_1, \ldots, s_r$ 중 하나에 있을 때에만 성립한다.

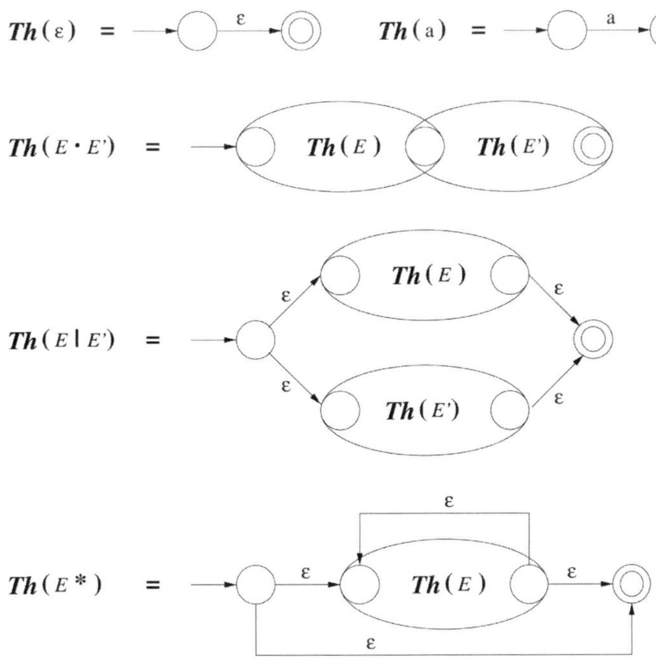


**그림 9.29:** 정규표현으로부터 재귀적인 Thompson방식의 NFA구성. 각 NFA는 하나의 최종 상태를 가지고 있다.

0개 이상의 $\varepsilon$-전이를 따라서 상태 $s$로부터 도달이 가능한 NFA 상태들의 집합을 $\varepsilon$-closure(s)라고 하자. 초기 DFA 상태는 $\varepsilon$-closure( I )이고, 여기서 $I$는 초기 NFA 상태이다. $S$를 DFA의 이미 만들어진 상태라고 하면, 문자 $c$에 의하여 $S$로부터 도달된 DFA 상태 $S'$는 아래와 같다.

$$S' = \bigcup_{s \in S,\ s \xrightarrow{c} s'} \varepsilon - closure(s') \tag{9.1}$$

$I$를 생성한 다음 $I$로부터 접근가능한 모든 상태를 각 가능한 문자 $c$에 의하여 생성한다. 이 새로운 상태들의 각각은 그들로부터 접근가능한 상태를 각 문자에 의하여 계속 만들기 위해서 차례대로 진행한다. 새로이 생성된 모든 상태들이 처리될 때까지 확장이 계속되어 DFA가 완성되는데, 최종 DFA 상태들은 몇 개의 최종 NFA 상태를 포함하는 집합이다.

최악의 경우에, 이 DFA는 $2^{O(m)}$ 상태를 포함할 수 있지만 실제 많은 상황에서 그 상태수는 상당히 작다. DFA가 받아들이는 문자열의 집합에 변화를 주지 않고 DFA 상태의 수를 최소화하는 체계적인 처리가 가능하다.

일단 DFA가 획득되면, 텍스트는 원래의 정규 표현에 대하여 $O(n)$ 시간에 스캔될 수 있다: 최초 DFA 상태에서 시작하고, 연속적인 텍스트 문자에 의하여 도달된 새로운 상태로 이동한다. 최종 상태에 도달할 때마다 출현의 마지막이 기록된다. 각 DFA 상태와 알파벳 문자에 대하여 새로운 DFA 상태를 나타내는 테이블을 사전에 미리 계산함으로써 각 전이는 상수시간안에 이루어질 수 있다.

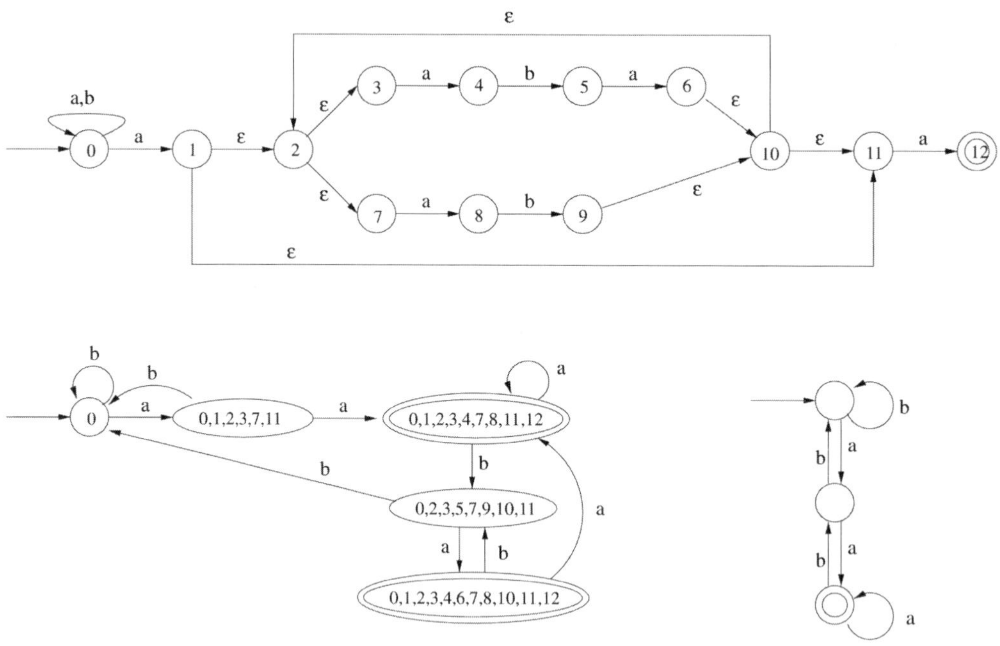


**그림 9.30:** 정규표현 '*a*(*aba*|*ab*)**a*'를 찾는 Thompson의 NFA(위), 연관된 DFA(아래왼쪽), 최소DFA(아래오른쪽)

그림 9.30은 Thompson의 구축방법을 정규 표현에 적용함으로써 얻어진 NFA와 그 NFA에 위의 절차를 적용하여 생성된 DFA와 최소화된 DFA를 보여 주고 있다.

최근 비트-병렬성(bit-parallelism)의 이용이 결정 오토마타의 구축을 피하기 위해서 제안되었다. 전통적인 기법과의 비교는 양면성을 가지고 있는데, 각자 다른 방법보다 더 나은 경우가 있다. 여기 제시한 전통적 방법은 정보검색(IR) 적용에서 나타난 정규표현 타입에 대하여 더욱 효과적인 경향이 있다. 반면 계산 생물학 문제에서 발생하는 더 큰 정규표현은 비트-병렬성에서 이점을 얻을 수 있다.

## 9.5.5 다중 패턴(Multiple patterns)

단일 문자열 정합에 관한 몇몇의 알고리즘(9.5.1절 참조)은 다중 문자열 $P=\{P_1,\ P_2,\ \cdots, P_r\}$을 다루기 위해서 확장될 수 있다. 예를 들어, 단지 몇 개의 패턴들이 검색될 때, $d[c]$가 각 패턴 $P_i$의 $d_i[c]$값을 통하여 최소가 되게 하기 위하여 호스풀(Horspool)을 확장할 수 있고, 총 d 함수를 이용해서 그림 9.17에서처럼 찾을 수 있다. 각 $d_i$를 계산하기 위해서, $P$내 가장 짧은 패턴의 길이만큼 $P_i$를 줄여야 하며, 그 길이는 $m$이 된다. $p_j$에 대하여 $t_{i+j}$를 비교하는 대신에 연속적인 기호들 $t_{i+j}$를 $P$안에 있는 모든 패턴에 대하여 만들어진 트라이로 집어넣도록 (6)줄이 변경되어야 한다.

더 많은 패턴이 탐색될 때, 위의 메커니즘은 마지막 $q-$그램(gram)을 기초하여 윈도우를 이동하도록 확장되어야 한다. 이는 정확히 $agrep$이 다중 패턴 정합에 관하여 하는 일이고 실제로 매우 잘 작동한다. $q$의 값은 평균-최적 탐색 시간 $O(n\log_\sigma(mr)/m)$을 보장하기 위하여 $2\log_\sigma m+\log_\sigma r$이 되어야 한다. 잘 작동하는 변형 알고리즘들은 BDM의 확장이다.

패턴의 수가 그 길이에 비하여 클 때, 어떤 문자 건너뛰기 알고리즘도 잘 작동하지 않으며, 각 텍스트 문자를 딱 한번 스캐닝하는 것을 보장하는 해결책이 선호된다. 그러나 비트-병렬(bit-parallel) 알고리즘(9.5.2절 참조)은 이

런 경우에 유용하지 않다. 대신 $P$: $P_1|P_2|\cdots|P_r$을 인지하는 정규 표현을 구축할 수 있고, 그런 다음 9.5.4절에서 윤곽을 보여 준 DFA 구축 알고리즘을 적용한다. 그 결과로 발생된 DFA의 크기는 모든 패턴 길이의 합과 비례하고, 탐색 시간은 $O(n)$이다. 이 결과는 다중 문자열 정합에 대한 클래식 Aho-Corasick 알고리즘과 매우 유사하다.

이 기술은 다중 복합 패턴의 탐색을 위하여 확장될 수 있지만, 만들어진 DFA의 크기가 패턴의 길이에 따라 기하급수적으로 커질 수 있다.

### 9.5.6 근사 탐색(Approximate Searching)

근사 문자열 정합은 임계값(threshold) 매개변수 $k$의 단순 문자열 정합 문제를 확장한다. 그래서 $P$의 정확한 출현만 기록될 뿐만 아니라 최대 $k$개의 '오류(errors)'로 $P$가 발생하는 텍스트의 위치값도 기록되어야 한다. 오류에 대한 여러 정의가 가능한데, 아주 일반적인 것은 소위 레벤스타인 또는 편집 거리(Levenshtein or edit distance)이며, 오류는 단일 문자의 삭제, 삽입, 대체이다(6.5.3절 참조). 이 모델은 빠른 탐색을 허용하기에 충분히 단순하고, 대부분의 정보검색(IR) 시나리오에 유용하다. 여기서 제시할 몇몇 알고리즘들은 최소한의 수정으로 다른 오류 모델에 적용될 수 있다. 다른 오류 모델은 예를 들어 인접한 문자의 교환(swap) 혹은 다른 대체에 따른 가중치를 부여하는 것이다.

이 문제는 근사 패턴 정합으로 일반화될 수 있다: 문자열 집합 $P$로 정의되는 하나의 복잡한 패턴 혹은 정규 표현은 근사적으로 탐색될 수 있다. 그래서 최대 $k$개의 오류를 허용하며 $P$의 문자열로 변환될 수 있는 어떤 부분 문자열도 찾아질 수 있다.

이 문제의 해결책은 수없이 많고, 그 중 대부분이 근사 문자열 정합을 다룬다. 여기서는 가장 실용적인 접근법을 알아보겠다.

#### 동적 프로그래밍(Dynamic Programming)

근사 문자열 정합의 고전적인 해결방법은 동적 프로그래밍에 기초한다. 행렬 $C[0..m, 0..n]$는 열단위로 채워져 있고, 여기서 $C[i, j]$는 $p_1p_2\cdots p_i$를 $t_1t_2\cdots t_j$의 일부 접미사에 정합하는데 필요한 최소의 오류를 나타낸다.

이는 아래와 같이 계산된다:

$$\begin{aligned} &C[0,j]=0, \\ &C[i,0]=i, \\ &C[i,j]=\text{if}\,(p_i=t_j)\,\text{then}\,C[i-1,\ j-1] \\ &\qquad \text{else}\ \ 1+\min(C[i-1,j], C[i,j-1], C[i-1,j-1]), \end{aligned} \tag{9.2}$$

여기서 정합은 $C[m,j]\le k$를 만족하는 텍스트 위치값 $j$에서 발견되며, 근사 출현의 마지막 위치에 해당한다.

그림 9.31은 이 알고리즘을 예시한다. 이는 $O(mn)$ 시간을 필요로 하는데, 새로운 열을 계산하는데 실제로 행렬의 이전 열만이 필요하기 때문에, 알고리즘은 $O(m)$ 공간에서 구현될 수 있다.

이 알고리즘은 매우 빠르지는 않더라도 다른 비용 함수를 적용하기에 아주 유연하다. 이 알고리즘의 몇몇 확장은 동적 프로그래밍 행렬의 장점을 이용하여 최악의 경우에 $O(kn)$시간을, 평균적으로는 더 작은 시간을 요구한다. 단순 $O(kn)$ 평균-시간 알고리즘은 차후의 모든 셀 값이 $k$를 초과하는 점까지만 각 열을 계산함으로써 획득된다. 그림 9.32는 이 변형의 최적화된 의사코드(pseudocode)를 보여 준다.

| | | k | o | l | o | r | a | m | a |
|---|---|---|---|---|---|---|---|---|---|
| | 0 | 0 | 0 | 0 | 0 | 0 | 0 | 0 | 0 |
| c | 1 | 1 | 1 | 1 | 1 | 1 | 1 | 1 | 1 |
| o | 2 | 2 | 1 | 2 | 1 | 2 | 2 | 2 | 2 |
| l | 3 | 3 | 2 | 1 | 2 | 2 | 3 | 3 | 3 |
| o | 4 | 4 | 3 | 2 | 1 | 2 | 3 | 4 | 4 |
| u | 5 | 5 | 4 | 3 | 2 | 2 | 3 | 4 | 5 |
| r | 6 | 6 | 5 | 4 | 3 | **2** | 3 | 4 | 5 |

**그림 9.31**: 텍스트 'kolorama'에서 $k=2$ 오류의 'colour'를 찾는 동적 프로그래밍 알리고즘. 볼드체는 근사출현의 종료 위치를 나타낸다.

### 오토마타와 비트-병렬성(Automata and Bit-parallelism)

근사 문자열 정합은 NFA 탐색으로써 표현될 수 있다. 그림 9.33의 $k=2$인 NFA를 고려하자. 각 행은 오류의 수를 나타낸다: 첫 번째 0, 두 번째 0 등등. 모든 열은 주어진 위치까지 패턴의 정합을 나타내며, 각 반복에서, 새로운 텍스트 문자가 읽혀지고, 오토마타는 활성화 상태를 바꾼다. 수평 화살표는 문자의 정합을 나타내고, 수직 화살표는 패턴으로의 삽입을 나타내며, 실선으로 된 대각선 화살표는 대체를, 점선으로 된 대각선 화살표는 패턴의 삭제($\varepsilon$-전이)를 나타낸다. 오토마타는 아래 맨 오른쪽 상태가 활성화될 때마다 텍스트 위치를 $k$개의 오류를 가진 정합의 끝으로 받아들인다.

오토마타의 상태가 활성화될 때마다, 같은 열의 높은 행 모든 상태가 활성화되는 것을 알 수 있다. 더욱이, 주어진 텍스트 문자에서 만약 각 열에서 가장 작은 활성화 행의 수를 모은다면 정확히 동적 프로그래밍 알고리즘의 현재 열 값을 얻게된다($k$보다 큰 다른 값들을 구분하지 않고). 그림 9.33과 9.31을 비교해 보자.

```
Approximate-DP (T = t1t2...tn, P = p1p2...pm, k)

for i ← 0...m do C[i] ← i
last ← k + 1
for j ← 1...n do {
  pC, nC ← 0
  for i ← 1...last do {
    if pi = tj then nC ← pC
    else {
      if pC < nC then nC ← pC
      if C[i] < nC then nC ← C[i]
      nC ← nC + 1
    }
    pC ← C[i]
    C[i] ← nC
  }
  if nC ≤ k
  then if last = m then report an occurrence ending at position i
       else last ← last + 1
  else while C[last − 1] > k do last ← last − 1
}
```

**그림 9.32**: 일부 최적화와 $O(kn)$ 평균 시간을 가진 동적 프로그래밍 기반 유사 문자열 정합을 위한 의사코드. $k<m$을 가정한다.

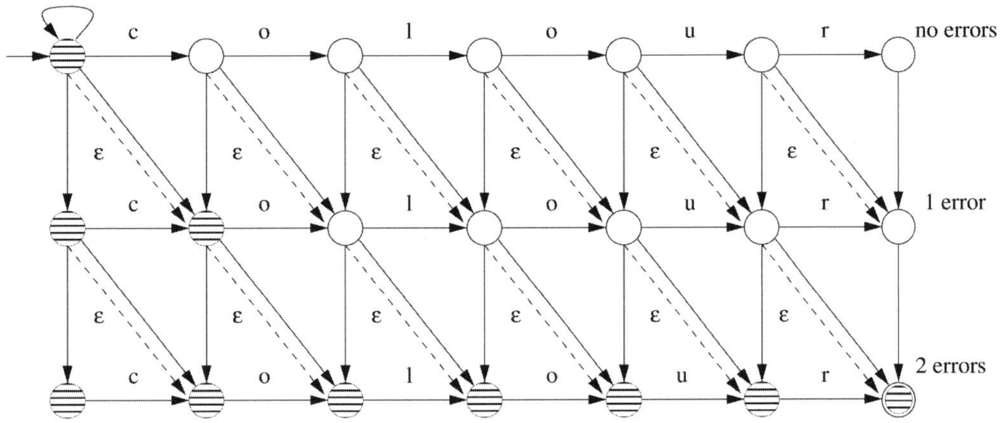


**그림 9.33**: 두 개의 오류를 가진 패턴 'colour'에 대한 근사 문자열 정합의 NFA. 회색 상태들은 텍스트 'kolor'를 읽고 난 후에 활성화된 것이다. 레이블이 없는 전이는 어떤 문자든 받아들인다. 점선 화살표는 $\varepsilon$-변환이다.

```
Approximate-Shift-And (T = t1 t2 ... tn, P = p1 p2 ... pm, k)

(1)  for c ∈ Σ  do  B[c] ← 0
(2)  for j ← 1...m  do  B[pj] ← B[pj] | (1 << (j − 1))
(3)  for i ← 0...k  do  Di ← (1 << i) − 1
(4)  for j ← 1...n  do {
(5)     pD ← D0
(6)     nD, D0 ← ((D0 << 1) | 1) & B[ti]
(7)     for i ← 1...k  do
(8)        nD ← ((Di << 1) & B[ti]) | pD | ((pD | nD) << 1) | 1
(9)        pD ← Di, Di ← nD
(10)    if nD & (1 << (m − 1)) ≠ 0
(11)    then  report an occurrence ending at position i
     }
```

**그림 9.34**: Shift-And 알고리즘을 사용한 근사 문자열정합 의사코드

하나의 방법은 이 오토마타를 9.5.4절에서 설명한 것처럼 결정(DFA)으로 만드는 것이다. 비록 탐색 단계가 O(n)이지만, DFA는 이 경우에 매우 커지는 경향이 있다. 더 나은 해결방법은 비트-병렬성에 기반을 둔 Shift-And의 확장이다. NFA의 모든 행은 그림 9.20의 NFA와 거의 동일하므로, 수직과 대각선 화살표를 처리하는 동안 $k+1$개의 Shift-And 처리를 시뮬레이트할 수 있다.

그림 9.34에 의사코드를 보여 준다. (8)번 줄이 흥미로운데, 보통의 Shift-And 연산(재귀-루프는 NFA 첫 번째 행을 제외하고 배제되었음)과는 달리, 수직 화살표를 이전의 반복(이전 $D_{i-1}$값은 $pD$에 있다)내에서 $D_{i-1}$에 설정되어 있는 비트를 논리합함으로써 시뮬레이트 한다. 마찬가지로 대각선 화살표는 '$(pD<<1)|1$'로 시뮬레이트 되고, $\varepsilon$-전이(또한 대각선)는 '$(nD<<1)|1$'에 해당한다. 이 경우 새로운 $D_{i-1}$값을 이용하는데 그 이유는 $\varepsilon$-전이가 즉시 전파하기 때문이다.

이 비트-병렬 알고리즘은 만약 $m \le w$이라면 $O(kn)$ 시간을 필요로 한다. 더 긴 패턴은 더 긴 컴퓨터 단어(word)를 시뮬레이트 함으로써 $O(kmn/w)$ 시간에 처리될 수 있다. 비트-병렬성은 평균 $O(kn/w)$와 최악의 경우 $O(mn/w)$를 가지면서, 동적 프로그래밍 행렬의 계산을 비교하기 위해 또한 사용된다. 이 알고리즘이 짧은 패턴

에 대하여 $O(n)$ 최악-경우 시간을 가지며, 실제로 빠르다. 그러나 여기서 제시한 알고리즘이 더 유연하다: 오류를 허용하는 복잡한 패턴의 탐색을 목적으로, 만약 정확한 탐색을 위한 비트-병렬 시뮬레이션을 가진다면, 근사 패턴 정합 문제에 해당하는 비트-병렬 알고리즘을 획득하는 시뮬레이션의 $k+1$개 복사물을 쉽게 만들어 낼 수 있다. 자세한 사항은 이 장의 끝에 있는 참고문헌에 있다.

#### 여과(Filtration)

$k$개의 오류를 가지고 텍스트 위치가 정합하도록 보장한다는 것보다 텍스트 위치가 정합하지 않는다고 말하는 것이 더 쉽다. 여과는 텍스트에 빠른 필터를 적용하는 것에 기반을 두는데, 이는 텍스트 위치의 대부분을 버리고, 버려질 수 없는 영역에 걸쳐 또 다른 근사 탐색 알고리즘을 적용한다. 여과는 특정 $k/m$ 한계값까지 잘 작동한다.

단순하고 빠른 필터는 다음과 같다: 패턴을 거의 같은 길이의 $k+1$개 조각으로 분할한다. $P$의 어느 근사 출현이든지 반드시 바뀌지 않는 조각들 중 하나를 적어도 포함해야 한다(왜냐하면 각 오류는 최대 조각 하나를 바꿀 수 있기 때문이다). 그러면 그 조각에 다중-패턴 탐색 알고리즘(multi-pattern search algorithm)을 실행할 수 있다(9.5.5절 참조). 만약 조각 $p_j \cdots p_{j'}$가 $t_i \cdots t_{i'}$에 나타난다면, $t_{i-j+1-k} \cdots t_{i-j+m+k}$에 걸쳐 근사 문자열 정합 알고리즘을 실행한다. 이 알고리즘은 $k<1/\log_\sigma m$에 대하여 평균 시간 $O(nk\log_\sigma(m)/m)$이 걸린다.

또한 실제로 아주 잘 작동하는 더 강력한 알고리즘은 BDM에 영향을 받았다(9.5.3절 참조). 작은 값 $q$를 선택하고 $\sigma^q$개의 가능한 $q$-그램 각각에 대하여 $q$-그램 S를 P에서 찾는다. 그리고 $P$안에서 $S$를 정합하기 위하여 필요한 최소한의 오류 개수를 테이블 $D[S]$안에 기록한다. 이제 $T$에 대하여 윈도우 $t_{i+1} \cdots t_{i+m-k}$를 이동한다. 역방향으로 윈도우의 $q$-그램을 읽는다: $S_1 = t_{i+m-k-q+1} \cdots t_{i+m-k}$, $S_2 = t_{i+m-k-2q+1} \cdots t_{i+m-k-q}$등등. 합이 $k$를 초과할 때까지 $D[S_1]+D[S_2]+\ldots+D[S_r]$을 더한다. 그 시점에서 $S_r \cdots S_2S_1$가 $P$의 어느 출현에서도 포함되지 않는다는 것을 안다. 그러므로 안전하게 윈도우를 $S_r$, $i \leftarrow i+m-k-rq+1$의 두 번째 문자에서 시작하도록 이동할 수 있다. 만약 윈도우의 $q$-그램 전체를 읽고, 그 합이 $k$를 여전히 초과하지 않는다면, 윈도우 위치에서 시작하는 출현을 명확하게 체크하고 나서 하나의 위치만큼 윈도우를 이동시켜야 한다.

### 9.5.7 압축 텍스트 탐색

6.8절에서 공간의 축소를 중심으로 텍스트 데이터베이스에 적합한 압축 메커니즘을 설명했다. 또, 압축 텍스트 탐색의 가능성에 대하여 관심을 갖고, 몇 가지 코딩 방법(바이트-허프만(byte-Huffman)과 덴스 코딩(Dense coding))을 소개했다. 이 방법의 큰 장점은 압축된 텍스트에 대한 직접적인 탐색을 효과적으로 허용한다는 점이다. 바이트-허프만 또는 덴스 코딩을 통하여 단일 단어에 일치하는 패턴을 탐색하는 기본 메커니즘이 소개되어 있다.

여기서는 정보검색(IR)에서 관심받고 있는 더 정교한 탐색들이 6.8절에서 설명된 형식으로 어떻게 실행될 수 있는지 보여 주고, 압축된 텍스트의 순차 탐색을 재고려하고자 한다. 텍스트 단어들과 정합이 되는 단일 단어 혹은 복잡한 패턴이 탐색된다. 이것은 패턴과 정합이 되는 사전 항목을 만들고, 압축된 텍스트를 순회하고 연속된 기호들을 인식해내고, 그 기호들이 마크되어 있는지 여부를 체크함으로써 이루어진다. 이 단순한 메커니즘의 확장은 이 장에서 설명한 비트-병렬성 기술을 병합함으로써 더욱 복잡한 패턴을 정합시키는데 아주 강력한 방법을 만들어낸다.

구(phrase) 질의로 시작해 보자. 6.8절에서 목표 기호의 연속된 문자열에 대하여 압축된 텍스트를 탐색하고 단어들의 각각을 압축함으로써 구가 찾아질 수 있다고 언급했다. 이는 (1) 구가 단순한 단어로 구성되어 있고, 각 단어가 하나의 코드워드(codeword)로 해석될 수 있고, (2) 질의 안에서 정확히 나타나는 분리자를 원한다는 전제하에서 참이된다. 즉, 만약 '`United States`'를 이 기술을 이용해서 찾고, 이 단어들의 코드워드가 제각기 $C_{united}$와 $C_{states}$라면, 문자열 $C_{united}C_{states}$의 탐색은 단어들이 새로운 줄과 같은 또 다른 분리자에 의하여 분리되면 구는 찾을 수 없다. 왜냐하면 이는 코드워드 $C_{united}$ $C_{\backslash n}$ $C_{states}$로 해석되기 때문이다. 분리자는 단일 코드워드를 할당받는 반면, 공백이 없는 단어 모델에서는 공백 분리자는 인코드되지 않는다.

더 견고한 탐색 메커니즘은 단어 패턴(word pattern)을 정의하도록 한다. 예를 들어서 대소문자 구분하지 않고 두 개의 오류를 허용하면서 'united'를 정합하는 단어를 찾고, 하나의 구분자가 있고 대소문자 구분하지 않고 두 개의 오류를 허용하면서 'states'를 정합하는 단어를 찾는 경우 등이다. 단어들이 하나의 공백이나 다른 순서로 분리된 경우를 찾기 위해서는, 반드시 단어들 간의 어떤 분리자 기호를 허용해야 하고, 더욱이 이 기호는 탐색에서 선택적이어야 한다.

이 탐색 문제는 코드워드상의 오토마타를 이용하여 모형화될 수 있다. $C$를 압축에 의하여 만들어진 다른 코드워드의 집합이라고 하자. 만약 $C$를 알파벳으로 간주하고, 압축된 텍스트를 $C$에 대한 한 기호의 연속으로 생각한다면, 탐색 문제를 9.5.2절에서처럼 복잡한 패턴의 출현을 찾는 문제로 다시 정의할 수 있다. 패턴은 3개의 위치를 가졌으며, 각각은 문자의 클래스를 나타낸다: 첫 번째는 두 개의 오류를 허용하고 대소문자 구분하지 않고 'United'와 정합하는 단어에 해당하는 코드워드($C$의 요소)의 집합이다 두 번째는 분리자에 대한 코드워드의 집합이고, 이는 선택적 클래스이다 세 번째는 첫 번째와 비슷하지만 단어 'States'에 관한 것이다. 이는 9.35에 예시되어있다. 주지할 점은 그림 9.20, 9.22와의 유사점이다. 각 사전 단어와 분리자에 대하여 비트 마스크를 설정하고, 이 비트 마스크의 배열은 비트-병렬성 탐색을 위한 $B[\ ]$ 테이블이다. 다음으로 포함된 분리자 단계의 요소를 고려한다. $i$번째 요소에 대하여 순차적으로 사전을 순회하고, 각 비트 마스트의 $i$번째 비트를 설정하거나 없앤다. 그런 다음 비트-병렬성을 이용하여 시뮬레이트되는 NFA를 설정한다. 예에서 두 번째 위치는 설명한 바와 같이 선택적이어야 한다. 탐색은 구축한 $B$ 테이블과 매개변수 $A=010$, $S=000$을 가진 Shift-And-Extended(그림 9.24) 연산의 변형을 적용하는 것과 같다.

이 탐색 알고리즘은 문자들에 대하여 직접적으로 알고리즘이 작동하지 않는 그림 9.24의 코드와는 다르다. 대신에 알고리즘의 for 루프에서의 각 반복은 하나의 전체 단어 또는 텍스트의 분리자를 처리한다(즉, 압축된 텍스트를 $C$에 대한 연속이라고 간주했을 때 다음 기호). 이를 위하여 다음 코드워드를 식별할 때까지 압축된 텍스트내의 바이트를 필요로 하는 한 많이 읽고, 코드워드로부터 해당하는 사전 단어 또는 분리자를 획득한다. 그 단어 또는 분리자로부터 그것의 $B[\ ]$값을 얻고 그런 다음 (5)번줄을 처리할 수 있다.

이 처리는 압축된 텍스트에서 실행하기 아주 어려운 일부 탐색을 포함한 더 훨씬 복잡한 패턴을 탐색하기 위해 사용될 수 있다. 예를 들어 'the number of elements successfully classified' 또는 이와 비슷한 것을 탐색하기를 원한다고 가정하자. 예를 들어, 다음의 여러 구들은 실제로 거의 같은 의미이다.

```
the number of elements classified with success
the elements successfully classified
the number of elements we successfully classified
the number of elements that were successfully classified
the number of elements correctly classified
the number of elements we could correctly classify
...
```

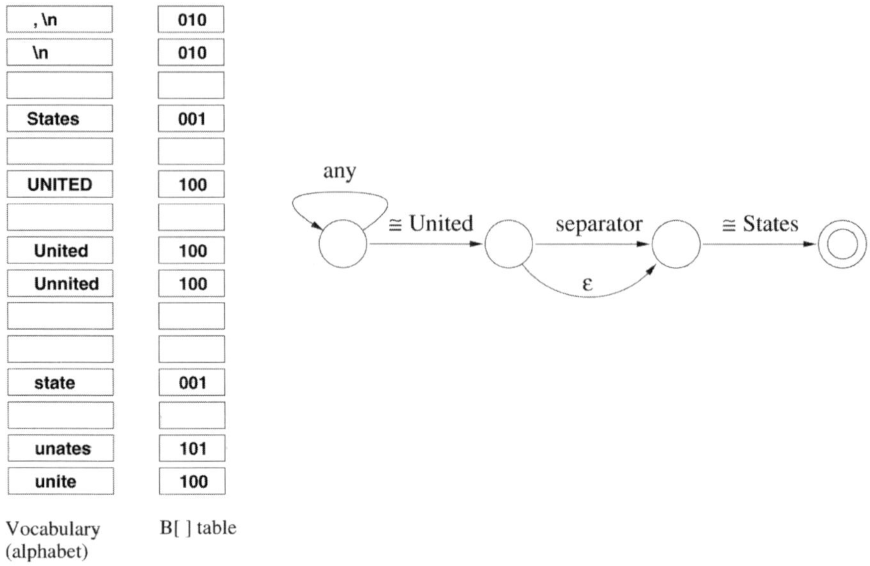


**그림 9.35**: 대소문자 구분없이 단어당 두 개의 오류를 허용하고 단어 사이에 어떤 구분자도 허용하면서 구 'Unitel States'를 찾는 일반적인 틀

비록 차이점의 일부는 각 단어들의 근사 정합을 허용함으로 회복될 수 있음을 알 수 있지만 언어적 변형을 얻기 위한 더 강력한 메커니즘을 필요로 한다. 9.5.6절에서 살펴본 문자-수준 근사 문자열 정합(character-level approximate string matching)은 타이핑이나 스펠링 오류 때문에 일어나는 것과 같은 지역 오류(local error)를 극복하기 위하여 설계되었다. 위에서 보여준 언어적 변형을 극복하기 위하여, 반드시 단어-레벨(word-level) 근사 문자열 탐색에 의존해야한다. 이 모델에서는 단어들의 연속을 탐색하고 제한된 수만큼 빠지거나, 여분의 대체된 단어를 허용한다. 예를 들면, 3 단어-수준 오류로 위 예의 모든 변형으로부터 회복할 수 있다(또 '**classify**'를 '**classified**'로 전환하는 문자-수준 오류를 허용한다는 것을 가정하면서).

단어-수준 근사 문자열 정합(word-level approximate string amtching)은 그림 9.35에 표현된 메커니즘을 확장시킴으로써 쉽게 획득될 수 있다. 이번에는 그림 9.33에서와 같은 NFA를 사용한다고 가정하면, 각 열은 구 안의 한 개 단어에 해당한다. Approximate-Shift-And(그림 9.34) 방법도 시뮬레이트할 수 있는데, 각 연속적인 $B[\ ]$값은 위의 코드워드를 분석한 후에 얻어진다.

## 9.6 다차원 색인(Multi-dimensional Indexing)

멀티미디어 자료에서, 모든 대상을 몇 개의 숫자로 나타낸 특징으로 표현할 수 있다. 예를 들어 이미지에서 모서리 위치 등 컬러 히스토그램을 추출한다고 가정하자. 이 경우 탐색의 한 방법은 대상 특징들을 다차원의 공간 안의 점으로 매핑하고, 다속성 접근 방법(multi-attribute access methods)(또한 공간 접근 방법(spatial access method) 또는 SAM)으로 클러스터링하고 탐색하기 위하여 이용하는 것이다. 또 다른 접근법은 대상에 관하여 거리 함수를 가진, 거리-기반 색인(distance-based index)(또한 미터 접근 방법(metric access method) 또는 MAM)을 이용한다.

주요 매핑 방법은 세 개의 중요 클래스를 만든다; (1) $R^*$-트리와 $R$-트리 패밀리의 나머지, (2) 선형 사진트리(quadtree), (3) 격자 파일(grid-file). 선형 사진트리에서 노력은 질의 영역의 초곡면(hyper-surface)에 비례하는데 [545], 초곡면은 차원수에 따라 기하급수적으로 증가한다. 격자 파일도 유사한 문제에 직면하는데, 그 이유는 격자 파일도 차원수에 따라 기하급수적으로 늘어나는 디렉토리가 필요하기 때문이다. $R$-트리-기반 방법이 고차원에 대하여 가장 강건하지만, $R$-트리 노드들의 출력 분기값이 2 이상이어야 한다. 아래에서 $R$-트리 방법과 그의 변형에 대하여 간략히 설명하는데, 그 이유는 $R$-트리 방법이 공간 접근법의 대표이기 때문이다.

$R$-트리는 최소 포괄 사각형(minimum bounding rectangle; MBR)으로 공간 객체를 표현한다. 자료 사각형은 부모 노드를 형성하기 위하여 그룹화되고, 재귀적으로 계속 그룹화되어 조부모 노드를 형성하고, 결과적으로 트리 계층을 이룬다. 부모 노드의 MBR은 자식들의 MBR을 완전히 포함하며 겹쳐지는 것이 허용된다. 트리의 노드는 디스크 페이지에 해당되는데, 디스크 페이지 또는 '디스크 블록(disk block)'은 전형적으로 한 번의 디스크 접근으로 가져온 디스크 표면의 연속적인 바이트 위치이다. 삽입, 분할, 삭제 기능의 목적은 소수의 부모 MBR을 가지고 좋은 클러스터링을 갖는 트리를 만드는 것이다. 그림 9.36은 팬-아웃 3을 가진 R-트리에서 구성된 자료 사각형들(검은색)을 보여 준다. 그림 9.37은 같은 $R$-트리에 대한 파일 구조를 보여 주는데 여기서 노드는 디스크 페이지에 해당한다.

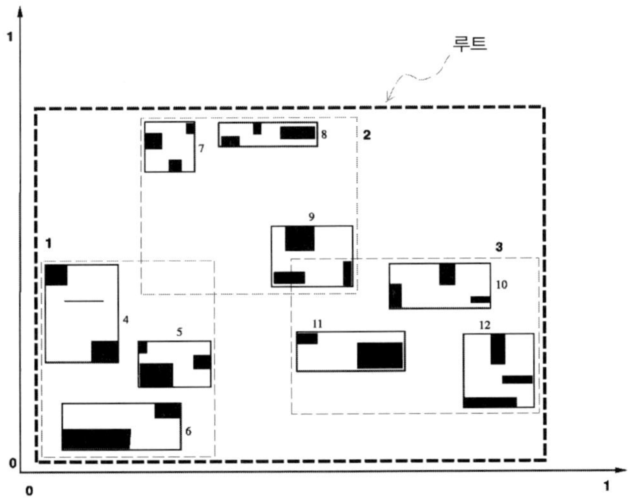


**그림 9.36**: 팬-아웃 3인 R-트리의 데이터(검은 사각형) 구성. 점선은 부모를 나타내며, 최종은 루트가 된다.

영역 질의는 관심 영역을 교집합하는 모든 자료 영역을 요구하면서 관심 영역을 표현한다. 이 질의에 답하기 위하여 조건을 만족하는 자료 영역의 슈퍼셋(superset)을 처음에 검색한다: 질의 영역의 MBR을 계산한 다음 재귀적으로 $R$-트리를 따라 내려가는데 자식 MBR이 질의 MBR과 교집합하지 않는 가지는 제외한다. 그러므로 $R$-트리는 데이터 영역의 MBR이 질의 영역의 MBR과 교집합하는 데이터 영역을 빠르게 만들 것이다. 검색된 데이터 영역은 질의 영역의 교차에 대하여 조사된다.

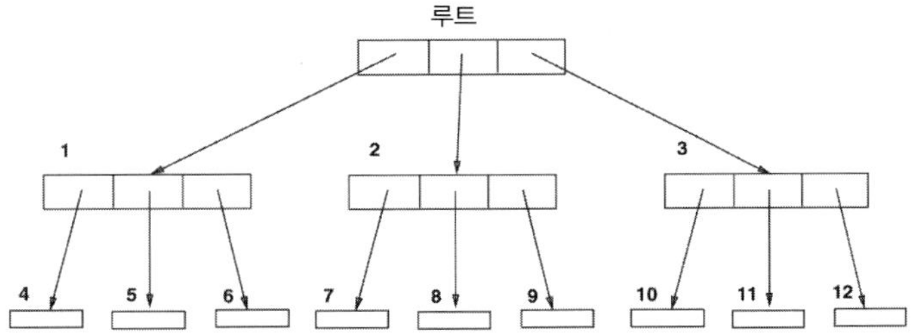


**그림 9.37**: 그림 9.36 R-트리의 파일구조

원래 $R$-트리 논문은 참고문헌에서 설명한 바와 같이 후속 연구에 많은 영감을 주었다. 여러가지 변형 중에서, $R^*$-트리[165]가 가장 성능이 좋은 방법인데, $R^*$-트리는 구조적으로 $R$-트리와 동일하지만, 주요 차이점은 분할 알고리즘에서의 지능적 개선으로 강제 재삽입(forced reinsert)의 개념에 기반한 것이다: 노드가 넘칠 때, 노드 자식의 일부는 신중하게 선택되어 제거되고 재삽입되며, 보통 더 좋은 구조의 $R$-트리 결과를 만든다. 그러나 어느 공간 접근법이든 $X$-트리, $SR$-트리 등과 같이 사용될 수 있다.

대상으로부터 숫자로 나타난 특징을 추출하는 것이 간단하지 않을 때 또는 대상 중에서 잘 알려진 거리 함수가 있을 때, 미터 접근법(metric access method)이 사용될 수 있다. 예를 들어, 편집 거리는 문자열 중에서 유사성이나 문헌 중에서 유사성에 관한 코사인 거리 혹은 유사도를 측정하기 위하여 사용될 수 있다(6.5.3절 참조). 미터법의 공간에서, 객체를 버리는 주요 기술 중의 하나는 삼각부등식(triangle inequality)인데, 이 장의 끝에서 이 자료구조에 대한 참고자료를 제공할 것이다.

## 9.7 연구 동향과 쟁점

이 장에서는 효율(efficiency) 중심으로 정보검색(IR) 시스템을 구현하는 방법에 집중하였다. 색인과 순차 탐색을 모두 다루었는데, 많은 경우에 이들은 실제 구현에서 결합된다. 그리고 단어들에 대한 랭킹-기반, 불리안, 구조화된 전문(full-text) 탐색과 임의의 텍스트 부분문자열에 대한 전문(full-text)과 같은 여러가지 검색 모델을 설명하였다. 또한 압축 메커니즘과 색인화, 순차 탐색에 관한 관련성도 알아보았다.

오늘날 텍스트 데이터베이스 색인과 탐색의 주요 동향은

- **큰 텍스트 컬렉션**. 전자적으로 이용가능한 텍스트 데이터의 양이 매우 빨리 늘어나고 있다. 요즘에는 기가바이트의 텍스트를 다루고 초당 몇 개의 질의에 답하는 것이 보통이다. 이는 정보검색 시스템의 구현에서 큰 도전을 의미한다. 역색인과 같은 아주 단순한 구조조차도 아주 큰 데이터베이스에서 타당한 성능을 얻기 위하여 정교한 구현을 요구한다. 주요 문제는 저장 공간이 아니고 하드디스크 장치의 속도이다. 프로세서의 속도와 외부 장치의 상대적인 느림은 새로운 공간/시간 상충관계로 이끄는데, 이는 몇 년 전에는 문제되지 않았다. 예를 들어, 외부 메모리의 접근을 피하는 것을 목적으로, 설사 압축되지 않은 것보다 몇 배 더 느릴지라도 압축된 형태의 색인을 작동하는 것은 가치가 있었다. 물론 좋은 유효성(effectiveness)과 효율성에는 상충관계가 있다.
- **복잡한 탐색**. 텍스트 데이터베이스가 커지고, 더 이질적이고 오류 발생이 쉬워지면서 강화된 질의 기능이 효과적인 검색을 위하여 요구된다. 한편, 텍스트 구조를 활용한 질의를 이용하거나 긴 접속사 혹은 구 질의에 의하여 재현률은 향상될 수 있다. 반면, 텍스트 구조, 긴 접속사나 구 질의를 적용함으로써 정확률을 올릴수도 있다. 이러한 이유로, 단순한 단어들의 짧은 연속을 넘어선 질의에 대한 효과적인 지원이 유의미해진다.
- **압축 색인**. 중앙 처리 장치와 외부 장치의 성능 차이가 증가하고, 새로운 개발 때문에, 텍스트 탐색과 압축은 더 이상 연관이 없는 활동으로 간주되지 않는다. 압축된 텍스트에 대한 직접 탐색은 동시에 (어떤때에는 훨씬) 더 나은 성능을 제공하고, 압축하지 않은 텍스트 탐색과 비교하여 낮은 공간 비용을 필요로 한다. 최근 연구는 실제적 셀프-색인을 산출하는 기본적인 관계를 발견하면서 압축과 색인 사이의 관계에 대한 연구가 활발해지고 있다. 이 색인은 텍스트보다 적은 공간을 차지하고, 색인된 접근을 제공하며, 나아가 그들이 어떤 텍스트 부분문자열을 재생산하기 때문에 텍스트를 대체한다. 이 연구는 다가오는 미래에 많은 결과를 제공할 것으로 예상된다.

- **최적화된 처리.** 최근의 컴퓨터 구조는 동일한 복수의 CPU를 가지고 병렬처리가 가능한데, 복수 코어(multi core) CPU와 같이 비동일한 방식이 될 수도 있다. 여러가지 다양한 프로세서 종류를 효율적으로 이용하는 방법이 더욱 중요해질 것이다. 하나의 특별한 예는 현재 컴퓨터에서 이용가능한 그래픽 처리기로부터 나오는 이익이다[500].

- **고차 공간내 탐색.** 오늘날까지 많은 연구에도 불구하고, 탐색 대상에 고차원이 표현되어 있을 때 확장성은 쟁점이 되는데, 이를 고차원의 저주(curse of dimensionality)라고 부른다. 대개 수백만의 대상에 대한 탐색시간은 수용가능하지만 수십억의 대상에는 그렇지 못한데 이 경우가 웹이다. 촉망받는 접근법은 Chaveze 등에 의하여 최근에 제시되었다[359].

## 9.8 참고문헌 논의

역색인에 대해 완전한 참고문헌은 Zobel과 Moffat에 의하여 제공되었는데[1798], 그들은 색인과 탐색뿐만 아니라 관련 주제에 관하여 논의하였다. 또 다른 좋은 리뷰는 Baeza-Yates 등에 의한 것이며[113] 정렬-기반 구축은 [1149]에 설명되어 있다. 정렬을 피하는 대안적 구축은 [65]의 예에서 연구되었으며 또 다른 구축은 [705]에 제시되어있다. 역색인 안에 질의를 처리하는 동안의 다른 초기 종료 기술은 [56, 57, 58]에 논의되었고 압축된 역색인의 추가 결과는 [1738, 1739]에 있다.

블록 주소법 역색인의 아이디어는 Glimpse라고 불리는 시스템에서 처음으로 제시되었는데[1078], 여기에는 또한 역색인 사전을 이용한 복잡한 패턴 정합을 수행하는 아이디어가 처음 나타나 있다. 블록 주소법 색인은 [116]에 분석되어 있으며, 일부 성능 향상이 제시되어 있다.

압축에 대한 참고문헌은 6장의 끝에 있다. Elias 코드는 [532]에 나와 있으며, Golomb 코드는 [635]에 있다. 그러나 역색인 압축 기술은 [1709]에 가장 잘 설명되어 있고 블록 주소법과 텍스트 압축의 기술 조합은 [1185]에 있다.

접미사 트리는 [1678]에 처음 제시되었으며, 접미사 트리의 선형-시간 구축은 이미 [1108]에 나와 있었지만, 첫 온라인 구축(왼쪽에서 오른쪽으로 텍스트를 스캐닝하는)은 [1616]에 있다. 접미사 트리에 대한 정규 표현 탐색은 [108]에 설명, 분석되어 있다. 반면, 이에 대한 탐색 오류는 [1181, 1615]에 연구되어 있다.

접미사 배열은 [1075]에 제시되어 있으며, 이와 함께 최악의 경우 $O(n\log n)$ 문자 비교와 평균 $O(n\log\log n)$ 내에 구축하는 알고리즘이 나와 있다. 이들은 독립적으로 'PAT 배열'이라는 이름으로 [646]에서 발견되며 6개의 실제 접미사 배열 구축 알고리즘이 있다. 실제 응용에서 최상의 것은 아마도 'deep-shallow'라고 불리는 것인데[557], 가장 실용적인 알고리즘 또한 그 논문에서 조사되었다. deep-shallow에 대한 자유 코드는 `http://roquefort.di.unipi.it/~ferrax/SuffixArray`에서 다운로드 받을 수 있다. 이론적인 면에서 몇 개의 선형-시간 구축 알고리즘이 있다. 가장 단순한 것은 수십 줄의 코드를 필요로 하지만[876], 이는 최상의 실용적인 알고리즘보다 느리고 여분의 공간을 요구한다. 큰 접미사 배열을 구축하기 위하여 제시한 알고리즘은 [647]에 있다. 최근 조사[441]는 이 알고리즘이 여전히 가장 실용적인 것임을 검증한다. 질의 접미사 배열에 관한 몇 가지 성과는 [1182]에 나와 있다.

접미사 배열 압축에 대한 기본 글은 함수 $\Psi$[681, 1404, 1405], BWT[556, 557]에 있으며, 다른 여러 연구가 뒤따랐다. 웨이블릿 트리는 [680]에 제시되어 있으며, [558, 1073]에서 BWT-기반 색인에 적용되었다. 몇 개의 압축 색인은 접미사 배열 개념위에 설계되지도 않았다[1177]. 최근의 광범위한 조사는 [1184]이며, 이 색인의 여러 원형은 `http://pizzachili.dcc.uchile.cl`과 `http://pizzachili.di.unipi.it`에서 사용가능하다.

요약파일에 대한 연구는 [547]에 근거하고 요약파일을 저장하는 대안적 방법은 [546]에 설명되어 있다.

순차 탐색에 대한 실용적인 알고리즘과 9.5절의 대부분 연구를 심도있게 초점을 맞춘 책은 [1187]이다. 패턴 정합의 더 이론적인 면을 다룬 책은 [448]이며, 대중적으로 강력한 패턴 정합 도구는 Gnu grep이고, `http://www.gnu.org`에서 이용가능하다.

호스풀 알고리즘은 [774]에 제시되어 있는데, 이는 원래 Boyer-Moore 알고리즘의 단순화된 변형이다[246]. Boyer-Moore는 호스풀보다 긴 이동(shift)을 하지만, 계산 시간은 전반적으로 덜 실용적이다. 잘 알려진 또 다른 변형은 Sunday의 알고리즘이지만[1545], 실험에 의하면, 호스풀의 변형이 '스킵-루프(skip-loop)'를 포함하고 있다면 더 빠르다[1187]. Knuth-Morris-Pratt 알고리즘[912]은 $O(n)$ 최악의 경우를 획득하는 것으로 유명하지만, 실제로는 느리다. 만일 선형적인 최악의 경우를 보장하는 것이 중요하다면, 좋은 평균적인 케이스를 유지하고 최악의 경우를 $O(n)$으로 묶어두기 위하여 다른 알고리즘들과 합쳐질 수 있다. Agrep 소프트웨어는 [1723]에 설명되어 있으며, `ftp://ftp.cs.arizona.edu`에 *glimpse*의 배포로부터 획득할 수 있다.

오토마타를 구현하기 위하여 비트-병렬성을 이용하는 아이디어는 처음으로 [107] (Shift-And의 변형인 Shift-Or와 확장)과 [1724] (제시한 정합을 근사하기 위한 Shift-And와 확장)에 제시되었다. 접미사 오토마타와 BDM은 [469]에 소개되었으며, 이의 비트-병렬성 구현(BNDM)과 몇 개의 확장은 [1186]에 나와 있다. 교차(Interlaced) Shift-And는 최근 [586]에 제시되었다. BNDM의 소프트웨어 구축과 이 장에서 고려된 몇 가지 패턴을 지원하는 것은 [1176]에 설명된 nrgrep이고, `http://www.dcc.uchile.cl/~gnavarro/software`에서 이용가능하다.

그림 9.38에 여러 알고리즘의 실험적인 비교가 나와 있는데, 이는 어떤 것이 실제로 더 좋은지를 보여 준다.

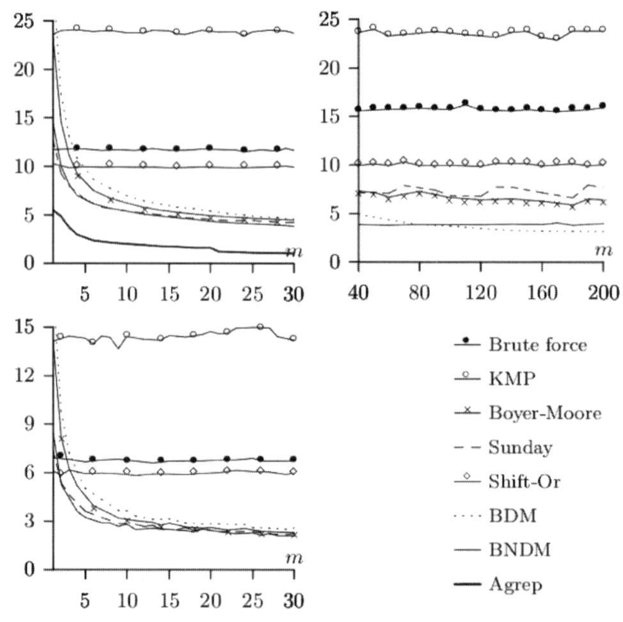


**그림 9.38**: 문자열 정합 알고리즘의 실용성 비교. 위 왼쪽은 영어 텍스트에 대한 짧은 패턴에 관한 것이며, 위 오른쪽은 DNA에 대한 긴 패턴에 대한 것이고 아래쪽은 짧은 패턴을 갖는(64글자에 대한) 임의의 텍스트에 관한 것이다. 시간은 메가바이트 당 0.1초 단위이다(1998).

정규 표현과 NFA를 DFA로 변형시키는 방법 및 DFA 최소화는 여러 전통적 책에서 찾을 수 있다[772]. 원래 Thompson의 글은 [1584]이며 일반적인 NFA의 비트-병렬성 시뮬레이션에 대한 적용과 다른 구축은 [1188]에 있다.

잘 알려진 다중-패턴 탐색 알고리즘은 Aho-Corasick[22], Commentz-Walter[409], MultiBMD[447], MultiBOM [1187]이며, agrep의 다중-패턴 탐색은 속도로 유명하다.

근사 문자열 정합에 대한 폭넓은 조사는 [1175]이며 전통적 동적 프로그래밍 해결방안은 [1449]에서 찾을 수 있다. 앞에서 설명한 $O(kn)$ 평균 시간의 향상은 [1614]에 있고 $O(kn)$ 최악-경우 알고리즘은 [973]에 설명되어 있지만, 실용적이지 못하다. DFA의 사용은 [1614]에 고려되어 있지만, 너무 많은 상태를 생산한다. 이 문제에 대한 비트-병렬성 접근법은 [1724]에서 시작되었고 최근에 가장 빠른 비트-병렬성 알고리즘은[1166]과 [117]이다. 모든 여과(filtration) 알고리즘 중에서, 실제로 가장 빠른 것은 [1724]에 제시되어 있는 아이디어에 기초하였고, [1180]에서 향상되었다. 이 장에서 다뤘던 것은 [587]에 있다.

압축된 텍스트의 탐색에 관하여, 앞에서 설명한 가장 복잡한 알고리즘은 [1158]에 소개되어 있다. 그림 9.39는 시간-공간 복잡도 지도상에서 이 장에 나온 대부분의 기술을 보여 준다.

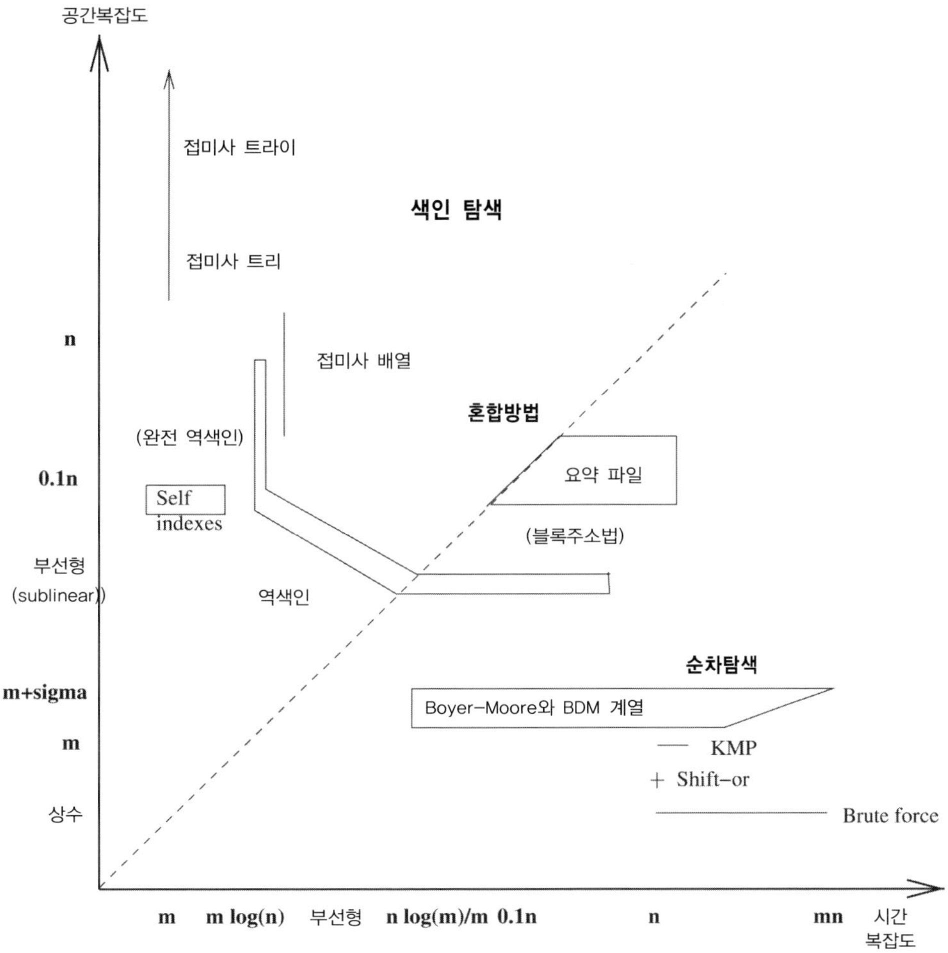


**그림 9.39:** 필요공간과 탐색시간의 상충관계

공간 접근법의 조사에 관해서는 [1419] 또는 오래된 [616]을 참고하며, $R$-트리의 소개는 Guttman에 의한 논문을 참고하라[688]. 추후의 다양한 변형 중에서 $R^*$-트리[165]는 가장 성능이 좋은 방법 중 하나인데, 이 방법은 '강제재삽입(forced-reinsert)'으로 연기된 분할 아이디어를 사용하여 높은 공간 활용을 획득할 수 있으며, 그 결과 더 간결하면서 짧고 빠른 트리이다. 또 다른 강력한 경쟁자는 Hilbert $R$-트리[865]인데, 이는 훨씬 더 높은 공간 활용으로 종종 $R^*$-트리를 능가한다. 이 모든 방법에 대한 일반화된 틀과 구현은 GiST 트리이다[743].

알고리즘에 관하여, 범위 탐색은 $R$-트리에서 사소한 문제이며, 가장 가까운 이웃 질의는 더 신중한 기록 유지를 branch-and-bound 알고리즘과 함께 필요로 한다(예: [1388]). 공간 조인(spatial join)(예: '거리 $\varepsilon$ 이내의 모든 쌍을 찾아라')은 또한 많은 흥미를 불러일으킨다: [264]의 여과(filtering) 알고리즘은 [1044]와 [936]에 있는 방법을 참고하라.

고차원 주소 공간을 색인하는 것은 많은 흥미를 끄는데, 첫 번째 자료구조로 순응적으로 몇 개의 이용가능한 차원만 사용하는 TV-트리[1035]: 바운딩 영역으로서 사각형과 함께 구를 이용하는 SR-트리[879]: 극히 높은 차원의 순차 스캐닝을 적절하게 바꾸는 X-트리[185]가 있다.

공간 접근법과 선택 판단의 분석에 대하여, 프랙탈 차원(fractal dimension)의 개념은 시도된 모든 경우에서 아주 정확한 결과를 준다: 범위 질의[549], 최근접 이웃 질의[1243], 공간 조인(spatial join) [176], 사지트리(quadtree) [548]. 프랙탈 차원을 넘어서는 아이디어는 점의 주어진 집합에 대한 내포된 차원을 고려하는 것이다. 예를 들면, 3D 큐브의 대각선에서 점들을 고려한다: '임베딩(embedding)' 차원수는 $E=3$이지만 본연의 차원수는 $D=1$이다. Hausdorff 프랙탈 차원 또는 상관관계 프랙탈 차원[1443]과 같은 차원수에 대한 적절한 정의를 이용하여, 실제 자료 집합이 프랙탈 차원수를 가진다는 것이 밝혀졌다: 몇 개만 예를 들자면 값은 해안선에 대하여 1.1~1.2, 포유동물의 뇌 표면 $\approx 2.7$, 비옷(rain patches)의 주변 $\approx 1.3$, 도로의 말단 $\approx 1.7$[549]이다.

마지막으로 거리 함수에서 직접적으로 작동하는 접근법의 클래스는 전망이 좋아 보인다. 언급한 바와같이 이 방법은 거리함수만을 필요로 하고, 전형적으로 클러스터 계층 즉, 자식들 등 구(Sphere)를 회귀적으로 포함하는 '구'의 트리 구조를 구축한다. 이 클래스는 Burkhad-Keller 방법[297], 고정-질의 트리(fixed-query tree)[102], GNAT 트리[260], MVP 트리[247], M-트리[385]를 포함하며, 아직 초기 상태이다: 대부분 위의 방법은 정적 자료 집합에 대하여 설계되었다. 긍정적인 면에서, 이들은 특징 추출을 필요로 하지 않고 부정적인 면에서, 시각화와 데이터 마이닝을 제공하지 않는다. 이 종류의 자료구조에 대한 적절한 조사는 [360]을 참고하라.

Chapter 10

# 병렬 및 분산 정보검색

## (Parallel and Distributed IR)

## 10.1 서론

오늘날 온라인에서 사용가능한 전자 텍스트의 양은 놀랄 정도로 많다. 여러 통계에 의하면 웹은 거의 200억 페이지에 달하는 텍스트를 포함하고 있는데, 이는 수백 테라바이트의 자료를 구성한다. 나아가, 11장에서 논한 바와 같이, 매해 크기가 거의 두 배씩 커지며 기하급수적으로 증가하는 추세이다. 게다가 Lexis-Nexis(16장 참고)와 같은 대형 정보 서비스 공급자는 테라바이트에 달하는 문헌 데이터베이스를 축적하고 있다. 이 보다는 작지만, 가장 큰 회사 인트라넷에는 몇 백 개의 웹페이지가 들어가 있다. 개인 컴퓨터에 저장된 온라인 문헌의 사적 컬렉션조차 더 증가하고 있는 실정인데, 그 이유는 디스크 공간이 저렴해지고, 전자 컨텐츠의 생산, 다운로드, 저장이 더 쉬워졌기 때문이다.

문헌 컬렉션이 커지면서, 이의 관리 비용이 더 증가되었다. 나아가 검색 및 색인 비용이 기본적인 문헌 컬렉션의 크기에 따라 증가한다고 가정할 때, 더 큰 문헌 컬렉션은 당연히 더 긴 반응시간이 걸린다. 만약 더 많은 문헌들이 시스템에 추가되는데 성능은 적절하게 관리되지 않는다면, 성능은 악화되어 시스템이 더 이상 사용 불가능한 지점까지 이르게 될 것이다. 이와 관련된 쟁점으로, 높은 질의 처리율을 제공하는 검색엔진의 역량이 경제적 생존에 영향을 미친다. 대부분의 수익이 검색 관련 광고를 표시함으로써 얻어지기 때문에 검색 관련 광고의 수는 수반된 질의 요청의 수와 비례한다(11.10.1절 참조).

최근 검색 환경의 긴요한 문제들을 지원하기 위하여, 대안적 구조와 알고리즘을 고려하는 것은 필수적이다. 병렬성과 분산 계산의 적용은 전통적 정보검색 알고리즘이 더 큰 문제에 대응하도록 하며, 특히 웹에서, 큰 질의 처리량뿐만 아니라 더 큰 문헌 컬렉션을 지원하는 능력을 향상시킬 수 있다.

역사적으로, 분산 검색은 처음 통합 검색(federated search)과 관련되어 있는데, 이는 검색 서비스의 컬렉션을 찾는 것으로 이질적이고 독립적이다. 대표적인 예는 메타검색(meta search) 엔진으로 이 엔진은 질의의 각각을 다양한 검색엔진으로 보내고, 별개의 결과를 수집하고 이 결과들을 결합한다. 이 경우, 각 검색엔진은 자신만의 색인과 결과 랭킹을 갖고 있으며 결과를 표시하기 전에, 메타검색엔진은 검색엔진들의 랭킹 함수에 대한 지식이 없이 검색엔진에 의하여 생성된 결과들을 병합할 필요가 있다. 최종 결과는 분명히 여러 검색엔진에 의하여 생성된 답에 의존한다. 이런 답을 만드는데 시간이 오래 걸리기 때문에 메타검색엔진은 대개 타이밍 메커니즘(timing mechanism)을 채택한다. 이 타이밍 메커니즘은 일정시간 이내에 생성된 답만을 고려한다. 결과적으로 사용자에게 보여 주는 최종 집합은 네트워크내 통신량의 상황에 영향을 받는데, 이 사실이 메타검색엔진의 주요 단점이다.

모든 서버가 동일 소프트웨어를 사용한다면, 분산 정보검색 시스템의 다른 형태가 나타난다. 이 경우, 모든 서버의 랭킹 함수는 알려져 있다. 이는 더 일관되고 높은 질을 가진 랭킹을 생산하기 위한 통합이 구현될 수 있음을 의미한다. 이는 서비스가 별개의 물리적 위치의 여러 기계로 분산되어 있을지라도 사용자에게 단일 검색 시스템으로 착각하게 만들 수 있다. 이를 서버들이 동질적이고 중앙집중적으로 작동한다고 말하며, 웹과 유사하므로, 분산 검색(distributed retrieval)이라고 부른다.

분산 검색 시스템에서, 각 서비스 센터는 서비스 제공에 협력하는 수천의 서버들로 구성될 수 있다. 예를 들어, 단일 프로세서의 단일 컴퓨터 서버를 이용하여, 크기 N의 문헌 컬렉션에 1초당 N qps(queries per second)개의 질의까지 답할 수 있는 검색 시스템을 생각해 보자. 질의 처리량과 컬렉션 크기를 증가시키기 위하여, 빠른 근거리 통신망(local network)에 의해 연결된 서버들의 클러스터 C에 더 많은 기계를 추가할 수 있다. 그러면 클러스터-기반 검색 시스템(cluster-based search system)을 갖게 되며, 클러스터의 서버들로 색인을 분할함으로써 컬렉션의 크기를 상당히 증가시킬 수 있다. 이것이 색인 분할(index partitioning) 문제이다. 분할된 색인을 포함한 기계의 클러스터 C가 주어졌을 때, 전반적인 비용을 감소시키기 위하여 초당 처리되는 질의의 수 N qps를 극대화하기를 원한다. 이는 어떻게 색인이 분할되었는지에 의하여 영향을 받고, 이를 질의 처리(query processing) 문제라 정의한다.

일단 매우 효율적인 기계의 클러스터를 구성하였다면, 증가하는 요구에 부응하기 위하여 여전히 질의 처리량을 증가시킬 필요가 있다. 이는 주로 전체 클러스터를 복제함으로써 완수된다. 클러스터를 설정하는 일반적인 방법은 각 클러스터내에 복제된 완전 색인(full index)을 가지는 것이다. 이 경우에, 각 클러스터는 어떤 질의든지 완전히 처리할 수 있으며 이것이 최근 검색엔진의 설정이다. 즉, 여러 클러스터로 구성된 분산 검색 시스템이며 이 구조는 사용자에 가까운 서버를 보유함으로써 지연을 감소시키는 것은 물론 처리량을 증가시킨다.

만약 전체 색인을 단일 클러스터에 저장할 수 없다면, 몇 개의 클러스터에 걸쳐서 색인을 분할할 수 있다. 이것은 확장성(scalability)의 해결방법 범주로 들어가고, 그림 10.1에 요약되어 있다. 해결방안을 체계화하기 위하여, 분할이 수평축에 나타나는 반면, 복제는 수직축에 나타난다. 검색엔진에 클러스터-기반 구성을 적용하는 것은 웹 검색에서 중요하며 11.4.2절에서 논의할 것이다.

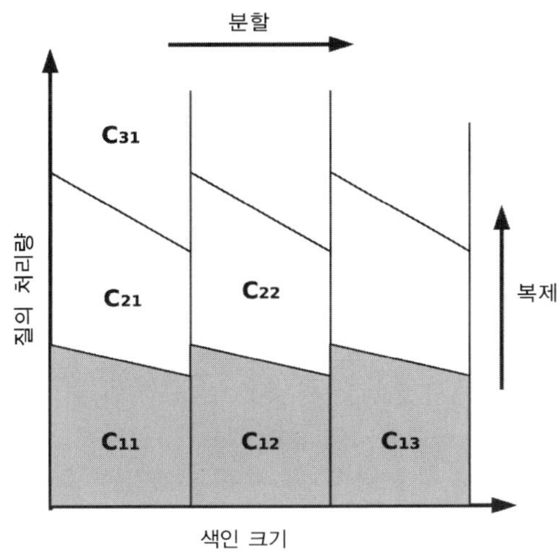


**그림 10.1**: 대형 정보검색시스템의 확장성 이슈. 각 $C_{ij}$ 요소는 컴퓨터들의 클러스터를 나타낸다. ([1153]에서 차용) 각 클러스터의 사다리꼴 모양의 성능은 클러스터의 하드웨어 자원이 포화상태가 아닐때, 질의 처리량이 더 커야 한다는 사실을 나타낸다.

확장성을 제공하기 위한 네 번째 대안은, 오늘날에는 많이 이용되지 않지만, 더 많은 프로세서와 메모리 디스크의 병렬성을 부여하기 위하여 서버에 추가하는 것이다. 이 경우, 처리프로세서들이 밀접하게 내부버스(internal bus)를 통하여 연결되어 있으며 내부버스는 근거리 통신망보다 훨씬 높은 대역폭(bandwidth)에서 데이터를 전송하도록 한다. 더욱이, 기계는 공유 메모리 구조를 가질 수 있는데, 이 구조내에서 여러 프로세서들이 동일 메모리에 동시 접근한다. 이를 병렬 정보검색 시스템(parallel IR system)이라고 하고, 10.4절에서 설명할 것이다. 비록 병렬 정보검색 시스템이 오늘날 비용문제 때문에 채택되고 있지는 않지만, 이를 논의하는 것은 중요하다. 왜냐하면 분산 정보검색을 완전히 이해하는 데 있어서 중요한 여러 개념을 담고 있기 때문인데, 예를 들어, 클러스터의 서버들은 하나 이상의 프로세서를 가질 수 있다.

다섯 번째 아주 다른 분산 구조는 피어 투 피어(peer-to-peer; P2P)에 의하여 제공된다. 이 구조에는 많은 수의 자율 컴퓨터가 지리적으로 분산되어 있으며 각 컴퓨터는 동일 통신 프로토콜을 실행하는데, 유사한 능력과 책임을 구현하기 위해 이를 사용한다. 이 경우, 각 피어는 자신만의 색인 버전을 구축하고, 로컬 질의를 해결할 수 있다. P2P 시스템은 클라이언트-서버(client-sever) 구조보다 훨씬 활동적이고, 컴퓨터들로 하여금 자유롭게 네트워크에 조인하거나 떠날 수 있도록 한다. 결과적으로, P2P 네트워크는 보통 통합 검색 시스템(federated search system)보다 많은 참가자 노드(컴퓨터)를 갖고 있으며 이는 10.7절에서 설명할 것이다.

이 장의 나머지 부분은 다음과 같이 구성되어 있다. 설명했던 병렬 분산 정보검색 시스템의 특정 분류를 10.2절에서 소개한다. 10.3절에서 색인뿐만 아니라 문헌 컬렉션을 나누는 방법을 다룰 것이다. 10.4절에서는 병렬 플랫폼에서 정보검색 알고리즘을 구현하는 기술을 살펴볼 것이다. 10.5절에서는 클러스터-기반 정보검색(cluster-based IR)을 다루는데, 이는 최신 검색엔진 구현을 위한 구조이다. 10.6절에서, 색인과 질의 처리를 포함한 분산 정보검색에 대하여 알아볼 것이다. 10.7절에서는 통합 검색(federated search)을, 10.8절에서는 피어-투-피어(peer-to-peer) 네트워크를 설명할 것이다. 마지막으로 미래 동향과 추세와 함께 참고문헌 논의로 끝맺도록 한다.

## 10.2 분산 정보검색 시스템의 분류

병렬 및 분산 정보검색은 여러 다양한 방법으로 구성될 수 있다는 전제하에서, 여기서는 광의의 분류(taxonomy)를 제안하고자 한다. 이는 주요 시스템과 그들의 변형을 포함할 수 있을 정도로 충분히 일반적인 것이다. 그림 10.2에 표현되어 있으며, 병렬 및 분산 시스템의 다양한 종류를 특징짓는데 사용하는 다음 세 가지 주요 특징에 기초한다.

- **프로세서(porcessor)의 수.** 만약 하나의 프로세서만 존재한다면, 필수적으로 하나의 기계를 갖는다. 이 경우의 통신은 시스템 내부에 있고, 프로세서-메모리 버스를 통해 이루어진다. 만약 여러 개의 프로세서가 사용된다면, 프로세서들은 한 병렬 기계의 부분이거나 여러 개 독립적 기계들의 부분, 둘 중 하나가 될 수 있다. 첫 번째 경우, 처리장치간 통신(inter-processor communication)은 내부 버스에 의해 이루어지며 두 번째 경우는 근거리 통신망 혹은 인터넷 중 하나를 통하여 이루어진다.

- **동일 혹은 다양한 소프트웨어.** 여기서 쟁점은 정보검색 시스템의 서버들이 모두 동일한 소프트웨어를 사용하는지 혹은 다른 소프트웨어를 사용하는지에 관한 것이다. 동일 소프트웨어는 상대적으로 병렬 및 클러스터-기반 기계의 경우에 효율적으로 사용하기가 용이하다. 다양한 소프트웨어는 주로 서버들이 이질적이고, 다른 구조에 속하여 있는 경우이다. 이 경우, 엔진은 전형적으로 다양한 서버들로부터 생성된 결과를 수집하고, 이를 하나의 결과 리스트로 합치는 메타검색(meta search) 엔진이다. 또한 한 회사가 기존 응용프로그램 때문에 여러 서버들에서 다른 소프트웨어를 실행하기도 한다.

- **통신 매체(communication medium).** 여기서의 쟁점은 처리장치간 통신이며, 사용가능한 세 가지 기본 기술은 내부 버스, 근거리 통신망, 인터넷이다. 내부 버스의 경우, 통신 프로토콜은 경량이고, 유효전송율(effective transfer rate)은 초당 기가바이트 이상에 도달할 수 있다. 근거리 통신망의 경우, 좀 더 중량의 통신 프로토콜이 사용되며, 유효전송율은 초당 메가-바이트 정도이다. 인터넷의 경우, 추가적인 제어가 프로토콜 레벨에서 부과되는데, 정체 제어(congestion control)와 같은 것이며 유효전송율은 일반적으로 초당 킬로-바이트 정도이다. 네트워킹 기술이 계속 발달하고 이 범위가 변화되길 기대하는 반면, 다음도 예상해야 한다. 근거리 통신망과 인터넷의 프로토콜과 통신 지연이 계속 많아질 것이며, 그 결과 엄청난 규모의 전송률 차이가 이 세 가지 경우에서 발생할 수 있다.

| | 단일 프로세서 | 다중 프로세서 | |
|---|---|---|---|
| | 동일 소프트웨어 | 동일 소프트웨어 | 다양한 소프트웨어 |
| 내부통신 | 표준 검색 | 병렬검색 SIMD | 병렬검색 MIMD |
| 근거리 통신 | n/a | 클러스터 기반 검색 | 지역 통합(Federated) 검색 |
| 인터넷 | n/a | 분산 검색 (P2P) | 통합(Federated) 검색 (P2P) |

그림 10.2: 프로세서의 수, 사용된 소프트웨어의 수, 통신 매체에 따른 분산 및 병렬 정보검색 시스템의 분류(taxonomy)

그림 10.2에 표현된 분류는 7개 종류의 분산 및 병렬 시스템으로 다음과 같다.

- **표준 검색**(standard search). 이 엔진은 하나의 프로세서를 가진 하나의 기계에서 구현된다. 이는 가장 단순한 구조이고, 새 랭킹 함수, 새 색인, 새로운 수집기(crawler), 새 인터페이스를 실험하는 학생들과 연구자들에 의하여 채택된다. 이것의 주요 이점은 빠른 적용과 낮은 유지보수이지만, 실제 시스템에서 이 구조는 컬렉션이 작은 경우에만 적용가능하다.
- **병렬 검색**(SIMD). 이 엔진은 여러 개의 프로세서들로 구성된 병렬 기계에서 구현된다. 프로세서들은 모두 지역 메모리(local memory)를 가지고 있지만, 또한 (경합조건(race condition)을 피하는 제외-버스 제어 메커니즘(exclusion bus control mechanism)과 함께) 공유 메모리를 갖는 것도 일반적이다. 모든 프로세서들은 동일 소프트웨어를 실행하고 SIMD는 single instruction stream, multiple data streams의 약자이다. 이는 10.4절에서 논의할 것이다.
- **병렬 검색**(MIMD). 이 엔진은 여러 개의 프로세서들로 구성된 병렬 기계에서 구현된다. 프로세서들은 모두 지역 메모리를 가지고 있으며, 아주 빠른(버스의 전송률과 동등한) 내부 스위치(internal switch)를 통하여 통신한다. 프로세서들은 다양한 소프트웨어를 실행할 수 있고 MIMD는 multiple instruction streams, multiple data streams의 약자이다. 이는 10.4절에서 논의할 것이다.
- **클러스터-기반 검색**. 이 엔진은 근거리 통신망에 의하여 상호 연결된 독립적 기계들로 구성된 클러스터내에서 구현된다. 다양한 기계들은 아주 큰 문헌 컬렉션을 다양한 지역 부분-컬렉션(local sub-collection)으로 나누는데, 이는 동시에 검색된다. 이것은 오늘날 상업 검색엔진에서 선호되는 구조이다.
- **지역 통합 검색**(local federated search). 이 엔진은 각 질의를 다중의 독립적인 서버들로 보내고 그 서버들은 이질적인 소프트웨어를 실행한다. 이는 전통적인 불리안 검색 시스템, 벡터-기반 시스템, 최근의 웹 검색 시스템처럼 다양할 수 있다. 다양한 시스템으로부터 생성된 결과들은 이 엔진에 의하여 수집되고, 경험적(heuristic) 방법으로 병합된다. 드물기는 하지만, 대규모 조직에서 기존에 존재하는 여러 시스템들을 포함하여 기업 정보를 수집하고 유지하는 중앙집중 처리가 없는 경우가 해당된다.
- **분산 검색**. 이 엔진은 인터넷 도처에 펼쳐져 있는 여러 개의 프로세서들에서 실행되지만, 모든 프로세서들은 동일 소프트웨어를 사용한다. 이는 일반적으로 채택된 클러스터-기반 구조의 흥미로운 대안이며, 최근에 연구가 활발히 진행되고 있다.
- **통합 검색**(federated search). 전형적인 경우는 메타검색엔진으로, 이는 각 질의를 인터넷의 다른 곳에 위치한 여러 개의 서버들에게 보내고, 결과를 수집하고, 경험적으로 통합하며, 사용자에게 하나의 결과 리스트를 보여 준다.

중앙집중화와 제어의 정도에 따라서, 분산 정보검색 시스템은 또한 네트워크 프로토콜의 다음 두 가지 기본 종류로 구별될 수 있는데, 클라이언트-서버(client-server)와 피어-투-피어(peer-to-peer)이며 다음과 같다.

- **클라이언트-서버**(client-server). 네트워크내의 기계들은 서버와 클라이언트. 두 가지 기본 종류로 나뉜다: 서버는 서비스의 제공자이고, 클라이언트는 소비자이다. 분산 정보검색의 경우, 서비스는 기본적으로 검색이고, 클라이언트 기계는 서버로 보내는 질의(서비스 요청)를 생성한다. 이는 질의(혹은 요청)을 처리하고, 답을 생성하고, 서비스를 종결하기 위하여 클라이언트에게 다시 보내진다. 클라이언트-서버 프로토콜을 사용하는 분산 정보검색 시스템에는 다음 세 가지 기본적인 종류가 있다: 앞에서 논의한 바와 같이 클러스터-기반 검색, 통합 검색, 분산 검색. 통합 검색에서, 네트워크내 서버들은 다른 소프트웨어를 사용할 수 있고, 서버와 클라이언트를 연결하는 프로토콜만이 기준이 되어야 한다. 분산 및 클러스터-기반에서는 모든

서버들이 동일 소프트웨어를 사용한다(이는 또한 병렬 검색에서도 마찬가지이다). 더욱이, 통합 및 분산 검색 시스템은 인터넷을 통하여 작동하는 반면, 클러스터-기반은 근거리 통신망을 통하여 더 강하게 연결되어 있다. 그림 10.2의 7개 정보검색 시스템 구조 모두는 클라이언트-서버 모드에서 작동될 수 있다. 더 나아가 모든 웹 검색엔진은 클라이언트-서버 모드에서 클라이언트에 브라우저를 가지고 작동한다.

- 피어-투-피어(peer-to-peer; P2P). 네트워크내 각 기계는 동등한 기능과 책임을 가진다. 즉, 각 기계는 클라이언트로서 또는 서버로서 작동하는 기능을 가진다. 다양한 기계들이 다른 소프트웨어를 사용하는 동안 그들은 공동의 P2P 프로토콜을 통하여 통신해야 한다. 이러한 이유로, 가장 일반적인 경우는 모든 피어가 동일 소프트웨어를 사용하는 때이다. P2P 네트워크의 기계들은 어느 순간이든 네트워크에 들어오거나 나갈 수 있기 때문에 더 동적이며, 이는 나중에 논의할 것이다. 그림 10.2 시스템 구조중 다음 두 개는 P2P 모드에서 작동될 수 있다: 분산 검색과 통합 검색(아래에 P2P라고 표시되어있음).

중앙집중화의 수준에 따라서, 분산 검색 시스템은 제어가 완벽하고, 통합검색은 부분적이며, P2P 정보검색 시스템은 중앙집중 제어가 전혀 없다고 말할 수 있다.

## 10.3 자료 분할

많은 양의 자료에 적용되는 자료당 처리비용에 의하여 정보검색 계산 업무가 특징지어지므로, 다양한 기계로 계산을 분할하는 방법이 자료를 분할하는 문제의 핵심이 된다. 즉, 문헌 컬렉션과 색인을 분할하는 방법이 되며, 여기에서 논의할 자료 분할 기술들은 분산 정보검색 시스템뿐만 아니라 병렬 정보검색 모두에 적용가능하다.

그림10.3은 벡터 공간 모델(3.2.6절 참조)의 전형적인 검색 알고리즘에 의하여 처리된 자료의 관점을 보여 준다. 각 행은 문헌 $d_j$를 나타내고, 각 열은 색인 항목 $k_i$를 표현한다. 여기에서 $k_i$는 용어, 구, 개념, 혹은 더 추상적인 색인 항목인 LSI 벡터의 자원이나 문헌 요약(document signature) 비트일 수 있다. 행렬의 $w_{i,j}$ 엔트리는 용어-문헌 가중치이며, 자세한 사항은 3.2.3절을 참고하라. 특정한 문헌에 연관된 용어 가중치로 가중화된 문헌 벡터 $\vec{d_j}$를 아래와 같이 나타낸다.

$$\vec{d_j} = (w_{1,j}, \dots, w_{t,j})$$

검색하는 동안, 질의 또한 항목 가중치 색인의 벡터로 표현되고, $\vec{q} = (w_{1,q}, \dots, w_{t,q})$, 검색 알고리즘은 각 문헌에 정합 함수 $F(\vec{d_j}, \vec{q}) = sim(d_j, q)$를 적용함으로써 점수를 매긴다. 이 부분은 3장에서 다루었다.

| | | 색인 항목 | | | | | |
|---|---|---|---|---|---|---|---|
| | | $k_1$ | $k_2$ | $\dots$ | $k_i$ | $\dots$ | $k_t$ |
| 문헌 | $d_1$ | $w_{1,1}$ | $w_{2,1}$ | $\dots$ | $w_{i,1}$ | $\dots$ | $w_{t,1}$ |
| | $d_2$ | $w_{1,2}$ | $w_{2,2}$ | $\dots$ | $w_{i,2}$ | $\dots$ | $w_{t,2}$ |
| | $\dots$ | $\dots$ | $\dots$ | $\dots$ | $\dots$ | $\dots$ | $\dots$ |
| | $d_j$ | $w_{1,j}$ | $w_{2,j}$ | $\dots$ | $w_{i,j}$ | $\dots$ | $w_{t,j}$ |
| | $\dots$ | $\dots$ | $\dots$ | $\dots$ | $\dots$ | $\dots$ | $\dots$ |
| | $d_N$ | $w_{1,N}$ | $w_{2,N}$ | $\dots$ | $w_{i,N}$ | $\dots$ | $w_{t,N}$ |

**그림 10.3:** 검색 알리고즘에 의해서 처리되는 기본자료 요소

이 자료의 표현은 자료를 분할하는 두 가지 가능한 방법을 알려준다. 첫 번째 방법, 문헌 분할은 서브태스크(subtask)로 문헌들을 나누면서 가로로 자료 행렬을 자른다. 대략 N/P개의 문헌들로 구성된 P개의 서브-컬렉션(sub-collection)을 만들면서, 컬렉션내 N개의 문헌들은 시스템의 P개 프로세서로 분산된다. 질의를 처리하는 동안, 각 병렬 처리(각 프로세서당 하나)는 할당된 N/P개 문헌들의 서브-컬렉션에 대한 질의를 평가하고, 서브-컬렉션들 각각으로부터의 결과들을 최종 결과리스트로 결합시킨다. 두 번째 방법, 용어 분할(term partitioning)은 P개의 프로세서로 색인 항목을 나누면서 세로로 자료 행렬을 자른다. 이는 각 문헌에 대한 평가 절차를 시스템내 여러 개의 프로세서들로 분산되게 한다. 이제 주요 색인 구조에 대한 두 분할 방법 모두를 살펴본다.

### 10.3.1 컬렉션 분할

병렬/ 분산 정보검색 시스템에서 문헌들을 검색 프로세서/서버로 할당하는데 사용되는 절차는 여러 요소에 따라 달라진다. 첫 번째, 병렬 정보검색 시스템의 전형적인 경우처럼, 시스템이 중앙 관리되는지 여부이다. 이 경우, 분할하는 가장 단순한 방법은 임의로 문헌들을 선택하는 것으로, 각 분할은 대략 N/P개 문헌들을 포함한다. 좀 더 구조화된 접근법은 주제에 따라 컬렉션을 분할하는 평균 클러스터링(k-means clustering)을 사용하는 것이다[978, 1041] (8.3.1절 참조). 다른 분할 전략은 언어 또는 지리적 위치와 같은 자료의 본질적인 특징에 따라 나누는 것을 포함한다.

반면, 다른 종류로 이루어진 독립 검색 서버들로 구성된 분산 시스템에서, 문헌 컬렉션들은 독립적으로 구축되고 유지된다. 이 경우, 문헌 분할 절차의 중앙 제어장치가 없고, 문헌 분할 방법은 근본적으로 고려할 필요가 없다. 더욱이 각 독립 검색 서버는 특정 주제에 초점을 맞춘 분산형 문헌시스템이 된다. 이 상황은 보통 메타(meta) 검색 시스템에서 일어나며 메타 검색 시스템은 다양한 후위(back-end) 검색 서비스 제공자에게로 집중화된 접근을 제공한다. 또 다른 가능성은 각 서버가 다른 언어 혹은 지리적 영역을 담당하는 경우이다.

분산 시스템이 중앙집중적으로 관리될 때, 더 많은 선택이 활용가능하다. 첫 번째 선택은 모든 검색 서버에 걸쳐 컬렉션의 단순한 복제(replication)이다. 이는 컬렉션이 하나의 검색엔진 크기만큼 충분히 작을 때 적절하지만, 높은 가용성(availability)과 질의 처리량이 요구된다. 이 시나리오에서 시스템 병렬성은 멀티태스킹을 통하여 활용되고 (그림 10.5 참고), 분배기(broker)의 일은 질의를 검색엔진에 보내고, 서버들의 작업량 균형을 유지하는 것이다.

두 번째 선택은 문헌들의 임의 분산이며 이는 큰 문헌 컬렉션이 성능적 이유로 분산되어야 할 때 적절하다. 문헌들은 단일, 논리적 컬렉션의 일부인 것처럼 보여지고, 검색되며 분배기는 질의를 모든 검색 서버에 알리고, 사용자를 위해 결과를 합친다.

최종 선택은 문헌들의 명백한 의미적 분할이다. 여기서 문헌들은 기술적인 훈련과 같은 것에 의하여 이미 의미론적인 컬렉션으로 구성되었거나, 혹은 자동 클러스터링이나 카테고리화 절차가 문헌들을 주제별 컬렉션으로 분할하기 위하여 사용된다. 이는 가장 흥미로울 뿐만 아니라 복잡한 경우로, 다음에서 설명한다.

문헌들을 다른 것과 대비되어 '잘 분리된' 컬렉션들로 분할하는 방법을 논의하는 몇 개의 논문이 있다. 이 문맥에서 '잘 분리된'은 가능한 관련되어 있는 문헌들을 최대한 포함하는 컬렉션으로 각 질의가 연결되도록 하는 것과 같은 분할을 의미한다. 이러한 매핑을 구축하기 위하여, 예를 들면 질의 이력(query log)을 사용할 수 있다. Puppin 등[1304]은 질의 이력을 사용하였고, 답변으로 해당 문헌을 리턴하는 모든 질의들과 함께 각 문헌을 표시했다. 이 표시는 질의의 클러스터와 문헌의 클러스터를 구축하는 공동-클러스터링(co-clustering)을 사용할 수 있다. 그리고 이 공동-클러스터링 단계의 결과는 문헌 클러스터를 사용하여 컬렉션을 분할하기 위하여, 또한 질의 및 문헌 클러스터 모두를 사용한 컬렉션 선택 함수를 구축하기 위하여 사용된다. 결과적으로, 이 기술을 이용하여 CORI[320]를 능가할 수 있음을 보여 주는데, 이는 현재 원문의 문헌들에 대하여 가장 잘 알려진 컬렉션 선택 함수이다(10.3.2절 참조). CORI는 오직 컬렉션내에 포함된 정보에만 기초하는 반면, Puppin 등은 사용 패턴에 대한 정보를 기초로 만들어진 모델에 기반한다. 이는 미래 질의에 유효할 것이다. 또 다른 흥미로운 결과는 질의 이력이 컬렉션의 효과적인 분할을 가능하게 할 뿐만 아니라, 미래 질의가 리콜(재검색)하지 않을 것 같은 문헌들의 부분집합을 식별하는 것이 가능하다는 것이다. 논문에서, 그들은 특히 큰 문헌 컬렉션에 대하여 이 부분집합이 문헌들의 53%를 차지한다는 것을 보여 준다.

그럼에도 불구하고, 질의의 평가에 관련된 서버의 수를 줄이고 또한 전반적인 질의 작업량을 균형있게 맞추기 위한 컬렉션 분할 알고리즘을 설계하는 일은 아직도 해결되지 않은 쟁점이다.

### 10.3.2 컬렉션 선택

많은 경우에, 특히 분산 혹은 통합 검색에서(10.6절, 10.7절 참조), 컬렉션들은 미리 정해져 있고, 바꿀 수 없다. 이런 경우, 소스 선택(source selection) 혹은 질의 라우팅(query routing)이라고도 불리는 컬렉션 선택은 어떤 문헌 컬렉션들이 현재 질의에 대하여 가장 관련있는 문헌들을 포함하는지 선택하는 절차이고, 이 컬렉션이 처리할 질의를 받아야 한다. 한 가지 접근법은 모든 컬렉션이 관련있는 문헌들을 동등하게 포함할 가능성이 있다고 가정하고, 단순히 모든 컬렉션에 질의를 보내는 것이다. 이 접근법은 문헌들이 임의적으로 분할되거나 컬렉션 사이에 중요한 의미가 겹쳐 있을 때 적절하다.

문헌 컬렉션들이 의미론적 컬렉션으로 분할되거나 모든 컬렉션을 매번 검색하는 것이 엄청나게 비쌀 때, 컬렉션은 관련있는 문헌들을 포함할 가능성에 따라 랭크될 수 있다. 기본 기술은 각 컬렉션을 하나의 큰 문헌인 것처럼 취급하고, 컬렉션을 색인하고, 컬렉션의 결과를 평가하여 하나의 랭크된 리스트로 계산한다. 이 랭킹은 3.2.6절에서 논의한 벡터 모델에 기초할 수 있다. 이를 위하여 컬렉션 $C_j$에 대하여 용어 가중치를 계산해야 되는데, 다음과 같이 계산될 수 있다. $w_{c,ij}$를 컬렉션내 용어 $k_i$의 가중치라고 하자. 그러면,

$$w_{c,ij} = f_{c,ij} \times IDF_{c,i}$$

가 되고, 여기서 $f_{c,ij}$는 컬렉션의 모든 문헌들 내에 있는 용어 $k_i$의 전체 출현 빈도이고, $IDF_{c,i}$는 역 컬렉션 빈도이다. 즉,

$$IDF_{c,i} = \log\left(\frac{N_c}{n_{c,i}}\right)$$

이고, 여기서 $N_c$는 전체 컬렉션의 수이고, $n_{c,i}$는 용어 $k_i$가 출현하는 컬렉션의 수이다. 그리고 이 가중치는 질의와 컬렉션 벡터를 만드는데 사용되며, 이것의 유사도는 벡터 모델의 코사인 유사도 공식을 이용하여 계산된다(3.2.6절 참조).

이 접근법의 위험은 비록 특정한 컬렉션이 높은 질의 관련 점수를 받더라도, 이 컬렉션내의 개개 문헌들이 그렇지 않을 수 있다는 점이다(이 상태를 착오 선택(false drop)이라 일컫는다). Moffat과 Zobel[1152]은 이런 문제를 피하기 위하여 블록들의 나열로써 각 컬렉션을 색인하는 것을 제안한다. 여기에서 각 블록은 $B$개의 문헌들을 포함하는데, $B$가 1일 때, 이는 단일 컬렉션으로서 문헌 모두를 색인하는 것과 같다. $B$가 각 컬렉션내의 문헌들의 수와 같을 때, 이는 원래 해결법과 동일하다. $B$를 변화시킴으로써, 컬렉션 색인 크기와 착오 선택(false drop)의 가능성 사이에 상충이 일어난다.

컬렉션 색인을 검색하는 것의 대안은 Voorhees[1652]가 제안하였는데, 그는 분산 컬렉션들에 대하여 내용 모델(content model)을 구축하기 위하여 훈련 질의를 사용했다. 새로운 질의가 시스템에 제출되었을 때, 훈련 질의에 대한 유사도가 계산되고, 어떤 컬렉션이 검색되어야 하고 각 컬렉션으로부터 얼마나 많은 적중(hit)이 리턴되어야 하는지를 결정하기 위하여 내용 모델이 사용된다.

일반화된 GIOSS 시스템[666]은 질의 용어를 포함하는 데이터베이스내 문헌들의 수와 모든 문헌들에 대한 용어의 전체 가중치에 기초한 컬렉션들을 랭크한다. 더 자세하게 말하면, 랭크를 추정하기 위해서 다음 두 벡터가 요구된다: 각 컬렉션내 용어들의 문헌 빈도와 컬렉션내 모든 문헌들에 걸친 각 용어들의 가중치의 합. 이 정보에 기초하여, 저자들은 임계값 $\ell$보다 큰 질의에 대한 유사도를 가진 컬렉션내 문헌들의 수를 예측하기 위하여 두 가지 평가자(estimator)를 제안했다. $Max(\ell)$ 평가자는 데이터베이스 문헌내 질의 용어들의 공동-출현(co-occurrence)의 최고 높은 수준을 가정한다. 반대로 $Sum(\ell)$ 평가자는 질의내 용어들이 어떤 문헌들에서도 함께 나타나지 않는다고 가정하고 유사도는 표준 코사인 함수를 이용하여 계산된다.

CORI 시스템[323]은 문헌 검색에 대한 Inquery[322] 추론망(inference network) 접근을 이용하여 컬렉션을 문헌인 것처럼 랭크한다(3.5.4절 참조). 컬렉션들의 랭크를 위하여, 각 컬렉션은 용어들로 표현되는데, 여기에서 용어 가중치는 문헌 빈도와 컬렉션 빈도 통계에 의하여 결정된다. 질의에 따라 검색된 컬렉션들은 랭킹 점수로 클러스터화되고, 상위 $k$개의 컬렉션들이 선택된다.

GIOSS와 CORI 두 접근법 모두 질의에 답을 할 최고의 소스를 선택하기 위해서 검색결과의 질은 고려하지 않는다. 그러므로, 질의 용어에 대해 유사한 통계를 가진 소스들은 주어진 질의에 대하여 똑같은 중요성을 가진다. 그러나 이들이 다른 랭킹 함수들을 가질 수 있기 때문에, 결과의 질은 다를 수 있다(7.2.6절 참조).

다른 초기 접근법은 컬렉션내 포함된 용어들의 어휘를 색인하고, 컬렉션내 용어 빈도와 용어 문헌 빈도에 기초한 유사도 점수에 따라 의사-문헌들(pseudo-documents)처럼 컬렉션들을 랭크했다[1797]. Yuwono와 Lee[1761]의 연구는 다른 켈렉션과 구별하게 해주는 컬렉션내의 용어가 무엇인지 결정하는 것을 시도했고, 더 변별적인 용어들에 많은 가중치를 부여했다.

D'Souza 등[513]은 컬렉션 선택 접근법의 다른 부분을 조사했는데, 이는 다른 컬렉션들로부터의 용어 정보만이 아닌 문헌 대용물(surrogate)을 이용하는 것이다. 그들은 컬렉션 랭킹 방법을 설명했는데, 대용물은 문헌내 상위 n개의 용어들이거나 첫 번째 용어로부터 만들어진다. 이는 컬렉션들을 랭크하기 위해서, 문헌들의 유사도 점수를 이용한다.

Fuhr[600]는 결정이론적 프레임워크(decision theoretic framework; DTF)를 컬렉션 선택을 위하여 소개했다. 여기서 검색된 문헌들의 최적의 수는 정의된 비용 함수에 따라 각 컬렉션에 대하여 추정된다. 비용 함수는 관령성이 있거나 혹은 없는 문헌들을 검색하는 비용과, 통신비용에 따라 달라진다. Nottelmann과 Fuhr는 또한 검색된 문헌들의 질에 따라서 DTF내의 비용을 추정하는 방법을 소개했고 [1210], 컬렉션내 관련있는 문헌들의 수를 추정하기 위하여 CORI를 사용했다[1211].

나중에 Si 등[1475]은 컬렉션 선택에 언어-모델링 프레임워크(language-modeling framework)를 제안했다. GIOSS 시스템이 데이터베이스에 걸쳐 비교가능한 랭크 점수를 가정하는 반면, Si에 의해 제안된 시스템에서는 점수가 비교가능하지 않을 수 있다. 이 경우, 컬렉션들은 질의-샘플링에 의해서 표현되고, 여기서 질의들은 배경 분산으로부터 샘플링된 단일 용어들이다. 각 질의에 대하여 언어 모델은 상위 4개 문헌들로부터 만들어진다. 그들은 컬렉션이 300개 미만의 문헌들을 적절하게 표현한다는 것을 발견했다. 컬렉션들은 문헌 검색에 관한 언어 모델링 접근법처럼 랭크되는데, 여기서 검색된 '문헌'은 컬렉션 대표가 된다(3.5.2절 참조).

그러나 아직도 중요한 미해결 과제가 존재한다. 예를 들어, 컬렉션 선택과 컬렉션 분할 간의 상호의존성은 잘 연구되지 않았다. 특히, 좋은 포괄적 컬렉션 선택 메커니즘이 특정 분할 기술과 함께 사용될 때, 질의량 비균형을 야기할 수 있다.

### 10.3.3 역색인 분할

먼저 문헌 분할에 사용한 역색인을 논의하고 다음으로 용어 분할을 설명하는데, 이 두 경우 모두에서 색인과 기본 질의 처리 단계를 다룰 것이다.

역색인을 사용하는 시스템의 문헌을 분할하는 접근법은 두 가지가 있는데, 논리적 문헌 분할(logical document partitioning)과 물리적 문헌 분할(physical document partitioning)이다. 첫 번째는 공유 메모리를 가져야 하므로 병렬 시스템에 적합하고, 두 번째는 분산 시스템을 위한 유일한 방법이다.

#### 논리적 문헌 분할

이 경우, 데이터 분할은 단순 순차 알고리즘에서처럼 기본 역색인을 필수적으로 이용하여 논리적으로 이루어진다(9.2.5절 참조). 이 역색인은 (각 프로세서에 대해 하나씩) 각 병렬 프로세스에게 프로세서의 부분 컬렉션 문헌과 연계된 색인의 일부에 대해서 직접 접근할 수 있도록 확장된다. 각 용어 사전 엔트리는 $P$개의 포인터를 해당 역리스트에 포함하게 확장된다. 여기서 $j$-번째 포인터는 $j$-번째 프로세서의 부분-컬렉션과 연관된 역리스트의 문헌 엔트리 블록을 색인한다. 이는 그림 10.4에 표현되어 있으며, 여기서 용어 $i$에 대한 사전 엔트리는 4개 포인터를 (용어 $i$의 역리스트를 가리키는) 가지며 각 병렬 프로세스 당 하나가 된다($P=4$).

질의가 시스템에 제출될 때, 분배기 (그림 10.6)는 먼저 필요한 용어 사전과 역색인 엔트리가 공유 메모리에 적재되도록 하며, 여기에서 모든 병렬 프로세스는 하나의 공유 사본에 접근할 수 있다. 그리고 나서 분배기는 질의를 평가하기 위하여 $P$개의 병렬 프로세스를 시작한다. 각 처리는 역색인의 적절한 엔트리들에 접근하기 위해서 확장된 사전을 사용하여 문헌 부분-컬렉션에 대하여 문헌 점수화 알고리즘(document scoring algorithm)을 실행한다. 질의를 처리하는 동안 모든 색인 연산들은 읽기 전용이기 때문에 공유 용어 사전과 역색인 접근을 위한 선점 경쟁(lock contention)은 없다. 검색 프로세스들은 문헌 점수 누산기(document score accumulator)의 공유 배열에 문헌에 대한 평가 결과를 기록하고, 검색 프로세스들이 종료되면 분배기에 알린다. 각 검색 프로세스들에 의해 평가되는 부분-컬렉션이 상호 배타적이기 때문에 누산기 배열(accumulator array)에 대한 갱신도 선점 경쟁을 유발하지는 않는다. 모든 검색 프로세스가 끝난 후에 분배기는 문헌 점수 누산기의 배열을 정렬하고, 문헌들의 최종 랭크 리스트를 생산한다.

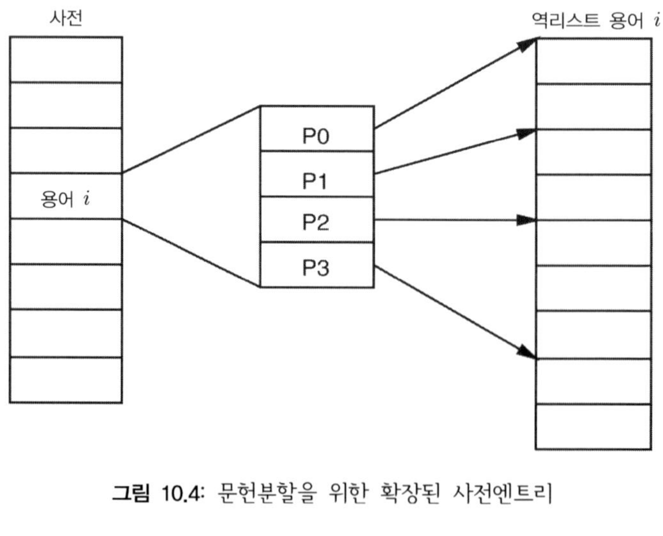


**그림 10.4:** 문헌분할을 위한 확장된 사전엔트리

역색인 구축 시간에, 논리적으로 분할된 문헌들에 대한 색인 처리는 Brown이 말한 여러 색인 기법을 사용하는 병렬 프로세스에 이용할 수 있다(역색인을 구축하는 알고리즘에 관해서는 9.2.5절 참조). 먼저 색인기는 프로세서에 문헌들을 분할하고, $i+1$분할의 모든 식별자들보다 $i$분할의 모든 식별자가 작도록 문헌 식별자들을 배정한다. 그리고 나서 색인기는 병렬로 각 프로세서에 대해 분리된 색인 처리를 실행한다. 각 색인 처리는 색인 항목으로 정렬되면서 역리스트의 한 묶음(batch)을 생성한다. 모든 묶음들이 생성된 후에 최종 역 색인을 만들기 위하여 병합(merge) 단계가 수행된다. 각 묶음의 역리스트들이 같은 방식으로 정렬되었기 때문에, 이진 히프-기반 상위 큐(binary heap-based priority queue)가 현재 색인 항목에 해당하는 각 묶음으로부터 역리스트 구성요소들을 수집하기 위해 사용된다. 이 구성요소들은 최종 역리스트를 만들기 위해 분할의 번호 순서로 연결되고, 그림 10.4에 나타난 추가적인 색인 포인터들을 포함한 색인 항목의 사전 엔트리를 생성한다.

### 물리적 문헌 분할

문헌을 분할하는 두 번째 접근법은, 문헌들을 각 병렬 프로세서당 하나의 독립된 부분-컬렉션들로 물리적 분할하며, 각 병렬 프로세서 혹은 분산 서버당 하나가 된다. 각 부분-컬렉션은 자신의 역색인을 가지며, 검색 프로세스는 질의 평가동안 아무것도 공유하지 않는다. 시스템에 질의가 제출되면, 분배기는 질의를 모든 병렬 검색 프로세스로 분배한다. 각 병렬 검색 프로세스는 문헌 컬렉션의 해당 부분에 대하여 질의를 평가하고, 지역적인 중간 적중 리스트(local intermediate hit-list)를 생성한다. 그리고 나서 분배기는 모든 병렬 프로세스로부터 중간 적중-리스트를 모으고, 최종 적중 리스트로 병합한다.

$P$개의 중간 적중-리스트들은 이진 히프-기반 상위 큐를 사용하여 효율적으로 병합될 수 있다[425]. $n$개의 요소를 가진 상위 큐는 요소 $i$가 요소 $2i$와 $2i+1$보다 더 크다라는 특성을 가지고 있는데, 여기에서 $i$는 1에서 $n$까지의 범위이다. 상위 큐는 완전하게 정렬되어 있지 않지만, 최대 요소는 언제나 즉시 (즉, $\Theta(1)$ 시간 안에) 얻을 수 있으며, $O(\log n)$ 시간 안에 추출될 수 있다. 상위 큐에 한 요소를 삽입하는 것도 $O(\log n)$ 시간 안에 이루어질 수 있다. 중간 적중 리스트를 병합하기 위해, $P$개 요소의 상위 큐는 $O(P \log P)$ 시간 안에 큐로 삽입된 각 중간 적중 리스트로부터 첫 번째 엔트리로 생성된다.

(전체 랭킹에서) 상위 $k$개의 검색된 문헌에 대한 최종(그리고 전체적인) 적중-리스트를 생성하기 위해서, $k$ 요소들이 상위 큐로부터 추출된다. 각 요소가 상위 큐로부터 추출되면서, 요소가 추출된 중간 적중-리스트는 새로운 요소를 상위 큐에 삽입한다. $P$개의 중간 적중-리스트는 $O((P+k) \log P)$ 시간 안에 $k$개 요소들의 최종 적중-리스트로 병합될 수 있다.

앞서 설명한 병합 절차는 병합 검색 처리가 전역적으로 일관된 문헌 점수들을 생산한다고 가정한다. 즉, 문헌 점수들은 직접 병합될 수 있으며, 사용되는 랭킹 알고리즘에 따라, 각 병렬 검색 처리는 전역적으로 일치된 문헌 점수를 생성하기 위하여 전역 용어 통계(global term statistic)를 요구할 수 있다. 전역 용어 통계에 관한 정보를 수집하는 방법에는 두 가지 기본 접근법이 있다. 첫 번째 접근법은 색인 시간에 전역 용어 통계를 계산하고, 각 부분-컬렉션과 함께 이 통계를 저장하는 것이다. 두 번째 접근법은 두 단계로 질의의 처리가 이루어진다. 첫 번째 단계에서, 분배기는 각 처리에서 부분-컬렉션 용어 통계를 수집하고, 전역 용어 통계로 결합한다. 두 번째 단계에서 분배기는 검색 처리로 질의와 전역 용어 통계를 분배하고, 질의 평가는 이전과 같이 진행된다. 첫 번째 해결법은 더 복잡한 색인 비용으로 더 나은 질의 처리 성능을 제공하는 반면, 두 번째 해결법은 질의 평가 동안 두 배의 통신비용이 들지만, 독립적으로 부분-컬렉션이 구축되거나 관리될 수 있도록 한다.

물리적으로 분할된 문헌들에 대한 역색인을 구축하기 위하여, 각 프로세서/서버는 병렬로 자신의 문헌 분할에 해당하는 자신만의 완전한 색인을 만든다. 만일 전역 컬렉션 통계가 분리된 용어 사전에 저장된다면, 모든 분할에 대한 전역 통계를 축적하고 이를 각 분할 사전에 분배하는 병합 단계가 반드시 수행되어야 한다.

복제된 컬렉션의 경우, 문헌들을 색인하는 것은 다음 둘 중 하나의 방법으로 처리된다. 첫 번째 방법에서, 각 검색 서버는 독립적으로 문헌의 복제를 색인한다. 두 번째 방법에서, 각 서버는 상호배타적으로 문헌의 부분집합을 색인에 분배하고, 색인 부분집합은 검색 서버들에 복제된다. 부분집합의 병합은 최종 색인을 생성하기 위해 각 검색 서버에서 요구된다(최종 색인은 앞서 설명한 기술을 이용하여 얻을 수 있다). 어느 경우든, 문헌 갱신과 제거 정보가 시스템의 모든 서버들로 보내져야 한다. 문헌 추가 정보도 보내질 수 있으나, 갱신이 시스템에 의하여 반영되는 속도나 빈도에 따라 묶여서 분할될 수 있다.

### 비교

논리적 문헌 분할은 유사한 병렬성을 갖는 물리적인 문헌 분할보다 더 작은 통신을 필요로 하고, 더 나은 전반적 성능을 제공할 가능성이 있다. 반대로 물리적 문헌 분할은 좀 더 좋은 유연성을 제공하고(예를 들어, 문헌 분할은 개별적으로 검색될 수 있다), 현존하는 정보검색 시스템을 병렬 시스템으로 전환할 때, 물리적 문헌 분할을 이용하면 더 단순해지며, 이 전환은 분산 정보검색 시스템을 위한 단 하나의 실행가능한 방법이다. 어떤 문헌 분할 방법이든지, 스레드(thread)는 검색 처리 생성, 연산 제어, 통신을 위한 전형적인 프로그래밍 패러다임을 제공한다. 스레드는 현재 몇개의 프로그래밍 언어(예: Java[991])에서 기본적으로 지원되고, 다른 언어(예: C/C++에서 POSIX 스레드)에서는 표준으로 잘 지원된다. 스레드 패키지는 프로그래머가 동시에 일어나는 실행, 통신, 동기화의 고급 추상화를 사용하여 병렬 프로그램을 개발할 수 있게 해준다. 그러면 컴파일러와 실행 시간 시스템은 이러한 추상화를 효율적인 운영 체제 서비스와 공유 메모리 연산으로 매핑한다.

### 용어 분할(Term Partitoning)

용어 분할이 역색인 기반 시스템에 사용될 때, (앞서 설명한 논리적 문헌 분할을 위한 병렬 구축 기술을 이용하여) 단일 역색인은 문헌 컬렉션에 대해서 생성되고, 이 역색인은 프로세서들에게 보내진다. 질의 평가동안, 질의는 색인 항목으로 분해되고, 각 색인 항목은 해당하는 역색인을 가지고 있는 프로세서로 전달된다. 프로세서들은 부분적인 문헌 점수를 가지는 적중-리스트를 만들고, 분배기로 리턴한다. 그리고 나서 분배기는 질의의 의미에 따라 적중-리스트를 결합시킨다. 불리안 질의를 위하여, 적중-리스트들은 적절하게 합집합, 교집합 혹은 차집합이 구해진다. 랭크된 자유 텍스트 질의(ranked free text query)에 대해서는, 적중-리스트가 랭킹 공식의 의미에 따라 결합되어야 하는 용어 점수를 포함한다.

반면, 각 프로세서가 다른 부분 질의에 답할 수 있으므로 용어 분할은 동시에 질의들을 처리할 수 있다. 그러나 질의량이 필수적으로 균형잡히지는 않으므로[85], 동시 이득(concurrency gain)의 부분은 잃게 된다. 그러므로 주요 목적은 다음 상황에서 색인을 분할하는 것이다:

- 접해 있는 프로세서/서버의 수가 최소이다.
- 이용가능한 모든 프로세서/서버에 처리량이 동등하게 분배되어 있다.

### 전체 비교

비교에서, 문헌 분할은 용어 분할보다 더 단순한 역색인 구축과 관리를 제공한다. 질의처리 과정에서 이들의 상대적인 성능이 용어 분포에 의존한다는 것이 Jeong과 Omiecinski[833]에 의해서 보여졌다. 각 처리기는 자신만의 입출력(I/O) 채널과 디스크를 가지고 있다고 가정하고, 문헌과 질의의 용어 분포가 한쪽으로 치우쳐 있는 경우 문헌 분할이 더 나은 성능을 보인다. 반면, 용어들이 사용자 질의내에 균등하게 분포되어 있는 경우(정상적 문헌과 비슷한 상황), 용어 분할이 더 나은 성능을 보인다. 예를 들어, TREC 데이터를 사용하여 Ribeiro-Neto와 Barbosa[145, 1349]는 용어 분할이 긴 질의에 대하여 두 배 빠르고, 짧은 질의(웹과 같은)에 대해서 5~10배 빠르다는 것을 보여주었다. 그러나 다른 저자들은 반대 결과를 발견했다.

사실, Webber 등[1673]은 용어 분할이 더 낮은 자원활용 결과를 보여 주었는데, 디스크 접근의 수와 교환되는 자료의 양의 급격한 감소로 나타난다. 비록 문헌 분할이 여전히 처리량에서 더 좋지만, 훨씬 더 높은 성능을 획득하는 것도 가능하다는 것을 보여 주었다.

최근에, Marin 등[225, 1087, 1088, 1089, 1090]은 질의를 처리하기 위해서 순차 순환 대기방식 기술(round-robin technique)과 비동기화, 동기화 연산을 결합한 새로운 구조를 제안했다. 이 기술은 문헌과 용어 분할 모두에 같은 방식으로 적용될 수 있으므로 공평한 비교의 장을 제공한다고 말할 수 있는데, 이 경우에, 용어 분할이 더 나은 성능을 보인다.

문헌 분할 시스템의 주요 결함은 관련 문헌을 거의 포함하지 않았거나 아예 포함하지 않은 부분-컬렉션의 질의 때, 서버들이 몇 개의 연산들을 불필요하게 시행한다는 점이다. 즉, 이 접근법은 균등한 처리량을 보장하고, 각 질의의 비용 또한 균등하게 분배되지만, 주요 결함은 관련 문헌을 거의 포함하지 않는(혹은 전혀 포함하지 않는) 부분-컬렉션을 질의하기 위하여 많은 불필요한 연산이 수행된다는 점이다.

용어 분할의 주요 단점은 확장성을 제한하는 전역 색인(global index)의 구축과 유지관리에 있으므로 실제로 큰 규모의 검색엔진에는 유용하지 않다(11장 참고). 게다가, 용어 분할은 답변 시간에 많은 가변성(variance)을 가지고 있으며, 이를 수정하는 것은 더 복잡한 균형 메카니즘(balancing mechanism)을 요구한다.

그럼에도 불구하고, 용어 분할은 하이브리드 방법의 한 종류로서 문헌 분할과 함께 혼용된다면, 여전히 분산 정보검색 시스템의 맥락에서 이용가능하다. 이런 이유로, 시스템이 좋은 분할 함수를 소유하는 것은 여전히 매력적인 일이다.

### 10.3.4 다른 색인 분할

#### 접미사 배열(Suffix Arrays)

간단한 방식으로 접미사 배열에 문헌 분할을 적용할 수 있다. 역색인의 물리적 문헌 분할에서, 문헌 컬렉션은 P개의 프로세서로 분배되고, 각 분할은 독립된 컬렉션으로 취급된다. 그리고 나서 이 시스템은 9.4.4절에서 설명한 접미사 배열 구축 기술을 각 분할에 적용하고, 모든 분할을 동시에 색인하여 향상시킬 수 있다. 검색하는 동안, 분배기는 모든 검색 프로세스들로 질의를 보내고, 중간 결과들을 수집하고, 최종 적중-리스트로 중간 결과를 병합한다.

만약 모든 문헌들이 하나의 컬렉션에 있다면, 색인 시간을 감소시키기 위하여 병렬 프로세서를 여전히 이용할 수 있다. (9.4.4절에서 설명한) 큰 텍스트에 관한 접미사 배열 구축 알고리즘의 흥미로운 특성은 각 부분 색인의 병합이 독립적이라는 점이다. 그러므로, 모든 $O((n/M)^2)$ 병합은 독립 프로세서들에 대하여 병렬로 실행될 수 있다. 모든 병합들이 완성된 후, 각 부분 색인에 대한 카운터가 누산되어야 하고 최종 색인 병합이 수행될 수 있다.

접미사 배열에 대한 용어 분할은 단일 접미사 배열을 다중 프로세서에 분배하는 것에 해당하며, 각 프로세서가 접미사 배열의 사전 어휘순 간격을 책임진다. 질의를 처리하는 동안, 분배기는 접미사 배열의 관련 부분을 포함하는 프로세서들에게 질의를 분배하고, 결과를 병합한다. 단, 접미사 배열을 검색하는 경우, 모든 프로세서들은 전체 텍스트에 접근을 필요로 한다. 공유 메모리를 가진 단일 병렬 컴퓨터에서는(예: SMP 시스템), 텍스트가 공유 메모리에 저장될 수 있기 때문에 문제가 되지 않는다. 그러나 만약 공유 메모리가 이용가능하지 않고 통신비용이 높다면, 이는 문제가 될 것이고, 분산 시스템에서도 마찬가지이다(예: 워크스테이션의 네트워크).

#### 요약 파일(Signature File)

요약 파일을 사용하는 시스템에서 문헌 분할을 구현하기 위하여, 문헌들은 전과 같이 여러 프로세서들에게 할당하고, 각 프로세서는 해당 문헌분할에 대한 요약 파일을 생성한다. 질의 시간에, 분배기는 질의에 대한 요약을 생성하고, 모든 병렬 프로세서들에게 이를 전달한다. 각 프로세서는 그 문헌 부분이 독립 컬렉션인 것처럼 자체적으로 질의 요약을 평가한다. 그리고 나서 결과들이 분배기에 보내지고, 분배기는 이를 종합하여 사용자를 위한 적중-리스트를 만든다. 불리안 질의에서, 최종 결과는 단순히 각 프로세서로부터 리턴된 결과들의 합이다. 순위 부여 질의(ranked query)에서, 랭크된 적중-리스트는 앞에서 설명한 것처럼 역색인의 구현을 위하여 병합된다.

요약 파일 기반 시스템에 용어 분할을 적용하기 위하여, 비트-슬라이스 요약 파일을[1239] 사용해야 하고, 프로세서들에게 비트 슬라이스를 분배해야 한다. 각 프로세서로부터 온 중간 결과를 병합하고 착오 선택(false drop)을 제거하기 위해서 요구되는 순차 작업의 양은 이와 같은 설계구조에서 이용 가능한 속도향상(speedup) S를 심각하게 제한한다. 따라서 이와 같은 설계는 추천할 만하지 않다.

## 10.4 병렬 정보검색

### 10.4.1 서론

두 개의 다른 방향에서 병렬 정보검색 알고리즘의 개발을 소개한다. 한 가지 가능성은 병렬 구현에 직접적으로 참여하여 새로운 검색 전략을 개발하는 것이다. 예를 들어, 텍스트 검색 절차는 신경망(neural network) 위에 구축될 수 있다. 신경망은 (3.4.3절 참조) 인간의 뇌를 모방하여 모델링되었고, 입력, 임계값, 출력값 등을 가지고 있는 수많은 노드들을 이용하여 문제를 해결한다. 시스템의 최초 입력과 최종 출력을 정의하는 망의 임계값을 가지고 한 노드의 출력은 하나 혹은 그 이상의 다른 노드들의 입력으로 연결된다. 노드의 출력값은 노드의 입력과 임계값의 가중치 함수에 의하여 결정된다. 훈련 절차는 망에서 가중치와 임계값의 적절한 설정을 학습하기 위하여 사용된다. 계산은 망에 입력값을 적용하고, 각 활성화 노드 출력값을 계산하고, 망을 통해서 이 값들을 조절함으로써 진행되는데, 이는 최종 출력값이 획득될 때까지이다. 신경망은 자연스럽게 SIMD 하드웨어 병렬 구현에 적합하다(아래 SIMD 정의 참고). 이 접근법이 해결해야 할 문제는 계산 패러다임에 잘 맞는 방식으로 검색 작업을 정의하는 일이다.

다른 가능성은 기존의 잘 연구된 정보검색 알고리즘을 병렬 처리에 적용하는 것이다. 이 접근법을 이 장의 나머지 부분에서 소개할 것이다. 기존 알고리즘을 병렬 구현에 적용하기 위해 요구되는 수정사항은 목표 병렬 플랫폼에 달려있다. 많은 검색 알고리즘을 MIMD와 SIMD 구조 (아래 정의 참고) 모두에 적용하는 기술을 살펴볼 것이다. 병렬 정보검색은 여전히 활발하게 연구되는 분야이기 때문에 기본 기술로 받아들여지는 접근법이 거의 없다. 그러므로 이미 완성된 연구의 샘플을 제시하겠지만, 한 가지 기술이 다른 것보다 선호된다고는 할 수 없다.

#### 병렬 계산(Parallel Computing)

병렬 계산은 단일 문제를 해결하기 위하여 다중 프로세서들의 동시 적용을 의미한다. 여기서 각 프로세서는 문제의 다른 부분에서 작업한다. 병렬 계산에서 문제 해결에 필요한 전체 시간은 가장 긴 실행 부분에 의해 요구되는 시간의 양에 따라 줄어들 수 있다. 문제가 병렬 실행될 수 있는 더 많은 부분들로 분해될수록, 더 많은 프로세서들을 시스템에 추가하여, 문제 해결에 요구되는 시간을 감소시키고, 더 큰 문제들로 확장할 수 있다.

프로세서들은 병렬 구조를 형성하기 위해 다양한 방식으로 결합될 수 있다. Flynn[570]은 컴퓨터 구조에서 명령어들과 데이터 스트림의 수에 기초해서 널리 사용되는 병렬구조의 분류법을 정의했다.

- SISD: single instruction stream, single data stream(단일 명령어 스트림, 단일 데이터 스트림),
- SIMD: single instruction strem, multiple data stream(단일 명령어 스트림, 다중 데이터 스트림),
- MISD: multiple instruction stream, single data stream(다중 명령어 스트림, 단일 데이터 스트림),
- MIMD: multiple instruction stream, multiple data stream(다중 명령어 스트림, 다중 데이터 스트림).

SISD 클래스는 순차 프로그램을 수행하는 전통적인 폰 노이만(von Neumann)[300] 컴퓨터를 포함한다(예를 들어, 단일 프로세서를 가진 개인 컴퓨터). SIMD 컴퓨터는 $N$개의 데이터 스트림에서 작업하는 $N$개의 프로세서들로 구성되어 있는데, 각 프로세서는 동시에 같은 명령어를 실행한다. 이 클래스의 기계는 보통 상대적으로 단순한 많은 프로세서들, 이들 간의 통신 네트워크, 프로세서들의 동기화 작업을 관리하는 제어 장치(control unit)를 가진 고도의 병렬 컴퓨터(massively parallel computer)들이다. 프로세서들은 공유 메모리를 사용할 수 있거나, 각 프로세서가 자신만의 지역 메모리(local memory)를 가질 수 있다. 순차 프로그램은 SIMD 구조를 효율적으로 사용하기 위하여 상당한 수정을 요구하며, 모든 문제들이 SIMD 구현에 적절하지는 않다. 이런 이유로, 1990년대 인기를 끌었던 SIMD 구조는(예: Thinking Machines CM-2) 중단되었다. 오늘날 이 구조는 아직도 디지털 신호 처리기(digital signal processor)와 비디오 게임기에서 사용된다.

MISD 컴퓨터는 공유 메모리에서 단일 데이터 스트림을 작업하는 $N$개의 프로세서를 이용한다. 각 프로세서는 자신만의 명령어 스트림을 실행하므로, 여러 연산이 동일 데이터 항목에 동시에 수행된다. MISD 구조는 상대적으로 드물고, 수축기 배열(systolic array)이 가장 잘 알려진 예이다.

MIMD는 병렬 구조에서 가장 일반적이고 인기있는 구조이다. MIMD 컴퓨터는 $N$개의 프로세서와 $N$개의 명령어 스트림, 그리고 $N$개의 데이터 스트림을 가지고 있다. 프로세서들은 SISD 컴퓨터에서 사용했던 것과 유사하게 각 프로세서는 자신만의 제어 장치와 처리 장치(processing unit), 지역 메모리를 갖는다.[1]

MIMD 시스템은 주로 공유 메모리 혹은 프로세서들 서로간을 이어주는 통신 네트워크를 포함한다. 프로세서들은 독립적으로 관련없는 작업을 할 수 있고, 융통성을 발휘하여 단일 작업을 해결하기 위하여 협력할 수도 있다. 높은 프로세서 상호작용을 가진 MIMD 시스템을 밀착 결합(tightly coupled)이라고 부르는 반면, 낮은 프로세서 상호작용을 가진 시스템은 느슨한 결합(loosely coupled)이라고 부른다. MIMD의 예는 멀티프로세서 PC 서버, 대칭적 다중 처리기(symmetric multiprocessors; SMPs), 확대가능 병렬 프로세서(scalable parallel processor)를 들 수 있다. 오늘날 (2009 11월)[2] 중국 국방 과학 기술대학(National University of Defense Technology)에서 만든 컴퓨터 뿐만 아니라 IBM, Cray, SGI, SUN과 같은 회사에서 생산된 상위 10개의 빠른 컴퓨터에서 볼 수 있다.

비록 MIMD가 전형적으로 두 개 혹은 그 이상의 동일 프로세서를 이용한 단일, 독립 병렬 컴퓨터를 일컫지만, MIMD는 또한 분산 계산(distributed computing) 구조로 특징지워진다. 분산 계산에서 근거리 혹은 광역 네트워크로 연결된 다중 컴퓨터들은 단일 문제를 해결하기 위하여 협동한다. 비록 프로세서 간의 결합이 분산 계산 환경에서 느슨할지라도, MIMD 구조의 기본 요소들은 남아 있다. 각 컴퓨터는 프로세서, 제어 장치, 지역 메모리를 가지고 있으며, 근거리 혹은 광역 네트워크는 프로세서 사이에 통신 네트워크를 형성한다. 자세한 사항은 다음에 언급한다.

### 성능 측정(Performance Measures)

병렬 계산을 이용하는 경우, 보통 단일 프로세서에서 실행되는 비교가능한 순차 프로그램에 비하여 얼마나 성능이 뛰어난지 알고 싶어 한다. 많은 척도가 병렬 알고리즘의 성능 측정에 사용가능하다. 이런 척도 중 하나가 속도향상(speedup)이며, 이는 같은 문제를 해결하기 위한 최적 가용 순차 알고리즘과 관련된 병렬 알고리즘으로 획득되며, 다음과 같이 정의된다:

$$S = \frac{\text{최적 가용 순차 알고리즘의 실행시간}}{\text{병렬 알고리즘의 실행시간}} \tag{10.1}$$

1) MIMD 시스템에서 사용된 프로세서들은 SISD 시스템에서 사용된 것과 동일하거나, 공유 메모리에 대하여 하드웨어 캐시 일관성(hardware cache coherence)과 같은 추가적인 기능을 제공할 수 있다.

2) http://www.top500.org/

이상적으로는, $N$개의 프로세서에서 병렬 알고리즘이 실행될 때, 완벽한 속도향상 $S=N$을 획득할 수 있다. 그러나 실제로는, 완벽한 속도향상을 이루기는 불가능하다. 왜냐하면 문제가 $N$개의 동등한 부분 작업으로 분해될 수 없고, 병렬 구조는 제어 부담(예: 스케줄링 혹은 동기화)을 가중시키며, 대부분 문제는 본질적인 순차 성분을 포함하기 때문이다. Amdahl의 법칙[41]은 주어진 문제에 대하여 획득가능한 최대 속도향상은 순차적으로 계산되어야 하는 문제의 부분 $f$에 관련되어 있다고 언급한다. 관계는 다음에 의하여 주어진다:

$$S \le \frac{1}{f+(1-f)/N} \le \frac{1}{f}$$

또 다른 병렬 알고리즘 성능 척도는 효율(efficiency)이며, 아래와 같이 주어진다:

$$\phi = \frac{S}{N} \qquad (10.2)$$

여기서 $S$는 속도향상이고, $N$은 프로세서의 수이다. 모든 프로세서가 가동중이거나 불필요한 작업을 수행하지 않을 때 $\phi=1$이고 이상적인 효율이 발생한다. 완벽한 속도향상처럼, 이상적 효율도 실제로는 도달가능하지 않다.

궁극적으로 순차 프로그램을 통한 병렬 프로그램의 성능 향상은 병렬 프로그램을 실행하는데 요구되는 병렬 하드웨어와 연관된 추가적인 비용으로 결합된 처리 작업을 완수하기 위해 필요한 실시간의 축소로 볼 수 있다. 이는 병렬 프로그램 성능과 비용 효율성의 최적 상태를 보여 준다.

### 10.4.2 MIMD 구조에서의 병렬 정보검색

MIMD 구조는 병렬성이 어떻게 정의되고 문제를 해결하기 위해 어떻게 이용되는지에 대하여 상당한 융통성을 제공한다. 가장 단순한 형태로 검색 시스템이 사용될 수 있는데, MIMD 컴퓨터는 멀티태스킹의 사용을 통하여 이루어질 수 있다. 병렬 컴퓨터에서 각 프로세서들은 독립된 검색 서비스를 실행한다. 검색 서비스는 각각의 질의를 처리하기 위해 협동하지 않으나, 코드 라이브러리와 파일 시스템에 의하여 저장되거나 공유메모리내에 저장된 데이터를 공유한다. 사용자 질의의 검색 서비스 제출은 분배기에 의해 관리되고, 분배기는 사용자로부터 검색 요청을 받으면 사용가능한 검색 서비스로 요청을 분배하는데, 그림 10.5에 표현되어 있다. 더 많은 프로세서가 시스템에 추가되면서, 더 많은 검색 서비스가 실행될 수 있으며 더 많은 검색 요청이 시스템의 처리량을 증가시키면서 병렬로 처리될 수 있다. 그러나 개개의 질의 반응 시간은 바뀌지 않는다.

이 접근법은 단순성에도 불구하고, 시스템에 대한 하드웨어 자원을 적절하게 균형잡히도록 관리가 이루어져야 한다. 특히, 프로세서의 수가 증가하면서 디스크와 입출력 채널의 수 또한 증가한다. 전체 검색 색인이 메인 메모리에 적재되지 않는다면 다른 프로세서에서 실행되는 검색 처리가 디스크 접근에 대하여 경쟁하고 입출력을 수행할 것이다. 디스크 병목은 성능을 형편없이 떨어뜨릴 것이고, 더 많은 프로세서의 추가로부터 예상되는 처리량의 이득을 제거할 수 있다.

컴퓨터에 더 많은 디스크를 추가할 때, 시스템 관리자는 반드시 적절하게 색인 데이터를 여러 디스크로 분배해야 한다. 두 개의 검색 프로세스가 동일 디스크에 저장된 색인 데이터에 대한 접근을 필요로 하면 디스크 경쟁(disk contention)이 일어날 것이다. 극단적으로 각 디스크에 전체 색인의 중복 저장은 증가하는 저장 요구와 갱신 복잡성의 비용을 지불하고 디스크 경쟁을 제거한다. 대안적으로, 시스템 관리자는 프로파일 정보에 따라 디스크의 색인 데이터를 분할하고 복사할 수 있다. 과도하게 접근되는 데이터는 복사되고, 반면, 적게 접근되는 데이터는 임의적으로 분배된다. 또 다른 접근법은 디스크 배열 또는 RAID[365]를 설치하는 것이고, 이는 운영 체제가 색인의 분할을 처리하도록 한다. 디스크 배열은 여러 디스크에 걸쳐 파일들을 교차배치(striping)함으로써 높은 처리량의 디스크 접근과 낮은 대기시간을 제공할 수 있다.

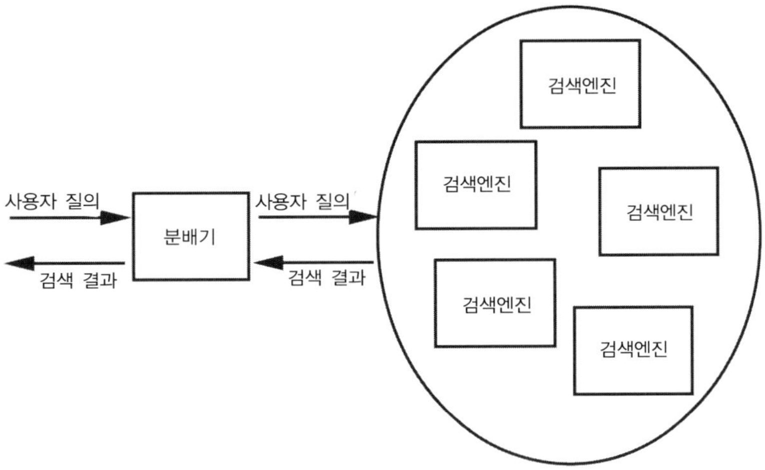


**그림 10.5:** MIMD 기계에서의 병렬 멀티태스킹

멀티태스킹을 넘어서 질의 반응 시간을 향상시키기 위하여, 단일 질의 평가에 요구되는 계산은 반드시 부분 작업으로 분할되어야 하고, 여러 개의 프로세서들로 분배되어야 한다. 이는 그림 10.6에 표현되어 있다. 이 구성에서, 분배기와 검색 프로세스는 전처럼 독립된 프로세서에서 병렬로 실행되지만, 동일 질의를 평가하기 위하여 다같이 협동한다. 시스템의 고급 처리는 다음과 같이 진행된다. 분배기는 사용자로부터 질의를 받아들이고 그것을 검색 프로세스로 분배한다. 각 검색 프로세스는 질의의 부분을 평가하고 다시 분배기로 중간 결과를 전송한다. 최종적으로 분배기는 중간 결과를 결합하여 최종 결과를 만들어 사용자에게 제시한다.

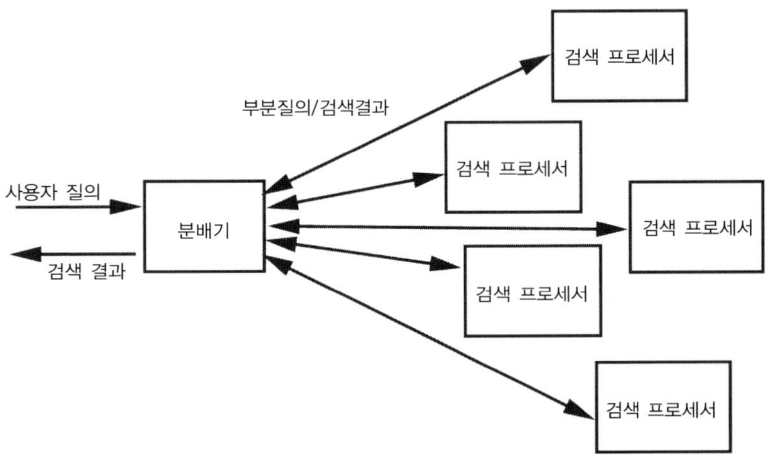


**그림 10.6:** MIMD 기계에서의 분할된 병렬 처리

### 10.4.3 SIMD 구조에서의 병렬 정보검색

SIMD 구조는 MIMD 구조보다 제한된 문제 영역에 적합하기 때문에, SIMD 컴퓨터는 MIMD 컴퓨터보다 덜 일반적이다. 아마도 SIMD 구조의 가장 잘 알려진 예로는 Thinking Machines Connextion Machine 2(CM-2)를 들 수 있는데, 이는 1990년대에 중단되었다.[3] CM-2는 요약 파일과 역색인 기반 정보검색 알고리즘을 지원하기 위해 사용

3) 1994년에 파산 신청을 한 Thinking Machines의 마지막 모델은 CM-5이며, 이는 MIMD 구조를 사용했다.

되었는데, 이 내용은 역사적 이유에서 포함시키기로 한다. CM-2의 각 프로세서는 1비트 산술 논리 연산장치(ALU)와 작은 양의 지역 메모리를 가졌다. 그 처리요소는 지역과 비-지역 병렬 명령어를 실행한다. 지역 병렬 명령은 각 처리 요소가 요소의 지역 메모리에 저장된 데이터에 대해 일제히 같은 연산을 수행하도록 한다. 비-지역 병렬 명령은 처리 요소들 사이의 통신과 벡터 구성 성분의 합을 구하거나 전역적 최대치를 찾는 것과 같은 연산을 포함한다.

CM-2는 후위(back-end) 병렬 처리 요소에 대한 인터페이스를 제공하기 위해서 독립된 전위(front-end) 호스트 컴퓨터를 사용한다. 전위 호스트는 후위 프로세서에 데이터를 적재하거나 내리는 것을 제어하고, 조건문과 반복문 같은 직렬 프로그램 명령을 수행한다. 병렬 매크로 명령(macro instructions)은 전위로부터 후위 마이크로-제어기(micro-controller)로 보내지는데, 이는 후위 처리 요소의 집합에 대하여 병렬 명령 수행을 제어한다.

CM-2는 가상 프로세서(virtual processor)라고 불리는 후위 프로세서에 대한 추상적 계층을 제공한다. 하나 혹은 그 이상의 가상 프로세서는 하나의 물리적 프로세서로 매핑된다. 프로그램은 가상 프로세서 측면에서 처리 요구를 표현하고, 하드웨어는 가상 프로세서 연산을 물리적 프로세서로 매핑한다. 물리적 프로세서는 반드시 가상 프로세서에 관한 연산을 순차적으로 수행해야 한다. 물리적 프로세서에 대한 가상 프로세서의 비율은 가상 처리 비율(virtual processing ratio, *VP*)이라고 불리는데, *VP*가 증가하면 대략적으로 실행시간의 선형적 증가가 발생한다.

### 역색인(Inverted Indexes)

역색인은 SIMD 기계에서의 구현에 다소 부자연스러워 보인다. 그럼에도 불구하고, Stanfill 등[1531, 1528]은 CM-2를 이용한 두 가지 역색인 적용방법을 제안했다. 9.2절의 역색인 구조를 다시 상기하라. 역색인의 가장 단순한 형태에서, 역리스트는 관련 용어가 나타나는 각 문헌에 대한 포스팅(posting)을 포함한다. 포스팅은 $(k_i, d_j)$와 같은 형태의 튜플로, $k_i$는 용어 식별자이며 $d_j$는 문헌 식별자이다. 검색 모델에 따라, 포스팅은 가중치나 위치 정보를 추가적으로 포함할 수 있다. 만약 위치 정보가 저장되었다면, 포스팅은 $d_j$내 $k_i$의 각 출현에 대해서 생성된다.

CM-2에 대한 첫 번째 병렬 역색인 구현은 역색인을 저장하기 위하여 두 가지 데이터 구조를 사용한다: 포스팅 테이블(posting table)과 색인. 포스팅 테이블은 포스팅으로부터 문헌 식별자들을 포함하고, 색인은 용어를 포스팅 테이블내 해당 엔트리에 매핑한다. 포스팅이 이 구조에 적재되기 전에, 용어 식별자에 의하여 정렬된다. 그리고 길이 $P$의 행들로 채워지면서, 문헌 식별자가 이 정렬 순서로 포스팅 테이블에 적재된다. 여기서 $P$는 사용하는 프로세서의 수이다. 포스팅 테이블은 병렬 배열로 취급되며, 배열 첨자는 특정한 행을 선택하고 각 행은 $P$개의 프로세서로 보내진다. 각 용어에 대하여, 색인은 용어와 연관된 문헌 식별자들의 집합에 대하여 포스팅 테이블내 첫 번째와 마지막 엔트리의 위치를 저장한다. 그림 10.7은 작은 문헌 컬렉션과 행 포스팅, 그리고 결과 포스팅 테이블과 색인을 보여 준다. 예를 들어, 용어 “piggy”를 포함하는 문헌을 찾기 위해서, 색인에서 “piggy”를 찾고, 행 1, 위치 3에서부터 행 2, 위치 1까지의 포스팅 테이블 엔트리가 해당 문헌 식별자 혹은 0, 1, 2를 포함하고 있는지 결정한다.

검색 시간에 이 데이터 구조는 문헌을 다음과 같이 랭크하기 위하여 사용된다. 먼저, 검색 시스템은 포스팅 테이블을 후위 프로세서에 적재한다. 그리고, 시스템은 질의 용어에 대해 다음 처리를 반복한다. 각 질의 용어에서, 색인 찾아보기(lookup)는 반드시 처리되어야 하는 포스팅 테이블 엔트리의 범위를 리턴한다. 그리고 검색 시스템은 이 범위에 포함된 행들에 대하여 반복한다. 각 행에 대하여, 현재 용어에 대한 엔트리를 포함하는 프로세서들은 활성화되고, 관련 문헌 식별자는 해당 문헌들의 점수를 갱신하기 위하여 사용된다.

문헌 집합

| This little piggy went to market. | This little piggy stayed home. | This little piggy had roast beef. |
|---|---|---|

포스팅

| | |
|---|---|
| beef | 2 |
| had | 2 |
| home | 1 |
| little | 0 |
| little | 1 |
| little | 2 |
| market | 0 |
| piggy | 0 |
| piggy | 1 |
| piggy | 2 |
| roast | 2 |
| stayed | 1 |
| this | 0 |
| this | 1 |
| this | 2 |
| to | 0 |
| went | 0 |

색인

| | First | | Last | |
|---|---|---|---|---|
| Term | Row | Pos | Row | Pos |
| beef | 0 | 0 | 0 | 0 |
| had | 0 | 1 | 0 | 1 |
| home | 0 | 2 | 0 | 2 |
| little | 0 | 3 | 1 | 1 |
| market | 1 | 2 | 1 | 2 |
| piggy | 1 | 3 | 2 | 1 |
| roast | 2 | 2 | 2 | 2 |
| stayed | 2 | 3 | 2 | 3 |
| this | 3 | 0 | 3 | 2 |
| to | 3 | 3 | 3 | 3 |
| went | 4 | 0 | 4 | 0 |

포스팅 테이블

| | | | |
|---|---|---|---|
| 2 | 2 | 1 | 0 |
| 1 | 2 | 0 | 0 |
| 1 | 2 | 2 | 1 |
| 0 | 1 | 2 | 0 |
| 0 | | | |

**그림 10.7:** 병렬 역색인

```
score_term(P_float Doc_score[], P_posting Posting[],
                                term_t term)
{
    int     i, first_pos, last_pos;
    P_int   Doc_row, Doc_pos;
    P_float Weight;

    for (i = term.first_row; i <= term.last_row; i++) {
      first_pos = (i == term.first_row ? term.first_pos : 0);
      last_pos = (i == term.last_row ?
                  term.last_pos : N_PROCS - 1);
      where (Position >= first_pos && Position <= last_pos) {
        Doc_row = Posting[i].row;
        Doc_pos = Posting[i].pos;
        Weight = term.weight * Posting[i].weight;
        [Doc_pos]Doc_score[Doc_row] += Weight;
      }
    }
}
```

**그림 10.8:** Score_term 서브프로그램

문헌 점수는 누산기(Stanfill은 메일박스(mailboxes)라고 부름)에서 만들어지는데, 이는 포스팅 테이블과 유사한 병렬 배열로 할당된다. 특정 문헌에 대한 누산기를 갱신하기 위해서는 누산기의 행과 행내의 위치를 결정해야 한다. 편의상 (문헌 식별자라기 보다는) 이 정보가 포스팅 테이블에 저장됨을 가정하며 나아가 가중치가 각 포스팅에 연관되어 있으며 포스팅 테이블에 저장되어 있다고 가정한다. 가중화된 용어를 점수화하는 완벽한 알고리즘은 그림 10.8에 나와 있다.

`score_term` 루틴은 질의 용어에 대한 색인 찾기가 수행되었으며, 결과가 `term`에 저장되어 있다고 가정한다. 루틴은 용어와 연관된 포스팅의 각 행에서 반복되고, 현재 행내에서 어떤 위치가 처리되어야 할 지를 결정한다. `position`은 병렬 상수이며, 여기서 첫 번째 인스턴스(instance)는 0을, 두 번째 인스턴스는 1을 포함하는 식이며,

마지막 인스턴스는 N_PROCS-1을 포함한다. 이는 where절에서 현재 행에 관심있는 위치에 기반한 적절한 프로세서들을 활성화시키기 위하여 사용된다. 루틴의 마지막 Doc_score에서 수행된 왼쪽-색인은 병렬 변수의 특정한 인스턴스로의 접근을 제공한다. 이 연산이 중요한데, 왜냐하면 프로세서 사이의 통신을 포함하기 때문이다. 포스팅 가중치는 포스팅을 포함한 프로세서에서 해당 문헌에 대한 누산기를 포함한 프로세서로 반드시 전달되어야 한다. 시스템이 score_term에서 모든 질의 용어를 처리한 후에, 점수에 기초해서 문헌을 랭크하고, 상위 $k$개 문헌을 리턴한다.

다른 프로세서에 있는 누산기에 포스팅 가중치를 전송하는 것은 비용이 많이 든다. 이 문제를 해결하기 위해서, Stanfill[1528]은 분할된 포스팅 파일(partitioned posting file)을 제안했는데, 이는 동일 프로세서에 주어진 문헌에 대한 누산기와 포스팅을 저장함으로써 이전 알고리즘에서 요구된 통신을 제거한다. 이를 위해서는 두 가지 요령이 존재한다. 첫 번째, 왼쪽에서 오른쪽으로 행을 작업하고 다음 것을 시작하기 전에 각 행을 채우기 보다는 포스팅을 포스팅 테이블로 적재하면서, 포스팅은 관련 문헌이 점수화되는 프로세서에 해당하는 열로 추가된다. 이는 문헌과 관련된 모든 포스팅이 문헌의 누산기로서 동일 프로세서에 적재될 수 있음을 보장한다. 그림 10.9a는 그림 10.7의 포스팅이 문헌 0과 1은 프로세서 0에, 문헌 2는 프로세서 1에 할당하는 등 두 개의 프로세서 테이블로 어떻게 적재되는지를 보여 준다.

그림 10.9a는 이 방법의 문제 또한 보여 준다. 용어 *this*에 대한 포스팅은 한쪽으로 기울어져 있고, 연속적인 행에 더 이상 걸쳐있지 않다. 이 상황을 처리하기 위하여, 분할된 포스팅 파일의 두 번째 요령을 적용한다. 세그먼트 $i$에 있는 모든 용어가 사전편집순으로 세그먼트 $i+1$내의 모든 용어와 같거나 작도록 포스팅을 나누는 것이다. 그림 10.9b는 3개 행의 세그먼트를 이용한 것을 보여 준다. 몇몇의 세그먼트들이 어떻게 분할 제약을 만족하기 위해서 공백으로 채워져야 하는지 주목하라.

| | | | |
|---|---|---|---|
| home | 1 | beef | 2 |
| little | 0 | had | 2 |
| little | 1 | little | 2 |
| market | 0 | piggy | 2 |
| piggy | 0 | roast | 2 |
| piggy | 1 | this | 2 |
| stayed | 1 | | |
| this | 0 | | |
| this | 1 | | |
| to | 0 | | |
| went | 0 | | |

(a)

| | | | |
|---|---|---|---|
| home | 1 | beef | 2 |
| little | 0 | had | 2 |
| little | 1 | little | 2 |
| market | 0 | piggy | 2 |
| piggy | 0 | roast | 2 |
| piggy | 1 | | |
| stayed | 1 | this | 2 |
| this | 0 | | |
| this | 1 | | |
| to | 0 | | |
| went | 0 | | |

(b)

**그림 10.9:** 불균형적으로 분할된 포스팅

포스팅 테이블과 색인은 그림 10.10의 최종 형태에 도달하기 전, 몇 가지 수정사항을 거친다. 첫 번째, 포스팅의 용어 식별자는 용어 태그로 대체된다. 시스템은 같은 분할내에 어떤 두 용어가 같은 태그를 공유하지 않도록 태그를 용어에 할당한다. 두 번째, 포스팅의 문헌 식별자는 문헌 행 번호로 대체된다. 여기에서 행 번호는 어떤 행이 문헌에 대한 누산기를 포함하는지 식별한다. 누산기가 포스팅으로 같은 위치(즉, 프로세서)에 있기 때문에, 행 번호는 문헌을 식별하기에 충분하다. 마지막으로, 색인은 시작하는 분할, 끝나는 분할, 각 용어의 태그를 기록하기 위해서 수정된다. 수정된 용어 점수화 알고리즘이 그림 10.11에 나와 있다.

색인

| 용어 | 첫 분할 | 마지막 분할 | 태그 |
|---|---|---|---|
| beef | 0 | 0 | 0 |
| had | 0 | 0 | 1 |
| home | 0 | 0 | 2 |
| little | 0 | 0 | 3 |
| market | 1 | 1 | 0 |
| piggy | 1 | 1 | 1 |
| roast | 1 | 1 | 2 |
| stayed | 2 | 2 | 0 |
| this | 2 | 2 | 1 |
| to | 3 | 3 | 0 |
| went | 3 | 3 | 1 |

포스팅 테이블

| | | | |
|---|---|---|---|
| 2 | 1 | 0 | 0 |
| 3 | 0 | 1 | 0 |
| 3 | 1 | 3 | 0 |
| 0 | 0 | 1 | 0 |
| 1 | 0 | 2 | 0 |
| 1 | 1 | | |
| 0 | 1 | 1 | 0 |
| 1 | 0 | | |
| 1 | 1 | | |
| 0 | 0 | | |
| 1 | 0 | | |

**그림 10.10:** 분할된 포스팅 파일

```
ppf_score_term (P_float Doc_score[], P_posting Posting[],
                term_t term)
{
  int      i;
  P_int    Doc_row;
  P_float  Weight;

  for (i = term.first_part * N_ROWS;
        i < (term.last_part + 1) * N_ROWS; i++) {
    where (Posting[i].tag == term.tag) {
      Doc_row = Posting[i].row;
      Weight = term.weight * Posting[i].weight;
      Doc_score[Doc_row] += Weight;
    }
  }
}
```

**그림 10.11:** 서브 프로그램 ppf_score_term

여기서 N_ROWS는 분할 당 행의 수이다. 이 알고리즘은 용어의 분할에 걸친 포스팅의 행을 반복하고, 일치하는 포스팅을 가진 프로세서를 활성화한다. 각 활성화 프로세서는 포스팅으로부터 문헌 행을 추출하고, 용어 가중치를 계산하고, 문헌의 점수를 갱신한다. 모든 질의 용어가 처리된 후에, 시스템은 문헌을 랭크하고 상위 $k$개를 리턴한다. Stanfill[1528]은 분할된 포스팅 파일이 대략 원문의 1/3(이 중 10~20%는 낭비된 분할 경비(padding)이다)의 공간 오버헤드를 부과하고, 64K-프로세서 CM-2를 이용해서 테라바이트 텍스트에 대하여 빠른 질의 반응 시간을 지원할 수 있다는 것을 보여 준다.

## 10.5 클러스터-기반 정보검색(Cluster-based IR)

클러스터 컴퓨팅은 병렬과 분산 계산의 중간이다. 서버 클러스터는 많은 컴퓨터를 가진 분산 시스템이고, 모두 물리적으로 근접해 있으며, 보통 빠른 근거리 통신망으로 연결되어 있다. 각 클러스터는 그림 10.1에 표현된 확장가능한 일반적인 구조의 기본 요소이다. 근거리 통신망이 빨라지면서, 서버의 연결이 병렬 기계내의 다중 프로세서 버스에 의하여 제공된 것보다 느리긴 하지만, 클러스터는 병렬 기계와 유사한 작동을 보여 준다.

클러스터는 주로 성능의 향상 혹은 단일 컴퓨터를 넘어서는 가용성을 위하여 이용되는데, 비교가능한 속도 혹은 가용성을 가진 단일 컴퓨터보다 비용-효율성(cost-effective)이 훨씬 높다. 클러스터 계산의 한 가지 중요한 문제는 서버 작업량의 균형을 맞추는 일이다. 이를 위하여, 부하 균형장치(load balancer)라고 불리는 특별한 노드를 사용한다. 부하 균형장치는 클러스터 시스템의 성능을 향상시키면서, 다른 기계들 간의 작업량의 균형을 맞춘다. 동질의 하드웨어에서 실행이 이루어지면, 가장 바쁜 서버의 용량(capacity)이 시스템의 전체 용량을 제한시킨다. 만약 이질적 하드웨어에서 실행이 이루어지면, 작업량 균형은 각 서버의 작업량을 하드웨어 속도에 비례하여 나누는 것으로, 이는 시스템의 위상(topology)에 따르며, 훨씬 더 어려운 문제일 수 있다.

클러스터의 종류는 여러 가지가 있다. 예를 들어, 고-가용성을 목표로 하는 클러스터는 단일 컴퓨터 실패 때문에 생기는 문제를 제거하기 위하여 중복 노드(redundant nodes)를 갖는다. 낮은 비용에서 향상된 가용성은 실패한 노드들을 실시간으로 대체할 수 있는 아주 적은 수의 예비 노드를 보유함으로써 획득될 수 있다. 다른 클러스터들은 다음의 두 경우처럼 본래 계산 목적으로 사용된다.

- 베어울프 클러스터(Beowulf Cluster)는 전용망(dedicated network)에서 실행하는 동질 노드들의 클러스터인데, 빈번한 통신이 필수인 통신 모델에 나타난다.
- 그리드 컴퓨팅(Grid Computing)에서, 그리드는 클러스터 나머지의 독립적인 작업을 수행하는 컴퓨터에 작업을 할당하는 것을 관리한다. 디스크와 같은 몇몇 자원은 모든 노드에 의하여 공유될 수 있지만, 한 작업의 중간 결과는 그리드의 다른 노드에서 진행중인 작업에 영향을 주지 말아야 한다. 이는 많은 독립 작업들로 구성된 경우에 주로 나타나는데, 작업들은 계산이 진행되는 동안 데이터를 공유해서는 안된다. 즉, 베어울프 클러스터와는 대조적으로, 그리드 컴퓨팅은 노드간 통신이 없거나 거의 없을 때 사용된다.

병렬 정보검색에서 언급했던 동일한 측정이 클러스터-기반 계산에서도 적용될 수 있다. 효율성에 해당하는 개념이 부하 균형이며, 모든 기계가 거의 같은 작업량을 가지게 하는 것이다. 부하 균형을 측정하는 방법에는 여러 가지가 있다. 예를 들어, 평균 부하 $\ell$에 대한 가장 큰 편차비율을 측정할 수 있다.

$$LB = \max_{i=1}^{n}\left(\frac{|load_i - \ell|}{\ell}\right) \tag{10.3}$$

여기서 $\ell = \sum_{j=1}^{n} load_j / n$ 이다. $LB$는 0(완전 균형)에서부터 $n-1$(완전 불균형, 모든 작업량은 단 하나의 기계에서 처리된다)의 범위를 가질 수 있다. $1-LB/(n-1)$을 이용하여 기준의 역을 구하거나 정규화할 수 있다.

부하 균형은 여러 기술의 조합으로 획득될 수 있다. 가장 단순한 것은 특별한 분배기, 부하 균형장치를 갖는 것으로, 이는 분배작업을 처리한다. 그러나, 어떤 경우에 이는 불가능해서, 특정 부하 균형 알고리즘이 요구된다.

클러스터를 프로그램하기 위해서, MPI(메시지 전달 인터페이스; Message Passing Interface) 혹은 PVM(병렬 가상 머신; Parallel virtual machine)과 같은 미들웨어, 소프트웨어가 존재하는데, 이는 프로그램이 여러 개의 클러스터로 이동가능하게 한다. 또 다른 하나는 Dean 등[485]이 제시한 지도-축소병렬 계산 패러다임(map-reduce parallel computiong paradigm)으로, Hadoop 패키지[691]에서 오픈 소스 소프트웨어로 이용가능하다.

클러스터 컴퓨팅은 여러 목적으로 사용될 수 있는데, 그 중 우리의 관심사는 정보검색 시스템 실행의 활용과 특히, 검색엔진의 실행에 대한 활용이다. 클러스터 컴퓨팅은 최신 검색엔진 구현을 위해 선택하는 구조이기 때문에 더욱 중요해졌다. 이 때문에, 웹 검색에서의 클러스터-기반 정보검색을 더 자세히 다룰 것이며, 이는 11.4.2절을 참고하라.

## 10.6 분산 정보검색(Distributed IR)

### 10.6.1 서론

분산 시스템은 일반적으로 서버 프로세스와 지정된 분배기 프로세스의 집합으로 구성된다. 서버 처리과정은 독립된 처리노드에서 각각의 서버를 실행하는 것이고, 분배기 처리과정은 고객 요청을 받아들이고, 요청을 서버에 분배하고, 서버로부터 중간 결과를 수집하고, 고객을 위한 최종 결과로 중간 결과를 결합하는 것이다. 이 계산 모델은 그림 10.6의 MIMD 병렬 처리 모델과 매우 유사하지만, 주요 차이점은 서브태스크가 다른 컴퓨터에서 실행된다는 점과 서브태스크 사이의 통신이 TCP/IP[408](예를 들어, 공유 메모리-기반 프로세스간 통신 메커니즘(shared memory-based inter-process communication mechanisms)이 아닌)과 같은 네트워크 프로토콜을 이용하여 이루어진다는 점이다. 또 다른 주요 차이점은 시스템내 모든 서버로 모든 요청을 전달하는 대신 분배 시스템에서 특정 요청을 처리하기 위하여 분산된 서버 부분집합을 선택하는 절차를 사용한다는 점이다.

**분산 계산(Distributed Computing)**

분산 계산은 단일 문제를 해결하기 위하여 네트워크에 연결되어 있는 많은 자율적인 컴퓨터들을 활용하며, 서로 통신하기 위하여 메시지를 사용한다. 분산 계산 시스템은 상대적으로 느린 프로세서간 통신 채널과 시스템내 프로세서들의 이질적 컬렉션을 사용하는 자유를 가진 MIMD 병렬 프로세서처럼 보일 수 있다. 사실, 분산 시스템의 각 처리 노드는 그 자체가 병렬 컴퓨터일 수 있다. 더욱이, 서비스를 호출하기 위한 동일 공개 프로토콜 및 인터페이스를 지원한다면, 시스템내 컴퓨터들은 다른 응용들에 의해서 공유되고 작동될 수 있다.

MIMD 병렬 컴퓨터와 분산 계산 환경 사이의 주요 차이점은 프로세서간 통신 비용인데, 분산 계산 환경이 상당히 더 비싸다. 따라서 분산 프로그램은 보통 크게 분할되나 단일 병렬 컴퓨터에서 실행되는 프로그램들은 미세하게 분할되는 경향이 있다. 분할도(granularity)는 프로그램에 의하여 이루어진 통신량 대비 계산량을 지칭한다. 굵게 분할된 프로그램(coarse grained program)은 통신 대비 계산의 양이 많고 미세하게 분할된 프로그램(fine grained program)은 계산 대비 통신의 양이 많다. 당연히 응용은 주어진 문제를 해결하기 위해서 다른 시간에 여러 수준의 분할도를 사용할 수 있다.

또 다른 중요한 차이는 기본 병렬 계산에서는 메모리가 공유되지만, 분산 계산에서는 각 프로세서가 자신만의 지역 메모리를 가지고 있다는 점이다. 반면, 분산 시스템도 사실상의 병렬 시스템인데, 특히, 서버들 간에 통신이 거의 없으면, 앞 절에서 설명한 그리드 계산(grid computing)의 아이디어를 인터넷으로 연결된 다른 지역 컴퓨터들의 이질적 컬렉션으로 확장할 수 있다.

분산 시스템에서는 확장성(scalability)을 위한 다음 네 가지 중요한 요소가 존재한다: 분할(partitioning), 통신(communication), 신뢰성(dependability), 외부 요인(external factors). 분할은 데이터 확장성을 다루고, 10.3절에서 살펴 본 바와 같이 큰 정보검색 시스템에서 문헌 컬렉션과 색인의 분할을 의미한다. 통신은 처리 확장성을 다루는데, 이 경우 질의 처리이다. 만약 시스템의 작동에 실패가 없다면, 시스템이 신뢰가능(dependable)한 것이다. 그러므로, 신뢰성은 시스템의 성능과 시스템이 제공하는 서비스의 신용을 다룬다. 이는 가용성(availability; 올바른 서비스의 준비), 신뢰도(reliability; 올바른 서비스의 연속), 안정성(safety; 사용자와 시스템에 대한 치명적 결과의 부재) 및 보안성(security; 허가된 사용자만의 동시적 이용을 위한 준비성, 기밀성, 무결성)이다. 외부 요인은 시스템에 대한 외부적 제약이며, 분산 검색 시스템에서는 네트워크 제약에서부터 시스템 개발자들의 수준과 같은 여러 외부 요인이 존재한다[1153].

이런 설정에서 10.5절에서 정의한 부하 균형(load balacing) 개념이 또한 중요하다.

### 목표 및 주요 쟁점

분산 구현에 적합한 응용은 연산 사이에 상대적으로 적은 통신을 가진 굵게 나눈 연산으로 분할될 수 있는 데이터와 계산을 포함한다. 문헌 분할에 기반을 둔 병렬 정보검색은 이 조건에 잘 맞는다. 10.4.2절에서, 검색 태스크를 여러 개의 독립된 서브태스크로 나누기 위하여 어떻게 문헌 분할이 사용되는지를 알아보았다. 각 서브태스크는 확장 계산과 서브 태스크 간의 적은 통신을 가진 데이터 처리를 포함한다. 더욱이 문헌들은 관리 목적 혹은 단일 소스로 관련 문헌들을 결합하기 위하여 거의 항상 컬렉션들로 그룹화 되어 있다. 그러므로 컬렉션들은 데이터를 여러 서버로 분산처리 하기에 필요한 자연스러운 분할도(granularity)를 제공한다. 분산 정보검색 시스템의 궁극적 목표는 큰 문헌 컬렉션에서 질의에 대하여 올바르고 신속하게 답을 제공하는 것이다. [99]에 따르면, 이는 세 가지 다른 목표를 의미한다. 첫 번째, 정보검색 시스템은 내용증가와 변화, 사용자 수의 증가, 검색 패턴 (사용자 모델)의 다양성 등에 대처할 필요가 있다. 이러한 이유로, 시스템은 반드시 확장가능해야 하며, 확장성(scalability)은 많은 자원을 추가할 때, 증가하는 작업량을 처리하는 시스템의 능력을 의미한다. 두 번째, 시스템은 반드시 높은 수용성(capacity)을 제공해야 하는데, 여기서 수용성은 반응 시간과 처리량 목표가 주어졌을 때, 주어진 시간에 처리할 수 있는 사용자 수의 최대값이다. 마지막으로, 시스템은 나쁜 결과를 빠르게 산출하기 쉬우므로 결과의 품질에 대하여 타협하지 말아야 한다. 확장성, 수용성, 품질, 이 세 가지 목표는 아래와 같이 정보검색 시스템의 모든 모듈에 공유된다:

- 데이터 수집 모듈은 시스템에 따라 다르다. 몇몇의 경우에, 데이터는 주어진 대로 받아들이고, 이미 분산되어 있다(예: 다중 컬렉션의 검색). 다른 경우, 데이터는 주어지지만, 시스템이 이를 분할해야 한다. 마지막으로, 웹 검색엔진에서 데이터는 분할되어 있지만 이를 다시 수집해야 하는데, 이를 수집(crawling)이라 부른다(12장 참고).
- 색인 모듈은 두 개의 태스크를 갖는다. 문헌 컬렉션의 분할과 색인. 분할은 각 서버로 용어 또는 문헌을 나누는 좋은 할당 기법(schema)을 찾는 것이다. 색인은 전통적인 정보검색 시스템과 마찬가지로, 색인 구조를 구축하는 것이다. 병렬 하드웨어 플랫폼은 10.3절에서 논의한 문헌 색인의 효율적인 알고리즘을 설계하고 구현하기 위해 이용될 수 있다.
- 질의 처리 모듈은 작은 반응시간, 높은 처리율, 가용성, 결과의 질과 같은 특성을 보존하면서, 확장가능한 방식으로 질의를 처리한다.

표 10.1에 표시되어 있는 바와 같이, 모든 모듈에 신뢰성, 통신, 외부 요인과 같은 일반적인 세 가지 고급 쟁점이 있고, 추가적으로 데이터 분할은 분산 시스템의 확장성에서 중요하다. 외부요인은 명확하므로, 다른 두 가지 측면을 먼저 설명한 다음, 이 장에서 이미 살펴봤던 것을 확장하면서, 어떻게 이들이 색인 및 질의 처리에 영향을 주는지 논의한다.

| 모듈 | 통신 | 신뢰성(동기화) | 외부요인 |
|---|---|---|---|
| 색인 | 재색인 | 부분색인<br>갱신<br>병합 | 내용 증가<br>내용 변경<br>전역 통계 |
| 질의 | 복제<br>캐싱 | 랭크 종합<br>개인화 | 사용자 요구 변화<br>사용자 기반의 증가<br>DNS |

**표 10.1:** 분산 정보검색 시스템의 메인 모듈과 각 모듈의 주요 쟁점([99]에 따름)

### 신뢰성(Dependablility)

장애(fault)는 시스템 또는 시스템의 부분을 이용 불가능하게 만들 수 있다. 이는 상업적 검색엔진의 질의 처리와 같은 중요한 목표를 가진 시스템에서 특히 바람직하지 않다. 특히, 가용성은 이런 시스템에 종종 가장 중요하게 영향을 주는데 왜냐하면 검색 서비스를 제공하는 회사의 주요 수입원과 관련이 있기 때문이다. 그러나 여러 요소를 가진 분산 시스템에서는, 다양한 방식으로 장애를 처리할 수 있는 다수의 자원을 이용할 수 있다. 분산 시스템 내의 장애는 드물지만 다른 한편 Junqueira와 Marzullo[857]가 사이트 가용성에 관하여 보여준 예처럼 예상보다 자주 일어난다. 사이트 불가용성(unavailability)이 수많은 질의 프로세서(사이트들에 해당하는)들로 구성된 통합 정보검색 시스템(federated IR system)에도 적용될 수 있다. 이 프로세서들은 광역통신망(wide-area network)에 걸쳐 있고, 언제든 연결이 끊길 수 있는 피어-투-피어(peer-to-peer)내에 존재한다.

장애를 처리하는 전형적인 방법은 복제(replication)이다. 분산 정보검색 시스템에서는 복제의 대상으로 네트워크 통신, 기능성(functionality), 데이터 등이 있다. 네트워크 통신을 복제하기 위해서, 사이트들을 멀티-홈(multi-homed)으로 만들면서 링크들의 수를 복제한다. 이 네트워크 통신의 복제는 고객들과 서버들이 고객(client)/서버(server) 시스템내에서 통신하는 것을 막는 분할의 가능성을 감소시킨다. 이는 지리학적으로 넓게 분포하는 많은 수의 고객들을 가진 피어-투-피어 시스템내에서는 덜 중요하다. 왜냐하면 이런 시스템 설계는 망 접속에 관한 다양성을 이미 내포하고 있기 때문이다.

기능성과 데이터에 대한 복제는 단일 사이트내, 사이트들간 두 가지 가능한 단계가 있다. 단일 사이트 안에서, 기능성 혹은 데이터 둘 중 하나가 복제되지 않는다면 단일 장애가 서비스를 중단시킬 수 있다. 예들 들어, 클러스터가 단일 부하 균형장치를 가지고 있고 이 부하 균형장치가 다운되면, 클러스터는 장애로 동작을 멈추게 된다. 여러 개의 복제 사이트 이용은 질의 처리와 같은 요청을 처리할 수 있는 서버들이 항상 존재할 가능성을 증가시키며, 이는 사이트 장애가 빈번할 때 특히 의미가 있다. 남은 문제는 호스트 사이트 위치를 선정하는 방법과 특정한 가용성 목적에 부합하는 복제의 수준을 정하는 것 등이다.

### 통신(Communication)

앞서 살펴본 바와 같이 정보검색 시스템의 작업 분배는 수많은 장애를 일으킬 수 있다. 많은 서버들로 작업을 분배함으로써 일어나는 주요 결점은 이 서버들이 통신을 해야 한다는 점이다. 네트워크 통신은 대역폭이 부족하여 병목현상이 발생할 수 있는데, 이는 특히 광역 시스템(wide-area system)에서 더 심하고, 서버간의 물리적 거리 또한 특정 메시지 전달의 지연을 심각하게 증가시킨다. 근거리 통신망 내에서 메시지 지연은 약 100만분의 1초인 반면, 광역 통신망 내에서는, 10분의 1초 정도가 될 수 있다. 분산 정보검색 시스템을 구현하는 메커니즘은 이런 제약을 고려해야만 한다. 단순한 예를 들어 대기 시스템(queueing system) $G/G/c$처럼 전위(front-end) 서버를 생각해 보자. 여기서 모델내 c개 서버들은 요청을 처리하는 스레드(threads)에 해당되는데 예를 들면 웹 서버와 같은 것이다.[4] 만약 요청에 대한 각 스레드의 반응이 시스템의 다른 부분을 가진 스레드의 통신에 따라 달라진다면, 대역폭과 메시지 지연은 스레드가 이런 요청에 답하는 시간에 영향을 준다. $c=150$(Apache 서버에서 전형적인 클라이언트 최대값)이라고 가정하면, 그림 10.12는 다양한 평균 서비스율에 따른 시스템의 수용력(capacity)의 상한 경계를 보여 준다 (점($x$, $y$)가 주어졌을 경우, $x$는 평균 서비스 시간이므로 수용력은 $y$보다 작아야 한다. 그렇지 않으면 서비스 대기는 무한으로 늘어난다). 그래프에서, 최대 수용력은 각 스레드의 평균 처리 시간이 증가함에 따라 급격하게 떨어진다: 평균 서비스 시간이 $10ms$에서 $100ms$로 가면서 수용력은 15에서 2로 떨어진다. 이 단순한 실험은 시스템을 설계할 때 네트워크 통신 영향의 중요성을 보여 준다.

4) $G/G/c$ 대기행렬(queue)은 질의 도달 간격과 서비스 시간의 분산이 임의적인 시스템이고, 여기에는 요청을 처리하는 $c$개 서버들이 있다[1385].

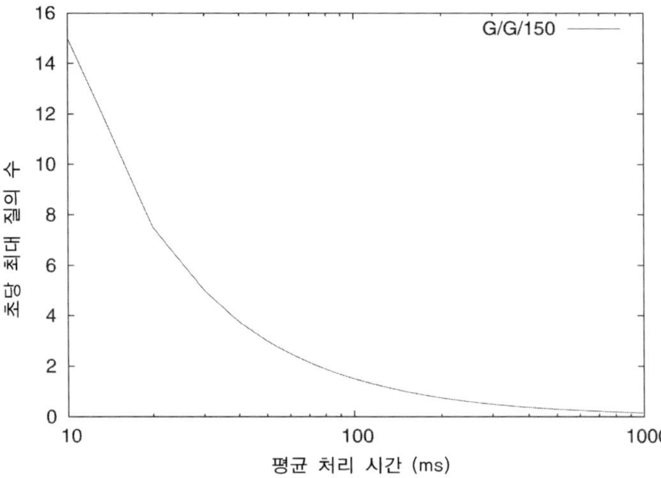


**그림 10.12:** G/G150 모델을 이용한 프론트 엔드 서버의 최대 수용력. 출처-분산 웹검색의 도전과제, Proceedings of ICDE 2007(Baeza-Yates et al.), pp. 6-20(2007), © 2007 IEEE[99]

## 10.6.2 색인

여러 질의 프로세서에 걸친 색인을 분할하는 한 가지 방법은 문헌들 내에 언급된 토픽(topic)을 고려하는 것이다[1361]. 예를 들어, 특정한 토픽에 대한 문헌들에 대한 색인을 보유한 질의 프로세서는 더 효과적으로 그 토픽에 관한 질의를 처리할 수 있다. 질의들을 그들의 토픽에 따라 라우팅(routing)하는 것은 문헌과 질의 모두의 토픽을 식별하는 것을 전제로 한다. 질의와 토픽을 정합하는 것은 10.3.2절에서 언급한 컬렉션 선택의 문제이다. 각 분할들은 질의에 답을 할 가능성에 따라 랭크값이 부여되는데, 실제로 최상위에 랭크된 분할들이 질의를 잘 처리할 수 있다. 색인을 이와 같은 방식으로 분할할 때의 문제는 문헌이나 질의 등의 토픽 분포의 변화가 분산 검색 시스템의 성능에 부정적인 영향을 끼칠 수 있다는 점이다. [308]에서 처럼, 분산 질의 처리 구조(distributed query processing architecture)의 시뮬레이션은 질의의 토픽 분산의 변화가 자원의 충분한 이용을 힘들게 하거나 인기 있는 토픽에 적은 자원의 할당이라는 결과를 내면서 성능에 불리하게 영향을 미칠 수 있다는 점을 보여 준다. 이 문제에 대해 가능한 해결방안은 정보검색 시스템의 질의 이력 정보를 고려하면서 색인 분할을 자동적으로 재구성하는 것이다.

질의의 언어에 따른 색인 분할 또한 적절한 접근방법이다. 문헌내 언어의 식별은 각 목표 언어와 문헌에 대한 $n$-그램(gram) 언어 모델들을 비교하거나[346] 특정 언어의 가장 빈번한 단어들이 특정 문헌내에 출현하는 확률을 비교함으로써[673] 자동적으로 처리될 수 있다. 유사한 기술을 이용하여 질의내 언어를 식별할 수 있다. 질의를 구성하는 텍스트가 작고, 관련된 메타데이터의 양이 매우 제한적이므로, 이러한 처리가 오류를 일으킬 수 있다. 언어를 이용하여 질의를 라우팅하는 데 있어서의 또 다른 문제는 웹처럼 다언어(multi-lingual) 문서의 존재이다. 예를 들어, 기술 내용의 문헌들은 많은 영어 용어를 가질 수 있으나 배경 언어는 영어가 아닐 수 있다. 게다가 질의 역시 다른 언어의 용어를 포함하면서, 다언어적일 수 있다.

분산 방식으로 색인을 구축하는 것은 도전적 과제이다. 지금까지 매우 적은 수의 논문들이 분산 방식으로 역색인을 구축하는 접근법을 제안했다. 예를 들어, 가능한 방법은 파이프라인(pipeline) 방식으로 서버들을 구성하는 것이다[1117]. 대규모 컴퓨터 클러스터에서 색인을 구축하기 위한 맵-축소 해결책(map-reduce solution)은 [485]에 나와 있다.

### 신뢰성(Dependability)

분산 색인 자체는 핵심적인 처리가 아니지만, 분산 검색 시스템의 적절한 작용은 질의 해결을 가능하게 하는 색인 구조의 존재에 따라 결정된다. 예를 들어, 충분한 색인 서버들이 실패하고 질의를 해결할 색인 데이터에 접근이 가능하지 않다면, 비록 시스템의 다른 부분들이 적절하게 작동할 수 있다고 하더라도 전체 서비스는 실패하게 된다. 신뢰성의 또 다른 쟁점은 색인의 갱신이다. 질의에 대해서 최근의 문서검색이 중요한 시스템에서, 문서내용의 수정이 빈번한 경우, 특정 순간에 접근 가능한 색인정보가 그동안의 모든 문서 변경을 반영해야 함을 보장해야 한다.

여기에는 분할 방법에 따른 몇 가지 신뢰성 쟁점이 존재한다. 용어 분할 시스템에서, 시스템 서버가 실패하면 복제되어 있지 않는 한 그 서버의 내용을 회복시키는 것은 불가능하다. 이 경우, 가능하지만 비효율적인 회복 방법은 전체 색인을 재구축하는 것이다. 또 다른 가능성은 분할을 부분적으로 겹치게 하는 것으로, 한 서버가 실패했을 때 적어도 다른 것들은 질의에 답할 수 있다. 문헌 분할 시스템은 서버의 실패에 대하여 좀 더 견고하다. 한 서버가 실패했다고 가정해도 시스템은 가능한한 너무 큰 유효성(effectiveness)을 잃지 않으면서 모든 부분-컬렉션(sub-collection)을 사용하지 않고 질의에 대한 답을 여전히 할 수 있다. 신뢰성 문제는 정보검색에 대한 분산 시스템의 영역에서 많이 연구되지 않았지만, 실제 시스템 추적을 사용한 정확한 분석이 이 점들을 확실하게 할 수 있다.

### 통신(Communication)

예를 들어, 질의의 분포가 변화하는 것을 발견했다면, 이는 사용자 모델 역시 변화되었다는 것을 의미한다. 이런 문제의 처리는 중요한데, 왜냐하면 정보검색 시스템이 실제와는 다르게 작동될 수 있기 때문이다. 이런 경우, 시스템은 새로운 조건에 적응하여야 하며 이는 색인이 다시 분할되어야 한다는 것을 의미한다. 색인에 대하여, 간단하면서 직접적인 접근법은 색인의 일부분을 중지하고, 대체하여 다시 시작하는 것이다. 그러나 이런 제약은 일시적으로 수용력(capacity)을 감소시키지만, 정보검색 시스템에 대한 근본적인 문제가 되지 않는다.

색인 처리는 분산 병합 연산(distributed merge operation)의 대상이며, 이는 또한 서버간의 통신에 영향을 미친다. 이 목적을 위한 실질적 접근법은 맵-축소 접근법(map-reduce approach) [485]이지만, 여러 개의 사이트들이 독립적으로 작동한다면 이것은 엄청난 양의 대역폭을 필요로 한다. 이 경우, 병합 연산을 위한 적절한 메커니즘의 설계는 통신과 계산 관점을 모두 고려해야 한다.

실제 대형 정보검색 시스템에서, 색인은 보통 기본이 되는 문헌 컬렉션의 갱신 후에 처음(scratch)부터 재구축된다. 이는 갱신이 너무 빈번해서 온라인 색인 유지 전략이 있는 뉴스 기사와 블로그 같은 특별한 문헌 컬렉션에는 해당하지 않을 수 있다. 이런 역동적인 색인 구조는 시스템의 수용력과 반응 시간을 제한한다. 왜냐하면 갱신 작업은 주로 색인의 잠금(locking)을 필요로 하기 때문이며, 이는 전체 시스템 성능을 위태롭게 할 수도 있다. 흥미로운 것은 너무 큰 성능의 손실을 피하면서 안전하게 색인을 잠글 수 있느냐이다. 이는 용어 분할 분산 정보검색 시스템의 경우에 더 유의미한데, 빈번하게 갱신을 요구하는 용어들은 여러 서버들에 퍼져 있으므로 잠금 효과를 증폭시킨다.

### 외부 요인(External Factors)

분산 정보검색 시스템에서는 몇 가지 처리할 병목이 있다. 색인을 어떻게 분할하느냐와 다른 요인에 의해서 심각한 성능악화가 있을 수 있다. 예를 들면 문헌 분할 정보검색 시스템에서, 컬렉션 빈도 혹은 용어의 역 문헌 빈도와 같은 전체 매개변수 값을 계산할 필요가 있다. 여기에는 두 가지 가능한 접근법이 있다. 하나는 색인 단계 후에 이용 가능한 모든 지역 통계를 합하여 최종 전역 매개변수를 계산하는 것이다. 또, 최종 합계작업을 피하는 것이 가능한데, 전역 통계들을 계산하는 문제가 질의를 질의 처리 서버로 보내고 결과를 병합하는 시스템 분배가 담당하기도 한다.

이런 통계를 계산하기 위해서, 분배기는 보통 2회전(two-round) 프로토콜을 이용하여 질의를 해결한다. 첫 번째에서 분배기는 각 서버로부터 지역 통계를 요구하고, 두 번째에서 질의를 포함한 두 번째 메시지 위에 전역 통계를 합쳐 각 서버로부터 결과를 요구한다. 여기에서 질문은 전역 통계 대신에 지역을 사용한 '스마트한' 분할 전략이 주어졌을 때, 최종 시스템 유효성의 영향은 무엇인가이다. 이 질문에 대한 답은 매우 난해하며, 사실, 실제 검색엔진에서 질의에 대한 올바른 답이 무엇인지 정의하는 것은 어렵다. 그러므로 지역 통계만을 이용하는 것이 차이를 만드는지에 대해 알아내기가 어렵다. 이 효과를 측정하기 위해 가능한 방법은 전역 통계로 계산된 결과 집합과 지역 통계만을 이용해서 계산된 결과 집합을 비교하는 것이다. 더욱이 컬렉션 선택(collections selection) 전략을 사용한다면, 전역 통계를 사용하는 것은 실현 가능하지 않다.

### 10.6.3 질의 처리(Query Processing)

분산 방식으로 질의를 처리하는 것은 특정한 질의를 처리할 때 분산 시스템에서 어떤 자원을 할당하느냐에 따라 달라진다. 분산 검색 시스템에서, 사용 가능한 자원들의 풀(pool)은 다음의 역할중 하나를 가지는 구성 요소로 구성된다: 코디네이터(coordinator), 캐시(cache), 질의 프로세서(query processor). 코디네이터는 클라이언트 컴퓨터로부터 질의를 받고, 이 질의를 시스템의 다른 부분으로 보내는 방법을 결정하며, 그곳에서 이들이 적절하게 처리될 수 있다.[5] 질의 프로세서는 색인 혹은 문헌 정보를 가지고 결과를 검색하고 보여 주기 위한 준비를 하는데 사용된다.

복수의 요소들이 자신들의 계산을 위하여 통신을 요구하기 때문에 네트워크 통신은 분산 시스템의 필수적인 부분이다. 지연값이 네트워크의 종류와 물리적 근접(proximity)에 따라 상당히 달라질 수 있으므로 하나의 질의를 처리하기 위하여 여러 서버들을 개입시키는 것은 높은 비용을 요구할 수 있다. 이 문제를 완화하기 위해서, 캐시 서버는 가장 빈번하거나 인기 있는 질의에 대한 결과를 보유할 수 있고, 코디네이터는 고객에게 답을 하기 위해 캐시된 결과를 사용할 수 있다. 통신 비용이 높은 경우에, 캐시 서버들은 단일 캐시 서버처럼 단순하게 질의를 해결함으로써 서버에 대한 부담과 질의 지연을 감소시킬 수 있다.

중요한 가정은 하나 이상의 서버가 이 구성 요소들의 각각을 구현한다는 것이다. 이 가정은 특히 대규모 시스템에서 중요하다: 높은 요청량과 대량의 데이터를 가진 시스템. 시스템의 전반적인 수용력을 증가시키기 위해서 더 많은 물리적 서버들을 추가할 수 있는 방식으로 구성 요소를 설계하는 것은 대규모 시스템에서 기본이다. 왜냐하면 이것이 시스템을 확장 가능하게 만들기 때문이다. 사실, 시스템의 부분들을 요소 역할로 분리하는 작업 자체가 이미 확장가능성을 촉진하기 위한 시도이지만, 단일 시스템은 무제한 방식으로 확장할 수 없다(예: 웹 검색엔진의 크기를 생각해보라). 이 서버들은 물리적으로 다른 위치에 있을 수 있고, 지리적으로 다른 지역에 있을 수 있으므로, 결합 서버(collocated servers)의 각 그룹을 사이트(site)라고 부른다.

그림 10.13은 각 구성 요소들의 역할뿐만 아니라 앞에서 설명한 구성 요소들을 포함하는 다중-사이트 분산 정보검색 시스템의 예를 보여 주고 있다. 여기에는 다른 지역에 위치한 세 개의 사이트가 있으며 각 사이트는 수많은 코디네이터, 캐시, 질의 프로세서로 구성된다. 고객으로부터 온 질의는 가장 근접한 사이트 즉, 사이트 A(라우트(route) 1)로 바로 보내진다. 사이트 A의 코디네이터는 질의를 부하분산 혹은 컬렉션 선택(collection selection)과 같은 이유로 사이트 B(라우트 2)로 보낸다. 사이트 B는 자신의 질의 프로세서로 질의를 해결하고 결과를 고객에게 리턴한다(라우트 3).

네 가지 속성(attributes)에 따라 분산 질의 처리 시스템을 분리하면,

- **구성 요소의 수.** 각 역할에서, 시스템은 여러 구성 요소를 가질 수 있다. 다수 코디네이터의 보유는 반응 시간과 이용가능성을 향상시킴으로써 사용자 경험을 높이는 잠재력을 가진다. 다중 캐시에 대한 유사한 주

5) 코디네이터는 분산된 문헌 혹은 용어 분산 시스템의 분배기가 될 수 있고, 또는 다른 사이트로 질의를 보내는 사이트-수준 분배기(site-level broker)가 될 수도 있다. 그러므로, 코디네이터를 분배기라 부르는 대신에 더 일반적인 용어를 사용하고자 한다.

장이 있다: 여러 개의 캐시 구성 요소들은 질의 프로세서의 서버 부하를 감소시키면서 반응 시간과 이용가능성 모두를 높일 수 있는 가능성이 있다. 캐시에 대한 이용가능성은 캐시 구성 요소의 실패(failure)뿐만 아니라 질의 프로세서의 실패에도 관련이 있다. 만약 질의 프로세서가 일시적으로 이용 불가능하면, 캐시 참여자(participant)는 사고 상태(outage) 기간 동안 캐시된 결과를 전달할 수 있다. 마지막으로 복수 질의 처리기는 더 확장 가능한 해결뿐만 아니라 자원과 지리적인 다양성 덕분에 더 신뢰가능한 시스템이 될 수 있게 한다.

- 접속(Connectivity). 모든 구성 요소들은 동일한 근거리 통신망으로 연결되어 있거나 광역 통신망 안에서 지리적으로 분산되어 연결되어 있다.
- 역할의 구분(Distinction of roles). 질의 처리 시스템의 구성 요소들은 하나 이상의 역할을 담당할 수 있다. 전형적으로, 구성요소들(코디네이터, 캐시, 질의 프로세서)은 질의를 처리하는 서버 측면을 구현하는 반면, 고객들은 단지 질의를 제출하기만 한다. 이는 전통적인 클라이언트/서버 모델을 구현한 것으로, 질의를 제출하기만 하는 고객과 질의를 처리하기만 하는 서버 사이의 명확한 구분을 가지고 있다. 대안적으로, 참여자들은 피어-투-피어시스템과 같이 고객과 서버 둘 다 될 수 있다[181, 443, 1559]. 이런 시스템에서, 모든 피어들은 위에서 언급한 모든 역할을 담당한다.

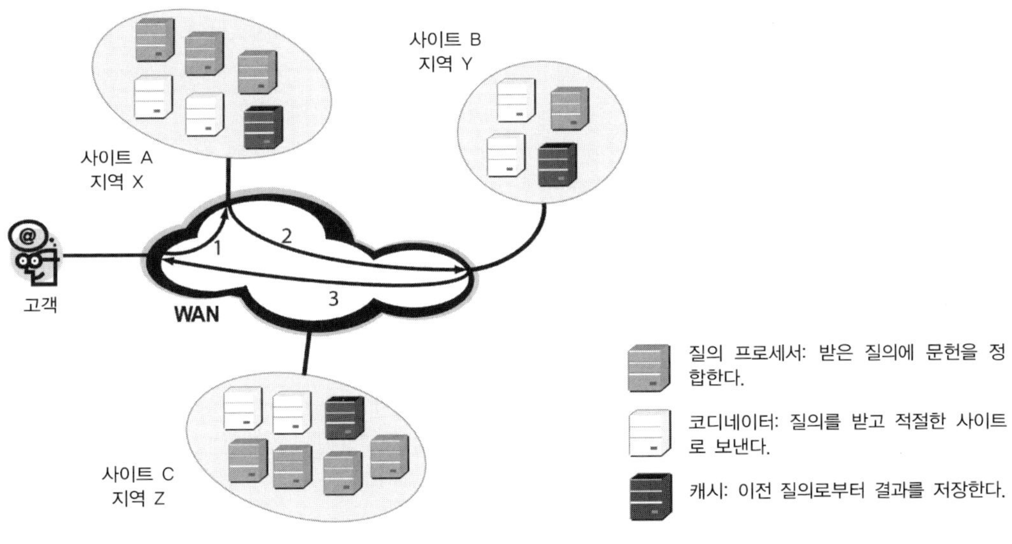


**그림 10.13**: 분산 질의 처리 시스템의 예. 각 서버의 역할은 오른쪽에 설명되어 있다. Challenges on distributed Web retrieval, Proceedings of ICDE 2007(Baeza-Yates et al.), pp. 6-20 2007), ©2007 IEEE[99]

- 상호작용(interaction). 통합 시스템(federated system)에서, 독립적인 요소들(entities)은 단일 시스템을 형성한다(10.7절 참조). 예를 들어, 여러 나라들에 걸쳐있는 기관은 기관 시스템 전체를 함께 형성하는 독립 시스템을 소유한다. 통합 시스템은 또한 다른 기관의 사이트들로 구성되고, 몇 가지 정식 협정은 특정 행위에 대하여 각 사이트의 기능을 제한한다. 통합의 경우에 상호작용은 더욱 단순한데, 왜냐하면 시스템을 감독하는 몇 개의 요소가 있다고 가정하는 것이 합리적이기 때문이다. 그러면 구성 요소들은 서로를 신뢰할 수 있고, 다른 구성 요소로부터 필요한 모든 정보에 접근할 수 있으며, 모든 다른 구성요소가 시스템에 가장 이익이 되도록 행동한다고 가정할 수 있다. 그러나 오픈 시스템에서는[6] 이렇게 되지 않을 수도 있다[1473].

6) 오픈 시스템은 또한 비-협동적(non-cooperative)이라고도 불린다.

다른 기관의 사이트들은 통합을 형성하는데 반대하면서 자신들의 이익을 위하여 행동한다. 예를 들어 질의 처리 과정에서 상위를 변경하여 특정 질의의 처리성능에 영향을 줄 수 있다.

구성 요소들의 수는 중요한데, 이는 질의를 처리하는데 이용 가능한 자원의 양을 결정짓기 때문이다. 이 구성요소들이 어떻게 접속되어 있는지에 따라(근거리 통신망 대 광역 통신망), 구성요소들의 할당에 대한 선택 변화가 다른 성능 결과로 이어진다. 사실, 질의 당 자원의 양을 최소화하는 것은 일반적으로 중요한 목표인데, 그 이유는 질의 당 적은 자원의 사용으로 시스템의 전체 수용력(capacity)이 증가하기 때문이다. 클라이언트/서버 시스템에서, 서버 측면의 사용할 수 있는 자원의 양이 시스템의 전체 수용력을 결정하므로, 질의 처리에 이용 가능한 전체 자원의 양은 고객의 증가에 따라 증가되지 않는다. 그러나 피어-투-피어 시스템에서는 새로운 참여자가 새로운 고객 및 서버 둘 다 될 수 있다. 결과적으로 질의 처리에 사용 가능한 전체 자원의 양은 무임승차가 일반적이지 않다는 가정하에 고객의 증가에 따라 증가된다. 통합 시스템에서, 독립 시스템은 단일 시스템을 형성하기 위해서 결합하는데, 이는 결과적으로 참여자들의 올바른 행위 및 신뢰와 같은 쟁점은 고려가 되지 않는다. 오픈 시스템에서, 파트너쉽은 시스템이 고객에게 제공하는 서비스의 전반적인 질을 향상시키려는 가능성을 제공한다. 그러나 이런 시스템에서, 참여자들은 자신의 이익을 취하는 방식으로 자원을 할당할 수 있으며, 그 결과 특정 참여의 결과에 대해 부정적 영향을 줄 수도 있다.

모든 분산 시스템이 데이터를 분할하는데, 실제로 이는 잠재적으로 질의 처리 성능을 높인다. 문헌 분할의 경우, 질의를 평가하는 시스템이 이용 가능한 모든 자원들을 사용하는 대신, 관련된 결과를 이상적으로 포함하는 검색 서버의 부분집합만을 선택할 수 있다. 선택된 부분집합은 관련된 문헌 집합의 부분을 포함할 수 있다. 그러나 관련 문헌의 가능한 가장 큰 부분을 검색하는 능력은 컬렉션 선택 또는 질의 라우팅이라고 알려진 문제에 봉착하며(10.3.2절 참조), 이는 또한 컬렉션 분할에 사용된 기술에 따라 달라진다(10.3.1절 참조). 용어 분할의 경우, 효과적인 컬렉션 선택은 어려운 문제가 아니다. 왜냐하면 질의의 특정 용어에 대한 정보를 보유한 서버의 선택으로 해결할 수 있다. 질의를 받자마자, 이를 질의 용어의 부분집합에 대한 관리책임이 있는 서버에게로만 보낸다. 문헌 분할의 경우, 문제가 좀 더 복잡한데, 관련된 결과를 가장 많이 포함하는 서버를 미리 알 수 없기 때문이다.

### 질의 부하 균형(Query Load Balancing)

사실, 질의 처리량에 대한 주요 쟁점은 여러 서버들에 걸친 부하 불균형 분산이다. 그림 10.14[1673]는 문헌 분할 시스템의 8개 서버 각각의 평균 사용 중 부하(busy load)(왼쪽)와 파이프라인 용어 분할 시스템(오른쪽)을 나타낸다. 점선은 모든 서버에 대한 평균 사용 부하에 해당하며 용어 분할 시스템(파이프라인 구조를 사용한)에서, 서버들의 부하에 대한 분산에서 명확한 불균형이 나타나며, 이는 시스템 처리량에 대하여 부정적인 영향을 미친다.

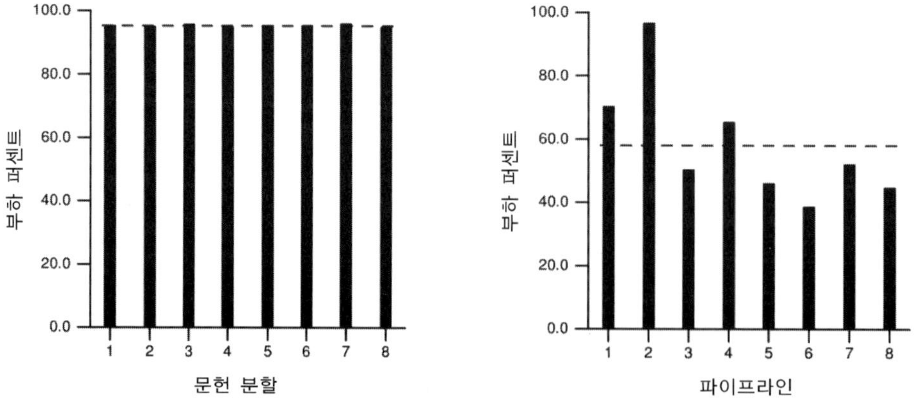


**그림 10.14:** 문헌 분할과 파이프라인 용어 분할 정보검색 시스템의 프로세서당 평균 부하 분포[1673]

이 문제를 해결하기 위해서, 질의 부하를 균등하게 분산하는 색인 접근 패턴의 추정치를 고려하는 '스마트' 기술을 이용할 수 있다. 여러 서버들에 걸쳐 임의로 문헌을 분할하는 경우, 모든 서버들이 모든 질의를 받는다. 원칙적으로 이는 완전한 부하 균형이지만, 서버당 처리 작업량이 같은 것은 아니기 때문에, 임의 분할은 균등한 질의 부하 균형을 보장하지 못한다[83].

용어 분할 시스템에서, Moffat 등[1151]은 질의와 포스팅 리스트 복제에 나타나는 용어의 빈도에 대한 정보를 이용함으로써 부하의 균형을 맞추는 것이 가능하다는 것을 보여 준다. 즉, 그들은 상자채우기 문제(bin-packing problem)처럼 용어 분할 시스템내 어휘를 분할하는 문제를 이끌어낸다. 상자채우기 문제에서 각 상자는 분할을 의미하고, 각 용어는 상자안에 넣는 객체를 뜻한다. 각 용어는 질의 이력내 출현 빈도에 비례하는 가중치를 갖고, 포스팅 리스트의 해당하는 길이를 갖는다. 이 작업은 용어 분할 시스템의 성능이 이 전략으로부터 이익을 얻는 것을 보여 주는데, 왜냐하면 각 서버에 부하를 더욱 균등하게 분산하는 것이 가능하기 때문이다. 실험 결과, 성능향상이 균등한 부하분포에 기인한다는 것을 고려하더라도 문헌분할 시스템이 용어분할 시스템보다 높은 성능을 얻을 수 있음을 보여 준다. 유사하게 Lucchese 등[1060]은 용어에 대한 가중함수를 이용하여 이전의 상자채우기 문제를 구축하고 각 서버에서 질의 분산을 가능하게 하는 분할을 시도하였다. 원래 상자채우기 문제에서는, 단순히 상자에 할당되는 가중치의 균형에 목적이 있다. 그러나, 이 경우에 목적 함수는 용어에 할당되는 단일 가중치와 질의내 용어의 동시-출현(co-occurrence) 등 두 부분에 따라 달라진다. 함수의 주요 목표는 질의에서 동시에 출현하는 용어를 동일 색인 분할에 할당하는 것이다. 이는 질의되는 서버들의 수와 각 서버에 대한 통신 부담 모두를 감소시키는 데 중요한 역할을 담당한다.

비록 작업 부하를 예측하는 것이 가능할 때 사이트에 대한 대비(provisioning)가 실행 가능한 해결방안이라 할지라도, 잠재적으로 문헌의 언어 혹은 토픽에 기반을 둔 문헌의 분할 방법은 질의 프로세서간 작업분할과 유사한 불균형을 초래한다.

#### 신뢰성(Dependability)

질의 프로세서는 중요한 역할을 담당하는데 시스템은 프로세서가 저장한 데이터와 처리 능력 없이는 고객의 요청에 부응할 수 없기 때문이다. 프로세서가 처리한 대량의 데이터(예: 색인, 문헌) 때문에 질의 프로세서에 대하여 좋은 복제 방법을 결정하는 것도 하나의 도전이 된다. 여러 질의 프로세서들에 걸친 데이터를 복제함으로써, 특정 질의를 처리하기 위해 필요한 데이터를 보유한 일부 질의 프로세서가 이용될 가능성을 증가시킨다. 모든 질의 프로세서가 동일 데이터를 저장하는(즉, 서로 완전 복제) 것은 가능한 최고의 가동 상태를 가져온다. 이는 중요하고 불필요한 오버헤드를 부과하는 것과 같고, 또한 전체 저장 수용력을 감소시킨다. 그러므로, 미해결 과제는 시스템이 최소 저장 오버헤드를 가지면서 충분한 가용성 수준을 얻는 방식으로 복제하는 방법이다.

복수의 질의 프로세서는 지리적 다양성과 자원의 다양성 덕분에 더 신뢰 가능한 시스템이 될 수 있고, 또한 더 확장시킬 수도 있다. 게다가, 캐시의 이용가능성은 캐시 구성 요소들의 실패뿐만 아니라 질의 프로세서의 실패와도 관련된다. 만약 질의 프로세서가 일시적으로 사용이 가능하지 않다면, 고장 기간 동안에는 캐시된 결과를 전달할 수 있다.

비록 높은 가용성이 온라인 시스템에서 매우 중요한 목표이나, 목표는 그것만 있는 것이 아니라 일관성 또한 중요할 때가 있다. 특히, 개인화와 같은 특징을 고려할 때, 모든 사용자는 선호를 나타내는 변수를 가지는 자신만의 상태 공간을 갖고, 잠재적으로 모든 질의에서 이런 사용자 상태의 갱신이 일어난다. 이 경우, 매 갱신에서 사용자 상태가 일관적이고, 절대 손상되지 않아야 하는 것이 매우 중요하다. 상태-기계 복제(state-machine replication) [1440, 971]와 일차-백업(primary-backup)[293, 1775]과 같은 분산 알고리즘으로부터 온 기술은 결함-허용서비스(fault-tolerant service)를 구현하기 위해서이다. 주요 문제는 대규모 시스템에 이와 같은 기술을 적용하는 것인데, 응용의 필요 조건에 따라 일관성 제약을 완화하는 것이 가능하고, 또한 오래된 기술을 이용함으로써 약한 일관성 제약을 구현하게 된다.

더 나아가 캐시를 이용하여 결함-허용능력을 향상시키는 것이 가능하다. 질의 프로세서가 실패하면, 시스템은 캐시된 결과를 리턴하므로 시스템 설계는 복제를 대신하는 대안 혹은 보완 목적의 캐싱 시스템을 고려할 수 있다. 중요한 문제는 효과적으로 고장을 처리하는 캐시 시스템을 설계하는 방법이다. 물론 좋은 설계와 더불어 캐시 시스템의 근본적인 목표도 고려해야 하는데 이는 평균 반응시간의 감소, 질의 프로세서에서 작동하는 서버에 대한 부하, 대역폭 활용이다. 이 세 가지 목표는 높은 적중률(hit ratio)로 바꿔 말할 수 있는데, 흥미롭게도, 높은 적중률은 잠재적으로 결함-허용능력을 향상시킨다. 특정 질의에 반응하는 결과에 대한 접근성은 평균 지연을 감소시키는 목표와는 달리 고장을 처리할 때 중요하다. 예를 들어 어떤 캐싱 구조는 광역 통신망 메시지로 통신하는 몇몇의 캐시 구성 요소를 가진다. 이런 구조는 질의 처리 지연을 반드시 향상시키지는 않는데, 캐싱 구성 요소간의 메시지 지연이 높기 때문이다. Wolman 등[1715]은 협동 웹 캐싱이 전반적인 요청 지연을 반드시 향상시키는 것은 아니라고 주장한다. 왜냐하면 주로 광역 통신망은 수많은 사용자의 이익을 퇴색시키기 때문이다. 가용성(availability)에 대하여, 이런 구조는 사용자 질의를 처리하기 위하여 시스템이 사용하는 결과들의 수를 증가시킴으로써 시스템의 가용성이 더 높아진다. 사실, 대규모 분산 정보검색 시스템의 가용성을 향상시키는 분산 협동 캐싱에 대한 논쟁은 광역 시스템에서의 통신 접속이 보통 공급자에 의존적이고, 라우팅 실패는 충분히 빈번하게 발생한다는 것이다[1248].

### 통신(Communication)

분산 질의-처리 구조는 통신에 따라 부과되는 오버헤드와 시스템의 다른 구성 요소로부터 온 정보의 병합을 고려할 필요가 있다. 파이프라인을 이용한 용어 분할 시스템은 서버에서 부분적으로 해결된 질의를 보낸다[1673, 1151]. 그러나 위치 정보가 근접 혹은 구(phrase) 검색에 사용될 때, 서버간 통신 오버헤드는 크게 증가한다. 왜냐하면 이는 용어의 위치와 부분적으로 해결된 질의 모두를 포함하고 있기 때문이다. 이런 경우, 위치 정보는 질의 내에 출현할 가능성이 있는 단어들의 위치를 다르게 인코딩하면서 위치 정보를 효과적으로 압축할 필요가 있다.

문헌 분할 시스템에서, 질의 프로세서들은 질의 결과를 코디네이터에 보낸다. 코디네이터는 사용자에게 제시할 최상위 결과를 탐지하고 병합한다. 코디네이터가 많은 양의 질의 프로세서로부터 결과를 병합하는 동안 병목이 발생할 수 있는데, 이 문제를 완화하기 위해서 코디네이터의 계층을 이용하는 것이 가능하다[308]. 문헌 분할 시스템의 반응시간은 가장 느린 구성요소의 반응시간에 따라 변화한다. 이 제약은 반드시 문헌의 분산 때문은 아니지만 디스크 캐싱 메커니즘, 메모리 양, 서버의 수에 따라 달라진다[83].

질의 해결에 여러 개의 질의 프로세서가 참여할 때, 통신지연이 중요할 수 있다. 이 문제를 완화하기 위한 한 가지 방법은 점진적인 질의 처리 접근법을 이용하는 것이며, 여기에서는 빠른 질의 처리 서버가 초기의 결과값을 계산한다. 지연시간이 큰 다른 원격 질의 프로세서가 추가적인 결과를 제공하고, 사용자는 계속 새로운 결과를 획득하게 된다. 점진적 질의 처리는 결과를 병합하는데 영향을 주는데, 더 관련있는 결과가 지연 때문에 늦게 나타날 수 있기 때문이다. 고객이 검색을 이용하는 방식에서 패러다임 이동 또한 점진적 질의 처리로 가능하다[272]. 예를 들어서, 사용자가 웹 인터페이스를 이용하여 직접 검색하는 대신 문맥에서 응용이 질의를 추론하고 결과를 리턴하는 것을 상상해볼 수 있다.

질의 처리가 결과의 개인화를 포함할 때, 사용자 관심에 따른 검색결과를 채택하기 위해서 사용자 프로파일로부터 온 추가 정보는 검색시간에 필수적이다. 질의 처리 구조는 이와 같은 정보를 필수적 검색시스템의 요소로는 고려하지 않는다[151]. 대규모 정보검색 시스템의 개인화와 관련된 추가적 문제는 각 사용자 프로파일이 상태를 표현한다는 점이며, 이는 가장 마지막 상태이어야 하고, 복제에 걸쳐 일관성이 있어야 한다. 대안적으로 시스템은 고객 측면의 얇은 계층으로 개인화를 구현할 수 있는데, 접근법은 사용자와 그들의 행동에 대한 정보와 관계있는 사생활의 쟁점을 다루기 때문에 매력적이며 사용자가 항상 같은 단말기를 사용하도록 한다.

부정확한 사용자 모델은 새로운 문제가 될 수도 있는데, 사용자 행동이 시간이 지남에 따라 변화하기 때문에, 그에 따라 모델 갱신이 가능해야 한다. 단순한 접근법은 고정 시간 간격으로 모델을 갱신하도록 일정을 만드는 것이며, 문제는 얼마나 자주 갱신을 하느냐이다. 높은 갱신 빈도는 높은 통신 트래픽과 낮은 질의 처리 수용력을 암시한다는 것을 기억하자. 이상적으로는, 변화가 나타날 때마다 시스템 통신이 모델의 변형에 적응하는 것이다.

게다가 웹 검색엔진과 같은 대규모 정보검색 시스템에서, 수십만에서 수백만의 질의가 하루에 이루어진다. 사용자 모델의 정의와 행동의 효과적 사용에 중요한 것을 기록하는 것인데, 이는 새로운 문제에 봉착할 수 있다. 그 이유는 데이터의 양이 엄청나게 많기 때문이며, 사실 이 데이터를 서버에서 서버로 이동시키는 것은 대역폭 제한 때문에 거의 불가능하다.

**외부 요인(External Factors)**

대규모 정보검색 시스템의 설계는 여러 방식으로 사용자(혹은 고객)를 고려한다. 예를 들어, 정보검색 시스템의 정확률(precision)을 평가하기 위해서 연관 모델을 제작하는 것이 가능하다. 유사하게, 캐싱 정책(caching policy)의 설계와 분석은 사용자 혹은 사용자 모델의 정보가 필요하다[544, 100]. 그러나 사용자 행동은 외부 요인으로서 정보검색 시스템에 의하여 제어되지 않으며, 사용자 검색 행동의 상당한 변화는 시스템의 효율과 정확률에 영향을 줄 수 있다. 예를 들어, 사용자가 검색한 토픽이 과거에 천천히 바뀌었으면 [1519], 시스템 자원의 재구성은 좋은 성능을 유지하기 위해서 필수적이며 사용자 행동의 변화는 또한 캐싱 정책의 성능에도 영향을 미칠 수 있다. 그러므로 만약 사용자 행동이 빈번하게 변한다면, 시스템의 자동 재구성이나 모듈의 단순 교체 중 하나를 가능하게 하는 메커니즘을 제공할 필요가 있다. 사용자가 그들의 행동을 상당히 변화시킨 시기를 온라인으로 결정하는 것이 도전과제가 된다.

### 10.6.4 웹 쟁점

월드 와이드 웹(World Wide Web)에서의 정보검색은 11장에서 다루고 있다. 완벽을 기하기 위해서, 여기에서 간단하게 병렬 및 분산 정보검색이 어떻게 웹에서 적용되는지 언급한다. 가장 직접적 적용은 웹의 모든 문헌들을 대규모 단일 문헌 컬렉션으로 모으는 것이다. 그러면 마치 웹이 하나의 대규모 문헌 컬렉션인 듯이 앞에서 설명한 병렬 및 분산 기술은 바로 사용될 수 있다. 이는 현재 대부분의 인기 있는 웹 검색 서비스에서 채택한 접근법이다.

대안적으로, 웹을 구성하는 분산 컴퓨터들을 활용하여 모든 문헌의 검색, 조직, 수집 작업을 수행할 수 있다. 이는 Harvest 시스템[244]과 더 최근의 분산 웹 검색 구조에서 채택된 접근법이다. Harvest는 문헌 수집, 요약, 복제, 분산, 검색의 수많은 구성 요소로 구성된다. 사용자 질의는 분배기에 의해서 처리되며, 분배기는 수집기(gatherer)와 다른 분배기가 모은 정보를 수집하고 개선한다. 특정 분배기의 정보는 사용자가 그들의 질의를 가장 적절한 분배기로 향하게 하면서, 전형적으로 제한된 토픽 집합으로 연결된다. 중앙 분배기 레지스트리는 사용자가 그들의 질의에 대한 최상의 분배기를 찾도록 도와준다.

## 10.7 통합 검색(Federated Search)

통합 검색 시스템은 사용자 질의에 답하기 위해서 서로 이질적인 컬렉션에 의존한다. 따라서, 통합 정보검색 시스템을 구축하기 위해서는, 여러 분산 시스템의 일반적인 쟁점과 정보검색 특수 알고리즘의 쟁점, 모두를 고려해야 한다. 중요한 공학적 쟁점은 기본적으로 세 가지이다: (a) 요청과 결과를 전송하는 검색 프로토콜의 정의 (b) 요청을 받아들이고, 이를 처리하는 스레드나 부분-처리(sub-process)를 실행시키고, 적절한 캐싱 기술을 이용해서 계산 속에 내재하는 지역성(locality)을 이용 (c) 병렬 다중 서버로 비동기 검색 요청을 제출하고, 최종 사용자의 응답으로 중간 결과를 결합하는 분배기를 설계하는 것이고, 알고리즘의 쟁점 또한 세 가지이다: (a) 분산 검색 서버에 산재된 문헌들을 분산하는 방법 (10.3.1절 참조), (b) 특정 검색 요구를 어떤 서버가 받아야 할지 선택하는 방법 (10.3.2절 참조), (c) 질의를 처리하고 다른 서버로부터의 결과를 결합하는 방법이 있다. 여기서는 마지막 문제에 초점을 맞추도록 한다.

검색 프로토콜은 클라이언트와 서버 사이에 전송되는 메시지의 문법(syntax) 및 의미론(semantics)과 검색 작업을 수행하고 연결하는 데 필요한 메시지의 연속, 메시지 전송에 대한 근본적인 이동 메커니즘(예: TCP/IP)을 명시한다. 최소한, 프로토콜은 클라이언트가

- 검색 서버에 대한 정보를 획득하게 한다(예: 데이터베이스와 연관된 통계와 서버에서 검색에 이용 가능한 데이터베이스 리스트).
- 잘 정의된 질의 언어를 이용해 하나 이상의 데이터베이스에 대한 검색요청을 제출하게 한다.
- 잘 정의된 포맷으로 검색결과를 받도록 한다.
- 검색결과에서 식별된 항목을 검색하도록 한다.

동질적인 검색 서버로 구성된 비개방 시스템(closed system)에서, 특별한 기능(예: 요청과 결과의 암호화)가 요구될 때, 맞춤 검색 프로토콜(custom search protocol)이 필요하다. 대안적으로 시스템이 다른 검색 서버와 더 쉽게 상호 정보교환하려면 표준 프로토콜이 사용될 수 있다. Z39.50[1023]은 클라이언트/서버 정보검색을 위한 표준(7.1.4절 참조)으로 대부분의 검색 응용을 지원하는 충분한 기능을 가지고 있으며 널리 사용되는 프로토콜이다. STARTS (Stanford Proposal for Internet Meta-Searching)[664]라 불리는 이질적 분산 검색의 또 다른 프로토콜은 검색 제품과 서비스 제공자를 찾는 컨소시엄의 협력으로 스탠포드 대학에서 개발되었다. STARTS는 통합 정보검색을 지원하기 위해 기초부터 설계되었고, 이질적인 자원의 결과를 병합하는 것과 같이 관련 알고리즘의 쟁점을 해결하려는 특징을 포함하고 있다. 더 많은 메타검색에 대한 정보는 11.10.3절과 15.3.8절에 있다.

효과적인 클라이언트/서버 시스템과 관련된 또 다른 공학적 쟁점은 다른 문헌에서 다루고 있으므로(예를 들어, Comer and Stevens[408]과 Zomaya[1800]). 여기서 리뷰하기 보다, 통합 정보검색의 질의 처리 쟁점에 대해 더 자세히 살펴본다.

#### 질의 처리(Query Processing)

통합 검색 시스템의 질의 처리는 다음과 같이 이루어진다:

1. 탐색할 컬렉션들을 선택한다.
2. 선택된 컬렉션들에게 질의를 분배한다.
3. 분산된 컬렉션 각각에서 질의를 병렬로 처리한다.
4. 분산된 컬렉션들로부터 온 결과를 최종 결과로 결합한다.

앞서 설명한 바와 같이, 단계1은 만약 질의가 시스템의 모든 문헌 컬렉션에 항상 전달된다면, 제거될 수 있다. 그렇지 않으면, 앞에서 설명한 선택 알고리즘들 중의 하나가 사용되고, 질의는 선택된 컬렉션들에게 분배된다. 각각의 참여 검색 서버는 자신들의 탐색 알고리즘을 이용하여 선택된 컬렉션에 대한 질의를 계산하고 마지막으로, 결과가 병합된다.

여기까지, 결과를 병합하는 방법을 제외하고 모든 것을 다루었는데, 병합하는 방법에는 수많은 시나리오가 있다. 첫 번째, 만약 질의가 불리안이고 검색 서버가 불리안 결과 집합을 리턴한다면, 모든 집합은 단순히 합쳐져 최종 결과 집합을 이룬다. 만약 질의가 자유-텍스트 랭킹(free-text ranking)을 포함한다면, 단순한 것부터 복잡한것까지의 많은 기술이 이 랭킹에 사용 가능하다.

가장 단순한 접근법은 라운드 로빈 인터리빙(round robin interleaving)을 이용하여 랭크된 적중-리스트를 결합하는 것이다. 이는 열등한 품질의 결과를 생산할 가능성이 있다. 왜냐하면 관련이 없는 컬렉션들로부터 온 결과(hit)와 매우 관련있는 컬렉션의 결과가 동등한 상태로 인식되기 때문이다. 연관성 점수를 기반으로 적중-리스트를 병합하는 것이 이 처리에 대한 개선방법이다. 10.3.3절에서 문헌 분할을 위하여 설명한 병렬 처리처럼, 문헌 점수를 계산하기 위해 적절한 전역 통계가 사용되지 않는다면, 부정확한 결과를 얻게 된다. 만약 문헌들이 임의로 분산되어서 전역 용어 통계가 모든 분산 컬렉션에서 일관성이 있다면, 연관성 점수에 기반한 병합은 검색이 유효하게 유지되는데 충분하다. 그러나 만약 분산 문헌 컬렉션들이 의미론적으로 분할되거나 독립적으로 유지된다면, 랭킹이 반드시 다시 수행되어야 한다.

Callan[323]은 자원 선택 단계에 계산된 컬렉션 유사도를 기반으로 문헌 점수를 가중화함으로써 문헌들을 다시 랭킹하는 것을 제안했다. 컬렉션의 가중치는 다음과 같이 계산된다.

$$w = 1 + |C| \times \frac{s - \bar{s}}{\bar{s}} \tag{10.4}$$

여기서 $|C|$는 탐색된 컬렉션의 수이고, $s$는 컬렉션의 점수, $\bar{s}$는 컬렉션 점수의 평균이다.

랭크된 적중-리스트를 병합하는 가장 정확한 기술은 전역 용어 통계를 사용하는 것이며, 이는 다양한 방식으로 만들어질 수 있다. 우선, 컬렉션이 자원 선택을 위하여 색인되었다면, 그 색인은 모든 분산 컬렉션에 걸쳐 전역 용어 통계를 포함할 것이다. 분배기(broker)는 질의를 원격 검색 서버로 분배할 때, 질의 안에 이 통계들을 포함할 수 있다. 그러면 서버들은 이 통계들을 처리에 사용하고 직접적으로 병합될 수 있는 관련 점수를 생산할 수 있다. 만약 컬렉션 색인이 이용가능하지 않다면, 질의 분산은 두 번의 왕복 통신으로 이루어질 수 있다. 첫 번째 왕복에서, 분배기는 질의를 분배하고 각 검색 서버로부터 컬렉션 통계를 모은다. 이 통계는 분배기에 의하여 결합되고, 두 번째 왕복에서 다시 검색 서버에 분배한다.

마지막으로, 검색 프로토콜은 검색 서버가 전역 질의 용어 통계와 문헌당 질의 용어 통계 리턴을 필요로 한다[664, 909]. 그러면 분배기는 모든 문헌을 질의 용어 통계와 선택된 랭킹 알고리즘을 이용하여 자유롭게 다시 랭크한다. 마지막 결과는 마치 모든 문헌이 단일 컬렉션에서 색인된 것처럼 분산된 컬렉션으로부터 동일 순서로 랭크된 문헌들을 포함하는 적중-리스트가 된다.

## 10.8 피어-투-피어(Peer-to-Peer) 네트워크 검색

피어 혹은 노드는 주로 개인의 임의 컴퓨터로, 인터넷에 접속될 때, 알려지지 않은 기간의 예상치 못한 시간에 피어-투-피어(P2P) 네트워크에 합류하여 P2P 시스템을 형성한다. P2P 시스템내 데이터(즉, 문헌들) 검색은 인터넷에 걸쳐 분산된 자원을 이용하는 공통 플랫폼에 반드시 기반을 두어야 한다(특히 파일 공유와 같이). Napster, Gnutella, Freenet과 같은 첫 번째 파일 공유 시스템들은 피어의 데이터를 찾는 방법이 달랐다. Napster는 중심 색인 서버를 사용한 가장 효과적인 시스템이지만 공격에 매우 취약했다. 반면 Gnutella는 비효율적인 플러딩 질의 모델(flooding query model)을 사용했지만 장애에 대해서 견고했다. Freenet은 더 효율적인 휴리스틱(heuristic)을 사용했지만 파일을 찾을 수 있는지 보장되지 않았다.

이 문제에 대한 해결법은 분산 해시 테이블(distributed hash table; DHT)이며, DHT는 미들웨어 계층으로 다음 특징을 제공한다.

- **분산화**(Decentralization): 피어들은 중앙의 도움없이 집합적으로 시스템을 형성한다.

- 확장성(Scalability): 시스템 기능은 효율적으로 수백만 피어에게 균등하게 작동하며, 인터넷도 그런 경우이다.
- 결함허용능력(Fault tolerance): 시스템은 피어들이 계속해서 들어오고, 나가고, 실패해도 신뢰할 만하다.

DHT는 Gnutella와 Freenet의 분산화와 Napster의 효율성과 보장된 결과 모두를 획득하기 위해서 더욱 구조화된 키 기반 라우팅(key based routing)을 이용한다. 이 목적을 달성하기 위해서 사용되는 주요 아이디어는 피어들 중 하나가 네트워크(현재 $n$개의 피어를 가진 시스템에 대해서 보통 $\Theta(\log n)$)내에 소수의 다른 피어들과 협동해야 한다는 것이다. 이는 피어가 네트워크에 참여하고 떠날 때 필요한 일의 양을 제한하며, 게다가, DHT는 부하 균형, 데이터 무결성, 성능(특히, 질의 라우팅과 데이터 저장 혹은 검색)과 같은 분산 시스템의 전형적인 문제를 반드시 처리해야 한다.

DHT는 추상적 숫자 키 공간에 기반하는데, 이 공간에서 키들은 네트워크에서 자원(예: 피어, 파일 등)을 식별하기 위해서 대량의 비트들을 소유한다. 그러므로 분할 방법을 사용하여, 키 공간의 소유권은 참여하는 피어들에게 분배된다. 그러면 오버레이 네트워크(overlay network)는 피어들이 키 공간에서 어떤 주어진 키의 소유자를 찾아내도록 허락하면서 피어들을 연결한다. 첫 번째 네 개의 DHT는 거의 동시에 출현했다: CAN[1336] (내용 주소 네트워크(content addressable network)를 위한), Chord[1537], Pastry[1391], Tapestry[1779]. 이들 모두는 서로 다른 분할 기술과 라우팅 방법을 제공하는데, 오늘날, BitTorrent와 같은 전형적인 P2P 공유 소프트웨어는 이러한 종류의 기술을 사용한다.

분할 방법은 주로 일관된 해싱의 변형을 이용한다[875]. 일관된 해싱은 지리적 거리, 인터넷의 네트워크 위상(topology), 네트워크 지연 등에 독립적인 키(key)들 중에서 거리 함수 $\delta$를 정의한다. 그리고 나서, ID (key) $i$로 식별되는 피어가 모든 키들을 소유하며, 여기서 $i$는 $\delta$하에서 가장 근접한 키이다. 일관된 해싱은 모든 다른 피어들이 영향받지 않게 하면서, 피어의 추가와 제거를 인접한 ID들을 가진 피어가 소유하는 키들의 집합만을 변화시키는 중요한 특징을 가지고 있다. 그러므로, 피어가 네트워크에 들어오거나 나갈 때 필요한 작업을 제한한다. 그러나, DHT내에 저장된 데이터의 이동은 오버레이 네트워크의 이웃에 강력한 트랙픽을 발생하기 때문에, churn[7]의 높은 비율을 효율적으로 지원하기 위해서 키 공간의 재구성을 최적화하는 것이 여전히 필요하다.

오버레이 네트워크는 라우팅 테이블에 기반을 두는데, 여기서 각 피어는 이웃한 피어의 집합을 유지한다. 이 P2P 링크는 오버레이 네트워크를 형성하는 특정한 네트워크 위상을 정의한다. 주요 필수 특징은 각 피어가 특정한 키 $k$를 소유하거나 이전 단락에서 정의된 거리 함수 $\delta$의 측면에서 $k$의 소유자에 근접한 이웃을 가진다는 것이다. 주목할 점은 $\delta$가 오버레이 네트워크내 피어들 사이의 거리를 측정한다는 점이다. 이 특징으로, 만약 자신만의 키를 소유하지 못한다면, $k$에 가장 근접한 ID를 가지는 이웃 피어에게 메시지를 전달하는 단순한 욕심쟁이(greedy) 알고리즘을 이용하여 $k$의 소유자에게 메시지를 전달하는 것이 용이하다. 이 알고리즘은 오버레이 네트워크의 직경에 제한된 시간내에 $k$를 찾는 것을 보장하지만, 이것이 반드시 최적이라고 볼 수는 없다.

저장과 검색을 위한 DHT의 전형적인 쓰임은 다음과 같이 진행된다. 주어진 파일 이름으로 문헌을 저장하기 위해서, 파일 이름 해싱 함수를 이용하여 키 $k$를 생산한다. 그런 다음, 오버레이 네트워크내 이웃 피어를 통하여 전달될 전체 시스템으로 메시지 ($k$, 문헌)을 보낸다. 이 튜플($k$, 문헌)이 최종 저장되는 장소인 키 $k$에 책임 있는 하나의 피어에 도달할 때까지 키 공간의 분할에 명시된 바에 따라 피어에서 피어로 이동할 것이다. 문헌을 검색하기 위해서는 이 처리과정을 역으로 진행한다: 피어는 네트워크내 $k$와 연관된 데이터를 찾기 위해 질의를 보내 파일 이름을 해싱함으로써 $k$를 찾는다. 메시지는 또 오버레이 네트워크를 통하여 $k$에 책임 있는 피어로 전달될 수 있으며, 결국 키와 연관 되어 저장된 데이터를 직접 반환할 수 있다.

주요 단점은 DHT가 (데이터 혹은 내용의 속성에서) 키워드 검색 보다는 정확한-일치 검색만을 지원한다는 것이다. 그러므로, 다음 해결 과제를 기본 시스템에 추가해야 한다. P2P-IR과 특히, 전문 검색은 다양한 P2P 네트워크

7) 어떤 피어가 들어오거나, 떠나거나, 실패하는 비율

기관에서 연구되어 왔다. 비구조화된 네트워크내의 검색 기술은 주로 전역 검색에 기반을 두므로, 높은 대역폭의 소비를 동반한다. 그러므로, 임의 행로(random walks), 내용-기반 경로 색인(content-based routing indexes), 계층적 네트워크 해결에 기반을 둔 접근법이 P2P 네트워크내에서 발생하는 트래픽을 줄이기 위해 제안되었다.

많은 P2P-IR 접근법은 질의를 처리할 수 있는 후보 노드를 식별하기 위해서 피어-수준 문헌 컬렉션 기술을 이용한다. 이 기술들은 선택된 피어로부터 문헌-수준 검색에 뒤이어 피어-선택 처리를 수행한다. CORI[320] 혹은 Kullback Leibler 분기-기반 알고리즘(divergence-based algorithm) [1731]과 같은 자원 선택 알고리즘은 종종 질의와 관련있는 많은 문헌을 포함하는 자원의 작은 집합을 선택하는데 사용된다. 자원들은 관련 문헌들을 리턴할 가능성으로 랭크되고, 최상위 자원들이 선택된다.

예를 들어, [1053, 1054]에서 설명된 통합 검색 시스템은 계층적 P2P 네트워크 조직을 사용한다. P2P 네트워크는 군집 알고리즘에 따라 단말노드에 연결된 허브(hub)로 구성된다. 질의는 최초로 선택된 하나 이상의 허브 노드로 제출된다. 허브는 자신의 자원 선택 알고리즘을 사용하여, 질의를 그들의 서술에 기반을 둔 다른 이웃 허브뿐만 아니라 단말노드로 전달한다. TTL(time-to-live) 카운터는 자원 활용을 제한하기 위해서 각 질의에 붙어 있다. 단말노드는 그들의 지역 문헌 컬렉션에 대해서 질의를 처리하고 결과를 질의 발신자(originator)로 다시 전파한다. 허브는 다른 단말노드에서 온 결과를 통합하기 위해서 결과 병합 알고리즘을 실행한다. [1055]에서 자원 선택은 네트워크의 적절한 부분으로 검색을 직접하는 과거 사용자 행위를 모델링함으로써 향상된다.

Minerva[179, 180]는 피어 선택 처리를 가능하게 하는 구조화된 오버레이에서 피어 선택 통계를 가진 전역 색인을 유지한다. 전역 색인은 각 피어가 기꺼이 공개한 피어 지역 색인(local index)에 대해 통합된 소형 메타-정보를 갖고 있다. 질의 요청자는 공개된 용어당 메타데이터를 기반으로 소수의 가장 적합한 피어들을 선택한다. 결과적으로, 이는 완전한 질의를 지역적으로 질의를 시행하도록 선택된 피어들에게 보낸다.

Minerva ∞[1126]은 P2P-IR 시스템으로, 순위유지 DHT를 기반으로 한다. 이는 몇몇 피어들에 대한 용어의 전역 역리스트를 저장하는 용어 색인 네트워크(Term Index Networks; TINs)에 의존한다. 질의는 TIN 내부 또는 여러 TIN에 걸쳐 노드들을 포함하는 병렬 최상위-$k$ 알고리즘에 의해서 처리된다.

용어 공동-출현 통계(term co-occurrence statistics)의 중요성은 [1124]에 의하여 인식되었으며, 이 접근법에서, 용어 공동-출현은 용어 조합과 연관된 적합한 피어-수준 색인 엔트리를 식별하게 한다. 저자는 이런 기술이 피어 선택 처리와 검색 성능을 결과적으로 크게 향상시킨다는 것을 보여 주었다. 발행/가입(publish/subscribe) 시나리오에 대한 키워드 상관관계 통계의 사용은 [1792]에 논의되어 있다.

피어-수준 방법과는 대조적으로, 문헌-수준(document-level) 색인 접근법은 잠재적으로 미세한 색인 분할도(granularity) 때문에 보다 높은 검색의 질을 확보할 수 있지만, 높은 색인 유지 비용이 요구된다. 이런 접근법은 일반적으로 용어 분할 방법을 사용하여 구조화된 P2P 네트워크에 완전한 색인을 분배한다. 예를 들어, 용어-분할 전역 색인(term-partitioned global index)을 유지하는 DHT는 용어를 P2P 키로 해싱함으로써 단일-용어 검색을 해결하는 간단한 P2P-IR 해결법을 제공한다. 분산 색인이 문헌 컬렉션에서 찾을 수 있는 모든 용어의 포스팅 리스트를 저장한다고 가정하면, 다중-용어 질의가 질의내 모든 용어에 대한 이 리스트들을 교집합(intersect)함으로써 해결된다. 그러나 이 접근법은 대규모 포스팅 리스트를 교집합하는 데 필요한 높은 트래픽 비용으로 인해서 중요한 확장성 문제에 직면하게 된다. 따라서, 여러 해결방안이 이 문제를 해결하기 위해 제시되었다.

대규모 포스팅 리스트는 이 해결법에서 중대한 문제이기 때문에, [1348]과 [1541] 둘 다 다중-용어 질의에 대한 검색 비용을 감소시키기 위해서, 최상위-$k$ 포스팅 리스트 조인(top-k posting list joins), Bloom 필터[213], 캐싱을 대안 기술로 제안했다. 사실, [362]는 DHT-기반 전문 검색에서 최적 Bloom 필터 설정을 적용함으로써 73% 의 트래픽 감소를 보고했다. 그러나, [1774] 연구는 정밀한 프로토콜이 검색 비용을 감소시키기 위해서 결합할 때 조차도 단일-용어 색인은 실제 웹 규모에 대하여 확장 가능하지 않다는 것을 보여 주었다.

대규모 포스팅 리스트의 분산 교집합을 피하기 위해서, 다중-용어 조합을 가진 색인에 의존한 몇 가지 접근법이 제안되었다. 높은 변별 키(Highly Discriminative Keys)(HDKs)[1285]를 가진 색인은 일정한 크기로 대규모 포스팅 리스트를 나눔으로써 검색 트래픽을 줄인다. 그 과정에서 선택된 용어 조합에 대한 색인을 통하여 정보의 손실을 보상한다. 결과적으로, 색인은 아주 많은 엔트리들을 보유하지만, 각 엔트리는 짧은 포스팅 리스트를 가진다. 그러나, 색인 엔트리의 수는 아직도 꽤 많아서 질의기반색인(Query-Driven Indexing)이라고 불리는 메커니즘이 제안되었다[1488]-이는 사용자 질의에 가장 대중적인 용어 조합만을 색인하고, 검색 질의 결과의 제한적 손실을 감수하더라도 HDK 접근법과 비교하여 상당히 큰 규모의 색인 크기의 감소를 가져온다. 마찬가지로, 분산 캐시 테이블(Distributed Cache Table; DCT) 접근법[1486]은 다중-용어 질의에 대한 모든 결과를 캐싱함으로써 색인(혹은 분산 캐시)을 생성한다.

[542]의 알고리즘에 영향을 받은 최상위-$k$ 질의 처리는 대규모 대역폭 소비를 방지하기 위해서 여러 P2P-IR 접근법에 의해서 이용되었다. 주요 아이디어는 가능한한 초기에 질의 처리를 종결하고 동시에 지금까지 획득된 최상위-$k$ 결과가 옳다는 것을 보장하는(혹은 확률적 보장을 제공하는) 것이다. 역색인을 이용하여 다중-용어 질의를 해결하는 동안, 오직 교집합의 최상위-$k$ 일부가 요구된다면 전체 포스팅 리스트를 스캔할 필요는 없다. 대신, 점수에 의해서 리스트들은 정렬될 수 있고, 오직 포스팅 리스트들의 상위-부분에서 발견된 문헌들을 조사함으로써 최상위-$k$ 질의 결과를 얻을 수 있다. 빠른 종료(Early termination)는 특히 분산 포스팅 리스트 교집합에 유리한데, 대역폭 감소에 즉각적인 효과를 가져오기 때문이다. P2P 네트워크에 맞춰진 최상위-$k$ 질의 처리 알고리즘은 [1541]에 의한 DPP(Distributed Pruning Protocol) 알고리즘, [329]에 의한 TPUT(Three-Phase Uniform Threshold) 알고리즘, [1774]에 의한 Bloom 필터 최적화를 가지는 DTA(Distributed Threshold Algorithms) 알고리즘 등을 포함한다.

KLEE라고 불리는 근사 최상위-$k$ 질의 처리 알고리즘 그룹은 [1125]에 제안되었다. 최상위-$k$ 결과 질의에 대한 조그만 불이익에도, KLEE 알고리즘은 질의가 처리되는 동안 대역폭 소비를 상당히 감소시킨다. 각 피어는 색인내 점수 분산을 인코드하는 히스토그램을 유지하며 히스토그램의 각 셀은 Bloom 필터 구조에 기반한 문헌의 집합을 나타내는 요약을 저장한다. 이 데이터는 4-단계 근사 질의 실행 알고리즘에서 사용되는데, 실험에 의하면 TPUT보다 상당한 수준의 트래픽 감소를 제공하면서도 테스트 집합에 따라 약 80~90% 정도의 재현율(recall)을 보인다.

[1048]에 의한 접근법은 방송(broadcasting)기능을 가진 색인-기반 질의 처리를 보완함으로써 전역 색인의 대규모 포스팅 리스트 유지를 피하는 것을 제안한다. 저자는 대중적인 질의에 대하여 답하는 플러딩 메커니즘(flooding mechanism)을 이용하는 것을 제안하고, 드문 질의에서만 색인에 의존한다. 흥미롭게도 이 접근법은 캐싱-기반 P2P 시스템의 반대이다.

키워드 검색을 위한 하이브리드 색인 분할 방법은 [1464]에 제안되어 있다. 모든 피어들이 그룹으로 묶이고 색인 기술은 그룹내 용어 분할을 이용하지만, 그룹 사이에서는 문헌 분할을 사용한다. 그러므로, 각 질의는 모든 그룹에게 전달되어야 하지만, 오직 그룹내 몇몇의 노드들만 실제로 실행된다. 그룹내 문헌 컬렉션 크기에 한계가 있기 때문에, 이 해결방안은 지연을 줄이고, 표준 P2P 전역 색인 접근법과 비교하여 효율적으로 대역폭 소비를 분산한다.

대부분의 접근법이 문헌-수준이나 피어-수준 색인 분할을 이용하는 반면, [1203]은 색인과 질의 처리 사이의 비용 균형이 목적인 적응(adaptive) 방법을 제안했다. 개별 피어를 위하여, 지역 문헌들의 그룹이 생성되고 색인에 의하여 관리되는 용어 집합으로 표현된다. 그러므로, 이런 그룹-수준 색인 전략은 다음 두 색인 기술의 일반화이다: 피어-수준(피어당 하나의 그룹)과 문헌-수준(그룹당 하나의 문헌). 저자는 주어진 그룹의 수에 연관된 비용을 추정할 수 있는 활률 모델을 제시하였다.

## 10.9 동향 및 연구 쟁점

병렬 컴퓨팅은 현재 온라인에서 이용 가능한 문헌 컬렉션들의 규모 증가와 성능 이슈를 해결할 잠재력을 보유하고 있다. 이 장에서는 최신 병렬 구조를 이용하는 많은 기술을 살펴보았다. 병렬 하드웨어의 추세는 일반적인 MIMD 기계의 개발이며, 이 추세는 스레드나 연관 동기화 구성과 같은 최신 프로그래밍 언어 특징의 이용가능성과 일치하는데, 이는 이런 구조의 프로그램 개발 작업을 가능하게 한다. 이런 추세에도 불구하고, MIMD 기계의 병렬 정보검색 알고리즘의 연구는 소수의 기초 결과만 존재하며 상대적으로 초기상태이다.

병렬 정보검색 초기 연구의 많은 부분은 SIMD 구조 요약 파일의 지원이 목적이었다. 비록 SIMD 기계는 요약 파일을 처리하는데 매우 적합하지만, SIMD 기계와 요약 파일은 각 그룹의 관심 밖으로 밀려났다. SIMD 기계는 프로그래밍하기 어렵고, 상대적으로 작은 문제들의 클래스에 적합하다. 9.3절에서 지적한 것처럼, 요약 파일(signature file)은 문헌 랭킹을 잘 지원하지 못하며, 기능성, 색인 크기, 처리 속도의 면에서 역파일을 능가하는 조금의 이득을 가지고 있다[1799].

분산 컴퓨팅은 프로세서간 상대적으로 높은 통신 비용을 가진 MIMD 계산의 형태로 볼 수 있다. 그러나 이 장에서 논의한 병렬 정보검색 알고리즘의 대부분은 통신 계산의 높은 비율을 가지고 있으며, 대칭형 멀티프로세서와 분산된 구현 모두에 아주 적합하다. 사실, 프로세서간 통신에서 적절한 추상 계층을 사용함으로써, 상대적으로 작은 수정으로 분산 구조와 멀티프로세서 모두에서 잘 작동하는 병렬 시스템을 용이하게 구현할 수 있다.

많은 문제가 병렬 및 분산 텍스트 검색의 영역에 존재한다. 이 장에서 많은 접근법을 제시했지만, 어떤 것도 병렬 혹은 분산 정보검색 시스템에서 확실한 해결방안을 대표하는 것은 없다. 역색인과 접미사 배열을 기반으로 한 시스템의 병렬 색인과 검색 기술의 추가적인 개발과 조사로, 두 가지의 명확한 과제가 대두되었다.

첫 번째 과제는 대규모 텍스트 컬렉션에 대한 검색 유효성(effectiveness)을 측정하는 것이다. 비록 주어진 병렬 시스템으로 획득된 속도향상(speedup)을 쉽게 측정할 수 있지만, 그 시스템에 의하여 생성된 결과의 질을 측정하는 것은 다른 이야기이다. 물론, 이 과제는 병렬 정보검색 시스템에만 적용되는 것은 아니다. 특히, 질의에 대한 연관성 판단을 생성할 때, 대규모 컬렉션은 문제에 봉착한다. TREC(Text REtriebal Conference)에서 사용한 풀링(pooling) 기술이 작동되지 않을 수 있다. 그러면 랭크된 결과 리스트는 수동 평가를 위한 상대적으로 작은 문헌들의 집합을 생산하는 복수 시스템으로부터 결합된다. 대부분의 관련 문헌들이 풀 내에 포함된다고 가정할 수 있지만, 대규모 컬렉션에서, 이 가정은 유지되지 않는다. 더욱이 이런 문맥에서 재현율(recall)이 얼마나 중요한지 불명확하다.

두 번째 중요한 과제는 상호운용성(interoperability) 혹은 이질적 구성 요소로부터 분산 정보검색을 구축하는 것이다. 이질적 후위(back-end) 검색 서버로 구성된 분산 시스템 요구는 웹의 메타 검색 서비스의 대중화 때문에 더 확실해졌다. 그러나 후위 검색 서버 용어 통계의 부족 때문에 이 시스템의 기능성은 제한적이며 그렇지 않다면 정확한 재랭킹과 결과 리스트 병합이 이루어 질 것이다. 더욱이, 각 검색 서버는 후위 질의 언어로 번역될 때 질의의 원래 의도를 놓치게 되는 가능성을 열어두면서, 자신만의, 맞춤 질의 언어를 사용한다. STARTS[664]와 같은 프로토콜 표준화 노력이 이 문제를 처리하는 것을 시도했지만, 검색 제공자 전체 커뮤니티에 의한 표준 규약이 요구된다.

세 번째 과제는 대규모 정보검색 시스템을 설계하는 분석적인 모델이다. Chowdhury와 Pass[381]는 운영상 요구조건의 측면에서 검색 시스템의 구조를 분석하고 모델링하는 큐잉(queueing)이론을 기반으로 한 접근법을 소개했다: 처리량(throughput), 반응시간, 활용(utilization). 최근에, Badue 등[84]은 수직 검색엔진을 설계하는 수용(capacity) 모델을 제안했다.

특히 분산 색인의 구축은 최근에 활발해진 연구 분야는 아닌데, 아마도 존재하는 기술이 이미 실제로 좋은 결과를 내었기 때문이다. 이제까지 알려지기로는, 대규모 문헌 컬렉션에 대하여 광범위하게 이 기술들을 실험하는 것은 실행되지 않았으며, 기대에 부응하는 결과를 증명하는 것은 매우 중요한 문제이다.

## 10.10 참고문헌 고찰

병렬 및 분산 컴퓨팅의 완벽한 개요는 Albert Zomaya가 작성한 *Parallel and Distributed Computing Handbook*[1800]에서 살펴볼 수 있다. 병렬 및 분산 시스템에 대한 여러 흥미로운 연구 논문은 IEEE *International Conference on Parallel and Distributed Information Systems*에 나와 있다.

Stanfill 등[1528, 1530, 1531]은 정보검색 문제를 해결하기 위해서, 대규모 병렬 하드웨어(특히, Connection Machine)를 이용하여 초기 작업의 많은 부분을 차지하였다. Pogue와 Willet[1287]은 ICL Distributed Array Processor를 이용하여 대규모 병렬 정보검색을 연구하였다. Salton과 Buckley[1409]는 속도와 효율성 모두를 고려하며 병렬 정보검색의 초기 구현에 대한 흥미로운 언급을 제공했다.

Lu 등[1059]은 병렬 정보검색의 SMP 하드웨어의 적정 규모를 어떻게 구하는지 분석하고, 적절한 하드웨어 균형의 중요성을 강조하였다. 병렬 및 분산 역색인 구현 연구는 Tomasic과 Garcia-Molina[1588, 1589, 1590], Jeong과 Omiecinski[883], Ribeiro-Neto와 Barbosa[1349]에 의해 수행되었다.

접미사 배열 구성과 검색에 대한 병렬 및 분산 알고리즘은 Navarro 등[1183]에 의해 이루어졌다. $P$개의 프로세서와 크기 $n$의 전체 텍스트가 주어졌을 때, $O(n/P \log n)$ CPU 시간과 $O(n/P)$ 통신 시간의 평균 색인 시간을 얻었다.

Stanfill[1529]과 Panagopoulos와 Faloutsos[1239]는 CM-2(SIMD 구조)내의 다른 요약 파일의 성능을 분석했다.

Macleod 등[1072]은 통합 정보검색 시스템에 대한 여러 전략과 팁을 제공했으며, Cahoon과 Mckinley[309]는 INQUERY 분산 정보검색 시스템의 성능을 분석했다.

자원 선택과 컬렉션 융합의 쟁점은 Voorhees[1652], Callan[323], Moffat과 Zobel[1152], Viles와 French[1640]와 다른 연구자[320, 437, 438, 515, 1053, 1300, 1473, 1475, 1730, 1760, 1797], GIOSS 시스템[667, 666]을 이용한 Gravano 등이 연구했다.

최근 7년간, [462, 510, 1056, 1330, 1559, 1558, 1767, 1788, 1789]와 같은 빠른 속도의 여러 P2P 검색 시스템을 볼 수 있었다. 이는 기본적으로 전형적인 정보검색 기술로부터 온 DHT의 상위에서 어떻게 더 강력한 검색 계층을 설계하는 지에 따라 구별된다. 최근에, P2P 검색 플랫폼[4], 색인 알고리즘[1203], 여러 해결방법을 분석하고 비교하는 아주 중요한 방법[1198, 421]을 포함한 더욱 구체적인 부분이 향상되었다. P2P 검색에 대한 훌륭한 조사는 [1766, 1358]에 나와 있다.

Chapter 11

# 웹 검색

## 11.1 소개

팀 버너스리는 1989년에 웹(Web)의 개념을 착안하고, 1990년 12월에 성공적으로 테스트하고서[192], 1991년 초에 처음 웹 서버를 발표했다. 이것이 월드 와이드 웹(World Wide Web)이라 불리는 것이고, 여기서는 간단히 웹이라고 지칭한다. 그 당시, 아무도 웹이 가져올 엄청난 영향력을 예측할 수 없었다. 데이터와 정보량의 엄청난 성장을 가져온 웹 붐은 전자 상거래, 뱅킹, 연구, 엔터테인먼트, 개인 커뮤니케이션과 같은 다양한 일상이 편리함과 적은 비용이 고려된 웹을 벗어나서는 더 이상 일어나지 않을 것임을 의미한다.

웹에 있는 텍스트 데이터 량은 대략 페타바이트(petabytes=1024테라바이트) 정도로 추정되며, 또한, 이미지, 오디오, 비디오와 같은 멀티미디어도 엄청난 양으로 존재한다. 따라서 웹은 매우 크고, 공개된, 구조화되지 않은, 그러나 어디에나 존재하는(ubiquitous) 데이터 저장 공간(repository)으로 볼 수 있고, 웹의 정보를 관리하고 검색하고 가공하는 효율적인 도구를 필요로 한다. 그 결과, 웹 검색 엔진은 인터넷에서 가장 많이 사용되는 도구 중 하나가 되었다. 또한 정보 찾기(information finding)는 대형 인트라넷[1]에서도 점점 더 중요해지고 있고, 인트라넷에서는 의사 결정 과정을 도와주기 위해 새로운 정보를 찾아내거나 추론할 필요가 존재하는데, 이 작업은 데이터 마이닝(또는 웹 마이닝, mining)이라 불린다.

빠르게 변화하는 엄청난 데이터 량은 웹에서 적합한 정보를 찾는 일을 매우 어려운 작업으로 만든다. 빠른 변화 속도에 잘 대처하기 위해서, 웹의 효과적인 수집(crawling)은 12장에서 다룬 것처럼 필수가 되었으며, 정보 추출과 웹 데이터 마이닝과 같은 문제들과도 관련되어 있다.

이미지와 같은 일반적인 비텍스트 데이터 검색에 있어 최근 발전에도 불구하고, 기존 기술은 웹으로 확장 적용하는데 어려움이 있다(14장 참고). 따라서 텍스트 검색이 계속 가장 대중적이며, 대안으로 많이 연구되고 있다. 대부분의 검색 엔진이 미국 기반이고, 영어 문서에 초점을 맞추고 있는 반면, 특정 언어를 위해 설계되어, 한자(Kanji)나 키릴(Cyrillic) 문자 같은 여러 글이나 문자를 다룰 수 있는 중요한 검색엔진들이 있는데, 중국의 바이두(Baidu), 러시아의 얀덱스(Yandex), 한국의 네이버(Naver)등이 그 예이다.

또, 검색이 질의에 반응하여 검색된 사용자 특정 단어나 패턴을 포함한 문서내 '구문분석(syntactic)' 패러다임에 주도되어 온 것에 주목하라. 3장에서 논의한 것처럼, 그러한 단어나 패턴은 텍스트 안에 내재된 의미를 반영할 수도 있고, 아닐 수도 있다. 구문 검색 접근의 대안으로는 텍스트에 대한 자연어 처리 분석이다. 전처리로 자연어 분석을 하고 의미를 추출하는 기법이 한동안 진행되어 왔지만, 아직 크게 효과적이지는 않다. 사실 최근 고안된[79] 일부 빠른 개체 추출 도구를 제외하고, 이러한 기법은 대용량 데이터에 사용하기에는 너무 비용이 많이 든다. 또 대부분의 경우에 이 방법은 시소러스와 결합된 잘 체계화된 텍스트[1765] 또는 특정 영역 지식과 같은 맥락(contextual) 정보에 효과적이다. 구조화된 데이터 검색에 대한 상세 논의는 13장을 참고하라.

문제를 단순화하기 위해, 검색 엔진 설계자들은 웹에 대해 몇 가지 가정을 세웠는데, 이것이 항상 유효한 것은 아니다. 데이터 관련해서 웹 페이지 또는 다른 형태의 데이터를 포함한 물리적 파일이 단일 논리적 문서임을 암묵적으로 가정한다. 그러나 페이지 당 하나 이상의 논리적 문서를 가질 수도 있고(예: 신문), 한 문서내에 많은 파일을 가질 수도 있다(예: 논문). 사용자 요구와 관련해서는, 애초에 주목적은 단순한 정보 검색이고, 실제 그리 다양하지 않을 거라고 가정하였다. 그러나 7장에서 살펴본 것처럼, 이 두 가정은 더 이상 유효하지 않다.

웹 검색에는 기본적으로 두 가지 주요 형태가 있다. 첫째는 웹 문서가 색인되어 있는 검색 엔진에, 단어 기반 질의를 입력하는 것이다. 두 번째는 웹을 브라우징하는 것으로, 하이퍼링크를 따라 순차적으로 검색하는 과정으로 볼 수 있는데, 예를 들어 선별된 웹 문서가 주제별로 분류된 웹 디렉토리에서 사용될 수 있다. 추가적인 방법으로,

1) 인트라넷은 조직내에 구성된 컴퓨터 네트워크를 지칭하는 것으로, 인터넷에 연결이 되어 있을 수도 있고, 안 되어 있을 수도 있다.

웹의 하이퍼링크[2] 구조를 이용하여 웹을 탐색할 수 있는데, 이 방법은 아직 충분히 활용가능하지 않고, 덜 알려져 있으며 많이 복잡한 방법이다. 여기에서는 웹 검색의 세 가지 형태를 모두 다루는데, 앞의 두 형태에 더 중점을 두도록 한다.

이장의 나머지 부분은 다음과 같이 구성된다. 먼저 웹 검색의 도전적인 문제들과 이러한 문제의 복잡성을 잘 이해할 수 있는 웹 특성을 함께 논의한다. 다음으로, 검색 엔진의 구조, 랭킹 모델, 웹 데이터 관리를 상세하게 논의한다. 그리고 사용자가 웹 검색엔진과 상호작용하는 방법과 관련된 모든 이슈를 다룬다. 이어서 검색과 비교하여 브라우징 기법과 브라우징 이외의 방법들을 논의한다. 마지막으로 웹 검색과 관련된 문제 및 도전과제들인 웹 마이닝, 웹 광고(computational advertising), 메타 검색, 현재 동향, 연구 이슈들을 논의하며 결론을 맺는다. 웹 연구는 매우 역동적인 분야이므로 몇 가지 중요한 작업을 빠뜨렸을지도 모르는데, 이에 대해서는 미리 사과를 드린다.

독자들에게 책이 인쇄되었을 때 또는 몇 년 후 책장에서 책을 꺼내 읽을 때, 여기에 기술된 많은 특징들이 쓸모가 없어지고[3] 참고한 URL들이 깨지거나 그 내용이 변할 수 있음을 미리 알려 드린다. 극단적인 경우, 어떤 핵심 검색엔진은 완전히 사라졌을 수도 있고[4], 새로운 검색엔진이 나타났을 수도 있다. 그렇다고 하더라도, 여기에 기술된 기본 원칙들은 이후 몇 년 동안은 충분히 안정적으로 남아서 흥미를 가진 독자들에게 검색 엔진 내면의 기본 과학에 대한 이해를 제공할 수 있을 것이라고 기대한다.

## 11.2 도전적인 문제

이제 검색과 관련한 웹의 주요 도전적인 과제들을 생각해 보자. 이는 크게 두 가지로 나누어 볼 수 있다. 하나는 데이터 자체와 관련한 문제로 데이터 중심(data-centric)이라고 부르고, 다른 하나는 사용자와 검색 시스템의 상호작용과 관련된 문제로 상호작용 중심(interaction-centric)이라고 부른다. 데이터와 관련된 문제로는 다음과 같은 것들이 있다.

- **분산 데이터**. 웹 고유의 성질에 기인한 것으로, 데이터는 수많은 컴퓨터와 플랫폼에 분산되어 있다. 이러한 컴퓨터들은 미리 정해진 토폴로지나 가능한 대역폭, 폭넓게 변화하는 네트워크 상호 연결에 대한 신뢰성이 없이 서로 연결되어 있다.
- **높은 비율의 휘발성 데이터**. 인터넷의 역동성(dynamics)에 기인한 것으로, 새로운 컴퓨터나 데이터가 쉽게 추가되거나 제거될 수 있는데, 보통 몇 달 만에 웹의 50%가 변한다고 알려져 있다. [859, 793, 257, 373, 561, 1215, 495]). 또한 검색 엔진은 기존 도메인이나 파일명이 바뀌거나 사라져서 연결되지 않는 깨진 링크 및 재배치의 문제에 마주하게 된다.
- **대용량 데이터**. 웹 페이지 역동성뿐만 아니라 웹의 빠른 성장은 실제로 규모를 알 수 없는 확장성 이슈를 가진다.
- **구조화되지 않고 중복된 데이터**. 웹은 누군가 기대한 하나의 거대한 분산 하이퍼텍스트 시스템이 아닌데, 그 이유는 웹의 일관성을 보장하는 엄격한 개념 모델을 따르지 않기 때문이다. 실제로 웹은 전체적으로나 각각의 HTML 페이지 단위에서도 잘 구조화 되어 있지 않다. HTML 페이지는 최상의 경우에 반구조화된 데이터(semi-structured data) 정도로 볼 수 있다. 게다가 웹 데이터의 상당수는 중복 데이터로, 같은 출처를 가진 뉴스의 경우처럼 약하게 중복될 수도 있고, 미러(mirror)되거나 복사를 통해 강하게 중복될 수도 있다.

2) 한 웹 페이지에서 다른 웹 페이지를 연결하는 포인터(앵커)를 하이퍼링크 또는 링크라고 부른다.
3) 급속한 웹 변화에 대한 이전 설명을 보라.
4) 이 책이 처음 출판되었을 때의 Excite 경우를 보라.

대략 웹 페이지의 거의 30%가 중복되어 있으며[269, 1467, 278, 559, 560, 120], 의미적 중복성은 훨씬 더 크다.

- 데이터 품질. 웹을 새로운 출판 매체로 볼 수 있는데, 대개의 경우 편집 과정이 없다. 따라서 데이터가 부정확할 수 있고, 단순히 틀리거나, 구식이 되고, 엉망으로 쓰였거나 실수(오자, 문법상 실수, OCR 에러 등) 또는 고의로 에러가 많을 수도 있다. 오자와 문법상 실수는 특히 외국 이름에서 빈번하게 발생한다.

- 이질적인 데이터. 데이터는 다양한 매체로부터, 여러 포맷으로 만들어질 뿐 아니라 다양한 언어로도 표현되는데, 이는 다양한 문자와 스크립트(예. 인도어), 또 상당히 큰 규모(예를 들어, 중국어나 일본어의 한자)로 구성될 수 있다.

이런 문제들의 대부분은(데이터 유형의 다양성과 저질의 데이터 같은) 알고리즘이나 소프트웨어의 개선에 의해 간단히 해결될 수 없으며, 이들은 인간 본성에 내재된 고유한 문제이자 이슈이기 때문에(예를 들어, 언어의 다양성), 현실적인 문제로 남아있을 것이다.

두 번째 종류의 문제는 검색 시스템과 상호 작용하는 동안 사용자가 직면하게 되는 문제이며, 다음 두 가지 유형으로 구분된다.

- 질의 표현하기. 사람은 달성할 요구나 과제를 가지는데 상당부분 '질의'로 표현하기가 쉽지 않다. 질의는 자연스러운 방식으로 표현된다고 할지라도, 단순히 정보 요구의 반영이므로 정의상 불완전하다. 이러한 현상은 '그림자가 현실을 잘못 반영한다'는 플라톤의 동굴 은유에 비유될 수 있다.

- 결과 해석하기. 사용자가 질의를 완전하게 표현할 수 있다고 할지라도, 그에 대한 답[5)]은 수많은 웹페이지에 흩어져 있거나 전혀 존재하지 않을 수도 있다. 이러한 상황에서 수많은 질문들이 제기될 수 있다. 예를 들면. 어떻게 많은 답을 다룰 것인가? 어떻게 결과에 순서를 매길 것인가? 어떻게 사용자가 관심 있는 문서를 선택할 것인가? 단일 문서가 후보인 경우라도, 그 문서 자체가 매우 크다면 어떻게 큰 문서를 효과적으로 보여줄 것인가?

웹의 내재적인 문제들에도 불구하고, 사용자의 핵심 과제는 검색 시스템에 좋은 질의를 제출하여 다루기 쉽고 적절한 응답을 얻는 것이 된다. 또 검색 시스템의 핵심 과제는 빠르게 검색해주고 적절한 답을 반환하는 것으로, 형편없이 만들어진 질의에도 해당되며, 이는 웹에서 일반적인 경우이다(7.2.1 참고)

웹의 현 상태에서 검색 엔진은 HTML과 텍스트뿐만 아니라 다른 유형의 데이터들도 다룰 필요가 있는데, 이는 역동적으로 만들어지고 더 복잡한 멀티미디어 객체, XML 데이터, 연관 의미 정보 등을 포함한다. 이 구분을 명확히 하기 위해, 이장의 나머지 부분에서 HTML 문서를 나타내는데 '웹 페이지(Web pages)'라는 용어를 사용하고(6.4.2절 참조), 웹에서 가용한 모든 데이터 유형을 나타내기 위해 '웹 문서(Web documents)'라는 용어를 사용한다.

시멘틱(semantic) 웹이 현실화 되고 모든 사회적 이슈를 극복한다면, 표준 시멘틱 메타데이터 및 스키마를 가진 XML-기반 웹이 가능할 수도 있다. 이러한 가설 속에서, IR은 더 쉬워질 것이고, 멀티미디어 검색 또한 간단해 지며, 좋은 콘텐츠를 구분하기 쉬울 뿐 아니라 스팸 또한 쉽게 피할 수 있을 것이다. 반면, 새로운 검색 문제가 나타날 수 있는데, XML 처리와 검색, 구조화된 데이터의 웹 마이닝, 그리고 대용량에서의 두 작업 모두가 해당된다.

---

5) 우리는 주어진 질의에 대한 결과 집합을 지칭할 때, '답'이라는 용어를 때때로 사용하는데, 이는 자연어 질문에 대한 답이 아니라 실제 검색된 결과 집합을 의미한다.

## 11.3 웹

이 장에서는 웹의 주요 특성뿐만 아니라 웹의 컨텐츠와 구조를 기술하기 위한 수학적 모델도 논의한다. 특정 나라에서 웹에 관한 많은 연구들이 있는데, 이들은 웹의 많은 특징과 특성을 보여주고 있으며 전체 웹 상황에 적용 가능함을 보여준다[97]. 그럼에도 불구하고, 우리는 아직 웹과 그 역동성을 완전하게 이해하지 못하고 있다[794, 258, 1361, 98, 1011, 1010, 890].

### 11.3.1 특성

인터넷, 특히 웹을 측정하는 것은 고도의 역동성 때문에 매우 어려운 작업이다. 오늘날(2010년 4월 ISC조사에 따르면) 200개국 이상에서 7억5천만대 이상의 컴퓨터들이 인터넷에 연결되어 있으며, 그들 중 다수가 웹 서버들이다[812]. 추정되는 웹 서버의 수는 현재 2억6백만 대를 넘어서고, 이는 2010년 6월 Netcraft 웹 조사에 따른 것이다[1196]. 이러한 숫자들을 생각해 보면, 약 4대의 컴퓨터마다 한대의 웹서버가 인터넷에 직접 연결되어 있다고 볼 수 있다.

두개의 흥미로운 기사들에서, 이미 (슬프게도) 기한이 지나긴 했지만, Bray [250]와 Woodruff 등[1719]은 초기 웹의 서로 다른 통계적 측정치들을 연구했다. 첫 번째 연구(Bray의 연구)에 따르면 1995년 11월 당시 1100만 웹 페이지가 있었고, 두 번째 연구에 따르면, 260만 웹 페이지가 있었다. 첫 질문은 얼마나 많은 기관(웹서버가 아니라)이 웹 데이터를 관리하는가이다. 이 숫자는 서버들 숫자보다는 작은데, 그 이유는 많은 기관이 여러 개의 서버를 가지고 있기 때문이며, 정확한 수는 알려지지 않았지만 웹 서버의 40% 이상은 될 것이다(이러한 비율은 1995년에는 가치가 있었다). 1998년 초의 예상치는 2억에서 3.2억에 이르고, 1998년 7월의 예상치는 3.5억이다[198]. 검색 엔진의 규모에 관한 최근 연구들 [135, 685]은 2005년에 200억 페이지 이상이며, 정적(static) 웹[6]의 규모는 여덟 달마다 약 두 배로 늘어나고 있다고 추정한다. 정적 웹페이지의 정확한 숫자는 동적(dynamic) 페이지[7] 사용이 인기를 얻기 전까지 중요했다. 오늘날, 웹의 크기는 실용적인 목적에서 무한한데, 그 이유는 HTML페이지를 무제한으로 만들어 낼 수 있기 때문이다(예. 온라인 달력을 생각해 보라). 웹 페이지의 분류는 12.3.1절에서 볼 수 있다.

웹 문서의 가장 흔한 형태는 HTML로, 그 뒤를 GIF와 JPG (둘 다 이미지), ASCII 텍스트, PDF의 순이며[97], 가장 대중적인 압축 도구로는 GNU zip, Zip, Compress가 사용된다. HTML페이지와 관련해서는 여러 흥미로운 특징들이 있는데, 그 중 일부는 다음과 같다. 첫째, 대개의 HTML 페이지들은 표준적이지 않다는 것인데, 이는 HTML 페이지들이 모든 HTML 사양을 따르지 않는다는 것을 의미한다. 사실 브라우저가 HTML 컴파일에 엄격하다면 많은 페이지들이 보이지 않을 것이다. 또, 비록 HTML이 SGML의 대표적인 예이지만, 대부분의 HTML 문서는 형식적 문서 유형 정의(document type definition)로 시작하지 않는다. 둘째, HTML 페이지는 사이즈가 작고 (10KB 정도), 보통 적은 수의 이미지를 포함한다. 대부분의 페이지는 프레젠테이션 목적으로 유색의 점이나 선과 같은 이미지를 사용한다. 평균적으로 한 페이지는 5~15개(평균 8개 이상)의 하이퍼링크를 포함하고, 대부분 지역 즉 자신의 웹 서버내에 있는 페이지를 참조한다. 한 페이지기가 링크하는 외부 페이지의 수는 평균 0에 가깝다! 보통, 같은 도메인에 있는 페이지를 가리키는 지역 링크들만이 존재하는데, 이는 대규모 웹 사이트의 홈페이지도 마찬가지이다.

가장 많이 참조된[8] 사이트는 주요 인터넷 기업들이다. 반면, 외부 사이트를 가장 많이 링크한 사이트는 디렉토리 서비스로 Yahoo![9] 디렉토리, 오픈 디렉토리 프로젝트(Open Directory Project)[10], 위키피디어[11]와 같은 웹 2.0

6) 웹 서버에 파일로 존재하는 웹 페이지들
7) 동적 페이지는 사용자가 웹 서버에 접속했을 때 생기는 HTML 페이지이다.
8) 여기서는 적어도 백만 이상의 페이지에 참조된 사이트를 말함.

사이트이었다. 어떤 점에서는 이런 링크를 모아놓은 사이트들은 웹의 접착제 역할을 하고 있어서, 이들이 없다면, 웹에 있는 많은 개인 페이지들처럼, 상당수 고립된 부분이 생길 것이다.

웹 페이지에 사용된 언어에 관해서는 초기에 세 개의 연구가 행해졌다. 첫 번째 연구는 1996년부터 1998년까지 Funredes[1263]에 의해 이루어졌고, 이후 2005년까지 계속되었다. 이는 AltaVista 검색 엔진을 사용하였고, 여러 언어의 다른 단어들을 찾는 데 기반하였으며, 나중에는 다른 검색 엔진들이 사용되었다. 이 기법은 통계적으로 중요하지 않을지 모르지만, 두 번째 연구와 일관성이 있었는데, 두 번째 연구는 사용된 언어를 추적하는 자동 소프트웨어에 기반한 것으로, Alis Technology[28]에 의해 수행되었다. 연구 목적의 하나는 8천개의 웹 서버에서 이 소프트웨어를 테스트하는 것이었다. 마지막 연구는 인터넷 IP주소를 샘플링하고 SILC 언어 인식 소프트웨어를 사용하여 1998년 6월 OCLC[1230]에 의해 수행되었다. 이러한 종류의 연구는 현재 웹의 규모로는 불가능하다.

2000년도에 웹 페이지의 약 70% 가량이 영어로 되어 있고, 다른 언어의 단어수가 영어의 단어수보다 빠르게 성장하고 있다고 추정되었다[676]. 2003년 1월 Google Zeitgeist[12)]에 의하면, 구글에 들어온 질의의 약 50% 가량이 영어였고, 이는 2001년도의 약 60% 보다 낮아진 수치이다. 최근의 결과는 특정 국가에서만 가능하다[97].

### 11.3.2 웹 그래프의 구조

웹은 그래프 형태로 볼 수 있고, 단순하게 보면, 노드(node)는 개별 웹 페이지를 나타내고, 에지(edge)는 페이지들 간의 링크를 나타내는 것이다. 웹 그래프의 전체 구조는 광범위하게 연구되어 왔는데, 가장 완성도가 높은 연구는 Broder 등이 한 연구[271]로, 웹 그래프의 위상(topology)을 나비 넥타이(bow-tie)에 비유하였다. 이 은유는 그림 11.1에 도식적으로 표현되어 있는데, 약간의 상상력을 동원하면, 가장 크게 연결된 컴포넌트(strongly connected component; SCC)가 타이의 중심 묶음 역할을 하는 나비 넥타이를 생각해 볼 수 있다.

이 모델을 좀 더 다듬어서 SCC 또는 CORE 컴포넌트 안의 영역을 정의한 내용이 [98, 506]에 기술되어 있다. 이 모델의 한계 중 하나는 이미 소개 부분에서 언급한 것처럼, 페이지가 항상 하나의 논리적인 단위가 아니라는 것이다. 그래프에 정의된 컴포넌트들은 다음과 같다.

(a) CORE: 그래프에서 가장 강하게 연결된 컴포넌트들로 구성된 사이트. 정의에 의하면, CORE에 있는 모든 사이트들 간에 접근 가능하다.
(b) IN: CORE에 있는 사이트들에 접근할 수는 있지만, CORE에 있는 사이트로부터는 접근할 수 없는 사이트들
(c) OUT: CORE에 있는 사이트로부터는 접근할 수 있지만, CORE로 돌아갈 수는 없는 사이트들
(d) TUBES(튜브): IN에서 OUT에 직접 연결된 경로가 있는 사이트들로 CORE 바깥에 존재
(e) TENTACLES(촉수) 또는 TENDRILS(덩굴손): IN(T.IN)에 있는 사이트로부터 접근 가능하고, OUT(T.OUT)에 있는 사이트들에만 접근할 수 있는 사이트들로 이전 컴포넌트들에 속하지 않는 사이트들
(f) DISCONNECTED(비연결) 또는 ISLANDS(섬): 연결되지 않은 사이트들로 이들의 연결된 컴포넌트는 전체 웹과 유사한 구조를 가질 수 있다.

9) yahoo.com/dir
10) dmoz.org
11) wikipedia.org
12) URL: http://www.google.com/press/zeitgeist.html

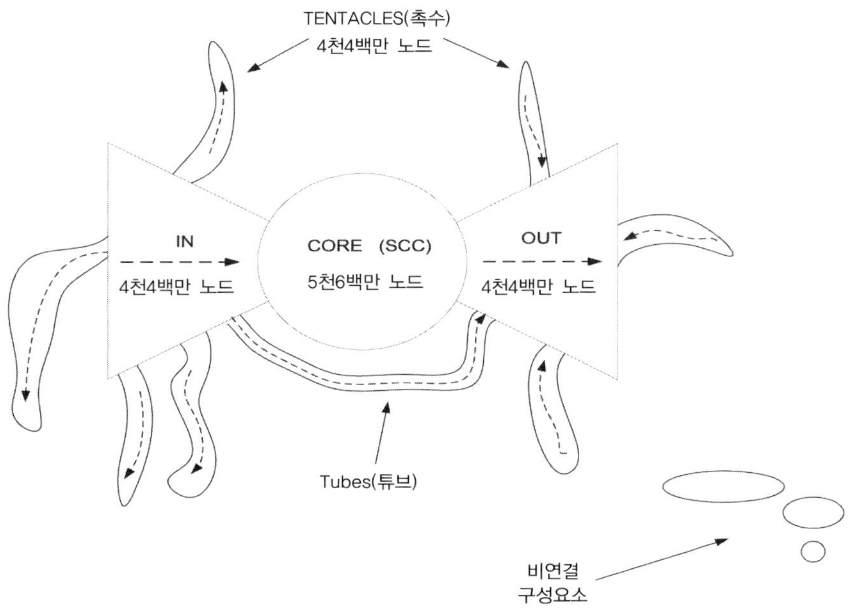


**그림 11.1:** 웹의 나비넥타이(bow-tie) 구조([271] 변형)

[94]에서, 이 정의를 확장하여 CORE 컴포넌트를 다음과 같이 네 부분으로 나누었다.

(a) Bridges: IN 컴포넌트로부터 직접 접근할 수 있고, OUT 컴포넌트로 직접 접근할 수 있는 CORE 에 있는 사이트들
(b) Entry points: IN 컴포넌트로부터 직접 접근할 수 있지만 Bridges에는 없는 CORE 사이트들
(c) Exit points: OUT 컴포넌트로 직접 접근할 수 있지만 Bridges에는 없는 CORE 사이트들
(d) Normal: 위에 정의된 컴포넌트에 속하지 않는 CORE 사이트들

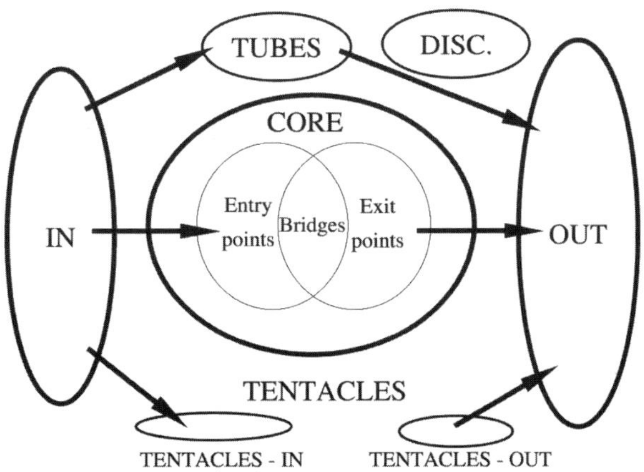


**그림 11.2:** 웹의 대규모 나비넥타이의 확장된 구조

그림 11.2는 나비 넥타이 구조의 더 정제된 형태를 보여준다.

웹의 이런 연구들에서 [97], CORE 컴포넌트는 소수 웹사이트로 구성되는 반면, 웹 페이지들이 강한 응집력을 가진다. 또한 이미 링크 분석에서 알려진 것처럼 (많이 연결되어 있을수록 질이 좋다) 구조와 내용의 질적인 측면이 상관관계가 있음을 보여준다. 어떤 연구에 따르면, ISLANDS의 수가 생각보다 매우 많고, 이들이 대부분 웹에 연결되어 있지 않기 때문에 검색 엔진에 등록되어 있지 않으면 찾기 어렵다[121].

### 11.3.3 웹 모델링

웹의 모든 특징들은 CORE 컴포넌트의 양적인 특징이 멱함수(power law)를 따름을 보여준다. 일반적인 멱함수는 규모 변화에 변동이 없으며 간단한 식은 다음과 같다:

$$f(x) = \frac{a}{x^{\alpha}} \text{ with } \alpha > 0 \tag{11.1}$$

식 $a \cdot x$값의 변화를 검증하는 것은 쉬운데, $a$는 상수로, 상수 $a$는 변화더라도 함수의 모양은 변화시키지는 않는다. 이러한 불변성(invariance)을 자체 유사도(self-similarity)라고도 부른다. 만약 $f(x)$가 확률 분포라면, 모든 확률의 합은 1이 되도록 $a$값이 설정되어야 하므로, $\alpha > 1$인 경우에만 $a$가 상수로서 존재한다. 이 경우, $\alpha$ 값에 따라 분포 모멘트(moments)는 유한이나 무한이 되는데, $\alpha \leq 2$인 경우, 평균과 모든 고차(higher-order) 모멘트는 무한이다. $2 < \alpha \leq 3$일 때, 평균값은 존재하지만 분산과 고차 모멘트는 무한이 된다.

멱함수를 따르는 웹 측정의 예는 다음과 같다.

- 웹 사이트 당 페이지 수와 도메인 당 웹 사이트 수 (컨텐츠 연구에 따름)
- 연결된 컴포넌트의 수 뿐만아니라, 들어오고 나가는 링크 분포 (링크 구조 연구에 따름)

| 지역 | 페이지 크기 | | 사이트 당 페이지 | In-degree | Out-degree | |
|---|---|---|---|---|---|---|
| | 소규모 | 대규모 | | | 소규모 | 대규모 |
| Brazil | 0.3 | 3.4 | 1.6 | 1.89 | 0.67 | 2.71 |
| Chile | 0.4 | 3.2 | 1.6 | 2.01 | 0.72 | 2.56 |
| Greece | 0.4 | 3.2 | 1.6 | 1.88 | 0.61 | 1.92 |
| Indochina | n/a | n/a | 1.2 | 1.63 | 0.66 | 2.62 |
| Italy | n/a | n/a | 1.3 | 1.76 | 0.68 | 2.52 |
| South Korea | 0.4 | 3.7 | 3.2 | 1.90 | 0.29 | 1.97 |
| Spain | n/a | 2.25 | 1.1 | 2.07 | 0.86 | 4.15 |
| United Kingdom | n/a | n/a | 1.3 | 1.77 | 0.65 | 3.61 |
| World | n/a | n/a | n/a | 2.1 | n/a | 2.7 |

표 11.1: 국가 및 지역별 웹의 멱함수 지수 요약

이는 웹 그래프만이 아니라, 웹 사이트 수준의 연결 그래프인 호스트 그래프에서도 마찬가지로 적용된다. 표 11.1은 [97]로부터 얻은 주요 결과들의 요약을 보여준다. 페이지 크기는 두 개의 지수가 존재하는데, 하나는 20KB 보다 작은 페이지를 위한 것이고, 다른 하나는 나머지를 위한 것이다. out-degree도 마찬가지로, 하나는 20개보다 적은 아웃 링크를 가진 페이지를 위한 것이고, 다른 하나는 그 이상의 아웃 링크를 가진 페이지를 위한 것이다.

전체 웹의 문서 특징을 6.5절에서 논의한 것과 비슷한 방식으로 모델링할 수 있다. 원칙적으로, Heaps와 Zipf의 법칙들 또한 웹에서 유용하며, 특히 어휘는 더 빨리 성장하고($\beta$가 더 커지고), 단어 분포는 좀 더 치우쳐질($\alpha$가 더 커질) 것이다.

또한, 문서 크기의 분포 또한 수학적 모델로 기술될 수 있는데, 문서 크기는 self-similar [458], 즉 크기 변화에 변동성이 없다(웹 트래픽에서도 비슷한 행태를 보인다). 가장 좋은 모델은 두개의 다른 분포를 혼합한 것이다. 분포의 기본은 로그 정상 분포(Logarithmic Normal distribution)를 따르는데, 크기가 $x$ 바이트인 문서를 찾을 확률은,

$$p(x) = \frac{1}{x\sigma\sqrt{2\pi}} e^{-(\ln x - \mu)^2/2\sigma^2} \tag{11.2}$$

로 주어지고, 평균($\mu$)과 표준편차($\sigma$)는 각각 9.357과 1.318이다[146]. 그림 11.3(왼쪽)은 샘플 컬렉션에 있는 파일 크기의 분포를 보여주는데, 모든 로그 함수는 10을 밑수로 한다. 수평축의 값 4 오른쪽에서 볼 수 있는 꼬리부분은 음의 경사를 보이는 것을 주목하라.

분포의 오른쪽 끝부분은 매우 두꺼운데("heavy-tailed"), 이는, 대다수의 문서는 작지만, 무시할 수 없는 큰 문서가 있다는 것이다. 이것은 영상이나 비디오 파일에서는 직관적인 것이지만, 또한 HTML 페이지에서도 사실로 나타나며, 다음의 Pareto 분포(또 다른 멱함수)로도 잘 들어맞는다는 것을 알 수 있다.

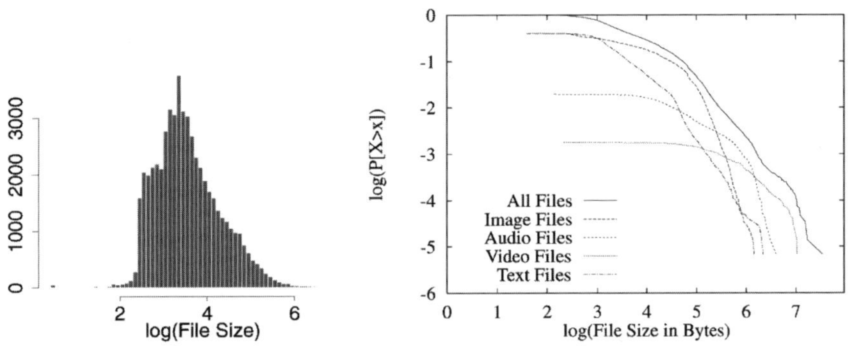


**그림 11.3**: 왼쪽: 세미 로그 그래프(M. Crovella, 1998)에서 모든 파일 크기에 대한 분포
오른쪽: 로그-로그 그래프에서 다른 파일 크기 유형에 대한 확률 분포 끝부분[458]

$$p(x) = \frac{\alpha k^{\alpha}}{x^{1+\alpha}} \tag{11.3}$$

여기서 $x$는 바이트로 측정되고, $k$와 $\alpha$는 분포의 매개변수이다[146](그림 11.3의 오른쪽 참조). 두꺼운 끝 부분은 실제로 곡선이 오른쪽으로 갈수록 음의 경사선과 같이 감소하는 것을 보여준다. 텍스트 파일에서 $\alpha$값은 약 1.36이며, 영상이나 이진포맷에서는 더 작아진다[458, 1699]. 모든 웹 문서를 고려하면, $\alpha$=1.1 과 $k$=9.3KB가 된다. 로그 정상 분포와 파레토 분포 사이의 경계점은 9.3KB보다 크고(즉, 수평축 값에서 3.98 이후로, 전체 확률을 더하면 1이 된다), 전체 파일의 93%는 이 경계점보다 작은 크기를 갖는다. 사실상 50KB 미만에서는 이미지가 전형적인 파일이고, 50KB에서 300KB까지는 오디오 파일의 수가 늘어나며, 그 이상의 몇 메가바이트까지는 비디오 파일이 좀 더 많아진다. 이러한 분포의 매개변수들은 두 달 동안 몇몇 사용자들에 의해 요청된 46,000개 이상 되는 웹 페이지의 샘플로부터 얻어졌다. 관련된 정보는 WebSpec96과 Sun/Inktomi Inkbench[811]와 같은 웹 벤치마크에서 찾을 수 있다.

### 11.3.4 링크 분석(Link Analysis)

웹에서, [92]에 따르면, 링크 분석을 세 가지 수준으로 구별할 수 있다.

- 링크와 개별 노드의 통계적 특성과 관련된 미시(microscopic) 수준

- 웹의 영역적 특성과 관련된 링크 분석의 중간(mesoscopic) 수준
- 대체적으로 웹의 구조와 관련된 링크 분석의 거시(macroscopic) 수준

웹 서술의 거시 수준은 11.3.2에서 논의한 Broder 등[271]의 '나비넥타이(bow-tie)' 작업과 함께 시작되었다. 관련된 거시 수준 서술은 [1565]에 제안된 해파리(Jellyfish) 구조로, 인터넷의 자율(autonomous) 시스템에 적용될 수 있다. 이 관점에 따르면, 길고 약하게 연결된 체인 또는 촉수(tentacles)를 형성하는 많은 노드들과 함께, 링크 밀도가 감소하는 영역으로 둘러싸인 핵심 부분을 정의할 수 있다.

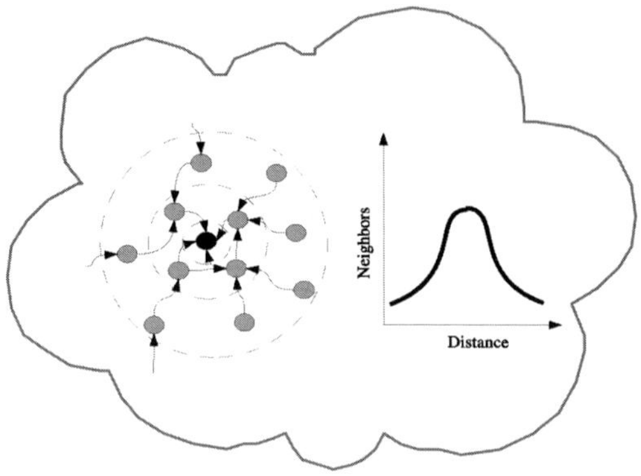


**그림 11.4**: "hop-plot"의 구조적 그림: 거리별 이웃노드의 수 분포[92]

중간 수준 링크 분석은 노드의 이웃 특성과 관련되는데, 링크-기반 랭킹 함수 작업의 맥락에 있다. 한 노드의 이웃노드를 정의하는 방법은 "hop-plot"으로 알려져 있는데, 그림 11.4에 묘사한 것처럼 서로 다른 거리에서 여러 이웃 노드 수의 도표이다. 중간 수준은 노드의 집단(community)이나 클러스터와 같이 지역 구조에서도 관찰할 수 있는 수준의 표현이다.

웹의 미시 수준은 몇몇 저자들[792, 139]에 의해 논의되어 왔는데, 웹페이지의 링크 수의 분포가 한쪽으로 매우 쏠린 현상에 기반한 것으로 고전적 랜덤 그래프[536]에서 보이는 전형적인 포아송(Poisson) 분포를 따르지 않는다. 웹과 같은 자유로운 규모(scale-free)의 네트워크에서 페이지 $p$의 링크 수 분포는 멱함수를 따른다.

$$Pr(K\text{개 링크를 가진 } p) \propto k^{-\alpha} \qquad (11.4)$$

보통 $2 < \alpha < 3$이고 이것은 유한 평균(mean) 값을 의미한다. (11.3.3절 참조)

자유규모 네트워크는 소수의 고도로 연결된 링크를 가지는데, 이는 네트워크의 많은 다른 노드들을 연결하는 '허브(hubs)' 역할을 한다. 자유 규모 네트워크의 연결성은 에지의 임의 삭제에 안전하고, '우선 부착(preferential attachment)' 과정의 일부로 설명될 수 있으며[140], 또한 부익부(rich-get-richer) 현상 또는 성탄절(Yule) 프로세스로 불린다. 이 과정에서 새로운 웹 페이지 $v$가 다른 웹페이지 $w$를 링크할 확률은 $w$로 들어오는 링크 수에 비례한다.

그림 11.5는 지금까지 서술한 링크 기반 분석을 시각적으로 정리해서 보여준다.

링크 분석은 정보의 풍부한 원천이고 적합성(11.5.2장에서 논의)을 추론하는 것뿐만 아니라, 수집 대상의 상위를 정의하거나(12.5.1장 참고), 웹 그래프의 커뮤니티와 같은 하위 구조를 정의하는 데에도 사용될 수 있다. 11.5.2절에서 서로 다른 랭킹 평가 정의에 링크 분석을 사용하는 것을 보게 될 것이다.

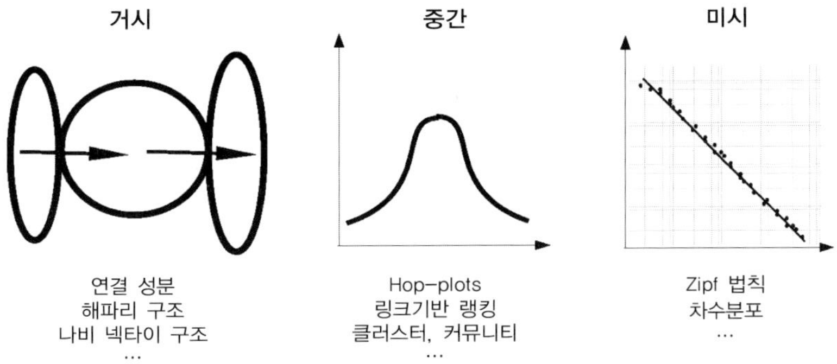


**그림 11.5:** 링크 기반 분석 수준[92]

## 11.4 검색 엔진 구조

이 절에서는 웹을 전문(full-text) 데이터 저장소로서 모델화한 검색 시스템의 서로 다른 구조를 다룬다. 표준 IR시스템과 웹의 가장 큰 차이는 웹에서는 모든 질의 처리와 랭킹이 원본 문서에 접근하지 않고 수행되어야 한다는 것이다. 이것은 질의시간에 네트워크를 통해 원격으로 페이지를 접근함으로써 너무 느려지게 되는 것을 피한다. 이 기본적인 차이는 색인과 검색 알고리즘 그리고 질의의 복잡성에 직접적인 영향을 미친다. 작은 문서 조각(snippet) 생성을 위해 원본 문서를 사용할 수는 있지만 이는 사용자에게 보여지는 상위 10개의 검색 결과로 제한된다.

### 11.4.1 기본 구조

대부분의 검색 엔진들은 중앙 집중 문서 수집기-색인기 구조(centralized crawler-indexer architecture)를 사용한다(12장 참고). 문서 수집기(crawler)는 웹을 순회하면서 새롭거나 수정된 페이지들을 찾아 색인 서버로 보내는 프로그램(소프트웨어 에이전트)이며, 로봇, 거미(spider), 방랑자(wanderer), 보행자(walker), 노봇(knowbot)이라고도 불린다. 이러한 이름에도 불구하고 문서수집기는 실제로 원거리 기계에서는 보내거나 실행되지 않으며, 오히려 지역 시스템에서 동작하여, 원거리 웹 서버로 요청을 보낸다.

색인은 웹의 다른 위치로부터 제출된 질의에 응답하기 위해 중앙 집중 방식으로 사용된다. 대부분의 검색엔진은 역색인(inverted index, 9.2절 참조)의 변형을 사용하는데, 간단하게 말하면 역색인은 용어(어휘) 리스트로 구성되는데, 각 용어는 용어가 나타난 페이지에 대한 포인터 리스트와 결합되어 있다. 이는 문서 자체가 아니라 문서의 논리적 뷰(view)를 색인한다는 점을 기억할 필요가 있다. 실제로 정규화 작업이 일상적으로 행해지고, 이는 기호(punctuation) 제거, 단어 쌍 간의 복수 공백을 단일 공백으로 대치, 대문자의 소문자 변환(6장 참고)등을 포함한다. 일부 검색엔진은 색인 크기를 줄이기 위해서 불용어(stopwords)를 제거하기도 하는데, 수많은 언어를 다루기 때문에 불용어는 통계적으로 선택된다.

사용자에게 풍부한 검색 결과를 제공하고, 각 검색 결과에 추가 정보를 제공하기 위해서, 웹 페이지에 있는 생성 날짜, 크기, 제목 등과 같은 메타데이터를 함께 색인한다. URL과 각 웹 페이지의 메타데이터를 저장하기 위해 500바이트가 필요하다고 가정하면, 10억 페이지의 메타데이터를 저장하기 위해서는 500GB가 필요하다. 이러한 정보는 효율적으로 압축할 수 있고, 그 결과 실제 크기는 상당히 줄어들게 된다.

검색 결과로 보여지는 것은 전체 결과의 일부분(보통 10개 결과)이다. 사용자가 더 많은 결과를 요청하면, 검색엔진은 다음 10개의 검색결과를 만들기 위해 질의를 재계산하거나 메인 메모리에 저장된 부분 검색 결과 집합으로부터 얻어낸다. 어떤 경우에도, 검색엔진은 전체 웹 컬렉션을 대상으로 전체 답을 계산하지 않는데, 그 이유는 수천 개의 가장 적합한 결과만으로 충분하기 때문이다. 사실 매우 많은 수의 검색 결과를 가지는 일부 질의의 경우, 전체 답을 계산하는 것은 매우 느릴 것이다.

최신의 색인 기법들은 역색인의 크기를 텍스트 크기의 약 30%(불용어가 제거되면 더 낮은 비율)로 줄일 수 있다(9.2.6 및 [1703] 참고). 예를 들어, 약 1.5TB의 디스크 공간을 필요로 하는 10억 페이지 웹 컬렉션이 있다고 생각해 보자. 압축하지 않은 색인은 전체 공간의 약 60%, 즉 900GB를 필요로 하지만, 압축 색인은 대략 절반 이하인 400GB를 필요로 한다. 9.2.3절에서 논의한 것처럼, 여러 단어로 구성된 질의에 답하기 위하여, 개별 단어들에 대한 문서 리스트를 결합하여 최종 답을 만들어 내는데 색인이 사용될 수 있다. 많은 검색 엔진들은 또한 정확한 구(phrase)나 인접(proximity) 검색을 지원하는데, 이는 문서내 용어의 위치에 대한 부가 정보 또는 빈번한 구(phrases)를 단일 색인 단위로 색인하는 기법을 필요로 한다.

검색 단계는 각 단어가 너무 빈번하게 나타나지 않는다면 효율적으로 행해질 수 있지만, 웹에서는 좀처럼 그런 경우를 찾기가 어렵다. 이런 이유로, 검색 결과의 수가 매우 큰 경우, 모든 검색 엔진은 지연 평가 질의 처리(lazy evaluation query processing) 방법을 사용한다. 즉 검색 결과의 첫 번째 페이지만을 계산하고, 사용자가 이 결과 페이지를 보고 난 후 요청을 한 경우에 더 많은 검색 결과에 대해 계산한다. 역색인을 이용한 검색에 대한 상세 정보는 9.2.3절에서 볼 수 있다.

그림 11.6은 AltaVista[426]와 같은 초기 검색 엔진의 소프트웨어 구조를 보여준다. 이는 두 부분으로 나누어지는데, 하나는 사용자의 요청을 처리하는 부분으로, 사용자 인터페이스와 질의 엔진으로 구성되고, 다른 하나는 데이터를 다루는 부분으로, 문서수집기(crawler)와 색인기로 구성된다. 1998년에 AltaVista 시스템 전체는 20개의 멀티 CPU로 작동되었는데, 전부 합하여, 130GB 이상의 램(RAM)과 500GB 이상의 디스크 공간을 갖고 있었으며, 이 중 질의 엔진(query engine)이 전체 자원의 75% 이상을 사용했다.

이러한 구조 때문에 일어나는 주요 문제는 데이터 수집 외에도, 데이터 자체의 양인데, 사실상 문서수집기-색인기는 1990년대 말에 웹의 성장에 대처할 수 없었다. 이에 대한 해결책은 분산 병렬 계산 방식이며 다음에 설명하도록 한다.

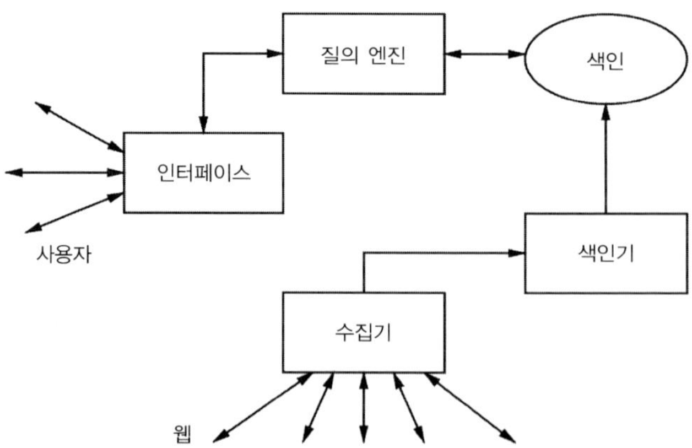


**그림 11.6:** 전형적인 수집기-색인기 아키텍쳐

### 11.4.2 클러스터 기반 구조

현재 검색 엔진들은 대규모의 병렬 및 클러스터 기반 구조 [151, 484, 99]를 사용한다 (10장 참고). 문서 컬렉션의 크기가 대용량이기 때문에, 역색인은 하나의 컴퓨터로는 감당이 어렵고, 클러스터로 연결된 컴퓨터 간에 분산되어야 한다. 이를 위해 10.3절에서 설명한 것처럼, 문서 분할(partitioning)이 사용된다. 즉, 대규모의 질의 양은 전체 질의 부하를 처리하기 위하여 기본 구조가 복사되어야 하고, 각 클러스터가 질의 부하의 일부분을 처리해야 함을 의미한다. 또한, 질의가 전 세계 각지로부터 만들어지고, 대륙 간에 인터넷 지연이 발생할 수 있으므로, 응답 시간을 줄이기 위하여 클러스터 복사본은 지역적으로 다른 위치에 관리되어야 한다. 이는 전원이 나가거나 자연 재해와 같은 최악의 시나리오에 대해서도, 검색엔진이 고장허용성(fault-tolerant)을 가지게 해준다. 이러한 유형의 구조에 주의 깊게 짚어 보아야할 세부사항들은 다음과 같다.

1. 검색엔진의 내부 활동(질의 답변과 색인)과 외부 활동(데이터 수집)간의 균형을 맞추는 것이 중요하다. 이는 문서 수집, 문서 서비스, 색인, 사용자 상호작용, 질의 처리, 검색결과 생성에 대해 전용 클러스터를 할당함으로써 이루어진다.
2. 또한, 서로 다른 클러스터 간의 부하 조절이 잘 관리되어야 한다. 이는 부하 조절기(load balancers)라고 부르는 특별한 서버를 사용하여 해결할 수 있다.
3. 마지막으로, 가끔 하드웨어가 고장날수 있기 때문에, 소프트웨어 차원에서 고장 허용(fault tolerance)이 제공되어야 한다. 고장시, 질의는 가장 적절한 가용 클러스터로 전달되고, CPU와 디스크는 비싸지 않고 호환 가능한 하드웨어 부품을 이용하여 바로 교체되어야 한다.

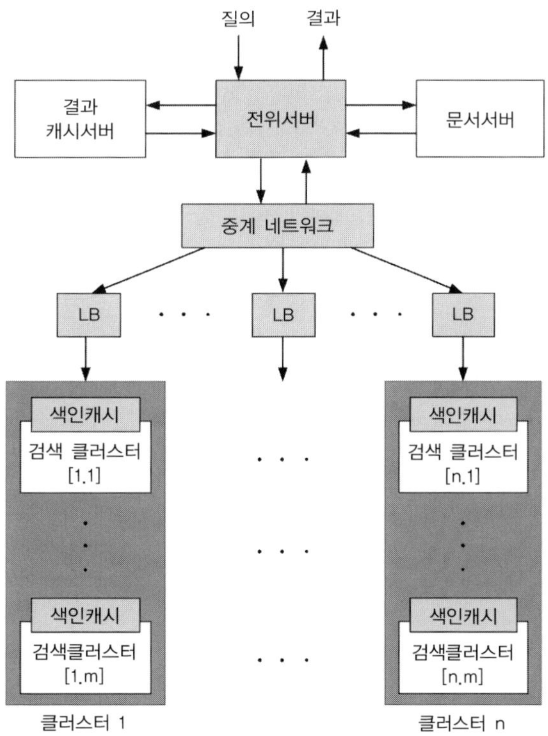


**그림 11.7:** [484]에 기반한 검색 모듈을 위한 클러스터 기반 구조. 각 클러스터는 컬렉션 전체의 색인을 포함한다. 즉 색인은 한 클러스터내 $m$개의 서버에 분리되어 있다. $n$ 클러스터는 전체 색인의 $m$개 복사본을 만드는데 사용된다.

그림 11.7은 핵심 구성요소로 이루어진 일반적인 검색 클러스터 구조를 보여준다. 전위(front-end) 서버는 질의를 받아서, 만약 답이 '결과 캐시(answer cache)'에 있다면 바로 처리한다(11.4.3 참고). 그렇지 않으면, 계층적 중계 네트워크(broker network)를 통해, 질의를 검색 클러스터로 이동시킨다. 이러한 네트워크의 정확한 위상(topology)은 다양하지만, 기본적으로 가능한 한 빨리 검색 클러스터에 도달할 수 있도록 트래픽 조절 기능을 갖추고 있다. 각 검색 클러스터는 부하 조절(load balancing) 서버(그림에서 LB)를 포함하고, 이는 검색 클러스터에 있는 모든 서버에게 질의를 보내준다. 이 그림에서는 $n$개의 복사본을 가지고 $n$개의 서버를 가진 클러스터로 분할된 색인을 볼 수 있다. 색인을 하나의 클러스터로 분할하는 것이 직관적이기는 하지만, 클러스터가 매우 커서 관리와 장애 대처가 어렵기 때문에 권장하지 않는다. 각 검색 클러스터는 또한 색인 캐시를 포함하는데, 이는 그림에서 클러스터 상단에 직사각형으로 표현되어 있다. 중계 네트워크는 검색 클러스터로부터 받은 결과들을 합쳐서, 적당한 전위 서버로 보내는데, 이 전위 서버는 문서 서버를 이용하여 문서 조각(snippet)을 비롯한 다른 요소들을 포함한 검색 결과 페이지를 생성한다. 이는 전체 데이터 센터를 고려한 더 일반적인 추세의 예다[152]. Orlando 등[1235]은 다음 두 가지 주요 병렬 전략에 기반하여 병렬 및 분산 검색엔진 구조를 제안하였다. 하나는 과제 병렬 전략(task parallel strategy)인데, 이는 질의가 동질적인 색인 서버 집합에서 독립적으로 수행된다. 다른 하나는 데이터 병렬 전략(data parallel strategy)으로 데이터베이스의 개별 파티션에 접근하는 색인서버에 의해 질의가 병렬 처리된다. 그러나 실제로, 이러한 구조의 상세 내용은 거의 출판된 것이 없는데, 그 이유는 주요 검색 엔진의 상세 내용(질의를 처리하는데 필요한 CPU나 디스크와 같은 정확한 자원 그림)은 사업상 비밀로 취급되기 때문이다.

Chowdhury와 Pass[381]는 문서 분할을 위한 구조와 관련한 큐잉 이론(queuing theory) 모델을 소개하고, 이를 사용하여 처리량(throughput), 응답 시간, 활용도(utilization) 등의 내재된 운영 요구를 분석했다. 이 큐잉 모델은 질의별 동일 문서를 처리하는 색인 서버 수행시간 간에 완전한 균형을 가정한다. 그러나 Badue 등[85]은 색인 서버 간 문서 분포의 균형이 잡혀있더라도, 질의 이력내 용어의 빈도와 관련 역색인 리스트의 크기 차이로 인해 서버들 간 질의 수행 시간이 균형을 이루지 않는다고 밝혔는데, 그 이유는 이 상관관계가 디스크 캐싱 행동에 영향을 미치기 때문이다. 게다가, 각 서버 주 메모리의 상대적인 크기(디스크 공간 사용과 관련)와 질의 병렬 처리 작업에 참여하는 서버의 수가 지역 질의 수행 시간 불균형의 원인이 된다. 이는 나중에 동일 저자들에 의해 이러한 특정 구조와 관련된 용량 계획 모델(capacity planning model)[84]을 통해 언급된다. 그럼에도 불구하고, 웹 검색 시스템에 대한 성능 모델을 문헌에서 찾아볼 수 있는 가능성은 극히 제한적이다.

사용자들이 매일 사용하는 질의의 양뿐만 아니라, 웹 검색 엔진의 용량과 복잡도로 인해, 질의 이력은 검색 결과의 정확률 향상과 검색 엔진의 효율성 향상에 매우 중요한 자료이다. 질의(용어) 분포, 질의 도착 시간, 클릭 결과와 같은 특징은 질의 이력으로부터 추출할 수 있는 정보의 예이다. 이제 생각해봐야할 중요한 질문은 더 효율적이고 효과적으로 문서 컬렉션을 분할하고 질의를 분기하는데 이러한 정보를 이용할 수 있는지 여부이다. 지난 몇 년간, 질의 캐시에 대한 질의 이력을 사용하여, 문서 컬렉션을 분할하고 질의를 분기하는 것이 일부 연구에서 중요하게 다루어져 왔다[1304, 1474]. 다음에서 검색엔진의 질의 부하와 분산을 이해하는 데 도움이 되는 기술을 알아보도록 한다.

### 11.4.3 캐싱(caching)

검색엔진은 빨라야하기 때문에, 가능한한 대부분의 작업은 주 메모리에서 수행되어야 한다. 따라서 캐싱이 강력 권장되고 폭넓게 사용되며, 캐싱은 대규모 사용자가 이용하는 웹 시스템에서 유용한 기술이다. 캐싱은 평균 응답 시간을 줄여주고, 후위(back-end) 서버들의 작업부하를 확연하게 감소시키고, 전체 대역폭(bandwidth) 량을 감소시킨다. 웹 시스템에서, 클라이언트와 서버 모두 캐싱할 수 있는데, 클라이언트 쪽에서는 브라우저와 프록시 (서버)가 캐시한다면, 서버 쪽에서는 미리 계산된 검색결과나 새로운 검색 결과를 계산하는데 사용될 일부 데이터를 캐시할 수 있다[1284]. 여기서는 더 효율적이고 제어 가능한 검색 엔진 서버 상의 캐시를 다루도록 한다. 이러한 유형의 캐싱은 [1727]에서 처음 언급한 것처럼, 사용자들이 공유하는 질의들에 의해 주도될 것이다.

검색 엔진에서 가장 효과적인 캐싱 기법은 검색 결과를 캐싱하거나, 그림 11.7의 전위 수준에서 수행되면서 자주 들어오는 질의에 대해 매우 빠르게 응답할 수 있도록 결과를 캐싱하는 것이다. 질의 분산은 멱함수를 따르기 때문에, 적은 수의 질의가 많이 반복되고 따라서, 적은 양의 캐시가 질의의 큰 비중에 답할 수 있다. 예를 들어, 30%의 히트율(hit-rate)을 가진다면 검색엔진의 성능은 약 43%까지 증가할 수 있다. 반면 질의의 상당 부분은 반복되지 않기 때문에 캐시에 없을 것이다(예를 들어, [104]에서는 50%). 즉 결과 캐시의 히트율에는 한계가 있다. 이는 검색 클러스터의 역 색인 파일 리스트를 캐싱함으로써 개선될 수 있다. 이 캐싱기법은 더 효과적이고 90% 이상[104]의 히트율을 가질 수 있는데 , 그 이유는 반복되지 않는 질의더라도 용어(term)가 겹치기 때문이다. 그러나 결과를 캐싱하는 것이 더 빠른 것처럼, 이는 계산하기 쉽지 않고, 시스템에 따라 달라진다.

초기 작업 [1329]은 질의 이력을 이용하여, 지속적으로 많이 들어온 최적의 질의 집합을 구축해서 비슷하게 들어올 질의에 대한 검색 성능 향상을 제안했다. 나중에 Markatos [1091]는 질의의 시간적 지역성이 존재함을 증명하고, 측정치로 히트율을 이용한 LRU(Least Recently Used, 교체 전략의 하나로 최근 사용이 가장 적은 것부터 버리는 방식) 정책의 다른 변수들 성능과 비교해서, 작은 캐시에 대해서는 정적 캐싱이 유용함을 보여주었다. Cao [328]는 지역성 보다 다른 변수들을 고려한 캐싱 정책을 제안하였는데, 캐싱 대상의 크기, 디스크로부터 불러오는 데 걸리는 시간 등이다. 이 제안은 색인을 다음과 같이 구성한다: 과거 사용자 질의로부터 미리 계산된 검색결과와 자주 사용되는 검색용어의 역색인 리스트를 주 메모리에 유지하고, 나머지 색인은 보조 저장 장치(secondary storage)에 유지한다.

시스템은 계층적인 경우도 있기 때문에, 다단계 캐싱 구조에 대한 제안들도 있다. Saraiva 등[428]은 2단계 동적 캐싱 시스템을 이용한 새로운 웹 검색 엔진 구조를 제안하였다. 이 작업의 주요 목적은 계층으로 구성된 검색 엔진의 응답 시간을 향상시키는 것이었다. 이 구조에서 양쪽 단계 모두 LRU 추출 정책을 이용한다. 두 단계 캐시가 디스크 트래픽을 효과적으로 감소시킬 수 있고 전체 처리량이 향상됨을 밝혔다. Baeza-Yates 와 Saint Jean [123]은 역리스트 정적 캐시에 기반한 빈도수를 가진 3단계 색인 구조를 제안하였다.

Markato의 관찰에 기반하여, Lempel과 Moran [1002]은 확률 기반 캐싱(Probabilistic Driven Caching; PDC)이라 불리는 새로운 캐싱 정책을 제안했는데, 이는 검색 엔진에 들어온 모든 후속 질의(두 번째 결과 페이지로부터)의 확률 분포를 예측하는 것이다. PDC는 사용자 요청을 예상하여 미리 꺼내두는 프리페칭 (prefetching)이 도입된 첫 번째 정책이다. 이러한 목적에서, PDC는 사용자 행동 모델을 이용하는데, 이는 사용자가 검색 세션을 시작해서 처음 검색 결과에 대해 후속 질의(즉, 후속 검색 페이지들을 요청하는 질의들)를 진행해 가는 것이다. $\tau$ 초안에 후속 질의가 없다면 해당 검색 세션은 종료된다.

Fagni 등[544]은 정적 캐싱과 동적 캐싱 정책을 혼합하고 적응형 프리페칭 (adaptive prefetching) 정책과 결합하여 높은 히트율을 달성했다 (SDC 휴리스틱). 이 실험에서, 프리페칭과 함께 정적 캐싱에 큰 부분을 할당하는 것이 최고의 히트율을 얻을 수 있었다. 반면, Zhang 등[1773]은 몇몇 동적 캐싱 알고리즘을 이용하여 압축된 역 리스트 블록 캐싱을 연구하였고, 메모리에서 최소로 사용되는 역 리스트 블록을 제거하는 것이 히트율 성능을 높일 수 있음을 알아냈다.

Baeza-Yates 등[104, 105]은 정적 캐싱과 동적 캐싱의 효과 비교 연구를 최초로 수행하였는데, 특히 역 리스트 캐싱과 검색 결과에 대한 메모리 할당에 중점을 두었다. 캐싱 결과에 약 30%를, 나머지는 역 리스트에 할당되었을 때 최적의 결과가 달성됨을 확인하였다. 또한 역 리스트의 정적 캐싱에 대한 새로운 알고리즘을 제안하였는데, 이는 배낭(Knapsack) 문제에 대해 잘 알려진 휴리스틱에 기반한 것으로, 역 리스트 길이에 대한 질의 빈도의 비율을 이용하여 캐싱 대상을 결정한다. 이 알고리즘의 결과를 LRU, LFU 그리고 이전 방법들[123]과 비교한 것이 그림 11.8에 나와 있다. 또한 질의 분포상 변화가 작고 주기적으로(예를 들어 매일) 재계산될 수 있는 정적 방법에서 효과가 작음을 보여주었다. 동적 캐싱에 대한 유사한 결과가 [1047]에 제안되어 있다.

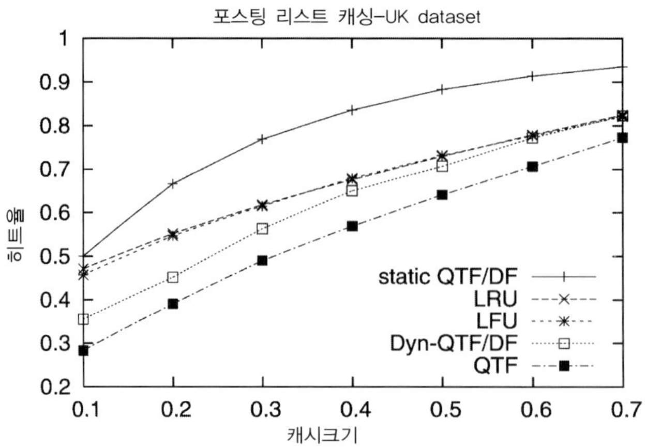


**그림 11.8:** 역리스트 캐싱에 대한 알고리즘별 성능

검색결과 동적 캐싱의 한 가지 문제는 절대 반복되지 않는 유일한 질의로 인한 오염(pollution) 효과이다. 이 문제를 해결하기 위하여, Baeza-Yates 등[112]은 입장 허가 제어 기법(admission control mechanism)을 제안하였는데, 이는 결과 집합이 캐시될지 말지를 간단한 예측에 기반하여 결정한다. 이 방법에서 캐시 메모리는 두 부분으로 나뉘는데, 첫 번째 부분은 미래에 반복될 것 같은 질의의 캐시 결과를 사용하는 것이고, 두 번째 부분은 모든 다른 질의들을 캐시하여 대용량 질의와 예측 에러들을 조절하는 것이다. 첫 번째 또는 두 번째 부분 어디에 질의 결과를 캐시할지의 결정은 과거 빈도나 길이(토큰이나 문자)와 같은 질의 특징에 의존한다. 이러한 결과는 SDC 알고리즘을 개선하고 간단한 특징을 이용하여 캐시 오염을 줄일 수 있음을 보여준다.

### 11.4.4 다중 색인(Multiple Indexes)

계층적 색인 구조는 개선된 유형의 한 종류이다. 예를 들어, 2 수준 또는 2 단계(two-tier) 색인을 생각해 보자. 첫 번째 단계는 작고 빠른 색인으로 가장 빈번한 질의들에 대한 색인이고, 두 번째 단계는 나머지 질의에 대한 것으로 크고 느린 색인이다. 컬렉션을 여러 단계로 분할하는 방법은 [1359, 1360, 123]에서 조사되었는데, Risvik은 확장 목적[1359, 1360]에서, 다계층 시스템을 제안하였다. 이 시스템에서 각 계층은 다음 단계로 질의를 걸러주는 필터와 같은 역할을 하는데, 해당 단계에서 히트 수와 검색 결과의 적합성 점수에 기반한다.

이 기법의 한 가지 단점은 일부 질의의 경우, 답이 느리게 제공될 수 있는데, 특히 계층이 순서적으로 검색되면 그렇다. 한 가지 해결책은 모든 계층에 동시에 질의를 보내는 것이다. 그러나 이는 질의 부하를 증가시키고 전체 하드웨어의 인프라 구조 비용 또한 증가하게 된다. 더 좋은 방법은 어떤 질의가 다음 단계로 이동되는 것이 좋을지를 예측하는 것이다. 이를 위해 Baeza-Yates 등[114]은 질의 특징을 이용하여 검색이 병렬로 수행되어야 할지 말지를 결정하는 기계 학습 기반 예측기를 제안하였다. 그들은 예측기가 무작위로 만들어진 답보다 시간은 훨씬 절약되지만 인프라 구조 비용에서는 부정적인 효과를 가질 수 있음을 보여주었다. 그래서 성능과 비용(performance-cost)간 상충(trade-off) 분석을 하였고, 답변 시간이 감소되면 인프라 구조 비용이 약간 증가함을 보여주었다.

Liu 등[1043]은 다중 색인에 대한 또 다른 연구를 하였는데, 중국 웹(Chinese Web)상에서 95%까지 코퍼스 크기를 줄인 '정제된 코퍼스(cleansed corpus)'를 사용해도 검색 성능을 유지할 수 있음을 실험적으로 보여주었다. 또한 질의의 약 90% 이상이 정제된 코퍼스의 페이지로 답변될 수 있었다. 이들은 PageRank(11.5.2 참고)나 각 페이지로 들어오는 내향 링크수와 같은 질의 독립적인 특징들을 이용하여 각 페이지를 잠재적인 검색 목표 페이지(정제된 코퍼스) 또는 일반 페이지(제거될 페이지)로 분류하였다.

또 다른 계층적 기법으로는, Ntoulas 등이 [1214]에서 제안한 것으로, 검색 결과 캐시 이후에 소형 색인(pruned index)을 이용하여 간단한 질의에 빠른 답변을 제공하는 것이다. 2-단계 구조를 소개하였는데, 첫 번째 계층은 소형 색인(pruned index)이고, 두 번째 계층은 검색 엔진의 전체 색인이다. 질의는 소형 색인에서 먼저 검색되는데, 전체 색인에서 얻을 수 있는 결과들과 비교하여 효과가 떨어지지 않는다면 사용자에게 검색 결과가 반환되고, 그렇지 않으면 전체 색인에서 평가된다. 첫 번째 단계를 보면, 이 접근이 유용할 것으로 보이지만 이후 연구들은 캐시의 효과를 고려했을 때 이 접근의 가치가 불명확함을 보여주었다. 그 이유는 소형 색인이 기본적으로 역 리스트 캐싱 효과와 동일하지만, 적응적(adaptive)이지는 못하기 때문이다[1487]. 사실 이러한 결과는 구성요소의 개별적인 개선보다 전체 상호작용을 연구하는 것이 얼마나 중요한지를 보여주었다. 예를 들어, 결과 캐싱은 검색엔진에서 실제로 처리하는 질의 길이를 약 30% 증가시키고, 한 단어 질의에서만 유의미하게 감소시켰다.

웹 컬렉션을 계층으로 분할하는 방법과 관련하여, D'Souza 등[514]은 TREC 볼륨 1 과 Associated Press [703]에서 얻은 데이터 두 개를 이용하여 분할된 코퍼스를 구축하는 세 가지 방법을 비교하였다. 무작위(random) 분할, 문서 날짜별 분할, 문서 출처별 분할을 시도하였다. 이와 비슷하게, Craswell 등[437]은 wt10g의 일부인 wt2g 컬렉션을 사용하였는데, 이는 956개의 문서 서버들로부터 데이터를 수집한 것으로 TREC 데이터보다 더 현실적인 데이터이다.

Yom-Tov 등[1752]은 TREC Terabyte 데이터안의 .gov 웹 컬렉션 코퍼스를 분할하는 다양한 방법을 시도하였다. 각 질의는 모든 파티션에 전달되고, 파티션이 질의에 얼마나 잘 반응하는지에 대한 질의 예측 알고리즘에 기반하여 얻은 개별 결과 리스트를 순위화함으로써 병합하여 최종 결과 리스트를 얻는다. 분할 방법은 문서 클러스터, 도메인, 문서로 들어오는 내향 링크 수, 문서 제목 등에 기반하였다. 마지막 방법이 가장 좋은 결과를 얻었고, 무작위 방법이 그 다음이었다. 이들은 질의 예측 알고리즘을 계층을 선별하기 위한 전처리 단계로 사용하는 대신, 검색 결과를 병합하는데 사용한다. 한 가지 흠은 검색할 코퍼스를 미리 결정하지 않기 때문에 결과적으로 모든 계층이 항상 동시에 검색된다는 점이다.

### 11.4.5 분산 구조

문서수집기-색인기 구조에는 몇 가지 변형이 있는데, 이들 중 가장 중요한 초기 예가 Harvest[244]이다. 최신 제안들 중에서 Baeza-Yates 등[106]이 제안한 다중 사이트 구조를 구분하여 살펴본다.

#### Harvest

Harvest는 데이터를 모으고 분산시키기 위해 분산 구조를 사용하는데, 이는 표준 웹 문서수집기 구조보다 더 효율적이다(12장 참고). Harvest의 주요 약점은 몇몇 웹 서버의 협동을 요구한다는 것이다. 흥미로운 것은, Harvest의 분산 접근 방식이 다음과 같은 문서수집기-색인기 구조의 몇 가지 공동 문제점으로부터 자유롭다는 점이다.

- 웹 서버들은 여러 문서수집기로부터 동시에 요청을 받아서 부하가 가중된다.
- 문서수집기는 대부분 폐기된 전체 객체들을 검색하므로 웹 트래픽이 증가한다.
- 각각의 문서수집기가 정보를 독립적으로 모으므로, 검색엔진간 협동이 부족하다.

이러한 문제점들을 해결하기 위해 Harvest는 수집기(gatherer)와 중계기, 두 가지 주요 요소를 도입했다. 수집기는 하나 혹은 그 이상의 웹 서버로부터 색인 정보를 수집하고 추출하며 수집 시간은 시스템에 의해 주기적으로 정해진다(시스템이 제안한 이름이 추수 시간(harvesting time)이다). 중계기는 색인 기법과 모아진 데이터에 대한 질의 인터페이스를 제공한다. 중계기는 하나 이상의 수집기나 다른 중계기로부터 정보를 검색하며, 색인을 점진적으로 갱신한다. 수집기와 중계기의 구성에 따라 서버 부하와 네트워크 트래픽에 대한 개선이 다양하게 이루어질 수 있다. 예를 들어, 수집기는 웹 서버에서 어떤 외부의 트래픽도 만들지 않고 동작될 수 있으며, 반복적인 작업 없이

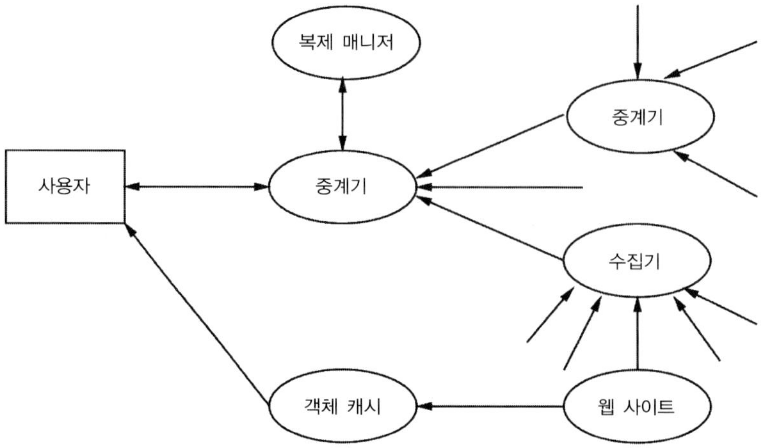


**그림 11.9:** Harvest 구조

여러 중계기에 정보를 보낼 수 있다. 또한 중계기는 정보를 여과시켜 다른 중계기에 보낼 수도 있다. 이러한 설계는 아주 유연하고 일반적인 방법으로 작업과 정보의 공유를 가능케 한다. Harvest 구조의 예는 그림 11.9와 같다.

Harvest의 목표 중 하나는 고유 주제의 중계기들을 만드는 것인데, 이는 색인 내용에 초점을 두어 일반 색인이 갖고 있는 많은 어휘와 확장 문제를 피한다. Harvest는 다른 중계기들이 수집기와 중계기에 관한 정보를 등록하는 것을 허락하는 전용 중계기를 포함한다. 이는 새로운 시스템을 만들 때 적절한 중계기 혹은 수집기를 찾는데 유용하다. Harvest 구조는 또한 복제기(replicator)와 객체 캐시를 제공한다. 복제기는 서버를 복제하는 데 사용될 수 있는데, 이는 사용자 기반 확장력을 증대시킨다. 예를 들어, 등록 중계기는 더 빠른 접근을 위해 다른 지역들에서 복제될 수 있다. 복제는 또한 수집 과정을 많은 웹 서버들로 분할하기 위해 사용될 수 있다. 마지막으로, 객체 캐시는 네트워크와 서버의 부하뿐만 아니라 웹 페이지를 접근할 때 응답 대기시간을 줄이는데, 이에 관한 자세한 정보는 [244]에서 찾을 수 있다.

페이지 또는 단어 위치에 대한 포인팅은 색인의 밀도(granularity)를 나타낸다. 색인이 페이지가 아닌 논리적인 블록을 가리킨다면, 색인 밀도가 높지 않을 수 있다. 이런 접근은 모든 블록을 대략 비슷한 크기로 만듦으로써, 다른 크기의 문서간 차이를 줄일 수 있다. 이는 포인터의 크기도 줄일 수 있을 뿐 아니라(문서수보다 블록수가 더 적기 때문에), 단어들 간 참조하는 위치의 지역성 때문에 포인터의 수 또한 줄일 수 있다. 실제로, 빈번하지 않은 단어들의 모든 발생은 동일 블록에 군집화되는 경향이 있다. 이 아이디어는 Harvest [244]의 핵심인 Glimpse[1078]에서 사용되었다. 질의들은 역색인에서 찾은 블록 리스트를 가져오고, 다시 이 블록을 순차 탐색함으로써 해결된다. 정확한 순차 탐색은 RAM에서 초당 30MB 이상 수행될 수 있음에 주의하라. Glimpse는 원래 256 블록만을 사용했는데, 이는 너무 빈번하지 않은 단어들을 검색하는 경우 200MB까지 효과적이었으며, 텍스트의 단지 2%크기의 색인만을 포함한 것이었다. 대규모 문서 컬렉션의 경우, 블록의 개수와 크기를 조정함으로써 합리적인 공간-시간 상충점을 찾을 수 있다(더 자세한 내용은 9장 참조). 이러한 아이디어가 아직 웹에서는 사용할 수 없는데, 그 이유는 순차탐색을 위해서는 네트워크 접근이 필요하기 때문이다. 그러나 색인 또한 분산되어 있는 분산 구조라면, 논리적인 블록은 가능하다.

### 다중 사이트 구조(Multi-site Architecture)

문서 컬렉션이 증가함에 따라, 질의 처리량 또한 증가하는데, 높은 질의 처리량을 위한 요구사항과 낮은 지연(low latency)도 만족시켜야 한다. 그러나 단일 프로세서 규모에서는 아무리 많은 수의 서버가 사용된다고 해도, 웹과 같은 대규모 컬렉션의 성장을 감당하기는 어렵다. 주요 이유는 단일 데이터 센터의 크기와 전원 및 냉각 요구사항과 같이 물리적이고 관리적인 제한사항들 때문이다[151]. 따라서 서로 다른 질의 처리기를 이용하여 질의를 분산하는 해결책이 가능하고 확장도 용이한 방법이다. 그러나 새로운 문제점도 있다. 그 중 하나는 질의를 적당한 질의 프로세서로 분기하여 가용한 자원에서 더 효율적으로 처리하고 더 정확한 검색 결과를 제공하는 것이다. 질의 라우팅에 영향을 미치는 요인들로는 지리적 근접성(Geographical proximity), 질의 주제, 질의 언어 등이 있다. 지리적 근접성은 검색을 요청한 사용자에게 가까운 자원을 활용하여 네트워크 지연을 줄이는 것이 목적이다. 이를 위한 가능한 방법이 DNS 재배치(redirection)인데, 클라이언트의 IP주소에 따라 DNS 서버가 질의를 적당한 웹 서버, 보통 네트워크 거리상 가장 가까운 웹서버로 분기한다[1539]. 또 다른 예로 DNS 서버가 지리적 위치를 이용하여 질의를 어디로 분기할지를 결정할 수도 있다. 특정 지역의 일간 질의 제출량이 일정하지 않기 때문에, 바쁜 지역에서 덜 바쁜 지역으로 질의를 분산하여 서버 부하를 줄여줄 수도 있다[168].

위의 논의를 고려하여, Baeza-Yates 등[106]은 최근 검색 엔진에 관한 비용 모델을 제안하고 간략한 분산 구조와 중앙 집중 검색 구조의 비용을 비교하였다. 이 구조는 가장 많은 질의 부하를 가진 중앙 사이트를 가진 성형 구조 네트워크(star topology network)를 통해 논리적으로 연결된 여러 사이트를 기반으로 한다. 주요 착안은 지역 질의에는 지역적으로 답하고 외부 페이지가 필요한 질의만 다른 사이트로 전달한다. 지역 질의 비율을 높이기 위하여, 저자들은 검색 결과 캐싱과 대중적인 문서들의 작은 집합을 모든 사이트에 복사할 것을 제안하였다. 이러한 두 방법은 지역 결과 수를 5%에서 30% 이상으로 증가시켰다.

관련 논문으로, Cambazoglu 등[325]이 지역 질의 검색에서 저장된 자원을 더 복잡한 랭킹 함수를 수행하는데 사용하여 검색 결과를 향상시킬 수 있음을 보여주었다.

## 11.5 검색 엔진 랭킹

랭킹은 검색 엔진에서 가장 어렵고 중요한 기능이다. 첫 번째 과제는 정당한 평가 프로세스를 만들어서 사용자에게 적합한 랭킹 효과를 판단하게 하는 것이다. 평과 과정 없이는 랭킹 함수를 세부 조정할 수 없고, 기본적으로 검색 품질을 높이기 어렵다. 많은 평가 및 측정 방법이 존재하고, 이는 4장에 자세히 나와 있다. 여기서는 11.5.6절에서 웹 환경하의 사용자 클릭에 초점을 맞추어 다루도록 한다.

두 번째 어려운 과제는 웹 컨텐츠의 품질을 정의하는 것이다. 품질의 증거로는 몇 가지 표지들, 도메인 이름(예: .edu는 교육기관의 컨텐츠에 적절한 표지), 텍스트 내용과 다양한 빈도수들(단어 빈도수와 같이), 링크(PageRank와 같은) 그리고 검색 엔진에 의해 모니터링 되는 웹 페이지 접근 패턴등을 들 수 있다. 앞에서 언급한 바와 같이, 실제로, 클릭은 품질의 핵심 요소이며, 검색엔진의 트래픽이 클수록 더 유용한 표지가 늘어난다. 추가적으로 유용한 표지들로는 웹 페이지의 배치, 제목, 메타데이터, 폰트 크기 등이 있고 나중에 논의하도록 한다.

웹 스팸을 피하면서 검색 엔진에 적용된 현재 비즈니스 모델에 기반한 광고의 경제적 인센티브가 세 번째 과제이다. 웹 환경에서 스패머들은 악의적인 사용자로서, 앞에서 언급한 표지들을 고의로 조작하여 검색엔진을 속인다. 예를 들어, 질의 페이지에 나오는 용어 수를 엄청나게 반복한다던지, 링크로 도배를 한다든지, 이상한 색깔로 속여서 사용자에게는 보이지 않지만 검색엔진은 보이게 한다든지, 가장 고도화된 방법으로는 자바스크립트 코드를 속인다던지 하는 등이다. 자세한 건 11.5.7에서 다루도록 한다.

마지막 네 번째 과제는 랭킹함수를 정의하고 계산하는 것이다(품질을 평가하는 것과는 다르다). 끊임없이 진화하는 다양한 웹 데이터에서 작동하기 때문에 서로 다른 검색 엔진을 공정하게 비교하기가 어렵지만, 선도적 검색 엔진들은 각자의 기준을 가지고 끊임없이 서로 평가하고 비교하면서 경쟁력을 유지한다.

다음 각 세부 절에서, 검색엔진 랭킹 함수의 적합성을 나타내는데 사용되거나 랭킹 함수의 기계 학습에 사용되는 전통적인 표지들을 다루도록 한다. 다음으로, 웹에서 발명되어 고전적인 IR과 비교되는 링크 기반 랭킹 함수를 다루겠다. 그러고 나서 단순한 것부터 복잡한 것까지 세 가지 다른 유형의 랭킹 기법을 논의하고 마지막으로 품질 평가와 웹 스팸을 다루도록 한다.

### 11.5.1 랭킹 표지(Ranking Signals)

랭킹 개선에 사용되는 표지 유형을 출처, 내용, 구조, 사용 등으로 구분하도록 한다.

내용 표지(Content signals)는 텍스트 자체의 문서내 단어 분포와 관련된 것으로, 전통적인 IR 에서 연구되어 온 것이다. 이 표지는 단순한 단어 수부터 BM25(3.5.1절 참조)와 같은 전체 IR 점수에 이르기까지 다양하게 사용될 수 있다. 또한 HTML 소스의 구조도 이용할 수 있는데, 간단한 포맷 표지기(제목에 점수를 더 주는 것)에서부터 페이지의 특정 태그 거리와 같은 복잡한 것에 이르기까지 다양하다.

구조 표지(Structural signals)은 웹의 링크 구조에 내제되어 있다. 이들 중 일부는 텍스트 형태로, 앵커(anchor) 텍스트와 같이 목표 웹 페이지의 내용을 간단한 형태로 기술한 것이다. 실제로 앵커 텍스트는 링크된 웹 페이지를 대신하는 텍스트로 사용되는데, 이는 링크로 연결된 앵커 텍스트를 검색하면, 문서가 수집되어 있지 않더라도 웹 페이지를 찾을 수 있음을 의미한다. 다른 표지들은 페이지로 들어오는 내향(in) 링크 수나 페이지로부터 나가는 외향(out) 링크와 같이 자체 링크 정보를 포함한다. 링크 기반 표지는 고전적인 검색 엔진 랭킹 이상으로 폭넓게 사용됨에 주목하여야 한다. 한 가지 예로, [1638]에 논의된 소셜 네트워크에서 이름 질의에 답하는 링크 기반 표지 응용을 들 수 있다. 이러한 링크 기반 표지들은 웹의 전형적인 방식으로서 전통적인 IR시스템에서는 사용되지 않았기 때문에 다음 절 전체에서 다루도록 한다.

다음 표지로 웹 사용(Web usage)과 연관된 것들이 있다. 주요한 것은 클릭을 통한 사용자의 암묵적인 피드백이며, 클릭은 검색 결과의 URL들에서 주로 사용된다. 이는 적합성의 중요한 근거로 4.5.5절과 5.4절에서 다루어진다. 부가적인 표지들로는 사용자의 지리적 문맥 정보(IP주소, 언어 등), 기술적 문맥 정보(운영체제, 브라우저 등), 시간 정보(쿠키 사용에 의한 질의 이력) 등이 있다. 이러한 요소들은 사용자에게 지역 또는 언어에 맞춤화된 검색 결과를 제공하고 부분적으로는 개인화(personalize)도 가능하게 한다. 그러나 이런 정보의 사용은 멱함수(power law)를 따른다는 점을 명심하라. 즉 소수의 과중한(heavy) 사용자와 더 많은 과소(light) 사용자가 있어서, 개인화는 일부 사용자들에게만 잘 적용되므로, 다수 사용자의 의도를 개인화 하는 것은 7.2.3절에 기술된 방법이 더 간단하고 효과적이다.

### 11.5.2 링크 기반 랭킹

사용자가 입력한 질의에 의해 검색된 수천 또는 심지어 수백만 페이지가 존재하고, 이러한 페이지 중에서 적합성 평가에 의해 짧은 결과 리스트를 만들어 내는 랭킹 문제는 웹 검색의 핵심 문제 중 하나이다. 이런 문맥에서, 페이지를 가리키는 하이퍼링크의 수는 페이지의 인기도와 품질 척도가 된다. 또한 여러 페이지들 간에 공통되는 링크들과 동일 페이지에서 참조되는 페이지들은 연관 관계를 나타내고 랭킹 목적상 잠재적인 가치를 가진다. 다음에서 링크를 이용하면서 질의 의존여부에 따라 달라지는 랭킹 기법의 몇 가지 예를 알아보겠다.

#### 초기 알고리즘

과학 분야 논문의 중요한 표지는 논문이 받은 인용의 수로, 문헌 정보 과학 분야의 연구자들이 오랫동안 연구해 온 주제이다[880]. 이 아이디어에 기반하여, 몇몇 저자들은 웹 페이지 랭킹을 위해 페이지로 들어오는 링크를 사용할 것을 제안하였다[1086, 855, 1021]. 그러나 단지 링크를 세는 것은 권위도(authoritativeness)의 믿을만한 척도가 아니라(과학 인용에서도 마찬가지)는 것이 바로 명백해졌는데, 새로운 페이지를 만들면서 외부적으로 영향을 미치기 쉽기 때문이었다(비용도 거의 들지 않는다).

Yuwono와 Lee[1760]는 고전적인 TF-IDF 구조(3장 참고)에 추가적으로 불리안 확장(Boolean spread), 벡터 확장(Vector spread), 최고 인용(most-cited)의 3가지 랭킹 알고리즘을 제안하였다. 즉, 앞의 두 가지는 불리안 모델과 벡터 공간 모델의 일반적인 랭킹 알고리즘에 검색결과 페이지가 가리키는 페이지를 포함하거나 검색 결과 페이지를 가리키는 페이지를 포함하여 확장한 것이다. 세 번째 알고리즘, '최고 인용' 방법은 검색 결과 페이지들로의 링크를 가진 페이지에 포함된 용어들만을 기반으로 한다. 2,400개 웹페이지 컬렉션에 56개의 질의를 이용하여 이 방법들을 비교 연구한 바, 벡터 확장 모델이 평균 75%의 정확률에서 가장 좋은 재현율-정확률 곡선을 만들어냈다.

또 다른 초기 예로는 웹질의(WebQuery) [338]가 있는데, 웹 페이지들의 시각적 표시(visual browsing)를 허용한다. WebQuery는 웹 페이지(예를 들어, 한 검색 결과 집합)의 집합을 취하여 각 웹 페이지가 어떻게 연결되느냐에 따라 순위화한다. 추가적으로 본래의 결과 집합에 강하게 연결된 웹 페이지들을 찾아 결과 집합을 확장하기도 하는데, 관련된 접근 방법은 Li[512]에 의해 제시되었다.

### HITS

더 좋은 아이디어가 Kleinberg[911]에 의해 제안되고, HITS(Hypertext Induced Topic Search)에서 이용되었다. 이 랭킹 구조는 질의에 의존하며, 결과 페이지들을 가리키거나 그 페이지들이 가리키는 페이지들의 집합 S를 고려한다. S에서 많은 내향 링크(In-Link)들을 가지고 있는 페이지들을 권위(authorities) 페이지라고 부르는데, 이들은 믿을만하고 적합한 내용을 가지고 있을 확률이 높다. 외향 링크(Out-Link)들을 많이 가지고 있는 페이지들은 허브(hub) 페이지라고 불리는데, 이들은 연관된 유사 내용들을 가리킬 확률이 높다. 긍정적인 양방향 피드백이 존재하는데, 권위가 높은 페이지들은 좋은 허브들로부터 들어오는 링크가 많고, 더 좋은 허브 페이지는 높은 권위 페이지들로 나가는 링크가 많다. $H(p)$와 $A(p)$를 페이지 $p$의 허브와 권위 값이라 하면, 이 값들은 다음 식이 모든 페이지들 $p$에 대하여 만족되도록 정의된다.

$$H(p) = \sum_{u \in S | p \to u} A(u), \qquad A(p) = \sum_{v \in S | v \to p} H(v) \tag{11.5}$$

여기서 모든 페이지들에 대한 $H(p)$와 $A(p)$는 정규화된다(원 논문에서, 각 측정 값 제곱의 합은 1로 놓는다). 이 값들은 반복 알고리즘을 통해 결정될 수 있고, $S$ 링크 행렬의 주요 고유벡터(eigenvector)에 수렴한다. 웹의 경우, $S$ 크기의 폭증을 막기 위하여 결과 집합을 가리키는 페이지들의 최대 수로 제한할 수 있다. 이 기법은 실존하지 않고 반복되거나, 혹은 자동적으로 생성된 링크들이 있으면 효과가 없다. 하나의 해법은 주위 내용에 기반하여 각 링크에 가중치를 부여하는 것이다. 두 번째 문제는 결과의 주제가 산만하게 될 수 있다는 것인데, 링크 가중치의 결과로써 결과 집합이 질의와 직접적으로 관련되지 않은 페이지를 포함할 수 있다(심지어 높은 값의 허브나 권위 페이지라 할지라도). 이러한 현상의 전형적인 경우는 특정 질의가 본래의 결과에 있는 더 일반적인 주제에 의해 확장되는 것이다. 이 문제에 대한 하나의 해법은 전통적인 IR 랭킹에서처럼 각 페이지의 내용 점수와 링크 가중치를 조합하는 것이다. 링크 가중치와 페이지 점수는 합계의 각 항을 곱하는 앞의 수식에 포함될 수 있다[352, 199, 351]. 실험에 따르면 처음 10개의 결과에 대하여 재현율과 정확률이 현저하게 증가함을 보였다[199]. 또 링크의 순서는 링크를 부(sub) 그룹으로 나누고 본래 웹 페이지 대신에 이 부 그룹에 대하여 HITS 알고리즘을 사용할 수 있

| 국가 | PageRank | HITS | |
|---|---|---|---|
| | | Hubs | Auth |
| Brazil | 1.83 | 2.9 | 1.83 |
| Chile | 1.85 | 2.7 | 1.85 |
| Greece | 1.83 | 2.6 | 1.83 |
| South Korea | 1.83 | 3.7 | 1.83 |
| Spain | 1.96 | n/a | n/a |

**표 11.2:** 국가별 링크 기반 척도를 위한 멱함수 지수 요약

다[351]. 표 11.2에 이를 적용한 여러 나라들에 대한 권위도와 허브 값에 대한 멱함수의 지수 분포를 볼 수 있다 [97].

### PageRank

가장 잘 알려진 링크 기반 가중치 방식이 PageRank[13]로, 이것은 Google[263]이 최초 사용한 랭킹 알고리즘의 일부이다. PageRank는 무작위로 웹을 탐색하는 사용자를 다음과 같이 시뮬레이션한다. 사용자가 현재 페이지 $a$에 있다고 가정하고, 페이지 $a$에 있는 하이퍼링크를 무작위로 골라서 그 페이지가 가리키는 페이지 중 하나로 이동한다. 그 다음, 이동한 페이지에서 이 과정을 반복하면, 수많은 이동 후에, 사용자가 방문한 각 페이지의 확률을 계산할 수 있다. 이 확률은 그래프 특성을 가지게 되고, 웹 상황에서 PageRank로 불린다. 실제 웹 그래프는 종료(dead end) 즉, 외향 링크뿐만 아니라 재귀 링크(self-link)도 없는 페이지를 포함한다. 사용자가 이러한 종료 페이지 안에 갇히는 것을 피하기 위하여, 그래프에서 임의의 다른 페이지로 건너뛸 수 있는 작은 확률 $q$의 경우를 추가로 고려한다.

따라서 사용자는 확률 $q$를 가지고 웹 그래프의 임의의 페이지로 넘어가거나, 확률 $1-q$를 가지고 현재 페이지내에서 임의의 하이퍼링크를 따라갈 수 있다. 웹 그래프의 이런 무작위 진행(random walk) 정의에 의하여, 사용자는 이미 탐색한 하이퍼링크를 거꾸로, 앞서 방문한 페이지로 돌아가지 않는다고 가정한다. 이 프로세스는 마르코프 체인(Markov chain)으로 모델화될 수 있으며, 각 페이지에 있는 고정 확률이 계산될 수 있다. $L(p)$가 페이지 $p$의 외향 링크들의 수라고 하고, 페이지 $a$가 $P_1$에서 $p_n$까지의 페이지들에 의해 가리켜진다고 가정하자. 그러면 페이지 $a$의 PageRank는 그 페이지에서 해당 사용자를 발견할 수 있는 확률 $PR(a)$가 되고, 다음과 같이 정의된다.

$$PR(a) = \frac{q}{T} + (1-q)\sum_{i=1}^{n}\frac{PR(p_i)}{L(p_i)} \tag{11.6}$$

여기서 $T$는 웹 그래프 페이지의 전체 개수이고, $q$는 시스템에 의해 설정되어야 하는 변수이다(전형적인 값은 0.15). 다른 페이지들의 랭킹(가중치)은 해당 페이지안의 링크 수에 의해 정규화되어야 한다. PageRank는 반복 알고리즘을 사용하여 계산될 수 있으며, 웹의 정규화된 링크 행렬(마르코프 체인의 전이(transition) 행렬)의 고유벡터(eigenvector)에 해당된다.

PageRank를 계산할 때 몇 가지 기술적인 이슈가 존재한다. 주요한 이슈는 마르코프 체인에서 종료점(dead ends) 또는 "sink nodes" 즉 외향 링크를 가지지 않는 페이지를 다루는 것과 관련된다. 한 가지 해결책은 이러한 페이지들에 대해서 $q$=1을 이용하는 것이다. 더 간단한 해결책은 이들을 제거하여(링크 행렬의 크기도 역시 감소한다) 결과적으로 그들의 부모 페이지의 PageRank를 이용하여 그들의 PageRank를 계산하는 것이다.

[91, 92]에서, 링크를 통해 페이지 중요도를 퍼뜨리는 링크 기반 랭킹 알고리즘들이 정의되어 있다. 이러한 알고리즘은 거리 기반 감소(damping) 함수를 이용하여, 긴 경로를 통한 링크보다 직접 링크에 더 의미를 둔다. 저자들은 선형, 지수형, 쌍곡선(hyperbolic)의 세 가지 감소 함수를 이용하여 경로 길이상의 감소를 연구하였다. 지수형 감소(exponential decay)가 PageRank와 동일하고 다른 함수들은 새로운 것인데, 페이지 순서를 만들어 내는 선형 근사(linear approximation) 계산법은 고정된 적은 수의 반복을 통한 PageRank와 거의 동일함을 보여주었으며, 또한 $q$ = 0.15가 좋은 값인 이유를 밝혀냈다. 표 11.2에서 나라별 PageRank 분포의 멱함수 지수를 볼 수 있다.

다음으로 역사적인 언급이 뒤를 따랐는데, 하이퍼텍스트에서 적합성에 대한 첫 번째 일반적인 방법으로 $y=r+Dy$ 형태의 적합성 보간(interpolation)을 위한 선형 미분법(linear differential schema)을 정의했는데, $r$은 초기 적합성 평가값이고, $D$는 가중치가 부여된 연결된 매트릭스[286]이다. $r$과 $D$를 적절히 선택함으로써, 이 식으로부터 PageRank를 만들어 낼 수 있다.

13) 역자주: Page는 구글의 창업자중 한 명

### 11.5.3 단순한 랭킹 함수

가장 단순한 랭킹 방식은 PageRank와 같이 잘 알려진 랭킹 함수를 이용하는 것이다. 이 경우, 웹 페이지의 품질은 질의와 독립적이고 질의는 문서 필터로서만 동작한다. 즉, 질의를 만족시키는 모든 웹 페이지에 대해서, 이들의 PageRank 순서를 이용하여 정렬하는 것이다.

더 정교한 랭킹 방식은 여러 적합성 요소들을 선형적으로 조합하는 것이다. 예를 들어, BM 25(3장 참고)와 같은 텍스트 특징, PageRank와 같은 링크 특징들을 결합하는 것이다. 이를 설명하면, 질의 $Q$를 만족시키는 페이지 $p$를 생각해 보자. 이때, 질의 $Q$에 대한 페이지 $p$의 랭킹 점수 $R(p,Q)$는 다음과 같이 계산될 수 있다.

$$R(p,Q) = \alpha BM25(p,Q) + (1-\alpha)PR(p) \tag{11.7}$$

또한, 만약 $p$가 $Q$를 만족시키지 않으면, $R(p,Q)=0$이며, 모든 함수가 정규화되고 $\alpha \in [0,1]$이면 $R(p,Q) \in [0,1]$이다. 이 선형 함수는 $\alpha$에 의존적인데, 처음 항이 질의에 의존적인 반면, 두 번째 항은 그렇지 않다. 만약 $\alpha=1$이면, 초기 검색 엔진의 전형적인 경우와 같이 순수한 텍스트 랭킹을 갖고, $\alpha=0$이면, 역시 질의에 독립적인 순수한 링크 기반 랭킹을 갖게 된다. 따라서 페이지의 순위는 $q$를 포함한 페이지에 대해 미리 알 수 있다. 지상 조사(ground truth) 또는 클릭 데이터와 같은 표지 데이터를 이용하여 $\alpha$의 값을 실험적으로 조정할 수 있다. 실제로, $\alpha$는 심지어 질의에 의존적일 수 있는데, 예를 들어, 항해형 질의의 경우, $\alpha$는 정보형 질의보다 값이 작을 수 있다(7.2.1절 참조).

텍스트 기반 랭킹과 링크 기반 랭킹을 결합한 초기 작업은 Silva 등[1478]에 의해 발표되었다. 저자들은 서로 다른 요소들을 베이지안 네트워크를 이용하여 결합하였고, 그 결과 독립적으로 사용하는 것보다 더 좋은 결과를 만들어 냄을 보여주었다. Calado 등[311]의 후속연구는 웹 검색 결과를 계산하기 위한 전역 링크 기반(global link-based) 랭킹과 지역 링크 기반 (local link-based) 랭킹의 효율을 논의했다. 페이지 $p$에 대한 지역 링크 기반 랭킹은 페이지 $p$로 들어오거나 또는 $p$가 링크하는 페이지들만을 고려해서 계산한다. 저자들은 텍스트 기반 랭킹을 전역 HITS, 지역 HITS, 전역 PageRank와 결합하여 비교하였고, 결과적으로 전역 링크 기반 랭킹이 상위 랭킹에서 더 나은 결과를 보여준 반면, 지역 링크 기반 랭킹은 그 이후 랭킹 결과들에서 더 좋은 결과를 보여주었다.

### 11.5.4 랭킹 학습(Learning to Rank)

웹 랭킹 계산에 있어 구별되는 방식은 랭킹 학습에 기계 학습 기법을 적용하는 것이다. 이를 위해, 랭킹 정보를 포함한 학습 데이터에 선호하는 기계 학습 알고리즘을 사용하여 검색 결과 랭킹을 '학습'하는데, 이는 텍스트 분류를 위한 지도(supervised) 학습과 유사하다(8장 참고). 이 경우 학습 알고리즘의 실수를 최소화하는 손실 함수는 전통적인 분류에서 잘못 분류된 경우를 세는 것과 유사하다(8장 참고). 학습된 랭킹의 평가는 이미 학습에 사용된 데이터와는 다른 데이터 집합으로 수행되어야 한다. 질의 $Q$에 대해, 학습에 사용될 수 있는 세 가지 유형의 랭킹 정보 유형이 존재한다.

- pointwise: $Q$와 연관된 페이지 집합
- pairwise: 두 페이지 간의 랭킹 관계를 나타내는 연관 페이지 쌍 집합. 즉, $[p_1 > p_2]$ 쌍은 $p_1$이 $p_2$보다 더 연관됨을 의미한다.
- listwise: 페이지들 간에 연관성 순위가 매겨진 집합: $p_1 > p_2 \cdots > p_m$.

어떤 경우이든, 랭킹 정보를 포함한 페이지가 정보를 포함하지 않은 페이지보다 더 적합하다고 하면, 정의되지 않은 경우들을 관리할 수 있다. 또한 랭킹 정보는 일관될 필요가 없다(예를 들어, pairwise의 경우).

학습 데이터는 '평가자 판단("editorial judgements")'이라 불리는 것처럼 사람이 판단할 수도 있고, 더 좋게는 클릭 데이터로부터 만들어질 수도 있다. 사용자의 클릭은 대부분의 경우 사람이 직접 평가하는 적합성 판단과 일치하는 선호도를 반영하기 때문에(5장 클릭의 명시적 피드백 절 참조), 학습 데이터를 만드는 데 클릭정보를 고려할 수 있다. 이 때, 클릭 기반 선호도로부터 랭킹 함수를 학습할 수 있는데, 즉 질의 $Q$에 대해, $p_1$이 $p_2$보다 더 많은 클릭을 가지면, $[p_1 > p_2]$이다.

pairwise 방법을 이용하여 클릭으로부터 랭킹을 학습하는 한 가지 방법은 support vector machines (SVMs) (8.2.1 참고)을 사용하는 것으로, [1320]에 제안된 것처럼 랭킹 함수를 학습하는 것이다. 이 경우, 선호도 관계는 문서 순위를 나타내는 가중치가 부여된 용어 벡터들 간의 차이로 전환된다. 이러한 차이는 SVM 최적화 문제로 바뀌는데, 이 해결책은 문서 용어들에 대한 최적화된 가중치를 계산하는 것이다. 이 방법은 서로 다른 가중치를 가진 서로 다른 검색 함수의 결합을 동일한 랭킹 함수로 전환한다.

pointwise 방법은 회귀분석 또는 단일 문서를 분류하는 방식으로 랭킹 문제를 해결하는데 반해, pairwise 방법은 랭킹을 문서쌍을 분류하는 문제로 전환한다. 이러한 두 접근법의 장점은 존재하는 검색 결과를 회귀 분석과 분류에 이용할 수 있다는 것이다. 그러나 랭킹은 이런 기법으로 항상 해결될 수 없는 내재적 속성을 가진다.

listwise 방법은 랭킹 문제를 직접 다루는데, listwise 손실 함수를 적용하거나 평균 정확률과 같은 IR 평가 척도를 직접 최적화한다. 그러나 이 경우 일반적으로 더 복잡하다. 일부 저자들은 listwise 랭킹을 수행하기 위하여, 단일 문서 기반 랭킹 함수를 이용하는 대신 다변항(multi-variant) 함수를 제안하였는데, 관계형 랭킹 함수라고도 불린다.

손실 함수에 대한 두 번째 가능성은 Joachims [841]과 Yue 등[1759]이 제안한 것처럼 서로 다른 완화된 최적화(relaxed optimization) 함수를 이용하여 평균 정확률을 최대화하는 것(4.3.2절 참조)이다. 기술적으로 더 상세한 내용은 이 문제의 다른 변형과 더불어 Chakrabarti [350]의 훌륭한 조사에서 볼 수 있다.

연구를 위해, 마이크로소프트는 LETOR [1039]라 불리는 랭킹 정보 데이터 집합을 공개했는데, 이는 연구 및 벤치마킹 비교자료로 널리 사용되고 있다.

### 11.5.5 랭킹 함수 학습

앞에서 살펴본 것과 같이, 서로 다른 방법은 랭킹 순위보다는 랭킹 함수의 학습으로 구성되는데, 이는 기본 랭킹을 위한 최상의 함수를 학습하는 것과 동일하다. 아이디어는 유전(genetic) 알고리즘을 사용하는 것으로, 대부분의 요소가 랭킹 특성에 대한 함수 예로 구성된다. 유전 알고리즘의 모든 단계에서, 여러 함수들이 돌연변이(mutated)되거나 교차(mixed)되면서 조사 또는 학습 데이터를 이용하여 함수의 장점을 평가한다. 많은 반복을 통해 결국 가장 적합한 함수가 선택된다.

이러한 접근은 가장 중요한 특징들에 대한 통찰력을 제공하는 분명한 장점을 제공하고, 간단히 함수를 살펴보는 것만으로도 최종 랭킹에 미치는 영향을 알 수 있다. 이러한 아이디어는 독립적으로 동시에 Trotmann [1595]의 문서 랭킹 작업, Lacerda 등[954]의 광고 랭킹 작업에서 발견되었다. 두 접근 모두 유사 함수 집합(표준 조작자와 로그 또는 지수와 같은 전형적인 함수)을 사용하지만, 함수 결합 방식과 최적화된 함수의 적합도(goodness) 성향에서는 다르다.

이러한 기법들은 근래에 나온 것이기 때문에, 검색결과의 품질 및 기법의 효용성을 개선하기 위해서는 연구가 더 필요하다.

### 11.5.6 품질 평가

품질을 평가하기 위해서, 웹 검색 엔진은 전형적으로, 질의에 대해 검색 결과가 적합한지 여부에 대한 사람의 판단, 또는 사용자 클릭으로 추론한 탐사 예측, 또는 두 방법을 결합하여 사용한다.

#### 5, 10, 20에서의 정확률(Precision)

웹 검색 결과의 품질을 평가하는 간단한 접근 방법은 표준 정확률-재현율 척도를 웹에 적용하는 것이다(4.3.2절 참조). 이를 위해 다음과 같은 관찰이 중요하다.

- 웹에서 재현율을 측정하는 것은 거의 불가능한데, 대부분의 질의에 대한 적합한 페이지 수는 궁극적으로 알 수 없다. 따라서 표준 정확률-재현율 숫자는 직접 적용될 수 없다.
- 대부분의 웹 사용자들은 단지 상위 10개 검색 결과만을 보기 때문에, 사용자가 상위 20개 다음의 검색결과를 보는 것은 상대적으로 드문 일이다. 따라서 웹 검색 결과 랭킹에서 20번째 다음의 품질을 평가하는 것은 일반적인 사용자 행위를 반영하는 것이 아니다.
- 웹 질의는 짧고 모호하기 때문에, 사람의 검색 결과 평가는 각 질의-결과 쌍에 대해 구분된 적합성 판단에 기반하여야 한다. 예를 들어, 각 질의-검색결과 쌍에 대해 세 명의 판단정보가 있다면, 최소한 이들 중 둘은 적합하다고 해야 실제로 결과가 적합하다고 고려할 수 있다.

이러한 사실들의 복합적인 효과는 (a) 웹 검색 결과의 정확률은 검색결과의 상위, 즉 P@5, P@10, P@20에서 측정되어야 하고, (b) 각 질의-검색결과 쌍은 3~5명의 독립적인 적합성 판단으로 검토해야 한다.

#### 평가 척도로서의 클릭 데이터

품질 평가에 클릭데이터를 사용하는 주요한 장점은 확장성에 있다. 단점은 작은 데이터에서는 잘 작동하지 않는다는 것으로, 웹의 존재가 약한 나라들, 인트라넷 검색 또는 소량의 다양한 (long tail) 질의 등을 들 수 있다(7.2절 참조). 사용자 클릭은 이진 표시를 사용하는 것이 아니라, 훨씬 더 복잡한 방법들인 클릭한 페이지에 사용자가 오래 머문 시간(좋은 표지), 하나의 결과에서 다른 결과로 바로 이동(만족할 만한 정보가 없다는 표지) 등이 사용된다. 이러한 척도들과 그 사용은 복잡하고, 주요 검색 엔진들에 의해 비밀로 유지된다.

이러한 이유로, 주요 평가 척도는 대규모로 수집된 클릭 데이터에 기반한 상위 10 또는 20 개 결과들의 정확률이 될 수 있다. 평가를 위해 클릭 데이터를 사용하는 더 상세한 내용은 4.5.5절을 참조하라.

클릭을 사용할 때 가장 중요한 문제는 클릭률이 랭킹(랭킹이 높을수록, 더 많은 클릭을 받는다)과 사용자 인터페이스(예를 들어, 첫 번째 페이지의 마지막 검색결과와 두 번째 페이지의 첫 번째 검색결과의 클릭수가 단절될 수 있다)에 편향될 수 있다는 것이다. 따라서 실제 가치를 알기 위하여 클릭으로부터 이러한 편향을 제거하는 것이 중요하다[111, 1321, 522]. 이 문제에 대한 더 상세한 내용은 5.4절에서 논의되었으며, 추가로 정확한 문맥에서 클릭을 수집하는 것 또한 중요하다[1277].

#### 스니펫(Snippets)의 품질 평가

관련된 문제로 검색결과 스니펫의 품질을 측정하는 것이 있다. 검색 스니펫은 각 검색 결과에서 발췌된 작은 텍스트이다. 이들은 검색 결과 내용을 요약해서 보여주고, 질의와 얼마나 관련되어 있는지를 알려준다(예를 들어, 굵은 글씨로 질의 용어를 나타내면서). 이는 사용자가 스니펫을 보고 어떤 결과가 흥미로운지를 빨리 검토할 수 있게 해준다.

검색 스니펫이 검색 결과를 보여주는데 중요한 역할을 하는 것을 고려하면, 검색 품질을 평가하는 데도 중요하다. 실제로 최근 이와 관련된 연구 활동이 증가하고 있다. [861]에서 저자들은 스니펫 길이의 변형이 얼마나 검색 결과 품질에 영향을 주는지를 연구했다. [873]에서 저자들은 검색 스니펫의 가독성을 예측하는 법을 연구했다.

[35]에서 저자들은 검색 스니펫을 시간 정보와 결합할 것을 제안하고, 결과가 얼마나 개선되는지를 평가하였다. 이 모든 연구에서, 선호된 평가 기법은 크라우드소싱(croudsourcing)으로, 특히 Amazon Mechanical Turk (AMT) 플랫폼을 활용했는데, 4.5.4절에서 논의되었다.

## 11.5.7 웹 스팸

웹은 수많은 이익 추구 업체 (profit-seeking ventures)들을 포함하고 있으며, 따라서 검색 결과에서 상위에 랭크되는 웹 사이트의 소유주에게는 경제적 이익이 존재한다. 검색 엔진에서 페이지의 랭킹을 높이기 위해 속이는 모든 행위들을 웹 스팸(Web spam) 또는 spamdexing("spamming"과 "index"의 합성어)라고 한다. 스팸과 싸우는 이 분야의 연구는 '적대적 정보검색(Adversarial Information Retrieval)'으로 불리며, 여러 출판물과 워크샵들에서 진행되어 왔다[23].

웹 검색 엔진은 '웹 페이지의 반복 특징을 이용한 평가 전략은 조작가능하다'[1238]는 것을 반드시 고려해야 한다. 실제로, 조작은 널리 퍼져 있고, 많은 경우에 성공적이었다. [531]의 저자들은 '일억 페이지의 PageRank 계산에서 상위 20개 URL 중 11개는 성인물이었고, 상위 위치에서 동일한 형태의 링크 조작이 일어나는 것 같다'고 하였다.

[690]에서, 스패밍(spamming)은 '일부 웹페이지의 실제 가치보다 적합성 또는 중요도를 불공정하게 높이는 고의적인 행동'으로 정의된다. 스팸 페이지(spam page)는 직접적인 스패밍 또는 다른 스팸 페이지 때문에 페이지 점수가 인위적으로 높아진 페이지이다. 스팸의 또 다른 정의로는, [1256]에서 '검색 엔진의 적합성 알고리즘을 속이는 시도' 또는 극단적으로 '검색 엔진이 존재하지 않았다면 행해지지 않았을 어떤 것'이라고 정의되기도 하였다.

복합적인 spamdexing 기법이 존재하고, 스패머들과 검색엔진 회사들 간의 끊임없는 싸움 속에서 새로운 기법이 만들어 지고 있다. 스팸 페이지는 비이성적으로 많은 키워드를 포함하거나 내용 기반 스팸 검출(content-based spam detection) 기법에 반대되는 텍스트 특징을 가진다. 링크 스패밍은 소유주가 동일한 웹사이트간에 복잡한 링크 구조를 만들어 내거나 검색엔진을 속이기 위해 위조하는 링크팜(link farms)을 포함한다. 클릭 스팸은 소프트웨어 로봇을 이용하여 특정 질의와 미리 정해놓은 홍보 페이지의 클릭을 만들어 낸다. 더 복잡한 세 번째 접근은 프로그래밍 스팸(programmatic spamming)으로 웹 스패머가 웹 페이지안에 코드 일부, 말하자면 Javascript[14]를 넣어놓는 것이다. 이 코드 일부는 클라이언트 쪽에서 실행되어 사용자에게 검색엔진에서 수집된 것과 다른 정보를 보여주는 것이다(이는 cloaking이라 불리는 형태이다).

어떤 사람들은 웹 스팸을 검색 엔진 최적화(Search Engine Optimization; SEO)와 혼동한다. 그러나 SEO 기법은 웹 마스터가 대부분의 검색 엔진이 제공하는 가이드라인을 따를 경우, 해당 페이지가 검색될 수 있도록 하는 것으로 합법적이다. 반대로, 악의적인 SEO는 사용자와 검색엔진을 속이기 위해 웹 스패머들에 의해 사용되는 것이다. 이 주제에 대한 추가적인 정보를 위한 훌륭한 출처는 Matt Cutts의 블로그[15]에 있는 SEO에 관한 글이다. 웹 스팸을 식별해내는 것은 11.10.2에 나올 웹 마이닝(mining) 응용의 훌륭한 예 중 하나이다.

14) 얍삽한 자바스크립트의 흥미로운 예가 Matt Cutts의 http://www.mattcutts.com/blog/seo-mistakes-sneaky-javascript/에 있다.

15) http://www.mattcutts.com/blog/type/googleseo/

## 11.6 웹 데이터 관리

이 장에서는 검색엔진이 저장하고 관리해야 할 웹 데이터와 관련된 여러 문제들을 간단히 살펴보도록 한다.

### 11.6.1 문서에 id 할당하기

문서 id는 보통 임의로 할당되거나 URL이 수집된 순서에 따라 할당된다. 숫자 id 는 몇몇 데이터 구조에서 URL을 표현하는 데 사용된다. 역색인 리스트에 추가적으로, 웹 그래프에 있는 노드나 검색 엔진 저장소에 있는 문서를 식별하는 데에도 이 id가 사용된다.

문서의 주의 깊은 순서가 색인과 웹 그래프 저장 방법 모두에 유익하게 id를 할당함을 보여주었다[1333, 222, 209, 1482, 206, 1480, 1739]. 또한 전역 랭킹 구조에 기반한 할당이 랭킹을 단순화할 수 있다(11.5.3 참조)

역 색인 리스트 압축에 관해, Silvestri가 [1480]에서 제안한 컬렉션의 웹 문서를 참조하는 URL들의 정렬 리스트를 고려하면, 아주 효과적인 매핑을 할 수 있다. 사전식으로 정렬된 URL의 오름차순으로 id를 할당하면 압축률이 향상된다. Silvestri가 경험적으로 유효성을 검사한 가설에 의하면, 관련이 깊은 단어들을 공유하는 문서들은 동일 사이트에서 호스팅 될 가능성이 높으며, 따라서 URL 접두사의 상당부분을 공유한다는 것이다. URL 정렬 기법을 사용하여 압축률을 0.4까지 향상시킴으로써 가설을 검증했다. 또한, 몇 백만 URL을 정렬하는 데 수십 초와 몇 백 메가바이트의 기억장소만이 소요되었다.

### 11.6.2 메타데이터

11.4.1절에서 설명한 바와 같이, 200억 URL은 웹 페이지의 모든 메타 데이터를 저장하기 위해 압축 형식을 사용해도 최소 1TB 의 저장 용량이 필요하다. 이러한 정보의 양을 효율적으로 관리한다는 것은 매우 빠르면서도 효율적인 공간 관리가 가능한 데이터베이스를 의미하고, 이는 매우 효율적인 파일 시스템의 필요성도 의미한다.

구글의 BigTable [356]은 웹 규모에서 데이터베이스 유형의 가장 좋은 예이다. BigTable은 현재 분산 시스템에 데이터를 저장하는 데 사용되고, 이 분산 시스템은 Map-Reduce 패러다임을 이용하여 데이터가 만들어지고 수정된다[485](10.5절 참조). BigTable은 전통적인 데이터베이스가 아닌, '넓게 분산된 다차원 정렬 맵'으로 저자가 설명하고 있으며, '수백 또는 수천 개의 기계들'을 통해 페타바이트(petabytes)까지 확장하도록 설계된 것이다. BigTable은 특별히 설정을 변경하지 않고 시스템에 기계를 추가하여 확장할 수 있다.

데이터베이스로서의 BigTable은 행 중심 및 열 중심의 데이터베이스 특성을 공유한다. 각 테이블은 여러 차원을 가지고, 각 값은 압축된 형태이며, 구글 파일 시스템(Google File System; GFS)에 최적화되어 있다[623].

BigTable의 영향을 받은 오픈 소스 데이터베이스가 HBase이다[725]. HBase는 자바로 작성된 분산 데이터베이스이다. HBase는 Hadoop 분산 파일 시스템, HDFS [726, 240]상에서 동작하는데, map-reduce의 오픈 소스 버전인 Hadoop에 BigTable과 비슷한 성능을 제공한다. HBase는 열 중심이고, 압축, 메모리내(in-memory) 동작, Bloom 필터의 특징을 가진다.

기타 선택 가능한 것으로는 Hypertable [800]과 카산드라 [341]가 있다. 특히 카산드라는 아마존 Dynamo와 유사한 인프라구조에서 실행되며 최종적으로는 일치한다. Dynamo [486]는 아마존 고유의 키-값 저장 시스템으로, 사용하기 용이하고 분산 해시 테이블(10.8 참조)과 데이터베이스 특징을 결합한다.

### 11.6.3 웹 그래프 압축

웹 그래프는 인접 리스트를 사용하여 표현할 수 있다. 기본적으로 그래프의 각 정점 v에 대하여, v로부터 직접 도달할 수 있는 정점 리스트를 포함한다. 모든 링크의 약 80 %가 지역, 즉, 같은 사이트의 페이지를 가리킴이 관찰되었다. 이 관찰에서 보면, 11.6.1절에서 논의한 것처럼, 동일한 사이트를 참조하는 URL들에 가까운 id를 할당하면 결과적으로 매우 가까운 id를 포함한 인접 리스트를 구성하게 될 것이다. d-gapped를 이용해 이 리스트를 표현하면, 길이가 긴 1의 런(long runs of 1's)을 가지는 d-gapped 인접 리스트가 될 것이다.

이것과 웹 그래프의 중복성을 이용하면 매우 높은 압축률을 가질 수 있다. 웹 그래프 압축 방식의 목적은 간결한 데이터 구조를 제공할 뿐만 아니라, 그래프가 링크 분석 및 다른 응용에 필요하기 때문에 빠른 접근이 가능해야 한다. 예를 들어, 링크 당 약 3비트로 웹그래프를 압축한 WebGraph 구조[222]는 수백 나노초 안에 링크를 접근할 수 있고, 이는 초기 작업들보다 향상된 것이다[197, 1333, 14].

### 11.6.4 중복 데이터 처리

이 문제는 두 가지 특징을 가진다. 하나는 여러 개의 URL들이 완전히 동일한 페이지를 표현하여, 불필요한 정보를 추가하는지 검사하는 것이다(예. 미러 사이트들). 다른 하나는 여러 개의 URL들이 부분적으로 중복된 내용을 나타내는지를 검사하는 것이다(부분 중복 제거는 랭킹 개선 및 스팸 검사에 사용될 수 있다). 중복을 확인하면 검색 및 처리해야 하는 컬렉션의 크기를 줄일 수 있다.

중복 페이지를 정의하는 것은 분명하지 않다. 예를 들어, 중복 페이지의 모든 내용이 동일해야 한다고 하면, 두 개의 페이지가 같은 내용을 가지고 있지만, HTML 포맷(또는 CSS)이 달라 별개의 레이아웃을 가지고 있다면, 이들은 중복으로 간주되지 않는다. 사실, 대부분의 미러링 시스템은 정확하게 이러한 요구 사항을 구현하므로, 중복 페이지를 검사하기 위해서는 전체 문서에 대해 계산된 해시키를 이용해야 한다. 해시 함수는 계산하기 쉽고 키 값이 충돌할 확률이 낮아야 한다(즉, 두 개의 서로 다른 문서에 대해 계산한 해시 값이 동일하면 안 된다). 이러한 목적에서 일반적으로 사용되는 표준 해시 함수는 MD (Message Digest) 및 SHA (Secure Hash Algorithms) 해싱 군으로 제공된다. 포맷을 중복 검사에 고려하지 않는다면, HTML 문서로부터 모든 포맷을 제거한 후 동일한 접근을 적용할 수 있다.

유사 중복(Near duplicates)을 처리하는 것은 더 복잡하다. 유사 중복의 예는 날짜만 변경되었거나 자동으로 추가된 주석으로 달라진 미러 페이지가 될 수 있으며, 둘 다 해시로는 검사할 수 없다. 유사 중복을 판별 할 수 있는 한 가지 방법은 (6.5.3 참조) 유사도 측정을 위해 코사인 거리(cosine distance)를 사용하는 것이다. Kolcz 등[927]은 각 문서에서 매우 많이 발생하는 단어들을 무시함으로써 최적화할 것을 제안하였는데, 이는 통계적으로 불용어 집합을 정의하는 것과 동일하다. 이들은 컬렉션의 5% 미만으로 나타나는 단어들만을 이용하여 최상 경우에 90% 가량의 유사 중복 결과를 얻었다고 보고하였다.

또 다른 선택은 6.5.3에 정의된 유사도(resemblance) 척도를 사용하는 것이다. 이 경우, 함수 W를 (일반적으로 shingles 사용)를 선택하고 최적의 임계값 $t$를 선택하여 효율적인 계산을 보장할 수 있다[267]. 코사인과 유사도 두 경우 모두, 두 문서간 유사도(거리)가 임계값 $t$ 이상(이하)라면, 두 문서는 중복으로 간주된다.

COPS [262], KOALA [742], DSC [267]와 같이, 거리를 추정하고 효율성 및 오류의 확률에 차별화된 몇 가지 최적 방안들이 있다. 첫 번째 아이디어는 Karp-Rabin의 검색 텍스트 지문(fingerprinting) 아이디어에 기반한 것으로 각 shingle을 결합한 해시 값을 사용하는 것이다[877]. 즉, 해싱 값은 선형 시간에 점진적으로 계산할 수 있다. 두 번째 아이디어는 슈퍼 shingle을 구성하는 shingle의 일부만을 고려하는 것이다[742, 269]. 두 가지 최적화 모두 계산에 필요한 비교횟수를 줄일 수 있으며, 문서 당 shingle의 수가 일정한 경우 중복 검사는 선형 시간에 수행 가능하다.

이후에 Chowdhury 등[380]이 너무 빈번하거나 출현이 작은 단어를 제외하고 문서의 해싱 코드를 계산하는 I-Match를 제안하였다. $d$ 문서 컬렉션에 대해, 이들 알고리즘의 시간 복잡도가 최악의 경우 $O(d \log d)$가 될 수 있지만, 실제로는 $O(d)$가 됨을 보여주었다. 또한 슈퍼 shingle 방법보다 더 좋은 성능을 보여주었는데 이는 일반적이거나 드문 단어만을 포함한 작은 문서는 고려되지 않기 때문이다. 이런 점은 스팸 메일 처리 [926]와 같이 작은 중복을 제거할 필요가 있는 일부 응용 프로그램에서는 단점이 된다. 그러나 웹에서는 작은 중복 문서가 검색 결과 순위에 상위를 차지하는 경우가 드물기 때문에 문제가 되지 않는다.

## 11.7 검색 엔진 사용자 상호작용

웹 검색 엔진은 대부분 기술적인 지식을 갖고 있지 않은 수백만 사용자를 대상으로 한다. 따라서 인터페이스 디자인은 다음과 같은 극도의 단순함 규칙에 영향을 받는다.

> **극도의 단순함 규칙**(Extreme Simplicity Rule). 사용자 검색 경험 디자인, 즉 검색 엔진과 사용자 상호 작용의 패턴은 사용자가 검색 작업에 최소한의 사전 지식만을 가지고 있고, 가능한 한 사용자에게 학습을 요구하지 말아야 함을 가정한다. 실제로, 사용자는 자신이 사용하는 검색 엔진의 도움말 페이지보다 새로운 냉장고나 DVD 플레이어의 '사용자 설명서'를 읽을 것으로 예상한다. 이러한 결과로, 사용자가 검색 엔진과 상호 작용하면서 '이해'하지 못한다면, 문제를 해결하기 위해 간단히 다른 검색 엔진으로 전환할 가능성이 높다. 이러한 맥락에서, 극단적인 단순함은 웹 검색에서의 사용자 상호 작용에 대한 규칙이 된다.

이 절에서는, 전형적인 사용자 상호 작용 모델을 설명하면서, 오늘날 가장 인기 있는 웹 검색 엔진에 대한 최근의 인터페이스 변화와 극단적인 단순함 규칙을 준수하기 위해 직면한 과제를 설명한다. 여기서 논의하는 사용자 상호 작용 개념 중 일부는 이미 2장에서 소개된 바 있지만, Ask.com, Bing, 구글, 야후와 같은 주요 웹 검색 엔진에서 제공하는 웹 검색 경험의 맥락에서 좀 더 깊이 다루도록 한다. 단, '수직(vertical)' 검색 엔진, 즉 특정 도메인 지식에 특화된 검색 엔진들, Yelp[16], Netflix[17], Google Image Search, Yahoo! Answers 등은 다루지 않는다.

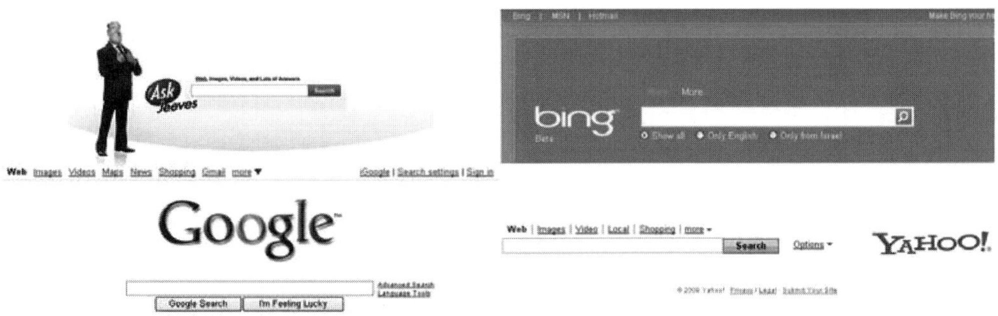


**그림 11.10**: 주요 검색엔진 4개 업체의 사용자 인터페이스인 사각형 검색창(Ask, Bing, 구글, 야후)

### 11.7.1 검색 박스 패러다임

사용자는 그들이 원하는 정보 요구를 구체화해서 검색 '사각형'에 질의로 입력하는 것에 익숙해져 있다. 이 상호

16) http://www.yelp.com
17) http://www.netflix.com

작용 모드는 매우 대중화되어, 많은 웹페이지에서 눈에 잘 띄는 부분에 직사각형 형태의 검색 박스를 볼 수 있으며, 심지어 제3자 지원으로 검색 기술을 제공해주기도 한다. 예를 들어, 그림 11.10은 Ask, Bing, Google, Yahoo! 검색엔진의 검색 사각형을 보여준다. 직사각형 디자인은 구글과 같은 일부 검색 엔진에서 거의 안정적으로 유지되어, 기본적으로 지난 10년 동안 변경되지 않았다. Ask와 Bing 등의 다른 검색엔진은 좀 더 화려한 디자인으로 다채로운 스킨과 흥미로운 장소나 개체의 아름다운 사진을 보여준다(예를 들어, 그림 11.10 Ask의 금문교 배경). 이러한 경향에도 불구하고, 검색 사각형은 모든 검색 엔진에서 핵심 부분으로 유지되며, 이 사각형은 2장에서 논의된 것처럼 일반적으로 '검색 박스(search box)'라고도 불린다.

검색 사각형의 위치는 페이지 중앙이 선호되지만, 다른 경우도 있다.

- 일부 웹 포털은 홈페이지의 선호되는 영역에 검색 사각형을 위치시키는데, 이 예로 yahoo.com 또는 aol.com이 있다.
- 대부분의 사이트는 여러 개의 검색 '사각형'과 선택사항으로 구성된 형태의 고급 검색 페이지를 사용자에게 제공한다(많이 사용되지는 않음).
- 대부분의 검색 엔진이 브라우저 플러그인 또는 파이어 폭스와 같은 브라우저에 내장된 형태로 제공하는 검색 툴바(toolbar) 형식은 중앙 검색 사각형의 다른 버전으로 볼 수 있다. 홈페이지 사각형에 비해 항상 접근 가능하므로 더 편리한 대안이지만, 설치 다운로드 요구는 폭 넓은 적용에 방해가 된다. 이 오버 헤드를 보완하기 위해, 많은 검색 엔진이 이러한 도구를 미리 설치하기 위해 PC 유통 및 제조업체들과 비용이 드는 OEM 협상을 한다.
- '궁극의' 사각형인 구글의 크롬 검색 주소창(omnibox)은 검색 박스와 주소 창의 기능을 결합한다. 그런 다음 사용자가 입력한 텍스트가 해당 사이트로 이동할 것인지, 검색을 수행할 것인지를 브라우저가 결정한다. omnibox 이전에, 파이어 폭스는 이미 URL의 일부가 될 수 없는 단어들을 인식하는 기능을 제공했고, 따라서 이들은 질의의 일부로 취급되었다. 이러한 경우, 구글의 "I feel lucky" 기능이 실행되어 상위 검색 결과가 보여 진다. 흥미롭게도, 이 파이어 폭스 기능은 사용자가 구글 이외의 검색 엔진을 실행하거나 결과의 전체 페이지를 얻을 수 있도록 사용자가 구성할 수 있다.

### 질의 언어들

7.1.1절에 설명한 것처럼, 사용자는 일반적으로 일련의 단어로 질의를 표현한다. 사실, '자유 텍스트(free-text)' 질의와 불리안(Boolean) 질의간에 이어진 수년간의 논쟁 후에, 웹 검색 엔진이 기본적으로 승리했다. 결과적으로, 자유 텍스트 형식이 웹 검색 엔진의 사실상 표준 질의 언어가 되었다. 오늘날 사용자는 정보 요구 사항[268] 또는 목적[1382]을 표현하기 위해 일반적으로 일련의 단어를 입력한다. 일부 검색 엔진은 질의의 숨어있는 의미는 모든 단어의 "AND"라고 정의하지만, 구글과 같은 검색 엔진들은 '단어에 따라 다르다(every word matters)'라고 정의한다. 대부분의 검색 엔진은 필요에 따라 의미를 변경할 수 있기 때문에, 미래에는 "+"와 같은 추가 연산자의 존재가 보장되지 않는다.

사실, 모든 검색 엔진의 질의 언어에서 가장 지배적인 것은 연속된 단어이므로, 웹 검색 엔진은 기본 질의 문법에 암묵적으로 동의하고 있다. 그럼에도 질의 언어는 "+", "−", "site:"와 같은 단항 연산자, 바로 뒤에 나오는 단어, OR와 같이 앞/뒤 단어에 작동하는 이진 연산자, 정확한 구 매치 검색을 위한 인용기호(" ")와 같은 구분자 등을 제공한다.

대부분의 검색 엔진은 공식적인 질의 언어를 명시하지는 않지만, 자신의 사이트에 검색 팁이나 선택사항들을 제공한다. 주요 검색엔진들인 Ask.com [76], Bing [202, 203], Google [652], Yahoo! Search [1736]의 관련 페이지에서 제공되는 검색 팁/선택 사항들 간의 비교를 표 11.3에서 분석하였다. 이 표가 완전하지는 않은데, 일부 질의 연산자는 숨겨진 모드로 사용되다가 다른 곳에 알려지기도 하기 때문이다. 이러한 예로 구글의 "numrange" 기능

[650]이 있는데, 이는 2004년에 발표된 것으로 두 숫자 사이에 ".." 연산자를 입력하여 숫자 범위를 표시할 수 있게 하였다. 예를 들면, 질의 "DVD 플레이어 100..300$"는 [100, 300]의 범위에 있는 어떤 숫자, 예를 들어, 250과 일치한다. 이 표에서는 "numrange"와 같은 특수한 기능보다 잘 알려진 '안정적인' 연산자에 중점을 두고 있다.

| 연산자 구문 | 세부내용 | 구글 | Yahoo! Search | Bing | Ask |
|---|---|---|---|---|---|
| ".." 이중 인용 부호로 둘러 싸인 문자열 | 구 검색 | yes | yes | yes | yes |
| 공백 문자 뒤 + , 바로 뒤에 오는 용어/구 | 관련 용어가 결과에 그대로 나타남 | yes | yes | yes | yes |
| 공백 문자 뒤 -, 바로 뒤에 오지 않는 용어/구, Bing에서는 NOT | 관련 용어가 결과에 나타나지 않음 | yes | yes | yes | yes |
| OR (또는 \|) 선후 용어나 구에 적용 | 불리안 OR와 동등 | yes | yes | yes | yes |
| site: 사이트명 | 특정 사이트에서만 결과 반환 | yes | yes | yes | yes |
| hostname: 호스트명 | 특정 호스트에서만 결과 반환 | no | yes | no | yes |
| url: URL 명 | 검색엔진 색인에 해당 url 존재 확인 | no | yes | yes | no |
| inurl: 용어 | 특정 용어를 포함한 URL에서 결과 반환 | no | yes | no | yes |
| intitle: 용어 | 특정 용어를 포함한 제목에서 결과 반환 | no | yes | yes | yes |
| inlink:/inanchor: 용어 | 특정 용어를 포함한 링크나 앵커 메타데이터에서 결과 반환 | yes | no | yes | yes |

**표 11.3:** 공통 질의 연산자

이런 일반적인 연산자 외에도, 단일 검색 엔진에서 지원하는 몇 가지 독특한 연산자들을 아래 나열한다. 이런 연산자들이 시간이 지나면서 다른 검색엔진에서도 채택되는지를 살펴보는 것도 흥미롭다.

- Ask의 시간관련 연산자:
  - afterdate:, beforedate:
    위의 연산자에 이어 나오는 yyyymmdd 형식으로 지정된 날짜 이후 또는 그 이전에 일어난 검색 결과를 반환한다.
  - betweendate:
    비슷한 방식으로 작동하지만 yyyymmdd 형식으로 정의된 두 날짜를 쉼표로 구분하여 입력받는다.
  - last:
    이 연산자는 다음과 같은 여섯개 값 {1주, 2주, 1달, 6개월, 1년, 2년} 중에서, 지정된 특정 기간내에 발견된 결과를 반환한다.

- Bing:
  - AND/&
    이 연산자는 Bing만이 제공하는 것으로, 이전과 이후 단어의 불리안 AND 연산자이다. '기본적으로 모든 질의는 AND 검색이다'라고 주장하면서도 Bing이 이 연산자를 제공하는 것은 흥미롭다.
  - ( )
    괄호는 + 또는 -와 같은 다른 연산자와 결합하여 단어들을 그룹 짓는데 사용된다. 이 기능은 후속 연산자를 강화하지만, 아마 수 /논리 지식을 가진 사용자에게는 준비되어 있을 것이다.
  - Bing은 filetype:, contains:, ip:. feed:, prefer: 등의 여러 독특한 연산자를 가지고 있는데, 어떤 것은 유용하지만 그렇지 않은 것들도 있다.

• Google:*
와일드카드는 누락된 전체 단어 (단어의 일부가 아닌)를 의미하며 , 검색엔진이 이를 '알 수없는 단어에 대한 자리 표시자'로 취급해야 함을 나타낸다.

• Yahoo! Search: *link*: url
이 연산자는 특정 url을 링크하는 문서를 보여준다. 야후 사이트 익스플로러 도구(Yahoo! Site Explorer)에서 제공하는 기능이며 *per se* 연산자 이상의 바로가기 속성으로 보아야 한다. 실제로, 컨텐츠 제공자로서의 야후!는 특성 바로가기 측면에서 다른 검색 엔진보다 강력한데, 예약된 토큰 집합을 통한 직접 접근, 검색 박스안에 *!list*를 입력함으로써 특성 검색이 가능하다. 이는 *!news, !flickr, !wiki, !map* 등을 포함한다.

위의 예에서 볼 수 있듯이, 주요 검색 엔진은 다른 검색엔진보다 적은 연산자를 제공하는데, 이는 아마도 사용성(usage) 관찰 때문일 것이다. 이런 다양한 연산자들이 거의 사용되지 않고 웹에서 사실상의 표준 질의 언어는 단순한 자유 텍스트라는 추측이 가능하다. 그럼에도 불구하고 새로운 검색 엔진이 출현하면서 새로운 기능을 이용하여 시장에서 승리하려고 노력한다면 바뀔 수도 있다. Bing이 시장의 새로운 검색 엔진으로서 폭넓고 다양한 연산자를 제공하며 사용자가 선호하기를 기다리는 것은 이 책이 쓰인 시점에서 그리 놀랄만한 일이 아니었다.

### 동적 질의 추천(Dynamic Query Suggestions)

동적 질의 추천은 2장에서 '자동 완성(auto-complete)' 또는 '자동 추천(auto-suggest)'이라고도 불렸는데, 검색 박스의 상호작용성을 강화한다. 사용자가 검색창에서 문자를 입력할 때마다 추천 질의가 드롭 다운(drop-down) 형태로 제공된다. 구글과 야후에서 제공하는 예가 그림 11.11에 있다.

**그림 11.11:** 구글 제시어와 야후 검색 도구

이 서비스는 Google Suggest에서 Kevin Gibbs에 의해 발명되어 처음 시작되었고, 2004년도에 Google Labs에 적용되고 이어서 구글 툴바에 적용되었으나, 확장성 문제로 인해 google.com 메인 페이지에는 적용되지 않았다. Yahoo! Search가 구글보다 앞서 2007년도에 yahoo.com의 Search Assist 및 search.yahoo.com 메인 페이지에 적용하였다. 흥미롭게도, 야후는 고전적인 접두어 완성 모델에서 출발해서 중간 문자열 완성 기능도 제공하였는데, 그림 11.11 Yahoo! 검색에서 "inform"으로 시작하는 질의에 대해 "webmd health information"이 제공되는 것을 볼 수 있다. Google Suggest도 이어서 Google의 주요 홈페이지에 적용하였는데, youtube.com에 먼저 적용하고 그 다음 2008년 8월에 google.com에 적용하였다. Suggest는 마침내 2009년 초에 모든 구글 도메인에 서비스 되었다. 다른 검색 엔진들도 정말 빠르게 유사한 서비스를 제공하여, 미국내 Ask와 Bing에서도 제공되고 있고, Amazon과 같이 트래픽이 높은 버티컬 검색 서비스들에서도 제공된다. 2장에서 논의한 것처럼 Netflix 또는 Nextbio 같은 버티컬 검색 엔진에서의 질의 완성 기능은 질의에 기반하기 보다 코퍼스에 기반하므로 웹과 같은 규모에 적용하기는 어렵다.

오늘날, 대부분의 사용자는 특별히 세심한 주의를 기울이지 않고 이러한 서비스를 활용한다. 이것이 바로 앞서 언급한 극단적인 단순 규칙과 같이, 검색 사용자 상호 작용 영역에 보낼 수 있는 최고의 찬사이다.

동적 질의 추천은 검색 질의가 발생한 후에만 작동하는 질의 추천 시스템과 구분해야 한다. 동적 추천 시스템은 잘 만들어진 질의보다는 질의 접두사와 같이 아주 작은 정보로 동작한다. 그럼에도 불구하고 응답 시간에 영향을 주지 않고 활용할 수 있는 추가적인 표지들이 있다. 이러한 추가 표지에는 사용자 검색 이력, 개인화 기능, 지리적 표지, 동일한 사용자 세션의 이전 질의 등이 포함된다.

동적 추천 시스템은 기능상으로 완전히 새로운 것이 아니라 명령어 완성을 지원하는 Emacs [1527] 와 같은 초기 편집기, 또는 명령어 완성만이 아니라 사용자가 탭이나 공백 문자를 입력할 때 파일/디렉토리 이름의 입력을 도와주는 Korn 쉘 [224]과 같은 쉡 스크립트에서도 유사한 기능이 제공되었다. 이후, 모바일 영역에서 불편한 키패드의 키워드 입력 수를 줄여주기 위한 지원 서비스가 제공되었다[66, 1233]. 이러한 초기 기능과 최신 동적 질의 추천 사이의 주요 차이점은 다음과 같다.

1. 최신 추천 데이터의 소스와 규모
2. 최신 추천 서비스는 동시에 대규모 사용자 수에 대응할 정도의 성능을 요구(단일 어플리케이션/장치의 단일 사용자와 대비)
3. 사용자 경험의 지혜: 최신 추천은 사용자 요청보다 사용자 입력시 자동으로 유발된다는 사실

이러한 문제는 웹 환경의 검색 트래픽 성장 및 성능 향상이라는 두 가지 주요 변화에 의해 만들어졌다. 사실, 웹 검색 트래픽의 놀라운 성장은 모든 사용자에게 활용되면서 거대한 질의 코퍼스를 수집할 수 있게 해주었다. 데이터의 주요 소스로서 코퍼스보다 질의 이력을 사용함으로써 사용자에게 더 '자연스러운' 추천을 제공하고 그로 인해 정확률을 높일 수 있다. 또한, 웹 검색의 비약적인 성능 향상은 일반 검색보다 평균적으로 5배 이상 높은 (queries per second; qps, 초당 질의의 관점에서) 집중화된 서비스를 가능하게 했다. 기본적으로 새로운 문자가 입력될 때마다 요청이 서버에 보내지고, 사용자가 여전히 질의를 입력하고 있을 때 적합한 추천이 빠르게 반환될 필요가 있다

흥미롭게도, 동적 추천 서비스는 사용자에게 가치를 제공하기 위해 두 가지의 고전 IR 기술 과제를 극복해야만 했다: (a) 효율성(efficiency), 사용가능하도록 충분히 빨리 추천 반환 (b) 효과(effectiveness), 가장 적합한 추천 제공

- **효율성**. 빠른 응답 시간은 일반적으로 다음 두 가지 방법을 통해 달성된다. 첫째, 질의 접두사와 관련된 후보 질의는 미리 계산되어 Ji 등[834]이 제안한 효율적인 데이터 구조에 저장하고, 질의 시간에 최소한의 처리만을 하도록 한다. 둘째, 여러 분산된 데이터 센터를 이용해서 추천이 신속하게 제공될 필요가 있다. 또한, 검색 페이지에 들어있는 자바 스크립트 추천 코드는 가능한 한 무겁지 않아야 하고, 생각보다 시간이 더 걸리는 경우, 사용자가 바로 질의를 제출하는 것을 방해하지 않도록 안전 예방 조치가 되어 있어야 한다.

- **효과**. 검색창에 하나에서 수십 개의 문자열이 입력되었을 때, 동적 추천 서비스는 5개(Yahoo! Assist 메인 검색 페이지의 경우)에서 10개(Google Suggest 또는 Yahoo! 검색 결과 페이지 경우)의 후보군 리스트를 반환한다. 적합성의 주요 기준은 인기도로서, 질의 이력에서의 발생 빈도만이 아니라 클릭율과 같은 추가 요소를 반영한다. 적합성을 보장하기 위해서는 다음과 같은 여러 기술적인 이슈들에 대한 고려가 필요하다.
  - 자동 철자 보정(Automatic spelling correction). 철자가 틀린 질의가 아무리 인기 있다고 하더라도 추천으로는 이상하다. 실제로, 질의 이력 코퍼스가 웹 코퍼스보다 훨씬 작기 때문에, 철자와 같은 특징에 잘 작동하는 '집단지성(wisdom of crowds)'[1546] 원칙이 질의 이력의 롱테일(long tail)에서는 효과가 떨어질 수 있다. 이 '작은 코퍼스 문제(small corpus challenge)'는 예를 들어, 상대적으로 작은 웹 컨텐츠를 가진 국가나 기업내 검색에서는 일반적이다. 이 문제는 추천에 대한 자동 철자 보정만이 아니라 이후에 논의될 집단지성에 기반한 다른 여러 특징에도 영향을 미친다.

-부적절한 추천 여과(Inappropriate suggestions filtering). 포르노나 악의를 포함한 부적절한 질의가 질의 이력에서 여전히 상당한 비중을 차지한다. 저작권을 침해하는 사용자를 방지하고 지역 법률을 준수하기 위해 이것들은 여과되어야 한다. 또한 빈도가 낮고 쉽게 속을 수 있기 때문에, 스팸은 일반 질의보다 특히 롱테일 질의에서 더 심각한 문제이다.

-질의 추천 중복 제거(De-duplication of queries suggestions). 동일한 정보 요구를 표현하는 질의의 변형은 적합성 측면에서 매우 인기 있는 주제를 참조할 때 모두 의미가 있지만, 아직 사용자에게 아무런 가치를 주지 않거나 불편하게 할 수 있다. 예를 들어 복수형이나 단어의 배열이 다른 경우가 해당된다. 동적 추천 서비스는 이러한 유사 중복을 파악하고, 추천 상자에 가장 대표적인 추천 질의를 제시하기 위해 노력한다.

-추천의 다양성(Diversity of suggestions). 이 이슈는 이전 문제와 어느 정도 관련이 있지만 미묘하게 다르다. 질의 완성을 위한 의미는 접두사에 지배적이어서 다른 의미들을 보일 기회를 얻기 어렵다. 이러한 추천 서비스의 편향성 때문에 문제가 될 수 있는데, 인기 질의들이 더 많은 인기를 얻을 것이고 (부익부 현상) 그 결과, 흥미로운 주제들의 적합성 점수는 서서히 감소하여 결국 클릭 부족으로 추천 리스트에서 완전히 제거될 것이다.

-최신성(Freshness). 인기 주제들은 유행과 뉴스에 민감하고, 사용자들은 동적 시스템에 이들이 보일 수 있게 색인되는 것을 기다릴 수 없다. 따라서 최신 추천은 동적 검색 코퍼스를 색인하는 것처럼 다르게 처리될 필요가 있다.

-개인화(Personalization). 이는 사용자와 도메인 개인화 모두를 의미한다. 브라우저에서 제공하는 기능으로, 과거 사용자가 입력한 질의 이력 기능을 사용했던 사용자는 이를 계속 볼 수 있기를 원할 것이다. 그러나 만약 사용자가 로그인 하지 않았는데도 예상치 못하게 개인의 질의가 커뮤니티 질의와 함께 보여 진다면 프라이버시 침해를 느낄 수 있다. 커뮤니티/도메인 개인화는 더 민감한데, 다양한 지역과 문화 사이에 관심과 인기의 많은 차이가 있기 때문이다. 미국 사용자는 "real"로 시작하는 질의 추천으로, "real player"보다 "Real Madrid"가 제시되면 놀랄 것이고, 스페인에 있는 사용자는 반대 경우에 충격을 받을 것이다. 따라서 최소한, 추천을 나라에 따라 개인화하는 것이 중요하며, 또한 지역적 위치에 따라 어느 정도 개인화하는 것이 좋을 것이다. 실제로 알라스카에 있는 사용자가 '피자'라고 질의를 입력하였는데, 첫 번째 추천으로 단지 인기있다는 이유로 '피자 팔로 알 (Palo Alto)' 또는 '피자 맨해튼(Manhattan) 어퍼 웨스트 사이드(Upper West Side)'가 제시된다면 짜증날 것이다. 작은 코퍼스로 작업하는 경우, 기술적 문제는 정확률을 높이기 위한 증거를 충분히 수집하는 것이다.

전반적으로, 동적 추천의 효과는 커버리지(coverage) 및 품질 (재현율 및 정확률의 일종)로 측정 할 수 있다. 접두사가 길어질 때 추천 박스의 일정한 자리에 대한 사용자 인식이라는 측면에서 커버리지를 높이는 일은 더 까다로워진다. 접두사가 길어질수록, 추천으로 충분히 검증되지 않은 롱테일 질의가 제시될 확률이 높아진다. 추천 품질은 추천이 사용자의 '마음을 읽는다'고 생각할 수 있을 정도로 확실해야 한다. 대부분의 사용자는 추천을 '사용자 집단의 소리'가 아니라 '검색엔진의 소리'로 착각하는데, 이는 소송[1009, 1096]에서 본인의 이름으로 고통 받은 개인이나 회사에 의해 자극된 부정적인 여론에 의해 증명된 바 있다[1008].

결론적으로, 동적 추천 서비스는 현재나 향후 연구에서도 유망한 영역이 될 것이다. 동적 추천은 검색 페이지에서 매우 중요한 영역을 차지하는데, 10년 전 구글의 홈페이지 출시 이래로 Google Suggest가 가장 눈에 띈 변화이었다. 잘못된 추천은 많은[18] 사용자를 '나쁜 질의'로 유도하고 그 결과 나쁜 검색 결과(유기적이지 않거나 광고성 검색결과)를 보여주므로, 명백한 병목이 되어 전체 수익에도 나쁜 영향을 미친다.

추가로, 동적 추천을 성공적으로 구현하기 위해서는 많은 고전 IR 문제들을 극복해야 한다. 예를 들어, 고전적인 검색 이슈에서 '질의'를 '접두사'로, '결과'를 '질의'로 대체하여 검증하기 위하여, 앞에서 언급한 효과성 이슈

18) 주요 검색 엔진은 추천 서비스 클릭율을 밝히지 않고 있으나, 10%는 넘을 것으로 추측된다.

들을 고려해야 한다. 질의 추천 관점에서 이러한 문제들은 더 극단적인 형태를 취할 수 있고, 효과나 효율성 제약이 더 엄격할 수 있다.

## 11.7.2 검색 엔진 결과 페이지

### 결과 프레젠테이션(Result Presentation)

#### 기본 레이아웃

2장에서 언급한 것처럼 SERP(Search Engine Result Page)라고 불리는 검색 엔진 결과 페이지의 기본 프레젠테이션 스타일은, 왼쪽[19]에 '유기적(organic)' 또는 '알고리즈믹(algorithmic)' 결과와 오른쪽에 유료/스폰서 결과(광고)로 구성된다. 추가적으로, 가장 적합한 광고 검색결과는 그림 11.12와 같이 일반 검색결과의 상단 위쪽에 보인다. 기본적으로 대부분의 검색 엔진은 첫 페이지에 10개의 검색 결과를 보여주는데, Bing은 한 페이지에 볼 검색 결과의 수를 사용자가 조정할 수도 있다.

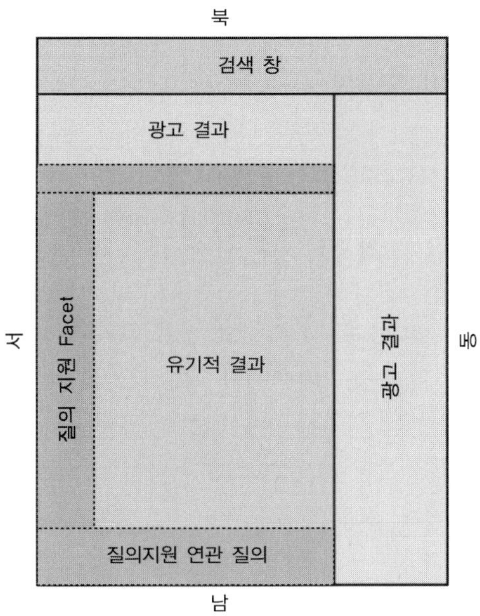


**그림 11.12:** 전형적인 SERP 레이아웃

그림 11.12는 대부분의 검색엔진에 일반적으로 적용된 레이아웃인데, 점선 영역으로 표시된 부분은 일반적이지는 않다. 검색엔진마다 조금씩 다를 수 있는데, '질의 지원(query assistance)' 기능은 페이지의 북쪽, 남쪽, 또는 서쪽에 나타날 수 있고, 내비게이션 도구는 서쪽 영역에 나타날 수도, 아닐 수도 있고, 또 철자 교정 추천은 북쪽의 스폰서 결과 전 또는 후에 나타날 수 있다.

검색 엔진은 레이아웃의 작은 변화를 지속적으로 실험하고 있으며, 혁신적인 기능이 요구되는 공간이라면 지금과는 크게 다른 레이아웃이 적용될 수 있다. 예를 들어, Cuil[20]은 일차원 랭킹과는 완전히 다른 레이아웃을 소개하였지만 이는 파격적인 예외에 가까웠다. 또, 주요 검색 엔진과 다른 특성을 가진 검색은 이와 구분되는 레이아웃을 적용하는데, 예를 들면 Google과 Yahoo!의 이미지 검색 또는 구글 광고 검색 결과(Google Ads search results [655]) 모두 여러 열로 검색결과를 보여준다.

19) 오른쪽에서 왼쪽으로 쓰는 언어에서는 방향이 바뀐다.
20) http://www.cuil.com

이 절에서는 유기적 검색 결과를 다루는데, 이를 단순히 '검색 결과'라고 칭하며 유료/스폰서 검색 결과와 구분한다.

### 제목/스니펫/URL 항목(Title/Snippet/URL Entity)

주요 검색 엔진은 개별 검색결과를 보여주는 데 유사한 형식을 사용하며, 이는 기본적으로 (a) 파란색 밑줄로 보여지는 제목, (b) 결과 페이지에서 추출한 두 세 문장으로 구성된 짧은 스니펫 (snippet), (c) 텍스트 전체를 포함하는 페이지를 가리키는 URL이다. 대부분의 경우, 제목은 페이지에서 직접 추출할 수 있지만, 페이지 제목이 없다면 앵커 텍스트가 제목을 생성하는 데 사용될 수 있다.

2장에서 논의한 것처럼, 스니펫은 페이지에서 사용자의 질의와 관련된 주제를 강조하기 위한 목적으로 자동 추출되어 구성되는데, 스니펫이 링크 클릭 여부의 결정을 쉽게 도울 수 있다면 바람직할 것이다. 스니펫의 가장 어려운 점은, 스니펫이 질의에 의존적이기 때문에 실행시간에 생성할 필요가 있다는 점이다. 또 중요한 것은, 질의 용어가 스니펫에서 보통 굵은 글씨로 강조되는데, 이를 위해 문자열 정합 작업이 요구되고 명확한 질의 용어가 없다면, 적절한 용어를 찾아주는 일부 스마트한 처리가 필요하다. 예를 들어, 구글 블로그의 Ben Gomes가 제시한 "arod" 예에서[637], '참조될 수 있는 다양한 가능성을 분석하여 검색 결과 스니펫에서 Alex와 Rodriguez가 굵은 글씨로 표시되었다'. Amitay 등[49]은 앵커 텍스트에 기반하여 웹 페이지의 요약을 생성하는 독창적 방법을 소개하였다.

동일한 사이트 또는 도메인에서 여러 검색 결과가 만들어질 때, 덜 대표적인 것들을 들여쓰기 함으로써 그룹화할 수도 있다. 더 최신의 뛰어난 방식은 '사이트 링크(Sitelink)' 또는 '퀵링크(Quicklink)' 형식으로 내비게이션 단축 링크를 검색 결과 페이지의 웹 사이트 홈페이지 밑에 보임으로써 사용자가 웹 사이트의 선택된 지점으로 직접 건너뛸 수 있게 해준다[347]. 한정된 영역에 연관된 링크를 보여주면서 대다수 사용자에게 편의를 극대화하기 위한 목적에서 이러한 링크를 자동적으로 식별하는 것은 그리 간단치만은 않다. 그러나 선도적인 검색 엔진은 이 작업을 꽤 잘 수행하는 걸로 보이는데, 최상의 링크는 클릭과 툴바 데이터를 통해 사용자의 행동으로부터 유추할 수 있기 때문에 꾸준히 개선될 것이다[347].

### 구조화된 검색 결과

검색 엔진은 주요 웹 코퍼스로부터의 검색 결과뿐만 아니라, 추가적으로 다음과 같은 검색 결과 유형을 포함한다.

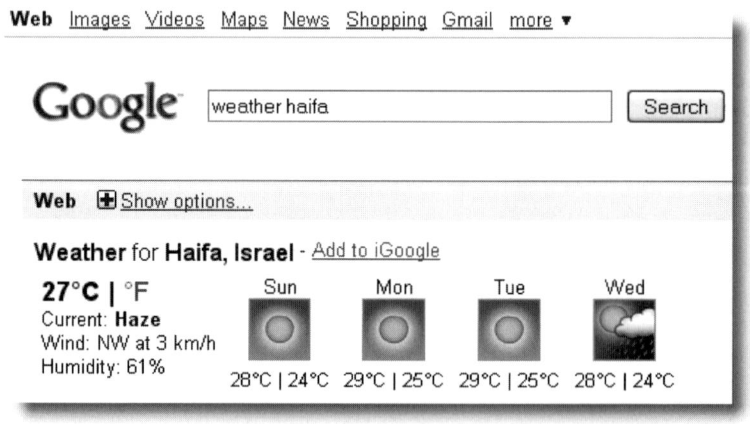


그림 11.13: 구글의 날씨 원박스(Onebox)의 예. 정답을 얻기 위해 클릭이 필요하지 않다.

- **'원박스(Oneboxes)' 결과.** 하나의 고유한 답을 가지는 매우 정확한 질의에 반응하기 위한 매우 특수한 검색결과들이다. 이들은 높은 적합성 때문에 구별된 형식으로 일반 웹 검색 결과 위에 보여진다. 원박스는 사용자 질의에서 명확한 의도를 나타내는 특정 용어에 의해 실행된다. 이는 직접 답을 보여주거나 답에 대한 바로가기 링크를 제시하는 최상의 검색 경험을 제공하는데, 적합성이 보장되고 답이 간단하고 모호하지 않은 특정 경우에만 해당된다.

예를 들어, 구글과 야후 검색 모두 '날씨 <위치>'의 (그림 11.13 참조) 입력에 의해 실행되는 날씨 원박스를 지원한다. 많은 검색 엔진이 지원하는 원박스의 예는 스포츠 원박스, 배송 추적 (예를 들어 UPS 나 Fedex), 계산기, 영화 목록 및 상영 시간(예: "Movies Palo Alto"), 기차 시간표 등이다. 좀 더 흥미로운 도전 과제는 '사실 추출'인데, 원박스 형태가 아니더라도 유사한 경험을 제공한다. 예를 들어, 구글에서 '캘리포니아의 주지사가 누구인가'를 검색하면 첫 번째 검색 결과로 '캘리포니아-주지사: 아놀드 슈워제네거(California-Governor: Arnold Schwarzenegger)'를 보여줄 것이다. 원박스와 비슷한 검색 결과를 제공하는 또 다른 유형은 답이 하나가 아니지만 하나의 유형에 대한 질의이다. 구글에 '뉴욕에서 런던가는 항공편'과 같은 질의를 입력하면 사용자가 자신의 출발 및 귀국 날짜를 지정할 수 있는 입력 상자가 표시되고, Kayak, Expedia 등과 같은 저가 항공권 예약 추가 질의를 입력할 수 있게 해준다. 구글은 검색 기능 페이지(Search Features page) [654]에서 원박스 목록뿐만 아니라 "define:"과 같은 예약어를 보여준다. 원박스는 기본적으로 즉각적인 답변인데, 일반적으로 정렬된 검색결과 리스트가 모든 사용자의 요구를 만족시키지 않는다는 증거이기도 하다.

이와 관련된 개념으로 야후 바로 가기(Yahoo! shortcuts)가 있는데, 수작업이 가미된 원박스로 인기 질의의 일반 검색 결과 상단에 보여 진다(도시 또는 유명인을 검색해 보라). 보다 발전된 버전으로 '통합 검색(universal search)'이 있는데, 이는 Marissa Mayer[21]가 2007년 구글 블로그[1102]에서 언급한 것으로, 다음에서 다룬다.

- **통합 검색 결과(Universal search results).** 대부분의 웹 검색 엔진은 웹 검색뿐만 아니라, 이미지, 동영상, 상품, 지도 등과 같은 버티컬 검색을 제공한다. 사용자는 이런 특성으로 직접 이동하여 특정 코퍼스를 검색할 수 있는데, '통합(universal)'은 사용자가 해당 코퍼스를 지정할 필요가 없다는 의미이다. 검색 엔진은 사용자 의도를 추측하여 가장 적합한 도메인 데이터의 검색 결과를 자동으로 반환한다. 여기서 핵심 기술 과제는 특정 버티컬 컬렉션을 선택하고 각 컬렉션에서 얼마나 많은 결과를 표시할지 결정하는 것이다. 이는 전형적인 연합(federated) 검색의 문제로, Fagin과 Wimmers가 제안한 것과 같이 직교(orthogonal) 점수[543]를 결합하는 방법을 사용하면 도움이 된다. 상용 검색엔진은 그들의 방식을 알려주지 않기 때문에, 통합 랭킹에 어떤 식이 사용되는지 어떤 휴리스틱이 적용되는지 명확하지는 않다. 일반적으로, '브리트니 스피어스'와 같은 질의는 웹 검색 결과와 함께 이미지, 동영상 및 뉴스를 함께 보여준다.

웹 검색 결과는 유형에 따라 서로 다른 형식으로 표시될 수 있다. 예를 들어 Ask.com은 스니펫 대신 Yahoo! Answers 또는 WikiAnswers 같은 Q&A 사이트의 답변을 보여준다. 더 일반적으로는, 주요 웹 코퍼스의 일부, 또는 다른 특성 검색에 따른 컬렉션 데이터를 약간 다른 형식의 결과로 보여준다. 이는 SearchMonkey나 Yahoo! Search의 오픈 플랫폼의 예에서 볼 수 있는데, '향상된 표준 검색 결과를 보여주기 위해 Yahoo! Search의 구조화된 데이터를 공유한다'[1735]. 2007년에 발표된 SearchMonkey는 마이크로 포맷 [1129]에 관한 Peter Mika의 초기 연구에 일부 영향을 받았다. 예를 들어, 야후의 모든 위키 백과(Wikipedia) 결과는 SearchMonkey 형식으로 표시된다. 최근 Google이 야후의 예를 따라서, 2009년도에 출시한 리치(rich) 스니펫은 풍부한 검색 결과 형태로 보여준다[629]. 마지막으로, Bing은 구조화된 검색 결과에 많은 투자를 하여 특정 도메인에 대한 '요약형(digest-type)' 검색 결과를 제공하는데, Bing의 예제 중 몇 가지는 다음과 같다.

- 여행 결과에는 요금 동향 지표(fare trend indicator)를 제공한다.

21) 역자주: 2012년에 야후 최고경영자가 되었다.

- 쇼핑 결과에는 사용자 리뷰, 전문가 리뷰, 제품 상세 정보 및 가격 비교, 검색 결과 중 최적의 가격, 평가, 사용 편의성, 경제성, 시각적 정보, 기발한 "Bing cashback(대금의 일부를 고객에게 서비스로 돌려줌)" 등 사용자에게 편리한 몇 가지 바로가기를 제공한다,
- 건강 결과에는 컨텐츠 제공자로서 Mayo 클리닉과 같은 권위도(authoritative) 정보를 표시한다.
- 지역 결과에는 '종합(overall)', '분위기(atmosphere)'와 같은 주제 아래 리뷰 기반 점수와 시각적 정보를 결합하여 보여준다.

이런 풍부한 기능들을 유지하면서, Bing이 다른 버티컬 검색뿐만 아니라 다른 나라들까지 쉽게 일반화 및 확장해 갈 수 있을지를 보는 것도 흥미롭다.

### SERP의 질의 지원(Query Assistance on the SERP)

일단 사용자가 질의를 하고 검색 결과 페이지를 보면, 사용자의 정보성, 내비게이션, 트랜잭션 요구 [268] (7.2.3 절의 자세한 내용 참조)는 다음 중 하나가 될 수 있다.

- **만족(satisfied).** 사용자가 계산기, 날씨, 스포츠 결과 등과 같이 원박스 결과에서 답을 바로 얻거나 상위 하나 또는 몇 개의 검색 결과를 클릭하여 거의 바로 답을 얻는 경우에 발생한다.

- **부분 만족(partially satisfied).** 사용자가 '연구 과제(research task)'[218]를 수행할 때 자주 발생하는데, 사용자가 필요한 정보를 모두 가지고 있는 단일 웹 페이지는 없다. 11.7.2 절에서 설명할 Search Pad와 같은 도구는, 하나의 단위로 모아 편집 및 관리 목적으로 부분 답변들을 만들며, 나중 사용을 위해 게시하거나 다른 사람들과 공유할 수 있다. 일부는 연구 작업 실행보다 더 민감한데, 예를 들면 호텔, 레스토랑 및 오락거리를 찾는 여행 요구, 학생들 과제 관련 교육, 숙제 요구, 또는 질병 및 증상과 치료 방법에 대한 환자들의 건강 정보가 포함된다.

- **전혀 만족하지 못함(not satisfied at all).** 사용자가 질의를 잘 입력하지 못했거나 단순히 적합한 컨텐츠가 존재하지 않기 때문에 발생할 수 있다. 검색엔진이 적합한 컨텐츠의 존재 유무를 결정하기는 불가능하기 때문에 대부분의 검색엔진은 전자의 경우로 가정하고 질의 지원 도구를 통해 사용자가 질의를 다시 잘 입력할 수 있도록 돕는다.

이 절에서는 2장에서 이미 살펴본 사용자가 질의를 잘 입력할 수 있게 도와주는 질의 지원 도구를 자세히 알아보도록 한다.

### 철자법 지원(Spelling Assistance)

질의 입력 지원의 가장 성공적인 예는 구글이 제공하는 '이것을 의미하셨습니까(Did you mean)?'인데, 일반 사전 기반 모델로 철자법 수정의 혁신적인 방법이다. 실제로, 전형적인 접근 방식은 문자를 거꾸로 입력하는 등의 입력 실수를 식별하기 위해 편집 거리 (edit distance)를 이용하였다[944] (6.5.3절 참조). 반면, '이것을 의미하셨습니까?'는 많이 사용되는 용법으로부터 철자 수정을 배우는데, 철자법 검사를 위한 질의 이력 분석이 많이 사용된다[637]. 캠퍼스 특강에서 구글 초청자가 보여준 잘 알려진 예로, '브리트니 스피어스(Britney Spears)의 예'가 있는데, 질의 이력을 보면 수 백 가지 방법으로 이름이 잘못 입력되었는데(사용자는 독창적이다!), 그래도 가장 빈번하게 입력된 것은 철자가 맞는 것이었다. 즉 집단지성(wisdom of crowds)이 최상이다(11.10.2절 참조). 이 순수 빈도는 롱테일 질의나 이력 양이 충분하지 않은 경우에는 덜 효과적이기 때문에 이전에 언급한 '소규모 코퍼스 문제'가 존재한다. 이런 경우, 적은 증거를 필요로 하는 다른 표지들을 사용할 수 있다. 예를 들어, Douglas Merrill, 전 구글 CIO가 Search 101 talks [1121]에서, 사용자가 두개의 질의를 연속적으로 입력하는 것을 단순 관찰함으로써, 검색 엔진은 올바른 맞춤법을 배울 수 있다고 하였다. Cucerzan과 Brill은 [461]에서 이 접근 방식을 조사하고, 질의 이력의 질의 재입력으로부터 질의 교정 모델을 학습하는 방법을 보여 주었다.

### 질의 추천(Query Recommendations)

SERP에서 질의 지원의 또 다른 방법으로 질의 추천이 있다. SERP 질의 추천은 검색창의 동적 질의 추천과는 다름에 주의해야 하는데, 질의 추천은 잘 만들어진 질의(부분적으로 정의된 것과 반대)와 검색 스니펫 및 관련 적합성 정보로 구성된 검색 결과 등 풍부한 정보를 제공하는 이점이 있기 때문이다. 질의 추천은 일반적으로 원래 질의와 관련되어 있으면서, 사용자 요구를 표현하는데 가장 유용하고 또한 성공적으로 만들어진 질의들로 구성된다.

질의 추천을 만들기 위하여 질의 이력을 마이닝하는 수많은 연구 작업들이 진행되었는데, 크게 다음 세 가지 유형으로 분류할 수 있다.

1. 내용 인식 접근법(Content-aware approaches)은 검색 결과나 목표 페이지에 의존한다. 이 유형의 초기 예는 Raghavan와 Sever [1329]에 의한 작업으로, 이들은 검색결과 집합의 문서 순위 차이를 결정함으로써 질의 유사도 측정을 시도하였다. 이 접근은 문서 컬렉션이 제공하는 풍부한 정보를 이용한다는 장점을 가지지만 확장성 측면에서는 문제가 있다. 이와 유사하게, Fitzpatrick과 Dent[567]는 상위 200개 검색결과의 정규화된 교집합을 이용해서 질의 유사도를 측정하였는데, 동의어를 사용하면서 의미적으로 유사한 질의의 교집합이 너무 작아 이 방법도 확장성에 문제가 있었다. Sahami는 [1406]에서, 검색 결과의 스니펫을 기반으로 한 질의 유사도를 사용했는데, 원래 스니펫에 있는 용어를 포함하는 문서를 찾는 목적으로 각 스니펫을 검색 엔진에 제출된 질의로 취급한다. 그런 다음 반환된 문서를 사용하여 원래 스니펫에 대한 문맥(context) 벡터를 만든다.
2. 내용 무시 접근법(Content-ignorant approaches)은 Befferman과 Berger에 의해 잘 표현되었는데[166], 공통으로 클릭된 URL에서 각 질의 간 유사도를 추론한다. 불행하게도, 이 방법의 영향은 다소 제한되어 있는데, 결과 페이지의 클릭 수가 작아서[89], 질의 간 거리 행렬이 희소(sparse) 행렬이 되기 때문이다. 이 희소성은 합법적인 한도내에서 대량의 질의 이력을 사용하면 감소시킬 수 있다.
3. 질의 흐름 접근법(Query-flow approaches)은 질의 의도를 더 잘 이해하기 위하여 사용자의 연속적인 검색 행위를 고려한다. Fonseca 등[571]과 Zhang 등[1777]이 이 방법의 좋은 예이다. Fonseca 등은 질의 이력을 일련의 트랜잭션으로 보고, 각 트랜잭션은 사용자가 일정한 시간내에 관련된 질의를 연속으로 입력하는 세션이 된다. 이 방법은 좋은 결과를 보여주지만, 다음 두 가지 문제가 발생한다. 동일한 검색 프로세스에 속하는 연속적인 질의의 세션을 구분하기가 어렵고, 다른 사용자가 입력한 흥미로운 관련 질의를 발견할 수 없다.

대부분의 최근 해결책은 정확률을 높이기 위해 하이브리드 접근 방식을 사용한다. 예를 들어, Baeza-Yates 등[109, 110, 111]은 질의에 대한 용어-가중치 벡터 모델을 정의하기 위하여 클릭된 웹 페이지의 내용을 이용한다. 그들은 질의 입력 후에 클릭한 URL에 있는 용어들을 고려하는데, 각 용어는 질의내 출현 빈도수와 이 용어가 나타난 문서의 클릭 수에 따라 가중치가 매겨진다. 가장 유망한 것으로 보이는 방법은 질의 흐름으로부터 관계를 마이닝(mining)하는 것이다.

예를 들어, 세션은 일반적으로 논리적 세션이 아닌 물리적 세션들이다. 따라서 짧은 시간 간격의 연속적인 4개 질의라도 크게 다른 두 작업과 관련될 수도 있다. 질의 흐름 그래프(query flow graph)를 생성하는 최근 시도에서[218], 더 나은 결과를 얻을 수 있는 보다 정교한 마이닝 기술을 기대할 수 있다.

웹 검색 엔진은 그들이 선호하는 방법을 알려주진 않지만, 최상의 방법을 이용하고 여러 표지를 활용할 것이다. 그러나 SERP에서 추천의 위치에 대해서는 합의된 바가 없다. 추천의 위치가 사용에 직접적인 영향을 미치고 검색 엔진이 추천 도구를 얼마나 신뢰하는지의 지표가 된다는 것은 흥미로운 현상이다.

구글은 SERP의 맨 아래 부분에 "Search related to:" 뒤에 질의 추천을 보여주고(그림 11.12의 맨 아래에 있는 녹색 사각형), 두개의 후보군을 4열로 배치한다. 결과적으로, 이 기능의 선택률은 상대적으로 작을 것으로 예상할 수 있다. 흥미롭게도, 최근 출시된 구글 '도구 벨트(tool belt)'의 '검색 옵션' 기능은 관련 질의와 이에 대한 그래픽 표현을 제공하는 '원더 휠(wonder wheel)'에 대한 접근을 제공한다(상대적으로 낮은 정확률 때문에 아직은 많이 사용되지 않지만). 휠의 어느 노드를 클릭하던지 사용자는 상호작용하여 움직이는 휠에서 관련 주제를 얻을 수 있고, 오른 편에는 수정된 검색 결과가 유지된다.

Yahoo! Search도 몇 가지 위치에 관련된 결과를 보여주는데, 검색창 오른쪽 아래 "Also try" 밑(그림 11.12의 상단에서 두 번째 녹색 사각형을 참조), 내비게이션 창의 왼편, 심지어 검색 창 안이다. 또 동적 질의 추천 옆에 나란히 보이는 경우도 있는데, 이는 일반적인 질의 추천과는 다른 범위를 가지고 사용자가 질의 입력을 계속하거나 확장할 때에만 SERP 검색 창에 나타난다. 마지막으로, Bing은 내비게이션 창 서쪽 영역에 "related searches"로 보여준다.

**그림 11.14:** 야후 검색의 고수준 출처기반 필드

### 필드를 통한 질의 수정(Query Refinement via Facets)

질의도 필드(facet) 검색 패러다임에 따라, 특정 '필드'로 검색 결과를 한정지음으로써 정제할 수 있다. 필드 검색은 '사용자가 텍스트 검색을 각 차원별로 선택을 좁힘으로써 다차원 정보 공간을 탐색할 수 있게 하는 탐색 기법이다[279]. 여기서는 필드 내비게이션(faceted navigation)을 질의 정제 메커니즘으로 고려하기 때문에, 실제로 사용자의 필드 선택이 필요하다. 이러한 사용자가 제공하는 입력 정보가 질의에 대한 추가 정보로서 사용자의 요구를 더 구체화하고 검색 결과 집합을 줄여준다. 2장에서 필드 탐색을 자세히 검토했는데, 시카고 대학의 Aquabrowser인 Flamenco와 같은 연구 시스템, Yelp.com 같은 버티컬 검색 서비스에서 필드 내비게이션 사례를 살펴보았다.

웹 검색에서의 필드 탐색은 기술적인 확장성 때문에 여러 시도가 있었다. 웹에서 필드 탐색을 구현하는 한 가지 방법은 결과의 속성, 예를 들어 유형(비디오, 오디오) 또는 출처(위키피디아, 유투브, Yahoo! answers)들을 탐색 필드로 정합하는 것이다. 이 접근은 그림 11.14에 나타난 것과 같이 Yahoo! Search에 적용되어, 서쪽 내비게이션 창(West navigation pane)에서 질의 "Barcelona"를 좁히기 위해 여러 개의 적합한 출처들을 보여준다. Bing 또한 그림 11.15에 나타난 것처럼 유사한 접근을 사용한다. 이러한 기법에 대한 상세 구현 정보가 공개되어 있지는 않지만, 정적인 속성들이 색인에 저장되고 실행시간에 검색 엔진이 가져와서 처리하는 간단한 구현을 생각해 볼 수 있다.

구글은 앞서 언급한 도구 벨트(tool belt) 기능을 통해 유사한 기능을 제공하는데, 사용자는 '비디오, 포럼, 리뷰'와 같은 유형/출처 필드, '24시간 전', '1주 전', '1년 전'과 같은 시간 기반 필드 등의 다양한 필드 유형을 통해 검색결과를 좁힐 수 있다.

좀 더 복잡한 경우는 각 필드와 관련된 결과의 수를 표시하는데, 웹 검색 엔진은 아직 이 기능을 제공하지 않는다. 과거 Endeca[514]와 같은 기업내 필드 검색 엔진이나 여러 쇼핑 사이트들에서 제공되었지만, 웹의 규모에서 가능한 응답시간내에 결과의 수를 추정하는 것은 어려운 작업이다.

필드 검색은 계층적, 상관관계, 심지어 실행시간에 계산을 요구하는 동적 필드와 같이 더 복잡한 경우들[1751] 뿐만 아니라 관련 시각적 인터페이스도 연구되었다[739]. 그러나 주요 웹 검색 엔진에 아직 적용되지 않았기 때문에 여기서는 논하지 않지만, 이들 엔진이 각자의 방식으로 이 주제를 탐구하고 있으므로, 이 영역이 어떻게 발전해 가는지를 지켜보는 것도 흥미롭다.

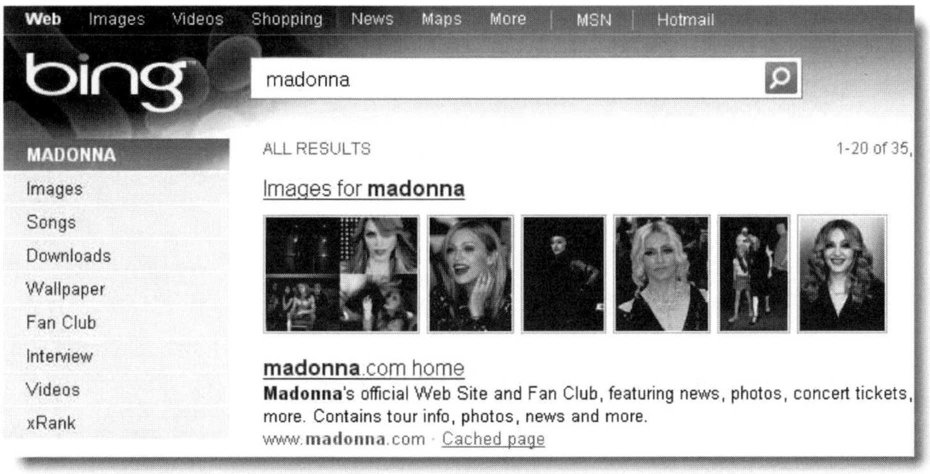


**그림 11.15:** Bing의 왼쪽편에 제공되는 필드 내비게이션

### 실용적인 결과(Actionable Results)

마지막으로 다룰 SERP 주제는 단순히 검색결과를 해석하거나 탐색하는 것보다 검색 결과를 가지고 더 다양한 작업을 수행할 수 있도록 한 유망한 도구에 관한 것이다. 이 영역은 활발히 진행되고 있기 때문에 여기서의 검토가 완전한 것은 아니다. 더 많은 도구들이 빠른 속도로 나와 주길 기대하지만, 구글이 2009년 초 자사의 노트북 확장[653] 개발을 중지한 예처럼 많은 도구들이 또한 사라진다.

일부 기능은 다양한 목적으로 결과 자체에만 단순히 작동하는데, 그 예로 Yahoo! Search, 구글의 "Catched" 링크나 '유사(Similar)' 링크 등이 있다. 더 발전된 형태로 '이 페이지 번역하기(Translate this page)'가 있는데, 검색 결과 제목 옆에 표시되며 사용자 기본 언어로 대상 페이지의 번역을 제공한다.

현재 여러 웹 검색 엔진의 일부가 된 또 다른 도구는 내장 검색창인데, 보통 사이트 링크/ 빠른 링크(sitelinks/quicklinks) 아래 표시되고, 검색 결과가 속한 사이트내에서 검색 할 수 있다. 예를 들어, 구글에서 뉴욕 타임즈를 검색하면 신문사 홈페이지의 링크와 사이트내 검색창을 제공한다. 이 검색창에서 질의를 하면 "site:nytimes.com" 연산자 (표 11.3의 "site:" 연산자 참고)와 결합하여 검색 결과를 해당 사이트내로 좁힌다.

더 흥미로운 도구는 구글의 Stars in Search와 Yahoo! Search Pad이다. "Stars in Search" 기능은 더 복잡하지만 덜 성공적인 SearchWiki를 대체하여 2010년 3월에 출시되었는데, 사용자가 검색 결과 URL: 옆에 표시된 세 개의 작은 아이콘을 통해 모든 검색 결과에 대한 피드백을 제공할 수 있다. 이 세 개의 아이콘은 '주석(comment)'를 위한 풍선, '위로 올리기(promote)'를 위한 위쪽 화살표, '제거'를 위한 "x"이다. 이제는 중단된 이들 기능으로 사용자는 검색결과에 주석을 달고, 검색결과의 위치를 이동하거나 제거할 수 있다. 사용자가 나중에 동일한 질의를 하면, 이렇게 개인화된 검색결과가 보여 진다. 또한, 사용자는 SERP의 하단에 있는 해당 링크를 클릭하면 언제든지 자신의 SearchWiki 메모를 방문할 수 있다. SearchWiki는 최근에 "promote" 기능이 일부 변형되어 들어간 좀 더 단순한 버전인 "Stars in Search"로 대체되었다. 즉, 세 개의 작은 아이콘이 한 개의 별표로 바뀌었는데, 이를 선택하면 노란색으로 변하고 선호 검색결과로 표시해 준다. 따라서 유사한 검색을 하게 되면, 검색 결과 상단 특수 영역에 이전에 별표한 검색결과가 나타나는 것을 볼 수 있다. 여기서 기억할 것은, 모든 검색 엔진이 주의 깊게 채택한 이런 기능들을 모니터링하면서, 수정하거나 충분한 주의를 끌지 못하면 완전히 제거하기도 한다는 것이다.

야후 검색 패드(Search Pad)는 앞서 언급한 Google 노트북과 비슷한 군에 속하는 흥미로운 기능이지만 다른 접근을 사용한다. 검색 패드는 사용자가 검색한 결과를 나중에 사용하거나 다른 사람과 공유할 수 있도록, 편리하게 보관하거나 정리하고 주석을 달 수 있다. 이 개념은 새로운 것은 아니고 [196]에서 Bharat에 의해 이미 시도되었다. 하지만, 이 기능을 완전히 새롭고 다른 관련 도구보다 편리하게 만든 것은, 사용자가 빠르고 간단한 결과를 찾는 것이 아니라 주제를 자세히 살펴본다고 검색 엔진이 판단할 때만 검색 패드가 자동으로 제공된다는 것이다. 즉, Ask 의 "My Stuff" [75] 또는 현재 중단된 구글 노트북[939]과 같은 초기 작업에서처럼 사용자가 구체적으로 표시하도록 요구하지 않고, 방문한 페이지가 자동으로 적절한 검색 패드에 추가된다.

### 11.7.3 사용자 교육

앞에서 인터페이스가 어떻게 사용자의 질의 입력을 도와주고 또한 점점 더 풍부한 스니펫과 검색결과 세분화를 통해 검색 결과 해석을 도와주면서 서서히 발전해 왔는지 살펴보았다. 그러나 사용자, 특히 젊은 세대가 점점 더 많이 인터넷에 정통해지고, 검색 과정에 더 익숙해질 것이라고 예상해야 한다.

가이드라인 측면에서, 고급 검색 인터페이스는 사용자에게 질의 효과를 더 잘 통제할 수 있는 양식을 제공하며, 거의 동일한 효과가 질의 자체의 고급 연산자를 활용하여 달성 할 수도 있다. 숙달된 사용자라면 더 많은 통제를 통해서, 가능한 한 많은 용어뿐만 아니라 결과에 포함되어야 할 용어("+" 연산자를 통해)나 결과에 포함되지 말아야할 용어("–" 연산자를 통해)를 정의할 수 있다. 그러나 특정 개념에 대해 하나 또는 두개 이상의 동의어를 포함하고 있는 웹 페이지가 거의 없기 때문에, 사용자는 어떤 단어의 모든 가능한 동의어를 추가해서는 안 된다. 만약 사용자가 탐색을 하나의 필드(예: 페이지 제목)로 제한하거나, 어떤 속성(날짜, 국가)으로 한정한다면, 결과의 크기를 확실히 줄일 수 있다.

비록 좋은 질의를 제출할 수 있다 하더라도, 그 결과가 여전히 아주 클 수 있다. 이를 줄이기 위한 시각화 도구들이 아직 대중화되지 않았고 채택될 지도 불확실하기 때문에, 사용자는 경험적으로 배워야만 한다. 적합한 결과를 빠르게 찾기 위한 전략이 많이 있는데, 만약 사용자가 어떤 기관을 찾고 있다면, 예상 기관의 약어 또는 간략한 이름 앞에 접두사 www를 사용하고 최상위 수준의 도메인(국가 코드가 us일 경우 com, edu, org, gov)으로 끝냄으로써 대응 URL을 추측할 수 있다. 이것이 실패하면, 사용자는 웹 디렉토리에서 기관명을 탐색할 수도 있다.

또 어느 정도 빈도가 높은 과제로, 사용자가 특정 주제와 관련된 문서들을 찾는 검색 과제가 있다. 이 과제를 수행하기 위해서 가능한 전략은 다음과 같다.

1. 주제와 관련된 기사를 선택할 때, 가능한 한 일반적이지 않은 작가의 성이나 제목 키워드를 사용하라.
2. 이러한 성이나 키워드들을 갖고 있는 모든 웹 페이지를 찾기 위해 검색 엔진을 사용하면, 적합한 검색 결과들을 많이 얻을 수 있다. 그 이유는 (a) 초기 참고문헌을 언급한 새로운 논문들, (b) 작가의 개인적인 웹 페이지, (c) 해당 주제에 대해 여러 적합한 참고문헌들을 가리키는 웹 페이지들을 찾을 수 있기 때문이다.

이 전략은 검색하는 동안 나타난 더 좋은 참고 정보로 처음에 사용한 참고정보를 바꿈으로써 반복될 수 있다.

웹은 매우 많은 고난도 문제들을 포함하므로, 사용자가 실제 원하는 것이 무엇인지 추측하기 위해 노력하는 것보다 오히려 사용자에게 검색엔진과 웹 디렉토리로부터 적절히 도움을 받는 방법을 가르치는 것이 더 효과적일 수 있다. 검색엔진이 다루는 웹의 범위가 다르므로, 여러 검색 엔진을 사용하거나 메타 검색기를 사용하는 것도 한 가지 방법이다. 여기서의 교훈은 (1) 검색 엔진이 여전히 바늘(연관 문헌)과 함께 너무 많은 건초(비연관 문헌)를 반환하고, (2) 웹 디렉토리가 바늘을 찾기에 충분한 깊이를 갖지 못하다는 점이다. 따라서 질의를 입력할 때 다음과 같은 경험 규칙들을 이용할 것을 권장한다.

- **특수 질의들**(Specific queries): 백과사전이 존재하는 이유가 있으며, 도서관도 잊지 말라.
- **광범위한 질의들**(Broad queries): 좋은 출발점으로 웹 디렉토리를 이용하라.
- **모호하거나 탐색적인 질의들과 반복 정제**: 웹 검색 엔진을 이용하여 적합한 검색 결과를 찾고, 이를 기반으로 질의 입력을 개선하라.

## 11.8 브라우징(Browsing)

이 절에서는 추가적인 발견 도구로서 브라우징을 다루는데, 특히 웹 디렉토리에 중점을 둔다. 사용자가 질의를 어떻게 구체화할지 모르거나(이런 상황은 전체 웹 환경에서 점점 더 드물어져 가고 있다), 범위가 확실하지 않은 특정 컬렉션을 탐색할 때 브라우징이 유용하다. 오늘날 브라우징은 웹에서 더 이상 발견 패러다임(discovery paradigm)이 아니지만, 그럼에도 불구하고, 인트라넷과 같은 특수 환경이나 버티컬 도메인에서 여전히 유용하다.

브라우징의 경우, 사용자들은 흥미롭거나 예상치 못한 자료들을 찾으면서 문서를 탐색할 의사가 있다. 브라우징과 검색 모두, 사용자는 발견을 목적으로 하는데, 검색에서의 사용자 목적이 좀 더 분명할 수 있으며 반대로 브라우징의 경우 사용자 요구는 일반적으로 광범위하다. 이러한 구분이 모든 경우에 유효하지는 않지만, 단순함을 위해 여기서는 그렇게 가정한다. 먼저 브라우징의 3가지 유형인 평면(flat), 구조 중심 (웹 디렉토리), 하이퍼텍스트 브라우징을 설명하고, 다음으로 검색과 브라우징을 결합한 하이브리드 시도를 논의한다.

### 11.8.1 평면 브라우징(Flat Browsing)

평면 브라우징에서 사용자는 평평한 구조를 따라 문서를 탐색한다. 예를 들어 문서는 2차원 평면에 점으로 표시될 수 있고, 알파벳순 또는 다른 순서로 정렬된 1차원 리스트의 요소일수도 있다. 그러면, 사용자는 방문한 문서 여기저기에서 정보를 찾는데, 이렇게 검색 결과를 탐색하는 것이 평면 브라우징 형식이 된다. 각 문서는 브라우저의 내비게이션 화살표와 스크롤바를 이용하여 평면적인 방식으로 탐색된다.

한 가지 단점은 주어진 페이지 또는 화면 안에 사용자가 속한 문맥에 대한 명확한 표시가 없을 수 있다는 것이다. 예를 들어 대용량 문서들을 브라우징하는 동안, 찾고 있던 문서 속에서 길을 잃을 수 있다. 방대한 규모와 분포 때문에 전역 웹에서의 평면 브라우징은 확실히 불가능하지만, 작은 문서 집합을 탐색할 때는 여전히 선택되는 방법이다. 또한 검색 결과나 속성을 탐색할 때 검색과 함께 결합되어 사용될 수도 있다.

실제로, 초기 검색 후에 행해진 평면 브라우징에서 흥미로운 키워드를 새로 찾을 수 있으며, 초기 질의에 더 나은 문맥 정보를 제공하기 위해 이 키워드가 추가될 수 있다. 이러한 과정은 5장에서 상세히 다룬 연관 피드백(relevance feedback)의 변형 형태이기도 하다.

Chapter 9 색인과 검색
Chapter 10 병렬 및 분산 정보검색
Chapter 11 웹 검색
Chapter 12 웹 수집
Chapter 13 구조적 텍스트 검색
Chapter 14 멀티미디어 정보검색
Chapter 15 기업내 검색
찾아보기

### 11.8.2 구조 기반 브라우징과 웹 디렉토리

좀 더 확장된 브라우징 모델은 구조-기반 모델인데, 계층 또는 트리와 같은 구조가 공간 탐색에 사용된다. 이 모델은 검색 엔진 품질 수준이 낮았던 웹의 초기에 매우 인기 있었으며, Yahoo! directory [1737] 또는 DMOZ로 알려져 있는 Open Directory Project [1220]를 통해 전역 웹 수준에서도 여전히 사용가능하다. 디렉토리는 관련된 주제의 문서들이 그룹화된 클래스의 계층이다. 일부 디렉토리는 버티컬 영역에 특화되어 있는데, 예를 들어 비즈니스에 특화된 웹 사이트, 연구 참고 문헌에 특화된 웹 사이트(예: CiteSeerX [387]) 등이 있다. 웹 디렉토리는 응용 영역에 따라 카탈로그, 옐로우 페이지, 주제 디렉토리 등으로 불리기도 한다.

표 11.4는 일부 웹 디렉토리(첫 번째 수준의 카테고리 수가 12에서 26까지의 범위)에서 사용하는 첫 번째 수준의 카테고리를 보여준다. 일부 하위 카테고리는 웹 디렉토리의 메인 페이지에서 사용가능하고, 약 70개 이상의 주제가 추가된다. 앞서 언급한 ODP, Yahoo!와 같이 매우 큰 디렉토리들은 수백만 웹 사이트들을 포함한다. 대부분의 경우, 페이지가 웹 디렉토리로 제출되면 평가되어 하나 또는 그 이상의 계층 카테고리로 분류된다. ODP는 최초의 Web 2.0 디렉토리로 주목되는데, 일반인들이 편집자로 자원하는 협력 동료(peer) 모델 접근 방식을 채택하였다. 디렉토리의 구조가 계층적이더라도 상호 참조가 빈번하기 때문에 실제로는 트리 구조를 형성하지 않고 실제로는, 방향성 비순환 그래프(directed acyclic graph)가 된다.

웹 디렉토리는 또한 분류(taxonomy) 서술이나 분류된 웹 페이지에 대해 사용자의 검색이 가능하다. 실제로, 분류된 웹 페이지의 수가 작기 때문에, 디렉토리는 성능상의 이유로 모든 페이지의 지역 복사본을 유지할 수 있지만, 상충점은 디렉토리의 시간적 유효성이 보장되어야 한다는 점이다.

| | | |
|---|---|---|
| Arts & Humanities | Business & Economy | Computers & Internet |
| Education | Entertainment & Leisure | Games |
| Government | Health & Fitness | Home |
| Investing | Kids & Family | Life & style |
| Local | News | People |
| Philosophy & Religion | Politics | Reference |
| Regional | Science & Technology | Shopping & Services |
| Society & Culture | Sports | Travel & Tourism |

**표 11.4:** 웹 디렉토리의 최상위 카테고리 예

디렉토리 브라우징의 주요 장점은 제공되는 정보 자체가 가치 있다는 것이다. 반면, 두 가지 단점은 분류가 항상 충분히 세분화되지 않는다는 점과 더 문제가 되는 것으로, 디렉토리에서 제공하는 웹 페이지의 범위가 매우 작다(모든 웹 페이지의 1% 미만)는 점이다. 따라서 실제 웹 규모에서 정확률은 어느 정도 달성되지만 재현율은 그렇지 않다. 대부분의 웹 디렉토리들은 이러한 재현율 이슈를 알고 있으며 결과를 보완하기 위해 전역 검색 엔진 (전략적 제휴를 통해)에도 질의를 보낸다.

디렉토리의 추가적인 문제는 컨텐츠 성장으로, 웹이 계속 확장되고 있기 때문에 매일 더 심각해진다. 클러스터링 또는 다른 기술을 이용하여 자동으로 디렉토리를 만드는 노력은 10여년전에 시작되었지만, 현재 자연언어 처리 기술(주요 개념을 추출하기 위해서는 아직 갈 길이 먼)의 한계로 인해 계산 비용이 많이 들고 실제로 대부분 성공적이지도 않다. 결과적으로, 분류는 여전히 제한된 수의 편집자에 의해 대부분 수동으로 행해지고 있기 때문에 디렉토리의 성장이 느리다. 또 수동 분류는 사용자와 편집자 사이뿐만 아니라 편집자들 간의 용어 불일치라는 또 다른 제한을 가진다.

이와 동일한 구조 기반 모델이 하나의 문서에도 적용될 수 있는데, 예를 들어, 전자책을 브라우징할 때, 컨텐츠의 첫 번째 수준은 장, 두 번째 수준은 모든 절 등이 될 수 있으며 마지막 수준은 텍스트 자체 (평면)가 된다.

좋은 사용자 인터페이스는, 사용자가 과제의 문맥을 유지하도록 도와주면서 이러한 수준들을 위아래로 초점을 맞추면서 볼 수 있도록 해준다.

트리 구조를 브라우징할 때 하나의 공통 문제는 사용자가 어떤 경로로 깊이 들어갔을 때 문맥을 잃을 수 있다는 점이다. 문맥을 유지하는 일반적인 방법은 탐색경로 (breadcrumbs trail) [215, 1244]로서, 해당 페이지에 도달하기까지 방문한 경로를 페이지의 상단에 표시해 주는 것이다. 각 경로는 사용자가 한 번의 클릭으로 이전 단계로 돌아갈 수 있도록 선택가능하다. 탐색 경로의 예가 그림 11.16에 제공되는데, 경로 Directory > Recreation > Games > Video Games (홈> 여가 생활> 게임> 비디오 게임)은 현재 "Chat and Forums(채팅 및 포럼)" 페이지로의 클릭 가능한 4단계를 나타낸다.

**그림 11.16:** 야후 디렉토리의 탐색경로 예

구조 기반 모델의 비교적 성공적인 구현은 웹의 사이트 맵(site map)으로, 대부분의 웹 사이트에 별도 페이지로 존재하거나 아니면 왼쪽 내비게이션 창에 보여 진다. 사이트 맵은 사이트 매핑에 관한 WWW 워크샵(WWW workshop on Site Mapping) [1068]에서 시연된 것처럼 90년대 후반에 빠르게 제안되었지만 표준화에 거의 10년이 걸렸다. 오늘날, 대부분의 핵심 사이트들은 XML로 표현된 sitemap.org 사이트 맵 프로토콜에 동의한다. 그러나 이러한 사이트 맵은 대부분 웹 마스터가 검색 엔진에 수집 가능한 페이지를 알려주는 등 정보교환에 사용된다.

사이트의 실제 구조 이상으로, 브라우징은 접근 이력을 사용할 수도 있는데, 사실, 이력 맵(history map)은 오늘날 대부분의 브라우저에 의해 제공된다. 대규모 구조 브라우징에 대한 추가적인 상세 내용은 2장과 3장에서 제공된다.

## 11.9 브라우징을 넘어(Beyond Browsing)

### 11.9.1 하이퍼텍스트와 웹

역사적인 이유로, 많은 사람들이 여전히 웹을 거대한 분산 하이퍼텍스트로 생각한다. 이것은 오해인데, 웹은 기본이 되는 데이터 모델, 내비게이션 계획, 사용자 인터페이스의 일관된 디자인이 결여되어 있기 때문이다. 수백만명의 웹 페이지 설계자들은 자신의 독특한 특성으로 자신만의 고유한 인터페이스를 독립적으로 만든다. 간단한 예로, 특정 웹 사이트의 전화 번호를 찾을 때, 사이트의 구석에 파묻혀 있기 때문에 잘 찾을 수 없다. 따라서 웹 사용자가 관심 정보를 용이하게 검색하는 기본적인 약속이 없다.

결과적으로, 우리는 웹을 (부분적으로) 상호 연결된 웹 사이트 집합이라고 부르는 것을 선호한다. 웹 사이트의 일부는 지역 하이퍼텍스트(일관성을 가진 기본 구조를 가지고 있다는 의미에서)로 특화될 수 있지만, 다른 웹 사이트들은 단지 별도로 설계된 페이지의 집합이다(예를 들어, 대학의 웹 사이트는 각 학과별로 설계된 페이지의 모음). 이러한 구조 및 모델링 부족에도 불구하고, 웹은 상호 소통의 새로운 차원을 제공했는데 그 이유는 적은 비용으로 세계 어디서나 쉽게 접근할 수 있기 때문이다. 더 중요한 것은, 웹은 규제 및 검열 규칙을 설정하는 조정 기능이 없다. 그 결과, 인류 역사상 처음으로, 개인이 편집의 여과 대상이 되지 않고 대형 매체를 통해 글을 게시할 수 있게 되었다. 즉, 1장에서 논의한 것처럼, 웹이 전자 출판 시대의 초기 기록이 되었다.

### 11.9.2 검색과 브라우징 결합하기

하이브리드 발견 모델에서 검색과 브라우징 패러다임의 결합은 여러 의미에서 약간의 성공을 이루었다. 전에 언급한 것과 같이, 대부분의 웹 디렉토리들은 일부 질의용어를 검색엔진에 보내거나 사용자가 특정 부트리를 내부적으로 검색할 수 있도록 하고 있다. 반대로, 검색 엔진은 11.7절에 언급한 스니펫안의 빠른 링크와 같이 어떤 결과에 작은 링크를 연계시킨다.

만약 웹 구조 즉 하이퍼링크가 검색 질의의 일부 (웹 초기에 여러 웹 질의 언어에 의해서 지원된) 이거나 동적 검색 접근에서 검색 과정의 초점이 되면 검색과 브라우징은 상당히 다른 방식으로 결합될 가능성이 있다. 이 하이퍼링크 기반 검색 아이디어는 연구 수준에 국한되어 머무르면서 낮은 성능, 확장의 어려움, 불편한 사용자 경험 등 여러 한계로 인해 여전히 널리 사용되지 않는다.

과거에 여러 연구자들이 두 패러다임을 결합하기 위해 다양한 접근을 시도했다. 초기 예로, WebGlimpse [1077]는 작은 탐색 상자를 모든 HTML 페이지의 하단에 붙여 브라우징을 중단하지 않고 해당 페이지의 이웃 페이지들이나 전체 사이트에서 검색이 가능하도록 했다. 이는 이웃 검색을 통해 급히 구축된 하이퍼링크들을 따라가는 것과 마찬가지이다. 한 웹 페이지의 이웃은 미리 정해진 최대 거리내에서 하이퍼링크의 경로에 의해 도달할 수 있는 모든 웹 페이지들의 집합으로 정의된다. 이 거리는 지역 페이지와 원격 페이지에 대해 다르게 설정될 수 있는데, 예를 들어, 지역적으로는 큰 값일 수 있으나, 원격 사이트에서는 단지 3일 수 있다. 또 이웃 페이지들은 해당 웹 페이지가 위치한 디렉토리의 모든 하위 디렉토리들을 포함할 수도 있다. 그 결과는 웹 사이트나 컬렉션내의 모든 이웃 페이지들의 그래프가 되고, 각 웹 페이지에 대해서는 이웃의 모든 웹 페이지들을 담고 있는 파일이 된다. 검색할 때 전체 색인에 있는 질의는 이웃 페이지 리스트와 교집합 되어 연관 결과를 얻는다. 이것이 씨앗 하나가 주어졌을 때 동적으로 데이터를 수집하는 접근으로, Mapuccino [754, 1067]가 제안하고 Fetuccino [178]에 의해 확장되었다. 또한, 이 도구들은 작은 검색/브라우징 지도를 표시하는 시각화 기능을 추가했는데, 실제로, Mapuccino는 사용자가 동적으로 관심 분야 (질의로 표현)에 맞춰 사이트 맵을 생성할 수 있게 하였다. 사용자의 관심 분야에 맞춤화된 내비게이션 지도는 연관된 방향으로 더 길어지고, 더 연관된 내용을 나타내는 색상 코드의 노드들을 가졌다. Fetuccino는 Mapuccino 모델을 확장하여, 더 정교한 XML 기반의 시각화뿐만 아니라 사용자가 도메인 질의와 도메인내 초점이 맞추어진 질의를 구별 할 수 있게 해주는 2단계 검색 과정을 도입하였다. 이 도구는 IBM 웹스피어(Websphere) 제품에서 웹 마스터 및 사이트 분석 도구로 진화하였다. 이와 비슷하게, 여러 사이트 매핑 도구가 상업적 사이트 분석 도구로 진화하였다. 예를 들면 Microsoft의 SiteAnalyst로 진화한 초기 NetCarta 도구, 동적 다이어그램에서 진화한 MAPA, Merzcom에서 진화한 SurfSerf, Meerzscope, InContext에서 진화한 CLEARweb, Astra SiteManager, WebAnalyzer, SmartBrowser에서 진화한 HistoyTree 등이 있다. 한 가지 문제는, XML 사용에 기반한 초기 제안에도 불구하고 검색 결과 시각화에 대해 잘 정리된 표준이 없다는 것이다[34].

브라우징을 위해 시각적 은유(metaphor)를 사용한 다른 도구들이 있는데, 크게 다음 두 가지 유형으로 분류할 수 있다: 웹의 부분집합을 시각화하기 위한 도구들과 대량의 결과를 시각화하기 위한 도구. 두 경우 모두 의미 있는 방법으로 큰 그래프를 표현할 필요가 있다. 웹의 부분집합을 시각화하는 비상업적 도구의 예로는 WebMap [504], Sitemap, Ptolomeaus와 초기의 많은 연구들 [52, 530, 1139, 1161] 이 있다. 웹 시각화가 단지 특수한 경우인 좀 더 일반적인 시각화 소프트웨어나 웹 사용 분석[619, 1274, 1513]과 같은 다른 시각화 도구들은 포함시키지 않았다. 대량의 결과들을 시각화하는 은유는 2장에서 이미 설명했다. 결론적으로, 브라우징을 위한 시각적 도구들은 종종 꽤 근사해 보여도 아직 전체 웹에 적용되지 않았는데, 사용자에게 추가적인 가치를 입증하지 못했기 때문이다.

### 11.9.3 웹 질의 언어

지금까지는 웹 페이지를 연결하는 링크 구조를 직접 검색하는 옵션을 고려하지 않고, 각 페이지의 내용을 대상으로 하는 질의에 중점을 두었다, 예를 들어, 최소 하나 이상의 이미지를 포함하고 해당 사이트에서 최대 3개의 링크를 따라 접근할 수 있는 모든 페이지를 검색하기를 원할 수 있다. 이러한 유형의 질의를 위해서는 다른 데이터 모델이 필요한데, 가장 중요한 것은, 웹 페이지(노드)와 하이퍼링크(에지)를 표현하는 표식된 그래프 모델(labeled graph model)과 이 페이지의 내용을 표현하는 준-구조(semi-structured) 데이터 모델이다. 준-구조 데이터 모델에서 데이터 스키마는 보통 알려져 있지 않고, 시간에 따라 변할 수 있으며, 대규모이고 서술적이다 [5, 294].

웹이 출현하기 전에 제안된 하이퍼텍스트 검색 일부 모델과 언어가 있었지만 [167, 416, 1138], 웹 질의 언어의 첫 세대는 구조와 내용을 결합하기 위한 것이었다(7장 참조). 이 언어는 문서에 나타내는 패턴을 링크 구조를 기술하는 그래프 질의(경로 정규 표현식을 사용)와 결합하였다. 그들은 W3QS [928], WebSQL [72, 1120], WebLog [964], WQL [1020]을 포함한다. 두 번째 세대는 웹 데이터 조작 언어(Web data manipulation languages)라고 불리는 것으로, 준-구조화된 데이터를 강조했다. 그러나 이전 언어는 웹 페이지의 구조 (내부 구조를 포함한 모델) 접근을 제공하고, 질의의 결과로 새로운 구조를 생성할 수 있도록 확장되었다. 이러한 범주의 언어에는 STRUQL [555], FLORID [767], WebOQL [71]가 있다. 여기서 언급된 모든 언어는 최종사용자가 아닌 프로그램에 의해 사용되는데, 그럼에도 불구하고, 이러한 언어들을 위한 질의 인터페이스의 예가 몇 가지 있다.

웹 질의 언어는 웹 페이지의 정보 추출 및 통합, 웹 사이트의 구축 및 재구성 등 다른 웹 과제들로 확장되었다. 웹 질의 언어에 대한 더 자세한 내용은 Florescu, Levy, Mendelzon 의 훌륭한 조사[569]에서 찾을 수 있다. 이러한 언어의 대부분은 XML 기반의 구조화된 텍스트에 대한 질의 언어에서 영감을 받은 것이다(13.6절 참조).

### 11.9.4 동적 검색

동적 검색(온라인 집중 수집(on-line focused crawling)으로도 불리고 웹의 순차적 검색과 동일하게 볼 수 있는)의 아이디어는 동적으로 검색 코퍼스를 구축해서 실행시간에 링크를 따라 연관된 정보를 찾을 수 있다. 가장 큰 장점은 사용자가 검색엔진에 미리 색인되어 있는 문서 컬렉션이 아닌 웹의 현재 '실시간(live)' 구조에서 검색할 수 있다는 점이며, 즉, 그것은 즉시 수집하는 것과 동일하다. 이는 명확한 확장성 이유로 전체 웹 보다는 작고 변화가 많은 웹의 부분 집합을 위해 대부분 고안되었다. 처음 경험적으로 고안된 것은 fish search [248]로, 연관된 문서는 연관된 이웃 노드들을 가진다는 직관을 이용했다. 이를 발전시킨 shark search [754]는 이웃 페이지들의 연관성 평가를 강화한 것으로, 이전의 시각적 브라우징 기능으로 언급된 Mapuccino / Fetuccino 도구에 적용되었다. 관련 연구로 웹에서 특정 정보를 검색하는 소프트웨어 에이전트가 있는데[1202, 970], 결합된 이질적 정보원을 다루기 위해 중요한 이슈는 연관된 출처를 어떻게 결정하는가이다(10, 17장 참조).

## 11.10 관련된 문제들

### 11.10.1 웹 광고(Computational Advertising)

웹 검색과 관련된 문제인 웹 광고는, '정보검색, 기계학습, 최적화 및 미시경제학(microeconomics)의 교차점에서 새로 생긴 과학 분야이다. 핵심 과제는 웹 페이지를 읽거나('컨텐츠 정합'), 영화를 보거나 메신저(IM; Instant message)를 사용하거나 또는 검색 엔진에 질의('스폰서 검색')를 하는 사용자의 상황에 따라 최상의 광고를 찾는 것이다[270]. 이 분야는 스탠포드 대학에서 2009년 9월부터 처음으로 강좌를 제공하고 있다.

웹 광고는 두 가지로 나눌 수 있다. 가장 잘 알려진 것은 주어진 질의와 정합하는 광고를 검색 결과 페이지의 오른편에 보여주는 것인데, 이를 스폰서 검색(sponsored search)이라 하고, 구글 애드워즈(Adwords)와 같은 시스템의 핵심이다. 두 번째는 사용자가 요청한 페이지안에 적절한 광고가 포함되는 것인데, 이를 문맥 타겟팅(contextual match)이라 하고, 구글 Adsense 또는 Yahoo! Context Match와 같은 시스템의 핵심이다.

광고 자체는 이미지 또는 텍스트 기반(또는 둘의 혼합)의 두 가지 유형일 수 있다. 디스플레이 광고의 초기 모델은 주로 이미지였고, 검색 기반 모델은 일반적으로 텍스트이다. 대부분의 경우, 광고를 넣는 것은 보통 ad-network로 불리는 중개자(intermediary)가 조율한다. 비즈니스 모델은 디스플레이 광고의 경우 노출 당 과금(payment per impression), 스폰서 검색이나 문맥 타겟팅의 경우, 클릭 당 과금(payment per click)이 된다. 세 번째 모델은 광고주가 특정 행위가 달성 된 경우(예. 제품 판매)에만 지불하는 행위 당 비용(cost per action)이 있다.

웹 광고는 질의 또는 페이지의 내용과 같은 검색 입력을 광고 데이터베이스와 정합시키는 검색 문제로 볼 수 있다. 데이터베이스의 모든 광고는 최소한 제목, 대상 URL, 대부분 텍스트인 설명(creative라 불리는)을 가지고 있다. 전형적인 웹 검색과 가장 중요한 차이점은 검색 입력이, 문맥 타겟팅의 경우, 광고 자체보다 훨씬 클 수 있다는 것이다. 설명의 크기가 작기 때문에, 질의(문맥 검색에서처럼 짧거나 긴)와의 순수한 텍스트 유사도로는 사용자에게 충분히 적합한 광고를 보여주기가 어렵다. 이 문제를 해결하기 위해, 설명에 키워드 목록을 추가하는데, 이는 더 정교한 시나리오로 광고주에 의해 제공되거나 광고 시스템에 의해 제공된다.

정합된 광고는 사용자에게 '최상'인 경우에만 제공되도록 순위화된다. 그러나 여기서 '적절성(goodness)'의 측정은 연관성뿐만 아니라, 상업적 고려도 필요하다. 사실, 두 경우 모두, 광고주는 정해진 예산내에서 특정 광고에 대해 사용자에 의해 발생된 클릭 수에 따라 비용을 지불하며, 예산이 소진되면, 더 이상 광고가 게재되지 않는다. 이 지불은 광고주가 앞서 언급한 각 설명과 관련된 키워드들에 대해, 입찰 경매(즉 경쟁) 방식으로 모델링된다. Goto 검색 엔진 (나중에 오버추어로 이름을 바꾸고 야후에 인수된)이 고안한 원래 구조에서, 주문은 전적으로 입찰 가격을 기준으로 했다. 그러나 사용자에게 적합하지 않거나 가치가 부족하여 클릭이 발생하지 않는다면, 이 모델은 전적으로 실패한다. 따라서 대부분의 검색 엔진에서 사용되는 실제 접근 방식은 경매 입찰가(광고주가 특정 키워드에 입찰하는)와 과거 기록을 이용하여 추정한 광고의 예상 클릭률 (CTR; ClickThrough Rate) 기반의 적합성 모델을 조합하여 사용한다.

광고 특성들과 사용자의 광고 클릭수간의 관계를 더 잘 이해하기 위한 여러 연구가 행해졌는데, 예상대로 적합한 광고가 클릭수를 증가시킨다는 것이 관찰되었다. 웹 광고는 여기서 모두 다루기에는 너무 광범위하고 복잡하지만 (그리고 매우 기밀 사항), 이 분야에 공개된 최근 연구 결과 몇 가지를 다루도록 한다.

Jones 등[850]은 이 문제를 해결하기 위해, 다수의 질의(사용자가 제출한 질의의 집합)를 훨씬 작은 광고주 목록 코퍼스에 정합하려고 시도하였다. 그들은 가능한 광고의 집합을 확장하기 위해, 원래 질의를 대체하는 질의를 생성한 다음 이들을 정렬하였다. 이는 미리 계산된 질의와 구(phrases) 유사성에 기반하여 원래 질의의 일부를 수정하게 된다. 데이터는 검색 엔진 질의 이력의 사용자-세션에서 얻어지는데, 대부분의 사용자가 단어를 추가하거나 제거하여 원래 질의를 재구성하기 때문이다. 그들은 여러 기능을 결합하고 최상의 질의 대체를 설명하는 조합에 대한 모델을 생성함으로써 , 여러 기계 학습 기술을 비교했다. 그들은 작은 편집 거리와 포함된 단어에 약간의 변화를 주는 것이 더 좋은 제안이 됨을 관찰하였다.

문맥 광고의 문제를 해결하기 위한 다른 접근들이 사용되어 왔다. Ribeiro-Neto 등[1350]은 이 문제를 처음 확장하여 출판한 논문에서 문맥 타겟팅 광고에 대한 저항 결합(impedance coupling) 기술을 설명했다. 그들은 웹 페이지의 텍스트와 관련된 광고를 직접 정합하는 알고리즘에 초점을 맞추었다. 10개의 서로 다른 벡터 기반 랭킹 함수를 비교한 이 실험에서, 좀 더 정교한 랭킹 함수를 실행함으로써 더 나은 광고가 만들어짐을 보여주었다. 이 작업에 이어 Lacerda 등[954]은 문맥 광고 타겟팅을 위한 랭킹 함수를 학습하기 위해 유전 알고리즘을 사용하였다.

(즉, 이것이 이 문제에 학습 방법을 적용한 첫 사례였다). 여기서 최상의 저항 결합 함수만큼 효과적인 랭킹 함수가 완전 자동 방식으로 만들어질 수 있음을 보여주었다. 후속 연구로, 웹 페이지에서 적합한 키워드 또는 구문을 추출하는 연구에 초점이 맞춰졌고 광고를 설명하는 키워드와 정합하는데 사용되었다. 이는 효율성 측면에서 중요한데, 저항 결합 알고리즘과 같이 페이지에 있는 모든 단어를 광고 키워드와 정합하는 접근은 실제 계산 비용이 많이 들기 때문이다.

문서에 포함된 구 또는 키워드로부터 특징들을 추출하고, 광고 타겟팅에 어떤 것이 적합한지를 결정하는 기술은 [1749]에 나와 있다. 총 40개의 특징이 사용되었는데, 일부 특징의 예는 키워드가 대문자로 되어 있는지, 제목에 포함되어 있는지, 메타 섹션에 포함되어 있는지, 또는 URL에 포함되어 있는지, 명사인지 등이다. 또한, 검색 엔진의 질의 이력에 포함된 질의를 사용하는 것이 유용함을 밝혔는데, 사람들이 실제로 사용하는 키워드들이기 때문이다. 따라서 문서가 이러한 구문의 일부를 포함한다면, 이는 문서의 설명으로 사용할 수 있다. 그들은 MSN 검색에서 상위 7백5십만 영어 질의를 추출하였다. 문서에서 이러한 특징을 수집한 후, 훈련 문서 집합의 적합한 키워드를 수동으로 분류하였고, 그 다음 지도 학습(supervised learning)을 사용하여 나머지 문서들을 분류하였다. 이 접근의 성능을 KEA [891]와 비교하여 더 나은 결과를 얻었는데, 이는 더 많은 특징을 사용했기 때문일 것이다. 이러한 접근은 컨텐츠로부터 더 적합한 핵심 구문들을 추출하기 때문에 더 적합한 광고를 얻어서 전체 수익을 증가시킨다.

또 다른 접근은 Broder 등[277]이 제시한 것인데, 구문 입찰을 정합하기 위해 설명 키워드를 사용하는 대신 텍스트 내용의 서술에서 의미적(semantic)이고 구문적(syntactic)인 특징을 추출하는 시스템을 제안하였고, 이를 광고와 정합하였다. 질의를 설명하는 6000개의 개념으로 구성된, Yahoo! USA에서 만든 분류체계를 사용했는데, 각 노드는 약 100개의 질의 집합을 포함한다. 페이지와 광고를 분류하는데 이 분류체계를 사용하기 위하여 몇 가지 분류 기법을 사용했는데, 최상의 결과는 각 노드로 분류된 모든 질의를 연결하여 메타 문서를 만든 것에서 얻어졌다. 이 메타 문서를 Rocchio 분류기에 기반한 최인접 분류기(nearest-neighbor classifier)의 중심으로 사용했고 분류된 문서와 클래스(분류체계의 주제)의 각 집합에 할당된 중심 간의 코사인 거리를 사용했다. 특정 웹 페이지를 위한 적합한 광고의 최종 집합을 얻기 위해 분류에서 얻어진 의미 정보(분류체계 점수 또는 TaxScore)를 구문적 특징(키워드 점수 또는 KeywordScore)과 결합하였고, 두 점수의 결합은 다음과 같은 볼록 조합(convex combination) 식을 사용하였다.

$$Score(p_i, a_i) = \alpha \times TaxScore(Tax(p_i), Tax(a_i)) + (1-\alpha) \times KeywordScore(p_i, a_i)$$

여기서, $p_i$와 $a_i$는 각각 웹 페이지 및 광고에 해당하고, $Tax(x)$는 요소 $x$(웹 페이지 또는 광고)에 대한 분류체계에서 얻은 클래스의 집합에 해당한다. TaxScore는 광고 및 웹 페이지 사이의 의미상 거리를 반영하는데, 두 요소가 동일 노드를 공유하거나 공통 조상을 가질 때 높은 점수가 부여된다. KeywordScore는 n-차원(각 차원이 용어에 해당) 공간에 있는 웹 페이지와 광고 벡터 표현에서, 벡터 사이의 코사인 유사도를 계산함으로써 얻을 수 있다. 이 의미-구문 접근 방식은 순수한 구문 접근 방식과 비교했을 때 어떤 $\alpha$값이 더 나은 결과를 보이는지 분석되었다. 이러한 관찰에서, 구문 정합은 페이지 품질에 종속되기 때문에 정합 과정에서 의미정보를 이용하는 것이 유용함을 알 수 있었다.

### 11.10.2 웹 마이닝(Web Mining)

데이터 마이닝과 IR 간의 근본적인 차이는 데이터 마이닝은 명확한 질의 또는 정보 요구 없이 정보를 찾는다는 것이며, 이런 이유로 웹마이닝은 IR을 넘어서는 것으로 간주한다. 웹 마이닝은 일반적으로 세 가지 순차적 단계, 즉 데이터 재수집, 정보 추출, 분석으로 수행되고 분석은 데이터의 세 가지 기본 유형인 컨텐츠, 사용, 구조를 마이닝하는 것을 목표로 하며 다음과 같다.

1. 컨텐츠(Content) 데이터는 텍스트와 멀티미디어로 구성된다.
2. 구조(Structure) 데이터는 웹의 링크 구조(와 아마도 정교한 XML 구조)를 포함한다.
3. 사용(Usage) 데이터는 웹 이력, 클릭 데이터, 사용 접근 패턴을 포함한다.

이외에, 엄격한(orthogonal) 시간 차원을 고려하여, 동적인 웹의 성장과 진화를 반영하여야 하므로 컨텐츠, 사용, 구조는 시간 데이터와 결합되어 있다. 첫 번째 및 세 번째 유형은 [419]에 설명되어 있고, 두 번째 유형은 [349]의 주요 주제이며, 또 일반적인 데이터 마이닝 책은 [1037]이다.

컨텐츠 마이닝은 텍스트 마이닝과 멀티미디어 마이닝으로 세분화할 수 있다. 텍스트 마이닝은 이 책의 범위를 넘어서는 전통적인 분야이고 [552, 1706], 오피니언 마이닝은 현재 유행하는 문제 중 하나이다[1240]. 멀티미디어 마이닝은 새로운 것으로, 최근 지리 정보나 다양성과 같은 다른 맥락과 결합되고 있다[1778].

링크 마이닝은 웹 고유의 특성이며, 아래에 몇 가지 예를 더 제공한다. ParaSite 시스템[1512]은 관련 페이지 및 개인 웹 페이지나 이동된 페이지를 찾기 위해 하이퍼링크 정보를 사용했다. HITS는 또한 커뮤니티와 유사 페이지를 찾는데 사용되었으며[625, 911], 하이퍼링크 구조를 이용하는 다른 예는 [352, 1086, 1273]에서 찾을 수 있다. 이 분야에서 더 발전된 것으로, (이미 언급한) 웹 문서 클러스터링[269, 361, 1679], 연결성 서비스(connectivity services: 예를 들어, 주어진 페이지를 가리키는 웹 페이지 요청[197]), 자동 링크 생성[671], 정보 추출[226, 261] 등이 있으며, 웹 스팸이라고 언급된 일부 결과는 링크 마이닝의 특별한 경우를 나타낸다(11.5.7절 참조)

웹 사용 마이닝은 오늘날 집단지성("wisdom of crowds")이라 불리는 대표적인 예이며[1546], 적응형 웹 디자인(adaptive Web design: 예를 들어, 사용자 기반 웹 디자인), 웹 사이트 재구성(Web site reorganization), 웹 사이트 개인화(Web site personalization)외에 몇 가지 성능 향상을 위해 사용될 수 있다. 검색과 연관된 웹 사용 마이닝의 중요 예가 질의 마이닝인데, 검색 엔진과 본질적으로 연관되어 있으며 다음에 자세히 설명한다.

### 질의 마이닝(Query Mining)

질의 마이닝의 가장 간단한 종류는 검색 사용에 직접 연관되어 있어서 검색 분석(search analytics)이라 불린다. 이는 특정 웹 사이트에 관련된 검색 연구이며, 검색엔진의 외부 검색과 웹 사이트 검색창에서 행해지는 내부 검색을 포함한다. 첫 번째 경우는 사이트를 내비게이션하여 찾은 것과 검색으로 찾은 페이지를 구분해 준다[122]. 검색의 주의 깊은 분석은 앵커 텍스트뿐만 아니라 웹 사이트 구성을 향상시키기 위한 새롭고 더 좋은 단어들을 찾을 수 있게 해준다. 다른 것들보다 더 정보 요구를 만족시키는 단어의 특성은 Pirolli에 의해 정보 향기(information scent)로 명명되었다[1268]. 내부 검색은 클릭하지 않은 결과나 null 결과를 포함하여 사이트에서 잘 만족되지 않은 요구에 대한 정보를 제공한다. 이들은 사이트 관리자가 알 수 없는 요구와 관련된 통찰력 있고 새로운 키워드를 제공한다. 더욱 중요하게는, 새로운 키워드가 새로운 컨텐츠와 서비스, 그리고 사이트에서 빠진 상품들에 대한 요구를 알려주고[122], 미래 사이트 개발을 위한 훌륭한 식견을 제공할 수 있다. 사실, 질의가 컨텐츠보다 문서를 더 잘 설명할 수 있는데[1282], 웹 사이트를 개선하기 위한 질의의 다른 응용은 [1383]에서 다루고 있다.

응용의 또 다른 주요 분야는 검색 엔진을 향상하기 위해 질의 마이닝을 사용하는 것이다. 7.2절에서 의도, 주제, 모호성 예측과 관련하여 질의 마이닝의 여러 예를 이미 다루었다. 또 다른 예는 11.7.2절에서 다룬 질의 추천과 11.4.2절에서 제시한 질의 기반 캐싱 및 색인 기법이다. Baeza-Yates 등[88,89]과 최근 Silvestri [1481]는 검색 엔진을 개선하기 위해 질의 이력을 마이닝하는 응용의 대부분을 다루었다.

질의 이력의 또 다른 응용으로 의미 관계 추출이 있다. 사용자가 다른 질의(즉, 클릭 데이터)를 제출할 때, 행위를 분석함으로써 질의의 의미를 추론하고 의미 유사성을 발견할 수 있다. Baeza-Yates 등[125]은 클릭 그래프를 분석하여 흥미로운 의미 관계를 얻었다. 먼저, 이력에 있는 각 질의에 대해, 검색 결과에서 클릭된 URL집합을 얻는데, 이 URL 집합을 URL 커버 (cover) UCq 또는 클릭-그래프(click-graph)라고 부른다. 각 차원이 고유한 URL인

n-차원 공간에 각 질의가 노드로 표현되고, 각 질의 요소에 URL 클릭-빈도를 표현하는 가중치가 할당된다. 이후, 그래프에 있는 노드(질의)들이 공통 URL을 공유한다면 연결해서, 질의들 간의 코사인 유사도를 이용하여 에지에 가중치가 부여된다. 마지막으로 각 노드에 모든 에지의 가중치 합을 해당 노드의 차수로 나눈 가중치(weighted degree)가 할당된다. 이런 그래프 유형을 사용하여 질의들 간의 세 가지 관계 유형을 정의했다.

- 동일한 커버(identical cover) ($UC_{q1} = UC_{q2}$): 두 질의가 동일한 URL을 나타내는 무방향 에지 (undirected edge), 이때 이들을 동등(equivalent) 질의로 정의한다.
- 엄격한 완전 커버(strict complete cover) ($UC_{q1} \subset UC_{q2}$). $q_1$이 $q_2$보다 더 구체적 의미를 나타내며 $q_1$에서 $q_2$로의 방향을 가진 에지(directed edge)
- 부분 커버(partial cover) ($UC_{q1} \cap UC_{q2} \neq \phi$이고 이전 조건 중 어떤 것도 충족하지 않는다) 가장 일반적인 경우로, 질의들 간 부분 유사성을 나타낸다.

이러한 질의 표현과 커버 그래프를 사용하여 의미 정보를 추출할 수 있다. 다중 주제 내용을 가지고 질의들 간의 의미 관계를 정의하는데 부정적인 영향을 미치는 URL들이 존재한다. 낮은 가중치를 가진 에지들은 저질의 의미 관계를 보이는데, 다중 주제 내용이 될 수 있는 후보군과 관련된 URL들을 의미한다. 그래프로부터 이들이 유발할 수 있는 잡음을 줄이기 위해 이러한 URL들을 제거하는데 이 관찰이 사용된다. 분석 결과, 이 방법은 언어에 독립적이기 때문에, 언어적 접근만으로는 알 수 없었던 질의들 간의 관계를 관찰할 수 있었다. 예를 들어, 자주 발생하는 일부 철자 오류는 사용 분석을 통해서만 알 수 있는 웹-속어(Web-slang)의 구축을 이끈다. 흥미로운 추가 연구 방향은 질의로부터 계층적 대중 분류(folksonomy) 구축을 포함한다[584].

### 11.10.3 메타 검색(Metasearch)

메타 검색기(Metasearcher)는 여러 검색 엔진, 웹 디렉토리, 데이터베이스에 질의를 보내어 결과를 수집하고 단일 순위 리스트로 병합하는 웹 서버들이다. 그들은 독립적인 검색 엔진들로부터의 연합(federated) 검색 유형으로 볼 수 있다(10.7절 참조). 메타 검색은 검색엔진이 거의 겹치지 않았던 웹의 초기에 인기가 많았는데, 이전 예들로 Metacrawler [1448], SavvySearch [511], Vivisimo [1643]가 있다. 대부분의 메타검색엔진은 사라졌거나 진화했는데(Vivisimo는 기업내 검색으로 전환), 몇 개의 남아있는 메타검색으로는 Vivisimo의 변형인 Clusty[22], Dogpile[23], '모든 검색 엔진의 어머니'라고 스스로 부르는 Mamma[24] 등이 있다.

메타검색기는 어떻게 랭킹을 수행하여 하나의 결과 리스트로 잘 병합하느냐와 얼마나 사용자 질의를 각 검색 엔진 또는 웹 디렉토리의 특정 질의 언어(모든 검색엔진에 공통적인 질의 언어는 거의 없다)로 잘 변환하느냐에 따라 차이가 있다.

메타검색기의 장점은 검색 결과가 호스트, 키워드, 날짜와 같이 서로 다른 속성으로 정렬될 수 있어서, 단일 검색 엔진의 결과보다 더 많은 정보를 제공할 수 있기 때문에, 검색결과 브라우징이 더 단순해져야 한다. 반면, 검색 결과에 가장 연관된 페이지가 포함되지 않을 수 있는데, 검색엔진 당 결과의 수가 제한되거나 첫 번째 검색엔진의 나쁜 결과가 두 번째 검색엔진의 좋은 결과보다 위에 놓일 수 있는 등, 전통적인 연합 검색에서 한 번의 병합 과정에 따른 한계를 가지고 있다. 그럼에도 불구하고 정보원을 다양화함으로써 연관된 검색결과가 더 많이 검색될 수 있다고 여겨진다.

22) http://www.clusty.com
23) http://www.dogpile.com
24) http://www.mamma.com

이 방향의 첫 걸음 중 하나는 NEC 연구소의 메타검색 엔진, Inquirus가 있다[987, 986]. Inquirus는 다른 정보원의 웹 페이지들을 다운로드하고 분석하여 접근 가능해지면 바로 점진적인 방법으로 각 페이지를 (모든 질의어를 강조하여) 보여주었다.

초창기 모든 검색엔진이 공유하는 웹 페이지의 비율이 작다는 연구 때문에 메타검색엔진의 사용이 시작되었다[198]. 실제로, 이 첫 연구에서 AltaVista, HotBot, Excite, Infoseek에 색인된 웹 페이지의 1% 미만이 겹치고 있음을 보여주었다. 최근 연구들은 이 공유부분이 더 많아지고 있음을 보여주고 있는데[136, 1518], 이것이 메타검색기의 인기가 서서히 감소하는 것을 일부 설명할 수 있다. 기업내 검색 측면에서의 메타검색은 15.3.8절에서 다루어지며, 특정 주제에 대한 메타검색기는 동적 검색 소프트웨어 에이전트로 볼 수 있고, 11.9.4절에서 다루고 있다.

메타검색기에 대한 주요 비판 중 하나는 비용이 큰 컴퓨터 인프라 구조에 대한 투자 없이, 검색엔진들 위에 마치 기생충같이 편승한다는 것이다. 이런 이유로, 대형 검색 엔진들은 메타검색기로부터 요청되는 하루당 질의 수를 제한하기도 한다.

## 11.11 연구 동향 및 쟁점

웹의 광범위한 이용이 채 몇 년도 되지 않았다는 점을 고려하면, 웹의 미래는 우리를 또 놀라게 할지도 모른다. 이에는 뚜렷한 여러 동향이 있는데, 각각이 새롭고 특별한 연구 문제들을 드러내고 있다. 다음에서 더 나은 웹 검색을 위하여, 점점 더 사용 가능해지는 정보원과 이들의 주요 연구 동향 및 쟁점을 간단히 살펴보도록 한다.

### 11.11.1 정적 텍스트 데이터를 넘어서

여기서는 소위 숨겨지거나 동적인 페이지, 멀티미디어 데이터, 의미 데이터와 같이 계속 등장하면서 더 어려운 문제를 야기하는 데이터 유형을 고려한다.

#### 동적 데이터(Dynamic Data)

e-비즈니스 또는 정보 서비스 사이트에 질의할 때 주문형으로 생성되는 동적 컨텐츠에 비해 정적 웹은 규모가 매우 작다. 현재의 수집기 소프트웨어는 동적 링크를 따라갈 수 있지만, 동적으로 생성된 페이지의 수에 제한이 없기 때문에 주의를 기울여야 한다.

수집기는 데이터베이스에 대한 선지식이 없기 때문에 질의 형식에 숨어 있는 페이지를 가져오는 것은 더 어려운 일인데, 이런 유형의 페이지들을 깊은 웹(deep Web)이라고 부른다. 반면, 데이터베이스가 알려져 있더라도 모든 가능한 질의를 요청하는 것은 너무 시간 낭비가 많고(데이터베이스 크기의 지수 함수), 간단한 질의라고 하더라도 일부는 실제로 절대 일어나지 않을 수도 있다. 데이터베이스 질의나 특히 사람이 검색하는 것을 학습(예를 들어 가장 빈번히 검색되는 천개의 질의를 얻는 것으로도 충분)할 수 있다면, 웹 서비스는 이런 문제에 대한 부분적인 해결책이 될 수 있다.

#### 멀티미디어 데이터

멀티미디어 데이터는 이미지, 애니메이션, 여러 형태의 오디오, 비디오를 포함하며, 이들 중 어떤 것도 전 세계적으로 통용되는 표준 형식이 정해져 있지 않다. 많이 사용되는 것들이, 이미지는 JPG, GIF, 음악은 MP3, 비디오는 Real Video 또는 Quicktime 등이다. 모든 종류의 데이터를 검색하는 이상적인 해결책은 텍스트를 포함하고 동일한 모델을 사용하며 단일 질의 언어로 검색하는 것인데, 이 야심찬 목표는 아마도 실현되지 않을 것이다.

특정 데이터 유형에 대해서는 유사도 모델을 만들 수 있는데, 유형에 따라서 질의 언어가 달라질 것이다. 예를 들어 이미지 샘플이나 오디오 허밍(또는 Shazam[25]) 모델의 녹음)이 있는데, 이 모든 영역은 전형적인 IR 보다 이미지나 시그널 처리(signal processing)에 속한다.

텍스트가 아닌 객체 검색은 가까운 미래에 계속 중요해질 것이며, 14장에 언급된 것처럼 이미 여러 연구 결과가 존재한다.

**의미 데이터(Semantic Data)**

의미 정보에 관련된 두 가지 주요 문제는 의미를 서술하는 메타데이터 표준과 정보 출처에 대한 품질 또는 신뢰도이다. 첫 번째 문제는 W3 컨소시엄에서 수행되고 있는 반면, 두 번째 문제는 아직 개발되지 않은 인증 방식이 필요하다.

다른 문제들로 확장성(scaling), 변화율(rate of change), 참조 무결성 부족(링크는 논리적이 아닌 물리적 특성), 분산된 권한(authority), 이질적 내용과 품질, 다중 출처 등의 공통적인 이슈가 있다. 주된 노력 중 하나는 Open Linking Data [1231]로, 웹상에 이미 존재하는 의미 자원에 링크를 추가하고 개선한다.

시멘틱(Sementic) 검색 엔진은 더 최근에 개발되고 있는데, 이러한 엔진들은 시멘틱 웹 데이터를 검색한다. 이러한 유형의 가장 대표적인 검색 엔진은 Sindice [1483]로, 수천만 RDF(Resource Description Framework) 파일을 검색할 수 있게 해준다. 시멘틱 검색에 대한 더 실용적인 접근은 [101]에 있으며, 이와 완전히 다르게 접근한 Wolfram Alpha[26] 검색 엔진은 질의에 대한 답을 추론하는데 지식 데이터베이스를 사용하므로 정답 엔진(answer engine)이라고도 부른다.

### 11.11.2 현재 이슈들

웹 검색은 빠르게 움직이는 연구 개발 분야인데, 더 노력이 필요한 몇 가지 이슈들을 나열하면 다음과 같다.

- 분산 구조(Distributed architectures). 웹의 폭발적 성장에 대응하기 위해 웹을 탐색하고 검색하기 위한 새로운 분산 기법이 고안되어야 한다. 이것은 웹을 캐싱(caching)하는 기술뿐만 아니라, 문서수집(crawling) 및 색인(indexing) 기법에 영향을 줄 것이다. 미래의 병목 지점이 서버 용량이 될지 혹은 네트워크 대역폭이 될지를 알아보는 것도 재미있는 주제가 될 것이다.

- 모델링(Modeling). 웹에 적합한 더 많은 IR 모델도 필요하다. 또한 검색은 여전히 사용자가 주도적으로 검색을 시작하는 pull방식을 주로 사용하는데, 사용자 경험을 향상시키기 위해 push 방식이 더 연구되어야 한다. 두 경우 모두 더 좋은 검색 패러다임과 더 좋은 정보 여과(filtering)가 필요하다.

- 질의(Querying). 질의를 제출하고 그 응답들을 시각화하기 위한 새로운 시각적 은유(metaphor)뿐만 아니라, 질의에서 구조와 내용을 결합하는 더 많은 작업이 요구된다[118]. 향후 질의어는 예제에 의한 검색(웹상에서의 문서 클러스터링과 범주화를 의미함) 뿐만 아니라, 개념 기반 검색과 자연언어 처리를 포함할 수 있다. 또 다른 주요 이슈는 질의에 숨어있는 요구를 찾아내는 것인데, 이에는 정보형, 내비게이션형, 트랜잭션형, 더 정제된 의도 등이 포함되며, 전형적인 경우 질의의 50% 미만이 정보형으로 추정된다. 또 다른 시도는 질의에 장르 또는 시간과 같은 정보 요구의 맥락을 추가하는 것이다. 따라서 사용자 행위를 보다 잘 이해하기 위해서 질의 이력을 폭넓게 연구하는 것이 필요하다.

- 순위화(Ranking). 내용과 구조(페이지와 하이퍼링크의 내부)를 모두 이용한 더 향상된 순위화 기법이 요구되는데, 특히 질의 의존적 기법과 독립적 기법을 결합하고 비교하는 것이 흥미롭다. 광고와 관련된 한 가지

25) Shazam은 아이폰이나 안드로이드 모바일 폰으로 수 초간 녹음함으로써 3G 연결상에서 노래를 인식하는 멋진 앱이다.
26) http://www.wolframalpha.com

문제는 검색 엔진들이 실제 연관성에 바탕을 두지 않기 때문에, 일부 페이지를 더 높게 순위화할 수 있다는 점이다([1086]에서 이를 검색 엔진의 설득(persuasion) 문제라 불렀다). 이는 또한 웹 스팸을 더 잘 처리하고 컨텐츠의 좋은 품질을 인식하는 문제이기도 하다. 웹은 악의적인(고의든 아니든) 사이트와 관련된 신뢰성 이슈를 차치하고서도, 잡음이 많고 믿을 수 없으며 모순된 데이터를 포함하는 낮은 품질(구문적 및 의미적)의 컨텐츠로 가득하다. 또 다른 문제는 특정 사람들 또는 그룹에 적절한 순위화인데, 개인 또는 의도와 관련된 개인화(personalization)이다. 연관성은 개인의 판단에 근거하기 때문에 사용자 프로필 또는 다른 사용자의 맥락 정보를 이용한 순위화가 도움이 될 수 있다.

- **색인**. 이 분야에서의 오랜 연구 및 혁신에도 불구하고, 많은 추가 질문들이 언급될 필요가 있다. 예를 들어, 어떤 것이 텍스트에 대해 가장 좋은 논리상을 제공하는가? 무엇이 색인되어야만 하는가? 어떤 더 좋은 텍스트 압축 기법을 이용하여 빠른 검색과 더 낮은 네트워크 트래픽을 얻을 것인가? 어떻게 단어 리스트, URL 테이블 등을 효율적으로 압축하고 실행 시간의 큰 부담 없이 그것들을 갱신할 것인가? 어떻게 색인을 최신으로 유지할 것인가? 이런 질문들을 해결하기 위해 많은 구현 세부사항들이 연구되고 개선되어야 한다.

- **중복 데이터(Duplicated data) 제거**. 반복되는 웹 페이지들(또는 구문적으로 아주 유사한 페이지들)을 찾아 제거하기 위한 더 좋은 기법들이 요구된다. 초기의 접근 방법은, 11.6.4절에서 본 것처럼, 문서 지문(fingerprints)을 이용하여 유사도를 측정하였는데[267, 269], 이는 데이터베이스에서 유사한 객체를 찾는 중요한 문제와 관련된다. 이 문제의 변형은 검색 엔진을 사용하여 찾은 여러 웹 페이지로부터 생성된 컨텐츠를 다루는데, 검색 엔진의 순위화에 의해 편향될 수 있다[120]. 이 주제는 12장에서 다룬다.

- **사용자 상호작용(User interaction)**. 웹 검색 엔진의 전위인 검색창과 SERP는 기본적으로 검색 엔진 전쟁의 최전방으로서, 경쟁사로부터 사용자를 유지하거나 뺏어오는데 결정적인 역할을 한다. 실제로 연관성은 사용자가 평가하기에 점점 더 어려워지고, 사용자의 인식은 페이지 자체의 사용자 경험에 크게 영향을 받는다. 일반적인 위험성은 페이지를 혼란스럽게 만들어서 '과유불급(more is less)'이라는 함정에 빠지는 것인데, 이 분야는 매우 빠른 속도로 발전해 가고 있다. 추가 연구 분야는 페이지의 주요 내용을 더 잘 추출하거나 내용 기반 질의를 만드는 것이다[1593]. 또 다른 도전과제는 웹 이력으로부터의 암시적인 피드백이나 사용자의 명시적 평가로부터의 피드백을 더 잘 이용하는 것이다.

- **브라우징(Browsing)**. 이는 검색과 브라우징을 통합하는 하이브리드 접근에 특별한 관심을 가지고 재방문, 링크 활용, 웹 페이지의 인기도, 내용 유사성, 협업(collaboration), 3D, 가상현실을 다루는 분야이다.

- **작은 코퍼스에 적용(Adapting to small corpora)**. 이는 인트라넷을 전 세계에 공개하고 싶지 않은 기업들뿐만 아니라 여전히 웹 페이지가 많지 않은 저개발국들에게 특히 민감한 분야이다. 코퍼스의 제한된 크기 때문에 집단지성(wisdom of crowds) 접근을 하기 에는 내용/사용법, 링크 데이터가 충분하지 않다. 이는 작은 회사 도메인에서보다 거대한 인터넷에서 정보를 찾기가 더 쉽다는 모순을 만들어 낸다.

- **검색으로 컨텐츠 전달(Content delivery as search)**. 검색은 주어진 시간에 사용자가 원하는 컨텐츠를 전달하는 더 일반적인 문제의 특별한 경우로 생각할 수 있다. 검색의 경우 이러한 행위는 사용자에 의해 주도되지만, 반면, 문맥(context) 주도일 수도 있다(예: Broder [272]의 정보 공급 패러다임). 따라서 요청된 페이지의 내용을 전체 문맥(사용자 자신, 이력, 위치 등)에서 어떻게 현재 사용자 주도와 정합할 수 있는지 설계 시 고민해봐야 한다.

- **질의 이력 프라이버시(Query log privacy)**. 질의 이력의 사용은 검색 엔진을 개선시키는데 매우 중요하다. 그러나 2006년 AOL 사건[27] 이후, 롱테일(long tail)로 분포된 질의로부터 일부 사용자를 인지할 수 있다는

27) http://en.wikipedia.org/wiki/AOL_search_data_scandal 참조

것이 알려졌다[141]. 사용자를 인지할 수 없다고 할지라도, 나이, 성별, 수입과 같은 정보 또한 프라이버시 문제와 연결된다. 이러한 이유로 일부 사용자들은 검색 엔진에 의해 추적되는 것을 싫어하는데, 예를 들어 매 세션 이후에 쿠키를 삭제한다[780]. 이러한 현상 때문에 많은 연구자들은 익명성을 유지하면서 질의 이력을 공유하는 방법을 찾기 위해 노력하고 있지만, 매우 드문 질의들에 대해서는 가능하지 않다. 더 자세한 내용은 Cooper [420]의 훌륭한 조사나 이 장의 끝 부분에 있는 참고문헌을 참조하라.

- **소셜 네트워크**(Social Network). 어떻게 소셜 네트워크가 진화하는지에 대해 우리의 이해도는 여전히 부족하다. 또한 어떻게 소셜 네트워크가 전문가 또는 커뮤니티를 찾거나 중요한 메시지를 전달하는가와 같은 다른 목적에 이용될 수 있는지도 더 많은 연구가 필요하다. 또 다른 중요한 양상은 소셜 네트워크와 시멘틱 웹의 관계이다[1128].

## 11.12 참고문헌 고찰

웹에 관한 책은 수백 권이 있는데, 이들의 대부분은 웹 검색 정보와 사용자를 위한 도움말을 포함한다. 초기 책은 Abrams가 편집한 것으로 웹 검색에 관한 장을 포함하며[8], 다른 초기 출처는, Scientific American on Internet 특별호(1997년 3월)와 IEEE의 Internet Computing on Search Technologies(1998년 7/8월)이다.

웹 모델링에 관한 더 많은 정보로는 Baldi 등[130]의 책을 추천한다.

웹 검색을 다루는 최근 책들로는 Witten 등의 "Web Dragons" [1708], Spink와 Zimmer가 편집한 다학제적 모음집[1522], Croft 등의 검색 엔진 책[449]이 있다. 필드(faceted) 검색에 대한 정보는 [1607]에서, 협업적(collaborative) 웹 검색에 관한 정보는 [1156]에서 찾을 수 있다

웹 검색에 대한 초기 조사는 [64, 268, 348, 745, 747, 1586]이 있으며, 링크 분석에 관한 좋은 조사는 [746]이다. 정보 향기(scent) 주제는 [369, 370, 1269]에서 확장되었으며 멱함수(power law)와 자유 규모(scale-free) 네트워크에 대한 정보는 [907, 1142, 1199, 1341]에서 볼 수 있다. 웹의 롱테일 영향에 관해서는 Anderson [50]의 책을 보라.

결과를 캐싱(caching)하는 가장 최근 비교 연구는 Gan 등[617]에 의해 촉발되었다.

PageRank의 특성뿐만 아니라 효율적으로 PageRank를 계산하는 것에 대해서는 필요 이상으로 많은 연구가 있었는데, 주요 결과는 [19, 200, 220, 221, 636, 718, 870, 869, 992, 1111]에 나와 있다. 더 상세한 내용은 Langville과 Meyer의 책 [976]과 Berkhin의 조사[189]를 참고하라.

링크 분석에 대해 더 많은 정보는 Thelwall의 책[1575], Henzinger의 조사[746]에서 찾을 수 있으며, 링크를 이용한 기타 순위화 알고리즘은 [238, 239, 311, 576, 943, 1200]에 나와 있다.

단순한 순위화 함수를 최적화하는 좋은 예는 Singhal 등[1484]에 있다.

최근 몇 년 사이, 몇 가지 순위화 학습(learning to rank) 기법이 제안되었는데, 단일(point-wise) 접근법으로는 IR을 위한 특이(discriminative) 모델 [1170]과 MCRank [1019]가 있다. 쌍방(pairwise) 기법으로는, RankBoost [591], Ranking SVM [748], RankNet [296], IR-SVM [330], FRank [1603], MHR [1308], QBRank [1782]가 있다. 일률(listwise) 기법으로는 LamdaRank [295, 507], ListNet [331], RankCosine [1307], SVM-MAP [1759], AdaRank [1733], SoftRank [1566, 684]가 있다. Fen 등은 후자의 손실 함수(loss functions)를 연구했으며[1726], 최근 연구로는 Liu [1064]가 있다.

클릭 데이터를 이용한 순위화 학습 연구는 [846, 1322, 1323]에서 찾을 수 있다. 학습은 웹 검색 결과 클러스터링[1768], 클릭 예측[18, 1280], 온라인 순위화[1632]등과 같은 다른 문제에도 사용된다. 일반적으로, 순위화 학습은 해결이 아직 부분적이긴 하지만 IR에서 중요한 연구 문제이다. 이러한 도전에도 불구하고 이 분야는 사용자의 명시적이고 암묵적인 표시와 협력하여 검색 결과의 품질을 향상시킬 수 있기 때문에 전도유망한 연구 분야이다.

많은 연구자들은 중복 문서를 찾을 때, 주어진 임계치의 유사도(resemblance)를 이용하는데, 특히 디지털 도서관 맥락에서 Garcia-Molina와 협력자들의 작업이 있다[618, 1465, 1466, 1467]. 다른 사람들은 문서간의 중첩을 연구해왔으며[565, 1154, 1155], I-Match 개선은 [924, 925]에서 논의되었다.

웹 광고(computational advertising)에 관한 연구는 [275, 1319, 1350]을 보고, WWW 컨퍼런스의 Monetization 트랙에서 더 많은 결과를 찾을 수 있다.

최근, 검색 이력 프라이버시에 관한 논문들이 많이 출간되고 있는데, 특히 익명성(anonymization)기법을 이용하는 것들이 있다[11, 848, 849, 929, 946, 1728, 1781]. Bar-Yossef와 Gurovich는 질의 추천 도구를 이용하여 질의 빈도와 웹 페이지 노출(impression)을 추정하는 방법을 보여주었다[137, 138]. 질의 이력 프라이버시 문제는 웹 사이트 맥락에서 비즈니스 프라이버시로도 확대되었으며[1283], 프라이버시는 소셜 네트워크상에서도 중요하다[1781].

무엇보다도, 웹에 대해 가장 좋은 참고문헌은 웹 자신이다. 우선, 검색 엔진과 웹 디렉토리를 알려주고 평가하는 여러 웹 사이트들이 있는데, 이 중에서 Search Engine Watch[1543]와 Search Engine Showdown[1209]을 추천하며, 웹 특성에 대한 좋은 디렉토리는 [503]이다. 웹 검색과 관련된 포인터나 참고문헌을 제공하는 출처로는 World Wide Web 컨소시엄 또는 W3C, (www.w3c.org), World Wide Web 저널(w3j.com), WWW 컨퍼런스 시리즈(http://www.iw3c2.org/)가 있다. 이들과 관련된 주소는 본 교재의 웹 페이지에서 얻을 수 있다(1장 참고).

Chapter 12

# 웹 수집
## (Web Crawling)

## 12.1 소개

'웹 수집기(Web Crawler)'('웹스파이더', '웹로봇', 단순히 '봇'으로 알려지기도 함)는 웹으로부터 페이지를 자동으로 수집하는 소프트웨어이며, 웹 검색의 경우 페이지들은 나중에 색인과 탐색(11장 참고)에 쓰이게 된다. 이름과는 달리 웹 수집기는 인터넷에 연결된 컴퓨터를 돌아다니지는 않는데, 이는 바이러스나 지능형 에이전트가 하는 것과는 다르다. 대신 수집기는 별도에 위치한 웹 서버에게 문서 요청을 보내게 된다.

수집기의 대략적인 역사 설명부터 시작한다. 1993년 6월에 매튜 그레이(Matthew Gray)가 당시 MIT 학부 학생이었을 때 다음과 같은 메시지를 `www-talk` 메일링 리스트[669]에 보냈다.

> 나는 WWW를 돌아다니며 URL을 수집하는 Perl 스크립트를 썼고, 어디를 돌아다녔고 발견한 새로운 호스트가 어딘지 계속 추적하였다. 결국 코드 수정 후 약간 더 유용한 정보(지금은 그저 URL만 돌려주고 있음)를 얻게 되었고, 여기에 관해 탐색 가능한 색인을 생성할 예정이다.

그 프로젝트는 WWWW(Wolrd Wide Web Wanderer)로 불렸고 최초의 웹 수집기가 되었다. 이는 웹의 특징을 연구[668]하는데 쓰였고 중요한 단계로의 진전을 대표하게 되었다. 설명을 위해 웹을 위한 최초의 검색엔진은 'ALIWEB'(Archie-Like Index of the Web)으로 불리게 되었고, 1993년에 Martijn Koster에 의해 출시 되었는데, 웹사이트 로컬 페이지의 부분적 색인을 출판하길 요구했지만 그런 사이트는 별로 없었다.

자동 수집기가 검색엔진으로 유도되는 것은 자연스러운 일이었다. 1994년 6월에 워싱턴 대학의 박사과정 학생이었던 Brian Pinkerton이 comp.infosystems.announce 뉴스 그룹에 다음과 같은 메시지[1265]를 올렸다.

> 웹 수집기(Web Crawler) 색인이 이제 탐색 가능하게 되었다! 색인은 광범위한데, 가능한 많은 서버로부터의 정보를 포함한다. 수동으로 항해를 시작하는 지점을 서로 다르게 여러 개를 만드는 대단한 도구다. 현재 색인은 전세계적으로 거의 4000개 서버의 문서 내용에 기초하고 있다.

하지만 웹은 계속 매우 빠르게 자라났고 1993년부터 1996년까지 매년 두 배가 불어났으며[670], 결국 최고의 검색엔진으로 수렴되었다. 웹 수집기는 논문이 나오기도 전에, 상업적인 성공을 이루었는데, 웹 수집기에 기초한 다른 검색엔진이 빠르게 뒤따라 나왔고 거기엔 Lycos(1994), Excite(1995), Alta Vista(1995), Hotbot(1996) 등이 있다. 그들 모두는 AOL, Yahoo! 등의 목록 서비스와 경쟁하게 되었으며, 그 당시 목록은 웹이 여전히 작았기 때문에 정보를 탐색하는데 더 효과적인 방법이었다.

요즘은 모든 주요 검색엔진이 웹 수집기를 채용하고 그들의 요구는 웹 사이트가 방문자에게 받는 요청의 10%를 넘는다[1205]. 효과적인 웹 수집기는 오늘날 검색엔진의 성공에 핵심적이다. 많은 부분, '웹은 사용자에게 지능적으로 남게 되었는데 그건 자동 에이전트에 의해 꾸준히 분석되고 모니터되었기 때문이다'[524].

수집기는 시작 혹은 종자(seed) 페이지 설정을 입력받아 새로운 링크에 대해 그 페이지들을 내려받고 구문 분석하고 스캔한다. 아직 내려받지 않은 링크가 가리키는 페이지는 나중의 검색을 위해 URL의 중앙 큐에 추가한다. 그 다음 수집기는 큐에서 새로운 페이지를 선택하고 이런 과정이 중단 기준에 이를 때까지 반복된다. 매우 단순한 수집 알고리즘을 그림 12.1에 보였다. 12.4절에서 실제로는 수집기가 훨씬 더 복잡하다는 것을 보이고 웹 수집기의 일반적 구조를 보이도록 한다.

```
Crawling( seed pages S )

URLQueue ← S
do {
  p ← Select-URL( URLQueue )
  content ← Download( p )
  (text, links, structure, ···) ← Parse( content )
  URLQueue ← Add-new-links( URLQueue, links )
  // Process text, structure, ··· depending on the application
} until( stop criterion )
```

**그림 12.1:** 매우 단순한 수집 알고리즘

다음 절에서는 웹 수집기의 가능한 응용에 대해 기술할 것이고 그들이 사용하는 스케줄링 알고리즘과 평가에 대해 검토한다. 그리고 최근 기술 동향과 연구 쟁점, 참고 문헌 검토로 끝내도록 한다.

## 12.2 웹 수집기의 응용

웹 수집기의 핵심 응용은 광범위한 주제(일반 웹 탐색)나 특정 주제(종적 웹 탐색)를 다루는 색인을 생성하는 것이다. 웹 수집기는 내용을 보관(archival)하고 집단 통계(웹 특성)를 추출하여 자동으로 웹 사이트를 분석하는데도 사용된다. 특정 사이트를 위해 웹 수집기는 그들의 설계를 향상(웹 사이트 분석) 시키고 그들 페이지의 복사물을 보관(웹 미러링)하는데 사용된다.

### 12.2.1 일반 웹 탐색

웹 탐색은 최근 몇 년간 웹 수집 개발을 이끌어온 응용이고 대략적으로 다음과 같이 나눠 질 수 있는데, 대규모 검색엔진에 의해 이루어지는 형태인 일반 웹 탐색, 한 주제나 나라, 언어로 분리되는 집합내 종적 웹 탐색이 있다. 웹 탐색은 11장에서 자세히 다루어진다.

일반 웹 검색엔진을 위한 수집기는 주의 깊게 범주(coverage)와 품질(quality)의 균형을 맞추어야 한다. 범주 면에서는 많은 질의에 대한 답을 할 수 있는 페이지를 수집하는 것을 시사하며, 품질 면에서는 그 페이지들이 높은 품질을 가져야 함을 뜻한다. 수집기가 유한한 자원을 가지므로 이 두 목표는 모순될 수 있으며, 그런 결과로 수집기는 12.5절에 논의한 대로 복잡한 정책의 집합에 따른 처리를 필요로 한다.

반면에 종적(vertical) 웹 탐색을 위한 수집기는 웹의 특정 부분 집합에 중점을 둔다. 목표 페이지의 부분 집합은 지리적, 언어적, 주제별 등으로 정의될 수 있는데, 종적 포털('vortals'로 알려지기도 함, http://www.wordspy.com/words/vortal.asp)을 포함한 종적 수집기를 위한 유용한 응용, 즉, 특정 사용자의 필요를 위한 답을 웹 사이트가 제공한다.

#### 종적 수집(Vertical Crawling)

종적 수집은 비슷하거나 관련된 소재의 여러 자원에서 온 데이터를 모으는 데 사용된다. 종적 수집기의 가장 흔한 형태는 가게봇(shopbot)으로 온라인 쇼핑 카탈로그에서 정보를 내려받거나 집중된 형태로 가격 비교를 위한 인터페이스를 제공하기 위해 설계된 수집기를 말한다. 또 다른 예로 뉴스 수집기가 있는데 미리 정의된 자원으로부터 뉴스 항목을 수집하며, 주요 목적은 뉴스를 반복적으로 수집하여 항상 최신의 상태를 유지하는 것이다. 뉴스 모음이 생성되고 나면 뉴스 항목은 집적되어 중복과 공통 주제를 감지해서 사용자에게 집단화된 형태로 보여 주게 된다.

또, 악의적인 목적으로 웹에 전개된 수집기가 있는데, 웹 페이지에 삽입된 전자우편 주소 수집을 목표로 하는 수집기는, 나중에 달갑지 않은 상업적 메시지를 사용자 전자 우편으로 보내는 데 사용되기도 한다. 이런 류의 수집기는 스팸봇(spambot)으로 알려져 있다. 전자우편 주소는 매우 쉽게 인식되는데다가 여러 공용 우편 목록 보관소(전자 우편의 큰 자원)가 있어서 스팸봇이 비교적 쉽게 전개되며 매우 효과적이다. 스팸봇에 대항하는 대책으로 주소 위장(address munging)이란 전문용어를 가진 전자우편 주소의 난독화가 있다. 예를 들어 전자 우편 주소를 이미지를 이용해 표시하거나 코드로 만드는 것이다.

#### 특정 형식의 종적 수집(Vertical Crawling)

종적 탐색은 또한 화상, 음성, 영상 객체같은 데이터 형식의 세그먼트를 포함하는데, 이런 경우 수집기는 오직 특정 형식의 객체만, 즉, 특정 데이터 형식에 제약된 모음을 수집하도록 조정된다. 예를 들어 CiteseerX(http://citeseerx.ist.psw.edu//)와 같은 문헌 서비스에서 이용되는 수집기는 보통 PDF, Postscript, Bibtex 파일만 색인을 하게 된다. 또한 '피드(feed) 수집기'(RDF 수집기의 특별한 경우)는 웹 사이트의 RSS/RDF 파일의 수정 여부를 점검하게 된다. 이런 류의 수집기는 웹 기반 뉴스 집적기에 의해 주기적으로 미리 특정된 웹 사이트의 집합을 점검한다.

### 12.2.2 주제에 관한 수집(Topical Crawling)

특정 주제를 포괄하는 페이지나 객체를 위한 색인을 생성하는데 설계된 수집기를 중점 수집기(focused crawlers)라 부른다. 전체 웹을 수집하는 대신 중점 수집기는 주어진 주제에 정합하는 페이지로 수집기를 제약시킨다. 이는 필요 이상의 페이지를 수집하는 것을 피하는, 훨씬 더 효과적인 전략을 제공한다[353].

중점 수집기는 주제의 서술에 대한 입력을 받는데, 이 주제에 속하는 것으로 알려진 구동 질의(driving query) 또는 예제 문서의 집합으로 주제가 서술된다. 중점 수집기의 출력은 주어진 주제에 높은 확률로 관련된 페이지의 커다란 목록이다. 수집기는 일괄처리 방식으로 운용될 수 있는데, 주제 관련 페이지를 주기적으로 수집한다던가 주문(on-demand) 방식, 즉 사용자 질의로 구동되어 페이지를 모으는 것을 말한다. 중점 수집기는 12.5.1절에서 더 검토한다.

### 12.2.3 웹 특성 평가

웹 특성 평가는 효과적인 웹 검색엔진을 구축하기 위한 전제 조건으로 웹 페이지의 통계적 속성을 끌어내는 모든 시도를 포함한다. 웹 특성 평가와 관련하여 가장 명확한 (그리고 어려운) 질문은 무엇이 웹의 표본을 대표하냐는 것이다. 이는 특히 어려운 쟁점으로 웹이 유한한 양의 정보를 가지고 있기는 하지만 무한히 많은 페이지를 갖고 있는 점을 고려하면 그렇다.

수집기가 웹 특성 평가를 위해 사용될 때, 페이지의 시작 집합과 수집 시 새로운 페이지를 고르는 전략은 특성 평가의 결과에 깊게 영향을 미친다. 이와 관련하여 페이지중심 특성 평가의 노력은 페이지 크기와 기술, 마크업, 다른 웹 속성을 측정하는 데 목표를 두며, 이런 노력은 링크중심 특성 평가 노력에 비해 덜 영향을 미치게 된다. 링크중심 특성 평가에서는 수집을 위한 시작 URL의 선택이 매우 결정적인데, URL 종자가 형편없이 선택된다면, 웹의 거시적 구조의 관찰에[1451] 강한 왜곡이 나타날 수 있다.

### 12.2.4 미러링(Mirroring)

웹에서의 미러링은 웹 사이트의 일부나 전체를 보존하는 행위이다. 미러링의 의도는 서버의 부하를 분산하고 다른 네트워크의 사용자에게 빠른 접근을 제공하는 것인데, 즉 사용자에게 지연을 감소시키는 것이며, 복사물을 '미러(mirrors)'라 부른다. 미러링을 위한 수집기는 매우 간단한데, 통제된 환경에서 운용되며 미러를 갱신하는데 압축과 델타 인코딩 둘 다 사용할 수 있다. 또한 어떤 주기(전형적으로 매일 혹은 주별)로 갱신이 적당한지, 미러링을 하는 최적의 시간이 하루 중 어느 때가 좋은지 나타내는 방침이 있다.

웹 아카이빙(Web archiving)은 갱신으로 페이지의 큰 집합을 폐기되는 것이 없게 미러를 유지하는 행위이며, 즉, 각 페이지의 전체 역사가 기록된다. 가장 큰 웹 아카이빙 프로젝트는 인터넷 아카이브로 웹상 공용 이용 가능한 모든 정보, 텍스트와 화상 모두 포함하여 보관하려는 목표를 가지고 있다. 2008년 4월의 인터넷 아카이브 모음은 850억 페이지 버전으로 수백 테라바이트 데이터를 가지며, 주 목적은 페이지들이 삭제되거나 수정되기 전에 각 연도의 웹 상태를 보존하는 것이다.

### 12.2.5 웹 사이트 분석

웹 수집기는 웹 사이트를 분석하는 데 쓰일 수 있으며 심지어 미리 정의된 기준에 따라 바로 바뀔 수도 있다. 자동 사이트 분석의 가장 흔한 형태는 링크 유효성 검사(link validation)로, 말하자면 존재하지 않는 페이지에 대한 '끊어진 링크(broken link)'를 찾기위해 페이지를 자동으로 스캔하는 것을 말한다. 또 다른 분석 형태는 코드 유효성 검사(code validation)로 각기 씌여진 언어에 따라 모든 페이지와 스타일 시트, 스크립트 등이 유효한지 확인하는 것이다. 웹 사이트 분석의 특정 응용은 대규모 웹 목록을 시험하는 것으로 더 이상 쓸 수 없는 사이트를 찾고 목록에서 삭제 후보가 되도록 하는 것이다.

사이트 분석 도구는 또한 웹 사이트의 취약성을 찾는 데 쓰일 수 있는데, 오래되거나 패치(Patch)되지 않은 대중적 스크립트를 통해 웹 서버에 비공인 접근 권한을 얻는 경우를 말한다. 웹 사이트 관리자에 의해 실행되어 속도를 높이고 자신의 사이트를 접근하게 하는데, 불행히도 악의적인 해커에 의해 종종 실행되기도 한다. (위키피디아 같은) 대규모 텍스트 저장소에서 웹 수집기는 많은 테스크를 자동으로 실행하게 할 수도 있는데, 분류를 포함하여 모든 페이지가 표준 형태 집합을 갖게하고 무명의 저작권 상태 이미지를 감지하거나 고아(orphan; unlinked) 페이지를 감지하는 등의 목적으로 활용되기도 한다.

## 12.3 수집기의 분류(Taxonomy)

모든 형태의 수집기가 가능하면 완전한 범주를 가지겠지만 목표가 다를 수도 있다. 예를 들어, 수집의 응용이 다음과 같이 여러 중요 쟁점을 가지기도 한다.

- **신선도**. 몇몇 수집기에서 얻어지는 복사물이 최근 것이어야만 할 경우도 있고 다른 경우 오래된 복사물이어도 좋을 수 있다.
- **품질**. 몇몇 수집기는 특정 웹의 매우 품질 높은 부분을 표적으로 삼는 반면, 다른 수집기는 여러 품질 계층을 폭넓게 포함시키는데 더 관심이 있다.
- **용량**. 몇몇 수집기는 웹의 많은 부분을 보존하는데 관심이 있는 반면, 다른 수집기는 품질과 신선도를 위해 양을 희생할 지도 모르며 범주는 이 쟁점에 의존한다.

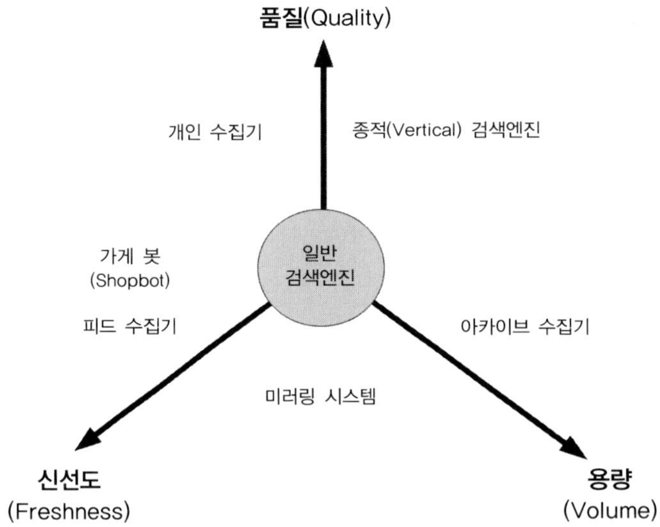


**그림 12.2:** 수집기의 형태

이들 세 축에 따른 수집기의 분류를 그림 12.2에 보였다. 미러 시스템이 페이지 부분 집합의 복사가 매우 정확하고 완전한 보관을 위해 설계된 반면, 종적(vertical) 검색엔진이나 개인 수집기는 페이지의 고품질 모음과 내용 부분의 선호도 순위를 우선한다.

### 12.3.1 웹 페이지의 형태

수집기의 관점에서 웹 페이지를 형태에 따라 분류하면 공용/사적과 정적/동적인 최소 두 차원을 포함하게 되는데 그림 12.3과 같다.

사적 웹은 비밀 번호로 보호되는 페이지, 즉, 방화벽 뒤에 위치한 페이지를 포함하며 보통 인트라넷의 경우가 해당된다. 요즘은 소셜 네트워크 데이터를 포함하여 사적 웹 또한 친구에게만, 친구의 친구, 또는 다른 제한된 그룹의 사람만 사용할 수 있다. 이런 모든 페이지는 대체로 색인화되지 않고 수집기가 볼 수 없다. 반면, 공용 웹은 웹 수집기가 색인으로 만들 수 있는 부분이다.

정적 페이지는 웹에 존재하는 페이지로 사용자가 요청하길 기다린다. 동적 페이지는 웹 서버에 요청이 오기 전에는 존재하지 않는 페이지로 요청을 해석하고 요구에 의한 페이지를 생성한 후 사용자에게 되돌려 주게 된다. 동적 페이지의 한 예는 검색엔진에 의해 보여지는 결과 페이지로, 질의에 대해 많은 양을 보내 주지만 질의 전에는 생성될 수 없는 페이지들이다.

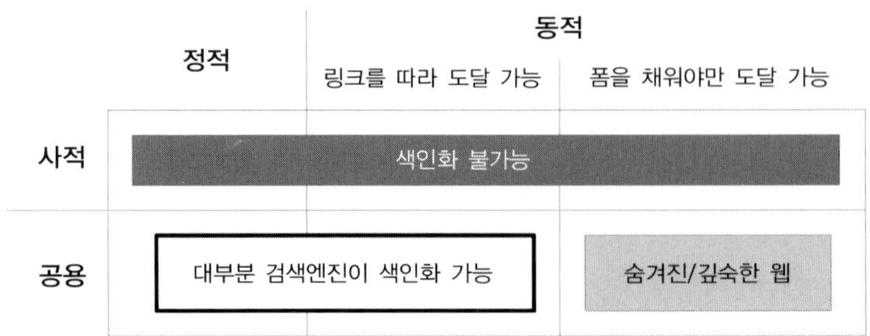


**그림 12.3:** 웹 페이지의 형태를 수집기의 관점으로 분류

실제로 무한히 많은 동적 페이지를 가질 수 있지만(예: 소프트웨어로 만들어진 달력) 수집기가 모든 것을 내려받길 기대할 수는 없다. 따라서 대부분의 수집기는 동적 링크를 따라가는 최대 깊이를 설정하고 있는데, [96]에서 사람들이 방문하는 페이지는 5단계 정도로 90% 이상을 포함시킬 수 있음을 보여 주었다.

불행하게도 모든 동적 페이지가 링크를 통해 접근할 수 없고 질의에 의해 발행되거나 온라인 폼을 통한 상호작용으로만 접근할 수 있다. 이런 형태의 상호작용을 통해서만 접근할 수 있는 페이지는 소위 '숨겨진 웹(hidden Web)'이라 불리며 요즘 대부분의 웹 수집기가 색인을 만들지 않는데, 그 중 몇몇은 색인을 만들 수 있는 방법이 있다(12.7.1절 참조).

## 12.4 구조와 구현

다음 절(12.5)에 다루겠지만, 수집기는 좋은 수집 전략을 가져야 하며, 또한 최적의 구조를 필요로 한다. Shkapenyuk와 Suel[1468]은 다음을 주목하였다.

> 짧은 주기의 시간을 위해 초당 몇 페이지를 내려받는 느린 수집기를 구축하는 것은 매우 쉬운 반면, 여러 주에 걸쳐 수억 페이지를 내려받을 수 있는 높은 성능의 시스템을 구축하는 것은 시스템 설계와 I/O 및 네트워크 효율, 견고함과 관리 편의성에서 많은 도전적인 면을 표출한다.

여기서는 최상의 수집기를 기술하지는 않겠지만, 낮은 단계를 구축하는데 필요한 기본 특성과 충분한 세부 사항에 대해 검토한다. 하지만 실제로 수집기는 그림 12.1에 보인 간단한 알고리즘을 확장한 것으로 12.8절에서 소수의 예제 수집기 구현을 소개한다.

### 12.4.1 수집기 구조

고수준의 전형적인 웹 수집기 구조를 12.4에 보였다. 수집기는 다운로더, 저장소, 스케줄러 등 세 모듈로 이루어져 있고 결정적 모듈은 스케줄러다. 이는 '프론티어(frontier)'로도 알려져 있는 방문할 URL의 큐를 유지할 임무가 있는데, 하나 또는 그 이상의 다운로더를 특정 순서로 그들 URL에 보내게 된다. 다운로더는 각 URL에 해당하는 내용을 검색하여 구문 분석 후 저장소 모듈에 보내며 나중에 색인화되고 검색하게 된다. 또, 저장소 모듈은 해당 페이지에서 검색된 메타데이터를 스케줄러에 제공하게 되는데, 메타데이터는 스케줄링 정책을 구동시키는데 중요한 정보가 된다.

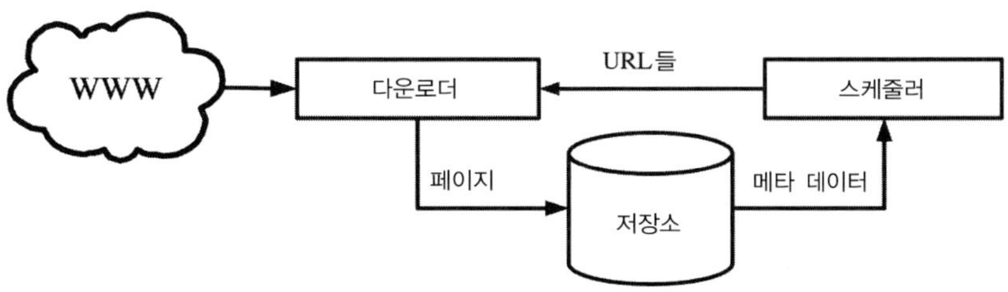


**그림 12.4:** 고수준 웹 수집기의 구조는 스케줄러와 다운로더를 수반한다.

이 그림은 세분화될 수 있는데 그림 12.5를 보라. 스케줄링을 더 나누어 두 부분으로 구분하면 장기 스케줄링은 품질과 신선도 평가에 따라 다음 방문할 페이지를 결정하고, 단기 스케줄링은 공손도(politeness) 정책(12.5.3절 참조) 혹은 네트워크 사용 최적화에 따라 페이지를 재배정해야 한다. 장기 스케줄러의 시간 간격은 몇 시간 혹은 며칠이고, 단기 스케줄러는 몇 초나 몇 분에 해당되는데, 수집기에 설정된 대기 시간에 대부분 의존하게 된다. 저장

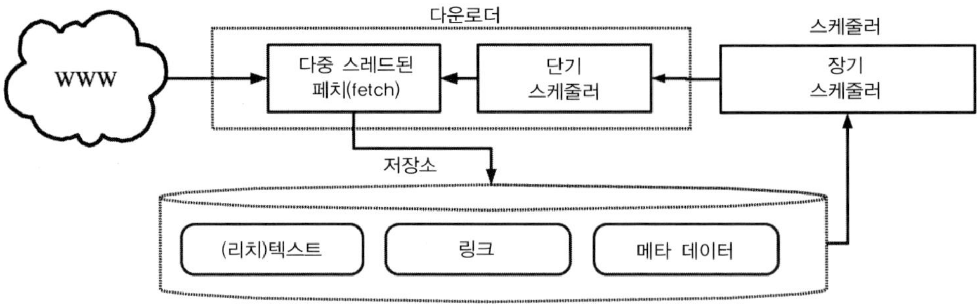


**그림** 12.5: 웹 수집기의 더 상세한 구조

소는 더 나누면 세 부분으로 나눌 수 있는데, 텍스트(포맷되거나 또는 HTML 태그를 지니고 있는 리치 텍스트일 수 있음), 메타데이터, 링크 등이다. 스케줄링 목적을 위해 중점 수집기는 페이지 분류를 위한 텍스트를 사용하고, 내려받기를 위해 URL을 서열화 한다. 일반 수집기는 메타데이터와 링크를 사용하여 어떤 페이지를 다음에 내려받을지 결정한다.

단기 스케줄러의 경우에, 공손도 정책의 시행은 여러 큐를 유지하게 요구되는데 각 사이트 별(그림 12.6에 나타난) 각 큐에 내려받는 페이지의 목록이 요구된다. 단기 스케줄러의 몇몇 스레드가 '유휴(idle)' 상태로 갈 수 있다는 사실은 그림 12.6의 1, 3, 5, 7번 큐가 비효율적 자원이 될 수도 있다는 점이며 12.6절에서 검토한다. 여기서 표현한 일반 구조의 많은 변형들이 있으며 자세한 것은 [349, 2장]을 참고하기 바란다. 또한 DNS, 구문 분석, 텍스트 중복이나 근접 중복의 확인, URL 정규화같은 실제 자세한 사항은 이제부터 검토한다.

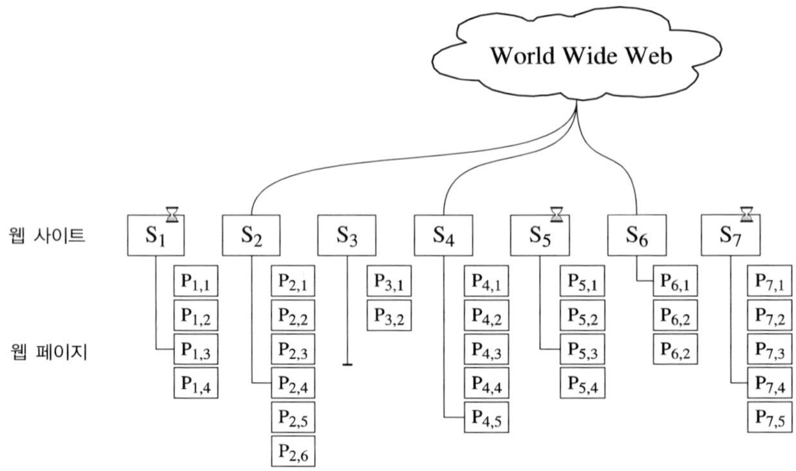


**그림** 12.6: 단기 스케줄러의 운용. 각 웹 사이트 별로 큐가 있는 데, 큐 당 최대 하나의 연결이 활성화된다(여기서는 2, 4, 6사이트가 활성화되어 있다).

## 12.4.2 실질적 쟁점

대역폭과 저장 용량과는 별도로 수집기의 구현은 많은 실질적 쟁점을 수반한다. 그들 대부분은 수집기가 여러 다른 시스템과 상호작용을 해야 하기 때문이며, 그 시스템들은 다양한 수준의 표준 준수와 서비스 품질을 가지고 있다.

웹 수집에 있어서 가장 도전적인 양상 중 하나는 생성된 입력량을 결합해 가능한한 균질하게 하는 것과 같은, 다중 자원으로부터 어떻게 페이지를 내려받느냐는 것이다. DNS와 웹 서버의 반응 시간이 매우 다르다는 사실이 일을 더욱 복잡하게 만들게 되는데, 더군다나 웹 서버 가동 시간은 보장받을 수도 없고 며칠이나 몇 주 동안 멈추었다가 재가동하는 웹 서버를 찾는 건 흔한 일이기 때문이다.

Henzinger 등[747]은 웹 수집기의 관점에서 가장 중요한 시험대는 웹 스팸과 중복된 내용이라고 여겼다. 더 최근에 Patterson[1246]은 웹 검색엔진 개발자를 위한 추천 목록을 모았는데, 웹 탐색의 문제가 일반적으로 왜 어려운지를 기록하였다. 가장 어려운 두 가지 쟁점은 표준의 잘못된 구현과 중복된 내용이 너무 많이 퍼져 있다는 것이다. 이들 쟁점을 다루기 전에 다른 형태의 페이지와 URL 정규화, 구문 분석 등부터 검토하기로 하자.

### DNS 해석(DNS Resolution)

[301]에서 웹 수집에 대한 첫 연구 중 하나로 저자는 DNS(Domain Name Service)를 문제의 주 원인으로 지적했다. 경험상, 이는 일시적 DNS 고장과 기형 또는 DNS 기록 오류와 함께 DNS 해석의 효율성을 포함한다.

수집기가 로컬 DNS를 포화시킬 수 있으므로 대부분의 수집기가 DNS 캐싱을 하는데, 즉, 더 자주 해석되는 도메인 이름의 IP 주소를 저장한다. 이런 종류의 캐싱은 포화가 없는 경우에도 중요한데, 캐시에서 도메인 이름을 해석하는 것은 표준 DNS 해석을 사용하는 것 보다 훨씬 더 빠르기 때문이다.

### URL 정규화(URL Canonization)

웹은 기본적으로 동알 내용을 가리키는 많은 양의 URL을 지니고 있다. 중복된 URL 집합의 전형적인 예를 들면, http://x.example.com/, http://example.com/x/, http://example.com/x/index.html, http://example.com/x?sessionid=00000000 등으로 다 같은 내용을 가리킨다. 내려받은 이후에 중복이거나 근접중복으로 인식될 수 있지만, 쉥글링(shingling) [278]을 통해 간단한 문법 규칙의 집합을 URL에 적용함으로써 중복 내려받기를 피할 수 있다.

그렇지만 비슷한 텍스트를 포함하는 URL을 인식하는 대부분의 규칙이 보편적이지 않고 특정 서버 구현의 부산물[1442]이다. 임기응변 규칙으로 웹 사이트 구현에서 웹 수집기에 채택된 방법은 기본 파일(index.html 같은) 이름 제거, 전형적 세션 아이디 매개변수(와 쿠키기반 세션의 선호정보) 제거를 포함한다.

한 웹 사이트에 특화된 정규화 규칙을 발견하는 데, 자동화된 과정이 쓰일 수도 있다. 여기서 후보 규칙들은 비슷한 내용을 가진 많은 URL 쌍을 발견하고 경험적 집합[1442]이 후보를 여과시키는 데 적용될 수 있다.

### 구문 분석(Parsing)

많은 웹 페이지들이 형편없는 코드와 HTML 언어의 사양을 충실히 지키지 않고 HTML을 사용한다. 이런 원인 중 하나는 대부분의 웹 브라우저가 매우 내성이 강해서 사용자가 경험이 없어도 가능한 많은 페이지를 보여 주게 설계 되었기 때문이다. HTML 코딩에 오류가 있어서 오류 메시지로 귀찮게 하더라도 사용자가 어차피 할 수 있는 것은 아무것도 없으므로, 브라우저는 잘못 코딩되었더라도 어쨌든 HTML이 보이게 하였다.

엄격한 HTML 구문 분석은 거의 가능하지 않기 때문에 수집기의 구문 분석기 모듈은 HTML 코딩의 오류를 허용해야만 하며, 심지어 불명확한 경우에도 처리해야 한다. 같은 이유로 웹 페이지를 통한 DOM (Document Object Model) 트리 구축 노력은 대부분의 경우 코딩 오류를 바로잡는 사전 과정이 요구된다(DOM에 대한 더 많은 정보는 6.4.3절을 참조하라).

구문 분석 중, 정보 추출은 매우 중요하다. 이 과정은 제목과 머릿글(heading) 같은 간단한 HTML 태그 추출로부터 복잡한 자연어 과정까지 있는데, 후자의 경우, 주요 과정 중 하나로 엔티티 추출이 있다. 엔티티(entity)는(예를 들면, 이름과 기관 같은) 이름이 될 수도 있고, 날짜와 다른 임시 엔티티, 지리적 위치(지역 검색에선 매우 중요) 등이 될 수도 있다. 이 단계에서는 특히 구조적 정보와 관련해 속성-값 짝을 추출 할 수도 있는데, 예를 들어,

전자상거래 사이트에서 가격과 연도 등과 같은 메타데이터와 연관되는 제품을 얻을 수 있다. 이 주제와 관련한 풍부한 연구가 있고 예는 [955, 694, 784]를 참고하라.

#### 소프트(Soft)–404 페이지

웹상 표준을 따르는 HTTP의 구현도 다양한데, 웹 수집기에 가장 손해를 주는 쟁점은 많은 경우에 URL이 존재하는지 않는 지를 알기 어렵다는 것이다. 많은 웹 사이트에 대해 수집기가 존재하지 않는 페이지를 내려받으려 하면 서버는 미리 제작한 오류 페이지로 재전송하여 되돌려 주는데, 오류 조건이라는 신호를 응답 헤더에 실어 주지 않는다는 것이 문제다. Bar–Yosef 등[1754]은 이들 오류 페이지를 '소프트–404'로 참조했고 29%의 존재하지 않는 링크가 지정되는 것이 관찰되었다. 명칭은 HTTP 사양에서 유래되었는데, 페이지가 존재하지 않는 오류의 번호가 404이다.

'소프트–404' 페이지는 검색엔진의 수집기에 손해를 입히게 되는데, 그 이유는 별 내용 없는 곳에 색인을 만들게 되고 거기엔 대체로 유용한 내용이 없기 때문이다. 이 문제를 완화시키기 위해 몇몇 웹 수집기는 거의 확실히 존재하지 않을 만한 임의 형태의 URL을 요청하고 제대로 된 응답 코드를 받게되면 그때 검증한다. 만일 웹 사이트가 발견 못함 오류로 응답하지 않으면 다른 방식으로 문제 웹 사이트의 페이지로 취급하게 된다. 또한, '소프트–404' 페이지는 텍스트 분류기를 통해 이런 페이지가 표현하는 메시지와 연관된 특정 구나 키워드를 학습하여 자동으로 인지할 수 있다.

#### 중복(Duplicates)

웹상에 복제된(mirrored) 내용이 매우 많이 쓰이고 있다. 1997년에 Broder 등[278]은 shingling(6.5.3 참조)을 사용하여 웹 페이지의 삼분의 일이 다른 페이지와 거의 동일하다고 추산했다. 비슷한 현상을 다른 연구자가 확인하였는데, 한 조사에서는 웹의 30%가 정확히 중복되었고[379], 다른 조사에서는 페이지의 29%가 근접 중복이며, 22%는 동일한 페이지를 갖는다고 했다[559]. 이들 중복 중 몇몇은 고의적이고 페이지 복제(mirroring)에 상응하는데, 다른 중복은 고의적은 아니고 웹 사이트가 구축된 방식의 부산물이다. 사실, 웹 혁신의 최근 연구는 이 비율이 더욱 높아졌다는 것을 보여 준다[120].

비고의적 중복은 여러 이유로 생기게 되는데, 주 원인은 URL에 내재된 식별자(예: /dir/page.html;jsessid=09A89732)가 사용자의 행동을 추적하기 때문이다. 이들 식별자는 논리적 세션을 탐지하기 위해 사용된다. 웹 수집기의 관점에서 보면 이들 세션 아이디는 중복의 중요한 원인인데 수집기는 두 페이지가 의미적으로 같은 내용이라고 정확하게 알 수 없기 때문이다. 그럼에도 불구하고 웹 수집기는 세션 아이디를 알아내서 한 요청에 일관된 세션 아이디 유지 노력을 해야 한다. [531]에 언급되었듯이 '이 사실이 사전 지식으로 수집기에 주어지지 않으면, 이 한 사이트에서만 근본적으로 무한한 수의 URL을 발견할 수 있다'. 이런 중복이 탐지되더라도, 수집기는 이상적으로는 네트워크 자원 낭비를 피하기 위해 내려받기를 중단해야 한다.

관련된 쟁점은 웹상 정보의 세분성(granularity)에 있다. 블로그와 웹 포럼, 메일링 리스트 아카이브들은 전형적으로 큰 정보의 저장소로 개인 사용자에 의한 많은 작은 포스팅으로 이루어져 있다. 그들은 주제가 엉뚱하게 전개되지 않는 한, 정보의 유용한 자원이 될 수 있다. 전형적인 예가 기술 지원 메시지로 매우 특정한 문제에 대해 아주 대략적인 해결책을 기술한다. 하지만 가끔 개인 포스팅이 너무 짧아 다른 페이지 만큼의 가치가 없을 수도 있다. 웹 수집기는 개별 포스팅에 대한 색인 대신 전체 대화 정보(대화 스레드) 페이지의 색인을 구축한다.

### 12.4.3 병렬 수집(Parallel Crawling)

더 나은 확장성과 고장에 대한 내성을 갖기 위해 웹 수집은 다중 스레드(thread)를 통해 이루어져야 하며 매우 큰 문서모음에 대해서는 분산된 방식을 취해야 한다.

수집 시 다중 스레드를 사용할 필요가 있는 이유는 수집기가 사용 가능한 대역폭이 일반적으로 개별 웹 사이트의 대역폭보다 훨씬 크기 때문이다. 이는 수집기가 각 개별 내려받기 스레드가 끝나기를 기다리기 전에 다음 페이지를 요청해야 함을 의미한다.

분산 환경에서 수집기를 실행할 때 가장 중요한 쟁점은 동일 페이지를 두 번 이상 내려받는 것을 피해 웹 서버에 과부하를 주지 말아야 한다는 것이다. 프로세스 간 조정은 URL을 교환함으로써 이루어지는데, 수집기 설계의 목표는 통신 오버헤드를 최소화해야 한다는 점이다. 이상적으로는 매 페이지가 단일 프로세스에 의해 내려받기를 하는 것이다.

완전 분산 수집 시스템은 새로운 URL 발견에 대해 어떤 정책을 요구하는데, 새로운 URL을 발견한 프로세스가 그것을 내려받는 프로세스가 아니라는 점이다. 어떤 프로세스가 주어진 URL을 내려받아야 하는지 결정하는 것은 할당 함수(assignment function)인데 처음부터 모든 프로세스에게 알려져 있다. 한 웹 사이트 대부분의 링크가는 동일 사이트의 페이지라는 사실을 활용하기 위해서는 할당 함수가 동일 호스트 페이지를 한 프로세스에 할당해야 한다. 호스트 이름을 해당 수집 프로세스의 색인에 해당하는 번호로 전환하는 것에 해싱 함수가 이용될 수 있다.

Boldi 등[219]은 효율적인 할당 함수가 다음 세 가지 주요 특성을 가져야 한다고 서술했는데, 각 수집 프로세스가 대략 같은 수의 호스트를 가져야 하고(균형 특성), 만일 수집 프로세스의 수가 증가하면 각 프로세스에 할당되는 호스트의 수가 줄어야 하며(반-가변성contra-variance 특성), 할당은 수집 프로세스를 동적으로 추가하고 제거할 수 있어야 한다는 것이다. 그들은 일관 해싱(consistent hashing)을 사용할 것을 제안했는데, 이는 해싱 버킷을 복제하여 한 버킷을 추가하거나 제거할 때, 전체 테이블을 재해싱 하지 않아도 모든 기대하는 특성을 이룰 수 있다. 이런 할당 함수에서는 수집 프로세스가 충돌(crash)되지 않는다면 두 번 수집(crawl)되는 페이지가 없다. 충돌되는 경우에는 다른 프로세스가 실패한 에이전트로부터 페이지를 재수집 해야 한다. (Java의) UbiCrawler[219] 수집기는 이들 방안을 구현했다.

마지막으로 URL을 교환함으로써 발생하는 오버헤드를 줄이는 선험적 방법이 있는데, 이는 일괄 처리로 수집 프로세스 간에 여러 URL을 한번에 교환할 때 중요하다. 모음에서 대부분 인용되는 URL이 수집 전에 모든 수집 프로세스에 알려져 있는 경우(예: 이전에 수집된 데이터를 사용)에 통신을 줄이는데 도움이 된다[375].

## 12.5 스케줄링 알고리즘

웹 수집기는 다양한 목표 사이에 균형을 맞출 필요가 있고 이들 목표 중 몇몇은 서로 모순될 수도 있다. 일반적으로 웹 수집기는 웹 페이지의 '신선한' 복사물을 찾는데, 변화를 감지하기 위해 그 페이지들을 다시 방문해야 한다. 동시에 새로운 페이지를 발견해야 하고, 네트워크 대역폭을 효율적으로 사용해야 하며, 자원 낭비를 방지하기 위해 '좋은' 페이지를 내려받는 것을 수행할 수 있어야 한다. 하지만 수집기는 어떤 페이지가 '좋은' 페이지인지 내려받기 전에는 미리 알 수 없다.

웹이 동적이란 것이 일을 더욱 복잡하게 만드는데, 즉, 매일 엄청난 양의 페이지가 추가되고 바뀌고 제거된다. 높은 변경율은 수집기가 모음(collection)으로부터 마지막 페이지를 내려받는 시간에 새로운 페이지가 나타나거나 이미 수집된 페이지가 수정되거나 심지어 제거되었음을 의미한다.

웹을 수집하는 것은 어떤 면에서는 맑은 밤 하늘을 관찰하는 것과 닮았는데, 우리가 바라보는 별들의 위치는 다른 시간 대의 별의 상태를 반영하게 되는데, 이는 우리에게로 빛이 여행하는 거리가 서로 다르기 때문이다. 웹 수집기가 얻는 것은 실제 웹의 '스냅 사진'과 같은 모습은 아닌데, 수집기가 수집하는 모음이 임의의 주어진 순간

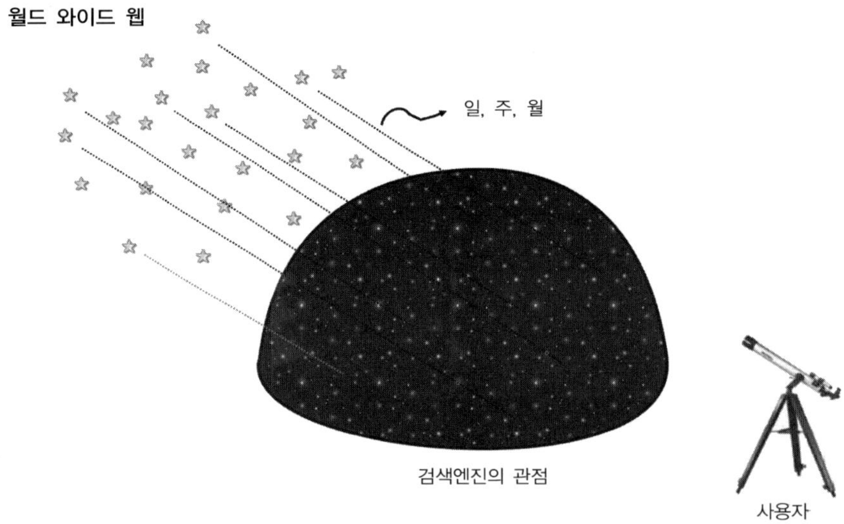


**그림 12.7:** 다른 시간대 웹 페이지 상태를 대표하는 웹에 대한 검색엔진의 관점

을 대표하지 않기 때문이다. 가장 최근에 수집된 페이지들은 아마도 매우 정확하게 대표성을 띄겠지만, 먼저 수집된 페이지는 유효 기간이 지났을 가능성이 높다. 이런 은유를 그림 12.7에 보였다.

가장 단순한 수집 스케줄은 웹 사이트를 너비우선(breadth-first) 방식으로 순회하는 것이다. 이런 방법으로 웹 사이트 범주를 증가시키지 않고 한 사이트에 연달아 많은 페이지를 요청하지 않는 공손도(politeness) 정책을 준수할 수 있다. 하지만 이것으로 충분하진 않고 광대역 검색엔진의 수집기 같은 대규모 문서모음에 대해 운용되는 웹 수집기는 독립적인 일련의 정책 조합으로 수집기의 행동을 고려하는게 유용하다. 예를 들어 수집 알고리즘이 다음과 같은 세 가지의 다른 정책으로 이루어질 수 있다.

- 선택 정책은 질적으로 가장 좋은 페이지를 첫 번째로 방문하는 목적
- 재방문 정책은 페이지가 변경될 때 색인을 수정하는 목적
- 공손도 정책은 웹 사이트에 과부하가 걸리지 않게 하는 목적

### 12.5.1 선택 정책(Selection Policy)

웹의 현재 크기를 고려하면, 큰 검색엔진조차 공개된 내용의 일부만 포함한다. 2000년 Lawrence와 Giles에 의한 초기 연구[989]에 의하면 그 당시 어떤 검색엔진도 전체 웹의 16% 이상을 포함하지 못했으며, 최근 연구는 2005년에 수행되었는데[685], 큰 검색엔진이 웹의 58%에서 76%를 포함했다. 수집기가 항상 웹 페이지의 일부만 내려받으므로, 내려받은 부분이 웹의 임의 표본이기 보다는 가장 권위있는 페이지를 포함하기를 원하게 된다. Edwards 등[525]은 다음과 같이 기록하였다.

> 수집을 수행하기 위해 주어진 대역폭이 무한하거나 자유로운 것이 아니라서, 웹 수집은 확장 가능하게 만드는 것이 필수적일 뿐만 아니라 질적이나 신선도에서 타당한 방법으로 유지시키려면, 효율적인 방법이어야 한다.

수집기는 각 단계별로 방문할 다음 페이지를 선택하는데 신중해야 한다. 실제 예로 2004년 대규모 웹 수집기의 대역폭 비용이 놀랍게도 미화 150만 달러에 달했다[438]. 현재는 대역폭 비용이 더 작아진 반면 웹은 더 커졌다. 즉, 제대로 된 큰 규모의 수집은 계속 고비용이므로, 수집기의 생산성을 최대화 시키고 할당된 대역폭 낭비를 피하기

위해 효율적인 네트워크 자원 사용이 매우 중요하다는 것을 시사한다.

어떤 페이지를 선택하여 수집할 지는 두 유형의 제약으로 구분되는데, 오프라인 제한은 이전에 설정되는 것이고, 온라인 선택은 수집이 진행되며 계산되는 것이다 후자는 중점적 수집(focused crawling)을 포함하는데 거기서 선택 기준은 특정 주제에 관련된 페이지를 수집하는 것이다.

### 오프라인 제한(Off-line Limits)

저장 용량의 제약으로 실제 수집 프로세스를 위해 사전 제한을 설정하는 것이 종종 필요한데, 전체 최대량으로 나타낼 수 있다. 하지만 호스트에 대한 페이지 분산의 파워 법칙(power law) 때문에 (11.3.3 참고) 이런 제한을 호스트 당 혹은 도메인 당으로 표현하는 것이 유용하다.

웹 수집기에 의해 자주 사용되는 오프라인 제한은 다음과 같다.

- 수집될 호스트의 최대값이 큰 범주의 수직 수집의 경우에 특히 흥미롭다.
- 최대 깊이, 즉 시작 홈 페이지나 페이지의 시작 집합으로부터 순회(traverse)할 링크의 최대 수.
- 문서 모음내 최대 페이지 수로 데이터 저장 공간에 의존한다.
- 호스트 당 또는 도메인 당 제한으로 페이지의 최대값 혹은 각 서버로부터 내려받을 최대 바이트 수.
- 내려받는 것에 대해 허용되는 mime 타입 목록(예: text/html과 text/plain)

또한 페이지 당 제한으로 페이지의 최대 크기와 몇몇 페이지의 첫 몇 개 단어에 대한 색인, 페이지 당 외향링크(out-link) 최대값 제한 등을 포함할 수 있다.

### 온라인 선택(On-line Selection)

수집될 페이지의 온라인 선택은 웹 페이지의 중요도 우선 순위의 측정(metric)을 요구한다. 페이지의 중요성은 내재적 질에 대한 함수인데, 링크나 방문측면의 대중성, 자신의 URL 유명도 (후자는 수직 검색엔진의 단일 최고 단계 도메인에 대한 제한이나 고정 웹 사이트에 대한 검색엔진의 제약) 등이다. 좋은 선택 정책 설계는 추가적 어려움을 가질 수 있는데 웹 페이지의 완전 집합을 수집하는 동안은 알 수 없기 때문에 부분 정보로 수행해야 한다는 점이다.

Cho 등[378]은 수집 스케줄에 정책에 대해 첫 연구를 했는데, 그들의 데이터 집합은 stanford.com 도메인으로부터 180,000 페이지를 수집하여 여러 다른 전략을 사용해 수집 시뮬레이션을 하였다. 테스트된 측정법은 너비 우선, 백링크 계산(backlink-count)과 부분적 페이지랭크(PageRank)로, 이 논문 이후에 정의가 되었다. 이들 결론 중 하나는 수집 초기 과정에서는 높은 페이지랭크로 페이지를 내려받는 부분적 페이지랭크 전략이 제일 좋고, 너비 우선과 백링크 계산이 그 뒤를 따랐다.

Najork과 Wener[1169]는 여러 도메인으로부터 너비 우선 순서로 3억2천8백만 페이지를 실제로 수집했는데 너비 우선 수집은 초기에 높은 페이지랭크의 페이지를 갈무리 한다는 것을 발견했다(하지만 그들은 이 전략을 다른 전략과 비교하지 않았다). 이 결과에 대한 저자의 설명은 '가장 중요한 페이지들은 수많은 호스트로부터 많은 링크를 가지며, 어느 호스트나 페이지부터 수집이 시작되었는지와 상관없이 그들 링크는 초기에 발견된다.'고 했다.

Abiteboul 등[6]은 OPIC(On-line Page Inportance Computation)이라 불리는 알고리즘에 기반한 수집 전략을 설계하였다. OPIC에서 각 페이지는 '현금'의 초기 합이 주어지는데, 페이지가 가리키는 것들에 똑같이 분배한다. 이는 페이지랭크 계산과 유사하지만 더 빠르고 한 단계로만 이루어진다. OPIC 구동 수집기는 '현금'이 많은 수집 개척자의 첫 페이지를 내려받는다. 실험은 100,000페이지의 합성 그래프에 대해 내향링크의 파워 법칙 분포로 수행되었고 OPIC은 수집기를 수행하는 측정의 간단한 인링크 합산을 능가하는 결과를 보였다.

Boldi 등[220]은 .it 도메인으로부터 4천만 페이지와 WebBase 수집으로부터 1억 페이지 웹의 부분 집합에 대한 시뮬레이션을 사용하여, 임의의 순서(random ordering)와 전지적 전략(omniscient strategy)과 너비우선을 비교 하였다. 성공적인 전략은 너비우선이고 임의의 순서 또한 놀랄 정도로 잘 동작했다. 한 가지 문제는 WebBase 수집이 데이터 수집에 사용되는 수집기에 의해 왜곡된다는 것이다. 그들은 또한 웹의 부그래프에 수행되는 페이지랭크 계산이 실제 페이지랭크의 형편없는 근사값임을 보여 주었고, 그들 부분 계산이 수집에 사용되면, 좋은 페이지 출현에 큰 왜곡을 보여 주었다.

Baeza-Yates 등[100]은 .gr과 .cl 도메인으로부터 3백만 페이지 웹의 두 부분집합에 대한 시뮬레이션을 사용하여 여러 수집 전략을 테스트하였다. 그들은 OPIC 전략과 사이트 당 큐 길이를 사용하는 전략 모두 너비우선 수집보다 더 좋고, 또한 웹이 빠르게 변화하더라도 과거 수집에서 얻은 정보를 사용하는 것이 매우 유용하다고 하였다.

**중점 수집(Focused Crawling)**

온라인 선택 정책의 특별한 경우는 주어진 주제에 따라 페이지를 여과하는 것인데, 주제 표현은 유도(driving) 질의로 주로 구성되며 때때로 문서의 예제 집합도 이용된다. 만일 중점 수집기에 문서의 예제가 주어지면 그들 문서는 수집 시작의 종자 페이지로도 사용된다. 이 수집기는 일반 수집기가 하는 것과 똑같이 처리하지만 모든 URL을 큐에 추가하기 보다는 주어진 주제에 연관될 것 같은 페이지들만 추가하게 된다. 주제 관련성은 유도 질의와 표본 페이지, 중점 수집이 수행되는 동안 살펴 본 페이지를 포함한 가능한 모든 정보를 사용하여 추론한다.

중점 수집은 웹상의 주제 지역성(topical locality)을 이용하는데, 이는 상호 링크된 페이지들이 임의로 선택된 페이지보다 서로 같은 주제를 가진다는 것을 의미한다[477, 1119]. 특히, 관련된 페이지들은 서로 인용하려 하는데, 만일 $A$가 $B$와 $C$ 페이지에 링크되고, $B$ 페이지가 $A$ 페이지의 주요 주제와 연관이 되면 $C$ 페이지 또한 같은 주제로 연관될 가능성이 매우 높다는 것을 의미한다. 더 많은 페이지가 수집되고 수직 수집의 집중이 향상되면, 흥미로운 피드백 효과가 나타날 수 있는데, 예를 들어 소음(noisy) 페이지가 효과적으로 인지되고 폐기될 수 있다.

대역폭 사용의 관점에서 중점 수집의 주요 문제는 실제 페이지를 내려받기 전에 질의와 주어진 페이지의 텍스트 유사성을 예측하면 효과적으로 해결할 수 있다. 가능한 예측은 링크 텍스트의 앵커로 Pinkerton[1266]에 의해 취해진 접근법이다. Diligenti 등[497]은 '문맥 그래프'에 기반한 접근법을 제안했는데, 관련 페이지로 유도한 페이지의 전체 내용으로 아직 방문하지 않은 페이지의 연관성을 추론한다.

중점 수집의 성능은 특정 주제나 찾고자 하는 클래스에 대한 링크의 풍부성에 상당히 의존한다. 예를 들어 학술 웹 페이지는 상업적 파트너 보다 많고 좋은 링크를 포함한다[1576]. 이는 업무 환경에서는 경쟁 상대가 운영하는 웹 사이트의 링크를 연결하는 장점이 거의 없기 때문이다.

### 12.5.2 재방문(revisit) 정책

웹은 매우 동적인 특성을 가지고 있으며, 웹의 일부만 수집해도 긴 시간이 걸려서 보통 수 주나 수개월이 걸린다. 웹 수집기가 수집을 하는 동안, 많은 이벤트가 발생할 수 있는데, 이런 이벤트는 다음과 같이 생성, 수정, 삭제로 분류할 수 있다[98].

- **생성**. 한 페이지가 새로 생성되어도 공용 웹에 즉각 보이지는 않는데, 이는 해당 페이지에 대한 링크가 없기 때문이다. 따라서 적어도 한 페이지가 수정되어 그 페이지에 대한 링크가 추가되어야 새로운 웹 페이지가 접근 가능하고 보이게 된다. 일단 그 페이지가 보이면 재방문 정책의 결정에 따라 수집된다.

- **갱신**. 페이지가 변경된 것을 특정하기는 어렵지만 기본적으로 갱신은 부수적일(minor) 수도 있고 주요한(major) 것일 수도 있다. 부수적 갱신은 단락이나 문장 수준으로 이루어지는데, 페이지는 의미론적으로 동

일하고 그 내용에 대한 참조도 여전히 유효하다. 반면, 주요 갱신의 경우, 이에 대한 모든 참조가 더 이상 유효하지 않을 수도 있다. 부분 변경에 대한 특성 묘사는 [1031, 1215]에서 연구되었다.

- **삭제.** 어떤 페이지가 더 이상 접근 가능하지 않다면 삭제된 것이다. 한 페이지에 대한 모든 링크가 제거 되고 그 페이지가 웹에서 더 이상 보이지 않게 되더라도 정확한 URL이 알려졌다면 웹 수집기가 여전히 접근할 수 있음에 주의하라. 표적 페이지로의 링크가 존재하지 않은 것을 웹 수집기가 모르고 있거나, 페이지로만 존재하고 수집된 적이 없다면 해당 링크가 사라진 페이지를 탐지하는 것은 거의 불가능하다. 삭제된 페이지가 탐지되지 않으면 갱신의 경우보다 사용자의 눈에 더 띄어 검색 엔진의 명성에 더 치명적이다. 검색 엔진 성능에 대한 Lawrence와 Giles의 연구[989]에서 검색 엔진이 반환한 결과 링크 중 평균 5.3%가 삭제되었다고 보고하였다. 이 문제를 완화시키기 위해 검색 엔진은 지역 캐시를 제공한다.

### 페이지 이벤트에 연관된 비용 함수

검색 엔진의 관점에서 이벤트를 탐지하지 못한 것에 연관된 비용이 있고 따라서 페이지의 낡은 복사본을 가지게 된다. 이 비용 함수가 더 자주 사용되는 곳은 신선도(freshness)와 나이(age)[374]인데, 이제부터 검토한다.

신선도는 지역 복사본이 최신인지 아닌지를 나타내는 이진 측정값이다.

저장소내 시간 $t$에서 페이지 $p$의 신선도는 다음과 같이 정의된다.

$$F_p(t) = \begin{cases} 1 & \text{만일 } p\text{가 시간 } t\text{의 지역 복사본과 같을 경우} \\ 0 & \text{그렇지 않은 경우} \end{cases} \tag{12.1}$$

나이는 지역 복사본이 얼마나 낡은지를 나타내는 측정값으로 저장소내 페이지 $p$의 나이는 시간 $t$에서 다음과 같이 정의된다.

$$A_p(t) = \begin{cases} 0 & \text{만일 } p\text{가 마지막 수정이후로 변경되었다면} \\ t - t_{\text{last update}} & \text{그렇지 않은 경우} \end{cases} \tag{12.2}$$

시간이 지남에 따라 신선도와 나이의 진화는 그림 12.8에 묘사되었다.

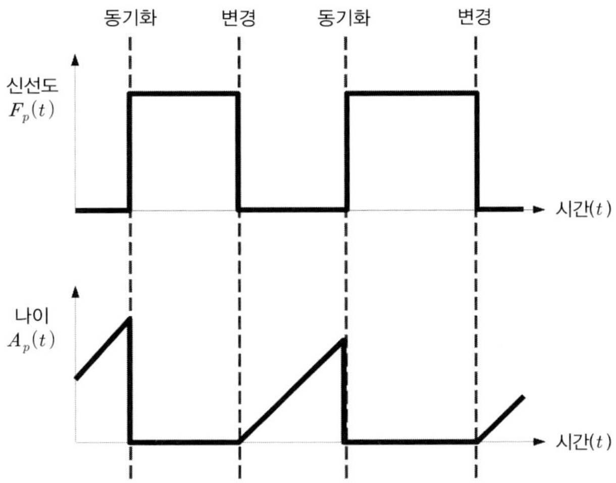


**그림 12.8**: 시간에 따른 신선도와 나이의 진화[374]. 두 유형의 이벤트가 발생할 수 있다: 서버내 웹 페이지의 변경(이벤트 변경)과 수집기가 변경된 페이지를 내려받기(이벤트 동기화)

저장소의 신선도를 유지하는 문제는 큐잉 이론(queuing theory)으로 모델링될 수 있으며 다중-큐, 단일-서버 폴링(polling) 시스템[404]으로 나타낸다. 큐잉 이론의 용어를 사용하면, 웹 수집기는 서버, 각 웹 사이트는 서비스 받기를 기다리는 고객의 큐가 된다. 페이지 변경은 각 큐에 도착한 고객과 유사하며, 고객이 기다리는 평균 시간은 최소화해야 할 변수가 되고 이 변수는 웹 수집이 설정한 수집된 페이지의 평균 나이와 대응된다.

다른 접근법으로 Wolf 등[1712]이 제안한 최종 사용자에게 제공되는 서비스의 질을 고려하는 방법이 있다. 여기서 질의 결과를 검사하는 사용자가 클릭한 낡은 페이지의 확률에 해당하는 웹 수집기의 당황도(embarrassment) 측정을 제안하였다. 따라서 어떤 페이지를 갱신해야 하는지를 결정하기 위해 수집기는 검색 엔진의 질의 이력으로부터 추출한 정보가 필요하다.

### 전략(Strategies)

수집기의 목적은 지역 컬렉션내 페이지의 평균 신선도를 가능한 높게 유지하거나 평균 나이를 가능하면 낮게 유지하는 것이라 할 수 있다. 이들은 동등한 목적이 아닌데, 첫 번째 경우는 얼마나 많은 페이지가 낡은 것인지를 고려하고, 두 번째 경우는 페이지의 지역 복사본이 얼마나 오래되었는지를 고려한다.

Cho와 Garcia-Molina[376]는 질적인 면에서 모든 페이지가 똑같이 중요하다고 여기는 모델을 고려하였고 두 가지 재방문 정책을 연구했는데, 일률(uniform)과 비례(propotional)이다. 일률 정책은 컬렉션내 모든 페이지를 변화의 정도와 상관없이 같은 주기로 재방문하는 것이며, 비례 정책은 더 자주 바뀌는 페이지를 더 자주 재방문하는 것이다. 이 경우에 재방문 주기는 (예상) 변화 주기와 직접적으로 비례한다.

두 경우 모두 페이지 반복 수집은 임의 순서나 고정된 순서로 할 수 있다. Cho와 Garcia-Molina는 놀라운 결과를 검증했는데, 평균 신선도의 경우, 일률 정책이 모의 웹이나 실제 웹 수집 모두에서 더 좋다는 것이다. 이 결과에 대한 설명은 어떤 페이지가 너무 자주 바뀌면 수집기도 너무 빨리 재수집을 시도하여 시간을 낭비하지만 여전히 페이지의 신선한 복사본을 유지할 수 없다는 사실로부터, '신선도를 향상시키기 위해 너무 자주 바뀌는 요소에 감점을 줄 수 밖에 없다'[376]고 했다.

일률 정책이나 비례 정책이 최적은 아니다. 평균 신선도를 높게 유지하는 최적의 방법은 너무 자주 바뀌는 페이지를 무시하는 것이고, 평균 나이를 낮게 유지하는 최적은 접근 주기를 단조롭게 (그리고 부-선형적으로) 각 페이지의 변화 정도를 증가시키는 것이다. 양쪽 경우 모두 최적화는 비례 정책 보다는 일률 정책에 가까운데, Coffman 등[404]은 '예상되는 노후화 시간을 최소화하기 위해, 어떤 특정 페이지의 접근을 되도록 같은 공간으로 유지해야 한다'고 주장하였다.

재방문 정책을 위한 명확한 수식은 일반적으로 얻을 수 없는데, 수식들이 페이지 변화의 분포에 의존하기 때문이다. 분포가 알려진다면 최적 재방문 정책은 수치로 얻게 될지도 모른다. 예를 들어 [525]에 서술된 수집기는 비-선형 프로그래밍 방법으로 기대 신선도를 최대화하여 선형 시스템을 구현하였다.

일반적으로, 대부분의 대규모 검색 엔진은 둘이나 세 개 큐의 다른 정돈(turnout) 시간을 사용하는데, 뉴스를 위한 큐는 하루에 여러번 사용하고, 유명하거나 연관된 사이트는 매일이나 매주별로, 나머지 웹을 위해선 큰 큐를 가지고 매 달 혹은 몇 달에 한번 사용한다.

여기서 고려한 재방문 정책은 모든 페이지가 질적인 면에서 동질이라고-웹 상 모든 페이지가 동등하게 중요한-가정하는데, 이는 실질적이지 않다. 따라서 더 좋은 수집 정책을 성취하기 위해서는 웹 페이지 질과 관련하여 더 많은 정보가 포함되어야 하며 12.5.4절에서 논의한다.

### 신선도 추정

각 페이지 $p$에 대해 매 방문 후 다음과 같은 정보를 얻을 수 있다.

- 페이지 $p$의 접근 시간–스탬프: $\text{visit}_p$
- 페이지 $p$의 최종 변경된 시간–스탬프(대부분의 웹 서버로부터 제공되며 실제 요청의 80%–90% 가능): $\text{modified}_p$
- 변화가 감지된 이전 복사본과 비교 가능한 페이지의 텍스트, 특히 $\text{modified}_p$가 제공되지 않을 때 필요.

만일 재방문 기간이 충분히 짧을 때 다음 정보가 추정 가능하다.

- 페이지가 처음 나타난 시간: $\text{created}_p$.
- 페이지에 더 이상 접근할 수 없는 시간: deletedp. Koehler[917]는 여러 해 지속된 장기 연구를 통해 많은 페이지가 지금 접근할 수 없더라도 미래에는 접근할 수 있을지 모른다고 주장하였다.

모든 경우에서 결과는 실제 값의 추정일 뿐인데, 그들 결과 값이 이벤트(변화)에 대한 통보(notifying)가 아닌 폴링(polling)으로 얻어지므로, 연속되는 폴링 단계 사이에 페이지가 변화 되었을 수도 있기 때문이다. 확률 $u_p(t)$는 시간 $t$의 최신 $p$ 복사본으로 페이지가 재방문되지 않으면 감소한다.

Brewington과 Cybenko[258]는 만일 주어진 페이지의 변화가 독립적인 간격으로 발생되면 이는 포아송(Poisson) 과정으로 모델링될 수 있다고 하였다. 하지만 대부분의 웹 페이지 변화가 어떤 주기를 가지며–연구된 표본에서 대부분의 수정이 연관된 시간대의 업무 시간 동안 발생하였기 때문–따라서 이 기간을 고려하지 않고 추정한 경우는 작은 범위보다 수 주나 수 개월이 더 유효하다.

웹 페이지 변화는 포아송 과정으로 모델링될 수 있는데, 이 경우, 마지막 방문으로부터 $t$시간 단위가 지났다면 다음 식과 같다.

$$u_p(t) \propto e^{-\lambda_p t} \tag{12.3}$$

파라미터 $\lambda_p$는 페이지 $p$의 평균 변화율에 대응되며 이전 방문에 기반하여 추정할 수 있다.

한 페이지를 $N_p$번 방문했다고 가정하고 $X_p$ 방문 동안에 한 번의 변화를 관찰했다고 가정하자. 이제 $S_p$를 그 페이지를 첫 방문한 이래 지나간 시간이라 하면, $\lambda_p$에 대한 단순 추정치는 다음과 같다.

$$\lambda_p \approx \frac{X_p}{S_p} \tag{12.4}$$

하지만 이 추정치는 왜곡되어 있는데, 기본적으로 수집기에 의해 관찰된 변화의 수가 실제 발생한 변화의 수보다 작기 때문이다. 이 추정치에 대해 다른 제안이 있는데 Cho와 Garcia–Molina[377]에 의해 분석되었다. 그들은 더 나은 추정치를 제안하고 분석했는데, 대부분의 웹 서버가 매 페이지에 대해 '마지막–변경' 시간 스탬프를 제공한다는 사실을 고려하였다. 이 추정치를 계산하기 위해 수집기는 반드시 매 방문마다 그 페이지의 변화로부터 총 시간 $T_p$를 다음과 같이 축적한다. 페이지를 방문한 기간에 변화되지 않았다는 것을 발견했다면 이 축적치에 마지막 방문 후 흐른 시간을 더하고, 변화되었다면, 웹서버에 보고된 최종 수정 이후 시간을 더한다. 이때 $\lambda_p$는 다음과 같이 추정된다.

$$\lambda_p \approx \frac{(X_p - 1) - \dfrac{X_p}{N_p \log(1 - X_p/N_p)}}{T_p} \tag{12.5}$$

이에 대한 구체적인 분석과 변화 주기에 대한 다른 추정치는 참고 문헌 [377]에서 찾을 수 있다.

**웹 페이지 변화의 특성**

한 웹 페이지에 대해 여러 시간-관련 측정이 있지만 대부분 다음을 사용한다.

- 나이: $visit_p - modified_p$.
- 수명: $deleted_p - created_p$.
- 수명 중 변화의 수: $changes_p$.
- 평균 변화 간격: $lifespan_p / changes_p$.

| 참고 문헌 | 표본 | 관찰 결과 |
|---|---|---|
| [917] | 360 임의 페이지,<br>장기간 연구 | 반감기≈2년<br>페이지의 33%가 6년 지속 |
| [1092] | 500 페이지(온라인 논문) | 반감기≈4.5년 |
| [689] | 2500 페이지<br>대학 웹사이트 | 평균 수명≈50일<br>수명 중간값≈150일 |
| [1514] | 4200 페이지(온라인 논문) | 반감기≈4년 |
| [373] | 72만 페이지<br>대중적인 사이트 | 평균 수명≈60~240일<br>.com 페이지의 40%가 매일 변경<br>.edu와 .gov 페이지의 50%가 4달동안 불변 |
| [509] | 95만 페이지 | 평균 나이: 10일에서 10달<br>더 많이 링크된 페이지가 더 자주 변경 |
| [1215] | 4백만 페이지,<br>대중적인 사이트 | 매주 8%의 새 페이지 생성<br>새 페이지의 62%가 중요한 내용<br>매주 25%의 새 링크가 생성<br>페이지 변경의 80%가 작은 규모 |
| [561] | 1억5천만 페이지 | 페이지의 65%가 10주 동안 불변<br>새 페이지의 30%가 작은 변경<br>영역에 따라 유용성이 크게 다양함 |
| [258] | 8억 페이지 | 평균 수명≈140일 |

**표 12.1:** 웹 페이지 변화에 대하여 선택된 결과들로 표본 크기 순서로 나열됨.

표본에 있는 웹 페이지에 대해 위 값으로 나타낸 추정치를 일단 얻게 되면, 전체 표본에 대한 유용한 측정값을 계산할 수 있는데, 가령 변화 간격의 분포, 페이지의 평균 수명, 페이지의 수명 중간값(median) 등과 페이지의 50%가 변화되는 시간인 웹의 '반감기(half-life)'가 있는데, 이는 물리학 용어를 빌려왔다. 웹 페이지 변화에 대한 선택된 결과들을 표 12.1에 요약하였다. 불행히도 이런 파라미터 연구에 대한 방법은 매우 폭 넓고 비교할 만한 결과가 거의 없다. 몇몇 연구자는 페이지의 수명에 초점을 맞추었는데, 이는 웹 콘텐츠의 '유용성(availability)'에 연관되어 있다. 다른 연구자들은 페이지 변화율에 중점을 두었는데, 이는 웹 수집에 더 직접 연관이 되며, 변화율을 알면 좋은 재방문 순서를 제공하는데 도움이 된다.

웹 페이지의 노후화 연구 또한 학술적 연구의 관점에서 중요한 주제인데, 온라인 출판에서의 인용이 증가하는 추세이기 때문이다. 대부분의 사람들은 그들이 시간에 영속적이라고 가정하지만 그렇지 않다. 이 문제를 극복하기 위해 디지털 객체 식별자 DOI (Digital Object Identifiers; http://www.doi.org/ 참고)가 현재 대부분의 과학 관련 주요 출판사에 의해 사용된다. 그렇지 않으면 인용된 URL을 마지막으로 본 날짜를 보고하는 것이 관례다.

### 12.5.3 공손도(Politeness) 정책

Koster[934]가 주목했듯이, 웹 로봇의 사용은 여러 태스크에 대해 유용한 반면, 일반 커뮤니티에 대가를 지불하게 된다. 웹 수집기는 무시할 수 없는 대역폭을 요구하고 오랜 시간 높은 수준의 병렬로 운영되어 과도한 양의 대역폭을 소모할지도 모른다. 이는 서버 과부하를 야기하게 되며 특히 주어진 서버 접근 빈도가 높은 경우나 로봇이 형편없이 쓰여졌을 때 더 그렇다.

이것만이 고려대상은 아니고 사생활 또한 웹 수집기가 야기하는 쟁점이다. 수집기는 예를 들자면 공용이 아닌 웹 사이트의 부분을 접근하여 그 내용을 색인하고 폭넓은 독자에게 접근을 제공한다. 최종적으로 만일 검색 엔진의 로봇이 내려받은 페이지를 '캐시'에 유지하며 운영된다면 저작권 문제가 일어날 여지가 있다.

또한 약간의 지침이 웹 수집기의 지속적인 운영에 중요하다. 여러 웹 사이트가 소수의 물리적 서버에 의해 제공되는 것을 고려하면, 한 웹 사이트에 불손한 수집기는 동일 서버가 제공하는 모든 웹 사이트에 접근 금지될 수 있으므로 해당 사이트들의 내용을 수집하는 것이 불가능하게 된다.

웹 수집기 운영을 위한 다음 세 가지 기본 원칙이 해당 집단의 합의에 이르렀으며 최근 모든 주요 검색 엔진에 의해 다음과 같이 지켜지고 있다.

1. 웹 수집기는 자신을 그대로 드러내야 하며 정규 웹 사용자로 가장해서는 안 된다. 이는 여러 목적을 가지는데, 웹 사이트의 방문자 수를 제대로 계산하는 것을 포함해서 몇몇 경우에 로봇에 공개를 허락하고 대역폭을 통제하는 것 또한 포함된다.
2. 웹 수집기는 로봇 배제 프로토콜(robot exclusion protocol)[933, 935]을 지켜야 하는데, 이 프로토콜은 관리자가 웹 서버의 어느 부분을 로봇이 접근하지 못하게 할 지 설정하는 표준이다.
3. 웹 수집기는 주어진 웹 사이트에 낮은 대역폭을 유지해야 한다. 이는 동일 사이트에 한 페이지 이상을 동시에 내려받으면 안된다는 것이고 두 번의 연속적인 내려받기 사이에 어느 정도 시간을 기다려야 한다.

실제, 네 개의 대규모 검색 엔진은 이런 규칙을 다음과 같이 공지하였다.

- Ask 검색: http://about.ask.com/en/docs/about/webmasters.shtml
- 구글(구글봇): http://www.google.com/webmasters/bot.html
- MSN 검색: http://www.msnsearch.com/msnbot.htm
- 야후 검색(Slurp!): http://help.yahoo.com/help/us/ysearch/slurp/

다음으로 로봇 인식, 배제 프로토콜과 대역폭 사용의 쟁점에 대해 자세히 검토한다.

### 로봇 인식(Robot Identification)

웹 트래픽을 분석하는 대부분의 소프트웨어는 인간과 수집기를 따로 설명하는 방법을 포함한다. 이는 대부분의 웹 사이트 운영자가 고유한 방문자의 정확한 수 계산을 원하는데, 웹 수집기 방문은 인공적으로 방문수를 증가시킬 수가 있다. 웹 서버에 의해 웹 수집기의 항해 패턴이 감지된다[1557]하더라도 웹 수집기 자신이 초반에 자신을 인식시켜주는 것이 더 효과적이다.

연락처(Contact) 정보 또한 웹 서버 관리자에게는 중요하다. 수집기가 공손하고 웹 서버의 과부하를 피하기 위한 안전수칙을 지킨다 하더라도 불만에 대한 쟁점이 발생할 수도 있다. 이에 대해 Brin과 Page[263]는 다음과 같이 언급하였다.

> … 수집기를 가동하여 50만개 이상의 서버를 접속하면, (…) 상당한 양의 전자우편과 전화 통화가 온다. 그 이유는 온라인상 많은 사람들이 방문하고, 그 중에는 수집기가 무엇인지 모르고 심지어 처음 보는 사람들이 있기 때문이다.

HTTP 프로토콜[564]은 누가 요청을 했는지 인식할 수 있는 사용자 에이전트 (user-agent) 필드를 포함한다. 웹 수집기에서 발생된 요청을 위한 사용자 에이전트 필드는 수집기(또는 로봇)의 정보가 포함된 웹 페이지 주소를 비롯해, 전자우편 주소나 연락처 정보도 아울러 포함해야 한다. 이 정보를 나타내지 않으면, 웹 사이트 관리자는 유발 네트워크 세그먼트의 전체 소유자 목록을 통해 불만을 보낼 지도 모른다.

대부분의 웹 트래픽 분석 소프트웨어는 대규모 검색 엔진의 수집기가 사용하는 사용자 에이전트 표현을 포함한다. 작은 규모의 웹 수집기를 위해서는 적절한 인식을 위해 '수집기(crawler)'나 '로봇(robot)'이란 단어를 이 필드에 포함하는 것을 추천한다.

### 로봇 배제 프로토콜(robot exclusion protocol)

로봇 배제 프로토콜[933, 935]에는 세 가지 배제 형태가 있는데, 서버-전체 및 페이지-한정 배제, 캐시 배제 등이다.

서버-전체 배제(server-wide exclusion)는 수집기에게 수집하면 안되는 디렉토리를 안내해 준다. 이는 웹 사이트의 루트 디렉토리에 있는 단일 robots.txt 파일을 통해 이루어진다. 문법은 매우 단순한데, 기본적으로 한 줄에 한 명령어로 구성되며, 각 명령어는 어떤 사용자-에이전트(즉, 수집기가 자신을 인식시키는 이름)가 내려받으면 안되는 디렉토리 같은 제한 목록을 지켜야 하는지 나타낸다. 실례를 보이면 다음과 같다.

```
User-agent: *
Disallow: /data/private
Disallow: /cgi-bin
```

이는 모든 수집기가 /data/private와 /cgi/bin 디렉토리를 내려받으면 안된다는 것을 나타낸다.

페이지-한정 배제(page-wise exclusion)는 페이지 자체에 메타-태그를 포함하여 이루어진다. 메타-태그는 표준 HTML 문법의 한 부분으로 웹 페이지에 key=value 형태의 연관된 쌍으로 페이지 저자가 제한을 할 수 있게 해준다. 실제 예를 들면, 다음 메타-태그

```
<meta name="robots" content="noindex,nofollow"/>
```

는 수집기가 이 페이지를 색인해도 안 되며, 이 페이지에 포함된 링크를 따라가도 안 된다는 것을 표현한다.

캐시 배제(cache exclusion)는 출판사가 이용하며, 그들의 정보 접근권을 판다. 웹 수집기에게 그들 페이지의 전체 내용을 색인하고 검색 결과에 페이지를 보여주는 링크를 허용하지만, 해당 페이지의 지역 캐시 복사본을 사용자에게 보여주지 말 것을 검색엔진에 지시한다. 이는 페이지-한정 배제에서 nocache 키워드를 사용한 다음 HTML 태그로도 똑같이 수행될 수 있다.

```
<meta name="robots" content="nocahe"/>
```

모든 예방책에도 불구하고 수집기는 공개를 원하지 않는 페이지에 접근할 수 있고, 그 결과로 법적인 문제가 발생할 수 있다. 이런 이유로 수집된 페이지의 데이터베이스로부터 문서를 빠르게 제거하는 방법을 보유하는 것이 중요하다.

### 대역폭 사용 통제

웹 수집기의 가용 대역폭은 방문하는 웹 사이트의 대역폭에 비해 대체로 매우 높다. 웹 수집기는 다중 스레드를 사용하므로 특히 작은 규모의 웹 서버에 쉽게 과부하를 줄 수 있다. 이를 피하기 위해 주어진 웹 서버에 오직 하나의 접속만 하는 것이 관례이다. 게다가 연속적인 두 접속 사이에 수집기는 지연을 두는데, 이 지연 시간은 중요

한 매개 변수로 첫 제안은 [933]에서 60초로 주어졌다. 하지만 만일 10만 페이지의 웹 사이트를 내려받게 되면 지연없이 완벽한 접속에 무한의 대역폭을 가진다고 해도 이 사이트의 모든 페이지를 내려받는데 두 달 이상 걸리게 된다. 따라서 이 웹 서버 자원의 부분만 영원히 사용하게 되며 이는 받아들이기 어려울 것이다.

Cho[377]는 연속된 접속 사이의 간격을 10초로 조정하길 제안했고 WIRE 수집기[95]는 내정 값으로 15초를 사용한다. Mercator 웹 수집기[759]는 적응형 공손도 정책을 따르는데, 주어진 서버로부터 한 문서를 내려받는데 t초가 걸린다면, 수집기는 10×t 초를 기다리고 다음 페이지를 내려받는다. Dill 등[498]은 요청 간에 1초를 기다렸는데, 접근 로그로부터 입증되지 않은 증거지만 알려진 수집기들의 접근 간격은 20초에서 3~4분 사이로 다양하다.

최근에, 여러 웹 수집기(야후!, MSN 검색, Ask 등)는 자신의 웹사이트를 색인할 때 어떤 값의 지연을 사용해야 하는지 웹 사이트 운영자가 결정할 수 있도록 로봇 배제 프로토콜을 확장하는 것을 고수하기 시작하였다. 이는 robots.txt 파일에 crawl-delay란 줄을 지정하는데, 다음 예와 같다.

```
Crawl-delay: 45
```

이는 웹 수집기에게 연속된 접근 간에 45초를 기다리라는 표현이다.

### 12.5.4 정책의 결합

지금까지 서술된 정책의 결합을 위해 공손도 정책이 오직 웹 수집기의 단기간 행위에만 영향을 미친다는 점을 주목하라. 공손도 정책의 시간 규모는 선택과 신선도 정책에 비해 작으므로, 이 다른 시간 규모를 활용하여 수집기 행위를 분류하면, 단기 스케줄링으로는 공손도 정책을 다루고, 장기 스케줄링으로 선택과 신선도를 다루게 되는데 12.5절에서 검토한 바 있다.

예를 들어, 웹 페이지의 질과 신선도의 추정치를 모두 가지고 있다고 하자. 자연적인 결합은 단일 웹 페이지를 내려받는 것으로부터의 이득을 고려하는 것[95]이다. 지역 컬렉션내 페이지의 질적 추정치가 $q$(예: 광역 순위에 기반)라 가정하고 최신일 확률이 $p$(예: 신선도 추정치에 기반)라 하자. 그러면 색인에 있는 현재 값은 $q \times p$가 된다. 만일 이 페이지를 지금 내려받으면 최신 정보일 확률이 1이고 그 예상 값은 $q$가 된다. 따라서 이 페이지를 내려받는 기대 이득은 $q \times (1-p)$가 된다. 따라서 자연적인 정책은 기대되는 이득에 따라 페이지를 정렬하고 기대 평균 이득을 최대화하는 페이지의 집합을 먼저 내려받는다.

저장소내 '신선'하지 않은 페이지를 처리하기 위해 다른 형태의 부패도(decay)를 사용할 수 있다. 예를 들어 현재 값으로 $q \times p\alpha$이라는 확장형을 고려할 수 있는데, 여기서 $\alpha$는 질에 비해 신선도를 높이거나 낮추는 지수가 된다.

## 12.6 평가

이 절에서는 어떻게 수집 전략을 평가할 수 있는 지 검토한다. 실제로는 동일한 사이트뿐만 아니라 정확하게 동일한 네트워크와 웹 서버 조건에서 여러 수집기를 수행해서 공정하게 비교하는 것은 불가능하다.

### 12.6.1 네트워크 사용 평가

그림 12.9의 (왼쪽) 다이어그램은 다섯 페이지로 구성된 가상의 일괄처리에 대한 최적의 웹 수집 상황을 묘사한 것이다. $x$축은 시간이고 (예를 들어, 초), $y$축은 속도인데 (예를 들어 초당 바이트), 각 페이지의 영역은 그 크기가 된다. 다운로더는 최대 대역폭으로 $B^*$를 가지며 수집은 다음 시간에 완료된다.

$$T^* = \frac{\sum_i \text{size}(P_i)}{B^*} \tag{12.6}$$

여기서, size($P_i$)는 페이지 $P_i$의 크기이다.

이제 다음과 같은 실제 설정을 고려해보자.

- 각 페이지의 내려받는 속도가 다르므로 어떤 지점에서 대역폭의 부분을 잃을 지도 모른다. 방문하는 웹 사이트의 최대 속도보다 수집기의 대역폭이 더 높음에 주의하라.
- 공손도 정책에 따라 동일 사이트로부터 두 페이지를 동시에 내려받을 수 없고 하나씩 받는다.

이런 가정에서 서로 다른 수집 시간표가 발생할 수 있고 그림 12.9(오른쪽)처럼 표현될 수 있다. 최적의 경우에, 수집은 시간 단위 $T^*$내에 완료되며 이때 최대 대역폭으로 $B^*$를 사용한다. 실제로는, 총 시간 $T$가 이보다는 더 큰데, 어떤 대역폭이 과부하가 걸리거나 멀리 떨어진 웹 서버 접속을 잃을 수 있기 때문이다. 잃어버린 대역폭은 $B^* \times (T - T^*)$로 측정 가능하다.

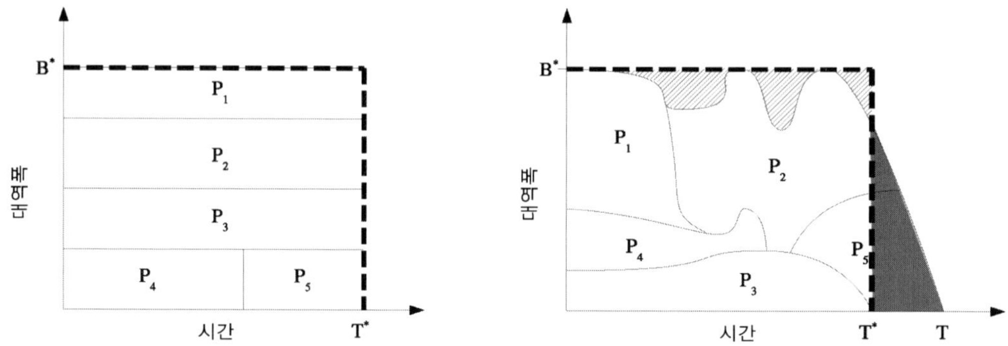


**그림 12.9:** 최적(왼쪽)과 실제(오른쪽) 시나리오의 단기 스케줄링. 내려받는 페이지의 총 크기가 같으므로 회색과 빗줄친 부분은 동일한 넓이를 갖는다.

만일 페이지에 대한 일괄처리가 호스트에 대한 페이지의 멱함수 분포를 보이면 (즉, 큰 사이트는 몇 개 없고 작은 사이트가 많은), 일괄 처리의 마지막 단계에 단지 몇몇 호스트만 남아있을 가능성이 높다. 마지막에 소수의 호스트만 남아 있을 경우, 일단 페이지의 큰 부분을 내려받으면, 수집을 중단하는 것이 합리적이다. 특히, 남아있는 호스트의 수가 매우 작으면 대역폭을 완전하게 쓰지는 못한다.

단기 스케줄러는 더 많은 스레드를 통해 대역폭 사용을 포화시켜 종결 시간을 향상 시킬 수도 있다. 하지만 너무 많은 스레드를 사용하면 스레드 간 통제를 전환하는 비용을 감당 못하게 된다. 페이지의 재순서화로 일괄 처리의 어떤 지점에 소수 사이트가 남는 것을 피하면 또한 최적화될 수 있다.

## 12.6.2 장기 스케줄링 평가

12.5.1절에서 장기 스케줄링의 여러 전략에 대해 기술하였다. 이 전략들을 비교하기 위해 [378, 220, 100]과 여러 논문들이 다음과 같은 방안을 이용하였다. 첫째, 웹 페이지의 질을 추정하는 측정이 컬렉션내 모든 페이지에 대해 계산된다. 그러면, 각 전략에 따라 이 페이지들이 내려받는 순서대로 정렬되고 각 페이지를 위해 계산된 질적 측정값의 누적 합이 계산될 수 있다. 이 실험 결과는 그림 12.10 ([100]에서 .gr 도메인의 3백5십만 페이지 컬렉션을 사용함)과 유사한 그래프가 된다. 이 그래프는 질적 측정으로 페이지랭크를 사용했으며 여러 수집 전략을 모의 실험했는데, 모두 임의의 고정된 노드 집합으로부터 시작하였다.

그림 12.10에서 모의 실험한 수집 전략은 진입 차수(in-degree), 너비 우선(breadth-first), 전지적(omniscient)의 세 가지이다. 너비 우선은 이미 언급되었고 FIFO(First In First Out) 큐를 구현하여 새로 발견된 URL들을 저장하고 FIFO 규칙을 사용하여 내려받을 URL들을 스케줄링한다. 진입 차수는 이미 내려받은 웹의 부분에서 모든 진입 링크를 더하여 다음에 내려받을 페이지를 선택한다.

전지적 전략은 이상적 전략으로, 완전한 웹 그래프를 알고 있고 각 페이지의 실제 페이지랭크를 이미 계산한 '전지자(oracle)'에게 질의한다. 이 전략은 내려받을 상위 페이지가 필요할 때마다 전지자에게 어느 페이지가 가장 순위가 높고 내려받아야 하는지 물어본다. 이 전략은 다른 전략과 동일한 제한을 가지며, 이미 내려받은 페이지가 가리키는 페이지만 내려받을 수 있다. 즉, 이는 모든 실현 가능한 전략의 성능 상한치가 된다.

만일 페이지랭크가 질적 측정으로 사용되면, 그림 12.10에서 전지적 전략이 다른 두 전략보다 좋다. 전체 프로파일이 단일 측정값으로 요약될 수 있는데, 예를 들어, 수집하는 동안 질적 측정의 평균값(곡선의 아래 영역) 이나 어떤 고정 점(예: 수집의 10% 진행 시점)의 질적 측정값 등이 있다. 이는 수집기가 사용되는 특정 응용에 의존적이다.

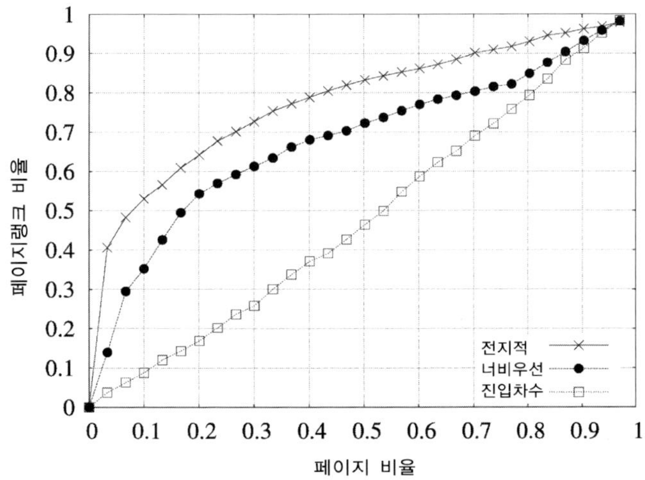


**그림 12.10:** 페이지랭크를 사용한 장기 스케줄링 평가

## 12.7 연구 동향 및 쟁점

지금까지 표준 수집 기술에 대해 서술했는데, 이 절에서는 기본 수집 패러다임의 몇몇 확장과 함께 약간의 연구 도전에 대해 검토한다.

### 12.7.1 '숨겨진' 웹을 수집

지금까지 기술했던 과정은 그저 링크를 따라가며 연결된 모든 웹을 색인하는 것이었다. Raghavan과 Garcia-Molina[1324]는 웹에 링크를 따라가서는 발견할 수 없지만 질의를 하거나 양식을 채워서 볼 수 있는 어마어마한 양의 공개 정보가 있음을 관찰했는데, 그림 12.3에 나타나 있다. 이는 '숨겨진(hidden)' 또는 '깊숙한(deep)'[259] 웹으로 알려졌고, 이런 웹의 비율은 2000년[259]에 전체 웹보다 550배 크다(페이지 단위)고 추정되었다. 더 최근 연구는 깊숙한 웹의 크기가 이보다 더 크다고 제시되었다[357].

숨겨진 웹을 구성하는 데이터베이스를 수집하기 위해, 우선 보통의 수집으로 발견된 페이지 집합을 파싱하여 해당 양식을 찾는다. 이들 양식은 내부 표현으로 전환되는데, 각 양식 항목에 하나 이상의 라벨을 포함하며, 이들 라벨은 내부 특정 영역 지식 저장소에 대해 정합된다. 이 정합이 이루어진 후, 하나 또는 여러 특정 영역 질의로 체계화되고 발부되며 결과물은 수집기에 의해 파싱 및 저장된다.

예를 들어, 여행에 대한 정보를 수집하는 수집기는 유명 여행지의 큰 목록을 가질 수도 있다. 이 수집기는 장소 이름이 기재되길 바라는 양식을 발견할 때마다 자동으로 질의를 발부할 수 있다. 이들 양식의 인식은 필드 이름을 보거나 발견된 페이지 안의 텍스트를 관찰해 이루어진다.

### 12.7.2 웹 사이트의 도움을 받는 수집

지금까지는 웹 서버가 수집에 대해 수동적이라 여겼지만, 이게 필연적인 건 아니다. 흥미롭게도 1993년의 첫 웹 수집기에 대해 기술한 포스팅에 대한 응답으로 이런 가능성이 이미 다음과 같이 제안되었다[1421].

> 만일 각 서버에, 연결에 대해 그냥 물어 볼 수 있다면 더 좋지 않을까? 이런 방법이 **매우** 빠르게 만들 것 같은데, 각 서버는 모든 정보에 대해 지역 접근이 되니 모든 HREF들을 정말 빨리 찾고, 유일화하여 다른 이에게 보고 할 수도 있다.

첫 번째 검색 엔진인 ALIWEB은 실제 이 방식을 사용했는데, 웹 서버는 지역 파일내에 그들의 내용을 광고해야 했고 다양한 지역 파일들이 수집기에 결합했다. 불행하게도 대부분의 웹 작성자는 이 시스템을 구현하기에 너무 게을렀고 대부분의 최신 웹 수집기는 웹 서버들을 수동적 존재로 여겼다.

아마도 검색 엔진의 관점으로 가장 중요한 쟁점은 페이지가 변경되었을 때 감지하는 것이다. 최근에는 이것이 대부분 폴링(polling)으로 이뤄지는데, 통보(notifications)라는 몇몇 방법으로 바뀔 수 있다면, 최신 컴퓨터에서 폴링 대신 디바이스 인터럽트가 사용되는 것과 같이 더욱 효율적일 것이다.

웹 수집기에게 마지막 변경 데이터를 푸싱(pushing)하는 가장 구체적인 제안은 Gupta와 Campbell에 의해 제안되었다[687]. 이 작업은 검색 엔진내 일정 임계점을 넘어서 잘못 표현된 웹 사이트에 한해서 메타 데이타를 보내는 비용 모델을 포함한다.

오늘날 대부분의 웹 사이트로부터 웹 수집기가 받는 유일한 '도움'은 정규 사용자도 마찬가지로 받는 도움 기술과 관련되어 있다. 이는 웹 페이지 변경 확인에 사용되는 '이후에 수정된 경우(if-modified-since)' 요청을 포함하는데, 웹 프록시에 의해서도 사용되고, 웹 수집기에도 매우 유용하다. 또, 큰 규모의 수집에 특히 도움이 되는 압축 또한 포함한다.

실제 사용되는 통보 기술에서, 가장 많이 사용되는 것은 RSS(Really Simple Syndication) 핑(ping)으로 (http://www.rssping.com/), 블로그나 뉴스 소스가 검색 엔진에 통보하거나 뉴스 수집기의 갱신에 사용된다. 실제로 RSS 핑이 하는 일은 새로운 내용이 추가되거나 기존 내용이 변경되었을 때, 뉴스 수집기에게 콘텐츠 제공자가 출판한 RDF (Resource Description Framework, 6.4.4절 참조) 피드(feed)에 대해 재수집 일정을 잡도록 하는 것이다.

웹 수집에 관련하여 다른 많은 도전 과제가 있는데, 다음과 같다.

- 선택 정책 향상으로, 이미 수집한 정보를 사용하여 수집하는 동안 빨리 연관된 항목을 찾는 기술과 연관되어 있다.
- 메모리와 네트워크 사용을 향상시키는 것으로, 특히 데스크탑 컴퓨터에서 주문형 수집 같은 메모리 제한적 환경에 더 필요하다.
- 사실 습득을 위한 수집으로, 시멘틱 웹과 중점 수집을 포함한다.

- P2P 서비스 등과 같은 다른 환경에서 수집.
- 소셜 네트워크와 트위터 같은 실시간 웹을 수집.

### 12.7.3 분산 수집

또 다른 주요 동향은 여러 지리적 장소로부터의 수집, 즉, 분산 수집이다. 이는 네트워크 위상이 병목 현상을 일으킬 수 있으므로 중요한데, 이 경우 분산 웹 수집기를 서로 다른 지리적 위치에 주의 깊게 분산시킨다[538]. 이 최적화 문제는 여러 변수를 포함하는데, 다른 위치에 따른 네트워크 비용과 검색 엔진에 데이터를 되돌려 보내는 비용 등이 포함된다. 최근 논문에, Cambazoglu 등[325]은 수집이 분산되었을 때, 빨라질 뿐만 아니라 더 연관된 페이지를 먼저 수집할 수 있음을 보여주었다.

## 12.8 참고문헌 고찰

첫 번째 수집기 구조는 1994년에 기술되었는데[529, 1103, 1266], 그 당시 웹에는 수십만 개의 호스트가 있었다. 초기 다른 수집기와 소프트웨어 에이전트의 자세한 내용은 [368, 1698]을 참고하라.

이어진 수집에 관한 논문들이 주요한 영향을 끼쳤는데, Najork와 Wiener의 너비우선 수집 작업[116], Cho와 Garcia-Molina[373, 374, 375, 376, 377, 378, 379]에 의한 일련의 논문들, Chakrabarti의 중점 수집에 대한 선구적 작업[1229]이 포함된다. 가장 최신의 조사는 Olston과 Najork[1229]에 있으며, 다른 좋은 소개는 Chakrabarti의 데이터 마이닝 책[349]의 수집에대한 장과 Castillo의 박사 논문[342]을 포함한다.

이제 수집기의 여러 형태를 검토한다.

#### 광역 규모 수집기(Global-scale Crawlers)

인터넷 아카이브(Internet Archive)[301]는 'Heritrix'라 불리는 수집기를 사용하는데, 웹의 큰 부분에 대한 정기적인 스냅 샷을 보관할 목적으로 설계되었다. 여기서 여러 프로세스가 분산 방법으로 사용되며, 각 프로세스마다 고정된 수의 웹 사이트가 할당된다. 프로세스 간 URL 교환은 긴 간격을 가지고 일괄 처리로 수행되는데, 비용이 많이 드는 과정이기 때문이다. 또, 인터넷 아카이브 수집기는 DNS 기록 변화 문제를 다루는데, 호스트 이름과 IP 매핑의 이력 기록을 보관한다.

구글의 초기 구조는 [263]에 비교적 자세히 기술되어 있는데, C++와 Python으로 작성된 수집기에 대한 자세한 설명도 포함되어 있다. 수집기는 색인 프로세스에 통합되어 있는데, 텍스트 파싱이 전문 색인과 URL 추출을 위해 수행되기 때문이다. 여러 수집 프로세스에 불려지는 URL 목록을 보내는 URL 서버가 있다. 파싱 중에 새로 발견된 URL은 URL 서버로 보내져서 이전에 방문한 것인지 확인하고, 방문한 적이 없다면 URL 서버의 큐에 추가된다.

FAST 검색 엔진은 [1361]에 구조가 기술되어 있는데, 각 기계가 '문서 스케줄러'를 가지고 문서의 큐를 유지하며, 지역 저장 부시스템에 저장하는 '문서 프로세서'가 이들 문서를 내려받는 분산 구조이다. 각 수집기는 하이퍼링크 정보를 교환하는 '분산' 모듈을 통해 다른 수집기와 통신을 한다.

#### 모듈식 수집기(Modular Crawlers)

Mercator[759]는 자바로 작성된 모듈식 웹 수집기다. 이 모듈 방식은 교환 가능한 '프로토콜 모듈'과 '처리 모듈'의 사용으로부터 발생했다. 프로토콜 모듈은 어떻게 웹 페이지를 얻는지(예: HTTP에 의해)에 관련이 있고 처리 모듈은 어떻게 웹 페이지를 처리하는 지에 관련되어 있다. 표준 처리 모듈은 그냥 페이지를 파싱하여 새로운 URL을 추출하지만 어떤 처리 모듈은 페이지의 텍스트를 색인하거나 웹으로부터 통계를 모으는데 사용되기도 한다.

*WebFountain*[525]은 모듈식 분산 수집기로 Mercator와 유사하지만 C++로 작성되었다. 이는 일련의 '개미(ant)' 기계들을 조정하는 '관리자(controller)' 기계를 두며, 또한 신선도를 최대화 시키는 수식 시스템을 기술하고 푸는데 쓰는 모듈을 포함한다.

*WebSPHINX*[1134, 1135]는 다중 스레드 웹 페이지 검색과 HTML 파싱, 시작 URL을 설정하는 그래픽 유저 인터페이스, 내려받은 데이터 추출, 기본 텍스트 기반 검색 엔진을 구현한 자바 클래스 라이브러리로 구성되어 있다.

### 오픈 소스 수집기(Open-source Crawlers)

*NUTCH*[1217]는 자바로 작성된 수집기로 Lucene 검색 엔진의 부분이었지만 현재는 Apache Foundation의 지원을 받고 있다. 이는 인트라넷 웹 수집을 위한 간단한 인터페이스와 더불어 큰 규모의 수집을 위한 더 강력한 명령어 집합을 포함하고 있다.

*WIRE*[95, 343]는 C++로 작성된 웹 수집기로, 페이지 내려받기 스케줄링을 위한 여러 정책과 내려받은 페이지에 대한 보고서와 통계를 작성하기 위한 모듈을 포함한다. 후자 때문에 이는 웹 특징 서술에 사용된다.

*ht://Dig*[783]은 (C로 작성) 웹 수집기를 포함하는 영역이나 인트라넷을 위한 색인 및 검색 시스템이다.

다른 수집기로 *WebBase*[768] (C로 작성), *CobWeb*[472] (Perl로 작성), *PolyBot*[1468] (C++와 Python으로 작성), *WebRace*[1745] (Java로 작성) 등이 있다.

Chapter 13

# 구조적 텍스트 검색

## 13.1 소개

텍스트 문서는 종종 구조화된 정보를 표현한다. 예를 들어 과학 논문은 요약(abstract), 여러 절(section)과 부절(subsection) 등 각기 단락(paragraph)으로 이루어진 논리적 구조로 이루어져 있다. 책은 페이지나 열 같은 페이지 배치(layout) 구조를 가지며, 다른 문서는 품사(part-of-speech) 태그 주석을 가질 수도 있다. 이 구조적 정보는 보통 SGML과 요즘 대세인 XML같은 마크업 언어(6.4절 참조)를 이용해 부호화 된다.

구조적 정보는 여러 단계의 정보 검색 과정에 활용될 수 있다. 첫째, 색인 단계에서 사용될 수 있는데, 문서 요소가 인지되고 독립적이지만 관련 단위로 색인된다. 둘째, 다양한 단계별로 문서 요소가 허용되는 검색 단계에서 사용될 수 있다. 셋째, 구조적 정보는 모든 관련 문서 요소보다 인터페이스에서 선택된 문서요소만 결과로 돌려줌으로써 결과 표현 단계에서 사용 가능하다. 넷째, 검색될 단위의 내용과 구조에 대한 제약조건을 갖는 요청을 형식화하는 질의 단계에 사용될 수도 있다.

시각적 기억력이 뛰어난 사용자가 특정 문서에서 관심 있는 페이지의 어떤 '그림'에 '칠레'란 설명이 붙어 있고 그 그림은 텍스트로 둘러싸여 있는데 그 중 '적 포도주'란 어구가 있는 것을 기억할 때, 이 사용자는 그 페이지만 돌려받으면 매우 만족스러울 것이다. 고전적인 정보검색 모델에서 이 질의는 다음과 같다.

```
"적 포도주" and "칠레"
```

이 질의는 두 문구가 포함된 모든 문서를 검색할 것이며, 결과는 사용자가 바라는 것보다 훨씬 많은 검색 문서를 포함할 것이다. 이런 경우에 사용자는 더 풍부한 언어의 질의어를 통해 다음과 같이 표현하고 싶을 것이다.

```
same-page (near ("{적 포도주}", figure (label ("칠레"))))
```

이 질의어는 상세한 시각적 기억을 전달하며, 텍스트 관련 내용과 텍스트에 연관된 구조적 제약의 참조를 허용하는 질의어의 매력을 보여 준다.

텍스트 내용의 정보와 문서 구조 정보를 결합한 검색 모델을 구조적 텍스트 검색(structured text retrieval) 모델이라 부른다. 1980년대 말부터 1990년대 중반까지 많은 구조적 텍스트 검색 모델이 제안되었다. 1990년대 말에 지금은 구조적 문서의 사실상 표준이 된 XML의 출현(1998년)으로 구조적 텍스트 검색에 대한 관심이 폭증했다. XML 검색에 대한 연구는 2002년에 XML 검색에 특화된 모델의 효율성에 대한 비교와 토론의 장이 된 INEX[1] (Initiative for the Evaluation of XML Retrieval)의 구성으로 더욱 신장되었다. 오늘날 XML 검색은 구조적 텍스트 검색과 거의 동의어가 되었다.

이 장에서는 우선 13.2절에서 구조적 텍스트 검색 모델로 제안된 구조화 능력의 다양한 형태에 대해 다룬다. 13.3절에서는 구조적 텍스트 검색의 초기 접근에 대해 다루는데, XML 검색에 특화된 접근법 이전의 방법을 살펴본다. 다음 13.4절에서는 XML 검색 접근법을 기술하는데, XML은 문서 마크업에 대한 표준으로서 데이터베이스와 정보 검색 그룹 양쪽에 풍부한 활용과 쟁점을 생산하였다. 13.4절은 정보검색 그룹에서 연구된 내용 기반(content-oriented) XML 검색에 대해 검토한다. 13.5절에서는 XML 검색의 효율성에 대한 표준화된 평가 과정의 정의를 이끈 INEX에 대해 살펴본다. 마지막으로 13.6절에서 XML 문서 접근을 위해 개발된 질의어에 대한 기술로 마무리한다.

1) http://inex.is.informatik.uni-duisburg.de/

## 13.2 구조화 능력(Structuring Power)

1980년대 말부터 1990년대를 통해 여러 구조적 텍스트 검색 모델이 문헌에 등장하였다. 모델은 크게 세 가지로 분류할 수 있는데[761], (1) 텍스트 모델로 문자 집합, 동의어, 불용어, 스테밍을 명시한다 (2) 구조적 모델로 마크업 언어, 색인 구조, 구조화의 형태를 명시한다 (3) 무엇이 질의되고 결과가 무엇인지 명시한다. 여기서는 이 세 부분이 여러 구조적 텍스트 검색 모델에서 어떻게 처리되는지 조사하는 대신, 그들의 구조화 능력에 대해 집중한다. 이 능력은 전형적으로 엘리먼트(elements), 영역(regions), 조각(fragments), 세그먼트(segments)로 참조된 연속된 부분의 텍스트 구성 요소가 어떻게 정의되는 지에 대한 것이다. 명시적 구조 대 내포적 구조, 정적 구조 대 동적 구조, 단일 계층 구조 대 다중 계층 구조의 세 가지 주요 측면과 관련된 구조적 텍스트 검색 모델의 구조화 능력을 비교한다.

### 13.2.1 명시적 구조 대 내포적 구조(Explicit vs. Implicit Structure)

대부분의 구조적 텍스트 검색 모델은 문서의 명시적 구조에 기반한다. 즉, 이 모델은 문서가 명확하게 절, 장, 제목 등과 같은 부분으로 나뉘는 경우에 기초해 작동한다. 구조는 보통 마크업 언어의 사용을 통해 제공되는데, 이런 모델은 정의된 방식(예: DTD나 XML 방식)에 따르는 적격(well-formed)의 문서를 기대한다. 명시적 구조에 의존하는 모델은 어떤 영역이 다른 곳에 중첩되어 있는지 알고 있으므로 직접 계층 관계(예: 13.6.3절의 XPath 내의 부모 자식 관계)같은 구조적 관계에 대한 정확한 접근을 보장한다. 어떤 사용자가 '적 포도주'와 관련된 절을 찾는 경우, 이는 다음 질의어와 같이 표현될 수 있다.

```
section CONTAINS "적 포도주"
```

이 질의어는 '적 포도주'라는 단어가 포함된 모든 절을 결과로 반환한다.

내포적 구조의 경우, 문서의 구조가 텍스트 내용과 명시적으로 구별되지 않는다. 문서는 마크업 토큰(token)과 단어 토큰의 구별 없이 토큰의 연속으로 모델화된다. 따라서 구조적 요소는 마크업 토큰의 열림과 닫힘을 찾아보는 질의 시간에 구성된다. 이 영역은 알맞은 토큰 열림으로 시작되며 해당 토큰이 닫히며 끝나고 내용 조건을 만족시키는 결과를 반환한다. 내포적 구조를 참조하는 질의의 한 예는 다음과 같다.

```
("<section>" FOLLOWING "</section>") CONTAINS "적 포도주"
```

section 엘리먼트는 질의 시간에만 존재하며, 질의어에 주어진 단어로 시작하고 두 번째 단어로 끝나는 영역을 지정하는 질의와 같다는 점을 유의해야 한다. 즉, 단어 토큰과 마크업 토큰 처리가 동일하다.

### 13.2.2 정적 구조 대 동적 구조(Static vs. Dynamic Structure)

질의에 동적 구조 사양을 허용하는 텍스트 검색 모델은 문서의 텍스트내에 명시적인 마크업이 없는 엘리먼트와 영역을 결과 값으로 얻을 수 있다. XQuery와 XQuery Full-Text(13.6.3절 참조)에서는 엘리먼트 구성으로 이루어지지만 다른 모델에서는 동적 구조가 모델의 자연스러운 부분이다(예로 MS워드 문서 등 응용 프로그램에 의해 내재적으로 구조 제어를 하는 경우). 다음과 같은 구조적 텍스트 문서를 고려해 보자.

```
SPIRE, "Patagonia, Chile", 2001, The conference ..... .
```

또, 문서가 문서 스키마[648]에 나온 다음 문법으로 명시적으로 구조화 되어 있다고 가정하자.

```
entry       := conference ', ' area ', ' year ', ' content '.' ;
conference  := text ;
area        := '“' text '”' ;
year        := digit digit digit digit ;
content     := text ;
text        := (letter | ' ')+ ;
```

모든 문서 인스턴스는 이 문법을 따라야 하며, 인스턴스는 “p-string”이라고 불리는 파싱된 문자열을 가진다. 이 스키마의 영역 심볼은 ‘칠레’라는 나라와 ‘파타고니아’라는 영역을 구별하지 못한다. 문자열 영역을 지역과 나라로 파싱하는 AreaG라는 작은 문법 부분을 도입하면 질의 처리시 구별이 가능해진다.

```
AreaG  :=  { area    := (region ' , ' )+ country ;
             country := letter + ;
             region  := letter + ; }
```

이 p-string모델은 추가로 문법 부분을 넣어 간단한 질의어를 제공한다. 주어진 문서 $d_j$에 대해 다음 질의는 주어진 나라와 지역을 명시적으로 식별하는 영역 요소를 포함하는 p-string을 결과로 반환한다.

```
(area in d_j) reparsed by AreaG
```

이 구성은 SPIRE 컨퍼런스가 열린 칠레의 모든 지역을 검색한다. p-string 모델은 핵심 언어 원형에 정합하는 정규 표현에 쓰이며, 이 원형은 XQuery, XQuery Full-Text같은 예보다 쉽게 동적 구조 사양을 허용한다.

### 13.2.3 단일 계층 구조 대 다중 계층 구조(Single Hierarchy vs. Multiple Hierarchies)

구조적 텍스트 검색 모델에 사용되는 대부분의 구조 형태는 계층 구조이다. 내포적 구조를 사용하는 텍스트 검색 모델은 단순함을 위해 단일 계층을 가정하며, 다중 계층을 사용하여 내포적 구조를 유지하려면 매우 복잡하다.

다중 계층 구조를 가정한 명시적 구조에 바탕한 접근법들은 문서 [299, 648, 1179]에 기술되어 있다. 각 계층은 다른 목적으로 제공될 수 있는데, 예를 들어, 한 계층은 텍스트(장, 절, 부절)의 논리적 구조를 표현하고, 두 번째 계층은 배치 구조(컬럼, 페이지)를 나타낼 수도 있다. 하나의 단일 계층 내부에서는 구조적 요소들이 분리되거나 서로 중첩될 수 있지만 계층 간의 요소들이 부분적으로 겹치는 것, 즉 부절이 페이지 중간부터 시작해 다음 페이지에 끝난다든지 할 수 있다. 이 계층들은 종종 ‘고립 주석(stand-off annotation)’으로 불리며 구조적 정보(혹은 마크업)가 구문 내용과 분리되어 모델링된다.

하지만 이런 모델로 질의하는 것은 단일 계층일 때만 가능하며, 계층을 섞어 질의하는 것은 가능하지 않은데 이는 정의되지 않은 경우가 나타나기 때문이다. 이런 질의는 반드시 한 계층에서 해석되고 그 다음에 다른 계층을 나타내야한다. 전형적인 예는 책의 구조상 일치하는 조건의 물리적 페이지를 찾는 것이다.

Alink 등[27]의 연구를 통해 이 부분은 바뀌었는데, 추가적인 XPath 기반 내비게이션 단계가 도입되고 한 계층에서 다른 계층으로 이동하는 것이 가능해졌다. 예를 들면 다음 질의

```
$doc//paragraph[
./select-narrow::Verb CONTAINS "하이킹" and
./select-narrow::Region CONTAINS "파타고니아"
]
```

는 단락 엘리먼트들로부터 '하이킹'을 포함한 동사(Verb) 엘리먼트의 계층과 '파타고니아'를 포함한 지역(Region) 엘리먼트의 계층을 내비게이션한다.

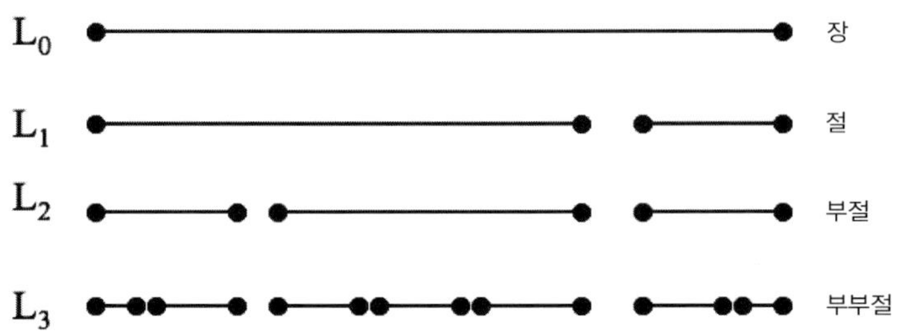


**그림 13.1:** 4개의 분리된 (평면) 색인 리스트를 통해 한 문서의 텍스트 구조를 표현

## 13.3 초기 텍스트 검색 모델

여기서는 두 가지 초기 구조적 텍스트 검색 모델을 살펴보는데, 하나는 비중첩 리스트에 기반하고 다른 하나는 근접 노드에 기반한 것이다. 이 두 모델은 구조적 텍스트 검색의 주요 쟁점과 상충점에 대해 좋은 줄거리를 제공한다.

사용자 질의에 정합하는 단어의 텍스트 위치를 조회하는 정합점(match point)이란 용어를 사용한다. 즉, 사용자가 간단한 질의로 '적 포도주'라고 명시하고, 이 문자열이 문서 $d_j$ 텍스트의 세 위치에 나타난다면, 문서 $d_j$는 세 개의 정합점을 가진다고 말한다. 또 영역이란 용어는 텍스트의 연속된 구조적 부분을 참조할 때 사용하고, 노드란 용어는 장, 절, 부절 같은 문서의 구조적 요소를 참조하는데 사용한다. 따라서 노드는 문서의 저자와 문서들의 집합을 검색하는 사용자 모두에게 알려진 미리 정의된 위상(topological) 특성의 영역을 의미한다.

### 13.3.1 비중첩 목록(Non-Overlapping Lists) 기반 모델

Burkowski[298, 299]는 각 문서의 전체 텍스트를 목록에 모아 놓은 비중첩 텍스트 영역으로 나누었다. 텍스트를 비중첩 영역으로 나누는 방법은 여러 가지가 있으므로 다중 목록이 생성된다. 예를 들면, 문서의 모든 장을 모아 놓은 목록이 있고, 두 번째로 문서의 모든 절의 목록이 있고, 세 번째로 문서의 모든 부절의 목록이 있을 수 있으며, 이 목록들은 분리된 자료 구조로 보관된다. 동일 (평면) 목록내에서는 텍스트 영역이 겹치지 않지만, 다른 목록의 텍스트 영역은 중첩될 수 있다. 그림 13.1은 동일 문서에 대한 네 개의 별도 목록을 보여 준다.

색인 용어와 텍스트 영역에 대한 검색을 허용하기 위해, 각 구조적 요소가 색인 항목인 단일역색인(9.2절 참조)이 구축된다. 각 항목에는 출현빈도의 목록으로서 텍스트 영역의 목록이 존재한다. 더욱이 이런 목록은 텍스트 상의 단어에 대한 전통적 역색인으로 쉽게 병합될 수 있다. 텍스트 영역은 비중첩이므로 물어볼 수 있는 질의의 유형은 단순하여 (a) 주어진 단어를 포함(다른 영역을 포함하지 않는)하는 영역을 선택하거나, (b) 영역 $B$ ($A$를 위한 목록과 구별되는 목록에 포함된 $B$)를 포함하지 않는 영역 $A$를 선택하거나, (C) 다른 어떤 영역에 포함되지 않는 영역을 선택할 수 있다.

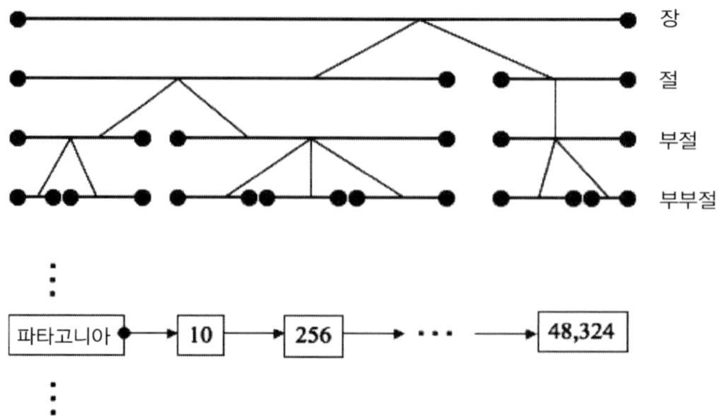


**그림 13.2:** 구조적 성분을 위한 계층적 색인과 단어들을 위한 평면 색인

## 13.3.2 근접 노드(Proximal Nodes)에 기반한 모델

Baeza-Yates와 Navarro[1178, 1179]는 동일 문서 텍스트에 대해 독립적인 계층적 (비평면) 색인 구조 정의를 허용하는 모델을 제안했다. 이런 색인 구조 각각은 노드라 불리는 장, 절, 단락, 페이지, 줄 등의 제한된 계층으로 구성되며, 각 노드들은 텍스트 영역과 연관되어 있다. 더욱이, 두 개별 계층은 중첩된 텍스트 영역을 참조할 수도 있다.

사용자 질의가 개별 계층을 참조할 때 수집된 결과는 오직 하나의 계층으로부터 유래된 노드로만 구성되며, 따라서 하나의 결과는 두 계층에서 온 노드들로 구성될 수 없다. 이는 작은 표현력 비용으로 빠른 질의 처리를 허용한다. 하지만 계층 구조 때문에 (동일 계층에서 온) 중첩된 텍스트 영역이 결과 집합에 허용됨을 주의하라.

그림 13.2는 네 개 수준(동일 문서의 장, 절, 부절, 부부절에 상응)의 계층적 색인 구조와 '파타고니아' 단어의 역리스트 구성을 보여준다. 역리스트의 항목은 단어 '파타고니아'가 출현한 문서내 위치를 나타내며, 계층의 각 노드는 구조적 요소(장, 절, 부절, 부부절)와 연관된 텍스트의 위치를 나타낸다.

질의어는 (문자열을 찾는) 정규표현, 이름(예를 들어, 장을 찾는)에 의한 구조적 요소의 참조, 이들의 조합을 허용한다. 이런 의미에서 이 모델은 표현력과 효율간의 절충으로 볼 수 있다. 어느 정도 제한된 표현력의 질의어는 지정된 문자열과 정합하는 구조적 요소를 우선적으로 찾아 효율적인 질의 처리가 가능하고, 이어서 이 구성요소들을 평가함으로써 질의의 구조적 부분을 만족시킨다. 예를 들어 다음 질의를 보자.

```
(*section) with ("파타고니아")
```

이 질의는 '파타고니아'라는 단어를 포함하는 절, 부절, 부부절을 찾는다. 간단한 질의 처리 전략은 '파타고니아' 용어의 역리스트를 순회하여 목록의 각 항목(텍스트내의 '파타고니아' 용어 출현을 나타내는)에 대해 그 용어가 출현한 절, 부절, 부부절 계층 목록을 검색하는 것이다.

좀 더 복잡한 질의 처리 전략은 다음과 같다. '파타고니아'를 위한 목록의 첫 번째 항목에 대해 먼저 계층 색인을 검색한다. 이는 더 이상 정합을 이루지 못할 (또는 계층의 바닥에 도달할) 때까지 계층을 아래로 순회하는 것을 의미한다. 정합된 마지막 구조적 요소를 가장 안쪽(innermost) 정합 요소라고 한다. 일단 이 첫 번째 검색이 수행되면, 역리스트의 다음 항목을 찾는 대신, 가장 안쪽 정합 요소가 리스트내 두 번째 항목과도 정합하는지 확인한다. 만일 그렇다면 (계층내의) 더 큰 구조적 요소에 대해서도 정합된다는 결론에 즉시 도달하며, 세 번째 항목에 대해서도 계속 반복해서 적용한다. 이렇게 매번 목록내의 이웃 (또는 근접) 노드만 검색하기 때문에 질의 처리가 가속될 수 있으며, 이것이 '근접 노드(proximal nodes)'란 용어를 사용한 이유이다.

근접 노드에 기반한 모델은 비중첩 목록에 기반한 모델보다 더 복잡한 질의 형성이 가능하다. 하지만 질의 처리 속도를 빠르게 하기 위해 이웃 (근접) 노드만 고려하므로 (모든 노드가 동일 계층에서 오는) 결과 집합 제한이 있다.

### 13.3.3 구조적 텍스트 결과 순위화

대부분의 초기 구조적 텍스트 검색 모델은 순위화된 결과 목록을 반환하지 않는다. 하지만 2002년 이후에 INEX가 XML 검색 평가를 주도하게 되면서 (13.5절 참조) 상황이 변하게 되었다. 현재 (자료 기반에 반해) 내용 기반 XML 검색을 위한 개발 접근에서 내용과 구조적 성분 기반 질의는 엘리먼트 순위를 제공한다(13.4.3절 참조).

## 13.4 XML 검색

비록 XML 검색이 단일 계층 구조의 명시적인 검색만 다루고 있지만, XML 마크업 언어의 성공으로 오늘날 XML 검색은 구조적 텍스트 검색과 거의 동의어가 되었다. XML 검색은 문서의 구조가 XML로 마크업된 구조적 텍스트 검색의 특별한 경우이다. XML 검색에 대한 접근법이 1990년대 후반부터 개발되기 시작했지만, INEX가 설립되어 XML 검색 접근법에 대한 테스트 집합과 평가 비교가 나오면서 주요 발전이 이루어졌다. 이 절에서는 INEX 평가 활동에서 개발되고 평가된 XML 검색 접근법의 개요에 대해 살펴본다.

### 13.4.1 XML 검색의 도전

INEX에서 XML 검색 과제는 다음과 같이 정의된다.

> XML 검색 과제. 최상의 문서 요소를 결정하기 위해 XML 문서의 계층 구조를 활용한다. 즉, 사용자 질의의 결과로 최상의 XML 엘리먼트를 보내준다. 부가적으로, 이 결과는 질의 연관성에 따라 순위화를 해야 한다.

다음에서 최상의 엘리먼트들을 검색하는 주요 도전에 대해 검토한다.

3장에서 검토했듯이 전통적 정보 검색 모델은 문서내 용어 빈도수(TF)와 역문헌빈도수(IDF) 같은 용어 통계의 사용으로 문서 순위화를 생성한다. 다시 살펴보자면, TF는 한 문서내 용어의 출현빈도를 말하며 이는 그 용어가 문서의 주제를 얼마나 잘 대표하는 지를 의미한다. 반면, IDF는 한 용어가 출현한 문서 수의 역으로 그 용어가 문서를 얼마나 잘 식별하는 지를 의미한다.

XML 검색을 위한 색인 알고리즘은 이와 비슷한 용어 통계를 요구하지만 엘리먼트 단위가 된다. 단순히 문서를 엘리먼트로 대체하면, 소위 내부-엘리먼트 용어 빈도수(ETF; within-Element Term Frequency)와 역 엘리먼트 빈도수(IEF; Inverse Element Frequency)라 불리는 통계값을 계산할 수 있다. 하지만 이는 XML 문서의 자연스러운 중첩성(nest) 때문에 쟁점이 제기될 수 있는데, 예를 들어 절(section) 요소가 두 단락(paragraph) 요소로 구성된다고 하자. 한 용어가 단락에 출현한다는 사실은 상위 절에 또한 출현한다는 것을 의미하며, 용어의 *IEF*값을 계산할 때 고려해야만 한다. 이 쟁점을 해결하기 위해 엘리먼트 빈도수 평가를 위한 다양한 색인 전략이 제안되었고 13.4.2절에서 살펴본다.

질의에 대한 결과에서 모든 엘리먼트 형이 사용자를 만족시키지는 못한다. 몇몇 엘리먼트는 너무 작거나 유익한 텍스트를 포함하지 못하는 형태라서 결과로 반환되기에 적당하지 않을 수도 있다. 이는 XML 엘리먼트에 대한 순위를 정할 때, 크기와 유형이 중요하다는 증거가 된다. 도전은 질의 결과로 반환하기에 무엇이 최상의 엘리먼트 범주인지, 이 정보로 엘리먼트를 어떻게 순위화하는 지를 결정하는 것이다. 순위화(13.4.3절 참조) 계산에서 엘리먼트 길이를 고려하는 것이 효율적인 XML 검색에 결정적이라고 밝혀졌다. 선택적 색인(13.4.2절 참조)의 사용과 순위화 함수내 매개변수(13.4.3절 참조) 사용은 XML 검색의 엘리먼트 형을 규정하는 수단이 된다.

XML 문서는 단지 여러 형식과 크기 엘리먼트의 조합이 아니며, 엘리먼트 간에는 XML 마크업의 논리적 구조에 의해 제공되는 관계가 있다. 루트가 아닌 엘리먼트는 부모 엘리먼트가 있고 그 부모 엘리먼트에도 부모 엘리먼트가 있을 수 있다. 또 비단말 엘리먼트는 자식 엘리먼트가 있고 그 자식 엘리먼트도 마찬가지이다. 엘리먼트 간 이런 관계는 XML 검색을 향상시키데 이용될 수 있다. 예를 들어, 과학 논문 컬렉션에서 한 논문의 '개요'는 '향후 과제'절 보다는 논문에 대해 잘 알려주는 지표로 가정하는 것이 합리적이다. 맥락화(contextualization) 접근법(13.4.3절 참조)에서 연관 평가에 사용되는 검색 모델과는 독립적으로 루트 엘리먼트와 그 자식들 간의 관계를 고려하여 엘리먼트를 순위화하면 검색 효율이 향상된다.

어떤 질의에 대해 한 엘리먼트가 얼마나 관련 있는지 점수로 표현해 제공하는 과제가 있다면, 여러 중첩된 연관 엘리먼트로부터 어떤 것을 최상의 결과로 반환할지 결정하는 것은 또 다른 과제이며, 이는 XML 문서의 중첩 특성 때문이다. 만일 한 엘리먼트가 어떤 질의에 연관된다고 평가를 받았다면, 그 부모 엘리먼트도 그 질의와 연관된 평가를 받게 되는데 (아마도 다른 정도로), 이 두 엘리먼트는 중첩되는 텍스트가 있기 때문이다. 하지만 한 단락과 이를 포함한 절을 같이 반환하는 것은 피해야 하는데, 이는 사용자에게 동일한 정보를 여러 번 받지 않게 하기 위해서이다. 어떤 엘리먼트를 반환할지 결정하는 것은 응용과 사용자 모델에 의존한다. 예를 들어, INEX에서는 최고 연관성이 최상의 엘리먼트이지만 요청의 주제와 또한 연관되어야 한다(즉, 관련 없는 주제는 검토하지 않음). 중첩을 제거하는 방법은 13.4.4절에서 기술한다.

마지막 도전은 구조적 제약을 어떻게 해석할 것인가이다. XML 검색의 초기 작업에서는 반환받는 결과에 엄격하게 정합되는 질의 제약이 요구되었다. 하지만 폭넓고 다양한 태그 이름을 가진 XML 문서 컬렉션에서 질의에 구조적 제약을 지정하는 것은 쉬운 일이 아니다. 사용자가 검색된 컬렉션의 구조적 특성을 확실히 아는 것도 아니고, 그렇다 하더라도 미처 알지 못한 측면이 있을 수 있다. 그 결과, INEX 작업에서 구조적 제약은 관련된 내용을 어디서 (엘리먼트의 종류) 찾을지에 대한 구조적 힌트로 여기게 되었다. 엘리먼트를 순위화할 때, 구조적 힌트를 어떻게 포함하는 지는 13.4.3절에서 기술한다.

### 13.4.2 색인 전략

XML 검색에는 '평면' 문서의 검색과 대조적으로 선험적인(a priori) 고정된 검색 단위가 없다. 문서 전체나 그 일부(예로 한 절), 또는 그 일부의 일부 (예: 절의 한 단락) 모두 주어진 질의에 가능한 결과가 될 수 있다. 어떤 단계의 엘리먼트 검색도 허용하기 위해 가장 간단한 접근법은 모든 엘리먼트를 색인하는 것이다. 따라서 각 엘리먼트는 한 문서에 대응하게 되고 전통적인 정보 검색 색인 기술을 그대로 사용할 수 있다. 또 각 엘리먼트에 대한 용어 통계(*ETF*와 *IEF*)가 그 엘리먼트와 자손의 텍스트 연속에 기반하여 계산된다.

역 엘리먼트 빈도수(*IEF*) 계산에서, 위의 접근법은 한 용어의 *IEF* 값이 그 용어를 지닌 엘리먼트와 그 엘리먼트의 조상(예: [1476]) 모두에 고려해야 한다는 중첩 엘리먼트 쟁점을 무시한다. 그렇지 않으면 *IEF*는 같은 유형의 엘리먼트(예: [1579])나 문서(예: [389])를 통해 추정된다. 전자의 방법은 용어의 *IEF* 수치 상 중첩된 엘리먼트의 영향을 크게 줄이지만, 서로 중첩된 같은 유형의 엘리먼트라면 제거하지 못한다. 후자의 경우는 역문헌 빈도수 사용과 같은데, 중첩된 엘리먼트를 완전히 제거한다. [1331]에 보고된 실험 결과는 문서 간 *IEF* 추정이 언어 모델링 체제의 엘리먼트에 기반한 *IEF*추정 결과보다 약간의 향상을 보여준다. BM25 확률적 순위화[281]를 적용한 XML 검색 실험 결과는 같은 유형의 엘리먼트보다 모든 엘리먼트[2])를 고려한 *IEF* 추정이 더 좋은 결과를 보인다

2) 효율성 때문에, 모든 엘리먼트가 아닌 많은 부분의 엘리먼트가 고려되었다.

고 하였다. 현재 단계에서 무엇이 *IEF* 추정에 최상의 방법인지 명확하지 않아 더 많은 연구가 필요하다.

한 엘리먼트의 용어 통계를 추정하기 위해 연속된 텍스트를 사용하기 보다는 그 엘리먼트의 자식 엘리먼트 각각의 통계(예: [659, 1286])와 자신의 텍스트 용어 통계를 모을 수 있는데, 이는 중첩된 엘리먼트를 통한 *IEF* 계산 논란을 잠재운다. 더욱이 이 집단화는 and/or 같은 추가적인 엘리먼트 관계 집단화를 포함할 수 있다. 13.4.3절에서 논의된 집단화(aggregated) 기반 순위화는 집단화된 엘리먼트의 표현을 이용하여 엘리먼트를 순위화한다.

모든 엘리먼트를 색인하는 것은 크고 중복된 색인을 초래한다. 예를 들어, INEX 2002-2004 문서 컬렉션은 대략 12,000개의 논문으로 이루어져 있고 총 8백만 개의 엘리먼트가 존재하는데 이 중 많은 수가 중첩되어 있다. 대안 접근법은 단말 엘리먼트만 색인하는 것인데, 이는 용어 통계가 오직 단말 엘리먼트에서만 계산되고 단말 엘리먼트 자신을 순위화하는데 사용된다는 것을 의미한다. 비단말 엘리먼트의 순위화는 자식 엘리먼트의 점수를 해당 엘리먼트의 점수로 결합하는[620] 전파(propagation) 방법(13.4.3에서 논의)을 요구한다. 이는 또한 중첩된 엘리먼트 간의 *IEF* 계산 쟁점을 극복하며 더 다루기 쉬운 색인을 만든다. 하지만 이는 비단말 엘리먼트 검색에 대해 효과적이고 효율적인 전파 알고리즘을 요구한다.

종종 의미 있는 검색 단위로 여겨지지 않는 한계점(주로 단어 수로 표현)[1476]보다 작은 엘리먼트는 버리는 것이 일반적이다. 비록 작은 엘리먼트는 반환되지 않지만, 포함된 엘리먼트의 점수화에 여전히 영향을 미치고 색인되어야 하며, 특히 비단말 엘리먼트 순위화의 전파 방법에 사용[1427]된다. 관련 전략[389, 1098]은 선택적 색인에서 과거 연관 데이터내 가장 높은 분포의 연관 엘리먼트 유형만을 색인한다.

이 선택적 색인 전략[1098]은 13.3.1절에 기술된 비중첩 리스트 모델과 비교될 수 있다. 그들의 전략에서 부가적으로 각 선택 엘리먼트 형에 대해 별도의 색인이 구축된다. 예를 들면, 과학 논문 컬렉션에서 이 형들은 논문, 요약, 절, 부절, 단락을 포함할 수 있으며, 각 색인에 대한 통계는 따로 계산된다. 각 색인 항목이 같은 유형의 엘리먼트를 가리키므로 이 용어 통계는 모든 유형의 엘리먼트를 포함한 색인보다 균일하다. 게다가 더욱 일관된 용어 통계를 제공함으로써 이 접근법은 중첩된 엘리먼트로 인한 용어 통계 쟁점을 대단히 줄여준다. 검색 시, 질의는 각 색인에 대해 병렬 수행되고 (각 색인에 대한) 결과 목록은 결과의 단일 목록을 제공하기 위해 병합된다(13.4.3절 참조).

어느 색인 전략이 최상일지 아직 명확하진 않은데, 그것은 접근법이 컬렉션, 엘리먼트의 유형(예: DTD), 이들의 관계에 의존하기 때문이다. 이에 더하여, 색인 전략의 선택은 순위화 전략에 영향을 미치는데, 일관되고 통제 가능한 환경에서 모든 색인 전략을 조사하여 최상의 성능을 보이는 순위화 전략을 결정하는 것은 흥미로운 연구 주제이다.

### 13.4.3 순위화 전략

3장에 기술된 많은 검색 모델이 XML 검색에 적용되었다. 이들 모델은 엘리먼트의 내용에만 기초해서 연관성을 추정하는데 사용되었다. 특히 긴 문서에 대해서 엘리먼트의 문맥(예: 부모 엘리먼트) 증거를 사용하는 것이 검색 성능을 향상시킨다는 것이 곧 명확해졌다. 또한 색인 전략에 의존하는 전파, 집단화, 합병 같은 특정 전략은 모든 단계의 엘리먼트를 순위화하기 위해 필요하다. 최종적으로는 내용-구조(content-and-structure) 질의에 대해, 내용만이 아니라 구조적 기준도 만족하는 결과를 제공하기 위해 구조적 제약이 처리되어야만 한다.

```
<article>
<sec>
 <subsec>
   <p> ... wine ... patagonia ... </p>
   <p> ... wine ... </p>
   <p> ... patagonia ...  </p>
 </subsec>
 <subsec>
   <p> ... </p>
   <p> ... </p>
 </subsec>
</sec>
<sec>
 <p> ... </p>
 <p> ... wine ...  </p>
 <p> ... </p>
 <p> ... </p>
</sec>
</article>
```

**그림 13.3:** XML 문서 표본

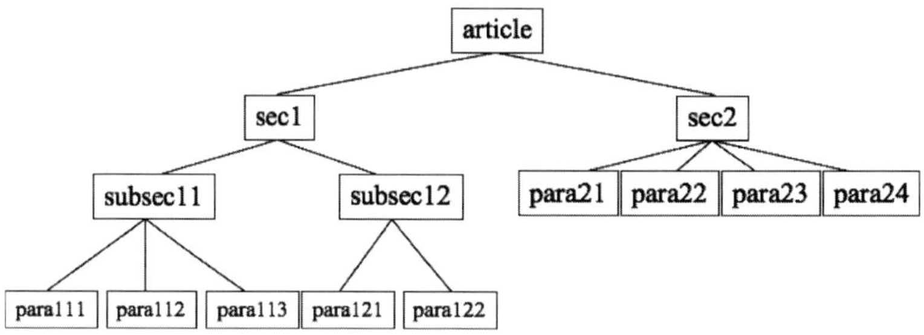


**그림 13.4:** XML 문서 표본에 대한 트리 구조

그림으로 설명하기 위해 그림 13.3의 XML 문서 표본을 이 절 전체에서 사용한다. 이 XML 문서는 두 절(section)을 가진 한 논문(article)에 대응되는데, 첫 번째 절은 두 부절로, 각 부절은 단락(paragraph)으로 구성되며, 첫 번째 부절은 3개, 두 번째 부절은 2개가 있고, 두 번째 절은 4개의 단락으로 구성되어 있다. 이 XML 문서 표본의 트리 구조는 그림 13.4에 있는데, 각 요소는 고유 이름을 가지고 있어 쉽게 참조할 수 있다.

### 엘리먼트 평가(Element Scoring)

모든 순위화 전략은 주어진 질의에 대해 한 엘리먼트의 연관성을 추정하는 평가 함수(scoring function)를 요구한다. 전파 전략(이 절의 뒷부분에 다룸)에서 평가 함수는 단말 엘리먼트에만 적용되는 반면, 다른 경우에는 모든 검색 가능한 엘리먼트에 적용된다. 이 평가 함수는 표준 정보 검색 모델과 같이 일반적으로 벡터 공간이나 BM25, 언어 모델에 기초하지만, 여기서는 XML-한정 특징과 결합되어 적용된다. 실제 예로 XML-한정 특징이 어떻게 언어 모델링 구조에 포함되는지 기술하는데, 이 예는 Sigurbj˝ornsson 등[1476]의 연구에 영향을 받았다.

질의 $q=(k_1,k_2,\ldots,k_n)$는 $n$개의 용어 $k_i$로 구성되고, 엘리먼트 $e$와 이에 상응하는 엘리먼트 언어 모델 $M_e$가 주어졌을 때, 엘리먼트들은 $P(e|q)$의 내림차순으로 다음과 같이 순위화된다.

$$P(e|q) \propto P(e)P(q|M_e)$$

$P(e)$는 엘리먼트 $e$의 연관성 사전 확률이고 $P(q|M_e)$는 엘리먼트 언어 모델 $M_e$에 의해 생성된 질의 확률이다. 다항 언어(multinomial language) 모델(3.5.2절 참조)을 사용하면, $P(q|M_e)$는 다음과 같이 계산될 수 있다.

$$P(q|M_e) = \prod_{k_i \in q} P(k_i|M_e,\lambda)$$

만일 용어 확률이 3.5.2절에서 논의한 대로 Jelinek-Mercer의 평활화(smoothing)에 기초해 계산된다면 다음 식을 얻는다.

$$P(k_i|M_e,\lambda) = \lambda P(k_i|e) + (1-\lambda)P(k_i|C) \tag{13.1}$$

여기서 $P(k_i|e)$는 요소 $e$내 질의 용어 $k_i$의 확률, $P(k_i|C)$는 컬렉션내 질의 용어 $k_i$의 확률이고 $\lambda$는 평활화 계수이다. $P(k_i|e)$는 요소 용어 빈도수 *ETF*에 기초한 엘리먼트 모델인 반면, $P(k_i|C)$는 역 엘리먼트 빈도수 *IEF*에 기초한 컬렉션 모델이다. 이 확률을 계산하는 방법은 3.5.2 절을 참조하라.

두 용어로 이루어진 질의 q = (포도주, 파타고니아)가 주어졌을 때, 질의 용어 '포도주'와 '파타고니아'에 대한 $P(k_i|e)$값이 XML 표본과 관련되어 계산되고 그 결과가 표 13.1에 나타나 있다고 가정하자. 내부 엘리먼트의 용어 통계는 엘리먼트 자신과 그 자손 엘리먼트의 내용에 기초한다고 가정한다. length(e)는 엘리먼트 $e$의 길이인데, $e$ 안 용어들의 개수이며, 내부 엘리먼트의 길이는 그 자식 엘리먼트 길이의 합이다. $\lambda=0.8$이라고 하면, 용어 $k_i$= '포도주'와 $k_i$='파타고니아'에 대응되는 평활화된 $P(k_i|M_e)$값은 표 13.1(이 값은 나중에 필요)에 나타나 있다. 이들은 식 13.1을 이용해 계산되었고 $P(k_i|C)$의 값은 표 13.1에 명시하였다. 질의 용어가 없는 엘리먼트는 무시되는데, 비평활화(non-smoothed) 확률을 사용하여 이런 엘리먼트 $e$에 대해 $P(q|M_e)=0$이다. 따라서 문서 표본을 구성하는 엘리먼트의 순위는 그림 13.5(a)와 같다.

| 엘리먼트 | $P$(포도주$\|e$) | $P$(포도주$\|M_e$) | $P$(파타고...$\|e$) | $P$(파타고....$\|M_e$) | $length(e)$ |
|---|---|---|---|---|---|
| para111 | 0.2 | 0.180 | 0.333 | 0.327 | 15 |
| para112 | 0.6 | 0.500 | 0 | 0.060 | 10 |
| para113 | 0 | 0.020 | 0.25 | 0.260 | 12 |
| para121 | 0 | 0 | 0 | 0 | 8 |
| para122 | 0 | 0 | 0 | 0 | 10 |
| para21 | 0 | 0 | 0 | 0 | 20 |
| para22 | 0.5 | 0.420 | 0 | 0.060 | 14 |
| para23 | 0 | 0 | 0 | 0 | 10 |
| para24 | 0 | 0 | 0 | 0 | 18 |
| subsec11 | 0.243 | 0.215 | 0.216 | 0.233 | 37 |
| subsec12 | 0 | 0 | 0 | 0 | 18 |
| sec1 | 0.155 | 0.144 | 0.138 | 0.170 | 58 |
| sec2 | 0.113 | 0.110 | 0 | 0.060 | 62 |
| article | 0.127 | 0.122 | 0.063 | 0.111 | 126 |
| $P(k_i\|C)$ | 0.1 | $\lambda=0.8$ | 0.3 | $\lambda=0.8$ | |

**표 13.1**: XML 문서 표본에 대한 $P(k_i|e)$, $P(k_i|C)$, $P(k_i|M_e)$통계와 $length(e)$

| (a) | | (b) | | (c) | |
|---|---|---|---|---|---|
| 0.0588 | para111 | 0.0046 | subsec11 | 0.0361 | para111 |
| 0.0500 | subsec11 | 0.0042 | article | 0.0317 | subsec11 |
| 0.0300 | para112 | 0.0036 | sec1 | 0.0217 | para112 |
| 0.0252 | para22 | 0.0022 | para111 | 0.0193 | para22 |
| 0.0245 | sec1 | 0.0010 | sec2 | 0.0190 | sec1 |
| 0.0135 | article | 0.0009 | para22 | 0.0135 | article |
| 0.0066 | sec2 | 0.0008 | para112 | 0.0100 | sec2 |
| 0.0052 | para113 | 0.0002 | para113 | 0.0093 | para113 |

**그림 13.5:** (a) 엘리먼트만 평가 (b) 엘리먼트 평가 및 길이 편향(bias) (c) 문맥화를 이용한 순위화

여기서 불변 사전 연관(constant prior relevance) 확률을 가정하면 $P(e)$는 무시되는데, 즉 $P(e|q) \propto P(q|M_e)$이다. 그렇지만 위의 언어 모델링 구조에서 XML-한정 특징이 $P(e)$를 통해 포함될 수 있다. 예를 들어 XML 문서 엘리먼트의 크기가 다양하고(즉 단락부터 논문까지), XML 문서 컬렉션에서 작은 엘리먼트가 많이 편향되어 분산되어 있으므로 (즉, 절보다 단락이 더 많은), 긴 엘리먼트에 대한 편향(bias)은 다음과 같이 설정하여 포함[866]할 수 있다.

$$P(e) = \frac{length(e)}{\sum_{e'} length(e')}$$

만일 $\sum_{e'} length(e') = 400$이라면 $P(\text{para111}|\text{q}) \propto 15/400 \times 0.0588 = 0.0022$가 된다. XML 문서 표본을 구성하는 엘리먼트에 이와 같은 길이 편향을 적용하고 순위화하면 그림 13.5(b)가 되는데, 큰 엘리먼트의 순위가 올라감을 알 수 있다.

언어 모델링 구조에 포함될 수 있는 다른 XML-한정 특징은 한 엘리먼트내 주제 이동(topic shift) 횟수[74]와 엘리먼트의 경로 길이[785]가 있다. 전체적으로 XML 검색에서 엘리먼트 길이가 결정적이며, 다른 XML-한정 특징은 검색 과제[74]에 따라 도움이 될 수도 있다.

비록 주어진 질의에 대해 각 엘리먼트의 연관성을 평가하는데 엘리먼트 한정적 특징이 유용하지만, 평가 결과가 질의에 대한 엘리먼트의 순위 목록을 제공하는데 직접적으로 사용되지는 않고, 다음에 논의할 추가적인 전략들이 엘리먼트들의 최종 순위화에 사용된다.

### 문맥화(Contextualization)

요소의 어떤 유형에서 발견되는 용어는 종종 다른 유형에서 사용되는 용어의 부분집합을 형성한다. 예를 들어 INET 2002-2004 문서 컬렉션에서 단락색인은 논문색인보다 25%가 적은 항목을 가진다[1098]. 용어 어휘상 이런 차이를 고려하는 것은 XML 검색에서 문서 하위 계층의 요소 연관성을 추측할 때 규모가 작아지므로 유용하다. 이는 어떤 엘리먼트와 그 부모, 일부 또는 모든 조상, 모든 문서(루트 요소의 경우)의 문맥을 고려해서 이루어질 수 있다.

한 엘리먼트의 문맥은 그 엘리먼트가 가치가 있는지 없는지에 대한 유용한 증거가 된다. 이는 문서의 모든 용어가 그 엘리먼트에 있든 없든 간에 주어진 질의에 대한 엘리먼트(의 연관성 추측) 평가에 사용되기 때문이다. 예를 들어 한 엘리먼트가 모든 질의 용어를 포함하지 않더라도, 모든 질의 용어를 포함하는 문서에 속해 있다면, 연관성을 평가할 때 중요할 수 있다. 이 전략은 문서 평가와 함께 엘리먼트 평가를 결합함으로써 구현될 수 있으며, 엘리먼트와 문맥의 검색 평가를 결합하는 과정을 문맥화(contextualization)라고 한다.

가장 보편적인 문맥화 기술은 엘리먼트(루트 엘리먼트)를 문맥으로 포함하는 문서를 사용하는 것이다. 이는 XML 검색 모델로 평가되는 엘리먼트를 포함하는 XML 문서와 해당 엘리먼트의 평가를 결합하는 것을 의미한다.

이 결합은 단순하게 두 평가의 평균[73]이 될 수도 있으며, 조정 인수(scaling factor)를 사용하여 두 평가의 비중을 조정할 수도 있다[1098].

이 문맥화 접근법을 엘리먼트만 평가하는 전략으로 평가를 계산(그림 13.5(a))하여 앞의 예에 적용해 보자. 만일 엘리먼트와 문서 평가가 동등하게 기여한다면 결과 순위화 목록은 그림 13.5(C)와 같다. 예를 들어 para111에 대한 새로운 평가 점수는 (0.0588+0.135)/2 = 0.0361이다. 여기서는 한 문서만 처리하였으므로 순위는 그림 13.5(a)와 동일하다. 그럼에도 불구하고 초기와 문맥화된 평가 사이에 차이를 관찰할 수 있다.

한 엘리먼트의 일부 또는 모든 조상이 문맥으로 사용할 수 있는데, 예를 들어 부모 엘리먼트만 문맥으로 사용하거나 조상 엘리먼트 모두를 문맥으로 사용할 수 있다[73]. 여러 문맥을 결합할 때 주요 쟁점은 서로 다른 문맥의 영향을 조정하는 것인데, 기계학습(machine learning)이 이 목적을 위해 사용될 수 있다[1642].

한 엘리먼트의 문맥을 사용하여 연관성을 추정하는 것은 XML 검색에서 엘리먼트 간 관계를 포착하는 일과 동일하다. 특히 긴 문서에서 이 관계를 제대로 설명하는 것은 일관성 있게 검색 성능을 향상시킨다.

### 전파(Propagation)

색인 전략(13.4.2절 참조)으로 오직 단말 엘리먼트만 색인을 할 때 전파 전략이 요구된다. 우선, 단말 엘리먼트에 대한 평가가 색인으로부터 바로 계산된 후, 비단말 엘리먼트(내부 엘리먼트, 루트 엘리먼트를 포함)의 평가가 전파 방법을 통해 추정되는데, 이 방법에서 내부 엘리먼트의 검색 평가는 자손 엘리먼트의 검색 평가에 기초하여 계산된다. 전파는 단말 엘리먼트로부터 시작되어 문서 트리 구조를 따라 위로 이동한다.

$e$를 비단말 (내부) 엘리먼트라 하고 $e_\ell$은 $e$에 포함되어 있는 한 단말 엘리먼트라 하자.[3] $q$는 질의이고 score(.)는 엘리먼트들이 $q$와 얼마나 연관성이 있는지에 따라 엘리먼트를 순위화하는 평가 함수라 하자. $e_\ell$에 대하여 $score(e_\ell,q)$는 $e_\ell$(예를 들어 벡터 공간 모델을 사용)의 색인으로부터 직접 계산되고 $score(e_\ell,q)$는 전파 방법을 통해 계산된다. 가장 공통의 전파 방법은 검색 평가의 가중치 합으로 구성되는데, 이의 변형은 가중치의 정의와 추정에 따라 달라진다.

한 엘리먼트의 자식 엘리먼트 수가 가중치로 사용될 수 있는데, 예를 들어 GPX의 접근법[620]에서는 다음과 같이 계산된다.[4]

$$score(e,q) = D(m) \times \sum_{e_c} score(e_c,q) \tag{13.2}$$

여기서 $e_c$는 $e$의 자식 엘리먼트이고 $m$은 $e(score(e_c,q) > 0)$의 검색된 자식 엘리먼트의 수이다. $m=1$($e$는 오직 하나의 검색된 자식 엘리먼트를 가짐)일 때 $D(m)=0.49$이고 그렇지 않으면 0.99이다. $D(m)$의 값은 감쇠 인자(decay factor)로 불리는데, 검색된 자식 엘리먼트의 수에 의존한다. 만일 $e$가 하나의 검색 자식을 가질 때의 감쇠 인자 0.49는 단지 하나의 검색된 자식을 갖는 엘리먼트 $e$가 그 자식 보다 낮은 순위를 갖는 것을 의미한다. 반면에, $e$가 여러 개의 검색된 자식을 가질 때의 감쇠 인자 0.99는 해당 요소가 그의 자식 엘리먼트보다 높은 순위를 갖는 것을 의미한다. 따라서 연관 단락을 하나만 가진 한 절은 그 단락 자체보다 연관성이 작다고 (단순히 연관 없는 단락들을 포함하는 전체 절을 반환하는 것보다 연관된 단락만 반환하는 것이 낫다) 여겨지지만, 검색된 여러 개의 연관 단락을 가진 한 절은 어떤 자식 단락들 보다 높은 순위(사용자에게 반환된 절을 통해 여러 연관 단락에 접근 가능)를 가지게 된다. 앞의 XML 문서 표본에 전파 전략을 적용하는 것을 설명하기 위해 GPX 기술을 사용한다. 그림 13.5(a)에 나타낸 엘리먼트만 평가 전략(element-only scoring strategy)[5]으로 생성된 단말 엘리먼트의 평가

3) $e$와 $e_\ell$ 사이에 경로가 있으며, $e_\ell$이 이 경로의 마지막 엘리먼트이고 자식 노드가 없다.

4) 자식 수가 가중치에 반영되면, 모든 자식 엘리먼트의 가중치는 동일하며 결합 밖에서도 마찬가지이다.

를 취한다. subsec11이 세 개의 자식 엘리먼트를 가지므로, $m = 3$에 대해 $D(3) = 0.99$이다. 따라서 score(subsec11, {포도주, 파타고니아}) = 0.99 × (0.0588 + 0.0300 + 0.0052) = 0.0931이 된다. 순위화 결과는 그림 13.6(a)에 있다. GPX 전파는 subsec11을 밀어 올려 세 자녀 단락보다 상위에 나오고 이 자녀 엘리먼트들은 subsec11을 통해 접근 가능하기 때문에 이는 이치에 맞는다. 반대로, sec2는 para22 아래에 남아 있다.

| (a) | (b) |
|---|---|
| 0.0931 subsec11 (0.99) | 0.0588 para111 |
| 0.0588 para111 | 0.0503 subsec11 |
| 0.0574 article (0.99) | 0.0300 para112 |
| 0.0456 sec1 (0.49) | 0.0252 para22 |
| 0.0300 para112 | 0.0126 sec1 |
| 0.0252 para22 | 0.0068 article |
| 0.0123 sec2 (0.49) | 0.0052 para113 |
| 0.0052 para113 | 0.0016 sec2 |

**그림 13.6:** (a) 괄호 안에 감쇠인자 $D(m)$을 보인 GPX 전파 전략을 사용한 순위화 (b) 결합(aggregation) 전략을 사용한 순위화

한 내부 엘리먼트와 단말 엘리먼트간 경로의 길이로 구현된 거리(distance)는 가중치로 사용될 수도 있다. XFIRM 시스템[1427]에서 이 거리는 맥락화 전략과 더불어 전파 방법에 사용된다. 내부 엘리먼트 $e$의 질의 $q$에 대한 (단순화된) 평가는 다음과 같다.

$$score(e,q) = \rho \times m \times \sum_{e_\ell} \alpha^{d(e,e_\ell)-1} \times score(e_\ell, q) + (1-\rho) \times score(root,q) \qquad (13.3)$$

여기서 $m$은 $e$에 포함된 검색된 단말 엘리먼트 $e_\ell(score(e_\ell, q) > 0)$의 총 수, $d(e,e_\ell)$은 문서 트리내 엘리먼트 $e$와 $e_\ell$의 거리, $score(root,q)$는 루트 엘리먼트의 검색 평가, ρ는 문맥화 전략에서 문서 평가와 엘리먼트 평가의 상대적 중요도를 나타낸다.

전파 방법은 특히 GPX 시스템으로 구현될 때, 좋은 검색 성능을 보였는데, 비록 좀 단순하지만, GPX 전파 방법이 INEX 검색 비교 과제에서 최고의 성능을 보였고 XML 검색에서 다재다능함을 보였다.

### 집단화(Aggregation)

집단화는 Chiarmell 등의 구조적 문서 검색[371]에 대한 연구 성과에 기초한다. 기본적인 발상은 한 XML 엘리먼트(구조적 구성 엘리먼트)의 표현이 자기 자신의 내용 표현(있다면)의 집단과 구조적으로 관련된 엘리먼트(있다면)의 내용 표현으로 볼 수 있다는 것이다. XML 검색의 공통적 관례는 엘리먼트 자신의 내용과 자식 엘리먼트의 내용을 집단화했으며, 검색은 이런 집단 표현에 기반을 둔다.

엘리먼트 자신의 내용 표현은 표준 색인 기술을 사용하여 생성되는데, 집단 함수는 비단말 엘리먼트의 표현을 생성하는데 사용된다. 집단 함수는 매개 변수([659]의 augmentation factor나 [1379]의 accessibility weight 참조)를 포함할 수 있는데, 이 변수는 한 엘리먼트의 표현이 그 자식 엘리먼트의 표현(예를 들어, 장에 포함된 절들의 기여도 측정)에 의해 얼마나 영향 받는 지를 의미한다.

XML 검색에서의 결합 방법을 설명하기 위해 Ogilivie와 Callan[1286]의 성과에 영향을 받은 (단순화된) 언어 모델링 구조에 기초한 접근법을 사용한다. 이 구조에서 각 엘리먼트는 언어 모델에 의해 모델링되는데, 한 엘리먼트 $e$에 대해 질의 용어 $k_i$의 확률이 주어졌을 때, 엘리먼트 자신의 내용에 기초한 언어 모델 $Me_{own}$은 다음과 같이 주어진다.

5) GPX 알고리즘은 단말 엘리먼트에 대해 다른 평가함수를 사용한다.

$$P(k_i|Me_{own}) = (1-\lambda)P(k_i|e_{own}) + \lambda P(k_i|C) \quad (13.4)$$

여기서 $\lambda$는 배경 컬렉션 모델 $C$의 영향을 조정하는 평활계수이다.

앞의 표본 예에서 오직 단말 엘리먼트만 자신의 내용을 가지며 모든 내부 엘리먼트는 그들의 자식 엘리먼트의 내용으로 이루어진다. 만일 단말 엘리먼트에 대해 표 13.1에 주어진 용어 통계를 가정하고 $\lambda$를 0.8로 놓으면 $P(k_i|e_{own})$은 표 13.2(윗쪽)와 같다.6)

| | elements | $P$(포도주$\|M_{own}$) | $P$(파타고니아$\|M_{own}$) |
|---|---|---|---|
| 단말 엘리먼트 | para111 | 0.180 | 0.327 |
| | para112 | 0.500 | 0.060 |
| | para113 | 0.020 | 0.260 |
| | para22 | 0.420 | 0.060 |
| | | $P$(포도주$\|M_e$) | $P$(파타고니아$\|M_e$) |
| 내부 엘리먼트 | subsec11 | 0.233 | 0.216 |
| | sec1 | 0.117 | 0.108 |
| | sec2 | 0.105 | 0 |
| | article | 0.111 | 0.054 |

**표 13.2:** 집단화 전략으로 얻어진 단말 엘리먼트에 대한 용어 통계 $P(k_i|M_{own})$과 비단말 엘리먼트에 대한 $P(k_i|M_e)$. 단말 엘리먼트에 대해 $P(k_i|M_{own}) = P(k_i|M_e)$임.

이제 $e$가 그들의 자신 언어 모델 $M_{ej}$인 여러 자식 $e_j$를 가지고 있다고 가정하자. 그러면 집단 함수는 언어 모델의 선형 보간법으로 다음과 같이 구현될 수 있다.

$$P(k_i|M_e) = \sum_{e_j} \omega_j P(k_i|M_{ej})$$

여기서 $\sum_{e_j} \omega_j = 1$. $\omega$ 매개 변수들은 각 언어 모델(즉, 자식 엘리먼트)의 결합에 대한 기여를 나타낸다.

표본 예에서, 각 자식이 똑같이 기여한다고 가정하면, $P(k_i|M_{ej})$는 자식 수로 나눈 값이 되고 표 13.2에 나온 집단화 용어 통계를 얻게 된다. 예를 들어 subsec11은 세 개의 자식을 가지므로 '포도주' 용어에 대한 집단 평가는 $P(\text{포도주}|M_{subsec11}) = 1/3 \times (0.180 + 0.500 + 0.020) = 0.233$이 되는데, 그 이유는 포함된 엘리먼트 언어 모델은 모두 같은 기여로 보기 때문에, $w = 1/3$이 되기 때문이다.

따라서 엘리먼트의 순위는 각 엘리먼트가 질의를 생성하는 확률을 추정하여 얻어 진다. 그림 13.5(a)의 순위를 생성한 것과 같은 식을 사용할 수 있는데, 이는 질의 용어에 대해 $P(k_i|M_e)$를 곱한 것이며, 그림 13.6(b)에 보인 순위를 산출한다.

집단화의 다른 접근법은 필드화된 BM25[1057]와 확률모델[659, 889]이 있고, 초기 접근법(INEX의 문맥으로 평가되기 전)은 [967]과 [1165]에 있다. 집단화 방법과 관련하여 중요한 한 가지 쟁점은 매개변수(위 예의 $\omega$값)의 추정이다.

### 병합(Merging)

XML 검색을 위해 개발된 몇몇 접근법은 주어진 질의에 대한 별도의 순위 목록들을 생성하고, 이들을 병합한 단일 순위 목록[177, 980, 1098]을 만들어 사용자에게 결과로 반환한다.

6) 이 값들은 표 13.1의 $P(k_i|M_e)$와 같다. 질의 용어를 포함하지 않는 엘리먼트에 대해 $P(k_i|Me_{own}) = 0$이라고 가정한다.

[1098]에 기술된 접근법은 선택적 색인 전략(13.4.2절 참조)을 사용하는데, 각 엘리먼트 유형(예: 과학 논문의 컬렉션에서 논문, 요약, 절, 단락을 포함)에 따라 별도의 색인을 만든다. 한 검색 모델이 각 색인내 엘리먼트들을 순위화 하는데 사용한다고 가정하면, 이는 각 색인당 하나씩 별도의 순위 목록 결과를 만든다. 이 목록들을 병합하기 위해서는 여러 색인들(예: 단락색인 대 논문색인) 내 엘리먼트 크기의 상이함을 고려해 정규화가 필요하다. 이 목적을 위해 각 색인에 대해 $score(q,q)$가 계산되는데, 이는 마치 질의 $q$가 컬렉션내 한 엘리먼트인 것처럼 취급되어 질의 평가 점수가 계산된다. 각 색인에 대해 각 엘리먼트 평가 점수는 $score(q,q)$로 정규화 되는데, 질의와 똑같은 엘리먼트의 경우, 최대 점수 1이 된다. 이는 색인들의 점수가 비교가능하다는 점을 보장하며, 엘리먼트는 정규화된 점수에 기초하여 병합될 수 있다.

표 13.3의 작업 표본과 같이, 단락, 절, 부절과 논문의 각 색인에 대해 어떤 검색 접근법을 적용하여 생성된 (가상의) 검색 점수를 가정해보자. 또한 각 색인에 대해 (가상의) 점수 $score(q,q)$를 가정한다. 만일 점수에 대한 정규화에 다음 식을 사용한다면, 새로운 점수는 표 13.3의 괄호안 점수와 같다.

$$\max\left(\frac{score(e,q)}{score(q,q)}, 1\right)$$

| para 색인 | subsec 색인 |
|---|---|
| para111 0.4 (0.5)<br>para112 0.3 (0.375)<br>para113 0.2 (0.25)<br>para22 0.5 (0.625) | subsec11 0.6 (0.857) |
| $score(q,q) = 0.8$ | $score(q,q) = 0.7$ |
| **sec 색인** | **article 색인** |
| sec1 0.4 (0.513)<br>sec2 0.2 (0.256) | article 0.3 (0.448) |
| $score(q,q) = 0.78$ | $score(q,q) = 0.67$ |

**표 13.3:** 각 색인에 대한 엘리먼트 점수. 정규화된 점수는 괄호 안에 있다.

### 구조적 제약의 처리(Processing Structural constraints)

INEX에서는 구조적 제약을 가치 있는 정보를 어디서 찾을 수 있는지에 대한 힌트로 본다. 이런 견해에 대한 이유는 두 가지이다. 첫째로, 정보 검색 시스템 사용자는 항상 필요한 정보에 대한 표현을 제대로 못하거나 할 수 없다고 알려져 있다. 이런 어려움이 정보의 구조적 기준이 필요한 이유가 된다. 예를 들어, 한 사용자가 몇몇 주어진 주제에 대한 단락 요소를 물어볼 때, 그 주제에 대한 가치 있는 내용이 한 절에 포함된 여러 단락에 흩어져 있다는 것을 알 수는 없다. 따라서 개별 단락보다는 그 절을 반환하는 것이 더욱 유용하다.

둘째, XML 정보 검색 그룹에서는 일반적으로 내용 기준을 만족시키는 것이 구조 기준을 만족시키는 것보다 더 중요하다는 강한 믿음이 있다. 예를 들어, 어떤 사용자가 특정 주제에 대한 절 요소를 찾는다 하더라도, 내용 기준을 대체로 만족시키는 요약 요소를 반환하는 것이 여전히 그 사용자를 만족시킨다. 이 견해에 따라 XML 검색에서 구조적 제약을 처리하기 위한 여러 접근법이 개발되었다.

첫 번째 접근법은 태그 동의어 사전을 구축하는 것이다. 사전은 문법적 기반일 수 있는데, 예를 들어 <p>는 단락(paragraph) 유형에 대응되고 <p1>은 일련의 단락에서 첫째 단락에 대응된다면, 이 <p>와 <p1>을 동등한 태그로 취급하는 것이 매우 타당하게 여겨진다[1097, 1426]. 이 사전은 또한 과거 연관 데이터를 처리함으로써 구축될 수 있다[1127]. 예를 들면, <section>요소를 요청한 질의에 대해 질의와 연관되었다고 평가된 데이터 집합내 모든 엘리먼트 유형이 <section> 태그와 동등하게 여길 수 있다. 따라서 이 접근법에서 구조적 제약이 <section>을 참조하게 되면, 절 요소와 사전에 <section>과 동의어로 취급된 모든 유형의 엘리먼트 간 구별 없이 내용 기준을 만족시키면 모두 결과로 반환한다.

두 번째 기술은 구조 가산법(structure boosting)인데, 일단 엘리먼트 순위를 질의의 구조적 제약에 관계없이 생성한 후, 구조적 제약이 얼마나 만족되는지에 따라 엘리먼트 점수에 가산한다. 구조 점수는 엘리먼트 구조와 질의 구조를 비교하고 정합 수준에 따라 생성한다. 예를 들어, 경로(path)가 비교되거나[333, 1579], 경로상 태그가 비교될 수 있는데[1626], 후자에 대한 예는 다음과 같다.

'포도주'에 관한 논문에 포함되어 있는 '파타고니아' 관련 절을 묻는 질의 $q$를 NEXI 질의 언어(13.6.3 참고)로 표현하면 다음과 같다.

```
//article[about(., 포도주)]//sec[about(., 파타고니아)]
```

이 질의는 두 개의 부질의(subquery) q1 = //article[about(., 포도주)]와 q2 = //sec[about(., 파타고니아)]로 나눌 수 있다.

| elements | $c\_score$ | $s\_score$ | $b\_score$ |
|---|---|---|---|
| para111 | 0.327 | 0.4 | 0.341 |
| para113 | 0.261 | 0.4 | 0.288 |
| subsec11 | 0.233 | 0.6 | 0.293 |
| sec1 | 0.170 | 1 | 0.336 |
| article | 0.111 | 0.7 | 0.378 |

**표 13.4**: 부질의 q2의 내용 기준 검색 점수인 *score*, 요소의 구조 기준 점수 $s\_score$, 내용구조 기준 모두에 대한 $b\_score$

| (a) | (b) |
|---|---|
| 0.0459 article | 0.0588 para111 |
| 0.0415 para111 | 0.0300 para112 |
| 0.0409 sec1 | 0.0252 para22 |
| 0.0373 subsec11 | 0.0052 para113 |
| 0.0350 para113 | |

**그림 13.7**: (a) 내용구조 질의 순위 (b) 중첩 제거후 순위

각 부질의는 별도로 처리되는데, q2가 먼저 처리된다고 하자. 표 13.1의 용어 통계에 기초하여 엘리먼트 평가 전략을 부질의 q2에 적용하여 표 13.4에 나온 내용 기준에 대해 검색 점수를 얻는다. 이들은 표 13.1의 값들 $P(\text{patagonia}|M_e)$에 대응되고 이런 내용기반 평가를 $c_score$라 한다. 또 표 13.4의 각 요소에 정합하는 절 엘리먼트의 구조적 평가를 $s_score$라 하는데, 각 엘리먼트는 유형(태그)에 따라 <para>, <subsec>, <sec>, <article>이다. 예를 들어, 이 값은 <para>에 비해 <subsec>이 <sec>에 구조적으로 더 정합한다는 것을 반영하여 선택되었다. q2에 대해 내용기반 평가가 다음과 같이 가산된다고 가정하자.

$$b\_score(e,q2) = 0.8 \times c\_score(e,q2) + 0.2 \times s\_score(e,\text{sec})$$

이는 구조 평가보다 내용 평가에 훨씬 더 중요성을 부과했다는 것을 의미한다. q2가 절 엘리먼트를 찾으므로 각 검색 엘리먼트 $e$에 대한 내용 평가는 $s_score(e,\text{sec})$로 가산된다. 이 결과로 가산된 평가 $b_score$가 표 13.4에 또한 나타나 있다. 예를 들어, para111에 대하여 $c_score(para111,q2) = 0.327$이고, $s_score(para,\text{sec}) = 0.4$이므로 $b_score(para111,q2) = 0.8 \times 0.327 + 0.2 \times 0.4 = 0.341$이 된다.

질의 q1의 경우, 구조적 제약을 엄격히 적용하여 논문들만 고려하여 따라서 단순하게 하도록 한다. 모든 비논문 요소 $e$에 대해 $s_score(e,article)=0$이 된다.

이제 전체 질의 q는 q2에서 검색된 각 요소의 가산된 평가와 q1에서 검색된 논문의 가산된 평가를 조합할 필요가 있다. 예를 들어 이는 다음과 같이 정의된다.

$$s\_score(e,q)=b\_score(e,q2)\times b\_score(article,q1)$$

표 13.1에 기초하여 $c\_score(article,q1)=0.122$ (이는 $P(\text{wine}|M_{article})$에 대응)이고, $b_score(article,q1)$에 대응한다. 요소들의 결과 순위 목록은 그림 13.7(a)에 나타나 있다.

중요한 한 쟁점은 모호한 정합(구조적 제약에 의해 제공되는 힌트가 얼마인지)의 실제 수준을 결정하는 것인데, 표본 예에서 이는 구조 평가 $s_score$값을 어떻게 정해야 하는 가로 해석될 수 있다.

여기서 서술된 기술은 INEX 문맥에서 평가되었는데, 한 요소의 연관성이 그 내용에만 국한되어 평가되었다. 더불어, 실제 구조적 제약들을 자세히 들여다보면, 그들이 실제로는 힌트가 되지 못한다는 것을 알 수 있었다[1601]. 비록 한 질의가 어떤 절을 요청하더라도 연관 데이터 집합에서 절 요소가 질의 조건의 내용에 정합되는 다른 요소 유형보다 더 좋은 결과라는 아무런 단서도 없다. 더군다나 구조를 고려하는 것이 초기 순위에서도 검색 성능을 향상시키지는 못했다. 이 결과는 다소 실망스러운 데, 평가 방법에 기인하는 것 같다.

### 13.4.4 중첩 제거(Removing Overlaps)

XML 검색 시스템은 주어진 사용자의 질의에 대해 가장 연관된 엘리먼트를 반환하는 것을 목표로 한다. 주어진 질의에 대해 한 엘리먼트와의 (이 장에서 기술된 어떤 XML 평가 전략으로) 연관성을 추정할 때, 그의 조상 또한 연관된다고 (비록 다른 정도이지만) 추정될 수 있다. 반대로 연관된다고 평가된 상위 엘리먼트의 여러 후손 노드 또한 연관된다고 추정된다. 이는 XML 문서의 중첩된 구조 때문인데, 한 문서의 동일한 텍스트 조각이 같은 경로를 따라 여러 엘리먼트에 포함될 수 있다. 따라서 연관 엘리먼트 자체, 그의 조상과 많은 자손들이 결과 목록에 함께 담겨, 결국 사용자에게 중복된 정보를 매우 많이 반환하게 된다. 이는 13.4.3절에 나온 대로 여러 순위 결과가 생성되는 것을 명확하게 볼 수 있다.

중복된 정보(즉, 중첩된 엘리먼트들)를 반환하는 것은 사용자를 혼란스럽게 한다[1592]. 검색 시나리오에서 사용자는 동일한 정보를 여러 번 보고 싶어 하지 않으므로, 이 중에 어떤 것을 보여주어야 할 지 결정할 필요가 있고 이것이 이제부터 검토할 쟁점이다.

첫 번째 접근법은 XML 검색 시스템에서 초기에 생성된 엘리먼트의 순위 목록으로부터 중첩 엘리먼트를 직접 제거하는 방법이다. 가장 공통적으로 적용된 접근법(brute-force 필터링이라 함)은 결과 목록에서 가장 순위가 높은 엘리먼트를 선택하여 더 낮은 순위의 조상과 자손 엘리먼트를 모두 제거하는 것이다. 이 과정은 재귀적으로 적용되고 중첩된 엘리먼트들 중에서 더 높은 순위에 어떤 것이 위치할지는 검색 순위화 전략에 의존한다.

예를 들어 이 방법을 그림 13.5(a)에 나와 있는 순위에 적용하면, 그림 13.7(b)에 보이는 중첩없는 결과를 얻게 된다. 그림 13.6(a)의 순위 목록으로부터 시작하면 다른 결과 목록을 얻게 된다. 그렇지만 이런 초기 순위들 중 아무것도 가장 연관되지만 중첩되지 않는 결과를 반환하는 목적에 부합하지 않는다는 점에 주의하라. 이런 이유로 중첩 없는 결과 생성 시 문서의 실제 구조를 고려하여 많은 접근법이 개발되었다[389, 1099, 1127, 1291].

[1099]의 접근법은 평가 점수와 더불어 XML 문서 트리 구조에서 검색된 엘리먼트의 분포를 고려한다. 예를 들어, 자신의 여러 자손이 검색되었지만 그 자손들이 트리 구조에서 고르게 분포되어 있고, 부모 엘리먼트와 비슷한 평가를 받은 엘리먼트가 선택되었다. 즉, 이는 이미 선택된 엘리먼트 때문에 그 자손들 중 많은 수가 연관된다

고 평가될 수 있거나 자손 스스로 연관된다고 처리되어 선택된다는 것이다.

표본 작업에서 그림 13.5(a)의 순위로 시작하면 이 접근법은 subsec11과 para22가 중첩 없는 결과를 형성하는데, subsec11로부터 모든 연관 단락에 접근할 수 있는 반면, sec2의 자식들 중에서는 연관 정보가 있는 para22 한 단락만 반환하는 것이 타당해 보인다.

전반적으로, 문서 트리 구조를 명확하게 고려하여 중첩을 제거하는 기술은 그렇지 않은 기술보다 뛰어난 성능을 보이는 경향이 있다. 하지만 질의 시간에 이루어지는 중첩 제거로 인한 속도 쟁점이 있으므로 효과만이 아니라 효율적인 기술도 요구된다. 원래 결과 목록의 질에 따른 중첩 제거 전략의 효과를 조사하는 것도 흥미로운 과제이며, 훌륭한 초기 결과 목록이 더 좋은 중첩 없는 결과 목록을 생성하는 징후가 있다.

## 13.5 XML 검색 평가

XML을 구조적 문서의 마크업 언어로 채택하고 TREC(4.4.1절 참조)과 대응되는 INEX 체제의 XML 검색 효과 평가로 구조적 텍스트 검색 연구에 많은 발전이 있었다.

전통적인 정보 검색 평가에서는 문서가 독립적이고 개별적인 단위로 취급되었다. 하지만 XML 검색은 문서 요소 검색을 허용함으로써 동일 문서의 요소들을 독립적인 단위로 볼 수 없게 되었다. 또한 임의의 엘리먼트 검색을 허용할 때 엘리먼트들의 중첩을 더욱 고려해야 한다. 그 이유는 여러 단락으로 구성된 완전한 절을 한 엘리먼트로 검색하고, 이어서 같은 절내의 한 단락을 두 번째 엘리먼트로 검색한다면, 사용자는 중복된 정보를 너무 많이 받을지도 모른다. 이는 검색 요소가 별도의 단위로 취급될 수 없음을 의미한다.

구조적 텍스트의 이런 특별한 성질 때문에 XML 검색 시스템 평가는 고유의 테스트 컬렉션 구축을 필요로 하는데, 여기서 내재된 구조적 제약, 즉 엘리먼트 간의 구조적 관계를 고려한 기준에 따라 평가 방법론이 제공된다.

INEX(INitiative for the Evaluation of XML retrieval)[7]는 XML 검색 효과를 평가하기 위해 대규모 테스트 컬렉션과 적절한 측정 방법의 형태로 인프라를 구축하였다.

### 13.5.1 문서 컬렉션

2004년까지 INEX에서 사용된 문서 컬렉션은 1995~2002년 기간을 포괄하는 IEEE 컴퓨터 소사이어티 출판물의 12개 잡지와 6개 논문집으로부터 12,107개의 논문이 XML로 마크업 되어있는데, 총 494MB 크기에 8백만 개의 요소가 있다. 평균적으로 한 논문에 1,532개의 XML 노드가 포함되어 있는데 노드의 평균 깊이는 6.9이다. 2005년에 IEEE 컴퓨터 소사이어티로부터 더 많은 출판물을 더해 컬렉션이 확장되었다. 2002~2004년 기간에 출판된 총 4,712개의 새로운 논문이 추가되어 총 16,819개의 논문이 754MB의 크기로 천백만 개의 엘리먼트를 포함한다.

2006년부터 INEX는 위키피디아[8]의 영어 문서로 만들어진 다른 문서 컬렉션을 사용한다[493]. 이 컬렉션은 위키피디아 프로젝트로부터 온 659,388개의 항목으로 전문(full-texts)과 XML 마크업 문서로 구성되며 총 60GB(그림을 제외하면 4.6GB)가 넘고 5천2백만 엘리먼트로 되어있다. 이 컬렉션은 IEEE 컬렉션과 비슷한 구조를 가지는데, 평균적으로 한 항목은 161.35개의 XML 노드를 포함하며 한 엘리먼트의 평균 깊이는 6.72이다. 이 컬렉션은 더

7) INEX는 디지털 도서관의 EU 네트워크인 DELOS에 의해 시작되었는데, 2007년까지의 INEX 정보는 http://inex.is.informatik.uni-duisburg.de/에서 2008년 이후 정보는 http://www.inex.otago.ac.nz/에서 에서 찾아볼 수 있다.

8) http://en.wikipedia.org

욱 풍부한 태그 집합(IEEE 컬렉션의 176개에 비해 1,241개의 유일한 태그)을 가지며 많은 수의 (XLink로 표현되는) 교차참조(cross-referneces)를 포함한다.

## 13.5.2 주제(Topics)

13.6절에 서술했듯이 한 XML 질의는 내용과 구조 양쪽 모두를 참고할 수 있다.

이 점을 고려하기 위해 INEX는 다음과 같이 주제의 두 유형을 명시했다.

- CO(Content-only; **내용 전용) 주제.** 문서 구조를 무시한 질의를 필요로 하는 정보이며, 어떤 의미에서는 정보 검색 테스트 컬렉션에서 사용된 전통적인 주제와 유사하다. INEX에서 이 주제에 대한 검색 결과는 여러 복합적인 즉, XML 문서 구조의 다른 계층에 있는 엘리먼트들이다.
- CAS(Content-and-structure; **내용구조) 주제.** 요소들의 내용과 구조 모두를 참조하는 질의를 필요로 하는 정보이다. 이런 질의는 특정 엘리먼트들(예: 특정 주제에 관한 절을 반드시 포함하는 반환 엘리먼트들)의 내용을 참조하거나 반환 엘리먼트들의 유형(예: 절 검색)이 지정될 수 있다.

CO와 CAS 주제는 연관 정보를 검색할 컬렉션의 구조 지식에 대한 여러 계층의 사용자를 반영한다. CO 주제는 문서 구조에 대한 지식이 전혀 없거나 그런 지식 사용을 원하지 않는 사용자에 의해 지정되며, 이런 요구는 XML 컬렉션을 검색하는 대부분의 사용자에 해당된다. CAS 주제는 문서 구조의 지식을 가지고 결과의 질을 향상시키려는 사용자에게 적합한데, 도서관 사서나 특허 검색원 같은 전문적인 사용자가 해당된다.[9]

TREC과 마찬가지로 INEX 주제는 표준 제목, 서술과 설명 필드로 구성되어 있다. 제목은 CO 주제에서는 일련의 용어들이고, CAS 주제에서는 XML의 경로기반 질의 언어인 NEXI를 사용해 표기된다(13.6.3절 참조).

```
<inex_topic topic_id="231" query_type="CO+S">
<title>Markov chains in graph related algorithms</title>
<castitle>
   //article//sec[about(., +"markov chains" +algorithm +graphs)]
</castitle>
<description>Retrieve information about the use of markov
chains in graph theory and in graphs-related algorithms.
</description>
<narrative>I have just finished my Msc. in mathematics, in
   the field of stochastic processes. My research was in a subject
   related to Markov chains. My aim is to find possible
   implementations of my knowledge in current research. I'm mainly
   interested in applications in graph theory, that is, algorithms
   related to graphs that use the theory of markov chains. I'm
   interested in at least a short specification of the nature of
   implementation ({\em e.g.}  what is the exact theory used, and to
   which purpose), hence the relevant elements should be sections,
   paragraphs or even abstracts of documents, but in any case,
   should be part of the content of the document (as opposed to,
   say, vt, or bib).
</narrative>
</inex_topic>
```

**그림 13.8:** INEX 2005 테스트 컬렉션에서의 CO+S 주제 예

9) CAS 주제는 연관 피드백 과정에서, 질의용어에 구조적 제약을 추가하는 질의 확장에서도 이용될 수 있다[1436].

2005년에 CO 주제는 CO + S(Content-Only + Structure, 내용구조)주제로 확장되었다. CO + S 주제는 CO 주제의 <title> 필드와 동일한 정보 표현인 CAS 주제(<castitle>)필드를 포함하는데, 구조적 제약 형식의 지식을 추가할 수 있다. CAS 제목은 NEXI 질의 언어로 표현되는데, CO+S 주제의 한 예가 그림 13.8에 있다.

### 13.5.3 검색 과제

전통적인 평면문서 검색 과제와의 주요 차이점은 XML 검색 시스템이 질의와의 연관성면에서 엘리먼트들을 평가하고, 사용자에게 반환될 엘리먼트의 적절한 단계를 결정할 필요가 있다는 것이다. INEX에서 연관된 엘리먼트는 적절한 단계의 세분성(granularity)을 가지는데, 사용자 질의가 요청한 모든 주제를 검토하거나 (포괄성, exhaustivity), 다른 주제를 검토하지 않도록 (특정성, specificity) 정의된다. (13.5.4절 참조)

2004년까지 INEX XML 검색 시스템의 과제는 전체 문서를 반환하는 대신, 가장 연관된 XML 엘리먼트, 즉 사용자 질의에 가장 특정되고 포괄적인 XML 요소들을 반환했다. 바꾸어 말하면, XML 시스템은 연관된 정보는 되도록 많이, 관련 없는 정보는 되도록 적게 엘리먼트를 반환하여야 한다. 이런 일반 과제 범주에서 두 가지 주요 부과제(sub-task)가 다음과 같이 정의된다.

- **CO 부과제.** CO 주제를 활용하는데, 효과적인 XML 검색 시스템은 가장 특정한(specific) 요소들을 검색하고 이들은 요청한 주제에만 관련되어야 한다.
- **CAS 부과제.** CAS 주제를 활용하는데, 효과적인 XML 시스템은 요청한 주제와 연관되면서 질의의 구조적 제약에 엄격히 또는 대략적으로 (모호한) 정합하는 가장 특정된 문서 엘리먼트를 찾는다. 이는 다시 다음과 같은 두 개의 CAS 부과제로 나뉜다.
  -SCAS 부과제(엄격한 내용과 구조; strict content-and-structure). 구조적 제약을 엄격하게 해석하는 것을 채택하는데, 2002년과 2003년에 수행되었다.
  -VCAS 부과제(모호한 내용과 구조; vague content-and-structure). XML 검색 시스템의 목표가 질의 안에 표현된 구조적 조건과 정확하게 일치하지는 않지만, 연관 내용의 위치를 찾는데 힌트로 사용할 수 있는 경로(path) 지정을 고려해서 연관 엘리먼트를 반환한다.

이 부과제는 2003년에 소개되었고, 2004년 이후로는 오직 이 VCAS 부과제만이 수행되었다. SCAS 부과제는 비현실적 과제로 느껴지는데, 왜냐면 정보 요구를 특정하는 것이 쉬운 작업이 아니며 특히 광범위한 태그 이름 (엘리먼트 형)을 가진 XML 문서에서는 더 그렇다.

CO 든 CAS 든, 이 일반적인 과제에서는 검색된 요소 간의 실제 관계가 고려되지 않았으므로, 많은 시스템이 중첩된 엘리먼트를 반환했다. 예를 들어, INEX 2004의 CO 부과제에서 상위 10 위안에 든 시스템들도 70%에서 80%사이의 중첩된 엘리먼트를 포함했다. 이는 효과 측정(13.5.5절 참조)과 관련하여 매우 강한 시사를 주는데, 더 집중된(focused) 접근법(예: 두 중첩 연관 요소 중 더 연관된 것을 반환하기) 시도가 형편없는 성능을 보였다. 이런 결과로 다음 두 부과제가 2005년에 정의되었다.

- **집중 부과제(focused sub-task).** 연관 정보가 있는 문서 안에서 경로에 있는 가장 포괄적이고 특정한 요소를 찾는 시스템을 목표로 하며, 사용자에게 오직 이 가장 적절한 검색 단위를 반환한다. 중첩된 요소를 반환하는 것은 허용되지 않는다.
- **무결 부과제(thorough sub-task).** INEX 초기 과제를 참고하는데 사용되었고 2004년까지 모든 시스템이 수행했다.[10]

10) INEX에는 이들 외의 부과제 들도 있는데, 관심 있는 독자는 [968] 참조.

이 두 부과제에서, 주어진 질의에 대한 요소의 연관성을 추정하고, 주어진 주제에 대한 연관 내용 세분성의 적절한 수준을 찾는 XML 검색 접근법을 제대로 평가하는 것이 가능해졌다. 두 부과제 모두 CO나 CAS 주제를 활용할 수 있으며, 후자를 위해선 구조적 제약의 모호한 해석을 적용한 VCAS 부과제가 도입되었다.

### 13.5.4 연관성(Relevance)

주요 사전에는 연관성의 의미를 '가까운 정보에 관한(pertaining to the matter at hand)'으로 정의한다. 전통적인 문서 검색에서는 검색된 항목과 사용자 질의와의 연결로 이해되지만, XML 검색에서는 검색된 항목과 사용자 질의와의 관계에 문서의 구조를 고려할 필요가 있어서 더 복잡하다. 검색된 엘리먼트는 어떤 수준의 세분성을 가질 수 있는데, 한 엘리먼트와 그 자식 엘리먼트 중 하나가 주어진 질의와 모두 관련될 수 있지만, 부모 엘리먼트는 관련 없는 내용을 추가로 포함할 수 있기 때문에, 자식 엘리먼트가 부모 엘리먼트에 비해 질의 주제에 더 초점이 맞을 수도 있다. 이런 경우, 자식 엘리먼트는 부모 엘리먼트보다 좋은 검색 엘리먼트가 되는데, 이는 질의와 연관되면서도 질의에 특화되기 때문이다.

이 특정한 측면을 수용하기 위해 INEX는 다음 두 차원의 연관성을 규정하였다.

- **포괄성**(Exhaustivity), 한 엘리먼트가 사용자 요청 주제를 얼마나 포괄적으로 검토하는지 측정한다.
- **특정성**(Specificity), 한 엘리먼트가 요청 주제(관련 없는 다른 주제가 아닌)에 초점을 맞추는 정도를 측정한다.

추가로 자식 엘리먼트들을 가진 한 엘리먼트가 어떤 주제를 얼마나 포괄적으로 검토하는지 명확하게 표현하기 위해, 다차수 척도(multiple degree scale)가 필요하다. 예를 들어, 연관된 두 단락을 포함하는 상위 절은 각 단락 하나하나 보다 더 연관된다고 볼 수 있는데, 연관성을 이진 값으로 표현하면 이 차이를 반영할 수 없다. 또, 포괄성을 위해서도 적절한('정확한') 크기의 엘리먼트들을 검색한 시스템에 보상을 허용하는 특정성 차원의 다단계 척도가 필요했다. 예를 들어, 어떤 책의 관련된 절만 반환하는 검색 시스템이 전체 장을 반환하는 것보다는 더 효과적이다. 따라서 INEX는 네 가지 연관성 척도를 채택하였는데, 포괄성과 특정성 차원에서 "Not(전혀 아님)", "Marginally(약간)", "Farily(상당히)"와 "Highly(매우)"이다. 포괄성과 특정성의 조합, 그리고 이들의 등급 척도는 요청의 주제에 대한 포괄성과 특정성 모두에 대해 연관된 요소를 구별하는 것이 가능해졌고, 사용자에게 반환할 가장 적당한 단위를 나타내게 되었다.

매년 INEX 에 참가한 평가자들이 온라인 연관성 평가 도구[1278]를 사용하여 연관성 평가를 제공하고 있으며, TREC과 같이 요소의 평가를 끌어내는데 풀링(pooling) 방법이 사용된다. 2003년과 2004년의 온라인 평가 도구는 평가자에게 평가할 문서와 요소를 같이 보여주고, 각 요소에 연관 등급을 매기도록 요청하였다. 관련된 엘리먼트들도 또한 평가되는데(예: 풀에 있는 엘리먼트가 연관된다고 평가되면, 그의 부모와 자손들도 연관될지 모르므로, 비록 다른 등급이지만 풀에 들어간다), 오직 허용된 값만 배정하는(예: 한 엘리먼트가 연관된다고 평가할 때, 그 부모보다 더 포괄적일 수는 없다) 강제 규정이 추가되었다. INEX 2004까지 이 강제 규정은 평가자에게 너무 부담이 크고 방해가 되었다.

이는 2005년에 단순화된 평가 과정이 소개되면서 바뀌게 되었다. 평가될 엘리먼트들이 여전히 보이지만, 평가자는 이들 각 엘리먼트의 연관성을 일일이 결정하기 보다는 연관된 구절(passages)을 표시한다. 하이라이팅(highlighting) 방법이 (그림 13.9) 소개되었는데, 연관성 평가 방법이 훨씬 자연스럽고 비개입적 방법으로 변화되었고 평가 질에 있어서도 긍적적 결과를 가져왔다.[1279].

평가 과정은 두 단계로 이루어져 있다. 첫 번째 단계에서는 평가자가 오직 연관된 정보가 포함된 텍스트 부분을 하이라이트 한다. 특정성 차원은 XML 엘리먼트의 연관된 내용의 비율을 계산하여 연속된 값[0,1]으로 자동 측

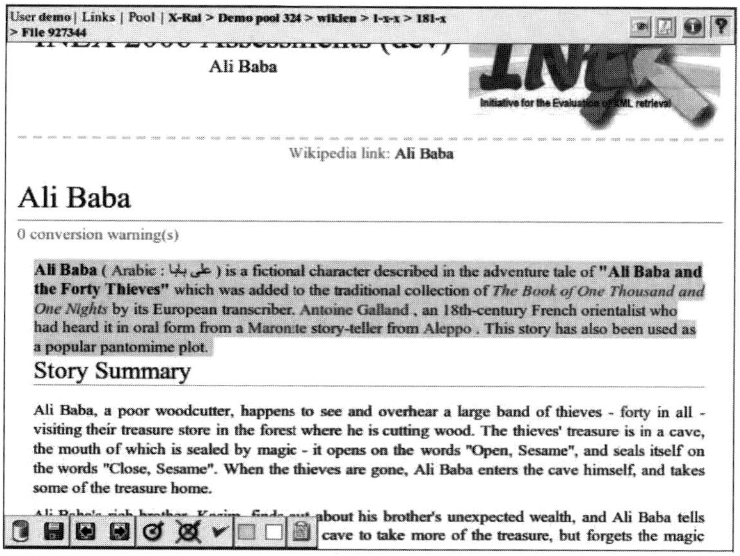


**그림 13.9:** INEX 2006 평가 인터페이스

정된다. 전체가 하이라이팅 된 엘리먼트는 특정성 값을 1로 하고, 전혀 하이라이트 되지 않은 엘리먼트는 특정성 값이 0이 된다. 이외의 모든 엘리먼트들은 해당 엘리먼트 크기에 대한 하이라이트 된 텍스트(즉, 연관 정보)의 비율(글자수)로 특정성 값이 정의된다. 두 번째 단계에서는 하이라이트 된 구절의 모든 엘리먼트들(과 그 부모 엘리먼트)에 대해 평가자는 그들의 포괄성을 평가하는데, 포괄성 차원은 앞의 4단계 평가를 사용한다.

INEX 2005 결과의 대규모 통계적 분석[1226]의 결과는 검색 성능의 비교 차원에서 포괄성 차원을 무시하고도 비슷한 결과를 나타내었다. 이런 결과로 INEX 2006에서는 포괄성 차원을 뺐고 2006년 이후로는 연관성이 특정성 차원만으로 정의(2005와 같은 방법)되었다. 따라서 평가자는 오직 첫 번째 평가 단계만 수행하게 되었는데, 평가의 질에서 더 긍정적 결과를 가져왔다[1279].

다년간의 실험 후, 평가를 모아 하이라이트 하는 과정이 XML 검색 평가에 견실(sound)하고 완전한(complete) 평가로 믿게 되었다. 미래의 INEX에서는 연구자들이 광범위한 집중 검색 과제(구절 검색, 질의응답, 엘리먼트 검색 등을 포함)을 시험할 것이다. 이 평가 방법이 얼마나 안정적인지 보는 것도 흥미로울 텐데, 이는 다양한 집중 검색 과제에 대하여 단일하고 균일한 평가 방법이 큰 장점이 될 것이기 때문이다[1599].

### 13.5.5 측정(Measures)

XML 검색 효과 측정에는 엘리먼트 간 의존성(dependency)을 고려할 필요가 있다. 전통적 문서 검색과는 달리 XML 검색 사용자는 결과 집합에서 다른 구조적 관련 엘리먼트들에 접근하게 된다. 이들 사용자는 엘리먼트를 열람하거나 아래로 화면을 이동하여 (어떻게 얼마나 할지는 인터페이스에 종속됨) 추가로 연관된 정보에 도달할지도 모른다. 이는 소위 근접 오류(near-misses)를 평가에서 고려할 필요가 있음을 알려주는데, 근접 오류는 사용자가 평가시 연관 내용에 접근 하는 엘리먼트들을 말한다. 반면, 근접 오류 무시는 평가 시나리오를 너무 많이 제한시키게 될 것이다. 비슷한 연구가 TREC-8 웹 트랙[723]에서 수행되었는데, 검색 효과를 평가할 때 연관 내용에 링크된 웹 페이지를 고려하는 것이었다.

2002년부터 2004년까지 INEX는 XML 엘리먼트에 프리콜(precall)[1328] 방법을 적용한 inex_eval [660]을 사용했다. 전통적인 정확률과 재현율 척도(4.3.1 참고)에 대하여, inex_eval 은 집계(counting) 방법, 즉 검색과 연관된 엘리먼트의 숫자[11]에 기반한 방법론이다. 결과적으로 검색 효과를 평가할 때 근접 오류를 고려하게 되면, 연관되지만 중첩된 엘리먼트를 반환받아 평가하는 시스템이 중첩된 엘리먼트를 반환하지 않는 시스템에 비해 더 효율적이다. 예를 들어, 연관된 단락과 이를 포함하는 절 모두가 검색되면 양쪽 엘리먼트가 분리된 연관 요소(단락이 연관되었다는 것은 절 또한 연관된다는 사실)로 계산되는데, 그건 검색된 연관 엘리먼트의 숫자를 증가시키게 된다. 따라서 새로운 연관 정보를 검색하지 않았음에도 불구하고 중첩된 연관 엘리먼트를 검색하는 시스템은 높은 효과 점수를 받게 된다[886].

다양한 평가 척도가 XML 검색을 위해 제안되었다(예: [483, 631, 885, 1253, 1276]). 이 절에서는 INEX 2005에서 채택되고, 하이라이트 평가 과정에서 얻은 지식을 포함한 전통적인 정확률과 재현율 정의의 확장에 대해 기술한다. 이들 방법은 Tehcevski와 Thom[1253]에 의해 처음 제안되었고 [867]에서 완결되었으며 2007년부터 공식 INEX 평가 척도로 사용되어왔다.

XML 검색 시스템의 목표를 다시 돌아보면, 연관 정보는 되도록 많이 담겨있고 비연관 정보는 되도록 적게 포함된 요소를 반환하는 것이다. 하이라이트 평가 과정에서 반환 요소의 목표는 하이라이트된(연관된) 내용을 되도록 많이 포함하고 하이라이트 되지 않은(비연관) 내용을 되도록 적게 하는 것이다. 정확률과 재현율의 고전적 정의(4.3.1 참고)는 이런 관점을 반영해 다음과 같이 변경될 수 있다.

$$정확률(Precision) = \frac{검색된\ 연관정보의\ 양}{검색된\ 정보의\ 총량}$$

$$재현율(Recall) = \frac{검색된\ 연관정보의\ 양}{연관\ 정보의\ 총량}$$

검색된 연관 항목(여기서는 엘리먼트)의 수를 결합하는 대신, 검색된 연관(하이라이트된) 텍스트의 양을 측정한다.

더 공식적으로는, $hlength(e)$를 주어진 주제에 대한 요소 $e$에 포함된 하이라이트된 텍스트의 문자 수(만일 하이라이트된 텍스트가 요소에 없다면 $hlength(e)=0$)라 하자. $length(e)$를 엘리먼트 $e$에 포함된 문자의 총 개수라 하고 $Trel$을 컬렉션에 있는 해당 주제와 연관된(하이라이트된) 정보의 총량이라고 하자. erank(i)를 순위 $i$의 엘리먼트를 반환하는 함수라 하고, 순위 $r$의 정확률은 $P@r$로 나타내는데 이는 순위 $r$이하에서 검색된 연관 정보의 비율이다.

$$P@r = \frac{\sum_{i=1}^{r} hlength(erank(i))}{\sum_{i=1}^{r} length(erank(i))} \tag{13.5}$$

이 정의는 순위 $r$에서 높은 정확률 값을 얻으려면 검색된 요소는 그 순위 이하에서 비연관 정보를 최대한 적게 포함(즉, 각 $erank(i)$에 대해 $hlength(erank(i))$를 최대화)할 필요가 있다는 것을 확인시켜 준다.

순위 $r$의 재현율은 $R@r$으로 나타내는데, 이는 순위 $r$이하에서 연관 정보의 검색 비율이다.

$$R@r = \frac{1}{Trel} \times \sum_{i=1}^{r} hlength(erank(i)) \tag{13.6}$$

이 정의는 순위 $r$에서 높은 재현율 값을 얻으려면, 그 순위 이하에서 검색된 요소는 연관 정보를 최대한 많이 포함시킬 필요가 있다는 것을 확인시켜준다.

11) 비이진 연관에서, 검색 요소의 연관도 결합에 추가됨.

*Trel*의 정의는 반환되는 중첩된 엘리먼트가 허용되느냐 마느냐, 즉 무결(thorough) 대 집중(focused) 검색 부과제(13.5.3 참고)에 달려있다. 무결 부과제에서 *Trel*은 모든 요소를 망라한 하이라이트된 문자의 총 수이다. 집중 부과제에서 *Trel*은 모든 문서를 망라한 하이라이트된 문자의 총 수이다. 두 경우의 차이점은, 무결의 경우 해당 주제에 대해 하이라이트된 연관 정보의 총량을 계산하는데 중첩 텍스트(중첩된 연관 엘리먼트를 모두 포함)가 사용되고, 집중의 경우 비중첩 텍스트가 사용된다.

이들 측정 방법의 주요 장점은 각 질의에 대해 이상적인 (비중첩) 연관 엘리먼트 집합의 구축을 요구하지 않는다는 것이다. 이는 inex_eval의 한계를 극복하기 위해 특별히 개발된 여러 XML 평가 측정에서 요구되었다. [882]에 보고된 실험은 어떤 이상적 집합을 선택하느냐에 따라, 검색 성능 측정 방법이 영향을 받을 수 있다는 것을 보여준다.

정보 검색 평가의 전통적 정확률과 재현율 척도에는 고정 재현율 수준에서의 정확률, 평균 정확률 등의 추가적인 척도가 정의되어 있다. (4.3.2절 참조) 이들 척도는 정보 검색 그룹에서 잘 수립되고 이해되는 표준 정확률과 재현율 척도(즉, *p*@10%, *p*@20%, ... *p*@100%, MAP)와 호환성을 갖는다.

마지막으로, 하이라이트된 텍스트의 양으로 정의된 이들 척도는 INEX가 채택한 다른 형태의 집중 검색 과제들을 평가하는데, 특히 INEX 2007[606]에서 소개된 새로운 구절 검색에 적절해 보인다.

## 13.6 질의어(Query Languages)

비구조적 텍스트를 검색할 때, 사용자는 질의의 표현력이 제한되는데, 그것은 무엇에 관한 문서나 몇 개 단어가 포함된 문서만 찾기 때문이다. 구조적 텍스트와 이의 사용을 지원하는 질의어를 사용하면, 사용자는 더 정확한 질의를 쓸 수 있는데, 예를 들면, '나는 남극이라고 설명된 그림 근처에 펭귄을 논의하는 단락을 원한다.'이다. 여기서 '펭귄'과 '남극'은 검색될 내용에 대한 제약을 특정하고, '단락'과 '그림'은 검색될 단위에 대한 구조적 제약을 특정 한다. 이제부터 검토하게 될 질의어는 XML과 구조적 텍스트 검색의 핵심 요소이다.

### 13.6.1 특성

텍스트 검색을 위한 질의어의 특성은 표현되는 제약의 유형에 기반하여 세 가지 주요 그룹으로 나뉘는데, 내용 제약, 패턴 정합 제약, 구조적 제약 등이다.

**내용 제약**(Content Constraints)

이들은 정보 요구의 내용 측면 사양을 고려하는데, 다음과 같은 다양한 유형이 있다.

- **단어**(Word). 반환되는 문서 조각에 포함되거나 근사치를 갖는 질의 단어 한 개 또는 여럿을 특정한다. 이는 대부분 정보 검색 시스템의 고전적 입력에 해당된다.
- **문맥**(Context). 텍스트내 단어의 위치에 부과된 조건들, 가령 구를 형성하거나 특정 거리 이내로 제한. (예: '거리 4의 정보와 검색')
- **가중치**(Weight). 단어의 중요도와 문서 조각에 있는 문맥의 제약에 대한 조건. 예를 들어, '0.6 펭귄 0.2 수영'은 어떤 문서 조각을 결과로 반환해야 할지 결정할 때, '펭귄'이 '수영'보다 중요하다는 의미이고, '+펭귄 수영'은 명확하게 '펭귄'을 갖고 있거나 관련된 문서 조각을 반환하라는 의미이다.

- **불리안(Boolean).** 위의 모든 항목을 불리안 연산을 사용하여 조합. 예를 들어 '0.6 펭귄 or (거리 4의 남극)'인데, 불리안 수식을 만족하는 문서 조각이 결과로 반환된다.

(전통적인) 데이터베이스에서 질의의 내용 제약 처리는 (대부분) 문서 조각의 비순위 목록을 생성하는데 반해, 정보 검색에서는 목록이 순위화 된다. 더욱이 데이터베이스에서는 이 단어들이 반환되는 문서 조각에 반드시 포함되어야 하는 반면, 정보 검색에서 포함은 관련성(aboutness)으로 교체되는데, 이는 단어(로 표현된 주제)와 관련된 문서 조각을 반환한다.

#### 패턴 정합 제약(Pattern Matching Constraints)

이들은 문자열, 접두사, 접미사, 부분문자열 또는 일반적인 정규표현 같은 몇몇 특정 패턴에 정합하는 텍스트 조각의 검색을 허용한다.

#### 구조적 제약(Structural Constraints)

이들은 정보 요구의 구조적 측면에서 특정을 허용하며, 주요 유형은 다음 세 가지이다[47].

- **표적 결과(Target result).** 만일 원하는 결과의 구조를 알고 있다면, 사용자는 그들이 표적으로 하는 특정 구조 결과를 지정할 기회를 가진다(예를 들어 사용자가 과학 논문 컬렉션으로부터 '요약' 요소를 요청할 수 있다).

- **지원 조건(Support condition).** 원하는 결과의 구조 외에 구조적 제약을 특정 하는 용도로 사용될 수 있다. 예를 들어, '적포도주에 관련된 요약을 가진 칠레에 관련된 절'을 요청하는 질의는 두 개의 구조적 제약을 가지는데, 하나는 (칠레에 관련된) 절을 표적 결과로 특정하고, 두 번째는 (적포도주에 관련된) 요약을 추가 구조적 제약으로 제공한다. 후자를 지원 조건이라 부른다.

- **결과 구축(Result construction).** 사용자는 기존 문서 조각들(문서 텍스트 구조)에 대한 결과뿐만 아니라 전체 문서 혹은 문서 사이의 여러 조각으로 구축된 결과를 원할 수도 있다. 예를 들어, 사용자가 '한 절의 첫 번째와 마지막 단락을 한 조각으로 묶은 것과 그 절의 제목'을 원할 수도 있다.

XML문서에 접근하기 위한 질의어는 앞에 열거된 내용과 구조적 제약 유형의 일부 혹은 전부를 특정 하는 것과 주로 관련된다. 하지만 이렇게 표현력을 증가시키면, 사용자 정보 요구를 정확한 질의로 옮기는 것과 질의 처리 모두에서 복잡성 증가를 수반하게 됨을 명심해야 한다.

### 13.6.2 XML 질의어 분류

XML 질의어는 다음과 같이 내용한정 또는 내용구조 질의로 분류할 수 있다.

#### 내용한정 질의(Content-only Queries)

내용한정 질의는 사용자 정보 요구를 표현하는데 내용 제약만 사용한다. 가장 단순한 유형의 질의는 단어들로 이루어지며, 역사적으로 정보 검색 입력의 표준 유형으로 사용되었다. 이는 사용자가 정보 요구를 표현할 때, 문서 구조를 잘 모르거나 상관하지 않는 XML 검색 시나리오에 적당하다. 비록 정보 요구의 내용적인 측면만 특정되긴 하지만 XML 검색 시스템은 그래도 무엇이 최상의 조각인지, 즉 주어진 정보 요구에 가장 적당한 세분성 수준의 XML 엘리먼트를 결정해야한다.

#### 내용구조 질의(Content-and-structure Queries)

이 질의 유형은 사용자에게 그들의 내용과 구조적 정보 요구를 특정할 수 있는 수단을 제공한다. XML 질의어에 대한 대부분의 연구가 이런 질의 유형 개발과 관련되며, 이런 언어는 13.6.1에 나열한 내용 및 구조적 특징의 일부를 포함한다. 여기서는 구조적 특징이 이들 언어에 어떻게 포함되는지에 대해 검토하며, 정확한 구문이 아닐 수도 있는데, 여기서는 별로 중요하지 않기 때문이다.

내용구조 질의어에는 태그기반(tag-based) 언어, 경로기반(path-based) 언어, 절기반(clause-based)언어의 세 가지 유형이 있고, 이들 질의어의 복잡도(complexity)와 표현력(expressiveness)은 태그기반에서 절기반 질의로 증가한다. 사용자 관점에서 이런 표현력과 복잡도의 증가는 내용구조 질의가 사용하기 어렵다는 것을 종종 의미한다. 그럼에도 불구하고 특정한 시나리오 상에서 전문 사용자에게 매우 유용할 수 있는데, 가령 특허 검색과 게놈(genomic) 검색 등이다.

**태그기반 질의(Tag-based queries)**

이 질의는 사용자에게 단일 태그 이름으로 결과 표적에 대한 구조적 제약을 특정 하는 단어 주석을 허용한다. 예를 들어, '적포도주에 대한 절을 검색하라'는 정보 요구는 다음과 같이 표현할 수 있다.

```
section: 적포도주
```

태그기반 질의어는 기본적인 구조 제약을 포함할 수 있지만, 지원 조건과 결과 구축을 제공하지 않아 경로기반과 절기반 질의어의 표현력에는 부족하다. 태그기반 질의어의 예로는 XSEarch[405]가 있다.

**경로기반 질의(Path-based Queries)**

이 질의는 질의에 문서 구조가 캡슐화 되는 XPath 문법에 기반 한다. 경로기반 질의어의 예는 XPath 1.0[12], XIRQL[603], NEXI[1602]를 포함한다. 예를 들어 '칠레에 관한 문서에서 적포도주에 대한 절을 검색하라'는 정보 요구는 NEXI에서 다음과 같이 표현된다.

```
//document[about(., 칠레)]//section[about(., 적포도주)]
```

경로기반 질의는 표적 결과(위의 '절' 요소)와 지원 조건('칠레'에 관한 '문서') 표현을 허용한다.

XIRQL은 구조적 제약에 가중치를 할당하는 것을 허용하는데, 예로서 다음 XIRQL 질의어

```
//section[0.6 .//* $cw$ "칠레" + 0.4 .//section $cw$ "포도주"]
```

는 '칠레'라는 단어가 있는 (어떤 유형이나 계층의) 요소를 포함하는 절과 '포도주' 단어가 있는 절 요소를 요청하는데, 결과에 포함되는 절의 적합도 평가에서 첫 번째 제약이 두 번째 제약보다 더 영향을 준다.

어떤 태그기반 질의도, 예를 들어(section: 적포도주), 경로기반 질의어로 변환될 수 있으며, NEXI로 다시 쓰면 다음과 같다.

```
//section[., about(적포도주)]
```

더욱이 어떤 내용 질의라도 경로기반 질의로 표현 가능한데, 예를 들어 다음의 NEXI 질의어

```
//*[., about(적포도주)]
```

12) http://www.w3.org/TR/xpath

는 '적포도주'에 대해 모든 세분성 단계의 요소를 요청한다.

**절기반 질의**(Clause-based queries)

이 질의는 데이터베이스의 SQL(Structured Query Language)문과 매우 유사하게, 정보 요구 표현에 중첩된(nested) 절을 사용한다. XML 검색에서 가장 유명한 절기반 언어는 XQuery[13]이다.

전형적인 절기반 질의는 세 개의 절로 구성되는데, "for"절로 지원 조건을; "where"절로 내용 제약을 특정하며; "return"절은 표적 조각을 특정하거나 새로운 결과 조각을 구성한다. "for"와 "return"절에서의 XPath 표현은 문서의 구조를 참조하는데 사용된다. 예를 들어, '펭귄 제목의 문서 절을 검색하라'는 정보 요구는 XQuery로 다음과 같이 표현된다.

```
for $x in /document/section
    where $x/title=펭귄
    return $x/section
```

XQuery Full-Text[42]는13.6.1절에 기술된 내용 제약(예: 근접 거리)과 순위화 함수를 포함한 강력한 텍스트 검색 연산자로 XQuery를 확장하였다.

### 13.6.3 XML 질의어의 예

이 절에서는 네 가지 내용구조 질의어에 대해 소개하는데, 이전 절에서 검토했듯이 XML 내용한정 질의어는 평면(비구조적) 텍스트 검색과 동일한 방법으로 특정 하므로 더 이상 검토하지 않는다. 여기서는 두 개의 경로기반 질의어 XPath와 NEXI 와 두 개의 절기반 질의어 XQuery와 XQuery Full-text에 대해 기술하는데, 이들 질의어는 XML 질의어에 대해 가장 최근 개발된 것들의 좋은 소개가 된다.

#### XPath

XPath(XML Path language)는 W3C에 의해 정의된 질의어이다. 이의 주요 목표는 XML 문서의 구성 요소에 접근하거나 내비게이트 하는 것이며, 추가로 문자열, 숫자, 불리안 연산자를 제공한다. XPath를 위한 첫 번째 작업 초안(XPath 1.0)은 1999년 7월에 발표되었고, 그 이후 1999년 11월에 권고안[14]이 나왔다.

XPath에서 가장 중요한 표현 유형은 위치경로인데, 이는 XML 문서의 내비게이션 단계의 연속으로 이루어진다. 예를 들어, `book/publisher/@isbn`은 위치 경로로 책과 출판사가 내비게이트 되는 (또는 선택되는) 자식 엘리먼트로 "book"과 "publisher" 이름을 가지고, `@isbn`은 "isbn" 이름을 가진 속성으로 내비게이트 하는 단계를 말한다. 모든 단계는 "/"로 분리되며 이는 위치 경로 `isbn` 속성이 publisher 엘리먼트 바로 아래 있는 것을 선택하며, 다시 publisher는 book 요소 바로 아래 있다는 것을 의미한다. `Publisher` 엘리먼트는 book 엘리먼트의 자식으로 참조되는데, "/"는 XPath 내 자식과 부모의 소위 축(axis) 단계라 불린다.

또, 내비게이션 단계는 "//"로 분리될 수 있는데, 이는 위치 경로가 다음 단계로 가기 전에 현재 엘리먼트와 이의 모든 자손 엘리먼트로 내비게이트 한다는 것을 의미한다. 예를 들어, `book//title`은 book 엘리먼트에서 직접 혹은 간접적으로 아래에 있는 모든 title 엘리먼트에 적용되는 반면, `//title`은 문서의 모든 title 엘리먼트를 선택하게 된다.

13) http://www.w3.org/TR/xquery
14) http://www.w3.org/TR/xpath

특별한 단계는 자신의 단계를 나타내는 "."과 부모 단계인 ".."을 포함한다. 예를 들어 .//book은 현재 노드에 포함된 모든 book 엘리먼트를 반환하게 되는데 반해 ../publisher는 현재 노드의 부모인 publisher 엘리먼트를 반환하게 된다. 또, XPath는 "*"나 "@*" 같은 와일드카드 문자를 사용할 수 있는데, 예를 들면 book/*과 book/publisher/@*은 아무 이름을 가진 엘리먼트와 속성을 내비게이트 할 수 있다.

각 단계에서 술어(predicates)는 "["과 "]" 사이에 특정될 수 있는데, 반드시 선택될 (내비게이트 될) 노드에 만족해야 한다. 예를 들면, 다음 XPath 표현 //book[@year=2002]/title은 2002년에 출판된 책의 제목이란 조건을 만족하는 것들만 선택된다. 표준 비교 연산자 =, !=, < , <= 등은 술어내에서 사용될 수 있으며, 존재(existential) 술어는 특정 경로의 표현이 반환한 결과가 비어 있지 않은지(non-empty)를 확인하는데 사용된다. 예를 들어, 다음 XPath 표현 //publisher[city]는 도시 정보가 주어진 출판사를 선택한다. 마지막으로 위치(positional) 술어는 문서 트리 구조내 엘리먼트의 위치에 따라 내비게이트 하는데 사용된다. 예를 들어, //publisher/country[1]/city는 각 출판사에서 첫 번째로 나오는 나라(다국적 출판사를 가정)의 도시들을 선택한다. 비교와 존재 조건은"and", "or" 연산자나 "not()" 불리안 함수 등으로 조합될 수 있는데, 예를 들면 not(@year = 2002)이다.

내용 기반 XML 검색 목적을 위한 XPath의 중요한 함수는 contains() 불리안 함수인데, 이는 두 문자열 매개변수를 취해 첫 번째 문자열이 두 번째 문자열을 포함하면 참을, 그렇지 않으면 거짓을 반환한다. 이 함수는 한 엘리먼트가 (첫 번째 매개 변수로 지정된) 텍스트에 (두 번째 매개 변수로 지정된) 특정 문자열을 포함하는지 확인하는데 사용될 수 있다. XPath 질의 결과는 엘리먼트의 순위화된 목록이 아니므로, 내용기반 XML 검색에 직접적으로 사용될 수 있는 질의어는 아니다. 하지만, XPath는 다른 XML 질의어에 사용되거나 영감을 주었으며 그 중 일부는 결과의 순위화를 허용한다.

### NEXI

NEXI(Narrowed Extended XPath I) 질의어[1602]는 INEX에서 내용기반 XML 검색 평가를 위한 간단한 질의어로 개발되었다. NEXI는 XPath의 작지만 향상된 부분집합으로 이루어져있는데, INEX 참가자들에 의해 테스트 컬렉션 구성에 사용한 실제적인 내용구조 질의를 표현하였다. NEXI는 XPath에 기반을 두었는데, 이는 XPath가 XML 그룹에 이미 잘 이해되는 언어이고 INEX를 위해 또 다른 XML 언어를 제안하는 것이 단점으로 작용할 수 있기 때문이었다.

about()으로 명명된 새로운 함수를 도입함으로써 검색 기능의 향상이 이루어졌는데, XPath의 contains() 함수가 주어진 문자열 내용을 포함하는 (텍스트) 엘리먼트를 요구하는데 반해, contains()를 대체한 about() 함수는 내용에 연관된 엘리먼트를 요구한다. 이는 한 엘리먼트가 주어진 (내용 측면) 질의에 사용된 단어를 실제 포함하지 않고 연관되면 된다는 것을 반영한다.

XPath의 작은 부분집합만 선택한 이유는 두 가지 측면이 있다. 첫째로, INEX에 제출된 질의 분석에서 구조적 제약을 표현하는데 XPath 경로 위치의 사용이 높은 문법적, 의미론적 오류율을 보여주었다[1227]. 그런 결과로 내용기반 XML 검색 효과를 평가하는데 불필요하다고 간주되는 모든 위치 경로가 제거되었다. 예를 들어, 부모/자식 내비게이션 단계, "/"이 특히 잘못 해석되는 문제가 많아 제거되었다.

두 번째 이유는 NEXI가 검색 평가를 수행할 목적으로 정의되었기 때문에, 효과 평가 측면에서 어떤 결과도 못 주는 위치 술어도 허용되지 않는다. 또, 모든 표적 요소들은 적어도 하나의 내용 술어 about() 함수를 가져야 한다. 예를 들어, 주어진 주제를 가진 절들의 제목 반환은 단순히 기계적 과정이며, 검색 효과 평가 목적을 위해 중요한 것은 연관된 절을 실제로 반환하는 것이다.

NEXI 질의의 한 예는 다음과 같다.

```
//article[about(.//body, "인공 지능")]//
    body[about(., 체스) and about(., 알고리즘)]
```

이 질의의 표적 결과는 //article//body이며, 여러 내용 제약이 사용되었는데, about(.//body, '인공 지능')은 표적 결과의 하나를 포함한다. 불리안 연산자 and가 about(., 체스)와 about(., 알고리즘)을 분리하기 위해 사용되었다.

NEXI는 XML 검색 효과 평가 목적의 주제들을 구축하기 위해 INEX 그룹에 의해 개발되었다. 따라서 검색 모델에 의해 수행될 about() 조건과, 질의 처리 엔진에 의해 수행될 구조적 제약을 해석하기 위한 XML 검색 과제가 사용되었다.

### XQuery

XQuery는 XPath를 부속 언어로 포함한 XML 질의어이지만, 다중 문서에 질의하고 결과에 새로운 XML 조각(결과 구축)을 결합시킬 수 있는 기능을 추가하였다. XQuery는 XML에 대한 질의어 워크숍[15]의 결과로 설립된 W3C 작업 그룹의 결과이며, XQuery 1.0[16]에 대한 권고안은 2007년 1월에 발표되었다.[17]

대부분의 XQuery 특징은 그의 직전 선조격인 Quilt[354]로 거슬러 올라갈 수 있는데, 이는 이질적 데이터 소스에 질의하기 위해 만들어졌고 또한 여러 언어의 설계에 의지하여 만들어졌다. 이들은 XPath 1.0 (이전에 설명함)과 XQL(문서 기반 언어; document-oriented language)을 포함하는데, 여기서 계층적 구조 문서를 내비게이트 하기 위해 경로 표현의 개념을 가져왔다. XML-QL(준구조 정보 기반 언어, semi-structured information oriented language)[494]로부터 변수 바인딩(variable binding)을 사용하여 새로운 조각들을 결과로 반환하는 개념을 차용했다. 더 오래된 영향은 FLWOR 표현에 대한 영감을 준 조인(join)과 그룹화(grouping)같은 연산과 데이터의 재구성을 하는 "select-from-where"절을 지닌 SQL을 포함한다. 또한 주목할 만한 것은 객체질의어(OQL; object query language)[345]의 영향으로, 중첩가능한 표현의 여러 클래스로 구성된 함수언어의 장점에 공헌하였다는 것이다.

XQuery의 핵심 표현은 FLWOR 표현이다. 설명을 위해, 평균 책값이 50유로 미만인 책들을 출판사 이름순으로 나열한 목록을 XQuery 표현으로 나타내면 다음과 같다.

```
for $pub in distinct-values (doc("pub.xml")//publisher)
let $a := avg(doc("bib.xml")/book[publisher = $pub]/price)
where $a < 50
order by $pub/name
return <publisher> { $pub/name , $a } </publisher>
```

FLWOR 표현은 하나 이상의 for와 let 절로 시작되는데 각각은 ($로 시작하는) 여러 변수를 결합(binding)한다. for 절 내에 결합된 변수들은 표현의 연속 결과 엘리먼트에 대해 반복되며, let절 내의 결합은 전체 반복하는데 사용된다. 선택적인 where 절은 선택 조건을 지정하며 선택적 order by절은 정렬기준을 지정하고, 마지막으로 return 절은 반환할 결과를 특정한다.

앞의 예에서 for절은 "pub.xml" 제목 문서에 나타나는 출판사들을 순서대로 $pub 변수에 결합하여 반복한다. 함수 distinct-values는 "pub.xml"내의 중복을 제거한다. 변수 $pub의 모든 결합에 대해 let절은 출판사 $pub의

15) http://www.w3.org/TandS/QL/QL98
16) http://www.w3.org/TR/xquery/
17) 2007년 1월에 XQuery 1.0과 XPath 2.0 권고안이 같이 발표되었는데, XPath 2.0은 XQuery 1.0과 동일한 데이터 모델을 가지지만 의미와 구문적으로 부분집합이다.

평균 책값을 변수 $a에 결합한다. 이 때, where절이 참이 되는 조건이 선택되는데, $a에 배정된 평균 책값이 50 미만인 출판사 엘리먼트가 선택된다. 결합된 결과는 order by절에 의해 $pub ($pub/name)의 출판사 이름순으로 정렬된다. 마지막의 return절은 앞 절의 결과에 결합된 각 $pub과 $a에 대해 출판사 $pub의 이름 엘리먼트와 평균가격 $a를 포함한 새로운 출판사 엘리먼트를 생성한다. 만일 order by절이 없으면, "pub.xml"에 나타난 출판사 엘리먼트 순서에 따라 결과가 정렬될 것이다. 결과는 XML 원본 문서에 없었으므로 새로운 조각이 된다.

XQuery는 XML 검색을 위한 강력한 질의어이고 XML을 위한 SQL로 여겨지며, 데이터중심 XML 검색에 가장 적당한 언어이다. 반면, 텍스트 검색 능력이 제한적이고, 내용 기반 XML 검색에 있어서 매우 중요한 결과 순위를 제공하지 않는다는 단점이 있다.

### XQuery Full-Text

XQuery Full-Text[42]는 XQuery에 강력한 텍스트 검색 능력을 확장한 XML 질의어다. 예를 들어, XQuery Full-Text에서 사용자는 "growing"과 "wine"이 세 단어 이내에 있고, 단어 growing의 어미(stemming) 변화는 무시하라는 표적 요소를 요청할 수 있지만, XQuery에서는 불가능하다. 더군다나 XQuery Full-Text는 결과와의 연관성에 따라 순위화를 지정할 수도 있다.

XQuery Full-Text는 구조적 텍스트를 위한 초기 질의어인 ELIXIR [372], JuruXML [333], XIRQL [603] 등에서 영향을 받았다. 이 절에 기초가 된 문서는 2008년 5월에 발표되었다.[18)]

추가된 텍스트 검색 기능은 XQuery와 XPath 표현으로 완전히 조합할 수 있는 새로운 정규 XQuery 표현인 *FTContainsExpr* 등장의 결과이다. 예를 들어 다음 *FTContainsExpr*표현

```
//book[./title ftcontains {"적" "포도주"} all]//author
```

는 '적'과 '포도주' 단어 모두를 포함하는 제목의 책 저자들을 반환한다.

XQuery Full-Text는 텍스트 검색의 기본 요소(즉, 내용 문맥 제약) 인 구(phrase), 단어 순서, 단어 근접 등을 정의한다. 또, 정합된 단어의 대소문자 지정, 스테밍의 사용, 시소러스(thesauri), 불용어, 내용 패턴 정합(정규표현 와일드카드 사용) 등의 지정도 허용한다. 예를 들면, 다음 *FTContainsExpr* 표현은 여섯 단어의 window내에 나타나는 정합 단어 근접을 제한한다.

```
//book[./title ftcontains {"적" "포도주"}
all window at least 6 words]//author
```

또, 다음 *FTContainsExpr* 표현은 "growing" 단어의 여러 형태, 즉 "grow"나 "grows" 같은 단어도 정합한다.

```
//book[./title ftcontains "growing" with stems]//author
```

결과의 순위는 평가 변수들의 지정을 허용하는 *FTScoreClause*의 등장으로 제공되었는데, 이들은 FTContainsExpr의 평가 결과 점수로의 접근을 제공한다. 정보 검색 탐색 형태의 한 예는 다음과 같다.

```
for $b score $s in //book[./title ftcontains {"적" "포도주"} all]
order by $s descending
return <book isbn="{$b/@isbn}" score="{$s}"/>
```

18) http://www.w3.org/TR/xquery-full-text/. XQuery Full-Text 구문은 발전되고 있음에 주의하라.

이 질의는 제목에 '적'과 '포도주' 둘 다 포함하는 모든 책 $b 변수에 대해 반복적으로 평가 점수를 변수 $s에 결합(bind)한다. 연관성이 줄어드는 순서로 책의 "isbn" 번호와 평가 점수를 반환하는데 두 변수가 사용된다.

XQuery Full-Text는 특정 점수 부여 방법에 제한되지 않고 원하는 방법을 구현하는 것이 허용된다. 즉, 앞의 질의에서 $s 값이 어떻게 계산되는지 특정되지 않았다. 각 XQuery Full-Text 구축은 평가 방법에 상관없이 최대 연관 점수가 1인 [0,1] 구간의 평가 결과 값을 가진다.

XQuery Full-Text는 데이터와 문서 중심 XML 검색 응용 양쪽에서 요구되는 특성을 모두 보유하고 있는데, 이는 바로 이런 목적으로 개발되었기 때문이다. 또한 결과의 순위를 제공하는 평가 함수의 구축을 허용한다. 내용 중심 XML 검색의 관점에서 보면, XQuery Full-Text는 최종 사용자가 숙달하기에 너무 복잡해 보일 수 있지만, 의학 분야, 특허 산업 같은 전문 사용자가 사용하는 응용에는 적당할 수 있다. 추가적으로 (XQuery로도 가능한) 새로운 결과를 구성하는 능력은 여러 문서나 동일 문서의 여러 문서 조각을 조합해 새로운 결과를 형성하는, 소위 집단화(aggregated) 검색[966]에 유용하다.

## 13.7 연구 동향 및 쟁점

구조적 텍스트 검색은 문서의 내용과 구조를 활용하여 주어진 질의의 결과로 가장 적당한 문서 조각을 결정하여 되돌려준다. 이는 긴 문서나 광범위한 주제(책, 사용자 메뉴얼, 법규 문서 등)를 망라한 문서들을 저장하고 있는 정보 저장소에서, 사용자가 연관된 내용을 직접 찾지 않고, 문서내 가장 유용한 부분을 바로 찾아줌으로써 노력을 경감시킬 수 있는 특별한 장점이 있다.

텍스트 내용 정보와 문서 구조 정보를 결합한 검색 모델을 구조적 텍스트 검색 (structured text retrieval) 모델이라 한다. 여기서는 구조적 텍스트 검색 모델의 구조화 능력에 대해 검토하였고 두 가지 초기 모델을 설명했다. 첫 번째 결론은 모델의 표현력이 커질수록 질의 처리가 덜 효율적이 된다는 것이다. 따라서 주어진 응용에 적합한 구조적 텍스트 검색 모델의 선택에는 깊은 주의를 기울여야 한다. 좋은 전략은 염두에 둔 응용에 요구되는 기능을 지원하는 가장 효율적인 모델을 선택하는 것이다.

XML이 구조적 텍스트의 형식으로 받아들여진 이후로 구조적 텍스트 검색은 XML 검색과 동의어가 되었다. INEX가 출현한 2002년 이전에도 XML 검색에 대한 연구가 있었지만, 내용 기반(content-oriented) XML 검색에 대한 주요 진전이 이루어진 것은 그 이후부터이다. 질의, 색인, 검색 또는 이들의 조합에 대해 어떤 접근법이 최상인지 아직은 의견일치가 된 것은 아닌데, 것은 주어진 질의에 어떤 엘리먼트가 얼마나 연관되는지 결정할 때 연루되는 많은 요인들, 즉 엘리먼트의 크기, 엘리먼트의 유형, 문서 트리 구조내 엘리먼트의 위치, 구조적으로 관련되는 엘리먼트의 연관성, 구조적인 제약의 해석, 컬렉션의 특성 등 때문이다. 하지만 주어진 질의와의 연관성을 추정하는데, 엘리먼트 자신의 내용(직접 혹은 전파나 결합 전략 사용)과 엘리먼트의 문맥, 엘리먼트의 크기를 고려하는 XML 검색이 장점을 가지고 있다고 가정한다. 남은 쟁점은 구조와 내용 질의[1601]로 달성할 수 있는 검색 성능의 향상인데, 아직까지는 제한적이다.

이 장에서 검토하지 않은 쟁점은 효율성에 관한 것인데, 여러 검색 전략이 복잡한 처리에 연루되어있다. 더 많은 처리를 요구하는 질의(예: 구조적 제약 때문) 뿐만 아니라 잠재적으로 검색 가능한 요소까지 고려하면, 전체 문서 하나만 처리하는 경우보다 일이 훨씬 많아진다. INEX 활동 중에 평가받은 많은 접근법이 효과(effectiveness)를 주로 고려하고 효율성(efficiency)은 덜 고려했다. 몇몇 주목할 만한 공헌[601, 1578]이 있었지만, INEX 2008에서 한 트랙을 효율성[19]에 할당한 점은 환영할 일이다.

19) http://www.inex.otago.ac.nz/tracks/efficiency/efficiency.asp

또, 이 장에서 검토하지 않았지만, XML 검색의 또 다른 중요한 쟁점은 사용자 인터페이스이다. 예를 들어, 내용구조 질의를 표현하거나(예: [1627]), XML 검색 결과를 화면에 보여주는(예: [868]) 적절한 인터페이스가 사용자와 XML 검색시스템 간 더욱 복잡한 상호작용을 처리하기 위해 필요하다.

이 장에서 기술된 검색 전략은 주어진 질의에 대해 한 엘리먼트의 연관성을 평가할 목적으로 개발되었지만, 이것이 XML 검색의 최종 과제일 필요는 없다. 결과에서 중복을 제거하는 것이 두 번째 검색 과제이다. INEX에서 조사하는 세 번째 과제는 문맥 과제와 관련되는데, 이는 주어진 질의에 가장 연관된 문서를 반환하는 것과 각 문서내에서 가장 연관된 엘리먼트를 찾아내는 것이다. 결과 목록에 문서별로 분류한 엘리먼트를 반환하는 것이 동일 문서의 엘리먼트를 순위에 따라 흩어져 반환하는 것보다 사용자가 더 이해하기 쉽다[195, 1591]. 네 번째 검색 과제는 문맥 과제의 최상인데, 목표는 사용자가 연관된 내용을 읽기 시작할 수 있는 문서내 최상의 시작 XML 엘리먼트 하나를 찾아내는 것이다. 이런 검색 시나리오는 중간 크기의 문서 컬렉션에 적당하다.

2007년 이후로 INEX는 구절(passage) 검색 과제를 가지게 되는데, 목표는 반환되는 결과의 적당한 크기와 그 위치를 확인하는 것이다. 구절 검색은 90년대 중반에 정보 검색에서 연구되었다[318, 734, 878, 1415, 1696]. 구절 검색 과제에 대한 아이디어는 2005년 이래로 수행된 평가 과정의 방법, 즉 문서에 연관된 내용을 하이라이트하는 것에서 유래되었다. 따라서 구절 검색은 하이라이트된 조각들을 확인하고 제대로 순위를 매기는 시도 그 자체이다. 흥미로운 질문은 최상의 구절을 확인하고 그들을 엘리먼트로 치환하는 것이 질의에 대한 결과로 반환된 최상의 엘리먼트를 직접 확인하는 것보다 좋은 전략인지를 확인하는 것이다[785, 814].

관심이 늘어나는 새로운 패러다임은 집단화(aggregated) 검색[966]이다. 문맥 과제의 연관성에서, 동일 문서의 엘리먼트들은 그룹화되고, 다른 문서에서 온 엘리먼트들을 지능적 집단화로 새로운 문서로 만드는 가상 문서 생성을 막을 이유는 없다. 집중(focused) 검색 및 집단화 결과에 대한 특별 쟁점 논문집이 2008년 여름에 배부되었다. 집중 검색은 이 장에서 기술된 대로 구절 검색과 질의응답(question answering)[1599]의 XML 검색 실현에서 따온 용어이다. 사실 구절 검색 시스템과 질의응답 시스템에서 반환된 구절과 결과는 각각 집단화 결과를 형성하는데 또한 사용될 수 있다. 심지어 주요 검색 엔진인 Alpha Yahoo!와 구글의 Universal Search에서 이미 제안되었듯이 전체 문서에서도 이 기술이 사용될 수 있다.

지금까지 INEX 활동 기간에 개발된 대부분의 XML 검색 접근법은 엘리먼트나 최근의 구절같이 평면 텍스트 단위의 검색에 관련되어 왔다. 중요한 누락은 (계층적인) 구조적 텍스트의 트리 검색인데, 이는 결과내 문서 구조의 실현을 허용하고 문서 트리의 사용자 내비게이션을 설명하는 접근법이다. 예를 들어, XQuery Full-Text같은 XML 질의어는 트리기반 구조적 제약과 트리기반 결과 사양 등 질의 지원을 포함한다. 예를 들어, XRANK[686], XXL[1577], XIRQL[603] 등의 많은 접근법들이 XML 문서 서브트리의 순위 목록을 출력한다. 트리 검색에 대해 늘어나는 관심은 트리 검색 효과를 측정[26]하는 평가 방법을 요구한다. 이 책을 쓸 시점에, INEX 활동은 7년 연속 지속되었고[602, 609, 611, 610, 612, 606, 621], 이제 8년째이다. XML 검색 평가에서 구조 추가는 많은 복잡한 쟁점을 유발하기 때문에 도전적이었는데, 그 쟁점은 처음부터 인지되지는 않았다(예: 중첩 및 집계기반(counting-based) 측정, 네 등급 이차원 척도를 사용한 엘리먼트의 지속적 평가의 어려움). 더욱이 예산 때문에 평가자에게 지불하는 것이 제한적이었는데, 이는 자체 연구 과제를 야기하여, 테스트 컬렉션을 재사용하기 위한 질적 평가를 어떻게 할지 등이 연구되었다[1279]. 6년 뒤 많은 변화(예: XML 검색 연관성의 정의, 측정법의 과다)로 몇몇 안정성이 달성되고 연구자 및 개발자가 온전히 XML 검색 접근법에 초점을 맞출 수 있게 되었는데, XML 검색이 어떻게 작동되는지 이해할 수 있다는 의미에서 XML 검색 효과 결과를 평가하고 해석하는 방법을 이제 알게 되었다.

2002년에 이루어진 조사[488]에서 XML 문서에 대한 초기 언어들이 내용기반 XML 검색에 관하여 심각한 제한을 받았다는 것을 보여주었다. 예를 들면, 그들 언어는 유사도 검색을 허용하지 않았기 때문에 연관성에 의한 결과 순위화가 가능하지 않았다. 이런 결과로 내용기반 XML 검색을 위한 여러 질의어가 출현하였는데, 예로는

XXL[1577], ELIXIR[372], XIRQL[603], ApproXQL[1438]과 이 장에서 검토한 NEXI와 XQuery Full-Text 등이 포함된다. XQuery Full-Text는 "XQuery 1.0"과 "XPath 2.0 Full-Text 1.0" 요구[20]와 Use Cases[21]에 맞게 설계되었다. 최근 사양은 W3C 후보 추천(Candidate Recommendation) 상태인데, 이 문서는 각기 식별된 특징을 테스트하기 위한 테스트 집합이 준비되고, 최소한 두 개의 구현으로 이 사양의 최소 적합을 실증하는 조건을 충족시키는 대로 W3C 제안 권고(Proposed Recommendation)에 제출될 예정이다. 이 문서는 2008년 5월 16일에 발표되었으며, 개발과 구현을 하는데 충분히 성숙되고 안정적임을 확신한다. [22]

XML 검색은 정보 검색의 모든 영역에서 중요성이 증가되고 있다. 여기서는 검토되지 않았지만 TREC과 같이, INEX는 상호작용, 연관 피드백, 이질적 컬렉션의 검색, 엔티티(entity) 순위화, 자연어 질의, 질의응답과 같은 XML 검색의 여러 다른 측면과 과제를 연구하는 추가 트랙을 운영하고 있다. 흥미가 있는 독자는 INEX 웹사이트와 SIGIR 포럼[23]에서 출판된 여러 보고서를 참조하기 바란다. XML 검색 기술의 최신 응용이 이미 존재하는데 [1261], 예를 들면 도서 검색으로 2007년 이후로 INEX에서 조사하는 트랙[884]이기도 하다.

## 13.8 참고문헌 고찰

이 장에서 기술된 많은 접근법들은 Ozcu와 Liu가 편집한 Encyclopedia of Database Systems[1236]에서 더 많은 항목으로 자세히 기술되어 있다. XML 검색과 관련하여 이들 항목은 Kamps의 '색인 단위(Indexing Units)'[874](13.4.2 참고), Kekalaineen 등의 '문맥화(Contextualization)'[893], Trotman의 '구조적 제약의 처리'[1597], Pinel-Sauvagnat의 '전파(propagation)기반 구조적 텍스트 검색'[1264], Tsikrika의 '결합(Aggregation)기반 구조적 텍스트 검색'[1604](13.4.3 참고), Ramirez의 '중첩(overlaps) 처리'[1332](13.4.4 참고)를 포함한다.

텍스트 검색 모델에서 구조화 능력에 대한 분석은 Hiemstra와 Baeza-Yates의 '구조적 텍스트 검색 모델(Structured Text Retrieval Models)'[761]의 백과사전 항목에 기반을 두고 있는데, 이 문헌 자신도 Baeza-Yates와 Navarro의 조사[115]에 기초하며 여기서는 구조적 텍스트 검색에 대한 다른 복잡한 모델도 기술되어 있다. 또 다른 흥미로운 (비록 오래된 것이지만) 조사는 MacLeod의 작업[1070]이다. Burkowski[298, 299]는 비중첩 영역에 기반한 모델을 제안했는데, Clarke 등[392]이 이 모델을 중첩 가능한 모델로 확장했다. 근접 노드에 기반한 모델은 Navarro와 Baeza-Yates[1178, 1179]에 의해 제안되었다. [1071]에서 MacLeod는 단일 계층에 기반한 모델을 소개했는데, 이는 또한 (데이터베이스 질의와 같은) 계층의 노드 속성과 연관되고 노드 쌍으로 하이퍼텍스트가 연결된다. Kilpelainen과 Mannila[906]는 부분 패턴 사양을 통해 계층적 텍스트의 검색을 검토하였고, [415]에서는 Consens와 Milo가 텍스트 영역 질의를 위한 대수(algebra)를 검토하였다.

구조적 텍스트 검색에서의 선구적 논문은 INEX에 강한 영향을 미친 FERMI 프로젝트의 일환인 Chiaramella 등[371]의 작업이었다. 비록 이론적이기만 하지만 제안된 구조는 연관성의 정의와 INEX에서 조사된 몇몇 검색과제의 근간이 되었다.

2002년 이래로 XML 검색은 INEX의 문맥으로 평가되어 왔다. 제안된 여러 접근법이 매년 열리는 INEX 워크숍에서 발표되었는데, 독일 Dagstuhl[602, 606, 609, 610, 611, 612, 621]에서 열렸다. 논문집에 대한 링크는 INEX 웹사이트[24]에서 찾을 수 있다. 몇몇 초기 INEX 접근법은 Fuhr와 Lalmas가 편집한 INEX 저널 특별호[607]에 실렸

20) http://www.w3.org/TR/2007/WD-xpath-full-text-10-requirements
21) http://www.w3.org/TR/2007/WD-xpath-full-text-10-use-cases
22) http://www.w3.org/TR/xpath-full-text-10
23) http://www.sigir.org/forum/index.html
24) http://www.inex.otago.ac.nz/

고, 나중에 연구된 XML 검색은 Baeza-Yates 등이 편집한 XML 검색 특별호[119]에 나타난다. XML 검색에 대한 언어 모델링 구조의 응용은 13.4.3절에서 설명용으로 사용되었는데 암스테르담 대학에서 개발된 XML 검색 시스템[1476]에 기초한다.

SIGIR 학회[25]는 내용기반 XML 검색에 대한 INEX 이전 작업을 포함하는 두 번의 워크숍[103, 334]을 주관하였다. XML 검색에 대한 초기 조사(INEX이전)는 Luk 등[1065]으로 구조적 텍스트의 색인과 검색을 위한 광범위한 도전과 접근법을 망라하고 있다. 최근 조사는 (비록 짧지만) Amer-Yahia와 Lalmas의 조사[965]이다.

여기서 기술하진 않았지만, 데이터베이스 연구에서 풍부한 접근법이 구조적 제약에 모호하게 정합(예: [45, 1438])하는 것을 제안하였다. 예를 들면 [43]의 구조는 간단한 질의 완화(relaxation)를 이용해 얻어지는 근사 결과로 질의의 결과를 확장하였지만, 이들 접근법의 대부분은 효과면에서 평가되지 않았다.

INEX의 일정과 활동 내역에 대한 기술은 백과사전에 Kazai가 쓴 "INitiative for the Evaluation of XML retrieval (INEX)" 항목[883]에 포함되어 있다. Lalmas와 Tombros[968]는 INEX 연도들을 뒤따른 평가 방법에 대해 자세히 기술하였다. XML 검색을 위한 초기 테스트 컬렉션은 Shakespeare 컬렉션[887]으로 INEX의 설립에 영향을 미쳤다. XML 검색 효과 평가는 자체적으로도 연구 과제인데 검색 효과를 평가할 때 구조를 고려함으로써 야기되는 문제점이 있기 때문이다[631, 886]. 그런 결과로 XML 검색 평가에 전념하는 워크숍이 구성되었고[1598, 1600], 거기서 평가 방법론에 대한 주요 결정이 이루어졌다. 특별한 연구 문제는 XML 검색 효과를 평가하는 적당한 측정법을 개발하는 것이었는데, 수많은 측정법이 제안되었고 그 중 대부분이 Pehcevski와 Piwowarski가 쓴 '구조적 텍스트 검색을 위한 평가 척도'라는 백과사전의 항목[1252]에 수록되었다.

XML 검색에서 중요한 한 연구 분야는 소위 말하는 통합(integrated) 정보 검색과 데이터베이스[44]인데, 이 분야의 목표는 내용기반과 데이터 기반 XML 검색 양쪽 모두의 구미에 맞는 접근법을 제공하는 것이다. 'XML 질의 순위화'에 대한 최근 워크숍에서 XML 검색의 문맥내 통합에 관련된 최신의 결과와 도전에 대한 정보교환이 있었다[46]. 양쪽 유형의 접근법을 포함하는 논문집이 Blanken 등에 의해 편집되었다[210]. 마지막으로 Schenkel과 Theobald의 '통합 IR과 DB'란 백과사전 항목[210]은 특히 INEX내 XML 검색 문맥의 연구 분야에 대한 설명을 제공한다.

내용기반 XML 검색 목적의 XML 질의어에 대한 훌륭한 조사가 Delgado와 Beaza-Yates에 의해 이루어졌다[488]. NEXI의 기술과 그 역사는 Trotman에 의한 "Narrowed Extended XPath I(NEXI)"란 백과사전의 항목으로 찾을 수 있고[1596], XQuery Full-Text의 기술은 [42]에 기초하였다.

## 감사의 글

이 장은 구조적 텍스트 검색 분야의 "Encyclopedia of Database Systems"을 위해 공동 저작되었는데, 이들의 많은 항목이 서로 영향을 주고 받았다. 또 피드백을 준 Benjamin Piwowarski에게도 감사를 드린다.

25) http://www.sigir.org/

Chapter 14

# 멀티미디어 정보검색
# (Multimedia Information Retrieval)

# 14.1 소개

## 14.1.1 멀티미디어란?

웹 시대에 우리는 계속 늘어나는 디지털 데이터의 홍수속에 파묻혀 살고 있는데, 이러한 디지털 데이터는 케이블, 위성을 통한 음악, 비디오의 다운로드 및 개인 카메라를 통해 우리의 집에 도달된다. 이러한 경향은 최근 들어 카메라 기능이 있는 휴대전화의 확산으로 인해 더욱 가속화되었다. 카메라 기능이 있는 휴대전화는 디지털 사진과 짧은 동영상을 보편적으로 찍을 수 있게 함은 물론 웹 서버에 신속하게 업로드 하는 것을 가능하게 하였다. 신속히 진행되는 출판과 디지털 데이터의 공유는 오락, 통신, 그리고 컴퓨터 산업과의 융합을 활발하게 하였는데, 이러한 융합은 출판과 디지털 데이터의 공유로 향하는 경향을 더욱 강화시켰다.

주문형 비디오(video-on-demand), 인터넷 전화(voice-over-IP), 의료 영상, 멀티미디어 디지털 도서관, 감시, 보안, 원격 교육, 그리고 사건 감지(event detection) 등과 같이 많은 양의 유용한 데이터를 갖는 다양한 새로운 응용들을 지원하기 위해서는 디지털 데이터의 검색과 처리 수단들이 개선될 필요가 있다. 즉, 기본적인 의미로는 다음과 같이 정의된 멀티미디어에 대한 보다 나은 관리 방법, 과정, 도구들을 개발할 필요가 있다는 것이다.

> 멀티미디어는 본질적으로 우리가 의사소통하거나 정보를 취득하는 데 사용되는 대부분의 구조화되지 않은 일반 텍스트를 포함하는 임의의 디지털 데이터이다. 멀티미디어는 텍스트는 물론, 영상 및 사운드 데이터, 그림, 그래프, 이미지, 비디오, 애니메이션, 음성, 음악, 소리 및 심지어 3D 시각화 등이 포함된다.

데이터 이외에, 멀티미디어는 또한 디지털 미디어의 라이프 사이클–캡처, 편집, 압축, 처리–로부터 파생된 복잡한 공간과 시간의 관계를 갖고 있다. 이러한 각 단계에서 주요 과제 중 하나는 멀티미디어 데이터내에서 기본 구조를 찾는 것이다.

## 14.1.2 멀티미디어 IR

가장 일반적인 형태로, 멀티미디어 검색 문제는 다음과 같이 명시될 수 있다.

> 멀티미디어 IR 시스템의 작업은 텍스트, 이미지, 비디오 및 사운드 데이터를 사용자의 관심에 따라 검색하고 이들을 사용자 질의에 대한 관련성의 정도에 따라 순위를 매기는 것이다. 사용자가 관련된 답변을 찾을 가능성을 높이기 위해 유사성 정도(즉, 순위)가 계산되어야 한다.

검색을 위해 사용자는 비디오에서의 장면을 '영화 매트릭스에서 헬기 충돌 파편을 피하는 키아누리브스'와 같이 타이핑하는 것에 의해 묘사할 수 있다. 이러한 요청 처리를 가능하게 하기 위해, 각 영화를 구성하는 수천 장의 장면에 수동으로 주석을 추가할 수 있다. 고비용이긴 하지만, 이러한 수요는 단지 한 번만 행해진다. 비용이 덜 들고 보다 가치 있는 것은 교육 동영상, 감시 비디오 및 다양한 웹 미디어에서 발견되듯이 가볍게 제작된 장면을 자동적으로 색인하는 것이다. 이러한 색인들은 사용자가 제기한 질의에 응답하기 위해 사용될 수 있다. 이와 같이 주석이 달린 장면에 기반한 사진, 그림, 장면 검색 등이 현재 멀티미디어 IR에서 최첨단이다.

2000년에 들어서면서, 웹 사이트들은 외부 사용자들에게 자신들이 생성한 콘텐츠를 올리는 것을 허용하기 시작했다. 이러한 추세는 가속되었으며, 그 결과로 지금은 누구나 자신의 사진을 Flickr같은 웹 사이트에 쉽게 올릴 수 있고, YouTube™같은 사이트에 비디오를 게시할 수도 있으며, 또는 Match.com™, Friendster™, MySpace™, Orkut™, Twitter™, Facebook™ 같은 소셜 네트워크 사이트에 자신들을 표현하기도 한다. 멀티미디어 IR에서 흥미로운 것은 이러한 모든 사이트들이 사용자에게 콘텐츠라벨링하는 것을 허용한다는 사실이다. 그러나 이러한 라벨링이 매우 개인적인 방식으로 이루어진다면 검색과 순위 매김은 어려워진다.

멀티미디어 정보검색(Multimedia Information Retrieval; MMIR)은 멀티미디어 데이터에 포함되어 있는 정보와 의미를 검색, 색인, 추출, 탐색 그리고 요약하는 것을 다루며 다음과 같은 하위 영역들을 포함한다.

- 콘텐츠 표현 및 멀티미디어 객체 표현, 즉, 이미지나 영상에서 저-수준 특징들(색상, 모양, 질감)의 추출
- 특징 추출
- 고-수준 의미론적 개념을 저-수준 특징에 매핑시키는 질의 형성
- 예제에 의한 질의
- 연관 피드백, 대화형 질의
- 효율적인 특징 색인 및 분류
- 통합 검색 및 탐색
- 내용기반 멀티미디어 검색 기술

한 장에서 멀티미디어 정보검색을 모두 요약할 수 있다고 말하는 것은 허세이다. 대신 우리는 이를 다루기 위해 멀티미디어 IR의 몇 가지 대표적인 영역을 선택하였다. 우리는 멀티미디어와 텍스트 사이의 차이를 대조하는 것으로, 그리고 멀티미디어를 다루는 어려움에 대해 논의하는 것으로 시작한다.

### 14.1.3 텍스트 IR 대 멀티미디어 IR

텍스트 검색이 이미지, 오디오 또는 비디오 검색과 다른 몇 가지 면이 있다. 텍스트에서 단어는 기본단위로 쉽게 사용될 수 있으며 구조는 문장 부호와 단락에 의해 제공된다. 심지어 글꼴 특성들로 강조할 수도 있다. 반면, 멀티미디어 데이터는 일반적으로 연속적인 스트림이며 구분 기호가 거의 없는 선형 이야기이다. 텍스트 이외의 미디어의 경우,의미론적 단위를 정의하는 것은 고품질의 검색을 달성하기 위한 기본적인 단계이다. 예를 들어 비디오에서 시간은 중요하다(내용이 시간에 따라 변함). 14.7절에서 설명하겠지만, 연속적인 스트림은 비디오 분할(segmentation)을 이용하여 관리 가능한 조각(chunk)들로 나눌 필요가 있다. 음성 문자변환(speech transcript)에 있어, 음성인식의 발전으로 이제는 낮은 오류로 양질의 문자변환 결과물을 생성할 수 있다. 그러나 거의 완벽한 문자변환 결과물조차도 구두점, 단락 및 구조를 제공하는 모든 요소가 부족한 형편이다. 따라서 음성 문자변환에 기반한 검색이 텍스트 검색에 매우 근접해 보이지만 실제적으로는 그렇지 않다. 이 문제를 다루기 위해 음성문자변환에서의 모든 단어들과 관련된 시간이 검색을 위해 중요한 정보임을 인식하는 것이 필요하다. 예를 들어, 단어 사이의 긴 여백은 주제 변화의 표시일 수 있다.

텍스트 문서와 멀티미디어 객체의 절대적인 용량 차이 또한 문제이다. 100 페이지 문서는 일반적으로 200K 바이트의 저장공간이 필요하지만 75분 오디오 신호는 MP3 파일로 압축 시 60M 바이트가 필요하다. 또한 MPEG-1으로 압축된 한 시간분량의 비디오는 별 문제없이 전달하기 위해 600M 바이트의 저장공간과 1.5Mbps(Megabits per second)의 대역폭이 필요하다.

브라우징(Browsing) 또한 멀티미디어에서는 다르다. 요즈음 인상적인 그래픽 디스플레이에도 불구하고, 전통적으로 우리는 텍스트에 초점을 맞춘 강한 기술 문화를 가지고 있는데, 이로 인해 텍스트가 그 주위로 잘 정의되고 비교적 잘 이해되는 문화를 이끌고 있다. 어떤 것을 설명하기 위해, 요약과 강조의 개념은 훨씬 더 텍스트를 잘 이해하게 한다. 그러나 멀티미디어의 경우, 요약될 자료를 정의하기 위한 표준 또는 보편적으로 합의된 방법도 없으며 사용자에게 그것을 표시하기 위한 최선의 방법에 대한 교감도 없다.

텍스트 검색과 비교해서 멀티미디어 검색은 비교적 새로운 학문이다. 그럼에도 불구하고, 이미지 및 비디오 검색엔진의 성장은 물론, 사진, 음악 등을 관리하고 공유하는 사이트들과 응용 프로그램의 확산은 멀티미디어가 일상 생활화되고 있음을 나타내고 있다.

이 장은 크게 하향식(top-down) 방식으로 구성되어 있다. 기계 학습 기술에 대한 세부사항을 보기 전에 먼저 기본적인 멀티미디어 검색에 대해 설명한다. 그림 14.1는 멀티미디어 검색 시스템에서 정보 흐름의 다양한 단계를 보여 준다.

## 14.2 도전(The Challenges)

### 14.2.1 의미격차(Semantic Gap)

멀티미디어 신호의 내용과 그 의미 사이에 큰 차이가 종종 있다. 이것은 보통 그림 14.2에서 상징적으로 설명하는 것과 같이 의미격차로 간주된다.

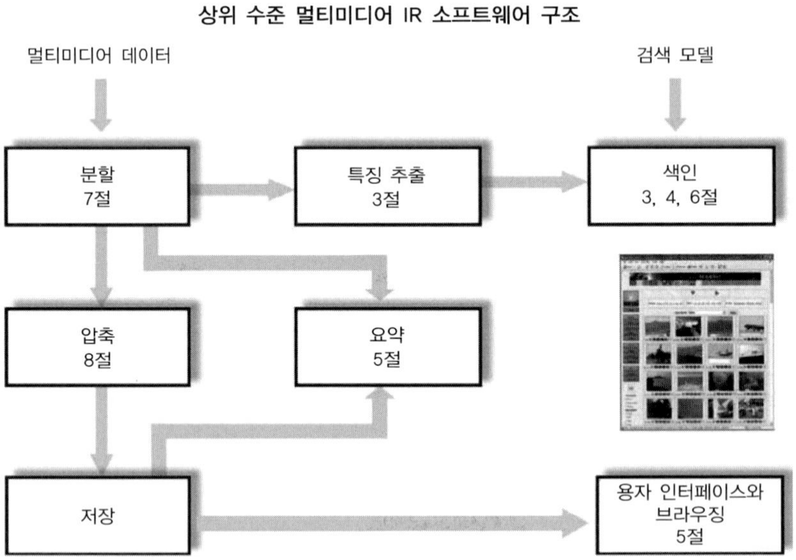


**그림 14.1:** 여러 단계에서 정보의 흐름을 보여 주는 멀티미디어 IR 시스템의 상위 수준의 소프트웨어 아키텍처

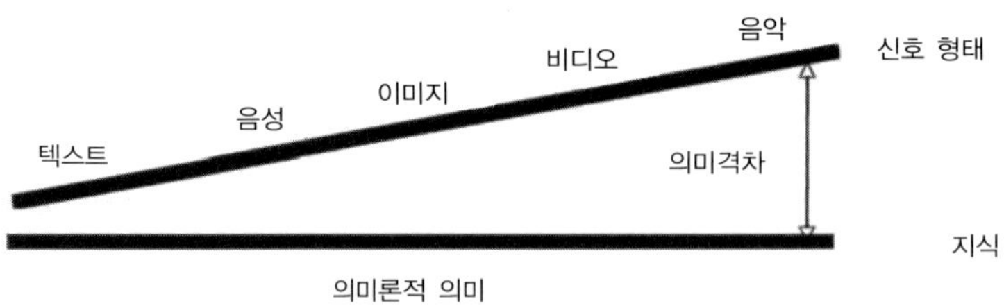


**그림 14.2:** 의미격차, 즉 멀티미디어 신호와 그것의 의미 사이의 간격은 신호의 형태가 복잡해질수록, 즉 단어에서 음악으로 갈수록 더 커진다.

급여 번호의 테이블과 그 의미 사이에는 의미격차가 거의 없지만, 문서의 단어와 그것의 전반적인 정보 및 의미 사이에는 큰 차이가 있다. 또한 비디오와 그것의 의미 사이에는 훨씬 더 큰 차이가 있다.

객체 인식은 이미지와 오디오 처리에서 가장 어려운 문제 중 하나이다. 우리 모두는 작은 시간이라 할지라도 이미지를 보고 객체의 얼굴과 유형을 식별할 수 있다. 광학 문자 인식과 (아마도) 얼굴 인식이 상업적 응용에 충분히 잘 동작한다 할 지라도, 그것들을 더 일반적인 객체에 직접 적용할 수 없다. 이미지의 구성요소를 라벨링하고 파형의 소리를 분석하는 것은 여전히 미해결 문제이며, 많은 연구의 주제이다[148, 418]. 오늘날의 멀티미디어 IR 시스템은 인간-생성 단어(또는 태그)[516, 1644]들을 굉장히 많이 사용하며 사용자에 대한 답변을 생성하기 위한 콘텐츠 특징들을 거의 무시한다.

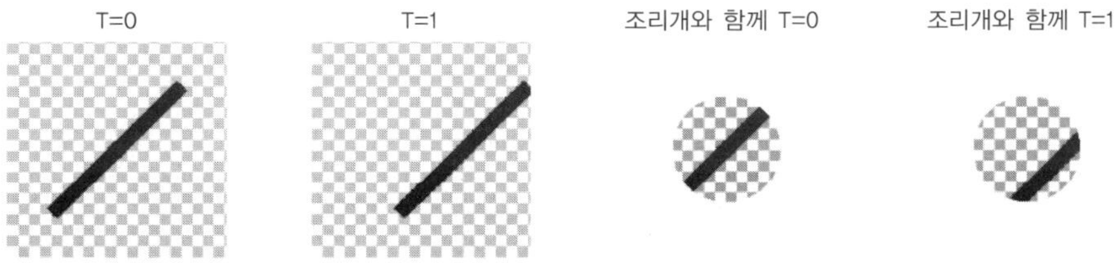


**그림 14.3:** 움직임-조리개 문제의 예. 상단 그림에서 막대는 오른쪽으로 이동한다. 종종 효율성의 이유로 작은 조리개를 통해 볼 때 막대는 오른쪽 아래로 움직이는 것으로 보인다.

사진에 있는 개체가 알려진 경우에도, 이미지 또는 오디오 신호는 컴퓨터가 재현하기 어려운 주관적, 감정적 해석을 허용하는 복잡한 특성을 전달한다. 연설에서, 이런 비-의미론적 정보가 신호의 운율에 의해 전달된다. 그것은 "don't stop(멈추지 마라)"과 "Don't! Stop!(그만! 멈춰!)" 사이의 차이를 만든다. 그러나 최상의 조건에서도 이런 감정적인 정보는 인식하기 어려워서, IR 시스템의 사용자에게 홀로 전달되게 한다[1492]. 일부 음성응답 시스템은 고객의 감정 상태를 평가하기 위해 운율 정보를 찾기는 하나, 대부분의 IR 시스템은 이 정보를 나타내기 위한 어떠한 방법도 가지고 있지 않다.

### 14.2.2 특성 모호성(Feature Ambiguity)

멀티미디어 IR이 갖고 있는 또 다른 어려움은 특징의 모호함 때문에 발생한다. 이것의 한 예는 그림 14.3에 그려진 조리개(aperture) 문제이다. 이 그림에서 막대는 시간 $T=0$ 및 $T=1$에서 찍은 두 개의 스냅샷에서 볼 수 있듯이, 오른쪽으로 이동한다. 효율성을 이유로, 간단한 움직임 검출기는 단지 조리개(aperture)로 알려진 이미지의 부분을 측정한다. 그림 14.3의 오른쪽에 있는 두 개의 스냅샷에서 볼 수 있듯이 조리개는 결정(계산 노력)을 이미지의 작은 부분으로 제한한다. 불행히도, 이 조리개를 통해 볼 때, 움직임은 대각 방향으로 인식된다. 조리개 문제는 창(조리개)내에서 포괄적인 정보의 결여로 인해 발생한다. 전체 이미지를 고려하면, 특히 막대의 끝에, 뭔가 보다 복잡한 일이 진행되고 있다는 강력한 증거가 있다. 그러나 이런 하향식 통합은 기계기반(machine-based) 알고리즘이 수행하기에는 여전히 어렵다.

### 14.2.3 기계 생산 데이터(Machine-generated Data)

멀티미디어는 데이터의 성장 때문에 도전적이고 흥미롭다. 그림 14.4는 어떻게 멀티미디어 생산이 증대하는 지와 앞으로 몇 년 동안 얼마나 많은 데이터가 수집될 것인지에 대한 추정을 보여 준다. 여기에 표시된 동향은 대략적인 것이다. 텍스트 추정은 각 개인이 연중 매일 하루 8시간, 분당 50 단어를 입력하는데 기반하였는데, 이 수치는 일정하게 변함없이 유지된다. 감시 데이터는 런던 중심에 있는 고정 카메라 수의 2002년 추정치를 기반으로 미국의 모든 도시로 확대하여 추정하였다. 의료 데이터는 모든 디지털 병원에서 환자 별로 수집된 평균 바이트 수에 기반하여 계산되었으며, 모든 병원 기록들이 가까운 미래에 디지털화될 것이라고 가정하였다. 사람들은 대량의 멀티미디어 데이터를 생산하고 소모하는데, 이것은 적절한 저장 및 검색을 위해 매우 복잡한 서버 팜(server farm)을 필요로 할 것이다.

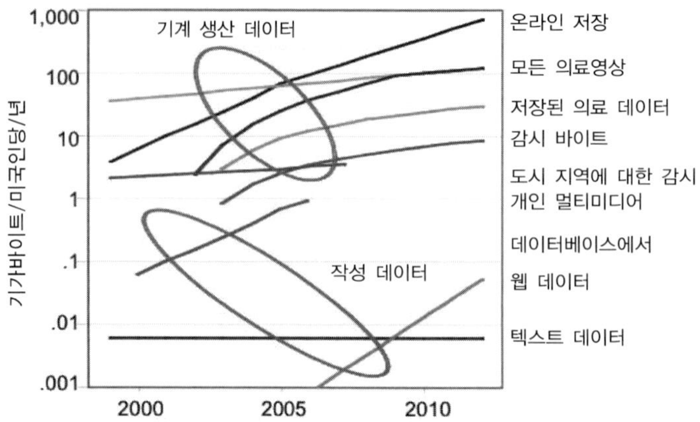


**그림 14.4:** 시간에 따른 기계 생성 데이터의 성장. 수직 축은 기기바이트/사람/년 단위로 측정됨에 유의하자. 이 그림은 IBM Almaden 연구소에서 제공됨.

## 14.3 내용기반 이미지 검색(Content-based Image Retrieval)

멀티미디어에 관한 몇 가지 초창기 작업은 이미지의 내용에 관련된 특징들을 식별하고 추출하는 것을 목표로 했다. 생산된 시제품이 상업적으로 성공하지는 못했지만, 그들이 개발한 기술은 멀티미디어에서 최첨단의 중요한 부분이다. 여기서 논의할 이러한 기술들을 광범위하게 내용기반 이미지 검색이라고 한다.

**문제**

내용기반 이미지 검색은 해당 내용에 따라 이미지를 검색하는 작업이다. 설명하기 위해 질의별 예제(QBE; query-by-example) 접근방법을 고려하자. 이 방법에서, 사용자는 이미지를 제공하며 시스템은 그와 유사한 다른 이미지를 찾는다. QBE 시스템은 결과를 검색하고 순위를 매기기 위해 이미지와 관련된 의미 정보를 무시하는 대신 색상, 질감, 모양, 두드러진 점과 같은 이미지의 단순한 특징들을 사용한다.

모든 QBE 시스템에서, 최고 순위 매김은 자세, 카메라 초점 거리와 초점, 조명, 카메라 시점, 그리고 움직임과 같은 변수들에 의해 영향을 받지 않는 이미지의 불변 특징, 속성들을 기반으로 한다. 이러한 모든 변화는 이미지에서 객체를 구성하는 픽셀에 영향을 주는데, 이것은 직접적인 픽셀 비교가 결코 작동되지 않음을 의미한다. 픽셀 비교 대신에, 일반적인 해결책은 지금 논의할 평균 색상과 같은 전체 이미지에 걸친 특징 요약을 채택하는 것이다.

### 14.3.1 색상 기반 검색(Color-based Retrieval)

색상은 종종 이미지 검색을 위한 전역 특징으로 다루어진다. 즉, 색상의 위치가 객체인식에 매우 적합하다 할지라도 그것은 이미지의 해상도에는 의존하지 않는다. 예를 들어, 미국 국기와 빨강-파랑 줄무늬 배경을 포함한 미국 우표를 생각해 보자. 두 우표는 매우 달라 보이지만 여전히 거의 동일한 전반적인 색상분포를 가지고 있다.

서로 다른 사진의 색상 히스토그램을 비교하는 것에 의해 QBE 시스템에서 특징으로 색상을 사용한다. 색상은 N 용기(bin)중의 하나로 양자화되며 각 용기에 있는 픽셀들의 개수가 비교된다. 색상 히스토그램의 장점은 시야 각이나 그림의 구성에서 큰 변화가 있다 할지라도 각 색상의 평균 비율은 변하지 않는다는 것이다. 즉, 색상 히스토그램은 시각 및 이미지 해상도와는 독립적인 측정 방법이다. 이러한 특징 때문에, 전경-배경 분할을 수행할 필요가 없다. 이미지 $I$에서 색상 $c_i$의 히스토그램은 다음과 같이 정의된다.

$$h_I(c_i) = P(color(p) = c_i | p \in I) \tag{14.1}$$

여기서 $P(color(p) = c_i | p \in I)$는 이미지 $I$에서 임의로 선택된 픽셀 $p$가 색상 $c_i$를 가질 확률이다.

그림에서 각 색상의 상대적인 위치에 대한 정보, 즉, 색상의 공간적 상관관계에 대한 정보를 포함하는 것에 의해 색상 히스토그램을 향상시킬 수 있다[787]. 이를 위해, 색상 $c_i$를 갖는 픽셀과 색상 $c_j$를 갖는 픽셀 사이의 거리 및 색상 쌍 $(c_i, c_j)$의 함수로서 픽셀을 세는 것에 의해 색상 자기상관도(autocorrelogram)를 만드는데, 이는 다음과 같이 표현된다.

$$h_I(c_i, c_j, r) = P(color(p_1) = c_i \wedge color(p_2) = c_j | r = d(p_1 - p_2)) \tag{14.2}$$

여기서 $d(p_1 - p_2)$는 이미지 $I$로부터 임의로 선택된 두 픽셀 $p_1$과 $p_2$사이의 거리이다. 그림 14.5는 동일한 색상 히스토그램을 갖는 서로 다른 이미지의 자기상관도 사이의 큰 차이를 보여 준다[787].

**예제 1 색상기반 내용 검색**

색상 히스토그램을 갖는 이미지 검색은 각 이미지의 히스토그램을 미리 계산하는 것(또는 저장하는 것)에 의해 수행된다. 질의 이미지가 주어질 때, 단순히 가장 가까운 히스토그램을 갖는 이미지를 찾는다. 기술의 한 응용 예가 그림 14.6에 보여지는데, 이는 QBIC 시스템의 작업을 기반으로 하고 있다[568]. 색상 히스토그램 기반 검색의 가장 큰 문제점은 '색상 불변'으로 알려진 감지속성이다. 인간의 시각은 입사 광에 상관없이 객체의 색상을 인지하는 극적인 능력을 가지고 있다. 사과는 우리가 일광이나 실내 불빛 아래서 보더라도 빨갛게 보인다. 인간은 주변에 상관없이 같은 색상을 잘 인지할 수 있으나 색상 히스토그램은 그렇지 않다. 게다가 객체의 정확한 색상은 종종 그것의 정체성에 그다지 중요하지 않다.

### 14.3.2 텍스처(texture)

내용기반 검색의 두 번째 유용한 특징은 텍스처이다. 텍스처를 생각할 때 우리는 객체, 직물, 물질의 표면 또는 촉각 표면을 만질 때 얻는 감각을 생각한다. 예를 들어, '그 테이블이 거칠거나, 모래 같은 또는 부드러운 질감을 가

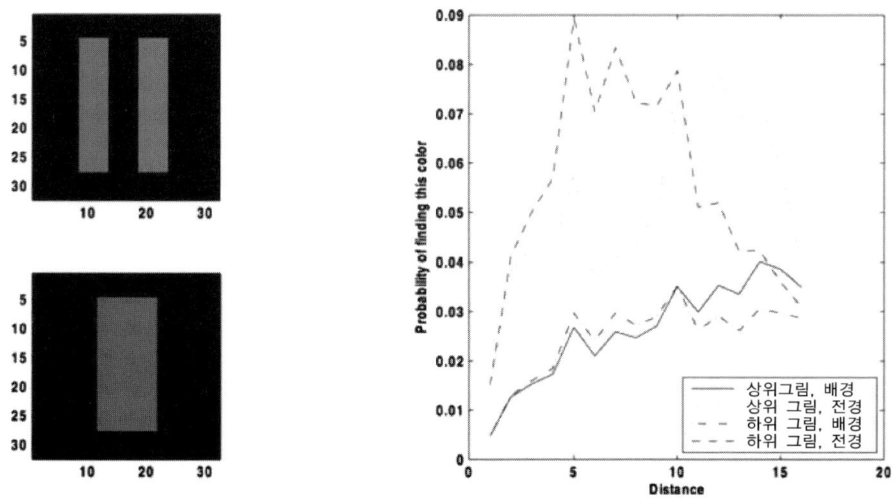


**그림 14.5**: 동일한 전체색상 분포, 즉 동일한 색상 히스토그램을 갖는 두 개의 다른 이미지에 대한 자기상관도 비교. 전경색(검정) 자기상관도인 오른쪽 상위 두 곡선 사이의 차이를 주목하라.

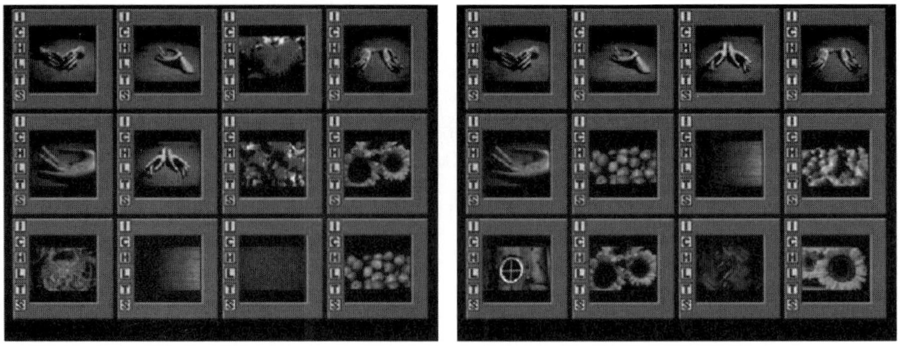

**그림 14.6**: 자기상관도를 이용한 이미지 검색의 두 가지 예. 왼쪽 세트는 평균 색상을 이용하는 반면 오른쪽 세트는 색상 자기상관도를 이용하여 검색된다. 질의 이미지는 각 세트의 왼쪽 상단 모서리에 나타난다. IBM Almaden 연구센터의 QBIC 시스템으로부터 Jim Hafner가 제공함.

지고 있다.'라고 말한다. 텍스처는 이미지 객체의 속성이다–오렌지 이미지의 텍스처는 잔디 벌판의 그것과는 다르다. 색상과 같이 텍스처는 이미지 및 비디오 검색에서 고려해야 할 중요한 특징이다. 그러나 색상과는 달리 단일 지점이 아닌 이미지 영역에서의 속성이다.

영상처리의 맥락에서, 텍스처는 이미지의 반복적인 요소를 측정하기 위한 한 방법이다. 그것은 인간에 의해 쉽게 감지되는 지각현상이지만 수학적으로 묘사하기에는 무척 어렵다. 보다 정확하게, 텍스처는 이미지 명도(intensity)의 반복되는 패턴의 특성을 기술하는데, 너무 섬세해서 분리된 객체로서 구분할 수가 없다. 대부분의 텍스처 측정은 명도와 방향에 대해 불변이다.

### 공기 텍스처 측정

가장 간단한 텍스처 측정은 그레이-레벨 공기 행렬(GLCM; gray-level cooccurrence matrix)이라 불리는 공기 행렬을 이용하고 이미지의 픽셀 쌍에 있는 빛의 패턴에 관한 정보를 요약한다. 고려해야 할 픽셀 쌍은 그림 14.7에서 보는 바와 같이, 각 쌍에 있는 픽셀에 대한 방향성과 거리를 설정하는 벡터 $\vec{v}$를 이용하여 결정된다. $\vec{v}$에 의해 결

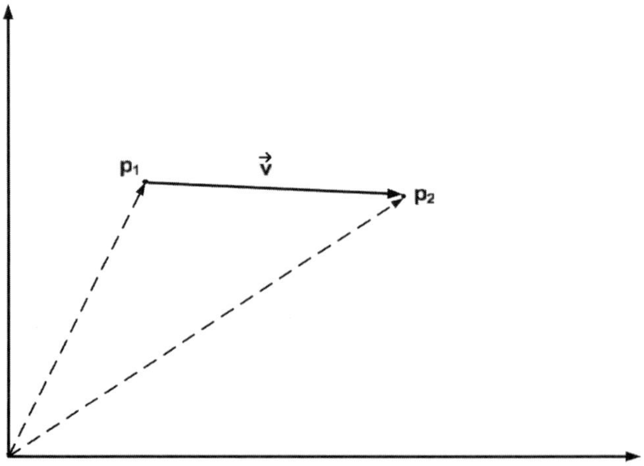


**그림 14.7**: 벡터 $\vec{v}$가 주어졌을 때, $\vec{p_1} - \vec{p_2} = \vec{v}$인 픽셀 쌍 $[p_1, p_2]$를 $\vec{v}$-정렬됐다고 한다. $\vec{v}$-정렬 픽셀은 GLCM 행렬 계산에서 고려된다.

정된 방향성과 거리를 갖는 픽셀 쌍 $(p_1,p_2)$를 $\vec{v}$-정렬됐다고 한다. 색상 $c_i$와 $c_j$와 관련된 이미지 $I$에서 $\vec{v}$-정렬된 픽셀 쌍을 찾는 확률 $P_I(c_i,c_j,\vec{v})$를 먼저 정의하자.

$$P_I(c_i,c_j,\vec{v}) = P(color(p_1) = c_i, color(p_2) = c_j | \vec{p_2} - \vec{p_1} = \vec{v}) \tag{14.3}$$

여기서 $p_1$과 $p_2$는 이미지 $I$의 픽셀이다. 위의 확률이 주어지면, 독특한 형태의 통계가 GLCM에 있는 정보를 요약하기 위해 다음과 같이 사용될 수 있다.

**에너지:** $\vec{v}$-정렬된 픽셀의 밝기 측정

$$\varepsilon_I(c_i,c_j,\vec{v}) = \sum_i \sum_j P_I(c_i,c_j,\vec{v})^2 \tag{14.4}$$

**엔트로피:** $\vec{v}$-정렬된 픽셀의 분포에서 비 균일성 측정

$$\Psi_I(c_i,c_j,\vec{v}) = \sum_i \sum_j P_I(c_i,c_j,\vec{v}) \log P_I(c_i,c_j,\vec{v}) \tag{14.5}$$

여기서 $P, v, i$와 $j$는 전에 정의되었다.

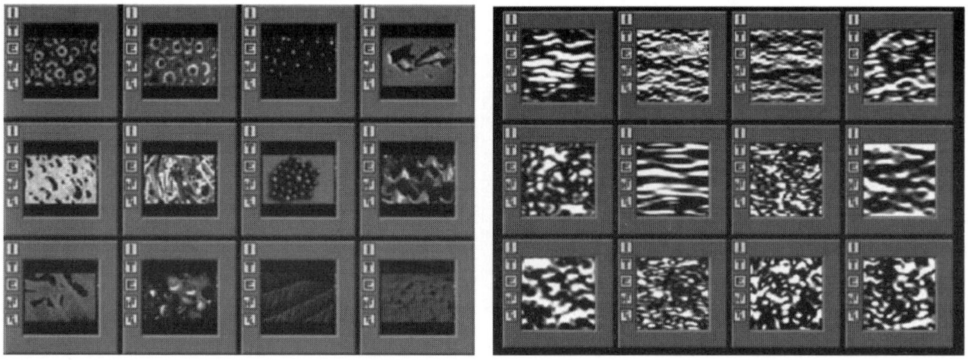

**그림 14.8:** 텍스처를 이용한 이미지 검색의 한 예. 각 세트의 좌측 상단 영상은 질의 이미지이다. QBIC 시스템으로부터 Jim Hafner가 제공함.

**대비(Contrast):** $\vec{v}$-정렬된 쌍에서 픽셀들간의 차를 측정

$$C_I(c_i,c_j,\vec{v}) = \sum_i \sum_j (\phi_i - \phi_j)^2 \quad P_I(c_i,c_j,\vec{v}) \tag{14.6}$$

여기서 $\phi_i$는 픽셀 명도의 측정치이다.

**균질성(Homogeneity):** 픽셀의 유사도 측정

$$H_I(c_i,c_j,\vec{v}) = \sum_i \sum_j \frac{P_I(c_i,c_j,\vec{v})}{1 + |\phi_i - \phi_j|} \tag{14.7}$$

관심있는 독자들은 14.10절에서 거침(coarseness)과 방향성 같은 텍스처 측정에 관한 추가 정보를 찾을 수 있다.

**예제 2** **텍스처 기반 내용 검색**

그림 14.8은 QBIC 시스템에 의해 구현된 텍스처 검색의 예를 보여 준다. 이 시스템은 특징 벡터를 생산하기 위해 텍스처의 세 가지 측정 도구-거침, 대비와 방향-로 결합되어 있다. 사용자는 각 패널의 좌측상단에 표시되는 예제 이미지를 지정하고 QBIC는 텍스처를 기반으로 그것과 유사한 이미지를 찾아낸다.

### 14.3.3 돌출점(Salient Points)

색상 및 텍스처 기반 검색을 위한 알고리즘은 전체 이미지의 전역 히스토그램을 사용한다. 보다 정교한 접근법은 영상의 '관심' 영역에서만 색상과 공간 주파수 정보를 결합하는 특징 모델을 만든다. 이 아이디어는 특별히 독특한(인지 시스템에서 두드러진) 점들을 찾아 이미지를 분석하는 것이다. 같은 종류의 돌출점은 셀 수 있는 '단어'가 된다.

**그림 14.9**: 이 이미지들은 서로 다른 환경에서 두 가지 다른 형태의 돌출점을 보여 준다. 위쪽 이미지는 예제 3에서 설명한대로, 각각 무성한 잎들과 건물 장면에서 발견되는 전형적인 돌출점을 보여 준다. 아래쪽 그림은 돌출점의 반대 유형으로 표시된 같은 이미지를 보여 준다. 아주 극소수의 모서리(건물) 점들만이 무성한 잎들에서 발견되며 그 반대도 성립함에 주목하자. [1525]에서 사용 허가받음.

돌출점[1051]은 많은 척도에 대해 지속적으로 나타나는 이미지의 특징을 찾는 기술이다. 이러한 점들은 특히 조명의 변화, 카메라의 위치, 심지어 카메라 또는 객체의 각도에 강력하다. 돌출 점은 그림 14.9에서 보는 바와 같이 이미지의 모서리 또는 독특한 위치와 관련되는 경향이 있다. 돌출점에서 전형적인 작업은 핵심 포인트[161], 안정적인 방향, 텍스처상에서 지역 기하학[1525]을 포함하며 많은 접근법들의 비교가 가능하다[1612].

**예제 3** **돌출점 기반 내용 검색**

이미지 유사성은 이미지의 돌출점 통계를 요약하여 계산된다. 각 돌출점 주변 이미지의 특성은 인간의 지각을 바탕으로, 이미지 변화의 크기와 방향을 샘플링 하는 단순한 스펙트럼 필터로 특징지어진다. 이것은 각 점을 설명하는 알파벳의 기본 '문자'를 형성한다. 이러한 값들은 k-means[517]같은 알고리즘을 이용하여 언어에서 '단어'를 결정하기 위해 무리를 이룬다. 이미지는 얼마나 많이 각 단어가 그곳에 나타나는가에 의해 묘사된다. pLSA(probabilistic latent semantic analysis; 확률적 잠재 의미 분석)같은 알고리즘이 이미지 매칭을 위해 사용될 수 있다[242]. 그림 14.10은 돌출점 기반 내용 검색으로 만들어진 결과를 보여 준다.

그림 14.10: 돌출점 기반 이미지 유사성 작업에서 검색결과. 각 행의 첫 번째 이미지는 질의를 보여 준다. [776]의 허락 하에 사용됨.

## 14.4 오디오와 음악검색(Audio and Music Retrieval)

이 절에서는 오디오 트랙과 음악의 검색과 관련된 멀티미디어 문제를 논한다. 이러한 문제는 다음과 같이 복합적이고 다양한 형태를 갖는다.

**문제**

오디오와 음악 검색의 근본적인 문제는 막연히 지정된 오디오 정보 요구(질의)와 일치하는 오디오 트랙의 검색이다. 이 문제는 다음과 같이 여러 형태를 갖는다. (a) 작은 조각의 소리가 주어지면, 그것과 일치하는 오디오 객체를 찾는다. 지문(fingerprinting)이라 함. (b) 오디오 트랙이 주어지면, 그것이 포함하는 텍스트를 인식한다. 음성인식이라 함. (c) 오디오 트랙이 주어지면, 그것이 포함하는 화자를 인식한다. 화자 인식이라 함. (d) 텍스트 질의가 주어지면, 질의에 맞게 구술한 문서를 검색한다.

멀티미디어시스템의 과제는 지금 논의하는 것과 같이 이 문제의 여러 사례들을 해결하는 것이다.

### 14.4.1 지문(Fingerprinting)

오디오 지문은 상업적으로 성공한 오디오 IR 작업이다. 대형 데이터베이스를 질의하여 정확히 일치하는 것을 찾기 위해 작은 조각의 소리를 지문으로 사용한다. 질의가 자주 손상되기 때문에 이 과정은 복잡하다-전형적인 경우는 술집의 시끄러운 환경에서 휴대전화로 취득된 작은 조각의 소리이다. IR 시스템의 작업은 2백만 개의 (상용)곡 중에 어느 것이 질의를 포함하는지를 식별하는 것이다. 이것을 지문이라 하는데, 이는 중복된 것을 찾거나 불법콘텐츠의 포함을 방지하고자 콘텐츠의 대용량 데이터베이스를 수집함에 따라 더욱더 중요해지고 있다.

주요 접근방법은 소리의 스펙트럼-시간적 분포인 스펙트로그램(spectrogram)의 큰 변화를 찾아 오디오 신호의 최고 돌출점을 부호화하는 것이다. 어려운 점은 이 과정을 큰 배경 잡음, 휴대 전화의 저성능 마이크, 음악이 아닌 음성에 최적화된 압축 알고리즘 등과 같이 음성 신호가 겪는 일반적인 손실에 강하게 만드는 것이다. 피크의 위치는 잡음이 추가되는 경우에도 상대적으로 안정적이기 때문에 두드러진 피크는 그림 14.11에서 보는 바와 같이 오디오 한 섹션을 식별하기 위해 사용될 수 있다.

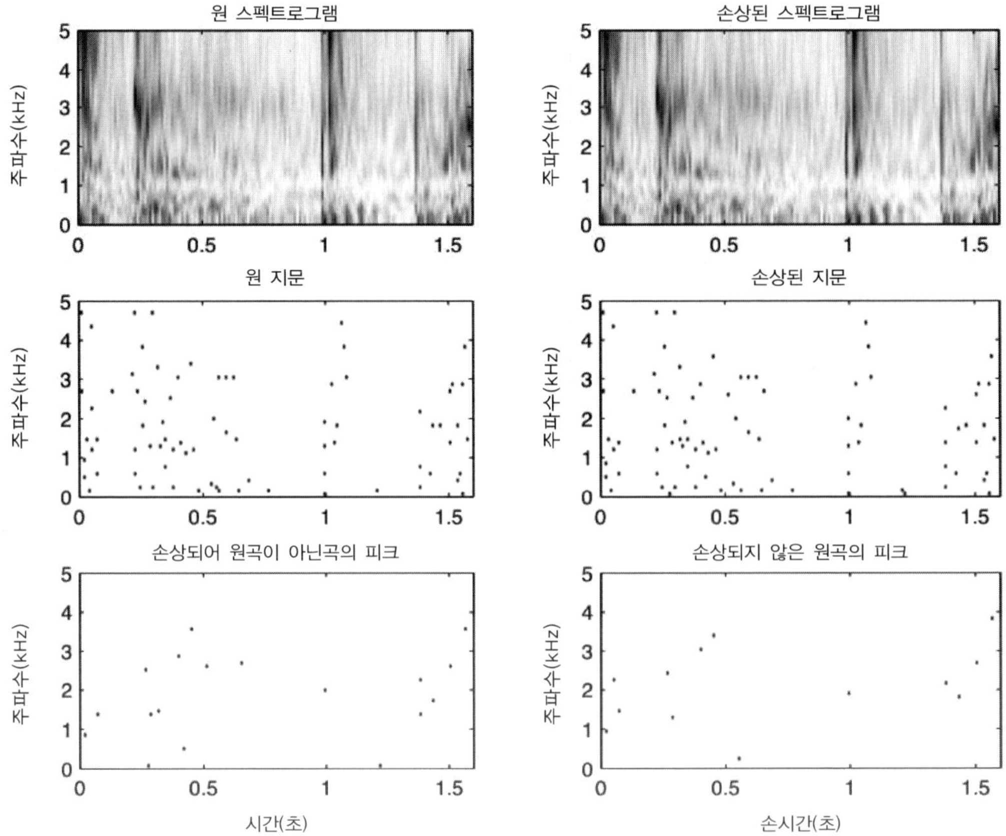


**그림 14.11**: 이 그림은 마돈나의 노래 "Borderline"을 이용하여 지문의 강인함을 보여 준다. 상단 그림은 원곡과 손상된 복사본의 스펙트로그램을 보여 준다. 중간 행은 스펙트럼 피크의 위치를 보여 준다. 이런 수준의 잡음에서, 피크의 약 15~20%가 원곡과 손상된 곡 사이에서 차이가 난다.

### 14.4.2 음성인식(Speech Recognition)

음성인식은 오디오 트랙에 포함된 단어를 인식하는 것으로 구성되어 있다. 이것은 다음 두 조건이 만족되면 잘 동작한다: (a) 마이크가 단 하나의 음성만을 들으며 배경 소음 또는 음악이 없는 제한된 음향 환경 (b) 언어 모델이 어느 시점에서도 인식해야 할 많은 단어들을 포함할 수 있도록 잘 정의되어 있는 경우. 불행히도 멀티미디어 신호는 주로 이 두 가지 조건 모두를 위반하는데, 이는 멀티미디어 신호가 오락을 위해 생성되거나 또는 가정에서나 감시를 위해 보다 일반적으로 녹음되기 때문이다.

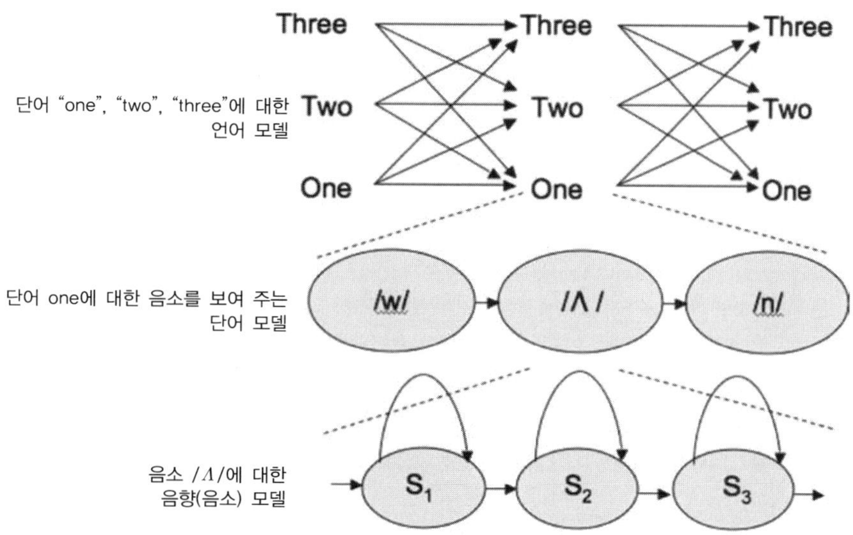


**그림 14.12:** 숫자의 문자열을 인식하는 HMM 모델의 부분. 언어 모델은 유효한 단어를 묘사하는데, 이 경우 세 자리 숫자를 묘사함. 각 단어 모델은 해당 단어를 모델링 하는데 사용되는 음소에 대해 묘사한다. 재귀 루프를 갖는 3-상태 시퀀스인 음소 모델은 어떻게 음소가 발음되는지를 설명한다. 음소 모델의 각 상태는 특정한 MFCC(Mel-Frequency Cesptral Coefficients) 벡터를 볼 확률에 해당한다.

### HMM(Hidden Markov Models)

음성인식은 일반적으로 기록된 데이터를 가장 잘 설명하는 단어 모델의 시퀀스를 찾기 위해 HMM을 이용하여 수행된다. 이 모델들은 합법적 음소 시퀀스(언어모델 또는 LM)와 자신의 발음(음소의 음향 모델 또는 AM)에 관한 정보를 포함한다. 모든 정보는 음향 오류와 언어 오류 사이의 상충관계(trade off)를 갖는 단일 확률 프레임워크내에 서로 연관되어 있다. 각각의 가능한 음소의 집합에 대해, HMM은 단어에 해당하는 음소의 시퀀스가 들리는 확률의 추정치를 제공한다. 그림 14.12는 이 두 모델을 설명하는 간단한 HMM을 보여 준다.

HMM은 음성 신호를 정적상태의 시퀀스로 모델링한다-신호를 상수로 가정하고 신호가 변할 때 HMM은 새로운 상태로 이동한다. 각 상태는 음성 신호의 일부를 확률밀도 분포로 모델링한다. 이 밀도 함수는 사람이 주어진 음소로 말할 때 특징 공간에서 각 점이 들리게 될 가능성을 모델링한다. 음성의 역동성을 다루기 위해, 각 음향(음소) 모델은 세 개에서 다섯 개의 상태로 구성되어 있는데, 각 상태는 가우스 혼합 모델(GMM; Gaussian Mixture Modes)을 갖는 그럴듯한 MFCC(mel-frequency cepstral coefficient) 벡터를 묘사한다.

### 가우스 혼합 모델(Gaussian Mixture Model)

단어 cat에 있는 음소 /a/를 발음하는 방법에는 여러 가지가 있다. 이 문제는 각 음소에 대한 GMM을 이용하여 HMM에서 다루어진다. GMM은 소수의 가우스 충돌(Gaussian bumps)을 가지고 모델링되는 확률 밀도인데, 이 경우 39-D 공간으로 유도한다(왜냐하면 MFCC 벡터는 13개의 계수를 가지며-14.4.5절에서 설명-첫 번째 13개의 시간 미분값과 두 번째 13개의 시간 미분값으로 확대하기 때문이다). 이 다차원 가우스 모델의 기본 형태는 다음과 같다.

$$G(x,\mu,\Sigma) = \frac{1}{(2\pi)^{N/2}|\Sigma|^{1/2}}\exp\left(-\frac{1}{2}(x-\mu)^T\Sigma^{-1}(x-\mu)\right) \tag{14.8}$$

여기서 $x$는 N-차원의 데이터 점이며, $\mu$는 가우스 평균의 위치, $(\cdot)^T$는 행렬 전치를 $\Sigma$는 데이터의 공분산

(covariance)을 나타내는 행렬이다. 여기에 음향 공간의 다른 부분 확률을 나타내는 각 요소들을 추가하여 가우스 혼합식을 만든다.

$$GMM(x,\{\mu\},\{\Sigma\}) = \sum_i A_i G_i(x,\mu_i,\Sigma_i), \tag{14.9}$$

여기서 $G_i$는 식 14.8과 같은 단일 다차원 가우스이며, $A_i$는 가중치 계수이다. 일반적으로, 대각선 공분산으로 MFCC를 표현(다른 표현은 너무 많은 데이터를 요구하기 때문에)하기 때문에 이러한 공분산 행렬은 대각선의 형태를 갖는다.

보다 복잡한 문제는 "cat"의 /a/가 "bat"의 /a/와 매우 다르게 들릴 수 있다는 것이다. 이는 음소 이전과 이후 소리가 중간음소의 음향을 변경하기 때문이다. 모든 ASR 시스템은 문맥 종속적 음소로 이것을 처리한다. 데이터가 충분하다면 확률은 정확하게 추정될 수 있으며 보다 상세한 모델들이 훈련되어 음소가 나타나는 각 문맥에 대해 서로 다른 HMM 모델을 만든다. 따라서 "cat" 대 "bat"의 음소 시퀀스에 대해 서로 다른 triphone 모델(이전 음소와 이후 음소에 종속적인 음소 모델)이 있을 것이다.

**언어와 음향 모델 사이의 상호작용**

음성인식 시스템은 언어 모델로 동작한다. 언어 모델은 많은 수의 가능한 단어들을 포함하여 실수의 가능성을 상당히 줄인다. 가장 단순하게, 10자리 숫자만 허용하는 단어만으로 언어 모델을 구축할 수 있다. 이런 경우, 어휘 크기는 10이 되며, 언어는 10의 당혹도($perplexity$)를 갖는다. 전형적인 대규모 어휘 음성인식 시스템은 60의 당혹도를 갖는데, 이는 평균적으로 60개의 가능한 단어가 문장에서 임의의 특정 단어를 따르는 것을 나타낸다. 이 인식기는 언어 모델에 의해 상당히 제약을 받기 때문에 음성인식은 휴대전화 같은 열악한 통신 채널에서 조차도 잘 동작한다.

### 14.4.3 화자 식별(Speaker Identification)

화자 식별은 말하는 단어에 상관없이 누가 말하는 가를 결정하는 것으로 구성된다. 이것은 뉴스 장면의 앵커나 홈 비디오에 존재하는 사람을 식별하는 데 유용하다.

두 가지 일반적인 방법이 있는데, 화자종속 음성인식 및 GMMs 밀도 추정이다. 각 특정 화자에 대해 조정된 음성인식 시스템은 최첨단 솔루션을 제공한다. 화자종속 시스템은 각 화자의 발음 특성에 맞춰진 고유한 모델을 가지고 있다. 불행히도, 많은 인구에 대한 화자종속적인 정보를 수집하는 것은 시간도 많이 걸리며 비현실적이다.

대신, 단일 (대형) GMM같은 보다 일반적인 모델이 화자에 의해 만들어지는 모든 소리를 취득하는데 사용된다[1347]. 이 경우, GMM은 각 화자가 말하는 방법을 모델링하기 위해 2,000개의 구성요소까지 필요할 수도 있다. 이 시스템은 개별 단어를 인식하려고 하지 않기 때문에, 즉 모든 음소들이 언제든지 가능하기 때문에 많은 수의 구성요소가 필요하다. GMMs를 이용한 화자 인식은 종종 신뢰성 있는 결정을 위해 10초 이상의 말하기가 필요하다.

화자 인식은 14.7.4절에서 논의하는 것과 같이 말하는 사람을 기반으로 멀티미디어 신호를 분할하는 것을 돕는데 사용될 수 있다.

### 14.4.4 음성 문서 검색(Spoken Document Retrieval)

음성 문서 검색은 사용자 질의(텍스트 형태로 지정될 수도 있는)에 대한 응답으로 음성 문서를 검색하는 문제를 다룬다. 이 문제를 해결하기 위해 두 가지 음성 전용 접근 방법이 가장 일반적으로 사용되는데, 핵심어 검출(keyword spotting)과 발음 인식(phonetic recognition)이다. 두 접근법은 음성인식을 이용하는 보통의 음성-텍스트 변환보다 IR에 대해 보다 강력하다.

핵심어 검출은 음성 문서 내부에 미리 선정된 핵심어를 인식하는 것으로 구성되어 있다. 이는 핵심어가 종종 청각적으로 독특하기 때문에 동작한다. 각 핵심어는 많은 정보를 포함하고 그들 중 하나의 존재는 찾기도 쉬우며 매우 유익하다. 이 접근법은 사용자가 핵심어를 자신의 질의에 포함해야 하기 때문에 제한적이다. 사용자가 자신의 정보 요구와 관련된 핵심어를 기억하지 못한다면, 이 접근법은 동작하지 않는다[30].

두 번째 접근법인 발음 인식은 음소 수준에서 검색을 수행하도록 구성되어 있다. 예로, 구절 "it's hard to recognize speech"와 "it's hard to wreck a nice beach"는 문자열 사이에서는 제대로 일치되지 않는다 할지라도 매우 유사한 발음을 가지고 있다. 그러나, 여전히 질의로 사용자가 입력하는 텍스트와는 독립적으로 이런 발음 일치를 인식하길 원할지도 모른다.

음소 인식의 요지는 기본 소리수준에서 불일치를 다루는 것이다. 전통적인 IR 기법을 이용하여 단어 "bat"와 "bet"는 완전히 다르다. 그러나 음성학적으로 이 두 단어에 있는 /a/와 /i/는 혼동하기 매우 쉽다. Amir[48]는 metaphone으로 알려진 그룹으로 유사한 소리를 분류한다. 그룹은 AA, AE, AH, AO, AW, AX, AXR, AY, EH, ER과 같은 모음과 TH, F와 같은 자음을 포함한다. 한 그룹내에서, 대체에 대한 불이익은 없다.

### 14.4.5 오디오 기본사항

위의 다양한 검색 모델에서 언급한 바와 같이 오디오는 정보검색과 관련된 많은 고유한 특성을 가지고 있다. 가장 중요하게도, 신호의 정보는 오디오 파형으로부터 직접 사용할 수 없다 - 비디오는 큰 의미론적 차이가 있다. 오디오 신호의 정보가 바로 표시되지 않기 때문에, 오디오 신호로부터 기본 정보를 추출하기 위해 오디오 신호를 분석해야 한다. 이것이 예비 단계이며 오디오 검색 시스템의 중요한 부분이다.

오디오는 시간상의 파형에 따른 공기압의 변화를 측정하는 파형으로서 기록된다. 청취자에 의해 감지된 임의의 정보를 놓치지 않고 원래의 충실도로 녹음하기 위해, 파형은 초당 44,100번(44.1kHz) 이상으로 측정되어야 한다. 이것은 하나의 짧은 문장으로 구성된 오디오라도 초당 많은 양의 데이터가 필요하다.

여러 소스의 조합에 의해 만들어진 사운드 파형은 복합 신호이다. 예로, 큰 호수와 그 주변을 상상해 보자. 소리의 독립적인 소스들은 호수에서 배가 다니고, 소년이 돌을 던지고, 동물이 물을 걸어 다니고, 새가 음식을 찾는 것 등을 포함한다(이 비유에 대해 Al Bregman에게 감사한다). 각 객체는 물을 통해 전달되는 파도를 만든다. 호수에 연결된 두 개의 작은 수로를 고려하고, 호수에 관해 우리가 알고 있는 모든 것이 이 수로로 들어오는 중첩된 파도를 보는 것에 의해 추론된다고 가정하자. 이러한 뒤범벅된 정보를 푸는 것은 청각 장면분석(ASA; Auditory Scene Analysis)으로 알려진 어려운 문제이다. 이러한 복잡성을 극복하기 위해, 미디어는 단지 한 번에 하나의 사운드 소스만을 가진다고 가정하자. 그렇게 하면 청각 신호로부터 정보를 추출하고 분석하는 것이 상당히 단순해진다.

정보검색을 위해, 소리가 있는 풍경에서 각 객체는 세 가지 기본 차원을 가지고 있다는 것을 깨닫는 것이 중요하다: 음의 크기, 피치(pitch) 및 음색. 정보검색의 견지에서 볼 때, 신호의 전체적인 크기는 무시할 수 있다 - 거기에는 정보가 거의 없다. 피치와 음색은 다양한 종류의 정보를 가진다.

피치는 음악의 멜로디를 묘사하는 사운드의 속성이다. 심리 음향 전문가들은 우리가 인식하는 것에 기초하여 그것을 정의한다[1114]. 음성 연구자들은 목구멍에 있는 성문의 역할에 기초하여 그것을 정의한다. 공학자들은 신호의 고조파(harmonicity)에 기초하여 그것을 정의한다. 여기서는 음악적 정의를 사용할 것이다 - 우리는 음조(note)가 재생되는 것에 가장 관심이 있다.

피치는 소리가 낮은 것에서부터 높은 것으로 정렬될 수 있음에 따른 소리의 청각 속성으로 정의된다[778]. 우리의 목적을 위해, 복합 고조파에서 가장 낮은 주파수로서 피치(또는 음조)를 정의한다.

종종 음성처리에서 무시되지만, 피치는 청각 장면 분석(ASA)에서 중요한 단서이며, 신호의 정서적 내용을 이용하기 위해서도 중요한 단서가 된다.

음색은 연주되는 악기의 종류를 식별하는 소리의 속성이다.

음색은 음의 크기와 피치 정보를 제외한 모든 것으로 정의되는 소리의 별도 차원이다.

신호의 정서적, 음악적 내용을 이해하기 위해서는 소리를 구성하는 피치와 주파수를 보며, 단어를 이해하기 위해서는 음색을 본다.

### 사운드 스펙트로그램(Sound Spectrograms)

스펙트로그램은 시간에 따라 신호의 주파수가 어떻게 변하는가를 묘사하는 소리의 표현이다. 이것은 음악 악보와 유사하나 보다 많은 정보를 포함하며 악보에는 넣을 수 없는 정보를 나타낸다.

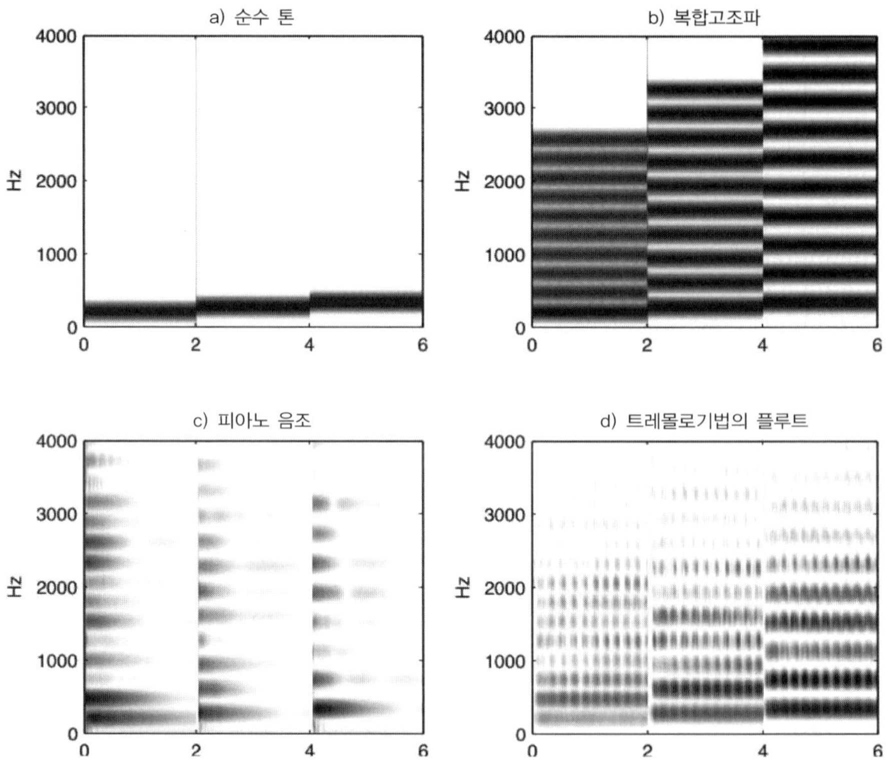


**그림 14.13:** 이 그림은 순수 음조 C, E와 G, 각 10개의 고조파를 갖는 합성 음조, 피아노 음조, 그리고 트레몰로 기법으로 연주되는 플루트에 대한 네 가지 다른 (협대역) 스펙트로그램을 보여 준다. 수평축은 시간이다. Kyogu Lee가 제공함.

그림 14.13은 견본 스펙트로그램을 보여 준다. 수평축은 초 단위의 시간, 수직축은 주파수, 그리고 각 점에서 이미지의 어두움은 그 시간과 주파수에서 신호에 얼마나 많은 에너지가 있는지를 나타낸다. 단일 톤 음악 스펙트럼 내용은 악보에 있는 정보의 직접적 표현이다. 그림 14.13b의 여분의 선들은 기본 주파수의 배음(overtones) 또는 고조파이다. 이러한 여분의 고조파는 소리를 풍요롭게 한다. 그림 14.13c는 피아노 녹음의 스펙트로그램을 보여 준다. 각 톤은 소리에 풍요로움을 주는 많은 배음 또는 고조파가 동반된다. 소리의 피치는 동일하게 유지하지만, 피아노가 많은 배음을 가지고 있기 때문에 음색이 변한다. 그림 14.13d는 가장 현실적이다. 플루트가 연주되고, 음조의

크기가 변화되며, 트레몰로가 추가되고 몇 퍼센트까지 주기적으로 진폭을 변경하면 소리는 보다 더 실감난다. 음조는 더 이상 일정하진 않지만, 우리는 여전히 모호하지 않은 멜로디를 듣는다. 스펙트로그램이 이런 모든 세부사항을 보여 준다.

### 사운드 크로마그램(Chromagrams)

음악 IR 시스템은 크로마그램-크로마(chroma)의 스트림-으로 알려진 소리의 표현에 의존한다[154].

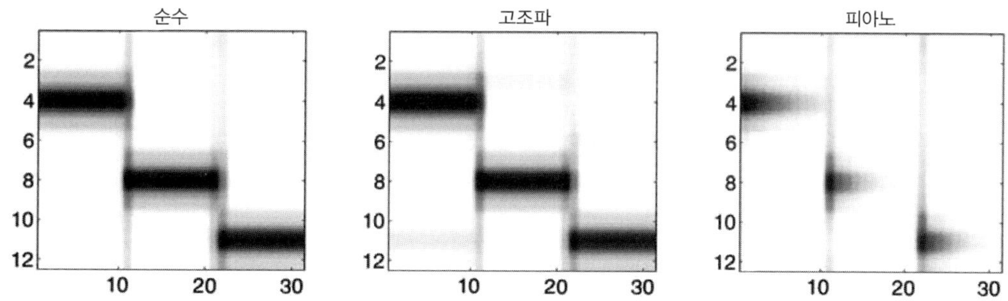


**그림 14.14:** 이 그림은 그림 14.13에서 보여 준 3 음조에 대해 시간의 함수로써 12-차원 크로마그램을 보여 준다. Kyogu Lee가 제공함.

> 톤 높이는 주파주가 증가함에 따라 소리의 피치가 일반적으로 증가하는 것을 나타낸다. 반면 크로마는 옥타브의 진정수(integral number)에 의해 분리된 두 톤에 같은 값을 할당하는 순환적 거리이다. 우리는 크로마가 옥타브 주기성을 갖는다고 말한다.

크로마그램은 다중 옥타브를 단일 12-차원 벡터로 결합하는 것에 의한 스펙트로그램으로부터 형성된다. 기본 옥타브가 65에서 123Hz(C2-B3)이면 각 옥타브로부터의 정보, 즉, 65-131, 131-262, 262-523Hz, 등등으로부터의 주파수들이 크로마그램에 있는 12 음조의 추정치를 찾기 위해 결합된다. 이것은 우리에게 피아노 키보드로 한 옥타브, 12 키를 통해 정보를 제공한다. 이 계산은 파형의 짧은 윈도상에서 초당 50~100번 행해진다. 그 결과, 크로마그램은 시간의 함수로서 음악의 음조(또는 크로마)를 나타낸다. 한 예가 그림 14.14에 있는데, 노래의 멜로디 정보와 정합하고 싶을 때 크로마그램 표현이 가장 유용하다.

### 멜 주파수 캡스트럼 계수(Mel-Frequency Cepstral Coefficients)

음성 정보는 소리의 음색으로 전달된다. 음색에 대한 가장 일반적인 표현은 멜 주파수 캡스트럼 계수(MFCC; Mel-Frequency Cepstral Coefficients)로 알려져 있다[476]. MFCC는 스펙트럼의 광범위한 형태를 그림 14.15에서와 같이 낮은 차원의 벡터로 변환한다. MFCC는 스펙트로그램의 각 프레임에서 동작하는데, 상세한 스펙트럼 정보를 (주로) 스펙트럼의 광범위한 형태를 취득하는 13 차원 벡터로 변환한다. 먼저 스펙트럼 채널들이 40개의 달팽이관 필터를 시뮬레이션하기 위해 재 샘플링되고 통합된다. MFCC는 인간의 귀에서 음 크기의 감지를 시뮬레이션하기 위해 로그를 사용한다 - 이것이 음 크기 압축의 한 형태이다. 그리고 이산 코사인 변환(DCT; Discrete Cosine Transform)이 차원을 줄이기 위해 사용된다. 이 마지막 단계가 두 가지 이유로 중요하다. 첫째로, 40개의 DCT 출력 중 단지 13개만을 유지하는 것에 의해 스펙트럼 정보가 스무딩되며 - 이는 소리의 고조파에 포함된 피치 정보를 버림 - 스펙트로그램에 있는 미세 수평 라인으로 표현된다. 둘째로, DCT는 종종 출력 계수와 상관관계가 없는 유용한 속성을 갖는다. 이것은 보다 간단한 확률 모델을 사용할 수 있다는 것을 의미한다 - 확률 분포의 공분산(covariance)은 거의 대각선이어서, 대각선-공분산 가우스 밀도로 모델링될 수 있다. 즉, 이는 임의의 기계 학습단계를 상당히 단순화시킨다.

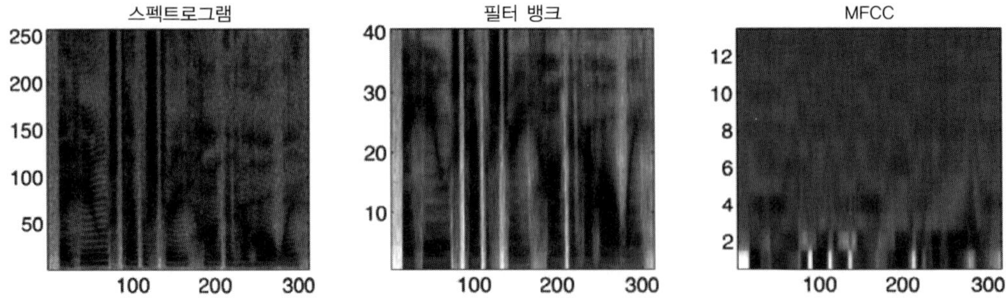


**그림 14.15:** 이 그림은 음성 신호 "a huge tapestry hung in her hallway"의 MFCC를 계산하는데 필요한 처리 단계를 보여 준다: a) 스펙트로그램, b) 멜-스케일 필터뱅크로 변환하기 위한 재조정, c) 최종적으로, DCT가 13차원으로 줄임.

## 14.5 동영상 검색 및 브라우징

과학 저술은 비디오 시각화, 내비게이션, 탐색, 요약에 대한 다양한 접근방법을 설명한다. 이러한 접근방법은 전통적인 스토리보드나 애니메이션 같은 단순한 추상화로부터 비디오 수집을 가능하게 하는 혁신적인 대화형 표현에 이르기까지 다양하다. 이 절에서는 먼저 비디오 추상화 또는 요약이 무엇인지를 정의하고 효율적인 검색을 위해, 요약을 생성하고 탐색하는 것과 관련된 과제를 논한다. 둘째로, 비디오 요약의 세 가지 주요 범주를 설명한다: 정적(프레임 기반), 동적(비디오 기반), 대화형 요약. 제공된 예제는 비디오 요약 및 탐색을 위해 개발된 기술의 진화를 보여 준다. 마지막에는, 비디오와 오디오 탐색을 비교한다.

### 14.5.1 비디오 추상화(Video Abstracts)

비디오 추상화는 간결하고 효율적으로 자신의 내용을 취득하는 비디오의 표현이다. 비디오에 익숙하지 않는 사용자의 경우는 원본 비디오보다 추상화에 동화하기가 더 쉽다. 즉, 비디오 추상화는 비디오의 압축된 표현이나 시각화를 가능하게 하는 기법이다.

비디오 추상화는 문맥과 적용 범위를 제공함에 있어 간결하고 일관되어야 한다. 우리는 추상화가 원본 비디오의 모든 특이 주제 또는 사건들을 취득할 때 그것이 비디오 내용을 다루고 있다고 한다. 비록 비디오 추상화가 수동으로 생성될 수 있다 할지라도, 우리는 그들의 자동 생성을 가능하게 하는 기술에 초점을 맞춘다.

VCR과 같은 기능(빠른 전방과 후방 탐색같은)이 비디오를 효율적으로 검색하고 탐색하는데 사용될 수 있다고 생각할 수 있다. 그러나 이것이 전형적인 경우는 아니다. 종종 사용자는 자신의 관심 장면을 지나치거나 못 찾는 경향이 있다[67, 230, 383, 533, 1747, 1561]. VCR과 같은 기능의 한계를 감안한다면 문맥 요약을 생성하는 것이 효율적인 검색 및 탐색을 위해 필수적이다.

비디오 추상화 기법은 전형적으로 다음 단계들을 포함한다: (a) 원본 비디오를 관리할 수 있는 단위로 분석해서 분할한다, (b) 원본 스트림으로부터 추출된 비디오, 오디오, 텍스트 및 다른 특징들의 다양한 조합을 이용하여 이러한 단위의 순위를 매긴다, (c) 요약을 정의한 관련 단위/세그먼트를 선택한다, (d) 그러한 요약에 대한 시각화를 생성한다. 시각화 형식은 두 가지 종류로 나눌 수 있다: 정적(프레임 기반) 또는 동적(비디오 기반). 연구원들은 또한 정적 대 동적 요약을 나타내기 위해 비디오 요약 대 비디오 대충 보기를 사용한다. 동적 요약은 소스 비디오로부터 전형적으로 훨씬 더 짧은 새로운 비디오를 생성하는 것에 의해 구축된다.

## 14.5.2 정적 요약(Static Summaries)

우리는 먼저 정적 디스플레이-종이에 인쇄될 수 있는 무언가-에서 비디오를 요약하는 방법을 설명한다. 가장 간단한 비디오 요약은 그것의 제목 즉, 본문 요약이다. 다음 복잡한 방법으로, 비디오 요약은 소스 비디오로부터 주의깊게 선택된 정지 이미지(키 프레임)의 하위 집합을 기반으로 하고 있으며 때로는 캡션이나 타임 스탬프 같은 추가정보도 동반된다. 정적 요약은 그들이 정적 이미지로부터 조립되기 때문에 전체 비디오에 대한 콤팩트 대체물을 제공한다. 그들은 VCR 같은 컨트롤 이상의 첫 단계를 나타내는데, 오디오 동기화가 필요하지 않으며, 쉽게 자동으로 생성될 수 있다.

영화 제작에서, 스토리보드는 작가와 감독들에게 찍을 액션의 계획을 세우게 하며, 카메라 각도를 설명하며, 전체 영화에 대한 요약을 제공한다. 비디오 요약에서, 스토리보드는 연대순 썸네일의 1차원(슬라이드 필름) 또는 2차원 (행렬) 배열로 구성되어 있다, 여기서 썸네일은 비디오에서 키 프레임에 해당된다. 초기 스토리보드 방식은 매우 간단했다-키 프레임이 무작위로[1136] 특정 시간 간격[1560]에서 선택됐다. 그들의 주요 단점은 문맥을 제공하지 않는다는 것이다. 즉, 비디오 타임 라인에서 스토리보드 페이지의 상대 위치를 결정하기 어렵다. 긴 비디오와 비디오 콜렉션에 대해, 그들의 초기 스토리보드는 요구되는 페이지 스크롤링이나 페이지 빨리 넘김으로 인해 탐색도구로는 결코 적합하지 않았다.

보다 현명한 방법은 샷(shots) 또는 장면(scenes)에 기반한 키 프레임을 추출한다. 한 샷은 하나 또는 그 이상의 키 프레임으로 나타낼 수 있다. 색상, 텍스처 및 움직임 같은 저-수준 특징의 조합이 키 프레임을 선택하기 위해 사용된다. 이런 단점에도 불구하고, 정적 스토리보드는 비디오 검색 시스템과 iMove 같은 상용 제품에서 널리 사용된다. 이를 설명하기 위해, 그림 14.16은 시간 정보를 슬라이드 필름에 포함한 시각화를 보여 주는데, 그곳에서 모든 썸네일은 깊이가 샷의 시간에 비례하는 연관된 입방체를 가지고 있다.

그림 14.16: 이 그림은 썸네일이 입방체와 관련된 ButterBarSkim을 보여 준다. 보다 깊은 입방체는 보다 긴 샷과 관련된다. [1497] 허락으로 사용됐다.

### 정교한 스토리보드(Sophisticated Storyboards)

전통적인 스토리보드에서 썸네일 이미지는 모두 같은 크기를 가지고 있다. 2차원 스토리보드는 상대적인 크기가 키 프레임의 중요성을 나타낼 수 있다는 생각에 의해 썸네일이 다른 크기를 갖는 대안을 제공한다. 비디오 Manga (그림 4.17)는 '만화'의 일본어 단어인 Manga에 의해 영감을 받았고 스토리보드의 한 유형을 나타낸다[1613]. Manga에서, 다른 크기의 썸네일이 만화에서 사용된 스타일과 유사하게 시각적으로 보기 좋은 형태로 채워져 있다. 도전 과제는 가변 크기의 썸네일이 공간을 채우고 비디오에서 연대순으로 전달되도록 이를 효율적으로 배치

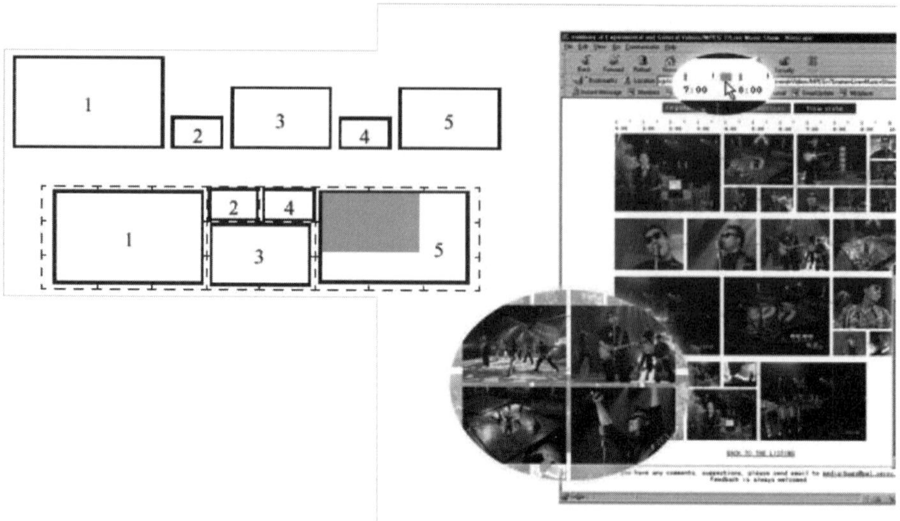

**그림 14.17:** Manga는 비디오의 그림 요약인데, 만화의 일본어 단어에서 유래됐다. 여기서 썸네일의 크기는 관련된 키 프레임의 중요성을 반영한다. [1613] 허락으로 사용됐다.

하는 것이다. 특수 프레임-패킹 알고리즘이 이러한 목적을 위해 사용되며 Uchihashi에 의해 자세히 설명된다 [1613]. 비디오 Manga의 대화형 버전으로 사용자는 비디오 컬렉션을 탐색할 수 있다.

### 14.5.3 모자이크 및 돌출 스틸(Mosaics and Salient Stills)

움직이는 물체와 경사(tilting), 패닝(panning), 주밍(Zooming), 깊이 필드의 변경등과 같은 카메라 움직임을 포함하는 샷에 대해, 단일 키 프레임은 콘텐츠의 기본 역동성을 효율적으로 표현하지 못한다. 이러한 맥락에서, 연구원들은 돌출 스틸 또는 모자이크라고 불리는 합성 파노라마 영상을 생성하는 것에 의해 샷을 표현하기 위한 보다 정교한 방법을 사용한다.

돌출 스틸은 샷 또는 비디오 시퀀스에서 시간적 변화를 집계하는 합성 이미지의 한 부류이다. 움직임이 카메라에 의해 발생했느냐 객체에 의해 발생했느냐에 따라 세 가지 유형의 돌출 스틸이 있다: 팬, 줌, *Timeprints*. 그림 14.18은 패닝에 대한 돌출 스틸을 보여 주며, 그림 14.19는 *Timeprint*를 보여 준다.

돌출 스틸의 생성은 두 가지 주요 단계가 필요하다: 모델링과 렌더링. 모델링 단계는 프레임 사이의 유사함을 추정한다. 렌더링 단계는 참조 프레임, 렌더링 프레임, 객체들이 배경 이미지와 관련하여 어떻게 처리될 것인지, 그리고 어떤 종류의 시간 연산자가 적용되어야 하는지를 선택한다.

패닝의 돌출 스틸을 위해, 프레임에서 프레임으로의 카메라 움직임이 계산되며 단일 파노라마 스틸 이미지가 샷에 있는 모든 프레임의 합성으로 만들어진다[1428]. 카메라 움직임은 높은 정확률로 계산되어야 하며 전형적으로 오프 라인에서 수행된다[1100]. 돌출 스틸 이미지가 전반적인 높은 해상도, 큰 보기 영역 또는 다중 해상도 패치를 갖는 것과 같은 합성에서 사용되는 임의의 개별 프레임에 비해 다르게 보일수 있다. 돌출 스틸이 모든샷에 대해 계산되면, 사용자는 비디오 콘텐츠를 신속하게 파악할 수 있다. 줌(zoom)을 위한 돌출 스틸은 다중 키 프레임을 단일 다중 해상도 이미지와 결합한다. Timeprint는 배경과 객체 위치의 통합으로 만들어진 장면에 객체를 결합시키는 줌과 팬(pan)으로부터 온 돌출 스틸이다.

### 14.5.4 동적 요약(Dynamic Summaries)

일반적으로, 정적 요약은 인터뷰, 전화 회의, 기술 협의, 교육과 훈련등과 같이 정보의 대부분이 오디오 트랙에 있는 비디오에는 적합하지 않다. 동적 요약은 밀집 소형화와 비 정적 시각 표현을 제공하면서 시간과 오디오를 통합한다. 다음에서는 슬라이드 쇼, 이동 스토리보드, 그리고 영화 예고편과 같은 요약의 예를 설명한다.

슬라이드 쇼는 긴 동영상에 대한 정적 요약의 단점을 해결하기 위해 도입되었다. 슬라이드 쇼는 일정 비율로 키 프레임을 (연대순으로) 표시하며 재생 컨트롤과 시간 표시줄(스토리보드의 중요한 장점)을 포함한다. 이는 원본 비디오보다 훨씬 짧은 진정한 요약을 제공함으로써 긴 비디오의 빠른 탐색이 가능하다. 이런 특징은 다운로드 속도가 문제가 됐을 때마다 슬라이드 쇼가 인기를 얻게 만들었다. 슬라이드 쇼를 구성하는 키 프레임을 선택하기 위해 여러 가지 알고리즘들이 사용될 수 있다.

다음은 이동 스토리보드(Moving Story board; MSB)의 복잡도인데, 이동 스토리보드는 원본 오디오 트랙의 버전과 동기화된 슬라이드 쇼이며, 주로 낮은 음질을 갖는다. MSB는 원본 오디오 트랙과 같은 지속시간을 가질 수 있다. 샷의 전체 기간 동안 샷마다 하나 또는 그 이상의 키 프레임이 추출되며 표시된다. 단일 프레임 이상 추출하는 것을 긴 샷에 대해 권장한다. 슬라이드 쇼와 같이 MSB는 낮은 비트율 접속을 이용하는 응용에 특히 적합했다.

MSB는 립싱크의 문제가 아니므로 대부분의 응용에 자동적으로 생성하기 쉽다. 사용자에게 수동으로 다음 키 프레임으로 가게 하는 멀티미디어 플레이어에 있어서, MSB는 각 단계가 한 번에 한 샷을 앞서갈 수 있기 때문에 특히 흥미롭다. 교실 시나리오에서, 화자 슬라이드의 정적 키 프레임은 낮은 비트율 스트리밍 비디오의 해상도보다 훨씬 높은 해상도를 보여 준다. 따라서 이 방법은 쉴새없이 말하는 장면이나 오디오가 내용의 대부분을 차지하고 움직임은 중요하지 않은 비디오에 적합하다. 그러나 이 방법은 테니스 경기, 차량 추적, 또는 움직임과 관련된

**그림 14.18:** PanningMosaic은 시간적으로 다른 이미지들 사이에서 겹친 부분을 찾아 하나의 이미지인 모자이크로 결합한다. 여기서 보여 주진 않지만, 처리의 마지막 단계는 완벽한 이미지를 형성하기 위해 이미지들을 결합한다. HarpreetSawhney, Sarnoff Corporation이 제공함.

어떤 것과 같은 많은 움직임이 있는 비디오를 요약하기에는 적합하지 않다. MSB의 파일 크기는 원본 비디오보다 작으나 그것의 지속시간은 오디오의 지속시간에 의해 결정된다.

보다 진보된 인터페이스는 비디오를 자동으로 처리하기 위해 음성인식, 영상처리, 자연어 이해와 같은 몇 가지 형태를 결합한다. 영화내용분석(MoCA; Movie Content Analysis) 프로젝트는 요약을 위한 몇 가지 형태를 이용하여 영화 예고편을 만드는 첫 번째 시스템중의 하나였다. 영화 예고편은 보는 사람의 주위를 끌기 위한 긴 비디오의 짧은 버전이다. MoCA는 비디오 추상화를 위한 세 단계 과정을 정의한다[1030]. 첫째, 샷을 이해하고 얼굴, 대화, 제목에서 추가 텍스트를 식별하기 위해 비디오를 분할한다. 둘째, 영화를 가장 잘 표현하는 장면(clip)을 선택한다. 이 아이디어는 특별 이벤트 (폭발), 주연 배우, 대화, 제목 텍스트에 집중하는 것이다. 셋째, 그것들을 정렬하는 것에 의해 클립들을 조립하고 올바른 순서를 선택한다. 제작자들은 그 결과가 손으로 편집한 요약과 질적으로 '유사'하다고 설명한다. 그러나, 특징 필름들(feature films)은 스토리의 감정적인 내용이 자동 방식에서는 고려되지 않기 때문에 자동 요약을 위해 실제 응용되지는 않을 것 같다.

**그림 14.19:** 이 그림은 Timeprint를 보여 주는데, 비디오의 다중 프레임이 움직임을 보여 주는 하나의 이미지로 결합된다. [1573] 허락 하에 인쇄함.

### 14.5.5 대화형 요약(Interactive Summaries)

비디오 탐색을 위한 초기 인터페이스중의 하나는 애플 비디오 확대기(Apple video magnifier)였다[1136]. 이것은 전체 영화의 계층보기를 제공했다. 거친 수준의 키 프레임 행으로 시작하여, 모든 프레임이 더 자세한 다음 수준을 제공하기 위해 다른 행으로 확장된다. 이 방법은 계속해서 전체 영화의 전반적인 보기를 유지하면서 비디오의 구체적인 내용을 보기 위해 더 깊이 파고 들어갈 수 있기 때문에 중요하다. 예제 스토리보드가 그림 14.20에 나와 있다.

**그림 14.20:** 이 예는 모자이크와 전통적인 키 프레임을 포함하는 스토리보드를 보여 준다. PanoramaExcerpts는 배치를 최적화하기 위해 포장(packing) 알고리즘을 사용한다. [1561] 허락 하에 인쇄함.

정교한 스토리보드조차도 소형화와 다양성을 제공하지 않기 때문에 비디오와 비디오 컬렉션 모두에 대해 동작하지는 않는다. 하나의 해결책은 MovieDNA로 비디오, 비디오 컬렉션 그리고 일반적인 선형 데이터의 시각화이다 [1289]. MovieDNA는 스트레이트 포워드(straight-forward) 방식(즉, 시간 기반) 또는 보다 정교한 내용기반 방식(즉, 샷 기반)에 의한 비디오의 분할이 필요하다. MovieDNA는 이미지가 그래픽적으로 DNA 지문과 유사한 2D 이미지이다. 시간은 (하나 또는 그 이상의 다른 비디오에서) 이미지를 따라 흐른다. 이미지의 각 픽셀은 해당 시간에 어떤 특징이 비디오에 존재하는지를 말한다. 특징은 사람, 주제, 오디오 유형, 또는 임의의 다른 종류의 메타데이터의 존재이다. 사용자는 비디오에 무엇이 있는지, 언제 발생했는지를 신속하게 볼 수 있으며, 비디오의 해당부분으로 빨리 이동할 수 있다. 몇 가지 MovieDNA의 집합은 계층적 MovieDNA(HMDNA; Hierarchical movieDNA)를 정의한다. HMDNA는 한 눈에 볼 수 있는 고수준의 비디오 컬렉션 개요를 제공한다. 이것은 위치 감각과 맥락의 감각을 모두 유지하면서 비디오 콘텐츠의 몇 가지 의미 수준을 탐색하고 시각화하기 위한 효과적인 도구이다.

그림 14.21은 3시간 비디오 컬렉션의 2-수준 계층적 MovieDNA를 보여 준다. 왼쪽에 있는 수준-1은 각각 한 시간짜리 세 MovieDNA를 결합한 DNA이다. 중앙에 있는 수준-2는 60분 비디오에 대한 MovieDNA를 나타내는데, 행당 1분의 세그먼트와 열당 하나의 특징을 갖는다. 이 예에서, 각 열의 특징은 음성 문자변환(speech transcript)으로 부터 자동 추출된 n-그램을 나타낸다. 사용자가 행렬상에서 커서를 이동하면 그 세그먼트와 관련된 메타데이터를 포함하는 윈도우가 오른쪽으로 펼쳐지면서 비디오 컬렉션의 두 번째 시간대를 보여 준다. MovieDNA의 세 번째 세그먼트는 썸네일에 의해 정의된 프록시(proxy)와 그 세그먼트와 관련된 음성 문자변환의 일부를 표시한다.

### 14.5.6 비디오 대 오디오 탐색(Visual vs. Audio Browsing)

인간은 음성 또는 오디오 콘텐츠를 탐색하는 것 보다 시각적 콘텐츠를 탐색하는데 훨씬 더 효율적이다. 이미지 질의의 결과는 몇 초의 문제로 해결될 수 있다. 마찬가지로, 중간 크기의 이미지 컬렉션 내용은 한번에 이해될 수

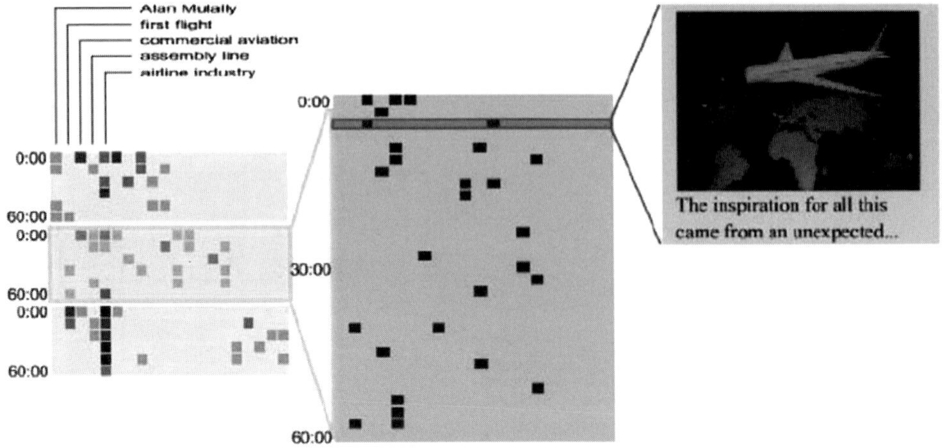


**그림 14.21**: 3시간 비디오 컬렉션을 위한 2-수준 계층 MovieDNA. 시스템 과학에 관한 하와이 국제 컨퍼런스논문집(HICSS: Hawaii International Conference on Systems Science)의 비디오 데이터 컬렉션에서 계층적 붓질(Hierarchical brushing)로부터 허락 하에 인쇄함.

있다. 이것은 두 이미지 컬렉션의 해당 요약을 차례로 조사하여 이들 두 이미지 컬렉션을 비교하는 것도 가능하다[1496]. 특정 유형의 비디오인 경우, 시각적인 내용을 파악하기 위해 빨리 감기 기능을 사용할 수 있다.

반대로, 음성 및 오디오를 탐색하는 것은 효율적이지 않다. 썸네일 이미지 단위와 상응하는 오디오 단위를 정의하는 것은 오디오 신호의 시간적 측면으로 인해 어려운 일이다. 우선, 우리는 한 번에 하나의 오디오 스트림을 들을 필요가 있다. 음성 세그먼트의 추출 즉, 침묵, 음악 그리고 일반적인 비 음성 소리의 제거가 가능한 기술이 1997년부터 가능해졌다[1435].

오디오 속도를 올리는 두 가지 방법이 있는데, 시간 스케일 수정(TSM; time-scale modification) 및 음성 요약이다. TSM 알고리즘은 신호의 피치, 음색 및 음질을 보존하는 방식으로 신호를 단축하여 이해할 수 있는 음성신호를 생성한다. 음성은 2.5배의 상수계수로 빨라질 수 있으며 여전히 평균사용자가 이를 이해할 수 있다. 보다 많은 개선이 긴 소리를 수정하는 것에 의해 만들어질 수 있는데, 긴 소리는 단어의 모음, 그리고 보다 빠르게 재생할 수 있도록 상대적으로 조용한 음성 부분이 이에 해당된다. 이 개선은 또한 자음과 같은 매우 짧은 소리에도 원래 신호를 유지할 수 있다. 이 방법으로 음성은 4배까지 속도가 개선될 수 있으며, 여전히 사람이 그 내용을 이해할 수 있다[434]. 이러한 방법이 효과적이지 않을 때, 대안은 단어를 분석하고 재생을 위한 구문이나 문장의 일부만을 선택하는 것이다. 이것은 텍스트와 타이밍을 추출하기 위한 음성인식 알고리즘을 이용하거나, 가장 중요한 구문을 선택하기 위한 텍스트 요약 알고리즘, 그리고 선택된 음성을 재생하기 위한 간단한 오디오 편집을 이용하는 것이다[1109].

### 14.5.7 요약 평가(Evaluating Summaries)

평가에 관해서, 요약의 품질을 결정하기 위한 평가 척도 집합의 보편적인 정의는 없다. 대부분의 경우, 평가는 주관적인데, 예로 원본 비디오 대신 요약을 사용하는 동안 사용자가 특정 과제를 성공적으로 수행했는지를 결정하는 사용자 연구 수행을 들 수 있다. 핵심 포인트는 요약의 품질을 평가하는 것이 당신이 물어보는 질문에 의존한다는 것이다[1564].

자동으로 생성된 요약은 할리우드 영화에 있어서 특히 정당화하기 어려울 수 있다. 수백만 달러에 이르는 영화 예산으로, 편집자가 시험 관객으로부터 최상의 반응을 주는 예고편을 제작하기 위해 수만 달러를 사용하는 것을 정당화하기는 쉽다. 따라서 비디오 요약은 대체로 스포츠 이벤트(여러 유형의 팬들에 대해 요약을 생성)와 (예산이 낮은) 홈 비디오에 적용되는 것이 최상이다. 특수 알고리즘이 특히 해당 분야의 특별한 특성을 살린 스포츠 비디오를 위해 개발되었다. 이러한 요약은 특별한 이벤트와 점수를 감지하기 위해 관중의 소리를 이용하며, 점수를 감지하기 위한 OCR, 유명한 선수에 관한 정보, 전형적인 각도, 확대・축소와 패닝의 기본 내장된 지식을 이용한다.

## 14.6 융합 모델: 모두 결합

멀티미디어 융합은 멀티미디어 검색 작업을 위한 더 나은 결정을 위해 여러 종류의 데이터를 결합하는 것에 관한 것이다. 이것은 같은 멀티미디어 신호에서 도출되는 여러 종류의 데이터가 종종 있기 때문에 텍스트 검색과는 다르다. 여기서 서로 다른 두 가지 융합에 대해 논하는데, 여타의 정보를 기반으로 한 영역을 인식하는 것과 관심 있는 내용의 동시 인식을 위해 두 영역을 이용하는 것이다. 첫 번째 형식에서, 멀티미디어 신호를 텍스트 모델과 융합한 동시 확률 모델(joint probability model)을 구축하는 것에 의해 멀티미디어 IR 문제를 해결한다. 예를 들어, 이런 형태의 모델은 얼굴, 이미지 및 오디오를 분류하기 위해 오디오를 사용한다. 융합 모델의 두 번째 형태에서 신호를 더 잘 이해하기 위해 멀티미디어 신호의 다른 모드에서 사용할 수 있는 여러 종류의 정보를 이용한다. 이런 종류의 가장 좋은 예는 시청각 음성인식인데, 비디오에서 입모양을 읽어 들이는 것에 의해 음성인식을 향상시킨다.

다음에 네 가지 중요 문제에 대한 다중 모드 융합 솔루션을 논의하는데, 이들은 각각 명명(naming) 얼굴, 명명 이미지, 명명 오디오 그리고 시청각(AV; audio-visual) 음성인식이다.

### 14.6.1 명명 얼굴(Naming Faces)

웹에서, 특히 뉴스 기사는 사진과 자막으로 가득하다. 이런 상황에서 본질적인 문제는 자막으로부터 사진에 있는 얼굴에 대한 이름을 추출하는 것이다. Berg와 그녀의 동료들은 3 단계로 이 문제를 해결했다[186]. 그들은 먼저 이미지에서 얼굴을 찾기 위해 PCA(principle-components analysis) 기반의 표준 기술을 사용한다. 둘째, 그들은 자막에서 적절한 이름을 찾기 위해 간단한 이름-객체 검출기(named-entity detector)를 사용한다. 이 시점에서 그들은 자막에 나와 있는 임의의 이름으로 붙여질 수 있는 많은 얼굴 이미지들을 가지고 있다. 마지막으로, 각각의 이름이 붙여진 모든 얼굴 이미지를 분류하는데, 이는 모든 자막에서 각 이름을 가장 잘 설명하고 분류하는 이미지 PCA 벡터의 일관된 집합을 찾는 것이다. 먼저 어떻게 얼굴을 찾는지를 설명하자.

얼굴 표정은 수많은 스타일과 포즈로부터 나오지만, 이미지의 큰 범위 안에서 공통적인 특징이 있다. 주요 구성요소 분석(PCA; principle components analysis)을 이용한 최적의 부분 공간을 찾는데 기반한 EigenFace는 얼굴에서 공통적인 특징을 인식하기 위한 중요한 도구이다[1608] (그림 14.22 참조). EigenFace에서, 얼굴의 모든 (훈련) 이미지들을 눈과 다른 특징들이 항상 표준크기 이미지($N \times M$ 픽셀)의 동일한 지점에 있도록 정렬한다. 그런 다음, 이미지로부터 이미지 밝기를 읽어 들여, 사전 편찬 순으로, 크기 $N \times M$의 단일 벡터를 구성한다. 각각의 얼굴 이미지는 매우 높은 차원의 공간에서 한 점을 형성한다. 이 작업은 얼굴에 대응되는 공간의 부분과 그렇지 않은 부분을 구분하는 것이다.

이름-객체 검출기는 각 이미지와 관련된 자막으로부터 공통된 이름을 추출한다. 전형적으로, 단일 얼굴에 대응되지 않는 이름도 있으며, 자막에 나열된 이름을 가지고 있지 않은 얼굴 이미지도 있다. 마지막 작업은 적절한 이름과 이미지 사이의 대응관계를 형성하는 것이다.

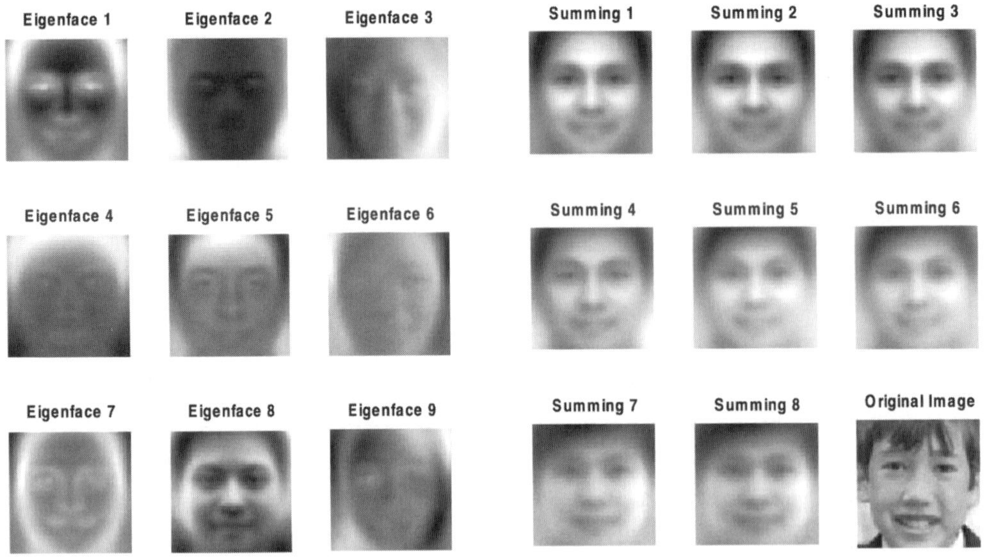


**그림 14.22**: Eigenface 표현. 왼쪽 9개의 이미지들은 10667개의 64x64 등록된 얼굴 이미지를 분석하는 것에 의해 발견된 첫 번째 9개의 고유벡터(eigen vector)를 보여 준다. 오른쪽에 있는 이미지들은 이러한 고유 벡터의 합이 오른쪽 아래에 있는 원래 이미지를 어떻게 근사화하는지를 보여 준다.

대응관계 문제는 군집화(clustering)와 기대-극대화(expectation-maximization)의 조합을 이용하여 해결된다. 이 시점에서 "George Bush"를 포함하는 이미지의 자막에 나타나는 얼굴 때문에, "George Bush"를 표현할 수 있는 데이터 묶음을 가지지만, 그것들이 다른 누군가가 될 수도 있다. Berg는 EigenFace 공간을 분할하는 확률 모델을 만든다. 기대-극대화(EM; expectation-maximization) 알고리즘이 이 임무를 수행하는데 사용된다. 먼저 EigenFace 공간을 각각의 잠재적 이름으로 연결하는 확률 모델을 추정한다. 그런 다음, 최대유사(maximum-likelihood) 또는 평균 추정을 이용하여, 각각의 얼굴 이미지가 이름 (또는 null)에 할당된다. 이 알고리즘은 이름-이미지 할당이 수렴될 때까지 반복된다. Berg는 웹에서 1000개가 넘는 이미지의 식별 과제에서 대략 78%의 정확도를 얻었다.

### 14.6.2 명명 이미지(Naming Images)

이미지와 단어를 융합하는 보다 일반적인 접근방법이 범용 언어 모델을 이용하여 가능한데, 여기서 임의 개수의 단어가 이미지의 일부를 설명하는데 사용된다. Barnard는 이 문제를 해결하기 위해 기계 번역 작업을 제안했다 [148]. 하나의 언어에서 다른 언어로 번역하는 것과 마찬가지로, 그는 이미지의 특징을 단어와 연결하는 것을 제안했다. 이는 계층적 이미지 클러스터링을 사용한 다음 각 클러스터를 단어의 집합으로 라벨링하는 것으로 이루어진다.

이미지를 분석하는 첫 번째 작업은 이미지의 다른 객체에 해당하는 이미지의 여러 영역을 식별하는 것이다-잘하면 배경에서 나타나는 하늘로부터 이미지에 있는 호랑이를 분리할 수 있다. 이렇게 하는 한 가지 방법은 정규화 절단을 사용하는 것이다[1463]. 정규화 절단에서 각 픽셀끼리 연결된 그래프가 만들어진다. 경계선의 가중치는 두 픽셀이 얼마나 유사한가에 대한 함수이다. 보다 일반적으로, 이미지의 더 큰 영역을 묘사하는 특징을 계산하는 것과 원 이미지에서 두 픽셀들이 공간적으로 얼마나 떨어져 있는가를 계산하는 것이 필요하다. 이 아이디어는 그래프에서 적절한 절단을 하는 것에 의해 노드들을 그룹화하는데, 각 절단은 (그들의 경계선이 큰 값을 가지고 있기 때문에) 서로 다른 노드의 그룹으로 분리된다. 이 문제는 단수값 분해(SVD; singular-value decomposition) 문제로 공식화될 수 있으며, 샘플 결과가 그림 14.23에 나와 있다.

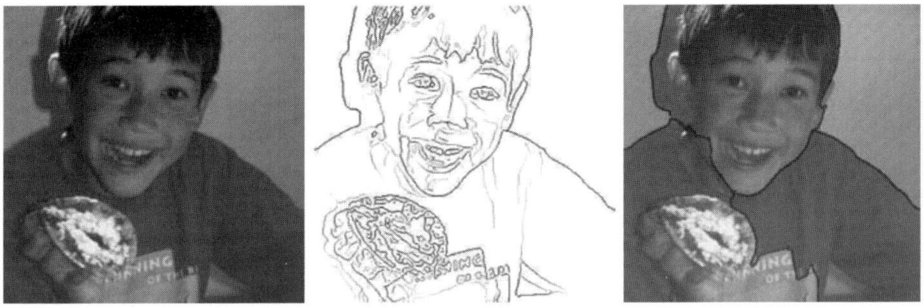

**그림 14.23**: 이 그림은 정규화 절단에 의해 수행된 이미지 분할을 보여 준다. 왼쪽에서 오른쪽으로: 원본 이미지, Canny 에지 검출기로부터 검출된 에지, 정규화 절단에 의해 발견된 다섯 개의 객체. Jianbo Shih의 호의로 소프트웨어 사용함.

이미지의 각 객체는 그 크기, 위치, 색상, 중심 에너지, 몇 가지 간단한 형태의 특징이 포함된 특징 벡터에 의한 정규화 절단에 따라 분리된 영역으로 모델링 된다. 객체는 이 특징 벡터를 이용하여 계층적으로 그룹화되는데, 단어와 이미지 특징인 데이터의 두 소스를 융합하는 동시 단어-이미지 확률 모델(joint word-image probability model)을 생성한다. 이미지가 주어지면, 단어-이미지 확률 모델을 질의하고 그 이미지와 연관 가능성이 가장 높은 단어를 예측할 수 있다. 반대로, 임의의 단어에 가장 잘 부합하는 이미지의 특징을 찾을 수도 있다.

### 14.6.3 명명 오디오(Naming Audio)

Slaney는 유사한 접근방식을 연구했지만, 오디오와 단어를 연결하는 데 목표를 두었다[1489]. 이 문제는 어떤 면에서 보면 더 단순한데, 이는 각 소리 파일이 단지 하나의 소리만을 포함하는 것으로 가정하여 분할이 필요하지 않기 때문이다. 그러나 몇 분 이상 지속되고 계속해서 변하는 소리와 키워드가 아닌 문장의 조각들을 표현하는 것은 더 복잡하다. 그들의 시스템에서, 두 개의 서로 다른 사운드 효과 라이브러리로부터 소리는 자신의 텍스트 묘사와 연결된다(예: '말: 한 마리 말이 거친 트랙 위를 걸어서 접근한다').

앵커(anchor) 공간은 소리를 사운드 모델 앙상블의 거리에 해당하는 점 또는 앵커로서 표현한다. 질의 사운드에서 각 앵커 모델까지의 거리를 벡터로 구성한다. 이러한 거리들은 화자 식별에서 화자의 모델처럼 GMMs를 이용하여 계산된다(14.4.3절을 보라).

단어와 소리는 두 트리에 있는 각 노드 사이의 명시적 링크를 구축하는 것에 의해 서로 연결된다. 소리의 계층적 클러스터에서 노드는 연관된 소리 가능성이 있는 모든 단어에 다항 모델(multinomial model)을 가지고 연결된다. 의미론적 공간에 있는 노드는 (앵커 모델 거리 벡터에 의해 표현되는 것과 같이) 음향 공간의 한 부분을 떼어내는 GMM에 연결된다. 그림 14.24는 이러한 연결을 위한 수학적 모델을 보여 준다.

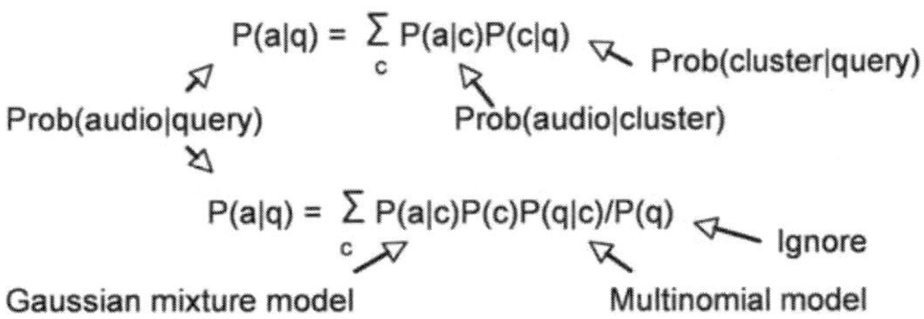


**그림 14.24**: 이 그림은 의미론적 오디오 검색에 포함된 수학을 상세히 설명한다. 두 번째 방정식은 Bayes Rule의 응용으로부터 첫 번째 방정식을 따른다.

새로운 소리가 주어지면, 각 앵커 모델까지의 거리를 찾고, 계층적 오디오 모델에서 가장 적합한 노드를 찾는다. 그런 다음 관련된 다항 모델로부터 가장 적절한 단어를 읽어낸다. 또는 의미론적 공간에서 점을 형성하는 단어의 집합이 주어지면, 가장 적절한 의미론적 클러스터를 찾을 수 있다. 그런 다음, 앵커 공간에서 각 소리의 위치가 주어진다면, 소리 공간의 원하는 부분을 소리가 어떻게 부여 받는지를 테스트할 수 있다.

### 14.6.4 AVSR을 위한 오디오와 비디오의 결합

시청각 음성인식(AVSR; audio-visual speech recognition)은 보다 정확한 음성인식 결과를 내기 위해 전통적인 음성인식과 같은 음향 정보와 말하는 사람의 얼굴에 대한 시각 정보를 결합한다[1298]. 훌륭한 음향 조건에서는 많은 소리가 시각 정보와 구분하기가 훨씬 쉽기 때문에 이것은 바람직하다. 그리고 음향 특징이 잘못 얻어지는 시끄러운 상황에서도, 시각 정보는 희망이 없는 음향 장면에서 전혀 영향을 받지 않고 음성인식을 위한 강력한 실마리를 제공한다.

이 기법은 픽셀 기반 또는 형태 기반의 특징을 갖는 시각적 증거를 제시한다. 픽셀 기반 특징에서, 종종 EigenFace처럼 변환되는 이미지 픽셀들은 특징 벡터를 형성한다. 형태 기반의 특징은 입술 위치와 턱 윤곽 같은 얼굴 특징의 위치를 찾는 것에 기반한 고차원 형태의 지식을 표현한다. 특징의 종류 또는 그들의 조합 어느 것도 AVSR 시스템의 입력으로 사용될 수 있다.

그림 14.25는 AVSR 문제에 대한 두 가지 다른 접근 방법을 보여 준다. 초기 융합(Early Fusion) 또는 특징 조합으로 알려진 첫 번째 경우에서, 적절한 정규화와 리샘플링(resampling) 이후의 음향과 시각적 특징들은 인식을 위한 단일 특징 벡터를 생성하기 위해 결합된다. 후반 융합(Late Fusion) 또는 결정 조합으로 알려진 두 번째 경우에서는, 특징의 두 스트림들이 별도로 해석되고 분석되며 마지막 추정을 하기 위해 결합된다. 이때 각 스트림은 존재하는 단어들에 대해 한 가지 결정을 제공한다. AVSR의 형태로 사용되는 음향 특징은 기존 ASR과 동일하며 14.4.2절에 설명되어 있다.

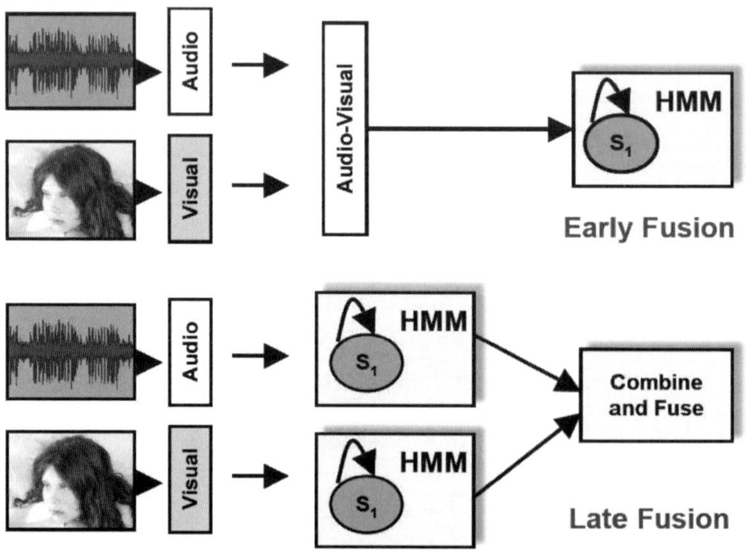


**그림 14.25:** 시청각 음성인식(AVSR)을 위한 두 가지 접근방법. 초기 융합(Early Fusion)은 상단에 표시되는데, 오디오 비디오 정보가 결합 벡터(joint vector)에 조기 결합된다. 하단 그림은 후반 융합(Late Fusion)을 보여 주는데, 결정이 (별도의 HMM(Hidden Markov Models)을 이용하여) 각 양식에 대해 이루어지며, 그 후 결합된다.

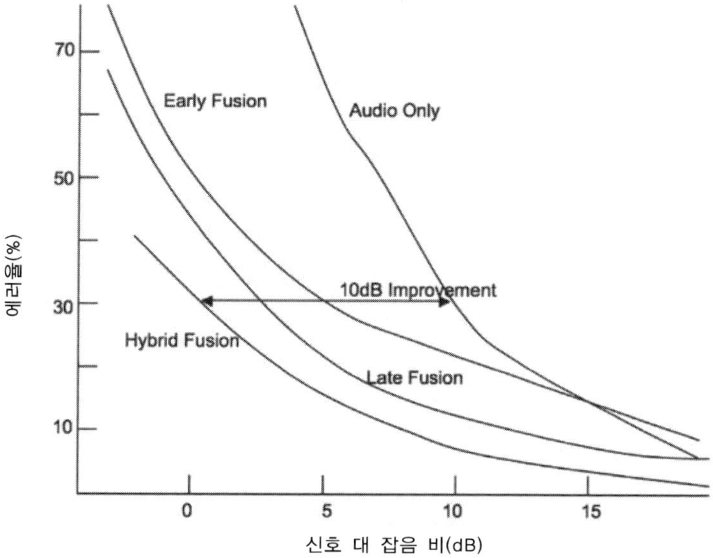


**그림 14.26:** 오디오와 시청각 음성인식에 대한 전형적인 결과로, 시각 정보가 사용되었을 때, 신호 대 잡음 비(SNR; signal-to-noise ratio)에서 10dB의 공차(tolerance)를 보인다. '시청각 음성의 자동인식: 최근의 진보와 도전, IEEE 논문집(Automatic recognition of audio-visual speech: recent progress and challenges, Proceedings of the IEEE) (Potamianos, G., Neti, C., Gravier, G., Garg, A. and Senior, A.W.), 2003, ©IEEE[1298]' 허락 하에 게재함.

가장 단순한 형태에서, 음향 및 시각적 특징은 단순히 연결돼 종래의 인식기에 입력으로 제공된다. 보통, 각 차원이 독립적이 되도록 최상의 차원을 선택하고[517] 특징을 회전하는 등 특징 조작의 여러 단계가 있다[82]. 음향 및 시각적 특징을 연결하는 것은 초기 융합으로 알려져 있는데, 이는 최종 결정되기 전에 정보가 조기 단계에서 결합되기 때문이다.

HMMs(14.4.2절 참조)은 비교적 정적 상태 시퀀스의 형태로 신호를 묘사하는데, 각 상태는 출력 특징의 특성 집합을 생산한다. 음향 세계에서, 이러한 상태는 음소로 알려져 있으며 종래의 음성인식기들은 영어에 대해 다양한 음소를 사용했다. 시각적 상대는 비짐(viseme)-입술의 한 위치를 표현하는 특성시각 패턴-이며 약 13개의 다른 비짐이 영어 음성에서 볼 수 있는 시각적 특이 패턴을 묘사한다. 후반 융합에서는 음향과 시각 정보에 관한 결정을 위해 별도의 인식기를 사용하는 데, 하나는 음향 정보로부터 음소를 인식하는 것이고, 다른 하나는 입술 데이터로부터 비짐을 인식하는 것이다. 그 후 두 결정은 어떤 단어가 존재하는지를 결정하기 위해 융합된다.

오디오, 비디오 그리고 잡음 조건의 범위에 따른 전형적인 결과(신호 대 잡음 비율 측면에서 측정)가 그림14.26에 나타나 있다[1298]. 단어 오류율(WER; word-error rate)은 시각 정보만을 사용할 때 상대적으로 높고 잡음의 수준에 대해서는 일정하다. 오디오만의 인식 결과는 잡음이 없고 더 많은 잡음이 추가됨에 따른 빠른 감쇠가 없을 때 좋다. 최종적으로, AVSR 결과는 특히 높은 잡음 수준에서 최고이다. 음향과 AVSR 결과 사이의 차이는 시각 신호에 의해 추가된 잡음 공차(tolerance)의 양이며, 이 경우 10dB를 얻었다.

흥미롭게도, AVSR은 초기 융합보다는 후반 융합에서 더 잘 동작한다. 초기 융합 접근 방법이 두 데이터의 상관관계 및 다른 특이성을 이해하는 데 필요한 모든 정보를 가지고 있기 때문에 인식기가 초기 융합 접근방법으로 더 잘 동작할 것 같지만, 실제로, 초기 융합은 후반 융합에 비해 AVSR에서 잘 동작하지 않았다. 한 가설은 초기융합을 할 때 필요한 동시확률 모델이 너무 복잡해서 단일 인식기가 학습할 수 없다는 것이다. 이것은 아마도 그 모델이 결합 분포(joint distribution)의 뉘앙스를 취득할 수 없기 때문 혹은 충분한 데이터가 없기 때문인지도 모른다. 어느 경우든, 후반 융합 또는 초기와 후반 결정이 결합된 하이브리드 접근방식이 더 잘 동작한다.

### 14.6.5 멀티미디어를 위한 오디오 비디오 결합

최종적으로, 보다 일반적인 시청각 인식 문제 또한 위에서 설명한 AVSR 기술을 이용하여 해결할 수 있다. 예를 들어, IBM 연구원들은 '세그먼트는 사람 X의 비디오를 포함한다'와 같은 고수준 개념, 야외 장면, 화재, 도시풍경, 비행기를 포함하는 비디오의 서로 다른 부분에 라벨링하는 멀티미디어시스템을 제안했다. 그들은 "Madeleine Albrigt" 같은 저명인사를 라벨링하기 위해 그것의 정확률을 평가하는 시스템을 테스트하였다. 최고의 음성 전용 모델은 30%의 정확률을 가진 반면, 최고의 시각 전용 모델(얼굴 인식)은 29%의 정확률을 가졌다. 더 흥미롭게도, 후반 융합에 기반한 최고의 결합 시스템은 47%의 정확률을 보였다. 이러한 숫자는 결합 시청각 모델(joint audio-visual model)이 유리하다는 것을 입증하는 것이나 전체적인 정확률을 높이기 위해서는 해야 할 일들이 많이 남아 있다는 것을 암시하고 있다.

## 14.7 분할(Segmentation)

사용자 멀티미디어 질의를 실제로 처리하기 전에, 멀티미디어 객체들을 작은 객체들로 나눌 필요가 있다. 이것이 이 절에서 논의될 분할이다. 분할 문제에 대해 여기서 논의하는 다양한 솔루션은 색상, 질감, 빛의 강도와 같은 이미지, 오디오, 비디오 객체의 기본적인 특성에 기반하고 있다.

IR 시스템으로 비디오를 '처리'할 때 첫 단계 중의 하나는 비디오의 큰 사이즈 때문에, 비디오를 처리할 수 있는 의미론적 단위, 즉, 샷(shots)으로 분할하는 것이다(일반적으로, MPEG-2로 압축된 한 시간의 비디오는 2Gbyte를 차지한다). 샷은 카메라에서 캡처한 프레임의 연속적인 시퀀스에 해당된다. 예를 들어, 인터뷰 형태의 비디오는 카메라가 면접관의 샷과 면접자의 샷 사이를 번갈아 찍은 몇 가지 종류의 샷을 가질 것이다. 비디오는 많은 장면(scene)으로 구성되어 있는데, 여기서 장면은 의미적으로 일관된 인접 샷들의 시퀀스로써 정의된다. 차례

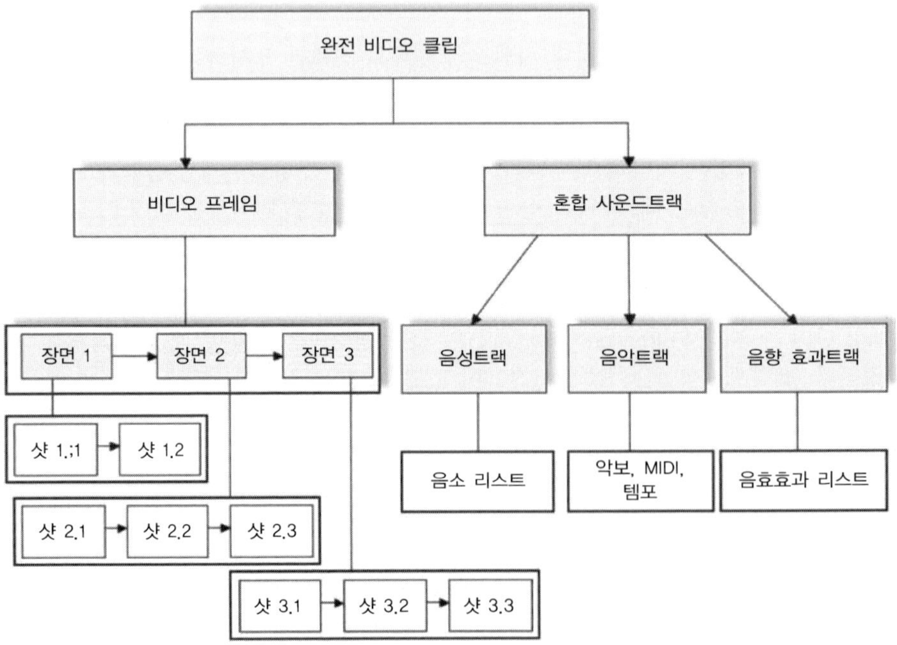


**그림 14.27**: 필름 또는 비디오 객체의 계층구조. J. Hunter, 2001의 이미지로부터 반영

로, 관련된 장면들은 더 높은 의미론적 단위로 그룹화되는데, 이는 세그먼트(segments), 그리고 스토리와 같은 다른 이름을 가진다[414]. 필름 또는 비디오에서의 계층 단위는 그림 14.27과 같다[798].

비디오는 한 샷에서 다음 샷으로 전환하면서 변한다. 예를 들어, 컷은 갑작스러운 전환이며, 전체 이미지가 순간적으로 변하기 때문에 종종 쉽게 감지할 수 있다. 페이드(fades), 디졸브(disssolves), 와이프(wipes) 같은 다른 전환은 시간이 지나면서 서서히 발생한다. 신호의 잡음, 카메라 플래시, 화려한 전환 효과, 빠르게 움직이는 객체들이 샷 경계 감지를 어렵게 한다. 이 장에서는 장면 나누기의 세 가지 일반적인 유형인 컷, 페이드, 디졸브를 고려한다.

분할 알고리즘은 픽셀 기반, 통계적 차이, 히스토그램 기반, 에지 기반, DCT 기반, 움직임 기반과 같이 다양한 유형 또는 범주가 있다. 여기서는 그들 중의 일부를 논하며, 또한 화자 식별에 기반한 오디오 분할을 논한다. 진행하기 전에, 간단한 예제를 하나 들어보자.

### 14.7.1 비디오 분할의 예(A Video Segmentation Example)

두 프레임 사이의 픽셀별 차이와 같은 이미지의 단순한 측정은 비디오 분할을 위한 좋은 토대를 제공하지 않는다. 예로서, 카메라 시점의 변화와 같은 비디오에서 일반적인 변화가 발생했을 때, 모든 픽셀이 변경되어 픽셀별 큰 오류를 야기한다. 비디오에서 언제 주요 변화가 일어났는지를 결정하기 위해 전체 이미지의 요약 통계를 보는 샷-경계 검출 알고리즘을 갖는 다른 접근방법이 제공된다. 통계적 차이를 기반으로 하는 초기 방법은 이미지를 몇 개의 영역으로 나눈 뒤 영역들 사이의 그레이 값 평균과 표준 편차 같은 차이를 비교한다. 그러나, 많은 잘못된 성분들이 이러한 유형의 방법으로 생성된다.

값의 간단한 전역 통계는 이미지의 색상 히스토그램이다. 히스토그램은 이미지에 있는 각 색상의 픽셀 수를 세어 계산된다. 색상은 종종 3개의 8-비트 숫자로 표현되므로 색상의 개수는 너무 커서 직접 셀 수가 없다. 대신, 각 색상 차원을 8 수준으로 크게 양자화하면, 512개의 다른 색상 유형을 제공한다(8×8×8 색상). 히스토그램은 샷 경계 검출을 위해 사용되는 가장 일반적인 방법이다.

색상 히스토그램 방법이 그림 14.28에 나와 있다[1493]. 여기 각 프레임에 대해 512-bin 색상 히스토그램이 계산되었다. 이것은 시간의 흐름에 따라 초당 30번 샘플링된 512 차원 신호를 만든다. 단수값 분해(SVD; singular-value decomposition) 알고리즘이 신호의 가장 낮은 순위 근사치를 찾기 위해 사용된다. 최대 색상 신호(즉, 대부분의 에너지를 포함하는 4개의 SVD 차원)가 시간의 함수로 표시되고 이것이 비디오에서 변화의 간단한 전역 척도를 제공한다. 그림 14.28에서 보는 것과 같이, 예를 들어 프레임내 객체의 움직임으로 인해, 샷의 중간기간 동

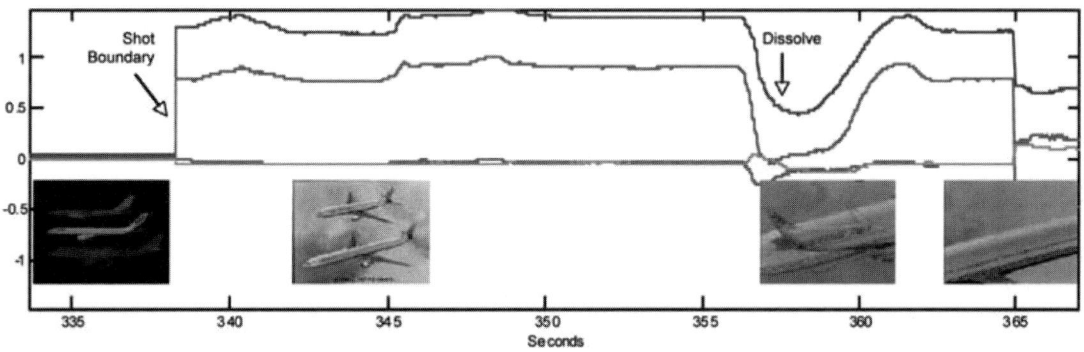


**그림 14.28:** 이 그림은 '21 세기 제트' 비디오의 25초 길이 구간에서 색상 정보의 요약을 보여 준다. 신호에서 가파른 전환은 샷 경계에 해당하는 반면, 크지만 느린 전환은 디졸브를 표시한다.

안 신호의 작은 변화도 있지만(345초에서), 시간 338에서 색상 신호의 극적인 변화처럼 샷 변화를 명백히 볼 수 있다. 357초 주변, 두 개의 관련 이미지들이 디졸브로 칭하는 비디오 클립간의 부드러운 전환을 제공하기 위해 겹쳐있다.

### 14.7.2 비디오에 대한 분할 방식(Segmentation Schemes for Video)

카메라 또는 객체 움직임으로 인한 비디오의 변화, 심지어 조명 변화는 색상히스토그램이 천천히 변화하는 원인이 되기 때문에-대부분의 이미지는 변하지 않고, 단지 재 배열됨-색상 히스토그램 방법은 잘 동작된다. 페이드는 시간에 따른 비디오의 변화-비디오가 정상적인 이미지로 시작해서 검은색으로 점차 어두어지며 그 후 새로운 이미지로 나타남-를 표현하기 때문에 이를 감지하는 것은 더욱 어렵다. 간단한 페이드 검출기는 일정한 색깔을 가지고 있는 프레임을 찾는다. 페이드 전후 휘도(luminance)는 평균 프레임 휘도의 1차 미분을 계산하여 감지할 수 있는 선형 곡선을 따른다. 디졸브는 감지하기 가장 어려운 세그먼트 경계이다. 디졸브에서 이미지는 픽셀을 교집합 페이딩하는 것에 의해 한 장면에서 다른 장면으로 천천히 변화된다. 예를 들어, 이는 픽셀별로 연속적인 이미지의 선형 보간(interpolation)을 수행하는 것이다. 이러한 변화를 감지하기 위한 한 가지 방법은 각 이미지 프레임 휘도의 전반적인 분산값(varionce)을 측정하는 것이다. 전후 이미지가 조명의 변화를 포함하고 있기 때문에 일반적으로 이 측정값은 매우 높을 것이다. 그러나 디졸브 동안 두 이미지는 혼합되어 그 조합이 필연적으로 전반적인 분산값을 줄인다. 따라서, 그림 14.29에서 보는 바와 같이 평균 휘도 분산에서 수초 동안 지속되는 순간적인 하락을 찾는 것에 의해 디졸브를 감지할 수 있다[1029].

디졸브를 찾기 위한 보다 강력한 접근 방법은 Covell에 의해 수행된 명시적 모델을 구축하는 것이다[433]. 그녀의 분석 별 합성(analysis-by-synthesis) 방식에서, 디졸브내에 임의의 두 점이 주어진다면 중간점은 단순히 끝점들의 선형 보간이라는 것을 언급한다. 이것은 디졸브를 감지하기 위한 직접적인 수단을 제공한다. 예를 들어, 1초의 간격으로 비디오에 있는 프레임 쌍을 샘플링할 수 있으며, 중간 프레임이 끝점의 선형 보간에 의해 예측되고 있는지를 확인할 수 있다. 예측 오류는 이 점에서 디졸브가 얼마나 되는지에 대한 추정을 제공한다. 디졸브의 시작과 끝을 찾기 위해 낮은 예측 오류를 갖는 영역을 확장할 수 있다.

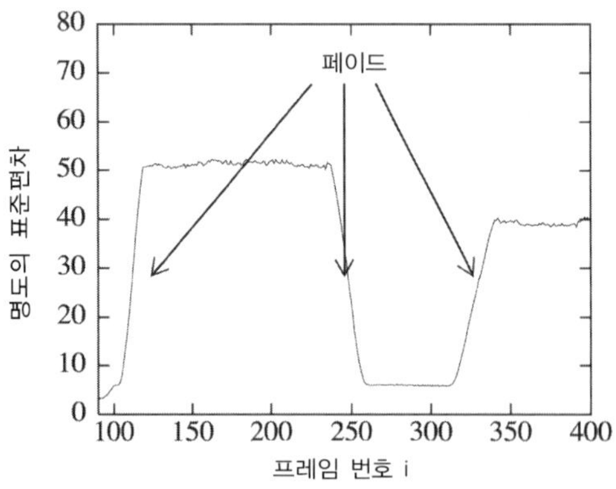


**그림 14.29:** 이 그림은 세 개 페이드에서 이미지 명도의 표준 편차 변화를 보여 준다. [1028] 허락 하에 사용

### 14.7.3 경계선을 갖는 비디오 분할(Video Segmentation and Edge)

장면 분할의 보다 강력한 척도는 경계선(edge) 통계를 기반으로 한다. 경계선은 이미지의 휘도에서 날카로운 불연속을 나타낸다. 경계선은 조명 변화 및 카메라 움직임에 강력하기 때문에 흥미로우며 그것의 존재 또는 부재는 비디오에서 무슨 일이 일어나고 있는 지에 관해 많은 것을 알려준다.

Zabih는 움직임 추정, 경계선 검출을 결합한 후 경계선 변화 부분을 계산하는 시스템을 설명한다[1762]. 기본적인 아이디어는 시퀀스의 다음 이미지에 나타나지 않는 경계선을 찾는 것이다(그 반대도 성립). 한 프레임에 있는 경계선이 다음 프레임의 다른 위치에 있도록 카메라 움직임이 종종 있기 때문에 이것은 무척 어렵다. 따라서, 먼저 임의의 전역 움직임을 제거하기 위해 두 이미지를 등록한다. 전역 이미지 등록은 현재 프레임($I_1$)과 다음 프레임($I_2$) 사이 픽셀 대 픽셀 상관관계 $C_{rr}$을 최대화하는 천이 $\Delta x, \Delta y$를 찾는 것에 의해 행해지는데, 다음과 같다.

$$\sum_{x,y} C_{rr}(I_1[x+\Delta x, y+\Delta y], I_2[x,y]) \qquad (14.10)$$

여기서 $x$와 $y$는 픽셀 좌표이다. 두 프레임을 정렬하는데 필요한 오프셋이 주어진다면, 지금 대략 정렬된 두 이미지를 가지게 되며, 그 결과, 경계선을 찾아서 일치시킬 수 있다.

Canny 에지 검출기(Canny edge detector)는 이미지에서 (이 알고리즘의 목적을 위해) 중요한 점들(points)을 찾는다. 그림 14.30은 이 과정을 보여 준다. 이미지를 먼저 흐리게 하고 잡음을 제거하고, 가장 작은 경계선을 설정하기 위해 2차원 가우스 함수 $G(x,y)$를 이용하여 스무딩한다.

그림 14.30b는 스무딩된 이미지를 보여 준다. 공간 미분의 크기는 이미지의 각 점에서 계산되는데, 그림 14.30c와 같다. 검정색의 양쪽에 가파른 전환 및 색상 양쪽의 높은 크기 신호를 주목하라. 최종 경계선 위치는 스무딩된 이미지로부터 최대 미분 점을 찾아내는 적응 임계값을 이용하여 결정된다. 그림 14.30d는 경계선의 위치를 보여 준다.

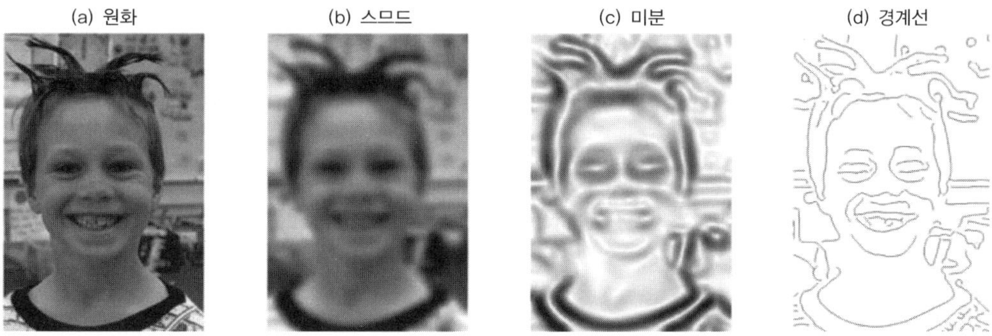


**그림 14.30:** Canny 방법을 이용하여 경계선을 계산하는 과정: (a)원 이미지, (b) 6 픽셀의 표준 편차를 갖는 가우스로 블러링된 후 이미지, (c) 스무딩된 이미지의 공간 미분 크기, (d) 임계값 적용 후 경계선의 위치

모든 종류의 장면 분할은 프레임 간 왔다 갔다 하는 경계선을 세는 것으로 찾는다. 각 경계선 위치에 대해, 다른 이미지의 작은 영역에 해당하는 경계선을 찾는다. 한 이미지 또는 다른 이미지에서 발견되는 경계선의 일부는 이미지 유사성의 척도를 제공한다. 정적 또는 느리게 움직이는 이미지에서, 대부분의 경계선은 한 프레임에서 다음 프레임으로 멀리 움직이지 않을 것이다. Cut 혹은 디졸브 (모두 변경) 또는 페이드아웃(fade out) (궁극적으로 경계선이 더 이상 보이지 않을 때)으로 인해 전체 화면이 변할 경우에만 이 척도는 낮은 유사성을 등록하고 화면 나누기를 할 것이다. 경계선 기반 감지는 히스토그램 기반 감지보다 움직임과 색채의 변화에 덜 민감하다.

위에서 설명한 기술은 비디오의 작은 부분을 보는 것에 의해 화면 나누기 위치를 찾는 것을 도와준다. 그러나 지역 이미지 정보는 어떻게 장면이 샷으로 또는 보다 큰 스토리 요소로 결합되는지에 관해 아무것도 말해주지 않는다. 이것은 계층적 분할 방식으로 수행될 수 있다[1493].

### 14.7.4 음성 분할(Speech Segmentation)

분할 경계는 신호에서 뭔가 변경되었다는 결정에 의해 특징지어진다. 이러한 결정은 모든 종류의 신호-오디오, 비디오 및 텍스트-에 적용되지만 여기서는 오디오를 가지고 개념을 설명할 것이다. 이런 결정을 내릴 확률적 방법은 신호의 첫 번째 부분의 모델을 구축하고, 신호를 통해 모델을 향상시키며, 모델이 더 이상 적합하지 않거나 데이터를 설명하지 않는 시점을 감지한다. 이것이 분할 경계가 된다. 이런 (일방적인) 계산은 새로운 지점이 모델에 맞지 않기 때문에 오류가 나기 쉬운데, 우리는 이것이 잡음 때문인지, 또는 신호의 진짜 변화 때문인지 확신할 수가 없다. 대신, 잠재적 경계의 양쪽에 있는 신호의 모델을 비교하는 양면 접근방식을 사용할 수 있다. 이 테스트는 BIC(Bayesian Information Criteria)를 이용하여 구현된다. 오디오는 100Hz로 샘플링 된 13 차원 MFCC 계수로 표현될 수 있다.

BIC는 신호의 긴 구간에 대해 모델을 구축하고, 그 신호를 보다 작은 두 개의 조각으로 분할하여 두 개의 다른 모델을 구축한다. 두 분리된 모델은 단일 모델보다 항상 데이터에 더 잘 맞는데, 이는 데이터에 적합한 보다 많은 매개변수가 있기 때문이다. 데이터는 경계의 양쪽에서 차이가 있으며, 그로 인해 두 다른 모델이 잘 동작한다. 분할 경계는 두 모델이, 자신의 추가 복잡도에 대해 균형을 이룰 때, 단일 모델보다 더 좋은 데이터 예측이 될 때마다 제안된다.

BIC 테스트는 추가모델링 복잡도에 대한 감점을 포함하는 것에 의해 단일 모델 접근방법 대 두 모델 접근방법을 비교할 때의 추가 복잡도를 설명한다. $i=1,\cdots,N$을 갖는 모델 $M_i$와 데이터 $D_i$가 주어지면 BIC가 다음과 같이 계산된다[1783].

$$BIC(M_i) = \log P(D_1, D_2, \cdots, D_N | M_i) - \frac{1}{2d_i} \log N \tag{14.11}$$

여기서 $d_i$는 모델 $M_i$에 있는 독립 변수의 개수이다. 첫 번째 항은 모델이 높을 확률로 데이터를 설명할 로그 가능성(likelihood)을 표현한다. 가능성이 높을수록 더 좋다. 두 번째 항은 보다 복잡한 모델에게 감점을 가하는 것인데, 이는 복잡한 모델이 자신을 표현하기 위해 더 많은 매개변수를 가지기 때문이다. 분할 경계를 예측하기 위해 BIC를 이용할 때, 매개변수 $d_i$의 개수는 2의 곱에 의해 변하는 반면, 데이터 개수의 로그는 단지 작은 양으로 변한다. 따라서, 두 모델이 보다 높은 가능성을 가지고, 식 14.11에서 추가 매개변수의 비용을 능가하는 훨씬 더 좋은 모델을 만드는 신호의 위치를 찾는다. 제안된 경계의 양쪽에 약 10초 길이 고정 크기의 윈도우를 이용, 전체 20초 분량의 단일 모델상에서 두 모델 설명에 대한 BIC 테스트에서 가장 큰 이득을 찾기 위해 신호를 따라 경계를 슬라이딩(sliding)하는 것에 의해 데이터를 분할하기 위한 최적의 지점을 찾을 수 있다.

### 14.7.5 분할 평가(Segmentation Evalution)

샷 경계 검출은 비교적 성숙한 영역의 연구로 간주된다. 검출뿐만 아니라 샷 전환 효과의 분류에 관한 수많은 접근방법을 문헌에서 찾을 수 있다. 몇 가지 대표적인 조사 논문은 많은 기존의 접근 방법들을 비교한다[231, 284, 1029].

초기 샷 경계 검출 알고리즘은 돌발 전환, 즉 Cut에 초점을 맞추었는데, 나중에는 점진적 전환에 주목하였다. 특별한 유형의 전환을 목표로 하는 접근방법이 개발되었다. 그러나 실제로, 이것은 범용 알고리즘이 비디오를 통한 몇 가지 과정을 요구할지 모른다는 것을 의미한다. 전역 통계를 이용하는 접근 방법과 같이 일부 접근 방법은 수동 또는 자동으로 설정되는 임계값 또는 임계값의 집합을 포함한다. 실제로, 모든 종류의 비디오에 동작하는 전역 임계값을 찾으려고 노력하는 것은 의미가 없기 때문에 자동 적응 임계값만을 사용한다. 도전은 훌륭한 정확률-재현율 절충(precision-recall compromise)을 가지고 실시간으로 Cut과 전환을 강력하게 감지할 수 있는 단일 과정 알고리즘을 개발하는 것이다.

## 14.8 압축 및 MPEG 표준(Compression and MPEG Standard)

텍스트 문서와는 달리, 사람들은 압축되지 않은 멀티미디어 객체를 거의 볼 수 없다-파일이 너무 크다. 대부분의 멀티미디어 파일은 인간의 두뇌가 인지할 수 없는 중복 정보를 제거하는 특수 알고리즘에 기반한 손실 포맷으로 저장된다. 실례로, 사람의 눈은 색상의 변화를 감지할 수 있는 것 보다 명도의 변화를 보다 더 쉽게 감지할 수 있다. 따라서, 인간의 눈이 이미지를 감지하는 방법에 영향을 미치는 일 없이 색상 변화에 대한 보다 적은 정보가 보관될 수 있다. 엄격히 말해 정보는 손실되지만, 압축된 내용의 인지 품질은 원본 내용의 인지 품질 만큼 높을 수 있다. 명백히 저장 공간을 절약하는 장점 이외에, 주문형 비디오(VOD; video-on-demand)와 화상회의와 같은 제한된 대역폭을 갖는 응용에서 디지털 비디오의 사용을 가능하게 하기 때문에 압축은 중요하다.

5가지 주요한 절차를 결합하여 이미지와 비디오 압축을 효율적이며 유용하게 만든다. 이러한 요소들은 색상 서브샘플링, 이산 코사인 변환(DCT; discrete cosine transform)으로 공간중복 제거, 엔트로피 부호화, 움직임 보상, 시간 중복 제거가 있다. 이것들은 전형적인 최상의 이미지/비디오 압축 알고리즘으로 이루어진 근본적인 단계를 구성한다. 여기서는 다음 이유 때문에 MP3와 같은 오디오 압축에 관해 언급하지 않을 것이다: 오디오 압축을 푸는 것은 어렵지 않은데, 그 이유는 원하는 특징 벡터를 (재)계산하는 것이 복잡하지 않기 때문이다. 그리고 오디오에서 사용되는 손실 및 비손실 원칙이 이미지와 비디오 압축과 유사하다[830].

### 14.8.1 명도 및 샘플링(Intesity and Sampling)

색상 및 명도는 그림(또는 동영상 프레임)의 가장 기본적인 요소이다. 따라서, 이미지의 다른 모든 것과 멀티미디어 IR은 색상과 명도 데이터 위에 구축된다. 그림이 멀티미디어 IR 시스템의 일부가 될 때, 이미지는 이미 이미지 감지 장치에 의해 캡처된다. 이 과정의 일환으로, 빛의 명도는 시간과 공간의 함수로 이산 지점에서 샘플링 된다. 이미지가 너무 거칠게 샘플링되면, 정보가 손실된다. 이미지가 너무 세밀하게 샘플링 되면 이미지에 불필요한(중복된) 정보가 있을 수 있다. 일반적으로 샘플링이 이미지의 내용과 디스플레이 매개변수에 딱 맞는다고 가정한다. 그러나 명도 정보는 무슨 색상이든 간에 균일하게 캡처되나, 인간의 눈은 모든 색상과 변화에 균일하게 반응하지 않는다. 이것이 첫 번째 압축 기회를 제공한다.

### 14.8.2 색상(Color)

색상은 인간에 의해 감지되고 구분되는 이미지의 기본 특징이다. 그러나 인간의 눈은 전자기 스펙트럼의 작은 영역인 가시광선에만 민감하다. 보이는 파장은 400에서 700나노미터(nm) 범위내에 있다. 각 색상은 이 영역의 협대역에 대응하며 인간의 눈은 400,000색상을 구별할 수 있다. 700nm를 넘는 값들은 적외선, FM 라디오, TV 전파를 구성하며, 400nm 미만의 값은 자외선 및 X-레이에 해당한다. 이러한 극단의 어떤 것도 인간은 인지할 수 없다.

인간은 일반적으로 색상의 세 가지 다른 대역에 민감한 포토 센서를 가지고 색상을 인지한다. 이 때문에, 모든 색상 영역은 그래픽 디스플레이에서 빨강, 초록, 파랑 형광체로 생산된다. 이미지의 특정 색상은 0(검정)에서 255(밝음)의 크기를 갖는 세 가지 색상의 특정한 명도로 생산된다.

색상은 RGB 명도로 화면에 표시되는 반면에, 인간의 시각 시스템이 색상을 인지하는 방법은 아니다. 이 때문에, 실제로 다른 색상 시스템이 인간이 색을 인지하는 방법과 거의 일치하는 방법으로 색의 정보를 나타내기 위해 사용된다. 한 가지 대안적인 색상 표현 방법은 색상, 채도, 값(HSV; Hue, Saturation, Value)으로 알려져 있다. 이 방법에서, 기본 색상들(빨강, 초록, 보라)은 색상의 값으로 부호화되고 값(또는 밝기)은 광원의 전체 강도 또는 에너지이다. 채도의 양은 색상이 분홍색인지 또는 진한 빨강인지-그것의 충만도(vibrancy)를 결정한다. 이런 색상 표현은 RGB와 같은 하드웨어 기반 방식보다 인지적으로 관련 있다.

$YC_bC_r$로 알려진 관련 색상 시스템은 이미지 (JPEG)와 비디오 시스템(MPEG 및 DVD)의 기저로 사용된다. $HSV$와 같이 $YC_bC_r$ 시스템은 색상을 세 가지 값으로 부호화하는데, 이 세 가지 값은 휘도(luminance) $Y$, 파랑 채도(blue chroma) 신호 $C_b$, 빨강 채도(red chroma) 신호 $C_r$이다. 감마 교정(감지 명도가 더 선형이 되도록 명도값에 적용되는 비선형 교정(correction)으로 디스플레이 시스템의 비선형성을 설명함)된 RGB값들이 주어지면, $Y$, $C_b$, $C_r$값들은 다음 세 방정식에 의해 구해진다.

$$
\begin{aligned}
Y &= K_r \times R + (1 - K_r - K_b) \times G + K_b \times B \\
C_b &= \frac{1}{2} \times \frac{B - Y}{1 - K_b} \\
C_r &= \frac{1}{2} \times \frac{R - Y}{1 - K_r}
\end{aligned}
\tag{14.12}
$$

여기서 변수 $R$, $G$, $B$는 $RGB$ 기법에서 빨강, 초록, 파랑의 명도를 나타내며, $K_r$과 $K_b$는 $K_r = 0.299$와 $K_b = 0.114$를 갖는 상수이다.

색상이나 색차 정보를 다운샘플링 하는 것은 영상 압축의 중요한 단계이다. 우리의 눈은 색차(색상)의 공간적 변화를 감지하는 것 보다 휘도(명도)의 공간적 변화를 훨씬 더 잘 감지한다. 그래서, 이미지를 $YC_bC_r$ 방식으로 변환한 후, $C_b$와 $C_r$ 신호들은 수평과 수직 방향 모두 2 또는 4의 팩터로 각각 다운샘플링 하는 반면 $Y$ 신호는 그대로 유지한다.

그림 14.31은 색상 이미지의 세 가지 구성요소에서 다운샘플링의 효과를 보여 준다. 원 이미지는 '완벽하게' 보인다(비록 이 책에서는 흑백으로 인쇄됐지만). 그러나 자세히 보면, $C_b$와 $C_r$ 신호 모두 수평 및 수직으로 2의 팩터에 의해 다운샘플 되었음을 알 수 있다. 그것은 흑백 사진에서는 명확하나, 압축된 풀-컬러 이미지에서는 볼 수 없다. 앞으로 설명할 모든 과정(공간적 중복을 제거하고 엔트로피 부호화를 이용하는 것)을 무시하더라도, 다운샘플링 자체만으로도 사진을 부호화하는데 필요한 바이트 수를 50%까지 줄여준다. 이것은 원 $2 \times 2$ 격자 점의 RGB 색상을 부호화하는데 필요한 12개의 값이 명도 또는 $Y$값을 위해 4개의 값이 여전히 필요하나 $C_b$와 $C_r$을 위해서는 단지 1개의 값만 필요해 12개 대신 전체 6개의 값이 쓰이기 때문이다.

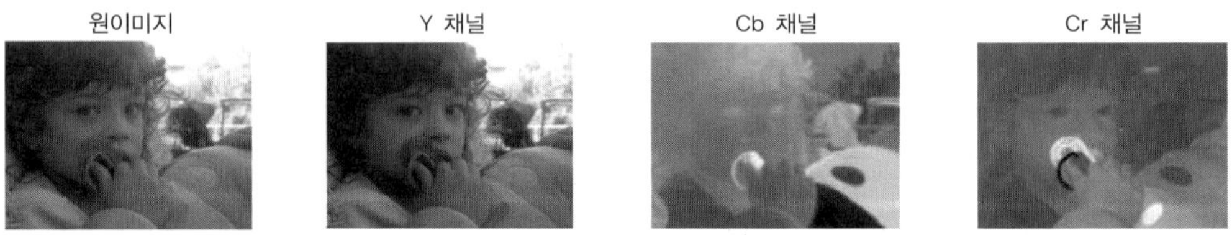


**그림 14.31**: 압축된 이미지와 그것의 세 $YC_bC_r$ 요소. 압축 부작용을 주시하라, $C_b$와 $C_r$ 이미지에서 톱날 같은 대각선을 찾으면 잘 볼 수 있다. 가장 왼쪽에 있는 이미지인 압축 후의 이미지는 $C_b$와 $C_r$ 부 이미지에서 시각적인 부작용이 있음에도 불구하고 '완벽하게' 보인다.

### 14.8.3 손실 압축(Lossy Compression)

$YC_bC_r$과 같이 인지적으로 관련된 색 공간으로 이미지를 변환한 후, 두 종류의 압축이 수행된다. 첫째, 손실 단계는 인간의 눈이 감지할 수 없는-정보는 손실되나, 인간이 감지할 수 없는 또는 최소로 감지할 수 있는 방식으로-정보를 버리는 것이다. 예를 들어 이미 색상 정보 다운샘플링의 혜택을 설명했다. 이런 첫 번째 손실압축 단계에 이어, 압축 시스템은 신호의 통계적 중복을 제거하기 위해 두 번째 무손실 압축을 수행한다.

눈의 감도(sensitivity)는 종종 다른 주파수를 인지하는 능력으로 설명된다. 시야각당 대략 6 사이클을 넘어서면 패턴을 인지하는 우리의 능력은 빨리 떨어진다(한 사이클에서 이미지의 일부가 빛에서 어두움으로, 어두움에서 다시 빛으로 간다. 1도의 시야각은 눈으로부터 조회중인 객체까지 1도에 대응되는 각도이다). 따라서, 이미지를 압축하기 위한 효과적인 방법은 이미지의 주파수 내용을 정렬해서 단지 저주파수 변화만을 유지하는 것이다.

이미지는 종종 자신의 주파수 내용 측면에서 설명된다. 이미지 또는 이미지의 부분은 이산 푸리에 변환(DFT; Discrete Fourier Transform)을 이용하여 스펙트럼 구성요소로 분해된다. DFT는 그림 14.32에서 보여 주는 것과 같이 공간적 사인곡선(sinusoids)의 가중치 합 측면에서 이미지를 표현한다. 부동 소수점의 정확도 범위내에서 256×256이미지가 256×256 배열의 스펙트럼 가중치로 변환되고 역 DFT가 수행되면, 원래 이미지로 복원된다는 것을 아는 것이 중요하다.

우리의 눈이 낮은 공간 주파수에 민감하기 때문에, 보다 높은 정밀도로 이러한 주파수의 계수들을 전송하고자 한다. 이 스펙트럼 분석은 앞에서 설명한 DFT와 관련된 이산 코사인 변환(DCT; Discrete Cosine Transform)을 이용하여 이루어지며 가장 중요한 주파수들이 가장 높은 충실도(fidelity)로 전송됨을 보장한다. DCT 기반 영상 압축 알고리즘의 일환으로, 이미지는 먼저 전체 이미지에 필요한 만큼 많은 8×8 픽셀의 블록들로 분할된다. 이는 패치의 크기가 2의 배수이고 유용하게 사용되기 위해 낮은 복잡도를 가지면서 충분히 큰 이미지의 영역을 감당하도록 8×8 블록 크기가 선정되었다.

DCT는 각 블록의 픽셀을 64개의 다른 기저함수로 표현하는데, 각각은 수평 및 공간 주파수의 서로 다른 조합을 나타낸다. 그림 14.33은 64개의 기저 함수를 보여 준다. 64개의 계수를 얻는 한 블록의 DCT를 계산하고, 그 후 DCT를 다시 계산하여 단지 작은 반올림 오류만을 갖는 원본 이미지로 돌아갈 수 있다. 아무것도 잃어버리지 않는다.

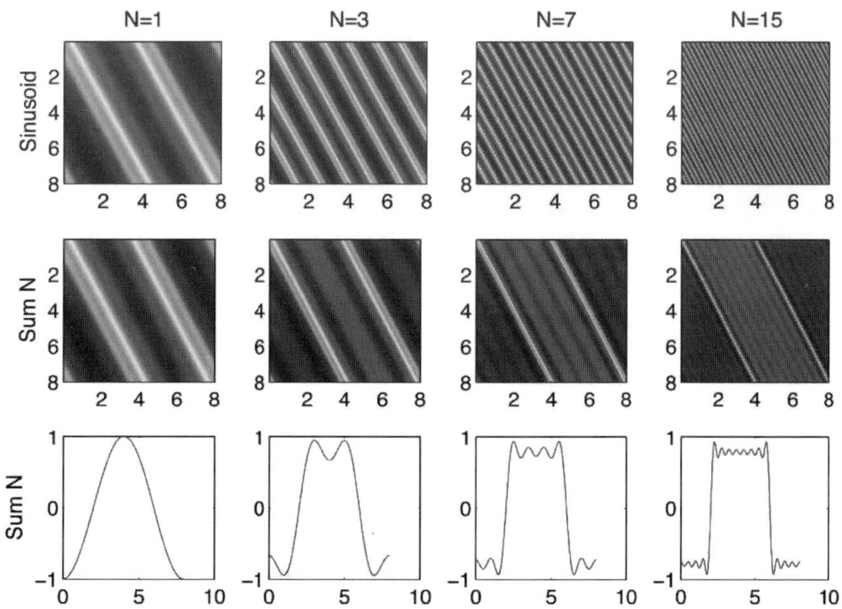


**그림 14.32**: 여러 다른 공간 주파수들과 그들이 어떻게 임의의 데이터를 표현하기 위해 결합되는지를 보여 준다. 맨 윗줄은 이미지 폭당 1과 15 사이클 사이의 네 가지 다른 공간 주파수의 간단한 사인곡선을 보여 준다. 적절한 가중치를 가지고 첫 번째 *N*개의 사인곡선을 합하는 것에 의해, 이 이미지의 중간 줄에서 보여 주는 이미지를 만든다. *N*이 증가함에 따라, 보다 쉽게 흰색과 검은색 사이의 급격한 전환을 다시 만들 수 있다. 이것은 맨 아래 줄에서 가장 잘 보이는데, 중간 줄에 있는 이미지의 중간을 통해 수평 조각의 밝기를 보여 준다. 이것이 스펙트럼 분석의 근거이다.

### 14.8.4 무손실 압축(Lossless Compression)

앞에서 설명한 손실 압축 기법은 주로 무손실 압축 기법을 수반하는데, 무손실 압축기법은 표현에서 어떤 오류도 없이 보다 더 데이터를 압축하는 것이다. 신호에서 인지적 중복을 제거한 후, 숫자에서 통계적 패턴을 제거하는데 목표를 두고 있다. 이를 위한 두 가지 일반적인 방법은 반복 길이 부호화(Run-length encoding)와 엔트로피 코딩(Entropy coding)으로 알려져 있다.

DCT 처리의 일환으로 8×8 DCT 블록에 있는 픽셀들을 중요성의 순서대로 재배열한다. 8×8 블록의 오른쪽 하단 구석에 가까운 계수들을 버리는데, 이는 그것들이 고주파수여서 보기 어렵고, 에너지가 낮아서 중요하지 않기 때문이다. 그러나 DCT 이후의 인근값들은 서로 관련되어 유사한 값을 가질 경향이 있기 때문에 단지 변경내용만을 전송함으로써 효율성을 얻는다. 그리고 이러한 계수값들을 보다 효율적으로 전송하기 위해 반복 길이 부호화(RLE; Run-Length Encoding)를 이용하는데, 이는 한 계수값과 그 값이 몇 번 사용되었는지에 대한 합계를 전송하는 것이다.

압축의 두 번째 단계는 엔트로피 코딩으로 알려져 있다. 엔트로피 코딩은 최적의 코딩 방식을 설계하기 위해 계수들의 엔트로피를 사용한다. 텍스트 영역에서, Lempel-Ziv는 오류없이 원본 텍스트를 추출하기 위해 압축을 해제할 수 있는 방법으로 문자열을 압축하는 일반적인 방법이다. 이미지 압축에서, 허프만 코딩이 가장 적은 수의 비트를 갖는 각 심볼을 전송하기 위해 사용되는데, 이는 반복 길이 부호화된 스트링의 정확한 재구성을 허용한다.

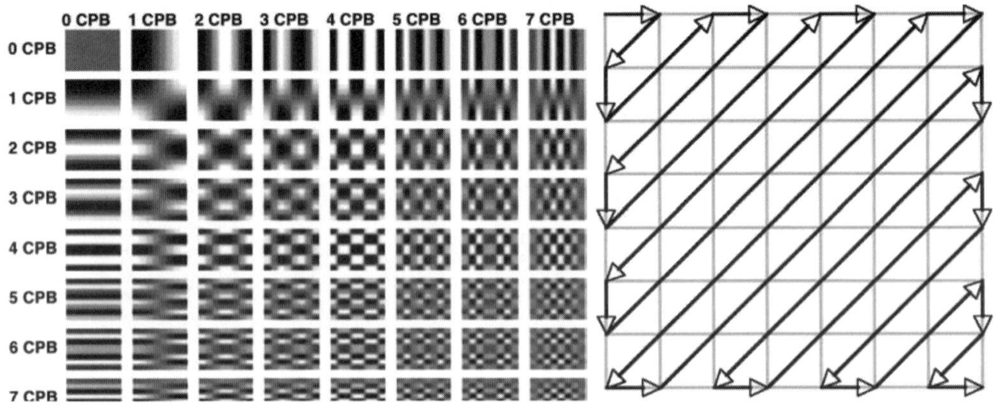


**그림 14.33:** 이 그림의 왼쪽 면은 8×8 DCT에서 사용되는 64 기저 함수를 보여 준다. 수평 및 수직 블록당 DCT 사이클의 개수(CPB; Cycle per horizontal or vertical block)가 부여된다. 오른쪽의 주사 패턴은 이러한 블록들이 어떻게 정렬되어 가장 중요한 데이터인 (0,0) DCT 계수가 먼저 전송되는지를 보여 준다.

### 14.8.5 시간적 중복(Temporal Redundancy)

중복을 제거하는 것이 압축의 핵심이다. 이미지 부호화에서, 인간의 눈에 인지되지 않는 이미지의 세부사항을 버리기 위한 손실 압축 기법을 이용하여 중복을 제거한다. 그 후, 남아 있는 정보를 효율적으로 전송하기 위해 두 종류의 무손실 부호화인 반복 길이 부호화(RLE)와 엔트로피 코딩을 수행한다. 비디오 압축에서는 두 개의 부가적이고 관련된 형태의 중복 제거를 할 수 있는데, 이는 움직임 추정과 이미지 예측이다.

비디오의 한 프레임은 종종 다음 프레임과 매우 유사하기 때문에 비디오에서 움직임 추정과 이미지 예측은 중요하다. 한 프레임과 다음 프레임 사이의 변화만을 전송할 수 있는데, 이것을 델타 이미지(delta image)라 하며, 그로 인해 비디오를 압축하는 능력을 향상시킬 수 있다. 이상적으로 전체 장면에서 단지 첫 번째 이미지만을 전송하고 그 후, 이전 복구된 이미지를 기반으로 델타 이미지를 전송한다. 이것은 모든 이전의 이미지들을 압축 해제하기만 한다면 중간 이미지는 복구될 수 있다는 것을 의미한다. 그러나 이 방식은 오류에 매우 민감해서 비디오에서 건너뛰기를 하는 것을 매우 어렵게 만든다.

하나의 대안이 MPEG 압축에 의해 제공되는데, 여기서 델타 이미지는 I 프레임으로 알려진 완전 전송된 이미지에 대해 상대적으로 앞뒤 방향으로 계산될 수 있다. 이는 14.8.7절에서 설명한다.

### 14.8.6 움직임 예측(Motion Prediction)

두 이미지가 주어지면, 14.8.3절의 기법을 이용하여 첫 번째 이미지를 압축하고 이 압축된 이미지를 두 번째 이미지를 예측하기 위해 사용한다. 그 후 이 둘 사이의 차이만을 전송한다. 이를 수행하는 가장 간단한 방법은 두 번째 이미지의 동일한 픽셀을 예측하기 위해 첫 번째 이미지의 픽셀을 사용하는 것이다. 비디오 프레임이 변하고 객체가 움직이기 때문에, 단지 뺄셈만 사용하는 것은 전송된 데이터의 양을 반드시 줄이지는 않는다.

따라서 비디오 압축은 움직임 보상으로 알려진 보다 강력한 기법을 사용한다. 움직임 예측에서, 이전 프레임에 있는 픽셀 근처의 블록을 기반으로 새 프레임에 있는 픽셀의 각 16×16 블록의 값을 예측한다. 이것은 이전 프레임에서 가장 일치하는 것을 찾기 위한 검색을 포함한다. 다른 말로, 다음과 같이 표현되는 두 개의 연속되는 프레임 $I_1$과 $I_2$사이의 차 함수 $E(\Delta x,\Delta y)$를 최소화하는 천이 $\Delta x$와 $\Delta y$를 찾는다.

$$E(\Delta x,\Delta y)=\sum_{x,y}(I_1[x+\Delta x,y+\Delta y]-I_2[x,y])^2 \tag{14.13}$$

그 결과, 인접한 블록에 가장 (또는 충분히) 유사한 이미지의 각 16×16 블록은 보다 적은 수의 비트를 필요로 하는 예측 변위 함수에 의해 표현된다. 이 처리가 '움직임 예측'으로 불리는 반면, 그 알고리즘은 실제적으로 압축된 비디오를 더 쉽게 묘사하기 위해 픽셀의 유사한 블록을 찾는다는 점에 유의하는 것이 중요하다. 최적의 값은 이미지의 근본적인 움직임을 반영할 수도 반영하지 않을 수도 있다.

스트림에서 프레임은 이웃프레임에 독립적으로(즉, 단독으로) 또는 상대적으로 압축된다. 이러한 단독 압축을 '인트라(intra)' 프레임 또는 I-프레임이라고 한다. 압축된 스트림에서 I-프레임의 빈도는 응용에 따라 다르다. 좀 더 구체적으로, 그것은 응용이 용인할 수 있는 지연에 따라 달라진다. 예를 들어, 디지털 방송 응용은 화상회의 응용과는 달리 편집하고 재생할 수 있도록 높은 재생 빈도가 필요하다. I-프레임의 빈도는 반드시 압축과 관련이 있지는 않다. 스트리밍 비디오에서 I-프레임은 오류를 제거하기 위해 중요한 역할을 하는데, 이는 대부분의 스트리밍 응용이 단지 가장 최근의 I-프레임으로 복원되기 때문이다. 스트리밍과는 달리 라이브 스트림은 낮은 I-프레임의 빈도를 갖는다. 이는 디지털 채널을 즉시 변경할 수 없기 때문이다.

이미지의 각 16×16 블록은 예측 오류를 분석하고 저장하는 것에 의해 압축된다.

$$I_e(x,y)=I_t(x,y)-I_i(x+\Delta x,y+\Delta y) \tag{14.14}$$

여기서 $I_t$는 비디오 스트림의 현재 프레임이며, $I_i$는 참조 프레임, 즉, 참조로 사용하는 압축해제된 프레임, $\Delta x$와 $\Delta y$는 이 매크로 블록의 움직임 벡터, 그리고 $I_e$는 16×16 블록 이미지 오류이다. $I_i$가 압축 해제된 이미지라는 것이 중요한데, 이는 모든 수신기가 그것에 접근하기 때문이다. 즉, 수신기는 손실 압축 동안 어떤 오류가 만들어졌는지 모르기 때문이다. 이것은 또한 I 프레임이 참조 이미지로 지정되는 이유이다. I 프레임은 인코더와 디코더 모두 동기를 벗어나지 않고 참조할 수 있는 이미지이다. 최상의 경우, 오류 이미지 $I_e$는 모두 0이며 그 결과로 단지 움직임 벡터만이 전송된다. 전형적으로, 오류는 0이 아니지만 값이 작아, 좋은 압축이 된다. 오류가 크다면 움직임 벡터가 새 프레임의 값을 잘 예측하지 못한다는 것을 의미한다. 이러한 경우, 시스템 규칙은 움직임 예측 벡터를 버리고 대신 I 프레임으로 전체 프레임을 전송한다. 이러한 모든 아이디어는 14.8.7절에서 논의할 MPEG 압축 표준의 일부이다.

식 14.13과 움직임 예측 배후의 아이디어는 명확하지만 세 가지 중요한 세부사항들이 숨어있다. 첫째, 합계가 주로 이미지의 16×16 영역인 매크로 블록상에서 수행되어 어떤 픽셀 값이 다른 이미지에서 가장 잘 찾아지는가에 대한 추정을 만들어낸다. 따라서 각 오프셋의 계산은 256개의 곱셈과 덧셈이 소요된다. 둘째, 이 계산을 그대로 하게 되면 비용이 고려할 수 있는 최대 거리의 제곱으로 증가한다. 2×2 윈도를 탐색하는 것은 비용이 싼 반면 (그러나 제대로 정합이 안됨) 32×32 윈도를 탐색하는 것은 비용이 비싸다. 따라서 사람들은 종종 가능한 움직임의 큰 영역을 찾기 위해 결과가 좋지 않을 계산은 피하는 지능형 검색 전략을 사용한다. 셋째, 임의의 한 개 매크로 블록에 대한 최적의 움직임 예측 벡터는 임의의 다른 블록과는 독립적이다. 이 계산은 종종 객체 움직임과 유사한 어느 한 블록의 최고 예측을 찾지만 14.2.2절에서 논의한 조리개(aperture) 문제를 무시한다. 두 이미지 사이의 움직임 예측 벡터의 예가 그림 14.34에 있다. 다시 말하지만, 이 데이터의 움직임 예측이라는 이름은 오해를 살수도 있다.

**그림 14.34:** 이 그림은 움직임 예측 벡터를 보여 준다. 원본 프레임이 상단에 표시되는데, 한 소년은 왼쪽으로 다른 소년은 오른쪽으로 움직인다. 좌측 하단 이미지는 각 16×16 블록에 대한 계산된 움직임 벡터를 보여 준다. 안정적으로 움직임을 예측하기 위한 충분한 텍스처가 없기 때문에 흰 셔츠의 좌측하단에 신뢰성 있는 방향이 없다는 것에 주목하라. 마지막으로, 우측 하단 이미지는 예측된 움직임 벡터를 이용하여 첫 번째 이미지가 두 번째처럼 보이도록 변형된 이미지를 보여 준다.

## 14.8.7 MPEG 표준(MPEG Standards)

오늘날 멀티미디어 IR 시스템에서 유용한 많은 시청각 콘텐츠는 MPEG으로 부호화되는데, 이는 국제표준기구(ISO; International Standards Organization)와 국제전기기술위원회(IEC; International Electro-Technical Commission)에 의해 제정된 멀티미디어의 압축과 전송에 관한 표준이다. 그것은 단지 하나의 표준이 아니라 비디오 시장에서 신흥 요구를 해결하기 위해 시간이 지남에 따라 진화된 표준 군(MPEG-1, MPEG-2, MPEG-4, MPEG-7, MPEG-21)이다.

각 표준의 자세한 설명은 그 자체의 책에 맡긴다. 이 절에서는 MPEG 표준 대부분의 구성원들에 의해 공유되는 기본 원칙만을 다루며 각 표준이 별도로 설정한 주요 특징을 강조하며, MPEG-1과 MPEG-2로 시작한다.

### MPEG-1

MPEG-1 표준은 1988년에 시작해서 늦은 1992년에 승인되었다. 비록 H.261이라는 비디오 압축 표준이 이미 사용가능했지만, 그것은 낮은 품질을 가졌으며 게임 업계로부터의 핵심요구사항인 상호작용을 지원하지 않았다. 1988년에 디지털 비디오는 일반적인 저장 매체에 적합하지 않았으며, 그로 인해 비디오 CD와 CD-ROM 같은 응용이 MPEG-1의 개발을 이끌었다. 즉, 그 도전은 오디오를 위해 독점적으로 사용되었던 저장 매체에 오디오와 비디오를 맞추어 넣는 것이었다. 추가적으로 랜덤 액세스를 지원하기 위해 상호작용이 요구되었다.

MPEG-1은 352x240의 프레임 크기, 초당 29.97 프레임, 192 bps(bit per second)의 스테레오 오디오로 1.5M bps에서 VHS 녹화 기술과 견줄만한 비디오 품질을 달성하기 위해 설계되었다. 간단히 말해서, 그것은 그 당시(1993년) 유용한 하드웨어를 이용하여 실시간으로 디코딩할 수 있는 효율적인 압축 알고리즘을 제공하였다. MPEG-1은 매우 광범위하게 채택되어 대부분의 컴퓨터와 DVD 플레이어에서 재생되었다. MP3로 불리는 MPEG-1 레벨 3는 가장 인기 있는 오디오 압축표준을 구성한다. 마침내, MPEG-1은 아시아 최고의 배포 형식인 video CD를 위해 사용되었다.

### MPEG-2

MPEG-2는 MPEG-1에서 제공하는 것보다 더 높은 품질과 대역폭을 요구하는 초고속 인터넷과 고화질 TV같은 응용에 대비하기 위해 개발되었다. MPEG-2 표준은 초고속 인터넷을 위한 약 3~15 Mpbs에서부터 HDTV를 위한 15~30Mbps까지의 비트율을 허용한다. MPEG-2는 MPEG-1의 많은 비디오 코딩 요소들을 공유한다. 이것은 MPEG-1을 기반으로 하지만, 디지털 방송 텔레비전의 압축과 전송을 위해 설계되었다. MPEG-1으로부터 가장 중요한 개선은 비월주사(interlaced) 비디오를 효율적으로 압축하는 능력이다. MPEG-2가 HDTV 해상도와 비트율에 잘 부합했기에 MPEG-3 표준을 불필요하게 만들었다. MPEG-2 디코더는 또한 MPEG-1 스트림을 디코딩한다. MPEG-1과는 달리, MPEG-2는 다채널 서라운드 사운드 코딩을 제공한다. 또한 MPEG-2는 심플 프로파일(simple profile)과 메인 프로파일(main profile)을 제공한다. 심플 프로파일은 원격회의와 같이 큰 지연을 감당할 수 없는 응용에 목표를 두고 있다. 이 경우, 프로파일은 임의 역방향 예측을 포함하지 않는다. 이것은 지연이 거의 없음을 의미하는데, 이는 전송 프레임을 재정렬할 필요가 없기 때문이다[711].

MPEG은 프레임의 특정 영역을 압축하기 위해 이웃 영역으로부터 온 정보를 사용한다. 움직임 벡터는 대상 영역의 움직임을 캡처해서 예측을 쉽게 만든다. 예측은 이전 프레임을 단순히 보는 것 이상을 포함한다. 실제로 세 가

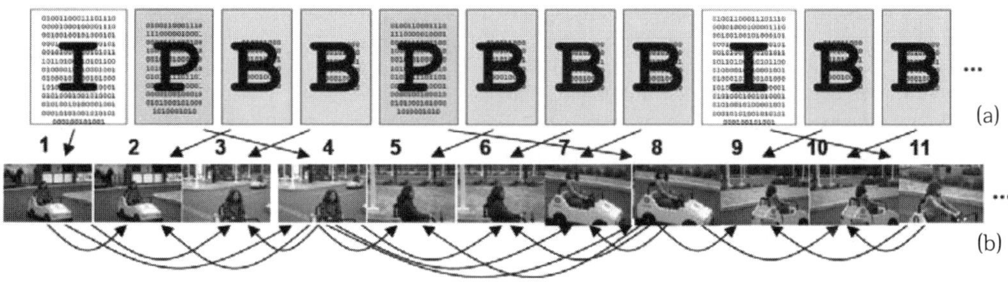


**그림 14.35:** 이 그림은 어떻게 I-, B-, P-프레임이 효율적인 인터-프레임 예측과 임의 접근을 제공하는 프레임의 시퀀스를 나타내기 위해 사용되는지를 보여 준다. 맨 윗줄은 전송을 위해 재배치된 압축 프레임을 보여 준다. 맨 아랫줄은 이미지의 올바른 순서를 보여 주는데, 곡선 화살표는 어떻게 각 이미지가 P 또는 B-프레임 예측에 기여하는지를 보여 준다.

지 유형의 프레임이 사용되는데, I, P와 B 프레임이다. I-프레임은 '인트라 프레임(intra frame)'으로 불리는 반면, P와 B 프레임은 '인터 프레임(inter frame)'으로 불린다. I-프레임은 다른 어떤 프레임도 참조하지 않는다. 그들은 단순히 정지 이미지로 코딩된다. 따라서 디코딩은 임의의 I-프레임에서 시작할 수 있다. I-프레임은 오류 복원을 위한 동기 점뿐만 아니라 랜덤 액세스를 위한 진입 점(entry points)을 구성하기 때문에 I-프레임이 비디오 스트림에 앵커를 제공한다고 말한다. 예를 들어, 비디오 스트림에서 과도한 패킷 손실의 경우, 주로 취하는 접근방법은 그러한 극단 오류로부터 복원을 시도하기 보다는 다음 I-프레임을 찾을 때까지 스트림을 건너 뛰는 것이다. 각각의 I-프레임은 오류 복원의 관점에서 새로운 시작을 제공한다.

P-프레임은 전방예측을 이용하여 압축되고 복구된다. 복구는 이전 I-프레임 또는 이전 P-프레임을 요구한다. 이러한 이전 프레임들 중 하나로부터 움직임 예측 벡터와 함께, 새로운 프레임을 계산할 수 있다.

B-프레임 또는 양방향 프레임은 순방향 및 역방향 예측을 모두 사용하기 때문에 독특하다. B-프레임은 미래의 가장 가까운 I-프레임 또는 P-프레임은 물론 가장 가까운 과거 I-프레임 또는 P-프레임으로부터 복구된다. MPEG 예측은 인코더 또는 디코더의 관점에서 설명될 수 있다. 그림 14.35는 인코딩된 스트림과 프레임 의존성에 있는 프레임의 전형적 시퀀스를 보여 준다. 인코딩된 시퀀스 *IPBBPBBBI*가 그림의 상단에 표시된다. 해당 디스플레이 시퀀스와 프레임 순서가 하단에 표시된다. 화살표는 순방향 및 역방향 예측을 보여 준다. 프레임 의존성을 감안할 때, 프레임의 코딩/전송 순서는 디스플레이/재생 순서와는 달라야 한다. 그렇지 않으면, 디코더는 참조 P 또는 B 프레임이 도달할 때까지 B-프레임의 복구를 중단해야 할 것이다. 그림 14.35에 표시된 디스플레이 시퀀스는*IBBPBBBI* 또는 프레임 번호로는 동일하게 1423856711910으로 전송될 수 있다. 디코더는 세 개의 버퍼가 필요한데, 하나는 순방향 예측, 다른 하나는 역방향 예측, 그리고 또 다른 하나는 복구 영상을 위한 버퍼이다. P-프레임에 있는 각 블록은 인트라 부호화되거나 예측 부호화될 수 있다. 유사하게, B-프레임에 있는 각 블록도 인트라 부호화되거나 (순방향, 역방향, 또는 양방향으로) 예측 부호화될 수 있다.

### MPEG-4

MPGE-4는 원래 낮은 비트율의 비디오 통신 응용을 목적으로 한 압축 표준이다. 다행히도 그것의 범위는 확정되어 있어, MPEG-4는 초당 수 Kbits에서 초당 1Mbits까지 범위를 넓혀 폭넓은 범위의 비트율에서 동작할 수 있다. 이것은 객체 기반 압축을 사용할 수 있는데, 이는 블록기반 압축 방법 이상에 도달하는 첫 번째 표준이 되었다. 이것은 1988년에 시작했고, 아직도 개발 중에 있는데, 가장 야심적인 표준중의 하나이다. 비전은 MPEG-4가 웹 미디어와 전통적인 미디어 사이의 가교 및 인터넷에서 스트림 미디어에 대한 표준을 제공하는 것이다. MPEG-4는 장면내에서 객체와 상호작용을 가능하게 하며, 자연 및 합성 미디어의 통합을 지원한다. 이것은 코딩 효율을 향상시키는 MPEG-1과 MPEG-2와 거의 같은 특징을 제공하며 음성, 오디오 및 비디오에 대한 압축을 제공한다. MPEG-4는 많은 레벨과 프로파일을 가지고 있다. H.264는 비디오 압축 표준인데, MPEG-4 Part 10 또는 MPEG-4 AVC(Advanced Video Coding)라고도 불린다[1354].

### MPEG-7

MPEG-7은 압축에 관한 것이 아닌 미디어의 의미론(semantics)에 관한 첫 번째 MPEG 표준이다[1080]. 그것은 콘텐츠 자체가 아닌 콘텐츠에 관한 메타데이터를 기술하며, 이러한 점에서, 콘텐츠 설명 표준으로 볼 수 있다. 즉, '비트에 관한 비트'로 기술되었다. MPEG-7은 기술 방식의 집합을 지정하는데, 이 집합내에는 기술자(descriptors), 그런 기술 방식을 지정하는 언어, 그리고 기술자를 부호화하기 위한 과정이 있다. 이 언어는 기술정의언어(DDL; Description Definition Language)이며 XML로 정의된다. XML MPEG-7 방식의 instance 실제값을 계산하는데 사용되는 알고리즘은 표준의 범위를 넘어선다. 예를 들어, MPEG-7은 세그먼트나 샷의 목록으로 비디오를 기술하기 위한 기술 방식을 가지고 있지만, 그러한 샷의 목록을 계산하기 위해 사용되는 분할 알고리즘 또는 장면 컷 검출은 MPEG-7 표준의 일부로 간주되지 않는다. 이것은 구현하는 사람의 기술에 의존하는 MPEG-1의 움직임 벡터를 계산하는 알고리즘과 유사하다.

### MPEG-21

마지막으로, MPEG-21은 멀티미디어 전달 및 소비를 위한 공개 프레임워크이다. 그것은 멀티미디어와 관련된 지적재산권을 행사하는 동안 멀티미디어 생산자가 직면하는 문제를 해결한다. MPEG-21에서, 거래(transaction)와 배포(distribution)의 기본단위는 디지털 아이템(DI; Digital Item)인데, DI는 오디오, 이미지, 비디오 및 텍스트 메타데이터의 구성요소간의 관계를 나타내는 이들의 조합을 말한다. MPEG-21은 사용자가 효율적이고 원활하게 디지털 아이템과 상호작용할 수 있도록, 그들의 거래를 지원하는 기술을 정의한다. 권리표현언어(Right Expression Language)는 콘텐츠 제공자로부터 소비자에 이르기까지 관련된 다양한 플레이어들 사이에서 디지털 저작권 정보를 공유할 수 있게 하는 표준이다.

가장 간단한 형태로서 MPEG-21의 목표는 두 사람이 서로 상호작용해서 원활하고 효율적으로 디지털 아이템을 잘 다루고, 거래하고, 소비하고, 접근할 수 있는 프레임워크를 제공하는 것이다. 희망은 그러한 투명한 상호작용이 불법 파일을 공유하지 못하게 하는 것이다.

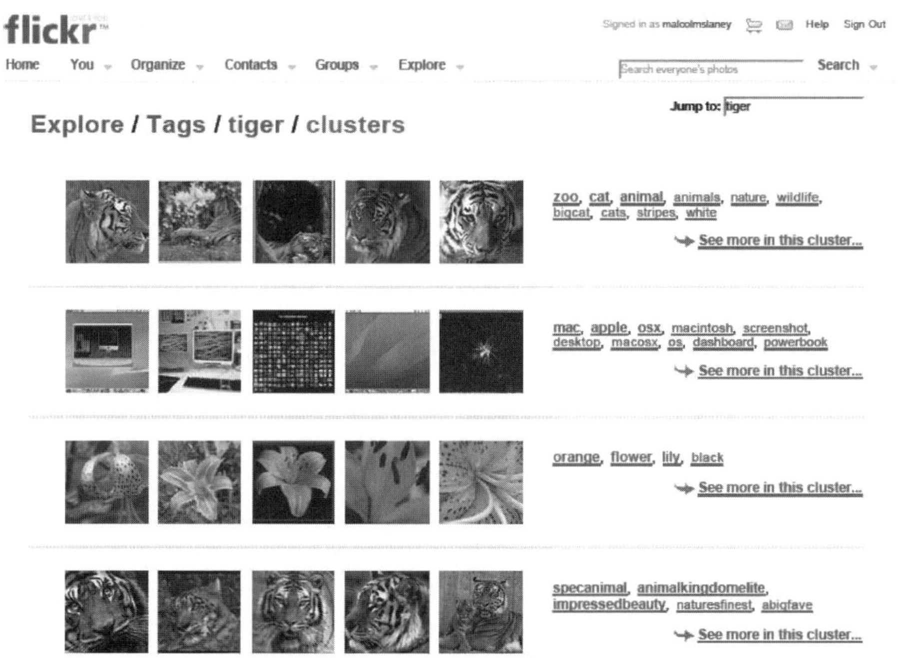


**그림 14.36:** Flicker™에서 태그에 의해 군집된 이미지들로 호랑이, 컴퓨터, 꽃 및 나비들을 보여 준다.

## 14.9 연구 동향 및 쟁점

멀티미디어 IR은 지난 30년간 적어도 세 가지 특유의 모습으로 발전했는데, 내용-기반, 텍스트-기반, 그리고 하이브리드 접근방식이다.

수십년동안, 학계와 업계 모두의 많은 노력은 검색을 가능하게 하기 위해 컴퓨터가 색인을 생성할 수 있도록 이미지의 내용을 이해하는 쪽으로 기울여졌다. 모두 의미론적 차이에 기여한 앞에서 설명한 많은 이유 때문에, 이러한 노력은 성공적이지 못했다. 실패한 시도의 예로는 IBM(이미지 탐색을 위한 QBIC 시스템), Virage, 그리고 (사운드를 위한) Musclefish를 포함한다.

2001년 구글은 결과를 개선하기 위해 웹 페이지상의 이미지 주변에 텍스트를 사용하는 이미지 검색엔진을 도입하였다. 페이지상의 단어가 종종 동반된 이미지를 설명하기 때문에, 이것은 의미론적인 차이를 좁히는 현명한 방법이다. 이것이 작동되기 위해서는 파일 이름과 앵커 텍스트, 즉, 웹 링크와 보다 밀접하게 관련된 텍스트 일부는 최상의 정보를 제공하며 보다 높은 가중치가 부여된다. 이 정보는 대규모 웹 검색엔진이 웹에서 인간에 의해 생산된 텍스트를 이용하여 자동으로 이미지를 라벨링하게 한다.

웹 이미지를 찾기 위한 텍스트기반 접근 방식은 두 개의 서로 다른 방향으로 확장되었다. 첫 번째 방향에서, Flickr같은 사이트는 커뮤니티 사용자들에게 사진을 올리고 그 내용을 설명하는 몇 가지 단어를 태그 하도록 격려하였다. 그러면 검색은 태그가 질의와 일치하는 이미지를 검색하고 이러한 태그를 순위 매기는 문제가 된다. 사진과 그 태그는 묶일 수 있으나(그림 14.36 참조) 이미지 관련성이 여전히 문제가 된다. Flickr는 날짜와 흥미도(interestingness)라 불리는 점수로 이미지를 정렬한다.

두 번째 방향에서, ESP 게임같은 사이트는 사람들에게 경쟁을 통해 이미지를 라벨링 하도록 조장한다[1644]. 무작위로 선택된 두 명의 사용자는 그들이 독립적으로 라벨링 단어를 제안할 이미지를 보게 된다. 경쟁은 상대의 마음에 있는 단어를 찾으려는 각 사용자로 구성되어 있다. 사용자는 일치할 때까지 상대방이 추측하고 있는 단어를 전혀 보지 못한다. 즉 한 사용자는 이전에 다른 사용자에 의해 입력된 단어를 다시 입력한다. 이미지가 두 명의 사용자가 공유하는 유일한 것이기 때문에, 두 사용자에 의해 사용되는 공통 단어는 이미지에 대한 좋은 태그이다. 여러 쌍의 사람들에게 같은 이미지를 제공하는 것에 의해, 태그는 단지 게임의 요행수가 아닌 합의를 반영한 것이라고 할 수 있다.

완전 자동으로 추출된 이미지 특징을 기반으로 하는 내용기반 검색 방법과 완전히 인간에 의해 제안된 단어를 기반으로 하는 텍스트기반 검색 방법은 멀티미디어 IR 세계에서 양극단을 나타내며, 분명히 이 양극 중간의 어떤 것이 더 적합하다. 얼굴 인식, 음성 인식, 광학 문자 인식 및 내용 인식과 추출을 위한 다른 지도(supervised) 자동화 기법은 이 장에서 논의했던 것처럼, 컴퓨터가 멀티미디어 IR에서 의미론적 차이를 줄이는 것을 지원할 수 있음을 나타낸다.

## 14.10 참고문헌 고찰

이 장은 멀티미디어 IR에서 중요한 많은 주제들에 대해 단지 소개만을 하고 있다. 이 마감하는 절에서는 이 장에서 다루지 않았던 관심 분야를 소개한다. 이것은 가장 중요하고 유망하다고 생각되는 주제를 다루는 개인 목록이며 심화 학습을 위한 시작점으로서 역할을 하길 바란다. 우선, 멀티미디어 IR에 관한 약간의 책들이 있다[932, 1101, 1392].

멀티미디어 정보검색에 대한 논의를 하려면 굉장히 큰 대용량의 데이터를 처리하는 것을 가능하게 하는 기계학습 도구를 꼭 지적해야 한다(8.2.1절을 보라). 패턴인식에 관한 Richard Duda의 책과 기계학습에 관한 Chris Bishop의 책 모두가 기본을 다지는 데 좋은 책이다. 이 책에서 많은 작업들은 발생 모델(generation model)을 사용하는 데, 이 모델은 각 클래스에 대한 모든 데이터를 확률적으로 발생시키기 위해 사용될 수 있다. 그러나 패턴의 분류를 위한 더 나은 기술은 SVMs(Support-vector machines)와 같은 차별적인 접근 방법을 사용한다[1439]. 더 최근의 작업은 각각 다른 형태와 종류의 오류를 만들어내는 보다 약한 수많은 분류기를 사용하여 종종 하나의 큰 정교한 분류기보다 뛰어난 분류기의 트리 또는 forest를 구축한다[339].

두 가지 다른 기술이 또한 멀티미디어 검색에서 떠오르는 중요성을 가지고 있다. 첫째, 음성인식은 멀티미디어 데이터를 처리하기 위해 시작되었으며 앞으로 더욱 더 중요해질 것이다. Huang의 책은 HMM 기술의 훌륭한 개요이다[788]. 둘째, 대형 멀티미디어 데이터베이스는 LSH(Locality-Sensitive Hashing)와 같은 무작위 알고리즘이 원하는 콘텐츠를 빨리 찾기 위해 필요하다[1490]. 데이터를 이해하고, 분류하고, 내용을 인식하기 위한 자동화 수단은 이미 수십억 개의 이미지와 수백만 시간의 비디오를 저장하는 이미지 데이터베이스에서 중요하다.

영상처리에서 주요 단계중의 하나는 텍스처에 대한 정보를 추출하는 것이다. 시각인식 모델, 통계 특징, Gabor 웨이블릿 특징과 같은 필터에 기반한 텍스처 검출을 위한 여러 접근방법이 있다[779]. 정교한 텍스처 측정은 대비(contrast)와 거침(coarseness)과 같은 인지[1555], Gabor 필터에 기반한 스펙트럼 측정[615], Wold 분해에 기반한 통계적 측정[1038]에 기반을 두고 있다.

사용자에게 유용한 수 많은 콘텐츠의 경우, 추천 시스템이 매우 중요하다. 사용자가 접근 가능한 백만 개의 비디오 중에서 시스템은 어떤 것을 다음에 보여 주어야 할까? 이는 수많은 콘텐츠 소스에서 잘못된 추천 하나로 사용자가 엉뚱한 곳을 헤맬수 있기 때문에 중요한 문제다. 인기 있는 솔루션은 추천을 하기 위해 유사한 사용자의 접근 패턴을 찾는 것이다. 이러한 접근 방식을 협업 필터링(collaborative filtering)[15]이라 하며, 다양한 쇼핑, 음악, 비디오 웹 사이트에서 채택하고 있다. 최근 Netflix의 도전은 많은 연구자들을 흥분시켰다. Bell이 이룬 성공 업적은 정보의 다양한 소스를 기반으로 하는 최첨단 접근 방식을 설명한다[172]. 협업 필터링의 다음 세대는 매우 희소한 데이터를 가지고 동작하며[134] Agarwal이 설명하는 것과 같이, 내용 분석을 고려해야 할 필요가 있을 것이다[16]. 마지막으로, 사용자 의견의 대규모 수집은 전적으로 콘텐츠에 의존하면서 얻은 것들보다 내용기반 질문에 대해 더 좋은 답변을 제공할 수 있다. 이것이 항목-대-항목(item-to-item) 유사성 기반 시스템의 목표이다[1494].

오디오 신호를 이해하는 것이 종종 멀티미디어 콘텐츠를 이해하기 위한 가장 쉬운 방법이다. 오디오는 시간별 일차원 신호이며, 음성에 있어 의미론적 차이는 작고 음성인식이 앞에서 설명한 바와 같이 첫 번째 단계이다[788]. 그러나 14.4.2절에서 설명한 바와 같이 음성신호는 종종 배경 음악, 옆 사람 소리, 또는 환경 소음으로 손상되는데, 이러한 소리들은 종종 인간이 이해하기 쉬워 무시된다. 컴퓨터를 이용하여 개별 소리를 분리하기 위한 과정은 CASA(Computational-Auditory-Scene Analysis)로 알려져 있다. Wang의 책[1665]은 현재 기술의 좋은 개요를 제공하며, 멀티미디어 분석을 CASA에 연결하기 위해 보다 많은 작업이 필요하다.

음악적인 측면에서, 음악 IR을 추구하는 적극적인 커뮤니티가 있다. 연례 ISMIR 컨퍼런스[1337]는 음악 라이브러리에서부터 음악 콘텐츠 분석에 이르기까지 모든 것을 연구한다. 또한, 오디오, 음성, 언어처리에 관한 IEEE Transactions의 특별 쟁점[1491]과 Casey[340]와 Orio[1232]의 논문은 훌륭한 최신 개요를 제공한다.

비디오 요약 및 탐색은 다른 접근 방법을 가진 여러 저자에 의해 분석되었다. Xiong의 연구[1729]는 요약의 두 가지 주요 범주를 정의하는데, ToC(Table-of-Content) 기반과 하이라이트 기반이다. 이러한 범주는 요약을 생성하기 위한 상향식(top-down) 대 하향식(bottom-up) 접근 방식과 대응된다. PanoramaExcerpts[1561]는 모자이크와 키프레임의 조합을 가지고 있는 비디오의 스토리보드를 만든다. 샷(또는 세그먼트)당 결과로 나오는 대표 이미지들은 다른 크기를 갖는다. 특수 패킹 알고리즘이 비디오 콘텐츠에서 시간 축을 유지하면서 최적의 레이아웃을 결정하기 위해 사용된다. 장면 전환 그래프[1747, 1748]는 그래프로 기본적인 이야기 구조를 표시하는 것에 의해 비디오의 의미를 포착하려고 한다.

이미지와 비디오 커뮤니티 모두 컨텐츠 라벨링을 위해 열심히 일하고 있다. 이미지 분류 분야의 두 가지 일반적인 데이터베이스는 Caltech 101[551]과 Caltech 256[677] 콜렉션이다. 두 경우 모두, 목표는 101 또는 256 클래스들 중에서 이미지의 내용을 파악하는 것이다. 이러한 이미지들은 틀이 잘 잡혀있고 단일 인식 객체를 포함하고 있어서, 대형 웹 데이터베이스에서 찾는 것보다 작업을 쉽게 만든다. 그러나 이 문제는 어려우며 이 글을 작성하는 시점에 가장 성공적인 접근 방법은 인도 마이크로소프트의 것이다[1629].

비디오 인식 및 분류 노력은 TRECvid 데이터베이스를 사용한다[1495]. 이 데이터베이스는 연구 알고리즘을 비교하기 위한 공동 벤치마크를 제공하기 때문에 중요하다. 이 경쟁에서 중요한 작업중 두 가지는 카메라 앞에서 말하는 사람 또는 야외 장면과 같은 비디오에서 개념을 감지하는 것과 복엽기 위에서 윙-워킹(wing-walking; 날고 있는 비행기 날개 위해서 하는 곡예)하고 있는 사람과 같은 특정 질의에 응답하도록 컨텐츠를 찾기 위한 인간-도움 노력(human-guided efforts)이다. 개념기반 비디오 검색에 대한 최근 조사를 위해 [1498]을 참조하라.

이미지 기술자의 음악과 같은 고차원 공간에서 가장 가까운 이웃을 찾는 것은 어려운 문제이다. 하나의 솔루션은 LSH(Locality-Sensitivity Hashing)인데, 중복된 웹 페이지를 찾기 위한 일반적인 알고리즘이다. 일반적으로 해쉬에서 서로 가까운 곳에 있는 문자열은 해쉬-버킷(hash-bucket) 충돌이 거의 없도록 넓게 분산된다. LSH에서는 다차원 공간의 벡터를 일차원 버킷에 투영하는 여러 함수들이 사용된다. 질의 벡터와 동일 버킷에 나타나는 벡터는 매우 가까운 정합이다[1490]. 또 다른 접근방법은 유사한 소리를 유사한 해쉬버킷에 넣는 준-지도 매핑(semi-supervised mapping)을 학습한다[133].

그러나 위에서 설명한내용 분석을 이용하는 모든 작업이 성공적인 제품으로 나타나지는 않는다. 대신, 오늘날 가장 인기 있는 시스템은 사람들이 보길 원하는 콘텐츠를 찾는 것을 도와주는 소셜 네트워크[901]와 콘텐츠를 간결하게 설명하는 사용자-생성 태그[516]를 사용한다. 태그는 항목의 지리적 또는 시간적 측면을 설명할 수 있다[900]. 그들의 통계는 새로운 태그에 대한 제안을 자동으로 생성하거나 [1477] 모호함을 해결하기 위해 [1677] 사용될 수 있다.

마지막으로, 검색의 가장 어려운 문제 중 하나는 관련성 및 순위를 결정하는 것이다. GoldenGate로 태그된 Flickr에 있는 100,000개의 이미지 중에서 사용자에게 제시되는 처음 10개는 어떤 것인가? 비슷한 문제들이 텍스트에도 존재하지만, PageRank 같은 알고리즘은 링크 구조의 전역 분석을 바탕으로 다른 웹 페이지에 대한 권위를 할당하는데 사용된다. 이와 유사한 형태의 명성이 특색이 없는 대형 멀티미디어 콜렉션에는 아직 존재하지 않는다.

키워드 검색을 이용한 이후 검색 범위를 좁히기 위한 두 가지 유망한 접근 방법이 있는데, 둘 다 근본적으로 이미지-확률 분포의 최고점에 있는 이미지를 찾는 것이다. 관광 이미지에 대한 한 접근 방법이 Kennedy에 의해 제안되었다[902]. Jing[835]에 의한 작업은 유사한 이미지를 찾아 인접 그래프를 작성하고 PageRank같은 알고리즘을 이용하여, 그래프의 중앙에 있는 이미지를 찾는다. 최근 작업은 재순위(reranking) 또는 기계학습 순위에 기반한 멀티미디어 검색결과의 적절한 순위를 학습하는 것을 고려한다[211].

아직도 인터넷상의 모든 새로운 미디어에 사용자가 연결되는 것을 돕기 위해 많은 작업이 필요하다. 오늘날의 미디어 데이터베이스는 이미 수십억 개의 항목들을 포함하고 있지만, 태그가 완전하지 않고 많은 사람들이 소셜 네트워크에 연결되어 있지도 않다. 태그는 WWW(World-Wide Web)에서 제한된 적용 가능성을 가질 것이다. 한 사용자의 크리스마스 거위 이미지는 다른 사람의 해변에서 Uncle Bob과 함께하는 연례 크리스마스 산책과는 매우 다르게 보일 것이다.[26] 일부는 좋아질 것 같지만, 음지 웹상의 미디어는 단지 차세대 멀티미디어 IR 연구자에 의해 발견되기를 기다리는 중이다.

26) 역자주: 찰스디킨스의 '크리스마스 캐롤'에 나오는 직원 Bob은 참회한 스쿠루지로부터 크리스마스 거위를 선물로 받는다. 따라서 두 이미지는 관련이 있으며, 특히 남반구에서는 크리스마스가 여름이어서 연례 해변 산책이 있는 것 같다.

Chapter 15

# 기업내 검색 (Enterprise Search)

## 15.1 소개

도서관과 마찬가지로, 기업, 정부 기관, 비영리기관은 여러 다른 형식의 미디어를 포함한 문헌들을 취급해야 하는데, 이 정보의 대부분은 해당 기관에 유일하거나 종속되어 있다. 또 기관의 어떤 정보 자산은 관계형 DB나 특정 응용 프로그램에 들어 있지만, 대부분이 비구조화된 텍스트 형태이므로 이를 처리할 정보검색 시스템이 필요하다.

기관내 정보를 찾는 정보검색 기술 응용 시스템은 기업내 검색(*enterprise search*)이라 알려져 있다. 즉, 기업내 검색은 외부 웹 사이트, 회사 인트라넷, 이메일, 데이터베이스 레코드, 공유 문서등의 전자 텍스트를 포함한 기관 소유의 모든 디지털 텍스트 검색을 의미한다[719].

기업내 검색 도구 사용자들이 웹상의 친숙한 검색 경험과 비교하는 것은 흔한 일이어서, '웹상의 500억 페이지중에서 내 증조부의 출생 증명서를 쉽게 찾았는데, 어떻게 이런 작은 회사내의 작년 재무보고서를 찾을 수가 없다니?'라는 불만이 있을 수 있다. 더욱이 웹검색엔진과 동일한 기술을 사용했음에도 때때로 이런 불만이 극에 달하기도 하는데, 이 장의 목표중 하나는 기업내 검색 과제가 웹 검색과 어떻게 다른지를 보여 주는 것이다.

본 장에서는 기업내 검색 시스템 구조와 여러 구성 요소의 기능을 서술하며 과학적 연구 목적으로 실제 기업내 검색 행위의 특성을 설명한다. 이외에 기업내 검색 평가 방법론, TREC에서의 기업내 검색 연구, 기업내 검색 조율, 출판과 검색의 상호작용, 기업내 검색 적용에 기대되는 성능 수준등을 다룬다. 또 기업내 검색에서 특히 중시되는 연합 검색(federated Search)과 검색 문맥/개인화를 마지막에 다룬다.

### 15.1.1 기업내 검색의 특성과 응용

기업내 검색의 여러 특징이 정보검색 시스템 설계자들에게 중요한 도전 과제를 주었다[274, 1162]. 기업내 정보는 구조화되거나 비구조화되어 있으며 문서들은 여러 언어, 비표준 형식 등 여러 다양한 방법으로 작성되고 있다. 메타데이터는 서로 상이한 정책에 따라 작성되거나 아예 없기도 하며 모든 사용자가 동일한 정보 접근권을 가지고 있지도 않고 피고용인 정보와 같은 정보는 기밀사항이기도 하다. 이렇게 다양한 정보 저장소로부터 구하려는 정보 요구는 여러 정보원(information sources)과 형식으로부터 단일하고 순위화된 목록을 작성한다는 것을 의미한다. 서로 다른 문맥은 서로 다른 순위화 방식을 필요로 하므로 기업내 검색 도구는 기본 검색도구의 단순한 색인과 질의 처리외에 여러 기능을 수행해야만 한다.

웹 경험에 기초하여 기업내 정보검색은 빠르고 효율적이며 단일 인터페이스로 구성될거라는 기대가 있다. 그러나, 실제 조직에서는 이런 기대치를 충족시키지 못하여 직원들이 자신들의 일에 필요한 정보를 찾는 데 많은 시간을 소비하고 있으며 심지어 실패하기도 한다.

예를 들어,

- IDC(International Data Corporation)에 따르면, 1000명의 정보 담당자가 일하는 회사의 경우 빈곤한 검색때문에 연간 5백만 달러 이상의 인건비를 낭비하고 있다고 보고했다. 이 보고에 따르면, 사람들은 정보검색에 보통 주당 9~10시간을 사용하고 있으며 이중 3분의1에서 절반까지가 성공적이지 못하다고 한다[805].
- Butler 그룹에 따르면, 회사의 인건비중 10%가 비효과적인 검색에 낭비되고 있다[526].
- 2007년 Accenture가 수행한 1000명의 중간 관리자 조사에 의하면 이들은 매일 두 시간 정도를 정보검색에 사용하고 있으며 찾은 정보중 절반 이상이 유용하지 못했다[713].

기업내 검색의 높은 재정적 효과 영역 중 하나가 전자 발견(e-discovery)분야이다. 조직내 모든 정보원을 감사(audit)할 수 있는 검색 도구는 외부 전문가에 의해 수행될지라도 고액 소송[1378]과 연관된 발견 행위에 대한 요구가 증가하고 있다. 더욱이 조직의 외부지향 웹사이트에 대한 효율적인 검색은 조직 임무(정보 전파, 정부 캠페인 지원, 일자리 공석과 지원자 조회, 온라인 판매 생성 등)에서도 매우 중요하다. 전자상거래 사이트는 종종 상품검색이나 상품평, 실제 상품 구매 페이지의 위치, 검색 기반 광고, 지능적 추천등에 대한 검색 지원 기능을 제공한다. 결과적으로 외부 웹사이트상의 기업내 검색 소프트웨어는 소비자나 주주들의 관심 정보를 제공하는 가치가 높은 정보원이 되며 이들이 생성하는 질의 데이터는 최신 동향이나 고객/공동체 관심뿐만 아니라 예상치 못한 요구에 대한 정보를 제공한다.

기업내 검색 도구는 이외에도 내비게이션 링크, RSS 피드, 다면(faceted) 브라우징, 조직적 웹 사이트에 대한 분류 표시등을 제공하기도 한다. 이런 검색 도구는 조직내 프로젝트 팀에서 사용이 증가되고 있으며 자동으로 생성된 내부 보고서는 검색결과로부터 도출된 요약을 포함하기도 한다. 결과적으로 웹 출판과 검색의 이점은 회사 인트라넷 모두에 활용되고 있다.

대부분의 기업내 검색은 필연적으로 소규모의 웹 검색을 포함하는데, Upstill 등[1619]이 앵커 텍스트나 PageRank 변형(비록 간단한 in-link 숫자가 대부분의 이점을 제공하지만) 이 소규모 웹에 매우 효과적임을 보였다. Hawking 등[720]도 조직 외부로부터의 링크 사용이 웹사이트 검색의 질을 향상시킬 수 있음을 보여 주었는데, 회사로 링크된 외부 링크의 대부분은 사이트 첫 페이지를 참조하며 단지 소수만이 추가 목표를 가리킨다. 따라서 특화된 사이트내 질의에 대한 답은 무시할 만한 수준이다. Hawking과 Zobel[724]은 회사 웹사이트의 메타데이터에 연관된 질의에 대응하는 주제(topic) 메타데이터의 가치에 대해 연구하였는데, 내재된 한계와 저급한 구현때문에 주제 메타데이터의 가치는 극히 작은 것으로 나왔다. 또 웹검색에서 기업내 검색으로 약간의 기술 이전이 일어났지만, 이 두 응용은 근본적으로 차이가 존재하는데, 그 중 하나가 기업내에서는 스패밍(Spamming)에 대한 재정적 보상이 없다는 점이다.

### 15.1.2 기업내 검색 소프트웨어

기업내 검색 소프트웨어는 초기 학문적 정보검색 연구의 부산물로 잠시 존재했는데, FAST Search & Transfer[1) (2008년 Microsoft에 합병), Autonomy[2] (2005년 Verity에, 2009년 Interwoven content management system(CMS) technology에 합병) 같은 회사들이 대표적이다. IBM, 오라클, 구글과 같은 주류 검색과 소프트웨어 회사도 이 시장을 겨냥해 제품을 개발하기도 했는데, 구글의 Search Appliance가 사용 편의성과 구글 이름의 친밀성 때문에 대중적이 되기도 했다[70].

기업내 검색 제품을 제공한 좀 더 작은 회사들은 특별한 기능을 통해 틈새시장을 창출하기도 했는데, Vivisimo[3] 의 개발자들은 클러스터 결과를 가진 검색엔진을 제공하며 기업내 검색 제품을 시장에 내놓았다. Endeca[4]는 결과 화면의 일부로 정보여과(filtering)가 가능한 "guided navigation"이란 기능을 제공하였고 Funnelback[5]은 기업, 웹사이트와 포털 검색에 "software as a service"(SaaS)라는 기능으로 특화하였다.

1) http://www.fastsearch.com/
2) http://www.autonomy.com/
3) http://www.vivisimo.com/
4) http://www.endeca.com/
5) http://www.funnelback.com/

### 15.1.3 일터(Workplace) 검색

직장에서 일과 중에 하는 여러 형태의 검색과 기업내 검색을 구분하는 것이 유용한데, 대부분의 직원들은 자신의 PC 운영체제 또는 Copernic[6], 구글[7]이 제공하는 '데스크탑 검색'을 수행한다. Dumais 등[518]은 이런 종류의 검색에 사용자가 이미 본 모든 문서(예: 다운받은 웹페이지, 수신 이메일 메시지 등) 검색으로 확장하였다.

일반적으로 직원들이 소위 '일터 검색'이라는 차원에서 수행하는 검색은 기업내 정보, 데스크탑 정보, 미리 본 정보만이 아니라 웹, 특허 데이터베이스, 법률 정보, 구독 정보등을 포함한 조직 밖의 모든 외부 정보를 포함시킬 수 있다.

각 직원들이 참조하는 정보원도 각기 다르고 각 조직이 관련된 모든 정보를 하나의 색인으로 만들 수도 없으므로 일터검색에 개인별-검색 접근법을 '개인별 메타검색(personal metasearch)' [1580, 1583]이라고 한다. [1580]의 예비 조사에 직장인 개개인의 개별 정보원의 다양함이 나와 있다.

## 15.2 기업내 검색 과제

조직의 정보 요구는 비정형 정보부터 즉흥 검색에 이르기까지 다양하며 업무 수행에 필수적이다. 기업내 검색 요구는 콘크리트 제조 사업이나 미용실 등의 저수준부터 정책 컨설팅 회사와 같이 비정형 또는 준 구조화된 형태의 내외부 정보검색이 생산과 경쟁에 치명적인 경우까지 다양하다. 국가 정보기관에서의 정보검색은 매우 중요하며 기술지원센터의 경우, 문서나 고객 이력의 검색 효과가 생산성과 이윤에 직접적인 영향을 미친다.

### 15.2.1 검색-지원 업무의 예

직장인들에 의해 수행되는 많은 업무는 검색도구 때문에 가능하기도 하고 효율이 오르기도 하는데, 이들 검색 도구는 기업 규모의 검색부터 특정 응용시스템 내장형까지 다양하다. 여기서는 특정 응용시스템에 특화된 정보검색 도구가 지원하는 업무의 예를 보여 주는데, 완벽한 형태는 아니지만 유용한 정보를 제공할 것이다.

#### 출장 신청 승인

관리자가 출장 신청 승인을 결정하기 위해서는 다양한 정보가 필요하다: 신청자의 직장내 위치는 어느 수준인가? 이 출장이 신청자와 회사에 얼마나 이익이 되는가? 신청자가 작년에 출장비로 얼마나 지출했나? 이런 형식의 출장에 대한 회사 정책은 어떤가? 신청자가 수행 능력은 있는가? 출장에 따른 부재로 인해 생산이나 마감시간에 차질은 없나? 특히 새로 부임한 관리자인 경우, 이런 상황에 적절한 결정을 내리기 위해서는 이메일, 인력관리 데이터베이스, 인트라넷의 정책 부분 등의 다양한 정보원을 검색할 필요가 있다.

#### 고객 지원 센터(Call Centre)에서 고객 상담

많은 고객 지원 센터는 운영 비용을 최소화하기 위해 세심하게 준비된 문서를 효율적으로 검색할 수 있는 도구가 필수적이다. 만일 검색도구가 적절한 답 페이지를 항상 찾아 준다면 덜 숙련되거나 훈련되지 않은 저임금의 노동력을 사용할 수 있으며 또 검색 시간이 짧다면 동일한 수의 운영자로 더 많은 고객을 상담할 수도 있다.

#### 논쟁 과정에 대응

프로젝트가 실패하거나 실수가 있을 때, 기관은 관련자를 돕거나 통제하기 위해 또는 외부와 협상하기 위해 부적

6) http://www.copernic.com/en/products/desktop-search/
7) http://desktop.google.com/

절한 결과에 이르게 한 대화를 추적할 필요가 있다. 이 경우, 중요한 이메일과 프로젝트 문서에 대한 효과적인 검색이 적절한 대응을 위해 필수적이다.

### 제안서 작성

사기업에서 대규모 '제안 요구'나 '제출 요구'는 많은 시간과 비용이 소모되는 업무이며 여러 제안요구서는 수백 개의 질문에 대한 대답과 수백 페이지가 넘는 규모를 요구한다. 이 경우, 검색 도구가 이전의 제안요구서나 회사 문서 중에서 최적의 답을 신속 정확하게 찾아 준다면 비용이 훨씬 줄어들 수 있다.

### 특허 획득과 방어

듀퐁, BASF, Pfizer 같은 회사는 기본적으로 특허 포트폴리오에 좌우되는데, 새로운 화학제품이나 약품을 생산하기 위해 수십억 달러를 투자하기 전에 자신들의 지적재산권 안전성이 확실해야만 한다. 이를 위해 일반적으로 특별한 특허 검색 도구를 사용하거나 상용 특허 데이터베이스 조사 서비스를 신청한다. 특허 검색은 다음과 같은 여러 도전 과제를 안고 있다: 특허 법률가의 모호한 언어, 여러 나라 언어에 대한 특허 검색, 텍스트 외에 그림이나 화학 구조에 대한 검색, 화학적 또는 생물학적 이름의 동의어 인식, 반응 온도와 같은 요소에 대한 관련 조건 검색. 이런 검색 정보는 높은 수준의 기밀이므로 투자자나 경쟁자에게 가치가 높으며 지적재산권 검색은 다음과 같이 여러 형태로 이루어진다.

- **특허 정원 가꾸기(land scaping)**: 회사의 연구를 풍성하게 하기 위해 특정 영역의 특허 공백 확인
- **운영의 자유**: 회사에서 개발한 기술이 기존 특허를 침해하는가?
- **고상한(Novelty) 검색**: 새로운 발견으로 잠재적인 특허가 가능한가?
- **특허 무효성 검색**: 경쟁자 소유의 특허로 인해 사업 방해가 가능한지 사전 조사

### 기존 고객 대상 판매

기존 고객에 대한 판매 권유가 성공할 가능성은 다음 조건에 따라 좌우된다.

- 권유가 고객의 당면 문제 해결에 초점이 맞추어져 있는가?
- 판매자가 고객 요구에 유능하고 전문적이며 세심한 면이 있는가?
- 고객 조직에서 누가 가장 적절한 대상이며 그의 역할을 판매자가 인식하고 있는가?

성공적인 고객 관계 관리(customer relationship management; CRM)는 해당 고객과 연관된 계약서, 청구서, 판매 문의, 이메일, 지원 요청 등을 포함한 모든 데이터를 효과적으로 검색, 분석하여 제시하는 능력에 달려 있다. 잠재적인 고객에 대한 판매도 기업 외부의 정보를 효과적으로 검색하면 얻을 수 있다.

### 전문가 찾기(Expertise Finding)

대규모 조직에서 전문가 찾기는 특별한 문제인데, 임기응변적 문제 해결이나 프로젝트 팀 구성시 필요할 수 있다. 전용 소프트웨어 갱신의 경우, 보통의 데이터베이스 질의 형식으로 전문가를 등록해야 하는 경우도 있다. 또 다른 목적으로 생성하고 출판한 정보가 전문가 찾기를 위해 수집될 경우도 있는데(아래 CSIRO 예 참조), 이 경우 전문가 후보 집합을 식별하는 것이 중요하다. 웹 페이지 집합에서 이메일 주소를 추출하는 것은 쉬운 일이지만, 이 중 어떤 것이 조직을 떠난 사람의 것인지, 또는 기술 전문가가 아닌 관리나 지원 부서 직원과 연관되어 있는지를 판단하는 것은 어려운 일이다.

CSIRO[440]에서 개발된 초기 전문가 찾기 시제품은 웹페이지 수집과 현재의 직원 데이터베이스의 교집합을 구했다. 관련 전문가 이름이나 이메일 주소를 포함한 구절을 추출하여 해당 이름이 붙은 부속문서에 추가한 후, 전문가 질의 처리는 해당 전문가를 표현하는 문서집합과 직원 데이터베이스의 연락처를 함께 검색하고 순위화하여 검색결과로 반환한다. TREC 기업 트랙의 후속 연구에서 Balog 등[131, 132]은 언어 모델링 방법을 포함한 더

향상된 방법을 제시하였고 같은 맥락에서 Serdyukov 등[1450]이 조직내 전문가 검색에 외부 웹 정보 사용이 이점이 있음을 보여 주었다.

자동 전문가 찾기 시스템의 결과에서 전문가 수준에 따른 적용이 얼마나 되어 있는지가 결정적이고 관련 주제 문서의 양은 별로 중요하지 않다. 회사의 홍보 담당 대표의 이름과 연락처는 회사의 모든 기술문서에 나타나지만, 노벨상 수상 과학자 이름은 웹이나 내부 전자문서에 거의 나타나지 않기 때문이다.

**전자상거래 사이트의 운영**

소매상, 음식 배달업, 여행사, 고용 서비스와 같은 업무는 매출 전반에서 전자상거래 웹사이트에 의존하는데, 전형적인 전자상거래 사이트는 상품 검색, 질의 추천, 내비게이션, 자동으로 생성된 교집합-판매 추천 등의 기능을 제공한다. 따라서 전자상거래 사이트의 순위화 알고리즘은 다음과 같은 비전통적인 요소들을 고려해야만 한다: 주가, 유효기간, 다른 상품에 대한 이익률, 상품 구매 장소, 판매 증진 캠페인 등. 또 전자상거래 사이트는 때때로 주문 생산된 데이터베이스를 사용하기도 하지만 상당 수준의 기업 검색 기능도 갖추고 있어야 하는데, 잘 알려진 시스템으로 Endeca, Autonomy , FAST 가 있다.

### 15.2.2 검색 유형

Broder[268]는 웹 검색을 세 가지 유형으로 구분했는데, 이는 내비게이션형, 업무형, 정보형이다(7.2.1 참조). 기업 검색엔진에서 각 유형의 질의 예는 다음과 같다.

- 내비게이션형: '도서관', 'HR', '플라스틱 사업부'
- 업무형: '주차권 구매', '도서관 카드 갱신', '비용 청구'
- 정보형: 'IP 정책', '스페인 고객', '상품 xyz-에러 57'

이 분류의 여러 하부 유형들을 앞 절의 검색 기반 업무 예에서 찾을 수 있다.

### 15.2.3 기업 검색 연구

만약 연구자가 내부 직원이 아니라면 기업내 검색 행위 연구는 매우 어려운데, 이는 기업내 직원이 어떤 문서집합에서 어떤 것을 검색하는 지의 정보를 경쟁사가 알기를 원하지 않기 때문이다. 이런 이유로 질의 이력은 공개되기 어려우며 당연히 외부 연구자의 이용도 어렵다. 더욱이 어떤 경우에도 공개된 질의 지식으로부터 업무를 유추하는 것은 더 어렵다.

비슷한 이유로 연구자가 내부 직원의 질의 행위를 기록하는 것도 쉽지 않으며 관측자의 존재가 행위 변화를 유발하기도 한다. 또 검색이 직원 행위의 작은 부분일 경우, 연구자가 유용한 데이터를 얻기까지는 많은 시간이 소요된다. 그럼에도 불구하고 기업내 검색 행위에 대한 연구가 Hertzum과 Pejtersen[756] (공학자), Hansen과 Järvelin [697] (스웨덴 특허 사무소내 검색), Freund와 그 동료[590, 589] (소프트웨어 공학자)에 의해 이루어졌다.

2007/8 TREC 기업 트랙[126]에서 호주 정부의 연구 조직인 CSIRO[8])의 과학 커뮤니케이터가 실제 업무인 CSIRO의 과학 발표와 잠재적 파트너와의 의사소통에서 일어나는 정보 요구를 제공하였는데, 다음과 같다.

1. '나는 육지 염분과 같은 CSIRO의 주요 연구 분야 웹페이지를 조사합니다. CSIRO내 조사와 연관된 중요한 웹페이지, 예를 들어, 파트너나 대중에게 유용한 CSIRO 프로젝트의 영역, 보고서, 소프트웨어 도구, 지도나 데이터가 포함된 중요 웹페이지 집합을 찾아주세요.'

8) http://csiro.au/

2. '동일 웹페이지 조사를 위해, CSIRO 웹 컨텐츠를 뒤져 CSIRO 전문가를 찾아라. CSIRO 이메일 주소인 `firstname.lastname@csiro.au` 형식을 이용할 수 있다.

## 15.3 기업 검색 시스템의 구조

기업의 내부에서 생산된 비구조화 문서의 수는 규모에 따라 상당히 다양하다. 아직도 전자 문서 공유가 거의 없는 기업이 있는가 하면 IBM은 2003년 당시[541] 인트라넷에 거의 5천만 문서가 있다고 보고했다.

내부 문서의 규모와 복잡도가 커짐에 따라, 효율적이고 적절한 색인 작업 흐름도 점점 더 중요해지고 있다. 이질적인 기업 데이터의 통합된 색인 작업을 포함한 세 단계인 수집, 추출, 색인과정이 그림 15.1에 나타나 있다.

### 15.3.1 수집

12장에 언급된 웹검색엔진의 웹문서 수집 과정에 비교되는 내부 문서 수집 과정은 매우 복잡하다.

첫째로 수집 대상 내부 웹 데이터의 범위와 최신성 유지가 외부 웹에 비해 어려움이 있다. 이에는 문서 재전송, 서로 다른 URL에서 동일한 내용 복사본 생산, 가장 최신의 내용 유지, 거의 비슷한 내용 검출, 전역 네트워크 문제(다른 국가나 도시 사무실간), 자바스크립트나 플래시에서 링크 정보 추출의 어려움 등이 있다.

기업내에서는 서버가 변경 정보(심지어 부분 색인된) 목록을 제공함으로써 비용 절감과 수집 기간 단축 기술을 적용하고 있다. 또 허가 문제와는 분리해서 최근 변경내용을 효과적으로 추적하기 위해 파일 시스템을 늘 감시하기도 한다. 더욱이 SQL 질의를 요령껏 다루면 데이터베이스 수집에 필요한 유용한 정보만 추출할 수도 있다.

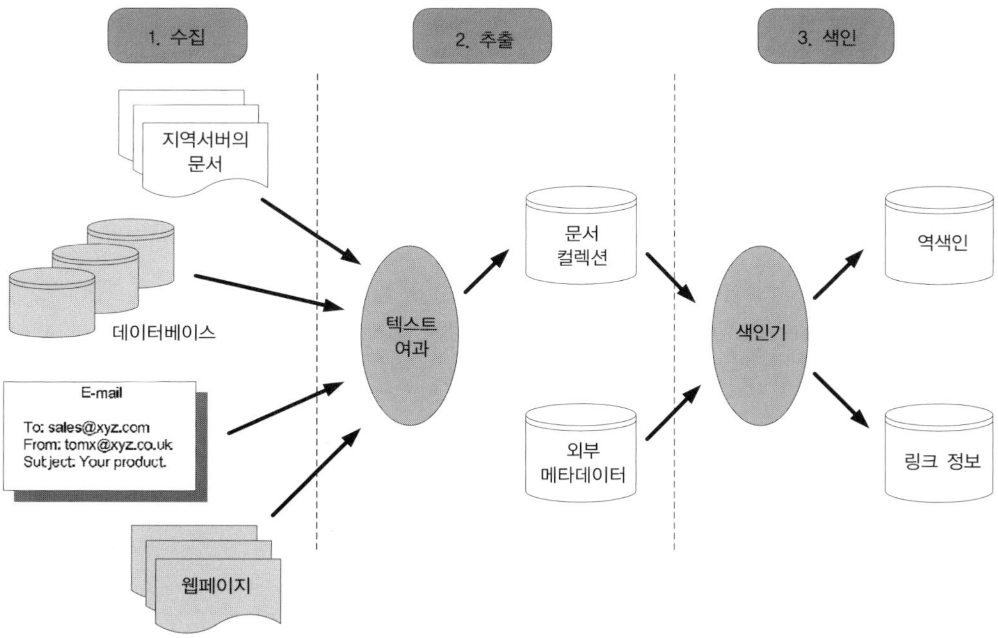


**그림 15.1**: 수집과 색인의 작업 흐름

두 번째로는, 기업에 적용된 다양한 소프트웨어로부터 성공적으로 수집을 하려면 적절한 API와 어댑터 소프트웨어의 사용이 중요하다. 소위 '기업용 소프트웨어'에는 레코드 관리 시스템(RMS, EDRMS, ECM), 고객 관리(Customer relationship management; CRM) 시스템, 내용 관리 시스템(content management system; CMS) 등이 있으며, 각각에 여러 경쟁 회사의 시스템이 포함된다. Lotus Notes같은 시스템에는 특수한 기능이 있는데, 다양한 형식(양식, 뷰, 문서, 네비게이터, 에이전트같은)의 객체가 전용 API와 표준 웹 출판(Domino)을 통해 모두 접근 가능해야 한다. 즉, 여러 컨텐츠 조각에서 하나의 '문서'를 생성하기도 하며 동일한 기본 컨텐츠의 여러 뷰가 복수의 URL에 보여 지기도 한다. 예를 들어, 다음 URL들은 실제로 동일한 문서를 나타낸다.

- .../d/xyz\% 40.nsf/mf/3240.1?OpenDocument
- .../D/xyz@.nsf/b06660592430724fca2568b5007b8619/1c87d9876bc11ee8ca256fd5007722a8!OpenDocument
- .../D/xyz@.nsf/5087e58f30c6bb25ca2568b60010b303/1c87d9876bc11ee8ca256fd5007722a8!OpenDocument
- .../d/xyz@.nsf/w2.2.2/1c87d9876bc11ee8ca256fd5007722a8!OpenDocument
- .../d/xyz@.nsf/w2.2.1/1c87d9876bc11ee8ca256fd5007722a8!OpenDocument

데이터베이스로부터 컨텐츠 객체를 수집할 때 중복 내용 색인은 피해야 하는데, 이럴 경우 검색결과에 적절한 URL 생성이 어려워진다. 더욱이 태그나 앵커 텍스트, 사용자 행위 데이터(양질의 문서 순위화에 매우 중요한)와 같은 방식은 내용 자체보다도 URL과 더 연관이 있다.

셋째로, 여러 응용에서 접근 제어 목록(access control lists; ACLs)과 외부 메타데이터(다른 데이터베이스나 레지스터에 저장되어 있는 문서에 대한 정보) 수집이 꼭 필요한 경우가 있다.

넷째로, 이메일 검색의 경우, 발신자나 수신자를 검색할 필요가 있는지 결정해야 되는데, 예를 들어, 기업 주소로 보내진 이메일은 공적인 일이 되므로 기업 메일과 개인 메일을 분리할 필요가 있다. 이런 정책은 기업에 따라 다른데, 모든 수신 메일을 축적하고 잠재적으로 검색할 수 있게 하기도 하고 Exchange같은 우편 소프트웨어를 통해서만 검색이 가능하게 하기도 한다. 또 어떤 기업은 개인 수신함에서만 검색이 가능해서 담당 직원이 자리를 비우면 문제가 생기기도 한다.

다섯째로, 어떤 기업은 소위 '웹 2.0'을 직원이나 심지어 고객에게까지 열성적으로 적용하는데, 이에는 대중분류(folksonomy) 태깅, 페이스북 스타일[9] 소셜 네트워킹, 블로깅, 인스탄트 메시징, '트위터링'[10] 등이 있다. 이 중 마지막 두 가지 기술을 적용해서 모바일 기기에 SMS 메시지를 결합한 한 제약회사의 경우, 저장소 검색보다 '정보 흐름' 검색이 더 중요하다고 보고했다.

여섯째로, 수집 과정은 오랜 시간이 소요되고 기업에 추가적인 큰 비용이 발생하기도 한다. 예를 들어:

> **시나리오 1**: 호주 정부 사무소는 아홉 개의 도시에 설치되어 있는데, 각 사무소의 직원은 각각의 공유 파일 시스템에 문서를 생성한다. 정부는 이 아홉 개의 파일 시스템에 대해 통합된 검색을 하려했지만 사무소간 통신은 전화 모뎀 수준의 속도밖에 안되었다. 좀 더 빠른 외부 망을 사용하려면 높은 추가 비용을 지불하여야 했으며 처리해야 할 질의도 많지 않았다.

이런 환경(실제 예)에서 빈번한 수집 비용은 질의 양에 비해 부담이 되므로 연합 방법(메타검색)이 더 좋은 해결책이 된다.

수집 전체 과정에서 점진적 방법이 매우 효율적인데, 대규모 인트라넷이나 데이터베이스에서 하루에 변화되는 내용은 전체의 1%도 되지 않는다. 따라서 5천만 페이지 인트라넷의 경우, 매일 전체 내용을 수집하는 대신, 가

9) http://www.facebook.com/
10) http://twitter.com/

능하다면 변경된 내용만 수집하는 것이 훨씬 효과적일 것이다. 점진적 수집의 이점은 여과나 색인에도 그대로 적용된다.

### 15.3.2 추출

PDF나 Office 문서와 같은 이진 데이터 문서로부터 텍스트나 메타데이터 추출(혹은 여과, 6장 참조)은 단순한 공학적인 과정처럼 보이지만, 실제 기업 검색결과에서 여과(filtering)는 사용자 불만의 주요 원인이 된다. 이는 여과 실패가 무의미한 제목, 저질의 '임시 복사본', 왜곡된 요약을 생산하기 때문이며 더욱이 주제 관련 중요 문서가 질의 정합에서 빠지기도 한다.

왜 여과가 보기보다 더 어려울까? 그 첫 번째 이유는 6.5절에서 논의한 회사 고유의 문서 양식 때문인데, 어떤 양식은 밝혀져 있지도 않거나 불분명해서 역공학(reverse engineering)을 어렵게 한다. 때때로 문서 생성 소프트웨어의 새 버전이 나올 때마다 세부사항이 변경되어 제3의 여과 소프트웨어 개발자가 지원해야 할 서로 다른 양식의 수가 증가하게 된다. OpenOffice의 압축 XML 양식이나 마이크로소프트 오피스 최신 버전 양식 채택이 여과의 용이성과 정확성을 현실적으로 확보할 수 있는 방법이다.

두 번째 원인은 문서를 PostScript나 PDF 발표 형식으로 변형할 때 생기는 텍스트 의미 손실에 기인한다. 대부분의 문서는 생성시 제목, 머릿글, 명시적으로 표시된 표와 같이 읽기 순서가 정해진다. 그러나 PostScript로 변형시 기본 동작은 그래픽 지향이어서 예를 들면, '현 좌표 시스템의 점($x_1$, $y_1$)에서 점($x_2$, $y_2$)로 굵기 0.1의 회색 선을 그리시오'나, '좌표($x$, $y$)에 현재 폰트표의 n번째 문자를 출력'이 된다. 역으로 그래픽에서 텍스트 공간으로의 변형도 일반적으로 어렵고 시간소모가 많으며 에러가 나기 쉽다.

세 번째 원인은 메타데이터 표현에 기인한다. MSWord, PDF, OpenDocument, JPEG과 같이 잘 알려진 여러 형식은 제목, 저자, 주제, 날짜와 같은 메타데이터를 저장하는 기능이 있다. 그러나 현실에서 이런 메타데이터는 자주 생략되거나 있어도 가치가 낮게 취급된다. 아마도 좋은 제목, 저자, 날짜 메타데이터를 이용해 검색 향상을 이룰 수 있다면, 상황은 많이 달라질 것이다.

어떤 경우든 자주 사용되는 여러 문서 형식에서 저장되는 메타데이터 종류는 한정되어 있다. 따라서 문서에 대한 상세 정보를 저장하기 위한 외부 메타데이터 저장소나 검색에 유용한 메타데이터의 존재가 신뢰성을 높여줄 수 있다.

> 시나리오 2: 한 회사가 마이크로소프트 워드를 사용해 외부 웹에 보고서를 올리면, 회사의 모든 투자자들은 이 보고서를 읽고 인쇄하고 PDF로 변환할 수 있다. 불행히도 보고서 제작자들은 자주 워드 문서의 제목 속성을 사용하지 않는데, 이 때 워드는 자동으로 파일 이름을 대신 사용한다. PDF 변환시 "Microsoft Word"라는 문구가 파일 이름에 추가되어 PDF 메타데이터에 저장되는데, 그러면 검색엔진의 PDF 여과에서 걸러지게 된다. 또 고객이 이 사이트의 보고서를 검색하면 MicrosoftWord-fileXX.DOC라는 패턴의 제목만 검색될 뿐이므로 아마도 거의 비슷한 내용의 보고서가 실제로는 PDF 파일이지만, 마이크로소프트 워드 형식이라고 여길 것이다.

네 번째 요소는 텍스트 정보가 스캔된 이미지 문서 형태로 제공되기 때문이다. 오늘날 많은 사무실에는 복사기/팩스/스캐너가 구비되어 있어 인쇄 문서를 스캔하여 특정 이메일 주소로 PDF 형식으로 전송된다. 이런 PDF 문서에서 텍스트 추출은 광학문자인식(OCR) 소프트웨어를 사용해야 되는데, 이는 시간 소모와 에러율 증가가 따른다.

다섯 번째 요소는 문서 내용이 여러 방식으로 압축되고 암호화되어 접근이 어렵다는 점이다. PDF 문서는 텍스트 추출을 못 하도록 내부적으로 막아놓는데, 이는 관습적인 조판 부호로 표현된 문서의 주요 구조를 알아낼 수가 없게 한다. 예를 들어,

시나리오 3: 한 회사의 직원 프로필에 다음과 같은 조판 기준이 있다: '성명의 성은 12포인트 Times-Bold체로 시작하고 이름은 12포인트 Times-Roman체로 쓴다. 다음 줄에 직원 분류, 입사년도 등이 따른다. …'

이 시나리오 3에 기초해 생성된 데이터 검색 시스템의 성능은 색인 전에 잘라낸 논리 필드를 재생성해 상당히 향상시킬 수 있다. 웹과는 달리, 회사내에서는 이런 몇 가지 관행을 활용하는 것이 합리적이다.

이진수 형태의 대규모 문서집합 여과는 매우 시간 소모가 큰 작업인데, 최근 갱신 이후에 변경된 문서들만 대상으로 점증적 여과를 하면 크게 시간을 절약할 수 있다.

### 15.3.3 색인

기업 검색 도구에 사용되는 색인 형식이 웹이나 다른 환경과 다를 특별한 이유는 없다. 역색인 ([1798] 참조)이 주로 사용되며, 텍스트 주석(15.3.4절 참조)이나 통계값을 표현하기 위한 구조가 추가되기도 한다. 그러나 기업내에서는 특정 필드 데이터(문서 내용이나 서로를 구분하기 위한 메타데이터 형식)에 대한 색인이 필요하다. 따라서 색인 시스템은 색인될 여러 데이터 형식을 얼마나 잘 지원하는지와 데이터 색인률, 구나 인접 검색을 얼마나 효율적으로 지원하는지, 생성한 색인의 크기 등에 따라 차별화된다. 이런 면에서 오픈소스 색인 소프트웨어의 비교가 부록 A에 실려 있다.

색인기 설계의 또 다른 도전은 변경된 내용을 점증적으로 얼마나 잘 처리하는지에 있다. 점증 색인기(incremental indexer)는 변경 내용을 다음과 같이 처리한다: 새 문서는 문서 테이블에 새 항목으로 추가되고 이 문서의 용어들은 출현 목록의 마지막 부분에 추가된다. 그러나 이는 임의 접근 I/O를 많이 필요로 하므로 질의 처리시 효율적인 동시-문서(document-at-a-time; DAAT[273, 1046])를 지원하기 위한 문서 순서화를 방해한다. 또 출현 목록 마지막 부분에 새 항목을 위한 공간이 없으면 현재 목록 공간을 비우고 역색인의 마지막 부분에 새 항목을 생성해야 할 필요가 있다.

점증 색인에서 문서 삭제는 특히 출현 목록이 압축되어 있는 경우 더 복잡한 문제가 된다. 전형적인 해결책은 목록에 삭제 문서를 그대로 둔 채 삭제라고 표시만 하는 것이며 문서 갱신은 삭제 후 새로 삽입하는 것으로 처리한다. 그러나 이럴 경우 시간이 지남에 따라 점증 색인 크기가 점점 커져서 파편화와 지역성 결여가 일어나고 접근 속도가 느려진다.

점증 색인에 대한 또 다른 대안은 아래 가상 시나리오에 나온 것과 같이 기본 색인과 갱신 색인을 결합하여 유지하고 검색시 이 둘을 동시에 사용하는 것이다.

시나리오 4: 한 미디어 회사의 웹사이트에는 수백만개의 문서가 존재하는데, 매 주말마다 전체 사이트를 색인하여 기본 색인을 생성한다. 기본 색인 생성 이후에 들어온 새 내용에 대해서는 매일 밤 색인하여 갱신 색인을 만든다. 이 때 이미 색인된 문서의 갱신이 있으면 기본 색인에 '삭제'라고만 표시하며, 뉴스의 경우는 매 20분마다 새로 색인한다. 질의에 대한 검색은 기본, 갱신, 뉴스 이 세 종류 색인의 메타 색인을 사용한다.

색인 갱신의 이 두 방법은 여러 변형들이 가능한데, 예를 들어, 기본/갱신 색인을 하나의 색인으로 통합한 슈퍼구조도 가능하며, 이를 위한 도구가 제공되기도 한다.

### 15.3.4 텍스트 주석 색인

웹과 마찬가지로 기업 문서(비 HTML 문서 포함)들도 다음과 같은 여러 방식으로 주석(Annotations)을 달 수 있다: 링크가 걸린 앵커텍스트, 공식 적용된 메타데이터, 클릭-연관 질의[721, 1734], 분류 태그[1131]. 질의 처리에 사용

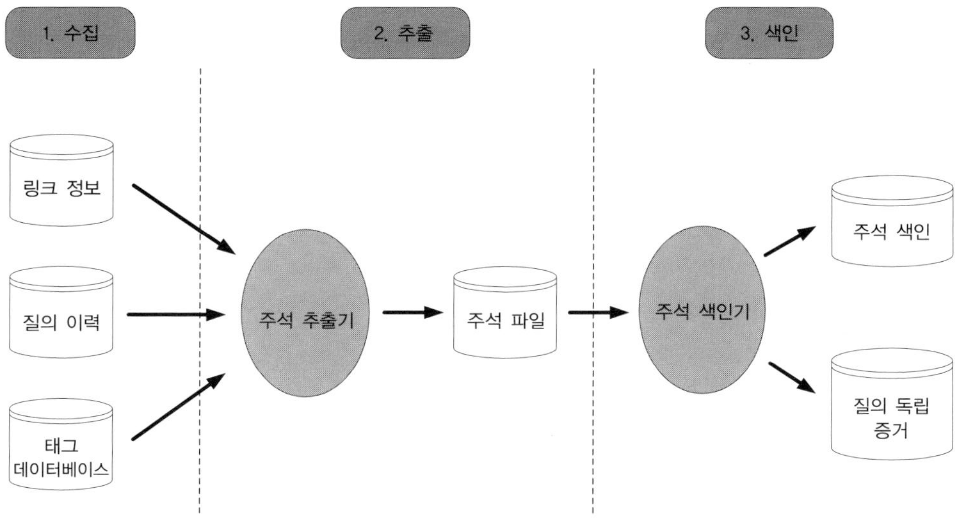


**그림 15.2** 효과적인 기업 검색 지원을 위한 주석 처리

하기 위해 주석이 어떻게 색인될 수 있는지가 그림 15.2에 나와 있다. 이들은 질의-종속 또는 질의와 무관하게 점수화 요소로 사용되는데, 주석 총합은 따로 점수화되어 텍스트 점수에 합쳐지거나[1225] 원문서의 한 필드로 취급되기도 한다[1370].

당연히 기업에 따라 주석 데이터의 종류와 크기가 매우 다양한데, 분류(folksonomy) 주석을 지원하는 기업은 거의 없으며 몇몇 기업이 실험적으로 사용하고 있다. 호주 시드니에 있는 PowerHouse 박물관[11]의 외부 웹사이트는 방문객들에게 전시품 웹페이지에 태그를 사용할 수 있게 하고 있으며 분류 태그의 실험적 적용이 IBM에 의해 수행되었으나[502], 그 데이터 양은 많지 않다.

### 15.3.5 질의 처리

15.5절에 논의하겠지만, 기업 검색에서 질의 언어와 문서 언어의 차이로 인해 검색이 종종 실패하기도 한다. 이런 차이를 줄이기 위해 기업 검색 시스템은 시소러스 확장, 질의 제시, 어미 처리, 연관 피드백 등의 도구를 제공하기도 한다.

웹 검색과 마찬가지로, 기업 검색에서도 텍스트 기반 점수와 통계 점수를 혼합해 좀 더 효과적인 순위화를 할 수 있다. 통계 점수 형성은 특정 출판 환경의 특성에 따라 조정될 필요가 있는데, 예를 들어, 어떤 기업에서는 링크 개수나 URL 길이가 유용하지 않을 수도 있고, 또 어떤 기업에서는 내부 링크가 전혀 없어서 통계 점수로 다음과 같은 새로운 요소를 고려해야 할 지도 모른다.

- 리소스 접근 빈도
- 출판 최신성
- 이메일의 스팸 점수
- 문서 종류나 장르(모든 질의에 대해 이 문서 종류나 장르가 다른 어떤 것보다 유용하다)
- 저장소(Repository)(아마도 이메일 아카이브보다 직원 데이터베이스를 선호해 편향된 결과가 존재할 수 있지만)

11) http://www.powerhousemuseum.com/

도서관이나 전자상거래 사이트에서의 통계 점수는 대출 횟수나 판매 횟수를 고려해야 할 지도 모르며 제작사 이윤(예로 한 항목에 대한 적정 이윤, 상품 폐기, 재고 가능성 등)도 점수에 고려되어야 한다.

통계 점수에 대한 질의-독립 기여자의 상대적 점수는 기관에 따라 매우 다양하다: 제작 날짜가 어떤 기관에서는 정확하지만 아닌 경우도 있으며 컨텐츠 관리 시스템에 의해 정형화된 형태(일반적으로 모호하지만)로 생성된 URL을 사용하는 조직에서는 URL 특성의 가치가 점점 줄어들고 있다. 일반적으로 어떤 페이지에 대한 수천 개의 링크는 중요도나 대중성의 중요한 요소이나 한 사람 또는 단일 내비게이션 틀에 의해 생성된 경우라면 별로 중요하지 않을 수도 있다.

최적의 검색 순위화에서는 거의 유사한 결과물들을 줄이고 다양성을 확보해야 하는데, 이에는 복수의 초안, 오피스 문서의 여러 버전, 형식만 다른 영업 보고서, 공유 파일 시스템이나 이메일 첨부에 따른 동일 문서 복수 존재, 동일 문서를 복수 URL에 게재하는 경우 등이 포함된다. 그러나 이런 유사 문서를 수집이나 색인시 제거하는 것은 바람직하지 않은데, 그 이유는 어떤 면에서 유사 문서라고 제거된 문서가 다른 면에서는 검색될 필요가 있기 때문이다.

기업의 모든 정보 자원에 접근 가능한 '단일-검색창' 제공의 시도는 이종성 (Heterogeneity) 때문에 순위화에 심각한 어려움을 수반한다. 기업 웹 문서의 점수화는 기본적으로 URL 구조와 길이, 링크 개수, 이메일에는 없는 앵커 텍스트, 직원 데이터베이스, CRM이나 레코드 관리 시스템(records management system; RMS)의 요소를 활용한다. 이럴 경우, 웹 자원과 다른 자원을 아울러서 좋은 결과를 내는 통합 순위화 방법을 찾는 것이 어렵기 때문에 서로 다른 유형의 순위화가 선호된다.

기업 전반의 검색 시스템을 최적화하거나 검색결과의 최적화는 개인별, 그룹별로 다양한데, 좀 더 자세한 내용은 15.6절에서 다룬다.

### 15.3.6 검색결과 표시

많은 경우, 검색결과의 내용이나 유형이 어떻게 보여지는 지에 따라 검색자가 얼마나 유용한지를 결정하기도 한다. 통합 순위화된 결과에서 내용 또는 문서 유형을 아이콘으로 보여 주거나 상품이나 직원 프로필을 작은 이미지 형태로 보여줄 수도 있다. 반면 검색결과 목록을 내용과 유형에 따라 구분하여 보여 주기도 하는데, 예를 들어, 최상위에 직원 정보를, 다음으로 인트라넷 결과, 마지막에 외부 웹 결과를 위치시킬 수 있다. 또 기업 검색에서는 종합 색인 안에 명확히 정의된 문서 부분 집합을 대상으로 검색을 제공하는 것이 일반적인데, 예를 들어, 직원 인사정보 인트라넷 검색은 내부 사이트에서만 가능하며 직원 목록이나 정책, 절차, 내부 게시물 등도 마찬가지다.

어떤 경우, 검색결과를 질의 연관성 순서보다 검색자의 선택에 따라 보여 줄 필요가 있는데, 예를 들어, 이메일 검색결과를 최신순으로 보거나 파일 유형별로 먼저 분류하고 그 다음 알파벳 순서로 정렬하기도 한다. 또 숙박 검색 포털에서는 한 두 호텔의 대량 상업 광고에 의한 유불리를 최소화하기 위해 무작위 검색이 필요할 때도 있으며 전문가 찾기 응용에서도 비슷한 고려가 필요하다.

기업 검색 도구는 직원이나 사이트 방문자가 검색결과의 최적값을 도출하기 위해 추가 기능을 제공하기도 하는데, 이런 기능에는 클러스터링, 메타데이터 속성(facet) (그림 15.3의 장소, 연도, 형식 속성 참조, 클러스터링과 속성화 비교는 [738] 참조), 다중-문서 요약, 맞춤법 제시, 연관 질의 등이 있다. 또 결과 집합의 심층 분석이나 이름, 장소, 회사, 이메일 주소, 전화번호 등 자주 출현하는 항목이나 입력 질의어의 상위 검색어 추출 기능도 있다.

검색결과는 선택된 결과와 연관성을 가진 문서들을 지도 형식으로 표시하기도 하며 웹과 같이 이미지나 상품 검색결과는 작은 이미지 형태로, 비디오 검색결과는 주요 프레임 이미지로 표시되기도 한다. 더 나아가 사용자가 관심 있는 프로필을 등록해 두면 RSS나 이메일을 통해 자동으로 알려주기도 한다.

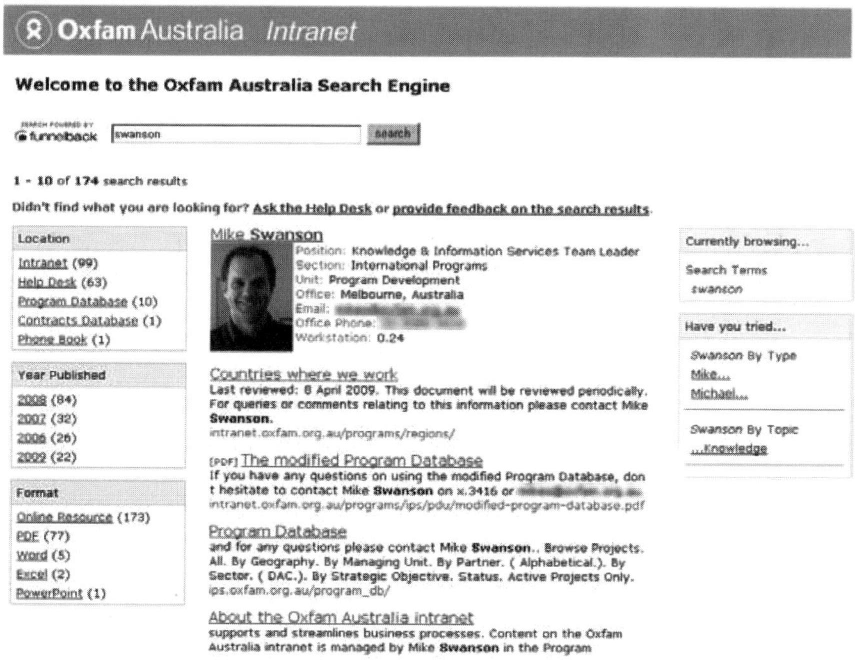


**그림 15.3**: 이질적인 정보원에 대한 기업 검색 화면. 검색 결과 화면에서 직원 전화 번호부, PDF 표시자, 좌측의 링크는 특정 저장소, 연도, 형식에 따른 세부 검색이 가능하며 결과에 대한 사용자 피드백도 가능하다. 이 화면은 Oxfam Australia의 친절한 허락에 의해 사용되었다.

검색은 기업의 다른 응용 시스템과 결합되어 검색결과 표시도 해당 시스템의 형식으로 보여 주는 것이 의미가 있다. 예를 들어, 이메일 검색결과를 다른 폴더와 같이 가상의 이메일 폴더로 표시할 수 있으며 문서 처리 시스템의 경우, 최근에 추가된 텍스트에 대해 자동으로 검색한 결과를 인용하거나 문서 작성에 활용하게 할 수도 있다.

마지막으로, 기업 검색 도구는 *My Yahoo!* 포털이나 *Yahoo! Companion* 툴바(Manber et al.[1076])에서와 같이 각 직원의 개인화(Customize) 인터페이스에도 중요한 역할을 할 수 있다. 웹에서와 같이 각 개인의 필요에 따라 포털의 첫 페이지를 개인화할 수 있는데, 이에는 알림창, 관심 영역 요약, 액션 링크, 개인화 검색 기능 등이 있으며, 이외에도 RSS 피드, 주문 검색, 특정 영역 검색도 가능하다(검색 개인화에 대한 자세한 내용은 15.6절 참조). Manber 등은 *My Yahoo!*를 기업에 적용하면서 많은 교훈을 얻었는데, 가장 중요한 것은 사용자 인터페이스 설계 시 인터페이스 기능을 사용자가 예측할 수 있어야 된다는 점이다. 또, 사람들은 개인화 개념을 잘 이해하지 못하여 필요성을 잘 못 느끼기 때문에 실제로는 인터페이스 최적화에 많은 노력이 필요하다는 점을 강조했다.

### 15.3.7 보안 모델

고위 경영층에게 통합적인 검색을 제공하기 위해서 기업 검색 도구는 기업내 모든 정보 자원에 접근할 수 있어야 하므로 도구는 100% 정확하게 정보의 보안을 강제해야 한다. 이 요구는 보안 모델의 복잡성과 정확하고 효율적인 검색 필요성 때문에 많은 주의가 요구되는 기술이 필요하며 문서나 검색결과를 보기 위해서는 사용자 로그인이 필요하다. 기업 검색 도구 사용에 따른 위협 요소는 다음과 같다:

1. 내부 수집기가 서버 페이지나 CGI 스크립트에 접근하면 의도하지 않은 결과가 나올 수 있다. 예를 들어, 한 대학의 시스템 관리자이면서 개발자는 delete-page.cgi 기능을 사용해 다른 웹페이지를 삭제할 수 있는데, 나중에 편집하거나 복구하려는 특정 페이지를 삭제하기 위해 delete-page.cgi에 접근했을 때, 이 접근

기록은 모든 접근 페이지의 링크를 포함한 온라인 웹서버 로그에 저장된다. 수집기가 이 웹 로그 페이지를 다시 방문했을 때, 이 링크 정보를 따라서 의도치 않게 새로 편집된 페이지를 삭제할 수도 있다!

2. 검색엔진을 통해 직접 접근이 금지되어 있는 문서 내용을 볼 수도 있다.
3. 검색엔진을 통하면 직접 접근이 허락되어 있는 사용자라도 내용을 볼 수 없다.
4. 권한이 없는 악의의 사용자에게 중요한 문서의 존재나 그 내용을 추정할 수 있는 수단을 제공할 수 있다. 이런 극단의 예가 검색결과에만 보이고 실제 문서 접근은 막아 놓은 경우이다. 접근 불가 내용에 대한 잠재적 정보는 접근 횟수, facet 수, 다중-문서 요약, 클러스터, 심지어 반응 시간 등이 포함된다.
5. 외부 접근이 가능한 기업 웹 사이트 검색은 잠재적으로 사이트를 넘어서 스크립트, 자바스크립트, 기타 분사(injection)나 버퍼 오버플로우에 취약하다.

기업 문서 접근은 일반적으로 접근 제어 목록(Access Control Lists; ACLs)과 같은 방법으로 제어한다. 이에는 특정 개인이나 그룹에 어떤 수준의 행위(예로 읽기, 쓰기, 색인)까지 허용하는지를 정해 놓을 수 있으며, 폴더나 디렉토리 또한 ACLs에 정해 놓을 수 있다. 그러나 어떤 사용자가 어떤 문서에 접근할 수 있는지의 계산은 매우 복잡해서, 사용자 인증, 그룹 인증, ACL 문서 자체나 그 상위 폴더에 대한 접근 인증 등의 요구 분석이 필요하다. 기업은 Kerberos[12)]와 같은 네트워크 인증 프로토콜을 사용하며 사용자가 기업의 여러 응용 시스템에 각각 인증하지 않기 위해 단일 인증 시스템을 구축하기도 한다.

보안측면에서 이메일 메시지는 일반 문서와 흥미로운 차이가 있다. 이메일 메시지의 저자(발신자)가 수신자 목록을 작성하지만 대부분의 시스템에서는 이 메시지에 대한 접근 제어 목록을 정할 수 없다. 대신, 이 메시지의 복사본이 수신자의 파일 시스템이나 중앙 메일 데이터베이스에 저장된 후에 수신자나 메일 데이터베이스 관리자가 이 메시지에 대한 접근 권한을 결정한다. 또 이메일에 첨부된 문서 복사본에 대한 접근 권한도 메시지 단위가 아니라 저장된 폴더 수준에서 결정된다.

### 문서집합 단위의 보안

기업의 정보 자원은 이상적으로 (단순성과 효율성 측면에서) 문서집합 단위로 접근 권한을 주는 것이 편리한데, 예를 들어, 공용-접근 문서집합, 재정 문서집합, 고급 경영 문서집합, 인사 문서집합 등이 있다. 직원의 검색은 자신의 역할에 적합한 문서의 부분 집합에 대해서만 수행되지만, 불행히도 대부분의 경우에 적용 가능한 보안 모델은 이보다 더 복잡하다.

### 문서 단위 보안

문서집합 단위의 보안이 부적절하거나 적용되지 않았더라도 개별 문서 단위의 접근 제어는 반드시 있어야 한다. 사용자 질의에 대한 모든 결과 문서의 내부 순위화가 이루어지고 난 후, 위협 요소 2와 3을 피하기 위해서는 사용자가 접근할 수 없는 문서들은 배제되어야 하며, 위협 요소 4를 피하기 위해서는 배제된 모든 문서 정보가 완전히 제거되어야 한다. 즉, 안전한 환경에서 검색 도구는 현재 사용자가 접근할 수 없는 문서에 대한 어떠한 조각(아무리 작더라도) 정보도 남아 있으면 안 되며 또한 결과 집합 분석에도 나타나면 안 된다.

기업에 따라 검색 보안 요구 수준이 다양한데, 극단의 경우, 검색이 수행되는 시점에 각각의 문서에 대해 접근 제어를 하기도 한다(late binding). 예를 들어 한 직원의 임무가 특정 날짜 오후 5시에 변경되었다면 이 시간 이후 해당 직원은 변경된 임무에 적합한 문서만 볼 수 있어야 한다.

더욱이 원문서가 네트워크 전 영역에 걸쳐 존재할 때 결과 집합의 각 문서에 대한 접근 권한을 검사하는 일은 너무 많은 시간이 걸리기 때문에, Bailey 등[127]은 이 극단적 모델이 검색 시간에 역효과를 낸다고 주장했다. 만일 검색엔진이 색인된 문서의 접근 제어 데이터를 미리 저장할 수 있다면 이 검사 시간을 약간이라도 줄일 수

12) http://Web.mit.edu/Kerberos/

있는데, 이와 같은 모델(early binding)에서는 임무 변경자가 변경 후 일정 시간까지는 이전 임무가 가능하며 새 임무에 대한 문서 접근은 좀 기다려야 한다.

### 15.3.8 연합/메타 검색(Federation/MetaSearch)

한 기업의 모든 정보원(저장소)에 대한 통합 검색 구축을 위해 모든 정보를 모으고 추출하여 색인하는 일은 때때로 불가능하다. 예를 들어, 특정 정보원으로부터의 정보 수집이 네트워크 트래픽 때문에 너무 느리거나 고비용일 수도 있고 데이터 양이 너무 많을 수도 있다. 이런 경우는 웹 검색에도 존재한다[99]. 또, 데이터가 소유자 응용에만 한정되고 외부에는 제공되지 않는 경우도 많다. 만일 한 시스템이 자신의 검색 기능을 외부에 제공한다면 소위 '연합 검색', '메타검색', '분산 정보검색' 등의 맥락으로 통합 검색이 가능하다. 연합 검색에 대한 더 자세한 정보는 분산 웹 검색 맥락에서 10.7절에, 웹 메타검색은 11.10.3절에 상세히 나와 있다.

연합 검색 인터페이스에 한 직원이 자신의 개인 정보를 포함시키고자 한다면, 메타검색이 유일한 해결책이 된다[1580]. 메타검색에서 질의는 중개자에 전달되고 이는 연합 검색 인터페이스에 다시 전달되며, 검색된 각각의 결과는 중개자에 의해 결합되어 사용자에게 제공된다. 이에 대한 선구적 연구가 Gravano 등[667], Voorhees 등[1653], Callan 등[323]에 의해 수행되었다. 그러나 서로 다른 검색 인터페이스에서 반환된 순위나 점수가 너무 다르기 때문에 결합에 어려움이 따른다. 한 검색 시스템의 최상위 결과 문서가 다른 주제의 검색 시스템에서는 낮은 순위가 될 수도 있는데, 이는 단순히 문서 주제에 따라 한 용어의 역문헌 빈도수 IDF가 달라지기 때문이다(3장 참조). 또 좀 더 복잡하게는 통계 가중치나 주석 점수에 따라 점수화하는 방법이 다르기 때문이기도 하다.

또 검색 결합은 문서 수준의 보안 유지에 문제를 야기하기도 하는데, 개인 정보검색 시 사용자 신뢰도가 중개자에게 전달되어야 보다 정확한 결과를 얻을 수 있다. 따라서 모든 정보원에 대한 단일 인증 시스템이 거의 필수적으로 요구된다.

#### 메타검색의 다섯 가지 과제

메타검색에는 일반적으로 언급되는 다섯 가지 과제가 있다:

1. 서비스 정의시, 어떤 정보 소스를 연결할지 선택해야 하는데, 잘 알려진 소스를 직접 수동으로 고르거나 검색 인터페이스를 자동으로 인식하게 하는 방법이 있다[424].
2. 서비스 정의와 운영시, 필요에 따라 정보 소스의 특성을 파악해야 한다. 이 특성에는 얼마나 많은 문서가 색인되는지, 색인 문서의 언어 모델이 무엇인지, 적용된 순위화 알고리즘이 얼마나 효과적인지 등이 있다.
3. 질의시, 검색에 포함할 소스를 선택해야 한다. 최적의 소스 선택이 전체 검색보다 더 우수한 결과를 보인 예가 있으나 현실적으로는 매우 드문 경우이다. 그러나 이런 소스 선택은 특정 외부 소스에 적용된 네트워크 트래픽, 데이터베이스 사용료, 질의당 비용을 줄일 수 있다. 소스 선택은 일반적으로 특성화 단계에 구축된 소스 모델에 의존한다.
4. 주어진 질의를 각각의 정보 소스에 채택된 질의어로 변환해야 한다.
5. 질의시, 각 소스 검색에서 반환된 결과 집합을 병합해야 한다.

과제 2, 3, 5에 대해서는 수많은 연구가 수행되었으나 과제 1 연구는 연결될 소스가 미리 주어지기 때문에 상대적으로 적다. 과제 4는 너무 사소하거나 어려워서 많은 관심을 못 받았는데, 검색엔진이 서로 다른 의미 모델과 연산자 집합을 사용하면 정확한 변환은 거의 불가능하다. 예를 들어, NOT, AND, OR 연산을 포함한 불리안 질의를 단순 용어 집합으로 표현하는 것은 불가능하며, 절단 연산(wildcards)이나 정규식을 제공하지 않는 시스템이 이를 흉내내는 것도 불가능하다.

불행히도, 분산 정보검색 분야 대부분의 연구가 TREC Ad Hoc 데이터를 분할하여 수행되었는데, 이 분할 시뮬레이션은 연합된 기업 저장소에서 기대되는 다양한 유형이나 문서 규모에 미치지 못하고 기업 연합 검색에서 유용한 문서 유형이나 사용자간 상호 작용 데이터와 같은 정보 범주도 부족하다.

연결되는 소스들은 여러 방식으로 중개자와 협력할 수 있는데, 예를 들어, 문서집합 크기와 문서 빈도수에 대한 정확한 통계값을 제공할 수 있다. 그러나, 기업이나 개인 메타검색 환경에서는 중개자와 잘 협조되지 않기 때문에 서버 특성을 알기 위해 검색 인터페이스는 샘플 문서를 가져올 필요가 있다. Callan 등[321]은 한편으로는 임시방편적으로 보이지만 꽤 잘 동작하는 방법을 제시하였다. 이의 후속 연구에서 Bar-Yossef와 Gurevich[135]는 이중 거부 샘플링(double rejection sampling)에 기초한 보다 중요한 방법으로 샘플링이 한쪽으로 치우치는 것을 방지했다. Thomas와 Hawking[1582]은 개인 메타검색 도구 환경에 적합한 다양한 문서집합을 대상으로 네 가지 샘플링 방법을 비교 평가했는데, Bar-Yossef와 Gurevich의 난보(random walk) 방법이 다른 것들보다 우수하였으나 고비용이었다. Thomas와 Hawking은 비슷한 정확률로 대표성을 보이면서 좀 더 효율적인 다중 질의 샘플러를 제안하였다.

다중 질의 샘플러는 문서집합에서 독립적으로 추출한 풀에서 높은 재현율을 보인 몇몇 질의를 보내 주어진 검색엔진에서 실용적인 수준인 k개의 결과 문서를 가져온다. 다음으로 이 결과 문서들의 합집합을 구하는데, 그 수가 너무 작거나(언더플로우) k보다 크면 (오버플로우) 버린다. 이렇게 결과 집합의 합집합을 사용하면 질의 편파성(크기가 크고 용어가 풍부한 문서는 여러 질의에 대해 검색될 가능성이 높다)을 줄이는 데 도움이 된다. 오버플로우 질의 제거는 편파적 순위화(통계 점수가 높은 문서가 샘플링될 확률이 높다)를 피하고 높은 k값을 고르면 제거 가능성을 줄일 수 있다.

검색 인터페이스를 통한 문서집합의 크기 추정은 물고기나 동물 수 추정 방법과 유사한데, 마치 동물을 잡았다 풀어주는 것 같이 앞에서 서술한 방법들을 사용하여 문서의 샘플링과 재샘플링을 반복한다. 즉 단순한 수집-재수집 과정을 통해 두 개의 독립적이고 편향되지 않은 샘플을 구하고 이들의 공통 문서수가 전체 크기를 추정하는 데 사용된다. Shokouhi 등[1473]이 이 분야에 새로운 방법을 창안하였다.

정보 소스 선택에 대한 여러 방법들이 제안되었는데, 거의 40개가 넘는다! 이중 몇몇은 STARTS 프로토콜[665]과 같은 탐사방법을 사용해 얻은 정보에 의존하기도 하고 다른 것들은 용어간 독립성에 기반한 용어 빈도수 데이터를 가정하기도 한다. 잘 알려진 Callan 등[323]의 CORI 기법은 각 문서집합을 하나의 문서로 취급하고 선택 기준으로 표준 연관성 계산법을 사용한다. 비협조적인 경우에, TF와 IDF(3장 참조) 유사값을 샘플에서 추정하고 각 정보원에서 동작되는 검색 시스템의 효과(질의 결과의 질)를 선택 기준으로 고려한다[437].

이 주제는 Fuhr[600]가 제안한 결정 이론 틀(decision theoretic framework)과 다시 연결되는데, 연관/비연관 문서 검색 비용, 검색의 질 기대치와 각 소스당 연관 문서 기대치 비용, 각 소스당 적정 검색 문서수에 대해 최적의 결정을 위한 문서 배송과 질의 처리 비용 등을 사용한다. 그러나 앞에서도 언급했듯이 기업 정보 소스 연합 의미에서 선택 방법에 대한 연구가 매우 부족하므로 질의 이면의 처리로 특정 저장소에서 제공되는 문서 유형(이메일 메시지, 일정, 세부 연락처, 서비스 이력, 기술 매뉴얼 등) 정합 시도가 더 좋은 방법이 될 수도 있다.

소스 선택에 비해 결과 합병 방법은 매우 다양하다. Lawrence와 Giles[987]은 효과적인 합병 방법을 제안했는데, 중요한 결과 목록의 모든 문서를 다운로드하고 연관성 순위화를 지역적으로 수행한다. 웹상에서 이 방법의 단점은 각 질의에 따른 네트워크 트래픽과 결과 목록 합병에 따른 시간 지연이 된다. 기업 환경에서 이런 문제는 해결 방법이 있지만, 또 다른 어려움이 있다. 예를 들어, 이질적인 문서 유형에 따른 순위화의 어려움이나 더 심각하게는 저작권 때문에 문서 전체를 가져오지 못하는 경우도 있다. Rasolofo 등[1335]은 소스 유형이나 검색결과 규모가 매우 다양한 현재의 뉴스 메타검색기의 합병 전략을 제안하고 평가했는데, 이들은 모든 뉴스 조각 문서를 다운받아 지역적으로 색인하는 방법으로 성능을 향상시켰다.

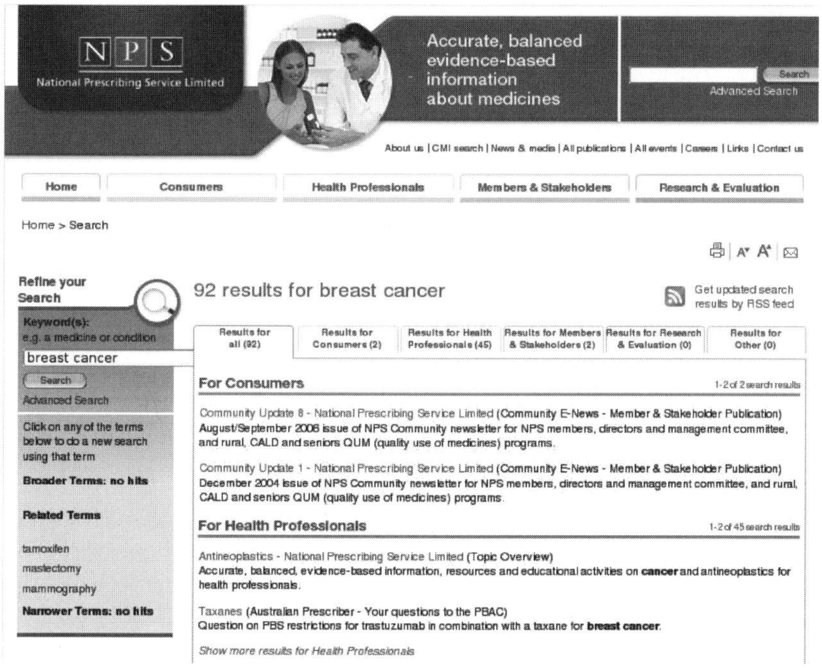


**그림 15.4**: 분할된 결과 목록 표시, 이 경우는 이질적인 그룹의 방문자를 수용하기 위해 설계되었는데, 검색자는 특정 분류에 따라 결과를 확장하는 링크를 선택할 수 있다. 국립 처방 서비스 (National Prescribing Service) 시스템의 한 화면

이질적인 환경에서 좋은 결과를 얻기 위해서는 메타 검색의 결과 표시 또한 중요하다. 이미지, 고객 연락처, 기업 정책과 같이 다양한 유형의 검색결과는 서로 다르게 보여 줄 필요가 있다. 더욱이 각 소스 결과를 명확히 알리는 것이 매우 중요한데, 한 방법은 모두 합병하는 것을 피하는 것이다. 몇 년 전 탁월한 A9[13] 다중 검색엔진은 분리된 열에 서로 다른 결과 목록을 보여 주었으며, 또 다른 시스템은 그림 15.4와 같이 결과를 소스별로 분리해서 보여 주기도 한다. 목록 분리의 또 다른 예로 스코틀랜드 의료 법규 위원회(Scottish Commission for the Regulation of Care) 시스템이 있는데, 감독관은 여러 데이터베이스를 동시에 검색하는 모바일 검색 인터페이스를 사용할 수 있다. 질의에 문자 세 개가 입력되면 각 데이터베이스에서 이 접두사와 일치하는 결과가 나타나며 문자가 추가될 때마다 결과가 점진적으로 개선된다.

13) a9.com

# 15.4 기업 검색 평가

기업 검색 평가는 과학적 조사, 제품 비교 테스트, 회사 내부 목적으로 수행된다.

## 15.4.1 기업 검색을 위한 테스트 컬렉션

기업마다 수집한 정보가 큰 차이가 있고, 대부분의 기업 정보가 비밀이라는 점 때문에 기업 검색 도구 조율이나 비교를 위한 테스트 컬렉션을 구성하기가 매우 어렵다.

가끔, 파산 때문에 한 기업이 소유한 모든 데이터가 회사 밖에서 이용 가능하기도 한데, 엔론(Enron)이 대표적 예이며 비록 어떤 연구자는 과학적 이용이라는 윤리적 목적을 표시하기도 하지만, 사실상 많은 연구들이 이 엔론 이메일 코퍼스에 기반하여 수행되었다.

그러나 불행히도, 이런 전체 데이터 집합에의 접근은 테스트 컬렉션 구축 문제의 부분적인 해결책에 불과하다. 이외에도 회사가 정상적으로 운영될 당시에 어떤 유형의 검색이 수행되었는지, 어떤 질의가 문제되었는지, 어떤 결과가 가치가 있었는지 등을 알 필요가 있다. 그러나 일반적으로 파산한 회사에 근무했던 직원에게 접촉해서 이런 정보 요구나 판단 내용을 알아내기란 매우 어려운 일이다.

만약 과학적 입장에서 한 회사의 모든 데이터 접근이 허용되고 직원의 검색 행위(무엇을 검색하고 어떤 결과가 가치가 있는지)를 알 수 있다고 해도 이 회사가 대표성을 갖고 있는지 어떻게 확신할 수 있는가? 또 이 회사 데이터에 대해 가장 좋은 검색엔진이 전혀 다른 데이터를 가진 다른 회사에서도 가장 좋은지 어떻게 확신할 수 있는가?

### TREC 기업 트랙

알려져 있는 것 중 최고는 공개된 기업 검색 평가를 위한 컬렉션(코퍼스+질의+평가)인 TREC 기업 트랙이 유일하다. 이미 앞에서 언급한 문제들 때문에 이 기업 트랙 코퍼스도 외부 웹사이트에 공개되어 있는 문서들로만 구성되어 있는데, 예로 w3c.org 수집 문서와 메일 목록(웹 페이지로 변환된), 15.2절에서 언급한 csiro.au 수집 문서들이 있다. 더 관심 있는 독자는 TREC 웹사이트[14](예: [126, 439])에 게재된 트랙 개요나 4장을 참조하라.

## 15.4.2 기업 내부 검색 평가

기업 검색 도구의 평가가 실제 왜 수행되는지의 주요 원인은 다음과 같다.

1. 검색 회사가 알고리즘을 개선하거나 순위화 함수의 계수 기본값 선택을 위해 연구를 수행한다. 이런 연구는 다양한 기업 검색 환경의 광범위한 테스트 집합에 대해 수행될 필요가 있다.
2. 구매 결정을 위한 상품 비교
3. 기존 시스템을 특정 환경에 적용할 때, 성능 향상을 위한 조율
   (a) 고비용의 전화나 면대면 지원보다 저렴한 웹 검색 비중을 높여 비용 절감
   (b) 직원의 생산성 향상(예로 이미 존재하는 정보 재생산에 따른 헛수고를 피함)과 회사 경쟁력 향상
   (c) 잠재 고객이 상품이나 서비스 정보를 쉽게 찾고 가장 편리한 방법으로 구매(웹이나 전통 방식 다 포함) 할 수 있도록 하여 매출 증가
   (d) 의사 결정의 질 향상
   (e) 불만 감소

14) http://trec.nist.gov/

기업 검색 평가는 원칙적으로 일반 검색 평가와 다르지는 않지만, 평가가 실제 기업 검색을 충실히 모델링하는 지가 중요하다. 즉, 하나의 질의에 대한 두 검색 시스템의 결과를 나란히 비교하는 방법이 이 환경에서 많은 이점이 있다. (4.5.2절과 [1581] 참조) 그 이유는 비교 도구가 조사 대상 인원들이 흔히 사용하는 검색 도구로 대치되기 때문이다.

1. 만약 조사 그룹이 검색기를 사용하는 전체 사용자들과 균일한 표본이라면, 전체에 대한 추론 유효성은 단지 편향되지 않은 샘플링 오류만 존재하므로 표본 크기를 증가시킴으로써 이 오류를 줄일 수 있다.
2. 연구자들은 검색자에 의해 어떤 일들이 수행되는지 이해하거나 알 필요가 없다. 각 검색자들에게 필요한 기록은 검색에 대한 평가 결과(예를 들어, 'A 선호', 'B 선호', '둘다 부족', '둘다 양호')이다.
3. 결과 집합은 모두 평가 대상이 된다. 대부분의 문서가 밀접하게 연관되어 있으면 내용이나 의견의 중복이 상당히 많기 때문에 평가자가 싫어할 지도 모른다.
4. 질의 작성자는 결과 집합이 자신들의 요구에 얼마나 잘 맞는지를 평가할 수 있다. 그러나 연구자는 얼마만큼의 결과를 평가할지, 연관성 평가 척도가 어떤지, 어떤 평가 방식을 사용할지, 결과 집합의 중복성에 얼마나 감점할지 등에 대한 결정권이 없다. 대신, 검색자는 자신들의 업무 맥락에서 어떤 결정 과정이 적절한지 잠재의식 속에서 적용한다.
5. 대부분의 연구실 수준 검색 실험에서 주제 전문가가 소규모로 평가하는 것과 달리, 실제 상황에서는 모든 검색 문서에 대해 나란히 평가한다. 더욱이 A와 B 결과가 동일인에게 동시에 제공됨으로써 주제 차이나 시간 차이에 의한 평가 차이를 제어할 수 있다.

우려 사항은 평행 비교 평가에 따른 차이가 거의 없다는 것인데, 꽤 많은 검색자가 상당량의 질의 평가를 수행했음에도 시스템 A와 B의 선호도 차이가 거의 없었으며 심지어 TREC 평가에서도 약간의 퍼센트 차이만 나왔다. 그러나 이 결과가 이 평가 방법의 불리함을 나타낸다고 볼 수 있는가? 만약 시스템 A 가 현재 이용되는 시스템이라면 시스템 B로 변경한다고 해도 큰 차이는 없을 것이며 사용자 불만도 크게 줄어들지는 않을 것이다.

평행 평가 도구를 사용한 n-way 비교에서 n=2일 때가 최적이다. 현재의 디스플레이 기술에서는 n을 2보다 얼마든지 크게 할 수 있지만, 검색자에게 부여되는 평가 오버헤드가 증가하므로 업무에 지장을 줄 수도 있다. [941]에서는 두 쌍의 선호도를 비교하는 대신, n을 3으로 하고 각 평가자에게 주제를 질문하였다.

평행 평가 방법의 큰 한계 때문에 이를 시스템 조율에 사용하는 것도 어렵다. 전형적인 기업 검색 순위화 함수는 20개 이상의 변수를 사용하는 데, 이를 조율하기 위한 선호도 데이터를 평행 비교 방법으로 얻는 것은 현실적으로 매우 어려운 일이다. 웹상에서 선호도 관계를 모으기 위해 클릭이력(clickthrough) 데이터를 분석하기도 하는데, 이는 4.5.5절을 참조하라.

### 15.4.3 기업 검색 조율

기업 검색 시스템 조율에는 사기업의 전통적인 테스트 컬렉션을 사용하거나 '질의 $Q$에는 문서 $D_1$이 $D_2$보다 확실히 선호된다'(편중 조정후 선택된 빈도수에 근거)라는 형식의 대량 데이터를 수집하여 기계 학습을 적용하기도 한다[841, 844]. TREC 스타일에서는 테스트 컬렉션 평가를 직원이 수동으로 하거나 사용자 클릭 데이터를 사용하기도 한다.

평가에서 클릭 데이터 의존은 위험성이 있다. 첫째로 결과 집합의 제목, URL, 요약이 연관있는 것처럼 보이게 하는 구조적 편파성이 존재한다. 둘째로 검색엔진 순위화 함수가 질의 독립이든 종속이든 간에 사용자 클릭 데이터를 여러 면에서 왜곡하기도 한다. 즉, 클릭 빈도수에 기초한 비용 함수를 사용하여 조정하면 함수의 클릭 요소 비중이 올라가 클릭 데이터 수가 작거나 오도한 질의의 경우 필요 이상으로 낮은 성능을 보이는 위험성이 있다.

조율에 테스트 컬렉션을 사용하는 경우, 이 컬렉션(문서, 정보 요구, 평가와 그 값)이 실제 상황을 정확히 나타내고 있어야 한다. 그렇지 않으면 이 테스트 컬렉션에 의해 결정된 적정 변수값이 실제로 사용하기에는 부적절하게 된다.

기업 검색 작업량은 검색엔진의 질의 이력으로 성실하게 기록된다. 평가가 편중되지 않기 위한 명확한 방법은 질의 이력중에서 균일한 임의의 샘플을 구하고 이 질의가 내포한 정보 요구에 가장 유용한 결과 집합을 찾는 것이다. 질의 집합이 어떻게 선택되느냐에 따라 검색엔진 예상 성능이 많이 달라진다는 점이 [1389]에 잘 나와 있는데, 검색엔진 순위는 평가를 위한 질의 집합에 종속되어 있기 때문에 쉽게 달라진다.

작업량 샘플링 방법의 한계는 질의 이력으로부터 정보 요구를 유추해야 한다는 점이다. '지불 규모', '지적재산 정책' 등의 해석은 명확하지만, 어떤 경우는 왜 특정 질의를 했는지에 대해 여러 이유가 있는 경우도 있다. 또 질의의 의미를 전혀 모르겠거나 범위를 벗어난 경우, 유용한 결과 문서를 확정할 수 없기도 하다.

또 다른 문제는 기업 검색엔진(특히 외부 웹 검색에 사용되는)은 정보 소비자보다 생산자를 위해 운영된다는 점이다. 많은 경우, 정보 생산자와 사이트 방문자의 관심이 일치하나 그렇지 않은 경우도 있다. 정보 생산자는 회사에 중요한 업무와 연관된 질의 평가에 초점을 둔다. 예를 들어, 은행은 '모기지', '주택 대출', '신용카드 응용' 등과 같은 질의에 대해 완벽한 결과를 검색해주길 원하나, 과거 연보, 요금 일정에 대해서는 별 관심이 없다. 즉 많은 회사에서 검색엔진 성능이 업무나 정책적 목표 달성에 집중될 것을 요구하고 있다.

CSIRO에서 작성한 오픈소스 C-TEST 툴킷[15]은 기업 검색 평가에 의미가 있고 재사용 가능한 여러 요소들을 모델링할 수 있는 평가 테스트 파일 작성의 공식적인 방법을 보여 주고 있다.

1. 가중치는 테스트파일의 각 질의와 연계될 수 있으며 중요도를 반영하고 업무 요소나 제출 빈도수에 의해 결정되어야 한다.
2. 한 질의에 대한 다중 해석이 표시 가능해야 한다.
3. 컬렉션내 여러 문서가 동일하다는 사실을 표시할 수 있어서 검색 시스템이 동일 문서의 여러 복사본이나 다른 버전을 검색함으로써 얻는 추가 점수를 방지할 수 있다.
4. 한 질의의 특정 해석에 따른 정보 요구 만족에 기여할 수 있는 가중치를 연관 결과에 부여할 수 있어야 한다.
5. 한 질의에 대한 테스트 파일 항목은 해당 질의 요구에 대해 적절한 평가 크기를 부여할 수 있어야 한다. 지적(intelligence) 평가나 과학 연구의 경우, 문서 순위가 1,000개 정도까지 가는 것이 합리적이지만, 인트라넷의 인사정보 홈페이지 검색의 경우, 열 개의 결과를 넘어가면 안 보게 될 것이다.

이 글 작성시, 오픈소스 검색 시스템 운영자인 Lemur, Terrier, Zettair는 C-TEST 형식 지원을 제공하는데 동의하였다.

### 15.4.4 적정 기대치는 얼마인가?

기업 검색에서 기대되는 적정 성능은 다음 두 극단의 중간 어디쯤에 위치한다: 가장 연관된 결과가 첫 순위에 나오거나 수많은 비연관 결과 중에 가끔 부분적으로 연관된 문서가 나옴.

#### 가장 가능성 있는 결과가 첫 순위에 나옴

만약 현재의 웹 검색엔진에 '포드 자동차'같은 회사 이름이나 '강한 연결 요소(strongly connected component)' 와 같은 수학 개념을 질의하면, 회사 홈페이지나 개념에 대한 권위있는 정의가 첫 번째 결과로 나올 확률이 매우 높

15) http://es.csiro.au/C-TEST/

다. 이런 성공은 웹 검색 환경의 풍부함(링크 그래프, 링크 텍스트, URL 길이와 구조, 사용자 행위 데이터 등)에 기인한다. 더욱이 웹상에는 이런 요구에 대응하기 위한 사이트(회사 웹 사이트나 위키피디아와 같이 양질의 정의나 설명을 제공하는 사이트)가 이미 준비되어 있다.

### 많은 비연관 문서 중에 부분적으로 연관된 문서가 가끔 나옴

임의 TREC(1992~1999) 평가 캠페인(4장이나 [1654] 참조)은 기본적으로 신문기사 아카이브에서 지식을 모으는 것이었다. 이렇게 모은 소규모 컬렉션(약 50만 기사)에서조차 당대의 검색 도구들은 '타이어 재사용의 경제적 영향'이나 '구 소련 상황에 따른 핵물질 확산 위험' 등의 TREC 임의 질의에 만족스럽지 못한 결과를 보였다. 가장 강력한 TREC 참가 검색 시스템조차 연관 문서의 절반만 찾거나 상위 10위 안의 반 이상이 비연관 문서였다. 이런 검색에는 www.ford.com과 같은 결정적인 답이 없으며, 한 문서가 다른 문서보다 더 중요하다고 식별하는 것도 어렵다. 심지어 TREC 임의 컬렉션에는 링크 구조나 텍스트 링크, 사이트 구조, 사용자 행위 데이터 등의 정보가 전혀 없었으며, 무엇보다도 이런 질의에 숨겨진 정보 요구를 만족시키기 위해 준비된 문서가 하나도 없었다. 더욱이, '구 소련 상황'은 '러시아', '우크라이나' (동일 용어의 러시아 문자) 등과 '핵 물질'은 'U-235', '플루토늄' 등과도 정합되어야 하는데, 질의 용어와 문서에 사용된 용어가 달랐다. 이런 검색 환경에서 그나마 우수한 검색엔진은 텍스트 연관 연산-질의확장(어미 제거, US-UK 변환, 유사 연관 피드백, 시소러스), 문서 크기 정규화, 연관 구절 가중치 상향 등-을 사용하여 다른 시스템에 비해 좀 더 좋은 결과를 내었다.

### 기업 검색 성능의 적정 위치는?

웹의 축소판과 같이 잘 조직된 인트라넷에서는 부서, 사람, 서비스 검색이 행복한 경험이 되겠지만, 찾는 정보가 데이터베이스내 평범한 텍스트 블록에 있거나 메타데이터나 명명 규칙 없이 비구조화된 파일 공동 저장소에 저장된 오피스 문서에 있다면 최저 성능은 더 낮아져 불행한 결과를 낼 것이다. 후자의 경우, 검색 컨설턴트는 최신 버전의 보고서와 초고를 구별하고 순위화 향상에 사용될 질의 독립 요소의 다양성을 확보하자고 조언하거나, 동시에 정보 생산과 저장에 검색 효과 향상을 위한 방법을 제안할 지도 모른다.

## 15.5 불만족의 잠재적 원인

기업 검색에 대한 직원의 만족도는 웹사이트 방문자의 만족도와 마찬가지로 종종 낮게 나온다. 만족도는 '검색과 검색가능성'에 의존적인데, 이는 검색 기술의 효과뿐만 아니라 정보와 서비스가 얼마나 효과적으로 구성되어 있는가를 말한다. 때때로 최상의 결과가 질의와 잘 맞지 않는 경우가 있는데, 이는 언어 문제(예로 '문'이라는 질의에 문서에는 '수동적인 개인 탈출 장치'라고 기술되어 있다)[16]나 질의 용어가 그림 형태(예: 문서 스캔)로 주어진 경우이다. 이런 경우, 검색 기술 수정보다는 정보 작성 방법을 향상시키는 것이 더 좋다.

우리가 알고 있는 대부분의 현재 검색 기술은 통계에 기반하고 있는데, 이런 시스템에서 한 질의와 연관된 문서의 순위화 점수는 질의와 문서(주석 포함)의 정합도와 이 문서가 유용하다(웹 검색과 같이)고 판단될 확률의 조합으로 결정된다. 가능한 기업 통계 점수의 요소에 대해서는 15.3.5절을 참조하라. 한 문서의 순위는 다른 문서들의 점수에 따라 결정되며, 특정 사이트에서 정보 생성 방법 변경을 통한 순위화 알고리즘 조정으로 큰 효과를 보기도 한다.

표 15.1은 특정 질의의 적정 문서 순위가 왜 높지 않은지에 대한 원인을 열거하고 있다. 그러나 정합과 순위화 문제는 기업 검색 전체 문제의 일부분에 불과하며, 놀랍게도 기업 검색의 많은 불만은 원하는 문서가 검색엔진의 색인에조차 없다는 데 이유가 있다! 표 15.2는 왜 이런 현상이 발생하는지에 대한 몇 가지 이유를 보여 준다.

16) Private Eye의 예.

매우 구체적인 질의를 사용해 원하는 문서가 색인에 실제 있는지 확인할 수 있는데, 예를 들어, 문서 제목으로 검색하거나 문서 URL로 검색해 본다.

기업 검색에서 순위화 문제를 야기하는 몇 가지 특정 정합 문제가 있다. 여러 대학에서 '맵(지도)'은 자주 나타나는 질의인데, 내향 링크가 많은 페이지나 텍스트 링크의 단어와 정합된 페이지가 검색되거나 '사이트 맵'이 검색되는 등 좋지 않은 결과가 나오기도 한다. 이와 비슷하게 총장 (또는 처장)에 대한 질의는 부총장(부처장)보다는 총장(처장) 페이지를 먼저 검색결과로 보여 주어야 하며, 또 공학사에 대한 질의는 공학과 무역 복수학위 보다는 해당 학위 정보가 먼저 나와야 된다.

이와 같은 정합 문제는 매우 많으며 이를 밝히는 일은 독자들의 몫으로 남겨둔다.

| | 주요 진단 | 특정 질의 | 조언 |
|---|---|---|---|
| 1. | 문서가 실제로 질의와 정합하는가? | • 모든 질의 용어가 문서 색인에 존재하는가?<br>• 당신은 은연중에 어미처리, 시소러스 확장, 부분 정합, 철자법, 의미 이해, 번역, 독심술을 염두에 두고 있는가? | 아마도 검색도구는 이런 것들을 지원하지 않을 것이다. |
| 2. | 이 문서가 다른 문서들보다 질의와 덜 정합되는가? | • 각 질의 용어가 문서에 얼마나 자주 출현하는가?<br>• 질의 용어가 특히 구(phrase)로서 상호 근접하여 출현하는가?<br>• 질의 용어가 문서의 앞쪽에 있는가?<br>• 질의 용어가 문서 제목이나 주요 머릿글에 나오는가(구로서)? | 많은 검색엔진이 이 질문 특징에 근거하여 점수를 부여한다. 질의 용어가 NOINDEX에 출현하지 않는지 확인할 필요가 있다. |
| 3. | 질의가 짧은 문서에도 잘 정합되는가? | | 많은 순위화 알고리즘은 문서 크기를 정규화하여 내용 정합 점수를 부여한다. |
| 4. | 상위 문서들이 질의와 정합된 좀 더 많은 내향 링크나 주석을 가지고 있는가? | • 질의 용어를 텍스트 링크로 사용한 웹 페이지로부터 링크를 받고 있는가?<br>• 질의와 정합된 분류에 따라 여러 번 태그되었는가?<br>• 이 질의에 대한 상위 문서에 사용자 클릭이 얼마나 많은가? | 이 특징은 웹이나 인트라넷 검색 질 향상에 효과적이다. |
| 5. | 상위 검색 문서가 얼마나 대중적이고 중요한지에 대한 특성이 있는가? | • 더 많은 내향 링크?<br>• 더 많은 분류 태그?<br>• 더 많은 사용자 클릭?<br>• 더 짧거나 간단한 URL?<br>• 더 최근에 수정? | 어떤 검색엔진은 이런 요소들을 보여주는 기능이 있다. |
| 6. | 상위 검색 문서가 서로 다른 저장소로부터 와서 원하는 결과를 보이는가? | • 순위화 함수가 '우연히' 특정 저장소 결과를 선호하는가? | 관리자가 특정 저장소를 먼저 검색하도록 하거나 다양한 저장소를 검색하도록 구성할 수도 있다. |
| 7. | 목적 문서가 순위상 다른 문서와 매우 유사한가? | | 최적의 문서가 거의 중복된 것으로 판정되어 제거되기도 하고 순위가 내려가기도 한다. |

**표 15.1:** 질의에 중요한 문서가 색인에 존재하지만 왜 상위로 검색되지 않는가?

| | 진단 | 조언 | 가능한 개선 |
|---|---|---|---|
| 1. | 문서가 존재하는가? | 놀랍게도 이 문제가 불만의 실제 원인이 되기도 한다. X라는 문서가 검색결과로 나왔는데, 실제 존재하지 않는다. | 사라진 내용을 생성 |
| 2. | 검색 범위 안에 존재하는가? | 이것도 실패의 흔한 원인인데, 찾는 문서의 위치(예로 외부 웹사이트)가 검색 범위에 포함되어 있지 않을 수 있다. | 범위를 가능한한 최대로 확대한다. 강제 범위 제한이 있으면 반드시 언급 |
| 3. | 나에게 열람 권한이 있는가? | 많은 문서들이 특정 직원에게는 접근 제한되는 것이 통상적이다. 로그인 했는지 확인? 회사는 어떤 문서를 열람 불가로 원할 수도 있다. | 적절한 권한 변환 필요 |
| 4. | 문서 수집기가 접근 가능한가? | 인트라넷이나 웹 사이트 문서가 링크되어 있지 않다면, 수집되어 색인할 수 없다. 또 데이터베이스나 공유 파일의 구성 오류는 내용을 빠트릴 수 있다. | 웹 컨텐츠가 링크되어 있는지를 inclusion과 exclusion 패턴이나 robots.txt, 로봇 메타태그에서 확인하라. |
| 5. | 만약 문서가 JPEG, PDF, MS 워드와 같은 이진 파일이나 특정 유형이면, 텍스트 내용을 추출할 수 있는가? | • 이런 유형의 필터가 설치되어 있는가?<br>• PDF라면, 텍스트 추출이 허가되어 있는가?<br>• 텍스트 내용이 이미지라면 OCR 기능이 있는가? 그렇다면 OCR 소프트웨어가 질의 용어를 혼동하지 않았는가? | 접근 가능한 형식을 사용하고 필요한 필터 설치도 확인하라. |
| 6. | 최근의 색인 수정에 문서가 포함되었나? | 수집, 여과, 색인 작업은 주기적으로(예: 매주) 수행되므로 마지막 수집 이후에 생성된 문서는 현재 색인에는 없다. | 수집 이력을 살피고 필요시 다시 수집하라. |
| 7. | 문서가 검색되지 않도록 표시되어 있는가? | • 문서가 관리자에 의해 숨겨져 있는가?<br>• 문서에 NOINDEX 태그나 주석이 포함되어 있는가?<br>• 문서 유효기간이 지나거나 폐기되었는가? | 출판 오류를 수정 |

**표 15.2:** 찾는 문서가 검색 도구의 색인에 왜 포함되어 있지 않은가?

## 15.6 맥락과 개인화(Context and Personalization)

색인이 갱신되지 않는 한, 단순 검색엔진은 동일 질의에 대해 누가 언제 했던간에 동일한 방식으로 동일한 결과를 검색한다. 그러나 현실에서는 사용자가 모두 동일하지는 않으며 다음과 같은 질문을 활용하면 검색 성능도 향상될 수 있다: 누가 검색하는가? 그들의 역할은 무엇인가? 관심 주제는? 왜 검색하는가? 어디서 검색하는가? 어떤 업무를 수행하는가? 이미 알고 있는 것은? 어떤 것을 이해할 수 있는가?

개인화된 정보검색은 개인화 연구의 넓은 분야 중 하나에 불과하다. Pierrakos 등[1262]은 이 광범위한 분야를 조사하여 개인화 시스템의 가능한 기능의 윤곽을 보여 주었다. 완전히 개인화된 기업 검색 시스템은 개인별 포털 구성 화면, 사용자별 정보 출력, 주문화된 GUI, 개인별 알림, 검색 이력, 검색 범위, 현재 논의와 가장 연관되거나 개인 요구에 집중된 검색결과 등의 기능을 제공할 수 있다.

만약 맥락을 알고 있거나 활용하면 개인별 검색결과는 향상될 수 있다. Teevan 등[1571]은 15명의 주제 전문가에게 특정 웹 검색 질의의 검색 의도를 명확히 알려준 뒤, 이에 대한 50개 웹페이지의 검색결과를 주고 '매우 연관', '연관', '비연관'으로 평가하게 함으로써 얻을 수 있는 이점을 정량화하였다. 주어진 질의에 대해 그들은 각자 다양한 입력 의도를 발견하였으며 의도가 같더라도 각자 결과 평가는 상당히 달랐다.

Pitkow 등[1275]은 48명의 웹 사용자를 초보와 유경험자로 나누어 검색 실험을 하고 실제 검색 효과에서 얻는 이점을 보여 주었다. 검색자와 웹 검색엔진 사이에는 클라이언트측 개인화 시스템인 Outride를 추가하여 그 이점을 연구하는데, Outride는 사용자 기반의 검색과 브라우징 이력, 사용 분석 통계를 제공하는 브라우저 추가 기능이다. 또 사용자 질의에 대한 방대한 결과 집합에 대해 검색엔진 후위에 다음 작업을 추가하였다: 각 결과는 '선택'과 '미선택'으로 분류되고 사용자 분석을 표현하는 벡터공간에 참고자료로 재순위화 하였다. Pitkow 등은 이 방법을 통해 검색 완료 시간과 마우스 클릭이나 키보드 입력 같은 사용자 행위수를 현저히 줄일 수 있음을 관찰했다.

검색 도구의 행위는 그룹, 개인, 업무 특성에 따라 달라진다. 소위 '용도 기반' 정보검색에서 Pitkow 등[1275]은 검색 시스템을 용도에 따른 데이터 그대로 사용하거나 필요한 수준의 대체 시스템으로 사용할 수 있음을 지적하였다. 즉, 회사내에서는 각 개인에 대해 그들의 조직내 역할, 수행 업무 등을 알고 있으므로 맥락에 따른 검색 가능성이 존재한다. 그러나, 본 저자는 기본 검색 기능이 항상 제공되어 검색자가 자신의 검색 특징에 대한 가정을 직접 선택할 수 있어야 한다고 확신한다.

다음 맥락 검색 논의에서 검색엔진이 순위화 향상을 위해 검색결과를 문맥상에서 제어하거나 특정 요구에 따라 최적화할 수 있는 수단이 있는지를 우선 검토한다. 다음으로 클라이언트측과 서버측 맥락을 논의하는데, 검색 맥락 벡터가 잠재적으로 고차원이라는 점과 검색 환경 설정에 따라 어떻게 차원을 축소할 수 있는지, 이 값이 어떻게 결정되는지, 검색 서버와 어떻게 통신하는지를 설명한다.

### 15.6.1 맥락 제어 수단

유용한 정보가 검색 요구 맥락과 연관된 것이라고 가정하면, 어떤 수단을 통해 이 맥락이 검색 시스템의 행위에 영향을 미칠 수 있을까? 검색엔진 조정에는 일반적으로 다음의 다섯 가지 항목이 있다: 범위, 통계 순위화, 질의 조정, 동적 순위화, 출력. 특정 개인이나 그룹을 위한 이 항목들의 조정은 검색 프로필에 저장되는데, 여기서는 여러 형식의 프로필과 정의에 대해 살펴본다. 물론 효과적으로 정의할 수 있는 완전 전역 프로필(complete global profile)도 있지만 이 경우, Pitkow 등[1275]이 서술한 방식으로 그룹이나 개인, 업무와 연관된 부분 프로필에 의한 특정 검색에서 중복될 수도 있다.

#### 범위 조정(scoping)

검색의 범위는 질의와 정합되어 사용자에게 출력할 수 있는 모든 문서집합이 된다. 범위 조정은 검색에 포함될 저장소, 문서 정합에 적용할 배제 필터, 특정 검색에 적용되는 접근 제한 등에 의해 수행된다. 범위는 맥락 검색을 위한 강력한 도구인데, 예를 들어, 연구 개발 부서의 기술자는 CRM이나 재정에 관한 정보 저장소가 검색에서 배제되는 것을 선호한다.

배제 필터(Exclusion filter)는 파일 형식, 미디어 형식, 장르, 독자 연령, 날짜, URL 패턴, 메타데이터 특징에 기반한 저장소를 배제할 수 있다. 개인화 범위에 대해서는 앞에서 이미 언급했는데, 검색결과에 접근 권한이 없을 경우, 해당 문서들은 배제되고, 웹상에서 또 다른 친밀한 예는 성인물 배제의 경우인데, 개인(또는 부모)의 선호가 검색결과의 범위 결정에 사용된다. 다행히 이런 성인 정보가 대부분의 기업환경에서는 거의 없지만 유사한 여과 기술이 특정 문서 유형(예: 기술 매뉴얼)이나 특정 개인, 그룹의 인트라넷 사이트(예: 사내 어린이집이나 남성 하키 팀)를 배제하는데 사용된다.

개인 메타검색[1580, 1583]도 범위조정의 특수 예로 각 개인은 자신에게 중요한 정보 소스를 선택한다. 그림 15.5와 같이 개인 메타 검색 시스템은 특정 질의에 대해 정보 소스의 특성, 개인의 과거 행위에 근거하여 정보 소스의 부분집합을 선택한다.

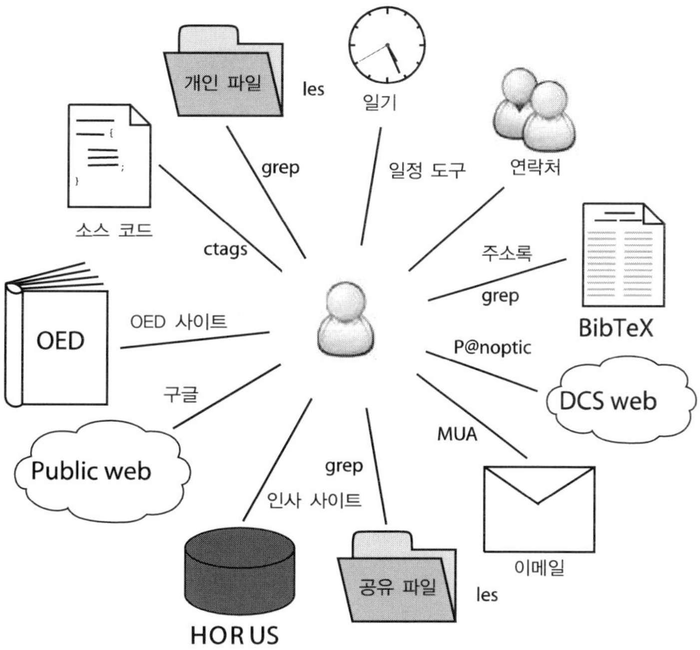


**그림 15.5:** 이 특정 개인의 메타 검색 구성은 통합된 검색에 포함된 다양한 정보 소스 집합을 보여 주는데, 개인, 그룹, 기업, 외부 수준에 따른 정보 소스가 존재한다. 이 그림은 Paul Thomas[1581]의 허락하에 게재하였다.

### 편향(Biasing)

특정 분류를 범위 조정에 의해 모두 배제하는 대신, 순위화 알고리즘을 통해 편향시키는 것이 더 효과적이다. 이미 본 것과 같이 현재의 기업 검색 시스템은 저자 인기도 점수(예: HITS, OPIC, PageRank)나 사용자 인기도 점수(예: 클릭 기반 점수), 문서의 최신성 등과 같은 질의 독립 요소들을 조합한 가중치를 순위화 함수의 통계 요소로 포함하고 있다. Jeh와 Widom[831]은 전역 PageRank 벡터를 개인화된 부분 벡터에 추가하여 페이지 중요도나 웹상의 인기도를 개인화된 관점에서 확장 가능한 시스템을 소개하였다. 이런 방법은 특정 기업 웹과 연관이 되지만 그 규모는 매우 작아 조직내 사용자 그룹이나 개인 벡터 처리에나 가능하다. 사용자 인기도 데이터 맥락의 명확한 형태는 사용자 상호작용 데이터를 개인 또는 그룹 단위로 저장하여 비슷한 대상에 대해 사용하는 것이다.

범위 조정에 사용된 모든 요소는 검색결과 편향에도 사용될 수 있다. 예를 들어, 기술 매뉴얼을 배제하는 대신, 순위를 낮출 수 있는데, 다른 형태의 연관 문서가 거의 없다면, 기술 매뉴얼이 검색된다. 또 고위 경영진이 작성한 문서는 가중치를 높이거나 낮출 수도 있다. 요약하면, 검색 시스템은 맥락에 근거한 질의-독립 가중치 벡터를 사용함으로써 사용자 만족도를 높일 수 있다.

### 질의 조정(Manipulating Queries)

검색자가 던진 질의는 결과 맥락에 따라 여러 방식으로 조정될 수 있는데, 간단하게는 모호한 질의 용어를 그룹에 적절한 시소러스를 사용하여 조정할 수 있다. 예를 들어, 질의 'CRM'은 영업 부서의 경우 'customer relationship management(고객 관계 관리)'로 풀어 쓰거나 생산 부서의 경우, 'carbon reinforced mouldings(탄소 강화 주조)'로 변경할 수 있다.

질의확장의 자동화나 정교화 수준은 Teevan 등[1570]이 서술한 유사-연관 피드백 기술의 변형을 사용하여 가능하다. 이 방법은 사용자의 웹 검색 질의를 사용자 개인 컴퓨터 문서 검색에 근거한 유사 연관 피드백을 사용하여 확장하고 웹 검색엔진에서 검색된 결과 문서수가 일정 수준을 넘으면, 확장된 질의를 사용하여 지역적으로 재

순위화한다. Teevan 등은 순위화에서 작지만 통계적으로는 중요한 향상을 보여 주었다.

**동적 순위화 함수 조정(Manipulating the Dynamic Ranking Function)**

4장에서 본 것과 같이, 질의와 문서 연관성 점수를 위한 대부분의 함수는 파라미터화되어 있다. 특정 파라미터 설정이 어떤 사용자에게 왜 잘 맞는지 직관적으로 명확하지는 않지만, 특정 사용자나 그룹에 대해 검색 질을 향상시키기 위해 이 파라미터를 조정할 수 있다. 또 어떤 그룹에게는 텍스트 주석을 범위에 포함시킴으로써 효과를 볼 수도 있고, 개인에게는 비슷한 부류가 적용한 대중분류 태그만 적용하고 이들이 속한 그룹에는 클릭 연관 질의만을 고려할 수도 있다.

특정 언어 특징이나 변형이 어떤 사용자들에게 잘 맞기도 하는데, 예를 들어, 사용자에 따라 강한 어미 처리, 약한 어미 처리를 선호하거나 특정 언어용 어미 처리를 할 수도 있다. 또 영어 철자는 미국식이나 영국식을 자동으로 융합하면 특정 업무에 이점이 있으며, 어떤 이는 'canon'과 'canõn' 같은 액센트의 동일시에 대해서도 호불호가 있다.

어떤 순위화 함수는 검색결과의 다양성을 향상시키기 위한 요소들을 포함하기도 하는데, 예를 들어, Carbonell과 Goldstein[332]은 최대 경계 연관성(maximal marginal relevance)을 사용하였다. 이 방법에서 한 문서의 최종 순위는 검색된 문서 벡터공간의 중심과 얼마나 떨어져 있는지와 질의 유사도를 조합하여 결정하였다. 또 다른 기법은 정보 소스나 결과 형식의 다양성을 확보하려 하였는데, 다양성의 정의와 이에 대한 보상은 각 개인이나 그룹 기반으로 구성할 수 있다. 그러나, 현실적으로 이를 사용하고 있는 예는 없었다.

**인터페이스 차별화(Customization of Human Interfaces)**

검색결과 출력을 개인이나 그룹에 따라 어떻게 차별화하는지에 대해서는 여러 방법이 있다. 당신은 순위에 따른 결과 목록과 작은 그림 격자(thumb nail grid) 중 어떤 것을 선호하는가? 또 검색한 페이지에 간결하지만 많은 양의 결과를 포함 시키는 것과 양은 작지만 자세한 결과를 포함시키는 것 사이에 어느 쪽을 원하는가? 색과 폰트의 선호도는? 언어 선호도는? 만약 결과 목록보다 요약이나 각 개별 결과의 격자(grid)를 볼 수 있다면 어떤 것을 선택하겠는가? 패싯 숫자(facet counts)나 질의 추천 등의 다른 추가 기능이 있다면 선택은? 검색 상위에 강조된 뉴스 기사가 있다면 보겠는가? 검색결과를 화면상에 보여 주는 대신 읽어주는 기능이 있다면 선택하겠는가?

앞의 예들은 결과 출력에 적용할 수 있지만, 차별화는 입력 측에서도 얼마든지 가능하다. 당신은 질의를 타이핑하거나 말하거나 손으로 쓸 수 있다면 어떤 것을 선호하는가? 또 질의 입력에 자동 생성 기능은? 질의 이력에서도 개인별이나 당신이 속한 그룹의 공유 이력이 있다면? 이런 이슈의 많은 부분이 접근성과 연관되어 있으며, 기업 검색 맥락에서는 매우 중요하다. 만일 능력이 부족한 직원이 회사의 이런 검색 기능을 사용할 수 없다면 생산성을 올리기는 어려울 것이다.

마지막으로, 직원이 기업 검색 시스템에 한정적인 화면의 모바일 기기나 전화로 접근할 수도 있는데, 이상적으로는 이런 기기의 한계나 능력을 검색 시스템이 인식하여 적절한 대응을 하면 좋을 것이다. 웹상에서는 모바일 기기의 GPS 시스템이나 IP 주소를 지역화에 사용할 수 있는데, 검색결과 구성이나 상호작용의 형태를 사용자가 있는 나라나 지역에 따라 대응할 수도 있다. 몇몇 다국적 기업은 이런 기능을 내부적으로 활용할 수 있지만, 대부분의 다른 회사들이 제공하기에는 너무 지엽적으로 작은 문제이다.

### 15.6.2 맥락: 지역적 또는 전역적?

맥락에 대한 대부분의 앞선 논의에서 맥락이 검색의 어느 부분에 관여하는지가 매우 모호하다. 개별 직원들이 PC를 개인적으로 사용하는 데 있어서는 충분한 지식과 정보를 가지고 있지만, 가끔 파일과 이메일이 저장되어 있는 중앙 서버나 워크그룹 서버를 통해 중앙 집중식으로 운영되는 경우도 있다. 이런 경우에도 PC는 단독으로 운영되어야 하는데, 회사의 IT 정책상 노트북을 집이나 고객 사이트, 회의실에서 사용할 수도 있기 때문이다. 어떤 경우에도 PC는 방대한 개인의 상호작용 데이터(무엇을 받았고, 다운로드했고, 보았고, 저장했고, 보냈고, 편집했고, 인쇄했고, 북마크했고, 검색했는지)를 수집할 수 있다. 또 PC는 외부 동작들(어떤 소셜 네트워크에 접속해서 데이터를 주고 받았는지, 무엇을 '트윗'[17]하고 주고 받은 메시지는 무엇인지)도 모니터해야 한다.

개인화에 유용한 대부분의 정보는 원천적으로 개인 PC에서 수집되는 것이 당연하지만, 회사 서버나 검색, 그 외 서비스(ISP)와 같은 회사 외부로부터 수집되기도 한다. 아직 소규모이기는 하지만 점차 증가하고 있는 이런 예외가 모바일 장치에서는 대량의 통신과 정보 교환으로 발생하고 있다. 어떤 임원은 이메일 교환을 블랙베리나 아이폰 같은 장비를 통해 수행하는데, 이메일과 연락처를 PC와 동기화시켜 놓는다.

맥락의 주요 요소는 수행되는 업무 특성(15.2절에 몇 가지 예가 있음)과 연관되어 있다. 기업내에서는 이를 활용할 잠재성이 더 큰데, 각 업무는 현재 수행되는 응용 프로그램과 정확히 연계되기 때문이다. 예를 들어, 한 직원이 회사의 프로젝트 비용 예측 수행 중에 검색을 한다면, 프로젝트 비용 예측이라는 맥락 안에서 검색이 수행될 거라고 추론하는 것이 합리적일 것이다. 더욱이 검색 함수가 응용 프로그램에 내장되어 있다면 이런 추론이 좀 더 신뢰할 수 있게 된다.

#### 클라이언트 또는 서버?

앞에서 서술했듯이, 개인화나 맥락의 다른 형태에 유용한 정보 대부분은 개인 PC에서 발생한다. 즉, 클라이언트 PC는 검색을 위한 개인이나 업무 프로필을 위한 최적의 장소이다. 만일 이 프로필이 보안된 PC에만 저장되어 있다면, 앞에서 언급한 사생활 위험이 제어되어야 한다. 불행히도 외부 검색엔진(웹 검색엔진과 같은)에서 수행된 개인 검색의 일부분이 클라이언트 PC가 아닌 곳에서 수행되기도 하는데, 여기가 범위 조정, 통계값, 순위화 조정을 통해 충분히 효과적인 곳이 된다.

개인화의 도움으로서 웹 사용 마이닝(Web Usage Mining) 조사에서 Pierrakos 등[1262]은 클라이언트 측의 로그인 툴바에서부터 서버측 패키지 탐지, 클라이언트와 서버 사이 여러 지점의 웹 로그, 서버 로그 등에 이르기까지 다양한 방법의 웹 사용 데이터 수집 방법을 보여 주었다. 또 이들은 원격 수집 데이터에서 개인과 세션의 경계를 신뢰있게 구분해내기가 어렵다는 점도 보여 주었다.

웹 검색엔진은 개인의 프로필 정보를 저장하고 쿠키를 이용해 각 질의를 유지한다. 그러나 개인이 여러 검색엔진을 사용하거나 이메일이나 문서를 검색엔진과 공유하지 않는다면, 이런 프로필은 불완전하며 이 프로필조차도 특정 검색엔진에서 제공하는 개인화 정보일 뿐이다. 반면, 개인 메타 검색을 포함한 회사의 검색 시스템은 개인화에 좀 더 유용하며 사생활 이슈도 쉽게 처리할 수 있다.

물론, 상호작용 이력과 외부 검색엔진의 과거 프로필을 비교하는 것도 가능하지만, 여러 문제가 발생한다: 사생활 침해, 검색엔진에 프로필의 유용한 부분을 효과적으로 참고하는데 따른 네트워크 트래픽이나 서버 부담증가.

### 15.6.3 프로필의 개인정보

상호 이력과 개인 검색 프로필의 개인정보 보호는 꼭 필요하다. 이 개인 정보는 경쟁자에게 가치있는 정보를 제공하기도 하고, 표적 광고에 매우 유용한 데이터이기도 하며, 현실성이 떨어지는 시나리오이긴 하지만, 이혼 담당 변호사나 협박범, 경찰, 해외정보국에게는 강력한 정보이기도 하다. 일반인들보다 회사에 속한 사람들의 프로필 정보가 훨씬 중요하다는 점을 잊지 말자. 부유한 기업 매수자나 미국 연방 준비 은행의 사장에 의해 수행된 검색과 읽은 문서에 대한 정보는 주식 투자자에게는 아마도 매우 관심 있는 정보일 것이다. 또 어떤 그룹은 한 나라의 대통령이나 마약수사대 대장의 검색 프로필에 더 많은 가치를 부여할 것이다!

17) http://twitter.com

1997년 월드와이드웹 컨소시엄에 프로필 정보를 안전하게 교환할 수 있는 개방형 프로필 표준(Open Profiling Standard)[18] 제안이 접수되었으나, 지금까지도 수용되지 않고 있다.

### 15.6.4 프로필 정의, 생성, 유지

검색 행위의 전체 맥락에 관심이 있거나 마이라이프비츠(my life bits)[19]의 모든 정보와 기상 정보, 지리 정보, 심리 정보, 사회 요인까지 포함하여 연관된 맥락으로 고려하는 연구자들이 있다. 다른 말로 하면 이들의 목적은 개인 검색을 향상시키는 것이 아니라 개인과 그들의 온라인 행위 모두를 이해하는 데 있다.

좀 더 평범하고 실용적인 차원으로 제한하면, 특정인에 의한 특정 검색을 최적화하기 위한 여러 환경 설정을 정확히 저장하는 일은 매우 어려울 것이다. 앞에서 언급한 검색 프로필 생성에 유용한 상호 정보는 각자의 운영체제 수준이나 브라우저의 추가기능이나 플러그인, 기타 개인적 또는 기업 응용 프로그램에 저장될 수 있다. 이런 모든 상호 이벤트(객체)와 발생 시간을 모두 저장하는 것은 쉬운 일이며[17, 1570], 이들보다 덜 완전하긴 하지만 사용자와는 거리가 있는 프록시 서버나 검색엔진에 저장할 수도 있다.

또 다른 질문은 어떤 프로필이 검색에 적용될 것인가를 어떻게 결정하는가이다. 동일인이라도 특정 시간에 따라 다른 프로필을 선호하기도 한다. 이런 경우, 100% 정확한 프로필을 자동으로 결정할 수 있는가? 그렇지는 않을 것이다. 또 어떤 프로필이 가능하며 그들의 차이점에 대해 혼동없이 사용자에게 설명할 수 있는가? 기업 환경에서 가장 최적의 방법은 영업, 인사, 연구개발, 기본과 같이 명확하게 이름이 부여된 그룹 프로필 중에서 사용자가 원한다면 선택하게 하는 것이다.

### 15.6.5 사용자 모델링

프로필을 자동으로 생성하는 과정을 사용자 모델링으로 설명할 수 있는데, 사용자 모델에는 수많은 종류가 있다.

#### 온톨로지 벡터(Ontology Vectors)

Pretschner와 Gauch[1302]는 사용자 프로필을 4,400개의 계층화된 카테고리를 갖는 온톨로지 가중치 벡터로 구성한 시스템을 제안하였다. 각 카테고리는 해당 분류의 대표성을 갖는 10개의 문서 혼합물로 표현된 문서 벡터로 표현하였다. 사용자가 어떤 웹 페이지를 방문하면 이 페이지와 각 카테고리의 유사도를 계산하고 프로필 가중치는 이 유사도와 머문 시간, 페이지 크기로 갱신된다. 이 연구에서 프로필은 시간이 지남에 따라 수렴되는 것을 보였으며 이렇게 수렴된 프로필은 검색 시스템 후위에서 재순위화나 여과에 사용될 수 있음을 보였다. 여과 결과는 미약했지만 재순위화를 통해 얻은 11점 평균 정확률의 향상은 작지만 의미가 있었다.

이 절의 앞부분에 기술한 것과 같이, Pitkow 등[1275]은 비록 매우 다른 평가 방법이긴 하지만, 중대한 진전을 달성하였다. 이 연구에서도 상세하지는 않지만 온톨로지 벡터 프로필을 사용하였으며 재순위화뿐만 아니라 질의 확장도 사용하였다.

#### 연관 피드백 기법

Teevan 등[1570]은 서로 다른 사용자 프로필에 근거한 검색결과 중 상위 50개의 문서를 재순위화하였다. 사용자가 최근에 방문한 도메인의 URL 순위를 상승시키는 단순한 방법으로도 검색 성능이 매우 좋아졌다. 좀 더 복잡한 모델에서는 사용자 PC의 검색 도구, 즉 모든 파일, 웹 페이지, 이메일 메시지의 색인을 사용하였다. PC 색인은 마치 유사-연관 피드백 엔진으로서 웹에서 검색된 50개의 결과를 재순위화하는 데 이용된 질의확장에 사용되었다. 그

18) http://www.w3.org/TR/NOTE-OPS-FrameWork
19) http://research.microsoft.com/en-us/projects/mylifebits/ 마이라이프비츠(My Life Bits)는 글자 그대로 내 인생의 모든 정보를 디지털로 바꿔 저장한다는 마이크로소프트(MS)의 야심찬 연구 프로젝트다.

러나 불행히도 원래 웹 순위화와 URL 재순위화 방법이 이 고수준의 개인화된 재순위화 방법보다 성능이 우수하였다. 그러나, 순수 웹 순위화에 개인화된 순위화를 혼합한 방법은 작지만 중요한 향상을 보였다.

Waern[1662]의 사용자 프로필 연구는 사용자가 수동 또는 자동으로 구축한 긴 용어 목록을 포함하는데, 이 연구에서는 사용자가 기계 학습 프로필을 향상시킬 수는 없지만, 자동 생성된 프로필의 오류를 수정함으로써 프로필 유지에는 사용자 참여가 꼭 필요함을 밝혔다.

#### 클릭을 통한 사용자 특성화

Joachims[841]가 클릭 정보를 사용하여 더 나은 순위화 함수를 만들 수 있음을 이미 앞에서 살펴보았고, 이 클릭 정보를 개인화에 사용할 수 있다고 언급하였지만 결과를 보고하지는 않았다. Dou 등[508]은 마이크로소프트 검색 엔진 이력을 사용하여 다섯 가지 개인화된 검색 방법을 대규모로 평가하였는데, 이 중 두 가지는 클릭에 기반하고 있고 나머지는 자동으로 얻은 프로필에 기반하고 있다. 개인화 요소는 질의에 따라 결과가 다르게 나왔는데, 어떤 것은 검색의 질이 매우 향상되었지만 또 다른 경우에는 더 나빠지기도 하였다. 클릭이 많은 질의가 개인화에서 가장 결과가 좋았으며 단순 클릭 기반 개인화도 일관성있게 좋은 영향을 미쳤으나 사용자 관심사항을 모은 프로필은 안정적인 결과를 가져오지 못했다. 사용자의 과거 클릭에 전적으로 근거한 방법은 질의를 던진 사용자에게는 효과가 있었다. 이 한계를 극복하기 위해 공통의 관심사를 가진 사용자들을 묶은 그룹에 대한 클릭 패턴을 찾고 이 그룹 클릭 이력을 개인화에 사용해 보았지만, 개인 또는 그룹 클릭 프로필 결과는 미미하였다.

#### 언어 모델

Tan 등[1556]은 정보검색의 언어 모델 틀을 확장하여 단기(세션)간 또는 장기간 클릭 행위에서 언어 모델 이력을 수집하였다. 이런 이력 모델은 프로필의 또 다른 형태로 간주된다.

#### 페이지랭크 편향(Biasing PageRank)

상당히 다른 형태의 사용자 프로필로 Jeh와 Widom[831]이 제안한 개인화 페이지랭크 벡터 모델이 있는데, 15.6.1절에서 이미 설명하였다.

### 15.6.6 내포 측정값(Implicit Measures)

Kelly와 Teevan[896]은 검색에서의 사용자 행위, 여과, 추천에서 얻은 내포 측정값 사용을 제안하였다. 이 논문의 표1은 사용자 행위의 다섯 가지 부류(검사, 보관, 참고, 주석, 생성)를 보여 주었는데, 이들은 프로필 구축에서 관찰되거나 사용되었다. 또 이 표는 계층에 특화된 행위로서 최소 범위를 밝혔는데, 표 1 그리드에 수많은 이전 연구들을 할당한 표 2도 제시하였다.

마이크로소프트의 연구자들은 웹 검색결과의 질을 향상시키기 위해 이 내포 측정값(브라우저의 도구 버전에서 얻은)을 광범위하게 적용하였다. Fox 등[580]은 클릭 정보나 페이지에 머무는 시간과 같은 내포 측정값의 확률적 조합을 수립하였는데, 이는 사용자에 의한 명백한 평가를 정확히 예측할 수 있었다. Agichtein 등[18]은 이 연구를 확장하여 질의 종속 측정값을 포함시키고 소음에 강한 분산 모델을 제안하였다. Agichtein 등[17]은 내포 측정값이 대규모 기계 학습 틀과 결합되었을 때 웹 검색 성능을 향상시킬 수 있음을 보여 주었는데, 원래의 결과 집합을 재순위화하거나 기본 순위화 함수에 결합하였다. 이 연구는 3,000개의 질의와 천이백만 사용자의 상호작용을 포함했다. 이 연구들 중 어느 것도 내포 측정값을 개인화 목적으로는 사용하지 않았지만, 개인 또는 그룹 프로필 구성에 사용될 잠재적 가능성은 충분하다. 회사 간의 차이나 상호 작용 데이터의 빈약함 때문에 이 교훈이 해당 기업에 얼마나 적용될 수 있을지는 확실하지 않다.

White 등[1687]은 명확한 연관 피드백이 이점이 있지만, 검색자들에게는 부담이 된다는 점을 지적하였다. 이들은 연관 피드백의 내포 버전(implicit version of relevance feedback; IRF)을 제안하였는데, 연관성 평가를 유추하기 위해 읽기, 스크롤링, 저장과 같은 사용자 행위를 사용하였다. 비록 IRF가 효과적인지는 명확하지 않지만, 특히 초보자와 같은 사용자는 이를 선호하였으며 좀 더 복잡한 검색이나 검색 행위의 중간 단계에 더 유용함을 보였다.

### 15.6.7 정보 여과(Information Filtering)

검색결과의 개인화는 정보검색(Information Retrieval; IR)과 정보 여과(Information Filtering; IF)를 동시에 수행하는 것과 같다. Hanani 등[696]은 IR과 IF를 위한 상세한 개념 틀을 제시하고 이 둘을 비교하는데, 일반적인 검색결과가 생성되면 사용자가 관심없을 만한 것들을 제거함으로써 정보 여과가 수행된다. 개인화는 즉각적인 요구(질의)의 간결한 정의와 좀 더 확장된 장기 프로필을 조합함으로써 좀 더 나은 검색결과를 얻는데 목적이 있다. 라우팅과 알림 시스템의 경우, IR과 IF가 조합된 기술을 여전히 가지고 있지만, 즉각적인 질의가 없는 대신, 장기 프로필이 검색 서비스에 등록되어 있다. 새롭게 생성되거나 발견된 문서가 이 프로필과 정합되고 그 결과 충분히 만족되면, 이 문서는 사용자에게 이메일이나 RSS 피드를 이용해 전달된다.

수십 년 동안 Lexis-Nexis와 같은 조직은 사용자가 불리안 질의로 구성된 프로필을 등록해 놓으면, 이 필터에 정합된 모든 문서를 보내주는 정보의 선택적 배포(selective dissemination of information; SDI) 서비스를 제공해왔다. 이 모델에서 사용자는 여과 질의 생성의 책임이 있으며 중요한 문서를 빠트리지 않기 위해 이를 관리하고 관심없는 문서에 대해서도 비용을 지불해야만 한다. 최근에는 구글도 자신의 웹 검색엔진에 이와 유사한 알림 기능을 제공하고 있는데, 사용자가 등록해 놓은 질의에 대해 상위 결과로 나온 문서중 최신 문서가 알림 기능으로서 사용자에게 보낼 대상이 된다. 구글의 연구자인 Yang과 Jeh[1740]는 이 알림 서비스의 인식 문제에 대해 사용자의 검색 이력으로부터 알림 프로필을 자동으로 추출하는 방법을 제안하고 평가하였다. 이 방법의 어려운 점은 사용자의 질의 이력에서 새 문서를 보고싶어 할 만큼의 지속적인 관심을 찾아내는 일이었다.

정보 여과에 대한 또 다른 접근 방법은 개인과 그룹을 자동으로 연계시키고 결과를 차별화하기 위해 그룹 프로필을 사용하는 것이다. 이를 협동 여과(Collaborative Filtering; CF)라고 하는데 때때로 사회적 추천 시스템(Social Recommender System)으로 불리기도 한다.

### 15.6.8 사회적 추천 시스템

웹이나 기업의 최신 검색엔진은 일반적인 협동 여과를 기본 순위화 기법에 포함하고 있어서, 여러 저자에 링크된 문서, 여러 독자가 태그하거나 클릭한 문서는 높은 통계 점수를 받고 결과 순위에서도 상위에 위치한다. 따라서 개별 검색자는 여러 저자, 브라우저, 검색자의 지혜로부터 이득을 얻을 수 있다. Resnick과 Varian[1343]은 여러 추천 시스템과 이들이 어떻게 동작하는지를 소개하였는데, CF 틀 안에서 개인화를 달성하기 위해 전체 사용자 중에서 그룹을 인식하고 각 개인을 적절한 그룹과 연계시킨다.

Heer와 Chi[740]는 xerox.com 웹 사이트의 사용자 세션을 분류하는 방법을 연구하였는데, 현실적인 정보검색을 수행하기 위한 사용자 연구를 수행하였다. 브라우징 경로나 페이지에 머무는 시간과 같은 요소 조합을 사용해 매우 높은 클러스터링 정확률을 달성할 수 있었다. 그러나 새 방문자나 새 브라우징 세션이 얼마나 빨리 분류되고 사용되어 검색 성능을 향상시키는지는 명확하지 않다.

온라인 쇼핑 사이트는 고객이 좋아할 만한 상품에 대해 고객의 관심을 끌어들여 매출을 효과적으로 증대하고 싶어 한다. 'X라는 상품을 구매한 고객은 Y라는 상품도 같이 구매한다.' 이 문제는 한 고객이 선택한 상품(누적된 구매 상품 목록)을 질의로 해서 연관된 상품을 찾음으로써 가능하다. 그러나 Linden 등[1036]이 지적한 바와 같이, 아마존은 고객이 대량의 구매를 한 경우, 검색 기반 방법은 실패할 확률이 높아진다. 그 대신 오프라인 상에서 계산된 상품-상품 유사도를 이용한 연관 상품 방법을 사용하는데, 동일 고객에 의해 두 상품이 구매되는 경향이 있으면, 두 상품은 밀접하게 연관되어 있다고 간주된다.

내용 기반이고 협동적인 혼합 여과 방법에 대한 종합적인 검토는 Adomavicius와 Tuzhilin[15]을 참조하라.

## 15.7 연구 동향 및 쟁점

기업 검색의 도전은 모든 문서 내용에 대해 단일-질의 검색 인터페이스로 지식-집약적인 조직을 제공하는 것이다. 이상적인 기업 검색 도구란 비즈니스 지능 분석, 법 집행을 위한 프로필 작성, 지식 마이닝, 보고서 생성, 다중-문서 요약등과 같은 추가 기능을 지원하는 충분한 질의 결과를 제공하는 것이다. 또 기업 검색은 여러 저장소로부터 문서와 데이터를 가져와서 서로 호환되고 접근 가능한 형식으로 변환하기 때문에 이런 기능들을 위한 자연스러운 플랫폼이 된다. 최근에는 상업적인 검색 상품이 비즈니스 응용을 밀접하게 지원하고 통합하는 추세다.

그러나, 이 장의 소개부분에서 지적했듯이, 기업 검색 시스템이 현재의 웹 검색엔진만큼의 사용자 만족 수준에 도달하지 못했다는 증거는 풍부하다. 상대적으로 기업의 정보원을 모두 포함하여 검색했을 때, 가장 유용한 결과를 일상적으로 얻는 사람은 거의 없다. 효과적인 기업 검색이 매우 큰 생산성과 경쟁력을 가져온다는 점에서 이런 상황은 놀랍기만 하다. 이의 주요 원인은 기업 문서나 정보의 기밀성과 회사마다 다양한 차이 때문에 적절한 기업 검색 테스트 컬렉션이 없고 다시 이 때문에 기업 검색의 특정 문제에 대한 연구가 부족하기 때문이다. 다행히 기업 검색 공간의 일부에 대해 테스트 컬렉션을 개발하려는 움직임이 있으며 기밀성 문제도 곧 극복할 수 있어서 연구에 가속도가 붙을 것 같다.

한편, 기업 검색의 중요한 영역에서 연구가 계속되고 있다. 첫째로, 분산 정보검색이 있는데, 그 중에서도 특별히 개인 메타 검색은 기업의 이질적인 정보원을 조합하는 문제와 연관되어 있다. 둘째로, '방화벽 뒤에서' 웹 검색 순위화 요소와 유사한 효과를 찾는 능력이다. 셋째는 개인화, 특성화, 검색결과의 다양성 지원이다. 넷째는 동의어 탐지, 본질 추출, 번역, 요약, 질의 추천과 같은 언어적 기능이다.

기업 검색의 도전은 시스템 초기 생성부터 출판 과정에 이르기까지 모든 요소에서 노력이 필요하며, 진전이 있긴 하지만, 공학, 연구, 표준 채택, 상업적인 행위에 이르기까지 더 많은 노력이 필요하다.

## 15.8 참고문헌 고찰

수집, 색인, 순위화, 결과 표시, 요약, 멀티미디어 검색을 다룬 다른 장에서 다룬 일반적인 정보검색 문제가 기업 검색 영역에서도 모두 중요하므로 독자들은 관련 장을 참고하기 바란다. 본 장은 기업 검색의 독특한 특성에 초점을 맞추었다.

첫째, 기업에서 해결해야 할 많은 공학적 시도[9, 274, 675, 719, 1535]가 있다. 이에는 색인을 위한 양질의 텍스트 코퍼스 획득, 여러 저장소나 기업에 적용된 여러 응용 시스템 적응, 문서 추출, 텍스트를 포함하는 공유 파일의 효율적 검사, PDF나 오피스 문서와 같은 이진 파일에서 정확하고 효율적인 텍스트 추출, 보안 시스템에서의 인증 등이 포함된다. 어떤 저장소에서는 문서 추출이 불가능한 경우가 있는데, 이런 경우는 기업의 주 검색도구를 사용하여야 한다.

둘째, 링크 정보와 같이 순위화에 가치가 있는 정보가 일부에만 존재하고 있는 이질적인 컬렉션에서 문서를 순위화하고 결과를 표시하는 문제가 있다. 우리가 아는 범위내에서는 매우 이질적인 컬렉션에서 단일-색인 검색을 최적화한 예는 거의 없다. 분산 정보검색의 방대한 참고문헌 중에 Thomas[1580, 1583]의 박사 논문과 Stuff I've Seen 시스템[518]이 이질적인 저장소 연결과 관련이 있을 뿐이다. TREC 임의 컬렉션을 인위적으로 분리하여 모의 실험한 것들이 있지만, 이들이 기업 연결 맥락에서 적용할 수 있을지는 불분명하다.

셋째, 전형적인 결과 표시에서 검색자가 보고 싶지 않은 문서를 제거하기 위한 여과[127] 기능을 초기 순위 문서에 적용하는 것이 일반적이다.

넷째, 문서 기밀성이나 정보의 양, 저장소의 개수, 문서의 유형 개수, 수행된 검색 속성 면에서 기업마다 너무 다양하기 때문에 기업 검색 평가 문제는 더 어려움이 있다. 이런 이유로 기업 검색 연구나 '공장에서' 기업 검색 시스템을 조율하는 것이 어렵다. Hansen과 Järvelin[697], Freund 등[589, 590], Hertzum과 Pejtersen[756]이 실제 기업 검색을 연구하였으며, Craswell 등[439], Bailey 등[126]은 기업 검색과 전문가 검색에 중점을 둔 테스트 컬렉션에 대해 설명하였다. 또 TREC 기업 트랙 개요와 TREC 2005-2008에 참여한 시스템 보고서를 참조할 수 있는데, 이는 http://trec.nist.gov/proceedings/proceedings.html으로 온라인 상에 올려져 있다.

마지막으로, ECIR'09[675]에서 Grefenstette의 기조 연설은 웹과 기업 검색의 열한 가지 특화된 차이를 보여 주었다.

개인화와 특성화의 주요 주제는 기업 검색에 특화된 것은 아니지만, 중요한 잠재성이 있다. 앞 절에서 인용한 논문 외에 [15, 896, 1262]와 같은 리뷰 논문이 있으며, 맥락과 개인화에 대해서는 "Information Interaction in Context' 워크샵[20]의 논문집이 좋은 시작점이 될 것이다.

기업 검색 주제 중에서 다음 두 분야는 매우 높은 경제적 중요성이 있으며 특별히 언급할 가치가 있다. 회사 레코드에 대해 법적인 발견 검색은 매우 큰 영향을 주었는데, 유용한 개요가 Roitblat[1378]과 Baron 등[149]에 잘 나와 있다. 법과 관련된 또 다른 업무로 특허 검색이 있는데, 이는 여러 주요 회사에서 필수적인 업무이다. 특허 검색은 일본의 국가 정보 연구소(Japanese National Institute of Informatics)에 의해 2002년 세 번째 워크샵 이후, NTCIR 워크샵 시리즈에서 다루어져 왔다. 온라인 논문집은 http://research.nii.ac.jp/ntcir/publication1-en.html을 참조하라. 최근에는 비엔나에 있는 정보검색 시스템(Information Retrieval Facility; IRF, http://www.ir-facility. org/the irf) 기관이 특허 검색에 초점을 맞추어 공개된 정보검색 연구를 촉진하고 지원하기 시작하였다. 여기서는 연구 과제를 위한 데이터 컬렉션과 대규모 컴퓨터 인프라를 지원하였고, CLEF09의 지적 재산 트랙과 TREC-09의 화학 검색 트랙을 후원하였다.

기업의 정보 구조에 대해 좀 더 광범위한 주제에 대해서는 Morville과 Rosenfeld의 2006년판 저서인 "*Information Architecture for the World Wide Web*[1157]"에 언급되어 있다. 현재 가능한 기업 검색 옵션에 대한 리뷰 보고서인 "*The Search and Information Access Report*"는 CMS Watch[21]에 의해 주기적으로 출판되고 있으며, 또 다른 리뷰가 회사 업종에 따라 준비되어 있다.

20) http://irsg.bcs.org/iiix2008/
21) http://www.cmswatch.com/Search/Report

# 찾아보기

ㅇ



ㅈ

ㅌ



ㅍ



ㅎ

정가 37,000원

**최신 정보검색론 2/E** (검색 이면의 개념과 기술)

2015년 1월 5일 초판 인쇄
2015년 1월 15일 초판 발행
저 자 : Baeza-Yates · Ribeiro-Neto
역 자 : 김명철 · 김정기 · 김학수 · 박정아 · 한영석
발행자 : 우명찬 · 송 준
발행처 : 홍릉과학출판사
주 소 : 서울시 강북구 인수봉로 50길 10
01093
등 록 : 1976년 10월 21일 제5-66호
전 화 : (02) 999-2274~5, 903-7037
팩 스 : (02) 905-6729
e-mail: hongpub@hongpub.co.kr
http://www.hongpub.co.kr
ISBN: 978-89-97570-88-1

역자와의 협의하에 인지생략